2024
年 版

法律法规全书系列

中华人民共和国

婚姻家庭法律法规全书

MARRIAGE AND FAMILY LAWS
AND REGULATIONS

· 含典型案例 ·

法律出版社法规中心 编

法律出版社
LAW PRESS · CHINA
北京

图书在版编目(CIP)数据

中华人民共和国婚姻家庭法律法规全书：含典型案例／法律出版社法规中心编. --5版. --北京：法律出版社，2024
（法律法规全书系列）
ISBN 978-7-5197-7683-1

Ⅰ. ①中… Ⅱ. ①法… Ⅲ. ①婚姻法—汇编—中国②家庭问题—亲属法—汇编—中国 Ⅳ. ①D923.909

中国国家版本馆CIP数据核字(2024)第004188号

中华人民共和国婚姻家庭法律法规全书(含典型案例)
ZHONGHUA RENMIN GONGHEGUO HUNYIN JIATING FALÜ FAGUI QUANSHU(HAN DIANXING ANLI)

法律出版社法规中心 编

责任编辑 李 群 陈 熙
装帧设计 臧晓飞

出版发行 法律出版社
编辑统筹 法规出版分社
责任校对 张红蕊
责任印制 耿润瑜
经　　销 新华书店

开本 787毫米×960毫米 1/16
印张 35.5 **字数** 1071千
版本 2024年1月第5版
印次 2024年1月第1次印刷
印刷 三河市兴达印务有限公司

地址：北京市丰台区莲花池西里7号(100073)
网址：www.lawpress.com.cn
投稿邮箱：info@lawpress.com.cn
举报盗版邮箱：jbwq@lawpress.com.cn

销售电话：010-83938349
客服电话：010-83938350
咨询电话：010-63939796

书号：ISBN 978-7-5197-7683-1
定价：78.00元

凡购买本社图书，如有印装错误，我社负责退换。电话：010-83938349

编辑出版说明

改革开放以来，我国社会主义市场经济持续快速发展，依法治国的观念深入人心，面对越来越多婚姻家庭方面的新问题，需要依托大量的法律法规作为依据。为方便广大读者依法处理婚姻家庭纠纷，正确适用相关法律文件，我们精心编辑出版了这本《中华人民共和国婚姻家庭法律法规全书（含典型案例）》。本书具有以下特点：

一、收录全面，编排合理，查询方便

收录改革开放以来至2023年11月期间公布的现行有效的全部与婚姻家庭相关的法律、行政法规、司法解释，重要的部门规章、相关政策规定。内容包括综合、婚姻（含总类、婚姻登记、结婚、离婚、涉外涉港澳台婚姻）、家庭（含户籍管理、抚养扶养赡养、收养寄养、家庭生活保障、特殊群体权益保障、反家庭暴力、妇幼保健、计划生育）、继承（含总类、析产遗产认定、法定继承、遗嘱继承和遗赠、其他）、婚姻家庭纠纷处理（含民事调解、民事诉讼）等，全面覆盖婚姻家庭的方方面面。本书具有体系清晰、查询方便的特点。

二、特设条旨、文书范本、典型案例，实用性强

全书对重点法律附加条旨，可指引读者迅速找到自己需要的条文。另外，书中还特别对最高人民法院、最高人民检察院公布的指导案例、典型案例进行了收录，这些案例具有指引“同案同判”的作用。

三、特色服务，动态增补

为保持本书与新法的同步更新，避免读者在一定周期内重复购书，特结合法律出版社法规中心的资源优势提供动态增补服务。读者可扫描书末或封底二维码关注法规中心公众服务号，查看、下载免费增补材料。

由于编者水平有限，还望读者在使用过程中不吝赐教，提出您的宝贵意见，以便本书继续修订完善。谢谢！

法律出版社法规中心

2023年12月

总　目　录

目　　录

一、综　　合

二、婚　　姻

1. 总类

2. 婚姻登记

① 目录中对有修改的文件，将其第一次公布的时间和最近一次修改的时间一并列出，在正文中收录的是最新修改后的文本。特此说明。

3. 结婚

4. 离婚

5. 涉外、涉港澳台婚姻

三、家　　庭

1. 户籍管理

2. 抚养、扶养、赡养

3. 收养、寄养

4. 家庭生活保障

5. 特殊群体权益保障

6. 反家庭暴力

7. 妇幼保健

8. 计划生育

四、继　　承

1. 总类

2. 析产、遗产认定

3. 法定继承

五、婚姻家庭纠纷处理

附　　录

3. 条文对照

一、综　合

资料补充栏

中华人民共和国宪法(节录)

1. 1982年12月4日第五届全国人民代表大会第五次会议通过
2. 1982年12月4日全国人民代表大会公告公布施行
3. 根据1988年4月12日第七届全国人民代表大会第一次会议通过的《中华人民共和国宪法修正案》、1993年3月29日第八届全国人民代表大会第一次会议通过的《中华人民共和国宪法修正案》、1999年3月15日第九届全国人民代表大会第二次会议通过的《中华人民共和国宪法修正案》、2004年3月14日第十届全国人民代表大会第二次会议通过的《中华人民共和国宪法修正案》和2018年3月11日第十三届全国人民代表大会第一次会议通过的《中华人民共和国宪法修正案》修正

第四十四条　【退休制度】[①]国家依照法律规定实行企业事业组织的职工和国家机关工作人员的退休制度。退休人员的生活受到国家和社会的保障。

第四十五条　【社会保障权利】中华人民共和国公民在年老、疾病或者丧失劳动能力的情况下,有从国家和社会获得物质帮助的权利。国家发展为公民享受这些权利所需要的社会保险、社会救济和医疗卫生事业。

国家和社会保障残废军人的生活,抚恤烈士家属,优待军人家属。

国家和社会帮助安排盲、聋、哑和其他有残疾的公民的劳动、生活和教育。

第四十六条　【受教育权利义务】中华人民共和国公民有受教育的权利和义务。

国家培养青年、少年、儿童在品德、智力、体质等方面全面发展。

第四十七条　【文化活动权】中华人民共和国公民有进行科学研究、文学艺术创作和其他文化活动的自由。国家对于从事教育、科学、技术、文学、艺术和其他文化事业的公民的有益于人民的创造性工作,给以鼓励和帮助。

第四十八条　【妇女的平等权】中华人民共和国妇女在政治的、经济的、文化的、社会的和家庭的生活等各方面享有同男子平等的权利。

国家保护妇女的权利和利益,实行男女同工同酬,培养和选拔妇女干部。

第四十九条　【婚姻家庭制度】婚姻、家庭、母亲和儿童受国家的保护。

夫妻双方有实行计划生育的义务。

父母有抚养教育未成年子女的义务,成年子女有赡养扶助父母的义务。

禁止破坏婚姻自由,禁止虐待老人、妇女和儿童。

第五十条　【华侨、归侨的权益保障】中华人民共和国保护华侨的正当的权利和利益,保护归侨和侨眷的合法的权利和利益。

第五十一条　【公民自由和权利的限度】中华人民共和国公民在行使自由和权利的时候,不得损害国家的、社会的、集体的利益和其他公民的合法的自由和权利。

中华人民共和国民法典(节录)

1. 2020年5月28日第十三届全国人民代表大会第三次会议通过
2. 2020年5月28日中华人民共和国主席令第45号公布
3. 自2021年1月1日起施行

第一编　总　　则

第二章　自　然　人

第一节　民事权利能力和民事行为能力

第十三条　【自然人民事权利能力的起止】自然人从出生时起到死亡时止,具有民事权利能力,依法享有民事权利,承担民事义务。

第十四条　【自然人民事权利能力平等】自然人的民事权利能力一律平等。

第十五条　【自然人出生和死亡时间的判断标准】自然人的出生时间和死亡时间,以出生证明、死亡证明记载的时间为准;没有出生证明、死亡证明的,以户籍登记或者其他有效身份登记记载的时间为准。有其他证据足以推翻以上记载时间的,以该证据证明的时间为准。

第十六条　【胎儿利益的特殊保护】涉及遗产继承、接受赠与等胎儿利益保护的,胎儿视为具有民事权利能

---

① 条文主旨为编者所加,下同。

力。但是，胎儿娩出时为死体的，其民事权利能力自始不存在。

第十七条 【成年人与未成年人的年龄标准】十八周岁以上的自然人为成年人。不满十八周岁的自然人为未成年人。

第十八条 【完全民事行为能力人】成年人为完全民事行为能力人，可以独立实施民事法律行为。

十六周岁以上的未成年人，以自己的劳动收入为主要生活来源的，视为完全民事行为能力人。

第十九条 【限制民事行为能力的未成年人】八周岁以上的未成年人为限制民事行为能力人，实施民事法律行为由其法定代理人代理或者经其法定代理人同意、追认；但是，可以独立实施纯获利益的民事法律行为或者与其年龄、智力相适应的民事法律行为。

第二十条 【无民事行为能力的未成年人】不满八周岁的未成年人为无民事行为能力人，由其法定代理人代理实施民事法律行为。

第二十一条 【无民事行为能力的成年人】不能辨认自己行为的成年人为无民事行为能力人，由其法定代理人代理实施民事法律行为。

八周岁以上的未成年人不能辨认自己行为的，适用前款规定。

第二十二条 【限制民事行为能力的成年人】不能完全辨认自己行为的成年人为限制民事行为能力人，实施民事法律行为由其法定代理人代理或者经其法定代理人同意、追认；但是，可以独立实施纯获利益的民事法律行为或者与其智力、精神健康状况相适应的民事法律行为。

第二十三条 【法定代理人】无民事行为能力人、限制民事行为能力人的监护人是其法定代理人。

第二十四条 【无民事行为能力人或限制民事行为能力人的认定与恢复】不能辨认或者不能完全辨认自己行为的成年人，其利害关系人或者有关组织，可以向人民法院申请认定该成年人为无民事行为能力人或者限制民事行为能力人。

被人民法院认定为无民事行为能力人或者限制民事行为能力人的，经本人、利害关系人或者有关组织申请，人民法院可以根据其智力、精神健康恢复的状况，认定该成年人恢复为限制民事行为能力人或者完全民事行为能力人。

本条规定的有关组织包括：居民委员会、村民委员会、学校、医疗机构、妇女联合会、残疾人联合会、依法设立的老年人组织、民政部门等。

第二十五条 【自然人的住所】自然人以户籍登记或者其他有效身份登记记载的居所为住所；经常居所与住所不一致的，经常居所视为住所。

第二节 监 护

第二十六条 【父母子女之间的法律义务】父母对未成年子女负有抚养、教育和保护的义务。

成年子女对父母负有赡养、扶助和保护的义务。

第二十七条 【未成年人的监护人】父母是未成年子女的监护人。

未成年人的父母已经死亡或者没有监护能力的，由下列有监护能力的人按顺序担任监护人：

（一）祖父母、外祖父母；

（二）兄、姐；

（三）其他愿意担任监护人的个人或者组织，但是须经未成年人住所地的居民委员会、村民委员会或者民政部门同意。

第二十八条 【无、限制民事行为能力的成年人的监护人】无民事行为能力或者限制民事行为能力的成年人，由下列有监护能力的人按顺序担任监护人：

（一）配偶；

（二）父母、子女；

（三）其他近亲属；

（四）其他愿意担任监护人的个人或者组织，但是须经被监护人住所地的居民委员会、村民委员会或者民政部门同意。

第二十九条 【遗嘱指定监护人】被监护人的父母担任监护人的，可以通过遗嘱指定监护人。

第三十条 【协议确定监护人】依法具有监护资格的人之间可以协议确定监护人。协议确定监护人应当尊重被监护人的真实意愿。

第三十一条 【监护争议解决程序】对监护人的确定有争议的，由被监护人住所地的居民委员会、村民委员会或者民政部门指定监护人，有关当事人对指定不服的，可以向人民法院申请指定监护人；有关当事人也可以直接向人民法院申请指定监护人。

居民委员会、村民委员会、民政部门或者人民法院应当尊重被监护人的真实意愿，按照最有利于被监护人的原则在依法具有监护资格的人中指定监护人。

依据本条第一款规定指定监护人前,被监护人的人身权利、财产权利以及其他合法权益处于无人保护状态的,由被监护人住所地的居民委员会、村民委员会、法律规定的有关组织或者民政部门担任临时监护人。

监护人被指定后,不得擅自变更;擅自变更的,不免除被指定的监护人的责任。

第三十二条　【公职监护人】没有依法具有监护资格的人的,监护人由民政部门担任,也可以由具备履行监护职责条件的被监护人住所地的居民委员会、村民委员会担任。

第三十三条　【意定监护】具有完全民事行为能力的成年人,可以与其近亲属、其他愿意担任监护人的个人或者组织事先协商,以书面形式确定自己的监护人,在自己丧失或者部分丧失民事行为能力时,由该监护人履行监护职责。

第三十四条　【监护人的职责与权利及临时生活照料措施】监护人的职责是代理被监护人实施民事法律行为,保护被监护人的人身权利、财产权利以及其他合法权益等。

监护人依法履行监护职责产生的权利,受法律保护。

监护人不履行监护职责或者侵害被监护人合法权益的,应当承担法律责任。

因发生突发事件等紧急情况,监护人暂时无法履行监护职责,被监护人的生活处于无人照料状态的,被监护人住所地的居民委员会、村民委员会或者民政部门应当为被监护人安排必要的临时生活照料措施。

第三十五条　【监护人履行职责的原则与要求】监护人应当按照最有利于被监护人的原则履行监护职责。监护人除为维护被监护人利益外,不得处分被监护人的财产。

未成年人的监护人履行监护职责,在作出与被监护人利益有关的决定时,应当根据被监护人的年龄和智力状况,尊重被监护人的真实意愿。

成年人的监护人履行监护职责,应当最大程度地尊重被监护人的真实意愿,保障并协助被监护人实施与其智力、精神健康状况相适应的民事法律行为。对被监护人有能力独立处理的事务,监护人不得干涉。

第三十六条　【撤销监护人资格】监护人有下列情形之一的,人民法院根据有关个人或者组织的申请,撤销其监护人资格,安排必要的临时监护措施,并按照最有利于被监护人的原则依法指定监护人:

(一)实施严重损害被监护人身心健康的行为;

(二)怠于履行监护职责,或者无法履行监护职责且拒绝将监护职责部分或者全部委托给他人,导致被监护人处于危困状态;

(三)实施严重侵害被监护人合法权益的其他行为。

本条规定的有关个人、组织包括:其他依法具有监护资格的人,居民委员会、村民委员会、学校、医疗机构、妇女联合会、残疾人联合会、未成年人保护组织、依法设立的老年人组织、民政部门等。

前款规定的个人和民政部门以外的组织未及时向人民法院申请撤销监护人资格的,民政部门应当向人民法院申请。

第三十七条　【监护人资格被撤销后负担义务不免除】依法负担被监护人抚养费、赡养费、扶养费的父母、子女、配偶等,被人民法院撤销监护人资格后,应当继续履行负担的义务。

第三十八条　【恢复监护人资格】被监护人的父母或者子女被人民法院撤销监护人资格后,除对被监护人实施故意犯罪的外,确有悔改表现的,经其申请,人民法院可以在尊重被监护人真实意愿的前提下,视情况恢复其监护人资格,人民法院指定的监护人与被监护人的监护关系同时终止。

第三十九条　【监护关系终止的情形】有下列情形之一的,监护关系终止:

(一)被监护人取得或者恢复完全民事行为能力;

(二)监护人丧失监护能力;

(三)被监护人或者监护人死亡;

(四)人民法院认定监护关系终止的其他情形。

监护关系终止后,被监护人仍然需要监护的,应当依法另行确定监护人。

第三节　宣告失踪和宣告死亡

第四十条　【宣告失踪的条件】自然人下落不明满二年的,利害关系人可以向人民法院申请宣告该自然人为失踪人。

第四十一条　【下落不明的时间计算】自然人下落不明的时间自其失去音讯之日起计算。战争期间下落不明的，下落不明的时间自战争结束之日或者有关机关确定的下落不明之日起计算。

第四十二条 【失踪人的财产代管人】失踪人的财产由其配偶、成年子女、父母或者其他愿意担任财产代管人的人代管。

代管有争议，没有前款规定的人，或者前款规定的人无代管能力的，由人民法院指定的人代管。

第四十三条 【财产代管人的职责】财产代管人应当妥善管理失踪人的财产，维护其财产权益。

失踪人所欠税款、债务和应付的其他费用，由财产代管人从失踪人的财产中支付。

财产代管人因故意或者重大过失造成失踪人财产损失的，应当承担赔偿责任。

第四十四条 【财产代管人的变更】财产代管人不履行代管职责、侵害失踪人财产权益或者丧失代管能力的，失踪人的利害关系人可以向人民法院申请变更财产代管人。

财产代管人有正当理由的，可以向人民法院申请变更财产代管人。

人民法院变更财产代管人的，变更后的财产代管人有权请求原财产代管人及时移交有关财产并报告财产代管情况。

第四十五条 【失踪宣告的撤销】失踪人重新出现，经本人或者利害关系人申请，人民法院应当撤销失踪宣告。

失踪人重新出现，有权请求财产代管人及时移交有关财产并报告财产代管情况。

第四十六条 【宣告死亡的条件】自然人有下列情形之一的，利害关系人可以向人民法院申请宣告该自然人死亡：

（一）下落不明满四年；

（二）因意外事件，下落不明满二年。

因意外事件下落不明，经有关机关证明该自然人不可能生存的，申请宣告死亡不受二年时间的限制。

第四十七条 【宣告死亡的优先适用】对同一自然人，有的利害关系人申请宣告死亡，有的利害关系人申请宣告失踪，符合本法规定的宣告死亡条件的，人民法院应当宣告死亡。

第四十八条 【被宣告死亡的人死亡日期的确定】被宣告死亡的人，人民法院宣告死亡的判决作出之日视为其死亡的日期；因意外事件下落不明宣告死亡的，意外事件发生之日视为其死亡的日期。

第四十九条 【被宣告死亡人实际生存时的行为效力】自然人被宣告死亡但是并未死亡的，不影响该自然人在被宣告死亡期间实施的民事法律行为的效力。

第五十条 【死亡宣告的撤销】被宣告死亡的人重新出现，经本人或者利害关系人申请，人民法院应当撤销死亡宣告。

第五十一条 【宣告死亡、撤销死亡宣告对婚姻关系的影响】被宣告死亡的人的婚姻关系，自死亡宣告之日起消除。死亡宣告被撤销的，婚姻关系自撤销死亡宣告之日起自行恢复。但是，其配偶再婚或者向婚姻登记机关书面声明不愿意恢复的除外。

第五十二条 【撤销死亡宣告对收养关系的影响】被宣告死亡的人在被宣告死亡期间，其子女被他人依法收养的，在死亡宣告被撤销后，不得以未经本人同意为由主张收养行为无效。

第五十三条 【死亡宣告撤销后的财产返还】被撤销死亡宣告的人有权请求依照本法第六编取得其财产的民事主体返还财产；无法返还的，应当给予适当补偿。

利害关系人隐瞒真实情况，致使他人被宣告死亡而取得其财产的，除应当返还财产外，还应当对由此造成的损失承担赔偿责任。

第四节 个体工商户和农村承包经营户

第五十四条 【个体工商户的定义】自然人从事工商业经营，经依法登记，为个体工商户。个体工商户可以起字号。

第五十五条 【农村承包经营户的定义】农村集体经济组织的成员，依法取得农村土地承包经营权，从事家庭承包经营的，为农村承包经营户。

第五十六条 【债务承担规则】个体工商户的债务，个人经营的，以个人财产承担；家庭经营的，以家庭财产承担；无法区分的，以家庭财产承担。

农村承包经营户的债务，以从事农村土地承包经营的农户财产承担；事实上由农户部分成员经营的，以该部分成员的财产承担。

第五章 民事权利

第一百零九条 【人身自由、人格尊严受法律保护】自然人的人身自由、人格尊严受法律保护。

第一百一十条 【民事主体的人格权】自然人享有生命权、身体权、健康权、姓名权、肖像权、名誉权、荣誉权、隐私权、婚姻自主权等权利。

法人、非法人组织享有名称权、名誉权和荣誉权。

第一百一十一条 【个人信息受法律保护】自然人的个人信息受法律保护。任何组织或者个人需要获取他人个人信息的，应当依法取得并确保信息安全，不得非法收集、使用、加工、传输他人个人信息，不得非法买卖、提供或者公开他人个人信息。

第一百一十二条 【因婚姻家庭关系等产生的人身权利受保护】自然人因婚姻家庭关系等产生的人身权利受法律保护。

第一百一十三条 【财产权利平等保护】民事主体的财产权利受法律平等保护。

第一百一十四条 【物权的定义及类型】民事主体依法享有物权。

物权是权利人依法对特定的物享有直接支配和排他的权利，包括所有权、用益物权和担保物权。

第一百一十五条 【物权客体】物包括不动产和动产。法律规定权利作为物权客体的，依照其规定。

第一百一十六条 【物权法定原则】物权的种类和内容，由法律规定。

第一百一十七条 【征收、征用】为了公共利益的需要，依照法律规定的权限和程序征收、征用不动产或者动产的，应当给予公平、合理的补偿。

第一百一十八条 【债权的定义】民事主体依法享有债权。

债权是因合同、侵权行为、无因管理、不当得利以及法律的其他规定，权利人请求特定义务人为或者不为一定行为的权利。

第一百一十九条 【合同的约束力】依法成立的合同，对当事人具有法律约束力。

第一百二十条 【侵权责任的承担】民事权益受到侵害的，被侵权人有权请求侵权人承担侵权责任。

第一百二十一条 【无因管理】没有法定的或者约定的义务，为避免他人利益受损失而进行管理的人，有权请求受益人偿还由此支出的必要费用。

第一百二十二条 【不当得利】因他人没有法律根据，取得不当利益，受损失的人有权请求其返还不当利益。

第一百二十三条 【知识产权】民事主体依法享有知识产权。

知识产权是权利人依法就下列客体享有的专有的权利：

（一）作品；

（二）发明、实用新型、外观设计；

（三）商标；

（四）地理标志；

（五）商业秘密；

（六）集成电路布图设计；

（七）植物新品种；

（八）法律规定的其他客体。

第一百二十四条 【继承权】自然人依法享有继承权。

自然人合法的私有财产，可以依法继承。

第一百二十五条 【投资性权利】民事主体依法享有股权和其他投资性权利。

第一百二十六条 【其他民事权益】民事主体享有法律规定的其他民事权利和利益。

第一百二十七条 【数据、网络虚拟财产的保护】法律对数据、网络虚拟财产的保护有规定的，依照其规定。

第一百二十八条 【民事权利的特别保护】法律对未成年人、老年人、残疾人、妇女、消费者等的民事权利保护有特别规定的，依照其规定。

第一百二十九条 【民事权利的取得方式】民事权利可以依据民事法律行为、事实行为、法律规定的事件或者法律规定的其他方式取得。

第一百三十条 【按照自己的意愿依法行使民事权利】民事主体按照自己的意愿依法行使民事权利，不受干涉。

第一百三十一条 【权利义务一致】民事主体行使权利时，应当履行法律规定的和当事人约定的义务。

第一百三十二条 【不得滥用民事权利】民事主体不得滥用民事权利损害国家利益、社会公共利益或者他人合法权益。

第六章 民事法律行为

第一节 一般规定

第一百三十三条 【民事法律行为的定义】民事法律行为是民事主体通过意思表示设立、变更、终止民事法律关系的行为。

第一百三十四条 【民事法律行为的成立】民事法律行为可以基于双方或者多方的意思表示一致成立，也可以基于单方的意思表示成立。

法人、非法人组织依照法律或者章程规定的议事方式和表决程序作出决议的，该决议行为成立。

第一百三十五条 【民事法律行为的形式】民事法律行为可以采用书面形式、口头形式或者其他形式；法律、行政法规规定或者当事人约定采用特定形式的，应当采用特定形式。

第一百三十六条 【民事法律行为的生效时间】民事法律行为自成立时生效，但是法律另有规定或者当事人另有约定的除外。

行为人非依法律规定或者未经对方同意，不得擅自变更或者解除民事法律行为。

第二节 意思表示

第一百三十七条 【有相对人的意思表示生效时间】以对话方式作出的意思表示，相对人知道其内容时生效。

以非对话方式作出的意思表示，到达相对人时生效。以非对话方式作出的采用数据电文形式的意思表示，相对人指定特定系统接收数据电文的，该数据电文进入该特定系统时生效；未指定特定系统的，相对人知道或者应当知道该数据电文进入其系统时生效。当事人对采用数据电文形式的意思表示的生效时间另有约定的，按照其约定。

第一百三十八条 【无相对人的意思表示生效时间】无相对人的意思表示，表示完成时生效。法律另有规定的，依照其规定。

第一百三十九条 【以公告方式作出的意思表示生效时间】以公告方式作出的意思表示，公告发布时生效。

第一百四十条 【意思表示的作出方式】行为人可以明示或者默示作出意思表示。

沉默只有在有法律规定、当事人约定或者符合当事人之间的交易习惯时，才可以视为意思表示。

第一百四十一条 【意思表示的撤回】行为人可以撤回意思表示。撤回意思表示的通知应当在意思表示到达相对人前或者与意思表示同时到达相对人。

第一百四十二条 【意思表示的解释】有相对人的意思表示的解释，应当按照所使用的词句，结合相关条款、行为的性质和目的、习惯以及诚信原则，确定意思表示的含义。

无相对人的意思表示的解释，不能完全拘泥于所使用的词句，而应当结合相关条款、行为的性质和目的、习惯以及诚信原则，确定行为人的真实意思。

第三节 民事法律行为的效力

第一百四十三条 【民事法律行为有效的条件】具备下列条件的民事法律行为有效：

（一）行为人具有相应的民事行为能力；

（二）意思表示真实；

（三）不违反法律、行政法规的强制性规定，不违背公序良俗。

第一百四十四条 【无民事行为能力人实施的民事法律行为的效力】无民事行为能力人实施的民事法律行为无效。

第一百四十五条 【限制民事行为能力人实施的民事法律行为的效力】限制民事行为能力人实施的纯获利益的民事法律行为或者与其年龄、智力、精神健康状况相适应的民事法律行为有效；实施的其他民事法律行为经法定代理人同意或者追认后有效。

相对人可以催告法定代理人自收到通知之日起三十日内予以追认。法定代理人未作表示的，视为拒绝追认。民事法律行为被追认前，善意相对人有撤销的权利。撤销应当以通知的方式作出。

第一百四十六条 【虚假表示与隐藏行为的效力】行为人与相对人以虚假的意思表示实施的民事法律行为无效。

以虚假的意思表示隐藏的民事法律行为的效力，依照有关法律规定处理。

第一百四十七条 【基于重大误解实施的民事法律行为的效力】基于重大误解实施的民事法律行为，行为人有权请求人民法院或者仲裁机构予以撤销。

第一百四十八条 【以欺诈手段实施的民事法律行为的效力】一方以欺诈手段，使对方在违背真实意思的情况下实施的民事法律行为，受欺诈方有权请求人民法院或者仲裁机构予以撤销。

第一百四十九条 【受第三人欺诈的民事法律行为的效力】第三人实施欺诈行为，使一方在违背真实意思的情况下实施的民事法律行为，对方知道或者应当知道该欺诈行为的，受欺诈方有权请求人民法院或者仲裁机构予以撤销。

第一百五十条 【以胁迫手段实施的民事法律行为的效力】一方或者第三人以胁迫手段，使对方在违背真实意思的情况下实施的民事法律行为，受胁迫方有权请求人民法院或者仲裁机构予以撤销。

第一百五十一条 【显失公平的民事法律行为的效力】

一方利用对方处于危困状态、缺乏判断能力等情形，致使民事法律行为成立时显失公平的，受损害方有权请求人民法院或者仲裁机构予以撤销。

第一百五十二条　【撤销权的消灭】有下列情形之一的，撤销权消灭：

（一）当事人自知道或者应当知道撤销事由之日起一年内、重大误解的当事人自知道或者应当知道撤销事由之日起九十日内没有行使撤销权；

（二）当事人受胁迫，自胁迫行为终止之日起一年内没有行使撤销权；

（三）当事人知道撤销事由后明确表示或者以自己的行为表明放弃撤销权。

当事人自民事法律行为发生之日起五年内没有行使撤销权的，撤销权消灭。

第一百五十三条　【违反强制性规定及违背公序良俗的民事法律行为的效力】违反法律、行政法规的强制性规定的民事法律行为无效。但是，该强制性规定不导致该民事法律行为无效的除外。

违背公序良俗的民事法律行为无效。

第一百五十四条　【恶意串通的民事法律行为的效力】行为人与相对人恶意串通，损害他人合法权益的民事法律行为无效。

第一百五十五条　【无效、被撤销的民事法律行为自始无效】无效的或者被撤销的民事法律行为自始没有法律约束力。

第一百五十六条　【民事法律行为部分无效】民事法律行为部分无效，不影响其他部分效力的，其他部分仍然有效。

第一百五十七条　【民事法律行为无效、被撤销或确定不发生效力的法律后果】民事法律行为无效、被撤销或者确定不发生效力后，行为人因该行为取得的财产，应当予以返还；不能返还或者没有必要返还的，应当折价补偿。有过错的一方应当赔偿对方由此所受到的损失；各方都有过错的，应当各自承担相应的责任。法律另有规定的，依照其规定。

第四节　民事法律行为的附条件和附期限

第一百五十八条　【附条件的民事法律行为】民事法律行为可以附条件，但是根据其性质不得附条件的除外。附生效条件的民事法律行为，自条件成就时生效。附解除条件的民事法律行为，自条件成就时失效。

第一百五十九条　【条件成就和不成就的拟制】附条件的民事法律行为，当事人为自己的利益不正当地阻止条件成就的，视为条件已经成就；不正当地促成条件成就的，视为条件不成就。

第一百六十条　【附期限的民事法律行为】民事法律行为可以附期限，但是根据其性质不得附期限的除外。附生效期限的民事法律行为，自期限届至时生效。附终止期限的民事法律行为，自期限届满时失效。

第九章　诉讼时效

第一百八十八条　【普通诉讼时效、最长权利保护期间】向人民法院请求保护民事权利的诉讼时效期间为三年。法律另有规定的，依照其规定。

诉讼时效期间自权利人知道或者应当知道权利受到损害以及义务人之日起计算。法律另有规定的，依照其规定。但是，自权利受到损害之日起超过二十年的，人民法院不予保护，有特殊情况的，人民法院可以根据权利人的申请决定延长。

第一百八十九条　【分期履行债务的诉讼时效】当事人约定同一债务分期履行的，诉讼时效期间自最后一期履行期限届满之日起计算。

第一百九十条　【对法定代理人请求权的诉讼时效】无民事行为能力人或者限制民事行为能力人对其法定代理人的请求权的诉讼时效期间，自该法定代理终止之日起计算。

第一百九十一条　【受性侵未成年人赔偿请求权的诉讼时效】未成年人遭受性侵害的损害赔偿请求权的诉讼时效期间，自受害人年满十八周岁之日起计算。

第一百九十二条　【诉讼时效期间届满的法律效果】诉讼时效期间届满的，义务人可以提出不履行义务的抗辩。

诉讼时效期间届满后，义务人同意履行的，不得以诉讼时效期间届满为由抗辩；义务人已经自愿履行的，不得请求返还。

第一百九十三条　【诉讼时效援用】人民法院不得主动适用诉讼时效的规定。

第一百九十四条　【诉讼时效中止的情形】在诉讼时效期间的最后六个月内，因下列障碍，不能行使请求权的，诉讼时效中止：

（一）不可抗力；

（二）无民事行为能力人或者限制民事行为能力人没有法定代理人，或者法定代理人死亡、丧失民事行为能力、丧失代理权；

（三）继承开始后未确定继承人或者遗产管理人；

（四）权利人被义务人或者其他人控制；

（五）其他导致权利人不能行使请求权的障碍。

自中止时效的原因消除之日起满六个月，诉讼时效期间届满。

第一百九十五条　【诉讼时效中断的情形】有下列情形之一的，诉讼时效中断，从中断、有关程序终结时起，诉讼时效期间重新计算：

（一）权利人向义务人提出履行请求；

（二）义务人同意履行义务；

（三）权利人提起诉讼或者申请仲裁；

（四）与提起诉讼或者申请仲裁具有同等效力的其他情形。

第一百九十六条　【不适用诉讼时效的情形】下列请求权不适用诉讼时效的规定：

（一）请求停止侵害、排除妨碍、消除危险；

（二）不动产物权和登记的动产物权的权利人请求返还财产；

（三）请求支付抚养费、赡养费或者扶养费；

（四）依法不适用诉讼时效的其他请求权。

第一百九十七条　【诉讼时效法定、时效利益预先放弃无效】诉讼时效的期间、计算方法以及中止、中断的事由由法律规定，当事人约定无效。

当事人对诉讼时效利益的预先放弃无效。

第一百九十八条　【仲裁时效】法律对仲裁时效有规定的，依照其规定；没有规定的，适用诉讼时效的规定。

第一百九十九条　【除斥期间】法律规定或者当事人约定的撤销权、解除权等权利的存续期间，除法律另有规定外，自权利人知道或者应当知道权利产生之日起计算，不适用有关诉讼时效中止、中断和延长的规定。存续期间届满，撤销权、解除权等权利消灭。

第二编　物　　权

第八章　共　　有

第二百九十七条　【共有及其类型】不动产或者动产可以由两个以上组织、个人共有。共有包括按份共有和共同共有。

第二百九十八条　【按份共有】按份共有人对共有的不动产或者动产按照其份额享有所有权。

第二百九十九条　【共同共有】共同共有人对共有的不动产或者动产共同享有所有权。

第三百条　【共有人对共有物的管理权】共有人按照约定管理共有的不动产或者动产；没有约定或者约定不明确的，各共有人都有管理的权利和义务。

第三百零一条　【共有物的处分、重大修缮和性质、用途变更】处分共有的不动产或者动产以及对共有的不动产或者动产作重大修缮、变更性质或者用途的，应当经占份额三分之二以上的按份共有人或者全体共同共有人同意，但是共有人之间另有约定的除外。

第三百零二条　【共有物管理费用的负担】共有人对共有物的管理费用以及其他负担，有约定的，按照其约定；没有约定或者约定不明确的，按份共有人按照其份额负担，共同共有人共同负担。

第三百零三条　【共有财产的分割原则】共有人约定不得分割共有的不动产或者动产，以维持共有关系的，应当按照约定，但是共有人有重大理由需要分割的，可以请求分割；没有约定或者约定不明确的，按份共有人可以随时请求分割，共同共有人在共有的基础丧失或者有重大理由需要分割时可以请求分割。因分割造成其他共有人损害的，应当给予赔偿。

第三百零四条　【共有物的分割方式】共有人可以协商确定分割方式。达不成协议，共有的不动产或者动产可以分割且不会因分割减损价值的，应当对实物予以分割；难以分割或者因分割会减损价值的，应当对折价或者拍卖、变卖取得的价款予以分割。

共有人分割所得的不动产或者动产有瑕疵的，其他共有人应当分担损失。

第三百零五条　【按份共有人的份额处分权和其他共有人的优先购买权】按份共有人可以转让其享有的共有的不动产或者动产份额。其他共有人在同等条件下享有优先购买的权利。

第三百零六条　【优先购买权的实现方式】按份共有人转让其享有的共有的不动产或者动产份额的，应当将转让条件及时通知其他共有人。其他共有人应当在合理期限内行使优先购买权。

两个以上其他共有人主张行使优先购买权的，协商确定各自的购买比例；协商不成的，按照转让时各自的共有份额比例行使优先购买权。

第三百零七条　【因共有财产产生的债权债务关系的对外、对内效力】因共有的不动产或者动产产生的债权债务，在对外关系上，共有人享有连带债权、承担连带债务，但是法律另有规定或者第三人知道共有人不具有连带债权债务关系的除外；在共有人内部关系上，除共有人另有约定外，按份共有人按照份额享有债权、承担债务，共同共有人共同享有债权、承担债务。偿还债务超过自己应当承担份额的按份共有人，有权向其他共有人追偿。

第三百零八条　【按份共有的推定】共有人对共有的不动产或者动产没有约定为按份共有或者共同共有，或者约定不明确的，除共有人具有家庭关系等外，视为按份共有。

第三百零九条　【按份共有人份额的确定】按份共有人对共有的不动产或者动产享有的份额，没有约定或者约定不明确的，按照出资额确定；不能确定出资额的，视为等额享有。

第三百一十条　【用益物权、担保物权的准共有】两个以上组织、个人共同享有用益物权、担保物权的，参照适用本章的有关规定。

中华人民共和国公证法

1. 2005年8月28日第十届全国人民代表大会常务委员会第十七次会议通过

2. 根据2015年4月24日第十二届全国人民代表大会常务委员会第十四次会议《关于修改〈中华人民共和国义务教育法〉等五部法律的决定》第一次修正

3. 根据2017年9月1日第十二届全国人民代表大会常务委员会第二十九次会议《关于修改〈中华人民共和国法官法〉等八部法律的决定》第二次修正

目　　录

第一章　总　　则

第一条　【立法目的】为规范公证活动，保障公证机构和公证员依法履行职责，预防纠纷，保障自然人、法人或者其他组织的合法权益，制定本法。

第二条　【定义】公证是公证机构根据自然人、法人或者其他组织的申请，依照法定程序对民事法律行为、有法律意义的事实和文书的真实性、合法性予以证明的活动。

第三条　【客观公正原则】公证机构办理公证，应当遵守法律，坚持客观、公正的原则。

第四条　【公证协会】全国设立中国公证协会，省、自治区、直辖市设立地方公证协会。中国公证协会和地方公证协会是社会团体法人。中国公证协会章程由会员代表大会制定，报国务院司法行政部门备案。

公证协会是公证业的自律性组织，依据章程开展活动，对公证机构、公证员的执业活动进行监督。

第五条　【对公证的监督指导】司法行政部门依照本法规定对公证机构、公证员和公证协会进行监督、指导。

第二章　公证机构

第六条　【性质】公证机构是依法设立，不以营利为目的，依法独立行使公证职能、承担民事责任的证明机构。

第七条　【设立】公证机构按照统筹规划、合理布局的原则，可以在县、不设区的市、设区的市、直辖市或者市辖区设立；在设区的市、直辖市可以设立一个或者若干个公证机构。公证机构不按行政区划层层设立。

第八条　【设立条件】设立公证机构，应当具备下列条件：

（一）有自己的名称；

（二）有固定的场所；

（三）有二名以上公证员；

（四）有开展公证业务所必需的资金。

第九条　【批准程序】设立公证机构，由所在地的司法行政部门报省、自治区、直辖市人民政府司法行政部门按照规定程序批准后，颁发公证机构执业证书。

第十条　【负责人的产生】公证机构的负责人应当在有三年以上执业经历的公证员中推选产生，由所在地的司法行政部门核准，报省、自治区、直辖市人民政府司法行政部门备案。

第十一条　【可公证事项】根据自然人、法人或者其他组织的申请，公证机构办理下列公证事项：

（一）合同；

（二）继承；

（三）委托、声明、赠与、遗嘱；

（四）财产分割；

（五）招标投标、拍卖；

（六）婚姻状况、亲属关系、收养关系；

（七）出生、生存、死亡、身份、经历、学历、学位、职务、职称、有无违法犯罪记录；

（八）公司章程；

（九）保全证据；

（十）文书上的签名、印鉴、日期，文书的副本、影印本与原本相符；

（十一）自然人、法人或者其他组织自愿申请办理的其他公证事项。

法律、行政法规规定应当公证的事项，有关自然人、法人或者其他组织应当向公证机构申请办理公证。

第十二条　【公证事务】根据自然人、法人或者其他组织的申请，公证机构可以办理下列事务：

（一）法律、行政法规规定由公证机构登记的事务；

（二）提存；

（三）保管遗嘱、遗产或者其他与公证事项有关的财产、物品、文书；

（四）代写与公证事项有关的法律事务文书；

（五）提供公证法律咨询。

第十三条　【禁止性规定】公证机构不得有下列行为：

（一）为不真实、不合法的事项出具公证书；

（二）毁损、篡改公证文书或者公证档案；

（三）以诋毁其他公证机构、公证员或者支付回扣、佣金等不正当手段争揽公证业务；

（四）泄露在执业活动中知悉的国家秘密、商业秘密或者个人隐私；

（五）违反规定的收费标准收取公证费；

（六）法律、法规、国务院司法行政部门规定禁止的其他行为。

第十四条　【公证机构的管理】公证机构应当建立业务、财务、资产等管理制度，对公证员的执业行为进行监督，建立执业过错责任追究制度。

第十五条　【执业责任保险】公证机构应当参加公证执业责任保险。

第三章　公　证　员

第十六条　【公证员】公证员是符合本法规定的条件，在公证机构从事公证业务的执业人员。

第十七条　【公证员的数量】公证员的数量根据公证业务需要确定。省、自治区、直辖市人民政府司法行政部门应当根据公证机构的设置情况和公证业务的需要核定公证员配备方案，报国务院司法行政部门备案。

第十八条　【公证员的任职资格】担任公证员，应当具备下列条件：

（一）具有中华人民共和国国籍；

（二）年龄二十五周岁以上六十五周岁以下；

（三）公道正派，遵纪守法，品行良好；

（四）通过国家统一法律职业资格考试取得法律职业资格；

（五）在公证机构实习二年以上或者具有三年以上其他法律职业经历并在公证机构实习一年以上，经考核合格。

第十九条　【可担任公证员的人员】从事法学教学、研究工作，具有高级职称的人员，或者具有本科以上学历，从事审判、检察、法制工作、法律服务满十年的公务员、律师，已经离开原工作岗位，经考核合格的，可以担任公证员。

第二十条　【禁止担任公证员的情形】有下列情形之一的，不得担任公证员：

（一）无民事行为能力或者限制民事行为能力的；

（二）因故意犯罪或者职务过失犯罪受过刑事处罚的；

（三）被开除公职的；

（四）被吊销公证员、律师执业证书的。

第二十一条　【公证员的任命】担任公证员，应当由符合公证员条件的人员提出申请，经公证机构推荐，由所在地的司法行政部门报省、自治区、直辖市人民政府司法行政部门审核同意后，报请国务院司法行政部门任命，并由省、自治区、直辖市人民政府司法行政部门颁发公证员执业证书。

第二十二条　【公证员的权利和义务】公证员应当遵纪

守法，恪守职业道德，依法履行公证职责，保守执业秘密。

公证员有权获得劳动报酬，享受保险和福利待遇；有权提出辞职、申诉或者控告；非因法定事由和非经法定程序，不被免职或者处罚。

第二十三条　【公证员的禁止行为】公证员不得有下列行为：

（一）同时在二个以上公证机构执业；

（二）从事有报酬的其他职业；

（三）为本人及近亲属办理公证或者办理与本人及近亲属有利害关系的公证；

（四）私自出具公证书；

（五）为不真实、不合法的事项出具公证书；

（六）侵占、挪用公证费或者侵占、盗窃公证专用物品；

（七）毁损、篡改公证文书或者公证档案；

（八）泄露在执业活动中知悉的国家秘密、商业秘密或者个人隐私；

（九）法律、法规、国务院司法行政部门规定禁止的其他行为。

第二十四条　【免职】公证员有下列情形之一的，由所在地的司法行政部门报省、自治区、直辖市人民政府司法行政部门提请国务院司法行政部门予以免职：

（一）丧失中华人民共和国国籍的；

（二）年满六十五周岁或者因健康原因不能继续履行职务的；

（三）自愿辞去公证员职务的；

（四）被吊销公证员执业证书的。

第四章　公 证 程 序

第二十五条　【公证的管辖】自然人、法人或者其他组织申请办理公证，可以向住所地、经常居住地、行为地或者事实发生地的公证机构提出。

申请办理涉及不动产的公证，应当向不动产所在地的公证机构提出；申请办理涉及不动产的委托、声明、赠与、遗嘱的公证，可以适用前款规定。

第二十六条　【委托公证】自然人、法人或者其他组织可以委托他人办理公证，但遗嘱、生存、收养关系等应当由本人办理公证的除外。

第二十七条　【申请公证提交的材料】申请办理公证的当事人应当向公证机构如实说明申请公证事项的有关情况，提供真实、合法、充分的证明材料；提供的证明材料不充分的，公证机构可以要求补充。

公证机构受理公证申请后，应当告知当事人申请公证事项的法律意义和可能产生的法律后果，并将告知内容记录存档。

第二十八条　【公证时审查事项】公证机构办理公证，应当根据不同公证事项的办证规则，分别审查下列事项：

（一）当事人的身份、申请办理该项公证的资格以及相应的权利；

（二）提供的文书内容是否完备，含义是否清晰，签名、印鉴是否齐全；

（三）提供的证明材料是否真实、合法、充分；

（四）申请公证的事项是否真实、合法。

第二十九条　【协助核实义务】公证机构对申请公证的事项以及当事人提供的证明材料，按照有关办证规则需要核实或者对其有疑义的，应当进行核实，或者委托异地公证机构代为核实，有关单位或者个人应当依法予以协助。

第三十条　【出具公证书的期限】公证机构经审查，认为申请提供的证明材料真实、合法、充分，申请公证的事项真实、合法的，应当自受理公证申请之日起十五个工作日内向当事人出具公证书。但是，因不可抗力、补充证明材料或者需要核实有关情况的，所需时间不计算在期限内。

第三十一条　【不予公证的情形】有下列情形之一的，公证机构不予办理公证：

（一）无民事行为能力人或者限制民事行为能力人没有监护人代理申请办理公证的；

（二）当事人与申请公证的事项没有利害关系的；

（三）申请公证的事项属专业技术鉴定、评估事项的；

（四）当事人之间对申请公证的事项有争议的；

（五）当事人虚构、隐瞒事实，或者提供虚假证明材料的；

（六）当事人提供的证明材料不充分或者拒绝补充证明材料的；

（七）申请公证的事项不真实、不合法的；

（八）申请公证的事项违背社会公德的；

（九）当事人拒绝按照规定支付公证费的。

第三十二条 【公证书的格式】公证书应当按照国务院司法行政部门规定的格式制作，由公证员签名或者加盖签名章并加盖公证机构印章。公证书自出具之日起生效。

公证书应当使用全国通用的文字；在民族自治地方，根据当事人的要求，可以制作当地通用的民族文字文本。

第三十三条 【在外国使用公证书的认证程序】公证书需要在国外使用，使用国要求先认证的，应当经中华人民共和国外交部或者外交部授权的机构和有关国家驻中华人民共和国使（领）馆认证。

第三十四条 【公证费】当事人应当按照规定支付公证费。

对符合法律援助条件的当事人，公证机构应当按照规定减免公证费。

第三十五条 【公证书的立卷归档】公证机构应当将公证文书分类立卷，归档保存。法律、行政法规规定应当公证的事项等重要的公证档案在公证机构保存期满，应当按照规定移交地方档案馆保管。

第五章 公 证 效 力

第三十六条 【经公证文书的证据效力】经公证的民事法律行为、有法律意义的事实和文书，应当作为认定事实的根据，但有相反证据足以推翻该项公证的除外。

第三十七条 【经公证债权文书的效力】对经公证的以给付为内容并载明债务人愿意接受强制执行承诺的债权文书，债务人不履行或者履行不适当的，债权人可以依法向有管辖权的人民法院申请执行。

前款规定的债权文书确有错误的，人民法院裁定不予执行，并将裁定书送达双方当事人和公证机构。

第三十八条 【未经公证的后果】法律、行政法规规定未经公证的事项不具有法律效力的，依照其规定。

第三十九条 【公证书的复查】当事人、公证事项的利害关系人认为公证书有错误的，可以向出具该公证书的公证机构提出复查。公证书的内容违法或者与事实不符的，公证机构应当撤销该公证书并予以公告，该公证书自始无效；公证书有其他错误的，公证机构应当予以更正。

第四十条 【对公证书内容有争议的解决】当事人、公证事项的利害关系人对公证书的内容有争议的，可以就该争议向人民法院提起民事诉讼。

第六章 法 律 责 任

第四十一条 【公证机构及公证员的违法责任】公证机构及其公证员有下列行为之一的，由省、自治区、直辖市或者设区的市人民政府司法行政部门给予警告；情节严重的，对公证机构处一万元以上五万元以下罚款，对公证员处一千元以上五千元以下罚款，并可以给予三个月以上六个月以下停止执业的处罚；有违法所得的，没收违法所得：

（一）以诋毁其他公证机构、公证员或者支付回扣、佣金等不正当手段争揽公证业务的；

（二）违反规定的收费标准收取公证费的；

（三）同时在二个以上公证机构执业的；

（四）从事有报酬的其他职业的；

（五）为本人及近亲属办理公证或者办理与本人及近亲属有利害关系的公证的；

（六）依照法律、行政法规的规定，应当给予处罚的其他行为。

第四十二条 【公证机构及公证员的严重违法责任】公证机构及其公证员有下列行为之一的，由省、自治区、直辖市或者设区的市人民政府司法行政部门对公证机构给予警告，并处二万元以上十万元以下罚款，并可以给予一个月以上三个月以下停业整顿的处罚；对公证员给予警告，并处二千元以上一万元以下罚款，并可以给予三个月以上十二个月以下停止执业的处罚；有违法所得的，没收违法所得；情节严重的，由省、自治区、直辖市人民政府司法行政部门吊销公证员执业证书；构成犯罪的，依法追究刑事责任：

（一）私自出具公证书的；

（二）为不真实、不合法的事项出具公证书的；

（三）侵占、挪用公证费或者侵占、盗窃公证专用物品的；

（四）毁损、篡改公证文书或者公证档案的；

（五）泄露在执业活动中知悉的国家秘密、商业秘密或者个人隐私的；

（六）依照法律、行政法规的规定，应当给予处罚的其他行为。

因故意犯罪或者职务过失犯罪受刑事处罚的，应当吊销公证员执业证书。

被吊销公证员执业证书的，不得担任辩护人、诉讼代理人,但系刑事诉讼、民事诉讼、行政诉讼当事人的监护人、近亲属的除外。

第四十三条 【公证机构和公证员的赔偿责任】公证机构及其公证员因过错给当事人、公证事项的利害关系人造成损失的,由公证机构承担相应的赔偿责任;公证机构赔偿后,可以向有故意或者重大过失的公证员追偿。

当事人、公证事项的利害关系人与公证机构因赔偿发生争议的,可以向人民法院提起民事诉讼。

第四十四条 【当事人的违法责任】当事人以及其他个人或者组织有下列行为之一,给他人造成损失的,依法承担民事责任;违反治安管理的,依法给予治安管理处罚;构成犯罪的,依法追究刑事责任:

(一)提供虚假证明材料,骗取公证书的;

(二)利用虚假公证书从事欺诈活动的;

(三)伪造、变造或者买卖伪造、变造的公证书、公证机构印章的。

第七章 附 则

第四十五条 【驻外使(领)馆的公证办理】中华人民共和国驻外使(领)馆可以依照本法的规定或者中华人民共和国缔结或者参加的国际条约的规定,办理公证。

第四十六条 【公证收费标准的制定】公证费的收费标准由省、自治区、直辖市人民政府价格主管部门会同同级司法行政部门制定。

第四十七条 【施行日期】本法自2006年3月1日起施行。

公证程序规则

1. 2006年5月18日司法部令第103号发布

2. 2020年10月20日司法部令第145号《关于修改〈公证程序规则〉的决定》修正

第一章 总 则

第一条 为了规范公证程序,保证公证质量,根据《中华人民共和国公证法》(以下简称《公证法》)和有关法律、行政法规的规定,制定本规则。

第二条 公证机构办理公证,应当遵守法律,坚持客观、公正、便民的原则,遵守公证执业规范和执业纪律。

第三条 公证机构依法独立行使公证职能,独立承担民事责任,任何单位、个人不得非法干预,其合法权益不受侵犯。

第四条 公证机构应当根据《公证法》的规定,受理公证申请,办理公证业务,以本公证机构的名义出具公证书。

第五条 公证员受公证机构指派,依照《公证法》和本规则规定的程序办理公证业务,并在出具的公证书上署名。

依照《公证法》和本规则的规定,在办理公证过程中须公证员亲自办理的事务,不得指派公证机构的其他工作人员办理。

第六条 公证机构和公证员办理公证,不得有《公证法》第十三条、第二十三条禁止的行为。

公证机构的其他工作人员以及依据本规则接触到公证业务的相关人员,不得泄露在参与公证业务活动中知悉的国家秘密、商业秘密或者个人隐私。

第七条 公证机构应当建立、健全公证业务管理制度和公证质量管理制度,对公证员的执业行为进行监督。

第八条 司法行政机关依照《公证法》和本规则规定,对公证机构和公证员的执业活动和遵守程序规则的情况进行监督、指导。

公证协会依据章程和行业规范,对公证机构和公证员的执业活动和遵守程序规则的情况进行监督。

第二章 公证当事人

第九条 公证当事人是指与公证事项有利害关系并以自己的名义向公证机构提出公证申请,在公证活动中享有权利和承担义务的自然人、法人或者其他组织。

第十条 无民事行为能力人或者限制民事行为能力人申办公证,应当由其监护人代理。

法人申办公证,应当由其法定代表人代表。

其他组织申办公证,应当由其负责人代表。

第十一条 当事人可以委托他人代理申办公证,但申办遗嘱、遗赠扶养协议、赠与、认领亲子、收养关系、解除收养关系、生存状况、委托、声明、保证及其他与自然人人身有密切关系的公证事项,应当由其本人亲自申办。

公证员、公证机构的其他工作人员不得代理当事人在本公证机构申办公证。

第十二条 居住在香港、澳门、台湾地区的当事人,委托他人代理申办涉及继承、财产权益处分、人身关系变更等重要公证事项的，其授权委托书应当经其居住地的公证人（机构）公证，或者经司法部指定的机构、人员证明。

居住在国外的当事人，委托他人代理申办前款规定的重要公证事项的，其授权委托书应当经其居住地的公证人（机构）、我驻外使（领）馆公证。

第三章 公证执业区域

第十三条 公证执业区域是指由省、自治区、直辖市司法行政机关，根据《公证法》第二十五条和《公证机构执业管理办法》第十条的规定以及当地公证机构设置方案，划定的公证机构受理公证业务的地域范围。

公证机构的执业区域，由省、自治区、直辖市司法行政机关在办理该公证机构设立或者变更审批时予以核定。

公证机构应当在核定的执业区域内受理公证业务。

第十四条 公证事项由当事人住所地、经常居住地、行为地或者事实发生地的公证机构受理。

涉及不动产的公证事项，由不动产所在地的公证机构受理；涉及不动产的委托、声明、赠与、遗嘱的公证事项，可以适用前款规定。

第十五条 二个以上当事人共同申办同一公证事项的，可以共同到行为地、事实发生地或者其中一名当事人住所地、经常居住地的公证机构申办。

第十六条 当事人向二个以上可以受理该公证事项的公证机构提出申请的，由最先受理申请的公证机构办理。

第四章 申请与受理

第十七条 自然人、法人或者其他组织向公证机构申请办理公证，应当填写公证申请表。公证申请表应当载明下列内容：

（一）申请人及其代理人的基本情况；

（二）申请公证的事项及公证书的用途；

（三）申请公证的文书的名称；

（四）提交证明材料的名称、份数及有关证人的姓名、住址、联系方式；

（五）申请的日期；

（六）其他需要说明的情况。

申请人应当在申请表上签名或者盖章，不能签名、盖章的由本人捺指印。

第十八条 自然人、法人或者其他组织申请办理公证，应当提交下列材料：

（一）自然人的身份证明，法人的资格证明及其法定代表人的身份证明，其他组织的资格证明及其负责人的身份证明；

（二）委托他人代为申请的，代理人须提交当事人的授权委托书，法定代理人或者其他代理人须提交有代理权的证明；

（三）申请公证的文书；

（四）申请公证的事项的证明材料，涉及财产关系的须提交有关财产权利证明；

（五）与申请公证的事项有关的其他材料。

对于前款第四项、第五项所规定的申请人应当提交的证明材料，公证机构能够通过政务信息资源共享方式获取的，当事人可以不提交，但应当作出有关信息真实合法的书面承诺。

第十九条 符合下列条件的申请，公证机构可以受理：

（一）申请人与申请公证的事项有利害关系；

（二）申请人之间对申请公证的事项无争议；

（三）申请公证的事项符合《公证法》第十一条规定的范围；

（四）申请公证的事项符合《公证法》第二十五条的规定和该公证机构在其执业区域内可以受理公证业务的范围。

法律、行政法规规定应当公证的事项，符合前款第一项、第二项、第四项规定条件的，公证机构应当受理。

对不符合本条第一款、第二款规定条件的申请，公证机构不予受理，并通知申请人。对因不符合本条第一款第四项规定不予受理的，应当告知申请人向可以受理该公证事项的公证机构申请。

第二十条 公证机构受理公证申请后，应当指派承办公证员，并通知当事人。当事人要求该公证员回避，经查属于《公证法》第二十三条第三项规定应当回避情形的，公证机构应当改派其他公证员承办。

第二十一条 公证机构受理公证申请后，应当告知当事人申请公证事项的法律意义和可能产生的法律后果，告知其在办理公证过程中享有的权利、承担的义务。告知内容、告知方式和时间，应当记录归档，并由申请人或其代理人签字。

公证机构受理公证申请后，应当在全国公证管理系统录入办证信息，加强公证办理流程管理，方便当事人查询。

第二十二条　公证机构受理公证申请后，应当按照规定向当事人收取公证费。公证办结后，经核定的公证费与预收数额不一致的，应当办理退还或者补收手续。

对符合法律援助条件的当事人，公证机构应当按照规定减收或者免收公证费。

第五章　审　　查

第二十三条　公证机构受理公证申请后，应当根据不同公证事项的办证规则，分别审查下列事项：

（一）当事人的人数、身份、申请办理该项公证的资格及相应的权利；

（二）当事人的意思表示是否真实；

（三）申请公证的文书的内容是否完备，含义是否清晰，签名、印鉴是否齐全；

（四）提供的证明材料是否真实、合法、充分；

（五）申请公证的事项是否真实、合法。

第二十四条　当事人应当向公证机构如实说明申请公证的事项的有关情况，提交的证明材料应当真实、合法、充分。

公证机构在审查中，对申请公证的事项的真实性、合法性有疑义的，认为当事人的情况说明或者提供的证明材料不充分、不完备或者有疑义的，可以要求当事人作出说明或者补充证明材料。

当事人拒绝说明有关情况或者补充证明材料的，依照本规则第四十八条的规定处理。

第二十五条　公证机构在审查中，对当事人的身份、申请公证的事项以及当事人提供的证明材料，按照有关办证规则需要核实或者对其有疑义的，应当进行核实，或者委托异地公证机构代为核实。有关单位或者个人应当依法予以协助。

审查自然人身份，应当采取使用身份识别核验设备等方式，并记录附卷。

第二十六条　公证机构在审查中，应当询问当事人有关情况，释明法律风险，提出法律意见建议，解答当事人疑问；发现有重大、复杂情形的，应当由公证机构集体讨论。

第二十七条　公证机构可以采用下列方式，核实公证事项的有关情况以及证明材料：

（一）通过询问当事人、公证事项的利害关系人核实；

（二）通过询问证人核实；

（三）向有关单位或者个人了解相关情况或者核实、收集相关书证、物证、视听资料等证明材料；

（四）通过现场勘验核实；

（五）委托专业机构或者专业人员鉴定、检验检测、翻译。

第二十八条　公证机构进行核实，应当遵守有关法律、法规和有关办证规则的规定。

公证机构派员外出核实的，应当由二人进行，但核实、收集书证的除外。特殊情况下只有一人外出核实的，应当有一名见证人在场。

第二十九条　采用询问方式向当事人、公证事项的利害关系人或者有关证人了解、核实公证事项的有关情况以及证明材料的，应当告知被询问人享有的权利、承担的义务及其法律责任。询问的内容应当制作笔录。

询问笔录应当载明：询问日期、地点、询问人、记录人，询问事由，被询问人的基本情况，告知内容、询问谈话内容等。

询问笔录应当交由被询问人核对后签名或者盖章、捺指印。笔录中修改处应当由被询问人盖章或者捺指印认可。

第三十条　在向当事人、公证事项的利害关系人、证人或者有关单位、个人核实或者收集有关公证事项的证明材料时，需要摘抄、复印（复制）有关资料、证明原件、档案材料或者对实物证据照相并作文字描述记载的，摘抄、复印（复制）的材料或者物证照片及文字描述记载应当与原件或者物证相符，并由资料、原件、物证所有人或者档案保管人对摘抄、复印（复制）的材料或者物证照片及文字描述记载核对后签名或者盖章。

第三十一条　采用现场勘验方式核实公证事项及其有关证明材料的，应当制作勘验笔录，由核实人员及见证人签名或者盖章。根据需要，可以采用绘图、照相、录像或者录音等方式对勘验情况或者实物证据予以记载。

第三十二条　需要委托专业机构或者专业人员对申请公证的文书或者公证事项的证明材料进行鉴定、检验检测、翻译的，应当告知当事人由其委托办理，或者征得当事人的同意代为办理。鉴定意见、检验检测结论、翻译材料，应当由相关专业机构及承办鉴定、检验检测、翻译的人员盖章和签名。

委托鉴定、检验检测、翻译所需的费用，由当事人支付。

第三十三条　公证机构委托异地公证机构核实公证事项及其有关证明材料的，应当出具委托核实函，对需要核实的事项及内容提出明确的要求。受委托的公证机构收到委托函后，应当在一个月内完成核实。因故不能完成或者无法核实的，应当在上述期限内函告委托核实的公证机构。

第三十四条　公证机构在审查中，认为申请公证的文书内容不完备、表达不准确的，应当指导当事人补正或者修改。当事人拒绝补正、修改的，应当在工作记录中注明。

应当事人的请求，公证机构可以代为起草、修改申请公证的文书。

第六章　出具公证书

第三十五条　公证机构经审查，认为申请公证的事项符合《公证法》、本规则及有关办证规则规定的，应当自受理之日起十五个工作日内向当事人出具公证书。

因不可抗力、补充证明材料或者需要核实有关情况的，所需时间不计算在前款规定的期限内，并应当及时告知当事人。

第三十六条　民事法律行为的公证，应当符合下列条件：

（一）当事人具有从事该行为的资格和相应的民事行为能力；

（二）当事人的意思表示真实；

（三）该行为的内容和形式合法，不违背社会公德；

（四）《公证法》规定的其他条件。

不同的民事法律行为公证的办证规则有特殊要求的，从其规定。

第三十七条　有法律意义的事实或者文书的公证，应当符合下列条件：

（一）该事实或者文书与当事人有利害关系；

（二）事实或者文书真实无误；

（三）事实或者文书的内容和形式合法，不违背社会公德；

（四）《公证法》规定的其他条件。

不同的有法律意义的事实或者文书公证的办证规则有特殊要求的，从其规定。

第三十八条　文书上的签名、印鉴、日期的公证，其签名、印鉴、日期应当准确、属实；文书的副本、影印本等文本的公证，其文本内容应当与原本相符。

第三十九条　具有强制执行效力的债权文书的公证，应当符合下列条件：

（一）债权文书以给付为内容；

（二）债权债务关系明确，债权人和债务人对债权文书有关给付内容无疑义；

（三）债务履行方式、内容、时限明确；

（四）债权文书中载明当债务人不履行或者不适当履行义务时，债务人愿意接受强制执行的承诺；

（五）债权人和债务人愿意接受公证机构对债务履行情况进行核实；

（六）《公证法》规定的其他条件。

第四十条　符合《公证法》、本规则及有关办证规则规定条件的公证事项，由承办公证员拟制公证书，连同被证明的文书、当事人提供的证明材料及核实情况的材料、公证审查意见，报公证机构的负责人或其指定的公证员审批。但按规定不需要审批的公证事项除外。

公证机构的负责人或者被指定负责审批的公证员不得审批自己承办的公证事项。

第四十一条　审批公证事项及拟出具的公证书，应当审核以下内容：

（一）申请公证的事项及其文书是否真实、合法；

（二）公证事项的证明材料是否真实、合法、充分；

（三）办证程序是否符合《公证法》、本规则及有关办证规则的规定；

（四）拟出具的公证书的内容、表述和格式是否符合相关规定。

审批重大、复杂的公证事项，应当在审批前提交公证机构集体讨论。讨论的情况和形成的意见，应当记录归档。

第四十二条　公证书应当按照司法部规定的格式制作。公证书包括以下主要内容：

（一）公证书编号；

（二）当事人及其代理人的基本情况；

（三）公证证词；

（四）承办公证员的签名（签名章）、公证机构印章；

（五）出具日期。

公证证词证明的文书是公证书的组成部分。

有关办证规则对公证书的格式有特殊要求的，从其规定。

第四十三条　制作公证书应当使用全国通用的文字。在民族自治地方，根据当事人的要求，可以同时制作当地通用的民族文字文本。两种文字的文本，具有同等效力。

发往香港、澳门、台湾地区使用的公证书应当使用全国通用的文字。

发往国外使用的公证书应当使用全国通用的文字。根据需要和当事人的要求，公证书可以附外文译文。

第四十四条　公证书自出具之日起生效。

需要审批的公证事项，审批人的批准日期为公证书的出具日期；不需要审批的公证事项，承办公证员的签发日期为公证书的出具日期；现场监督类公证需要现场宣读公证证词的，宣读日期为公证书的出具日期。

第四十五条　公证机构制作的公证书正本，由当事人各方各收执一份，并可以根据当事人的需要制作若干份副本。公证机构留存公证书原本（审批稿、签发稿）和一份正本归档。

第四十六条　公证书出具后，可以由当事人或其代理人到公证机构领取，也可以应当事人的要求由公证机构发送。当事人或其代理人收到公证书应当在回执上签收。

第四十七条　公证书需要办理领事认证的，根据有关规定或者当事人的委托，公证机构可以代为办理公证书认证，所需费用由当事人支付。

第七章　不予办理公证和终止公证

第四十八条　公证事项有下列情形之一的，公证机构应当不予办理公证：

（一）无民事行为能力人或者限制民事行为能力人没有监护人代理申请办理公证的；

（二）当事人与申请公证的事项没有利害关系的；

（三）申请公证的事项属专业技术鉴定、评估事项的；

（四）当事人之间对申请公证的事项有争议的；

（五）当事人虚构、隐瞒事实，或者提供虚假证明材料的；

（六）当事人提供的证明材料不充分又无法补充，或者拒绝补充证明材料的；

（七）申请公证的事项不真实、不合法的；

（八）申请公证的事项违背社会公德的；

（九）当事人拒绝按照规定支付公证费的。

第四十九条　不予办理公证的，由承办公证员写出书面报告，报公证机构负责人审批。不予办理公证的决定应当书面通知当事人或其代理人。

不予办理公证的，公证机构应当根据不予办理的原因及责任，酌情退还部分或者全部收取的公证费。

第五十条　公证事项有下列情形之一的，公证机构应当终止公证：

（一）因当事人的原因致使该公证事项在六个月内不能办结的；

（二）公证书出具前当事人撤回公证申请的；

（三）因申请公证的自然人死亡、法人或者其他组织终止，不能继续办理公证或者继续办理公证已无意义的；

（四）当事人阻挠、妨碍公证机构及承办公证员按规定的程序、期限办理公证的；

（五）其他应当终止的情形。

第五十一条　终止公证的，由承办公证员写出书面报告，报公证机构负责人审批。终止公证的决定应当书面通知当事人或其代理人。

终止公证的，公证机构应当根据终止的原因及责任，酌情退还部分收取的公证费。

第八章　特别规定

第五十二条　公证机构办理招标投标、拍卖、开奖等现场监督类公证，应当由二人共同办理。承办公证员应当依照有关规定，通过事前审查、现场监督，对其真实性、合法性予以证明，现场宣读公证证词，并在宣读后七日内将公证书发送当事人。该公证书自宣读公证证词之日起生效。

办理现场监督类公证，承办公证员发现当事人有弄虚作假、徇私舞弊、违反活动规则、违反国家法律和有关规定行为的，应当即时要求当事人改正；当事人拒不改正的，应当不予办理公证。

第五十三条 公证机构办理遗嘱公证,应当由二人共同办理。承办公证员应当全程亲自办理,并对遗嘱人订立遗嘱的过程录音录像。

特殊情况下只能由一名公证员办理时,应当请一名见证人在场,见证人应当在询问笔录上签名或者盖章。

公证机构办理遗嘱公证,应当查询全国公证管理系统。出具公证书的,应当于出具当日录入办理信息。

第五十四条 公证机构派员外出办理保全证据公证的,由二人共同办理,承办公证员应当亲自外出办理。

办理保全证据公证,承办公证员发现当事人是采用法律、法规禁止的方式取得证据的,应当不予办理公证。

第五十五条 债务人不履行或者不适当履行经公证的具有强制执行效力的债权文书的,公证机构应当对履约情况进行核实后,依照有关规定出具执行证书。

债务人履约、公证机构核实、当事人就债权债务达成新的协议等涉及强制执行的情况,承办公证员应当制作工作记录附卷。

执行证书应当载明申请人、被申请执行人、申请执行标的和申请执行的期限。债务人已经履行的部分,应当在申请执行标的中予以扣除。因债务人不履行或者不适当履行而发生的违约金、滞纳金、利息等,可以应债权人的要求列入申请执行标的。

第五十六条 经公证的事项在履行过程中发生争议的,出具公证书的公证机构可以应当事人的请求进行调解。经调解后当事人达成新的协议并申请公证的,公证机构可以办理公证;调解不成的,公证机构应当告知当事人就该争议依法向人民法院提起民事诉讼或者向仲裁机构申请仲裁。

第九章 公证登记和立卷归档

第五十七条 公证机构办理公证,应当填写公证登记簿,建立分类登记制度。

登记事项包括:公证事项类别、当事人姓名(名称)、代理人(代表人)姓名、受理日期、承办人、审批人(签发人)、结案方式、办结日期、公证书编号等。

公证登记簿按年度建档,应当永久保存。

第五十八条 公证机构在出具公证书后或者作出不予办理公证、终止公证的决定后,应当依照司法部、国家档案局制定的有关公证文书立卷归档和公证档案管理的规定,由承办公证员将公证文书和相关材料,在三个月内完成汇总整理、分类立卷、移交归档。

第五十九条 公证机构受理公证申请后,承办公证员即应当着手立卷的准备工作,开始收集有关的证明材料,整理询问笔录和核实情况的有关材料等。

对不能附卷的证明原件或者实物证据,应当按照规定将其原件复印件(复制件)、物证照片及文字描述记载留存附卷。

第六十条 公证案卷应当根据公证事项的类别、内容,划分为普通卷、密卷,分类归档保存。

公证案卷应当根据公证事项的类别、用途及其证据价值确定保管期限。保管期限分短期、长期、永久三种。

涉及国家秘密、遗嘱的公证事项,列为密卷。立遗嘱人死亡后,遗嘱公证案卷转为普通卷保存。

公证机构内部对公证事项的讨论意见和有关请示、批复等材料,应当装订成副卷,与正卷一起保存。

第十章 公证争议处理

第六十一条 当事人认为公证书有错误的,可以在收到公证书之日起一年内,向出具该公证书的公证机构提出复查。

公证事项的利害关系人认为公证书有错误的,可以自知道或者应当知道该项公证之日起一年内向出具该公证书的公证机构提出复查,但能证明自己不知道的除外。提出复查的期限自公证书出具之日起最长不得超过二十年。

复查申请应当以书面形式提出,载明申请人认为公证书存在的错误及其理由,提出撤销或者更正公证书的具体要求,并提供相关证明材料。

第六十二条 公证机构收到复查申请后,应当指派原承办公证员之外的公证员进行复查。复查结论及处理意见,应当报公证机构的负责人审批。

第六十三条 公证机构进行复查,应当对申请人提出的公证书的错误及其理由进行审查、核实,区别不同情况,按照以下规定予以处理:

(一)公证书的内容合法、正确、办理程序无误的,作出维持公证书的处理决定;

(二)公证书的内容合法、正确,仅证词表述或者格式不当的，应当收回公证书，更正后重新发给当事人；不能收回的，另行出具补正公证书；

（三）公证书的基本内容违法或者与事实不符的，应当作出撤销公证书的处理决定；

（四）公证书的部分内容违法或者与事实不符的，可以出具补正公证书，撤销对违法或者与事实不符部分的证明内容；也可以收回公证书，对违法或者与事实不符的部分进行删除、更正后，重新发给当事人；

（五）公证书的内容合法、正确，但在办理过程中有违反程序规定、缺乏必要手续的情形，应当补办缺漏的程序和手续；无法补办或者严重违反公证程序的，应当撤销公证书。

被撤销的公证书应当收回，并予以公告，该公证书自始无效。

公证机构撤销公证书或出具补正公证书的，应当于撤销决定作出或补正公证书出具当日报地方公证协会备案，并录入全国公证管理系统。

第六十四条　公证机构应当自收到复查申请之日起三十日内完成复查，作出复查处理决定，发给申请人。需要对公证书作撤销或者更正、补正处理的，应当在作出复查处理决定后十日内完成。复查处理决定及处理后的公证书，应当存入原公证案卷。

公证机构办理复查，因不可抗力、补充证明材料或者需要核实有关情况的，所需时间不计算在前款规定的期限内，但补充证明材料或者需要核实有关情况的，最长不得超过六个月。

第六十五条　公证机构发现出具的公证书的内容及办理程序有本规则第六十三条第二项至第五项规定情形的，应当通知当事人，按照本规则第六十三条的规定予以处理。

第六十六条　公证书被撤销的，所收的公证费按以下规定处理：

（一）因公证机构的过错撤销公证书的，收取的公证费应当全部退还当事人；

（二）因当事人的过错撤销公证书的，收取的公证费不予退还；

（三）因公证机构和当事人双方的过错撤销公证书的，收取的公证费酌情退还。

第六十七条　当事人、公证事项的利害关系人对公证机构作出的撤销或者不予撤销公证书的决定有异议的，可以向地方公证协会投诉。

投诉的处理办法，由中国公证协会制定。

第六十八条　当事人、公证事项的利害关系人对公证书涉及当事人之间或者当事人与公证事项的利害关系人之间实体权利义务的内容有争议的，公证机构应当告知其可以就该争议向人民法院提起民事诉讼。

第六十九条　公证机构及其公证员因过错给当事人、公证事项的利害关系人造成损失的，由公证机构承担相应的赔偿责任；公证机构赔偿后，可以向有故意或者重大过失的公证员追偿。

当事人、公证事项的利害关系人与公证机构因过错责任和赔偿数额发生争议，协商不成的，可以向人民法院提起民事诉讼，也可以申请地方公证协会调解。

第十一章　附　　则

第七十条　有关办证规则对不同的公证事项的办证程序有特殊规定的，从其规定。

公证机构采取在线方式办理公证业务，适用本规则。司法部另有规定的，从其规定。

第七十一条　公证机构根据《公证法》第十二条规定受理的提存、登记、保管等事务，依照有关专门规定办理；没有专门规定的，参照本规则办理。

第七十二条　公证机构及其公证员在办理公证过程中，有违反《公证法》第四十一条、第四十二条以及本规则规定行为的，由司法行政机关依据《公证法》、《公证机构执业管理办法》、《公证员执业管理办法》给予相应的处罚；有违反公证行业规范行为的，由公证协会给予相应的行业处分。

第七十三条　本规则由司法部解释。

第七十四条　本规则自2006年7月1日起施行。司法部2002年6月18日发布的《公证程序规则》（司法部令第72号）同时废止。

最高人民法院关于确定民事侵权精神损害赔偿责任若干问题的解释

1. 2001 年 2 月 26 日最高人民法院审判委员会第 1161 次会议通过、2001 年 3 月 8 日公布、自 2001 年 3 月 10 日起施行(法释〔2001〕7 号)

2. 根据 2020 年 12 月 23 日最高人民法院审判委员会第 1823 次会议通过、2020 年 12 月 29 日公布的《最高人民法院关于修改〈最高人民法院关于在民事审判工作中适用《中华人民共和国工会法》若干问题的解释〉等二十七件民事类司法解释的决定》(法释〔2020〕17 号)修正

为在审理民事侵权案件中正确确定精神损害赔偿责任,根据《中华人民共和国民法典》等有关法律规定,结合审判实践,制定本解释。

第一条 因人身权益或者具有人身意义的特定物受到侵害,自然人或者其近亲属向人民法院提起诉讼请求精神损害赔偿的,人民法院应当依法予以受理。

第二条 非法使被监护人脱离监护,导致亲子关系或者近亲属间的亲属关系遭受严重损害,监护人向人民法院起诉请求赔偿精神损害的,人民法院应当依法予以受理。

第三条 死者的姓名、肖像、名誉、荣誉、隐私、遗体、遗骨等受到侵害,其近亲属向人民法院提起诉讼请求精神损害赔偿的,人民法院应当依法予以支持。

第四条 法人或者非法人组织以名誉权、荣誉权、名称权遭受侵害为由,向人民法院起诉请求精神损害赔偿的,人民法院不予支持。

第五条 精神损害的赔偿数额根据以下因素确定:

(一)侵权人的过错程度,但是法律另有规定的除外;

(二)侵权行为的目的、方式、场合等具体情节;

(三)侵权行为所造成的后果;

(四)侵权人的获利情况;

(五)侵权人承担责任的经济能力;

(六)受理诉讼法院所在地的平均生活水平。

第六条 在本解释公布施行之前已经生效施行的司法解释,其内容有与本解释不一致的,以本解释为准。

最高人民法院关于审理人身损害赔偿案件适用法律若干问题的解释

1. 2003 年 12 月 4 日最高人民法院审判委员会第 1299 次会议通过、2003 年 12 月 26 日公布、自 2004 年 5 月 1 日起施行(法释〔2003〕20 号)

2. 根据 2020 年 12 月 23 日最高人民法院审判委员会第 1823 次会议通过、2020 年 12 月 29 日公布、自 2021 年 1 月 1 日起施行的《最高人民法院关于修改〈最高人民法院关于在民事审判工作中适用《中华人民共和国工会法》若干问题的解释〉等二十七件民事类司法解释的决定》(法释〔2020〕17 号)第一次修正

3. 根据 2022 年 2 月 15 日最高人民法院审判委员会第 1864 次会议通过、2022 年 4 月 24 日公布、自 2022 年 5 月 1 日起施行的《最高人民法院关于修改〈最高人民法院关于审理人身损害赔偿案件适用法律若干问题的解释〉的决定》(法释〔2022〕14 号)第二次修正

为正确审理人身损害赔偿案件,依法保护当事人的合法权益,根据《中华人民共和国民法典》《中华人民共和国民事诉讼法》等有关法律规定,结合审判实践,制定本解释。

第一条 因生命、身体、健康遭受侵害,赔偿权利人起诉请求赔偿义务人赔偿物质损害和精神损害的,人民法院应予受理。

本条所称"赔偿权利人",是指因侵权行为或者其他致害原因直接遭受人身损害的受害人以及死亡受害人的近亲属。

本条所称"赔偿义务人",是指因自己或者他人的侵权行为以及其他致害原因依法应当承担民事责任的自然人、法人或者非法人组织。

第二条 赔偿权利人起诉部分共同侵权人的,人民法院应当追加其他共同侵权人作为共同被告。赔偿权利人在诉讼中放弃对部分共同侵权人的诉讼请求的,其他共同侵权人对被放弃诉讼请求的被告应当承担的赔偿份额不承担连带责任。责任范围难以确定的,推定各共同侵权人承担同等责任。

人民法院应当将放弃诉讼请求的法律后果告知赔偿权利人,并将放弃诉讼请求的情况在法律文书中叙明。

第三条　依法应当参加工伤保险统筹的用人单位的劳动者，因工伤事故遭受人身损害，劳动者或者其近亲属向人民法院起诉请求用人单位承担民事赔偿责任的，告知其按《工伤保险条例》的规定处理。

因用人单位以外的第三人侵权造成劳动者人身损害，赔偿权利人请求第三人承担民事赔偿责任的，人民法院应予支持。

第四条　无偿提供劳务的帮工人，在从事帮工活动中致人损害的，被帮工人应当承担赔偿责任。被帮工人承担赔偿责任后向有故意或者重大过失的帮工人追偿的，人民法院应予支持。被帮工人明确拒绝帮工的，不承担赔偿责任。

第五条　无偿提供劳务的帮工人因帮工活动遭受人身损害的，根据帮工人和被帮工人各自的过错承担相应的责任；被帮工人明确拒绝帮工的，被帮工人不承担赔偿责任，但可以在受益范围内予以适当补偿。

帮工人在帮工活动中因第三人的行为遭受人身损害的，有权请求第三人承担赔偿责任，也有权请求被帮工人予以适当补偿。被帮工人补偿后，可以向第三人追偿。

第六条　医疗费根据医疗机构出具的医药费、住院费等收款凭证，结合病历和诊断证明等相关证据确定。赔偿义务人对治疗的必要性和合理性有异议的，应当承担相应的举证责任。

医疗费的赔偿数额，按照一审法庭辩论终结前实际发生的数额确定。器官功能恢复训练所必要的康复费、适当的整容费以及其他后续治疗费，赔偿权利人可以待实际发生后另行起诉。但根据医疗证明或者鉴定结论确定必然发生的费用，可以与已经发生的医疗费一并予以赔偿。

第七条　误工费根据受害人的误工时间和收入状况确定。

误工时间根据受害人接受治疗的医疗机构出具的证明确定。受害人因伤致残持续误工的，误工时间可以计算至定残日前一天。

受害人有固定收入的，误工费按照实际减少的收入计算。受害人无固定收入的，按照其最近三年的平均收入计算；受害人不能举证证明其最近三年的平均收入状况的，可以参照受诉法院所在地相同或者相近行业上一年度职工的平均工资计算。

第八条　护理费根据护理人员的收入状况和护理人数、护理期限确定。

护理人员有收入的，参照误工费的规定计算；护理人员没有收入或者雇佣护工的，参照当地护工从事同等级别护理的劳务报酬标准计算。护理人员原则上为一人，但医疗机构或者鉴定机构有明确意见的，可以参照确定护理人员人数。

护理期限应计算至受害人恢复生活自理能力时止。受害人因残疾不能恢复生活自理能力的，可以根据其年龄、健康状况等因素确定合理的护理期限，但最长不超过二十年。

受害人定残后的护理，应当根据其护理依赖程度并结合配制残疾辅助器具的情况确定护理级别。

第九条　交通费根据受害人及其必要的陪护人员因就医或者转院治疗实际发生的费用计算。交通费应当以正式票据为凭；有关凭据应当与就医地点、时间、人数、次数相符合。

第十条　住院伙食补助费可以参照当地国家机关一般工作人员的出差伙食补助标准予以确定。

受害人确有必要到外地治疗，因客观原因不能住院，受害人本人及其陪护人员实际发生的住宿费和伙食费，其合理部分应予赔偿。

第十一条　营养费根据受害人伤残情况参照医疗机构的意见确定。

第十二条　残疾赔偿金根据受害人丧失劳动能力程度或者伤残等级，按照受诉法院所在地上一年度城镇居民人均可支配收入标准，自定残之日起按二十年计算。但六十周岁以上的，年龄每增加一岁减少一年；七十五周岁以上的，按五年计算。

受害人因伤致残但实际收入没有减少，或者伤残等级较轻但造成职业妨害严重影响其劳动就业的，可以对残疾赔偿金作相应调整。

第十三条　残疾辅助器具费按照普通适用器具的合理费用标准计算。伤情有特殊需要的，可以参照辅助器具配制机构的意见确定相应的合理费用标准。

辅助器具的更换周期和赔偿期限参照配制机构的意见确定。

第十四条　丧葬费按照受诉法院所在地上一年度职工月平均工资标准，以六个月总额计算。

第十五条　死亡赔偿金按照受诉法院所在地上一年度城镇居民人均可支配收入标准，按二十年计算。但六十周岁以上的，年龄每增加一岁减少一年；七十五周岁以上的，按五年计算。

第十六条 被扶养人生活费计入残疾赔偿金或者死亡赔偿金。

第十七条 被扶养人生活费根据扶养人丧失劳动能力程度，按照受诉法院所在地上一年度城镇居民人均消费支出标准计算。被扶养人为未成年人的，计算至十八周岁；被扶养人无劳动能力又无其他生活来源的，计算二十年。但六十周岁以上的，年龄每增加一岁减少一年；七十五周岁以上的，按五年计算。

被扶养人是指受害人依法应当承担扶养义务的未成年人或者丧失劳动能力又无其他生活来源的成年近亲属。被扶养人还有其他扶养人的，赔偿义务人只赔偿受害人依法应当负担的部分。被扶养人有数人的，年赔偿总额累计不超过上一年度城镇居民人均消费支出额。

第十八条 赔偿权利人举证证明其住所地或者经常居住地城镇居民人均可支配收入高于受诉法院所在地标准的，残疾赔偿金或者死亡赔偿金可以按照其住所地或者经常居住地的相关标准计算。

被扶养人生活费的相关计算标准，依照前款原则确定。

第十九条 超过确定的护理期限、辅助器具费给付年限或者残疾赔偿金给付年限，赔偿权利人向人民法院起诉请求继续给付护理费、辅助器具费或者残疾赔偿金的，人民法院应予受理。赔偿权利人确需继续护理、配制辅助器具，或者没有劳动能力和生活来源的，人民法院应当判令赔偿义务人继续给付相关费用五至十年。

第二十条 赔偿义务人请求以定期金方式给付残疾赔偿金、辅助器具费的，应当提供相应的担保。人民法院可以根据赔偿义务人的给付能力和提供担保的情况，确定以定期金方式给付相关费用。但是，一审法庭辩论终结前已经发生的费用、死亡赔偿金以及精神损害抚慰金，应当一次性给付。

第二十一条 人民法院应当在法律文书中明确定期金的给付时间、方式以及每期给付标准。执行期间有关统计数据发生变化的，给付金额应当适时进行相应调整。

定期金按照赔偿权利人的实际生存年限给付，不受本解释有关赔偿期限的限制。

第二十二条 本解释所称“城镇居民人均可支配收入”“城镇居民人均消费支出”“职工平均工资”，按照政府统计部门公布的各省、自治区、直辖市以及经济特区和计划单列市上一年度相关统计数据确定。

“上一年度”，是指一审法庭辩论终结时的上一统计年度。

第二十三条 精神损害抚慰金适用《最高人民法院关于确定民事侵权精神损害赔偿责任若干问题的解释》予以确定。

第二十四条 本解释自2022年5月1日起施行。施行后发生的侵权行为引起的人身损害赔偿案件适用本解释。

本院以前发布的司法解释与本解释不一致的，以本解释为准。

最高人民法院关于适用《中华人民共和国民法典》总则编若干问题的解释

1. 2021年12月30日最高人民法院审判委员会第1861次会议通过
2. 2022年2月24日公布
3. 法释〔2022〕6号
4. 自2022年3月1日起施行

为正确审理民事案件，依法保护民事主体的合法权益，维护社会和经济秩序，根据《中华人民共和国民法典》《中华人民共和国民事诉讼法》等相关法律规定，结合审判实践，制定本解释。

一、一 般 规 定

第一条 民法典第二编至第七编对民事关系有规定的，人民法院直接适用该规定；民法典第二编至第七编没有规定的，适用民法典第一编的规定，但是根据其性质不能适用的除外。

就同一民事关系，其他民事法律的规定属于对民法典相应规定的细化的，应当适用该民事法律的规定。民法典规定适用其他法律的，适用该法律的规定。

民法典及其他法律对民事关系没有具体规定的，可以遵循民法典关于基本原则的规定。

第二条　在一定地域、行业范围内长期为一般人从事民事活动时普遍遵守的民间习俗、惯常做法等，可以认定为民法典第十条规定的习惯。

当事人主张适用习惯的，应当就习惯及其具体内容提供相应证据；必要时，人民法院可以依职权查明。

适用习惯，不得违背社会主义核心价值观，不得违背公序良俗。

第三条　对于民法典第一百三十二条所称的滥用民事权利，人民法院可以根据权利行使的对象、目的、时间、方式、造成当事人之间利益失衡的程度等因素作出认定。

行为人以损害国家利益、社会公共利益、他人合法权益为主要目的行使民事权利的，人民法院应当认定构成滥用民事权利。

构成滥用民事权利的，人民法院应当认定该滥用行为不发生相应的法律效力。滥用民事权利造成损害的，依照民法典第七编等有关规定处理。

二、民事权利能力和民事行为能力

第四条　涉及遗产继承、接受赠与等胎儿利益保护，父母在胎儿娩出前作为法定代理人主张相应权利的，人民法院依法予以支持。

第五条　限制民事行为能力人实施的民事法律行为是否与其年龄、智力、精神健康状况相适应，人民法院可以从行为与本人生活相关联的程度，本人的智力、精神健康状况能否理解其行为并预见相应的后果，以及标的、数量、价款或者报酬等方面认定。

三、监　　护

第六条　人民法院认定自然人的监护能力，应当根据其年龄、身心健康状况、经济条件等因素确定；认定有关组织的监护能力，应当根据其资质、信用、财产状况等因素确定。

第七条　担任监护人的被监护人父母通过遗嘱指定监护人，遗嘱生效时被指定的人不同意担任监护人的，人民法院应当适用民法典第二十七条、第二十八条的规定确定监护人。

未成年人由父母担任监护人，父母中的一方通过遗嘱指定监护人，另一方在遗嘱生效时有监护能力，有关当事人对监护人的确定有争议的，人民法院应当适用民法典第二十七条第一款的规定确定监护人。

第八条　未成年人的父母与其他依法具有监护资格的人订立协议，约定免除具有监护能力的父母的监护职责的，人民法院不予支持。协议约定在未成年人的父母丧失监护能力时由该具有监护资格的人担任监护人的，人民法院依法予以支持。

依法具有监护资格的人之间依据民法典第三十条的规定，约定由民法典第二十七条第二款、第二十八条规定的不同顺序的人共同担任监护人，或者由顺序在后的人担任监护人的，人民法院依法予以支持。

第九条　人民法院依据民法典第三十一条第二款、第三十六条第一款的规定指定监护人时，应当尊重被监护人的真实意愿，按照最有利于被监护人的原则指定，具体参考以下因素：

（一）与被监护人生活、情感联系的密切程度；

（二）依法具有监护资格的人的监护顺序；

（三）是否有不利于履行监护职责的违法犯罪等情形；

（四）依法具有监护资格的人的监护能力、意愿、品行等。

人民法院依法指定的监护人一般应当是一人，由数人共同担任监护人更有利于保护被监护人利益的，也可以是数人。

第十条　有关当事人不服居民委员会、村民委员会或者民政部门的指定，在接到指定通知之日起三十日内向人民法院申请指定监护人的，人民法院经审理认为指定并无不当，依法裁定驳回申请；认为指定不当，依法判决撤销指定并另行指定监护人。

有关当事人在接到指定通知之日起三十日后提出申请的，人民法院应当按照变更监护关系处理。

第十一条　具有完全民事行为能力的成年人与他人依据民法典第三十三条的规定订立书面协议事先确定自己的监护人后，协议的任何一方在该成年人丧失或者部分丧失民事行为能力前请求解除协议的，人民法院依法予以支持。该成年人丧失或者部分丧失民事行为能力后，协议确定的监护人无正当理由请求解除协议的，人民法院不予支持。

该成年人丧失或者部分丧失民事行为能力后，协议确定的监护人有民法典第三十六条第一款规定的情形之一，该条第二款规定的有关个人、组织申请撤销其监护人资格的，人民法院依法予以支持。

第十二条　监护人、其他依法具有监护资格的人之间就监护人是否有民法典第三十九条第一款第二项、第四项规定的应当终止监护关系的情形发生争议，申请变更监护人的，人民法院应当依法受理。经审理认为理由成立的，人民法院依法予以支持。

被依法指定的监护人与其他具有监护资格的人之间协议变更监护人的，人民法院应当尊重被监护人的真实意愿，按照最有利于被监护人的原则作出裁判。

第十三条　监护人因患病、外出务工等原因在一定期限内不能完全履行监护职责，将全部或者部分监护职责委托给他人，当事人主张受托人因此成为监护人的，人民法院不予支持。

四、宣告失踪和宣告死亡

第十四条　人民法院审理宣告失踪案件时，下列人员应当认定为民法典第四十条规定的利害关系人：

（一）被申请人的近亲属；

（二）依据民法典第一千一百二十八条、第一千一百二十九条规定对被申请人有继承权的亲属；

（三）债权人、债务人、合伙人等与被申请人有民事权利义务关系的民事主体，但是不申请宣告失踪不影响其权利行使、义务履行的除外。

第十五条　失踪人的财产代管人向失踪人的债务人请求偿还债务的，人民法院应当将财产代管人列为原告。

债权人提起诉讼，请求失踪人的财产代管人支付失踪人所欠的债务和其他费用的，人民法院应当将财产代管人列为被告。经审理认为债权人的诉讼请求成立的，人民法院应当判决财产代管人从失踪人的财产中支付失踪人所欠的债务和其他费用。

第十六条　人民法院审理宣告死亡案件时，被申请人的配偶、父母、子女，以及依据民法典第一千一百二十九条规定对被申请人有继承权的亲属应当认定为民法典第四十六条规定的利害关系人。

符合下列情形之一的，被申请人的其他近亲属，以及依据民法典第一千一百二十八条规定对被申请人有继承权的亲属应当认定为民法典第四十六条规定的利害关系人：

（一）被申请人的配偶、父母、子女均已死亡或者下落不明的；

（二）不申请宣告死亡不能保护其相应合法权益的。

被申请人的债权人、债务人、合伙人等民事主体不能认定为民法典第四十六条规定的利害关系人，但是不申请宣告死亡不能保护其相应合法权益的除外。

第十七条　自然人在战争期间下落不明的，利害关系人申请宣告死亡的期间适用民法典第四十六条第一款第一项的规定，自战争结束之日或者有关机关确定的下落不明之日起计算。

五、民事法律行为

第十八条　当事人未采用书面形式或者口头形式，但是实施的行为本身表明已经作出相应意思表示，并符合民事法律行为成立条件的，人民法院可以认定为民法典第一百三十五条规定的采用其他形式实施的民事法律行为。

第十九条　行为人对行为的性质、对方当事人或者标的物的品种、质量、规格、价格、数量等产生错误认识，按照通常理解如果不发生该错误认识行为人就不会作出相应意思表示的，人民法院可以认定为民法典第一百四十七条规定的重大误解。

行为人能够证明自己实施民事法律行为时存在重大误解，并请求撤销该民事法律行为的，人民法院依法予以支持；但是，根据交易习惯等认定行为人无权请求撤销的除外。

第二十条　行为人以其意思表示存在第三人转达错误为由请求撤销民事法律行为的，适用本解释第十九条的规定。

第二十一条　故意告知虚假情况，或者负有告知义务的人故意隐瞒真实情况，致使当事人基于错误认识作出意思表示的，人民法院可以认定为民法典第一百四十八条、第一百四十九条规定的欺诈。

第二十二条　以给自然人及其近亲属等的人身权利、财产权利以及其他合法权益造成损害或者以给法人、非法人组织的名誉、荣誉、财产权益等造成损害为要挟，迫使其基于恐惧心理作出意思表示的，人民法院可以认定为民法典第一百五十条规定的胁迫。

第二十三条　民事法律行为不成立，当事人请求返还财产、折价补偿或者赔偿损失的，参照适用民法典第一百五十七条的规定。

第二十四条　民事法律行为所附条件不可能发生，当事人约定为生效条件的，人民法院应当认定民事法律行为不发生效力；当事人约定为解除条件的，应当认定未附条件，民事法律行为是否失效，依照民法典和相关法律、行政法规的规定认定。

六、代　　理

第二十五条　数个委托代理人共同行使代理权，其中一人或者数人未与其他委托代理人协商，擅自行使代理权的，依据民法典第一百七十一条、第一百七十二条等规定处理。

第二十六条　由于急病、通讯联络中断、疫情防控等特殊原因，委托代理人自己不能办理代理事项，又不能与被代理人及时取得联系，如不及时转委托第三人代理，会给被代理人的利益造成损失或者扩大损失的，人民法院应当认定为民法典第一百六十九条规定的紧急情况。

第二十七条　无权代理行为未被追认，相对人请求行为人履行债务或者赔偿损失的，由行为人就相对人知道或者应当知道行为人无权代理承担举证责任。行为人不能证明的，人民法院依法支持相对人的相应诉讼请求；行为人能够证明的，人民法院应当按照各自的过错认定行为人与相对人的责任。

第二十八条　同时符合下列条件的，人民法院可以认定为民法典第一百七十二条规定的相对人有理由相信行为人有代理权：

（一）存在代理权的外观；

（二）相对人不知道行为人行为时没有代理权，且无过失。

因是否构成表见代理发生争议的，相对人应当就无权代理符合前款第一项规定的条件承担举证责任；被代理人应当就相对人不符合前款第二项规定的条件承担举证责任。

第二十九条　法定代理人、被代理人依据民法典第一百四十五条、第一百七十一条的规定向相对人作出追认的意思表示的，人民法院应当依据民法典第一百三十七条的规定确认其追认意思表示的生效时间。

七、民 事 责 任

第三十条　为了使国家利益、社会公共利益、本人或者他人的人身权利、财产权利以及其他合法权益免受正在进行的不法侵害，而针对实施侵害行为的人采取的制止不法侵害的行为，应当认定为民法典第一百八十一条规定的正当防卫。

第三十一条　对于正当防卫是否超过必要的限度，人民法院应当综合不法侵害的性质、手段、强度、危害程度和防卫的时机、手段、强度、损害后果等因素判断。

经审理，正当防卫没有超过必要限度的，人民法院应当认定正当防卫人不承担责任。正当防卫超过必要限度的，人民法院应当认定正当防卫人在造成不应有的损害范围内承担部分责任；实施侵害行为的人请求正当防卫人承担全部责任的，人民法院不予支持。

实施侵害行为的人不能证明防卫行为造成不应有的损害，仅以正当防卫人采取的反击方式和强度与不法侵害不相当为由主张防卫过当的，人民法院不予支持。

第三十二条　为了使国家利益、社会公共利益、本人或者他人的人身权利、财产权利以及其他合法权益免受正在发生的急迫危险，不得已而采取紧急措施的，应当认定为民法典第一百八十二条规定的紧急避险。

第三十三条　对于紧急避险是否采取措施不当或者超过必要的限度，人民法院应当综合危险的性质、急迫程度、避险行为所保护的权益以及造成的损害后果等因素判断。

经审理，紧急避险采取措施并无不当且没有超过必要限度的，人民法院应当认定紧急避险人不承担责任。紧急避险采取措施不当或者超过必要限度的，人民法院应当根据紧急避险人的过错程度、避险措施造成不应有的损害的原因力大小、紧急避险人是否为受益人等因素认定紧急避险人在造成的不应有的损害范围内承担相应的责任。

第三十四条　因保护他人民事权益使自己受到损害，受害人依据民法典第一百八十三条的规定请求受益人适当补偿的，人民法院可以根据受害人所受损失和已获赔偿的情况、受益人受益的多少及其经济条件等因素确定受益人承担的补偿数额。

八、诉 讼 时 效

第三十五条　民法典第一百八十八条第一款规定的三年诉讼时效期间，可以适用民法典有关诉讼时效中止、中断的规定，不适用延长的规定。该条第二款规定的二十年期间不适用中止、中断的规定。

第三十六条　无民事行为能力人或者限制民事行为能力人的权利受到损害的，诉讼时效期间自其法定代理人知道或者应当知道权利受到损害以及义务人之日起计算，但是法律另有规定的除外。

第三十七条 无民事行为能力人、限制民事行为能力人的权利受到原法定代理人损害，且在取得、恢复完全民事行为能力或者在原法定代理终止并确定新的法定代理人后，相应民事主体才知道或者应当知道权利受到损害的，有关请求权诉讼时效期间的计算适用民法典第一百八十八条第二款、本解释第三十六条的规定。

第三十八条 诉讼时效依据民法典第一百九十五条的规定中断后，在新的诉讼时效期间内，再次出现第一百九十五条规定的中断事由，可以认定为诉讼时效再次中断。

权利人向义务人的代理人、财产代管人或者遗产管理人等提出履行请求的，可以认定为民法典第一百九十五条规定的诉讼时效中断。

九、附　　则

第三十九条 本解释自2022年3月1日起施行。

民法典施行后的法律事实引起的民事案件，本解释施行后尚未终审的，适用本解释；本解释施行前已经终审，当事人申请再审或者按照审判监督程序决定再审的，不适用本解释。

最高人民法院关于适用《中华人民共和国民法典》时间效力的若干规定

1. 2020年12月14日最高人民法院审判委员会第1821次会议通过
2. 2020年12月29日公布
3. 法释〔2020〕15号
4. 自2021年1月1日起施行

根据《中华人民共和国立法法》《中华人民共和国民法典》等法律规定，就人民法院在审理民事纠纷案件中有关适用民法典时间效力问题作出如下规定。

一、一 般 规 定

第一条 民法典施行后的法律事实引起的民事纠纷案件，适用民法典的规定。

民法典施行前的法律事实引起的民事纠纷案件，适用当时的法律、司法解释的规定，但是法律、司法解释另有规定的除外。

民法典施行前的法律事实持续至民法典施行后，该法律事实引起的民事纠纷案件，适用民法典的规定，但是法律、司法解释另有规定的除外。

第二条 民法典施行前的法律事实引起的民事纠纷案件，当时的法律、司法解释有规定，适用当时的法律、司法解释的规定，但是适用民法典的规定更有利于保护民事主体合法权益，更有利于维护社会和经济秩序，更有利于弘扬社会主义核心价值观的除外。

第三条 民法典施行前的法律事实引起的民事纠纷案件，当时的法律、司法解释没有规定而民法典有规定的，可以适用民法典的规定，但是明显减损当事人合法权益、增加当事人法定义务或者背离当事人合理预期的除外。

第四条 民法典施行前的法律事实引起的民事纠纷案件，当时的法律、司法解释仅有原则性规定而民法典有具体规定的，适用当时的法律、司法解释的规定，但是可以依据民法典具体规定进行裁判说理。

第五条 民法典施行前已经终审的案件，当事人申请再审或者按照审判监督程序决定再审的，不适用民法典的规定。

二、溯及适用的具体规定

第六条 《中华人民共和国民法总则》施行前，侵害英雄烈士等的姓名、肖像、名誉、荣誉，损害社会公共利益引起的民事纠纷案件，适用民法典第一百八十五条的规定。

第七条 民法典施行前，当事人在债务履行期限届满前约定债务人不履行到期债务时抵押财产或者质押财产归债权人所有的，适用民法典第四百零一条和第四百二十八条的规定。

第八条 民法典施行前成立的合同，适用当时的法律、司法解释的规定合同无效而适用民法典的规定合同有效的，适用民法典的相关规定。

第九条 民法典施行前订立的合同，提供格式条款一方未履行提示或者说明义务，涉及格式条款效力认定的，适用民法典第四百九十六条的规定。

第十条 民法典施行前，当事人一方未通知对方而直接以提起诉讼方式依法主张解除合同的，适用民法典第五百六十五条第二款的规定。

第十一条 民法典施行前成立的合同，当事人一方不履行非金钱债务或者履行非金钱债务不符合约定，对方可以请求履行，但是有民法典第五百八十条第一款第一项、第二项、第三项除外情形之一，致使不能实现合同目的，当事人请求终止合同权利义务关系的，适用民法典第五百八十条第二款的规定。

第十二条　民法典施行前订立的保理合同发生争议的，适用民法典第三编第十六章的规定。

第十三条　民法典施行前，继承人有民法典第一千一百二十五条第一款第四项和第五项规定行为之一，对该继承人是否丧失继承权发生争议的，适用民法典第一千一百二十五条第一款和第二款的规定。

民法典施行前，受遗赠人有民法典第一千一百二十五条第一款规定行为之一，对受遗赠人是否丧失受遗赠权发生争议的，适用民法典第一千一百二十五条第一款和第三款的规定。

第十四条　被继承人在民法典施行前死亡，遗产无人继承又无人受遗赠，其兄弟姐妹的子女请求代位继承的，适用民法典第一千一百二十八条第二款和第三款的规定，但是遗产已经在民法典施行前处理完毕的除外。

第十五条　民法典施行前，遗嘱人以打印方式立的遗嘱，当事人对该遗嘱效力发生争议的，适用民法典第一千一百三十六条的规定，但是遗产已经在民法典施行前处理完毕的除外。

第十六条　民法典施行前，受害人自愿参加具有一定风险的文体活动受到损害引起的民事纠纷案件，适用民法典第一千一百七十六条的规定。

第十七条　民法典施行前，受害人为保护自己合法权益采取扣留侵权人的财物等措施引起的民事纠纷案件，适用民法典第一千一百七十七条的规定。

第十八条　民法典施行前，因非营运机动车发生交通事故造成无偿搭乘人损害引起的民事纠纷案件，适用民法典第一千二百一十七条的规定。

第十九条　民法典施行前，从建筑物中抛掷物品或者从建筑物上坠落的物品造成他人损害引起的民事纠纷案件，适用民法典第一千二百五十四条的规定。

三、衔接适用的具体规定

第二十条　民法典施行前成立的合同，依照法律规定或者当事人约定该合同的履行持续至民法典施行后，因民法典施行前履行合同发生争议的，适用当时的法律、司法解释的规定；因民法典施行后履行合同发生争议的，适用民法典第三编第四章和第五章的相关规定。

第二十一条　民法典施行前租赁期限届满，当事人主张适用民法典第七百三十四条第二款规定的，人民法院不予支持；租赁期限在民法典施行后届满，当事人主张适用民法典第七百三十四条第二款规定的，人民法院依法予以支持。

第二十二条　民法典施行前，经人民法院判决不准离婚后，双方又分居满一年，一方再次提起离婚诉讼的，适用民法典第一千零七十九条第五款的规定。

第二十三条　被继承人在民法典施行前立有公证遗嘱，民法典施行后又立有新遗嘱，其死亡后，因该数份遗嘱内容相抵触发生争议的，适用民法典第一千一百四十二条第三款的规定。

第二十四条　侵权行为发生在民法典施行前，但是损害后果出现在民法典施行后的民事纠纷案件，适用民法典的规定。

第二十五条　民法典施行前成立的合同，当时的法律、司法解释没有规定且当事人没有约定解除权行使期限，对方当事人也未催告的，解除权人在民法典施行前知道或者应当知道解除事由，自民法典施行之日起一年内不行使的，人民法院应当依法认定该解除权消灭；解除权人在民法典施行后知道或者应当知道解除事由的，适用民法典第五百六十四条第二款关于解除权行使期限的规定。

第二十六条　当事人以民法典施行前受胁迫结婚为由请求人民法院撤销婚姻的，撤销权的行使期限适用民法典第一千零五十二条第二款的规定。

第二十七条　民法典施行前成立的保证合同，当事人对保证期间约定不明确，主债务履行期限届满至民法典施行之日不满二年，当事人主张保证期间为主债务履行期限届满之日起二年的，人民法院依法予以支持；当事人对保证期间没有约定，主债务履行期限届满至民法典施行之日不满六个月，当事人主张保证期间为主债务履行期限届满之日起六个月的，人民法院依法予以支持。

四、附　　则

第二十八条　本规定自2021年1月1日起施行。

本规定施行后，人民法院尚未审结的一审、二审案件适用本规定。

最高人民法院关于印发修改后的《民事案件案由规定》的通知(节录)

1. 2020年12月29日
2. 法〔2020〕347号

各省、自治区、直辖市高级人民法院,解放军军事法院,新疆维吾尔自治区高级人民法院生产建设兵团分院:

为切实贯彻实施民法典,最高人民法院对2011年2月18日第一次修正的《民事案件案由规定》(以下简称2011年《案由规定》)进行了修改,自2021年1月1日起施行。现将修改后的《民事案件案由规定》(以下简称修改后的《案由规定》)印发给你们,请认真贯彻执行。

2011年《案由规定》施行以来,在方便当事人进行民事诉讼,规范人民法院民事立案、审判和司法统计工作等方面,发挥了重要作用。近年来,随着民事诉讼法、邮政法、消费者权益保护法、环境保护法、反不正当竞争法、农村土地承包法、英雄烈士保护法等法律的制定或者修订,审判实践中出现了许多新类型民事案件,需要对2011年《案由规定》进行补充和完善。特别是民法典将于2021年1月1日起施行,迫切需要增补新的案由。经深入调查研究,广泛征求意见,最高人民法院对2011年《案由规定》进行了修改。现就各级人民法院适用修改后的《案由规定》的有关问题通知如下:

一、高度重视民事案件案由在民事审判规范化建设中的重要作用,认真学习掌握修改后的《案由规定》

民事案件案由是民事案件名称的重要组成部分,反映案件所涉及的民事法律关系的性质,是对当事人诉争的法律关系性质进行的概括,是人民法院进行民事案件管理的重要手段。建立科学、完善的民事案件案由体系,有利于方便当事人进行民事诉讼,有利于统一民事案件的法律适用标准,有利于对受理案件进行分类管理,有利于确定各民事审判业务庭的管辖分工,有利于提高民事案件司法统计的准确性和科学性,从而更好地为创新和加强民事审判管理、为人民法院司法决策服务。

各级人民法院要认真学习修改后的《案由规定》,理解案由编排体系和具体案由制定的背景、法律依据、确定标准、具体含义、适用顺序以及变更方法等问题,准确选择适用具体案由,依法维护当事人诉讼权利,创新和加强民事审判管理,不断推进民事审判工作规范化建设。

二、关于《案由规定》修改所遵循的原则

一是严格依法原则。本次修改的具体案由均具有实体法和程序法依据,符合民事诉讼法关于民事案件受案范围的有关规定。

二是必要性原则。本次修改是以保持案由运行体系稳定为前提,对于必须增加、调整的案由作相应修改,尤其是对照民法典的新增制度和重大修改内容,增加、变更部分具体案由,并根据现行立法和司法实践需要完善部分具体案由,对案由编排体系不作大的调整。民法典施行后,最高人民法院将根据工作需要,结合司法实践,继续细化完善民法典新增制度案由,特别是第四级案由。对本次未作修改的部分原有案由,届时一并修改。

三是实用性原则。案由体系是在现行有效的法律规定基础上,充分考虑人民法院民事立案、审判实践以及司法统计的需要而编排的,本次修改更加注重案由的简洁明了、方便实用,既便于当事人进行民事诉讼,也便于人民法院进行民事立案、审判和司法统计工作。

三、关于案由的确定标准

民事案件案由应当依据当事人诉争的民事法律关系的性质来确定。鉴于具体案件中当事人的诉讼请求、争议的焦点可能有多个,争议的标的也可能是多个,为保证案由的高度概括和简洁明了,修改后的《案由规定》仍沿用2011年《案由规定》关于案由的确定标准,即对民事案件案由的表述方式原则上确定为“法律关系性质”加“纠纷”,一般不包含争议焦点、标的物、侵权方式等要素。但是,实践中当事人诉争的民事法律关系的性质具有复杂多变性,单纯按照法律关系标准去划分案由体系的做法难以更好地满足民事审判实践的需要,难以更好地满足司法统计的需要。为此,修改后的《案由规定》在坚持以法律关系性质作为确定案由的主要标准的同时,对少部分案由也依据请求权、形成权或者确认之诉、形成之诉等其他标准进行确定,对少部分案由的表述也包含了争议焦点、标的物、侵权方式等要素。另外,为了与行政案件案由进行明显区分,本次修改还对个别案由的表述进行了特殊处理。

对民事诉讼法规定的适用特别程序、督促程序、公示催告程序、公司清算、破产程序等非讼程序审理的案件案由,根据当事人的诉讼请求予以直接表述;对公益诉讼、第三人撤销之诉、执行程序中的异议之诉等特殊诉讼程序案件的案由,根据修改后民事诉讼法规定的诉讼制度予以直接表述。

四、关于案由体系的总体编排

1. 关于案由纵向和横向体系的编排设置。修改后的《案由规定》以民法学理论对民事法律关系的分类为基础,以法律关系的内容即民事权利类型来编排案由的纵向体系。在纵向体系上,结合民法典、民事诉讼法等民事立法及审判实践,将案由的编排体系划分为人格权纠纷,婚姻家庭、继承纠纷,物权纠纷,合同、准合同纠纷,劳动争议与人事争议,知识产权与竞争纠纷,海事海商纠纷,与公司、证券、保险、票据等有关的民事纠纷,侵权责任纠纷,非讼程序案件案由,特殊诉讼程序案件案由,共计十一大部分,作为第一级案由。

在横向体系上,通过总分式四级结构的设计,实现案由从高级(概括)到低级(具体)的演进。如物权纠纷(第一级案由)→所有权纠纷(第二级案由)→建筑物区分所有权纠纷(第三级案由)→业主专有权纠纷(第四级案由)。在第一级案由项下,细分为五十四类案由,作为第二级案由(以大写数字表示);在第二级案由项下列出了 473 个案由,作为第三级案由(以阿拉伯数字表示)。第三级案由是司法实践中最常见和广泛使用的案由。基于审判工作指导、调研和司法统计的需要,在部分第三级案由项下又列出了 391 个第四级案由(以阿拉伯数字加( )表示)。基于民事法律关系的复杂性,不可能穷尽所有第四级案由,目前所列的第四级案由只是一些典型的、常见的或者为了司法统计需要而设立的案由。

修改后的《案由规定》采用纵向十一个部分、横向四级结构的编排设置,形成了网状结构体系,基本涵盖了民法典所涉及的民事纠纷案件类型以及人民法院当前受理的民事纠纷案件类型,有利于贯彻落实民法典等民事法律关于民事权益保护的相关规定。

2. 关于物权纠纷案由与合同纠纷案由的编排设置。修改后的《案由规定》仍然沿用 2011 年《案由规定》关于物权纠纷案由与合同纠纷案由的编排体系。按照物权变动原因与结果相区分的原则,对于涉及物权变动的原因,即债权性质的合同关系引发的纠纷案件的案由,修改后的《案由规定》将其放在合同纠纷项下;对于涉及物权变动的结果,即物权设立、权属、效力、使用、收益等物权关系产生的纠纷案件的案由,修改后的《案由规定》将其放在物权纠纷项下。前者如第三级案由“居住权合同纠纷”列在第二级案由“合同纠纷”项下;后者如第三级案由“居住权纠纷”列在第二级案由“物权纠纷”项下。

具体适用时,人民法院应根据当事人诉争的法律关系的性质,查明该法律关系涉及的是物权变动的原因关系还是物权变动的结果关系,以正确确定案由。当事人诉争的法律关系性质涉及物权变动原因的,即因债权性质的合同关系引发的纠纷案件,应当选择适用第二级案由“合同纠纷”项下的案由,如“居住权合同纠纷”案由;当事人诉争的法律关系性质涉及物权变动结果的,即因物权设立、权属、效力、使用、收益等物权关系引发的纠纷案件,应当选择第二级案由“物权纠纷”项下的案由,如“居住权纠纷”案由。

3. 关于第三部分“物权纠纷”项下“物权保护纠纷”案由与“所有权纠纷”“用益物权纠纷”“担保物权纠纷”案由的编排设置。修改后的《案由规定》仍然沿用 2011 年《案由规定》关于物权纠纷案由的编排设置。“所有权纠纷”“用益物权纠纷”“担保物权纠纷”案由既包括以上三种类型的物权确认纠纷案由,也包括以上三种类型的侵害物权纠纷案由。民法典物权编第三章“物权的保护”所规定的物权请求权或者债权请求权保护方法,即“物权保护纠纷”,在修改后的《案由规定》列举的每个物权类型(第三级案由)项下都可能部分或者全部适用,多数都可以作为第四级案由列举,但为避免使整个案由体系冗长繁杂,在各第三级案由下并未一一列出。实践中需要确定具体个案案由时,如果当事人的诉讼请求只涉及“物权保护纠纷”项下的一种物权请求权或者债权请求权,则可以选择适用“物权保护纠纷”项下的六种第三级案由;如果当事人的诉讼请求涉及“物权保护纠纷”项下的两种或者两种以上物权请求权或者债权请求权,则应按照所保护的权利种类,选择适用“所有权纠纷”“用益物权纠纷”“担保物权纠纷”项下的第三级案由(各种物权类型纠纷)。

4. 关于侵权责任纠纷案由的编排设置。修改后的《案由规定》仍然沿用2011年《案由规定》关于侵权责任纠纷案由与其他第一级案由的编排设置。根据民法典侵权责任编的相关规定,该编的保护对象为民事权益,具体范围是民法典总则编第五章所规定的人身、财产权益。这些民事权益,又分别在人格权编、物权编、婚姻家庭编、继承编等予以了细化规定,而这些民事权益纠纷往往既包括权属确认纠纷也包括侵权责任纠纷,这就为科学合理编排民事案件案由体系增加了难度。为了保持整个案由体系的完整性和稳定性,尽可能避免重复交叉,修改后的《案由规定》将这些侵害民事权益侵权责任纠纷案由仍旧分别保留在"人格权纠纷""婚姻家庭、继承纠纷""物权纠纷""知识产权与竞争纠纷"等第一级案由体系项下,对照侵权责任编新规定调整第一级案由"侵权责任纠纷"项下案由;同时,将一些实践中常见的、其他第一级案由不便列出的侵权责任纠纷案由也列在第一级案由"侵权责任纠纷"项下,如"非机动车交通事故责任纠纷"。从"兜底"考虑,修改后的《案由规定》将第一级案由"侵权责任纠纷"列在其他八个民事权益纠纷类型之后,作为第九部分。

具体适用时,涉及侵权责任纠纷的,为明确和统一法律适用问题,应当先适用第九部分"侵权责任纠纷"项下根据侵权责任编相关规定列出的具体案由;没有相应案由的,再适用"人格权纠纷""物权纠纷""知识产权与竞争纠纷"等其他部分项下的具体案由。如环境污染、高度危险行为均可能造成人身损害和财产损害,确定案由时,应当适用第九部分"侵权责任纠纷"项下"环境污染责任纠纷""高度危险责任纠纷"案由,而不应适用第一部分"人格权纠纷"项下的"生命权、身体权、健康权纠纷"案由,也不应适用第三部分"物权纠纷"项下的"财产损害赔偿纠纷"案由。

五、适用修改后的《案由规定》应当注意的问题

1. 在案由横向体系上应当按照由低到高的顺序选择适用个案案由。确定个案案由时,应当优先适用第四级案由,没有对应的第四级案由的,适用相应的第三级案由;第三级案由中没有规定的,适用相应的第二级案由;第二级案由没有规定的,适用相应的第一级案由。这样处理,有利于更准确地反映当事人诉争的法律关系的性质,有利于促进分类管理科学化和提高司法统计准确性。

2. 关于个案案由的变更。人民法院在民事立案审查阶段,可以根据原告诉讼请求涉及的法律关系性质,确定相应的个案案由;人民法院受理民事案件后,经审理发现当事人起诉的法律关系与实际诉争的法律关系不一致的,人民法院结案时应当根据法庭查明的当事人之间实际存在的法律关系的性质,相应变更个案案由。当事人在诉讼过程中增加或者变更诉讼请求导致当事人诉争的法律关系发生变更的,人民法院应当相应变更个案案由。

3. 存在多个法律关系时个案案由的确定。同一诉讼中涉及两个以上的法律关系的,应当根据当事人诉争的法律关系的性质确定个案案由;均为诉争的法律关系的,则按诉争的两个以上法律关系并列确定相应的案由。

4. 请求权竞合时个案案由的确定。在请求权竞合的情形下,人民法院应当按照当事人自主选择行使的请求权所涉及的诉争的法律关系的性质,确定相应的案由。

5. 正确认识民事案件案由的性质与功能。案由体系的编排制定是人民法院进行民事审判管理的手段。各级人民法院应当依法保障当事人依照法律规定享有的起诉权利,不得将修改后的《案由规定》等同于民事诉讼法第一百一十九条规定的起诉条件,不得以当事人的诉请在修改后的《案由规定》中没有相应案由可以适用为由,裁定不予受理或者驳回起诉,损害当事人的诉讼权利。

6. 案由体系中的选择性案由(即含有顿号的部分案由)的使用方法。对这些案由,应当根据具体案情,确定相应的个案案由,不应直接将该案由全部引用。如"生命权、身体权、健康权纠纷"案由,应当根据具体侵害对象来确定相应的案由。

本次民事案件案由修改工作主要基于人民法院当前司法实践经验,对照民法典等民事立法修改完善相关具体案由。2021年1月1日民法典施行后,修改后的《案由规定》可能需要对标民法典具体施行情况作进一步调整。地方各级人民法院要密切关注民法典施行后立案审判中遇到的新情况、新问题,重点梳理汇总民法典新增制度项下可以细化规定为第四级案由的新类型案件,及时层报最高人民法院。

民事案件案由规定

（2007年10月29日最高人民法院审判委员会第1438次会议通过　自2008年4月1日起施行　根据2011年2月18日《最高人民法院关于修改〈民事案件案由规定〉的决定》（法〔2011〕41号）第一次修正　根据2020年12月14日最高人民法院审判委员会第1821次会议通过的《最高人民法院关于修改〈民事案件案由规定〉的决定》（法〔2020〕346号）第二次修正）

为了正确适用法律，统一确定案由，根据《中华人民共和国民法典》《中华人民共和国民事诉讼法》等法律规定，结合人民法院民事审判工作实际情况，对民事案件案由规定如下：

第一部分　人格权纠纷

一、人格权纠纷

1. 生命权、身体权、健康权纠纷
2. 姓名权纠纷
3. 名称权纠纷
4. 肖像权纠纷
5. 声音保护纠纷
6. 名誉权纠纷
7. 荣誉权纠纷
8. 隐私权、个人信息保护纠纷
（1）隐私权纠纷
（2）个人信息保护纠纷
9. 婚姻自主权纠纷
10. 人身自由权纠纷
11. 一般人格权纠纷
（1）平等就业权纠纷

第二部分　婚姻家庭、继承纠纷

二、婚姻家庭纠纷

12. 婚约财产纠纷
13. 婚内夫妻财产分割纠纷
14. 离婚纠纷
15. 离婚后财产纠纷
16. 离婚后损害责任纠纷
17. 婚姻无效纠纷
18. 撤销婚姻纠纷
19. 夫妻财产约定纠纷
20. 同居关系纠纷
（1）同居关系析产纠纷
（2）同居关系子女抚养纠纷
21. 亲子关系纠纷
（1）确认亲子关系纠纷
（2）否认亲子关系纠纷
22. 抚养纠纷
（1）抚养费纠纷
（2）变更抚养关系纠纷
23. 扶养纠纷
（1）扶养费纠纷
（2）变更扶养关系纠纷
24. 赡养纠纷
（1）赡养费纠纷
（2）变更赡养关系纠纷
25. 收养关系纠纷
（1）确认收养关系纠纷
（2）解除收养关系纠纷
26. 监护权纠纷
27. 探望权纠纷
28. 分家析产纠纷

三、继承纠纷

29. 法定继承纠纷
（1）转继承纠纷
（2）代位继承纠纷
30. 遗嘱继承纠纷
31. 被继承人债务清偿纠纷
32. 遗赠纠纷
33. 遗赠扶养协议纠纷
34. 遗产管理纠纷

第三部分　物权纠纷

四、不动产登记纠纷

35. 异议登记不当损害责任纠纷
36. 虚假登记损害责任纠纷

五、物权保护纠纷

37. 物权确认纠纷
（1）所有权确认纠纷

(2)用益物权确认纠纷
(3)担保物权确认纠纷
38. 返还原物纠纷
39. 排除妨害纠纷
40. 消除危险纠纷
41. 修理、重作、更换纠纷
42. 恢复原状纠纷
43. 财产损害赔偿纠纷

六、所有权纠纷

44. 侵害集体经济组织成员权益纠纷
45. 建筑物区分所有权纠纷
(1)业主专有权纠纷
(2)业主共有权纠纷
(3)车位纠纷
(4)车库纠纷
46. 业主撤销权纠纷
47. 业主知情权纠纷
48. 遗失物返还纠纷
49. 漂流物返还纠纷
50. 埋藏物返还纠纷
51. 隐藏物返还纠纷
52. 添附物归属纠纷
53. 相邻关系纠纷
(1)相邻用水、排水纠纷
(2)相邻通行纠纷
(3)相邻土地、建筑物利用关系纠纷
(4)相邻通风纠纷
(5)相邻采光、日照纠纷
(6)相邻污染侵害纠纷
(7)相邻损害防免关系纠纷
54. 共有纠纷
(1)共有权确认纠纷
(2)共有物分割纠纷
(3)共有人优先购买权纠纷
(4)债权人代位析产纠纷

七、用益物权纠纷

61. 土地承包经营权纠纷
(1)土地承包经营权确认纠纷
(2)承包地征收补偿费用分配纠纷
(3)土地承包经营权继承纠纷
62. 土地经营权纠纷
63. 建设用地使用权纠纷
64. 宅基地使用权纠纷
65. 居住权纠纷
66. 地役权纠纷

九、占有保护纠纷

70. 占有物返还纠纷
71. 占有排除妨害纠纷
72. 占有消除危险纠纷
73. 占有物损害赔偿纠纷

第九部分　侵权责任纠纷

三十一、侵权责任纠纷

364. 监护人责任纠纷
365. 用人单位责任纠纷
366. 劳务派遣工作人员侵权责任纠纷
367. 提供劳务者致害责任纠纷
368. 提供劳务者受害责任纠纷
369. 网络侵权责任纠纷
(1)网络侵害虚拟财产纠纷
370. 违反安全保障义务责任纠纷
(1)经营场所、公共场所的经营者、管理者责任纠纷
(2)群众性活动组织者责任纠纷
371. 教育机构责任纠纷
372. 性骚扰损害责任纠纷
373. 产品责任纠纷
374. 机动车交通事故责任纠纷
375. 非机动车交通事故责任纠纷
376. 医疗损害责任纠纷
(1)侵害患者知情同意权责任纠纷
(2)医疗产品责任纠纷
377. 环境污染责任纠纷
378. 生态破坏责任纠纷
379. 高度危险责任纠纷
380. 饲养动物损害责任纠纷
381. 建筑物和物件损害责任纠纷
(1)物件脱落、坠落损害责任纠纷
(2)建筑物、构筑物倒塌、塌陷损害责任纠纷
(3)高空抛物、坠物损害责任纠纷
(4)堆放物倒塌、滚落、滑落损害责任纠纷
(5)公共道路妨碍通行损害责任纠纷

(6)林木折断、倾倒、果实坠落损害责任纠纷
(7)地面施工、地下设施损害责任纠纷
382. 触电人身损害责任纠纷
383. 义务帮工人受害责任纠纷
384. 见义勇为人受害责任纠纷
385. 公证损害责任纠纷
386. 防卫过当损害责任纠纷
387. 紧急避险损害责任纠纷
388. 驻香港、澳门特别行政区军人执行职务侵权责任纠纷
389. 铁路运输损害责任纠纷
(1)铁路运输人身损害责任纠纷
(2)铁路运输财产损害责任纠纷
390. 水上运输损害责任纠纷
(1)水上运输人身损害责任纠纷
(2)水上运输财产损害责任纠纷
391. 航空运输损害责任纠纷
(1)航空运输人身损害责任纠纷
(2)航空运输财产损害责任纠纷
392. 因申请财产保全损害责任纠纷
393. 因申请行为保全损害责任纠纷
394. 因申请证据保全损害责任纠纷
395. 因申请先予执行损害责任纠纷

第十部分　非讼程序案件案由

三十二、选民资格案件
396. 申请确定选民资格

三十三、宣告失踪、宣告死亡案件
397. 申请宣告自然人失踪
398. 申请撤销宣告失踪判决
399. 申请为失踪人财产指定、变更代管人
400. 申请宣告自然人死亡
401. 申请撤销宣告自然人死亡判决

三十四、认定自然人无民事行为能力、限制民事行为能力案件
402. 申请宣告自然人无民事行为能力
403. 申请宣告自然人限制民事行为能力
404. 申请宣告自然人恢复限制民事行为能力
405. 申请宣告自然人恢复完全民事行为能力

三十五、指定遗产管理人案件
406. 申请指定遗产管理人

三十六、认定财产无主案件
407. 申请认定财产无主
408. 申请撤销认定财产无主判决

三十七、确认调解协议案件
409. 申请司法确认调解协议
410. 申请撤销确认调解协议裁定

三十八、实现担保物权案件
411. 申请实现担保物权
412. 申请撤销准许实现担保物权裁定

三十九、监护权特别程序案件
413. 申请确定监护人
414. 申请指定监护人
415. 申请变更监护人
416. 申请撤销监护人资格
417. 申请恢复监护人资格

四十六、申请人身安全保护令案件
442. 申请人身安全保护令

四十七、申请人格权侵害禁令案件
443. 申请人格权侵害禁令

第十一部分　特殊诉讼程序案件案由

五十一、与宣告失踪、宣告死亡案件有关的纠纷
464. 失踪人债务支付纠纷
465. 被撤销死亡宣告人请求返还财产纠纷

五十二、公益诉讼
466. 生态环境保护民事公益诉讼
(1)环境污染民事公益诉讼
(2)生态破坏民事公益诉讼
(3)生态环境损害赔偿诉讼
467. 英雄烈士保护民事公益诉讼
468. 未成年人保护民事公益诉讼
469. 消费者权益保护民事公益诉讼

五十三、第三人撤销之诉
470. 第三人撤销之诉

五十四、执行程序中的异议之诉
471. 执行异议之诉
(1)案外人执行异议之诉
(2)申请执行人执行异议之诉
472. 追加、变更被执行人异议之诉
473. 执行分配方案异议之诉

二、婚　姻

资料补充栏

1. 总　类

中华人民共和国民法典(节录)

1. 2020年5月28日第十三届全国人民代表大会第三次会议通过
2. 2020年5月28日中华人民共和国主席令第45号公布
3. 自2021年1月1日起施行

第五编　婚姻家庭

第一章　一般规定

第一千零四十条　【婚姻家庭编的调整范围】本编调整因婚姻家庭产生的民事关系。

第一千零四十一条　【基本原则】婚姻家庭受国家保护。

实行婚姻自由、一夫一妻、男女平等的婚姻制度。

保护妇女、未成年人、老年人、残疾人的合法权益。

第一千零四十二条　【婚姻家庭的禁止性规定】禁止包办、买卖婚姻和其他干涉婚姻自由的行为。禁止借婚姻索取财物。

禁止重婚。禁止有配偶者与他人同居。

禁止家庭暴力。禁止家庭成员间的虐待和遗弃。

第一千零四十三条　【婚姻家庭的倡导性规定】家庭应当树立优良家风,弘扬家庭美德,重视家庭文明建设。

夫妻应当互相忠实,互相尊重,互相关爱;家庭成员应当敬老爱幼,互相帮助,维护平等、和睦、文明的婚姻家庭关系。

第一千零四十四条　【收养的基本原则】收养应当遵循最有利于被收养人的原则,保障被收养人和收养人的合法权益。

禁止借收养名义买卖未成年人。

第一千零四十五条　【亲属、近亲属及家庭成员】亲属包括配偶、血亲和姻亲。

配偶、父母、子女、兄弟姐妹、祖父母、外祖父母、孙子女、外孙子女为近亲属。

配偶、父母、子女和其他共同生活的近亲属为家庭成员。

第二章　结　　婚

第一千零四十六条　【结婚自愿】结婚应当男女双方完全自愿,禁止任何一方对另一方加以强迫,禁止任何组织或者个人加以干涉。

第一千零四十七条　【法定结婚年龄】结婚年龄,男不得早于二十二周岁,女不得早于二十周岁。

第一千零四十八条　【禁止结婚的情形】直系血亲或者三代以内的旁系血亲禁止结婚。

第一千零四十九条　【结婚登记】要求结婚的男女双方应当亲自到婚姻登记机关申请结婚登记。符合本法规定的,予以登记,发给结婚证。完成结婚登记,即确立婚姻关系。未办理结婚登记的,应当补办登记。

第一千零五十条　【婚后双方互为家庭成员】登记结婚后,按照男女双方约定,女方可以成为男方家庭的成员,男方可以成为女方家庭的成员。

第一千零五十一条　【婚姻无效的情形】有下列情形之一的,婚姻无效:

(一)重婚;

(二)有禁止结婚的亲属关系;

(三)未到法定婚龄。

第一千零五十二条　【胁迫的可撤销婚姻】因胁迫结婚的,受胁迫的一方可以向人民法院请求撤销婚姻。

请求撤销婚姻的,应当自胁迫行为终止之日起一年内提出。

被非法限制人身自由的当事人请求撤销婚姻的,应当自恢复人身自由之日起一年内提出。

第一千零五十三条　【隐瞒疾病的可撤销婚姻】一方患有重大疾病的,应当在结婚登记前如实告知另一方;不如实告知的,另一方可以向人民法院请求撤销婚姻。

请求撤销婚姻的,应当自知道或者应当知道撤销事由之日起一年内提出。

第一千零五十四条　【婚姻无效和被撤销的法律后果】无效的或者被撤销的婚姻自始没有法律约束力,当事人不具有夫妻的权利和义务。同居期间所得的财产,由当事人协议处理;协议不成的,由人民法院根据照顾无过错方的原则判决。对重婚导致的无效婚姻的财产处理,不得侵害合法婚姻当事人的财产权益。当事人所生的子女,适用本法关于父母子女的规定。

婚姻无效或者被撤销的,无过错方有权请求损害赔偿。

第三章　家庭关系

第一节　夫妻关系

第一千零五十五条　【夫妻地位平等】夫妻在婚姻家庭

中地位平等。

第一千零五十六条 【夫妻姓名权】夫妻双方都有各自使用自己姓名的权利。

第一千零五十七条 【夫妻人身自由权】夫妻双方都有参加生产、工作、学习和社会活动的自由,一方不得对另一方加以限制或者干涉。

第一千零五十八条 【夫妻抚养、教育和保护子女的权利义务平等】夫妻双方平等享有对未成年子女抚养、教育和保护的权利,共同承担对未成年子女抚养、教育和保护的义务。

第一千零五十九条 【夫妻相互扶养义务】夫妻有相互扶养的义务。

需要扶养的一方,在另一方不履行扶养义务时,有要求其给付扶养费的权利。

第一千零六十条 【日常家事代理权】夫妻一方因家庭日常生活需要而实施的民事法律行为,对夫妻双方发生效力,但是夫妻一方与相对人另有约定的除外。

夫妻之间对一方可以实施的民事法律行为范围的限制,不得对抗善意相对人。

第一千零六十一条 【夫妻相互继承权】夫妻有相互继承遗产的权利。

第一千零六十二条 【夫妻共同财产】夫妻在婚姻关系存续期间所得的下列财产,为夫妻的共同财产,归夫妻共同所有:

(一)工资、奖金、劳务报酬;

(二)生产、经营、投资的收益;

(三)知识产权的收益;

(四)继承或者受赠的财产,但是本法第一千零六十三条第三项规定的除外;

(五)其他应当归共同所有的财产。

夫妻对共同财产,有平等的处理权。

第一千零六十三条 【夫妻个人财产】下列财产为夫妻一方的个人财产:

(一)一方的婚前财产;

(二)一方因受到人身损害获得的赔偿或者补偿;

(三)遗嘱或者赠与合同中确定只归一方的财产;

(四)一方专用的生活用品;

(五)其他应当归一方的财产。

第一千零六十四条 【夫妻共同债务】夫妻双方共同签名或者夫妻一方事后追认等共同意思表示所负的债务,以及夫妻一方在婚姻关系存续期间以个人名义为家庭日常生活需要所负的债务,属于夫妻共同债务。

夫妻一方在婚姻关系存续期间以个人名义超出家庭日常生活需要所负的债务,不属于夫妻共同债务;但是,债权人能够证明该债务用于夫妻共同生活、共同生产经营或者基于夫妻双方共同意思表示的除外。

第一千零六十五条 【夫妻约定财产制】男女双方可以约定婚姻关系存续期间所得的财产以及婚前财产归各自所有、共同所有或者部分各自所有、部分共同所有。约定应当采用书面形式。没有约定或者约定不明确的,适用本法第一千零六十二条、第一千零六十三条的规定。

夫妻对婚姻关系存续期间所得的财产以及婚前财产的约定,对双方具有法律约束力。

夫妻对婚姻关系存续期间所得的财产约定归各自所有,夫或者妻一方对外所负的债务,相对人知道该约定的,以夫或者妻一方的个人财产清偿。

第一千零六十六条 【婚姻关系存续期间夫妻共同财产的分割】婚姻关系存续期间,有下列情形之一的,夫妻一方可以向人民法院请求分割共同财产:

(一)一方有隐藏、转移、变卖、毁损、挥霍夫妻共同财产或者伪造夫妻共同债务等严重损害夫妻共同财产利益的行为;

(二)一方负有法定扶养义务的人患重大疾病需要医治,另一方不同意支付相关医疗费用。

第二节 父母子女关系和其他近亲属关系

第一千零六十七条 【父母的抚养义务和子女的赡养义务】父母不履行抚养义务的,未成年子女或者不能独立生活的成年子女,有要求父母给付抚养费的权利。

成年子女不履行赡养义务的,缺乏劳动能力或者生活困难的父母,有要求成年子女给付赡养费的权利。

第一千零六十八条 【父母教育、保护未成年子女的权利义务】父母有教育、保护未成年子女的权利和义务。未成年子女造成他人损害的,父母应当依法承担民事责任。

第一千零六十九条 【子女应尊重父母的婚姻权利】子

女应当尊重父母的婚姻权利,不得干涉父母离婚、再婚以及婚后的生活。子女对父母的赡养义务,不因父母的婚姻关系变化而终止。

第一千零七十条 【父母子女相互继承权】父母和子女有相互继承遗产的权利。

第一千零七十一条 【非婚生子女的权利】非婚生子女享有与婚生子女同等的权利,任何组织或者个人不得加以危害和歧视。

不直接抚养非婚生子女的生父或者生母,应当负担未成年子女或者不能独立生活的成年子女的抚养费。

第一千零七十二条 【继父母与继子女间的权利义务关系】继父母与继子女间,不得虐待或者歧视。

继父或者继母和受其抚养教育的继子女间的权利义务关系,适用本法关于父母子女关系的规定。

第一千零七十三条 【亲子关系异议之诉】对亲子关系有异议且有正当理由的,父或者母可以向人民法院提起诉讼,请求确认或者否认亲子关系。

对亲子关系有异议且有正当理由的,成年子女可以向人民法院提起诉讼,请求确认亲子关系。

第一千零七十四条 【祖孙之间的抚养、赡养义务】有负担能力的祖父母、外祖父母,对于父母已经死亡或者父母无力抚养的未成年孙子女、外孙子女,有抚养的义务。

有负担能力的孙子女、外孙子女,对于子女已经死亡或者子女无力赡养的祖父母、外祖父母,有赡养的义务。

第一千零七十五条 【兄弟姐妹间的扶养义务】有负担能力的兄、姐,对于父母已经死亡或者父母无力抚养的未成年弟、妹,有扶养的义务。

由兄、姐扶养长大的有负担能力的弟、妹,对于缺乏劳动能力又缺乏生活来源的兄、姐,有扶养的义务。

第四章 离 婚

第一千零七十六条 【协议离婚】夫妻双方自愿离婚的,应当签订书面离婚协议,并亲自到婚姻登记机关申请离婚登记。

离婚协议应当载明双方自愿离婚的意思表示和对子女抚养、财产以及债务处理等事项协商一致的意见。

第一千零七十七条 【离婚冷静期】自婚姻登记机关收到离婚登记申请之日起三十日内,任何一方不愿意离婚的,可以向婚姻登记机关撤回离婚登记申请。

前款规定期限届满后三十日内,双方应当亲自到婚姻登记机关申请发给离婚证;未申请的,视为撤回离婚登记申请。

第一千零七十八条 【协议离婚登记】婚姻登记机关查明双方确实是自愿离婚,并已经对子女抚养、财产以及债务处理等事项协商一致的,予以登记,发给离婚证。

第一千零七十九条 【诉讼离婚】夫妻一方要求离婚的,可以由有关组织进行调解或者直接向人民法院提起离婚诉讼。

人民法院审理离婚案件,应当进行调解;如果感情确已破裂,调解无效的,应当准予离婚。

有下列情形之一,调解无效的,应当准予离婚:

(一)重婚或者与他人同居;

(二)实施家庭暴力或者虐待、遗弃家庭成员;

(三)有赌博、吸毒等恶习屡教不改;

(四)因感情不和分居满二年;

(五)其他导致夫妻感情破裂的情形。

一方被宣告失踪,另一方提起离婚诉讼的,应当准予离婚。

经人民法院判决不准离婚后,双方又分居满一年,一方再次提起离婚诉讼的,应当准予离婚。

第一千零八十条 【婚姻关系解除时间】完成离婚登记,或者离婚判决书、调解书生效,即解除婚姻关系。

第一千零八十一条 【军婚的保护】现役军人的配偶要求离婚,应当征得军人同意,但是军人一方有重大过错的除外。

第一千零八十二条 【男方离婚诉权的限制】女方在怀孕期间、分娩后一年内或者终止妊娠后六个月内,男方不得提出离婚;但是,女方提出离婚或者人民法院认为确有必要受理男方离婚请求的除外。

第一千零八十三条 【复婚登记】离婚后,男女双方自愿恢复婚姻关系的,应当到婚姻登记机关重新进行结婚登记。

第一千零八十四条 【离婚后的父母子女关系】父母与子女间的关系,不因父母离婚而消除。离婚后,子女无论由父或者母直接抚养,仍是父母双方的子女。

离婚后,父母对于子女仍有抚养、教育、保护的权利和义务。

离婚后，不满两周岁的子女，以由母亲直接抚养为原则。已满两周岁的子女，父母双方对抚养问题协议不成的，由人民法院根据双方的具体情况，按照最有利于未成年子女的原则判决。子女已满八周岁的，应当尊重其真实意愿。

第一千零八十五条 【离婚后子女抚养费的负担】离婚后，子女由一方直接抚养的，另一方应当负担部分或者全部抚养费。负担费用的多少和期限的长短，由双方协议；协议不成的，由人民法院判决。

前款规定的协议或者判决，不妨碍子女在必要时向父母任何一方提出超过协议或者判决原定数额的合理要求。

第一千零八十六条 【父母的探望权】离婚后，不直接抚养子女的父或者母，有探望子女的权利，另一方有协助的义务。

行使探望权利的方式、时间由当事人协议；协议不成的，由人民法院判决。

父或者母探望子女，不利于子女身心健康的，由人民法院依法中止探望；中止的事由消失后，应当恢复探望。

第一千零八十七条 【离婚时夫妻共同财产的处理】离婚时，夫妻的共同财产由双方协议处理；协议不成的，由人民法院根据财产的具体情况，按照照顾子女、女方和无过错方权益的原则判决。

对夫或者妻在家庭土地承包经营中享有的权益等，应当依法予以保护。

第一千零八十八条 【离婚经济补偿】夫妻一方因抚育子女、照料老年人、协助另一方工作等负担较多义务的，离婚时有权向另一方请求补偿，另一方应当给予补偿。具体办法由双方协议；协议不成的，由人民法院判决。

第一千零八十九条 【离婚时夫妻共同债务清偿】离婚时，夫妻共同债务应当共同偿还。共同财产不足清偿或者财产归各自所有的，由双方协议清偿；协议不成的，由人民法院判决。

第一千零九十条 【离婚经济帮助】离婚时，如果一方生活困难，有负担能力的另一方应当给予适当帮助。具体办法由双方协议；协议不成的，由人民法院判决。

第一千零九十一条 【离婚过错赔偿】有下列情形之一，导致离婚的，无过错方有权请求损害赔偿：

（一）重婚；

（二）与他人同居；

（三）实施家庭暴力；

（四）虐待、遗弃家庭成员；

（五）有其他重大过错。

第一千零九十二条 【一方侵害夫妻共同财产的法律后果】夫妻一方隐藏、转移、变卖、毁损、挥霍夫妻共同财产，或者伪造夫妻共同债务企图侵占另一方财产的，在离婚分割夫妻共同财产时，对该方可以少分或者不分。离婚后，另一方发现有上述行为的，可以向人民法院提起诉讼，请求再次分割夫妻共同财产。

民政部、总政治部关于士官婚姻管理有关问题的通知

1. 2011年12月28日发布
2. 民发〔2011〕219号

各省、自治区、直辖市民政厅（局），各计划单列市民政局，新疆生产建设兵团民政局；各军区、各军兵种、各总部、军事科学院、国防大学、国防科学技术大学、武警部队政治部：

为加强士官队伍建设，进一步做好新形势下士官婚姻管理工作，根据士官管理有关规定，现就有关事项通知如下：

一、士官符合下列条件之一的，经师（旅）级以上单位政治机关批准，可以在驻地或者部队内部找对象结婚：

（一）中级士官；

（二）年龄超过28周岁的男士官或者年龄超过26周岁的女士官；

（三）烈士子女、孤儿或者因战、因公、因病致残的士官。

二、军队政治机关负责对士官在部队驻地或者部队内部找对象结婚的条件进行审查，符合条件的按有关规定出具《军人婚姻登记证明》。婚姻登记机关依据军队政治机关出具的《军人婚姻登记证明》，为士官办理婚姻登记。

三、民政部、总政治部《关于军队人员婚姻管理有关问题的通知》（政组〔2010〕14号）与本通知不一致的，以本《通知》为准。

第八次全国法院民事商事审判工作会议（民事部分）纪要（节录）

1. 2016年11月30日最高人民法院发布
2. 法〔2016〕399号

二、关于婚姻家庭纠纷案件的审理

审理好婚姻家庭案件对于弘扬社会主义核心价值观和中华民族传统美德，传递正能量，促进家风建设，维护婚姻家庭稳定，具有重要意义。要注重探索家事审判工作规律，积极稳妥开展家事审判方式和工作机制改革试点工作；做好反家暴法实施工作，及时总结人民法院适用人身安全保护令制止家庭暴力的成功经验，促进社会健康和谐发展。

（一）关于未成年人保护问题

1. 在审理婚姻家庭案件中，应注重对未成年人权益的保护，特别是涉及家庭暴力的离婚案件，从未成年子女利益最大化的原则出发，对于实施家庭暴力的父母一方，一般不宜判决其直接抚养未成年子女。

2. 离婚后，不直接抚养未成年子女的父母一方提出探望未成年子女诉讼请求的，应当向双方当事人释明探望权的适当行使对未成年子女健康成长、人格塑造的重要意义，并根据未成年子女的年龄、智力和认知水平，在有利于未成年子女成长和尊重其意愿的前提下，保障当事人依法行使探望权。

3. 祖父母、外祖父母对父母已经死亡或父母无力抚养的未成年孙子女、外孙子女尽了抚养义务，其定期探望孙子女、外孙子女的权利应当得到尊重，并有权通过诉讼方式获得司法保护。

（二）关于夫妻共同财产认定问题

4. 婚姻关系存续期间以夫妻共同财产投保，投保人和被保险人同为夫妻一方，离婚时处于保险期内，投保人不愿意继续投保的，保险人退还的保险单现金价值部分应按照夫妻共同财产处理；离婚时投保人选择继续投保的，投保人应当支付保险单现金价值的一半给另一方。

5. 婚姻关系存续期间，夫妻一方作为被保险人依据意外伤害保险合同、健康保险合同获得的具有人身性质的保险金，或者夫妻一方作为受益人依据以死亡为给付条件的人寿保险合同获得的保险金，宜认定为个人财产，但双方另有约定的除外。

婚姻关系存续期间，夫妻一方依据以生存到一定年龄为给付条件的具有现金价值的保险合同获得的保险金，宜认定为夫妻共同财产，但双方另有约定的除外。

最高人民法院关于适用《中华人民共和国民法典》婚姻家庭编的解释（一）

1. 2020年12月25日最高人民法院审判委员会第1825次会议通过
2. 2020年12月29日公布
3. 法释〔2020〕22号
4. 自2021年1月1日起施行

为正确审理婚姻家庭纠纷案件，根据《中华人民共和国民法典》《中华人民共和国民事诉讼法》等相关法律规定，结合审判实践，制定本解释。

一、一般规定

第一条 持续性、经常性的家庭暴力，可以认定为民法典第一千零四十二条、第一千零七十九条、第一千零九十一条所称的“虐待”。

第二条 民法典第一千零四十二条、第一千零七十九条、第一千零九十一条规定的“与他人同居”的情形，是指有配偶者与婚外异性，不以夫妻名义，持续、稳定地共同居住。

第三条 当事人提起诉讼仅请求解除同居关系的，人民法院不予受理；已经受理的，裁定驳回起诉。

当事人因同居期间财产分割或者子女抚养纠纷提起诉讼的，人民法院应当受理。

第四条 当事人仅以民法典第一千零四十三条为依据提起诉讼的，人民法院不予受理；已经受理的，裁定驳回起诉。

第五条 当事人请求返还按照习俗给付的彩礼的，如果查明属于以下情形，人民法院应当予以支持：

（一）双方未办理结婚登记手续；

（二）双方办理结婚登记手续但确未共同生活；

（三）婚前给付并导致给付人生活困难。

适用前款第二项、第三项的规定，应当以双方离婚为条件。

二、结 婚

第六条 男女双方依据民法典第一千零四十九条规定补办结婚登记的，婚姻关系的效力从双方均符合民法典所规定的结婚的实质要件时起算。

第七条 未依据民法典第一千零四十九条规定办理结婚登记而以夫妻名义共同生活的男女，提起诉讼要求离婚的，应当区别对待：

（一）1994 年 2 月 1 日民政部《婚姻登记管理条例》公布实施以前，男女双方已经符合结婚实质要件的，按事实婚姻处理。

（二）1994 年 2 月 1 日民政部《婚姻登记管理条例》公布实施以后，男女双方符合结婚实质要件的，人民法院应当告知其补办结婚登记。未补办结婚登记的，依据本解释第三条规定处理。

第八条 未依据民法典第一千零四十九条规定办理结婚登记而以夫妻名义共同生活的男女，一方死亡，另一方以配偶身份主张享有继承权的，依据本解释第七条的原则处理。

第九条 有权依据民法典第一千零五十一条规定向人民法院就已办理结婚登记的婚姻请求确认婚姻无效的主体，包括婚姻当事人及利害关系人。其中，利害关系人包括：

（一）以重婚为由的，为当事人的近亲属及基层组织；

（二）以未到法定婚龄为由的，为未到法定婚龄者的近亲属；

（三）以有禁止结婚的亲属关系为由的，为当事人的近亲属。

第十条 当事人依据民法典第一千零五十一条规定向人民法院请求确认婚姻无效，法定的无效婚姻情形在提起诉讼时已经消失的，人民法院不予支持。

第十一条 人民法院受理请求确认婚姻无效案件后，原告申请撤诉的，不予准许。

对婚姻效力的审理不适用调解，应当依法作出判决。

涉及财产分割和子女抚养的，可以调解。调解达成协议的，另行制作调解书；未达成调解协议的，应当一并作出判决。

第十二条 人民法院受理离婚案件后，经审理确属无效婚姻的，应当将婚姻无效的情形告知当事人，并依法作出确认婚姻无效的判决。

第十三条 人民法院就同一婚姻关系分别受理了离婚和请求确认婚姻无效案件的，对于离婚案件的审理，应当待请求确认婚姻无效案件作出判决后进行。

第十四条 夫妻一方或者双方死亡后，生存一方或者利害关系人依据民法典第一千零五十一条的规定请求确认婚姻无效的，人民法院应当受理。

第十五条 利害关系人依据民法典第一千零五十一条的规定，请求人民法院确认婚姻无效的，利害关系人为原告，婚姻关系当事人双方为被告。

夫妻一方死亡的，生存一方为被告。

第十六条 人民法院审理重婚导致的无效婚姻案件时，涉及财产处理的，应当准许合法婚姻当事人作为有独立请求权的第三人参加诉讼。

第十七条 当事人以民法典第一千零五十一条规定的三种无效婚姻以外的情形请求确认婚姻无效的，人民法院应当判决驳回当事人的诉讼请求。

当事人以结婚登记程序存在瑕疵为由提起民事诉讼，主张撤销结婚登记的，告知其可以依法申请行政复议或者提起行政诉讼。

第十八条 行为人以给另一方当事人或者其近亲属的生命、身体、健康、名誉、财产等方面造成损害为要挟，迫使另一方当事人违背真实意愿结婚的，可以认定为民法典第一千零五十二条所称的“胁迫”。

因受胁迫而请求撤销婚姻的，只能是受胁迫一方的婚姻关系当事人本人。

第十九条 民法典第一千零五十二条规定的“一年”，不适用诉讼时效中止、中断或者延长的规定。

受胁迫或者被非法限制人身自由的当事人请求撤销婚姻的，不适用民法典第一百五十二条第二款的规定。

第二十条 民法典第一千零五十四条所规定的“自始没有法律约束力”，是指无效婚姻或者可撤销婚姻在依法被确认无效或者被撤销时，才确定该婚姻自始不受法律保护。

第二十一条 人民法院根据当事人的请求，依法确认婚姻无效或者撤销婚姻的，应当收缴双方的结婚证书并将生效的判决书寄送当地婚姻登记管理机关。

第二十二条 被确认无效或者被撤销的婚姻，当事人同居期间所得的财产,除有证据证明为当事人一方所有的以外,按共同共有处理。

三、夫妻关系

第二十三条 夫以妻擅自中止妊娠侵犯其生育权为由请求损害赔偿的,人民法院不予支持;夫妻双方因是否生育发生纠纷,致使感情确已破裂,一方请求离婚的,人民法院经调解无效,应依照民法典第一千零七十九条第三款第五项的规定处理。

第二十四条 民法典第一千零六十二条第一款第三项规定的"知识产权的收益",是指婚姻关系存续期间,实际取得或者已经明确可以取得的财产性收益。

第二十五条 婚姻关系存续期间,下列财产属于民法典第一千零六十二条规定的"其他应当归共同所有的财产":

(一)一方以个人财产投资取得的收益;

(二)男女双方实际取得或者应当取得的住房补贴、住房公积金;

(三)男女双方实际取得或者应当取得的基本养老金、破产安置补偿费。

第二十六条 夫妻一方个人财产在婚后产生的收益,除孳息和自然增值外,应认定为夫妻共同财产。

第二十七条 由一方婚前承租、婚后用共同财产购买的房屋,登记在一方名下的,应当认定为夫妻共同财产。

第二十八条 一方未经另一方同意出售夫妻共同所有的房屋,第三人善意购买、支付合理对价并已办理不动产登记,另一方主张追回该房屋的,人民法院不予支持。

夫妻一方擅自处分共同所有的房屋造成另一方损失,离婚时另一方请求赔偿损失的,人民法院应予支持。

第二十九条 当事人结婚前,父母为双方购置房屋出资的,该出资应当认定为对自己子女个人的赠与,但父母明确表示赠与双方的除外。

当事人结婚后,父母为双方购置房屋出资的,依照约定处理;没有约定或者约定不明确的,按照民法典第一千零六十二条第一款第四项规定的原则处理。

第三十条 军人的伤亡保险金、伤残补助金、医药生活补助费属于个人财产。

第三十一条 民法典第一千零六十三条规定为夫妻一方的个人财产,不因婚姻关系的延续而转化为夫妻共同财产。但当事人另有约定的除外。

第三十二条 婚前或者婚姻关系存续期间,当事人约定将一方所有的房产赠与另一方或者共有,赠与方在赠与房产变更登记之前撤销赠与,另一方请求判令继续履行的,人民法院可以按照民法典第六百五十八条的规定处理。

第三十三条 债权人就一方婚前所负个人债务向债务人的配偶主张权利的,人民法院不予支持。但债权人能够证明所负债务用于婚后家庭共同生活的除外。

第三十四条 夫妻一方与第三人串通,虚构债务,第三人主张该债务为夫妻共同债务的,人民法院不予支持。

夫妻一方在从事赌博、吸毒等违法犯罪活动中所负债务,第三人主张该债务为夫妻共同债务的,人民法院不予支持。

第三十五条 当事人的离婚协议或者人民法院生效判决、裁定、调解书已经对夫妻财产分割问题作出处理的,债权人仍有权就夫妻共同债务向男女双方主张权利。

一方就夫妻共同债务承担清偿责任后,主张由另一方按照离婚协议或者人民法院的法律文书承担相应债务的,人民法院应予支持。

第三十六条 夫或者妻一方死亡的,生存一方应当对婚姻关系存续期间的夫妻共同债务承担清偿责任。

第三十七条 民法典第一千零六十五条第三款所称"相对人知道该约定的",夫妻一方对此负有举证责任。

第三十八条 婚姻关系存续期间,除民法典第一千零六十六条规定情形以外,夫妻一方请求分割共同财产的,人民法院不予支持。

四、父母子女关系

第三十九条 父或者母向人民法院起诉请求否认亲子关系,并已提供必要证据予以证明,另一方没有相反证据又拒绝做亲子鉴定的,人民法院可以认定否认亲子关系一方的主张成立。

父或者母以及成年子女起诉请求确认亲子关系,并提供必要证据予以证明,另一方没有相反证据又拒绝做亲子鉴定的,人民法院可以认定确认亲子关系一方的主张成立。

第四十条 婚姻关系存续期间,夫妻双方一致同意进行人工授精，所生子女应视为婚生子女，父母子女间的权利义务关系适用民法典的有关规定。

第四十一条　尚在校接受高中及其以下学历教育，或者丧失、部分丧失劳动能力等非因主观原因而无法维持正常生活的成年子女，可以认定为民法典第一千零六十七条规定的"不能独立生活的成年子女"。

第四十二条　民法典第一千零六十七条所称"抚养费"，包括子女生活费、教育费、医疗费等费用。

第四十三条　婚姻关系存续期间，父母双方或者一方拒不履行抚养子女义务，未成年子女或者不能独立生活的成年子女请求支付抚养费的，人民法院应予支持。

第四十四条　离婚案件涉及未成年子女抚养的，对不满两周岁的子女，按照民法典第一千零八十四条第三款规定的原则处理。母亲有下列情形之一，父亲请求直接抚养的，人民法院应予支持：

（一）患有久治不愈的传染性疾病或者其他严重疾病，子女不宜与其共同生活；

（二）有抚养条件不尽抚养义务，而父亲要求子女随其生活；

（三）因其他原因，子女确不宜随母亲生活。

第四十五条　父母双方协议不满两周岁子女由父亲直接抚养，并对子女健康成长无不利影响的，人民法院应予支持。

第四十六条　对已满两周岁的未成年子女，父母均要求直接抚养，一方有下列情形之一的，可予优先考虑：

（一）已做绝育手术或者因其他原因丧失生育能力；

（二）子女随其生活时间较长，改变生活环境对子女健康成长明显不利；

（三）无其他子女，而另一方有其他子女；

（四）子女随其生活，对子女成长有利，而另一方患有久治不愈的传染性疾病或者其他严重疾病，或者有其他不利于子女身心健康的情形，不宜与子女共同生活。

第四十七条　父母抚养子女的条件基本相同，双方均要求直接抚养子女，但子女单独随祖父母或者外祖父母共同生活多年，且祖父母或者外祖父母要求并且有能力帮助子女照顾孙子女或者外孙子女的，可以作为父或者母直接抚养子女的优先条件予以考虑。

第四十八条　在有利于保护子女利益的前提下，父母双方协议轮流直接抚养子女的，人民法院应予支持。

第四十九条　抚养费的数额，可以根据子女的实际需要、父母双方的负担能力和当地的实际生活水平确定。

有固定收入的，抚养费一般可以按其月总收入的百分之二十至三十的比例给付。负担两个以上子女抚养费的，比例可以适当提高，但一般不得超过月总收入的百分之五十。

无固定收入的，抚养费的数额可以依据当年总收入或者同行业平均收入，参照上述比例确定。

有特殊情况的，可以适当提高或者降低上述比例。

第五十条　抚养费应当定期给付，有条件的可以一次性给付。

第五十一条　父母一方无经济收入或者下落不明的，可以用其财物折抵抚养费。

第五十二条　父母双方可以协议由一方直接抚养子女并由直接抚养方负担子女全部抚养费。但是，直接抚养方的抚养能力明显不能保障子女所需费用，影响子女健康成长的，人民法院不予支持。

第五十三条　抚养费的给付期限，一般至子女十八周岁为止。

十六周岁以上不满十八周岁，以其劳动收入为主要生活来源，并能维持当地一般生活水平的，父母可以停止给付抚养费。

第五十四条　生父与继母离婚或者生母与继父离婚时，对曾受其抚养教育的继子女，继父或者继母不同意继续抚养的，仍应由生父或者生母抚养。

第五十五条　离婚后，父母一方要求变更子女抚养关系的，或者子女要求增加抚养费的，应当另行提起诉讼。

第五十六条　具有下列情形之一，父母一方要求变更子女抚养关系的，人民法院应予支持：

（一）与子女共同生活的一方因患严重疾病或者因伤残无力继续抚养子女；

（二）与子女共同生活的一方不尽抚养义务或有虐待子女行为，或者其与子女共同生活对子女身心健康确有不利影响；

（三）已满八周岁的子女，愿随另一方生活，该方又有抚养能力；

（四）有其他正当理由需要变更。

第五十七条　父母双方协议变更子女抚养关系的，人民法院应予支持。

第五十八条　具有下列情形之一，子女要求有负担能力的父或者母增加抚养费的，人民法院应予支持：

（一）原定抚养费数额不足以维持当地实际生活水平；

（二）因子女患病、上学，实际需要已超过原定数额；

（三）有其他正当理由应当增加。

第五十九条　父母不得因子女变更姓氏而拒付子女抚养费。父或者母擅自将子女姓氏改为继母或继父姓氏而引起纠纷的，应当责令恢复原姓氏。

第六十条　在离婚诉讼期间，双方均拒绝抚养子女的，可以先行裁定暂由一方抚养。

第六十一条　对拒不履行或者妨害他人履行生效判决、裁定、调解书中有关子女抚养义务的当事人或者其他人，人民法院可依照民事诉讼法第一百一十一条的规定采取强制措施。

五、离　　婚

第六十二条　无民事行为能力人的配偶有民法典第三十六条第一款规定行为，其他有监护资格的人可以要求撤销其监护资格，并依法指定新的监护人；变更后的监护人代理无民事行为能力一方提起离婚诉讼的，人民法院应予受理。

第六十三条　人民法院审理离婚案件，符合民法典第一千零七十九条第三款规定"应当准予离婚"情形的，不应当因当事人有过错而判决不准离婚。

第六十四条　民法典第一千零八十一条所称的"军人一方有重大过错"，可以依据民法典第一千零七十九条第三款前三项规定及军人有其他重大过错导致夫妻感情破裂的情形予以判断。

第六十五条　人民法院作出的生效的离婚判决中未涉及探望权，当事人就探望权问题单独提起诉讼的，人民法院应予受理。

第六十六条　当事人在履行生效判决、裁定或者调解书的过程中，一方请求中止探望的，人民法院在征询双方当事人意见后，认为需要中止探望的，依法作出裁定；中止探望的情形消失后，人民法院应当根据当事人的请求书面通知其恢复探望。

第六十七条　未成年子女、直接抚养子女的父或者母以及其他对未成年子女负担抚养、教育、保护义务的法定监护人，有权向人民法院提出中止探望的请求。

第六十八条　对于拒不协助另一方行使探望权的有关个人或者组织，可以由人民法院依法采取拘留、罚款等强制措施，但是不能对子女的人身、探望行为进行强制执行。

第六十九条　当事人达成的以协议离婚或者到人民法院调解离婚为条件的财产以及债务处理协议，如果双方离婚未成，一方在离婚诉讼中反悔的，人民法院应当认定该财产以及债务处理协议没有生效，并根据实际情况依照民法典第一千零八十七条和第一千零八十九条的规定判决。

当事人依照民法典第一千零七十六条签订的离婚协议中关于财产以及债务处理的条款，对男女双方具有法律约束力。登记离婚后当事人因履行上述协议发生纠纷提起诉讼的，人民法院应当受理。

第七十条　夫妻双方协议离婚后就财产分割问题反悔，请求撤销财产分割协议的，人民法院应当受理。

人民法院审理后，未发现订立财产分割协议时存在欺诈、胁迫等情形的，应当依法驳回当事人的诉讼请求。

第七十一条　人民法院审理离婚案件，涉及分割发放到军人名下的复员费、自主择业费等一次性费用的，以夫妻婚姻关系存续年限乘以年平均值，所得数额为夫妻共同财产。

前款所称年平均值，是指将发放到军人名下的上述费用总额按具体年限均分得出的数额。其具体年限为人均寿命七十岁与军人入伍时实际年龄的差额。

第七十二条　夫妻双方分割共同财产中的股票、债券、投资基金份额等有价证券以及未上市股份有限公司股份时，协商不成或者按市价分配有困难的，人民法院可以根据数量按比例分配。

第七十三条　人民法院审理离婚案件，涉及分割夫妻共同财产中以一方名义在有限责任公司的出资额，另一方不是该公司股东的，按以下情形分别处理：

（一）夫妻双方协商一致将出资额部分或者全部转让给该股东的配偶，其他股东过半数同意，并且其他股东均明确表示放弃优先购买权的，该股东的配偶可以成为该公司股东；

（二）夫妻双方就出资额转让份额和转让价格等事项协商一致后，其他股东半数以上不同意转让，但愿意以同等条件购买该出资额的，人民法院可以对转让出资所得财产进行分割。其他股东半数以上不同意转让，也不愿意以同等条件购买该出资额的，视为其同意转让，该股东的配偶可以成为该公司股东。

用于证明前款规定的股东同意的证据，可以是股东会议材料，也可以是当事人通过其他合法途径取得的股东的书面声明材料。

第七十四条 人民法院审理离婚案件，涉及分割夫妻共同财产中以一方名义在合伙企业中的出资，另一方不是该企业合伙人的，当夫妻双方协商一致，将其合伙企业中的财产份额全部或者部分转让给对方时，按以下情形分别处理：

（一）其他合伙人一致同意的，该配偶依法取得合伙人地位；

（二）其他合伙人不同意转让，在同等条件下行使优先购买权的，可以对转让所得的财产进行分割；

（三）其他合伙人不同意转让，也不行使优先购买权，但同意该合伙人退伙或者削减部分财产份额的，可以对结算后的财产进行分割；

（四）其他合伙人既不同意转让，也不行使优先购买权，又不同意该合伙人退伙或者削减部分财产份额的，视为全体合伙人同意转让，该配偶依法取得合伙人地位。

第七十五条 夫妻以一方名义投资设立个人独资企业的，人民法院分割夫妻在该个人独资企业中的共同财产时，应当按照以下情形分别处理：

（一）一方主张经营该企业的，对企业资产进行评估后，由取得企业资产所有权一方给予另一方相应的补偿；

（二）双方均主张经营该企业的，在双方竞价基础上，由取得企业资产所有权的一方给予另一方相应的补偿；

（三）双方均不愿意经营该企业的，按照《中华人民共和国个人独资企业法》等有关规定办理。

第七十六条 双方对夫妻共同财产中的房屋价值及归属无法达成协议时，人民法院按以下情形分别处理：

（一）双方均主张房屋所有权并且同意竞价取得的，应当准许；

（二）一方主张房屋所有权的，由评估机构按市场价格对房屋作出评估，取得房屋所有权的一方应当给予另一方相应的补偿；

（三）双方均不主张房屋所有权的，根据当事人的申请拍卖、变卖房屋，就所得价款进行分割。

第七十七条 离婚时双方对尚未取得所有权或者尚未取得完全所有权的房屋有争议且协商不成的，人民法院不宜判决房屋所有权的归属，应当根据实际情况判决由当事人使用。

当事人就前款规定的房屋取得完全所有权后，有争议的，可以另行向人民法院提起诉讼。

第七十八条 夫妻一方婚前签订不动产买卖合同，以个人财产支付首付款并在银行贷款，婚后用夫妻共同财产还贷，不动产登记于首付款支付方名下的，离婚时该不动产由双方协议处理。

依前款规定不能达成协议的，人民法院可以判决该不动产归登记一方，尚未归还的贷款为不动产登记一方的个人债务。双方婚后共同还贷支付的款项及其相对应财产增值部分，离婚时应根据民法典第一千零八十七条第一款规定的原则，由不动产登记一方对另一方进行补偿。

第七十九条 婚姻关系存续期间，双方用夫妻共同财产出资购买以一方父母名义参加房改的房屋，登记在一方父母名下，离婚时另一方主张按照夫妻共同财产对该房屋进行分割的，人民法院不予支持。购买该房屋时的出资，可以作为债权处理。

第八十条 离婚时夫妻一方尚未退休、不符合领取基本养老金条件，另一方请求按照夫妻共同财产分割基本养老金的，人民法院不予支持；婚后以夫妻共同财产缴纳基本养老保险费，离婚时一方主张将养老金账户中婚姻关系存续期间个人实际缴纳部分及利息作为夫妻共同财产分割的，人民法院应予支持。

第八十一条 婚姻关系存续期间，夫妻一方作为继承人依法可以继承的遗产，在继承人之间尚未实际分割，起诉离婚时另一方请求分割的，人民法院应当告知当事人在继承人之间实际分割遗产后另行起诉。

第八十二条 夫妻之间订立借款协议，以夫妻共同财产出借给一方从事个人经营活动或者用于其他个人事务的，应视为双方约定处分夫妻共同财产的行为，离婚时可以按照借款协议的约定处理。

第八十三条 离婚后，一方以尚有夫妻共同财产未处理为由向人民法院起诉请求分割的，经审查该财产确属离婚时未涉及的夫妻共同财产，人民法院应当依法予以分割。

第八十四条 当事人依据民法典第一千零九十二条的规定向人民法院提起诉讼，请求再次分割夫妻共同财产的诉讼时效期间为三年，从当事人发现之日起计算。

第八十五条 夫妻一方申请对配偶的个人财产或者夫妻共同财产采取保全措施的，人民法院可以在采取保全措施可能造成损失的范围内，根据实际情况，确定合理的财产担保数额。

第八十六条 民法典第一千零九十一条规定的“损害赔偿”，包括物质损害赔偿和精神损害赔偿。涉及精神损害赔偿的，适用《最高人民法院关于确定民事侵权精神损害赔偿责任若干问题的解释》的有关规定。

第八十七条 承担民法典第一千零九十一条规定的损害赔偿责任的主体，为离婚诉讼当事人中无过错方的配偶。

人民法院判决不准离婚的案件，对于当事人基于民法典第一千零九十一条提出的损害赔偿请求，不予支持。

在婚姻关系存续期间，当事人不起诉离婚而单独依据民法典第一千零九十一条提起损害赔偿请求的，人民法院不予受理。

第八十八条 人民法院受理离婚案件时，应当将民法典第一千零九十一条等规定中当事人的有关权利义务，书面告知当事人。在适用民法典第一千零九十一条时，应当区分以下不同情况：

（一）符合民法典第一千零九十一条规定的无过错方作为原告基于该条规定向人民法院提起损害赔偿请求的，必须在离婚诉讼的同时提出。

（二）符合民法典第一千零九十一条规定的无过错方作为被告的离婚诉讼案件，如果被告不同意离婚也不基于该条规定提起损害赔偿请求的，可以就此单独提起诉讼。

（三）无过错方作为被告的离婚诉讼案件，一审时被告未基于民法典第一千零九十一条规定提出损害赔偿请求，二审期间提出的，人民法院应当进行调解；调解不成的，告知当事人另行起诉。双方当事人同意由第二审人民法院一并审理的，第二审人民法院可以一并裁判。

第八十九条 当事人在婚姻登记机关办理离婚登记手续后，以民法典第一千零九十一条规定为由向人民法院提出损害赔偿请求的，人民法院应当受理。但当事人在协议离婚时已经明确表示放弃该项请求的，人民法院不予支持。

第九十条 夫妻双方均有民法典第一千零九十一条规定的过错情形，一方或者双方向对方提出离婚损害赔偿请求的，人民法院不予支持。

六、附　　则

第九十一条 本解释自2021年1月1日起施行。

2. 婚姻登记

婚姻登记条例

1. 2003年8月8日国务院令第387号公布
2. 自2003年10月1日起施行

第一章　总　　则

第一条　为了规范婚姻登记工作,保障婚姻自由、一夫一妻、男女平等的婚姻制度的实施,保护婚姻当事人的合法权益,根据《中华人民共和国婚姻法》(以下简称婚姻法),制定本条例。

第二条　内地居民办理婚姻登记的机关是县级人民政府民政部门或者乡(镇)人民政府,省、自治区、直辖市人民政府可以按照便民原则确定农村居民办理婚姻登记的具体机关。

中国公民同外国人,内地居民同香港特别行政区居民(以下简称香港居民)、澳门特别行政区居民(以下简称澳门居民)、台湾地区居民(以下简称台湾居民)、华侨办理婚姻登记的机关是省、自治区、直辖市人民政府民政部门或者省、自治区、直辖市人民政府民政部门确定的机关。

第三条　婚姻登记机关的婚姻登记员应当接受婚姻登记业务培训,经考核合格,方可从事婚姻登记工作。

婚姻登记机关办理婚姻登记,除按收费标准向当事人收取工本费外,不得收取其他费用或者附加其他义务。

第二章　结 婚 登 记

第四条　内地居民结婚,男女双方应当共同到一方当事人常住户口所在地的婚姻登记机关办理结婚登记。

中国公民同外国人在中国内地结婚的,内地居民同香港居民、澳门居民、台湾居民、华侨在中国内地结婚的,男女双方应当共同到内地居民常住户口所在地的婚姻登记机关办理结婚登记。

第五条　办理结婚登记的内地居民应当出具下列证件和证明材料:

(一)本人的户口簿、身份证;

(二)本人无配偶以及与对方当事人没有直系血亲和三代以内旁系血亲关系的签字声明。

办理结婚登记的香港居民、澳门居民、台湾居民应当出具下列证件和证明材料:

(一)本人的有效通行证、身份证;

(二)经居住地公证机构公证的本人无配偶以及与对方当事人没有直系血亲和三代以内旁系血亲关系的声明。

办理结婚登记的华侨应当出具下列证件和证明材料:

(一)本人的有效护照;

(二)居住国公证机构或者有权机关出具的、经中华人民共和国驻该国使(领)馆认证的本人无配偶以及与对方当事人没有直系血亲和三代以内旁系血亲关系的证明,或者中华人民共和国驻该国使(领)馆出具的本人无配偶以及与对方当事人没有直系血亲和三代以内旁系血亲关系的证明。

办理结婚登记的外国人应当出具下列证件和证明材料:

(一)本人的有效护照或者其他有效的国际旅行证件;

(二)所在国公证机构或者有权机关出具的、经中华人民共和国驻该国使(领)馆认证或者该国驻华使(领)馆认证的本人无配偶的证明,或者所在国驻华使(领)馆出具的本人无配偶的证明。

第六条　办理结婚登记的当事人有下列情形之一的,婚姻登记机关不予登记:

(一)未到法定结婚年龄的;

(二)非双方自愿的;

(三)一方或者双方已有配偶的;

(四)属于直系血亲或者三代以内旁系血亲的;

(五)患有医学上认为不应当结婚的疾病的。

第七条　婚姻登记机关应当对结婚登记当事人出具的证件、证明材料进行审查并询问相关情况。对当事人符合结婚条件的,应当当场予以登记,发给结婚证;对当事人不符合结婚条件不予登记的,应当向当事人说明理由。

第八条　男女双方补办结婚登记的,适用本条例结婚登记的规定。

第九条　因胁迫结婚的,受胁迫的当事人依据婚姻法第十一条的规定向婚姻登记机关请求撤销其婚姻的,应当出具下列证明材料:

(一)本人的身份证、结婚证;

（二）能够证明受胁迫结婚的证明材料。

婚姻登记机关经审查认为受胁迫结婚的情况属实且不涉及子女抚养、财产及债务问题的，应当撤销该婚姻，宣告结婚证作废。

第三章 离婚登记

第十条 内地居民自愿离婚的，男女双方应当共同到一方当事人常住户口所在地的婚姻登记机关办理离婚登记。

中国公民同外国人在中国内地自愿离婚的，内地居民同香港居民、澳门居民、台湾居民、华侨在中国内地自愿离婚的，男女双方应当共同到内地居民常住户口所在地的婚姻登记机关办理离婚登记。

第十一条 办理离婚登记的内地居民应当出具下列证件和证明材料：

（一）本人的户口簿、身份证；

（二）本人的结婚证；

（三）双方当事人共同签署的离婚协议书。

办理离婚登记的香港居民、澳门居民、台湾居民、华侨、外国人除应当出具前款第（二）项、第（三）项规定的证件、证明材料外，香港居民、澳门居民、台湾居民还应当出具本人的有效通行证、身份证，华侨、外国人还应当出具本人的有效护照或者其他有效国际旅行证件。

离婚协议书应当载明双方当事人自愿离婚的意思表示以及对子女抚养、财产及债务处理等事项协商一致的意见。

第十二条 办理离婚登记的当事人有下列情形之一的，婚姻登记机关不予受理：

（一）未达成离婚协议的；

（二）属于无民事行为能力人或者限制民事行为能力人的；

（三）其结婚登记不是在中国内地办理的。

第十三条 婚姻登记机关应当对离婚登记当事人出具的证件、证明材料进行审查并询问相关情况。对当事人确属自愿离婚，并已对子女抚养、财产、债务等问题达成一致处理意见的，应当当场予以登记，发给离婚证。

第十四条 离婚的男女双方自愿恢复夫妻关系的，应当到婚姻登记机关办理复婚登记。复婚登记适用本条例结婚登记的规定。

第四章 婚姻登记档案和婚姻登记证

第十五条 婚姻登记机关应当建立婚姻登记档案。婚姻登记档案应当长期保管。具体管理办法由国务院民政部门会同国家档案管理部门规定。

第十六条 婚姻登记机关收到人民法院宣告婚姻无效或者撤销婚姻的判决书副本后，应当将该判决书副本收入当事人的婚姻登记档案。

第十七条 结婚证、离婚证遗失或者损毁的，当事人可以持户口簿、身份证向原办理婚姻登记的机关或者一方当事人常住户口所在地的婚姻登记机关申请补领。婚姻登记机关对当事人的婚姻登记档案进行查证，确认属实的，应当为当事人补发结婚证、离婚证。

第五章 罚 则

第十八条 婚姻登记机关及其婚姻登记员有下列行为之一的，对直接负责的主管人员和其他直接责任人员依法给予行政处分：

（一）为不符合婚姻登记条件的当事人办理婚姻登记的；

（二）玩忽职守造成婚姻登记档案损失的；

（三）办理婚姻登记或者补发结婚证、离婚证超过收费标准收取费用的。

违反前款第（三）项规定收取的费用，应当退还当事人。

第六章 附 则

第十九条 中华人民共和国驻外使（领）馆可以依照本条例的有关规定，为男女双方均居住于驻在国的中国公民办理婚姻登记。

第二十条 本条例规定的婚姻登记证由国务院民政部门规定式样并监制。

第二十一条 当事人办理婚姻登记或者补领结婚证、离婚证应当交纳工本费。工本费的收费标准由国务院价格主管部门会同国务院财政部门规定并公布。

第二十二条 本条例自2003年10月1日起施行。1994年1月12日国务院批准、1994年2月1日民政部发布的《婚姻登记管理条例》同时废止。

民政部办公厅关于贯彻执行《婚姻登记条例》若干问题的意见

1. 2004年3月29日发布
2. 民函〔2004〕76号

各省、自治区、直辖市民政厅(局),计划单列市民政局,新疆生产建设兵团民政局:

为切实保障《婚姻登记条例》的贯彻实施,规范婚姻登记工作,方便当事人办理婚姻登记,经商国务院法制办公室、外交部、公安部、解放军总政治部等相关部门,现就《婚姻登记条例》贯彻执行过程中的若干问题提出以下处理意见:

一、关于身份证问题

当事人无法提交居民身份证的,婚姻登记机关可根据当事人出具的有效临时身份证办理婚姻登记。

二、关于户口簿问题

当事人无法出具居民户口簿的,婚姻登记机关可凭公安部门或有关户籍管理机构出具的加盖印章的户籍证明办理婚姻登记;当事人属于集体户口的,婚姻登记机关可凭集体户口簿内本人的户口卡片或加盖单位印章的记载其户籍情况的户口簿复印件办理婚姻登记。

当事人未办理落户手续的,户口迁出地或另一方当事人户口所在地的婚姻登记机关可凭公安部门或有关户籍管理机构出具的证明材料办理婚姻登记。

三、关于身份证、户口簿查验问题

当事人所持户口簿与身份证上的"姓名"、"性别"、"出生日期"内容不一致的,婚姻登记机关应告知当事人先到户籍所在地的公安部门履行相关项目变更和必要的证簿换领手续后再办理婚姻登记。

当事人声明的婚姻状况与户口簿"婚姻状况"内容不一致的,婚姻登记机关对当事人婚姻状况的审查主要依据其本人书面声明。

四、关于少数民族当事人提供的照片问题

为尊重少数民族的风俗习惯,少数民族当事人办理婚姻登记时提供的照片是否免冠从习俗。

五、关于离婚登记中的结婚证问题

申请办理离婚登记的当事人有一本结婚证丢失的,婚姻登记机关可根据另一本结婚证办理离婚登记;当事人两本结婚证都丢失的,婚姻登记机关可根据结婚登记档案或当事人提供的结婚登记记录证明等证明材料办理离婚登记。当事人应对结婚证丢失情况作出书面说明,该说明由婚姻登记机关存档。

申请办理离婚登记的当事人提供的结婚证上的姓名、出生日期、身份证号与身份证、户口簿不一致的,当事人应书面说明不一致的原因。

六、关于补领结婚证、离婚证问题

申请补领结婚证、离婚证的当事人出具的身份证、户口簿上的姓名、年龄、身份证号与原婚姻登记档案记载不一致的,当事人应书面说明不一致的原因,婚姻登记机关可根据当事人出具的身份证件补发结婚证、离婚证。

当事人办理结婚登记时未达法定婚龄,申请补领时仍未达法定婚龄的,婚姻登记机关不得补发结婚证。当事人办理结婚登记时未达法定婚龄,申请补领时已达法定婚龄的,当事人应对结婚登记情况作出书面说明;婚姻登记机关补发的结婚证登记日期应为当事人达到法定婚龄之日。

七、关于出国人员、华侨及港澳台居民结婚提交材料的问题

出国人员办理结婚登记应根据其出具的证件分情况处理:当事人出具身份证、户口簿作为身份证件的,按内地居民婚姻登记规定办理;当事人出具中国护照作为身份证件的,按华侨婚姻登记规定办理。

当事人以中国护照作为身份证件,在内地居住满一年、无法取得有关国家或我驻外使领馆出具的婚姻状况证明的,婚姻登记机关可根据当事人本人的相关情况声明及两个近亲属出具的有关当事人婚姻状况的证明办理结婚登记。

八、关于双方均非内地居民的结婚登记问题

双方均为外国人,要求在内地办理结婚登记的,如果当事人能够出具《婚姻登记条例》规定的相应证件和证明材料以及当事人本国承认其居民在国外办理结婚登记效力的证明,当事人工作或生活所在地具有办理涉外婚姻登记权限的登记机关应予受理。

一方为外国人、另一方为港澳台居民或华侨,或者双方均为港澳台居民或华侨,要求在内地办理结婚登记的,如果当事人能够出具《婚姻登记条例》规定的相应证件和证明材料,当事人工作或生活所在地具有相应办理婚姻登记权限的登记机关应予受理。

一方为出国人员、另一方为外国人、港澳台居民或华侨,或双方均为出国人员,要求在内地办理结婚登记的,如果当事人能够出具《婚姻登记条例》规定的相应证件和证明材料,出国人员出国前户口所在地具有相应办理婚姻登记权限的登记机关应予受理。

九、关于现役军人的婚姻登记问题

办理现役军人的婚姻登记仍按《民政部办公厅关于印发〈军队贯彻实施〈中华人民共和国婚姻法〉若干问题的规定〉有关内容的通知》(民办函〔2001〕226号)执行。

办理现役军人婚姻登记的机关可以是现役军人部队驻地所在地或户口注销前常住户口所在地的婚姻登记机关,也可以是非现役军人一方常住户口所在地的婚姻登记机关。

十、关于服刑人员的婚姻登记问题

服刑人员申请办理婚姻登记,应当亲自到婚姻登记机关提出申请并出具有效的身份证件;服刑人员无法出具身份证件的,可由监狱管理部门出具有关证明材料。

办理服刑人员婚姻登记的机关可以是一方当事人常住户口所在地或服刑监狱所在地的婚姻登记机关。

国务院关于同意在部分地区开展内地居民婚姻登记"跨省通办"试点的批复

1. 2021年4月30日发布

2. 国函〔2021〕48号

民政部:

你部关于在部分地区开展内地居民婚姻登记"跨省通办"试点工作的请示收悉。现批复如下:

为加快推进政务服务"跨省通办",满足群众在非户籍地办理婚姻登记的需求,推进婚姻登记制度改革,增强人民群众获得感、幸福感,同意在辽宁省、山东省、广东省、重庆市、四川省实施结婚登记和离婚登记"跨省通办"试点,在江苏省、河南省、湖北省武汉市、陕西省西安市实施结婚登记"跨省通办"试点。在试点地区,相应暂时调整实施《婚姻登记条例》第四条第一款、第十条第一款的有关规定(目录附后)。调整后,双方均非本地户籍的婚姻登记当事人可以凭一方居住证和双方户口簿、身份证,在居住证发放地婚姻登记机关申请办理婚姻登记,或者自行选择在一方常住户口所在地办理婚姻登记。试点期限为2年,自2021年6月1日起至2023年5月31日止。

附件:国务院决定在内地居民婚姻登记"跨省通办"试点地区暂时调整实施《婚姻登记条例》有关规定目录

国务院决定在内地居民婚姻登记"跨省通办"试点地区暂时调整实施《婚姻登记条例》有关规定目录

《婚姻登记条例》	调整实施情况
第四条第一款 内地居民结婚,男女双方应当共同到一方当事人常住户口所在地的婚姻登记机关办理结婚登记。 第十条第一款 内地居民自愿离婚的,男女双方应当共同到一方当事人常住户口所在地的婚姻登记机关办理离婚登记。	调整后,双方均非本地户籍的婚姻登记当事人可以凭一方居住证和双方户口簿、身份证,在居住证发放地婚姻登记机关申请办理婚姻登记,或者自行选择在一方常住户口所在地办理婚姻登记。 试点过程中,民政部要指导试点地区进一步加强婚姻登记管理信息系统升级改造,着力提升婚姻登记信息化水平;充分发挥全国一体化政务服务平台公共支撑作用,强化部门间信息共享,完善婚姻登记信息数据库,确保婚姻登记的准确性;编制婚姻登记办事指南,开展婚姻登记"跨省通办"实务培训,依法有序开展试点工作;加强宣传引导和政策解读,营造良好的社会氛围;加强调查研究,及时发现和解决突出问题,防范和化解各种风险。

民政部办公厅关于开展婚姻登记"跨省通办"试点工作的通知

1. 2021年5月17日发布

2. 民办发〔2021〕8号

各省、自治区、直辖市民政厅(局),新疆生产建设兵团民政局:

为深入贯彻落实《国务院关于同意在部分地区开展内地居民婚姻登记"跨省通办"试点的批复》(国

函〔2021〕48号），现就在部分地区开展内地居民婚姻登记“跨省通办”试点工作有关事项通知如下：

一、指导思想

以习近平新时代中国特色社会主义思想为指导，全面贯彻党的十九大和十九届二中、三中、四中、五中全会精神，进一步落实党中央、国务院关于深化“放管服”改革决策部署，坚持以人民为中心的发展思想，坚持新发展理念，主动适应经济社会发展新形势新要求，以人民群众需求为导向，以创新服务供给方式为途径，以优化服务资源配置为手段，稳妥有序推进婚姻登记“跨省通办”试点工作，为广大人民群众提供便捷高效的婚姻登记服务，为建设人民满意的服务型政府提供有力保障。

二、总体目标

发挥试点地区的先行先试作用，形成一批可复制可推广的政策措施和制度机制，为全国范围内实施婚姻登记“跨省通办”积累实践经验，为改革完善婚姻登记服务管理体制探索可行路径。

三、试点地区和试点期限

（一）试点地区。辽宁省、山东省、广东省、重庆市、四川省实施内地居民结婚登记和离婚登记“跨省通办”试点，江苏省、河南省、湖北省武汉市、陕西省西安市实施内地居民结婚登记“跨省通办”试点。

（二）试点期限。试点期限为2年，自2021年6月1日起至2023年5月31日止。

四、试点内容

（一）涉及调整实施的行政法规相关规定。在试点地区，暂时调整实施《婚姻登记条例》第四条第一款有关“内地居民结婚，男女双方应当共同到一方当事人常住户口所在地的婚姻登记机关办理结婚登记”的规定，第十条第一款有关“内地居民自愿离婚的，男女双方应当共同到一方当事人常住户口所在地的婚姻登记机关办理离婚登记”的规定。

在试点地区，将内地居民结（离）婚登记由一方当事人常住户口所在地的婚姻登记机关办理，扩大到一方当事人常住户口所在地或者经常居住地婚姻登记机关办理。调整后，双方均非本地户籍的婚姻登记当事人可以凭一方居住证和双方户口簿、身份证，在居住证发放地婚姻登记机关申请办理婚姻登记，或者自行选择在一方常住户口所在地办理婚姻登记。

（二）当事人需要提交的证件。按照试点要求，当事人选择在一方经常居住地申请办理婚姻登记的，除按照《婚姻登记条例》第五条和第十一条规定当事人需要提交的证件外，还应当提交一方当事人经常居住地的有效居住证。

五、工作要求

（一）加强组织领导。各试点地区要高度重视，成立试点工作领导小组，抓紧研究制定实施方案。积极争取把婚姻登记“跨省通办”试点工作纳入地方党委和政府的重要议事日程，落实好人员、场地、经费等保障。要加强具体指导、过程管理，跟踪评估实施效果，及时发现和解决突出问题。

（二）完善配套政策措施。要根据婚姻登记“跨省通办”试点工作要求，及时修订出台本地区的婚姻登记工作规范，编制婚姻登记办事指南，列明受理条件、证件材料要求、办理流程等内容，并及时在相关网站、婚姻登记场所公开，扩大试点工作社会知晓度，让群众广泛知悉。

（三）推进婚姻登记信息化建设。试点地区要在2021年5月底前完成登记窗口个人生物特征信息（人脸、指纹）采集、个人身份信息采集（身份证读卡器等）、文件档案电子化（高拍仪、扫描仪等）等外接设备的配置；非试点地区要在2021年底前完成相关设备配置。不论是试点地区还是非试点地区，都要在2021年底前完成1978年以来缺失婚姻登记历史档案的补充和完善工作，在2022年底前完成全部缺失婚姻登记历史档案的补充和完善工作，并同步实现历史纸质档案的电子化。要建立健全部省数据交换核对机制，确保部省数据实时交换、信息准确。

（四）加强干部队伍建设。及时开展婚姻登记“跨省通办”试点实务培训，确保婚姻登记员及时掌握“跨省通办”的各项规定和工作要求，确保婚姻登记工作依法依规开展。加强网络在线学习平台建设，提升教育培训的覆盖面和便捷性。加强窗口制度建设，认真落实窗口服务规范、工作纪律，打造高质量服务型婚姻登记机关。积极提升婚姻登记员的保障水平，改善工作环境，保持婚姻登记员队伍的稳定性。

（五）加强宣传引导。加强政策宣传和政策解读，引导公众全面、客观看待婚姻登记“跨省通办”试点工作，形成正确的社会预期。要协调新闻媒体加大对婚姻登记“跨省通办”试点工作实施情况的宣传报道，创造良好的社会氛围。要及时回应社会关切，正确引导舆论，为婚姻登记“跨省通办”试点工作创造良好的舆论环境。

各地在《通知》执行过程中遇到的重大问题，及时报告民政部。

婚姻登记工作规范[①]

1. 2015年12月8日民政部发布
2. 民发〔2015〕230号
3. 自2016年2月1日起施行

第一章　总　　则

第一条　为加强婚姻登记规范化管理，维护婚姻当事人的合法权益，根据《中华人民共和国婚姻法》和《婚姻登记条例》，制定本规范。

第二条　各级婚姻登记机关应当依照法律、法规及本规范，认真履行职责，做好婚姻登记工作。

第二章　婚姻登记机关

第三条　婚姻登记机关是依法履行婚姻登记行政职能的机关。

第四条　婚姻登记机关履行下列职责：

（一）办理婚姻登记；

（二）补发婚姻登记证；

（三）撤销受胁迫的婚姻；

（四）建立和管理婚姻登记档案；

（五）宣传婚姻法律法规，倡导文明婚俗。

第五条　婚姻登记管辖按照行政区域划分。

（一）县、不设区的市、市辖区人民政府民政部门办理双方或者一方常住户口在本行政区域内的内地居民之间的婚姻登记。

省级人民政府可以根据实际情况，规定乡（镇）人民政府办理双方或者一方常住户口在本乡（镇）的内地居民之间的婚姻登记。

（二）省级人民政府民政部门或者其确定的民政部门，办理一方常住户口在辖区内的涉外和涉香港、澳门、台湾居民以及华侨的婚姻登记。

办理经济技术开发区、高新技术开发区等特别区域内居民婚姻登记的机关由省级人民政府民政部门提出意见报同级人民政府确定。

（三）现役军人由部队驻地、入伍前常住户口所在地或另一方当事人常住户口所在地婚姻登记机关办理婚姻登记。

婚姻登记机关不得违反上述规定办理婚姻登记。

第六条　具有办理婚姻登记职能的县级以上人民政府民政部门和乡（镇）人民政府应当按照本规范要求设置婚姻登记处。

省级人民政府民政部门设置、变更或撤销婚姻登记处，应当形成文件并对外公布；市、县（市、区）人民政府民政部门、乡（镇）人民政府设置、变更或撤销婚姻登记处，应当形成文件，对外公布并逐级上报省级人民政府民政部门。省级人民政府民政部门应当相应调整婚姻登记信息系统使用相关权限。

第七条　省、市、县（市、区）人民政府民政部门和乡镇人民政府设置的婚姻登记处分别称为：

××省（自治区、直辖市）民政厅（局）婚姻登记处，××市民政局婚姻登记处，××县（市）民政局婚姻登记处；

××市××区民政局婚姻登记处；

××县（市、区）××乡（镇）人民政府婚姻登记处。

县、不设区的市、市辖区人民政府民政部门设置多个婚姻登记处的，应当在婚姻登记处前冠其所在地的地名。

第八条　婚姻登记处应当在门外醒目处悬挂婚姻登记处标牌。标牌尺寸不得小于1500mm×300mm或550mm×450mm。

第九条　婚姻登记处应当按照民政部要求，使用全国婚姻登记工作标识。

第十条　具有办理婚姻登记职能的县级以上人民政府民政部门和乡（镇）人民政府应当刻制婚姻登记工作业务专用印章和钢印。专用印章和钢印为圆形，直径35mm。

婚姻登记工作业务专用印章和钢印，中央刊“★”，“★”外围刊婚姻登记处所属民政厅（局）或乡（镇）人民政府名称，如：“××省民政厅”、“××市民政局”、“××市××区民政局”、“××县民政局”或者“××县××乡（镇）人民政府”。

---

① 本规范中的内容与2020年11月24日《民政部关于贯彻落实〈中华人民共和国民法典〉中有关婚姻登记规定的通知》不一致的，请以该通知为准。该通知见本书第69页。——编者注

“★”下方刊“婚姻登记专用章”。民政局设置多个婚姻登记处的，“婚姻登记专用章”下方刊婚姻登记处序号。

第十一条　婚姻登记处应当有独立的场所办理婚姻登记，并设有候登大厅、结婚登记区、离婚登记室和档案室。结婚登记区、离婚登记室可合并为相应数量的婚姻登记室。

婚姻登记场所应当宽敞、庄严、整洁，设有婚姻登记公告栏。

婚姻登记处不得设在婚纱摄影、婚庆服务、医疗等机构场所内，上述服务机构不得设置在婚姻登记场所内。

第十二条　婚姻登记处应当配备以下设备：

（一）复印机；

（二）传真机；

（三）扫描仪；

（四）证件及纸张打印机；

（五）计算机；

（六）身份证阅读器。

第十三条　婚姻登记处可以安装具有音频和视频功能的设备，并妥善保管音频和视频资料。

婚姻登记场所应当配备必要的公共服务设施，婚姻登记当事人应当按照要求合理使用。

第十四条　婚姻登记处实行政务公开，下列内容应当在婚姻登记处公开展示：

（一）本婚姻登记处的管辖权及依据；

（二）婚姻法的基本原则以及夫妻的权利、义务；

（三）结婚登记、离婚登记的条件与程序；

（四）补领婚姻登记证的条件与程序；

（五）无效婚姻及可撤销婚姻的规定；

（六）收费项目与收费标准；

（七）婚姻登记员职责及其照片、编号；

（八）婚姻登记处办公时间和服务电话，设置多个婚姻登记处的，应当同时公布，巡回登记的，应当公布巡回登记时间和地点；

（九）监督电话。

第十五条　婚姻登记处应当备有《中华人民共和国婚姻法》、《婚姻登记条例》及其他有关文件，供婚姻当事人免费查阅。

第十六条　婚姻登记处在工作日应当对外办公，办公时间在办公场所外公告。

第十七条　婚姻登记处应当通过省级婚姻登记信息系统开展实时联网登记，并将婚姻登记电子数据实时传送给民政部婚姻登记信息系统。

各级民政部门应当为本行政区域内婚姻登记管理信息化建设创造条件，并制定婚姻登记信息化管理制度。

婚姻登记处应当将保存的本辖区未录入信息系统的婚姻登记档案录入婚姻登记历史数据补录系统。

第十八条　婚姻登记处应当按照《婚姻登记档案管理办法》的规定管理婚姻登记档案。

第十九条　婚姻登记处应当制定婚姻登记印章、证书、纸制档案、电子档案等管理制度，完善业务学习、岗位责任、考评奖惩等制度。

第二十条　婚姻登记处应当开通婚姻登记网上预约功能和咨询电话，电话号码在当地114查询台登记。

具备条件的婚姻登记处应当开通互联网网页，互联网网页内容应当包括：办公时间、办公地点；管辖权限；申请结婚登记的条件、办理结婚登记的程序；申请离婚登记的条件、办理离婚登记的程序；申请补领婚姻登记证的程序和需要的证明材料、撤销婚姻的程序等内容。

第二十一条　婚姻登记处可以设立婚姻家庭辅导室，通过政府购买服务或公开招募志愿者等方式聘用婚姻家庭辅导员，并在坚持群众自愿的前提下，开展婚姻家庭辅导服务。婚姻家庭辅导员应当具备以下资格之一：

（一）社会工作师；

（二）心理咨询师；

（三）律师；

（四）其他相应专业资格。

第二十二条　婚姻登记处可以设立颁证厅，为有需要的当事人颁发结婚证。

第三章　婚姻登记员

第二十三条　婚姻登记机关应当配备专职婚姻登记员。婚姻登记员人数、编制可以参照《婚姻登记机关等级评定标准》确定。

第二十四条　婚姻登记员由本级民政部门考核、任命。

婚姻登记员应当由设区的市级以上人民政府民政部门进行业务培训，经考核合格，取得婚姻登记员培训考核合格证明，方可从事婚姻登记工作。其他人员不得从事本规范第二十五条规定的工作。

婚姻登记员培训考核合格证明由省级人民政府民政部门统一印制。

婚姻登记员应当至少每 2 年参加一次设区的市级以上人民政府民政部门举办的业务培训,取得业务培训考核合格证明。

婚姻登记处应当及时将婚姻登记员上岗或离岗信息逐级上报省级人民政府民政部门,省级人民政府民政部门应当根据上报的信息及时调整婚姻登记信息系统使用相关权限。

第二十五条 婚姻登记员的主要职责:

(一)负责对当事人有关婚姻状况声明的监督;

(二)审查当事人是否具备结婚、离婚、补发婚姻登记证、撤销受胁迫婚姻的条件;

(三)办理婚姻登记手续,签发婚姻登记证;

(四)建立婚姻登记档案。

第二十六条 婚姻登记员应当熟练掌握相关法律法规,熟练使用婚姻登记信息系统,文明执法,热情服务。婚姻登记员一般应具有大学专科以上学历。

婚姻登记员上岗应当佩带标识并统一着装。

第四章 结婚登记

第二十七条 结婚登记应当按照初审—受理—审查—登记(发证)的程序办理。

第二十八条 受理结婚登记申请的条件是:

(一)婚姻登记处具有管辖权;

(二)要求结婚的男女双方共同到婚姻登记处提出申请;

(三)当事人男年满 22 周岁,女年满 20 周岁;

(四)当事人双方均无配偶(未婚、离婚、丧偶);

(五)当事人双方没有直系血亲和三代以内旁系血亲关系;

(六)双方自愿结婚;

(七)当事人提交 3 张 2 寸双方近期半身免冠合影照片;

(八)当事人持有本规范第二十九条至第三十五条规定的有效证件。

第二十九条 内地居民办理结婚登记应当提交本人有效的居民身份证和户口簿,因故不能提交身份证的可以出具有效的临时身份证。

居民身份证与户口簿上的姓名、性别、出生日期、公民身份号码应当一致;不一致的,当事人应当先到有关部门更正。

户口簿上的婚姻状况应当与当事人声明一致。不一致的,当事人应当向登记机关提供能够证明其声明真实性的法院生效司法文书、配偶居民死亡医学证明(推断)书等材料;不一致且无法提供相关材料的,当事人应当先到有关部门更正。

当事人声明的婚姻状况与婚姻登记档案记载不一致的,当事人应当向登记机关提供能够证明其声明真实性的法院生效司法文书、配偶居民死亡医学证明(推断)书等材料。

第三十条 现役军人办理结婚登记应当提交本人的居民身份证、军人证件和部队出具的军人婚姻登记证明。

居民身份证、军人证件和军人婚姻登记证明上的姓名、性别、出生日期、公民身份号码应当一致;不一致的,当事人应当先到有关部门更正。

第三十一条 香港居民办理结婚登记应当提交:

(一)港澳居民来往内地通行证或者港澳同胞回乡证;

(二)香港居民身份证;

(三)经香港委托公证人公证的本人无配偶以及与对方当事人没有直系血亲和三代以内旁系血亲关系的声明。

第三十二条 澳门居民办理结婚登记应当提交:

(一)港澳居民来往内地通行证或者港澳同胞回乡证;

(二)澳门居民身份证;

(三)经澳门公证机构公证的本人无配偶以及与对方当事人没有直系血亲和三代以内旁系血亲关系的声明。

第三十三条 台湾居民办理结婚登记应当提交:

(一)台湾居民来往大陆通行证或者其他有效旅行证件;

(二)本人在台湾地区居住的有效身份证;

(三)经台湾公证机构公证的本人无配偶以及与对方当事人没有直系血亲和三代以内旁系血亲关系的声明。

第三十四条 华侨办理结婚登记应当提交:

(一)本人的有效护照;

(二)居住国公证机构或者有权机关出具的、经中华人民共和国驻该国使(领)馆认证的本人无配偶以及与对方当事人没有直系血亲和三代以内旁系血亲关系的证明，或者中华人民共和国驻该国使（领）馆出具的本人无配偶以及与对方当事人没有直系血亲和三代以内旁系血亲关系的证明。

与中国无外交关系的国家出具的有关证明，应当经与该国及中国均有外交关系的第三国驻该国使（领）馆和中国驻第三国使（领）馆认证，或者经第三国驻华使（领）馆认证。

第三十五条　外国人办理结婚登记应当提交：

（一）本人的有效护照或者其他有效的国际旅行证件；

（二）所在国公证机构或者有权机关出具的、经中华人民共和国驻该国使（领）馆认证或者该国驻华使（领）馆认证的本人无配偶的证明，或者所在国驻华使（领）馆出具的本人无配偶证明。

与中国无外交关系的国家出具的有关证明，应当经与该国及中国均有外交关系的第三国驻该国使（领）馆和中国驻第三国使（领）馆认证，或者经第三国驻华使（领）馆认证。

第三十六条　婚姻登记员受理结婚登记申请，应当按照下列程序进行：

（一）询问当事人的结婚意愿；

（二）查验本规范第二十九条至第三十五条规定的相应证件和材料；

（三）自愿结婚的双方各填写一份《申请结婚登记声明书》；《申请结婚登记声明书》中"声明人"一栏的签名必须由声明人在监督人面前完成并按指纹；

（四）当事人现场复述声明书内容，婚姻登记员作监督人并在监督人一栏签名。

第三十七条　婚姻登记员对当事人提交的证件、证明、声明进行审查，符合结婚条件的，填写《结婚登记审查处理表》和结婚证。

第三十八条　《结婚登记审查处理表》的填写：

（一）《结婚登记审查处理表》项目的填写，按照下列规定通过计算机完成：

1."申请人姓名"：当事人是中国公民的，使用中文填写；当事人是外国人的，按照当事人护照上的姓名填写。

2."出生日期"：使用阿拉伯数字，按照身份证件上的出生日期填写为"××××年××月××日"。

3."身份证件号"：当事人是内地居民的，填写居民身份证号；当事人是香港、澳门、台湾居民的，填写香港、澳门、台湾居民身份证号，并在号码后加注"（香港）"、"（澳门）"或者"（台湾）"；当事人是华侨的，填写护照或旅行证件号；当事人是外国人的，填写当事人的护照或旅行证件号。

证件号码前面有字符的，应当一并填写。

4."国籍"：当事人是内地居民、香港居民、澳门居民、台湾居民、华侨的，填写"中国"；当事人是外国人的，按照护照上的国籍填写；无国籍人，填写"无国籍"。

5."提供证件情况"：应当将当事人提供的证件、证明逐一填写，不得省略。

6."审查意见"：填写"符合结婚条件，准予登记"。

7."结婚登记日期"：使用阿拉伯数字，填写为："××××年××月××日"。填写的日期应当与结婚证上的登记日期一致。

8."结婚证字号"：填写式样按照民政部相关规定执行，填写规则见附则。

9."结婚证印制号"：填写颁发给当事人的结婚证上印制的号码。

10."承办机关名称"：填写承办该结婚登记的婚姻登记处的名称。

（二）"登记员签名"：由批准该结婚登记的婚姻登记员亲笔签名，不得使用个人印章或者计算机打印。

（三）在"照片"处粘贴当事人提交的照片，并在骑缝处加盖钢印。

第三十九条　结婚证的填写：

（一）结婚证上"结婚证字号""姓名""性别""出生日期""身份证件号""国籍""登记日期"应当与《结婚登记审查处理表》中相应项目完全一致。

（二）"婚姻登记员"：由批准该结婚登记的婚姻登记员使用黑色墨水钢笔或签字笔亲笔签名，签名应清晰可辨，不得使用个人印章或者计算机打印。

（三）在"照片"栏粘贴当事人双方合影照片。

（四）在照片与结婚证骑缝处加盖婚姻登记工作业务专用钢印。

（五）"登记机关"：盖婚姻登记工作业务专用印章（红印）。

第四十条　婚姻登记员在完成结婚证填写后，应当进行认真核对、检查。对填写错误、证件被污染或者损坏的，应当将证件报废处理，重新填写。

第四十一条 颁发结婚证，应当在当事人双方均在场时按照下列步骤进行：

（一）向当事人双方询问核对姓名、结婚意愿；

（二）告知当事人双方领取结婚证后的法律关系以及夫妻权利、义务；

（三）见证当事人本人亲自在《结婚登记审查处理表》上的“当事人领证签名并按指纹”一栏中签名并按指纹；

“当事人领证签名并按指纹”一栏不得空白，不得由他人代为填写、代按指纹；

（四）将结婚证分别颁发给结婚登记当事人双方，向双方当事人宣布：取得结婚证，确立夫妻关系；

（五）祝贺新人。

第四十二条 申请补办结婚登记的，当事人填写《申请补办结婚登记声明书》，婚姻登记机关按照结婚登记程序办理。

第四十三条 申请复婚登记的，当事人填写《申请结婚登记声明书》，婚姻登记机关按照结婚登记程序办理。

第四十四条 婚姻登记员每办完一对结婚登记，应当依照《婚姻登记档案管理办法》，对应当存档的材料进行整理、保存，不得出现原始材料丢失、损毁情况。

第四十五条 婚姻登记机关对不符合结婚登记条件的，不予受理。当事人要求出具《不予办理结婚登记告知书》的，应当出具。

第五章　撤销婚姻

第四十六条 受胁迫结婚的婚姻当事人，可以向原办理该结婚登记的机关请求撤销婚姻。

第四十七条 撤销婚姻应当按照初审—受理—审查—报批—公告的程序办理。

第四十八条 受理撤销婚姻申请的条件：

（一）婚姻登记处具有管辖权；

（二）受胁迫的一方和对方共同到婚姻登记机关签署双方无子女抚养、财产及债务问题的声明书；

（三）申请时距结婚登记之日或受胁迫的一方恢复人身自由之日不超过1年；

（四）当事人持有：

1. 本人的身份证、结婚证；

2. 要求撤销婚姻的书面申请；

3. 公安机关出具的当事人被拐卖、解救的相关材料，或者人民法院作出的能够证明当事人被胁迫结婚的判决书。

第四十九条 符合撤销婚姻的，婚姻登记处按以下程序进行：

（一）查验本规范第四十八条规定的证件和证明材料。

（二）当事人在婚姻登记员面前亲自填写《撤销婚姻申请书》，双方当事人在“声明人”一栏签名并按指纹。

（三）当事人宣读本人的申请书，婚姻登记员作监誓人并在监誓人一栏签名。

第五十条 婚姻登记处拟写“关于撤销×××与×××婚姻的决定”报所属民政部门或者乡（镇）人民政府；符合撤销条件的，婚姻登记机关应当批准，并印发撤销决定。

第五十一条 婚姻登记处应当将《关于撤销×××与×××婚姻的决定》送达当事人双方，并在婚姻登记公告栏公告30日。

第五十二条 婚姻登记处对不符合撤销婚姻条件的，应当告知当事人不予撤销原因，并告知当事人可以向人民法院请求撤销婚姻。

第五十三条 除受胁迫结婚之外，以任何理由请求宣告婚姻无效或者撤销婚姻的，婚姻登记机关不予受理。

第六章　离婚登记

第五十四条 离婚登记按照初审—受理—审查—登记（发证）的程序办理。

第五十五条 受理离婚登记申请的条件是：

（一）婚姻登记处具有管辖权；

（二）要求离婚的夫妻双方共同到婚姻登记处提出申请；

（三）双方均具有完全民事行为能力；

（四）当事人持有离婚协议书，协议书中载明双方自愿离婚的意思表示以及对子女抚养、财产及债务处理等事项协商一致的意见；

（五）当事人持有内地婚姻登记机关或者中国驻外使（领）馆颁发的结婚证；

（六）当事人各提交2张2寸单人近期半身免冠照片；

（七）当事人持有本规范第二十九条至第三十五条规定的有效身份证件。

第五十六条　婚姻登记员受理离婚登记申请，应当按照下列程序进行：

（一）分开询问当事人的离婚意愿，以及对离婚协议内容的意愿，并进行笔录，笔录当事人阅后签名。

（二）查验本规范第五十五条规定的证件和材料。申请办理离婚登记的当事人有一本结婚证丢失的，当事人应当书面声明遗失，婚姻登记机关可以根据另一本结婚证办理离婚登记；申请办理离婚登记的当事人两本结婚证都丢失的，当事人应当书面声明结婚证遗失并提供加盖查档专用章的结婚登记档案复印件，婚姻登记机关可根据当事人提供的上述材料办理离婚登记。

（三）双方自愿离婚且对子女抚养、财产及债务处理等事项协商一致的，双方填写《申请离婚登记声明书》；

《申请离婚登记声明书》中"声明人"一栏的签名必须由声明人在监誓人面前完成并按指纹；

婚姻登记员作监誓人并在监誓人一栏签名。

（四）夫妻双方应当在离婚协议上现场签名；婚姻登记员可以在离婚协议书上加盖"此件与存档件一致，涂改无效。××××婚姻登记处××年××月××日"的长方形印章。协议书夫妻双方各一份，婚姻登记处存档一份。当事人因离婚协议书遗失等原因，要求婚姻登记机关复印其离婚协议书的，按照《婚姻登记档案管理办法》的规定查阅婚姻登记档案。

离婚登记完成后，当事人要求更换离婚协议书或变更离婚协议内容的，婚姻登记机关不予受理。

第五十七条　婚姻登记员对当事人提交的证件、《申请离婚登记声明书》、离婚协议书进行审查，符合离婚条件的，填写《离婚登记审查处理表》和离婚证。

《离婚登记审查处理表》和离婚证分别参照本规范第三十八条、第三十九条规定填写。

第五十八条　婚姻登记员在完成离婚证填写后，应当进行认真核对、检查。对打印或者书写错误、证件被污染或者损坏的，应当将证件报废处理，重新填写。

第五十九条　颁发离婚证，应当在当事人双方均在场时按照下列步骤进行：

（一）向当事人双方询问核对姓名、出生日期、离婚意愿；

（二）见证当事人本人亲自在《离婚登记审查处理表》"当事人领证签名并按指纹"一栏中签名并按指纹；

"当事人领证签名并按指纹"一栏不得空白，不得由他人代为填写、代按指纹；

（三）在当事人的结婚证上加盖条型印章，其中注明"双方离婚，证件失效。××婚姻登记处"。注销后的结婚证复印存档，原件退还当事人；

（四）将离婚证颁发给离婚当事人。

第六十条　婚姻登记员每办完一对离婚登记，应当依照《婚姻登记档案管理办法》，对应当存档的材料进行整理、保存，不得出现原始材料丢失、损毁情况。

第六十一条　婚姻登记机关对不符合离婚登记条件的，不予受理。当事人要求出具《不予办理离婚登记告知书》的，应当出具。

第七章　补领婚姻登记证

第六十二条　当事人遗失、损毁婚姻登记证，可以向原办理该婚姻登记的机关或者一方常住户口所在地的婚姻登记机关申请补领。有条件的省份，可以允许本省居民向本辖区内负责内地居民婚姻登记的机关申请补领婚姻登记证。

第六十三条　婚姻登记机关为当事人补发结婚证、离婚证，应当按照初审—受理—审查—发证程序进行。

第六十四条　受理补领结婚证、离婚证申请的条件是：

（一）婚姻登记处具有管辖权；

（二）当事人依法登记结婚或者离婚，现今仍然维持该状况；

（三）当事人持有本规范第二十九条至第三十五条规定的身份证件；

（四）当事人亲自到婚姻登记处提出申请，填写《申请补领婚姻登记证声明书》。

当事人因故不能到婚姻登记处申请补领婚姻登记证的，有档案可查且档案信息与身份信息一致的，可以委托他人办理。委托办理应当提交当事人的户口簿、身份证和经公证机关公证的授权委托书。委托书应当写明当事人姓名、身份证件号码、办理婚姻登记的时间及承办机关、目前的婚姻状况、委托事由、受委托人的姓名和身份证件号码。受委托人应当同时提交本人的身份证件。

当事人结婚登记档案查找不到的，当事人应当提供充分证据证明婚姻关系，婚姻登记机关经过严格审查，确认当事人存在婚姻关系的，可以为其补领结婚证。

第六十五条 婚姻登记员受理补领婚姻登记证申请，应当按照下列程序进行：

（一）查验本规范第六十四条规定的相应证件和证明材料；

（二）当事人填写《申请补领婚姻登记证声明书》，《申请补领婚姻登记证声明书》中“声明人”一栏的签名必须由声明人在监誓人面前完成并按指纹；

（三）婚姻登记员作监誓人并在监誓人一栏签名；

（四）申请补领结婚证的，双方当事人提交3张2寸双方近期半身免冠合影照片；申请补领离婚证的当事人提交2张2寸单人近期半身免冠照片。

第六十六条 婚姻登记员对当事人提交的证件、证明进行审查，符合补发条件的，填写《补发婚姻登记证审查处理表》和婚姻登记证。《补发婚姻登记证审查处理表》参照本规范第三十八条规定填写。

第六十七条 补发婚姻登记证时，应当向当事人询问核对姓名、出生日期，见证当事人本人亲自在《补发婚姻登记证审查处理表》“当事人领证签名并按指纹”一栏中签名并按指纹，将婚姻登记证发给当事人。

第六十八条 当事人的户口簿上以曾用名的方式反映姓名变更的，婚姻登记机关可以采信。

当事人办理结婚登记时未达到法定婚龄，通过非法手段骗取婚姻登记，其在申请补领时仍未达法定婚龄的，婚姻登记机关不得补发结婚证；其在申请补领时已达法定婚龄的，当事人应对结婚登记情况作出书面说明，婚姻登记机关补发的结婚证登记日期为当事人达到法定婚龄之日。

第六十九条 当事人办理过结婚登记，申请补领时的婚姻状况因离婚或丧偶发生改变的，不予补发结婚证；当事人办理过离婚登记的，申请补领时的婚姻状况因复婚发生改变的，不予补发离婚证。

第七十条 婚姻登记机关对不具备补发结婚证、离婚证受理条件的，不予受理。

第八章 监督与管理

第七十一条 各级民政部门应当建立监督检查制度，定期对本级民政部门设立的婚姻登记处和下级婚姻登记机关进行监督检查。

第七十二条 婚姻登记机关及其婚姻登记员有下列行为之一的，对直接负责的主管人员和其他直接责任人员依法给予行政处分：

（一）为不符合婚姻登记条件的当事人办理婚姻登记的；

（二）违反程序规定办理婚姻登记、发放婚姻登记证、撤销婚姻的；

（三）要求当事人提交《婚姻登记条例》和本规范规定以外的证件材料的；

（四）擅自提高收费标准或者增加收费项目的；

（五）玩忽职守造成婚姻登记档案损毁的；

（六）购买使用伪造婚姻证书的；

（七）违反规定应用婚姻登记信息系统的。

第七十三条 婚姻登记员违反规定办理婚姻登记，给当事人造成严重后果的，应当由婚姻登记机关承担对当事人的赔偿责任，并对承办人员进行追偿。

第七十四条 婚姻登记证使用单位不得使用非上级民政部门提供的婚姻登记证。各级民政部门发现本行政区域内有使用非上级民政部门提供的婚姻登记证的，应当予以没收，并追究相关责任人的法律责任和行政责任。

第七十五条 婚姻登记机关发现婚姻登记证有质量问题时，应当及时书面报告省级人民政府民政部门或者国务院民政部门。

第七十六条 人民法院作出与婚姻相关的判决、裁定和调解后，当事人将生效司法文书送婚姻登记机关的，婚姻登记机关应当将司法文书复印件存档并将相关信息录入婚姻登记信息系统。

婚姻登记机关应当加强与本地区人民法院的婚姻信息共享工作，完善婚姻信息数据库。

第九章 附 则

第七十七条 本规范规定的当事人无配偶声明或者证明，自出具之日起6个月内有效。

第七十八条 县级或县级以上人民政府民政部门办理婚姻登记的，“结婚证字号”填写式样为“Jaaaaaa－bbbb－cccccc”（其中“aaaaaa”为6位行政区划代码，“bbbb”为当年年号，“cccccc”为当年办理婚姻登记的序号）。“离婚证字号”开头字符为“L”。“补发结婚证字号”开头字符为“BJ”。“补发离婚证字号”开头字符为“BL”。

县级人民政府民政部门设立多个婚姻登记巡回

点的，由县级人民政府民政部门明确字号使用规则，规定各登记点使用号段。

乡（镇）人民政府办理婚姻登记的，行政区划代码由6位改为9位（在县级区划代码后增加三位乡镇代码），其他填写方法与上述规定一致。

对为方便人民群众办理婚姻登记、在行政区划单位之外设立的婚姻登记机关，其行政区划代码由省级人民政府民政部门按照前四位取所属地级市行政区划代码前四位，五六位为序号（从61开始，依次为62、63、……、99）的方式统一编码。

第七十九条 当事人向婚姻登记机关提交的“本人无配偶证明”等材料是外国语言文字的，应当翻译成中文。当事人未提交中文译文的，视为未提交该文件。婚姻登记机关可以接受中国驻外国使领馆或有资格的翻译机构出具的翻译文本。

第八十条 本规范自2016年2月1日起实施。

附件：

1. 申请结婚登记声明书（略）
2. 结婚登记审查处理表（略）
3. 申请补办结婚登记声明书（略）
4. 不予办理结婚登记告知书（略）
5. 撤销婚姻申请书（略）
6. 关于撤销×××与×××婚姻的决定（略）
7. 申请离婚登记声明书（略）
8. 离婚登记审查处理表（略）
9. 不予办理离婚登记告知书（略）
10. 申请补领婚姻登记证声明书（略）
11. 补发婚姻登记证审查处理表（略）

婚姻登记档案管理办法

2006年1月23日民政部、国家档案局令第32号公布施行

第一条 为规范婚姻登记档案管理，维护婚姻当事人的合法权益，根据《中华人民共和国档案法》和《婚姻登记条例》，制定本办法。

第二条 婚姻登记档案是婚姻登记机关在办理结婚登记、撤销婚姻、离婚登记、补发婚姻登记证的过程中形成的具有凭证作用的各种记录。

第三条 婚姻登记主管部门对婚姻登记档案工作实行统一领导，分级管理，并接受同级地方档案行政管理部门的监督和指导。

第四条 婚姻登记机关应当履行下列档案工作职责：

（一）及时将办理完毕的婚姻登记材料收集、整理、归档；

（二）建立健全各项规章制度，确保婚姻登记档案的齐全完整；

（三）采用科学的管理方法，提高婚姻登记档案的保管水平；

（四）办理查档服务，出具婚姻登记记录证明，告知婚姻登记档案的存放地；

（五）办理婚姻登记档案的移交工作。

第五条 办理结婚登记（含复婚、补办结婚登记，下同）形成的下列材料应当归档：

（一）《结婚登记审查处理表》；

（二）《申请结婚登记声明书》或者《申请补办结婚登记声明书》；

（三）香港特别行政区居民、澳门特别行政区居民、台湾地区居民、出国人员、华侨以及外国人提交的《婚姻登记条例》第五条规定的各种证明材料（含翻译材料）；

（四）当事人身份证件（从《婚姻登记条例》第五条规定，下同）复印件；

（五）其他有关材料。

第六条 办理撤销婚姻形成的下列材料应当归档：

（一）婚姻登记机关关于撤销婚姻的决定；

（二）《撤销婚姻申请书》；

（三）当事人的结婚证原件；

（四）公安机关出具的当事人被拐卖、解救证明，或人民法院作出的能够证明当事人被胁迫结婚的判决书；

（五）当事人身份证件复印件；

（六）其他有关材料。

第七条 办理离婚登记形成的下列材料应当归档：

（一）《离婚登记审查处理表》；

（二）《申请离婚登记声明书》；

（三）当事人结婚证复印件；

（四）当事人离婚协议书；

（五）当事人身份证件复印件；

（六）其他有关材料。

第八条 办理补发婚姻登记证形成的下列材料应当归档：

（一）《补发婚姻登记证审查处理表》；

（二）《申请补领婚姻登记证声明书》；

（三）婚姻登记档案保管部门出具的婚姻登记档案记录证明或其他有关婚姻状况的证明；

（四）当事人身份证件复印件；

（五）当事人委托办理时提交的经公证机关公证的当事人身份证件复印件和委托书，受委托人本人的身份证件复印件；

（六）其他有关材料。

第九条 婚姻登记档案按照年度——婚姻登记性质分类。婚姻登记性质分为结婚登记类、撤销婚姻类、离婚登记类和补发婚姻登记证类四类。

人民法院宣告婚姻无效或者撤销婚姻的判决书副本归入撤销婚姻类档案。

婚姻无效或者撤销婚姻的，应当在当事人原婚姻登记档案的《结婚登记审查处理表》的“备注”栏中注明有关情况及相应的撤销婚姻类档案的档号。

第十条 婚姻登记材料的立卷归档应当遵循下列原则与方法：

（一）婚姻登记材料按照年度归档。

（二）一对当事人婚姻登记材料组成一卷。

（三）卷内材料分别按照本办法第五、六、七、八条规定的顺序排列。

（四）以有利于档案保管和利用的方法固定案卷。

（五）按本办法第九条的规定对案卷进行分类，并按照办理婚姻登记的时间顺序排列。

（六）在卷内文件首页上端的空白处加盖归档章（见附件1），并填写有关内容。归档章设置全宗号、年度、室编卷号、馆编卷号和页数等项目。

全宗号：档案馆给立档单位编制的代号。

年度：案卷的所属年度。

室编卷号：案卷排列的顺序号，每年每个类别分别从“1”开始标注。

馆编卷号：档案移交时按进馆要求编制。

页数：卷内材料有文字的页面数。

（七）按室编卷号的顺序将婚姻登记档案装入档案盒，并填写档案盒封面、盒脊和备考表的项目。

档案盒封面应标明全宗名称和婚姻登记处名称（见附件2）。

档案盒盒脊设置全宗号、年度、婚姻登记性质、起止卷号和盒号等项目（见附件3）。其中，起止卷号填写盒内第一份案卷和最后一份案卷的卷号，中间用“-”号连接；盒号即档案盒的排列顺序号，在档案移交时按进馆要求编制。

备考表置于盒内，说明本盒档案的情况，并填写整理人、检查人和日期（见附件4）。

（八）按类别分别编制婚姻登记档案目录（见附件5）。

（九）每年的婚姻登记档案目录加封面后装订成册，一式三份，并编制目录号（见附件6）。

第十一条 婚姻登记材料的归档要求：

（一）当年的婚姻登记材料应当在次年的3月31日前完成立卷归档；

（二）归档的婚姻登记材料必须齐全完整，案卷规范、整齐，复印件一律使用A4规格的复印纸，复印件和照片应当图像清晰；

（三）归档章、档案盒封面、盒脊、备考表等项目，使用蓝黑墨水或碳素墨水钢笔填写；婚姻登记档案目录应当打印；备考表和档案目录一律使用A4规格纸张。

第十二条 使用计算机办理婚姻登记所形成的电子文件，应当与纸质文件一并归档，归档要求参照《电子文件归档与管理规范》（GB/T 18894-2002）。

第十三条 婚姻登记档案的保管期限为100年。对有继续保存价值的可以延长保管期限直至永久。

第十四条 婚姻登记档案应当按照下列规定进行移交：

（一）县级（含）以上地方人民政府民政部门形成的婚姻登记档案，应当在本单位档案部门保管一定时期后向同级国家档案馆移交，具体移交时间由双方商定。

（二）具有办理婚姻登记职能的乡（镇）人民政府形成的婚姻登记档案应当向乡（镇）档案部门移交，具体移交时间从乡（镇）的规定。

乡（镇）人民政府应当将每年的婚姻登记档案目录副本向上一级人民政府民政部门报送。

（三）被撤销或者合并的婚姻登记机关的婚姻登记档案应当按照前两款的规定及时移交。

第十五条 婚姻登记档案的利用应当遵守下列规定：

（一）婚姻登记档案保管部门应当建立档案利用制度，明确办理程序，维护当事人的合法权益；

（二）婚姻登记机关可以利用本机关移交的婚姻登记档案；

（三）婚姻当事人持有合法身份证件，可以查阅本人的婚姻登记档案；婚姻当事人因故不能亲自前往查阅的，可以办理授权委托书，委托他人代为办理，委托书应当经公证机关公证；

（四）人民法院、人民检察院、公安和安全部门为确认当事人的婚姻关系，持单位介绍信可以查阅婚姻登记档案；律师及其他诉讼代理人在诉讼过程中，持受理案件的法院出具的证明材料及本人有效证件可以查阅与诉讼有关的婚姻登记档案；

（五）其他单位、组织和个人要求查阅婚姻登记档案的，婚姻登记档案保管部门在确认其利用目的合理的情况下，经主管领导审核，可以利用；

（六）利用婚姻登记档案的单位、组织和个人，不得公开婚姻登记档案的内容，不得损害婚姻登记当事人的合法权益；

（七）婚姻登记档案不得外借，仅限于当场查阅；复印的婚姻登记档案需加盖婚姻登记档案保管部门的印章方为有效。

第十六条　婚姻登记档案的鉴定销毁应当符合下列要求：

（一）婚姻登记档案保管部门对保管期限到期的档案要进行价值鉴定，对无保存价值的予以销毁，但婚姻登记档案目录应当永久保存。

（二）对销毁的婚姻登记档案应当建立销毁清册，载明销毁档案的时间、种类和数量，并永久保存。

（三）婚姻登记档案保管部门应当派人监督婚姻登记档案的销毁过程，确保销毁档案没有漏销或者流失，并在销毁清册上签字。

第十七条　本办法由民政部负责解释。

第十八条　本办法自公布之日起施行。

附件：（略）

司法部关于解释和公证婚姻状况问题的通知

1. 1983年7月16日发布

2. 司发公字第257号

各省、市、自治区司法厅（局）：

广东、福建等省司法厅（局）多次来文提出如何解释和公证婚姻状况问题。经与有关部门研究，现通知如下：

一、关于婚姻状况的解释问题

我国实行登记婚姻制度。凡符合我国婚姻法规定结婚条件的男女，到婚姻登记机关登记，领取结婚证后，即确立了夫妻关系。登记时间为结婚时间。

由于我国是一个经历过长期封建统治的国家，经济和文化较落后，解放后三十多年来，虽然两次颁布婚姻法，多次大张旗鼓地宣传婚姻法，但历史上遗留的某些封建传统习惯对于婚姻家庭问题的影响，不定时难以完全消除。至今在一些地方，特别是偏僻地区的农村，仍有一些人结婚时没有按法的规定到婚姻登记机关登记，就以夫妻相待共同生活，有的已生儿育女，形成了事实上的夫妻关系（所谓"事实婚姻"）。对于这种不符合我国婚姻法规定的情况，一般应通过宣传教育，动员他们到婚姻登记机关办理登记手续，登记时间为结婚时间。他们在登记前所生育的子女，根据我国婚姻法第十九条的规定，享有与婚生子女同等的权利。

以上问题，如外国驻华使领馆向我提出询问，可据此精神予以口头答复。

二、关于婚姻状况的公证问题

1. 对于第一部婚姻法公布施行前（即1950年5月1日以前），按当时当地风俗习惯结婚，且为群众公认的，经调查核实后，给予办理夫妻关系证明。

2. 对第一部婚姻法的公布施行后结婚的（即1950年5月1日以后结婚的），公证处凭申请人的结婚证，经调查核实后，给予办理结婚证明，出具公证书。

3. 对于未履行结婚登记手续的所谓"事实婚姻"的当事人，申请办理有关婚姻状况公证的，公证处应动员教育他们先办理结婚登记手续，然后凭他们的结婚证，经调查核实后，给予办理结婚证明，出具公证书。登记时间为结婚时间。不得凭其他证明文件办理结婚证明，出具公证书。

对于他们办理结婚登记以前生育的子女，公证处在办理其出生证明时，公证书的内容按《公证书试行格式》第八式出具即可，不必证明他们的父母结婚登记前婚姻状况。

以上精神，希即通知所属地、市、县司法局（处）和公证处，并自文到之日起一律按本文的规定办理有关婚姻状况证明。各地如有疑问或遇到特殊情况，可逐级请求解决。

民政部办公厅关于补发婚姻登记证中相关字段填写问题的复函

1. 2007年1月9日发布
2. 民办函〔2007〕3号

上海市民政局：

你局《关于补领婚姻证书中相关字段如何填写问题的函》（沪民婚发〔2006〕19号）收悉。现答复如下：

一、补发婚姻登记证中"姓名"、"国籍"、"身份证件号"、"出生日期"的填写：婚姻登记证是当事人依法缔结或解除婚姻关系的法律文书。按照《婚姻登记条例》和《民政部婚姻登记工作暂行规范》（民发〔2003〕127号，以下简称《暂行规范》）的规定，申请补领婚姻登记证必须具备两个条件：一是当事人依法缔结或解除了婚姻关系，二是该关系持续至今。由此可见，婚姻登记机关为当事人补发的婚姻登记证反映的是补发时当事人双方之间存在夫妻或离异关系（排除可能有人弄虚作假，骗取婚姻登记证的情形）。因此，补发婚姻证中的"姓名"、"国籍"、"身份证件号"、"出生日期"应当按照当事人申请补领时出具的身份证件上的内容填写。

二、补发婚姻登记证中"登记日期"的填写：婚姻登记证中的"登记日期"是指当事人进行结婚登记或离婚登记的日期。《中华人民共和国婚姻法》规定，"要求结婚的男女双方必须亲自到婚姻登记机关进行结婚登记。符合本法规定的，予以登记，发给结婚证。取得结婚证，即确立夫妻关系"，"男女双方自愿离婚的，准予离婚。……婚姻登记机关查明双方确实是自愿并对子女和财产问题已有适当处理时，发给离婚证"，因此，"登记日期"即是双方当事人依法登记建立或解除婚姻关系的日期。

鉴于婚姻登记证在不同时期有不同的式样，早年登记的当事人持新版式婚姻登记证有可能引发真实性的质疑，新版婚姻登记证专门设"备注"栏，解决这一问题。《民政部办公厅关于启用新式婚姻登记证等问题的通知》（民办函〔2003〕166号）规定："当事人结婚证、离婚证遗失或损毁的，仍补发结婚证、离婚证，但须在证件备注中注明：结（离）婚证遗失（损毁），补发此证。××××年××月××日（补发日期）。"即补发原因和补发日期填写在"备注"栏中。

三、补发婚姻登记证中"结（离）婚证字号"的填写：婚姻登记证中"结（离）婚证字号"是从方便管理的角度，由婚姻登记机关为发出证书设定的编号。按照《暂行规范》的规定，"结（离）婚证字号"反映的是办理该登记的机关、登记年份及登记序号。由于补发婚姻登记证与办理婚姻登记，发给结婚证（或离婚证）的性质不同（办理婚姻登记，发给结婚证，当事人即建立夫妻关系。办理离婚登记，发给离婚证，当事人即解除夫妻关系。无论是结婚登记、还是离婚登记，当事人之间的民事关系都发生了改变。但是，补领婚姻登记证，不改变当事人之间的民事关系，如果当事人婚姻登记证丢失或损毁后，未到婚姻登记机关补领，双方的夫妻或离异关系依然存在），属于不同的类别，其编号应当与婚姻登记发证编号有区别。《民政部办公厅关于规范补领婚姻证件字号的复函》（民办函〔2005〕70号）规定："补领婚姻登记证类可以在字号中增加'补'字。"另外，由于婚姻登记证中的"结（离）婚证字号"对当事人之间的婚姻关系并无实质影响，而且相当一部分早期的婚姻登记档案中并未设置证书字号，因此，新版婚姻登记证中未设计填写原婚姻证件字号。

如果当事人要求取得原婚姻登记信息（姓名、国籍、身份证件号、出生日期、证书字号）证明，可以按照《婚姻登记档案管理办法》向婚姻登记档案保管部门申领加盖婚姻登记档案保管部门印章的婚姻登记档案复印件。

附件：《上海市民政局关于补领婚姻证书中相关字段如何填写的函》（沪民婚发〔2006〕19号）（略）

民政部办公厅关于暂未领取居民身份证军人办理婚姻登记问题的处理意见

1. 2010年4月13日发布
2. 民办函〔2010〕80号

各省、自治区、直辖市民政厅(局),计划单列市民政局,新疆生产建设兵团民政局:

自民政部、解放军总政治部《关于军队人员婚姻管理有关问题的通知》(政组〔2010〕14号,以下简称《通知》)印发实行以来,一些地方反映部分军人申请办理婚姻登记时,无法按照《通知》要求提供本人居民身份证。经解放军总政治部了解,虽然公安部和总参、总政、总后、总装文件规定,军人居民身份证于2008年底全部办理完毕,但由于种种原因,目前确有一些部队官兵没有取得居民身份证。为满足无居民身份证军人婚姻登记的需求,经与解放军总政组织部协商,按下述意见办理:

一、团级以上政治机关出具《军人婚姻登记证明》时,根据军人无居民身份证的具体情况,在证明右上角分别标注“暂未领取居民身份证、已编制公民身份号码。”或“暂未领取居民身份证、未编制公民身份号码。”并在标注处加盖印章。对“暂未领取居民身份证、未编制公民身份号码”的,《军人婚姻登记证明》中“公民身份号码”栏填写“无”。

二、军人持标注有“暂未领取居民身份证、已编制公民身份号码”或“暂未领取居民身份证、未编制公民身份号码”的,若除居民身份证外,当事人其他证件、证明材料齐全且符合相关规定的,婚姻登记机关应当受理其有关登记或补领证件的申请。

为保障军人婚姻权益,在文件下发过程中,军人持2010年8月1日之前出具的有效期内的《军人婚姻登记证明》或旧式婚姻状况证明,若证明中未标注“暂未领取居民身份证”,但军人声称无居民身份证的,由军人本人做出无居民身份证书面声明,婚姻登记机关可不要求声明人提供居民身份证。

三、军人有居民身份证或“暂未领取居民身份证、已编制公民身份号码”的,《申请结(离)婚登记声明书》、《结(离)婚登记审查处理表》及《结(离)婚证》上的“身份证件号”按照《通知》要求填写;“暂未领取居民身份证、未编制公民身份号码”的,上述材料中的“身份证号码”栏填写当事人的《军官证》或《文职干部证》、《学员证》、《士兵证》、《离休证》、《退休证》等军人身份证件号码。

关于对婚姻登记严重失信当事人开展联合惩戒的合作备忘录

1. 2018年2月26日国家发展改革委、人民银行、民政部等发布
2. 发改财金〔2018〕342号

为深入学习贯彻习近平新时代中国特色社会主义思想和党的十九大精神,落实《中华人民共和国婚姻法》《婚姻登记条例》等法律法规精神以及《国务院关于印发社会信用体系建设规划纲要(2014－2020年)的通知》(国发〔2014〕21号)、《国务院关于建立完善守信联合激励和失信联合惩戒制度加快推进社会诚信建设的指导意见》(国发〔2016〕33号)、《国家发展改革委 人民银行关于加强和规范守信联合激励和失信联合惩戒对象名单管理工作的指导意见》(发改财金规〔2017〕1798号)等文件要求,加快推进婚姻登记领域信用体系建设,加大对婚姻登记领域严重失信行为的惩戒力度,促进婚姻家庭和谐稳定,加快推进社会信用体系建设,国家发展改革委、人民银行、民政部、中央组织部、中央宣传部、中央编办、中央文明办、最高人民法院、教育部、工业和信息化部、公安部、司法部、财政部、人力资源社会保障部、商务部、卫生计生委、审计署、国资委、海关总署、税务总局、工商总局、质检总局、新闻出版广电总局、统计局、旅游局、银监会、证监会、保监会、国家公务员局、共青团中央、全国妇联等部门就婚姻登记领域严重失信当事人开展联合惩戒工作达成如下一致意见。

一、联合惩戒对象

联合惩戒对象为婚姻登记严重失信当事人。当事人有以下行为之一的,由民政部门列入严重失信名单:

(一)使用伪造、变造或者冒用他人身份证件、户口簿、无配偶证明及其他证件、证明材料的;

（二）作无配偶、无直系亲属关系、无三代以内旁系血亲等虚假声明的；

（三）故意隐瞒对方无民事行为能力或限制民事行为能力状况，严重损害对方合法权益的；

（四）其他严重违反《中华人民共和国婚姻法》和《婚姻登记条例》行为的。

二、信息共享与联合惩戒的实施方式

民政部基于全国婚姻登记信用信息平台，建立严重失信名单，通过全国信用信息共享平台与全国婚姻登记信用信息平台实现数据交换和共享。最高人民法院将婚姻登记当事人的判决或调解离婚、撤销婚姻登记、宣告婚姻无效、宣告死亡等案件信息与民政部交换和共享。公安部将婚姻登记当事人及其配偶的身份信息、死亡信息通过国家人口基础信息库与民政部交换和共享。工业和信息化部将婚姻登记当事人的通信信息与民政部交换和共享。卫生计生委将婚姻登记当事人及其配偶的死亡信息与民政部交换和共享。签署本备忘录的各相关部门从全国信用信息共享平台获取婚姻登记严重失信名单后，执行或者协助执行本备忘录规定的惩戒措施，有关部门根据实际情况将联合惩戒的实施情况反馈国家发展改革委和民政部。

三、联合惩戒措施及实施单位

（一）限制招录（聘）为国家公职人员。限制婚姻登记严重失信当事人招录（聘）为公务员、事业单位工作人员。

实施单位：中央组织部、人力资源社会保障部、国家公务员局等

（二）限制登记为事业单位法定代表人。

实施单位：中央编办

（三）限制任职证券公司、基金管理公司、期货公司、融资性担保公司或金融机构、认证机构的董事、监事、高级管理人员。

实施单位：财政部、商务部、工商总局、质检总局、银监会、证监会、保监会、地方政府确定的融资性担保公司监管机构

（四）限制担任国有企业法定代表人、董事、监事、高级管理人员。限制婚姻登记严重失信当事人担任国有企业法定代表人、董事、监事、高级管理人员；已担任相关职务的，提出其不再担任相关职务的意见。

实施单位：中央组织部、国资委、财政部、工商总局等

（五）限制参评道德模范等荣誉。婚姻登记严重失信当事人不得参加道德模范、五四青年奖、三八红旗手、全国五好文明家庭、最美家庭等评选，已经获得荣誉的予以撤销。

实施单位：中央宣传部、中央文明办、共青团中央、全国妇联等

（六）限制参与相关行业的评先、评优。婚姻登记严重失信当事人为律师、教师、医生、公务员的，在一定期限内限制其参与评先、评优。

实施单位：司法部、教育部、卫生计生委、国家公务员局

（七）供入股证券公司、基金管理公司、期货公司审批或备案，私募投资基金管理人登记，独立基金销售机构审批时审慎性参考。将婚姻登记严重失信当事人相关信息作为证券公司、基金管理公司及期货公司的设立及股权或实际控制人变更审批或备案，私募投资基金管理人登记，独立基金销售机构审批的审慎性参考。

实施单位：证监会

（八）供设立认证机构审批时审慎性参考。

实施单位：质检总局

（九）供金融机构融资授信时审慎性参考。将婚姻登记严重失信当事人信息作为金融机构对拟授信对象融资授信审批时的审慎性参考。

实施单位：人民银行、银监会

（十）限制补贴性资金支持。限制婚姻登记严重失信当事人申请补贴性资金支持。

实施单位：国家发展改革委、财政部、人力资源社会保障部、国资委等

（十一）限制成为海关认证企业。婚姻登记严重失信当事人为企业法定代表人（负责人）、负责关务的高级管理人员、财务负责人时，在企业申请海关认证企业时，不予通过；对已经成为海关认证企业的，按照规定下调企业信用等级。

实施单位：海关总署

（十二）作为选择政府采购供应商、选聘评审专家的审慎性参考。将婚姻登记严重失信当事人信息作为政府采购供应商、选聘评审专家的审慎性参考。

实施单位：财政部

（十三）供重点行业从业人员职业资质资格许可和认定参考。对婚姻登记严重失信当事人申请律师、教师、医生、社会工作者、注册会计师、税务师、认证从业人员、证券期货从业人员、新闻工作者、导游等资质资格认证予以从严审核，对已成为相关从业人员的相关主体予以重点关注。

实施单位：教育部、司法部、财政部、卫生计生委、审计署、税务总局、质检总局、新闻出版广电总局、统计局、旅游局、证监会

（十四）依法追究违法者的法律责任。对于有使用伪造、变造的身份证件、户口簿、证明材料或者有冒用他人身份证件等违法行为的当事人，依法追究其法律责任。

实施单位：公安部

四、联合惩戒的动态管理

民政部对婚姻登记严重失信名单进行动态管理，及时更新相关信息，相关记录在后台长期保存。有关部门依据各自法定职责，按照法律法规和有关规定实施联合惩戒或者解除联合惩戒。

五、其他事宜

各部门和单位应密切协作，积极落实本备忘录，及时在本系统内下发，并指导监督本系统各级单位按照有关规定实施联合惩戒。

本备忘录签署后，各部门、各领域内相关法律、法规、规章及规范性文件有修改或调整，与本备忘录不一致的，以修改或调整后的法律法规为准。实施过程中具体操作问题，由各部门另行协商明确。

附表：联合惩戒措施相关依据和实施单位（略）

民政部关于贯彻落实《中华人民共和国民法典》中有关婚姻登记规定的通知

1. 2020年11月24日发布

2. 民发〔2020〕116号

各省、自治区、直辖市民政厅（局），各计划单列市民政局，新疆生产建设兵团民政局：

《中华人民共和国民法典》（以下简称《民法典》）将于2021年1月1日起施行。根据《民法典》规定，对婚姻登记有关程序等作出如下调整：

一、婚姻登记机关不再受理因胁迫结婚请求撤销业务

《民法典》第一千零五十二条第一款规定："因胁迫结婚的，受胁迫的一方可以向人民法院请求撤销婚姻。"因此，婚姻登记机关不再受理因胁迫结婚的撤销婚姻申请，《婚姻登记工作规范》第四条第三款、第五章废止，删除第十四条第（五）项中"及可撤销婚姻"、第二十五条第（二）项中"撤销受胁迫婚姻"及第七十二条第（二）项中"撤销婚姻"表述。

二、调整离婚登记程序

根据《民法典》第一千零七十六条、第一千零七十七条和第一千零七十八条规定，离婚登记按如下程序办理：

（一）申请。夫妻双方自愿离婚的，应当签订书面离婚协议，共同到有管辖权的婚姻登记机关提出申请，并提供以下证件和证明材料：

1. 内地婚姻登记机关或者中国驻外使（领）馆颁发的结婚证；

2. 符合《婚姻登记工作规范》第二十九条至第三十五条规定的有效身份证件；

3. 在婚姻登记机关现场填写的《离婚登记申请书》（附件1）。

（二）受理。婚姻登记员按照《婚姻登记工作规范》有关规定对当事人提交的上述材料进行初审。

申请办理离婚登记的当事人有一本结婚证丢失的，当事人应当书面声明遗失，婚姻登记员可以根据另一本结婚证受理离婚登记申请；申请办理离婚登记的当事人两本结婚证都丢失的，当事人应当书面声明结婚证遗失并提供加盖查档专用章的结婚登记档案复印件，婚姻登记员可根据当事人提供的上述材料受理离婚登记申请。

婚姻登记员对当事人提交的证件和证明材料初审无误后，发给《离婚登记申请受理回执单》（附件2）。不符合离婚登记申请条件的，不予受理。当事人要求出具《不予受理离婚登记申请告知书》（附件3）的，应当出具。

（三）冷静期。自婚姻登记机关收到离婚登记申请并向当事人发放《离婚登记申请受理回执单》之日起三十日内，任何一方不愿意离婚的，可以持本人有效身份证件和《离婚登记申请受理回执单》（遗失的可不提供，但需书面说明情况），向受理离婚登记申

请的婚姻登记机关撤回离婚登记申请，并亲自填写《撤回离婚登记申请书》（附件4）。经婚姻登记机关核实无误后，发给《撤回离婚登记申请确认单》（附件5），并将《离婚登记申请书》、《撤回离婚登记申请书》与《撤回离婚登记申请确认单（存根联）》一并存档。

自离婚冷静期届满后三十日内，双方未共同到婚姻登记机关申请发给离婚证的，视为撤回离婚登记申请。

（四）审查。自离婚冷静期届满后三十日内（期间届满的最后一日是节假日的，以节假日后的第一日为期限届满的日期），双方当事人应当持《婚姻登记工作规范》第五十五条第（四）至（七）项规定的证件和材料，共同到婚姻登记机关申请发给离婚证。

婚姻登记机关按照《婚姻登记工作规范》第五十六条和第五十七条规定的程序和条件执行和审查。婚姻登记机关对不符合离婚登记条件的，不予办理。当事人要求出具《不予办理离婚登记告知书》（附件7）的，应当出具。

（五）登记（发证）。婚姻登记机关按照《婚姻登记工作规范》第五十八条至六十条规定，予以登记，发给离婚证。

离婚协议书一式三份，男女双方各一份并自行保存，婚姻登记处存档一份。婚姻登记员在当事人持有的两份离婚协议书上加盖“此件与存档件一致，涂改无效。××××婚姻登记处××××年××月××日”的长方形红色印章并填写日期。多页离婚协议书同时在骑缝处加盖此印章，骑缝处不填写日期。当事人亲自签订的离婚协议书原件存档。婚姻登记处在存档的离婚协议书加盖“×××登记处存档件××××年××月××日”的长方形红色印章并填写日期。

三、离婚登记档案归档

婚姻登记机关应当按照《婚姻登记档案管理办法》规定建立离婚登记档案、形成电子档案。

归档材料应当增加离婚登记申请环节所有材料（含附件1、4、5）。

四、工作要求

（一）加强宣传培训。要将本《通知》纳入信息公开的范围，将更新后的婚姻登记相关规定和工作程序及时在相关网站、婚姻登记场所公开，让群众知悉婚姻登记的工作流程和工作要求，最大限度做到便民利民。要抓紧开展教育培训工作，使婚姻登记员及时掌握《通知》的各项规定和要求，确保婚姻登记工作依法依规开展。

（二）做好配套衔接。要加快推进本地区相关配套制度的“废改立”工作，确保与本《通知》的规定相一致。要做好婚姻登记信息系统的升级，及时将离婚登记的申请、撤回等环节纳入信息系统，确保婚姻登记程序的有效衔接。

（三）强化风险防控。要做好分析研判，对《通知》实施过程中可能出现的风险和问题要有应对措施，确保矛盾问题得到及时处置。要健全请示报告制度，在通知执行过程中遇到的重要问题和有关情况，要及时报告民政部。

本通知自2021年1月1日起施行。《民政部关于印发〈婚姻登记工作规范〉的通知》（民发〔2015〕230号）中与本通知不一致的，以本通知为准。

附件：（略）

最高人民法院关于三代以内的旁系血亲之间的婚姻关系如何处理问题的批复

1. 1987年1月14日发布
2. 〔1986〕民他字第36号

安徽省高级人民法院：

你院法民他字〔1986〕第4号关于曹永林诉占可琴离婚一案的请示报告收悉。经征求全国人大常委会法制工作委员会和民政部等单位的意见后，我们研究认为：曹永林与占可琴是三代以内的表兄妹，双方隐瞒近亲关系骗取结婚登记，违反了我国婚姻法第六条关于禁止三代以内的旁系血亲结婚的规定，这种婚姻关系依法是不应保护的。但曹、占两人已经结婚多年，并生有子女，根据本案的具体情况，为保护妇女和儿童的利益，同意你院的第二种意见，按婚姻法第二十五条规定处理。处理时，必须指出双方骗取结婚登记的错误，特别是对男方曹永林的错误要进行严肃的批评教育，并可建议其工作单位给以适当处分，对子女抚养和财产分割，应照顾子女和女方的合法权益，合情合理地予以解决。

·典型案例·

余某与武汉市武昌区民政局民政行政登记纠纷上诉案

上诉人(原审原告)余某。

委托代理人赖华辉,湖北森生律师事务所律师。

被上诉人(原审被告)武汉市武昌区民政局。

法定代表人李新民,局长。

委托代理人孙剑刚、程双喜,该局工作人员。

第三人曾某。

委托代理人孙迟了,湖北全成律师事务所律师。

上诉人余某不服被上诉人武汉市武昌区民政局(下称民政局)民政行政登记一案,不服武汉市武昌区人民法院(2008)武区行初字第38号行政判决,向本院提起上诉,本院2008年12月17日受理后,依法组成合议庭,于2009年1月12日公开开庭审理了本案。上诉人余某及其委托代理人赖华辉,被上诉人委托代理人孙剑刚、程双喜,第三人的委托代理人孙迟了到庭参加诉讼。本案现已审理终结。

原审法院认为:婚姻登记是法律赋予民政局的法定职责。曾某与余某某系再婚,双方于2002年12月26日自愿到民政局处申请结婚登记并提交了相关证件和证明材料,民政局准予曾某与余某某结婚登记并发给结婚证符合《中华人民共和国婚姻法》第五条、第六条、第八条的规定。由于曾某与余某某共同规避婚姻登记的管辖规定,向民政局提交余某某虚假的身份证、户口簿,致使民政局的婚姻登记行为存在瑕疵,但该婚姻登记行为没有侵犯余某的合法权益。余某不是婚姻当事人,其作为第三方要求撤销曾某与余某某的结婚登记不予支持。依照《最高人民法院关于执行〈中华人民共和国行政诉讼法〉若干问题的解释》第五十六条第(四)项的规定,判决:驳回原告余某的诉讼请求。

上诉人不服原审判决,向本院提起上诉称:1. 原审判决认定事实不清。余某某和曾某提交虚假的余某某的身份证和户口,骗取结婚登记,对此,当事人亦承认。被上诉人未尽审查的义务,存在明显的审查核实错误,其行为违反了《婚姻登记管理条例》。2. 原审判决适用法律错误。上诉人作为余某某的养子,有权提起行政诉讼,被上诉人在颁证过程中的错误,不仅仅是原审判决认定的瑕疵,对其行为撤销与否,对上诉人的权利义务已经产生直接的影响。3. 被上诉人登记发证错误,并不涉及婚姻的实体问题,不涉及双方是否自愿的问题。余某某和曾某领取结婚证是2002年,应适用1994年的《婚姻登记管理条例》,根据该条例的规定,申请婚姻登记的当事人应提交真实的身份证和户口簿,当事人提供虚假的证件被上诉人予以登记颁证,其错误的颁证行为应予撤销。请求二审法院遵循有法必依的原则,撤销原审判决,改判撤销曾某与余某某的结婚登记。

被上诉人民政局辩称:被上诉人给婚姻登记当事人曾某与余某某登记发证行为是合法有效的,其提供不真实的户口,想在武汉领结婚证,没有骗取婚姻的目的,不属于《婚姻法》所规定的可撤销婚姻登记的范围;且婚姻登记管理机关对当事人提供材料的真实性没有实质审查的义务和条件,同时婚姻当事人中的一方已经死亡,这是不可逆转的,如果撤销此婚姻,意味着剥夺婚姻当事人的财产继承权,而违背余某某的本意,造成不必要的纠纷。上诉人余某不是婚姻当事人,无权申请人民法院撤销曾某与余某某的结婚登记。原审判决认定事实清楚,适用法律准确,请求二审法院予以维持。

第三人曾某述称:余某某与第三人的婚姻登记为有效登记,符合《婚姻法》的规定,上诉人要求撤销无法律依据。上诉人余某不是婚姻当事人,无权要求人民法院撤销该婚姻登记,其起诉已过诉讼时效。原审判决事实清楚,请求二审法院驳回上诉,维持原判。

本院认为:《最高人民法院关于执行〈中华人民共和国行政诉讼法〉若干问题的解释》第四十二条规定:“公民、法人或者其他组织不知道行政机关作出的具体行政行为内容的,其起诉期限从知道或者应当知道该具体行政行为内容之日起计算……其他具体行政行为从作出之日起超过5年提起诉讼的,人民法院不予受理。”第三人曾某与余某某2002年12月26日到被上诉人武汉市武昌区民政局申请结婚登记,同日被上诉人准予其结婚登记并发给结婚证,上诉人2008年8月29日向法院提起诉讼,要求撤销该结婚登记行为。由于武汉市武昌区民政局的上述登记行为从作出之日到上诉人提起诉讼已超过5年的起诉期限,按照上述司法解释规定对余某的起诉应予驳回。根据《中华人民共和国行政诉讼法》第六十一条第(二)项、《最高人民法院关于

执行〈中华人民共和国行政诉讼法〉若干问题的解释》第四十二条的规定,裁定如下:

一、撤销武汉市武昌区人民法院(2008)武区行初字第38号行政判决书;

二、驳回上诉人即原审原告余某的起诉。

本裁定为终审裁定。

3. 结　婚

民政部民政司关于堂姐、堂弟的子女能否结婚问题的复函

1. *1986年1月18日发布*
2. *〔86〕民民字第9号*

四川省民政厅：

你厅川民政民〔1986〕2号《关于堂姐、堂弟的子女申请结婚能否进行登记的请示》收悉。根据全国人大常委会法制委员会副主任武新宇《关于〈中华人民共和国婚姻法（修改草案）〉的说明》中对三代以内的旁系血亲禁止结婚所作的解释，我们认为，张媛同雷维宇属于第四代的旁系血亲。张媛、雷维宇两人如在其他问题上也符合《婚姻法》关于结婚的规定，婚姻登记机关可予以登记。

民政部民政司关于表姨和表外甥能否结婚的复函

1. *1986年3月26日发布*
2. *〔86〕民民字第42号*

中共抚顺市望花区委信访室：

转来你室一月三十一日来函收悉。现答复如下：

婚姻法第六条一款规定："直系血亲和三代以内的旁系血亲"禁止结婚。所谓"三代以内的旁系血亲"，是指同一祖父母或外祖父母的血亲关系。你们所询表姨和表外甥并不是同一外祖父母，因此不属三代以内的旁系血亲。他们之间不属禁婚之列。但是，从遗传学角度考虑，血缘过近的婚配，是不利于优生的，建议劝说双方当事人慎重考虑，为了子孙后代的健康，以另外择偶为好。

最高人民法院民事审判庭关于贯彻执行最高人民法院《关于人民法院审理未办结婚登记而以夫妻名义同居生活案件的若干意见》有关问题的电话答复

1. *1990年10月11日发布*
2. *〔1990〕法民字第11号*

广东省高级人民法院：

你院《关于贯彻执行最高人民法院〈关于人民法院审理未办结婚登记而以夫妻名义同居生活案件的若干意见〉有关问题的请示》收悉，经研究，电话答复如下：

一、关于你院请示中一、二条所提一方或双方当事人隐瞒结婚时年龄以及隐瞒近亲属关系骗取结婚证，现一方提出离婚，是作为非法同居关系，事实婚姻关系还是作为登记婚姻处理的问题，我们认为：非法同居关系，事实婚姻关系的共同特征是未办结婚登记即以夫妻名义同居生活。隐瞒结婚年龄以及隐瞒近亲属关系骗取结婚证后，一方要求离婚的案件，不符合非法同居关系或事实婚姻关系的构成特征，因此不能按非法同居关系或事实婚姻关系对待，而应作为登记婚姻按《最高人民法院关于判决离婚的若干具体规定》第四条和其他有关规定处理。

二、关于处理非法同居案件中，双方对非婚生子女抚养和非法同居期间财产处理已达成协议，是分别制作判决书、调解书还是用判决形式一并处理的问题，我们认为：解除非法同居案件中的子女抚养和财产分割属于牵连之诉，应予一并处理。当事人对子女抚养和财产分割达成协议的，人民法院只需将当事人之间达成的协议直接写进判决书即可，无须分别制作判决书、调解书。

三、关于女方在非法同居期间怀孕，男方提出解除非法同居关系人民法院是否受婚姻法第二十七条的限制是否受理的问题，我们认为婚姻法第二十七条保护的前提是合法的婚姻关系，女方在非法同居期间怀孕，违反了婚姻法的有关规定，为了严肃执法，对男方诉到法院要求解除非法同居关系的，应予受理。受理后即应作出解除非法同居关系的判决。女方分娩后，再处理子女抚养问题。

最高人民法院关于符合结婚条件的男女在登记结婚之前曾公开同居生活能否连续计算婚姻关系存续期间并依此分割财产问题的复函

1. 2002年9月19日发布

2. 〔2002〕民监他字第4号

黑龙江省高级人民法院：

你院《关于符合结婚条件的男女在登记结婚之前曾公开同居生活能否连续计算婚姻关系存续期间并依此分割财产问题的请示》收悉。经研究，答复如下：

我院同意你院审判委员会的第一种意见，即根据民政部1994年2月1日实施的《婚姻登记管理条例》、1989年11月21日我院《关于人民法院审理未办理结婚登记而以夫妻名义同居生活案件的若干意见》以及1994年4月4日我院《关于适用新的〈婚姻登记管理条例〉的通知》的有关规定，在民政部婚姻登记管理条例施行之前，对于符合结婚条件的男女在登记结婚之前，以夫妻名义同居生活，群众也认为是夫妻关系的，可认定为事实婚姻关系，与登记婚姻关系合并计算婚姻关系存续期间。

4. 离　婚

(1)一般规定

最高人民法院对我国留学生夫妻双方要求离婚如何办理离婚手续的通知

1. 1985年12月31日发布
2. 〔85〕民他字第38号

×××、×××:

你们双方要求解除婚姻关系一事的来信收悉。根据我国法律的有关规定,如果你们双方对离婚及财产分割、子女抚养等问题没有任何争议,可以回国向原结婚登记机关申请办理离婚手续;如果对以上问题存有争议,则需回国向原结婚登记地人民法院提起离婚诉讼。你们双方如因特殊情况不能回国,可办理授权委托书,委托国内亲友或律师作为代理人代为办理,并向国内原结婚登记机关或结婚登记地人民法院提交书面意见,由该登记机关办理或由人民法院进行审理。委托书和意见书须经当地公证机关公证、我驻美使领馆认证,亦可由我驻美使领馆直接公证。

最高人民法院关于张绪桂与姚梅霞离婚案的批复

1. 1964年6月15日发布
2. 〔64〕民他字第28号

安徽省高级人民法院:

你院关于张绪桂与姚梅霞离婚案的请示报告收悉。经研究后,我们认为:如姚梅霞提出离婚要求经查属实,现张绪桂又提出离婚,可按双方同意离婚处理。

此复

最高人民法院关于马娜萍离婚问题的批复

1. 1965年1月31日发布
2. 〔65〕民他字第4号

云南省高级人民法院:

马娜萍与合应廷离婚一案,你院于1965年1月16日〔65〕法民字第022号的请示报告已收悉。经研究认为:合应廷于1949年外出到泰国经商,至1959年即与女方断绝了通讯关系,如再经多方查找又无音讯,马娜萍申请离婚,可以由中级人民法院作一审缺席判决离婚,判决书交男方的亲属代收或转达。

最高人民法院关于孟宪明、李瑞玲离婚案的批复

1. 1985年2月16日发布
2. 法(民)复〔1985〕7号

河南省高级人民法院:

你院1984年12月26日关于孟宪明诉李瑞玲离婚一案处理意见的请示报告收悉。

关于杞县人民法院〔84〕杞法民调字第35号对此案的离婚调解书是否有效的问题,我们研究认为,双方在1982年3月4日达成以离婚为前提的结婚协议后,于1982年3月9日办理了结婚登记,这是违反婚姻法结婚必须男女双方完全自愿的规定的。此后,双方协议离婚取得一致意见,并于1984年3月18日到杞县人民法院高阳人民法庭签署了离婚协议。1984年3月26日,高阳人民法庭又已通知李瑞玲领取调解书。李瑞玲从1984年3月27日起至4月15日止这段期间内,三次去高阳人民法庭领调解书,只是由于客观原因而未能领到。

根据上述事实,我们同意你院第一种意见,应认为调解书是有效的。

最高人民法院关于刘秦勤与邓西民离婚问题的函

1. 1985年12月30日发布
2. 〔85〕民他字第38号

刘秦勤、邓西民：

来信收到。你们要求解除婚姻关系一事，根据我国法律的有关规定，你们双方如果对离婚及财产分割等问题没有任何争议，可以回国向原结婚登记机关申请办理离婚手续；如果对以上问题存有争议，则需回国向原结婚登记地人民法院提起离婚诉讼。如果你们双方因特殊情况不能回国，可办理授权委托书，委托国内亲友或律师作为代理人代为办理，并向国内原结婚登记机关或结婚登记地人民法院提交书面意见，由该登记机关办理或由人民法院进行审理。委托书和意见书均须经当地公证机关公证，我驻美使领馆认证，亦可由我驻美使领馆直接公证。

·典型案例·

姜某诉南郑县民政局民政登记纠纷案

原告姜某。

委托代理人姜某某(系原告之父)。

被告南郑县民政局。

法定代表人李晓明，该局局长(未出庭)。

委托代理人李汉武，南郑县政府法制办公室主任。

委托代理人李先斌，南郑县民政局工作人员。

第三人杜某。

委托代理人王新，陕西汉泰律师事务所律师。

原告姜某诉被告南郑县民政局民政登记一案，本院受理后依法组成合议庭，并依法追加第三人杜某参加诉讼。于2007年3月20日、4月2日分别在本院依法公开开庭进行了审理，除被告法定代表人有事请假未出庭外，其余各方当事人、代理人及被告方证人吴翠平均到庭参加了诉讼。本案现已审理完结。

原告诉称：我与第三人杜某于2006年8月3日自愿结婚(男到女家落户)，因为家务小事双方赌气，于2007年1月10日我俩到被告所属婚姻登记处协议离婚，因赌气双方未携带结婚证书，婚姻登记机关未按法定程序审查相关证件材料，只是听取了我俩的陈述，便草率为我们办理了离婚登记，颁发了离婚证书。我认为被告的行政登记行为违法，故请求法院判决撤销该离婚登记行为。

被告答辩称：原告姜某与第三人杜某于2007年1月10日到我局婚姻登记处申请办理离婚登记，经我方工作人员审查双方提交的户籍证明、身份证、离婚协议书，但没有双方结婚证书，登记员询问原告及第三人结婚证时，双方均说结婚证丢失了。登记员询问双方离婚确属自愿，并对财产债务等自愿达成协议，便从档案资料中查出姜某与杜某结婚登记审查处理表，让原告与第三人签字确认存在婚姻关系后，按照有关规定，为原告与第三人办理了离婚登记，向双方颁发了离婚证书。我方为原告与第三人办理离婚登记的行政行为，符合《婚姻法》第三十一条和《婚姻登记条例》第十三条之规定。原告与第三人当时称结婚证丢失，我方按照民政部有关解释，通过查档案资料证实双方存在婚姻关系，进而为其办理离婚登记，程序并不违法。至于后来查明原告与第三人结婚证并未丢失，而是原告与第三人编造谎言骗取离婚登记，但双方离婚确属自愿。故请求依法维持我方为原告与第三人办理离婚登记的行政行为。

被告在法定期限内向本院提交的证据有：1. 姜某户口簿、身份证复印件、杜某户籍证明、身份证复印件；2. 姜某、杜某结婚登记审查处理表复印件；3. 姜某、杜某离婚协议书复印件；4. 姜某、杜某离婚登记审查处理表复印件；5. 婚姻登记员吴翠平证言。以上证据证明被告方作出的离婚登记行政行为事实清楚，程序合法；6. 南郑县公安局城关派出所证明，证实姜某曾在其所补办户口簿，是骗取补办的，已被注销。另外，被告提交有民政部发布的《婚姻登记工作暂行规范》及《民政部关于贯彻执行〈婚姻登记条例〉若干问题的意见》(民函〔2004〕76号)，证明被告行政行为适用法律正确。第三人述称：我与原告是在父母包办和威逼下于2006年8月3日办理的结婚登记。由于婚前缺乏了解，双方性格爱好志趣相差太大，双方经常为琐事吵骂打架，婚后没有建立起感情。双方多次协商离婚，并取得一致意见。但遭原告父母的反对和暴力干涉。我与原告便于2007年1月10日持户口簿、户籍证明、身份证、离婚协议书到被告的婚姻登记处依照法定程序办理了离婚登记。当时我俩结婚证书虽未丢失,但在原告父母处取不出来,因原告父母不允许我们离婚,我俩才谎称结婚证丢失了。但我俩离婚确属自愿,并对财产达成协议。因此,被告为我俩办理离婚登记行为是符合法律规定的,程序并不违法。请求法院判决维持被告对原告与我的离婚登记行为。经审理查明:原告与第三人于2006年8月3日到被告所属婚姻登记处登记结婚(男到女家落户)。双方认识不到两个月,经双方父母催促便草率结婚。婚后感情不和,未生育子女。经别人多次协调无效,夫妻多次协商离婚,但遭双方父母反对。原告与第三人于2007年1月10日瞒着双方父母,未携带结婚证书及户口簿,原告去城关派出所申请补办了户口簿,第三人办理了户籍证明,并携带身份证及离婚协议书,到被告所属婚姻登记处申请离婚登记。婚姻登记员审查了双方提交的有关材料,问其结婚证书时,双方均谎称结婚证丢失了,但被告方工作人员未按规定责令双方写出书面说明存档。婚姻登记员按照有关规定,从双方结婚档案中输出一份姜某、杜某结婚登记审查处理表,证实双方存在婚姻关系,并让双方在此表上签名确认。同时审查询问了双方离婚确系自愿,并且无子女及财产债务,女方自愿退还男方结婚时所花费用及其他损失五万元。被告方婚姻登记员便让双方在离婚协议书上签了名,并在"申请离婚登记声明书"上签名确认(此声明书后被原告从被告处拿回撕毁),然后为双方进行了离婚登记,并颁发了0107000××号离婚证书。原告及第三人分别在《离婚登记审查处理表》上签了名,领取了离婚证书。数日后,第三人之母发现了第三人持有的离婚证书,便将其离婚证书送去原告父母处,原告父母便持原告与第三人的结婚证书、户口簿去被告婚姻登记处质问被告方,"在双方未持结婚证书及户口簿的情况下,你们是如何办理离婚登记的?"

庭审中原告代理人姜某某认为:被告在原告与第三人未提交结婚证书及户口簿的情况下,不履行认真审查职责,听信其谎言而草率办理了离婚登记,其行政行为明显违反《婚姻登记条例》第十一条第一款第(一)、(二)项之规定,并违反民政部发布的《婚姻登记工作暂行规范》第四十七、四十八、四十九条之规定,程序严重违法,应当撤销。上述事实,有被告提交的第1至5号证据及证人吴翠平出庭作证,并有各方当事人、代理人当庭陈述证实。被告提交的书证虽系复印件,但经本庭与原件核对无异,原告未提出有效的反驳意见,上述证据已当庭采信。第6号书证因系被告在诉讼中自行收集,故当庭未采信。

本院认为:被告南郑县民政局于2007年1月10日为姜某与杜某办理离婚登记的行政行为事实清楚,证据确实,程序合法,适用法律正确,是合法的行政行为,所颁发的0107000××号离婚证书合法有效,应予维持。理由如下:第一,原告与第三人本无感情基础,但屈从于双方父母意愿而勉强结婚。婚后感情不和,多次协商离婚顺情合理。因双方惧怕父母反对离婚而瞒着父母,在未携带结婚证书的情况下对被告谎称结婚证书丢失,并自愿达成离婚协议,足见双方离婚意愿之真实而迫切,并非一时之赌气。第二,被告在为原告与第三人办理离婚登记中,按规定审查了双方提交的相关资料,确认双方均系具有完全民事行为能力的成年人,被告对该婚姻登记具有管辖权。在原告及第三人称结婚证书均已丢失的情况下,按照《民政部关于贯彻执行〈婚姻登记条例〉若干问题的意见》之规定,从婚姻档案中查出原告与第三人《结婚登记审查处理表》,证实双方存在婚姻关系,申请人提交的《离婚协议书》系双方的真实意愿,其协议内容并不违法,被告为双方办理离婚登记并颁发离婚证的行为,符合《婚姻法》第三十一条、《婚姻登记条例》及民政部发布的《婚姻登记工作暂行规范》的相关规定。《民政部关于贯彻执行婚姻登记条例若干问题的意见》属于行政规范性文件,该文件符合《婚姻登记条例》的基本原则和精神,并不与该条例第十一条第一款之规定相抵触,应予参照。虽然被告未依照该文件之规定,在双方均称结婚证书丢失的情况下责成双方写出说明存档,属于程序瑕疵,但并未因此而侵犯双方的合法权益,故不属于应当撤销之程序违法情形。本院依照《中华人民共和国婚姻法》第三十一条,《婚姻登记条例》第十条第一款、第十一条第一款、第十二条、第十三条之规定,参照民政部发布的《婚姻登记工作暂行规范》第四十七条、第四十八条、第四十九条、第五十条、第五十二条并参照《民政部关于贯彻婚姻登记条例若干问题的意见》第二项、第五项,依照《中华人民共和国行政诉讼法》第五十四条第(一)项之规定,判决如下:

维持南郑县民政局2007年1月10日为姜某、杜某进行的离婚登记行为,其为姜某与杜某颁发的0107000××号离婚证书合法有效。

本案受理费100元由姜某承担,实际支出费500元由南郑县民政局承担(限于本判决书送达后十日内交于本院)。

如不服本判决,可在判决书送达之日起十五日内,向本院递交上诉状及副本二份。上诉于陕西省汉中市中级人民法院。

孙某某诉邓某某离婚纠纷案

原告孙某某。

被告邓某某。

委托代理人:梁安武,重庆利安律师事务所律师。

原告孙某某诉被告邓某某离婚纠纷一案,本院于2009年2月11日立案受理,依法由审判员毕耀才独任审判,适用简易程序于2009年3月10日公开开庭进行了审理。原告孙某某、被告邓某某及其代理人梁安武均到庭参加了诉讼。本案现已审理终结。

原告孙某某诉称:原、被告婚前关系一般,婚后因性格不合双方长期吵架打架,且被告挣的钱不给原告用,对家庭长期不尽义务,现夫妻感情已经破裂,请求判令与被告解除婚姻关系。

被告邓某某辩称:原告所诉不属实,双方至今仍共同生活,且夫妻感情也较好。2006年年底,原、被告因家庭琐事而发生争执,从而导致夫妻感情不和,但夫妻感情并未破裂,不同意原告的离婚请求。

经审理查明:原、被告系再婚,于1998年年底经人介绍建立恋爱关系,1999年3月在铜梁县虎峰镇人民政府登记结婚,婚后未生育子女。婚姻初期,双方夫妻关系较好。2006年,原、被告因家庭琐事发生争执,其后夫妻感情开始不和。2008年8月,原告曾诉至本院,后撤回诉讼。2009年2月,原告再次诉至本院。

上述事实,有原、被告的陈述、结婚证、证人韩昌陆、李正群的证言等证据在案佐证,经当庭质证,本院予以采信。

本院认为:根据我国《婚姻法》第三十二条的规定,夫妻感情破裂的婚姻经调解无效应当判决离婚。同时该法明确规定,存在下列情形之一的应当认定为夫妻感情破裂,并应准予离婚:一是重婚或有配偶者与他人同居的;二是实施家庭暴力或虐待、遗弃家庭成员的;三是有赌博、吸毒等恶习屡教不改的;四是因感情不和分居满二年的;五是一方被宣告失踪,另一方提出离婚诉讼的。本案中,原、被告虽系再婚但婚后夫妻感情一直较好,双方虽在2006年因家庭琐事发生争执并导致夫妻感情不和,但尚不足以导致夫妻感情破裂。原、被告现在的婚姻关系既不存在上述《婚姻法》规定的情形,同时原告也没有提供证明其夫妻感情已经破裂的其他证据。故原告的诉讼请求,本院依法不予支持。依照《中华人民共和国婚姻法》第三十二条及《最高人民法院关于民事诉讼证据的若干规定》第二条之规定,判决如下:

驳回原告孙某某离婚的诉讼请求;

本案受理费240元,由原告负担。

如不服本判决,可在判决书送达之日起十五日内,向本院递交上诉状,并按对方当事人人数提出副本,上诉于重庆市第一中级人民法院。

(2)离婚财产分割

最高人民法院关于下放职工高乃春与汪家敏离婚案件中退职金如何处理问题的批复

1. 1964年4月25日发布
2. 〔64〕法研字第32号

辽宁省高级人民法院:

你院1963年10月14日〔63〕法民字第75号《关于高乃春与汪家敏离婚案件中有关退职金如何处理的问题的请示》收阅。我院认为,高乃春于1963年3月下放农村参加农业生产,其妻汪家敏于同年10月便提出离婚,并要求分劈高乃春的退职金是没有理由的。退职金是国家给高乃春到农村安家立业之用。汪家敏因高乃春下放而要求离婚,在离婚时就不应准许汪家敏分劈高乃春的退职金。

汪家敏在离婚后如果生活上暂时确有困难,或有子女归她抚养时,可根据双方经济情况判给适当数量的生活补助费或子女抚养费。

此复

最高人民法院关于刘立民与赵淑华因离婚诉讼涉及民办私立学校校产分割一案的复函

1. 2003年8月7日发布
2. 〔2002〕民监他字第13号

辽宁省高级人民法院：

你院请示收悉，经研究，答复如下：

刘立民、赵淑华夫妻共同投资办学，应共同享有办学积累中属于夫妻的财产权益。原一、二审判决将办学积累全部认定为刘立民、赵淑华二人的共同财产进行分割没有法律依据。

刘立民、赵淑华夫妻离婚，已丧失了共同办学的条件，对其共同享有的财产权益应予分割。根据本案具体情况，为维护学校完整，学校由赵淑华单独管理后，赵淑华应对刘立民丧失的财产权益以及由此丧失的期待利益予以补偿。补偿数额可参照原二审判决的数额。

最高人民法院关于依法妥善审理涉及夫妻债务案件有关问题的通知

1. 2017年2月28日发布
2. 法〔2017〕48号

各省、自治区、直辖市高级人民法院，解放军军事法院，新疆维吾尔自治区高级人民法院生产建设兵团分院：

家事审判工作是人民法院审判工作的重要内容。在家事审判工作中，正确处理夫妻债务，事关夫妻双方和债权人合法权益的保护，事关婚姻家庭稳定和市场交易安全的维护，事关和谐健康诚信经济社会建设的推进。为此，最高人民法院审判委员会第1710次会议讨论通过《最高人民法院关于适用〈中华人民共和国婚姻法〉若干问题的解释（二）的补充规定》，对该司法解释第二十四条增加规定了第二款和第三款。2017年2月28日，最高人民法院公布了修正的《最高人民法院关于适用〈中华人民共和国婚姻法〉若干问题的解释（二）》。为依法妥善审理好夫妻债务案件，现将有关问题通知如下：

一、坚持法治和德治相结合原则。在处理夫妻债务案件时，除应当依照婚姻法等法律和司法解释的规定，保护夫妻双方和债权人的合法权益，还应当结合社会主义道德价值理念，增强法律和司法解释适用的社会效果，以达到真正化解矛盾纠纷、维护婚姻家庭稳定、促进交易安全、推动经济社会和谐健康发展的目的。

二、保障未具名举债夫妻一方的诉讼权利。在审理以夫妻一方名义举债的案件中，原则上应当传唤夫妻双方本人和案件其他当事人本人到庭；需要证人出庭作证的，除法定事由外，应当通知证人出庭作证。在庭审中，应当按照《最高人民法院关于适用〈中华人民共和国民事诉讼法〉的解释》的规定，要求有关当事人和证人签署保证书，以保证当事人陈述和证人证言的真实性。未具名举债一方不能提供证据，但能够提供证据线索的，人民法院应当根据当事人的申请进行调查取证；对伪造、隐藏、毁灭证据的要依法予以惩处。未经审判程序，不得要求未举债的夫妻一方承担民事责任。

三、审查夫妻债务是否真实发生。债权人主张夫妻一方所负债务为夫妻共同债务的，应当结合案件的具体情况，按照《最高人民法院关于审理民间借贷案件适用法律若干问题的规定》第十六条第二款、第十九条规定，结合当事人之间关系及其到庭情况、借贷金额、债权凭证、款项交付、当事人的经济能力、当地或者当事人之间的交易方式、交易习惯、当事人财产变动情况以及当事人陈述、证人证言等事实和因素，综合判断债务是否发生。防止违反法律和司法解释规定，仅凭借条、借据等债权凭证就认定存在债务的简单做法。

在当事人举证基础上，要注意依职权查明举债一方作出有悖常理的自认的真实性。对夫妻一方主动申请人民法院出具民事调解书的，应当结合案件基础事实重点审查调解协议是否损害夫妻另一方的合法权益。对人民调解协议司法确认案件，应当按照《最高人民法院关于适用〈中华人民共和国民事诉讼法〉的解释》要求，注重审查基础法律关系的真实性。

四、区分合法债务和非法债务，对非法债务不予保护。在案件审理中，对夫妻一方在从事赌博、吸毒等违法犯罪活动中所负的债务，不予法律保护；对债权人知道或者应当知道夫妻一方举债用于赌博、吸毒等违法犯罪活动而向其出借款项，不予法律保护；对夫妻一方以个人名义举债后用于个人违法犯罪活动，举债人就该债务主张按夫妻共同债务处理的，不予支持。

五、把握不同阶段夫妻债务的认定标准。依照婚姻法第十七条、第十八条、第十九条和第四十一条有关夫妻共同财产制、分别财产制和债务偿还原则以及有关婚姻法司法解释的规定，正确处理夫妻一方以个人名义对外所负债务问题。

六、保护被执行夫妻双方基本生存权益不受影响。要树立生存权益高于债权的理念。对夫妻共同债务的执行涉及到夫妻双方的工资、住房等财产权益，甚至可能损害其基本生存权益的，应当保留夫妻双方及其所扶养家属的生活必需费用。执行夫妻名下住房时，应保障生活所必需的居住房屋，一般不得拍卖、变卖或抵债被执行人及其所扶养家属生活所必需的居住房屋。

七、制裁夫妻一方与第三人串通伪造债务的虚假诉讼。对实施虚假诉讼的当事人、委托诉讼代理人和证人等，要加强罚款、拘留等对妨碍民事诉讼的强制措施的适用。对实施虚假诉讼的委托诉讼代理人，除依法制裁外，还应向司法行政部门、律师协会或者行业协会发出司法建议。对涉嫌虚假诉讼等犯罪的，应依法将犯罪的线索、材料移送侦查机关。

以上通知，请遵照执行。执行中有何问题，请及时报告我院。

最高人民法院关于办理涉夫妻债务纠纷案件有关工作的通知

1. 2018年2月7日发布
2. 法明传〔2018〕71号

《最高人民法院关于审理涉及夫妻债务纠纷案件适用法律有关问题的解释》（以下简称《解释》），已自2018年1月18日起施行，为依法平等保护各方当事人合法权益，现就有关工作通知如下：

一、正在审理的一审、二审案件，适用《解释》的规定。

二、已经终审的案件，甄别时应当严格把握认定事实不清、适用法律错误、结果明显不公的标准。比如，对夫妻一方与债权人恶意串通坑害另一方，另一方在毫不知情的情况下无端背负巨额债务的案件等，应当依法予以纠正。再审案件改判引用法律条文时，尽可能引用婚姻法第十七条、第四十一条等法律。

三、对于符合改判条件的终审案件，要加大调解力度，尽可能消化在再审审查阶段或者再审调解阶段。案件必须改判的，也要尽量做好当事人服判息诉工作。

四、对于符合上述改判条件的终审案件，也可由执行部门尽量通过执行和解等方式，解决对利益严重受损的配偶一方权益保护问题。

特此通知。

· 指导案例 ·

最高人民法院指导案例66号
——雷某某诉宋某某离婚纠纷案

（最高人民法院审判委员会讨论通过
2016年9月19日发布）

关键词 民事 离婚 离婚时 擅自处分共同财产

裁判要点

一方在离婚诉讼期间或离婚诉讼前，隐藏、转移、变卖、毁损夫妻共同财产，或伪造债务企图侵占另一方财产的，离婚分割夫妻共同财产时，依照《中华人民共和国婚姻法》第四十七条的规定可以少分或不分财产。

相关法条

《中华人民共和国婚姻法》第47条

基本案情

原告雷某某（女）和被告宋某某于2003年5月19日登记结婚，双方均系再婚，婚后未生育子女。双方婚后因琐事感情失和，于2013年上半年产生矛盾，并于2014年2月分居。雷某某曾于2014年3月起诉要求与宋某某离婚，经法院驳回后，双方感情未见好转。2015年1月，雷某某再次诉至法院要求离婚，并依法分割夫妻共同财产。宋某某认为夫妻感情并未破裂、不同意离婚。

雷某某称宋某某名下在中国邮政储蓄银行的账户内有共同存款37万元，并提交存取款凭单、转账凭单作为证据。宋某某称该37万元，来源于婚前房屋拆迁补偿款及养老金，现尚剩余20万元左右（含养老金14 322.48元），并提交账户记录、判决书、案款收据等证据。

宋某某称雷某某名下有共同存款25万元，要求依法分割。雷某某对此不予认可，一审庭审中其提交在中国工商银行尾号为4179账户自2014年1月26日起的交易明细，显示至2014年12月21日该账户余额为262.37元。二审审理期间，应宋某某的申请，法院调取了雷某某上述中国工商银行账号自2012年11月26日开户后的银行流水明细，显示雷某某于2013年4月30日通过ATM转账及卡取的方式将该账户内的195 000元转至案外人雷某齐名下。宋某某认为该存款是其婚前房屋出租所得，应归双方共同所有，雷某某在离婚之前即将夫妻共同存款转移。雷某某提出该笔存款是其经营饭店所得收益，开始称该笔款已用于夫妻共同开销，后又称用于偿还其外甥女的借款，但雷某某对其主张均未提供相应证据证明。另，雷某某在庭审中曾同意各自名下存款归各自所有，其另行支付宋某某10万元存款，后雷某某反悔，不同意支付。

裁判结果

北京市朝阳区人民法院于2015年4月16日作出(2015)朝民初字第04854号民事判决：准予雷某某与宋某某离婚；雷某某名下中国工商银行尾号为4179账户内的存款归雷某某所有，宋某某名下中国邮政储蓄银行账号尾号为7101、9389及1156账户内的存款归宋某某所有，并对其他财产和债务问题进行了处理。宣判后，宋某某提出上诉，提出对夫妻共同财产雷某某名下存款分割等请求。北京市第三中级人民法院于2015年10月19日作出(2015)三中民终字第08205号民事判决：维持一审判决其他判项，撤销一审判决第三项，改判雷某某名下中国工商银行尾号为4179账户内的存款归雷某某所有，宋某某名下中国邮政储蓄银行尾号为7101账户、9389账户及1156账户内的存款归宋某某所有，雷某某于本判决生效之日起七日内支付宋某某12万元。

裁判理由

法院生效裁判认为：婚姻关系以夫妻感情为基础。宋某某、雷某某共同生活过程中因琐事产生矛盾，在法院判决不准离婚后，双方感情仍未好转，经法院调解不能和好，双方夫妻感情确已破裂，应当判决准予双方离婚。

本案二审期间双方争议的焦点在于雷某某是否转移夫妻共同财产和夫妻双方名下的存款应如何分割。《中华人民共和国婚姻法》第十七条第二款规定：“夫妻对共同所有的财产，有平等的处理权。”第四十七条规定：“离婚时，一方隐藏、转移、变卖、毁损夫妻共同财产，或伪造债务企图侵占另一方财产的，分割夫妻共同财产时，对隐藏、转移、变卖、毁损夫妻共同财产或伪造债务的一方，可以少分或不分。离婚后，另一方发现有上述行为的，可以向人民法院提起诉讼，请求再次分割夫妻共同财产。”这就是说，一方在离婚诉讼期间或离婚诉讼前，隐藏、转移、变卖、毁损夫妻共同财产，或伪造债务企图侵占另一方财产的，侵害了夫妻对共同财产的平等处理权，离婚分割夫妻共同财产时，应当依照《中华人民共和国婚姻法》第四十七条的规定少分或不分财产。

本案中，关于双方名下存款的分割，结合相关证据，宋某某婚前房屋拆迁款转化的存款，应归宋某某个人所有，宋某某婚后所得养老保险金，应属夫妻共同财产。雷某某名下中国工商银行尾号为4179账户内的存款为夫妻关系存续期间的收入，应作为夫妻共同财产予以分割。雷某某于2013年4月30日通过ATM转账及卡取的方式，将尾号为4179账户内的195 000元转至案外人名下。雷某某始称该款用于家庭开销，后又称用于偿还外债，前后陈述明显矛盾，对其主张亦未提供证据证明，对钱款的去向不能作出合理的解释和说明。结合案件事实及相关证据，认定雷某某存在转移、隐藏夫妻共同财产的情节。根据上述法律规定，对雷某某名下中国工商银行尾号4179账户内的存款，雷某某可以少分。宋某某主张对雷某某名下存款进行分割，符合法律规定，予以支持。故判决宋某某婚后养老保险金14 322.48元归宋某某所有，对于雷某某转移的19.5万元存款，由雷某某补偿宋某某12万元。

·典型案例·

莫君飞诉李考兴离婚纠纷案

【裁判摘要】

婚姻当事人之间为离婚达成的协议是一种要式协议，即双方当事人达成离婚合意，并在协议上签名才能使离婚协议生效。双方当事人对财产的处理是以达成离婚为前提，虽然已经履行了财产权利的变更手续，但因离婚的前提条件不成立而没有生效，已经变更权利人的财产仍属于夫妻婚姻存续期间的共同财产。

原告:莫君飞。

被告:李考兴。

原告莫君飞因与被告李考兴发生离婚纠纷,向广东省怀集县人民法院提起诉讼。

原告莫君飞诉称:原告与被告李考兴于2002年上半年经人介绍相识,2003年3月双方登记结婚,同年10月21日生育一子李序宇。由于婚前双方缺乏了解,草率结合,婚后双方性格完全不合,被告性格自私、多疑,把妻子当作个人财产。原告作为一名教师,见到同学、同事或学生家长时,难免要互谈几句,但被告对原告的正常交往均干涉限制,对原告恶言相向,甚至侮辱原告人格。平时,原、被告之间很少谈心,原告得病,被告也漠不关心,双方根本无法建立应有的夫妻感情。2007年暑假,原告为了家庭生活及缓解夫妻矛盾,向被告提出外出做家教,遭到被告的反对,并经原告母亲出面制止原告外出,声称"如果要外出家教,必须先办离婚手续"等等。由于原、被告夫妻感情不断恶化,双方曾于2010年5月协议离婚,但因财产等问题协商未果。2010年7月,被告为在离婚时霸占夫妻共有财产,骗取原告将(2006)第0036号土地使用证范围内的土地使用权全部变更给被告。2010年8月初,被告将原告赶出家门,并将家里的门锁全部换掉,原告被迫在外租房与儿子共同生活。原、被告的夫妻感情彻底破裂,无和好可能,原告坚决要求离婚。原、被告在夫妻关系存续期间的财产有坐落在怀城镇育秀居委会的宅基地(2006)第0036号土地使用证范围内的土地使用权价值15万元及电器、家具等,应依法分割处理。为此,特向法院提起诉讼,请求:1.判决原告与被告离婚;2.儿子李序宇由原告抚养,抚养费用由原、被告共同承担;3.依法平分夫妻共同财产(价值约15万元);4.本案受理费由被告负担。

被告李考兴辩称:原告莫君飞与被告经人介绍相识后,经一年的自由恋爱,双方对对方的性格已完全了解,应有牢固的婚前基础。婚后,双方生育有儿子李序宇,被告通过人事关系两次为原告调动工作。在2009年12月原告因病住院15天,被告每天陪护至原告康复,可见夫妻感情深厚、牢固。原、被告还有和好可能,被告坚决不同意离婚,请求法官多做原告的思想工作,使原告放弃离婚念头,挽救原、被告的婚姻关系。

广东省怀集县人民法院一审查明:

原告莫君飞与被告李考兴于2002年上半年经人介绍相识,2003年3月双方登记结婚,同年10月21日生育一子李序宇。婚后,原、被告的夫妻感情较好。2007年暑假,李考兴阻止莫君飞外出做家教,双方发生言语争执。之后,夫妻关系时好时坏。2010年5月,莫君飞草拟离婚协议一份交给李考兴。李考兴答应如果儿子由其抚养和夫妻存续期间购买的宅基地(使用权登记为女方,价值20万元)归男方所有的,愿意去办离婚手续。同年7月,原、被告双方到土地管理部门将原登记在莫君飞名下的(2006)第0036号《土地使用证》范围内的土地使用权全部变更给李考兴名下。但是,李考兴反悔,不同意离婚。同年8月初,莫君飞搬离家中在外租屋居住,并向法院提起诉讼,请求判决准许离婚,并分割共同财产。

经广东省怀集县人民法院主持调解,因原告莫君飞要求离婚,被告李考兴则不同意离婚,调解未果。

本案一审的争议焦点是:原告莫君飞与被告李考兴草拟的离婚协议是否生效,变更后的财产是否仍是夫妻共同财产。

广东省怀集县人民法院一审认为:

原告莫君飞与被告李考兴经人介绍相识并恋爱,双方经一段时间相互了解并自愿登记结婚,双方具有较好的感情基础。婚后,原、被告在生活和工作上能相互扶持,双方建立有一定的夫妻感情;原、被告生育的儿子尚年幼,从双方诉讼中反映的情况,现儿子极需父母的爱护,双方离婚,对儿子会造成伤害,因此,莫君飞主张离婚的诉讼请求,不予支持。

对于双方当事人是否达成离婚协议问题。离婚协议是解除夫妻双方人身关系的协议,该协议是一种要式协议,必须经双方当事人签名确认才能生效,即双方在协议上签名画押是其成立的前提条件。否则,即使有证人在场见证,证明双方达成离婚合意,但由于一方没有在离婚协议上签名确认,在法律上该离婚协议是没有成立的。原告莫君飞于2010年5月草拟离婚协议一份交给被告李考兴,虽然李考兴口头答应离婚,且双方履行了共同财产分割的部分,可以认定双方对离婚达成了合意,但是由于李考兴并没有在协议上签名导致离婚协议欠缺合同成立的要件,且事后李考兴反悔不愿离婚,因此不能根据仅有一方签名的离婚协议判决双方离婚。

对于双方当事人在离婚前作出的财产处理问题。本案离婚协议是属于婚内离婚协议,所谓婚内离婚协议,是指男女双方在婚姻关系存续期间,以解除婚姻关系为基本目的，并就财产分割及子女抚养问题达成的协议。婚内离婚协议是以双方协议离婚为前提，一方或者双方为了达到离婚的目的，可能在子女抚养、财产分割等方面作出有条件的让步。在双方未能在婚姻登记机关登记离婚的情况下，该协议没有生效，对双方当事人均不产生法律约束力，其中关于子女抚养、财产分割的约定，不能当然作为人民法院处理离婚案件的直接依据。原告莫君飞与被告李考兴在协议离婚过程中经双方协商对财产分割进行处理，是双方真实意思表示，并且已经进行了变更登记，但由于李考兴并未在离婚协议上签名，达不到离婚协议的成立要件，因此，该婚内离婚协议无效，即按该协议所进行的履行行为也可视为无效。虽然（2006）第0036号《土地使用证》范围内的土地使用权变更在李考兴名下，但该土地使用权还是莫君飞和李考兴婚姻存续期间的共同财产，与原来登记在莫君飞名下的性质是一样的。

综上，只要双方珍惜已建立的夫妻感情，慎重对待婚姻家庭问题，做到互相尊重、互相关心，夫妻是有和好可能的。据此，广东省怀集县人民法院依照《中华人民共和国民事诉讼法》第一百二十八条，《中华人民共和国婚姻法》第三十二条第二款的规定，于2010年12月2日判决：

驳回原告莫君飞的离婚诉讼请求。

案件受理费人民币150元，由原告莫君飞负担。

一审判决后，原告莫君飞与被告李考兴均没有提起上诉，判决已经生效。

孙某与祁某离婚纠纷上诉案

上诉人（原审被告）孙某。

委托代理人董香菊。

被上诉人（原审原告）祁某。

上诉人孙某因与被上诉人祁某离婚纠纷一案，不服新乡市红旗区人民法院（2009）红民一初字第6号民事判决，向本院提起上诉。本院依法组成合议庭审理了本案，现已审理终结。

原审认定：原、被告于1987年经人介绍相识，于1988年2月28日在新乡县大块镇登记结婚，婚前双方感情尚可，婚后常为家庭琐事发生争吵，于1990年1月25日婚生一女祁某某，现年19岁，之后又抱养一男孩，于1999年8月16日出生，取名祁某泽，现年9岁，原告曾于2007年向法院起诉要求离婚，法院未判离婚。现原告再次以夫妻感情破裂为由，要求与被告离婚。还查实，原、被告均无婚前财产。婚后共同财产有：位于新乡市红旗区向阳新村春区某号楼某单元某号房产一套、小天鹅自动洗衣机一台、双人床1张、单人床一张、美乐牌20寸彩电一台、组合柜一套、餐桌一张。庭审时原告自愿放弃对该房屋的分割，同意归被告所有，并且原告要求男孩祁某泽随原告生活，自行抚养。另查明：原、被告婚后经营有两个洗涤用品厂，一直由原告经营的厂名为新乡市郊区中奇日化厂，被告经营的厂名为新乡市清云洗涤用品厂。原、被告婚后无共同存款及债权，双方均称有债务，但均未提交相应证据。

原审认为：夫妻双方应当相亲相爱、彼此相互尊重，相互关心，相互沟通。双方虽于1988年结婚，时间较长，但在共同生活中未培养起来真正的夫妻感情，经常因家庭琐事产生矛盾争吵，为此原告祁某曾向法院起诉离婚，经法院判决不准离婚后，双方并未珍惜和好机会，现原告再次起诉离婚，由此可见，双方的感情确已破裂，对原告要求离婚的诉讼请求，予以支持。关于孩子的抚养问题，婚后双方领养的男孩祁某泽系男孩，庭审中原告表示自行抚养，考虑到男孩随原告生活对其成长有利，故男孩由原告抚养为宜。女孩已成年，其抚养问题，本案不再考虑。婚后位于新乡市红旗区向阳新村春区某号楼某单元某号的房产，因原告表示放弃该房的分割，同意归被告所有，故该房屋应归被告所有。关于双方所经营的洗涤厂，考虑实际情况，新乡市郊区中奇日化厂一直由原告经营，该厂应继续由原告经营为宜。新乡市清云洗涤用品厂一直由被告经营，该厂由被告继续经营为宜。其他财产根据法律规定酌情分割。依照《中华人民共和国婚姻法》第三十二条、第三十九条之规定，原审判决：一、准予原告祁某与被告孙某离婚。二、孩子祁某泽由原告祁某自行抚养。三、原、被告共同所有的位于新乡市红旗区向阳新村春区某号楼某单元某号的房产归被告孙某所有；婚后其他财产美乐牌20寸彩电一台、双人床一张、组合柜一套、小天自动洗衣机归原告祁某所有，单人床一张、餐桌一个归被告孙某所有。四、新乡市郊区中奇日化厂由原告祁某经营。新乡市清云洗涤用品厂由被告孙某经营。案件受理费300元，原、被告各负担150元。

孙某不服原审判决上诉称：双方感情较好，上诉人不同意离婚,一审认定事实不清,判决显失公正。请求二审予以改判。祁某答辩称:原审认定事实清楚,判决正确,应予维持。

本院经审理查明的事实与原审认定一致。

本院认为:夫妻感情是否破裂是判断应否离婚的主要标准。本案中孙某与祁某虽结婚后共同生活多年,但双方在共同生活期间未能建立真挚的夫妻感情,因家务琐事经常发生争吵,祁某曾向法院起诉要求离婚,经判决不准离婚后,双方感情并未好转,现祁某再次起诉要求离婚,经本院对其做和好工作无望,说明双方夫妻感情确已破裂,应准予离婚。孙某不同意离婚的上诉请求本院不予支持。孙某在二审诉讼中主张有夫妻共同财产位于块村营村的房产、摩托车、生产设备等要求分割,但其在原审时并未提出该请求,现在二审中提出,本院不予审理,其可另行主张。原审认定主要事实清楚,所作判决并无不当。依照《中华人民共和国民事诉讼法》第一百五十三条第一款第(一)项之规定,判决如下:

驳回上诉,维持原判。

二审案件受理费300元,由上诉人孙某负担。

本判决为终审判决。

林某与罗某离婚后财产纠纷上诉案

上诉人(原审被告)林某,女。

委托代理人廖凯波,广东德邦律师事务所律师。

委托代理人林晓。

被上诉人(原审原告)罗某,男。

委托代理人尹艳萍,广东东立律师事务所律师。

上诉人林某因离婚后财产纠纷一案,不服广东省佛山市顺德区人民法院(2007)顺法民一初字第00571号民事判决,向本院提起上诉。本院受理后,依法组成合议庭审理了本案,现已审理终结。

原审判决认定:罗某、林某原系夫妻关系。2005年10月,林某向原审法院提起离婚诉讼。2005年12月30日,原审法院依法作出(2005)顺法民一初字第04579号民事判决,判决准予罗某、林某离婚,并对罗某、林某夫妻共同财产粤XL04××号轿车及佛山市顺德区杏坛镇新智辉电子有限公司的股份进行了分割。2006年3月22日,罗某、林某签订协议书1份,就(2005)顺法民一初字第04579号案件问题达成协议,其中约定私人借款553 000元由林某承担还款义务,由于该553 000元借款的债权人皆为罗某亲属,还款方式为林某直接把款项分期转付给罗某,由罗某支付给债权人,定于2006年3月25日支付53 000元,以后每月支付70 000元,至2006年10月31日前支付完毕。至2006年8月10日止,林某按约向罗某支付了243 000元用于归还上述债务,余款310 000元至今未付。2006年11月3日至12月3日,罗某分批向债权人偿还了剩余的310 000元债务,遂于2007年1月5日向原审法院提起诉讼。请求判令林某返还310 000元,并从2006年10月31日起计付利息,诉讼费用由林某负担。本案诉讼过程中,林某于2007年7月9日向原审法院申请对林某提交2006年3月22日的协议书上“林某”的签名进行笔迹鉴定,以证明该协议书上“林某”的签名不是林某本人所签。后经原审法院催告,林某逾期没有向原审法院预交鉴定费用。

原审判决认为:罗某、林某原系夫妻关系,双方在法院判决离婚后,自行对有关夫妻共同债务问题达成处理协议,是双方真实意思表示,没有违反法律有关规定,该协议合法有效,双方应按协议履行义务。罗某提供2006年3月22日协议书上有林某的签名确认,林某称协议书上其签名不属实,但在向原审法院提出笔迹鉴定申请后,经原审法院催告,逾期拒不预交鉴定费用,视为放弃鉴定申请,对此,林某应承担举证不能的法律责任,承担相应的不利后果,对协议书的真实性予以确认。根据有关法律规定,当事人的离婚协议中已经对夫妻财产、债务分割问题作出处理的,债权人仍有权就夫妻共同债务向男女双方主张权利,一方就共同债务承担连带清偿责任后,基于离婚协议可向另一方主张追偿。根据双方签订的财产处理协议,林某应在2006年10月31日前归还553 000元的夫妻共同债务,但林某按财产处理协议向罗某支付了243 000元用于归还该债务后,余款310 000元没有按约定归还。罗某在2006年12月3日前向债权人偿还了剩余的310 000元共同债务事实清楚,林某应承担向罗某返还该款及支付占用资金期间利息的责任。罗某请求林某返还310 000元,并计付利息的理由充分,对其合理部分予以支持。其中关于利息起算时间,应从罗某偿还债务之日,即实际占用资金之日起计算,罗某主张从2006年10月31日起计算理由不充分,不予采纳。罗某、林某于2006年3月22日签订的协议书中,虽然涉及处理包括关于办理佛山市顺德区杏坛镇新智辉电子有限公司证照等事项，但与共同债务处理是相互独立的项目，林某以罗某未履行关于该公司证照相关义务为由提出抗辩无理，不予采纳，就该项纠纷，林某可另案主张权利。林某对罗某是否归还了剩余的310 000元共同债务提出异议，但在诉讼中不能提供反驳证据，不予采纳。综上所述，依照《中华人民共和国民法通则》第一百零八条、《中华人民共和国婚姻法》第四十一条、最高人民法院《关于适用〈中华人民共和国婚姻法〉若干问题的解释（二）》第二十五条的规定，判决：一、林某在判决生效之日起十日内向罗某返还代垫款310 000元及其利息（利息计算方法：从2006年12月3日起至清偿之日止，按中国人民银行公布同期同类贷款利率计算）。二、驳回罗某其他诉讼请求。如果未按判决指定的期间履行给付金钱义务，应当依照《中华人民共和国民事诉讼法》第二百三十二条之规定，加倍支付迟延履行期间的债务利息。案件受理费7160元，减半收取3580元，财产保全费2120元，合共5700元，由林某负担，定于判决生效之日起十日内向原审法院交纳。

上诉人林某不服上述判决，向本院提起上诉称：一、原审判决认定事实错误，判决林某向罗某返还代垫款及利息不当。首先，案涉《协议书》第一条第四项约定的内容违反法律强制性规定，应认定无效。因为，该条约定将夫妻共同债务在未经债权人同意的情况下转移由罗某承受，违反了《中华人民共和国合同法》第八十四条"债务人将合同的义务全部或者部分转移给第三人的，应当经债权人同意"的规定。因此，该债务转让无效。其次，由于转让的债务没有明确的债权债务清单，属于概括性的转让，而罗某又没有证据证明其已向债权人履行了债务清偿责任。据此，林某向罗某返还代垫款的条件尚未成就。最后，原审法院在罗某没有证据证明其已向债权人履行了债务清偿责任即判决林某返还代垫款于法无据。如果林某依原审判决向罗某支付了该款项后，罗某不向债权人清偿债务时，林某对外仍需承担连带清偿责任，林某将承担双重的债务清偿责任，违反了公平原则。再有，在债权人放弃债权的情况下，罗某将依此判决取得不当得利，对林某来说亦不公平。综上，原审法院依据合同无效条款且在罗某未实际履行债务清偿责任，即林某返还垫付款的条件未成就的情况下，判决林某向罗某返还垫付款，不但违反了法律的有关规定，而且将使林某承担双重的债务清偿责任，也有存在罗某依据法院判决取得不当得利的可能，因此，该判决是不当的，依法应予纠正。二、原审法院程序违法，严重影响了案件的正确判决。因案涉《协议书》约定转让的债务涉及债权人的利益，依法应通知有关债权人作为第三人参加本案诉讼。只有通知有关债权人作为第三人参加本案诉讼，才能查明以下事实：1.林某与罗某之间转让的债务是否客观真实；2.债务的转让是否取得了债权人的同意；3.罗某是否已向债权人履行了债务清偿责任。只有查明上述事实，才能确定林某与罗某转让债务的行为是否有效及林某向罗某返还垫付款的条件是否已成就，从而作出正确判决，排除林某承担双重的债务清偿责任及罗某因法院判决取得不当得利。综上，请求：1.撤销原审判决，改判驳回罗某的诉讼请求；2.本案一、二审诉讼费用由罗某承担。

被上诉人罗某答辩称：一、罗某已代为清偿了林某的债务，罗某向林某追偿有法律依据。本案涉及的债务属夫妻共同债务，由于罗某与林某在先前离婚案中对夫妻共同债务未作处理，故双方才在离婚后就未作处理的公司财产及共同债务等作出了分割处理，即在2006年3月22日签订《协议书》。该协议是林某与罗某的真实意思表示，又符合法律规定，且林某也按协议第一条第四项的规定履行了部分还款义务，因而该协议合法有效。林某认为该协议是转让债务，属对法律的曲解。首先，债务转让是债务人将合同义务转让给第三人，而本案罗某与林某相对于债权人来说都是债务人，且是连带债务人，林某并非是与债务无关的第三人；其次，夫妻关系存续期间的共同债务由夫妻双方共同偿还是法定义务，不是合同义务；再次，对婚姻等涉及身份关系的协议不适用《合同法》调整，只受《婚姻法》调整；最后，这种法定偿还义务法律允许夫妻双方协议清偿，但夫妻双方的清偿协议只在夫妻内部有效，不能对抗外部的债权人。因此，本案的协议显然不是债务转让，而是夫妻债务的内部履行承担。该协议对债权人并无约束力，债权人仍有权向夫妻任何一方主张权利，而任何一方都有连带清偿全部债务的义务，本案罗某替林某承担了还款义务，林某依法应将罗某代为清偿的债务金额归还罗某。二、罗某代为清偿林某的债务有充分的证据证实。本案的借款是罗某在婚姻关系存续期间，为夫妻双方开办的塑料厂向罗某的亲属所借，因此罗某的亲属（或朋友）向罗某主张债权不仅符合情理，也符合法律规定。而罗某已提供了代为清偿债务的证据：1.债权人的收据；

2. 债权人证实所有债务已清还的证明；3. 债权人的身份证件。林某也提供不出其已按《协议书》约定期限归还债务的证据，在罗某已提供债权人的收据及债务已清还的证明的情况下，根本不存在林某承担双重债务的可能，更不存在罗某取得不当得利的可能。因此，罗某代为清偿后向林某追偿应得到支持。综上，请求驳回上诉，维持原判。

双方当事人在二审诉讼期间均没有向本院提交新的证据。

二审诉讼期间，经本院向罗某在本案中所主张的债权人罗三文、罗耀开、苏永礼调查，上述三人均明确表示罗某所欠其的债务均已由罗某本人还清。

经审查，本院对原审判决认定的事实予以确认。

本院认为：《最高人民法院关于适用〈中华人民共和国婚姻法〉若干问题的解释（二）》第二十五条第一款规定："当事人的离婚协议或者人民法院的判决书、裁定书、调解书已经对夫妻财产分割问题作出处理的，债权人仍有权就夫妻共同债务向男女双方主张权利。"本案中，双方当事人于2006年3月22日签订《协议书》，约定双方夫妻关系存续期间的共同债务553 000元，由林某负担并直接将款项分期转付给罗某，再由罗某支付给债权人。这是双方作为连带债务人之间对债务承担份额的内部约定，而并非债务转让协议，该约定只对协议双方当事人具有约束力，并不影响债权人向双方主张的权利。经审查，该约定是双方的真实意思表示，未违反法律禁止性规定，合法有效。林某关于上述约定未经债权人同意而无效的上诉主张，缺乏法律依据，本院不予支持。罗某向债权人清偿了全部债务的事实，有债权人向其出具的收据以及证明为证，且在二审期间本院亦向部分债权人对此予以核实，因此，原审判决认定罗某已经全部清偿了双方在《协议书》中所约定553 000元的夫妻共同债务正确。因上述共同债务已实际清偿，故不存在债权人仍有权向林某主张的情形。根据《最高人民法院关于适用〈中华人民共和国婚姻法〉若干问题的解释（二）》第二十五条第二款关于"一方就共同债务承担连带清偿责任后，基于离婚协议或者人民法院的法律文书向另一方主张追偿的，人民法院应当支持"的规定，罗某在本案中以自己财产偿还了夫妻共同债务后向林某追偿其应负担债务余额310 000元，合法有据，应予以支持。至于林某上诉提出的原审程序违法问题，由于本案所涉债务已清偿的事实清楚，不需要通知相关债权人作为第三人参加本案诉讼，林某的上述主张，缺乏法律和事实依据，本院不予支持。

综上，原审判决认定事实清楚，适用法律正确，应予维持。据此，依照《中华人民共和国民事诉讼法》第一百五十三条第一款第（一）项之规定，判决如下：

驳回上诉，维持原判。

如果未按原审判决指定的期间履行给付金钱义务，应当依照《中华人民共和国民事诉讼法》第二百二十九条之规定，加倍支付迟延履行期间的债务利息。

二审案件受理费5950元，由上诉人林某负担。

本判决为终审判决。

付金华诉吕秋白、刘剑锋案外人执行异议之诉案

【裁判摘要】

根据我国《物权法》规定，不动产物权变动原则上以登记完成为生效要件。夫妻双方签订的离婚协议中对不动产归属的约定并不直接发生物权变动的效果，一方仅可基于债权请求权向对方主张履行房屋产权变更登记的契约义务。在不动产产权人未依法变更的情况下，离婚协议中关于不动产归属的约定不具有对抗外部第三人债权的法律效力。

原告：付金华，女，47岁，汉族，住上海市松江区。

被告：吕秋白，男，48岁，中华人民共和国香港特别行政区居民，住上海市闵行区。

第三人：刘剑锋，男，52岁，汉族，住浙江省桐乡市。

原告付金华与被告吕秋白、第三人刘剑锋发生案外人执行异议纠纷，向上海市第一中级人民法院提起诉讼。

原告付金华诉称：原告与第三人刘剑锋于1989年10月登记结婚，婚后于2000年购买了本市松江区中山二路×弄×号×室房屋（以下简称中山二路房屋）、于2003年购买了本市松江区北翠路×弄×号房屋（以下简称北翠路房屋）。双方于2007年10月29日登记离婚，在离婚协议中约定，该二处房屋的所有权均归原告所有。但两人为减少按揭贷款转贷手续费和缓缴交易契税，暂未办理不动产变更过户手续。原告离婚后一直居住于上述中山二路房屋中。因第三人与被告吕秋白

于2012年发生股权转让纠纷并诉至法院,被告依据生效的法律文书(2012)沪一中民四(商)初字第S51号民事判决书向法院申请执行,法院查封了登记于该案被执行人刘剑锋名下的中山二路房屋及登记于原告和第三人名下的北翠路房屋。原告就此查封向该案执行部门提出执行异议,被裁定驳回。原告认为,尽管上述房屋的所有权尚未变更登记至原告一人名下,但已有充分证据证明原告对上述二处房产有合法物权。第三人对被告的债务是其与原告离婚后所发生的个人债务,原告仅是该执行案件的案外人。故请求法院判令:一、确认上海市松江区中山二路房屋、上海市松江区北翠路房屋的所有权属于原告;二、解除对前述两房地产的司法查封,停止对该房地产的执行。

被告吕秋白辩称:原告付金华和第三人刘剑锋在离婚协议中的约定不能对抗物权法第9条和14条的规定。房产权利人要以登记为准,不能因当事人的私自约定而改变。故不同意原告的诉讼请求。

第三人刘剑锋表示其同意原告付金华的诉讼请求。

上海市第一中级人民法院查明:

原告付金华与第三人刘剑锋夫妻关系存续期间购买了本市松江区中山二路房屋及松江区北翠路房屋。其中中山二路房屋的房屋产权登记在第三人名下,北翠路房屋产权共同登记在原告与第三人名下。北翠路房屋名下尚有银行抵押贷款,主贷人为第三人。

2007年10月29日,原告付金华与第三人刘剑锋在民政部门登记离婚。2007年10月31日,原告与第三人签订离婚协议,约定:"大儿子刘洋归女方,小儿子刘海归男方;上海市松江区的两套房屋归女方;公司股份第三人21.125%、刘洋21.125%、刘海21.125%、原告16%,刘洋的股份由女方代管"。该离婚协议目前留存于民政部门。上述离婚协议签订后,协议所涉的房屋产权及公司股份均未发生变更登记。

第三人刘剑锋于2008年3月12日与案外人领取了结婚证,并于2012年10月30日经法院调解达成离婚协议并由法院出具民事调解书。

第三人刘剑锋因与被告吕秋白之间的股权转让纠纷,经法院审理并于2013年3月27日作出(2012)沪一中民四(商)初字第S51号民事判决,判令第三人于判决生效之日起十日内归还被告人民币2000万元并支付相应的利息,利展纺织(浙江)有限公司、浙江宏展新材料有限公司对第三人承担连带还款责任。该案生效后,因第三人及利展纺织(浙江)有限公司、浙江宏展新材料有限公司未履行生效判决所确定的还款义务,故被告向法院申请执行。在执行过程中,法院依法查封了上述中山二路房屋及北翠路房屋。

原告付金华在上述房屋被查封后,向法院执行部门提出异议,其主要理由是,在与第三人刘剑锋的离婚协议中已约定了上述两套房屋的所有权归原告所有,仅未办理过户手续。故要求法院解除对系争房屋的查封并中止执行。

法院执行部门对此依法组成合议庭进行了听证审查,并于2014年6月19日作出(2014)沪一中执异字第7-1号、7-2号执行裁定书,裁定驳回付金华提出的异议。原告付金华遂提起本案诉讼,要求判如所请。

上海市第一中级人民法院认为:

本案系争房屋是原告付金华与第三人刘剑锋夫妻关系存续期间所购买,根据婚姻法相关规定,系争房屋应属原告与第三人的夫妻共同财产。我国《物权法》第九条明确规定,"不动产物权的设立、变更、转让和消灭,经依法登记,发生法律效力;未经登记,不发生法律效力"。双方在离婚协议中约定上述房屋产权均归原告所有,这是第三人对自己在系争房屋产权中所拥有份额的处分,该处分行为未经产权变更登记并不直接发生物权变动的法律效果,也不具有对抗第三人的法律效力。因系争房屋的产权未发生变更登记,第三人刘剑锋仍为系争房屋的登记产权人,其在系争房屋中的产权份额尚未变动至原告名下,故在第三人对外尚存未履行债务的情况下,被告吕秋白作为第三人的债权人,要求对第三人名下的财产予以司法查封并申请强制执行符合法律规定。原告依据《离婚协议书》对系争房屋产权的约定要求确认系争房屋的所有权属其所有并要求解除对系争房屋的司法查封、停止对系争房屋执行的诉讼请求于法无据,法院不予支持。

综上,上海市第一中级人民法院依照《中华人民共和国物权法》第六条、第九条的规定,于2015年2月9日判决:

驳回原告付金华的诉讼请求。

一审判决后,各方当事人均未提起上诉,一审判决已经发生法律效力。

(3) 离婚子女抚养

最高人民法院关于变更子女姓氏问题的复函

1. 1981年8月14日发布
2. 〔81〕法民字第11号

辽宁省高级人民法院：

你院〔1981〕民复字2号《关于变更子女姓氏纠纷处理问题》的来函收悉。

据来文所述，陈森芳（男方）与傅家顺于1979年10月经鞍山市中级人民法院判决离婚。婚生子陈昊彬（当年7岁）判归傅家顺抚养，由陈森芳每月负担抚养费12元。现因傅家顺变更了陈昊彬的姓名而引起纠纷。

我们基本同意你院意见。傅家顺在离婚后，未征得陈森芳同意，单方面决定将陈昊彬的姓名改为傅伟继，这种做法是不当的。现在陈森芳既不同意给陈昊彬更改姓名，应说服傅家顺恢复儿子原来姓名。但婚姻法第十六条规定："子女可以随父姓，也可以随母姓"。认为子女只能随父姓，不能随母姓的思想是不对的。因此而拒付子女抚养费是违反婚姻法的。如陈森芳坚持拒付抚养费，按照婚姻法第三十五条的规定，予以强制执行。

对上述纠纷，不要作为新案处理，宜通过说服教育息讼，或以下达通知的方式解决。

此复

最高人民法院关于夫妻关系存续期间男方受欺骗抚养非亲生子女离婚后可否向女方追索抚育费的复函

1. 1992年4月2日发布
2. 〔1991〕民他字第63号

四川省高级人民法院：

你院"关于夫妻关系存续期间男方受欺骗抚养非亲生子女离婚后可否向女方追索抚养费的请示"收悉。经研究，我们认为，在夫妻关系存续期间，一方与他人通奸生育子女，隐瞒真情，另一方受欺骗而抚养了非亲生子女，其中离婚后给付的抚育费，受欺骗方要求返还的，可酌情返还；至于在夫妻关系存续期间受欺骗方支出的抚育费用应否返还，因涉及的问题比较复杂，尚需进一步研究，就你院请示所述具体案件而言，因双方在离婚时，其共同财产已由男方一人分得，故可不予返还。

·典型案例·

刘青先诉徐飚、尹欣怡抚养费纠纷案

【裁判摘要】

抚养费案件中第三人撤销权的认定，需明确父母基于对子女的抚养义务支付抚养费是否会侵犯父或母再婚后的夫妻共同财产权。虽然夫妻对共同所有财产享有平等处理的权利，但夫或妻也有合理处分个人收入的权利。除非一方支付的抚养费明显超过其负担能力或者有转移夫妻共同财产的行为，否则不能因未与现任配偶达成一致意见即认定属于侵犯夫妻共同财产权。

原告：刘青先，女，46岁，汉族，住北京市海淀区。

被告：徐飚，男，44岁，土家族，住上海市徐汇区。

被告：尹欣怡，女，7岁，土家族，住上海闵行区。

法定代理人：尹丽芳（系尹欣怡之母），32岁，土家族，住上海市闵行区。

原告刘青先因与被告徐飚、尹欣怡发生抚养费纠纷，向上海市徐汇区人民法院提起诉讼。

原告刘青先诉称：原告与被告徐飚系夫妻，于2008年4月登记结婚，被告尹欣怡系徐飚的非婚生女儿。2014年9月原告和徐飚的父亲均收到尹欣怡的母亲尹丽芳发送的短信，被告知法院于2014年7月24日作出判决，判令徐飚按每月2万元给付尹欣怡2014年2月至同年6月抚养费共计10万元，并自2014年7月起每月给付尹欣怡2万元抚养费至其20周岁止。在原告的追问下，徐飚方称尹丽芳曾于2014年4月以尹欣怡的名义提起诉讼。经向法院查询得知尹丽芳曾于2008年也向法院提起诉讼，法院也作了判决。现因（2014）徐少民初字第60号判决违反了婚姻法的有关规定，严重侵犯了原告的合法权益，请求撤销（2014）徐少民初字第60号判决，改判抚养费每月2000元。

被告尹欣怡辩称：不同意原告刘青先的诉讼请求。亲子鉴定已确定尹欣怡系被告徐飚子女。为尹欣怡的抚养事宜，徐飚与尹欣怡的母亲签订了多份协议，后因故涉诉，原告还旁听了 2008 年的庭审。关于尹欣怡的抚养费，法院前后有两份判决，法院的判决均是基于徐飚与尹欣怡的母亲签订的抚养协议产生的诉讼。徐飚的月收入为 12.4 万元，年终奖在 50 万至 100 万元，可见法院先前判决的尹欣怡的抚养费金额并未超过法律的规定，子女的抚养质量与父母的收入应该相当；原告称不了解徐飚的经济收入，说明原告夫妻的经济是分开的，徐飚有权处分自己的财产。

被告徐飚未提供答辩意见。

上海市徐汇区人民法院一审查明：

原告刘青先与被告徐飚系夫妻，于 2008 年 4 月 15 日登记结婚。

据法院已生效的（2014）徐少民初字第 60 号判决书查明：尹丽芳于 2007 年 9 月 25 日生育被告尹欣怡。2008 年 4 月 28 日经司法鉴定科学技术研究所司法鉴定中心鉴定被告徐飚与尹欣怡之间存在亲生血缘关系。原告与徐飚的女儿于 2008 年 11 月 1 日出生。

2008 年 5 月 16 日，尹丽芳与被告徐飚签订书面《子女抚养及财产处理协议书》，约定：尹欣怡由尹丽芳抚养，徐飚每月支付抚养费 2 万元，至尹欣怡 20 周岁时止。2008 年 8 月尹欣怡起诉来院［（2014）徐少民初字第 60 号判决］，主张徐飚在协议签订后仅支付了两个月的抚养费，要求徐飚，自 2007 年 12 月起每月支付抚养费 2 万元至尹欣怡 20 周岁。法院经审理于 2008 年 11 月 20 日作出判决：徐飚自 2007 年 12 月每月支付尹欣怡抚养费 1 万元，至尹欣怡 20 周岁。当事人均未上诉。

2014 年 6 月 5 日被告尹欣怡又起诉来院［（2014）徐少民初字第 60 号］，称 2010 年 4 月徐飚承诺将尹欣怡的抚养费增加至每月 1.2 万元；2011 年 10 月徐飚再次将尹欣怡的抚养费增加至每月 2 万元，并履行至 2014 年 1 月，但此后徐飚未付抚养费，要求徐飚自 2014 年 2 月起每月给付尹欣怡抚养费 2 万元至其 20 周岁止。法院于 2014 年 7 月 24 日判决：一、徐飚于本判决生效之日起十日内按每月 2 万元给付尹欣怡 2014 年 2 月至 2014 年 6 月的抚养费共计 10 万元；二、徐飚自 2014 年 7 月起每月给付尹欣怡抚养费 2 万元，至尹欣怡 20 周岁止。判决后当事人均未上诉。

庭审中，原告刘青先强调（2014）徐少民初字第 60 号判决原告于今年 9 月 9 日刚知晓，法院该份判决的徐飚给付尹欣怡的抚养费金额和给付的年限没有法律的依据，徐飚每月的税后薪资并非 12.4 万元，原告夫妻婚后也生育一女，且原告夫妻婚后并未实行夫妻财产分别制，徐飚也是在被逼迫的情况下作出的承诺，故该判决侵犯了原告的合法权益，原告还提供了其目前原告无业的证明，故要求予以撤销并改判；尹欣怡提供了徐飚目前薪资税前 12.4 万元的证明，强调（2014）徐少民初字第 60 号判决系对徐飚与尹丽芳就尹欣怡的抚养达成的协议进行判决的，并非抚养费纠纷，徐飚对协议的内容并无异议，且尹欣怡系在徐飚与原告婚前生育的，法院的判决未影响原告婚后的家庭生活。

上海市徐汇区人民法院一审认为：

法院在审理（2014）徐少民初字第 60 号案件的过程中，首先因不能归责于原告刘青先本人的原因，导致其未成为该案件的第三人参与诉讼；其次（2014）徐少民初字第 60 号判决徐飚应自 2014 年 2 月起至尹欣怡年满二十周岁，每月给付尹欣怡抚养费 2 万元，而徐飚在 2008 年 4 月 15 日已经与原告登记结婚；再次因现无证据表明原告与徐飚婚后实行夫妻分别财产制，故该判决应给付的抚养费实际是原告与徐飚的夫妻共同财产，夫妻双方对共同财产享有平等的处分权；最后同样无证据表明原告准允徐飚与尹丽芳关于尹欣怡抚养费的承诺。综上，该判决显然涉及原告的经济利益，现原告认为该判决损害其民事权益，其诉讼尚未超过法定期限，请求成立，原告的撤销之诉予以准许。至于尹欣怡目前恰当的抚养费金额和给付年限，相关方可另行通过协商或诉讼解决争议，本案不涉。徐飚无正当理由未到庭参加诉讼，视为其放弃答辩权利。

综上，上海市徐汇区人民法院依照《中华人民共和国民事诉讼法》第五十六条第三款、第一百四十四条的规定，于 2014 年 12 月 24 日判决如下：

撤销上海市徐汇区人民法院（2014）徐少民初字第 60 号判决。

尹欣怡不服一审判决，向上海市第一中级人民法院上诉称：一审法院适用法律错误，（2014）徐少民初字第 60 号判决内容没有错误，不符合撤销条件。本案所涉及的是被告徐飚婚前所生小孩的抚养问题，不同于一般夫妻共同财产处分。况且原告刘青先在庭审中称，其与徐飚分别管理各自财产，互不干涉，尹欣怡有理由认为他们之间存在一定程度的 AA 制，在徐飚也有能力负担的范围内,刘青先无权干预。故上诉要求撤销原判,改判驳回刘青先原审的诉讼请求。

被上诉人刘青先答辩称:一审判决正确。原审被告徐飚与尹丽芳就上诉人尹欣怡的抚养费达成的协议侵犯了刘青先的合法权益,故该协议当属无效。支付尹欣怡18周岁至20周岁的抚养费非徐飚的法定义务。徐飚每月支付尹欣怡抚养费2万元至尹欣怡成年的约定严重侵犯了刘青先的合法权益。要求驳回上诉,维持原判。

原审被告徐飚表示同意被上诉人刘青先的意见。

上海市第一中级人民法院经二审,确认了一审查明的事实。

上海市第一中级人民法院二审认为:

本案中被上诉人刘青先要求撤销(2014)徐少民初字第60号判决的请求权能否成立,需从以下两点分析:

第一,从(2014)徐少民初字第60号判决内容来看,在2008年已有生效判决确认原审被告徐飚按每月10 000元的标准支付抚养费后,徐飚又分别于2010年4月12日和2011年10月13日出具承诺,将抚养费调整到每月12 000元和每月20 000元至上诉人尹欣怡20周岁,并且其在两份承诺中都明确"如果以后有任何原因(如家人的压力上法庭)等产生关于此事的法律纠纷,本人请求法院按照本人此意愿判决。"之后,徐飚亦按承诺履行至2014年1月。抚养费费用的多少和期限的长短,系先由父母双方协议,协议不成时再由法院判决。本案中徐飚对于支付尹欣怡抚养费的费用和期限都已经明确作出承诺,原审法院在审查双方当事人的陈述、提供的证据、徐飚的收入等材料后,确认徐飚应按其承诺内容履行,据此判决徐飚按每月20 000元的标准支付抚养费,并支付到尹欣怡20周岁时止。法院认为,(2014)徐少民初字第60号判决内容并无不当。

第二,原审被告徐飚就支付上诉人尹欣怡抚养费费用和期限作出的承诺,是否侵犯了被上诉人刘青先的夫妻共同财产权。要解决这个问题,首先需要明确父母基于对子女的抚养义务支付抚养费是否会侵犯父或母再婚后的夫妻共同财产权。父母对未成年子女有法定的抚养义务,非婚生子女享有与婚生子女同等的权利,不直接抚养非婚生子女的生父或生母,应负担子女的生活费和教育费,直至子女能独立生活为止。虽然夫妻对共同所有的财产,有平等的处理权,但夫或妻也有合理处分个人收入的权利,不能因未与现任配偶达成一致意见即认定支付的抚养费属于侵犯夫妻共同财产权,除非一方支付的抚养费明显超过其负担能力或者有转移夫妻共同财产的行为。本案中,虽然徐飚承诺支付的抚养费数额确实高于一般标准,但在父母经济状况均许可的情况下,都应尽责为子女提供较好的生活、学习条件。徐飚承诺支付的抚养费数额一直在其个人收入可承担的范围内,且徐飚这几年的收入情况稳中有升,支付尹欣怡的抚养费在其收入中的比例反而下降,故亦不存有转移夫妻共同财产的行为。因此法院认为,徐飚就支付尹欣怡抚养费费用和期限作出的承诺,并未侵犯刘青先的夫妻共同财产权。

综上,上海市第一中级人民法院依照《中华人民共和国民事诉讼法》第一百七十条第一款第(三)项、《中华人民共和国婚姻法》第二十五条之规定,于2015年4月23日判决如下:

一、撤销上海市徐汇区人民法院(2014)徐民一(民)撤字第3号民事判决;

二、驳回刘青先要求撤销上海市徐汇区人民法院(2014)徐少民初字第60号民事判决的诉讼请求。

本判决为终审判决。

吴某某诉吴某、张某某否定亲子关系确认纠纷案

【裁判摘要】

父亲作为原告提起否定与未成年婚生子女亲子关系确认之诉的,应当提交充分证据证明基础事实的存在。法院不能强制要求被告配合做出亲子鉴定,亦不得在无亲子鉴定情形下违反婚姻实际作出否认的推定。在对这类案件的审理中应认真注意对未成年人和妇女合法权益的有效维护。

原告:吴某某,男,33岁,个体从业者,住盐城市盐都区龙冈镇。

被告:吴某,女,7岁,住盐城市亭湖区。

被告:张某某(系吴某之母,吴某的法定代理人),36岁,无业,住址同吴某。

原告吴某某因与被告吴某、张某某否定亲子关系确认纠纷,向江苏省盐城市亭湖区人民法院提起民事诉讼。

原告吴某某诉称,我与张某某于2001年经人介绍相识,同年10月29日登记结婚。2002年7月16日生女孩吴某。后张某某提出离婚。2008年6月10日,经盐城市盐都区人民法院判决准予离婚,吴某随张某某生活。因吴某外部特征与我不相似,我多次要求张某某协助做亲子鉴定,但张某某不同意做鉴定,故诉请法院确认原告与被告吴某不存在父女关系。

被告吴某、张某某共同辩称,原告必须按照离婚判决书履行给付抚育费和医药费8000余元的义务后,被告就同意进行亲子鉴定,否则,就不同意做亲子鉴定。

盐城市亭湖区人民法院经审理查明:

吴某某与张某某于2001年经人介绍相识,同年10月29日登记结婚。婚后吴某某与张某某共同生活,于2002年7月16日生一女吴某(患有轻微脑瘫)。2005年吴某某与张某某发生矛盾。2006春节后张某某搬出居住。2008年3月,张某某诉至盐城市盐都区人民法院,要求与吴某某离婚。同年6月10日,盐城市盐都区人民法院作出(2008)都民一初字第0751号民事判决:"一、准予张某某与吴某某离婚;二、吴某随张某某生活,吴某某每月给付其生活教育费250元,自2008年7月1日起至吴某能独立生活时止。支付方式为:每年6月30日和12月30日各支付1500元,吴某的医疗费凭正式票据由张某某、吴某某各半承担……"2009年2月10日,吴某某诉至本院,要求确认其与吴某系非亲生父女关系。

审理中,吴某某申请亲子鉴定,并预交鉴定费用,但张某某不同意,法院依法终结对外委托司法鉴定的程序。

盐城市亭湖区人民法院经审理认为:第一,已经生效的盐城市盐都区人民法院(2009)都民一初字第0751号民事判决确认被告吴某是原告与被告张某某的婚生女,系基于其婚姻关系而依法作出的认定;现原告主张被告吴某非其亲生,对此未能提供相应证据证明,对于原告申请进行亲子鉴定,因亲子鉴定关系到当事人之间人身关系,涉及未成年人利益的保护,对家庭、社会的稳定十分重要,因此民事诉讼程序上采用严格证明标准。本案中,被告吴某系未成年人,患有轻微脑瘫,而被告张某某不同意配合鉴定,根据最高人民法院有关司法解释规定及从严掌握亲子鉴定的精神,原告主张以被告张某某拒不配合而推定其诉讼主张成立,没有法律依据,故原告要求确认与被告吴某不存在父女关系的诉讼请求,本院不能支持。第二,原告与其所诉被告张某某在本案中不存在权利义务关系,故原告对被告张某某的诉讼请求亦不能成立,依法应予驳回。据此,依照《中华人民共和国婚姻法》第三十六条第一款、《中华人民共和国民事诉讼法》第六十四条第一款、《最高人民法院关于民事诉讼证据的若干规定》第二条之规定,作出(2009)亭民一初字第0717号民事判决如下:

驳回原告吴某某的诉讼请求。

宣判后,原、被告均未上诉,判决已经发生法律效力。

龙某与刘某变更子女抚养权纠纷上诉案

上诉人(原审原告)龙某。

委托代理人王仕惠。

被上诉人(原审被告)刘某。

上诉人龙某因与被上诉人刘某变更子女抚养权纠纷一案,不服新县人民法院(2010)新民初字第159号民事判决,向本院提出上诉。本院受理后依法组成合议庭,公开开庭审理了该案,上诉人龙某的委托代理人王仕惠与被上诉人刘某到庭参加诉讼,本案现已审理终结。

原审查明:原告龙某与被告刘某在外务工相识后,未办理结婚登记即同居生活,并于2006年3月17日生一男孩刘某某(曾用名刘某某)。后因性格不合而分开,刘某某由龙某抚养。

2008年10月,双方通过协议将孩子刘某某变更为由被告刘某抚养,原告龙某不支付抚养费。该协议由四川省珙县公证处作了公证。被告刘某补偿了原告龙某13 000元钱后,即按协议将孩子带回河南新县老家生活,平常由孩子爷爷、奶奶照顾,自己外出务工,节假日回家探望。2010年3月,被告刘某将孩子刘某某送到蓝天幼儿园上学,现较为健康快乐。原告龙某已另行结婚成家,现以被告刘某未按约定方式抚养孩子、不给孩子补充营养且虐待孩子等理由,诉请法院判决孩子由其抚养。但原告龙某对其诉请未能提供证据予以证实,也未能提供由自己抚养孩子比被告刘某抚养对孩子更有利的理由。

原审认为:判断孩子的抚养权归属,应以能否让孩子健康地成长、快乐地生活、静心地学习为标准。本案中,原告龙某与被告刘某双方在自动解除同居关系后,对子女抚养问题签订协议并办理公证，约定非婚生孩子刘某某由被告刘某抚养，原告龙某不负担抚养费，其后被告才将孩子带回河南新县老家生活学习，现在孩子已形成较为固定的生活习惯，与周围亲人已建立较为亲密的亲情关系，对其健康成长并无不利影响。如对孩子生活环境随意加以改变，将会对孩子的身心健康不利。另外，判断孩子能否健康成长，不能简单的以生活条件和学习条件为标准，要综合各种因素，充分考虑到孩子在特殊时期的心理需要及身体需要，以孩子是否身心健康快乐成长为主要参考因素。原告龙某提出被告刘某不按约定方式抚养孩子及不给孩子补充营养、虐待孩子，均无证据证实。同时，原告也未能提供充足证据证实自己有抚养孩子更为优越的条件，故对原告龙某要求变更非婚生儿子刘某某抚养权给自己的诉讼请求不予支持。原审依据《中华人民共和国民事诉讼法》第六十四条、《中华人民共和国婚姻法》第三十六条之规定，判决：驳回原告龙某要求将非婚生子刘某某的抚养权变更为自己的诉讼请求。案件受理费50元，由原告龙某承担。

龙某上诉称：(1)原审法院采信四川省珙县公证处对其和被上诉人刘某解除同居关系及子女抚养的协议的公证是违法的。因为《婚姻法》规定，对离婚、子女抚养以及子女抚养费纠纷，如果达不成一致意见，应由法院审理，公证处无权处理其与被上诉人的纠纷。另外，该协议是违背其意愿的，故该协议与公证书不能当证据使用。(2)被上诉人刘某长期在外务工，无暇照顾孩子，而其对孩子充满母爱，现丈夫又在红十字会工作，孩子由其抚养更有利于孩子健康成长。(3)原审认为她没有提供充足的理由和证据证明由她抚养孩子更有利于孩子的健康成长，也是不符合实际的。孩子姥姥开的诊所有200平方米，孩子看病方便；她家离县城仅10分钟路程，离市内仅1小时路程，交通方便；她们家早、晚餐有豆浆和牛奶，鸡、鸭、鱼、肉、蛋、新鲜水果蔬菜不断，能充分给孩子补充营养。而被上诉人刘某家在偏僻的山村，父母没文化，仍保持20世纪六七十年代的生活方式，根本无能力教育孩子，法院送开庭传票时才将孩子送幼儿园，影响了对孩子的早期教育，也违反了国家教育委员会关于孩子“2岁上小班、3岁上中班、4岁上大班、5岁上学前班、6岁上一年级”的规定。为了下一代，为了孩子能充分享受到母爱，请求法院变更刘某某由她抚养。

被上诉人刘某答辩称：上诉人龙某现在诉请法院将他们的非婚生子刘某某变更为龙某直接抚养他不同意。(1)孩子在他家已熟悉了当地的人际和自然环境，并且也上了幼儿园，此时若改变环境不利于孩子的身心健康；(2)孩子生下后一开始是跟龙某生活的，但后来龙某不愿意抚养了，且多次打电话叫他带钱去把孩子接走，2008年10月龙某与他签订协议并经公证，约定孩子由他抚养到能独立生活为止，龙某不支付抚养费，他当时给付龙某14 000元后就将孩子接回新县抚养至今。请求法院驳回龙某的上诉，维持原判。

根据双方当事人的诉辩意见，本院确认案件的争议焦点是，上诉人龙某与被上诉人刘某的非婚生儿子刘某某，应由谁抚养更有利于其健康成长。

二审查明的事实与原审查明的一致。

本院认为：2008年10月上诉人龙某与被上诉人刘某协议将非婚生子刘某某变更为刘某抚养之后，刘某某随祖父母一起生活，已形成较为固定的生活习惯，现改变生活环境，对小孩成长会产生一定影响，龙某诉请变更小孩抚养关系不当。龙某上诉说协议违背自己意愿以及刘某违反协议约定的理由，因未提供证据不予采纳。

根据《中华人民共和国民事诉讼法》第一百五十三条第一款(一)项之规定，判决如下：

驳回上诉，维持原判。

案件受理费50元，由上诉人龙某承担。

本判决为终审判决。

刘某与李某抚养费纠纷上诉案

上诉人(原审被告)刘某。

委托代理人王建。

被上诉人(原审原告)李某。

法定代理人李某某。

委托代理人刘夫强。

上诉人刘某因抚养费纠纷一案，不服沛县人民法院(2009)沛民一初字第2116号民事判决，向本院提出上诉。本院受理后，依法组成合议庭于2009年11月18日公开开庭审理了本案，现已审理终结。

查明：2003年8月18日，李某的父亲李某某、母亲刘某经我院调解达成协议，协议内容为：一、刘某与李某某自愿离婚。二、婚生子李某由李某某抚养，刘某不承担抚养费。三、姚桥矿东大院21号楼402室归刘某使用……五、每个星期刘某有权探视子女一次，于每个星期六上午8点由李某某将李某送到煤电公司，由刘某接回家。每个星期天的下午5点由刘某将李某送到煤电公司，由李某某接回。李某某在上述案件庭审中陈述“我抚养孩子，以后不再向对方主张抚养费，如孩子主张抚养费也由我承担，放弃要求刘某支付房款8000元的主张”。

原审法院经审理认为：原告的父母虽然离婚，但双方对于婚生子李某仍有抚养和教育的权利和义务，抚养和教育子女是父母不可推卸的责任，也是国家和社会的基本要求。虽然原告的父母在徐州市中级人民法院庭审中达成一致意见，刘某不承担抚养费。但是根据《中华人民共和国婚姻法》第三十七条的规定，关于子女生活费和教育费的协议或判决，不妨碍子女在必要时向父母任何一方提出超过协议或判决原定数额的合理请求。因原告李某现年九岁，已是在校学生，根据原告李某的实际需要，结合当地的实际生活水平以及被告的负担能力，被告刘某应当支付给原告李某合理的抚养费酌定200元为宜。遂判决：被告刘某从2009年10月份开始每月支付原告李某抚养费200元，直至原告李某独立生活之日止。

上诉人刘某不服上述判决，向本院提起上诉，请求撤销原判，依法改判驳回李某的起诉。其理由是：上诉人与被上诉人的父亲在离婚诉讼中被上诉人的父亲明确表示孩子的抚养费由其承担，并在法院的主持下达成调解协议，调解书确认“李某由李某某抚养，上诉人不承担抚养费”，一审判决与上述调解书相悖，应以上述调解书作为判决依据。李某现为无民事行为能力人，其起诉上诉人要求支付抚养费是其法定代理人李某某的意思表示，李某某对抚养费问题作出完全相反的意思表示，根据法律规定，李某和李某某的起诉是没有事实和法律依据的，不应受法律支持。在庭审中，李某的代理人明确表示现在李某身体、生活、学习很好，没有特别支出。李某的诉讼请求不符合法律规定的子女“在必要时向父母主张”等情形的规定，一审判决错误。李某的法定代理人李某某工作很稳定，且工资收入很高，其个人生活也没有困难，李某某完全有能力抚养孩子。

被上诉人李某答辩请求二审法院驳回上诉人的上诉请求，维持原判。

本院认为：《中华人民共和国婚姻法》第三十七条第二款规定：“关于子女生活费和教育费的协议或判决，不妨碍子女在必要时向父母任何一方提出超过协议或判决原定数额的合理要求。”从该规定可以看出子女对抚养费的主张并不受关于子女生活费和教育费的协议或判决的影响，上诉人关于调解书对抚养费问题已作出了处理，应以调解书作为判决依据的上诉理由不能成立。刘某与李某某离婚时李某才二岁，现八岁已上学，无论是从物价的角度考量，还是从一个不到上幼儿园年龄的孩子与一个上小学的孩子支出差别考虑，都应认定李某现在需要的抚养费已超过其父母离婚时所需要的抚养费。一审法院判决刘某支付200元的抚养费是在充分考虑上述情况并结合调解书的内容作出的，其裁量范围符合本案的具体情况。综上所述，本院认为，原审人民法院对本案的判决并无不当，依照《中华人民共和国民事诉讼法》第一百五十三条第一款第（一）项之规定，判决如下：

驳回上诉，维持原判。

上诉案件受理费80元由上诉人负担。

本判决为终审判决。

温某与叶某子女探视权纠纷上诉案

上诉人（原审被告）温某。

被上诉人（原审原告）叶某。

上诉人温某因子女探视权纠纷一案，不服广东省广州市天河区人民法院（2007）天法民一初字第1011号民事判决，向本院提起上诉。本院依法组成合议庭审理了本案，现已审理终结。

原审法院查明：叶某和温某曾是夫妻关系，于1994年8月5日登记结婚，1998年2月1日生育一女叶某某。2006年，经法院判决准予双方离婚，叶某某由温某携带抚养。叶某表示清楚叶某某在每周六下午2点半至5点在广州棋苑学习的情况。

原审法院认为：父母离婚后，其与子女的关系不因离婚而消除，双方对子女仍有抚养和教育的权利和义务。离婚后，不直接抚养子女的父或母，有探望子女的权利，另一方应予协助配合。父母离婚，已经对小孩的正常生活和成长产生一定的影响，作为离婚后的父母亲更应该给予小孩相对稳定的学习和生活环境。因此，在不妨碍叶某某学习的情况下，可由叶某于每周六的十三时至二十时探视叶某某，从温某住处接出并在规定时间内送回,叶某某在该时间段的课外学习由叶某负责接送。综上所述,原审法院依照《中华人民共和国婚姻法》第三十六条、第三十八条之规定,于2007年7月5日作出判决:于本判决发生法律效力之日的当月起,准予叶某于每周六的十三时至二十时探视叶某某。本案受理费100元减半收取50元由原告叶某负担。

判后,温某不服,向本院上诉称:叶某与其分居、离婚后,对女儿的生活、教育漠不关心,只是偶尔带女儿出去吃喝玩乐,并给女儿灌输不正确的人生观和道德观,叶某不适合与女儿过多接触。女儿学习压力大,叶某从未在学习上辅导过女儿,根本不知道女儿的学习内容、进度、习惯等,女儿的许多作业需要家长协助,叶某没有这个能力。叶某只会带女儿出去玩,这样只会让女儿的心思不放在学习上,爱慕虚荣、追求享乐,对女儿的成长不利。若每周六下午让叶某带女儿,不仅浪费大量宝贵时间,女儿也会变得不思进取。即便叶某不带女儿出去玩,女儿也不可能有质量地完成功课,会严重影响女儿的学习效率与学习兴趣。女儿已经习惯现在的学习、生活环境,若每周六与叶某见面,女儿的思想会产生很大的波动,对女儿成长不利。希望叶某不要在学习阶段打扰女儿,若想见面,可安排在女儿放假或黄金周内进行,这样有利于女儿在稳定的环境中生活、学习,不会产生太多负面影响。据此请求:判令将叶某探视女儿的时间安排在每年寒假、暑假或黄金周等长假期间。

叶某答辩称:不同意温某的上诉请求,同意原审判决。

对于原审判决查明的事实,双方均无异议,本院予以确认。

本院认为:《中华人民共和国婚姻法》第三十八条第一、二款规定:“离婚后,不直接抚养子女的父或母,有探望子女的权利,另一方有协助的义务。行使探望权利的方式、时间由当事人协议;协议不成时,由人民法院判决。”本案中,叶某与温某离婚后,女儿叶某某由温某携带抚养,叶某享有探视女儿的法定权利,而协助探视是温某的法定义务。由于双方对于叶某探视女儿的时间无法达成一致,原审判决确定探视时间为每周六的十三时至二十时,符合人之常情和法律规定,本院予以确认。温某以叶某每周六探视不利于女儿学习和成长为由,要求将探视时间安排在女儿寒、暑假或黄金周期间,理由不充分,本院不予采纳。综上,依照《中华人民共和国民事诉讼法》第一百五十三条第一款第(一)项之规定,判决如下:

驳回上诉,维持原判。

二审案件受理费100元,由温某负担。

本判决为终审判决。

5. 涉外、涉港澳台婚姻

(1)涉外婚姻

中国边民与毗邻国边民婚姻登记办法

1. 2012年8月8日民政部令第45号公布
2. 自2012年10月1日起施行

第一条 为规范边民婚姻登记工作,保护婚姻当事人的合法婚姻权益,根据《中华人民共和国婚姻法》、《婚姻登记条例》,制定本办法。

第二条 本办法所称边民是指中国与毗邻国边界线两侧县级行政区域内有当地常住户口的中国公民和外国人。中国与毗邻国就双方国家边境地区和边民的范围达成有关协议的,适用协议的规定。

第三条 本办法适用于中国边民与毗邻国边民在中国边境地区办理婚姻登记。

第四条 边民办理婚姻登记的机关是边境地区县级人民政府民政部门。

边境地区婚姻登记机关应当按照便民原则在交通不便的乡(镇)巡回登记。

第五条 中国边民与毗邻国边民在中国边境地区结婚,男女双方应当共同到中国一方当事人常住户口所在地的婚姻登记机关办理结婚登记。

第六条 办理结婚登记的中国边民应当出具下列证件、证明材料:

(一)本人的居民户口簿、居民身份证;

(二)本人无配偶以及与对方当事人没有直系血亲和三代以内旁系血亲关系的签字声明。

办理结婚登记的毗邻国边民应当出具下列证明材料:

(一)能够证明本人边民身份的有效护照、国际旅行证件或者边境地区出入境通行证件;

(二)所在国公证机构或者有权机关出具的、经中华人民共和国驻该国使(领)馆认证或者该国驻华使(领)馆认证的本人无配偶的证明,或者所在国驻华使(领)馆出具的本人无配偶的证明,或者由毗邻国边境地区与中国乡(镇)人民政府同级的政府出具的本人无配偶证明。

第七条 办理结婚登记的当事人有下列情形之一的,婚姻登记机关不予登记:

(一)未到中国法定结婚年龄的;

(二)非双方自愿的;

(三)一方或者双方已有配偶的;

(四)属于直系血亲或者三代以内旁系血亲的;

(五)患有医学上认为不应当结婚的疾病的。

第八条 婚姻登记机关应当对结婚登记当事人出具的证件、证明材料进行审查并询问相关情况,对当事人符合结婚条件的,应当当场予以登记,发给结婚证。对当事人不符合结婚条件不予登记的,应当向当事人说明理由。

第九条 男女双方补办结婚登记的,适用本办法关于结婚登记的规定。

第十条 未到婚姻登记机关办理结婚登记以夫妻名义同居生活的,不成立夫妻关系。

第十一条 因受胁迫结婚的,受胁迫的边民可以依据《中华人民共和国婚姻法》第十一条的规定向婚姻登记机关请求撤销其婚姻。受胁迫方应当出具下列证件、证明材料:

(一)本人的身份证件;

(二)结婚证;

(三)要求撤销婚姻的书面申请;

(四)公安机关出具或者人民法院作出的能够证明当事人被胁迫结婚的证明材料。

受胁迫方为毗邻国边民的,其身份证件包括能够证明边民身份的有效护照、国际旅行证件或者边境地区出入境通行证件。

婚姻登记机关经审查认为受胁迫结婚的情况属实且不涉及子女抚养、财产及债务问题的,应当撤销该婚姻,宣告结婚证作废。

第十二条 中国边民与毗邻国边民在中国边境地区自愿离婚的,应当共同到中国边民常住户口所在地的婚姻登记机关办理离婚登记。

第十三条 办理离婚登记的双方当事人应当出具下列证件、证明材料:

(一)本人的结婚证;

(二)双方当事人共同签署的离婚协议书。

除上述材料外,办理离婚登记的中国边民还需要提供本人的居民户口簿和居民身份证,毗邻国边民还需要提供能够证明边民身份的有效护照、国际旅行证件或者边境地区出入境通行证件。

离婚协议书应当载明双方当事人自愿离婚的意思表示以及对子女抚养、财产及债务处理等事项协商一致的意见。

第十四条 办理离婚登记的当事人有下列情形之一的,婚姻登记机关不予受理:

(一)未达成离婚协议的;

(二)属于无民事行为能力或者限制民事行为能力人的;

(三)其结婚登记不是在中国内地办理的。

第十五条 婚姻登记机关应当对离婚登记当事人出具的证件、证明材料进行审查并询问相关情况。对当事人确属自愿离婚,并已对子女抚养、财产、债务等问题达成一致处理意见的,应当当场予以登记,发给离婚证。

第十六条 离婚的男女双方自愿恢复夫妻关系的,应当到婚姻登记机关办理复婚登记。复婚登记适用本办法关于结婚登记的规定。

第十七条 结婚证、离婚证遗失或者损毁的,中国边民可以持居民户口簿、居民身份证,毗邻国边民可以持能够证明边民身份的有效护照、国际旅行证件或者边境地区出入境通行证向原办理婚姻登记的机关或者中国一方当事人常住户口所在地的婚姻登记机关申请补领。婚姻登记机关对当事人的婚姻登记档案进行查证,确认属实的,应当为当事人补发结婚证、离婚证。

第十八条 本办法自2012年10月1日起施行。1995年颁布的《中国与毗邻国边民婚姻登记管理试行办法》(民政部令第1号)同时废止。

民政部关于办理婚姻登记中几个涉外问题处理意见的批复

1. 1983年12月9日发布

2. 民〔1983〕民133号

上海市民政局:

一九八三年十月二十八日沪民社〔83〕第80号来文收悉。经商得外交部同意,答复如下:

一、长期居住港澳的外籍华人申请与内地公民结婚的,对持有其国籍所属国证明的,应按照《中国公民同外国人办理婚姻登记的几项规定》办理;对持有港澳有关当局出具的婚姻状况证明的,可参照《华侨同国内公民、港澳同胞同内地公民办理婚姻登记的几项规定》办理。

二、华侨、港澳同胞在申请结婚登记时,须持有在国外和港澳从事的职业或可靠经济来源的证明。但它不是申请结婚登记的主要证明。要这一证明的目的在于了解华侨、港澳同胞在国外是否从事正当职业,以保护国内(内地)公民不受欺骗和出国以后有可靠的经济生活保障。无职业或可靠经济来源证明的,可由婚姻当事人在国内的亲友出具。持有我驻外使、领馆出具或认证的本人无配偶证明,而没有从事职业或可靠经济来源证明,又未发现其他问题的,也可予以办理结婚登记。

三、对于男女双方都是来华工作的外国人;或一方是在华工作的外国人,另一方是临时来华的外国人,要求在华办理结婚登记的,只要他们具备《中国公民同外国人办理婚姻登记的几项规定》中所要求的证件,符合我国《婚姻法》关于结婚的规定,可予办理结婚登记。为了保证我婚姻登记的有效性,可以让婚姻当事人提供本国法律在国外办理结婚登记有效的条文。

四、《中国公民同外国人办理婚姻登记的几项规定》中,关于中国公民同外国人在华要求离婚的规定,是根据有的国家不经法院判决离婚无效的情况做出的,不论双方自愿离婚还是一方要求离婚的,都由我人民法院处理。这一规定是经最高人民法院同意的,应按规定执行。

民政部、外交部关于做好涉外婚姻登记管理工作有关问题的通知

1. 1995年2月9日发布

2. 民事函〔1995〕25号

各省、自治区、直辖市民政厅(局)、外事办公室,各驻外使、领馆:

根据国务院《关于研究制止涉外买卖婚姻问题

的会议纪要》(国阅〔1993〕41号)精神,原由外交部承担的部分涉外婚姻登记管理工作已移交民政部主管。为做好这项工作,现将有关问题通知如下:

一、外交部承担的部分涉外婚姻登记管理工作移交民政部主管,主要包括以下几方面:

(一)向我驻外使、领馆发送婚姻证书,包括结婚证及结婚登记申请书、离婚证及离婚登记申请书、夫妻关系证明书、解除夫妻关系证明书。

(二)处理我驻外使、领馆和外国驻华使、领馆及有关当事人的涉外婚姻的函、电、照会及信件,解答有关婚姻方面的疑问,解决婚姻登记方面出现的问题,提供法律、法规和婚姻登记方面的咨询,核查有关中、外籍人员的婚姻状况。

(三)解决我驻外使、领馆及外国驻华使、领馆出具的婚姻方面有关证件中所出现的问题。

二、民政部与外交部联合向驻外使、领馆发送有关涉外婚姻方面的文件规定。有关涉外婚姻具体业务,我驻外使、领馆可直接与民政部联系,并主动汇报有关情况,同时抄报外交部领事司。

三、涉及到外交、法律等方面的重大问题,由外交部、民政部研处。

四、各地民政、外事部门及我驻外使、领馆如涉及中国公民违法婚姻、违法出证等问题应采取措施制止并及时报民政部。凡涉及我驻外使、领馆所处理的问题,应抄报外交部。

五、涉外婚姻管理是一项严肃的执法工作。它不仅关系到维护当事人的合法权益,而且关系到我国的国际形象。各级民政、外事部门及驻外使、领馆要严格把关,密切配合,依法办事,共同做好涉外婚姻登记管理工作。

最高人民法院关于印度在中国的侨民和非印度籍公民结婚是否被承认及夫妇一方遗弃他方是否即被认为离婚等问题的函

1. 1955年10月6日发布

2. 法行字第14546号

外交部第一亚洲司:

你部发一亚字第55/01770号函收悉。

关于印度驻华大使馆提出的两个问题:

一、印度在中国的侨民与非印度籍公民结婚,哪种是被承认的?

二、夫妇一方遗弃他方,是否即被认为离婚,被遗弃的一方与第三人生养子女是否合法?

我们意见:……关于夫妇一方遗弃他方,并与之断绝联系,依我国婚姻法不能认为当然已离婚,应依法办理离婚登记,或经法院的判决,才算离婚(请参考婚姻法第十七条第十八条及“婚姻登记办法”第五条)。被遗弃的一方,在未依法办妥离婚手续之前与第三人生养子女,这种关系,不能认为是合法的婚姻关系,但所生的子女受法律的保护,他们享受和婚生子女同等的权利,任何人不得加以危害和歧视(婚姻法第十五条)。

最高人民法院关于日籍妇女林枫叶和我国公民王秉珍离婚后发生的子女抚养问题的函

1. 1955年10月25日发布

2. 民一字第15331号

天津市高级人民法院:

你院〔55〕法民二字第514号函请示关于日籍妇女林枫叶与我国公民王秉珍为离婚后子女抚养问题争执的处理办法,作如下答复:

一、林枫叶与王秉珍所生之男孩小石,年方三岁,尚在哺乳期间,依据我国婚姻法照顾子女利益的原则,可由其母亲抚养,如林枫叶回日本,亦可准其将孩子带走。

二、(略)

三、孩子是中国公民,出境时应由当地公安机关发给中国人出国证明书。

最高人民法院关于归国华侨与日籍配偶离婚问题的批复

1. 1956年10月22日发布

2. 法研字第10534号

天津市高级人民法院:

你院9月27日高法民庭〔56〕字第051号关于归国

华侨与日籍配偶离婚问题的请示收悉。我们认为日籍配偶一般的已不可能前来我国,类似来文所称归国华侨张德山诉日籍配偶海野铃子离婚一案情况,双方夫妻关系实际上已不存在,也不可能恢复,我们也不可能征求日籍配偶的意见,因此,这类案件,如无其他特殊情节,可以判决双方离婚。以上意见供你们参考。

最高人民法院关于外国人与中国公民以夫妻关系同居多年现外国人提出离婚应如何处理的批复

1. 1964年12月17日发布
2. 〔64〕民他字第62号

山西省高级人民法院:

赵宝汇与张俊离婚一案,你院1964年12月6日〔64〕法民字第909号报告收悉。经研究认为:双方同居多年,并生有四个孩子,事实上已构成夫妻关系,从你院报告及张俊的申请看,双方互有缺点错误,应设法加强教育,促使他(她)们和好,一般情况下,不要轻易判决离婚。如经教育实在不能和好,可按照我国婚姻法予以处理。

最高人民法院关于我国公民与蒙籍配偶离婚问题的批复

1. 1965年12月6日发布
2. 〔65〕法研字第41号

河南省高级人民法院:

你院〔65〕豫法字第116号请示已收阅。关于我国公民郭国选与蒙籍配偶苏和离婚的问题,我们意见,应按照1964年3月19日内务部"关于如何处理涉外离婚案件的批复",征询女方意见后再行处理。至于征询意见的办法,经与外交部领事司研究,可由郑州市中级人民法院去信我国驻蒙使馆,请他们协助征询女方意见。给驻蒙使馆的信,应抄送外交部,并由外交部转递。

最高人民法院关于越南归国华侨杨玉莲与越南籍人陈文勇离婚问题的函

1. 1980年5月5日发布
2. 〔80〕民他字第11号

福建省高级人民法院:

你院1979年7月24日闽法民他字〔1979〕1号的请示报告收阅。关于龙溪地区云霄县常山农场越南归国华侨杨玉莲要求与现在越南海防市的越南籍人陈文勇离婚一案应如何办理的问题,经研究,同意你院的处理意见,可先由当事人自行联系,待女方征得男方提出书面意见后,再予处理,如男方不同意或不理睬,而女方坚持离婚时同意判决离婚,判决书可由女方自行寄给男方。

最高人民法院关于郭淡清与苏联籍的妻子离婚问题的函

1. 1980年5月5日发布
2. 〔80〕民他字第8号

安徽省高级人民法院:

你院1980年3月29日皖法研字〔1980〕第11号请示报告收阅。关于我国男公民郭淡清申请与苏联籍的妻子离婚问题。我们意见,先由男方本人直接去信征求女方意见后再作处理,如女方不同意或不理睬,男方坚持一定要离婚时,由申请人所在地区法院判决离婚,判决书由男方直接寄给女方。

附:

安徽省高级人民法院关于我国男公民申请与外国籍的妻子离婚如何办理手续的请示报告

最高人民法院:

我省淮南"师专"教师郭淡清50年代在苏联留学

期间与一苏联女公民结婚，女方从未来中国生活过并且从“文革”开始后，双方即断绝了一切联系，现郭要求离婚，在国内重建家庭，询问如何办理其离婚手续问题。我省法院过去没有办理过这类离婚案件。也未查到办理这类离婚案件手续的有关文件规定。经我们研究，考虑到其婚姻关系的实际状况，可否由申请当事人所在地法院作出离婚判决，按女方原有联系时的居住地址，把判决书寄送该地法院或女方本人。

最高人民法院关于处理配偶一方在港澳台或国外，人民法院已经判决离婚，现当事人要求复婚问题的复函

1. 1980年8月28日发布
2. 法民字第9号

上海市高级人民法院：

你院1980年7月30日〔80〕沪高法字第154号函悉。

关于你院请示的处理配偶一方在港澳台或国外，已由人民法院判决离婚，现当事人要求复婚的问题，经研究，同意你院提出的处理意见。

此复

附：

上海市高级人民法院关于处理配偶一方在港澳台或国外，人民法院已经判决离婚，现当事人要求复婚的请示报告

最高人民法院：

去年8月以来，本市一些区、县法院先后收到和接待配偶一方在港澳台或国外，已经人民法院判决离婚，现当事人要求复婚的来信来访六起。其情况主要是在本市的一方以对方长期与家庭不通音讯，下落不明，提出离婚，或双方虽有通信联系，但本市一方迫于政治压力，以种种理由，坚决要求离婚，由人民法院判决准予离婚的。现在，随着中美建交以及我对台政策的变化，原来下落不明的，已有了下落，他们又取得了联系。于是本市一方（都是女方）因自己离婚后并未再婚，双方年纪已老（年龄最小的52岁，高的72岁），希望恢复夫妻关系后，能以配偶身份出国（境）与亲人团聚或动员亲人回来。而外国一方考虑到将来叶落归根，则以未收到判决书不承认法院的离婚判决，或恳求法院准予他们复婚。他们的子女也要求法院准许他们父母复婚，全家团圆。

对于这个问题，开始我们根据《中华人民共和国婚姻法》及《上海市婚姻登记暂行办法规定》的精神，答复她们通知在外的一方回来办理复婚登记手续。可是实际上难以做到。个别的至今未把离婚情况告诉对方，当然不愿通知对方回来办理复婚手续。

面对这样的情况，我们感到这是一个特殊的问题，经与市委统战部、市侨务办公室联系，一致认为：对于这类案件的处理，应从有利于发展和壮大爱国统一战线和台湾回归祖国，实现祖国统一的大业出发，在不违背我国政策、法律基本原则的前提下，可以采取一些灵活办法，尽力促进这类人员的家庭团聚。为此，提出以下几点意见：

（一）人民法院根据有关政策、法律，为保护本市一方的正当权益所作出的离婚判决，无论在外的一方是否收到判决书，均为已经发生法律效力的判决。

（二）在外的一方当事人，要求与原配偶恢复婚姻关系，但本市一方已经另行结婚，或虽未再婚，而坚决不同意复婚的，通知对方不再重新处理。

（三）双方要求复婚，人民法院可以受理，但鉴于他们离婚时间较久，为维护一夫一妻的婚姻制度，在外一方必须提供无配偶的证明，并经驻外使馆认证。

原审人民法院可按申诉案件处理，经查证双方确未再婚，可用裁定将原判决书注销，准予双方恢复夫妻关系。

（四）台湾同胞要求与原配偶复婚，若提供无配偶的公证有困难，应提供律师或工作单位为他们出具确无配偶的证明，寄交原审人民法院，按第（三）条第二款办理。

（五）经人民法院判决离婚后，本市一方出于种种原因未将离婚情况告诉对方，恢复通讯后对方又确以夫妻关系相称和对待的，现在本市一方提出要求复婚，经调查确实的，可用裁定将原判决注销，准予双方恢复夫妻关系。

以上报告当否，请批示。

最高人民法院关于旅荷华侨离婚问题的复函

1981年3月2日发布

外交部领事司：

1981年1月5日〔80〕领荷转字第33号转办单及3月12日〔81〕领二字第67号来函收到。现对我驻荷大使馆所询问题答复如下：

（一）旅荷华侨夫妇经荷兰法院判决离婚的，如不违反我国婚姻法的基本原则，可承认这种判决对双方当事人在法律上有拘束力（参见我院1957年5月4日法行字第8490号关于波兰法院对双方都居住在波兰的中国侨民的离婚判决在中国是否有法律效力问题给你司的复函）。离婚后，当事人要求我驻荷使领馆加以认证的，可予认证。

（二）夫妻一方侨居荷兰，一方仍在国内，如双方同意离婚，对子女、财产也无争议的，可按我国婚姻法第24条的规定，在国内一方户籍所在地或居住地负责婚姻登记的机关办理离婚手续。提起诉讼的，如系国内一方提出离婚，应向本人所在地或居住地人民法院起诉；侨居荷兰一方要求离婚，也应向国内一方的户籍所在地或居住地人民法院起诉。

（三）侨居荷兰一方提出离婚，荷兰法院予以受理和判决的，如双方并无异议，可不予干涉；如一方对子女抚养或国内财产的处理有不同意见，可按（一）项的精神决定是否承认这种判决在我国境内具有效力。

最高人民法院关于旅居外国的中国公民按居住国法律允许的方式达成的分居协议，我驻外使领馆是否承认问题的函

1. 1984年12月5日发布
2. 〔1984〕民他字第14号

驻阿根廷大使馆领事部：

你部1984年10月31日〔1984〕领发70号文收悉。

关于在国内结婚后旅居阿根廷的中国公民王钰与杨洁敏因婚姻纠纷，由于阿根廷婚姻法不允许离婚，即按阿根廷法律允许的方式达成长期分居协议，请求你部承认并协助执行问题，经与外交部领事司研究认为，我驻外使领馆办理中国公民之间的有关事项，应当执行我国法律。王钰与杨洁敏的分居协议，不符合我国婚姻法的规定，故不能承认和协助执行。他们按照阿根廷法律允许的方式达成的分居协议，只能按阿根廷法律规定的程序向阿有关方面申请承认。如果他们要取得在国内离婚的效力，必须向国内原结婚登记机关或结婚登记地人民法院申办离婚手续。

最高人民法院关于涉外离婚诉讼中子女抚养问题如何处理的批复

1. 1987年8月3日发布
2. 〔1987〕民他字第36号

浙江省高级人民法院：

你院1987年6月11日〔87〕浙法民他字19号请示报告收悉。

关于杭州市中级人民法院审理的加拿大籍华人姜伟明与中国公民陈科离婚一案有关子女归谁抚养的问题，经研究，我们认为，对该案审理中涉及的外籍华人离婚后子女抚养的问题，应适用我国法律，按照我国婚姻法有关规定的精神，从切实保护子女权益，有利于子女身心健康成长出发，结合双方的具体情况进行处理。处理时，对有识别能力的子女，要事先征求并尊重其本人愿随父或随母生活的意见。鉴于姜伟明、陈科之子陈宇（现年十二岁）过去主要由其母姜伟明抚养，本人又坚决表示不愿随父陈科生活的实际情况，我们同意你院审判委员会的处理意见，即根据有关政策法律规定，陈宇以仍由其母姜伟明抚养为宜。

此复

最高人民法院关于中国法院作出的离婚判决书是否生效由谁证明问题的复函

1. 1987年11月17日发布
2. (87)民他字第65号

外交部领事司：

你司(87)领四转字第25号文收悉。奥地利驻华

大使馆就北京市中级人民法院关于耿敏华与华锡圻离婚案的(83)中民字第468号判决书,是否已经生效问题,来照要求出具证明,经阅,照会所附的判决书,是一审判决书。根据我国民事诉讼法(试行)第一百五十六条、第一百二十三条等条的规定,当事人不服地方各级人民法院第一审判决,有权向上一级人民法院提起上诉,第二审人民法院作出的判决,是终审判决。上诉期限届满,当事人没有提起上诉的,一审判决即发生法律效力。据此,该判决书是否已生效,你司可与作出该判决的北京市中级人民法院联系,由该院出具证明,以便你司回照。

最高人民法院民事审判庭关于美籍华人曹信宝与我公民王秀丽结婚登记有关问题的复函

1. 1993年1月22日发布

2. 〔1993〕法民字第2号

民政部婚姻管理司:

你司1991年12月24日民婚字〔1991〕60号函及转来宁波市民政局《关于美籍华人曹信宝与我公民王秀丽结婚登记有关问题的请示》收悉。经研究,答复如下:

一、与中国公民结婚的外国人(包括外籍华人),由外国法院判决离婚后,在中国境内又申请与中国公民结婚的,如果前一婚姻关系的外国法院的离婚判决未经我人民法院确认,该外国人则应就前一婚姻关系的外国法院的离婚判决向人民法院申请承认,经人民法院裁定承认后,婚姻登记机关按照有关规定审查无误才能予以婚姻登记。

申请承认外国法院离婚判决,没有时间限制。

二、在忻清菊不服美国法院对其与曹信宝离婚所作判决的情况下,曹在中国境内又申请与王秀丽登记结婚,是违反我国有关法律的,该"结婚登记"应依法予以撤销。但现在曹信宝与忻清菊已经由人民法院调解离婚,其与王秀丽的"结婚登记"是否撤销,请你们酌情处理。

以上意见,供参考。

(2)涉港澳台婚姻

最高人民法院关于内地与香港特别行政区法院相互认可和执行婚姻家庭民事案件判决的安排

1. 2017年5月22日最高人民法院审判委员会第1718次会议通过

2. 2022年2月14日公布

3. 法释〔2022〕4号

4. 自2022年2月15日起施行

根据《中华人民共和国香港特别行政区基本法》第九十五条的规定,最高人民法院与香港特别行政区政府经协商,现就婚姻家庭民事案件判决的认可和执行问题作出如下安排。

第一条 当事人向香港特别行政区法院申请认可和执行内地人民法院就婚姻家庭民事案件作出的生效判决,或者向内地人民法院申请认可和执行香港特别行政区法院就婚姻家庭民事案件作出的生效判决的,适用本安排。

当事人向香港特别行政区法院申请认可内地民政部门所发的离婚证,或者向内地人民法院申请认可依据《婚姻制度改革条例》(香港法例第178章)第V部、第VA部规定解除婚姻的协议书、备忘录的,参照适用本安排。

第二条 本安排所称生效判决:

(一)在内地,是指第二审判决,依法不准上诉或者超过法定期限没有上诉的第一审判决,以及依照审判监督程序作出的上述判决;

(二)在香港特别行政区,是指终审法院、高等法院上诉法庭及原讼法庭和区域法院作出的已经发生法律效力的判决,包括依据香港法律可以在生效后作出更改的命令。

前款所称判决,在内地包括判决、裁定、调解书,在香港特别行政区包括判决、命令、判令、讼费评定证明书、定额讼费证明书,但不包括双方依据其法律承认的其他国家和地区法院作出的判决。

第三条 本安排所称婚姻家庭民事案件:

（一）在内地是指：

1. 婚内夫妻财产分割纠纷案件；

2. 离婚纠纷案件；

3. 离婚后财产纠纷案件；

4. 婚姻无效纠纷案件；

5. 撤销婚姻纠纷案件；

6. 夫妻财产约定纠纷案件；

7. 同居关系子女抚养纠纷案件；

8. 亲子关系确认纠纷案件；

9. 抚养纠纷案件；

10. 扶养纠纷案件（限于夫妻之间扶养纠纷）；

11. 确认收养关系纠纷案件；

12. 监护权纠纷案件（限于未成年子女监护权纠纷）；

13. 探望权纠纷案件；

14. 申请人身安全保护令案件。

（二）在香港特别行政区是指：

1. 依据香港法例第 179 章《婚姻诉讼条例》第 III 部作出的离婚绝对判令；

2. 依据香港法例第 179 章《婚姻诉讼条例》第 IV 部作出的婚姻无效绝对判令；

3. 依据香港法例第 192 章《婚姻法律程序与财产条例》作出的在讼案待决期间提供赡养费令；

4. 依据香港法例第 13 章《未成年人监护条例》、第 16 章《分居令及赡养令条例》、第 192 章《婚姻法律程序与财产条例》第 II 部、第 IIA 部作出的赡养令；

5. 依据香港法例第 13 章《未成年人监护条例》、第 192 章《婚姻法律程序与财产条例》第 II 部、第 IIA 部作出的财产转让及出售财产令；

6. 依据香港法例第 182 章《已婚者地位条例》作出的有关财产的命令；

7. 依据香港法例第 192 章《婚姻法律程序与财产条例》在双方在生时作出的修改赡养协议的命令；

8. 依据香港法例第 290 章《领养条例》作出的领养令；

9. 依据香港法例第 179 章《婚姻诉讼条例》、第 429 章《父母与子女条例》作出的父母身份、婚生地位或者确立婚生地位的宣告；

10. 依据香港法例第 13 章《未成年人监护条例》、第 16 章《分居令及赡养令条例》、第 192 章《婚姻法律程序与财产条例》作出的管养令；

11. 就受香港法院监护的未成年子女作出的管养令；

12. 依据香港法例第 189 章《家庭及同居关系暴力条例》作出的禁制骚扰令、驱逐令、重返令或者更改、暂停执行就未成年子女的管养令、探视令。

第四条 申请认可和执行本安排规定的判决：

（一）在内地向申请人住所地、经常居住地或者被申请人住所地、经常居住地、财产所在地的中级人民法院提出；

（二）在香港特别行政区向区域法院提出。

申请人应当向符合前款第一项规定的其中一个人民法院提出申请。向两个以上有管辖权的人民法院提出申请的，由最先立案的人民法院管辖。

第五条 申请认可和执行本安排第一条第一款规定的判决的，应当提交下列材料：

（一）申请书；

（二）经作出生效判决的法院盖章的判决副本；

（三）作出生效判决的法院出具的证明书，证明该判决属于本安排规定的婚姻家庭民事案件生效判决；

（四）判决为缺席判决的，应当提交法院已经合法传唤当事人的证明文件，但判决已经对此予以明确说明或者缺席方提出申请的除外；

（五）经公证的身份证件复印件。

申请认可本安排第一条第二款规定的离婚证或者协议书、备忘录的，应当提交下列材料：

（一）申请书；

（二）经公证的离婚证复印件，或者经公证的协议书、备忘录复印件；

（三）经公证的身份证件复印件。

向内地人民法院提交的文件没有中文文本的，应当提交准确的中文译本。

第六条 申请书应当载明下列事项：

（一）当事人的基本情况，包括姓名、住所、身份证件信息、通讯方式等；

（二）请求事项和理由，申请执行的，还需提供被申请人的财产状况和财产所在地；

（三）判决是否已在其他法院申请执行和执行情况。

第七条 申请认可和执行判决的期间、程序和方式，应当依据被请求方法律的规定。

第八条　法院应当尽快审查认可和执行的请求，并作出裁定或者命令。

第九条　申请认可和执行的判决，被申请人提供证据证明有下列情形之一的，法院审查核实后，不予认可和执行：

（一）根据原审法院地法律，被申请人未经合法传唤，或者虽经合法传唤但未获得合理的陈述、辩论机会的；

（二）判决是以欺诈方法取得的；

（三）被请求方法院受理相关诉讼后，请求方法院又受理就同一争议提起的诉讼并作出判决的；

（四）被请求方法院已经就同一争议作出判决，或者已经认可和执行其他国家和地区法院就同一争议所作出的判决的。

内地人民法院认为认可和执行香港特别行政区法院判决明显违反内地法律的基本原则或者社会公共利益，香港特别行政区法院认为认可和执行内地人民法院判决明显违反香港特别行政区法律的基本原则或者公共政策的，不予认可和执行。

申请认可和执行的判决涉及未成年子女的，在根据前款规定审查决定是否认可和执行时，应当充分考虑未成年子女的最佳利益。

第十条　被请求方法院不能对判决的全部判项予以认可和执行时，可以认可和执行其中的部分判项。

第十一条　对于香港特别行政区法院作出的判决，一方当事人已经提出上诉，内地人民法院审查核实后，可以中止认可和执行程序。经上诉，维持全部或者部分原判决的，恢复认可和执行程序；完全改变原判决的，终止认可和执行程序。

内地人民法院就已经作出的判决裁定再审的，香港特别行政区法院审查核实后，可以中止认可和执行程序。经再审，维持全部或者部分原判决的，恢复认可和执行程序；完全改变原判决的，终止认可和执行程序。

第十二条　在本安排下，内地人民法院作出的有关财产归一方所有的判项，在香港特别行政区将被视为命令一方向另一方转让该财产。

第十三条　被申请人在内地和香港特别行政区均有可供执行财产的，申请人可以分别向两地法院申请执行。

两地法院执行财产的总额不得超过判决确定的数额。应对方法院要求，两地法院应当相互提供本院执行判决的情况。

第十四条　内地与香港特别行政区法院相互认可和执行的财产给付范围，包括判决确定的给付财产和相应的利息、迟延履行金、诉讼费，不包括税收、罚款。

前款所称诉讼费，在香港特别行政区是指讼费评定证明书、定额讼费证明书核定或者命令支付的费用。

第十五条　被请求方法院就认可和执行的申请作出裁定或者命令后，当事人不服的，在内地可以于裁定送达之日起十日内向上一级人民法院申请复议，在香港特别行政区可以依据其法律规定提出上诉。

第十六条　在审理婚姻家庭民事案件期间，当事人申请认可和执行另一地法院就同一争议作出的判决的，应当受理。受理后，有关诉讼应当中止，待就认可和执行的申请作出裁定或者命令后，再视情终止或者恢复诉讼。

第十七条　审查认可和执行判决申请期间，当事人就同一争议提起诉讼的，不予受理；已经受理的，驳回起诉。

判决获得认可和执行后，当事人又就同一争议提起诉讼的，不予受理。

判决未获认可和执行的，申请人不得再次申请认可和执行，但可以就同一争议向被请求方法院提起诉讼。

第十八条　被请求方法院在受理认可和执行判决的申请之前或者之后，可以依据其法律规定采取保全或者强制措施。

第十九条　申请认可和执行判决的，应当依据被请求方有关诉讼收费的法律和规定交纳费用。

第二十条　内地与香港特别行政区法院自本安排生效之日起作出的判决，适用本安排。

第二十一条　本安排在执行过程中遇有问题或者需要修改的，由最高人民法院和香港特别行政区政府协商解决。

第二十二条　本安排自 2022 年 2 月 15 日起施行。

民政部关于出国留学生申请与台湾居民办理结婚登记问题的复函

1. 1994年5月7日发布
2. 民事函〔1994〕113号

福建省民政厅：

你厅《关于自费出国留学生申请与台湾居民办理结婚登记问题的请示》（闽民民〔1994〕110号）收悉。经研究，答复如下：

关于我出国留学生申请与台胞在国内登记结婚的问题，我们原则同意你们的意见。即出国留学生同台胞要求在国内登记结婚的，双方须共同到国内留学生出国前户口所在地经省人民政府指定的涉台婚姻登记机关申请登记，并按照《关于出国留学生办理婚姻登记的暂行规定》（民〔1984〕民36号）和《关于台湾同胞与大陆公民之间办理结婚登记有关问题的通知》（民〔1988〕民字9号）精神，出具本人的有关证件及证明材料。经婚姻登记机关审查，符合结婚条件的，应准予当事人登记结婚。

今后，如有我出国留学生申请与台胞在国内婚姻登记机关登记结婚，均按此原则办理。

最高人民法院关于一方在内地一方在香港的离婚案件应如何处理问题的复函

1. 1979年10月17日发布
2. 〔79〕民他字第23号

吉林省高级人民法院：

你院吉高法字〔1979〕65号请示报告收悉。关于离婚当事人一方在内地一方在香港应如何处理的问题，仍可按照我院1956年7月21日（56）法研字第7374号复函办理。

最高人民法院关于蔡茂松提出与居住在台湾的吴琴离婚应如何处理问题的复函

1. 1981年10月10日发布
2. 〔81〕民他字第26号

浙江省高级人民法院：

你院〔81〕浙法民他字13号报告收悉。关于蔡茂松提出与居住台湾的吴琴的离婚问题，根据党和国家对台湾同胞的基本政策精神，我们认为，处理这类案件，必须慎重。蔡茂松提供的吴琴下落情况，须严格审查属实后，才可受理。并且在审理中要严守法定程序，切不可为了照顾蔡茂松早日获得去美居留证而草率办理离婚手续。

此复

附：

浙江省高级人民法院关于温州市蔡茂松与台湾吴琴离婚问题的请示报告

（1981年9月8日　〔81〕浙法民他字13号）

最高人民法院：

最近，温州市中级人民法院受理的蔡茂松在获准出国并到香港后，提出与居住在台湾的吴琴离婚的案件，该如何处理，我们没有把握，特请示，现将情况报告如下：

原告人蔡茂松，男，1920年11月1日出生，汉族，台湾省台北市人，原住温州市光明路68号，现住香港永乐街122号A室。蔡于1939年在台北市与黄条银结婚，1948年离婚（婚后生一女名蔡惠宽，现在美国洛杉矶，已入美籍）。1949年古历8月又在台北市西门街三丁目三番地与吴琴（又名蔡吴琴）结婚。同年古历11月，蔡经商到温州，因交通阻隔无法回台湾即在温州市定居。1951年3月在温州市与叶甘密结婚（叶现年60岁，系温州市东山陶瓷厂退休工人）。蔡在温州期间，曾从事小商、小贩和在煤球厂、运输一社做工，表现尚可。1979年2月5日经公安机关批准去美国，于2月23日到达香港，在美国驻香港领事馆办理申请签证手续时,因在表格上填有与台湾吴琴的婚姻关系(蔡在温州期间未向我交代过),美驻港领事馆以他抵触“第二次婚姻未曾合法离婚,而再有第三次结婚”,要他“出示证明第二次婚姻已合法结束”后才给批准居留证。为此蔡先向温州市公证处申请办理离婚证明。公证处认为双方当事人均不在温州不予办理。蔡即向温州市中级人民法院提出要求办理与吴琴离婚的法律手续。据蔡说,他曾通过在台湾的弟弟及在美国的女儿去台湾寻找过吴琴,但均答复下落不明。蔡长期耽搁在香港费用很大,迫切要求去美国女儿处,曾于今年4、7月份两次来温州市催办。

我院研究认为,蔡茂松获准出国已到香港,在温州市的户口已经注销,而吴琴居住台湾。按照一般情况,蔡与吴离婚案件,已不属我省管辖。但考虑到蔡茂松在温州与叶甘密结婚生活已30余年,在此期间与吴琴已无通讯联系。现已获准出国途中,为此事而在香港长期耽搁不能去美国的特殊情况,拟给予办理蔡茂松与吴琴离婚的法律手续。

是否妥当,请批示。

最高人民法院关于黄翠英申请与在台人员李幼梅复婚问题的请示的批复

1. 1982年10月8日发布
2. 〔82〕民他字第34号

湖南省高级人民法院:

你院《关于湘乡县黄翠英申请与在台人员李幼梅复婚问题的请示报告》收悉。经研究,我们认为:按照我国婚姻法原则,一夫多妻制是不允许的。但是,鉴于历史原因造成的特殊情况,为了更有利于祖国统一大业,如果内地一方在判决离婚后没有再婚,现在向法院提出要求注销原离婚判决的,可按照我院1980年8月28日法民字第9号转发上海市高级人民法院请示报告中第五项意见办理。

最高人民法院关于杨志武由台湾回大陆定居,起诉与在台湾的配偶离婚,人民法院是否受理问题的批复

1. 1984年12月6日发布
2. 〔84〕民他字第16号

陕西省高级人民法院:

你院1984年11月17日陕高法民字〔1984〕12号报告收悉。

关于从台湾回大陆定居的杨志武要求与在台湾的配偶林孚离婚的起诉,人民法院是否应当受理问题,我们意见:对杨志武要求与在台湾的配偶离婚的起诉,华阴县人民法院应予受理。杨志武在与林孚离婚以后,方可再婚。

此复

最高人民法院关于原在内地登记结婚后双方均居住香港,现内地人民法院可否受理他们离婚诉讼的批复

1988年4月14日发布

广东省高级人民法院:

你院1984年2月9日〔84〕粤法民字第12号请示收悉。关于原在内地登记结婚,现双方均居住香港,他们发生离婚诉讼,内地人民法院可否按我院1983年11月28日〔83〕法研字第26号《印发〈关于驻外使领馆处理华侨婚姻问题的若干规定〉的通知》中关于华侨离婚的第三点,即“夫妻双方均是居住在国外的华侨……如果他们原先是在国内办理结婚登记的,现因某种原因,居所地有关机关不受理时,双方可以回国内向原结婚登记机关或结婚登记地人民法院申办离婚”之规定办理问题,经我们研究认为,上述规定所指的是居住在国外的华侨申请办理离婚的办法,港澳同胞不属于居住在国外的华侨,故不宜直接引用此规定。但港澳同胞和华侨同是中国公民,他们在内地登记结婚后,在港澳进行离婚诉讼如果确有实际困难,我们仍应当予以解决。故对于夫妻双方均居住在港澳的同胞,原在内地登记结婚

的，现在发生离婚诉讼，如果他们向内地人民法院申请，内地原结婚登记地或原户籍地人民法院可以受理，并按《民事诉讼法（试行）》第五十四条的规定办理。从港澳寄来的委托书和书面意见，必须按司法部 1981 年 4 月 29 日〔81〕司发公字第 129 号《关于为港、澳同胞回内地申请公证而出具证明办法的通知》和 1982 年 2 月 20 日〔82〕司发公字第 39 号《关于港、澳同胞回内地申请公证出具证明办法的补充通知》中的规定，经我指定的港、澳地区有关机构或律师给予证明，方能承认其效力。

此复

三、家　庭

资料补充栏

1. 户籍管理

中华人民共和国居民身份证法

1. 2003年6月28日第十届全国人民代表大会常务委员会第三次会议通过
2. 根据2011年10月29日第十一届全国人民代表大会常务委员会第二十三次会议《关于修改〈中华人民共和国居民身份证法〉的决定》修正

目 录

第一章 总 则

第一条 【立法目的】为了证明居住在中华人民共和国境内的公民的身份,保障公民的合法权益,便利公民进行社会活动,维护社会秩序,制定本法。

第二条 【发放范围】居住在中华人民共和国境内的年满十六周岁的中国公民,应当依照本法的规定申请领取居民身份证;未满十六周岁的中国公民,可以依照本法的规定申请领取居民身份证。

第三条 【登记项目、身份号码及指纹信息】居民身份证登记的项目包括:姓名、性别、民族、出生日期、常住户口所在地住址、公民身份号码、本人相片、指纹信息、证件的有效期和签发机关。

公民身份号码是每个公民唯一的、终身不变的身份代码,由公安机关按照公民身份号码国家标准编制。

公民申请领取、换领、补领居民身份证,应当登记指纹信息。

第四条 【使用文字】居民身份证使用规范汉字和符合国家标准的数字符号填写。

民族自治地方的自治机关根据本地区的实际情况,对居民身份证用汉字登记的内容,可以决定同时使用实行区域自治的民族的文字或者选用一种当地通用的文字。

第五条 【有效期限】十六周岁以上公民的居民身份证的有效期为十年、二十年、长期。十六周岁至二十五周岁的,发给有效期十年的居民身份证;二十六周岁至四十五周岁的,发给有效期二十年的居民身份证;四十六周岁以上的,发给长期有效的居民身份证。

未满十六周岁的公民,自愿申请领取居民身份证的,发给有效期五年的居民身份证。

第六条 【式样、制作、发放、功能及个人信息保密】居民身份证式样由国务院公安部门制定。居民身份证由公安机关统一制作、发放。

居民身份证具备视读与机读两种功能,视读、机读的内容限于本法第三条第一款规定的项目。

公安机关及其人民警察对因制作、发放、查验、扣押居民身份证而知悉的公民的个人信息,应当予以保密。

第二章 申领和发放

第七条 【领取年龄】公民应当自年满十六周岁之日起三个月内,向常住户口所在地的公安机关申请领取居民身份证。

未满十六周岁的公民,由监护人代为申请领取居民身份证。

第八条 【签发机关】居民身份证由居民常住户口所在地的县级人民政府公安机关签发。

第九条 【可以申领身份证的另外情况】香港同胞、澳门同胞、台湾同胞迁入内地定居的,华侨回国定居的,以及外国人、无国籍人在中华人民共和国境内定居并被批准加入或者恢复中华人民共和国国籍的,在办理常住户口登记时,应当依照本法规定申请领取居民身份证。

第十条 【办理要求】申请领取居民身份证,应当填写《居民身份证申领登记表》,交验居民户口簿。

第十一条 【换领、补领】国家决定换发新一代居民身份证、居民身份证有效期满、公民姓名变更或者证件严重损坏不能辨认的,公民应当换领新证;居民身份证登记项目出现错误的,公安机关应当及时更正,换发新证;领取新证时,必须交回原证。居民身份证丢失的,应当申请补领。

未满十六周岁公民的居民身份证有前款情形的,可以申请换领、换发或者补领新证。

公民办理常住户口迁移手续时，公安机关应当在居民身份证的机读项目中记载公民常住户口所在地住址变动的情况，并告知本人。

第十二条　【办理期限及临时身份证的领取】公民申请领取、换领、补领居民身份证，公安机关应当按照规定及时予以办理。公安机关应当自公民提交《居民身份证申领登记表》之日起六十日内发放居民身份证；交通不便的地区，办理时间可以适当延长，但延长的时间不得超过三十日。

公民在申请领取、换领、补领居民身份证期间，急需使用居民身份证的，可以申请领取临时居民身份证，公安机关应当按照规定及时予以办理。具体办法由国务院公安部门规定。

第三章　使用和查验

第十三条　【使用权利、保密义务】公民从事有关活动，需要证明身份的，有权使用居民身份证证明身份，有关单位及其工作人员不得拒绝。

有关单位及其工作人员对履行职责或者提供服务过程中获得的居民身份证记载的公民个人信息，应当予以保密。

第十四条　【应出示身份证的情形】有下列情形之一的，公民应当出示居民身份证证明身份：

（一）常住户口登记项目变更；

（二）兵役登记；

（三）婚姻登记、收养登记；

（四）申请办理出境手续；

（五）法律、行政法规规定需要用居民身份证证明身份的其他情形。

依照本法规定未取得居民身份证的公民，从事前款规定的有关活动，可以使用符合国家规定的其他证明方式证明身份。

第十五条　【警察可查验身份证的情形】人民警察依法执行职务，遇有下列情形之一的，经出示执法证件，可以查验居民身份证：

（一）对有违法犯罪嫌疑的人员，需要查明身份的；

（二）依法实施现场管制时，需要查明有关人员身份的；

（三）发生严重危害社会治安突发事件时，需要查明现场有关人员身份的；

（四）在火车站、长途汽车站、港口、码头、机场或者在重大活动期间设区的市级人民政府规定的场所，需要查明有关人员身份的；

（五）法律规定需要查明身份的其他情形。

有前款所列情形之一，拒绝人民警察查验居民身份证的，依照有关法律规定，分别不同情形，采取措施予以处理。

任何组织或者个人不得扣押居民身份证。但是，公安机关依照《中华人民共和国刑事诉讼法》执行监视居住强制措施的情形除外。

第四章　法 律 责 任

第十六条　【行政处罚之一】有下列行为之一的，由公安机关给予警告，并处二百元以下罚款，有违法所得的，没收违法所得：

（一）使用虚假证明材料骗领居民身份证的；

（二）出租、出借、转让居民身份证的；

（三）非法扣押他人居民身份证的。

第十七条　【行政处罚之二】有下列行为之一的，由公安机关处二百元以上一千元以下罚款，或者处十日以下拘留，有违法所得的，没收违法所得：

（一）冒用他人居民身份证或者使用骗领的居民身份证的；

（二）购买、出售、使用伪造、变造的居民身份证的。

伪造、变造的居民身份证和骗领的居民身份证，由公安机关予以收缴。

第十八条　【刑事处罚】伪造、变造居民身份证的，依法追究刑事责任。

有本法第十六条、第十七条所列行为之一，从事犯罪活动的，依法追究刑事责任。

第十九条　【泄露公民个人信息的法律责任】国家机关或者金融、电信、交通、教育、医疗等单位的工作人员泄露在履行职责或者提供服务过程中获得的居民身份证记载的公民个人信息，构成犯罪的，依法追究刑事责任；尚不构成犯罪的，由公安机关处十日以上十五日以下拘留，并处五千元罚款，有违法所得的，没收违法所得。

单位有前款行为，构成犯罪的，依法追究刑事责任；尚不构成犯罪的，由公安机关对其直接负责的主管人员和其他直接责任人员，处十日以上十五日以下拘留，并处十万元以上五十万元以下罚款，有违法所得的，没收违法所得。

有前两款行为，对他人造成损害的，依法承担民事责任。

第二十条 【人民警察违法行为的处罚】人民警察有下列行为之一的，根据情节轻重，依法给予行政处分；构成犯罪的，依法追究刑事责任：

（一）利用制作、发放、查验居民身份证的便利，收受他人财物或者谋取其他利益的；

（二）非法变更公民身份号码，或者在居民身份证上登载本法第三条第一款规定项目以外的信息或者故意登载虚假信息的；

（三）无正当理由不在法定期限内发放居民身份证的；

（四）违反规定查验、扣押居民身份证，侵害公民合法权益的；

（五）泄露因制作、发放、查验、扣押居民身份证而知悉的公民个人信息，侵害公民合法权益的。

第五章 附 则

第二十一条 【工本费】公民申请领取、换领、补领居民身份证，应当缴纳证件工本费。居民身份证工本费标准，由国务院价格主管部门会同国务院财政部门核定。

对城市中领取最低生活保障金的居民、农村中有特殊生活困难的居民，在其初次申请领取和换领居民身份证时，免收工本费。对其他生活确有困难的居民，在其初次申请领取和换领居民身份证时，可以减收工本费。免收和减收工本费的具体办法，由国务院财政部门会同国务院价格主管部门规定。

公安机关收取的居民身份证工本费，全部上缴国库。

第二十二条 【现役军人及人民警察的身份证】现役的人民解放军军人、人民武装警察申请领取和发放居民身份证的具体办法，由国务院和中央军事委员会另行规定。

第二十三条 【法律施行日期及旧身份证的有效期】本法自2004年1月1日起施行，《中华人民共和国居民身份证条例》同时废止。

依照《中华人民共和国居民身份证条例》领取的居民身份证，自2013年1月1日起停止使用。依照本法在2012年1月1日以前领取的居民身份证，在其有效期内，继续有效。

国家决定换发新一代居民身份证后，原居民身份证的停止使用日期由国务院决定。

中华人民共和国户口登记条例

1. 1958年1月9日全国人民代表大会常务委员会第九十一次会议通过
2. 1958年1月9日中华人民共和国主席令公布
3. 自公布之日起施行

第一条 为了维持社会秩序，保护公民的权利和利益，服务于社会主义建设，制定本条例。

第二条 中华人民共和国公民，都应当依照本条例的规定履行户口登记。

现役军人的户口登记，由军事机关按照管理现役军人的有关规定办理。

居留在中华人民共和国境内的外国人和无国籍的人的户口登记，除法令另有规定外，适用本条例。

第三条 户口登记工作，由各级公安机关主管。

城市和设有公安派出所的镇，以公安派出所管辖区为户口管辖区；乡和不设公安派出所的镇，以乡、镇管辖区为户口管辖区。乡、镇人民委员会和公安派出所为户口登记机关。

居住在机关、团体、学校、企业、事业等单位内部和公共宿舍的户口，由各单位指定专人，协助户口登记机关办理户口登记；分散居住的户口，由户口登记机关直接办理户口登记。

居住在军事机关和军人宿舍的非现役军人的户口，由各单位指定专人，协助户口登记机关办理户口登记。

农业、渔业、盐业、林业、牧畜业、手工业等生产合作社的户口，由合作社指定专人，协助户口登记机关办理户口登记。合作社以外的户口，由户口登记机关直接办理户口登记。

第四条 户口登记机关应当设立户口登记簿。

城市、水上和设有公安派出所的镇，应当每户发给一本户口簿。

农村以合作社为单位发给户口簿；合作社以外的户口不发给户口簿。

户口登记簿和户口簿登记的事项，具有证明公民身份的效力。

第五条　户口登记以户为单位。同主管人共同居住一处的立为一户，以主管人为户主。单身居住的自立一户，以本人为户主。居住在机关、团体、学校、企业、事业等单位内部和公共宿舍的户口共立一户或者分别立户。户主负责按照本条例的规定申报户口登记。

第六条　公民应当在经常居住的地方登记为常住人口，一个公民只能在一个地方登记为常住人口。

第七条　婴儿出生后一个月以内，由户主、亲属、抚养人或者邻居向婴儿常住地户口登记机关申报出生登记。

弃婴，由收养人或者育婴机关向户口登记机关申报出生登记。

第八条　公民死亡，城市在葬前，农村在一个月以内，由户主、亲属、抚养人或者邻居向户口登记机关申报死亡登记，注销户口。公民如果在暂住地死亡，由暂住地户口登记机关通知常住地户口登记机关注销户口。

公民因意外事故致死或者死因不明，户主、发现人应当立即报告当地公安派出所或者乡、镇人民委员会。

第九条　婴儿出生后，在申报出生登记前死亡的，应当同时申报出生、死亡两项登记。

第十条　公民迁出本户口管辖区，由本人或者户主在迁出前向户口登记机关申报迁出登记，领取迁移证件，注销户口。

公民由农村迁往城市，必须持有城市劳动部门的录用证明，学校的录取证明，或者城市户口登记机关的准予迁入的证明，向常住地户口登记机关申请办理迁出手续。

公民迁往边防地区，必须经过常住地县、市、市辖区公安机关批准。

第十一条　被征集服现役的公民，在入伍前，由本人或者户主持应征公民入伍通知书向常住地户口登记机关申报迁出登记，注销户口，不发迁移证件。

第十二条　被逮捕的人犯，由逮捕机关在通知人犯家属的同时，通知人犯常住地户口登记机关注销户口。

第十三条　公民迁移，从到达迁入地的时候起，城市在三日以内，农村在十日以内，由本人或者户主持迁移证件向户口登记机关申报迁入登记，缴销迁移证件。

没有迁移证件的公民，凭下列证件到迁入地的户口登记机关申报迁入登记：

一、复员、转业和退伍的军人，凭县、市兵役机关或者团以上军事机关发给的证件；

二、从国外回来的华侨和留学生，凭中华人民共和国护照或者入境证件；

三、被人民法院、人民检察院或者公安机关释放的人，凭释放机关发给的证件。

第十四条　被假释、缓刑的犯人，被管制分子和其他依法被剥夺政治权利的人，在迁移的时候，必须经过户口登记机关转报县、市、市辖区人民法院或者公安机关批准，才可以办理迁出登记；到达迁入地后，应当立即向户口登记机关申报迁入登记。

第十五条　公民在常住地市、县范围以外的城市暂住三日以上的，由暂住地的户主或者本人在三日以内向户口登记机关申报暂住登记，离开前申报注销；暂住在旅店的，由旅店设置旅客登记簿随时登记。

公民在常住地市、县范围以内暂住，或者在常住地市、县范围以外的农村暂住，除暂住在旅店的由旅店设置旅客登记簿随时登记以外，不办理暂住登记。

第十六条　公民因私事离开常住地外出、暂住的时间超过三个月的，应当向户口登记机关申请延长时间或者办理迁移手续；既无理由延长时间又无迁移条件的，应当返回常住地。

第十七条　户口登记的内容需要变更或者更正的时候，由户主或者本人向户口登记机关申报；户口登记机关审查属实后予以变更或者更正。

户口登记机关认为必要的时候，可以向申请人索取有关变更或者更正的证明。

第十八条　公民变更姓名，依照下列规定办理：

一、未满十八周岁的人需要变更姓名的时候，由本人或者父母、收养人向户口登记机关申请变更登记；

二、十八周岁以上的人需要变更姓名的时候，由本人向户口登记机关申请变更登记。

第十九条　公民因结婚、离婚、收养、认领、分户、并户、失踪、寻回或者其他事由引起户口变动的时候，由户主或者本人向户口登记机关申报变更登记。

第二十条　有下列情形之一的，根据情节轻重，依法给予治安管理处罚或者追究刑事责任：

一、不按照本条例的规定申报户口的；

二、假报户口的；

三、伪造、涂改、转让、出借、出卖户口证件的；

四、冒名顶替他人户口的；

五、旅店管理人不按照规定办理旅客登记的。

第二十一条 户口登记机关在户口登记工作中，如果发现有反革命分子和其他犯罪分子，应当提请司法机关依法追究刑事责任。

第二十二条 户口簿、册、表格、证件，由中华人民共和国公安部统一制定式样，由省、自治区、直辖市公安机关统筹印制。

公民领取户口簿和迁移证应当缴纳工本费。

第二十三条 民族自治地方的自治机关可以根据本条例的精神，结合当地具体情况，制定单行办法。

第二十四条 本条例自公布之日起施行。

国务院办公厅关于解决无户口人员登记户口问题的意见

1. 2015年12月31日发布

2. 国办发〔2015〕96号

各省、自治区、直辖市人民政府，国务院各部委、各直属机构：

依法登记户口是法律赋予公民的一项基本权利，事关社会公平正义，事关社会和谐稳定。党中央、国务院高度重视户口登记管理工作，近年来对加强户口登记管理、解决无户口人员登记户口等问题多次提出明确要求。按照党中央、国务院决策部署，全国公安机关会同有关部门下大力气解决无户口人员登记户口问题，取得明显成效。但是，由于一些地方和部门还存在政策性障碍等因素，部分公民无户口的问题仍然比较突出，不利于保护公民合法权益，并直接影响国家新型户籍制度的建立完善。为解决无户口人员登记户口问题，经国务院同意，现提出如下意见。

一、总体要求

（一）指导思想。深入贯彻党的十八大和十八届三中、四中、五中全会精神，按照党中央、国务院同意的《关于全面深化公安改革若干重大问题的框架意见》要求，坚持以问题为导向、以改革为动力，着力解决无户口人员登记户口问题，为推进公安改革、创新人口服务管理和构建新型户籍制度奠定坚实基础，更好地服务和保障民生、促进社会公平正义、推进国家治理体系和治理能力现代化建设。

（二）基本原则。坚持依法办理，切实维护每个公民依法登记户口的合法权益；坚持区别情况，分类实施无户口人员登记户口政策；坚持综合配套，将解决无户口人员登记户口问题与健全完善计划生育、收养登记、流浪乞讨救助、国籍管理等相关领域政策统筹考虑、协同推进。

（三）任务目标。进一步完善户口登记政策，禁止设立不符合户口登记规定的任何前置条件；加强户口登记管理，全面解决无户口人员登记户口问题，切实保障每个公民依法登记一个常住户口，努力实现全国户口和公民身份号码准确性、唯一性、权威性的目标。

二、依法为无户口人员登记常住户口

（一）不符合计划生育政策的无户口人员。政策外生育、非婚生育的无户口人员，本人或者其监护人可以凭《出生医学证明》和父母一方的居民户口簿、结婚证或者非婚生育说明，按照随父随母落户自愿的政策，申请办理常住户口登记。申请随父落户的非婚生育无户口人员，需一并提供具有资质的鉴定机构出具的亲子鉴定证明。

（二）未办理《出生医学证明》的无户口人员。在助产机构内出生的无户口人员，本人或者其监护人可以向该助产机构申领《出生医学证明》；在助产机构外出生的无户口人员，本人或者其监护人需提供具有资质的鉴定机构出具的亲子鉴定证明，向拟落户地县级卫生计生行政部门委托机构申领《出生医学证明》。无户口人员或者其监护人凭《出生医学证明》和父母一方的居民户口簿、结婚证或者非婚生育说明，申请办理常住户口登记。

（三）未办理收养手续的事实收养无户口人员。未办理收养登记的事实收养无户口人员，当事人可以向民政部门申请按照规定办理收养登记，凭申领的《收养登记证》、收养人的居民户口簿，申请办理常住户口登记。1999年4月1日《全国人民代表大会常务委员会关于修改〈中华人民共和国收养法〉的决定》施行前，国内公民私自收养子女未办理收养登记的，当事人可以按照规定向公证机构申请办理事实收养公证，经公安机关调查核实尚未办理户口登记的，可以凭事实收养公证书、收养人的居民户口簿，申请办理常住户口登记。

（四）被宣告失踪或者宣告死亡后户口被注销人员。被人民法院依法宣告失踪或者宣告死亡后重新出现的人员，本人或者其监护人可以凭人民法院撤销宣告失踪（死亡）的生效判决书，申请恢复常住户口登记。

（五）农村地区因婚嫁被注销原籍户口的人员。农村地区因婚嫁被注销原籍户口的人员，经公安机关调查核实未在其他地方落户的，可以在原户口注销地申请恢复常住户口登记。恢复常住户口登记后，符合现居住地落户条件的，可以办理户口迁移登记。

（六）户口迁移证件遗失或者超过有效期限造成的无户口人员。户口迁移证件遗失或者超过有效期限造成的无户口人员，可以向签发地公安机关申请补领、换领户口迁移证件，凭补领、换领的户口迁移证件办理户口迁移登记。不符合迁入地现行户口迁移政策的大中专院校毕业生，可以在原籍户口所在地申请恢复常住户口登记，其他人员可以在户口迁出地申请恢复常住户口登记。

（七）我国公民与外国人、无国籍人非婚生育的无户口人员。我国公民与外国人、无国籍人在国内非婚生育、未取得其他国家国籍的无户口人员，本人或者其具有我国国籍的监护人可以凭《出生医学证明》、父母的非婚生育说明、我国公民一方的居民户口簿，申请办理常住户口登记。未办理《出生医学证明》的，需提供具有资质的鉴定机构出具的亲子鉴定证明。

（八）其他无户口人员。其他原因造成的无户口人员，本人或者承担监护职责的单位和个人可以提出申请，经公安机关会同有关部门调查核实后，可办理常住户口登记。

三、切实抓好组织实施

（一）加强组织领导。各地区、各有关部门要从全局和战略的高度，充分认识做好无户口人员落户工作的重要性、紧迫性，切实把思想和行动统一到本意见精神上来，加强组织领导，周密研究部署，细化政策措施，明确工作要求，确保各项政策落到实处，切实解决无户口人员登记户口问题。各省、自治区、直辖市人民政府要结合本地实际，出台具体实施办法，并向社会公布。

（二）认真核查办理。各地区要深入开展摸底调查，认真梳理本地区户口重点问题，摸清本行政区域内无户口人员底数及有关情况。要规范受理审批程序，严格工作要求，及时办理无户口人员户口登记。要升级完善人口信息系统，加强对无户口人员人像、指纹信息备案和比对核验，确保登记身份信息的准确性和户口的唯一性。要严密户籍档案管理，对无户口人员户口登记材料逐一建档，确保档案资料完整有效。公安机关应当将办理无户口人员户口登记的情况，及时通报相关部门。

（三）完善配套政策。各有关部门要对与本意见精神不一致的政策措施进行一次集中清理，该修改的认真修改，该废止的坚决废止。公安部、民政部、卫生计生委等部门要按照职能分工，抓紧按程序修订户口登记、流浪乞讨救助、计划生育等方面的法律法规和政策，完善相关规章制度。

（四）积极做好宣传引导。无户口人员登记户口问题政策性强、社会关注度高。要加强正面宣传引导，营造良好舆论氛围。加大宣传力度，广泛宣传无户口人员登记户口的各项政策措施以及公民登记户口的权利和义务，深入基层、深入农村、深入群众，努力争取广大群众的支持和配合，积极动员无户口人员主动到公安机关申请办理常住户口登记。

（五）强化责任落实。各有关部门要进一步分解细化任务，落实责任分工，狠抓各项政策措施的贯彻落实。公安部要会同民政部、卫生计生委等部门加强对各地区的督查指导，对责任不落实、工作不力的，依法依规严肃追究责任。

凡以前文件规定与本意见规定不一致的，按本意见规定执行。

· 典型案例 ·

杨某与上海市公安局嘉定分局徐行派出所户籍行政决定纠纷上诉案

上诉人（原审原告）杨某。

法定代理人徐某（杨某养母）。

委托代理人罗某某。

委托代理人应朝阳，上海市大众律师事务所律师。

被上诉人（原审被告）上海市公安局嘉定分局徐行

派出所。

负责人张某，上海市公安局嘉定分局徐行派出所所长。

委托代理人张某某，上海市公安局嘉定分局工作人员。

委托代理人张某，上海市公安局嘉定分局工作人员。

上诉人杨某因户籍行政不予受理决定一案，不服上海市嘉定区人民法院(2010)嘉行初字第1号行政判决，向本院提起上诉。本院受理后，依法组成合议庭，公开开庭审理了本案。上诉人杨某的法定代理人徐某、委托代理人应朝阳、罗某某，被上诉人上海市公安局嘉定分局徐行派出所(以下简称徐行派出所)的委托代理人张某、张某某到庭参加诉讼，本案现已审理终结。

原审法院查明：2006年3月10日，安徽省庐江县民政局向徐某颁发了庐民收字第(2006)003号收养登记证，认定徐某收养杨某、莫某某之子杨某(1996年4月15日出生)为养子，符合《中华人民共和国收养法》(以下简称《收养法》)的规定，准予登记，收养关系自登记之日起成立。2006年5月19日，杨某向徐行派出所申请申办领养户口。2007年1月9日，徐行派出所通知徐某、杨某，该申请事项未被公安机关批准。2008年3月17日，杨某向徐行派出所提出书面申请，申请将其户口由安徽省巢湖市庐江县郭河镇王楼村莫庄村民组13号迁入上海市嘉定区徐行镇石皮村平民庙前组某号。2008年3月24日，上海市公安局嘉定分局(以下简称嘉定公安分局)受理了杨某的申请。2009年3月25日，嘉定公安分局认为杨某申办领养户口的事项不符合现行户口政策规定，遂作出了(嘉)0004252户口类审批意见决定书，对杨某的户口迁入申请未予批准。嗣后，杨某就上述决定向原审法院提起行政诉讼，原审法院经审理于2009年10月9日以嘉定公安分局行政程序违法为由，判决撤销了嘉定公安分局作出的(嘉)0004252号户口类审批意见决定。2009年10月30日，杨某向徐行派出所提出户口迁移申请，要求将杨某的户口迁入上海市嘉定区徐行镇石皮村平民庙前组某号。2009年11月3日，徐行派出所认为杨某的申请明显不符合户口迁移相关规定，作出(嘉)0003201不予受理决定书，并于11月4日送达杨某。杨某不服，向原审法院提起诉讼，要求撤销徐行派出所作出的(嘉)0003201不予受理决定书。

原审法院认为：《中华人民共和国户口登记条例》第三条规定："户口登记工作，由各级公安机关主管。"徐行派出所具有作出不予受理决定的行政职权。《收养法》第十六条规定："收养关系成立后，公安部门应当依照国家有关规定为收养人办理户口登记。"沪民婚发〔2009〕5号通知第五条明确规定："凡本市常住户口居民收养外省市的儿童，经审核符合《收养法》和《中国公民收养子女登记办法》规定，须在当地办理收养登记手续，领取《收养登记证》后，被收养人随收养人在本市共同居住生活5年以上且未成年的，收养当事人应当提供办理收养登记时的相关原始凭证，向其户口所在地公安派出所提出被收养人的户口落户申请。"《上海市公安局户口审批程序暂行规定》第十二条第二款第(一)项第6目规定："明显不符合户口迁移相关规定的，应当当场或者在5日内作出不予受理的决定，并向申请人出具《不予受理决定书》。"杨某于2006年3月被徐某收养，至2009年10月30日徐某(杨某)向徐行派出所申请户口迁移手续时止，杨某与徐某在本市共同生活的时间未满5年。徐行派出所经审查认为杨某的申请明显不符合户口迁移相关规定的要求，并在同年11月3日作出不予受理决定，徐行派出所作出被诉具体行政行为认定事实清楚，证据充分，行政程序合法，适用法律规定正确。遂判决：维持徐行派出所2009年11月3日作出(嘉)0003201不予受理决定书的具体行政行为。判决后，杨某不服，向本院提起上诉。

上诉人杨某上诉称：上诉人首次提出领养户口申请是在2006年5月，而被上诉人所作不予受理决定依据的沪民婚发〔2009〕5号文和《上海市公安局户口审批程序暂行规定》均为2008年之后施行的。且沪民婚发〔2009〕5号文中有关"被收养人随收养人在本市共同居住生活5年以上且未成年的"，才能提出落户申请的规定，并无法律法规的授权，与上位法抵触。故被上诉人适用法律法规错误，原审法院认定事实不清，请求二审法院撤销原审判决及被诉的不予受理决定。

被上诉人徐行派出所辩称：被上诉人是根据上诉人于2009年10月30日提出的落户申请作出本案具体行政行为的，而非2006年的申请。上诉人的申请不符合沪民婚发〔2009〕5号文第五条的规定。被上诉人适用法律正确。故请求二审法院驳回上诉、维持原判。

本院经审理查明，原审认定事实清楚，本院予以确认。

本院认为:根据《中华人民共和国户口登记条例》第三条、《上海市公安局户口审批程序暂行规定》第十二条的规定,被上诉人徐行派出所对于"明显不符合户口迁移相关规定的"户口迁移申请,具有作出不予受理决定的职权。本案被上诉人所作(嘉)0003201不予受理决定,是针对上诉人2009年10月30日提出的户口迁移申请作出的,故被上诉人适用沪民婚发〔2009〕5号并无不当。而上诉人于2006年5月及2008年3月提出的申请,已经公安机关作出了相应决定,行政程序业已终结,与本案具体行政行为并无关联。沪民婚发〔2009〕5号第五条规定:"凡本市常住户口居民收养外省市的儿童,经审核符合《收养法》和《中国公民收养子女登记办法》规定,须在当地办理收养登记手续,领取《收养登记证》后,被收养人随收养人在本市共同居住生活5年以上且未成年的,收养当事人应当提供办理收养登记时的相关原始凭证,向其户口所在地公安派出所提出被收养人的户口落户申请。经公安机关审批同意后,方可在收养人户口所在地办理被收养人的户口落户手续。"该规定并未违反《中华人民共和国户口登记条例》及其他上位法的规定,被上诉人适用该条款作出行政决定并无不当。本案中,徐某于2006年3月收养上诉人,至2009年10月30日申请迁移户口时,尚未满5年时限,被上诉人据此作出不予受理决定,并无不当。综上,原审法院判决并无不当。上诉人的上诉请求缺乏事实证据和法律依据,本院不予支持。据此,依照《中华人民共和国行政诉讼法》第六十一条第(一)项的规定,判决如下:

驳回上诉,维持原判。

上诉案件受理费人民币50元,由上诉人杨某负担。

本判决为终审判决。

2. 抚养、扶养、赡养

赡养协议公证细则

1. 1991年4月2日司法部发布
2. 司发〔1991〕048号
3. 自1991年5月1日起施行

第一条　为规范赡养协议公证程序,根据《中华人民共和国民法通则》、《中华人民共和国婚姻法》、《中华人民共和国继承法》、《中华人民共和国公证暂行条例》、《公证程序规则(试行)》,制定本细则。

第二条　赡养协议是赡养人就履行赡养义务与被赡养人订立的协议。或赡养人相互间为分担赡养义务订立的协议。

父母或祖父母、外祖父母为被赡养人,子女或孙子女、外孙子女为赡养人。

第三条　赡养协议公证是公证处依法证明当事人签订赡养协议真实、合法的行为。

第四条　赡养协议公证,由被赡养人或赡养人的住所地公证处受理。

第五条　申办赡养协议公证,当事人应向公证处提交以下证件和材料:

(一)赡养协议公证申请表;

(二)当事人的居民身份证或其他身份证明;

(三)委托代理申请,代理人应提交委托人的授权委托书和代理人的身份证明;

(四)当事人之间的亲属关系证明;

(五)赡养协议;

(六)公证处认为应当提交的其他材料。

第六条　符合下列条件的申请,公证处应予受理:

(一)当事人及其代理人身份明确,具有完全民事行为能力;

(二)当事人就赡养事宜已达成协议;

(三)当事人提交了本细则第五条规定的证件和材料;

(四)该公证事项属本公证处管辖。

对不符合前款规定条件的申请,公证处应作出不予受理的决定,并通知当事人。

第七条　赡养协议应包括下列主要内容:

(一)被赡养人和赡养人的姓名、性别、出生日期、家庭住址;

(二)被赡养人和赡养人之间的关系;

(三)赡养人应尽的具体义务。包括照顾被赡养人衣、食、住、行、病、葬的具体措施及对责任田、口粮田,自留地的耕、种、管、收等内容;

(四)赡养人提供赡养费和其他物质帮助的给付方式、给付时间;

(五)对被赡养人财产的保护措施;

(六)协议变更的条件和争议的解决方法;

(七)违约责任;

(八)如有履行协议的监督人,应到场并在协议上签字。

第八条　公证人员应认真接待当事人,按《公证程序规则(试行)》第二十四条规定制作笔录,并着重记录下列内容:

(一)被赡养人的健康、财产、工作状况,劳动和生活自理能力及子女情况,对赡养人的意见和要求;

(二)赡养人的工作、经济状况及赡养能力;

(三)赡养人与被赡养人之间的关系,签订赡养协议的原因和意思表示;

(四)赡养人应尽的具体义务;

(五)违约责任;

(六)设立赡养协议监督人的情况;

(七)公证人员认为应当记录的其他内容。

公证人员接待当事人,须根据民法通则、婚姻法和继承法等有关法律,向当事人说明签订赡养协议的法律依据,协议双方应承担的义务和享有的权利,以及不履行义务应承担的法律责任。

第九条　赡养协议公证,除按《公证程序规则(试行)》第二十三条规定的内容审查外,还应着重审查下列内容:

(一)赡养人必须是被赡养人的晚辈直系亲属;

(二)当事人的意思表示真实、协商一致;

(三)赡养协议条款完备,权利义务明确、具体、可行,协议中不得有处分被赡养人财产或以放弃继承权为条件不尽赡养义务等,侵害被赡养人合法权益的违反法律、政策的内容;

(四)协议监督人应自愿,并有承担监督义务的能力;

（五）公证人员认为应当查明的其他情况。

第十条　符合下列条件的赡养协议，公证处应出具公证书：

（一）当事人具有完全民事行为能力；

（二）委托代理人的代理行为合法；

（三）当事人意思表示真实，自愿；

（四）协议内容真实、合法，赡养人应尽的义务明确、具体、可行，协议条款完备，文字表述准确；

（五）办证程序符合规定。

不符合前款规定的，应当拒绝公证，并在办证期限内将拒绝的理由通知当事人。

第十一条　被赡养人不具有完全民事行为能力，应由赡养人之间共同签订赡养协议，并参照本细则规定办理公证。

第十二条　办理兄、姐与弟、妹之间的扶养协议公证，可参照本细则规定。

第十三条　本细则由司法部负责解释。

第十四条　本细则自1991年5月1日起施行。

遗赠扶养协议公证细则

1. 1991年4月3日司法部发布

2. 司发〔1991〕047号

3. 自1991年5月1日起施行

第一条　为规范遗赠扶养协议公证程序，根据《中华人民共和国民法通则》、《中华人民共和国继承法》、《中华人民共和国公证暂行条例》、《公证程序规则（试行）》，制订本细则。

第二条　遗赠扶养协议是遗赠人和扶养人为明确相互间遗赠和扶养的权利义务关系所订立的协议。

需要他人扶养，并愿将自己的合法财产全部或部分遗赠给扶养人的为遗赠人；对遗赠人尽扶养义务并接受遗赠的人为扶养人。

第三条　遗赠扶养协议公证是公证处依法证明当事人签订遗赠扶养协议真实、合法的行为。

第四条　遗赠人必须是具有完全民事行为能力、有一定的可遗赠的财产、并需要他人扶养的公民。

第五条　扶养人必须是遗赠人法定继承人以外的公民或组织，并具有完全民事行为能力、能履行扶养义务。

第六条　遗赠扶养协议公证，由遗赠人或扶养人的住所地公证处受理。

第七条　办理遗赠扶养协议公证，当事人双方应亲自到公证处提出申请，遗赠人确有困难，公证人员可到其居住地办理。

第八条　申办遗赠扶养协议公证，当事人应向公证处提交以下证件和材料：

（一）当事人遗赠扶养协议公证申请表；

（二）当事人的居民身份证或其他身份证明；

（三）扶养人为组织的，应提交资格证明、法定代表人身份证明，代理人应提交授权委托书；

（四）村民委员会、居民委员会或所在单位出具的遗赠人的家庭成员情况证明；

（五）遗赠财产清单和所有权证明；

（六）村民委员会、居民委员会或所在单位出具的扶养人的经济情况和家庭成员情况证明；

（七）扶养人有配偶的，应提交其配偶同意订立遗赠扶养协议的书面意见；

（八）遗赠扶养协议；

（九）公证人员认为应当提交的其他材料。

第九条　符合下列条件的申请，公证处应予受理：

（一）当事人身份明确，具有完全民事行为能力；

（二）当事人就遗赠扶养协议事宜已达成协议；

（三）当事人提交了本细则第八条规定的证件和材料；

（四）该公证事项属于本公证处管辖。

对不符合前款规定条件的申请，公证处应作出不予受理的决定，并通知当事人。

第十条　公证人员接待当事人，应按《公证程序规则（试行）》第二十四条规定制作笔录，并着重记录下列内容：

（一）遗赠人和扶养人的近亲情况、经济状况；

（二）订立遗赠扶养协议的原因；

（三）遗赠人遗赠财产的名称、种类、数量、质量、价值、座落或存放地点，产权有无争议，有无债权债务及处理意见；

（四）扶养人的扶养条件、扶养能力、扶养方式，及应尽的义务；

（五）与当事人共同生活的家庭成员意见；

（六）遗赠财产的使用保管方法；

（七）争议的解决方法；

（八）违约责任；

（九）公证人员认为应当记录的其他内容。

公证人员接待当事人，须根据民法通则和继承法等有关法律，向当事人说明签订遗赠扶养协议的法律依据，协议双方应承担的义务和享有的权利，以及不履行义务承担的法律责任。

第十一条　遗赠扶养协议应包括下列主要内容：

（一）当事人的姓名、性别、出生日期、住址，扶养人为组织的应写明单位名称、住址、法定代表人及代理人的姓名；

（二）当事人自愿达成协议的意思表示；

（三）遗赠人受扶养的权利和遗赠的义务；扶养人受遗赠的权利和扶养义务，包括照顾遗赠人的衣、食、住、行、病、葬的具体措施及责任田、口粮田、自留地的耕、种、管、收和遗赠财产的名称、种类、数量、质量、价值、座落或存放地点、产权归属等；

（四）遗赠财产的保护措施或担保人同意担保的意思表示；

（五）协议变更、解除的条件和争议的解决方法；

（六）违约责任。

第十二条　遗赠扶养协议公证，除按《公证程序规则（试行）》第二十三条规定的内容审查外，应着重审查下列内容：

（一）当事人之间有共同生活的感情基础，一般居住在同一地；

（二）当事人的意思表示真实、协商一致，协议条款完备，权利义务明确、具体、可行；

（三）遗赠的财产属遗赠人所有，产权明确无争议；财产为特定的、不易灭失；

（四）遗赠人的债权债务有明确的处理意见；

（五）遗赠人有配偶并同居的，应以夫妻共同为一方签订协议；

（六）扶养人有配偶的，必须征得配偶的同意；

（七）担保人同意担保的意思表示及担保财产；

（八）公证人员认为应当查明的其他情况。

第十三条　符合下列条件的遗赠扶养协议，公证处应出具公证书：

（一）遗赠人和扶养人具有完全民事行为能力；

（二）当事人意思表示真实、自愿；

（三）协议内容真实、合法，条款完备，协议内容明确、具体、可行，文字表述准确；

（四）办证程序符合规定。

不符合前款规定条件的，应当拒绝公证，并在办证期限内将拒绝的理由通知当事人。

第十四条　订立遗赠扶养协议公证后，未征得扶养人同意，遗赠人不得另行处分遗赠的财产，扶养人也不得干涉遗赠人处分未遗赠的财产。

第十五条　无遗赠财产的扶养协议公证，参照本细则办理。

第十六条　本细则由司法部负责解释。

第十七条　本细则自1991年5月1日起施行。

最高人民法院关于
兄妹间扶养问题的批复

1. 1985年2月16日发布

2. 法（民）复〔1985〕8号

江苏省高级人民法院：

你院1984年9月30日关于程秀珍诉程心钊扶养一案的请示报告收悉。

程秀珍自1958年患精神病以后，即丧失劳动能力。因她无直系亲属，其生活全部依靠其兄长程心钊、程心慈及侄子女供给扶养，直至1981年程心慈去世。据此，本院同意你院关于程秀珍应继续由程心钊扶养，并从刘凤秀及其子女所继承的程心慈遗产中，分出一部分，作为程秀珍的生活费的意见。处理时请尽量采用调解方式解决，并根据实际情况，安排好程秀珍今后的生活。

最高人民法院关于
继母与生父离婚后仍有权要求
已与其形成抚养关系的继子女
履行赡养义务的批复

1. 1986年3月21日发布

2. 〔86〕民他字第9号

辽宁省高级人民法院：

你院〔85〕民监字6号《关于王淑梅诉李春景姐弟等人赡养费一案处理意见的请示报告》收悉。

据报告及所附材料，被申诉人王淑梅于1951年12月与申诉人李春景之父李明心结婚时，李明心有前妻所生子女李春景等五人（均未成年）。在长期共同生活中，王淑梅对五个继子女都尽了一定的抚养教育义务，直至其成年并参加工作。1983 年 4 月王淑梅与李明心离婚。1983 年 8 月王淑梅向大连市西岗区人民法院起诉，要求继子女给付赡养费。第一、二审法院判决认为，继子女李春景姐弟五人受过王淑梅的抚养教育，根据权利义务一致的原则，在王淑梅年老体弱，生活无来源的情况下，对王淑梅应履行赡养义务。李春景姐弟对判决不服，以王淑梅已与生父离婚，继母与继子女关系即消失为由，拒不承担对王淑梅的赡养义务，并向你院申诉。你院认为，王淑梅与李明心既已离婚，继子女与继母关系事实上已经消除，李春景姐弟不应再承担对王淑梅的赡养义务。

经我们研究认为：王淑梅与李春景姐弟五人之间，既存在继母与继子女间的姻亲关系，又存在由于长期共同生活而形成的抚养关系。尽管继母王淑梅与生父李明心离婚，婚姻关系消失，但王淑梅与李春景姐弟等人之间已经形成的抚养关系不能消失。因此，有负担能力的李春景姐弟等人，对曾经长期抚养教育过他们的年老体弱，生活困难的王淑梅应尽赡养扶助的义务。

最高人民法院民事审判庭关于监护责任两个问题的电话答复

1990 年 5 月 4 日发布

吉林省高级人民法院：

你院（89）51 号"关于监护责任两个问题的请示"收悉。

关于对患精神病的人，其监护人应从何时起承担监护责任的问题。经我们研究认为，此问题情况比较复杂，我国现行法律无明文规定，也不宜作统一规定。在处理这类案件时，可根据《民法通则》有关规定精神，结合案件具体情况，合情合理地妥善处理。

我们原则上认为：成年人丧失行为能力时，监护人即应承担其监护责任。监护人对精神病人的监护责任是基于法律规定而设立的，当成年人因患精神病，丧失行为能力时，监护人应按照法律规定的监护顺序承担监护责任。如果监护人确实不知被监护人患有精神病的，可根据具体情况，参照《民法通则》第一百三十三条规定精神，适当减轻民事责任。

精神病人在发病时给他人造成的经济损失，如行为人个人财产不足补偿或无个人财产的，其监护人应适当承担赔偿责任。这样处理，可促使监护人自觉履行监护责任，维护被监护人和其他公民的合法权益，也有利于社会安定。

关于侵权行为人在侵权时不满 18 周岁，在诉讼时已满 18 周岁，且本人无经济赔偿能力，其原监护人的诉讼法律地位应如何列的问题。

我们认为：原监护人应列为本案第三人，承担民事责任。因原监护人对本案的诉讼标的无独立请求权，只是案件处理结果同本人有法律上的利害关系，因此，系无独立请求权的第三人。

·典型案例·

崔某与吕某抚养关系纠纷上诉案

上诉人（原审原告）崔某。

被上诉人（原审被告）吕某。

上诉人崔某与被上诉人吕某抚养关系纠纷一案，崔某于 2009 年 1 月 9 日起诉至济源市人民法院，请求判令：婚生女儿吕某霞由其抚养，婚生儿子吕某阳由吕某抚养，双方互不承担抚养费。原审法院于 2009 年 3 月 9 日作出（2009）济民一初字第 178 号民事判决。崔某不服判决上诉至本院，本院于 2009 年 6 月 16 日受理此案后，依法组成合议庭于 2009 年 7 月 6 日公开开庭进行了审理。上诉人崔某与被上诉人吕某均到庭参加诉讼。本案现已审理终结。

原审法院查明：崔某与吕某于 1997 年 11 月 1 日登记结婚，1999 年 4 月 22 日婚生一子取名吕某阳，现年 10 岁，在罡头小学上四年级，2002 年 6 月 26 日婚生一女取名吕某霞，现年 6 岁，在罡头小学上一年级，吕某曾于 2008 年 8 月 4 日起诉要求解除双方的婚姻关系，济源市人民法院于 2008 年 11 月 4 日判决解除崔某与吕某的婚姻关系，由于当时崔某的住址不明，婚生子女吕某阳和吕某霞暂由吕某抚养。现崔某住在孟县其哥哥家，没有固定的工作，平时在村办的皮革厂打零工维持生活，吕某平时以做小生意为主要收入。审理过程中，本院征求了崔某与吕某的子女吕某阳、吕某霞的意见，儿子吕某阳表示其同意跟随母亲生活,女儿吕某霞表示同意跟随父亲生活。

原审法院认为:崔某与吕某虽已离婚,但双方仍应享有对子女的抚养权,双方离婚时,因崔某住址不明,子女暂由吕某抚养,并不影响崔某主张抚养权利。现崔某要求抚养女儿吕某霞,吕某坚持要求抚养两个孩子,经法院调解,双方未达成一致意见,参照最高人民法院《关于人民法院审理离婚案件处理子女抚养问题的若干具体意见》第三条第四项的规定,考虑到崔某目前没有固定的住所和收入的现状,因儿子吕某阳比吕某霞年长,较为懂事,自理能力也相对较强,其也表示愿意跟随母亲生活,故儿子吕某阳由崔某抚养,女儿吕某霞年龄较小,且一直随吕某生活,现仍表示要跟随父亲生活,由吕某抚养较为合适,更有利于子女的健康成长。综上,根据《中华人民共和国婚姻法》第二十一条第一款之规定,判决:崔某与吕某的婚生儿子吕某阳由崔某抚养,女儿吕某霞由吕某抚养,抚养费各自负担。案件受理费100元,减半收取为50元,由崔某与吕某各半负担。

崔某不服判决,上诉称:夫妻离婚在子女抚养方面照顾女方是《婚姻法》的基本原则,但一审法院并未遵循照顾女方的原则,也不考虑双方当事人及子女的具体情况,作出了与案件事实相反的判决。其是因家庭暴力离家被缺席判决离婚的,婚生两个子女暂由吕某抚养,之后,其就子女抚养问题和共同财产分割同时向济源市人民法院提起诉讼。在分割共同财产纠纷一案的审理过程中,考虑到共同财产难以分割、吕某还要抚养子女以及执行财产定会伤害孩子的感情等原因便放弃财产请求,当庭撤回起诉。吕某不仅有房子,而且得到了全部夫妻共同财产,经济状况远强于无房又无生活来源的上诉人,吕某理应在子女抚养问题上承担较大的责任。由于子女将来的婚嫁等问题,抚养儿子的经济支出定会大于抚养女儿的经济支出,何况儿子吕某阳已上小学三年级,判由上诉人抚养将面临转学问题,极不利于儿子接受教育。一审中,吕某提出女儿吕某霞将来由其年逾七旬的老母亲照顾,这样的安排不如在生母的关怀下更有利于女儿的健康成长。上诉人已作节育手术,法院更应当优先考虑上诉人的主张。一审法院让两个不满10周岁的孩子到庭接受询问,并以此询问笔录作为定案依据,违背法律规定。综上所述,请求二审法院撤销原审判决,依法改判婚生女孩吕某霞由其抚养,儿子吕某阳由吕某抚养,由吕某承担一、二审诉讼费用。

吕某辩称:崔某已出走一年多,其一直未履行做母亲的职责,一审认定事实清楚,适用法律和判决结果正确,应驳回崔某的上诉请求,维持原判。

本院查明的案件事实与原审查明事实相同。

本院认为:崔某与吕某离婚后,婚生女儿吕某霞一直随吕某生活至今,吕某霞年龄较小,现改变生活环境对其健康成长不利,并且其现也表示要跟随吕某生活,故其由吕某抚养较为合适,更有利于子女的健康成长。另外,因崔某目前没有固定的住所和收入的现状,且吕某阳现表示愿意跟随母亲生活,吕某阳比吕某霞年长,较为懂事,自理能力也相对较强,吕某阳由崔某抚养,较为妥当。综上所述,一审认定事实清楚,适用法律和处理结果并无不当,本院予以维持。根据《中华人民共和国民事诉讼法》第一百五十三条第一款第(一)项之规定,判决如下:

驳回上诉,维持原判。

二审案件受理费100元,由上诉人崔某负担。

本判决为终审判决。

王某某与何某某扶养纠纷上诉案

上诉人(原审原告)王某某。

委托代理人王某智。

被上诉人(原审被告)何某某。

委托代理人王某梅。

上诉人王某某因与被上诉人何某某扶养纠纷一案,不服新乡市牧野区人民法院(2007)牧民一初字第378号民事判决,向本院提起上诉。本院依法组成合议庭审理了本案,现已审理终结。

原审认定:原、被告经人介绍相识,1999年12月2日在新乡市牧野区王村镇民政所办理结婚登记,双方均系再婚,婚后未生育子女。原告与前妻有一女取名王某,自2002年开始与双方一起生活。2006年11月原告突然得脑梗塞,在新乡市人民医院住院治疗12天,住院期间由被告照顾护理,出院后仍由被告陪护康复治疗。2007年春节前被告因家庭矛盾负气离家出走。原审认为,原、被告共同生活期间,被告作为妻子,不仅不辞辛苦挣钱养家糊口,而且还悉心照顾家庭和原告与其前妻的女儿王某,其行为无任何可以指责之处。原告患病期间,被告在医院陪护照料,原告出院后,被告又陪同原告做康复治疗,被告已经履行了作为妻子的责任和义务。原告称被告离家出走时取走了存款6万元,被告辩称是购买机器。因原告在诉状中认可曾购买机器设备,且从取款时间上看,分别是2006年10月29日和11月3日,原告是在2006年11月11日生病住院治疗,可见取款的时间是在原告住院之前,而被告离家出走是在原告出院基本康复后,故对原告的主张不予采信。被告在离家出走时将自己的婚前财产及婚后共同财产都留给了原告,被告自己患有椎间盘突出,且现无收入来源,原告要求被告支付抚养费没有依据,不予支持。原告称其父母垫付医疗费用没有提供相应证据,因双方曾开办过企业,有一定积蓄,对原告该主张不予支持。因王某是原告与前妻所生,现被告已经提起离婚诉讼,原告要求被告支付王某抚养费的请求不予支持。依照《中华人民共和国关于民事诉讼证据的若干规定》第二条之规定,原审判决:驳回王某某的诉讼请求。案件受理费50元,由原告负担。

王某某不服原审判决上诉称:原审认定事实错误,上诉人患病,被上诉人拒不履行扶养义务,故请求:1. 撤销原判,由被上诉人何某某履行扶养义务,并支付上诉人从2007年1月22日至2007年4月3日的扶养费共计1710元,以后每月按722.3元支付;2. 由何某某支付女儿王某从2007年1月22日至2007年4月3日抚养费284元,今后每月按120元支付;3. 由被上诉人何某某支付上诉人父母为上诉人垫付的医疗费1835.50元。被上诉人答辩称:原判认定事实清楚,判决正确,应予维持。

二审诉讼中上诉人王某某提供了残疾人证一份,证明上诉人患病致残,被上诉人对该证的真实性无异议,本院对该证据予以认定。

经审理查明:王某某于2008年11月10日在新乡市残疾人联合会办理了残疾人证。本院审理查明的其他事实与原审认定一致。

本院认为:夫妻之间有相互扶助的义务,一方不履行扶养义务时,需要扶养的一方,有权要求对方给付扶养费。本案中王某某身患残疾,自主生活能力较差,何某某作为妻子应当尽法定扶养义务,考虑何某某目前经济状况,本院酌定何某某一次性给予王某某扶养费2000元。王某某要求按月给予扶养费722.3元的上诉请求理由不充分,本院不予支持。王某系王某某与前妻孩子,鉴于何某某已经提起离婚诉讼,故王某某要求其给付女儿抚养费的请求本院亦不予支持。王某某要求何某某给付其父亲为其看病垫付医疗费1835.5元的上诉请求,因无有力证据证实,本院也不能支持。综上,王某某的部分上诉理由成立,本院予以支持,原审判决欠妥,应予纠正。依照《中华人民共和国婚姻法》第二十条及《中华人民共和国民事诉讼法》第五十三条第一款第(二)项之规定,判决如下:

一、撤销新乡市牧野区人民法院(2007)牧民一初字第378号民事判决。

二、何某某于本判决送达后十日内支付王某某扶养费2000元。

三、驳回王某某的其他诉讼请求。

如未按本判决书指定的期限履行给付金钱义务,应当依照《中华人民共和国民事诉讼法》第二百二十九条的规定,加倍支付迟延履行期间的债务利息。

一、二审案件受理费各50元,均由王某某负担。

本判决为终审判决。

贺某发与贺某等赡养纠纷上诉案

上诉人(原审原告)贺某发。

被上诉人(原审被告)贺某。

被上诉人(原审被告)贺某来。

委托代理人牟某。

委托代理人王某。

上诉人贺某发因赡养纠纷一案,不服忠县人民法院(2009)忠法初字第580号民事判决,向本院提起上诉。本院依法组成合议庭审理了本案,现已审理终结。

原审法院查明:原告贺某发与前妻胥某于1982年8月20日生育长子贺某(外出下落不明),于1986年9月与再婚妻子牟某生育次子贺某来,于1995年12月与牟某离婚后,又于1998年与现任妻子闫光珍再婚(未生育子女)。原告与牟某离婚时自愿将夫妻共同财产即坐落于原忠县忠州镇西山路三巷某号的砖混结构房屋二间(该房屋于2006年5月因移民搬迁被安置到忠县忠州镇白公路某号,建筑面积86.43平方米)赠送给被告贺某来所有,贺某来现无固定职业,与母亲牟某及继父居住在忠县忠州镇白公路某号房屋内。另查明:原告系原忠县乌杨粮站商贸公司职工,其因工受伤后,忠县劳动鉴定委员会于2000年12月18日作出工伤等级鉴定，认定原告之伤属工伤八级，享受一次性伤残补助费2000元。2001年，原告从该单位下岗，现享受忠县城市居民最低生活保障金。庭审中，原告拒绝提供其确切住址，陈述其与妻子有时居住在妻子乌杨的老家，有时居住在原告的哥哥家。原告曾于2007年12月7日起诉来院，要求被告贺某来尽赡养义务，为其提供住房。2008年2月27日，本院以原告尚不具备被赡养的条件判决驳回其诉讼请求，原告不服一审判决，提出上诉，重庆市第二中级人民法院审理后判决驳回上诉，维持原判。

原审法院认为：《中华人民共和国婚姻法》第二十一条规定："父母对子女有抚养教育的义务；子女对父母有赡养扶助的义务……子女不履行赡养义务时，无劳动能力的或者生活困难的父母，有要求子女付给赡养费的权利……"《劳动部关于企业职工工伤保险试行办法》第十四条第二款规定："符合评残标准一级至四级为全部丧失劳动能力；五级至六级为大部分丧失劳动能力；七级至十级为部分丧失劳动能力。"原告贺某发生于1951年3月，依照我国法律规定，尚未达到男性年老即年满60周岁的年龄，原告的八级伤残属部分丧失劳动能力，并非无劳动能力，完全可以依靠自己的劳动获取经济来源，况且原告还享受国家低保生活补助，表明其生活有一定保障；原告诉称无房居住，但庭审中陈述时而住在妻子老家，时而住在兄长家，因夫妻有相互扶养的义务，鉴于其妻有稳定居所，因此，可视为原告有房屋居住。综上，由于原告尚不具备被赡养的条件，又未提供其他证据证明目前因体弱或多病完全丧失劳动能力而导致生活困难，因此，对原告的诉讼请求，本院不予支持。根据《中华人民共和国婚姻法》第二十一条之规定，判决：驳回原告贺某发要求被告贺某、贺某来提供住房、给付生活费、医疗费、祭祖费等项诉讼请求。案件受理费80元，免交。

一审判决后，贺某发不服该判决，向本院提起上诉，其上诉理由是：贺某、贺某来赡养提供住房、拐杖、手机，每月支付生活费680元，医疗费450元，年节祭祖费2000元，护理费每天80元。请求：撤销原判，依法改判。

贺某来辩称：我现在无业，没有赡养能力。贺某发过两年就有退休工资，无需赡养。原判正确，请求维持。

二审查明的事实与一审查明的事实一致，本院对此予以确认。

本院认为：首先，贺某发要求其子贺某、贺某来对其提供住房的请求，本院（2008）渝二中法民终字第694号生效民事判决已作处理，本案不再处理。其次，根据《中华人民共和国婚姻法》第二十一条"父母对子女有抚养教育的义务；子女对父母有赡养扶助的义务……子女不履行赡养义务时，无劳动能力的或者生活困难的父母，有要求子女付给赡养费的权利……"之规定，父母要求子女付给赡养费，须具备"无劳动能力"或者"生活困难"等条件，即父母要求子女履行赡养义务须符合一定的法定条件。贺某发身体系八级伤残，根据《劳动部关于企业职工工伤保险试行办法》第十四条第二款"符合评残标准一级至四级为全部丧失劳动能力；五级至六级为大部分丧失劳动能力；七级至十级为部分丧失劳动能力"之规定，贺某发仅属部分丧失劳动能力，加之贺某发目前未满60周岁，又享有国家低保，目前尚有能力通过自己的劳动获得一定的经济来源，即还能够自食其力。综上，因贺某发未提交证据证明其年老体弱，现已无劳动能力或生活困难，故其目前尚不具备需要赡养的条件，上诉人可待今后条件发生变化后再行主张，原判对此认定及判决并无不妥。据此，依照《中华人民共和国民事诉讼法》第一百五十三条第一款第（一）项之规定，判决如下：

驳回上诉，维持原判。

二审案件受理费80元，由贺某发负担。

本判决为终审判决。

3. 收养、寄养

中华人民共和国民法典(节录)

1. 2020年5月28日第十三届全国人民代表大会第三次会议通过
2. 2020年5月28日中华人民共和国主席令第45号公布
3. 自2021年1月1日起施行

第五编 婚姻家庭
第五章 收 养
第一节 收养关系的成立

第一千零九十三条 【被收养人的范围】下列未成年人,可以被收养:

(一)丧失父母的孤儿;

(二)查找不到生父母的未成年人;

(三)生父母有特殊困难无力抚养的子女。

第一千零九十四条 【送养人的范围】下列个人、组织可以作送养人:

(一)孤儿的监护人;

(二)儿童福利机构;

(三)有特殊困难无力抚养子女的生父母。

第一千零九十五条 【监护人送养未成年人的特殊规定】未成年人的父母均不具备完全民事行为能力且可能严重危害该未成年人的,该未成年人的监护人可以将其送养。

第一千零九十六条 【监护人送养孤儿的特殊规定】监护人送养孤儿的,应当征得有抚养义务的人同意。有抚养义务的人不同意送养、监护人不愿意继续履行监护职责的,应当依照本法第一编的规定另行确定监护人。

第一千零九十七条 【生父母送养】生父母送养子女,应当双方共同送养。生父母一方不明或者查找不到的,可以单方送养。

第一千零九十八条 【收养人的条件】收养人应当同时具备下列条件:

(一)无子女或者只有一名子女;

(二)有抚养、教育和保护被收养人的能力;

(三)未患有在医学上认为不应当收养子女的疾病;

(四)无不利于被收养人健康成长的违法犯罪记录;

(五)年满三十周岁。

第一千零九十九条 【收养三代以内旁系同辈血亲子女的特殊规定】收养三代以内旁系同辈血亲的子女,可以不受本法第一千零九十三条第三项、第一千零九十四条第三项和第一千一百零二条规定的限制。

华侨收养三代以内旁系同辈血亲的子女,还可以不受本法第一千零九十八条第一项规定的限制。

第一千一百条 【收养子女的人数】无子女的收养人可以收养两名子女;有子女的收养人只能收养一名子女。

收养孤儿、残疾未成年人或者儿童福利机构抚养的查找不到生父母的未成年人,可以不受前款和本法第一千零九十八条第一项规定的限制。

第一千一百零一条 【共同收养】有配偶者收养子女,应当夫妻共同收养。

第一千一百零二条 【无配偶者收养异性子女】无配偶者收养异性子女的,收养人与被收养人的年龄应当相差四十周岁以上。

第一千一百零三条 【继父母收养继子女的特殊规定】继父或者继母经继子女的生父母同意,可以收养继子女,并可以不受本法第一千零九十三条第三项、第一千零九十四条第三项、第一千零九十八条和第一千一百条第一款规定的限制。

第一千一百零四条 【收养、送养自愿】收养人收养与送养人送养,应当双方自愿。收养八周岁以上未成年人的,应当征得被收养人的同意。

第一千一百零五条 【收养登记、收养公告、收养协议、收养公证、收养评估】收养应当向县级以上人民政府民政部门登记。收养关系自登记之日起成立。

收养查找不到生父母的未成年人的,办理登记的民政部门应当在登记前予以公告。

收养关系当事人愿意签订收养协议的,可以签订收养协议。

收养关系当事人各方或者一方要求办理收养公证的,应当办理收养公证。

县级以上人民政府民政部门应当依法进行收养评估。

第一千一百零六条 【被收养人户口登记】收养关系成

立后，公安机关应当按照国家有关规定为被收养人办理户口登记。

第一千一百零七条　【生父母的亲属、朋友抚养不适用收养】孤儿或者生父母无力抚养的子女，可以由生父母的亲属、朋友抚养；抚养人与被抚养人的关系不适用本章规定。

第一千一百零八条　【抚养优先权】配偶一方死亡，另一方送养未成年子女的，死亡一方的父母有优先抚养的权利。

第一千一百零九条　【涉外收养】外国人依法可以在中华人民共和国收养子女。

外国人在中华人民共和国收养子女，应当经其所在国主管机关依照该国法律审查同意。收养人应当提供由其所在国有权机构出具的有关其年龄、婚姻、职业、财产、健康、有无受过刑事处罚等状况的证明材料，并与送养人签订书面协议，亲自向省、自治区、直辖市人民政府民政部门登记。

前款规定的证明材料应当经收养人所在国外交机关或者外交机关授权的机构认证，并经中华人民共和国驻该国使领馆认证，但是国家另有规定的除外。

第一千一百一十条　【收养保密义务】收养人、送养人要求保守收养秘密的，其他人应当尊重其意愿，不得泄露。

第二节　收养的效力

第一千一百一十一条　【收养拟制效力】自收养关系成立之日起，养父母与养子女间的权利义务关系，适用本法关于父母子女关系的规定；养子女与养父母的近亲属间的权利义务关系，适用本法关于子女与父母的近亲属关系的规定。

养子女与生父母以及其他近亲属间的权利义务关系，因收养关系的成立而消除。

第一千一百一十二条　【养子女的姓氏】养子女可以随养父或者养母的姓氏，经当事人协商一致，也可以保留原姓氏。

第一千一百一十三条　【无效收养行为】有本法第一编关于民事法律行为无效规定情形或者违反本编规定的收养行为无效。

无效的收养行为自始没有法律约束力。

第三节　收养关系的解除

第一千一百一十四条　【当事人协议解除及诉讼解除收养关系】收养人在被收养人成年以前，不得解除收养关系，但是收养人、送养人双方协议解除的除外。养子女八周岁以上的，应当征得本人同意。

收养人不履行抚养义务，有虐待、遗弃等侵害未成年养子女合法权益行为的，送养人有权要求解除养父母与养子女间的收养关系。送养人、收养人不能达成解除收养关系协议的，可以向人民法院提起诉讼。

第一千一百一十五条　【养父母与成年养子女解除收养关系】养父母与成年养子女关系恶化、无法共同生活的，可以协议解除收养关系。不能达成协议的，可以向人民法院提起诉讼。

第一千一百一十六条　【解除收养关系登记】当事人协议解除收养关系的，应当到民政部门办理解除收养关系登记。

第一千一百一十七条　【解除收养关系后的身份效力】收养关系解除后，养子女与养父母以及其他近亲属间的权利义务关系即行消除，与生父母以及其他近亲属间的权利义务关系自行恢复。但是，成年养子女与生父母以及其他近亲属间的权利义务关系是否恢复，可以协商确定。

第一千一百一十八条　【解除收养关系后的财产效力】收养关系解除后，经养父母抚养的成年养子女，对缺乏劳动能力又缺乏生活来源的养父母，应当给付生活费。因养子女成年后虐待、遗弃养父母而解除收养关系的，养父母可以要求养子女补偿收养期间支出的抚养费。

生父母要求解除收养关系的，养父母可以要求生父母适当补偿收养期间支出的抚养费；但是，因养父母虐待、遗弃养子女而解除收养关系的除外。

中国公民收养子女登记办法

1. 1999年5月12日国务院批准
2. 1999年5月25日民政部令第14号发布
3. 根据2019年3月2日《国务院关于修改部分行政法规的决定》第一次修订
4. 根据2023年7月20日《国务院关于修改和废止部分行政法规的决定》第二次修订

第一条　为了规范收养登记行为，根据《中华人民共和国民法典》（以下简称民法典），制定本办法。

第二条　中国公民在中国境内收养子女或者协议解除收养关系的，应当依照本办法的规定办理登记。

办理收养登记的机关是县级人民政府民政部门。

第三条　收养登记工作应当坚持中国共产党的领导，遵循最有利于被收养人的原则，保障被收养人和收养人的合法权益。

第四条　收养社会福利机构抚养的查找不到生父母的弃婴、儿童和孤儿的，在社会福利机构所在地的收养登记机关办理登记。

收养非社会福利机构抚养的查找不到生父母的弃婴和儿童的，在弃婴和儿童发现地的收养登记机关办理登记。

收养生父母有特殊困难无力抚养的子女或者由监护人监护的孤儿的，在被收养人生父母或者监护人常住户口所在地（组织作监护人的，在该组织所在地）的收养登记机关办理登记。

收养三代以内同辈旁系血亲的子女，以及继父或者继母收养继子女的，在被收养人生父或者生母常住户口所在地的收养登记机关办理登记。

第五条　收养关系当事人应当亲自到收养登记机关办理成立收养关系的登记手续。

夫妻共同收养子女的，应当共同到收养登记机关办理登记手续；一方因故不能亲自前往的，应当书面委托另一方办理登记手续，委托书应当经过村民委员会或者居民委员会证明或者经过公证。

第六条　收养人应当向收养登记机关提交收养申请书和下列证件、证明材料：

（一）收养人的居民户口簿和居民身份证；

（二）由收养人所在单位或者村民委员会、居民委员会出具的本人婚姻状况和抚养教育被收养人的能力等情况的证明，以及收养人出具的子女情况声明；

（三）县级以上医疗机构出具的未患有在医学上认为不应当收养子女的疾病的身体健康检查证明。

收养查找不到生父母的弃婴、儿童的，并应当提交收养人经常居住地卫生健康主管部门出具的收养人生育情况证明；其中收养非社会福利机构抚养的查找不到生父母的弃婴、儿童的，收养人应当提交下列证明材料：

（一）收养人经常居住地卫生健康主管部门出具的收养人生育情况证明；

（二）公安机关出具的捡拾弃婴、儿童报案的证明。

收养继子女的，可以只提交居民户口簿、居民身份证和收养人与被收养人生父或者生母结婚的证明。

对收养人出具的子女情况声明，登记机关可以进行调查核实。

第七条　送养人应当向收养登记机关提交下列证件和证明材料：

（一）送养人的居民户口簿和居民身份证（组织作监护人的，提交其负责人的身份证件）；

（二）民法典规定送养时应当征得其他有抚养义务的人同意的，并提交其他有抚养义务的人同意送养的书面意见。

社会福利机构为送养人的，并应当提交弃婴、儿童进入社会福利机构的原始记录，公安机关出具的捡拾弃婴、儿童报案的证明，或者孤儿的生父母死亡或者宣告死亡的证明。

监护人为送养人的，并应当提交实际承担监护责任的证明，孤儿的父母死亡或者宣告死亡的证明，或者被收养人生父母无完全民事行为能力并对被收养人有严重危害的证明。

生父母为送养人，有特殊困难无力抚养子女的，还应当提交送养人有特殊困难的声明；因丧偶或者一方下落不明由单方送养的，还应当提交配偶死亡或者下落不明的证明。对送养人有特殊困难的声明，登记机关可以进行调查核实；子女由三代以内同辈旁系血亲收养的，还应当提交公安机关出具的或者经过公证的与收养人有亲属关系的证明。

被收养人是残疾儿童的，并应当提交县级以上医疗机构出具的该儿童的残疾证明。

第八条　收养登记机关收到收养登记申请书及有关材料后，应当自次日起30日内进行审查。对符合民法典规定条件的，为当事人办理收养登记，发给收养登记证，收养关系自登记之日起成立；对不符合民法典规定条件的，不予登记，并对当事人说明理由。

收养查找不到生父母的弃婴、儿童的，收养登记机关应当在登记前公告查找其生父母；自公告之日起满60日，弃婴、儿童的生父母或者其他监护人未认领的，视为查找不到生父母的弃婴、儿童。公告期间不计算在登记办理期限内。

第九条　收养关系成立后，需要为被收养人办理户口登记或者迁移手续的，由收养人持收养登记证到户口登记机关按照国家有关规定办理。

第十条 收养关系当事人协议解除收养关系的，应当持居民户口簿、居民身份证、收养登记证和解除收养关系的书面协议，共同到被收养人常住户口所在地的收养登记机关办理解除收养关系登记。

第十一条 收养登记机关收到解除收养关系登记申请书及有关材料后，应当自次日起30日内进行审查；对符合民法典规定的，为当事人办理解除收养关系的登记，收回收养登记证，发给解除收养关系证明。

第十二条 为收养关系当事人出具证明材料的组织，应当如实出具有关证明材料。出具虚假证明材料的，由收养登记机关没收虚假证明材料，并建议有关组织对直接责任人员给予批评教育，或者依法给予行政处分、纪律处分。

第十三条 收养关系当事人弄虚作假骗取收养登记的，收养关系无效，由收养登记机关撤销登记，收缴收养登记证。

第十四条 本办法规定的收养登记证、解除收养关系证明的式样，由国务院民政部门制订。

第十五条 华侨以及居住在香港、澳门、台湾地区的中国公民在内地收养子女的，申请办理收养登记的管辖以及所需要出具的证件和证明材料，按照国务院民政部门的有关规定执行。

第十六条 本办法自发布之日起施行。

外国人在中华人民共和国收养子女登记办法

1999年5月25日民政部令第15号发布施行

第一条 为了规范涉外收养登记行为，根据《中华人民共和国收养法》，制定本办法。

第二条 外国人在中华人民共和国境内收养子女（以下简称外国人在华收养子女），应当依照本办法办理登记。

收养人夫妻一方为外国人，在华收养子女，也应当依照本办法办理登记。

第三条 外国人在华收养子女，应当符合中国有关收养法律的规定，并应当符合收养人所在国有关收养法律的规定；因收养人所在国法律的规定与中国法律的规定不一致而产生的问题，由两国政府有关部门协商处理。

第四条 外国人在华收养子女，应当通过所在国政府或者政府委托的收养组织（以下简称外国收养组织）向中国政府委托的收养组织（以下简称中国收养组织）转交收养申请并提交收养人的家庭情况报告和证明。

前款规定的收养人的收养申请、家庭情况报告和证明，是指由其所在国有权机构出具，经其所在国外交机关或者外交机关授权的机构认证，并经中华人民共和国驻该国使馆或者领馆认证的下列文件：

（一）跨国收养申请书；

（二）出生证明；

（三）婚姻状况证明；

（四）职业、经济收入和财产状况证明；

（五）身体健康检查证明；

（六）有无受过刑事处罚的证明；

（七）收养人所在国主管机关同意其跨国收养子女的证明；

（八）家庭情况报告，包括收养人的身份、收养的合格性和适当性、家庭状况和病史、收养动机以及适合于照顾儿童的特点等。

在华工作或者学习连续居住1年以上的外国人在华收养子女，应当提交前款规定的除身体健康检查证明以外的文件，并应当提交在华所在单位或者有关部门出具的婚姻状况证明，职业、经济收入或者财产状况证明，有无受过刑事处罚证明以及县级以上医疗机构出具的身体健康检查证明。

第五条 送养人应当向省、自治区、直辖市人民政府民政部门提交本人的居民户口簿和居民身份证（社会福利机构作送养人的，应当提交其负责人的身份证件）、被收养人的户籍证明等情况证明，并根据不同情况提交下列有关证明材料：

（一）被收养人的生父母（包括已经离婚的）为送养人的，应当提交生父母有特殊困难无力抚养的证明和生父母双方同意送养的书面意见；其中，被收养人的生父或者生母因丧偶或者一方下落不明，由单方送养的，并应当提交配偶死亡或者下落不明的证明以及死亡的或者下落不明的配偶的父母不行使优先抚养权的书面声明；

（二）被收养人的父母均不具备完全民事行为能

力，由被收养人的其他监护人作送养人的，应当提交被收养人的父母不具备完全民事行为能力且对被收养人有严重危害的证明以及监护人有监护权的证明；

（三）被收养人的父母均已死亡，由被收养人的监护人作送养人的，应当提交其生父母的死亡证明、监护人实际承担监护责任的证明，以及其他有抚养义务的人同意送养的书面意见；

（四）由社会福利机构作送养人的，应当提交弃婴、儿童被遗弃和发现的情况证明以及查找其父母或者其他监护人的情况证明；被收养人是孤儿的，应当提交孤儿父母的死亡或者宣告死亡证明，以及有抚养孤儿义务的其他人同意送养的书面意见。

送养残疾儿童的，还应当提交县级以上医疗机构出具的该儿童的残疾证明。

第六条 省、自治区、直辖市人民政府民政部门应当对送养人提交的证件和证明材料进行审查，对查找不到生父母的弃婴和儿童公告查找其生父母；认为被收养人、送养人符合收养法规定条件的，将符合收养法规定的被收养人、送养人名单通知中国收养组织，同时转交下列证件和证明材料：

（一）送养人的居民户口簿和居民身份证（社会福利机构作送养人的，为其负责人的身份证件）复制件；

（二）被收养人是弃婴或者孤儿的证明、户籍证明、成长情况报告和身体健康检查证明的复制件及照片。

省、自治区、直辖市人民政府民政部门查找弃婴或者儿童生父母的公告应当在省级地方报纸上刊登。自公告刊登之日起满60日，弃婴和儿童的生父母或者其他监护人未认领的，视为查找不到生父母的弃婴和儿童。

第七条 中国收养组织对外国收养人的收养申请和有关证明进行审查后，应当在省、自治区、直辖市人民政府民政部门报送的符合收养法规定条件的被收养人中，参照外国收养人的意愿，选择适当的被收养人，并将该被收养人及其送养人的有关情况通过外国政府或者外国收养组织送交外国收养人。外国收养人同意收养的，中国收养组织向其发出来华收养子女通知书，同时通知有关的省、自治区、直辖市人民政府民政部门向送养人发出被收养人已被同意收养的通知。

第八条 外国人来华收养子女，应当亲自来华办理登记手续。夫妻共同收养的，应当共同来华办理收养手续；一方因故不能来华的，应当书面委托另一方。委托书应当经所在国公证和认证。

第九条 外国人来华收养子女，应当与送养人订立书面收养协议。协议一式三份，收养人、送养人各执一份，办理收养登记手续时收养登记机关收存一份。

书面协议订立后，收养关系当事人应当共同到被收养人常住户口所在地的省、自治区、直辖市人民政府民政部门办理收养登记。

第十条 收养关系当事人办理收养登记时，应当填写外国人来华收养子女登记申请书并提交收养协议，同时分别提供有关材料。

收养人应当提供下列材料：

（一）中国收养组织发出的来华收养子女通知书；

（二）收养人的身份证件和照片。

送养人应当提供下列材料：

（一）省、自治区、直辖市人民政府民政部门发出的被收养人已被同意收养的通知；

（二）送养人的居民户口簿和居民身份证（社会福利机构作送养人的，为其负责人的身份证件）、被收养人的照片。

第十一条 收养登记机关收到外国人来华收养子女登记申请书和收养人、被收养人及其送养人的有关材料后，应当自次日起7日内进行审查，对符合本办法第十条规定的，为当事人办理收养登记，发给收养登记证书。收养关系自登记之日起成立。

收养登记机关应当将登记结果通知中国收养组织。

第十二条 收养关系当事人办理收养登记后，各方或者一方要求办理收养公证的，应当到收养登记地的具有办理涉外公证资格的公证机构办理收养公证。

第十三条 被收养人出境前，收养人应当凭收养登记证书到收养登记地的公安机关为被收养人办理出境手续。

第十四条 外国人在华收养子女，应当向登记机关交纳登记费。登记费的收费标准按照国家有关规定执行。

中国收养组织是非营利性公益事业单位，为外国收养人提供收养服务，可以收取服务费。服务费的收费标准按照国家有关规定执行。

为抚养在社会福利机构生活的弃婴和儿童，国家鼓励外国收养人、外国收养组织向社会福利机构捐赠。受赠的社会福利机构必须将捐赠财物全部用于改善所抚养的弃婴和儿童的养育条件，不得挪作他用，并应当将捐赠财物的使用情况告知捐赠人。受赠的社会福利机构还应当接受有关部门的监督，并应当将捐赠的使用情况向社会公布。

第十五条 中国收养组织的活动受国务院民政部门监督。

第十六条 本办法自发布之日起施行。1993 年 11 月 3 日国务院批准，1993 年 11 月 10 日司法部、民政部发布的《外国人在中华人民共和国收养子女实施办法》同时废止。

收养登记档案管理暂行办法

1. 2003 年 12 月 17 日民政部、国家档案局发布

2. 根据 2020 年 10 月 20 日《民政部关于修改部分规范性文件的公告》修订

第一条 为了加强收养登记档案的规范化管理，更好地为收养工作服务，根据《中华人民共和国民法典》、《中华人民共和国档案法》、《中国公民收养子女登记办法》、《外国人在中华人民共和国收养子女登记办法》、《华侨以及居住在香港、澳门、台湾地区的中国公民办理收养登记的管辖以及所需要出具的证件和证明材料的规定》等法律、法规，制定本办法。

第二条 收养登记档案是指收养登记机关在依法办理收养登记过程中形成的记载收养当事人收养情况、具有保存价值的各种文字、图表、声像等不同形式的历史记录。

收养登记档案是各级民政部门全部档案的重要组成部分。

第三条 收养登记档案由各级民政部门实行集中统一管理，任何个人不得据为己有。

第四条 收养登记档案工作在业务上接受上级民政部门和同级档案行政管理部门的指导、监督和检查。

第五条 收养登记文件材料的归档范围是：

（一）成立收养关系登记材料：

1. 收养登记申请书；

2. 询问笔录；

3. 收养登记审批表；

4.《中国公民收养子女登记办法》第五、六条，《华侨以及居住在香港、澳门、台湾地区的中国公民办理收养登记的管辖以及所需要出具的证件和证明材料的规定》第三、四、五、六、七条，《外国人在中华人民共和国收养子女登记办法》第十条规定的各项证明材料；

5. 收养登记证复印件；

6. 收养协议；

7. 其他有关材料。

（二）解除收养关系登记材料：

1.《中国公民收养子女登记办法》第九条规定的各项证明材料；

2. 解除收养关系证明复印件；

3. 其他有关材料。

（三）撤销收养登记材料：

1. 收缴的收养登记证或者因故无法收缴收养登记证而出具的相关证明材料；

2. 其他有关材料。

第六条 收养登记文件材料的归档应当符合以下要求：

（一）凡应当归档的文件材料必须齐全完整。

（二）归档的文件材料中有照片或复印件的，应当图像清晰。

（三）在收养登记工作中形成的电子文件，应当按照《电子文件归档和管理规范》（GB/T 18894－2002）进行整理归档，同时应当打印出纸质文件一并归档。

（四）收养登记文件材料应当在登记手续办理完毕后 60 日内归档。

（五）归档的文件材料除居民身份证、户籍证明、回乡证、旅行证件、护照等身份证明和收养登记证为原件的复印件外，其余均为原件。

第七条 收养登记文件材料的整理应当符合以下规则：

（一）成立收养关系登记类文件材料、解除收养关系登记类文件材料和撤销收养登记类文件材料均以卷为单位整理编号，一案一卷。

（二）每卷收养登记文件材料按照以下顺序排列：

1. 文件目录；

2. 收养登记申请书；

3. 询问笔录；

4. 收养登记审批表；

5. 撤销收养登记材料；
6. 收养人证明材料；
7. 被收养人证明材料；
8. 送养人证明材料；
9. 其他有关材料；
10. 备考表。

第八条 收养登记档案的分类和类目设置为：

收养登记档案一般按照年度—国籍（居住地）—收养登记性质来分类。其中，国籍（居住地）分为内地（大陆）公民，华侨，居住在香港、澳门、台湾地区的中国公民，外国人等类别；收养登记性质分为成立收养关系登记类、解除收养关系登记类和撤销收养登记类。

第九条 收养登记档案的保管期限为永久。

第十条 收养登记档案主要供收养登记管理机关使用；其他单位、组织或个人因特殊原因需要查借阅时，须经主管领导批准，并办理查借阅手续。

第十一条 对查借阅的档案严禁损毁、涂改、抽换、圈划、批注、污染等，如发生上述情况时，依据有关法律、法规进行处罚。

第十二条 档案管理人员要严格遵守《中华人民共和国档案法》和《中华人民共和国保守国家秘密法》的有关规定，严密保管档案，同时维护当事人的隐私权，不得泄露档案内容，未经批准不得擅自扩大查借阅范围。

第十三条 在办理外国人来华收养子女登记手续之前，形成的外国收养人档案，以及国内送养人和被送养人档案的管理由民政部另行规定。

第十四条 各省（自治区、直辖市）民政部门可根据当地实际情况制定本办法的具体实施细则。

第十五条 本办法自发布之日起施行。

收养登记工作规范

1. 2008年8月25日民政部发布
2. 根据2020年10月20日《民政部关于修改部分规范性文件的公告》修订

为了规范收养登记工作，根据《中华人民共和国民法典》、《外国人在中华人民共和国收养子女登记办法》、《中国公民收养子女登记办法》和《华侨以及居住在香港、澳门、台湾地区的中国公民办理收养登记的管辖以及所需要出具的证件和证明材料的规定》，制定本规范。

第一章 收养登记机关和登记员

第一条 收养登记机关是依法履行收养登记行政职能的各级人民政府民政部门。

收养登记机关应当依照法律、法规及本规范，认真履行职责，做好收养登记工作。

第二条 收养登记机关的职责：

（一）办理收养登记；
（二）办理解除收养登记；
（三）撤销收养登记；
（四）补发收养登记证和解除收养关系证明；
（五）出具收养关系证明；
（六）办理寻找弃婴（弃儿）生父母公告；
（七）建立和保管收养登记档案；
（八）宣传收养法律法规。

第三条 收养登记的管辖按照《外国人在中华人民共和国收养子女登记办法》、《中国公民收养子女登记办法》和《华侨以及居住在香港、澳门、台湾地区的中国公民办理收养登记的管辖以及所需要出具的证件和证明材料的规定》的有关规定确定。

第四条 收养登记机关办理收养登记应当使用民政厅或者民政局公章。

收养登记机关应当按照有关规定刻制收养登记专用章。

第五条 收养登记机关应当设置有专门的办公场所，并在醒目位置悬挂收养登记处（科）标识牌。

收养登记场所应当庄严、整洁，设有收养登记公告栏。

第六条 收养登记实行政务公开，应当在收养登记场所公开展示下列内容：

（一）本收养登记机关的管辖权及依据；
（二）收养法的基本原则以及父母和子女的权利、义务；
（三）办理收养登记、解除收养登记的条件与程序；
（四）补领收养登记证的条件与程序；
（五）无效收养及可撤销收养的规定；
（六）收费项目与收费标准、依据；

（七）收养登记员职责及其照片、编号；

（八）办公时间和服务电话（电话号码在当地114查询台登记）；

（九）监督电话。

收养登记场所应当备有《中华人民共和国民法典》、《外国人在中华人民共和国收养子女登记办法》、《中国公民收养子女登记办法》和《华侨以及居住在香港、澳门、台湾地区的中国公民办理收养登记的管辖以及所需要出具的证件和证明材料的规定》，及其他有关文件供收养当事人免费查阅。

收养登记机关对外办公时间应当为国家法定办公时间。

第七条 收养登记机关应当实行计算机管理。各级民政部门应当为本行政区域内收养登记管理信息化建设创造条件。

第八条 收养登记机关应当配备收养登记员。收养登记员由本级民政部门考核、任免。

第九条 收养登记员的主要职责：

（一）解答咨询；

（二）审查当事人是否具备收养登记、解除收养登记、补发收养登记证、撤销收养登记的条件；

（三）颁发收养登记证；

（四）出具收养登记证明；

（五）及时将办理完毕的收养登记材料收集、整理、归档。

第十条 收养登记员应当熟练掌握相关法律法规和计算机操作，依法行政，热情服务，讲求效率。

收养登记员应当尊重当事人的意愿，保守收养秘密。

第十一条 收养登记员办理收养登记及相关业务应当按照申请—受理—审查—报批—登记—颁证的程序办理。

第十二条 收养登记员在完成表格和证书、证明填写后，应当进行认真核对、检查，并复印存档。对打印或者书写错误、证件被污染或者损坏的，应当作废处理，重新填写。

第二章 收养登记

第十三条 受理收养登记申请的条件是：

（一）收养登记机关具有管辖权；

（二）收养登记当事人提出申请；

（三）当事人持有的证件、证明材料符合规定。

收养人和被收养人应当提交2张2寸近期半身免冠合影照片。送养人应当提交2张2寸近期半身免冠合影或者单人照片，社会福利机构送养的除外。

第十四条 收养登记员受理收养登记申请，应当按照下列程序进行：

（一）区分收养登记类型，查验当事人提交的证件和证明材料、照片是否符合此类型的要求。

（二）询问或者调查当事人的收养意愿、目的和条件，告知收养登记的条件和弄虚作假的后果。

（三）见证当事人在《收养登记申请书》（附件1）上签名。

（四）将当事人的信息输入计算机应当用程序，并进行核查。

（五）复印当事人的身份证件、户口簿。单身收养的应当复印无婚姻登记记录证明、离婚证或者配偶死亡证明；夫妻双方共同收养的应当复印结婚证。

第十五条 《收养登记申请书》的填写：

（一）当事人"姓名"：当事人是中国公民的，使用中文填写；当事人是外国人的，按照当事人护照上的姓名填写。

（二）"出生日期"：使用阿拉伯数字，按照身份证件上的出生日期填写为"××××年××月××日"。

（三）"身份证件号"：当事人是内地居民的，填写公民身份号码；当事人是香港、澳门、台湾居民中的中国公民的，填写香港、澳门、台湾居民身份证号，并在号码后加注"（香港）"、"（澳门）"或者"（台湾）"；当事人是华侨的，填写护照号；当事人是外国人的，填写护照号。

证件号码前面有字符的，应当一并填写。

（四）"国籍"：当事人是内地居民、华侨以及居住在香港、澳门、台湾地区的中国公民的，填写"中国"；当事人是外国人的，按照护照上的国籍填写。

（五）"民族"、"职业"和"文化程度"，按照《中华人民共和国国家标准》填写。

（六）"健康状况"填写"健康"、"良好"、"残疾"或者其他疾病。

（七）"婚姻状况"填写"未婚"、"已婚"、"离婚"、"丧偶"。

（八）"家庭收入"填写家庭年收入总和。

（九）“住址”填写户口簿上的家庭住址。

（十）送养人是社会福利机构的，填写“送养人情况（1）”，经办人应当是社会福利机构工作人员。送养人是非社会福利机构的，填写“送养人情况（2）”，“送养人和被收养人关系”是亲属关系的，应当写明具体亲属关系；不是亲属关系的，应当写明“非亲属”。

收养非社会福利机构抚养的查找不到生父母的儿童的，送养人有关内容不填。

（十一）“被收养后改名为”填写被收养人被收养后更改的姓名。未更改姓名的，此栏不填。

（十二）被收养人“身份类别”分别填写“孤儿”、“社会福利机构抚养的查找不到生父母的儿童”、“非社会福利机构抚养的查找不到生父母的儿童”、“生父母有特殊困难无力抚养的子女”、“继子女”。收养三代以内同辈旁系血亲的子女，应当写明具体亲属关系。

（十三）继父母收养继子女的，要同时填写收养人和送养人有关内容。单身收养后，收养人结婚，其配偶要求收养继子女的；送养人死亡或者被人民法院宣告死亡的，送养人有关内容不填。

（十四）《收养登记申请书》中收养人、被收养人和送养人（送养人是社会福利机构的经办人）的签名必须由当事人在收养登记员当面完成。

当事人没有书写能力的，由当事人口述，收养登记员代为填写。收养登记员代当事人填写完毕后，应当宣读，当事人认为填写内容无误，在当事人签名处按指纹。当事人签名一栏不得空白，也不得由他人代为填写、代按指纹。

第十六条　收养登记员要分别询问或者调查收养人、送养人、8周岁以上的被收养人和其他应当询问或者调查的人。

询问或者调查的重点是被询问人或者被调查人的姓名、年龄、健康状况、经济和教育能力、收养人、送养人和被收养人之间的关系、收养的意愿和目的。特别是对年满10周岁以上的被收养人应当询问是否同意被收养和有关协议内容。

询问或者调查结束后，要将笔录给被询问人或者被调查人阅读。被询问人或者被调查人要写明“已阅读询问（或者调查）笔录，与本人所表示的意思一致（或者调查情况属实）”，并签名。被询问人或者被调查人没有书写能力的，可由收养登记员向被询问或者被调查人宣读所记录的内容，并注明“由收养登记员记录，并向当事人宣读，被询问人（被调查人）在确认所记录内容正确无误后按指纹。”然后请被询问人或者被调查人在注明处按指纹。

第十七条　收养查找不到生父母的弃婴、弃儿的，收养登记机关应当根据《中国公民收养子女登记办法》第七条的规定，在登记前公告查找其生父母（附件2）。

公告应当刊登在收养登记机关所在地设区的市（地区）级以上地方报纸上。公告要有查找不到生父母的弃婴、弃儿的照片。办理公告时收养登记员要保存捡拾证明和捡拾地派出所出具的报案证明。派出所出具的报案证明应当有出具该证明的警员签名和警号。

第十八条　办理内地居民收养登记和华侨收养登记，以及香港、澳门、台湾居民中的中国公民的收养登记，收养登记员收到当事人提交的申请书及有关材料后，应当自次日起30日内进行审查。对符合收养条件的，为当事人办理收养登记，填写《收养登记审查处理表》（附件3），报民政局主要领导或者分管领导批准，并填发收养登记证。

办理涉外收养登记，收养登记员收到当事人提交的申请书及有关材料后，应当自次日起7日内进行审查。对符合收养条件的，为当事人办理收养登记，填写《收养登记审查处理表》，报民政厅（局）主要领导或者分管领导批准，并填发收养登记证。

第十九条　《收养登记审查处理表》和收养登记证由计算机打印，未使用计算机进行收养登记的，应当使用蓝黑、黑色墨水的钢笔或者签字笔填写。

第二十条　《收养登记审查处理表》的填写：

（一）“提供证件情况”：应当对当事人提供的证件、证明材料核实后填写“齐全”。

（二）“审查意见”：填写“符合收养条件，准予登记”。

（三）“主要领导或者分管领导签名”：由批准该收养登记的民政厅（局）主要领导或者分管领导亲笔签名，不得使用个人印章或者计算机打印。

（四）“收养登记员签名”：由办理该收养登记的收养登记员亲笔签名，不得使用个人印章或者计算机打印。

（五）“收养登记日期”：使用阿拉伯数字，填写为:"××××年××月××日"。填写的日期应当与收养登记证上的登记日期一致。

(六)"承办机关名称":填写承办单位名称。

(七)"收养登记证字号"填写式样为"(XXXX)AB收字YYYYY"(AB为收养登记机关所在省级和县级或者市级和区级的行政区域简称,XXXX为年号,YYYYY为当年办理收养登记的序号)。

(八)"收养登记证印制号"填写颁发给当事人的收养登记证上印制的号码。

第二十一条 收养登记证的填写按照《民政部办公厅关于启用新式〈收养登记证〉的通知》(民办函〔2006〕203号)的要求填写。

收养登记证上收养登记字号、姓名、性别、国籍、出生日期、身份证件号、住址、被收养人身份、更改的姓名,以及登记日期应当与《收养登记申请书》和《收养登记审查处理表》中相应项目一致。

无送养人的,"送养人姓名(名称)"一栏不填。

第二十二条 颁发收养登记证,应当在当事人在场时按照下列步骤进行:

(一)核实当事人姓名和收养意愿。

(二)告知当事人领取收养登记证后的法律关系以及父母和子女的权利、义务。

(三)见证当事人本人亲自在附件3上的"当事人领证签名或者按指纹"一栏中签名;当事人没有书写能力的,应当按指纹。

"当事人领证签名或者按指纹"一栏不得空白,不得由他人代为填写、代按指纹。

(四)将收养登记证颁发给收养人,并向当事人宣布:取得收养登记证,确立收养关系。

第二十三条 收养登记机关对不符合收养登记条件的,不予受理,但应当向当事人出具《不予办理收养登记通知书》(附件4),并将当事人提交的证件和证明材料全部退还当事人。对于虚假证明材料,收养登记机关予以没收。

第三章 解除收养登记

第二十四条 受理解除收养关系登记申请的条件是:

(一)收养登记机关具有管辖权。

(二)收养人、送养人和被收养人共同到被收养人常住户口所在地的收养登记机关提出申请。

(三)收养人、送养人自愿解除收养关系并达成协议。被收养人年满8周岁的,已经征得其同意。

(四)持有收养登记机关颁发的收养登记证。经公证机构公证确立收养关系的,应当持有公证书。

(五)收养人、送养人和被收养人各提交2张2寸单人近期半身免冠照片,社会福利机构送养的除外。

(六)收养人、送养人和被收养人持有身份证件、户口簿。

送养人是社会福利机构的,要提交社会福利机构法定代表人居民身份证复印件。

养父母与成年养子女协议解除收养关系的,无需送养人参与。

第二十五条 收养登记员受理解除收养关系登记申请,应当按照下列程序进行:

(一)查验当事人提交的照片、证件和证明材料。

当事人提供的收养登记证上的姓名、出生日期、公民身份号码与身份证、户口簿不一致的,当事人应当书面说明不一致的原因。

(二)向当事人讲明收养法关于解除收养关系的条件。

(三)询问当事人的解除收养关系意愿以及对解除收养关系协议内容的意愿。

(四)收养人、送养人和被收养人参照本规范第十五条的相关内容填写《解除收养登记申请书》(附件5)。

(五)将当事人的信息输入计算机应当用程序,并进行核查。

(六)复印当事人的身份证件、户口簿。

第二十六条 收养登记员要分别询问收养人、送养人、8周岁以上的被收养人和其他应当询问的人。

询问的重点是被询问人的姓名、年龄、健康状况、民事行为能力、收养人、送养人和被收养人之间的关系、解除收养登记的意愿。对年满10周岁以上的被收养人应当询问是否同意解除收养登记和有关协议内容。

对未成年的被收养人,要询问送养人同意解除收养登记后接纳被收养人和有关协议内容。

询问结束后,要将笔录给被询问人阅读。被询问人要写明"已阅读询问笔录,与本人所表示的意思一致",并签名。被询问人没有书写能力的,可由收养登记员向被询问人宣读所记录的内容,并注明"由收养登记员记录，并向当事人宣读，被询问人在确认所记录内容正确无误后按指纹。”然后请被询问人在注明处按指纹。

第二十七条　收养登记员收到当事人提交的证件、申请解除收养关系登记申请书、解除收养关系协议书后，应当自次日起30日内进行审查。对符合解除收养条件的，为当事人办理解除收养关系登记，填写《解除收养登记审查处理表》（附件6），报民政厅（局）主要领导或者分管领导批准，并填发《解除收养关系证明》。

“解除收养关系证明字号”填写式样为“（XXXX）AB解字YYYYY”（AB为收养登记机关所在省级和县级或者市级和区级的行政区域简称，XXXX为年号，YYYYY为当年办理解除收养登记的序号）。

第二十八条　颁发解除收养关系证明，应当在当事人均在场时按照下列步骤进行：

（一）核实当事人姓名和解除收养关系意愿。

（二）告知当事人领取解除收养关系证明后的法律关系。

（三）见证当事人本人亲自在《解除收养登记审查处理表》“领证人签名或者按指纹”一栏中签名；当事人没有书写能力的，应当按指纹。

“领证人签名或者按指纹”一栏不得空白，不得由他人代为填写、代按指纹。

（四）收回收养登记证，收养登记证遗失应当提交查档证明。

（五）将解除收养关系证明一式两份分别颁发给解除收养关系的收养人和被收养人，并宣布：取得解除收养关系证明，收养关系解除。

第二十九条　收养登记机关对不符合解除收养关系登记条件的，不予受理，但应当向当事人出具《不予办理解除收养登记通知书》（附件7），将当事人提交的证件和证明材料全部退还当事人。对于虚假证明材料，收养登记机关予以没收。

第四章　撤销收养登记

第三十条　收养关系当事人弄虚作假骗取收养登记的，按照《中国公民收养子女登记办法》第十二条的规定，由利害关系人、有关单位或者组织向原收养登记机关提出，由收养登记机关撤销登记，收缴收养登记证。

第三十一条　收养登记员受理撤销收养登记申请，应当按照下列程序进行：

（一）查验申请人提交的证件和证明材料。

（二）申请人在收养登记员面前亲自填写《撤销收养登记申请书》（附件8），并签名。

申请人没有书写能力的，可由当事人口述，第三人代为填写，当事人在“申请人”一栏按指纹。

第三人应当在申请书上注明代写人的姓名、公民身份号码、住址、与申请人的关系。

收养登记机关工作人员不得作为第三人代申请人填写。

（三）申请人宣读本人的申请书，收养登记员作见证人并在见证人一栏签名。

（四）调查涉案当事人的收养登记情况。

第三十二条　符合撤销条件的，收养登记机关拟写《关于撤销×××与×××收养登记决定书》（附件9），报民政厅（局）主要领导或者分管领导批准，并印发撤销决定。

第三十三条　收养登记机关应当将《关于撤销×××与×××收养登记决定书》送达每位当事人，收缴收养登记证，并在收养登记机关的公告栏公告30日。

第三十四条　收养登记机关对不符合撤销收养条件的，应当告知当事人不予撤销的原因，并告知当事人可以向人民法院起诉。

第五章　补领收养登记证、解除收养关系证明

第三十五条　当事人遗失、损毁收养证件，可以向原收养登记机关申请补领。

第三十六条　受理补领收养登记证、解除收养关系证明申请的条件是：

（一）收养登记机关具有管辖权。

（二）依法登记收养或者解除收养关系，目前仍然维持该状况。

（三）收养人或者被收养人亲自到收养登记机关提出申请。

收养人或者被收养人因故不能到原收养登记机关申请补领收养登记证的，可以委托他人办理。委托办理应当提交经公证机关公证的当事人的身份证件复印件和委托书。委托书应当写明当事人办理收养登记的时间及承办机关、目前的收养状况、委托事由、受委托人的姓名和身份证件号码。受委托人应当同时提交本人的身份证件。

夫妻双方共同收养子女的,应当共同到收养登记机关提出申请,一方不能亲自到场的,应当书面委托另一方,委托书应当经过村(居)民委员会证明或者经过公证。外国人的委托书应当经所在国公证和认证。夫妻双方一方死亡的,另一方应当出具配偶死亡的证明;离婚的出具离婚证件,可以一方提出申请。

被收养人未成年的,可由监护人提出申请。监护人要提交监护证明。

(四)申请人持有身份证件、户口簿。

(五)申请人持有查档证明。

收养登记档案遗失的,申请人应当提交能够证明其收养状况的证明。户口本上父母子女关系的记载,单位、村(居)民委员会或者近亲属出具的写明当事人收养状况的证明可以作为当事人收养状况证明使用。

(六)收养人和被收养人的 2 张 2 寸合影或者单人近期半身免冠照片。

监护人提出申请的,要提交监护人 1 张 2 寸合影或者单人近期半身免冠照片。监护人为单位的,要提交单位法定代表人身份证件复印件和经办人 1 张 2 寸单人近期半身免冠照片。

第三十七条 收养登记员受理补领收养登记证、解除收养关系证明,应当按照下列程序进行:

(一)查验申请人提交的照片、证件和证明材料。

申请人出具的身份证、户口簿上的姓名、年龄、公民身份号码与原登记档案不一致的,申请人应当书面说明不一致的原因,收养登记机关可根据申请人出具的身份证件补发收养登记证。

(二)向申请人讲明补领收养登记证、解除收养关系证明的条件。

(三)询问申请人当时办理登记的情况和现在的收养状况。

对于没有档案可查的,收养登记员要对申请人进行询问。询问结束后,要将笔录给被询问人阅读。被询问人要写明"已阅读询问笔录,与本人所表示的意思一致",并签名。被询问人没有书写能力的,可由收养登记员向被询问人宣读所记录的内容,并注明"由收养登记员记录,并向被询问人宣读,被询问人在确认所记录内容正确无误后按指纹。"然后请被询问人在注明处按指纹。

(四)申请人参照本规范第十五条相关规定填写《补领收养登记证申请书》(附件 10)。

(五)将申请人的信息输入计算机应当用程序,并进行核查。

(六)向出具查档证明的机关进行核查。

(七)复印当事人的身份证件、户口簿。

第三十八条 收养登记员收到申请人提交的证件、证明后,应当自次日起 30 日内进行审查,符合补发条件的,填写《补发收养登记证审查处理表》(附件 11),报民政厅(局)主要领导或者分管领导批准,并填发收养登记证、解除收养关系证明。

《补发收养登记证审查处理表》和收养登记证按照《民政部办公厅关于启用新式〈收养登记证〉的通知》(民办函〔2006〕203 号)和本规范相关规定填写。

第三十九条 补发收养登记证、解除收养关系证明,应当在申请人或者委托人在场时按照下列步骤进行:

(一)向申请人或者委托人核实姓名和原登记日期。

(二)见证申请人或者委托人在《补发收养登记证审查处理表》"领证人签名或者按指纹"一栏中签名;申请人或者委托人没有书写能力的,应当按指纹。

"领证人签名或者按指纹"一栏不得空白,不得由他人代为填写、代按指纹。

(三)将补发的收养登记证、解除收养登记证发给申请人或者委托人,并告知妥善保管。

第四十条 收养登记机关对不具备补发收养登记证、解除收养关系证明受理条件的,不予受理,并告知原因和依据。

第四十一条 当事人办理过收养或者解除收养关系登记,申请补领时的收养状况因解除收养关系或者收养关系当事人死亡发生改变的,不予补发收养登记证,可由收养登记机关出具收养登记证明。

收养登记证明不作为收养人和被收养人现在收养状况的证明。

第四十二条 出具收养登记证明的申请人范围和程序与补领收养登记证相同。申请人向原办理该收养登记的机关提出申请,并填写《出具收养登记证明申请书》(附件 12)。收养登记员收到当事人提交的证件、证明后,应当自次日起 30 日内进行审查,符合出证条件的,填写《出具收养登记证明审查处理表》(附件 13),报民政厅(局)主要领导或者分管领导批准,并填写《收养登记证明书》(附件 14),发给申请人。

第四十三条 "收养登记证明字号"填写式样为

“(XXXX)AB 证字 YYYYY”(AB 为收养登记机关所在省级和县级或者市级和区级的行政区域简称,XXXX 为年号,YYYYY 为当年出具收养登记证明的序号)。

第六章 收养档案和证件管理

第四十四条 收养登记机关应当按照《收养登记档案管理暂行办法》(民发〔2003〕181 号)的规定,制定立卷、归档、保管、移交和使用制度,建立和管理收养登记档案,不得出现原始材料丢失、损毁情况。

第四十五条 收养登记机关不得购买非上级民政部门提供的收养证件。各级民政部门发现本行政区域内有购买、使用非上级民政部门提供的收养证件的,应当予以没收,并追究相关责任人的法律责任和行政责任。

收养登记机关已将非法购制的收养证件颁发给收养当事人的,应当追回,并免费为当事人换发符合规定的收养登记证、解除收养关系证明。

报废的收养证件由收养登记机关登记造册,统一销毁。

收养登记机关发现收养证件有质量问题时,应当及时书面报告省(自治区、直辖市)人民政府民政部门。

第七章 监督与管理

第四十六条 各级民政部门应当建立监督检查制度,定期对本级民政部门设立的收养登记处(科)和下级收养登记机关进行监督检查,发现问题,及时纠正。

第四十七条 收养登记机关应当按规定到指定的物价部门办理收费许可证,按照国家规定的标准收取收养登记费,并使用财政部门统一制定的收费票据。

第四十八条 收养登记机关及其收养登记员有下列行为之一的,对直接负责的主管人员和其他直接责任人员依法给予行政处分:

(一)为不符合收养登记条件的当事人办理收养登记的;

(二)依法应当予以登记而不予登记的;

(三)违反程序规定办理收养登记、解除收养关系登记、撤销收养登记及其他证明的;

(四)要求当事人提交《中华人民共和国收养法》、《中国公民收养子女登记办法》、《华侨以及居住在香港、澳门、台湾地区的中国公民办理收养登记的管辖以及所需要出具的证件和证明材料的规定》、《外国人在中华人民共和国收养子女登记办法》和本规范规定以外的证件和证明材料的;

(五)擅自提高收费标准、增加收费项目或者不使用规定收费票据的;

(六)玩忽职守造成收养登记档案损毁的;

(七)泄露当事人收养秘密并造成严重后果的;

(八)购买使用伪造收养证书的。

第四十九条 收养登记员违反规定办理收养登记,给当事人造成严重后果的,应当由收养登记机关承担对当事人的赔偿责任,并对承办人员进行追偿。

第八章 附 则

第五十条 收养查找不到生父母的弃婴、儿童的公告费,由收养人缴纳。

第五十一条 收养登记当事人提交的居民身份证与常住户口簿上的姓名、性别、出生日期应当一致;不一致的,当事人应当先到公安部门更正。

居民身份证或者常住户口簿丢失,当事人应当先到公安户籍管理部门补办证件。当事人无法提交居民身份证的,可提交有效临时身份证办理收养登记。当事人无法提交居民户口簿的,可提交公安部门或者有关户籍管理机构出具的加盖印章的户籍证明办理收养登记。

第五十二条 收养登记当事人提交的所在单位或者村民委员会、居民委员会、县级以上医疗机构、人口计生部门出具的证明,以及本人的申请,有效期 6 个月。

第五十三条 人民法院依法判决或者调解结案的收养案件,确认收养关系效力或者解除收养关系的,不再办理收养登记或者解除收养登记。

第五十四条 《中华人民共和国收养法》公布施行以前所形成的收养关系,收养关系当事人申请办理收养登记的,不予受理。

附件:(略)

家庭寄养管理办法

1. 2014 年 9 月 24 日民政部令第 54 号公布
2. 自 2014 年 12 月 1 日起施行

第一章 总 则

第一条 为了规范家庭寄养工作,促进寄养儿童身心健康成长,根据《中华人民共和国未成年人保护法》和国家有关规定,制定本办法。

第二条 本办法所称家庭寄养,是指经过规定的程序,将民政部门监护的儿童委托在符合条件的家庭中养育的照料模式。

第三条 家庭寄养应当有利于寄养儿童的抚育、成长,保障寄养儿童的合法权益不受侵犯。

第四条 国务院民政部门负责全国家庭寄养监督管理工作。

县级以上地方人民政府民政部门负责本行政区域内家庭寄养监督管理工作。

第五条 县级以上地方人民政府民政部门设立的儿童福利机构负责家庭寄养工作的组织实施。

第六条 县级以上人民政府民政部门应当会同有关部门采取措施,鼓励、支持符合条件的家庭参与家庭寄养工作。

第二章 寄养条件

第七条 未满十八周岁、监护权在县级以上地方人民政府民政部门的孤儿、查找不到生父母的弃婴和儿童,可以被寄养。

需要长期依靠医疗康复、特殊教育等专业技术照料的重度残疾儿童,不宜安排家庭寄养。

第八条 寄养家庭应当同时具备下列条件:

(一)有儿童福利机构所在地的常住户口和固定住所。寄养儿童入住后,人均居住面积不低于当地人均居住水平;

(二)有稳定的经济收入,家庭成员人均收入在当地处于中等水平以上;

(三)家庭成员未患有传染病或者精神疾病,以及其他不利于寄养儿童抚育、成长的疾病;

(四)家庭成员无犯罪记录,无不良生活嗜好,关系和睦,与邻里关系融洽;

(五)主要照料人的年龄在三十周岁以上六十五周岁以下,身体健康,具有照料儿童的能力、经验,初中以上文化程度。

具有社会工作、医疗康复、心理健康、文化教育等专业知识的家庭和自愿无偿奉献爱心的家庭,同等条件下优先考虑。

第九条 每个寄养家庭寄养儿童的人数不得超过二人,且该家庭无未满六周岁的儿童。

第十条 寄养残疾儿童,应当优先在具备医疗、特殊教育、康复训练条件的社区中为其选择寄养家庭。

第十一条 寄养年满十周岁以上儿童的,应当征得寄养儿童的同意。

第三章 寄养关系的确立

第十二条 确立家庭寄养关系,应当经过以下程序:

(一)申请。拟开展寄养的家庭应当向儿童福利机构提出书面申请,并提供户口簿、身份证复印件,家庭经济收入和住房情况、家庭成员健康状况以及一致同意申请等证明材料;

(二)评估。儿童福利机构应当组织专业人员或者委托社会工作服务机构等第三方专业机构对提出申请的家庭进行实地调查,核实申请家庭是否具备寄养条件和抚育能力,了解其邻里关系、社会交往、有无犯罪记录、社区环境等情况,并根据调查结果提出评估意见;

(三)审核。儿童福利机构应当根据评估意见对申请家庭进行审核,确定后报主管民政部门备案;

(四)培训。儿童福利机构应当对寄养家庭主要照料人进行培训;

(五)签约。儿童福利机构应当与寄养家庭主要照料人签订寄养协议,明确寄养期限、寄养双方的权利义务、寄养家庭的主要照料人、寄养融合期限、违约责任及处理等事项。家庭寄养协议自双方签字(盖章)之日起生效。

第十三条 寄养家庭应当履行下列义务:

(一)保障寄养儿童人身安全,尊重寄养儿童人格尊严;

(二)为寄养儿童提供生活照料,满足日常营养需要,帮助其提高生活自理能力;

(三)培养寄养儿童健康的心理素质,树立良好的思想道德观念;

(四)按照国家规定安排寄养儿童接受学龄前教育和义务教育。负责与学校沟通,配合学校做好寄养儿童的学校教育;

(五)对患病的寄养儿童及时安排医治。寄养儿童发生急症、重症等情况时,应当及时进行医治,并向儿童福利机构报告;

(六)配合儿童福利机构为寄养的残疾儿童提供辅助矫治、肢体功能康复训练、聋儿语言康复训练等方面的服务；

（七）配合儿童福利机构做好寄养儿童的送养工作；

（八）定期向儿童福利机构反映寄养儿童的成长状况，并接受其探访、培训、监督和指导；

（九）及时向儿童福利机构报告家庭住所变更情况；

（十）保障寄养儿童应予保障的其他权益。

第十四条　儿童福利机构主要承担以下职责：

（一）制定家庭寄养工作计划并组织实施；

（二）负责寄养家庭的招募、调查、审核和签约；

（三）培训寄养家庭中的主要照料人，组织寄养工作经验交流活动；

（四）定期探访寄养儿童，及时处理存在的问题；

（五）监督、评估寄养家庭的养育工作；

（六）建立家庭寄养服务档案并妥善保管；

（七）根据协议规定发放寄养儿童所需款物；

（八）向主管民政部门及时反映家庭寄养工作情况并提出建议。

第十五条　寄养协议约定的主要照料人不得随意变更。确需变更的，应当经儿童福利机构同意，经培训后在家庭寄养协议主要照料人一栏中变更。

第十六条　寄养融合期的时间不得少于六十日。

第十七条　寄养家庭有协议约定的事由在短期内不能照料寄养儿童的，儿童福利机构应当为寄养儿童提供短期养育服务。短期养育服务时间一般不超过三十日。

第十八条　寄养儿童在寄养期间不办理户口迁移手续，不改变与民政部门的监护关系。

第四章　寄养关系的解除

第十九条　寄养家庭提出解除寄养关系的，应当提前一个月向儿童福利机构书面提出解除寄养关系的申请，儿童福利机构应当予以解除。但在融合期内提出解除寄养关系的除外。

第二十条　寄养家庭有下列情形之一的，儿童福利机构应当解除寄养关系：

（一）寄养家庭及其成员有歧视、虐待寄养儿童行为的；

（二）寄养家庭成员的健康、品行不符合本办法第八条第（三）和（四）项规定的；

（三）寄养家庭发生重大变故，导致无法履行寄养义务的；

（四）寄养家庭变更住所后不符合本办法第八条规定的；

（五）寄养家庭借机对外募款敛财的；

（六）寄养家庭不履行协议约定的其他情形。

第二十一条　寄养儿童有下列情形之一的，儿童福利机构应当解除寄养关系：

（一）寄养儿童与寄养家庭关系恶化，确实无法共同生活的；

（二）寄养儿童依法被收养、被亲生父母或者其他监护人认领的；

（三）寄养儿童因就医、就学等特殊原因需要解除寄养关系的。

第二十二条　解除家庭寄养关系，儿童福利机构应当以书面形式通知寄养家庭，并报其主管民政部门备案。家庭寄养关系的解除以儿童福利机构批准时间为准。

第二十三条　儿童福利机构拟送养寄养儿童时，应当在报送被送养人材料的同时通知寄养家庭。

第二十四条　家庭寄养关系解除后，儿童福利机构应当妥善安置寄养儿童，并安排社会工作、医疗康复、心理健康教育等专业技术人员对其进行辅导、照料。

第二十五条　符合收养条件、有收养意愿的寄养家庭，可以依法优先收养被寄养儿童。

第五章　监督管理

第二十六条　县级以上地方人民政府民政部门对家庭寄养工作负有以下监督管理职责：

（一）制定本地区家庭寄养工作政策；

（二）指导、检查本地区家庭寄养工作；

（三）负责寄养协议的备案，监督寄养协议的履行；

（四）协调解决儿童福利机构与寄养家庭之间的争议；

（五）与有关部门协商，及时处理家庭寄养工作中存在的问题。

第二十七条　开展跨县级或者设区的市级行政区域的家庭寄养，应当经过共同上一级人民政府民政部门同意。

不得跨省、自治区、直辖市开展家庭寄养。

第二十八条　儿童福利机构应当聘用具有社会工作、医疗康复、心理健康教育等专业知识的专职工作人员。

第二十九条 家庭寄养经费，包括寄养儿童的养育费用补贴、寄养家庭的劳务补贴和寄养工作经费等。

寄养儿童养育费用补贴按照国家有关规定列支。寄养家庭劳务补贴、寄养工作经费等由当地人民政府予以保障。

第三十条 家庭寄养经费必须专款专用，儿童福利机构不得截留或者挪用。

第三十一条 儿童福利机构可以依法通过与社会组织合作、通过接受社会捐赠获得资助。

与境外社会组织或者个人开展同家庭寄养有关的合作项目，应当按照有关规定办理手续。

第六章 法 律 责 任

第三十二条 寄养家庭不履行本办法规定的义务，或者未经同意变更主要照料人的，儿童福利机构可以督促其改正，情节严重的，可以解除寄养协议。

寄养家庭成员侵害寄养儿童的合法权益，造成人身财产损害的，依法承担民事责任；构成犯罪的，依法追究刑事责任。

第三十三条 儿童福利机构有下列情形之一的，由设立该机构的民政部门进行批评教育，并责令改正；情节严重的，对直接负责的主管人员和其他直接责任人员依法给予处分：

（一）不按照本办法的规定承担职责的；

（二）在办理家庭寄养工作中牟取利益，损害寄养儿童权益的；

（三）玩忽职守导致寄养协议不能正常履行的；

（四）跨省、自治区、直辖市开展家庭寄养，或者未经上级部门同意擅自开展跨县级或者设区的市级行政区域家庭寄养的；

（五）未按照有关规定办理手续，擅自与境外社会组织或者个人开展家庭寄养合作项目的。

第三十四条 县级以上地方人民政府民政部门不履行家庭寄养工作职责，由上一级人民政府民政部门责令其改正。情节严重的，对直接负责的主管人员和其他直接责任人员依法给予处分。

第七章 附 则

第三十五条 对流浪乞讨等生活无着未成年人承担临时监护责任的未成年人救助保护机构开展家庭寄养，参照本办法执行。

第三十六条 尚未设立儿童福利机构的，由县级以上地方人民政府民政部门负责本行政区域内家庭寄养的组织实施，具体工作参照本办法执行。

第三十七条 本办法自2014年12月1日起施行，2003年颁布的《家庭寄养管理暂行办法》（民发〔2003〕144号）同时废止。

收养评估办法（试行）

1. 2020年12月30日民政部发布

2. 民发〔2020〕144号

第一条 为了加强收养登记管理，规范收养评估工作，保障被收养人的合法权益，根据《中华人民共和国民法典》，制定本办法。

第二条 中国内地居民在中国境内收养子女的，按照本办法进行收养评估。但是，收养继子女的除外。

第三条 本办法所称收养评估，是指民政部门对收养申请人是否具备抚养、教育和保护被收养人的能力进行调查、评估，并出具评估报告的专业服务行为。

第四条 收养评估应当遵循最有利于被收养人的原则，独立、客观、公正地对收养申请人进行评估，依法保护个人信息和隐私。

第五条 民政部门进行收养评估，可以自行组织，也可以委托第三方机构开展。

委托第三方机构开展收养评估的，民政部门应当与受委托的第三方机构签订委托协议。

第六条 民政部门自行组织开展收养评估的，应当组建收养评估小组。收养评估小组应有2名以上熟悉收养相关法律法规和政策的在编人员。

第七条 受委托的第三方机构应当同时具备下列条件：

（一）具有法人资格；

（二）组织机构健全，内部管理规范；

（三）业务范围包含社会调查或者评估，或者具备评估相关经验；

（四）有5名以上具有社会工作、医学、心理学等专业背景或者从事相关工作2年以上的专职工作人员；

（五）开展评估工作所需的其他条件。

第八条 收养评估内容包括收养申请人以下情况：收养动机、道德品行、受教育程度、健康状况、经济及住房条件、婚姻家庭关系、共同生活家庭成员意见、抚育计划、邻里关系、社区环境、与被收养人融合情况等。

收养申请人与被收养人融合的时间不少于30日。

第九条　收养评估流程包括书面告知、评估准备、实施评估、出具评估报告。

（一）书面告知。民政部门收到收养登记申请有关材料后，经初步审查收养申请人、送养人、被收养人符合《中华人民共和国民法典》、《中国公民收养子女登记办法》要求的，应当书面告知收养申请人将对其进行收养评估。委托第三方机构开展评估的，民政部门应当同时书面告知受委托的第三方机构。

（二）评估准备。收养申请人确认同意进行收养评估的，第三方机构应当选派2名以上具有社会工作、医学、心理学等专业背景或者从事相关工作2年以上的专职工作人员开展评估活动。民政部门自行组织收养评估的，由收养评估小组开展评估活动。

（三）实施评估。评估人员根据评估需要，可以采取面谈、查阅资料、实地走访等多种方式进行评估，全面了解收养申请人的情况。

（四）出具报告。收养评估小组和受委托的第三方机构应当根据评估情况制作书面收养评估报告。收养评估报告包括正文和附件两部分：正文部分包括评估工作的基本情况、评估内容分析、评估结论等；附件部分包括记载评估过程的文字、语音、照片、影像等资料。委托第三方机构评估的，收养评估报告应当由参与评估人员签名，并加盖机构公章。民政部门自行组织评估的，收养评估报告应当由收养评估小组成员共同签名。

第十条　收养评估报告应当在收养申请人确认同意进行收养评估之日起60日内作出。收养评估期间不计入收养登记办理期限。

收养评估报告应当作为民政部门办理收养登记的参考依据。

第十一条　收养评估期间，收养评估小组或者受委托的第三方机构发现收养申请人及其共同生活家庭成员有下列情形之一的，应当向民政部门报告：

（一）弄虚作假，伪造、变造相关材料或者隐瞒相关事实的；

（二）参加非法组织、邪教组织的；

（三）买卖、性侵、虐待或者遗弃、非法送养未成年人，及其他侵犯未成年人身心健康的；

（四）有持续性、经常性的家庭暴力的；

（五）有故意犯罪行为，判处或者可能判处有期徒刑以上刑罚的；

（六）患有精神类疾病、传染性疾病、重度残疾或者智力残疾、重大疾病的；

（七）存在吸毒、酗酒、赌博、嫖娼等恶习的；

（八）故意或者过失导致正与其进行融合的未成年人受到侵害或者面临其他危险情形的；

（九）有其他不利于未成年人身心健康行为的。

存在前款规定第（八）项规定情形的，民政部门应当立即向公安机关报案。

第十二条　评估人员、受委托的第三方机构与收养申请人、送养人有利害关系的，应当回避。

第十三条　民政部门应当加强对收养评估小组的监督和管理。

委托第三方机构开展收养评估的，民政部门应当对受委托第三方履行协议情况进行监督。

第十四条　开展收养评估不得收取任何费用。地方收养评估工作所需经费应当纳入同级民政部门预算。

第十五条　华侨以及居住在香港、澳门、台湾地区的中国公民申请收养的，当地有权机构已经作出收养评估报告的，民政部门可以不再重复开展收养评估。没有收养评估报告的，民政部门可以依据当地有权机构出具的相关证明材料，对收养申请人进行收养评估。

外国人申请收养的，收养评估按照有关法律法规规定执行。

第十六条　省级民政部门可以结合当地情况细化、补充收养评估内容、流程，并报民政部备案。

第十七条　本办法自2021年1月1日起施行，《民政部关于印发〈收养能力评估工作指引〉的通知》（民发〔2015〕168号）同时废止。

民政部关于在办理收养登记中严格区分孤儿与查找不到生父母的弃婴的通知

1. 1992年8月11日发布

2. 民婚函〔1992〕263号

各省、自治区、直辖市民政厅（局），各计划单列市民政局：

《中华人民共和国收养法》实施后，各地的收养登记工作已陆续开展起来。目前发现在办理收养登记的过程中，各地孤儿与查找不到生父母的弃婴的认定，政策掌握不统一，出现了一些偏差。为了严格执行《收养法》，维护当事人的合法权益，现就此问题，特作如下通知：

一、我国《收养法》中所称的孤儿是指其父母死亡或人民法院宣告其父母死亡的不满十四周岁的未成年人。

二、送养孤儿的须提交有关部门出具的孤儿父母死亡证明书（正常死亡证明书由医疗卫生单位出具，非正常死亡证明书由县以上公安部门出具）或人民法院宣告死亡的判决书。

三、收养登记员对当事人提交的孤儿父母死亡的证明应严格审查和进行必要的调查，并将调查笔录归卷存档。对当事人弄虚作假的，收养登记机关应拒绝为其办理登记。若收养登记员审查不严，玩忽职守，应视情节轻重，由其主管机关撤销其收养登记员资格或给予其必要的行政处分。

以上各条在全国人大对如何认定孤儿和弃婴未作出新的解释前，望各地严格遵照执行。

民政部关于进一步加强涉外送养工作的通知

1. 2000年12月31日发布
2. 民函〔2000〕159号

各省、自治区、直辖市民政厅（局），计划单列市民政局，新疆生产建设兵团民政局：

自从开展涉外送养工作以来，各级民政部门及儿童社会福利工作者以高度的责任感和人道主义精神，积极努力地为孤儿、弃婴创造适合其身心发育的环境。使部分失去家庭的儿童重新回归了家庭。目前，涉外送养已经成为安置、养育孤儿和弃婴的方式之一。同时，涉外送养工作的开展也为减轻社会福利机构的压力，提高管理和服务水平，改善办院条件，增进与收养国人民之间的友谊，发挥了积极作用。但是，随着工作的开展，也出现了一些问题，如不及时加以解决，将影响涉外送养工作的健康发展，有损于我国社会福利事业的形象。为进一步贯彻落实有关法律法规和全国收养工作会议精神，促进涉外送养工作依法、有序健康地进行，现提出如下意见：

一、充分认识涉外收养工作的重要性、敏感性

涉外送养属于一种发生在不同国家和不同种族之间、不同文化背景之下的跨国收养行为，直接关系到被送养儿童的人身权益、其所在国的国家形象和外国收养人的合法利益。各级民政部门务必保持清醒的头脑。涉外送养工作要以充分保障被送养儿童的合法权益为前提。我国作为联合国《儿童权利公约》的缔约国，在《收养法》中规定："收养应当有利于被收养的未成年人的抚养、成长，保障被收养人和收养人的合法权益。"从这个意义上讲，涉外送养是我国政府为保障孤儿、弃婴合法权益所采取的一项措施，因此，在收养工作中，各地要牢固树立"优先国内公民收养，适量涉外送养"的指导思想，正确处理涉外送养与国内收养的关系，把维护我国被收养儿童的利益放在首位。要紧密结合我国社会福利社会化的进程，努力挖掘和拓展国内安置孤残儿童的新的思路和途径。在积极鼓励国内公民收养和满足国内收养需求的前提下，适度开展并做好涉外送养工作。

收养是重要的民事法律行为。外国收养人通过合法手续在中国境内收养子女，是对我国儿童福利事业的支持和帮助，其行为受我国法律保护。各级民政部门、各地社会福利机构和中国收养中心在为在华收养子女的外国收养人办理收养手续的过程中，必须端正态度，认真负责，及时、准确地提供被收养人的真实情况，力戒为达到送养目的采取欺骗行为。

涉外送养工作也是一项政治性很强的工作，直接关系国家形象。联合国《儿童权利公约》明确指出："跨国收养应当是确认儿童不能安置于国内寄养、收养家庭或不能以任何方式在儿童原籍国加以照料的一种替代办法。"各级民政部门和相关人员对此应有正确认识，严防给境外反华势力和一些别有用心的人攻击我国儿童福利事业制造口实。

二、进一步加强对涉外送养工作的管理和监督

各省、自治区、直辖市民政部门要进一步贯彻落实全国收养工作会议精神，督促和指导本地社会福利机构建立健全涉外收养工作的各项规章制度。统一思想，慎重对待本地社会福利机构对开展涉外送养工作的愿望和要求，要从国家利益出发，严格把关。严

禁把涉外送养工作当作“创收”和“扶贫”手段，不得以涉外送养捐赠款替代政府划拨给社会福利机构的事业费。

各地民政厅（局）业务主管部门，应注意不断提高业务素质和执法水平，加强对社会福利机构涉外送养工作的日常监督和检查，严格依法办事，防止把有被拐卖嫌疑、走失等来源不清或身份有待确定的儿童送养出去。要把涉外送养工作作为社会福利机构管理工作的重要组成部分，纳入考核评比内容。

各地应根据本地社会福利机构的发展实际，制定严格的标准，有选择地确定部分社会福利机构开展涉外送养工作。那些内部管理混乱、服务质量差、设施设备不完善的社会福利机构，不得开展涉外送养工作。

要进一步开展对社会福利机构中从事涉外收养工作人员的培训。社会福利机构直接从事涉外送养工作，其工作人员在实际工作中与外国收养人直接接触，他们的业务能力和政策水平直接影响当地涉外送养工作的质量甚至国家的声誉。开展对社会福利机构从事涉外送养工作人员的培训，特别是对拟开展涉外送养工作的福利机构主要管理人员的培训，应作为一项制度给予统一规定。各省、自治区、直辖市民政厅（局）每年应至少举办一次针对相关人员的培训。凡院长未经省级以上民政部门培训的福利院，不能开展涉外送养工作。在培训工作中，除加强对收养法规和政策等有关业务知识的培训外，要注重加强对工作人员职业道德和廉洁自律的教育。

开展涉外送养工作的社会福利机构要进一步增强自身建设，以高度负责的态度开展工作。所有在院儿童，都要在接收、养育的全过程中做好详细记录和规范的档案立卷保存工作。凡开展涉外收养工作的社会福利机构，都要实行涉外收养儿童定点医院体检制度。工作人员应详细掌握儿童的身体状况特别是健康情况，在上报送养材料时严禁虚报待送养儿童的年龄，严禁把待送养孩子与非送养孩子按不同标准分开抚养，严禁为送养孩子编造空头的待送养花名册甚至到社会上找孩子，或与邻院、邻省订立利益合同代送和转送孩子。严禁社会福利机构擅自为收养组织和收养人提供预送养情况。对违反规定的社会福利机构要停止其涉外送养，严肃处理，通报全国，并追究有关领导和当事人的责任。

三、进一步规范涉外收养捐赠的管理和使用

《外国人在中华人民共和国收养子女登记办法》指出：“为抚养在社会福利机构生活的弃婴和儿童，国家鼓励外国收养人、外国收养组织向社会福利机构捐赠。受赠的社会福利机构必须将捐赠财物全部用于改善所抚养的弃婴和儿童的养育条件，不得挪作他用，并应当将捐赠财物的使用情况告知捐赠人。受赠的社会福利机构还应当接受有关部门的监督，并应当将捐赠的使用情况向社会公布。”

外国收养人如有捐赠意愿的，福利机构应视情况举行一个有不同岗位人员代表参加的小型捐赠仪式，并由社会福利机构向外国收养捐赠人出具捐赠接受凭证。社会福利机构接受外汇现钞捐赠，必须严格执行我国捐赠法、外汇管理条例和国家财务制度的有关规定，不得擅自私存。接受收养捐赠的单位，必须是送养儿童的社会福利机构，其他任何部门、单位和个人不得代收或转交。

收养人捐赠，必须坚持完全自愿的原则，社会福利机构以及其他任何机构、组织和个人不得对此进行干预。社会福利机构不得强迫或变相强迫外国收养人捐赠和支付法定之外不合理的其他费用。

社会福利机构使用捐赠款物，要坚持领导班子集体确定、登记造册、张榜公布等程序，做到账目清楚，手续完备，用途公开。涉外送养捐赠款除外国收养捐赠人有指定意向外，实行专款专用。只能用于：儿童福利院（社会福利院儿童部）的基础设施改造及医疗、康复、教学、娱乐设备更新；孤残儿童接受医疗、康复、学习的费用及改善儿童的生活；送养儿童工作所需的费用（其费用不得超过捐赠款的4%）。严禁用于福利院行政经费、职工工资及福利待遇等费用的支出；特别是严禁购买小轿车、移动电话等用品。

受赠的社会福利机构必须严格遵守《捐赠法》，及时将捐赠财物的使用情况告知捐赠人及向全体职工和社会公布。同时，受赠的社会福利机构还应接受上级民政部门和有关财务部门、审计部门的监督和检查。要建立涉外送养捐赠使用报告制度。10（含）万元人民币以上的支出，必须申报上级民政主管部门审核批准。

四、做好大龄、残疾儿童的送养工作

为鼓励外国收养人收养社会福利机构抚养的大龄儿童和残疾儿童，中国收养中心可以为其加快办理

手续，并免收服务费；实行涉外送养指标调控的省份不占指标；民政部门免收登记费。

各省、自治区、直辖市民政厅（局），要结合贯彻落实全国社会福利社会化工作会议精神，进一步加强社会福利机构的各项建设，认真研究涉外送养工作的理论，探索新办法，解决新问题，切实做好我国的涉外送养工作。

民政部、公安部、司法部、卫生部、人口计生委关于解决国内公民私自收养子女有关问题的通知

1. 2008年9月5日发布
2. 民发〔2008〕132号

各省、自治区、直辖市民政厅（局）、公安厅（局）、司法厅（局）、卫生厅（局）、人口计生委，新疆生产建设兵团民政局、公安局、司法局、人口计生委：

《中华人民共和国收养法》（以下简称《收养法》）实施以来，国内公民依法收养意识不断增强，通过办理收养登记，有效地保障了收养关系当事人的合法权益。但目前依然存在国内公民未经登记私自收养子女的情况，因收养关系不能成立，导致已经被抚养的未成年人在落户、入学、继承等方面的合法权益无法得到有效保障。为全面贯彻落实科学发展观，体现以人为本，依法保护当事人的合法权益，进一步做好国内公民收养子女登记工作，现就解决国内公民私自收养子女问题通知如下：

一、区分不同情况，妥善解决现存私自收养子女问题

（一）1999年4月1日，《收养法》修改决定施行前国内公民私自收养子女的，依据司法部《关于办理收养法实施前建立的事实收养关系公证的通知》（司发通〔1993〕125号）、《关于贯彻执行〈中华人民共和国收养法〉若干问题的意见》（司发通〔2000〕33号）和公安部《关于国内公民收养弃婴等落户问题的通知》（公通字〔1997〕54号）的有关规定办理。

依据司法部《关于贯彻执行〈中华人民共和国收养法〉若干问题的意见》（司发通〔2000〕33号）的规定，对当事人之间抚养的事实已办理公证的，抚养人可持公证书、本人的合法有效身份证件及相关证明材料，向其常住户口所在地的户口登记机关提出落户申请，经县、市公安机关审批同意后，办理落户手续。

（二）1999年4月1日，《收养法》修改决定施行后国内公民私自收养子女的，按照下列情况办理：

1. 收养人符合《收养法》规定的条件，私自收养非社会福利机构抚养的查找不到生父母的弃婴和儿童，捡拾证明不齐全的，由收养人提出申请，到弃婴和儿童发现地的县（市）人民政府民政部门领取并填写《捡拾弃婴（儿童）情况证明》，经收养人常住户口所在地的村（居）民委员会确认，乡（镇）人民政府、街道办事处审核并出具《子女情况证明》，发现地公安部门对捡拾人进行询问并出具《捡拾弃婴（儿童）报案证明》，收养人持上述证明及《中国公民收养子女登记办法》（以下简称《登记办法》）规定的其他证明材料到弃婴和儿童发现地的县（市）人民政府民政部门办理收养登记。

2. 收养人具备抚养教育能力，身体健康，年满30周岁，先有子女，后又私自收养非社会福利机构抚养的查找不到生父母的弃婴和儿童，或者先私自收养非社会福利机构抚养的查找不到生父母的弃婴和儿童，后又生育子女的，由收养人提出申请，到弃婴和儿童发现地的县（市）人民政府民政部门领取并填写《捡拾弃婴（儿童）情况证明》，发现地公安部门出具《捡拾弃婴（儿童）报案证明》。弃婴和儿童发现地的县（市）人民政府民政部门应公告查找其生父母，并由发现地的社会福利机构办理入院登记手续，登记集体户口。对于查找不到生父母的弃婴、儿童，按照收养社会福利机构抚养的弃婴和儿童予以办理收养手续。由收养人常住户口所在地的村（居）民委员会确认，乡（镇）人民政府、街道办事处负责审核并出具收养前当事人《子女情况证明》。在公告期内或收养后有检举收养人政策外生育的，由人口计生部门予以调查处理。确属政策外生育的，由人口计生部门按有关规定处理。

捡拾地没有社会福利机构的，可到由上一级人民政府民政部门指定的机构办理。

3. 收养人不满30周岁，但符合收养人的其他条件，私自收养非社会福利机构抚养的查找不到生父母的弃婴和儿童且愿意继续抚养的，可向弃婴和儿童发现地的县（市）人民政府民政部门或社会福利机构提出助养申请，登记集体户口后签订义务助养协议，监

护责任由民政部门或社会福利机构承担。待收养人年满30周岁后，仍符合收养人条件的，可以办理收养登记。

4.单身男性私自收养非社会福利机构抚养的查找不到生父母的女性弃婴和儿童，年龄相差不到40周岁的，由当事人常住户口所在地的乡（镇）人民政府、街道办事处，动员其将弃婴和儿童送交当地县（市）人民政府民政部门指定的社会福利机构抚养。

夫妻双方在婚姻关系存续期间私自收养女性弃婴和儿童，后因离婚或者丧偶，女婴由男方抚养，年龄相差不到40周岁，抚养事实满一年的，可凭公证机构出具的抚养事实公证书，以及人民法院离婚判决书、离婚调解书、离婚证或者其妻死亡证明等相关证明材料，到县（市）人民政府民政部门申请办理收养登记。

5.私自收养生父母有特殊困难无力抚养的子女、由监护人送养的孤儿，或者私自收养三代以内同辈旁系血亲的子女，符合《收养法》规定条件的，应当依法办理登记手续；不符合条件的，应当将私自收养的子女交由生父母或者监护人抚养。

（三）私自收养发生后，收养人因经济状况，身体健康等原因不具备抚养能力，或者收养人一方死亡、离异，另一方不愿意继续抚养，或者养父母双亡的，可由收养人或其亲属将被收养人送交社会福利机构抚养（被收养人具备完全民事行为能力的除外）。其亲属符合收养人条件且愿意收养的，应当依法办理收养登记。

（四）对于不符合上述规定的国内公民私自收养，依据《收养法》及相关法律法规的规定，由当事人常住户口所在地的乡（镇）人民政府、街道办事处，动员其将弃婴或儿童送交社会福利机构抚养。

二、综合治理，建立依法安置弃婴的长效机制

有关部门要高度重视，从构建社会主义和谐社会的高度出发，采取有力措施，加大《收养法》、《登记办法》等法律、法规和政策的宣传贯彻力度，充分发挥乡（镇）人民政府、街道办事处，村（居）民委员会的作用，广泛深入地向群众宣传弃婴收养的有关规定，切实做到依法安置，依法登记和依法收养。

民政部门应协调、协助本辖区内弃婴的报案、临时安置、移送社会福利机构等工作。同时，要进一步加强、规范社会福利机构建设，提高养育水平，妥善接收、安置查找不到生父母的弃婴和儿童；对不按规定，拒绝接收的，要责令改正。

公安部门应依据有关规定及时为弃婴捡拾人出具捡拾报案证明，为查找不到生父母的弃婴和儿童办理社会福利机构集体户口，将已被收养的儿童户口迁至收养人家庭户口，并在登记与户主关系时注明子女关系；应积极查找弃婴和儿童的生父母或其他监护人，严厉打击查处借收养名义拐卖儿童、遗弃婴儿等违法犯罪行为。

司法行政部门应指导公证机构依法办理收养公证和当事人之间抚养事实公证。

卫生部门应加强对医疗保健机构的监督管理，配合民政、公安部门做好弃婴和儿童的收养登记工作。医疗保健机构发现弃婴和弃儿，应及时向所在地公安部门报案并移送福利机构，不得转送他人或私自收养。

人口计生部门应积极配合民政部门做好收养登记工作，掌握辖区内居民的家庭成员情况和育龄人员的生育情况，做好相关工作。

各地应广泛深入宣传通知精神，集中处理本行政区域内2009年4月1日之前发生的国内公民私自收养。自本通知下发之日起，公民捡拾弃婴的，一律到当地公安部门报案，查找不到生父母和其他监护人的一律由公安部门送交当地社会福利机构或者民政部门指定的抚养机构抚养。公民申请收养子女的，应到民政部门申请办理收养登记。对本通知下发之前已经处理且执行完结的私自收养子女的问题，不再重新处理；正在处理过程中，但按照通知规定不予处理的，终止有关程序；已经发生，尚未处理的，按本通知执行。

各级政府和有关部门应以科学发展观为统领，本着“以人为本、儿童至上、区别对待、依法办理”的原则，积极稳妥地解决已经形成的私自收养问题。各省、自治区、直辖市相关部门应根据通知精神，结合本地实际情况，制订相关实施意见。对已确立的收养关系的户口迁移，应按当地公安部门的现行规定执行。

附件：1.捡拾弃婴（儿童）情况证明

2.子女情况证明

3.捡拾弃婴（儿童）报案证明

附件 1

捡拾弃婴(儿童)情况证明

编号________

<table>
<tr><td rowspan="2">捡拾人
情况</td><td>姓名</td><td></td><td>公民身份号码</td><td colspan="3"></td></tr>
<tr><td>工作单位</td><td></td><td>家庭住址</td><td colspan="3"></td></tr>
<tr><td>弃婴情况</td><td>姓名</td><td></td><td>性别</td><td></td><td>出生日期</td><td></td></tr>
<tr><td rowspan="2">捡
拾
情
况</td><td>捡拾时间</td><td></td><td>捡拾地点</td><td colspan="3"></td></tr>
<tr><td>捡拾经过</td><td colspan="5"></td></tr>
<tr><td colspan="7">以上情况均属实，如有不实，由本人承担全部法律责任
捡拾人:(签字并按指纹)</td></tr>
<tr><td rowspan="2">证明人
情　况</td><td>姓名</td><td></td><td>公民身份号码</td><td colspan="3"></td></tr>
<tr><td>工作单位</td><td></td><td>家庭住址</td><td colspan="3"></td></tr>
<tr><td rowspan="2">证明人
情　况</td><td>姓名</td><td></td><td>公民身份号码</td><td colspan="3"></td></tr>
<tr><td>工作单位</td><td></td><td>家庭住址</td><td colspan="3"></td></tr>
<tr><td colspan="7">以上情况均属实，如有不实，由本人承担全部法律责任
证明人:(签字并按指纹)____________证明人:(签字并按指纹)</td></tr>
<tr><td>村(居)民
委员会
意见</td><td colspan="6">年　月　日</td></tr>
</table>

此表一式三份，公安部门、人口计生部门、民政部门各留存一份。

附件 2

子女情况证明

（一）收养人无子女情况证明

________，男，________年____月____日出生，初（再）婚
住址：____，
________，女，________年____月____日出生，初（再）婚
住址：____。
二人于________年____月____日结婚，婚后一直未生育亦未收养子女。
备注：____
____
____。
（一方或双方系再婚者，须在备注栏写明每次结婚时间、离婚时间且未生育亦未收养子女）
特此证明。

年　月　日

（二）收养人生育子女情况证明

________，男，________年____月____日出生，初（再）婚
住址：____
________，女，________年____月____日出生，初（再）婚
住址：____。
二人于________年____月____日结婚（系初、再婚），婚后生育子女情况如下：
姓名：________（男、女），________年____月____日出生。
备注：____
____
____。
（属再婚者须在备注栏写明再婚前的婚姻、子女情况，包括原婚姻的对方姓名、结婚时间、何时生育子女及子女姓名、归属等情况）
特此证明。

年　月　日

附件3

捡拾弃婴(儿童)报案证明

编号________

____________民政局:

依据《关于解决国内公民私自收养子女有关问题的通知》(民发〔2008〕132号)的规定,兹证明________(被捡拾人)于________年____月____日在____________________(地点)被________(捡拾人)捡拾,未查找到其生父母。

特此证明。

县(区)公安局(分局) 派出所

年 月 日

民政部、公安部关于开展查找不到生父母的打拐解救儿童收养工作的通知

1. 2015年8月20日发布

2. 根据2020年10月20日《民政部关于修改部分规范性文件的公告》修订

各省、自治区、直辖市民政厅(局)、公安厅(局),新疆生产建设兵团民政局、公安局:

家庭是儿童成长的最佳环境,为落实党的十八届三中全会通过的《中共中央关于全面深化改革若干重大问题的决定》中关于健全困境儿童分类保障制度的要求以及国务院办公厅《中国反对拐卖人口行动计划(2013—2020年)》(国办发〔2013〕19号)的相关要求,进一步完善打拐解救儿童安置渠道,使查找不到生父母的打拐解救儿童能够通过收养回归家庭中健康、快乐成长,根据《中华人民共和国民法典》等法律法规的有关规定,现就查找不到生父母的打拐解救儿童收养问题通知如下:

一、全力查找打拐解救儿童生父母

儿童失踪后,其监护人应当及时向公安机关报警。公安机关接到儿童失踪报警后,应当立即出警处置并立案侦查,迅速启动儿童失踪快速查找机制,充分调动警务资源,第一时间组织查找,并及时免费采集失踪儿童父母血样录入全国打拐DNA信息库。

公安机关解救被拐卖儿童后,对于查找到生父母或其他监护人的,应当及时送还。对于暂时查找不到生父母及其他监护人的,应当送交社会福利机构或者救助保护机构抚养,并签发打拐解救儿童临时照料通知书(附件1),由社会福利机构或者救助保护机构承担临时监护责任。同时,公安机关要一律采集打拐解救儿童血样,检验后录入全国打拐DNA信息库比对,寻找儿童的生父母。公安机关经查找,1个月内未找到儿童生父母或其他监护人的,应当为社会福利机构或者救助保护机构出具暂时未查找到生父母或其他监护人的证明(附件2)。社会福利机构或者救助保护机构在接收打拐解救儿童后,应当在报纸和全国打拐解救儿童寻亲公告平台上发布儿童寻亲公告。公告满30日,儿童的生父母或者其他监护人未认领的,救助保护机构应当在7日内将儿童及相关材料移交当地社会福利机构。社会福利机构应当尽快为儿童办理入院手续并申报落户手续,公安机关应当积极办理落户手续。

从儿童被送交社会福利机构或者救助保护机构之日起满12个月,公安机关未能查找到儿童生父母或其他监护人的,应当向社会福利机构出具查找不到生父母或其他监护人的证明(附件3)。

打拐解救儿童在社会福利机构或者救助保护机构期间,如有人主张其为被公告儿童的生父母或者其他监护人的,上述机构应当立即通知公安机关,由公

安机关开展调查核实工作。公安机关经调查确认找到打拐解救儿童生父母或其他监护人的，应当出具打拐解救儿童送还通知书（附件4），由社会福利机构或者救助保护机构配合该儿童生父母或其他监护人将儿童接回。

二、依法开展收养登记工作

社会福利机构收到查找不到生父母或其他监护人的证明后，对于符合收养条件的儿童，应当及时进行国内送养，使儿童能够尽快回归正常的家庭生活。

办理收养登记前，社会福利机构应当与收养家庭签订收养协议（附件5）。

收养人应当填写收养申请书并向有管辖权的收养登记机关提交下列证件、证明材料：

（一）居民户口簿和居民身份证；

（二）婚姻登记证或者离婚判决书、离婚调解书；

（三）县级以上医疗机构出具的未患有在医学上认为不应当收养子女疾病的身体健康检查证明。

收养登记机关应当对收养人进行收养能力评估。收养能力评估可以通过委托第三方等方式开展。收养能力评估应当包括收养人收养动机、职业和经济状况、受教育程度、身体情况、道德品质、家庭关系等内容。

社会福利机构应当向收养登记机关提交下列证件、证明材料：

（一）社会福利机构法人登记证书、法定代表人身份证明和授权委托书；

（二）被收养人照片、指纹、DNA信息和情况说明；

（三）被收养人进入社会福利机构的原始记录和查找不到生父母或其他监护人的证明等相关证明材料。

被收养人有残疾或者患有重病的，社会福利机构应当同时提交县级以上医疗机构出具的残疾证明或者患病证明。

被收养人年满8周岁的，收养登记机关还应就收养登记事项单独征得其本人同意。

收养登记机关在收到收养登记申请书及相关材料后，应当按照规定进行公告。自公告之日起满60日，打拐解救儿童的生父母或者其他监护人未认领的，收养登记机关应当为符合条件的当事人办理收养登记。对不符合条件的，不予登记并对当事人说明理由。

三、妥善处理打拐解救儿童收养关系解除问题

打拐解救儿童被收养后，公安机关查找到其生父母或其他监护人，或者其生父母或其他监护人又查找到该儿童的，如儿童的生父母或其他监护人要求解除收养关系，且经公安机关确认该儿童确属于被盗抢、被拐骗或者走失的，收养人应当与社会福利机构共同到民政部门办理解除收养关系登记。

儿童的生父母双方或者其他监护人有出卖或者故意遗弃儿童行为的，应当依法追究法律责任，已成立的合法收养关系不受影响。

四、扎实抓好政策落实工作

（一）切实加强组织领导。各地要从落实党中央和国务院关于加强被拐卖受害人的救助、安置、康复和回归社会工作有关要求的高度充分认识此项工作的重要意义，将其作为保护未成年人合法权益和打击整治拐卖儿童犯罪买方市场的重要举措抓紧抓好。各地民政部门和公安部门要建立协调沟通机制，形成工作合力，细化职责分工，将好事办好。要做好督促检查工作，确保此项工作尽快落实。

（二）尽快解决历史问题。各地要优先解决已经在社会福利机构或者救助保护机构长期生活的打拐解救儿童的落户和收养问题。对于社会福利机构或者救助保护机构内尚未采集血样的打拐解救儿童，当地公安机关应当及时采集DNA信息入库比对查找其生父母，相关费用由公安机关承担，社会福利机构应当协助配合。对于采集了DNA信息、并在本通知实行前已经查找其生父母或其他监护人满12个月的儿童，公安机关应当直接向社会福利机构出具查找不到生父母或其他监护人的证明。社会福利机构或者救助保护机构应当及时在报纸和全国打拐解救儿童寻亲公告平台上发布寻亲公告，公告期满后救助保护机构应当在7日内将儿童及相关材料移交当地社会福利机构。社会福利机构应当在公安机关配合下尽快办理落户等手续，对于符合收养条件的儿童，按照本通知要求及时送养。

（三）着力做好宣传引导。各地要通过多种渠道主动做好政策宣传工作，特别是做好与新闻媒体的沟通，使群众充分了解相关法律规定和打拐解救儿童的生活状况，知晓办理收养登记对于保护打拐解救儿童权益和打击拐卖儿童犯罪的重要意义，营造良好的社

会舆论氛围。

附件:(略)

最高人民法院关于生母已将女儿给人收养而祖母要求收回抚养孙女应否支持问题的批复

1. 1987年11月17日发布

2. 〔1987〕民他字第45号

上海市高级人民法院:

你院(87)沪高民他字第10号《关于生母已将女儿给他人收养而祖母要求收回抚养孙女应否支持的请示报告》收悉。

据你院报告称:丁杏瑞(丈夫已故)有一子二女,其子周吉芳和张兰于1986年3月登记结婚,同年11月22日周吉芳病故。1987年2月张兰生一女,委托护士将女婴送给王明星、陈德芳夫妇(无子女)抚养。丁得知后,要张兰将孙女领回由她抚养,被拒绝。为此,丁杏瑞诉讼到人民法院。

经研究,我们基本上同意你院审判委员会意见,即根据该案具体情况,从更有利于儿童的利益和健康成长考虑,张兰将其女儿送给王明星夫妇抚养是法律所允许的,可予维持。在审理中,要尽力做好说服工作,争取调解解决。

此复

最高人民法院关于许秀英夫妇与王青芸间是否已事实解除收养关系的复函

1. 1990年8月24日发布

2. (90)民他字第14号

山东省高级人民法院:

你院鲁法(民)发〔1990〕25号《关于许秀英夫妇与王青芸间是否已事实解除收养关系的请示报告》收悉。

经我们研究认为,1937年王青芸两岁时被其伯父母王在起、许秀英夫妇收养,并共同生活了20年,这一收养事实为亲戚、朋友、当地群众、基层组织所承认,应依法予以保护。虽然王青芸于1957年将户口从王在起处迁出到其单位落户,后又迁入其生母处,但双方未以书面或口头协议公开解除收养关系。而且,王在起生前与王青芸有书信来往,并以父女相称,王青芸对王在起夫妇也尽有一些义务。据此,我们同意你院第一种意见,即以认定许秀英夫妇与王青芸的收养关系事实上未解除为妥。

以上意见,供参考。

最高人民法院关于毛玉堂与毛新国的收养关系能否成立的复函

1. 1993年1月30日发布

2. (92)民他字第44号

河南省高级人民法院:

你院关于毛玉堂与毛新国的收养关系能否成立的请示报告收悉。经研究认为:毛新国是毛玉堂的外孙,双方是直系血亲,不能建立收养关系。据此,我们同意你院审判委员会倾向性意见,即毛玉堂与毛新国之间的收养关系不能成立,毛新国不应列为毛玉堂死亡后的第一顺序继承人。鉴于毛新国在其母死亡后,对毛玉堂尽了主要赡养义务的情况,根据最高人民法院《关于贯彻执行〈中华人民共和国继承法〉若干问题的意见》第27条规定精神,在分割毛玉堂的遗产时,毛新国可以多分。

以上意见,供参考。

最高人民法院民事审判庭关于吴乱能否与养孙之间解除收养关系的请示的电话答复

1. 1988年8月30日发布

2. (88)民他字第32号

河北省高级人民法院:

你院报送的关于吴乱能否与养孙之间解除收养关系的请示报告收悉。经研究,我们认为,根据本案的实际情况,吴乱与孙翠楼双方自愿,虽有过继单,协商达成收养协议,公开以母子相称并按过继单规定给付吴乱生活费,已形成事实上的收养关系。但孙翠楼之子是在吴乱与孙翠楼收养关系成立后，随父一起去吴乱家的，吴乱与孙翠楼之子不存在收养关系。王果以及其子产到吴乱家后单方面对吴乱尽义务多年，他们之间实际上是抚养关系。在财产分割问题上，应考虑王果及其子尽义务多年，又要体现对丧失劳动能力的老人的照顾，对双方的个人财产，共同财产，合情合理合法进行分割。

最高人民法院民事审判庭关于田海和诉田莆民、田长友扶养费一案的电话答复

1. 1988年11月14日发布
2. (88)民他字第43号

安徽省高级人民法院：

你院《关于田海和诉田莆民、田长友扶养一案的请示》问题，经我们研究认为，此案不宜比照婚姻法第二十三条规定处理。现就该案有关问答复如下：

一、同意你院关于田海和与田长友之间收养关系不成立的意见。因为双方从未在一起生活过，田海和对田长友也没尽过抚养义务，事实上没有形成收养关系，“继书”不宜采纳。

二、田莆民与田海和之间订立的“承养字”没有法律约束力。

三、田海和是有残疾的成年人，不宜比照婚姻法第二十三条的规定处理，扩大该法律原文解释。

四、田海和生活困难问题请有关法院会同当地政府有关部门协商，作为社会救济，给予妥善安置。

最高人民法院民事审判庭关于夫妻一方死亡另一方将子女送他人收养是否应当征得愿意并有能力抚养的祖父母或外祖父母同意的电话答复

1. 1989年8月26日发布
2. 〔1989〕法民字第21号

山西省高级人民法院：

你院(1989)晋法民报字第1号“关于夫妻一方死亡，另一方将子女送他人收养是否应征得愿意并有能力抚养的祖父母或外祖父母同意”的请示报告收悉。经研究认为：“收养”这类问题，情况复杂，应区别不同情况，依据有关政策法律妥善处理。

我们对下面几种情况的意见：

一、根据《民法通则》第十六条，及我院《关于贯彻执行民事政策法律若干问题的意见》第三十七条规定，收养关系是否成立，送养方主要由生父母决定。

二、我院《关于贯彻执行民法通则若干问题的意见》第二十三条规定，是针对夫妻一方死亡，另一方将子女送他人收养，收养关系已经成立，其他有监护资格的人能否以未经其同意而主张该收养关系无效问题规定的。

三、在审判实际中对不同情况的处理，需要具体研究。诸如你院报告中列举的具体问题，夫妻一方死亡，另一方有抚养子女的能力而不愿尽抚养义务，以及另一方无抚养能力，且子女已经由有抚养能力，又愿意抚养的祖父母、外祖父母抚养的，为送养子女发生争议时，从有利于子女健康成长考虑，子女由祖父母或外祖父母继续抚养较为合适。

最高人民法院民事审判庭关于雷俊文诉张秋花、马国归还亲生子一案的电话答复

1. 1989年10月10日发布
2. 〔1989〕民他字第15号

山西省高级人民法院：

你院(1989)民报字第3号关于雷俊文诉马国归还亲生子一案的请示报告收悉。经研究认为：此案情况较为特殊，雷俊文夫妇违反计划生育政策和有关法律的规定，拒不采取措施节育，超生第二胎，为了逃避处罚，弄虚作假，对孩子不负责任；马国夫妇原有两个女孩，又擅自收下了雷俊文夫妇的孩子，也不符合计划生育的有关规定。双方当事人均有不同程度的过错。法院审理此案，如简单地就收养关系是否成立予以确认，将孩子判归哪一方抚养都违反计划生育政策。因此，可从该案实际出发，根据雷俊文夫妇确有“不要孩子”的表示，况且孩子已由马国夫妇抚养两年多等情况，从有利于孩子身

心健康不受影响考虑，对雷俊文夫妇归还亲子的诉讼请求，予以驳回为宜。但要注意过细地做当事人的思想工作，妥善处理，以防矛盾激化。以上意见，供参考。

最高人民法院民事审判庭关于对周德兴诉周阿金、杭根娣解除收养关系一案的电话答复

1. 1990年6月25日发布
2. (90)民他字第20号

江苏省高级人民法院民庭：

你庭请示的周德兴诉周阿金、杭根娣解除收养关系一案，经研究认为，周阿金、杭根娣夫妇与子女订立的《产权分配证据》不符合赠与的法律特征，其赠予关系不能成立。周阿金夫妇与子女订立《产权分配证据》系周阿金夫妇为保证晚年有所赡养的情况下订立的。因此，“赠与”房屋很难说完全反映了周阿金夫妇的真实意愿。本案《产权分配证据》以受赠人按月交付赡养费为条件，将赠与的无偿性变为有偿性，改变了赠予的性质。而且《产权分配证据》只有赠与人签名，没有受赠人签名，即未办理过户手续，产权人又未将产权证明与受赠人，也不符合赠予的形式要件。周阿金、杭根娣夫妇与周德兴是养父母和养子女关系。养父母将周德兴从小养大成人，周德兴对养父母具有法定的赡养义务。以取得财产为前提方对父母进行赡养，不仅违反了社会公德，而且违反了我国婚姻法第十五条“子女对父母有赡养扶助义务”的规定。

·典型案例·

张某诉沈阳市民政局民政解除收养行为纠纷案

原告张某。

委托代理人王丽英，沈阳市铁西区大众法律事务所法律工作者。

被告沈阳市民政局。机关所在地：沈阳市和平区图门路20号。

法定代表人李振发，局长。

委托代理人孙英，沈阳市民政局工作人员。

委托代理人肖长旭，沈阳市民政局工作人员。

第三人辛某。

委托代理人苑志强，辽宁众事达律师事务所律师。

第三人沈阳市儿童社会福利院。地址：沈阳市于洪区造化乡旺牛村。

法定代表人颜雪飞，院长。

第三人赵某。

第三人邱某。

原告张某诉被告沈阳市民政局民政解除收养行为一案，于2001年6月21日向本院提起行政诉讼。本院2001年6月25日受理后，依法组成合议庭，于2001年9月3日、2001年12月10日两次公开开庭审理了本案。原告张某及委托代理人王丽英、被告的委托代理人孙英、肖长旭、第三人辛某及委托代理人苑志强到庭参加了诉讼。第三人沈阳市儿童社会福利院、第三人赵某、邱某经本院合法传唤未到庭参加诉讼。本案现已审理完结。

2000年3月10日沈阳市民政局解除了张某、辛某与其养子的养父母子女关系。理由是辛某再婚。

原告诉称：张某与辛某于1992年4月结婚。1997年年初，二人共同收养一男孩，取名辛某某。1999年3月，张某与辛某协议离婚，议定养子辛某某由辛某抚养，张某以住房居住权作为抚养费给付辛某。2001年1月，辛某再婚并将养子辛某某私自送养给丹东市眼科医院护士长赵某、邱某夫妇，并改名为邱某某。2001年3月被告为赵某、邱某补办了领养手续，同时解除了与辛某的收养关系。原告认为，根据《婚姻法》、《收养法》的有关规定，被告不经原告同意私自解除了辛某与养子的抚养关系是违法的，而且被告无权解除原告与养子的抚养关系。被告解除收养关系的行为侵害了原告作为养父的合法权益。请求法院确认被告私自解除原告与养子的收养关系的行政行为无效。

被告于2001年8月28日向本院递交了答辩状，并在庭审中辩称：依据《收养法》及《中国公民收养子女登记办法》的规定，我局解除张某、辛某与其养子的收养关系合法有效。张某、辛某自愿解除与其养子的收养关系，其意思表示真实，手续齐全，程序合法。此外，原告起诉超过了起诉期限，因原告在2000年10月17日就已经知道了我局的行政行为。并向本院举出认定事实的证据：1. 2000年1月25日辛某的“申请书”；2. 2000

年2月20日辛某的“解除收养登记申请书”,上述证据用以证明辛某要求解除收养关系;3. 2000年3月8日辛某的“情况说明”,用以证明一方领养人查找不到,另一方领养人要求解除收养关系;4. 申请人送养情况证明;5. 接收单位情况证明;6. 解除收养审批情况证明;7. 张某与辛某的离婚协议书及离婚证;8. 1997年8月26日沈民收字第97053号收养证;9. 2000年10月17日张某的“关于说明养子情况的申请”,上述证据用以证明被告解除收养关系行为合法,要件齐全。被告还向本院提供了《中华人民共和国收养法》第一条、第二条、第十五条、第二十六条、第二十八条,《中国公民收养子女登记办法》第二条、第九条等法律依据,分别证明自己具有法定职权,做出解除收养登记行为适用法律正确,程序合法。

第三人辛某辩称,同意被告的观点。

第三人沈阳市儿童社会福利院、第三人赵某、邱某未到庭参加诉讼,亦未提出书面答辩。

在本庭审查时,原告对被告举证1、2有异议,认为辛某单方提出解除收养关系不符合法律规定。对被告举证3有异议,认为该证据不能证明查找不到原告,被告有义务查找原告。对被告举证4~8有异议,认为这些证据中只有辛某的情况,是辛某一个人办理的,没有征求原告的同意,违反法律规定。对被告举证9有异议,认为不能说明原告同意解除收养关系。第三人辛某对被告举证均无异议。

经本庭质证,对被告举证1、2、6、7、8、9,原告虽提出异议,但只是强调在原告没有到场的情况下,被告不应解除收养关系,对证据本身的真实性未作表示,且原告没有提供反驳证据,故本院对被告举证1、2、6、7、8、9依法予以采信。对被告举证3,因该证据是辛某单方出具的、用以证明解除收养关系时原告故意不到场一事,现原告予以否认,故本院对被告举证3依法不予采信。对被告举证4、5,被告以此证明其解除收养关系行为要件齐全,证据4“申请送养人情况证明”仅反映出辛某的自然情况,没有张某的自然情况,证据5“接收单位情况”中也没有沈阳市儿童社会福利院对养子是否同意接收的意见,故这两份证据不能实现被告的证明目的,本院依法不予采信。

依据上述有效证据,认定以下事实:1997年8月26日张某、辛某共同收养辛某某为养子,经沈阳市民政局登记并发放收养证。1999年3月30日张某、辛某协议离婚,议定养子由辛某抚养,男方张某不支付抚养费,位于沈阳市于洪区鸭绿江街18-8栋232号房屋离婚后承租代表人为辛某,其他财产协议分割。并取得离婚证。2000年1月25日、2000年2月20日辛某分别向沈阳市儿童社会福利院、沈阳市民政局提出申请,请求解除与养子的收养关系。2000年3月10日,沈阳市民政局准予辛某与其养子解除收养关系,并下发了“解除收养关系证明”。2000年10月17日,张某向沈阳市民政局提出申请,请求民政局出具书面材料,说明养子曾经是张某与辛某领养而不是二人婚生子女及张某与其已没有领养关系的事实。2001年6月20日张某向我院提起行政诉讼,请求确认沈阳市民政局解除张某与养子的收养关系的行政行为无效。

本院认为:被告沈阳市民政局依据《中华人民共和国收养法》第十五条、第二十八条,《中国公民收养子女登记办法》第二条的规定,办理收养登记和解除收养登记,具有法定职权。但被告不能提供在其解除收养关系时张某是否到场以及收养人、送养人解除协议的证据,被告在收养人之一的张某没有到场、收养人、送养人没有解除协议的情况下,作出解除张某、辛某与养子收养关系登记的行为,违反了《中华人民共和国收养法》第二十六条“收养人在被收养人成年以前,不得解除收养关系,但收养人、送养人双方协议解除的除外……”和《中国公民收养子女登记办法》第九条“收养关系当事人协议解除收养关系的,应当持居民户口簿、居民身份证、收养登记证和解除收养关系的书面协议,共同到被收养人常住户口所在地的收养登记机关办理解除收养关系登记”的规定,故被告作出的解除收养关系登记行为缺少法定要件,其行为主要证据不足,且程序违法。原告要求确认被告解除收养关系的行政行为无效,因被告作出的该行政行为不属于无效的行政行为,而属于可撤销的行政行为。但由于被收养人辛某某已经被第三人赵某、邱某收养,改名为邱某某,并于2000年3月29日经沈阳市民政局核准登记。按照《中华人民共和国收养法》第二条“收养应当有利于被收养的未成年人的抚养、成长,保障被收养人和收养人的合法权益,遵循平等自愿的原则,并不得违背社会公德”的规定,且赵某、邱某收养邱某某并经民政部门登记的行为未被任何有权机关予以撤销,对赵某、邱某收养邱某某的收养行为应当予以保护。故应当确认被告解除张某、辛某与其养子的收养关系的行为违法。被告称原告起诉超过法定起诉期限的观点，没有事实根据及法律依据，本院不予采纳。原告要求追回被辛某非法送给他人的孩子的请求，没有法律依据，本院不予支持。依照《中华人民共和国行政诉讼法》第五十四条第（二）项第1、3目和最高人民法院《关于执行〈中华人民共和国行政诉讼法〉若干问题的解释》第五十六条第（四）项、第五十七条第二款第（二）项的规定，判决如下：

一、确认沈阳市民政局2000年3月10日作出的解除张某、辛某与辛某某的收养关系的具体行政行为违法。

二、驳回原告其他诉讼请求。

案件受理费100元由被告负担。

如不服本判决，可在判决书送达之日起十五日内，向本院递交上诉状，并按对方当事人的人数提出副本，上诉于辽宁省沈阳市中级人民法院。

甄某等与广州市番禺区人口和计划生育局征收社会抚养费纠纷上诉案

上诉人（原审原告）甄某。

上诉人（原审原告）陈某。

两上诉人共同委托代理人甄某某。

被上诉人（原审被告）广州市番禺区人口和计划生育局。地址：广州市番禺区市桥街盛泰路计生综合楼。

法定代表人黄锡洪，职务：局长。

委托代理人龚卫国、龚敏玲，该局工作人员。

上诉人甄某、陈某因诉广州市番禺区人口和计划生育局作出征收社会抚养费决定一案，不服广州市番禺区人民法院（2007）番法行初字第3号行政判决，向本院提起上诉。本院依法组成合议庭，对本案进行了审理，现已审理终结。

原审法院认为：根据《广东省人口与计划生育条例》第六条规定，县级以上人民政府计划生育行政部门主管计划生育工作，在本行政区域内负责本条例的具体实施和监督检查。因此，被告广州市番禺区人口和计划生育局主管本区域内的计划生育工作。《中华人民共和国收养法》第六条规定："收养人应当同时具备下列条件：（一）无子女；……"《关于解决我市居民收养子女落户有关问题的通知》（穗府〔2000〕13号文）第三条规定："对1992年4月1日后至1997年6月25日前，抱养人有子女不符合收养条件又私下抱养非社会福利机构抚养的查找不到生父母的弃婴、儿童的，本着'实事求是，妥善处理'的原则，由计生部门按每抱养一个弃婴、儿童10000元的标准征收计划外生育费……"本案中，两原告已育有两名子女，因此，两原告收养女婴不符合上述收养条件。被告经过调查，认定两原告于1994年8月违法收养一名女婴，从而对两原告作出征决字〔2006〕第14010号《社会抚养费征收决定书》，根据《关于解决我市居民收养子女落户有关问题的通知》第三条的规定，决定对两原告征收社会抚养费10000元，认定事实清楚，证据充分，适用法律正确，程序合法。原告主张的收养时间是1992年2月8日，由于上述时间只是谭某某捡拾女婴时间，且当时两原告只是代谭某某抚养女婴，由谭某某支付抚养费至1994年8月，因此，两原告收养女孩的时间应是1994年8月，因此，对于原告的主张，法院不予支持。综上所述，依照《中华人民共和国行政诉讼法》第五十四条第（一）项的规定，判决：维持被告广州市番禺区人口和计划生育局于2006年9月14日作出征决字〔2006〕第14010号《征收社会抚养费决定书》。

上诉人甄某，陈某不服原审判决，向本院上诉称：谭某某于1992年2月8日拾到女婴，放在上诉人处抚养。平均每月资助约400元，被上诉人当时已经知道情况，却一直不处理此事。两年后谭某某不再资助，上诉人无奈只好继续抚养。因此弃婴自出生至今一直由陈某抚养，并不是一审与被上诉人认定的上诉人在替谭某某抚养孩子。上诉人自1992年2月8日出生就抚养孩子，被上诉人错误更改时间为1994年8月，规避了《关于解决我市居民收养子女落户问题有关问题的通知》第二条"1992年4月以前抱养不收费"的规定，错误引用第三条向上诉人无理收费，事实定性错误。一审法院回避上诉人陈述的主要部分，错误维持被上诉人的收费决定，对上诉人不公平。请求：一、撤销一审判决；二、撤销征决字〔2006〕第14010号《征收社会抚养费决定书》。

被上诉人广州市番禺区人口和计划生育局答辩同意原审判决。

经审理查明：上诉人甄某与陈某夫妇均为广州市番禺区新造镇新造社区居民。分别于1972年、1974年生育儿子甄广某、甄亮某。1992年2月8日，案外人谭某某捡到一名女婴，即雇请两上诉人照料女婴，并每月支付托养费400元。1994年8月，谭某某以与该女婴无感情为由停止支付托养费，但两上诉人继续收养该女婴至今。2005年11月22日，被上诉人对两上诉人作出征决字〔2005〕第14022号《社会抚养费征收决定》，认定两上诉人违反计划生育的相关规定，决定对两上诉人征收社会抚养费20244元。后又以法律条款适用错误为由，作出《关于撤销征收决字〔2005〕第14022号〈社会抚养费征收决定书〉的通知》，撤销了上述决定。2006年9月14日，被上诉人重新对两上诉人作出征决字〔2006〕第14010号《社会抚养费征收决定》，认定两上诉人于1994年8月违法收养一名女婴，根据《关于解决我市居民收养子女落户有关问题的通知》（穗府〔2000〕13号）第三条的规定，决定对两上诉人征收社会抚养费10000元。两上诉人不服该征费决定，遂提起行政诉讼。

本院认为：《中华人民共和国收养法》第六条规定："收养人应当同时具备下列条件：（一）无子女；……"两上诉人育有两个儿子，再抱养弃婴不符合上述法律规定。《关于解决我市居民收养子女落户有关问题的通知》（穗府〔2000〕13号）第三条规定："对1992年4月1日后至1997年6月25日前，抱养人有子女不符合收养条件又私下抱养非社会福利机构抚养的查找不到生父母的弃婴、儿童的，本着'实事求是，妥善处理'的原则，由计生部门按每抱养一个弃婴、儿童10000元的标准征收计划外生育费……"两上诉人于1994年8月收养弃婴，被上诉人对其作出征决字〔2006〕第14010号《社会抚养费征收决定》认定事实清楚，适用法律正确，原审法院予以维持并无不当，本院予以维持。关于上诉人主张收养时间的问题，原审法院已予以查明认定，本院予以确认。综上所述，依照《中华人民共和国行政诉讼法》第六十一条第（一）项的规定，判决如下：

驳回上诉，维持原判。

二审案件受理费50元由两上诉人负担。

本判决为终审判决。

4. 家庭生活保障

(1)最低生活保障

城市居民最低生活保障条例

1. 1999年9月28日国务院令第271号公布
2. 自1999年10月1日起施行

第一条 为了规范城市居民最低生活保障制度,保障城市居民基本生活,制定本条例。

第二条 持有非农业户口的城市居民,凡共同生活的家庭成员人均收入低于当地城市居民最低生活保障标准的,均有从当地人民政府获得基本生活物质帮助的权利。

前款所称收入,是指共同生活的家庭成员的全部货币收入和实物收入,包括法定赡养人、扶养人或者抚养人应当给付的赡养费、扶养费或者抚养费,不包括优抚对象按照国家规定享受的抚恤金、补助金。

第三条 城市居民最低生活保障制度遵循保障城市居民基本生活的原则,坚持国家保障与社会帮扶相结合、鼓励劳动自救的方针。

第四条 城市居民最低生活保障制度实行地方各级人民政府负责制。县级以上地方各级人民政府民政部门具体负责本行政区域内城市居民最低生活保障的管理工作;财政部门按照规定落实城市居民最低生活保障资金;统计、物价、审计、劳动保障和人事等部门分工负责,在各自的职责范围内负责城市居民最低生活保障的有关工作。

县级人民政府民政部门以及街道办事处和镇人民政府(以下统称管理审批机关)负责城市居民最低生活保障的具体管理审批工作。

居民委员会根据管理审批机关的委托,可以承担城市居民最低生活保障的日常管理、服务工作。

国务院民政部门负责全国城市居民最低生活保障的管理工作。

第五条 城市居民最低生活保障所需资金,由地方人民政府列入财政预算,纳入社会救济专项资金支出项目,专项管理,专款专用。

国家鼓励社会组织和个人为城市居民最低生活保障提供捐赠、资助;所提供的捐赠资助,全部纳入当地城市居民最低生活保障资金。

第六条 城市居民最低生活保障标准,按照当地维持城市居民基本生活所必需的衣、食、住费用,并适当考虑水电燃煤(燃气)费用以及未成年人的义务教育费用确定。

直辖市、设区的市的城市居民最低生活保障标准,由市人民政府民政部门会同财政、统计、物价等部门制定,报本级人民政府批准并公布执行;县(县级市)的城市居民最低生活保障标准,由县(县级市)人民政府民政部门会同财政、统计、物价等部门制定,报本级人民政府批准并报上一级人民政府备案后公布执行。

城市居民最低生活保障标准需要提高时,依照前两款的规定重新核定。

第七条 申请享受城市居民最低生活保障待遇,由户主向户籍所在地的街道办事处或者镇人民政府提出书面申请,并出具有关证明材料,填写《城市居民最低生活保障待遇审批表》。城市居民最低生活保障待遇,由其所在地的街道办事处或者镇人民政府初审,并将有关材料和初审意见报送县级人民政府民政部门审批。

管理审批机关为审批城市居民最低生活保障待遇的需要,可以通过入户调查、邻里访问以及信函索证等方式对申请人的家庭经济状况和实际生活水平进行调查核实。申请人及有关单位、组织或者个人应当接受调查,如实提供有关情况。

第八条 县级人民政府民政部门经审查,对符合享受城市居民最低生活保障待遇条件的家庭,应当区分下列不同情况批准其享受城市居民最低生活保障待遇:

(一)对无生活来源、无劳动能力又无法定赡养人、扶养人或者抚养人的城市居民,批准其按照当地城市居民最低生活保障标准全额享受;

(二)对尚有一定收入的城市居民,批准其按照家庭人均收入低于当地城市居民最低生活保障标准的差额享受。

县级人民政府民政部门经审查,对不符合享受城市居民最低生活保障待遇条件的,应当书面通知申请人,并说明理由。

管理审批机关应当自接到申请人提出申请之日

起的30日内办结审批手续。

城市居民最低生活保障待遇由管理审批机关以货币形式按月发放；必要时，也可以给付实物。

第九条　对经批准享受城市居民最低生活保障待遇的城市居民，由管理审批机关采取适当形式以户为单位予以公布，接受群众监督。任何人对不符合法定条件而享受城市居民最低生活保障待遇的，都有权向管理审批机关提出意见；管理审批机关经核查，对情况属实的，应当予以纠正。

第十条　享受城市居民最低生活保障待遇的城市居民家庭人均收入情况发生变化的，应当及时通过居民委员会告知管理审批机关，办理停发、减发或者增发城市居民最低生活保障待遇的手续。

管理审批机关应当对享受城市居民最低生活保障待遇的城市居民的家庭收入情况定期进行核查。

在就业年龄内有劳动能力但尚未就业的城市居民，在享受城市居民最低生活保障待遇期间，应当参加其所在的居民委员会组织的公益性社区服务劳动。

第十一条　地方各级人民政府及其有关部门，应当对享受城市居民最低生活保障待遇的城市居民在就业、从事个体经营等方面给予必要的扶持和照顾。

第十二条　财政部门、审计部门依法监督城市居民最低生活保障资金的使用情况。

第十三条　从事城市居民最低生活保障管理审批工作的人员有下列行为之一的，给予批评教育，依法给予行政处分；构成犯罪的，依法追究刑事责任：

（一）对符合享受城市居民最低生活保障待遇条件的家庭拒不签署同意享受城市居民最低生活保障待遇意见的，或者对不符合享受城市居民最低生活保障待遇条件的家庭故意签署同意享受城市居民最低生活保障待遇意见的；

（二）玩忽职守、徇私舞弊，或者贪污、挪用、扣压、拖欠城市居民最低生活保障款物的。

第十四条　享受城市居民最低生活保障待遇的城市居民有下列行为之一的，由县级人民政府民政部门给予批评教育或者警告，追回其冒领的城市居民最低生活保障款物；情节恶劣的，处冒领金额1倍以上3倍以下的罚款：

（一）采取虚报、隐瞒、伪造等手段，骗取享受城市居民最低生活保障待遇的；

（二）在享受城市居民最低生活保障待遇期间家庭收入情况好转，不按规定告知管理审批机关，继续享受城市居民最低生活保障待遇的。

第十五条　城市居民对县级人民政府民政部门作出的不批准享受城市居民最低生活保障待遇或者减发、停发城市居民最低生活保障款物的决定或者给予的行政处罚不服的，可以依法申请行政复议；对复议决定仍不服的，可以依法提起行政诉讼。

第十六条　省、自治区、直辖市人民政府可以根据本条例，结合本行政区域城市居民最低生活保障工作的实际情况，规定实施的办法和步骤。

第十七条　本条例自1999年10月1日起施行。

社会救助暂行办法

1. 2014年2月21日国务院令第649号公布
2. 根据2019年3月2日国务院令第709号《关于修改部分行政法规的决定》修订

第一章　总　　则

第一条　为了加强社会救助，保障公民的基本生活，促进社会公平，维护社会和谐稳定，根据宪法，制定本办法。

第二条　社会救助制度坚持托底线、救急难、可持续，与其他社会保障制度相衔接，社会救助水平与经济社会发展水平相适应。

社会救助工作应当遵循公开、公平、公正、及时的原则。

第三条　国务院民政部门统筹全国社会救助体系建设。国务院民政、应急管理、卫生健康、教育、住房城乡建设、人力资源社会保障、医疗保障等部门，按照各自职责负责相应的社会救助管理工作。

县级以上地方人民政府民政、应急管理、卫生健康、教育、住房城乡建设、人力资源社会保障、医疗保障等部门，按照各自职责负责本行政区域内相应的社会救助管理工作。

前两款所列行政部门统称社会救助管理部门。

第四条　乡镇人民政府、街道办事处负责有关社会救助的申请受理、调查审核，具体工作由社会救助经办机构或者经办人员承担。

村民委员会、居民委员会协助做好有关社会救助工作。

第五条 县级以上人民政府应当将社会救助纳入国民经济和社会发展规划,建立健全政府领导、民政部门牵头、有关部门配合、社会力量参与的社会救助工作协调机制,完善社会救助资金、物资保障机制,将政府安排的社会救助资金和社会救助工作经费纳入财政预算。

社会救助资金实行专项管理,分账核算,专款专用,任何单位或者个人不得挤占挪用。社会救助资金的支付,按照财政国库管理的有关规定执行。

第六条 县级以上人民政府应当按照国家统一规划建立社会救助管理信息系统,实现社会救助信息互联互通、资源共享。

第七条 国家鼓励、支持社会力量参与社会救助。

第八条 对在社会救助工作中作出显著成绩的单位、个人,按照国家有关规定给予表彰、奖励。

第二章 最低生活保障

第九条 国家对共同生活的家庭成员人均收入低于当地最低生活保障标准,且符合当地最低生活保障家庭财产状况规定的家庭,给予最低生活保障。

第十条 最低生活保障标准,由省、自治区、直辖市或者设区的市级人民政府按照当地居民生活必需的费用确定、公布,并根据当地经济社会发展水平和物价变动情况适时调整。

最低生活保障家庭收入状况、财产状况的认定办法,由省、自治区、直辖市或者设区的市级人民政府按照国家有关规定制定。

第十一条 申请最低生活保障,按照下列程序办理:

(一)由共同生活的家庭成员向户籍所在地的乡镇人民政府、街道办事处提出书面申请;家庭成员申请有困难的,可以委托村民委员会、居民委员会代为提出申请。

(二)乡镇人民政府、街道办事处应当通过入户调查、邻里访问、信函索证、群众评议、信息核查等方式,对申请人的家庭收入状况、财产状况进行调查核实,提出初审意见,在申请人所在村、社区公示后报县级人民政府民政部门审批。

(三)县级人民政府民政部门经审查,对符合条件的申请予以批准,并在申请人所在村、社区公布;对不符合条件的申请不予批准,并书面向申请人说明理由。

第十二条 对批准获得最低生活保障的家庭,县级人民政府民政部门按照共同生活的家庭成员人均收入低于当地最低生活保障标准的差额,按月发给最低生活保障金。

对获得最低生活保障后生活仍有困难的老年人、未成年人、重度残疾人和重病患者,县级以上地方人民政府应当采取必要措施给予生活保障。

第十三条 最低生活保障家庭的人口状况、收入状况、财产状况发生变化的,应当及时告知乡镇人民政府、街道办事处。

县级人民政府民政部门以及乡镇人民政府、街道办事处应当对获得最低生活保障家庭的人口状况、收入状况、财产状况定期核查。

最低生活保障家庭的人口状况、收入状况、财产状况发生变化的,县级人民政府民政部门应当及时决定增发、减发或者停发最低生活保障金;决定停发最低生活保障金的,应当书面说明理由。

第三章 特困人员供养

第十四条 国家对无劳动能力、无生活来源且无法定赡养、抚养、扶养义务人,或者其法定赡养、抚养、扶养义务人无赡养、抚养、扶养能力的老年人、残疾人以及未满16周岁的未成年人,给予特困人员供养。

第十五条 特困人员供养的内容包括:

(一)提供基本生活条件;

(二)对生活不能自理的给予照料;

(三)提供疾病治疗;

(四)办理丧葬事宜。

特困人员供养标准,由省、自治区、直辖市或者设区的市级人民政府确定、公布。

特困人员供养应当与城乡居民基本养老保险、基本医疗保障、最低生活保障、孤儿基本生活保障等制度相衔接。

第十六条 申请特困人员供养,由本人向户籍所在地的乡镇人民政府、街道办事处提出书面申请;本人申请有困难的,可以委托村民委员会、居民委员会代为提出申请。

特困人员供养的审批程序适用本办法第十一条规定。

第十七条 乡镇人民政府、街道办事处应当及时了解掌握居民的生活情况,发现符合特困供养条件的人员,应当主动为其依法办理供养。

第十八条　特困供养人员不再符合供养条件的，村民委员会、居民委员会或者供养服务机构应当告知乡镇人民政府、街道办事处，由乡镇人民政府、街道办事处审核并报县级人民政府民政部门核准后，终止供养并予以公示。

第十九条　特困供养人员可以在当地的供养服务机构集中供养，也可以在家分散供养。特困供养人员可以自行选择供养形式。

第四章　受灾人员救助

第二十条　国家建立健全自然灾害救助制度，对基本生活受到自然灾害严重影响的人员，提供生活救助。

自然灾害救助实行属地管理，分级负责。

第二十一条　设区的市级以上人民政府和自然灾害多发、易发地区的县级人民政府应当根据自然灾害特点、居民人口数量和分布等情况，设立自然灾害救助物资储备库，保障自然灾害发生后救助物资的紧急供应。

第二十二条　自然灾害发生后，县级以上人民政府或者人民政府的自然灾害救助应急综合协调机构应当根据情况紧急疏散、转移、安置受灾人员，及时为受灾人员提供必要的食品、饮用水、衣被、取暖、临时住所、医疗防疫等应急救助。

第二十三条　灾情稳定后，受灾地区县级以上人民政府应当评估、核定并发布自然灾害损失情况。

第二十四条　受灾地区人民政府应当在确保安全的前提下，对住房损毁严重的受灾人员进行过渡性安置。

第二十五条　自然灾害危险消除后，受灾地区人民政府应急管理等部门应当及时核实本行政区域内居民住房恢复重建补助对象，并给予资金、物资等救助。

第二十六条　自然灾害发生后，受灾地区人民政府应当为因当年冬寒或者次年春荒遇到生活困难的受灾人员提供基本生活救助。

第五章　医疗救助

第二十七条　国家建立健全医疗救助制度，保障医疗救助对象获得基本医疗卫生服务。

第二十八条　下列人员可以申请相关医疗救助：

（一）最低生活保障家庭成员；

（二）特困供养人员；

（三）县级以上人民政府规定的其他特殊困难人员。

第二十九条　医疗救助采取下列方式：

（一）对救助对象参加城镇居民基本医疗保险或者新型农村合作医疗的个人缴费部分，给予补贴；

（二）对救助对象经基本医疗保险、大病保险和其他补充医疗保险支付后，个人及其家庭难以承担的符合规定的基本医疗自负费用，给予补助。

医疗救助标准，由县级以上人民政府按照经济社会发展水平和医疗救助资金情况确定、公布。

第三十条　申请医疗救助的，应当向乡镇人民政府、街道办事处提出，经审核、公示后，由县级人民政府民政部门审批。最低生活保障家庭成员和特困供养人员的医疗救助，由县级人民政府医疗保障部门直接办理。

第三十一条　县级以上人民政府应当建立健全医疗救助与基本医疗保险、大病保险相衔接的医疗费用结算机制，为医疗救助对象提供便捷服务。

第三十二条　国家建立疾病应急救助制度，对需要急救但身份不明或者无力支付急救费用的急重危伤病患者给予救助。符合规定的急救费用由疾病应急救助基金支付。

疾病应急救助制度应当与其他医疗保障制度相衔接。

第六章　教育救助

第三十三条　国家对在义务教育阶段就学的最低生活保障家庭成员、特困供养人员，给予教育救助。

对在高中教育（含中等职业教育）、普通高等教育阶段就学的最低生活保障家庭成员、特困供养人员，以及不能入学接受义务教育的残疾儿童，根据实际情况给予适当教育救助。

第三十四条　教育救助根据不同教育阶段需求，采取减免相关费用、发放助学金、给予生活补助、安排勤工助学等方式实施，保障教育救助对象基本学习、生活需求。

第三十五条　教育救助标准，由省、自治区、直辖市人民政府根据经济社会发展水平和教育救助对象的基本学习、生活需求确定、公布。

第三十六条　申请教育救助，应当按照国家有关规定向就读学校提出，按规定程序审核、确认后，由学校按照国家有关规定实施。

第七章 住房救助

第三十七条 国家对符合规定标准的住房困难的最低生活保障家庭、分散供养的特困人员，给予住房救助。

第三十八条 住房救助通过配租公共租赁住房、发放住房租赁补贴、农村危房改造等方式实施。

第三十九条 住房困难标准和救助标准，由县级以上地方人民政府根据本行政区域经济社会发展水平、住房价格水平等因素确定、公布。

第四十条 城镇家庭申请住房救助的，应当经由乡镇人民政府、街道办事处或者直接向县级人民政府住房保障部门提出，经县级人民政府民政部门审核家庭收入、财产状况和县级人民政府住房保障部门审核家庭住房状况并公示后，对符合申请条件的申请人，由县级人民政府住房保障部门优先给予保障。

农村家庭申请住房救助的，按照县级以上人民政府有关规定执行。

第四十一条 各级人民政府按照国家规定通过财政投入、用地供应等措施为实施住房救助提供保障。

第八章 就业救助

第四十二条 国家对最低生活保障家庭中有劳动能力并处于失业状态的成员，通过贷款贴息、社会保险补贴、岗位补贴、培训补贴、费用减免、公益性岗位安置等办法，给予就业救助。

第四十三条 最低生活保障家庭有劳动能力的成员均处于失业状态的，县级以上地方人民政府应当采取有针对性的措施，确保该家庭至少有一人就业。

第四十四条 申请就业救助的，应当向住所地街道、社区公共就业服务机构提出，公共就业服务机构核实后予以登记，并免费提供就业岗位信息、职业介绍、职业指导等就业服务。

第四十五条 最低生活保障家庭中有劳动能力但未就业的成员，应当接受人力资源社会保障等有关部门介绍的工作；无正当理由，连续3次拒绝接受介绍的与其健康状况、劳动能力等相适应的工作的，县级人民政府民政部门应当决定减发或者停发其本人的最低生活保障金。

第四十六条 吸纳就业救助对象的用人单位，按照国家有关规定享受社会保险补贴、税收优惠、小额担保贷款等就业扶持政策。

第九章 临时救助

第四十七条 国家对因火灾、交通事故等意外事件，家庭成员突发重大疾病等原因，导致基本生活暂时出现严重困难的家庭，或者因生活必需支出突然增加超出家庭承受能力，导致基本生活暂时出现严重困难的最低生活保障家庭，以及遭遇其他特殊困难的家庭，给予临时救助。

第四十八条 申请临时救助的，应当向乡镇人民政府、街道办事处提出，经审核、公示后，由县级人民政府民政部门审批；救助金额较小的，县级人民政府民政部门可以委托乡镇人民政府、街道办事处审批。情况紧急的，可以按照规定简化审批手续。

第四十九条 临时救助的具体事项、标准，由县级以上地方人民政府确定、公布。

第五十条 国家对生活无着的流浪、乞讨人员提供临时食宿、急病救治、协助返回等救助。

第五十一条 公安机关和其他有关行政机关的工作人员在执行公务时发现流浪、乞讨人员的，应当告知其向救助管理机构求助。对其中的残疾人、未成年人、老年人和行动不便的其他人员，应当引导、护送到救助管理机构；对突发急病人员，应当立即通知急救机构进行救治。

第十章 社会力量参与

第五十二条 国家鼓励单位和个人等社会力量通过捐赠、设立帮扶项目、创办服务机构、提供志愿服务等方式，参与社会救助。

第五十三条 社会力量参与社会救助，按照国家有关规定享受财政补贴、税收优惠、费用减免等政策。

第五十四条 县级以上地方人民政府可以将社会救助中的具体服务事项通过委托、承包、采购等方式，向社会力量购买服务。

第五十五条 县级以上地方人民政府应当发挥社会工作服务机构和社会工作者作用，为社会救助对象提供社会融入、能力提升、心理疏导等专业服务。

第五十六条 社会救助管理部门及相关机构应当建立社会力量参与社会救助的机制和渠道，提供社会救助项目、需求信息，为社会力量参与社会救助创造条件、提供便利。

第十一章 监督管理

第五十七条 县级以上人民政府及其社会救助管理部

门应当加强对社会救助工作的监督检查,完善相关监督管理制度。

第五十八条 申请或者已获得社会救助的家庭,应当按照规定如实申报家庭收入状况、财产状况。

县级以上人民政府民政部门根据申请或者已获得社会救助家庭的请求、委托,可以通过户籍管理、税务、社会保险、不动产登记、工商登记、住房公积金管理、车船管理等单位和银行、保险、证券等金融机构,代为查询、核对其家庭收入状况、财产状况;有关单位和金融机构应当予以配合。

县级以上人民政府民政部门应当建立申请和已获得社会救助家庭经济状况信息核对平台,为审核认定社会救助对象提供依据。

第五十九条 县级以上人民政府社会救助管理部门和乡镇人民政府、街道办事处在履行社会救助职责过程中,可以查阅、记录、复制与社会救助事项有关的资料,询问与社会救助事项有关的单位、个人,要求其对相关情况作出说明,提供相关证明材料。有关单位、个人应当如实提供。

第六十条 申请社会救助,应当按照本办法的规定提出;申请人难以确定社会救助管理部门的,可以先向社会救助经办机构或者县级人民政府民政部门求助。社会救助经办机构或者县级人民政府民政部门接到求助后,应当及时办理或者转交其他社会救助管理部门办理。

乡镇人民政府、街道办事处应当建立统一受理社会救助申请的窗口,及时受理、转办申请事项。

第六十一条 履行社会救助职责的工作人员对在社会救助工作中知悉的公民个人信息,除按照规定应当公示的信息外,应当予以保密。

第六十二条 县级以上人民政府及其社会救助管理部门应当通过报刊、广播、电视、互联网等媒体,宣传社会救助法律、法规和政策。

县级人民政府及其社会救助管理部门应当通过公共查阅室、资料索取点、信息公告栏等便于公众知晓的途径,及时公开社会救助资金、物资的管理和使用等情况,接受社会监督。

第六十三条 履行社会救助职责的工作人员行使职权,应当接受社会监督。

任何单位、个人有权对履行社会救助职责的工作人员在社会救助工作中的违法行为进行举报、投诉。受理举报、投诉的机关应当及时核实、处理。

第六十四条 县级以上人民政府财政部门、审计机关依法对社会救助资金、物资的筹集、分配、管理和使用实施监督。

第六十五条 申请或者已获得社会救助的家庭或者人员,对社会救助管理部门作出的具体行政行为不服的,可以依法申请行政复议或者提起行政诉讼。

第十二章 法律责任

第六十六条 违反本办法规定,有下列情形之一的,由上级行政机关或者监察机关责令改正;对直接负责的主管人员和其他直接责任人员依法给予处分:

(一)对符合申请条件的救助申请不予受理的;

(二)对符合救助条件的救助申请不予批准的;

(三)对不符合救助条件的救助申请予以批准的;

(四)泄露在工作中知悉的公民个人信息,造成后果的;

(五)丢失、篡改接受社会救助款物、服务记录等数据的;

(六)不按照规定发放社会救助资金、物资或者提供相关服务的;

(七)在履行社会救助职责过程中有其他滥用职权、玩忽职守、徇私舞弊行为的。

第六十七条 违反本办法规定,截留、挤占、挪用、私分社会救助资金、物资的,由有关部门责令追回;有违法所得的,没收违法所得;对直接负责的主管人员和其他直接责任人员依法给予处分。

第六十八条 采取虚报、隐瞒、伪造等手段,骗取社会救助资金、物资或者服务的,由有关部门决定停止社会救助,责令退回非法获取的救助资金、物资,可以处非法获取的救助款额或者物资价值 1 倍以上 3 倍以下的罚款;构成违反治安管理行为的,依法给予治安管理处罚。

第六十九条 违反本办法规定,构成犯罪的,依法追究刑事责任。

第十三章 附 则

第七十条 本办法自 2014 年 5 月 1 日起施行。

国务院关于在全国建立农村最低生活保障制度的通知

1. 2007年7月11日发布
2. 国发〔2007〕19号

为贯彻落实党的十六届六中全会精神，切实解决农村贫困人口的生活困难，国务院决定，2007年在全国建立农村最低生活保障制度。现就有关问题通知如下：

一、充分认识建立农村最低生活保障制度的重要意义

改革开放以来，我国经济持续快速健康发展，党和政府高度重视“三农”工作，不断加大扶贫开发和社会救助工作力度，农村贫困人口数量大幅减少。但是，仍有部分贫困人口尚未解决温饱问题，需要政府给予必要的救助，以保障其基本生活，并帮助其中有劳动能力的人积极劳动脱贫致富。党的十六大以来，部分地区根据中央部署，积极探索建立农村最低生活保障制度，为全面解决农村贫困人口的基本生活问题打下了良好基础。在全国建立农村最低生活保障制度，是践行“三个代表”重要思想、落实科学发展观和构建社会主义和谐社会的必然要求，是解决农村贫困人口温饱问题的重要举措，也是建立覆盖城乡的社会保障体系的重要内容。做好这一工作，对于促进农村经济社会发展，逐步缩小城乡差距，维护社会公平具有重要意义。各地区、各部门要充分认识建立农村最低生活保障制度的重要性，将其作为社会主义新农村建设的一项重要任务，高度重视，扎实推进。

二、明确建立农村最低生活保障制度的目标和总体要求

建立农村最低生活保障制度的目标是：通过在全国范围建立农村最低生活保障制度，将符合条件的农村贫困人口全部纳入保障范围，稳定、持久、有效地解决全国农村贫困人口的温饱问题。

建立农村最低生活保障制度，实行地方人民政府负责制，按属地进行管理。各地要从当地农村经济社会发展水平和财力状况的实际出发，合理确定保障标准和对象范围。同时，要做到制度完善、程序明确、操作规范、方法简便，保证公开、公平、公正。要实行动态管理，做到保障对象有进有出，补助水平有升有降。要与扶贫开发、促进就业以及其他农村社会保障政策、生活性补助措施相衔接，坚持政府救济与家庭赡养扶养、社会互助、个人自立相结合，鼓励和支持有劳动能力的贫困人口生产自救，脱贫致富。

三、合理确定农村最低生活保障标准和对象范围

农村最低生活保障标准由县级以上地方人民政府按照能够维持当地农村居民全年基本生活所必需的吃饭、穿衣、用水、用电等费用确定，并报上一级地方人民政府备案后公布执行。农村最低生活保障标准要随着当地生活必需品价格变化和人民生活水平提高适时进行调整。

农村最低生活保障对象是家庭年人均纯收入低于当地最低生活保障标准的农村居民，主要是因病残、年老体弱、丧失劳动能力以及生存条件恶劣等原因造成生活常年困难的农村居民。

四、规范农村最低生活保障管理

农村最低生活保障的管理既要严格规范，又要从农村实际出发，采取简便易行的方法。

（一）申请、审核和审批。申请农村最低生活保障，一般由户主本人向户籍所在地的乡（镇）人民政府提出申请；村民委员会受乡（镇）人民政府委托，也可受理申请。受乡（镇）人民政府委托，在村党组织的领导下，村民委员会对申请人开展家庭经济状况调查、组织村民会议或村民代表会议民主评议后提出初步意见，报乡（镇）人民政府；乡（镇）人民政府审核后，报县级人民政府民政部门审批。乡（镇）人民政府和县级人民政府民政部门要核查申请人的家庭收入，了解其家庭财产、劳动力状况和实际生活水平，并结合村民民主评议，提出审核、审批意见。在核算申请人家庭收入时，申请人家庭按国家规定所获得的优待抚恤金、计划生育奖励与扶助金以及教育、见义勇为等方面的奖励性补助，一般不计入家庭收入，具体核算办法由地方人民政府确定。

（二）民主公示。村民委员会、乡（镇）人民政府以及县级人民政府民政部门要及时向社会公布有关信息，接受群众监督。公示的内容重点为：最低生活保障对象的申请情况和对最低生活保障对象的民主评议意见，审核、审批意见，实际补助水平等情况。对公示没有异议的，要按程序及时落实申请人的最低生活保障待遇；对公示有异议的，要进行调查核实，认真处理。

（三）资金发放。最低生活保障金原则上按照申请人家庭年人均纯收入与保障标准的差额发放，也可以在核查申请人家庭收入的基础上，按照其家庭的困难程度和类别，分档发放。要加快推行国库集中支付方式，通过代理金融机构直接、及时地将最低生活保障金支付到最低生活保障对象账户。

（四）动态管理。乡（镇）人民政府和县级人民政府民政部门要采取多种形式，定期或不定期调查了解农村困难群众的生活状况，及时将符合条件的困难群众纳入保障范围；并根据其家庭经济状况的变化，及时按程序办理停发、减发或增发最低生活保障金的手续。保障对象和补助水平变动情况都要及时向社会公示。

五、落实农村最低生活保障资金

农村最低生活保障资金的筹集以地方为主，地方各级人民政府要将农村最低生活保障资金列入财政预算，省级人民政府要加大投入。地方各级人民政府民政部门要根据保障对象人数等提出资金需求，经同级财政部门审核后列入预算。中央财政对财政困难地区给予适当补助。

地方各级人民政府及其相关部门要统筹考虑农村各项社会救助制度，合理安排农村最低生活保障资金，提高资金使用效益。同时，鼓励和引导社会力量为农村最低生活保障提供捐赠和资助。农村最低生活保障资金实行专项管理，专账核算，专款专用，严禁挤占挪用。

六、加强领导，确保农村最低生活保障制度的顺利实施

在全国建立农村最低生活保障制度，是一项重大而又复杂的系统性工作。地方各级人民政府要高度重视，将其纳入政府工作的重要议事日程，加强领导，明确责任，统筹协调，抓好落实。

要精心设计制度方案，周密组织实施。各省、自治区、直辖市人民政府制订和修订的方案，要报民政部、财政部备案。已建立农村最低生活保障制度的，要进一步完善制度，规范操作，努力提高管理水平；尚未建立农村最低生活保障制度的，要抓紧建章立制，在今年内把最低生活保障制度建立起来并组织实施。要加大政策宣传力度，利用广播、电视、报刊、互联网等媒体，做好宣传普及工作，使农村最低生活保障政策进村入户、家喻户晓。要加强协调与配合，各级民政部门要发挥职能部门作用，建立健全各项规章制度，推进信息化建设，不断提高规范化、制度化、科学化管理水平；财政部门要落实资金，加强对资金使用和管理的监督；扶贫部门要密切配合、搞好衔接，在最低生活保障制度实施后，仍要坚持开发式扶贫的方针，扶持有劳动能力的贫困人口脱贫致富。要做好新型农村合作医疗和农村医疗救助工作，防止因病致贫或返贫。要加强监督检查，县级以上地方人民政府及其相关部门要定期组织检查或抽查，对违法违纪行为及时纠正处理，对工作成绩突出的予以表彰，并定期向上一级人民政府及其相关部门报告工作进展情况。各省、自治区、直辖市人民政府要于每年年底前，将农村最低生活保障制度实施情况报告国务院。

农村最低生活保障工作涉及面广、政策性强、工作量大，地方各级人民政府在推进农村综合改革，加强农村公共服务能力建设的过程中，要统筹考虑建立农村最低生活保障制度的需要，科学整合县乡管理机构及人力资源，合理安排工作人员和工作经费，切实加强工作力量，提供必要的工作条件，逐步实现低保信息化管理，努力提高管理和服务质量，确保农村最低生活保障制度顺利实施和不断完善。

特困人员认定办法

1. 2021年4月26日民政部发布
2. 民发〔2021〕43号

第一章　总　　则

第一条　根据《社会救助暂行办法》、《国务院关于进一步健全特困人员救助供养制度的意见》、《中共中央办公厅 国务院办公厅印发〈关于改革完善社会救助制度的意见〉的通知》及国家相关规定，制定本办法。

第二条　特困人员认定工作应当遵循以下原则：

（一）应救尽救，应养尽养；

（二）属地管理，分级负责；

（三）严格规范，高效便民；

（四）公开、公平、公正。

第三条　县级以上地方人民政府民政部门统筹做好本行政区域内特困人员认定及救助供养工作。

县级人民政府民政部门负责特困人员认定的审核确认工作，乡镇人民政府（街道办事处）负责特困人员认定的受理、初审工作。村（居）民委员会协助做好相关工作。

第二章　认定条件

第四条　同时具备以下条件的老年人、残疾人和未成年人，应当依法纳入特困人员救助供养范围：

（一）无劳动能力；

（二）无生活来源；

（三）无法定赡养、抚养、扶养义务人或者其法定义务人无履行义务能力。

第五条　符合下列情形之一的，应当认定为本办法所称的无劳动能力：

（一）60周岁以上的老年人；

（二）未满16周岁的未成年人；

（三）残疾等级为一、二、三级的智力、精神残疾人，残疾等级为一、二级的肢体残疾人，残疾等级为一级的视力残疾人；

（四）省、自治区、直辖市人民政府规定的其他情形。

第六条　收入低于当地最低生活保障标准，且财产符合当地特困人员财产状况规定的，应当认定为本办法所称的无生活来源。

前款所称收入包括工资性收入、经营净收入、财产净收入、转移净收入等各类收入。中央确定的城乡居民基本养老保险基础养老金、基本医疗保险等社会保险和优待抚恤金、高龄津贴不计入在内。

第七条　特困人员财产状况认定标准由设区的市级以上地方人民政府民政部门制定，并报同级地方人民政府同意。

第八条　法定义务人符合下列情形之一的，应当认定为本办法所称的无履行义务能力：

（一）特困人员；

（二）60周岁以上的最低生活保障对象；

（三）70周岁以上的老年人，本人收入低于当地上年人均可支配收入，且其财产符合当地低收入家庭财产状况规定的；

（四）重度残疾人和残疾等级为三级的智力、精神残疾人，本人收入低于当地上年人均可支配收入，且其财产符合当地低收入家庭财产状况规定的；

（五）无民事行为能力、被宣告失踪或者在监狱服刑的人员，且其财产符合当地低收入家庭财产状况规定的；

（六）省、自治区、直辖市人民政府规定的其他情形。

第九条　同时符合特困人员救助供养条件和孤儿、事实无人抚养儿童认定条件的未成年人，选择申请纳入孤儿、事实无人抚养儿童基本生活保障范围的，不再认定为特困人员。

第三章　申请及受理

第十条　申请特困人员救助供养，应当由本人向户籍所在地乡镇人民政府（街道办事处）提出书面申请。本人申请有困难的，可以委托村（居）民委员会或者他人代为提出申请。

申请材料主要包括本人有效身份证明，劳动能力、生活来源、财产状况以及赡养、抚养、扶养情况的书面声明，承诺所提供信息真实、完整的承诺书，残疾人应当提供中华人民共和国残疾人证。

申请人及其法定义务人应当履行授权核查家庭经济状况的相关手续。

第十一条　乡镇人民政府（街道办事处）、村（居）民委员会应当及时了解掌握辖区内居民的生活情况，发现可能符合特困人员救助供养条件的，应当告知其救助供养政策，对因无民事行为能力或者限制民事行为能力等原因无法提出申请的，应当主动帮助其申请。

第十二条　乡镇人民政府（街道办事处）应当对申请人或者其代理人提交的材料进行审查，材料齐备的，予以受理；材料不齐备的，应当一次性告知申请人或者其代理人补齐所有规定材料。

第四章　审核确认

第十三条　乡镇人民政府（街道办事处）应当自受理申请之日起15个工作日内，通过入户调查、邻里访问、信函索证、信息核对等方式，对申请人的经济状况、实际生活状况以及赡养、抚养、扶养状况等进行调查核实，并提出初审意见。

申请人以及有关单位、组织或者个人应当配合调查，如实提供有关情况。村（居）民委员会应当协助乡镇人民政府（街道办事处）开展调查核实。

第十四条　调查核实过程中，乡镇人民政府（街道办事处）可视情组织民主评议，在村（居）民委员会协助下，对申请人书面声明内容的真实性、完整性及调查核实结果的客观性进行评议。

第十五条　乡镇人民政府（街道办事处）应当将初审意

见及时在申请人所在村（社区）公示。公示期为7天。

公示期满无异议的，乡镇人民政府（街道办事处）应当将初审意见连同申请、调查核实等相关材料报送县级人民政府民政部门。对公示有异议的，乡镇人民政府（街道办事处）应当重新组织调查核实，在15个工作日内提出初审意见，并重新公示。

第十六条 县级人民政府民政部门应当全面审核乡镇人民政府（街道办事处）上报的申请材料、调查材料和初审意见，按照不低于30%的比例随机抽查核实，并在15个工作日内提出确认意见。

第十七条 对符合救助供养条件的申请，县级人民政府民政部门应当及时予以确认，建立救助供养档案，从确认之日下月起给予救助供养待遇，并通过乡镇人民政府（街道办事处）在申请人所在村（社区）公布。

第十八条 不符合条件、不予同意的，县级人民政府民政部门应当在作出决定3个工作日内，通过乡镇人民政府（街道办事处）书面告知申请人或者其代理人并说明理由。

第十九条 特困人员救助供养标准城乡不一致的地区，对于拥有承包土地或者参加农村集体经济收益分配的特困人员，一般给予农村特困人员救助供养待遇。实施易地扶贫搬迁至城镇地区的，给予城市特困人员救助供养待遇。

第五章 生活自理能力评估

第二十条 县级人民政府民政部门应当在乡镇人民政府（街道办事处）、村（居）民委员会协助下，对特困人员生活自理能力进行评估，并根据评估结果，确定特困人员应当享受的照料护理标准档次。

有条件的地方，可以委托第三方机构开展特困人员生活自理能力评估。

第二十一条 特困人员生活自理能力，一般依据以下6项指标综合评估：

（一）自主吃饭；

（二）自主穿衣；

（三）自主上下床；

（四）自主如厕；

（五）室内自主行走；

（六）自主洗澡。

第二十二条 根据本办法第二十一条规定内容，特困人员生活自理状况6项指标全部达到的，可以视为具备生活自理能力；有3项以下（含3项）指标不能达到的，可以视为部分丧失生活自理能力；有4项以上（含4项）指标不能达到的，可以视为完全丧失生活自理能力。

第二十三条 特困人员生活自理能力发生变化的，本人、照料服务人、村（居）民委员会或者供养服务机构应当通过乡镇人民政府（街道办事处）及时报告县级人民政府民政部门，县级人民政府民政部门应当自接到报告之日起10个工作日内组织复核评估，并根据评估结果及时调整特困人员生活自理能力认定类别。

第六章 终止救助供养

第二十四条 特困人员有下列情形之一的，应当及时终止救助供养：

（一）死亡或者被宣告死亡、被宣告失踪；

（二）具备或者恢复劳动能力；

（三）依法被判处刑罚，且在监狱服刑；

（四）收入和财产状况不再符合本办法第六条规定；

（五）法定义务人具有了履行义务能力或者新增具有履行义务能力的法定义务人；

（六）自愿申请退出救助供养。

特困人员中的未成年人，可继续享有救助供养待遇至18周岁；年满18周岁仍在接受义务教育或者在普通高中、中等职业学校就读的，可继续享有救助供养待遇。

第二十五条 特困人员不再符合救助供养条件的，本人、照料服务人、村（居）民委员会或者供养服务机构应当及时告知乡镇人民政府（街道办事处），由乡镇人民政府（街道办事处）调查核实并报县级人民政府民政部门核准。

县级人民政府民政部门、乡镇人民政府（街道办事处）在工作中发现特困人员不再符合救助供养条件的，应当及时办理终止救助供养手续。

第二十六条 对拟终止救助供养的特困人员，县级人民政府民政部门应当通过乡镇人民政府（街道办事处），在其所在村（社区）或者供养服务机构公示。公示期为7天。

公示期满无异议的，县级人民政府民政部门应当作出终止决定并从下月起终止救助供养。对公示有异议的，县级人民政府民政部门应当组织调查核实，在15个工作日内作出是否终止救助供养决定，并重新公示。对决定终止救助供养的，应当通过乡镇人民政府（街道办事处）将终止理由书面告知当事人、村（居）民委员会。

第二十七条　对终止救助供养的原特困人员，符合最低生活保障、临时救助等其他社会救助条件的，应当按规定及时纳入相应救助范围。

第七章　附　　则

第二十八条　有条件的地方可将审核确认权限下放至乡镇人民政府（街道办事处），县级民政部门加强监督指导。

第二十九条　本办法自2021年7月1日起施行。2016年10月10日民政部印发的《特困人员认定办法》同时废止。

最低生活保障审核确认办法

1. 2021年6月11日民政部发布
2. 民发〔2021〕57号

第一章　总　　则

第一条　为规范最低生活保障审核确认工作，根据《社会救助暂行办法》、《中共中央办公厅 国务院办公厅印发〈关于改革完善社会救助制度的意见〉的通知》及国家相关规定，制定本办法。

第二条　县级人民政府民政部门负责最低生活保障的审核确认工作，乡镇人民政府（街道办事处）负责最低生活保障的受理、初审工作。村（居）民委员会协助做好相关工作。

有条件的地方可按程序将最低生活保障审核确认权限下放至乡镇人民政府（街道办事处），县级民政部门加强监督指导。

第三条　县级以上地方人民政府民政部门应当加强本辖区内最低生活保障审核确认工作的规范管理和相关服务，促进最低生活保障工作公开、公平、公正。

第二章　申请和受理

第四条　申请最低生活保障以家庭为单位，由申请家庭确定一名共同生活的家庭成员作为申请人，向户籍所在地乡镇人民政府（街道办事处）提出书面申请；实施网上申请受理的地方，可以通过互联网提出申请。

第五条　共同生活的家庭成员户籍所在地不在同一省（自治区、直辖市）的，可以由其中一个户籍所在地与经常居住地一致的家庭成员向其户籍所在地提出申请；共同生活的家庭成员户籍所在地与经常居住地均不一致的，可由任一家庭成员向其户籍所在地提出申请。最低生活保障审核确认、资金发放等工作由申请受理地县级人民政府民政部门和乡镇人民政府（街道办事处）负责，其他有关县级人民政府民政部门和乡镇人民政府（街道办事处）应当配合做好相关工作。

共同生活的家庭成员户籍所在地在同一省（自治区、直辖市）但不在同一县（市、区、旗）的，最低生活保障的申请受理、审核确认等工作按照各省（自治区、直辖市）有关规定执行。

有条件的地区可以有序推进持有居住证人员在居住地申办最低生活保障。

第六条　共同生活的家庭成员申请有困难的，可以委托村（居）民委员会或者其他人代为提出申请。委托申请的，应当办理相应委托手续。

乡镇人民政府（街道办事处）、村（居）民委员会在工作中发现困难家庭可能符合条件，但是未申请最低生活保障的，应当主动告知其共同生活的家庭成员相关政策。

第七条　共同生活的家庭成员包括：

（一）配偶；

（二）未成年子女；

（三）已成年但不能独立生活的子女，包括在校接受全日制本科及以下学历教育的子女；

（四）其他具有法定赡养、扶养、抚养义务关系并长期共同居住的人员。

下列人员不计入共同生活的家庭成员：

（一）连续三年以上（含三年）脱离家庭独立生活的宗教教职人员；

（二）在监狱内服刑、在戒毒所强制隔离戒毒或者宣告失踪人员；

（三）省级人民政府民政部门根据本条原则和有关程序认定的其他人员。

第八条　符合下列情形之一的人员，可以单独提出申请：

（一）最低生活保障边缘家庭中持有中华人民共

和国残疾人证的一级、二级重度残疾人和三级智力残疾人、三级精神残疾人；

（二）最低生活保障边缘家庭中患有当地有关部门认定的重特大疾病的人员；

（三）脱离家庭、在宗教场所居住三年以上（含三年）的生活困难的宗教教职人员；

（四）县级以上人民政府民政部门规定的其他特殊困难人员。

最低生活保障边缘家庭一般指不符合最低生活保障条件，家庭人均收入低于当地最低生活保障标准1.5倍，且财产状况符合相关规定的家庭。

第九条 申请最低生活保障，共同生活的家庭成员应当履行以下义务：

（一）按规定提交相关申请材料；

（二）承诺所提供的信息真实、完整；

（三）履行授权核对其家庭经济状况的相关手续；

（四）积极配合开展家庭经济状况调查。

第十条 乡镇人民政府（街道办事处）应当对提交的材料进行审查，材料齐备的，予以受理；材料不齐备的，应当一次性告知补齐所有规定材料；可以通过国家或地方政务服务平台查询获取的相关材料，不再要求重复提交。

第十一条 对于已经受理的最低生活保障家庭申请，共同生活家庭成员与最低生活保障经办人员或者村（居）民委员会成员有近亲属关系的，乡镇人民政府（街道办事处）应当单独登记备案。

第三章 家庭经济状况调查

第十二条 家庭经济状况指共同生活家庭成员拥有的全部家庭收入和家庭财产。

第十三条 家庭收入指共同生活的家庭成员在规定期限内获得的全部现金及实物收入。主要包括：

（一）工资性收入。工资性收入指就业人员通过各种途径得到的全部劳动报酬和各种福利并扣除必要的就业成本，包括因任职或者受雇而取得的工资、薪金、奖金、劳动分红、津贴、补贴以及与任职或者受雇有关的其他所得等。

（二）经营净收入。经营净收入指从事生产经营及有偿服务活动所获得全部经营收入扣除经营费用、生产性固定资产折旧和生产税之后得到的收入。包括从事种植、养殖、采集及加工等农林牧渔业的生产收入，从事工业、建筑业、手工业、交通运输业、批发和零售贸易业、餐饮业、文教卫生业和社会服务业等经营及有偿服务活动的收入等。

（三）财产净收入。财产净收入指出让动产和不动产，或将动产和不动产交由其他机构、单位或个人使用并扣除相关费用之后得到的收入，包括储蓄存款利息、有价证券红利、储蓄性保险投资以及其他股息和红利等收入，集体财产收入分红和其他动产收入，以及转租承包土地经营权、出租或者出让房产以及其他不动产收入等。

（四）转移净收入。转移净收入指转移性收入扣减转移性支出之后的收入。其中，转移性收入指国家、机关企事业单位、社会组织对居民的各种经常性转移支付和居民之间的经常性收入转移，包括赡养（抚养、扶养）费、离退休金、失业保险金、遗属补助金、赔偿收入、接受捐赠（赠送）收入等；转移性支出指居民对国家、企事业单位、社会组织、居民的经常性转移支出，包括缴纳的税款、各项社会保障支出、赡养支出以及其他经常性转移支出等。

（五）其他应当计入家庭收入的项目。

下列收入不计入家庭收入：

（一）国家规定的优待抚恤金、计划生育奖励与扶助金、奖学金、见义勇为等奖励性补助；

（二）政府发放的各类社会救助款物；

（三）"十四五"期间，中央确定的城乡居民基本养老保险基础养老金；

（四）设区的市级以上地方人民政府规定的其他收入。

对于共同生活的家庭成员因残疾、患重病等增加的刚性支出、必要的就业成本等，在核算家庭收入时可按规定适当扣减。

第十四条 家庭财产指共同生活的家庭成员拥有的全部动产和不动产。动产主要包括银行存款、证券、基金、商业保险、债权、互联网金融资产以及车辆等。不动产主要包括房屋、林木等定着物。对于维持家庭生产生活的必需财产，可以在认定家庭财产状况时予以豁免。

第十五条 乡镇人民政府（街道办事处）应当自受理最低生活保障申请之日起3个工作日内，启动家庭经济状况调查工作。调查可以通过入户调查、邻里访问、信函索证或者提请县级人民政府民政部门开展家庭经济状况信息核对等方式进行。

共同生活家庭成员经常居住地与户籍所在地不一致的，经常居住地县级人民政府民政部门和乡镇人民政府（街道办事处）应当配合开展家庭经济状况调查、动态管理等相关工作。

第十六条 乡镇人民政府（街道办事处）可以在村（居）民委员会协助下，通过下列方式对申请家庭的经济状况和实际生活情况予以调查核实。每组调查人员不得少于2人。

（一）入户调查。调查人员到申请家庭中了解家庭收入、财产情况和吃、穿、住、用等实际生活情况。入户调查结束后，调查人员应当填写入户调查表，并由调查人员和在场的共同生活家庭成员分别签字。

（二）邻里访问。调查人员到申请家庭所在村（居）民委员会和社区，走访了解其家庭收入、财产和实际生活状况。

（三）信函索证。调查人员以信函等方式向相关单位和部门索取有关佐证材料。

（四）其他调查方式。

发生重大突发事件时，前款规定的入户调查、邻里访问程序可以采取电话、视频等非接触方式进行。

第十七条 县级人民政府民政部门应当在收到乡镇人民政府（街道办事处）对家庭经济状况进行信息核对提请后3个工作日内，启动信息核对程序，根据工作需要，依法依规查询共同生活家庭成员的户籍、纳税记录、社会保险缴纳、不动产登记、市场主体登记、住房公积金缴纳、车船登记，以及银行存款、商业保险、证券、互联网金融资产等信息。

县级人民政府民政部门可以根据当地实际情况，通过家庭用水、用电、燃气、通讯等日常生活费用支出，以及是否存在高收费学校就读（含入托、出国留学）、出国旅游等情况，对家庭经济状况进行辅助评估。

第十八条 经家庭经济状况信息核对，不符合条件的最低生活保障申请，乡镇人民政府（街道办事处）应当及时告知申请人。

申请人有异议的，应当提供相关佐证材料；乡镇人民政府（街道办事处）应当组织开展复查。

第四章 审 核 确 认

第十九条 乡镇人民政府（街道办事处）应当根据家庭经济状况调查核实情况，提出初审意见，并在申请家庭所在村、社区进行公示。公示期为7天。公示期满无异议的，乡镇人民政府（街道办事处）应当及时将申请材料、家庭经济状况调查核实结果、初审意见等相关材料报送县级人民政府民政部门。

公示有异议的，乡镇人民政府（街道办事处）应当对申请家庭的经济状况重新组织调查或者开展民主评议。调查或者民主评议结束后，乡镇人民政府（街道办事处）应当重新提出初审意见，连同申请材料、家庭经济状况调查核实结果等相关材料报送县级人民政府民政部门。

第二十条 县级人民政府民政部门应当自收到乡镇人民政府（街道办事处）上报的申请材料、家庭经济状况调查核实结果和初审意见等材料后10个工作日内，提出审核确认意见。

对单独登记备案或者在审核确认阶段接到投诉、举报的最低生活保障申请，县级人民政府民政部门应当入户调查。

第二十一条 县级人民政府民政部门经审核，对符合条件的申请予以确认同意，同时确定救助金额，发放最低生活保障证或确认通知书，并从作出确认同意决定之日下月起发放最低生活保障金。对不符合条件的申请不予确认同意，并应当在作出决定3个工作日内，通过乡镇人民政府（街道办事处）书面告知申请人并说明理由。

第二十二条 最低生活保障审核确认工作应当自受理之日起30个工作日之内完成；特殊情况下，可以延长至45个工作日。

第二十三条 最低生活保障金可以按照审核确定的申请家庭人均收入与当地最低生活保障标准的实际差额计算；也可以根据申请家庭困难程度和人员情况，采取分档方式计算。

第二十四条 县级人民政府民政部门应当在最低生活保障家庭所在村、社区公布最低生活保障申请人姓名、家庭成员数量、保障金额等信息。

信息公布应当依法保护个人隐私，不得公开无关信息。

第二十五条 最低生活保障金原则上实行社会化发放，通过银行、信用社等代理金融机构，按月支付到最低生活保障家庭的账户。

第二十六条 乡镇人民政府（街道办事处）或者村（居）

民委会相关工作人员代为保管用于领取最低生活保障金的银行存折或银行卡的，应当与最低生活保障家庭成员签订书面协议并报县级人民政府民政部门备案。

第二十七条　对获得最低生活保障后生活仍有困难的老年人、未成年人、重度残疾人和重病患者，县级以上地方人民政府应当采取必要措施给予生活保障。

第二十八条　未经申请受理、家庭经济状况调查、审核确认等程序，不得将任何家庭或者个人直接纳入最低生活保障范围。

第五章　管理和监督

第二十九条　共同生活的家庭成员无正当理由拒不配合最低生活保障审核确认工作的，县级人民政府民政部门和乡镇人民政府（街道办事处）可以终止审核确认程序。

第三十条　最低生活保障家庭的人口状况、收入状况和财产状况发生变化的，应当及时告知乡镇人民政府（街道办事处）。

第三十一条　乡镇人民政府（街道办事处）应当对最低生活保障家庭的经济状况定期核查，并根据核查情况及时报县级人民政府民政部门办理最低生活保障金增发、减发、停发手续。

对短期内经济状况变化不大的最低生活保障家庭，乡镇人民政府（街道办事处）每年核查一次；对收入来源不固定、家庭成员有劳动能力的最低生活保障家庭，每半年核查一次。核查期内最低生活保障家庭的经济状况没有明显变化的，不再调整最低生活保障金额度。

发生重大突发事件时，前款规定的核查期限可以适当延长。

第三十二条　县级人民政府民政部门作出增发、减发、停发最低生活保障金决定，应当符合法定事由和规定程序；决定减发、停发最低生活保障金的，应当告知最低生活保障家庭成员并说明理由。

第三十三条　鼓励具备就业能力的最低生活保障家庭成员积极就业。对就业后家庭人均收入超过当地最低生活保障标准的最低生活保障家庭，县级人民政府民政部门可以给予一定时间的渐退期。

第三十四条　最低生活保障家庭中有就业能力但未就业的成员，应当接受人力资源社会保障等有关部门介绍的工作；无正当理由，连续3次拒绝接受介绍的与其健康状况、劳动能力等相适应的工作的，县级人民政府民政部门应当决定减发或者停发其本人的最低生活保障金。

第三十五条　县级以上人民政府民政部门应当加强对最低生活保障审核确认工作的监督检查，完善相关的监督检查制度。

第三十六条　县级以上地方人民政府民政部门和乡镇人民政府（街道办事处）应当公开社会救助服务热线，受理咨询、举报和投诉，接受社会和群众对最低生活保障审核确认工作的监督。

第三十七条　县级以上地方人民政府民政部门和乡镇人民政府（街道办事处）对接到的实名举报，应当逐一核查，并及时向举报人反馈核查处理结果。

第三十八条　申请或者已经获得最低生活保障的家庭成员对于民政部门作出的具体行政行为不服的，可以依法申请行政复议或者提起行政诉讼。

第三十九条　从事最低生活保障工作的人员存在滥用职权、玩忽职守、徇私舞弊、失职渎职等行为的，应当依法依规追究相关责任。对秉持公心、履职尽责但因客观原因出现失误偏差且能够及时纠正的，依法依规免于问责。

第六章　附　　则

第四十条　省（自治区、直辖市）人民政府民政部门可以根据本办法，结合本地实际，制定实施细则，并报民政部备案。

第四十一条　本办法由民政部负责解释。

第四十二条　本办法自2021年7月1日起施行，2012年12月12日民政部印发的《最低生活保障审核审批办法（试行）》（民发〔2012〕220号）同时废止。

民政部关于进一步加强城市低保对象认定工作的通知

1. 2010年6月13日发布
2. 民函〔2010〕140号

各省、自治区、直辖市民政厅（局），各计划单列市民政局，新疆生产建设兵团民政局：

近年来，我国政府在城市低保方面的财政投入越来越大，低保标准和低保对象的救助水平都有了较大幅度的提高，这对于保障困难群众的基本生活，维护社会稳定发挥了重要作用。但是，从最近的检查以及国家审计署对部分地区低保工作审计反馈的情况看，还存在低保对象认定不够准确问题，个别地方还相当突出。为进一步规范城市低保管理工作，落实好“全国社会救助规范管理工作会议”精神，现就进一步做好城市低保对象认定工作通知如下：

一、进一步完善低保对象认定制度

低保对象认定是城市低保工作的核心环节。只有准确认定低保对象，才能确保这项民生实事真正落到实处，才能确保困难群众的基本生活真正得到保障，也才能确保“应保尽保”的制度目标顺利实现。针对近期一些地方暴露出的低保对象认定不准问题，各地要严肃查处，并举一反三，认真总结经验教训，切实加强制度建设，从根本上杜绝低保对象认定工作中的各种漏洞。

各地要按照党中央、国务院的新要求，根据我国经济社会形势的新变化，及时修订完善《城市居民最低生活保障条例》实施办法或实施细则，制定并实施城市低保操作规程，从资格条件、申请审批、收入核定、分类施保、动态管理、退出机制等各方面作出规定，努力做到制度完善、规定明确、有章可依、便于操作。

二、进一步规范低保对象认定条件

（一）规范户籍认定条件。根据《城市居民最低生活保障条例》的有关规定，享受城市低保待遇的必须是持有非农业户口的城市居民。在取消农业户口和非农业户口划分的地区，原则上可将户籍所在地为城镇行政区域且居住超过一定期限、不拥有承包土地、不参加农村集体经济收益分配等作为申请城市低保的户籍条件。对于户口不在一起的城市家庭，应首先将户口迁移到一起，然后再申请低保。因特殊原因无法将户口迁移到一起的，应由户主在其户籍所在地提出低保申请，其他家庭成员分别提供收入证明。原则上，户籍不在本地的家庭成员应申请享受其户籍所在地的低保待遇；特殊情况也可随户主一起申请享受居住地的低保待遇。申请享受居住地低保待遇的，应由其户籍所在地乡镇（街道）政府或村（居）民委员会出具未享受低保待遇的证明。家庭生活确有困难，且已丧失劳动能力的成年重度残疾人，应在单独立户后申请低保。

（二）规范家庭财产的类别和条件。家庭财产是指共同生活的家庭成员所拥有的有价证券、存款、房产、车辆等资产。各地应将家庭财产作为认定城市低保对象的重要依据。对于拥有大额存款、有价证券、多套房产、机动车、经营性资产等财产的家庭，各地应根据财产类型规定不同的条件，并依据这些条件来认定低保对象。

（三）规范家庭收入的类别和计算方法。家庭收入是指共同生活的家庭成员在规定期限内的全部可支配收入，包括扣除缴纳的个人所得税及个人按规定缴纳的社会保障性支出后的工资性收入、经营性净收入、财产性收入和转移性收入等。家庭人均月收入是否低于当地低保标准，是能否享受低保待遇的基本条件。

（四）规范家庭收入的减免类型和金额。根据《城市居民最低生活保障条例》规定，优抚对象按照国家规定享受的抚恤金、补助金不计入家庭收入。其他可以减免的类型如独生子女费、孤残儿童基本生活费等，应由当地人民政府作出明确规定。

各地在认定城市低保对象时，要按照户籍条件、家庭财产条件、家庭收入条件，认真操作，严格把关。对破产改制企业下岗职工、城镇集体企业未参保退休人员以及失地农民等家庭申请低保的，应及时受理申请，符合条件的及时纳入城市低保救助范围；不符合低保救助条件，但生活确有困难的，应通过临时救助等方式保障其基本生活。

三、进一步改进低保对象认定方法

（一）由街道、乡镇低保经办机构直接受理低保申请。受街道或乡镇低保经办机构委托受理低保申请的社区居民委员会，要将申请人提交的所有材料以及家庭经济状况调查结果全部上交到街道或者乡镇低保经办机构，不得自行作出不予受理或不符合低保条件的决定。

（二）入户调查应存录原始资料。入户调查和邻里走访应由两人以上同行，并详细、真实记录低保申请人家庭生活情况，以备街道和区（县）级民政部门审核、审批时查验。

（三）民主评议应规范、简便，讲求实效。民主评议的参加人员应为社区居民委员会成员、街道及社区低保工作人员、居民代表以及驻社区人大代表、政协委员等，总人数不得少于7人，并定期轮换。评议时，应充分了解低保申请家庭的情况，必要时，可向低保申请人或者其代理人询问。民主评议应采取无记名的方式使与会人员充分表达意见，并当场公布评议结果。评议结果无论同意与否，都应上报街道、乡镇低保经办机构。

（四）张榜公示应限定范围和时间。一般情况下，公示的范围应限于低保申请人所居住的社区居委会，不提倡在互联网站上公示；公示的内容应仅限于拟批准享受低保的户主姓名、家庭人口数及享受金额，应注意保护其家庭特别是儿童的隐私；对于老年人家庭、残疾人家庭等家庭收入无变化或变化不大的，不宜实行常年公示。

（五）县级民政部门应建立随机抽查制度。要对低保家庭实行分类管理，对于家庭收入无变化或者变化不大的家庭，可每年复核一次；对于家庭收入处于经常变动状态的，至少每半年复核一次。县级民政部门要加强随机抽查力度，每年抽查数量应分别不少于新申请低保家庭总数和已有低保家庭总数的20%。

（六）加快推进居民家庭收入核对机制建设。要按照《城市低收入家庭认定办法》（民发〔2008〕156号）的有关要求，认真分析居民家庭收入核对涉及的部门和机构，精心研究各类居民家庭收入信息共享的办法和措施，根据居民家庭收入的不同类型，尽快与税务、房地产、社会保险、公积金、车辆、工商、金融等部门协商收入核对的具体程序和办法，建立分层次、多类别、高效率、运转灵活的居民家庭收入核对运行机制。

四、做好低保对象认定排查工作

从现在起到今年年底，各地要组织开展一次针对城市低保对象认定工作的排查。一是查制度规定。确保与低保对象认定有关的各项制度健全、翔实，符合国家有关法规政策和当地实际情况。二是查制度落实。通过排查，准确掌握低保对象的基本信息，进一步摸清他们的实际生活状况，对符合低保条件的要实现“应保尽保”，对不符合低保条件的要“应退尽退”。三是查问题纠正。对有关部门反映的低保工作中存在的问题，以及群众举报、信访等个案，要认真核查，及时纠正。排查的具体形式由当地民政部门决定，并将有关情况及时报民政部。

民政部、国家发展改革委员会、财政部、国家统计局关于进一步规范城乡居民最低生活保障标准制定和调整工作的指导意见

1. 2011年5月11日发布
2. 民发〔2011〕80号

各省、自治区、直辖市民政厅（局）、发展改革委（物价局）、财政厅（局）、统计局，新疆生产建设兵团民政局、发展改革委、财务局、统计局，国家统计局各调查总队：

为进一步规范城乡居民最低生活保障（以下简称城乡低保）标准的制定和调整工作，根据《城市居民最低生活保障条例》（国务院令第271号，以下简称《条例》）和《国务院关于在全国建立农村最低生活保障制度的通知》（国发〔2007〕19号，以下简称《通知》）有关规定，结合各地的实践经验和做法，提出以下指导意见：

一、深刻认识规范城乡低保标准制定和调整工作的重要意义

低保标准是城乡低保制度的关键环节，是界定低保范围、核定低保对象、确定补助水平以及安排补助资金的重要依据。近年来，各地按照《条例》和《通知》要求，在科学制定和调整低保标准方面不断探索完善，取得了一定成效。但是，从全国情况看，城乡低保标准的制定和调整工作还存在一些需要规范的问题。如，一些地方缺乏必要论证和科学测算，简单参照扶贫标准或全国平均低保标准来制定和调整低保标准，难以真实反映当地居民的基本生活需求，甚至导致保障面过宽而影响了低保对象劳动就业的积极性；还有一些地方没有及时根据经济社会发展水平和财政承受能力，随着生活必需品的价格变化和人民生活水平的提高而适时调整低保标准，影响了低保制度实施效果和困难群众基本生活保障力度。为确保城乡低保制度平稳运行，真正发挥好最后一道社会安全网的保障作用，各地要统一思想，提高认识，将规范城乡低保标准制定和调整工作作为当前健全完善城乡低保制度的一项重要任务，加强领导，精心组织，切实

抓紧、抓实、抓好。

二、准确把握城乡低保标准制定和调整的指导思想和基本原则

（一）指导思想。进一步规范城乡低保标准制定和调整工作，要深入贯彻落实科学发展观，按照党的十七届五中全会关于“努力实现居民收入增长和经济发展同步，低收入者收入明显增加”和“实现城乡社会救助全覆盖”的总体要求，以《条例》和《通知》为根本依据，以确保困难群众基本生活为核心目标，不断提高城乡低保标准制定和调整的科学化、精细化和规范化水平。

（二）基本原则。进一步规范城乡低保标准制定和调整工作，必须结合当地社会救助事业发展实际，不断完善和创新机制。要坚持科学性原则，以维持当地居民基本生活所必需的消费品支出数据为基础，科学测算，充分论证；坚持合理性原则，统筹考虑困难群众基本生活保障需要、当地经济社会发展水平和财力状况，使城乡低保标准与失业保险、最低工资、扶贫开发等政策标准合理衔接；坚持动态性原则，建立和完善城乡低保标准与物价上涨挂钩的联动机制，并随着当地居民生活必需品价格变化和人民生活水平的提高定期调整城乡低保标准；坚持规范性原则，制定和调整城乡低保标准要严格遵循有关政策规定和程序规范，确保公开、公正和透明。

三、科学确定城乡低保标准制定和调整的方法

各地在制定和调整城乡低保标准时，可以采用基本生活费用支出法、恩格尔系数法或消费支出比例法。

（一）基本生活费用支出法。

城乡低保标准根据当地居民基本生活费用支出确定，包括必需食品消费支出和非食品类生活必需品支出两部分。用公式表示为：

城乡低保标准＝必需食品消费支出＋非食品类生活必需品支出

其中，必需食品消费支出通过市场调查确定当地食品必需品消费清单（即标准食物清单）、根据中国营养学会推荐的能量摄入量（见附件1）、相应食物摄入量（见附件2）以及食物的市场价格计算得出；非食品类生活必需品支出根据调查数据确定维持基本生活所必需的衣物、水电、燃煤（燃气）、公共交通、日用品等消费清单测算支出数额。

为确保城乡低保标准的制定和调整符合当地实际，各地可以参考当地上年度城乡居民人均消费支出、城镇居民人均可支配收入、农民人均纯收入、城乡低收入居民基本生活费用，以及经济发展水平、财政状况等因素对测算得出的低保标准予以适当调整。

（二）恩格尔系数法。

城乡低保标准根据当地居民必需食品消费支出和上年度最低收入家庭恩格尔系数确定。用公式表示为：

城乡低保标准＝必需食品消费支出/上年度最低收入家庭恩格尔系数

其中，必需食品消费支出的确定方法同基本生活费用支出法，即通过市场调查确定当地食品必需品消费清单（即标准食物清单）、根据中国营养学会推荐的能量摄入量（见附件1）、相应食物摄入量（见附件2）以及食物的市场价格计算得出。

为确保城乡低保标准的制定和调整符合当地实际，各地可以参考当地上年度城乡居民人均消费支出、城镇居民人均可支配收入、农民人均纯收入、城乡低收入居民基本生活费用，以及经济发展水平、财政状况等因素对测算得出的低保标准予以适当调整。

（三）消费支出比例法。

已按基本生活费用支出法或恩格尔系数法测算出城乡低保标准的地区，可将此数据与当地上年度城乡居民人均消费支出进行比较，得出低保标准占上年度城乡居民人均消费支出的比例。在今后一定时期内再次计算城乡低保标准时，可直接用当地上年度城乡居民人均消费支出乘以此比例。用公式表示为：

城乡低保标准＝当地上年度城乡居民人均消费支出×低保标准占上年度城乡居民人均消费支出的比例

四、认真做好城乡低保标准的制定和调整工作

（一）精心组织。各地要按照《条例》和《通知》规定的城乡低保标准制定权限，成立由民政、财政、发展改革（价格）、统计（调查队）等部门组成的城乡低保标准制定和调整工作小组（以下简称工作小组），制定工作方案，明确工作方法、步骤和时间表。工作小组各成员单位要明确职责，相互配合，共同做好城乡低保标准制定和调整工作。

（二）科学测算。工作小组要综合使用统计数据、监测数据和调查数据，运用“基本生活费用支出

法”、“恩格尔系数法”或“消费支出比例法”，科学测算当地城乡低保标准。其中，统计数据是指当地统计部门通过调查所得，并已向社会公布的数据，主要包括上年度城乡居民人均消费支出、上年度城镇居民人均可支配收入、农民人均纯收入、城乡最低收入家庭恩格尔系数等；监测数据是指价格主管部门监测的基本生活必需品消费清单所涉及的商品市场价格；调查数据是指未纳入当地统计和监测，需要工作小组通过抽样调查获得的数据。

（三）规范程序。城乡低保标准测算完成后，要由工作小组或其成员单位联合报请本级人民政府审批。按照《条例》和《通知》规定，需要备案的，要同时报上一级地方人民政府备案。根据本级人民政府的批复，工作小组或民政部门要通过网站、报纸等媒体以适当方式，将新的城乡低保标准向社会公告，并按批复要求的时间执行。

（四）加强指导。省级人民政府民政部门、财政部门要发挥好指导和调控作用，注意引导经济社会发展水平相近地区逐步缩小地区间城乡低保标准差距。条件成熟的地方，也可试行由省级人民政府民政部门会同财政、发展改革（价格）、统计（调查总队）等部门，根据区域经济社会发展状况，制定本辖区内相对统一的区域城乡低保标准。

附件：（略）

民政部关于进一步加强生活困难下岗失业人员基本生活保障工作的通知

1．2019年1月16日发布
2．民发〔2019〕6号

各省、自治区、直辖市民政厅（局）、新疆生产建设兵团民政局：

保障生活困难下岗失业人员基本生活，是落实社会救助政策、强化困难群众兜底保障的必然要求，是坚持以人民为中心的发展思想、保障和改善民生的应有之义。为深入贯彻落实《国务院关于做好当前和今后一个时期促进就业工作的若干意见》（国发〔2018〕39号），充分发挥社会救助托底线、救急难作用，切实保障生活困难下岗失业人员基本生活，现就有关问题通知如下。

一、加强最低生活保障工作

各地要全面落实最低生活保障制度，对因下岗失业导致基本生活困难，共同生活的家庭成员人均收入低于当地最低生活保障标准，且符合当地最低生活保障家庭财产状况规定的家庭，要及时纳入最低生活保障范围，切实做到“应保尽保”。进一步健全最低生活保障对象认定办法，完善社会救助申请家庭经济状况核查机制，细化核算范围和计算方法，可根据实际情况适当考虑家庭成员因残疾、患重病等增加的刚性支出因素，综合评估家庭贫困程度。对纳入最低生活保障的下岗失业人员家庭中的老年人、未成年人、重度残疾人、重病患者等重点救助对象，要采取增发低保金等多种措施提高救助水平，保障其基本生活。对重新就业或创业后，家庭人均收入超过当地低保标准的，可实施“低保渐退”，给予一定时期的渐退期，实现稳定就业创业后再退出最低生活保障范围。

二、加大临时救助工作力度

各地要进一步发挥临时救助制度效能，按照规定加大对生活困难下岗失业人员及其家庭临时救助力度，帮助他们缓解陷入生活困境之急、解除创业就业后顾之忧，切实兜住基本生活保障底线。要根据下岗失业人员及其家庭的生活困难具体情形，区分救助类别，确定救助标准。积极开展先行救助，不断增强救助时效性。落实县、乡两级审批政策规定，逐步提高救助水平。对实施临时救助后，仍不能解决其困难的，要充分运用好“转介服务”，符合最低生活保障条件的，及时纳入最低生活保障范围；符合医疗、教育、住房、就业等专项救助条件的，积极转介相关部门协同救助；需要慈善救助帮扶的，及时转介给相关公益慈善组织，形成救助合力。对遭遇重大生活困难的下岗失业人员家庭，要在综合运用各项救助帮扶政策的基础上，充分发挥县级困难群众基本生活保障工作协调机制的作用，采取一事一议方式确定帮扶措施，提高救助额度。

三、积极引导和支持社会力量参与救助帮扶

各地要完善和落实支持社会力量参与社会救助的政策措施，引导和支持公益慈善组织，通过设立慈善项目、发动社会募捐等形式，积极参与对生活困难下岗失业人员家庭的救助帮扶，形成与政府救助的有效衔接、接续救助。充分发挥专业社会工作服务机构作用，为生活困难下岗失业人员家庭提供生活帮扶、心理疏导、资源链接、能力提升、社会融入等专业服务，帮助他们改善困难处境、增强生活信心、提升发展能力。积极探索通过政府购买服务，为生活困难下岗失业人员家庭中的老年人、残疾人提供生活照料等救助服务，为这些家庭中在劳动年龄段内、有劳动能力的成员创业和再就业解除后顾之忧，创造有利条件。

四、进一步加强相关制度衔接

加强最低生活保障、临时救助与其他社会救助制度以及失业、医疗等保险制度的衔接，积极配合相关部门做好生活困难下岗失业人员家庭医疗、教育、住房、就业等专项救助工作。进一步完善最低生活保障与就业联动机制，配合有关部门加大职业指导、技能培训、岗位推荐、跟踪服务力度，激发创业、就业意愿，优先安排政府公益性岗位，促进劳动年龄段内、有劳动能力的生活困难下岗失业人员积极就业。对于无正当理由，连续3次拒绝接受人力资源社会保障等部门介绍的与其健康状况、劳动能力等相适应工作的低保对象，可以按规定减发或者停发其本人最低生活保障金。对于家庭中有重度残疾人、重病患者和失能老年人等需要专人照料的生活困难下岗失业人员，要充分考虑其劳动条件和家庭实际情况，按照就近就便原则，采取有针对性的措施帮助其实现再就业。对于重新就业的生活困难下岗失业人员，在核算其家庭收入时，可以扣减必要的就业成本。要加强临时救助与下岗失业人员临时生活补助的衔接，对于享受人力资源社会保障部门发放的临时生活补助后，生活仍有困难的下岗失业人员及其家庭，要及时按规定给予临时救助。

五、强化社会救助政策落实

各地民政部门要充分认识新形势下加强生活困难下岗失业人员基本生活保障工作的重要意义，进一步加强组织领导，健全工作机制，强化责任担当，全面落实最低生活保障、临时救助等社会救助制度，加强对生活困难下岗失业人员及其家庭的兜底保障。要健全完善主动发现机制，及时了解、掌握辖区内下岗失业人员生活困难，做到早发现、早介入、早救助。要加强与工会组织的协同配合，做好困难职工家庭数据比对工作，推动困难职工帮扶信息与社会救助信息共享，形成对生活困难下岗失业人员及其家庭的救助合力。要进一步加强政策宣传，深入社区、企业大力宣讲社会救助政策，不断提高社会知晓度，在全社会营造良好的舆论氛围。

民政部关于加强分散供养特困人员照料服务的通知

1. 2019年12月11日发布
2. 民发〔2019〕124号

各省、自治区、直辖市民政厅（局），新疆生产建设兵团民政局：

为认真学习贯彻习近平总书记关于民政工作的重要指示精神，深入贯彻落实《国务院关于进一步健全特困人员救助供养制度的意见》（国发〔2016〕14号），切实保障分散供养特困人员基本生活权益，现就加强分散供养特困人员照料服务有关事项通知如下。

一、充分认识加强分散供养特困人员照料服务的重要意义

加强分散供养特困人员照料服务，是解决特困人员操心事、烦心事、揪心事的重要举措，是弥补社会救助体系短板的迫切需要，是积极探索社会救助发展新路径的必然要求。各地要充分认识加强分散供养特困人员照料服务的重要性和紧迫性，进一步增强使命感和责任感，坚持以人民为中心的发展思想，聚焦脱贫攻坚，聚焦特殊群体，聚焦群众关切，以完善“物质类救助＋服务类救助”的社会救助兜底保障方式为方向，以满足分散供养特困人员照料服务需求为目标，以落实委托照料服务为重点，着力完善分散供养特困人员照料服务政策措施、标准规范和监管机制，不断提升服务质量，确保分散供养特困人员“平日有人照应、生病有人看护”。鼓励有条件的地方在做好分散供养特困人员照料服务的基础上，为低保、低收入家庭和建档立卡贫困家庭中的老年人、残疾人、重病患者等特殊群体提供委托照料服务，积极推动服务类社会救助发展，进一步增强困难群众的获得感、幸福感和安全感。

二、落实特困人员救助供养标准

各地要按照“分类定标、差异服务”的要求，在确保特困人员基本生活标准不低于当地低保标准1.3

倍的基础上，大力推进照料护理标准的制定和落实。依据特困人员生活自理能力和服务需求制定照料护理标准，照料护理标准参照当地最低工资标准或日常生活照料费用、养老机构护理费用的一定比例，分为全护理、半护理、全自理三档。要按照委托照料服务协议，将分散供养特困人员照料护理费及时支付到照料服务人个人账户，或承担照料服务职责的供养服务机构、社会组织账户。扎实做好特困人员生活自理能力评估，及时组织复核评估，根据评估结果确定和调整生活自理能力认定类别及照料护理标准档次。

三、全面签订委托照料服务协议

县级人民政府民政部门要指导乡镇人民政府（街道办事处）为分散供养特困人员确定照料服务人，提供日常看护、生活照料等服务。确定照料服务人时，要在充分尊重分散供养特困人员本人意见的基础上，优先就近选择低保、低收入及建档立卡贫困家庭中具有劳动能力的人员。照料服务人应具备完全民事行为能力，供养服务机构、社会组织等也可以承担照料服务职责。要指导乡镇人民政府（街道办事处）与分散供养特困人员、照料服务人签订三方委托照料服务协议，明确各方权利义务和相关职责。无民事行为能力的分散供养特困人员，应当由其监护人代为签订。委托照料服务协议文本由县级以上人民政府民政部门统一制定，应包括特困人员和照料服务人基本信息、特困人员生活自理能力认定类别、照料服务内容、照料服务要求、照料服务权利义务以及违约责任、协议期限等内容。

四、明确委托照料服务内容

各地要进一步规范委托照料服务行为，指导乡镇人民政府（街道办事处）督促照料服务人认真履行委托照料服务协议，按照协议规定全面落实照料服务。对于生活能够自理特困人员，要重点协助其维护居所卫生、保持个人清洁、确保规律饮食；对于生活不能自理特困人员，要针对其具体情况，上门提供协助用餐、饮水、用药、穿（脱）衣、洗漱、洗澡、如厕等服务。特困人员需要就诊或住院的，照料服务人要及时报告乡镇人民政府（街道办事处），或者通过村（居）民委员会及时向乡镇人民政府（街道办事处）报告，协助将其送到定点医疗机构就医，并提供必要的看护服务。

五、强化照料服务资源链接

各地要加强委托照料服务与居家社区养老、扶残助残等服务的衔接，整合相关资源，创新服务方式，全面加强分散供养特困人员服务保障。要优先为分散供养特困人员提供无偿或低偿的社区日间照料服务，积极引导和支持养老机构、社会工作服务机构、志愿者等为分散供养特困人员提供个性化、专业化服务。鼓励有条件的地方，通过政府购买服务等方式，为分散供养特困人员提供助餐、助洁等居家服务。要配合做好家庭医生签约服务工作，对分散供养特困人员定期随访、记录病情，进行治疗康复等。积极协助有关部门落实医疗、住房、教育等救助政策，着力解决分散供养特困人员“三保障”问题。省级民政部门要加大对贫困地区照料服务工作的指导和支持力度，强化对分散供养特困人员的兜底保障，确保如期打赢脱贫攻坚战。

六、加强委托照料服务监督管理

各地要强化对委托照料服务的监管，指导乡镇人民政府（街道办事处）建立定期探访制度，及时了解分散供养特困人员实际生活状况和委托照料服务落实情况，对探访发现的问题和特困人员的服务诉求，要及时与照料服务人进行沟通，督促其及时改进；要深入了解分散供养特困人员集中供养需求，重点加强对高龄、重度残疾等生活不能自理特困人员的跟踪关注，有集中供养意愿的，及时纳入机构集中供养。积极鼓励未成年特困人员到儿童福利机构集中供养。要将关心关爱特困人员作为推进移风易俗、建设文明乡风的重要内容，纳入村规民约，激励和引导照料服务人大力弘扬孝老爱亲、扶弱助残的传统美德，为分散供养特困人员提供良好服务。要制定完善照料服务规范，建立以特困人员满意度调查、邻里评价等为主要方式的委托照料服务评价考核机制，定期对照料服务人开展评价考核。强化结果运用，对评价考核不合格的，要督促乡镇人民政府（街道办事处）及时解除委托照料服务协议，更换照料服务人。鼓励有条件的地方探索建立第三方评估机制，对委托照料服务实施全过程监督和评估。要充分发挥社会监督作用，认真处理相关投诉和建议，及时查处公众和媒体发现揭露的问题，严肃追究相关单位、人员责任。

各地要进一步提高政治站位，加强组织领导，结合开展“不忘初心、牢记使命”主题教育，切实抓好各项政策措施的落实落地。要强化资金保障，加强资金监管，确保救助供养资金及时足额发放，照料护理费用落实到位。充分考虑特困人员获取信息的特殊困难,采取多种方式加强政策宣传,不断提高政策知晓度。加强先进典型学习宣传,大力弘扬社会主义核心价值观,加快形成全社会关心关爱特困人员的良好氛围。

民政部、财政部关于进一步做好困难群众基本生活保障工作的通知

1. 2020年6月3日发布
2. 民发〔2020〕69号

各省、自治区、直辖市民政厅(局)、财政厅(局),各计划单列市民政局、财政局,新疆生产建设兵团民政局、财政局:

为贯彻落实国务院常务会议精神,确保符合条件的城乡困难家庭应保尽保,及时将受疫情影响陷入困境的人员纳入救助范围,切实保障困难群众基本生活,经国务院同意,现就有关要求通知如下:

一、适度扩大最低生活保障覆盖范围,做到“应保尽保”

在坚持现有标准、确保低保制度持续平稳运行的基础上,适度扩大低保覆盖范围。对低收入家庭中的重残人员、重病患者等特殊困难人员,经本人申请,参照“单人户”纳入低保。低收入家庭一般是指家庭人均收入高于当地城乡低保标准,但低于低保标准1.5倍,且财产状况符合当地相关规定的低保边缘家庭;重残人员是指持有中华人民共和国残疾人证的一级、二级重度残疾人,有条件的地方可扩大到三级智力、精神残疾人;重病患者是指患有当地有关部门认定的重特大疾病的人员。低收入家庭及重残人员、重病患者的具体认定办法以及相关对象纳入低保后的待遇水平,由各地结合实际研究制定,并做好与现有低保对象待遇的衔接。

对无法外出务工、经营、就业,导致收入下降、基本生活出现困难的城乡居民,凡符合低保条件的,要全部纳入低保范围。受疫情影响严重的地区,可适当放宽低保认定条件。积极促进有劳动能力和劳动条件的低保对象务工就业。严格落实社会救助和保障标准与物价上涨挂钩联动机制,依规发放价格临时补贴。全面详细摸清城乡低保家庭和低收入家庭情况,掌握工作底数。

二、适度扩大临时救助范围,实现“应救尽救”

加强对生活困难未参保失业人员的救助帮扶,适度扩大临时救助范围。对受疫情影响无法返岗复工、连续三个月无收入来源,生活困难且失业保险政策无法覆盖的农民工等未参保失业人员,未纳入低保范围的,经本人申请,由务工地或经常居住地发放一次性临时救助金,帮助其渡过生活难关。具体标准由各地根据救助保障需要和疫情影响情况确定。

坚持凡困必帮、有难必救,对其他基本生活受到疫情影响陷入困境,相关社会救助和保障制度暂时无法覆盖的家庭或个人,及时纳入临时救助范围。对遭遇重大生活困难的,可采取一事一议方式提高救助额度。全面建立乡镇(街道)临时救助备用金制度,积极开展“先行救助”,有条件的地区可委托社区(村)直接实施临时救助,做到发现困难立即救助。

三、落实特困人员救助供养政策,提升照料服务

完善特困人员认定条件,将特困人员救助供养覆盖的未成年人年龄从16周岁延长至18周岁。加强特困人员供养服务机构建设和设施改造,尽最大努力收住有集中供养意愿的特困人员。严格落实供养服务机构服务保障、安全管理等规定,不断提高集中供养服务质量。加强分散供养特困人员照料服务,督促照料服务人员认真履行委托照料服务协议,全面落实各项照料服务,照顾好特困人员日常生活。加强对分散供养特困人员的探访,及时了解疫情对特困人员生活的影响,重点跟踪关注高龄、重度残疾等生活不能自理特困人员,帮助解决实际困难。

四、加强贫困人口摸底排查,强化兜底保障

扎实推进社会救助兜底脱贫工作,健全完善监测预警机制,密切关注未脱贫人口和收入不稳定、持续增收能力较弱、返贫风险较高的已脱贫人口,以及建档立卡边缘人口。加强数据比对,逐户逐人摸底排查,及时将符合条件的贫困人口纳入农村低保、特困人员救助供养或临时救助覆盖范围,确保兜底保障“不漏一户、不落一人”。坚持“脱贫不脱政策”,对已脱贫且家庭人均收入超过当地低保标准的低保对象,给予一定时间的渐退期,巩固脱贫成果。

五、优化社会救助工作流程,提高服务水平

简化优化低保、特困人员救助供养和临时救助审核审批流程,充分运用APP、全流程网上办理等方式

快速办理救助申请。制定低保、临时救助审核审批办法或操作指南，方便困难群众申请救助。鼓励有条件的地方将低保、特困人员救助供养的审批权限下放到乡镇（街道）。科学调整入户调查、民主评议和张榜公示等形式，对没有争议的救助申请，可不再进行民主评议。加强社会救助家庭经济状况核对机制建设，积极开展社会救助信息共享与数据比对。强化主动发现机制，畅通社会救助服务热线，采取多种方式加强热线宣传，提高群众知晓度，确保困难群众“求助有门、受助及时”。

六、加强组织领导，确保落实落地

各地要加强组织领导，落实属地责任，强化资金保障，统筹使用中央财政困难群众救助补助资金和地方各级财政安排的资金，扎实做好低保、临时救助和特困人员救助供养工作，坚决守住民生底线，防止发生冲击社会道德底线事件。加强部门衔接配合，及时比对核实失业保险、失业登记等相关信息，精准认定救助对象。强化工作监督和资金监管，加大信息公开力度，按规定向社会公布社会救助相关事项，不断提高工作透明度。持续深化农村低保专项治理，聚焦“漏保”、形式主义、官僚主义、资金监管不力等问题重点发力，坚决防止“兜不住底”的情况发生。落实“三个区分开来”要求，建立容错纠错机制，激励基层干部担当作为，对非主观原因导致不符合条件人员纳入救助帮扶范围的，可免予追究相关责任。

（2）住房保障

住房公积金管理条例

1. 1999年4月3日国务院令第262号发布

2. 根据2002年3月24日国务院令第350号《关于修改〈住房公积金管理条例〉的决定》第一次修订

3. 根据2019年3月24日国务院令第710号《关于修改部分行政法规的决定》第二次修订

第一章　总　　则

第一条　为了加强对住房公积金的管理，维护住房公积金所有者的合法权益，促进城镇住房建设，提高城镇居民的居住水平，制定本条例。

第二条　本条例适用于中华人民共和国境内住房公积金的缴存、提取、使用、管理和监督。

本条例所称住房公积金，是指国家机关、国有企业、城镇集体企业、外商投资企业、城镇私营企业及其他城镇企业、事业单位、民办非企业单位、社会团体（以下统称单位）及其在职职工缴存的长期住房储金。

第三条　职工个人缴存的住房公积金和职工所在单位为职工缴存的住房公积金，属于职工个人所有。

第四条　住房公积金的管理实行住房公积金管理委员会决策、住房公积金管理中心运作、银行专户存储、财政监督的原则。

第五条　住房公积金应当用于职工购买、建造、翻建、大修自住住房，任何单位和个人不得挪作他用。

第六条　住房公积金的存、贷利率由中国人民银行提出，经征求国务院建设行政主管部门的意见后，报国务院批准。

第七条　国务院建设行政主管部门会同国务院财政部门、中国人民银行拟定住房公积金政策，并监督执行。

省、自治区人民政府建设行政主管部门会同同级财政部门以及中国人民银行分支机构，负责本行政区域内住房公积金管理法规、政策执行情况的监督。

第二章　机构及其职责

第八条　直辖市和省、自治区人民政府所在地的市以及其他设区的市（地、州、盟），应当设立住房公积金管理委员会，作为住房公积金管理的决策机构。住房公积金管理委员会的成员中，人民政府负责人和建设、财政、人民银行等有关部门负责人以及有关专家占1/3，工会代表和职工代表占1/3，单位代表占1/3。

住房公积金管理委员会主任应当由具有社会公信力的人士担任。

第九条　住房公积金管理委员会在住房公积金管理方面履行下列职责：

（一）依据有关法律、法规和政策，制定和调整住房公积金的具体管理措施，并监督实施；

（二）根据本条例第十八条的规定，拟订住房公积金的具体缴存比例；

（三）确定住房公积金的最高贷款额度；

（四）审批住房公积金归集、使用计划；

（五）审议住房公积金增值收益分配方案；

（六）审批住房公积金归集、使用计划执行情况的报告。

第十条 直辖市和省、自治区人民政府所在地的市以及其他设区的市（地、州、盟）应当按照精简、效能的原则，设立一个住房公积金管理中心，负责住房公积金的管理运作。县（市）不设立住房公积金管理中心。

前款规定的住房公积金管理中心可以在有条件的县（市）设立分支机构。住房公积金管理中心与其分支机构应当实行统一的规章制度，进行统一核算。

住房公积金管理中心是直属城市人民政府的不以营利为目的的独立的事业单位。

第十一条 住房公积金管理中心履行下列职责：

（一）编制、执行住房公积金的归集、使用计划；

（二）负责记载职工住房公积金的缴存、提取、使用等情况；

（三）负责住房公积金的核算；

（四）审批住房公积金的提取、使用；

（五）负责住房公积金的保值和归还；

（六）编制住房公积金归集、使用计划执行情况的报告；

（七）承办住房公积金管理委员会决定的其他事项。

第十二条 住房公积金管理委员会应当按照中国人民银行的有关规定，指定受委托办理住房公积金金融业务的商业银行（以下简称受委托银行）；住房公积金管理中心应当委托受委托银行办理住房公积金贷款、结算等金融业务和住房公积金账户的设立、缴存、归还等手续。

住房公积金管理中心应当与受委托银行签订委托合同。

第三章 缴 存

第十三条 住房公积金管理中心应当在受委托银行设立住房公积金专户。

单位应当向住房公积金管理中心办理住房公积金缴存登记，并为本单位职工办理住房公积金账户设立手续。每个职工只能有一个住房公积金账户。

住房公积金管理中心应当建立职工住房公积金明细账，记载职工个人住房公积金的缴存、提取等情况。

第十四条 新设立的单位应当自设立之日起30日内向住房公积金管理中心办理住房公积金缴存登记，并自登记之日起20日内，为本单位职工办理住房公积金账户设立手续。

单位合并、分立、撤销、解散或者破产的，应当自发生上述情况之日起30日内由原单位或者清算组织向住房公积金管理中心办理变更登记或者注销登记，并自办妥变更登记或者注销登记之日起20日内，为本单位职工办理住房公积金账户转移或者封存手续。

第十五条 单位录用职工的，应当自录用之日起30日内向住房公积金管理中心办理缴存登记，并办理职工住房公积金账户的设立或者转移手续。

单位与职工终止劳动关系的，单位应当自劳动关系终止之日起30日内向住房公积金管理中心办理变更登记，并办理职工住房公积金账户转移或者封存手续。

第十六条 职工住房公积金的月缴存额为职工本人上一年度月平均工资乘以职工住房公积金缴存比例。

单位为职工缴存的住房公积金的月缴存额为职工本人上一年度月平均工资乘以单位住房公积金缴存比例。

第十七条 新参加工作的职工从参加工作的第二个月开始缴存住房公积金，月缴存额为职工本人当月工资乘以职工住房公积金缴存比例。

单位新调入的职工从调入单位发放工资之日起缴存住房公积金，月缴存额为职工本人当月工资乘以职工住房公积金缴存比例。

第十八条 职工和单位住房公积金的缴存比例均不得低于职工上一年度月平均工资的5%；有条件的城市，可以适当提高缴存比例。具体缴存比例由住房公积金管理委员会拟订，经本级人民政府审核后，报省、自治区、直辖市人民政府批准。

第十九条 职工个人缴存的住房公积金，由所在单位每月从其工资中代扣代缴。

单位应当于每月发放职工工资之日起5日内将单位缴存的和为职工代缴的住房公积金汇缴到住房公积金专户内，由受委托银行计入职工住房公积金账户。

第二十条 单位应当按时、足额缴存住房公积金，不得逾期缴存或者少缴。

对缴存住房公积金确有困难的单位，经本单位职工代表大会或者工会讨论通过，并经住房公积金管理中心审核，报住房公积金管理委员会批准后，可以降低缴存比例或者缓缴；待单位经济效益好转后，再提高缴存比例或者补缴缓缴。

第二十一条　住房公积金自存入职工住房公积金账户之日起按照国家规定的利率计息。

第二十二条　住房公积金管理中心应当为缴存住房公积金的职工发放缴存住房公积金的有效凭证。

第二十三条　单位为职工缴存的住房公积金，按照下列规定列支：

（一）机关在预算中列支；

（二）事业单位由财政部门核定收支后，在预算或者费用中列支；

（三）企业在成本中列支。

第四章　提取和使用

第二十四条　职工有下列情形之一的，可以提取职工住房公积金账户内的存储余额：

（一）购买、建造、翻建、大修自住住房的；

（二）离休、退休的；

（三）完全丧失劳动能力，并与单位终止劳动关系的；

（四）出境定居的；

（五）偿还购房贷款本息的；

（六）房租超出家庭工资收入的规定比例的。

依照前款第（二）、（三）、（四）项规定，提取职工住房公积金的，应当同时注销职工住房公积金账户。

职工死亡或者被宣告死亡的，职工的继承人、受遗赠人可以提取职工住房公积金账户内的存储余额；无继承人也无受遗赠人的，职工住房公积金账户内的存储余额纳入住房公积金的增值收益。

第二十五条　职工提取住房公积金账户内的存储余额的，所在单位应当予以核实，并出具提取证明。

职工应当持提取证明向住房公积金管理中心申请提取住房公积金。住房公积金管理中心应当自受理申请之日起 3 日内作出准予提取或者不准提取的决定，并通知申请人；准予提取的，由受委托银行办理支付手续。

第二十六条　缴存住房公积金的职工，在购买、建造、翻建、大修自住住房时，可以向住房公积金管理中心申请住房公积金贷款。

住房公积金管理中心应当自受理申请之日起 15 日内作出准予贷款或者不准贷款的决定，并通知申请人；准予贷款的，由受委托银行办理贷款手续。

住房公积金贷款的风险，由住房公积金管理中心承担。

第二十七条　申请人申请住房公积金贷款的，应当提供担保。

第二十八条　住房公积金管理中心在保证住房公积金提取和贷款的前提下，经住房公积金管理委员会批准，可以将住房公积金用于购买国债。

住房公积金管理中心不得向他人提供担保。

第二十九条　住房公积金的增值收益应当存入住房公积金管理中心在受委托银行开立的住房公积金增值收益专户，用于建立住房公积金贷款风险准备金、住房公积金管理中心的管理费用和建设城市廉租住房的补充资金。

第三十条　住房公积金管理中心的管理费用，由住房公积金管理中心按照规定的标准编制全年预算支出总额，报本级人民政府财政部门批准后，从住房公积金增值收益中上交本级财政，由本级财政拨付。

住房公积金管理中心的管理费用标准，由省、自治区、直辖市人民政府建设行政主管部门会同同级财政部门按照略高于国家规定的事业单位费用标准制定。

第五章　监　　督

第三十一条　地方有关人民政府财政部门应当加强对本行政区域内住房公积金归集、提取和使用情况的监督，并向本级人民政府的住房公积金管理委员会通报。

住房公积金管理中心在编制住房公积金归集、使用计划时，应当征求财政部门的意见。

住房公积金管理委员会在审批住房公积金归集、使用计划和计划执行情况的报告时，必须有财政部门参加。

第三十二条　住房公积金管理中心编制的住房公积金年度预算、决算，应当经财政部门审核后，提交住房公积金管理委员会审议。

住房公积金管理中心应当每年定期向财政部门和住房公积金管理委员会报送财务报告，并将财务报告向社会公布。

第三十三条 住房公积金管理中心应当依法接受审计部门的审计监督。

第三十四条 住房公积金管理中心和职工有权督促单位按时履行下列义务：

（一）住房公积金的缴存登记或者变更、注销登记；

（二）住房公积金账户的设立、转移或者封存；

（三）足额缴存住房公积金。

第三十五条 住房公积金管理中心应当督促受委托银行及时办理委托合同约定的业务。

受委托银行应当按照委托合同的约定，定期向住房公积金管理中心提供有关的业务资料。

第三十六条 职工、单位有权查询本人、本单位住房公积金的缴存、提取情况，住房公积金管理中心、受委托银行不得拒绝。

职工、单位对住房公积金账户内的存储余额有异议的，可以申请受委托银行复核；对复核结果有异议的，可以申请住房公积金管理中心重新复核。受委托银行、住房公积金管理中心应当自收到申请之日起5日内给予书面答复。

职工有权揭发、检举、控告挪用住房公积金的行为。

第六章 罚 则

第三十七条 违反本条例的规定，单位不办理住房公积金缴存登记或者不为本单位职工办理住房公积金账户设立手续的，由住房公积金管理中心责令限期办理；逾期不办理的，处1万元以上5万元以下的罚款。

第三十八条 违反本条例的规定，单位逾期不缴或者少缴住房公积金的，由住房公积金管理中心责令限期缴存；逾期仍不缴存的，可以申请人民法院强制执行。

第三十九条 住房公积金管理委员会违反本条例规定审批住房公积金使用计划的，由国务院建设行政主管部门会同国务院财政部门或者由省、自治区人民政府建设行政主管部门会同同级财政部门，依据管理职权责令限期改正。

第四十条 住房公积金管理中心违反本条例规定，有下列行为之一的，由国务院建设行政主管部门或者省、自治区人民政府建设行政主管部门依据管理职权，责令限期改正；对负有责任的主管人员和其他直接责任人员，依法给予行政处分：

（一）未按照规定设立住房公积金专户的；

（二）未按照规定审批职工提取、使用住房公积金的；

（三）未按照规定使用住房公积金增值收益的；

（四）委托住房公积金管理委员会指定的银行以外的机构办理住房公积金金融业务的；

（五）未建立职工住房公积金明细账的；

（六）未为缴存住房公积金的职工发放缴存住房公积金的有效凭证的；

（七）未按照规定用住房公积金购买国债的。

第四十一条 违反本条例规定，挪用住房公积金的，由国务院建设行政主管部门或者省、自治区人民政府建设行政主管部门依据管理职权，追回挪用的住房公积金，没收违法所得；对挪用或者批准挪用住房公积金的人民政府负责人和政府有关部门负责人以及住房公积金管理中心负有责任的主管人员和其他直接责任人员，依照刑法关于挪用公款罪或者其他罪的规定，依法追究刑事责任；尚不够刑事处罚的，给予降级或者撤职的行政处分。

第四十二条 住房公积金管理中心违反财政法规的，由财政部门依法给予行政处罚。

第四十三条 违反本条例规定，住房公积金管理中心向他人提供担保的，对直接负责的主管人员和其他直接责任人员依法给予行政处分。

第四十四条 国家机关工作人员在住房公积金监督管理工作中滥用职权、玩忽职守、徇私舞弊，构成犯罪的，依法追究刑事责任；尚不构成犯罪的，依法给予行政处分。

第七章 附 则

第四十五条 住房公积金财务管理和会计核算的办法，由国务院财政部门商国务院建设行政主管部门制定。

第四十六条 本条例施行前尚未办理住房公积金缴存登记和职工住房公积金账户设立手续的单位，应当自本条例施行之日起60日内到住房公积金管理中心办理缴存登记，并到受委托银行办理职工住房公积金账户设立手续。

第四十七条 本条例自发布之日起施行。

经济适用住房管理办法

1. 2007年11月19日建设部、国家发展和改革委员会、监察部、财政部、国土资源部、中国人民银行、国家税务总局发布
2. 建住房〔2007〕258号

第一章　总　则

第一条　为改进和规范经济适用住房制度,保护当事人合法权益,制定本办法。

第二条　本办法所称经济适用住房,是指政府提供政策优惠,限定套型面积和销售价格,按照合理标准建设,面向城市低收入住房困难家庭供应,具有保障性质的政策性住房。

本办法所称城市低收入住房困难家庭,是指城市和县人民政府所在地镇的范围内,家庭收入、住房状况等符合市、县人民政府规定条件的家庭。

第三条　经济适用住房制度是解决城市低收入家庭住房困难政策体系的组成部分。经济适用住房供应对象要与廉租住房保障对象相衔接。经济适用住房的建设、供应、使用及监督管理,应当遵守本办法。

第四条　发展经济适用住房应当在国家统一政策指导下,各地区因地制宜,政府主导、社会参与。市、县人民政府要根据当地经济社会发展水平、居民住房状况和收入水平等因素,合理确定经济适用住房的政策目标、建设标准、供应范围和供应对象等,并组织实施。省、自治区、直辖市人民政府对本行政区域经济适用住房工作负总责,对所辖市、县人民政府实行目标责任制管理。

第五条　国务院建设行政主管部门负责对全国经济适用住房工作的指导和实施监督。县级以上地方人民政府建设或房地产行政主管部门(以下简称"经济适用住房主管部门")负责本行政区域内经济适用住房管理工作。

县级以上人民政府发展改革(价格)、监察、财政、国土资源、税务及金融管理等部门根据职责分工,负责经济适用住房有关工作。

第六条　市、县人民政府应当在解决城市低收入家庭住房困难发展规划和年度计划中,明确经济适用住房建设规模、项目布局和用地安排等内容,并纳入本级国民经济与社会发展规划和住房建设规划,及时向社会公布。

第二章　优惠和支持政策

第七条　经济适用住房建设用地以划拨方式供应。经济适用住房建设用地应纳入当地年度土地供应计划,在申报年度用地指标时单独列出,确保优先供应。

第八条　经济适用住房建设项目免收城市基础设施配套费等各种行政事业性收费和政府性基金。经济适用住房项目外基础设施建设费用,由政府负担。经济适用住房建设单位可以以在建项目作抵押向商业银行申请住房开发贷款。

第九条　购买经济适用住房的个人向商业银行申请贷款,除符合《个人住房贷款管理办法》规定外,还应当出具市、县人民政府经济适用住房主管部门准予购房的核准通知。

购买经济适用住房可提取个人住房公积金和优先办理住房公积金贷款。

第十条　经济适用住房的贷款利率按有关规定执行。

第十一条　经济适用住房的建设和供应要严格执行国家规定的各项税费优惠政策。

第十二条　严禁以经济适用住房名义取得划拨土地后,以补交土地出让金等方式,变相进行商品房开发。

第三章　建设管理

第十三条　经济适用住房要统筹规划、合理布局、配套建设,充分考虑城市低收入住房困难家庭对交通等基础设施条件的要求,合理安排区位布局。

第十四条　在商品住房小区中配套建设经济适用住房的,应当在项目出让条件中,明确配套建设的经济适用住房的建设总面积、单套建筑面积、套数、套型比例、建设标准以及建成后移交或者回购等事项,并以合同方式约定。

第十五条　经济适用住房单套的建筑面积控制在60平方米左右。市、县人民政府应当根据当地经济发展水平、群众生活水平、住房状况、家庭结构和人口等因素,合理确定经济适用住房建设规模和各种套型的比例,并进行严格管理。

第十六条　经济适用住房建设按照政府组织协调、市场运作的原则,可以采取项目法人招标的方式,选择具有相应资质和良好社会责任的房地产开发企业实施;也可以由市、县人民政府确定的经济适用住房管理实施机构直接组织建设。在经济适用住房建设中，应注重发挥国有大型骨干建筑企业的积极作用。

第十七条 经济适用住房的规划设计和建设必须按照发展节能省地环保型住宅的要求，严格执行《住宅建筑规范》等国家有关住房建设的强制性标准，采取竞标方式优选规划设计方案，做到在较小的套型内实现基本的使用功能。积极推广应用先进、成熟、适用、安全的新技术、新工艺、新材料、新设备。

第十八条 经济适用住房建设单位对其建设的经济适用住房工程质量负最终责任，向买受人出具《住宅质量保证书》和《住宅使用说明书》，并承担保修责任，确保工程质量和使用安全。有关住房质量和性能等方面的要求，应在建设合同中予以明确。

经济适用住房的施工和监理，应当采取招标方式，选择具有资质和良好社会责任的建筑企业和监理公司实施。

第十九条 经济适用住房项目可采取招标方式选择物业服务企业实施前期物业服务，也可以在社区居委会等机构的指导下，由居民自我管理，提供符合居住区居民基本生活需要的物业服务。

第四章 价格管理

第二十条 确定经济适用住房的价格应当以保本微利为原则。其销售基准价格及浮动幅度，由有定价权的价格主管部门会同经济适用住房主管部门，依据经济适用住房价格管理的有关规定，在综合考虑建设、管理成本和利润的基础上确定并向社会公布。房地产开发企业实施的经济适用住房项目利润率按不高于3%核定；市、县人民政府直接组织建设的经济适用住房只能按成本价销售，不得有利润。

第二十一条 经济适用住房销售应当实行明码标价，销售价格不得高于基准价格及上浮幅度，不得在标价之外收取任何未予标明的费用。经济适用住房价格确定后应当向社会公布。价格主管部门应依法进行监督管理。

第二十二条 经济适用住房实行收费卡制度，各有关部门收取费用时，必须填写价格主管部门核发的交费登记卡。任何单位不得以押金、保证金等名义，变相向经济适用住房建设单位收取费用。

第二十三条 价格主管部门要加强成本监审，全面掌握经济适用住房成本及利润变动情况，确保经济适用住房做到质价相符。

第五章 准入和退出管理

第二十四条 经济适用住房管理应建立严格的准入和退出机制。经济适用住房由市、县人民政府按限定的价格，统一组织向符合购房条件的低收入家庭出售。经济适用住房供应实行申请、审核、公示和轮候制度。市、县人民政府应当制定经济适用住房申请、审核、公示和轮候的具体办法，并向社会公布。

第二十五条 城市低收入家庭申请购买经济适用住房应同时符合下列条件：

（一）具有当地城镇户口；

（二）家庭收入符合市、县人民政府划定的低收入家庭收入标准；

（三）无房或现住房面积低于市、县人民政府规定的住房困难标准。

经济适用住房供应对象的家庭收入标准和住房困难标准，由市、县人民政府根据当地商品住房价格、居民家庭可支配收入、居住水平和家庭人口结构等因素确定，实行动态管理，每年向社会公布一次。

第二十六条 经济适用住房资格申请采取街道办事处（镇人民政府）、市（区）、县人民政府逐级审核并公示的方式认定。审核单位应当通过入户调查、邻里访问以及信函索证等方式对申请人的家庭收入和住房状况等情况进行核实。申请人及有关单位、组织或者个人应当予以配合，如实提供有关情况。

第二十七条 经审核公示通过的家庭，由市、县人民政府经济适用住房主管部门发放准予购买经济适用住房的核准通知，注明可以购买的面积标准。然后按照收入水平、住房困难程度和申请顺序等因素进行轮候。

第二十八条 符合条件的家庭，可以持核准通知购买一套与核准面积相对应的经济适用住房。购买面积原则上不得超过核准面积。购买面积在核准面积以内的，按核准的价格购买；超过核准面积的部分，不得享受政府优惠，由购房人按照同地段同类普通商品住房的价格补交差价。

第二十九条 居民个人购买经济适用住房后，应当按照规定办理权属登记。房屋、土地登记部门在办理权属登记时，应当分别注明经济适用住房、划拨土地。

第三十条 经济适用住房购房人拥有有限产权。

购买经济适用住房不满5年,不得直接上市交易,购房人因特殊原因确需转让经济适用住房的,由政府按照原价格并考虑折旧和物价水平等因素进行回购。

购买经济适用住房满5年,购房人上市转让经济适用住房的,应按照届时同地段普通商品住房与经济适用住房差价的一定比例向政府交纳土地收益等相关价款,具体交纳比例由市、县人民政府确定,政府可优先回购;购房人也可以按照政府所定的标准向政府交纳土地收益等相关价款后,取得完全产权。

上述规定应在经济适用住房购买合同中予以载明,并明确相关违约责任。

第三十一条　已经购买经济适用住房的家庭又购买其他住房的,原经济适用住房由政府按规定及合同约定回购。政府回购的经济适用住房,仍应用于解决低收入家庭的住房困难。

第三十二条　已参加福利分房的家庭在退回所分房屋前不得购买经济适用住房,已购买经济适用住房的家庭不得再购买经济适用住房。

第三十三条　个人购买的经济适用住房在取得完全产权以前不得用于出租经营。

第六章　单位集资合作建房

第三十四条　距离城区较远的独立工矿企业和住房困难户较多的企业,在符合土地利用总体规划、城市规划、住房建设规划的前提下,经市、县人民政府批准,可以利用单位自用土地进行集资合作建房。参加单位集资合作建房的对象,必须限定在本单位符合市、县人民政府规定的低收入住房困难家庭。

第三十五条　单位集资合作建房是经济适用住房的组成部分,其建设标准、优惠政策、供应对象、产权关系等均按照经济适用住房的有关规定严格执行。单位集资合作建房应当纳入当地经济适用住房建设计划和用地计划管理。

第三十六条　任何单位不得利用新征用或新购买土地组织集资合作建房;各级国家机关一律不得搞单位集资合作建房。单位集资合作建房不得向不符合经济适用住房供应条件的家庭出售。

第三十七条　单位集资合作建房在满足本单位低收入住房困难家庭购买后,房源仍有少量剩余的,由市、县人民政府统一组织向符合经济适用住房购房条件的家庭出售,或由市、县人民政府以成本价收购后用作廉租住房。

第三十八条　向职工收取的单位集资合作建房款项实行专款管理、专项使用,并接受当地财政和经济适用住房主管部门的监督。

第三十九条　已参加福利分房、购买经济适用住房或参加单位集资合作建房的人员,不得再次参加单位集资合作建房。严禁任何单位借集资合作建房名义,变相实施住房实物分配或商品房开发。

第四十条　单位集资合作建房原则上不收取管理费用,不得有利润。

第七章　监督管理

第四十一条　市、县人民政府要加强对已购经济适用住房的后续管理,经济适用住房主管部门要切实履行职责,对已购经济适用住房家庭的居住人员、房屋的使用等情况进行定期检查,发现违规行为及时纠正。

第四十二条　市、县人民政府及其有关部门应当加强对经济适用住房建设、交易中违纪违法行为的查处。

(一)擅自改变经济适用住房或集资合作建房用地性质的,由国土资源主管部门按有关规定处罚。

(二)擅自提高经济适用住房或集资合作建房销售价格等价格违法行为的,由价格主管部门依法进行处罚。

(三)未取得资格的家庭购买经济适用住房或参加集资合作建房的,其所购买或集资建设的住房由经济适用住房主管部门限期按原价格并考虑折旧等因素作价收购;不能收购的,由经济适用住房主管部门责成其补缴经济适用住房或单位集资合作建房与同地段同类普通商品住房价格差,并对相关责任单位和责任人依法予以处罚。

第四十三条　对弄虚作假、隐瞒家庭收入和住房条件,骗购经济适用住房或单位集资合作建房的个人,由市、县人民政府经济适用住房主管部门限期按原价格并考虑折旧等因素作价收回所购住房,并依法和有关规定追究责任。对出具虚假证明的,依法追究相关责任人的责任。

第四十四条　国家机关工作人员在经济适用住房建设、管理过程中滥用职权、玩忽职守、徇私舞弊的,依法依纪追究责任;涉嫌犯罪的,移送司法机关处理。

第四十五条　任何单位和个人有权对违反本办法规定

的行为进行检举和控告。

第八章　附　　则

第四十六条　省、自治区、直辖市人民政府经济适用住房主管部门会同发展改革(价格)、监察、财政、国土资源、金融管理、税务主管部门根据本办法,可以制定具体实施办法。

第四十七条　本办法由建设部会同发展改革委、监察部、财政部、国土资源部、人民银行、税务总局负责解释。

第四十八条　本办法下发后尚未销售的经济适用住房,执行本办法有关准入和退出管理、价格管理、监督管理等规定;已销售的经济适用住房仍按原有规定执行。此前已审批但尚未开工的经济适用住房项目,凡不符合本办法规定内容的事项,应按本办法做相应调整。

第四十九条　建设部、发展改革委、国土资源部、人民银行《关于印发〈经济适用住房管理办法〉的通知》(建住房〔2004〕77号)同时废止。

城镇最低收入家庭廉租住房申请、审核及退出管理办法

1. 2005年7月7日建设部、民政部发布
2. 建住房〔2005〕122号
3. 自2005年10月1日起施行

第一条　为规范城镇最低收入家庭廉租住房管理,完善廉租住房工作机制,根据《城镇最低收入家庭廉租住房管理办法》(建设部令第120号),制定本办法。

第二条　城镇最低收入家庭廉租住房的申请、审核及退出管理,适用本办法。

第三条　市、县人民政府房地产行政主管部门负责城镇最低收入家庭廉租住房的申请、审核及退出管理工作。

第四条　申请廉租住房的家庭(以下简称申请家庭)应当同时具备下列条件:

(一)申请家庭人均收入符合当地廉租住房政策确定的收入标准;

(二)申请家庭人均现住房面积符合当地廉租住房政策确定的面积标准;

(三)申请家庭成员中至少有1人为当地非农业常住户口;

(四)申请家庭成员之间有法定的赡养、扶养或者抚养关系;

(五)符合当地廉租住房政策规定的其他标准。

第五条　申请廉租住房,应当由申请家庭的户主作为申请人;户主不具有完全民事行为能力的,申请家庭推举具有完全民事行为能力的家庭成员作为申请人。

申请人应当向户口所在地街道办事处或乡镇人民政府(以下简称受理机关)提出书面申请,并提供下列申请材料:

(一)民政部门出具的最低生活保障、救助证明或政府认定有关部门或单位出具的收入证明;

(二)申请家庭成员所在单位或居住地街道办事处出具的现住房证明;

(三)申请家庭成员身份证和户口簿;

(四)地方政府或房地产行政主管部门规定需要提交的其他证明材料。

申请人为非户主的,还应当出具其他具有完全行为能力的家庭成员共同签名的书面委托书。

第六条　受理机关收到廉租住房申请材料后,应当及时作出是否受理的决定,并向申请人出具书面凭证。申请资料不齐全或者不符合法定形式的,应当在5日内书面告知申请人需要补正的全部内容,受理时间从申请人补齐资料的次日起计算;逾期不告知的,自收到申请材料之日起即为受理。

材料齐备后,受理机关应当及时签署意见并将全部申请资料移交房地产行政主管部门。

第七条　接到受理机关移交的申请资料后,房地产行政主管部门应当会同民政等部门组成审核小组予以审核。并可以通过查档取证、入户调查、邻里访问以及信函索证等方式对申请家庭收入、家庭人口和住房状况进行调查。申请家庭及有关单位、组织或者个人应当如实提供有关情况。房地产行政主管部门应当自收到申请材料之日起15日内向申请人出具审核决定。

经审核不符合条件的,房地产行政主管部门应当书面通知申请人,说明理由。经审核符合条件的,房地产行政主管部门应当在申请人的户口所在地、居住地或工作单位将审核决定予以公示,公示期限为15日。

第八条 经公示无异议或者异议不成立的，由房地产行政主管部门予以登记，并书面通知申请人。

经公示有异议的，房地产行政主管部门应在10日内完成核实。经核实异议成立的，不予登记。对不予登记的，应当书面通知申请人，说明不予登记的理由。

第九条 对于已登记的、申请租赁住房补贴或者实物配租的家庭，由房地产行政主管部门按照规定条件排队轮候。经民政等部门认定的由于无劳动能力、无生活来源、无法定赡养人、扶养人或抚养人、优抚对象、重度残疾等原因造成困难的家庭可优先予以解决。

轮候期间，申请家庭收入、人口、住房等情况发生变化，申请人应当及时告知房地产行政主管部门，经审核后，房地产行政主管部门应对变更情况进行变更登记，不再符合廉租住房条件的，由房地产行政主管部门取消资格。

第十条 已准予租赁住房补贴的家庭，应当与房地产行政主管部门签订《廉租住房租赁补贴协议》。协议应当明确租赁住房补贴标准、停止廉租住房补贴的规定及违约责任。租赁补贴家庭根据协议约定，可以根据居住需要，选择适当的住房，在与出租人达成租赁意向后，报房地产行政主管部门审查。经审查同意后，方可与出租人签订房屋租赁合同，并报房地产行政主管部门备案。房地产行政主管部门按规定标准向该家庭发放租赁补贴，用于冲减房屋租金。

第十一条 已准予实物配租的家庭，应当与廉租住房产权人签订廉租住房租赁合同。合同应当明确廉租住房情况、租金标准、腾退住房方式及违约责任等内容。承租人应当按照合同约定的标准缴纳租金，并按约定的期限腾退原有住房。

确定实物配租的最低收入家庭不接受配租方案的，原则上不再享有实物配租资格，房地产行政主管部门可视情况采取发放租赁住房补贴或其他保障方式对其实施住房保障。

第十二条 已准予租金核减的家庭，由房地产行政主管部门出具租金核减认定证明，到房屋产权单位办理租金核减手续。

第十三条 房地产行政主管部门应当在发放租赁住房补贴、配租廉租住房或租金核减后一个月内将结果在一定范围内予以公布。

第十四条 享受廉租住房保障的最低收入家庭应当按年度向房地产行政主管部门如实申报家庭收入、人口及住房变动情况。

房地产行政主管部门应当每年会同民政等相关部门对享受廉租住房保障家庭的收入、人口及住房等状况进行复核，并根据复核结果对享受廉租住房保障的资格、方式、额度等进行及时调整并书面告知当事人。

第十五条 享受廉租住房保障的家庭有下列情况之一的，由房地产行政主管部门作出取消保障资格的决定，收回承租的廉租住房，或者停止发放租赁补贴，或者停止租金核减：

（一）未如实申报家庭收入、家庭人口及住房状况的；

（二）家庭人均收入连续一年以上超出当地廉租住房政策确定的收入标准的；

（三）因家庭人数减少或住房面积增加，人均住房面积超出当地廉租住房政策确定的住房标准的；

（四）擅自改变房屋用途的；

（五）将承租的廉租住房转借、转租的；

（六）连续六个月以上未在廉租住房居住的。

第十六条 房地产行政主管部门作出取消保障资格的决定后，应当在5日内书面通知当事人，说明理由。享受实物配租的家庭应当将承租的廉租住房在规定的期限内退回。逾期不退回的，房地产行政主管部门可以依法申请人民法院强制执行。

第十七条 房地产行政主管部门或者其他有关行政管理部门工作人员，违反本办法规定，在廉租住房管理工作中利用职务上的便利，收受他人财物或者其他好处的，对已批准的廉租住房不依法履行监督管理职责的，或者发现违法行为不予查处的，依法给予行政处分；构成犯罪的，依法追究刑事责任。

第十八条 各地可根据当地的实际情况制定具体细则。

第十九条 纳入廉租住房管理的其他家庭的申请、审核及退出管理办法，由各地结合当地实际情况，比照本办法自行制定。

第二十条 本办法自2005年10月1日起施行。

廉租住房保障办法

1. 2007年11月8日建设部、国家发展和改革委员会、监察部、民政部、财政部、国土资源部、中国人民银行、国家税务总局、国家统计局令第162号公布
2. 自2007年12月1日起施行

第一章　总　　则

第一条　为促进廉租住房制度建设，逐步解决城市低收入家庭的住房困难，制定本办法。

第二条　城市低收入住房困难家庭的廉租住房保障及其监督管理，适用本办法。

本办法所称城市低收入住房困难家庭，是指城市和县人民政府所在地的镇范围内，家庭收入、住房状况等符合市、县人民政府规定条件的家庭。

第三条　市、县人民政府应当在解决城市低收入家庭住房困难的发展规划及年度计划中，明确廉租住房保障工作目标、措施，并纳入本级国民经济与社会发展规划和住房建设规划。

第四条　国务院建设主管部门指导和监督全国廉租住房保障工作。县级以上地方人民政府建设（住房保障）主管部门负责本行政区域内廉租住房保障管理工作。廉租住房保障的具体工作可以由市、县人民政府确定的实施机构承担。

县级以上人民政府发展改革（价格）、监察、民政、财政、国土资源、金融管理、税务、统计等部门按照职责分工，负责廉租住房保障的相关工作。

第二章　保障方式

第五条　廉租住房保障方式实行货币补贴和实物配租等相结合。货币补贴是指县级以上地方人民政府向申请廉租住房保障的城市低收入住房困难家庭发放租赁住房补贴，由其自行承租住房。实物配租是指县级以上地方人民政府向申请廉租住房保障的城市低收入住房困难家庭提供住房，并按照规定标准收取租金。

实施廉租住房保障，主要通过发放租赁补贴，增强城市低收入住房困难家庭承租住房的能力。廉租住房紧缺的城市，应当通过新建和收购等方式，增加廉租住房实物配租的房源。

第六条　市、县人民政府应当根据当地家庭平均住房水平、财政承受能力以及城市低收入住房困难家庭的人口数量、结构等因素，以户为单位确定廉租住房保障面积标准。

第七条　采取货币补贴方式的，补贴额度按照城市低收入住房困难家庭现住房面积与保障面积标准的差额、每平方米租赁住房补贴标准确定。

每平方米租赁住房补贴标准由市、县人民政府根据当地经济发展水平、市场平均租金、城市低收入住房困难家庭的经济承受能力等因素确定。其中对城市居民最低生活保障家庭，可以按照当地市场平均租金确定租赁住房补贴标准；对其他城市低收入住房困难家庭，可以根据收入情况等分类确定租赁住房补贴标准。

第八条　采取实物配租方式的，配租面积为城市低收入住房困难家庭现住房面积与保障面积标准的差额。

实物配租的住房租金标准实行政府定价。实物配租住房的租金，按照配租面积和市、县人民政府规定的租金标准确定。有条件的地区，对城市居民最低生活保障家庭，可以免收实物配租住房中住房保障面积标准内的租金。

第三章　保障资金及房屋来源

第九条　廉租住房保障资金采取多种渠道筹措。

廉租住房保障资金来源包括：

（一）年度财政预算安排的廉租住房保障资金；

（二）提取贷款风险准备金和管理费用后的住房公积金增值收益余额；

（三）土地出让净收益中安排的廉租住房保障资金；

（四）政府的廉租住房租金收入；

（五）社会捐赠及其他方式筹集的资金。

第十条　提取贷款风险准备金和管理费用后的住房公积金增值收益余额，应当全部用于廉租住房建设。

土地出让净收益用于廉租住房保障资金的比例，不得低于10%。

政府的廉租住房租金收入应当按照国家财政预算支出和财务制度的有关规定，实行收支两条线管理，专项用于廉租住房的维护和管理。

第十一条　对中西部财政困难地区，按照中央预算内投资补助和中央财政廉租住房保障专项补助资金的有关规定给予支持。

第十二条　实物配租的廉租住房来源主要包括：

（一）政府新建、收购的住房；

（二）腾退的公有住房；

（三）社会捐赠的住房；

（四）其他渠道筹集的住房。

第十三条　廉租住房建设用地，应当在土地供应计划中优先安排，并在申报年度用地指标时单独列出，采取划拨方式，保证供应。

廉租住房建设用地的规划布局，应当考虑城市低收入住房困难家庭居住和就业的便利。

廉租住房建设应当坚持经济、适用原则，提高规划设计水平，满足基本使用功能，应当按照发展节能省地环保型住宅的要求，推广新材料、新技术、新工艺。廉租住房应当符合国家质量安全标准。

第十四条　新建廉租住房，应当采取配套建设与相对集中建设相结合的方式，主要在经济适用住房、普通商品住房项目中配套建设。

新建廉租住房，应当将单套的建筑面积控制在50平方米以内，并根据城市低收入住房困难家庭的居住需要，合理确定套型结构。

配套建设廉租住房的经济适用住房或者普通商品住房项目，应当在用地规划、国有土地划拨决定书或者国有土地使用权出让合同中，明确配套建设的廉租住房总建筑面积、套数、布局、套型以及建成后的移交或回购等事项。

第十五条　廉租住房建设免征行政事业性收费和政府性基金。

鼓励社会捐赠住房作为廉租住房房源或捐赠用于廉租住房的资金。

政府或经政府认定的单位新建、购买、改建住房作为廉租住房，社会捐赠廉租住房房源、资金，按照国家规定的有关税收政策执行。

第四章　申请与核准

第十六条　申请廉租住房保障，应当提供下列材料：

（一）家庭收入情况的证明材料；

（二）家庭住房状况的证明材料；

（三）家庭成员身份证和户口簿；

（四）市、县人民政府规定的其他证明材料。

第十七条　申请廉租住房保障，按照下列程序办理：

（一）申请廉租住房保障的家庭，应当由户主向户口所在地街道办事处或者镇人民政府提出书面申请；

（二）街道办事处或者镇人民政府应当自受理申请之日起30日内，就申请人的家庭收入、家庭住房状况是否符合规定条件进行审核，提出初审意见并张榜公布，将初审意见和申请材料一并报送市（区）、县人民政府建设（住房保障）主管部门；

（三）建设（住房保障）主管部门应当自收到申请材料之日起15日内，就申请人的家庭住房状况是否符合规定条件提出审核意见，并将符合条件的申请人的申请材料转同级民政部门；

（四）民政部门应当自收到申请材料之日起15日内，就申请人的家庭收入是否符合规定条件提出审核意见，并反馈同级建设（住房保障）主管部门；

（五）经审核，家庭收入、家庭住房状况符合规定条件的，由建设（住房保障）主管部门予以公示，公示期限为15日；对经公示无异议或者异议不成立的，作为廉租住房保障对象予以登记，书面通知申请人，并向社会公开登记结果。

经审核，不符合规定条件的，建设（住房保障）主管部门应当书面通知申请人，说明理由。申请人对审核结果有异议的，可以向建设（住房保障）主管部门申诉。

第十八条　建设（住房保障）主管部门、民政等有关部门以及街道办事处、镇人民政府，可以通过入户调查、邻里访问以及信函索证等方式对申请人的家庭收入和住房状况等进行核实。申请人及有关单位和个人应当予以配合，如实提供有关情况。

第十九条　建设（住房保障）主管部门应当综合考虑登记的城市低收入住房困难家庭的收入水平、住房困难程度和申请顺序以及个人申请的保障方式等，确定相应的保障方式及轮候顺序，并向社会公开。

对已经登记为廉租住房保障对象的城市居民最低生活保障家庭，凡申请租赁住房货币补贴的，要优先安排发放补贴，基本做到应保尽保。

实物配租应当优先面向已经登记为廉租住房保障对象的孤、老、病、残等特殊困难家庭，城市居民最低生活保障家庭以及其他急需救助的家庭。

第二十条　对轮候到位的城市低收入住房困难家庭，建设(住房保障)主管部门或者具体实施机构应当按照已确定的保障方式,与其签订租赁住房补贴协议或者廉租住房租赁合同,予以发放租赁住房补贴或者配租廉租住房。

发放租赁住房补贴和配租廉租住房的结果,应当予以公布。

第二十一条 租赁住房补贴协议应当明确租赁住房补贴额度、停止发放租赁住房补贴的情形等内容。

廉租住房租赁合同应当明确下列内容:

(一)房屋的位置、朝向、面积、结构、附属设施和设备状况;

(二)租金及其支付方式;

(三)房屋用途和使用要求;

(四)租赁期限;

(五)房屋维修责任;

(六)停止实物配租的情形,包括承租人已不符合规定条件的,将所承租的廉租住房转借、转租或者改变用途,无正当理由连续6个月以上未在所承租的廉租住房居住或者未交纳廉租住房租金等;

(七)违约责任及争议解决办法,包括退回廉租住房、调整租金、依照有关法律法规规定处理等;

(八)其他约定。

第五章 监督管理

第二十二条 国务院建设主管部门、省级建设(住房保障)主管部门应当会同有关部门,加强对廉租住房保障工作的监督检查,并公布监督检查结果。

市、县人民政府应当定期向社会公布城市低收入住房困难家庭廉租住房保障情况。

第二十三条 市(区)、县人民政府建设(住房保障)主管部门应当按户建立廉租住房档案,并采取定期走访、抽查等方式,及时掌握城市低收入住房困难家庭的人口、收入及住房变动等有关情况。

第二十四条 已领取租赁住房补贴或者配租廉租住房的城市低收入住房困难家庭,应当按年度向所在地街道办事处或者镇人民政府如实申报家庭人口、收入及住房等变动情况。

街道办事处或者镇人民政府可以对申报情况进行核实、张榜公布,并将申报情况及核实结果报建设(住房保障)主管部门。

建设(住房保障)主管部门应当根据城市低收入住房困难家庭人口、收入、住房等变化情况,调整租赁住房补贴额度或实物配租面积、租金等;对不再符合规定条件的,应当停止发放租赁住房补贴,或者由承租人按照合同约定退回廉租住房。

第二十五条 城市低收入住房困难家庭不得将所承租的廉租住房转借、转租或者改变用途。

城市低收入住房困难家庭违反前款规定或者有下列行为之一的,应当按照合同约定退回廉租住房:

(一)无正当理由连续6个月以上未在所承租的廉租住房居住的;

(二)无正当理由累计6个月以上未交纳廉租住房租金的。

第二十六条 城市低收入住房困难家庭未按照合同约定退回廉租住房的,建设(住房保障)主管部门应当责令其限期退回;逾期未退回的,可以按照合同约定,采取调整租金等方式处理。

城市低收入住房困难家庭拒绝接受前款规定的处理方式的,由建设(住房保障)主管部门或者具体实施机构依照有关法律法规规定处理。

第二十七条 城市低收入住房困难家庭的收入标准、住房困难标准等以及住房保障面积标准,实行动态管理,由市、县人民政府每年向社会公布一次。

第二十八条 任何单位和个人有权对违反本办法规定的行为进行检举和控告。

第六章 法律责任

第二十九条 城市低收入住房困难家庭隐瞒有关情况或者提供虚假材料申请廉租住房保障的,建设(住房保障)主管部门不予受理,并给予警告。

第三十条 对以欺骗等不正当手段,取得审核同意或者获得廉租住房保障的,由建设(住房保障)主管部门给予警告;对已经登记但尚未获得廉租住房保障的,取消其登记;对已经获得廉租住房保障的,责令其退还已领取的租赁住房补贴,或者退出实物配租的住房并按市场价格补交以前房租。

第三十一条 廉租住房保障实施机构违反本办法规定,不执行政府规定的廉租住房租金标准的,由价格主管部门依法查处。

第三十二条 违反本办法规定,建设(住房保障)主管部门及有关部门的工作人员或者市、县人民政府确定的实施机构的工作人员,在廉租住房保障工作中滥用职权、玩忽职守、徇私舞弊的,依法给予处分;构成犯罪的,依法追究刑事责任。

第七章 附 则

第三十三条 对承租直管公房的城市低收入家庭,可以参照本办法有关规定,对住房保障面积标准范围内的租金予以适当减免。

第三十四条 本办法自 2007 年 12 月 1 日起施行。2003 年 12 月 31 日发布的《城镇最低收入家庭廉租住房管理办法》(建设部、财政部、民政部、国土资源部、国家税务总局令第 120 号)同时废止。

公共租赁住房管理办法

1. 2012 年 5 月 28 日住房和城乡建设部令第 11 号公布
2. 自 2012 年 7 月 15 日起施行

第一章 总 则

第一条 为了加强对公共租赁住房的管理,保障公平分配,规范运营与使用,健全退出机制,制定本办法。

第二条 公共租赁住房的分配、运营、使用、退出和管理,适用本办法。

第三条 本办法所称公共租赁住房,是指限定建设标准和租金水平,面向符合规定条件的城镇中等偏下收入住房困难家庭、新就业无房职工和在城镇稳定就业的外来务工人员出租的保障性住房。

公共租赁住房通过新建、改建、收购、长期租赁等多种方式筹集,可以由政府投资,也可以由政府提供政策支持、社会力量投资。

公共租赁住房可以是成套住房,也可以是宿舍型住房。

第四条 国务院住房和城乡建设主管部门负责全国公共租赁住房的指导和监督工作。

县级以上地方人民政府住房城乡建设(住房保障)主管部门负责本行政区域内的公共租赁住房管理工作。

第五条 直辖市和市、县级人民政府住房保障主管部门应当加强公共租赁住房管理信息系统建设,建立和完善公共租赁住房管理档案。

第六条 任何组织和个人对违反本办法的行为都有权进行举报、投诉。

住房城乡建设(住房保障)主管部门接到举报、投诉,应当依法及时核实、处理。

第二章 申请与审核

第七条 申请公共租赁住房,应当符合以下条件:

(一)在本地无住房或者住房面积低于规定标准;

(二)收入、财产低于规定标准;

(三)申请人为外来务工人员的,在本地稳定就业达到规定年限。

具体条件由直辖市和市、县级人民政府住房保障主管部门根据本地区实际情况确定,报本级人民政府批准后实施并向社会公布。

第八条 申请人应当根据市、县级人民政府住房保障主管部门的规定,提交申请材料,并对申请材料的真实性负责。申请人应当书面同意市、县级人民政府住房保障主管部门核实其申报信息。

申请人提交的申请材料齐全的,市、县级人民政府住房保障主管部门应当受理,并向申请人出具书面凭证;申请材料不齐全的,应当一次性书面告知申请人需要补正的材料。

对在开发区和园区集中建设面向用工单位或者园区就业人员配租的公共租赁住房,用人单位可以代表本单位职工申请。

第九条 市、县级人民政府住房保障主管部门应当会同有关部门,对申请人提交的申请材料进行审核。

经审核,对符合申请条件的申请人,应当予以公示,经公示无异议或者异议不成立的,登记为公共租赁住房轮候对象,并向社会公开;对不符合申请条件的申请人,应当书面通知并说明理由。

申请人对审核结果有异议,可以向市、县级人民政府住房保障主管部门申请复核。市、县级人民政府住房保障主管部门应当会同有关部门进行复核,并在 15 个工作日内将复核结果书面告知申请人。

第三章 轮候与配租

第十条 对登记为轮候对象的申请人,应当在轮候期内安排公共租赁住房。

直辖市和市、县级人民政府住房保障主管部门应当根据本地区经济发展水平和公共租赁住房需求,合理确定公共租赁住房轮候期,报本级人民政府批准后实施并向社会公布。轮候期一般不超过 5 年。

第十一条 公共租赁住房房源确定后，市、县级人民政府住房保障主管部门应当制定配租方案并向社会公布。

配租方案应当包括房源的位置、数量、户型、面积，租金标准，供应对象范围，意向登记时限等内容。

企事业单位投资的公共租赁住房的供应对象范围，可以规定为本单位职工。

第十二条 配租方案公布后，轮候对象可以按照配租方案，到市、县级人民政府住房保障主管部门进行意向登记。

市、县级人民政府住房保障主管部门应当会同有关部门，在15个工作日内对意向登记的轮候对象进行复审。对不符合条件的，应当书面通知并说明理由。

第十三条 对复审通过的轮候对象，市、县级人民政府住房保障主管部门可以采取综合评分、随机摇号等方式，确定配租对象与配租排序。

综合评分办法、摇号方式及评分、摇号的过程和结果应当向社会公开。

第十四条 配租对象与配租排序确定后应当予以公示。公示无异议或者异议不成立的，配租对象按照配租排序选择公共租赁住房。

配租结果应当向社会公开。

第十五条 复审通过的轮候对象中享受国家定期抚恤补助的优抚对象、孤老病残人员等，可以优先安排公共租赁住房。优先对象的范围和优先安排的办法由直辖市和市、县级人民政府住房保障主管部门根据本地区实际情况确定，报本级人民政府批准后实施并向社会公布。

社会力量投资和用人单位代表本单位职工申请的公共租赁住房，只能向经审核登记为轮候对象的申请人配租。

第十六条 配租对象选择公共租赁住房后，公共租赁住房所有权人或者其委托的运营单位与配租对象应当签订书面租赁合同。

租赁合同签订前，所有权人或者其委托的运营单位应当将租赁合同中涉及承租人责任的条款内容和应当退回公共租赁住房的情形向承租人明确说明。

第十七条 公共租赁住房租赁合同一般应当包括以下内容：

（一）合同当事人的名称或姓名；

（二）房屋的位置、用途、面积、结构、室内设施和设备，以及使用要求；

（三）租赁期限、租金数额和支付方式；

（四）房屋维修责任；

（五）物业服务、水、电、燃气、供热等相关费用的缴纳责任；

（六）退回公共租赁住房的情形；

（七）违约责任及争议解决办法；

（八）其他应当约定的事项。

省、自治区、直辖市人民政府住房城乡建设（住房保障）主管部门应当制定公共租赁住房租赁合同示范文本。

合同签订后，公共租赁住房所有权人或者其委托的运营单位应当在30日内将合同报市、县级人民政府住房保障主管部门备案。

第十八条 公共租赁住房租赁期限一般不超过5年。

第十九条 市、县级人民政府住房保障主管部门应当会同有关部门，按照略低于同地段住房市场租金水平的原则，确定本地区的公共租赁住房租金标准，报本级人民政府批准后实施。

公共租赁住房租金标准应当向社会公布，并定期调整。

第二十条 公共租赁住房租赁合同约定的租金数额，应当根据市、县级人民政府批准的公共租赁住房租金标准确定。

第二十一条 承租人应当根据合同约定，按时支付租金。

承租人收入低于当地规定标准的，可以依照有关规定申请租赁补贴或者减免。

第二十二条 政府投资的公共租赁住房的租金收入按照政府非税收入管理的有关规定缴入同级国库，实行收支两条线管理，专项用于偿还公共租赁住房贷款本息及公共租赁住房的维护、管理等。

第二十三条 因就业、子女就学等原因需要调换公共租赁住房的，经公共租赁住房所有权人或者其委托的运营单位同意，承租人之间可以互换所承租的公共租赁住房。

第四章 使用与退出

第二十四条 公共租赁住房的所有权人及其委托的运营单位应当负责公共租赁住房及其配套设施的维修

养护,确保公共租赁住房的正常使用。

政府投资的公共租赁住房维修养护费用主要通过公共租赁住房租金收入以及配套商业服务设施租金收入解决,不足部分由财政预算安排解决;社会力量投资建设的公共租赁住房维修养护费用由所有权人及其委托的运营单位承担。

第二十五条　公共租赁住房的所有权人及其委托的运营单位不得改变公共租赁住房的保障性住房性质、用途及其配套设施的规划用途。

第二十六条　承租人不得擅自装修所承租公共租赁住房。确需装修的,应当取得公共租赁住房的所有权人或其委托的运营单位同意。

第二十七条　承租人有下列行为之一的,应当退回公共租赁住房:

(一)转借、转租或者擅自调换所承租公共租赁住房的;

(二)改变所承租公共租赁住房用途的;

(三)破坏或者擅自装修所承租公共租赁住房,拒不恢复原状的;

(四)在公共租赁住房内从事违法活动的;

(五)无正当理由连续6个月以上闲置公共租赁住房的。

承租人拒不退回公共租赁住房的,市、县级人民政府住房保障主管部门应当责令其限期退回;逾期不退回的,市、县级人民政府住房保障主管部门可以依法申请人民法院强制执行。

第二十八条　市、县级人民政府住房保障主管部门应当加强对公共租赁住房使用的监督检查。

公共租赁住房的所有权人及其委托的运营单位应当对承租人使用公共租赁住房的情况进行巡查,发现有违反本办法规定行为的,应当及时依法处理或者向有关部门报告。

第二十九条　承租人累计6个月以上拖欠租金的,应当腾退所承租的公共租赁住房;拒不腾退的,公共租赁住房的所有权人或者其委托的运营单位可以向人民法院提起诉讼,要求承租人腾退公共租赁住房。

第三十条　租赁期届满需要续租的,承租人应当在租赁期满3个月前向市、县级人民政府住房保障主管部门提出申请。

市、县级人民政府住房保障主管部门应当会同有关部门对申请人是否符合条件进行审核。经审核符合条件的,准予续租,并签订续租合同。

未按规定提出续租申请的承租人,租赁期满应当腾退公共租赁住房;拒不腾退的,公共租赁住房的所有权人或者其委托的运营单位可以向人民法院提起诉讼,要求承租人腾退公共租赁住房。

第三十一条　承租人有下列情形之一的,应当腾退公共租赁住房:

(一)提出续租申请但经审核不符合续租条件的;

(二)租赁期内,通过购买、受赠、继承等方式获得其他住房并不再符合公共租赁住房配租条件的;

(三)租赁期内,承租或者承购其他保障性住房的。

承租人有前款规定情形之一的,公共租赁住房的所有权人或者其委托的运营单位应当为其安排合理的搬迁期,搬迁期内租金按照合同约定的租金数额缴纳。

搬迁期满不腾退公共租赁住房,承租人确无其他住房的,应当按照市场价格缴纳租金;承租人有其他住房的,公共租赁住房的所有权人或者其委托的运营单位可以向人民法院提起诉讼,要求承租人腾退公共租赁住房。

第三十二条　房地产经纪机构及其经纪人员不得提供公共租赁住房出租、转租、出售等经纪业务。

第五章　法律责任

第三十三条　住房城乡建设(住房保障)主管部门及其工作人员在公共租赁住房管理工作中不履行本办法规定的职责,或者滥用职权、玩忽职守、徇私舞弊的,对直接负责的主管人员和其他直接责任人员依法给予处分;构成犯罪的,依法追究刑事责任。

第三十四条　公共租赁住房的所有权人及其委托的运营单位违反本办法,有下列行为之一的,由市、县级人民政府住房保障主管部门责令限期改正,并处以3万元以下罚款:

(一)向不符合条件的对象出租公共租赁住房的;

(二)未履行公共租赁住房及其配套设施维修养护义务的;

(三)改变公共租赁住房的保障性住房性质、用途,以及配套设施的规划用途的。

公共租赁住房的所有权人为行政机关的，按照本办法第三十三条处理。

第三十五条 申请人隐瞒有关情况或者提供虚假材料申请公共租赁住房的，市、县级人民政府住房保障主管部门不予受理，给予警告，并记入公共租赁住房管理档案。

以欺骗等不正手段，登记为轮候对象或者承租公共租赁住房的，由市、县级人民政府住房保障主管部门处以1000元以下罚款，记入公共租赁住房管理档案；登记为轮候对象的，取消其登记；已承租公共租赁住房的，责令限期退回所承租公共租赁住房，并按市场价格补缴租金，逾期不退回的，可以依法申请人民法院强制执行，承租人自退回公共租赁住房之日起五年内不得再次申请公共租赁住房。

第三十六条 承租人有下列行为之一的，由市、县级人民政府住房保障主管部门责令按市场价格补缴从违法行为发生之日起的租金，记入公共租赁住房管理档案，处以1000元以下罚款；有违法所得的，处以违法所得3倍以下但不超过3万元的罚款：

（一）转借、转租或者擅自调换所承租公共租赁住房的；

（二）改变所承租公共租赁住房用途的；

（三）破坏或者擅自装修所承租公共租赁住房，拒不恢复原状的；

（四）在公共租赁住房内从事违法活动的；

（五）无正当理由连续6个月以上闲置公共租赁住房的。

有前款所列行为，承租人自退回公共租赁住房之日起五年内不得再次申请公共租赁住房；造成损失的，依法承担赔偿责任。

第三十七条 违反本办法第三十二条的，依照《房地产经纪管理办法》第三十七条，由县级以上地方人民政府住房城乡建设（房地产）主管部门责令限期改正，记入房地产经纪信用档案；对房地产经纪人员，处以1万元以下罚款；对房地产经纪机构，取消网上签约资格，处以3万元以下罚款。

第六章 附 则

第三十八条 省、自治区、直辖市住房城乡建设（住房保障）主管部门可以根据本办法制定实施细则。

第三十九条 本办法自2012年7月15日起施行。

5. 特殊群体权益保障

中华人民共和国刑法(节录)

1. 1979年7月1日第五届全国人民代表大会第二次会议通过
2. 1997年3月14日第八届全国人民代表大会第五次会议修订
3. 根据1998年12月29日第九届全国人民代表大会常务委员会第六次会议通过的《关于惩治骗购外汇、逃汇和非法买卖外汇犯罪的决定》、1999年12月25日第九届全国人民代表大会常务委员会第十三次会议通过的《中华人民共和国刑法修正案》、2001年8月31日第九届全国人民代表大会常务委员会第二十三次会议通过的《中华人民共和国刑法修正案(二)》、2001年12月29日第九届全国人民代表大会常务委员会第二十五次会议通过的《中华人民共和国刑法修正案(三)》、2002年12月28日第九届全国人民代表大会常务委员会第三十一次会议通过的《中华人民共和国刑法修正案(四)》、2005年2月28日第十届全国人民代表大会常务委员会第十四次会议通过的《中华人民共和国刑法修正案(五)》、2006年6月29日第十届全国人民代表大会常务委员会第二十二次会议通过的《中华人民共和国刑法修正案(六)》、2009年2月28日第十一届全国人民代表大会常务委员会第七次会议通过的《中华人民共和国刑法修正案(七)》、2009年8月27日第十一届全国人民代表大会常务委员会第十次会议通过的《关于修改部分法律的决定》、2011年2月25日第十一届全国人民代表大会常务委员会第十九次会议通过的《中华人民共和国刑法修正案(八)》、2015年8月29日第十二届全国人民代表大会常务委员会第十六次会议通过的《中华人民共和国刑法修正案(九)》、2017年11月4日第十二届全国人民代表大会常务委员会第三十次会议通过的《中华人民共和国刑法修正案(十)》、2020年12月26日第十三届全国人民代表大会常务委员会第二十四次会议通过的《中华人民共和国刑法修正案(十一)》和2023年12月29日第十四届全国人民代表大会常务委员会第七次会议通过的《中华人民共和国刑法修正案(十二)》修正

第二百三十四条　【故意伤害罪】故意伤害他人身体的,处三年以下有期徒刑、拘役或者管制。

犯前款罪,致人重伤的,处三年以上十年以下有期徒刑;致人死亡或者以特别残忍手段致人重伤造成严重残疾的,处十年以上有期徒刑、无期徒刑或者死刑。本法另有规定的,依照规定。

第二百三十四条之一　【组织出卖人体器官罪】组织他人出卖人体器官的,处五年以下有期徒刑,并处罚金;情节严重的,处五年以上有期徒刑,并处罚金或者没收财产。

未经本人同意摘取其器官,或者摘取不满十八周岁的人的器官,或者强迫、欺骗他人捐献器官的,依照本法第二百三十四条、第二百三十二条的规定定罪处罚。

违背本人生前意愿摘取其尸体器官,或者本人生前未表示同意,违反国家规定,违背其近亲属意愿摘取其尸体器官的,依照本法第三百零二条的规定定罪处罚。

第二百三十五条　【过失致人重伤罪】过失伤害他人致人重伤的,处三年以下有期徒刑或者拘役。本法另有规定的,依照规定。

第二百三十六条　【强奸罪】以暴力、胁迫或者其他手段强奸妇女的,处三年以上十年以下有期徒刑。

奸淫不满十四周岁的幼女的,以强奸论,从重处罚。

强奸妇女、奸淫幼女,有下列情形之一的,处十年以上有期徒刑、无期徒刑或者死刑:

(一)强奸妇女、奸淫幼女情节恶劣的;

(二)强奸妇女、奸淫幼女多人的;

(三)在公共场所当众强奸妇女、奸淫幼女的;

(四)二人以上轮奸的;

(五)奸淫不满十周岁的幼女或者造成幼女伤害的;

(六)致使被害人重伤、死亡或者造成其他严重后果的。

第二百三十六条之一　【负有照护职责人员性侵罪】对已满十四周岁不满十六周岁的未成年女性负有监护、收养、看护、教育、医疗等特殊职责的人员,与该未成年女性发生性关系的,处三年以下有期徒刑;情节恶劣的,处三年以上十年以下有期徒刑。

有前款行为,同时又构成本法第二百三十六条规定之罪的,依照处罚较重的规定定罪处罚。

第二百三十七条　【强制猥亵、侮辱罪】以暴力、胁迫或者其他方法强制猥亵他人或者侮辱妇女的，处五年以下有期徒刑或者拘役。

聚众或者在公共场所当众犯前款罪的，或者有其他恶劣情节的，处五年以上有期徒刑。

【猥亵儿童罪】猥亵儿童的，处五年以下有期徒刑；有下列情形之一的，处五年以上有期徒刑：

（一）猥亵儿童多人或者多次的；

（二）聚众猥亵儿童的，或者在公共场所当众猥亵儿童，情节恶劣的；

（三）造成儿童伤害或者其他严重后果的；

（四）猥亵手段恶劣或者有其他恶劣情节的。

第二百三十八条　【非法拘禁罪】非法拘禁他人或者以其他方法非法剥夺他人人身自由的，处三年以下有期徒刑、拘役、管制或者剥夺政治权利。具有殴打、侮辱情节的，从重处罚。

【非法拘禁罪；故意伤害罪；故意杀人罪】犯前款罪，致人重伤的，处三年以上十年以下有期徒刑；致人死亡的，处十年以上有期徒刑。使用暴力致人伤残、死亡的，依照本法第二百三十四条、第二百三十二条的规定定罪处罚。

为索取债务非法扣押、拘禁他人的，依照前两款的规定处罚。

国家机关工作人员利用职权犯前三款罪的，依照前三款的规定从重处罚。

第二百三十九条　【绑架罪】以勒索财物为目的绑架他人的，或者绑架他人作为人质的，处十年以上有期徒刑或者无期徒刑，并处罚金或者没收财产；情节较轻的，处五年以上十年以下有期徒刑，并处罚金。

犯前款罪，杀害被绑架人的，或者故意伤害被绑架人，致人重伤、死亡的，处无期徒刑或者死刑，并处没收财产。

以勒索财物为目的偷盗婴幼儿的，依照前两款的规定处罚。

第二百四十条　【拐卖妇女、儿童罪】拐卖妇女、儿童的，处五年以上十年以下有期徒刑，并处罚金；有下列情形之一的，处十年以上有期徒刑或者无期徒刑，并处罚金或者没收财产；情节特别严重的，处死刑，并处没收财产：

（一）拐卖妇女、儿童集团的首要分子；

（二）拐卖妇女、儿童三人以上的；

（三）奸淫被拐卖的妇女的；

（四）诱骗、强迫被拐卖的妇女卖淫或者将被拐卖的妇女卖给他人迫使其卖淫的；

（五）以出卖为目的，使用暴力、胁迫或者麻醉方法绑架妇女、儿童的；

（六）以出卖为目的，偷盗婴幼儿的；

（七）造成被拐卖的妇女、儿童或者其亲属重伤、死亡或者其他严重后果的；

（八）将妇女、儿童卖往境外的。

拐卖妇女、儿童是指以出卖为目的，有拐骗、绑架、收买、贩卖、接送、中转妇女、儿童的行为之一的。

第二百四十一条　【收买被拐卖的妇女、儿童罪】收买被拐卖的妇女、儿童的，处三年以下有期徒刑、拘役或者管制。

收买被拐卖的妇女，强行与其发生性关系的，依照本法第二百三十六条的规定定罪处罚。

收买被拐卖的妇女、儿童，非法剥夺、限制其人身自由或者有伤害、侮辱等犯罪行为的，依照本法的有关规定定罪处罚。

收买被拐卖的妇女、儿童，并有第二款、第三款规定的犯罪行为的，依照数罪并罚的规定处罚。

收买被拐卖的妇女、儿童又出卖的，依照本法第二百四十条的规定定罪处罚。

收买被拐卖的妇女、儿童，对被买儿童没有虐待行为，不阻碍对其进行解救的，可以从轻处罚；按照被买妇女的意愿，不阻碍其返回原居住地的，可以从轻或者减轻处罚。

第二百四十二条　【妨害公务罪】以暴力、威胁方法阻碍国家机关工作人员解救被收买的妇女、儿童的，依照本法第二百七十七条的规定定罪处罚。

【聚众阻碍解救被收买的妇女、儿童罪】聚众阻碍国家机关工作人员解救被收买的妇女、儿童的首要分子，处五年以下有期徒刑或者拘役；其他参与者使用暴力、威胁方法的，依照前款的规定处罚。

第二百五十七条　【暴力干涉婚姻自由罪】以暴力干涉他人婚姻自由的，处二年以下有期徒刑或者拘役。

犯前款罪，致使被害人死亡的，处二年以上七年以下有期徒刑。

第一款罪，告诉的才处理。

第二百五十八条　【重婚罪】有配偶而重婚的，或者明知他人有配偶而与之结婚的，处二年以下有期徒刑或者拘役。

第二百五十九条 **【破坏军婚罪】**明知是现役军人的配偶而与之同居或者结婚的，处三年以下有期徒刑或者拘役。

【强奸罪】利用职权、从属关系，以胁迫手段奸淫现役军人的妻子的，依照本法第二百三十六条的规定定罪处罚。

第二百六十条 **【虐待罪】**虐待家庭成员，情节恶劣的，处二年以下有期徒刑、拘役或者管制。

犯前款罪，致使被害人重伤、死亡的，处二年以上七年以下有期徒刑。

第一款罪，告诉的才处理，但被害人没有能力告诉，或者因受到强制、威吓无法告诉的除外。

第二百六十条之一 **【虐待被监护、看护人罪】**对未成年人、老年人、患病的人、残疾人等负有监护、看护职责的人虐待被监护、看护的人，情节恶劣的，处三年以下有期徒刑或者拘役。

单位犯前款罪的，对单位判处罚金，并对其直接负责的主管人员和其他直接责任人员，依照前款的规定处罚。

有第一款行为，同时构成其他犯罪的，依照处罚较重的规定定罪处罚。

第二百六十一条 **【遗弃罪】**对于年老、年幼、患病或者其他没有独立生活能力的人，负有扶养义务而拒绝扶养，情节恶劣的，处五年以下有期徒刑、拘役或者管制。

第二百六十二条 **【拐骗儿童罪】**拐骗不满十四周岁的未成年人，脱离家庭或者监护人的，处五年以下有期徒刑或者拘役。

第二百六十二条之一 **【组织残疾人、儿童乞讨罪】**以暴力、胁迫手段组织残疾人或者不满十四周岁的未成年人乞讨的，处三年以下有期徒刑或者拘役，并处罚金；情节严重的，处三年以上七年以下有期徒刑，并处罚金。

第二百六十二条之二 **【组织未成年人进行违反治安管理活动罪】**组织未成年人进行盗窃、诈骗、抢夺、敲诈勒索等违反治安管理活动的，处三年以下有期徒刑或者拘役，并处罚金；情节严重的，处三年以上七年以下有期徒刑，并处罚金。

第三百一十四条 **【非法处置查封、扣押、冻结的财产罪】**隐藏、转移、变卖、故意毁损已被司法机关查封、扣押、冻结的财产，情节严重的，处三年以下有期徒刑、拘役或者罚金。

第四百一十六条 **【不解救被拐卖、绑架妇女、儿童罪】**对被拐卖、绑架的妇女、儿童负有解救职责的国家机关工作人员，接到被拐卖、绑架的妇女、儿童及其家属的解救要求或者接到其他人的举报，而对被拐卖、绑架的妇女、儿童不进行解救，造成严重后果的，处五年以下有期徒刑或者拘役。

【阻碍解救被拐卖、绑架妇女、儿童罪】负有解救职责的国家机关工作人员利用职务阻碍解救的，处二年以上七年以下有期徒刑；情节较轻的，处二年以下有期徒刑或者拘役。

中华人民共和国
残疾人保障法

1. *1990年12月28日第七届全国人民代表大会常务委员会第十七次会议通过*
2. *2008年4月24日第十一届全国人民代表大会常务委员会第二次会议修订*
3. *根据2018年10月26日第十三届全国人民代表大会常务委员会第六次会议《关于修改〈中华人民共和国野生动物保护法〉等十五部法律的决定》修正*

目　　录

第一章　总　　则

第一条 **【立法目的】**为了维护残疾人的合法权益，发展残疾人事业，保障残疾人平等地充分参与社会生活，共享社会物质文化成果，根据宪法，制定本法。

第二条 **【残疾人定义】**残疾人是指在心理、生理、人体结构上，某种组织、功能丧失或者不正常，全部或者部分丧失以正常方式从事某种活动能力的人。

残疾人包括视力残疾、听力残疾、言语残疾、肢体残疾、智力残疾、精神残疾、多重残疾和其他残疾的人。

残疾标准由国务院规定。

第三条　【残疾人权利】残疾人在政治、经济、文化、社会和家庭生活等方面享有同其他公民平等的权利。

残疾人的公民权利和人格尊严受法律保护。

禁止基于残疾的歧视。禁止侮辱、侵害残疾人。禁止通过大众传播媒介或者其他方式贬低损害残疾人人格。

第四条　【对残疾人的特别扶助】国家采取辅助方法和扶持措施，对残疾人给予特别扶助，减轻或者消除残疾影响和外界障碍，保障残疾人权利的实现。

第五条　【经费保障】县级以上人民政府应当将残疾人事业纳入国民经济和社会发展规划，加强领导，综合协调，并将残疾人事业经费列入财政预算，建立稳定的经费保障机制。

国务院制定中国残疾人事业发展纲要，县级以上地方人民政府根据中国残疾人事业发展纲要，制定本行政区域的残疾人事业发展规划和年度计划，使残疾人事业与经济、社会协调发展。

县级以上人民政府负责残疾人工作的机构，负责组织、协调、指导、督促有关部门做好残疾人事业的工作。

各级人民政府和有关部门，应当密切联系残疾人，听取残疾人的意见，按照各自的职责，做好残疾人工作。

第六条　【保障残疾人参与管理国家事务和社会事务】国家采取措施，保障残疾人依照法律规定，通过各种途径和形式，管理国家事务，管理经济和文化事业，管理社会事务。

制定法律、法规、规章和公共政策，对涉及残疾人权益和残疾人事业的重大问题，应当听取残疾人和残疾人组织的意见。

残疾人和残疾人组织有权向各级国家机关提出残疾人权益保障、残疾人事业发展等方面的意见和建议。

第七条　【社会支持残疾人事业】全社会应当发扬人道主义精神，理解、尊重、关心、帮助残疾人，支持残疾人事业。

国家鼓励社会组织和个人为残疾人提供捐助和服务。

国家机关、社会团体、企业事业单位和城乡基层群众性自治组织，应当做好所属范围内的残疾人工作。

从事残疾人工作的国家工作人员和其他人员，应当依法履行职责，努力为残疾人服务。

第八条　【残联组织】中国残疾人联合会及其地方组织，代表残疾人的共同利益，维护残疾人的合法权益，团结教育残疾人，为残疾人服务。

中国残疾人联合会及其地方组织依照法律、法规、章程或者接受政府委托，开展残疾人工作，动员社会力量，发展残疾人事业。

第九条　【对残疾人的扶养义务】残疾人的扶养人必须对残疾人履行扶养义务。

残疾人的监护人必须履行监护职责，尊重被监护人的意愿，维护被监护人的合法权益。

残疾人的亲属、监护人应当鼓励和帮助残疾人增强自立能力。

禁止对残疾人实施家庭暴力，禁止虐待、遗弃残疾人。

第十条　【残疾人的义务】国家鼓励残疾人自尊、自信、自强、自立，为社会主义建设贡献力量。

残疾人应当遵守法律、法规，履行应尽的义务，遵守公共秩序，尊重社会公德。

第十一条　【残疾预防工作】国家有计划地开展残疾预防工作，加强对残疾预防工作的领导，宣传、普及母婴保健和预防残疾的知识，建立健全出生缺陷预防和早期发现、早期治疗机制，针对遗传、疾病、药物、事故、灾害、环境污染和其他致残因素，组织和动员社会力量，采取措施，预防残疾的发生，减轻残疾程度。

国家建立健全残疾人统计调查制度，开展残疾人状况的统计调查和分析。

第十二条　【对残疾军人等的特别保障】国家和社会对残疾军人、因公致残人员以及其他为维护国家和人民利益致残的人员实行特别保障，给予抚恤和优待。

第十三条　【表彰和奖励】对在社会主义建设中做出显著成绩的残疾人，对维护残疾人合法权益、发展残疾人事业、为残疾人服务做出显著成绩的单位和个人，各级人民政府和有关部门给予表彰和奖励。

第十四条　【助残日】每年5月的第三个星期日为全国

助残日。

第二章 康 复

第十五条 【康复服务】国家保障残疾人享有康复服务的权利。

各级人民政府和有关部门应当采取措施,为残疾人康复创造条件,建立和完善残疾人康复服务体系,并分阶段实施重点康复项目,帮助残疾人恢复或者补偿功能,增强其参与社会生活的能力。

第十六条 【康复工作的总体要求】康复工作应当从实际出发,将现代康复技术与我国传统康复技术相结合;以社区康复为基础,康复机构为骨干,残疾人家庭为依托;以实用、易行、受益广的康复内容为重点,优先开展残疾儿童抢救性治疗和康复;发展符合康复要求的科学技术,鼓励自主创新,加强康复新技术的研究、开发和应用,为残疾人提供有效的康复服务。

第十七条 【举办康复机构】各级人民政府鼓励和扶持社会力量兴办残疾人康复机构。

地方各级人民政府和有关部门,应当组织和指导城乡社区服务组织、医疗预防保健机构、残疾人组织、残疾人家庭和其他社会力量,开展社区康复工作。

残疾人教育机构、福利性单位和其他为残疾人服务的机构,应当创造条件,开展康复训练活动。

残疾人在专业人员的指导和有关工作人员、志愿工作者及亲属的帮助下,应当努力进行功能、自理能力和劳动技能的训练。

第十八条 【开展康复医疗与训练】地方各级人民政府和有关部门应当根据需要有计划地在医疗机构设立康复医学科室,举办残疾人康复机构,开展康复医疗与训练、人员培训、技术指导、科学研究等工作。

第十九条 【培养康复专业人才】医学院校和其他有关院校应当有计划地开设康复课程,设置相关专业,培养各类康复专业人才。

政府和社会采取多种形式对从事康复工作的人员进行技术培训;向残疾人、残疾人亲属、有关工作人员和志愿工作者普及康复知识,传授康复方法。

第二十条 【残疾人辅助器具】政府有关部门应当组织和扶持残疾人康复器械、辅助器具的研制、生产、供应、维修服务。

第三章 教 育

第二十一条 【残疾人的教育权利】国家保障残疾人享有平等接受教育的权利。

各级人民政府应当将残疾人教育作为国家教育事业的组成部分,统一规划,加强领导,为残疾人接受教育创造条件。

政府、社会、学校应当采取有效措施,解决残疾儿童、少年就学存在的实际困难,帮助其完成义务教育。

各级人民政府对接受义务教育的残疾学生、贫困残疾人家庭的学生提供免费教科书,并给予寄宿生活费等费用补助;对接受义务教育以外其他教育的残疾学生、贫困残疾人家庭的学生按照国家有关规定给予资助。

第二十二条 【残疾人教育方针】残疾人教育,实行普及与提高相结合、以普及为重点的方针,保障义务教育,着重发展职业教育,积极开展学前教育,逐步发展高级中等以上教育。

第二十三条 【实施残疾人教育的要求】残疾人教育应当根据残疾人的身心特性和需要,按照下列要求实施:

(一)在进行思想教育、文化教育的同时,加强身心补偿和职业教育;

(二)依据残疾类别和接受能力,采取普通教育方式或者特殊教育方式;

(三)特殊教育的课程设置、教材、教学方法、入学和在校年龄,可以有适度弹性。

第二十四条 【设置残疾人教育机构】县级以上人民政府应当根据残疾人的数量、分布状况和残疾类别等因素,合理设置残疾人教育机构,并鼓励社会力量办学、捐资助学。

第二十五条 【普通教育机构的责任】普通教育机构对具有接受普通教育能力的残疾人实施教育,并为其学习提供便利和帮助。

普通小学、初级中等学校,必须招收能适应其学习生活的残疾儿童、少年入学;普通高级中等学校、中等职业学校和高等学校,必须招收符合国家规定的录取要求的残疾考生入学,不得因其残疾而拒绝招收;拒绝招收的,当事人或者其亲属、监护人可以要求有关部门处理,有关部门应当责令该学校招收。

普通幼儿教育机构应当接收能适应其生活的残疾幼儿。

第二十六条 【特殊教育机构的责任】残疾幼儿教育机构、普通幼儿教育机构附设的残疾儿童班、特殊教育机构的学前班、残疾儿童福利机构、残疾儿童家庭，对残疾儿童实施学前教育。

初级中等以下特殊教育机构和普通教育机构附设的特殊教育班，对不具有接受普通教育能力的残疾儿童、少年实施义务教育。

高级中等以上特殊教育机构、普通教育机构附设的特殊教育班和残疾人职业教育机构，对符合条件的残疾人实施高级中等以上文化教育、职业教育。

提供特殊教育的机构应当具备适合残疾人学习、康复、生活特点的场所和设施。

第二十七条 【对残疾人的职业教育和培训】政府有关部门、残疾人所在单位和有关社会组织应当对残疾人开展扫除文盲、职业培训、创业培训和其他成人教育，鼓励残疾人自学成才。

第二十八条 【特殊教育师资的培养】国家有计划地举办各级各类特殊教育师范院校、专业，在普通师范院校附设特殊教育班，培养、培训特殊教育师资。普通师范院校开设特殊教育课程或者讲授有关内容，使普通教师掌握必要的特殊教育知识。

特殊教育教师和手语翻译，享受特殊教育津贴。

第二十九条 【扶持盲文、手语的研究和应用】政府有关部门应当组织和扶持盲文、手语的研究和应用，特殊教育教材的编写和出版，特殊教育教学用具及其他辅助用品的研制、生产和供应。

第四章 劳动就业

第三十条 【残疾人劳动的权利】国家保障残疾人劳动的权利。

各级人民政府应当对残疾人劳动就业统筹规划，为残疾人创造劳动就业条件。

第三十一条 【残疾人劳动就业的方针】残疾人劳动就业，实行集中与分散相结合的方针，采取优惠政策和扶持保护措施，通过多渠道、多层次、多种形式，使残疾人劳动就业逐步普及、稳定、合理。

第三十二条 【集中残疾人就业】政府和社会举办残疾人福利企业、盲人按摩机构和其他福利性单位，集中安排残疾人就业。

第三十三条 【按比例安排残疾人就业】国家实行按比例安排残疾人就业制度。

国家机关、社会团体、企业事业单位、民办非企业单位应当按照规定的比例安排残疾人就业，并为其选择适当的工种和岗位。达不到规定比例的，按照国家有关规定履行保障残疾人就业义务。国家鼓励用人单位超过规定比例安排残疾人就业。

残疾人就业的具体办法由国务院规定。

第三十四条 【鼓励残疾人自主创业】国家鼓励和扶持残疾人自主择业、自主创业。

第三十五条 【扶持农村残疾人的生产劳动】地方各级人民政府和农村基层组织，应当组织和扶持农村残疾人从事种植业、养殖业、手工业和其他形式的生产劳动。

第三十六条 【扶持残疾人就业的优惠措施】国家对安排残疾人就业达到、超过规定比例或者集中安排残疾人就业的用人单位和从事个体经营的残疾人，依法给予税收优惠，并在生产、经营、技术、资金、物资、场地等方面给予扶持。国家对从事个体经营的残疾人，免除行政事业性收费。

县级以上地方人民政府及其有关部门应当确定适合残疾人生产、经营的产品、项目，优先安排残疾人福利性单位生产或者经营，并根据残疾人福利性单位的生产特点确定某些产品由其专产。

政府采购，在同等条件下应当优先购买残疾人福利性单位的产品或者服务。

地方各级人民政府应当开发适合残疾人就业的公益性岗位。

对申请从事个体经营的残疾人，有关部门应当优先核发营业执照。

对从事各类生产劳动的农村残疾人，有关部门应当在生产服务、技术指导、农用物资供应、农副产品购销和信贷等方面，给予帮助。

第三十七条 【公共就业服务机构对残疾人就业的服务】政府有关部门设立的公共就业服务机构，应当为残疾人免费提供就业服务。

残疾人联合会举办的残疾人就业服务机构，应当组织开展免费的职业指导、职业介绍和职业培训，为残疾人就业和用人单位招用残疾人提供服务和帮助。

第三十八条 【保障残疾人的劳动权利】国家保护残疾人福利性单位的财产所有权和经营自主权，其合法权益不受侵犯。

在职工的招用、转正、晋级、职称评定、劳动报酬、生活福利、休息休假、社会保险等方面，不得歧视残疾人。

残疾职工所在单位应当根据残疾职工的特点，提供适当的劳动条件和劳动保护，并根据实际需要对劳动场所、劳动设备和生活设施进行改造。

国家采取措施，保障盲人保健和医疗按摩人员从业的合法权益。

第三十九条　【对残疾职工的技术培训】残疾职工所在单位应当对残疾职工进行岗位技术培训，提高其劳动技能和技术水平。

第四十条　【不得强迫残疾人劳动】任何单位和个人不得以暴力、威胁或者非法限制人身自由的手段强迫残疾人劳动。

第五章　文化生活

第四十一条　【残疾人的文化生活权利】国家保障残疾人享有平等参与文化生活的权利。

各级人民政府和有关部门鼓励、帮助残疾人参加各种文化、体育、娱乐活动，积极创造条件，丰富残疾人精神文化生活。

第四十二条　【开展残疾人文体活动的要求】残疾人文化、体育、娱乐活动应当面向基层，融于社会公共文化生活，适应各类残疾人的不同特点和需要，使残疾人广泛参与。

第四十三条　【丰富残疾人精神文化生活的措施】政府和社会采取下列措施，丰富残疾人的精神文化生活：

（一）通过广播、电影、电视、报刊、图书、网络等形式，及时宣传报道残疾人的工作、生活等情况，为残疾人服务；

（二）组织和扶持盲文读物、盲人有声读物及其他残疾人读物的编写和出版，根据盲人的实际需要，在公共图书馆设立盲文读物、盲人有声读物图书室；

（三）开办电视手语节目，开办残疾人专题广播栏目，推进电视栏目、影视作品加配字幕、解说；

（四）组织和扶持残疾人开展群众性文化、体育、娱乐活动，举办特殊艺术演出和残疾人体育运动会，参加国际性比赛和交流；

（五）文化、体育、娱乐和其他公共活动场所，为残疾人提供方便和照顾。有计划地兴办残疾人活动场所。

第四十四条　【鼓励残疾人进行创造性劳动】政府和社会鼓励、帮助残疾人从事文学、艺术、教育、科学、技术和其他有益于人民的创造性劳动。

第四十五条　【倡导助残的社会风尚】政府和社会促进残疾人与其他公民之间的相互理解和交流，宣传残疾人事业和扶助残疾人的事迹，弘扬残疾人自强不息的精神，倡导团结、友爱、互助的社会风尚。

第六章　社会保障

第四十六条　【残疾人享有社会保障的权利】国家保障残疾人享有各项社会保障的权利。

政府和社会采取措施，完善对残疾人的社会保障，保障和改善残疾人的生活。

第四十七条　【残疾人按照规定参加社会保险】残疾人及其所在单位应当按照国家有关规定参加社会保险。

残疾人所在城乡基层群众性自治组织、残疾人家庭，应当鼓励、帮助残疾人参加社会保险。

对生活确有困难的残疾人，按照国家有关规定给予社会保险补贴。

第四十八条　【对残疾人的社会救助】各级人民政府对生活确有困难的残疾人，通过多种渠道给予生活、教育、住房和其他社会救助。

县级以上地方人民政府对享受最低生活保障待遇后生活仍有特别困难的残疾人家庭，应当采取其他措施保障其基本生活。

各级人民政府对贫困残疾人的基本医疗、康复服务、必要的辅助器具的配置和更换，应当按照规定给予救助。

对生活不能自理的残疾人，地方各级人民政府应当根据情况给予护理补贴。

第四十九条　【对残疾人的供养】地方各级人民政府对无劳动能力、无扶养人或者扶养人不具有扶养能力、无生活来源的残疾人，按照规定予以供养。

国家鼓励和扶持社会力量举办残疾人供养、托养机构。

残疾人供养、托养机构及其工作人员不得侮辱、虐待、遗弃残疾人。

第五十条　【对残疾人搭乘公共交通工具等给予便利和优惠】县级以上人民政府对残疾人搭乘公共交通工具，应当根据实际情况给予便利和优惠。残疾人可以免费携带随身必备的辅助器具。

盲人持有效证件免费乘坐市内公共汽车、电车、地铁、渡船等公共交通工具。盲人读物邮件免费寄递。

国家鼓励和支持提供电信、广播电视服务的单位对盲人、听力残疾人、言语残疾人给予优惠。

各级人民政府应当逐步增加对残疾人的其他照顾和扶助。

第五十一条 【**鼓励和发展残疾人慈善事业**】政府有关部门和残疾人组织应当建立和完善社会各界为残疾人捐助和服务的渠道，鼓励和支持发展残疾人慈善事业，开展志愿者助残等公益活动。

第七章 无障碍环境

第五十二条 【**为残疾人创造无障碍环境**】国家和社会应当采取措施，逐步完善无障碍设施，推进信息交流无障碍，为残疾人平等参与社会生活创造无障碍环境。

各级人民政府应当对无障碍环境建设进行统筹规划，综合协调，加强监督管理。

第五十三条 【**无障碍设施的建设和改造**】无障碍设施的建设和改造，应当符合残疾人的实际需要。

新建、改建和扩建建筑物、道路、交通设施等，应当符合国家有关无障碍设施工程建设标准。

各级人民政府和有关部门应当按照国家无障碍设施工程建设规定，逐步推进已建成设施的改造，优先推进与残疾人日常工作、生活密切相关的公共服务设施的改造。

对无障碍设施应当及时维修和保护。

第五十四条 【**信息交流无障碍**】国家采取措施，为残疾人信息交流无障碍创造条件。

各级人民政府和有关部门应当采取措施，为残疾人获取公共信息提供便利。

国家和社会研制、开发适合残疾人使用的信息交流技术和产品。

国家举办的各类升学考试、职业资格考试和任职考试，有盲人参加的，应当为盲人提供盲文试卷、电子试卷或者由专门的工作人员予以协助。

第五十五条 【**为残疾人提供无障碍服务**】公共服务机构和公共场所应当创造条件，为残疾人提供语音和文字提示、手语、盲文等信息交流服务，并提供优先服务和辅助性服务。

公共交通工具应当逐步达到无障碍设施的要求。有条件的公共停车场应当为残疾人设置专用停车位。

第五十六条 【**为残疾人选举提供便利**】组织选举的部门应当为残疾人参加选举提供便利；有条件的，应当为盲人提供盲文选票。

第五十七条 【**无障碍辅助设备的研制和开发**】国家鼓励和扶持无障碍辅助设备、无障碍交通工具的研制和开发。

第五十八条 【**导盲犬出入公共场所**】盲人携带导盲犬出入公共场所，应当遵守国家有关规定。

第八章 法律责任

第五十九条 【**残疾人组织的维权职责**】残疾人的合法权益受到侵害的，可以向残疾人组织投诉，残疾人组织应当维护残疾人的合法权益，有权要求有关部门或者单位查处。有关部门或者单位应当依法查处，并予以答复。

残疾人组织对残疾人通过诉讼维护其合法权益需要帮助的，应当给予支持。

残疾人组织对侵害特定残疾人群体利益的行为，有权要求有关部门依法查处。

第六十条 【**残疾人权益受侵害的救济渠道**】残疾人的合法权益受到侵害的，有权要求有关部门依法处理，或者依法向仲裁机构申请仲裁，或者依法向人民法院提起诉讼。

对有经济困难或者其他原因确需法律援助或者司法救助的残疾人，当地法律援助机构或者人民法院应当给予帮助，依法为其提供法律援助或者司法救助。

第六十一条 【**国家工作人员的法律责任**】违反本法规定，对侵害残疾人权益行为的申诉、控告、检举，推诿、拖延、压制不予查处，或者对提出申诉、控告、检举的人进行打击报复的，由其所在单位、主管部门或者上级机关责令改正，并依法对直接负责的主管人员和其他直接责任人员给予处分。

国家工作人员未依法履行职责，对侵害残疾人权益的行为未及时制止或者未给予受害残疾人必要帮助，造成严重后果的，由其所在单位或者上级机关依法对直接负责的主管人员和其他直接责任人员给予处分。

第六十二条 【**通过大众传播媒介损害残疾人人格的法律责任**】违反本法规定，通过大众传播媒介或者其他方式贬低损害残疾人人格的，由文化、广播电视、电影、新闻出版或者其他有关主管部门依据各自的职权责令改正，并依法给予行政处罚。

第六十三条 【**有关教育机构的法律责任**】违反本法规定，有关教育机构拒不接收残疾学生入学，或者在国家规定的录取要求以外附加条件限制残疾学生就学的，由有关主管部门责令改正，并依法对直接负责的主管人员和其他直接责任人员给予处分。

第六十四条　【歧视残疾人劳动者的法律责任】违反本法规定，在职工的招用等方面歧视残疾人的，由有关主管部门责令改正；残疾人劳动者可以依法向人民法院提起诉讼。

第六十五条　【供养、托养机构及其工作人员的法律责任】违反本法规定，供养、托养机构及其工作人员侮辱、虐待、遗弃残疾人的，对直接负责的主管人员和其他直接责任人员依法给予处分；构成违反治安管理行为的，依法给予行政处罚。

第六十六条　【违反无障碍设施管理的法律责任】违反本法规定，新建、改建和扩建建筑物、道路、交通设施，不符合国家有关无障碍设施工程建设标准，或者对无障碍设施未进行及时维修和保护造成后果的，由有关主管部门依法处理。

第六十七条　【综合性法律责任】违反本法规定，侵害残疾人的合法权益，其他法律、法规规定行政处罚的，从其规定；造成财产损失或者其他损害的，依法承担民事责任；构成犯罪的，依法追究刑事责任。

第九章　附　　则

第六十八条　【施行日期】本法自2008年7月1日起施行。

中华人民共和国妇女权益保障法

1. *1992年4月3日第七届全国人民代表大会第五次会议通过*
2. *根据2005年8月28日第十届全国人民代表大会常务委员会第十七次会议《关于修改〈中华人民共和国妇女权益保障法〉的决定》第一次修正*
3. *根据2018年10月26日第十三届全国人民代表大会常务委员会第六次会议《关于修改〈中华人民共和国野生动物保护法〉等十五部法律的决定》第二次修正*
4. *2022年10月30日第十三届全国人民代表大会常务委员会第三十七次会议修订*

目　　录

第一章　总　　则

第一条　【立法目的与立法依据】为了保障妇女的合法权益，促进男女平等和妇女全面发展，充分发挥妇女在全面建设社会主义现代化国家中的作用，弘扬社会主义核心价值观，根据宪法，制定本法。

第二条　【基本原则】男女平等是国家的基本国策。妇女在政治的、经济的、文化的、社会的和家庭的生活等各方面享有同男子平等的权利。

国家采取必要措施，促进男女平等，消除对妇女一切形式的歧视，禁止排斥、限制妇女依法享有和行使各项权益。

国家保护妇女依法享有的特殊权益。

第三条　【保障妇女合法权益的工作机制及政府责任】坚持中国共产党对妇女权益保障工作的领导，建立政府主导、各方协同、社会参与的保障妇女权益工作机制。

各级人民政府应当重视和加强妇女权益的保障工作。

县级以上人民政府负责妇女儿童工作的机构，负责组织、协调、指导、督促有关部门做好妇女权益的保障工作。

县级以上人民政府有关部门在各自的职责范围内做好妇女权益的保障工作。

第四条　【保障妇女合法权益的主体责任】保障妇女的合法权益是全社会的共同责任。国家机关、社会团体、企业事业单位、基层群众性自治组织以及其他组织和个人，应当依法保障妇女的权益。

国家采取有效措施，为妇女依法行使权利提供必要的条件。

第五条　【妇女发展纲要、规划和经费保障】国务院制定和组织实施中国妇女发展纲要，将其纳入国民经济和社会发展规划，保障和促进妇女在各领域的全面发展。

县级以上地方各级人民政府根据中国妇女发展纲要，制定和组织实施本行政区域的妇女发展规划，将其纳入国民经济和社会发展规划。

县级以上人民政府应当将妇女权益保障所需经费列入本级预算。

第六条 【妇联等群团组织的责任】中华全国妇女联合会和地方各级妇女联合会依照法律和中华全国妇女联合会章程，代表和维护各族各界妇女的利益，做好维护妇女权益、促进男女平等和妇女全面发展的工作。

工会、共产主义青年团、残疾人联合会等群团组织应当在各自的工作范围内，做好维护妇女权益的工作。

第七条 【妇女自身的义务要求】国家鼓励妇女自尊、自信、自立、自强，运用法律维护自身合法权益。

妇女应当遵守国家法律，尊重社会公德、职业道德和家庭美德，履行法律所规定的义务。

第八条 【法律法规政策性别平等评估机制】有关机关制定或者修改涉及妇女权益的法律、法规、规章和其他规范性文件，应当听取妇女联合会的意见，充分考虑妇女的特殊权益，必要时开展男女平等评估。

第九条 【性别统计调查和发布制度】国家建立健全妇女发展状况统计调查制度，完善性别统计监测指标体系，定期开展妇女发展状况和权益保障统计调查和分析，发布有关信息。

第十条 【男女平等基本国策宣传教育】国家将男女平等基本国策纳入国民教育体系，开展宣传教育，增强全社会的男女平等意识，培育尊重和关爱妇女的社会风尚。

第十一条 【表彰和奖励】国家对保障妇女合法权益成绩显著的组织和个人，按照有关规定给予表彰和奖励。

第二章 政治权利

第十二条 【国家保障男女平等政治权利的义务】国家保障妇女享有与男子平等的政治权利。

第十三条 【妇女参政的具体内容】妇女有权通过各种途径和形式，依法参与管理国家事务、管理经济和文化事业、管理社会事务。

妇女和妇女组织有权向各级国家机关提出妇女权益保障方面的意见和建议。

第十四条 【妇女的选举权和被选举权】妇女享有与男子平等的选举权和被选举权。

全国人民代表大会和地方各级人民代表大会的代表中，应当保证有适当数量的妇女代表。国家采取措施，逐步提高全国人民代表大会和地方各级人民代表大会的妇女代表的比例。

居民委员会、村民委员会成员中，应当保证有适当数量的妇女成员。

第十五条 【国家保障女干部的培养和选拔】国家积极培养和选拔女干部，重视培养和选拔少数民族女干部。

国家机关、群团组织、企业事业单位培养、选拔和任用干部，应当坚持男女平等的原则，并有适当数量的妇女担任领导成员。

妇女联合会及其团体会员，可以向国家机关、群团组织、企业事业单位推荐女干部。

国家采取措施支持女性人才成长。

第十六条 【妇联的政治参与】妇女联合会代表妇女积极参与国家和社会事务的民主协商、民主决策、民主管理和民主监督。

第十七条 【有关部门重视妇女权益的保障】对于有关妇女权益保障工作的批评或者合理可行的建议，有关部门应当听取和采纳；对于有关侵害妇女权益的申诉、控告和检举，有关部门应当查清事实，负责处理，任何组织和个人不得压制或者打击报复。

第三章 人身和人格权益

第十八条 【国家保障妇女的人身和人格权益】国家保障妇女享有与男子平等的人身和人格权益。

第十九条 【妇女的人身自由不受侵犯】妇女的人身自由不受侵犯。禁止非法拘禁和以其他非法手段剥夺或者限制妇女的人身自由；禁止非法搜查妇女的身体。

第二十条 【妇女的人格尊严不受侵犯】妇女的人格尊严不受侵犯。禁止用侮辱、诽谤等方式损害妇女的人格尊严。

第二十一条 【妇女的生命权、身体权、健康权】妇女的生命权、身体权、健康权不受侵犯。禁止虐待、遗弃、残害、买卖以及其他侵害女性生命健康权益的行为。

禁止进行非医学需要的胎儿性别鉴定和选择性别的人工终止妊娠。

医疗机构施行生育手术、特殊检查或者特殊治疗时，应当征得妇女本人同意；在妇女与其家属或者关系人意见不一致时，应当尊重妇女本人意愿。

第二十二条　【禁止拐卖、绑架妇女】禁止拐卖、绑架妇女；禁止收买被拐卖、绑架的妇女；禁止阻碍解救被拐卖、绑架的妇女。

各级人民政府和公安、民政、人力资源和社会保障、卫生健康等部门及村民委员会、居民委员会按照各自的职责及时发现报告，并采取措施解救被拐卖、绑架的妇女，做好被解救妇女的安置、救助和关爱等工作。妇女联合会协助和配合做好有关工作。任何组织和个人不得歧视被拐卖、绑架的妇女。

第二十三条　【禁止性骚扰】禁止违背妇女意愿，以言语、文字、图像、肢体行为等方式对其实施性骚扰。

受害妇女可以向有关单位和国家机关投诉。接到投诉的有关单位和国家机关应当及时处理，并书面告知处理结果。

受害妇女可以向公安机关报案，也可以向人民法院提起民事诉讼，依法请求行为人承担民事责任。

第二十四条　【预防女学生遭受性骚扰】学校应当根据女学生的年龄阶段，进行生理卫生、心理健康和自我保护教育，在教育、管理、设施等方面采取措施，提高其防范性侵害、性骚扰的自我保护意识和能力，保障女学生的人身安全和身心健康发展。

学校应当建立有效预防和科学处置性侵害、性骚扰的工作制度。对性侵害、性骚扰女学生的违法犯罪行为，学校不得隐瞒，应当及时通知受害未成年女学生的父母或者其他监护人，向公安机关、教育行政部门报告，并配合相关部门依法处理。

对遭受性侵害、性骚扰的女学生，学校、公安机关、教育行政部门等相关单位和人员应当保护其隐私和个人信息，并提供必要的保护措施。

第二十五条　【用人单位采取措施预防和制止对妇女的性骚扰】用人单位应当采取下列措施预防和制止对妇女的性骚扰：

（一）制定禁止性骚扰的规章制度；

（二）明确负责机构或者人员；

（三）开展预防和制止性骚扰的教育培训活动；

（四）采取必要的安全保卫措施；

（五）设置投诉电话、信箱等，畅通投诉渠道；

（六）建立和完善调查处置程序，及时处置纠纷并保护当事人隐私和个人信息；

（七）支持、协助受害妇女依法维权，必要时为受害妇女提供心理疏导；

（八）其他合理的预防和制止性骚扰措施。

第二十六条　【住宿经营者的安全保障和及时报告义务】住宿经营者应当及时准确登记住宿人员信息，健全住宿服务规章制度，加强安全保障措施；发现可能侵害妇女权益的违法犯罪行为，应当及时向公安机关报告。

第二十七条　【禁止妇女及利用妇女进行色情活动】禁止卖淫、嫖娼；禁止组织、强迫、引诱、容留、介绍妇女卖淫或者对妇女进行猥亵活动；禁止组织、强迫、引诱、容留、介绍妇女在任何场所或者利用网络进行淫秽表演活动。

第二十八条　【妇女的人格权益】妇女的姓名权、肖像权、名誉权、荣誉权、隐私权和个人信息等人格权益受法律保护。

媒体报道涉及妇女事件应当客观、适度，不得通过夸大事实、过度渲染等方式侵害妇女的人格权益。

禁止通过大众传播媒介或者其他方式贬低损害妇女人格。未经本人同意，不得通过广告、商标、展览橱窗、报纸、期刊、图书、音像制品、电子出版物、网络等形式使用妇女肖像，但法律另有规定的除外。

第二十九条　【人身安全保护令】禁止以恋爱、交友为由或者在终止恋爱关系、离婚之后，纠缠、骚扰妇女，泄露、传播妇女隐私和个人信息。

妇女遭受上述侵害或者面临上述侵害现实危险的，可以向人民法院申请人身安全保护令。

第三十条　【妇女健康服务体系】国家建立健全妇女健康服务体系，保障妇女享有基本医疗卫生服务，开展妇女常见病、多发病的预防、筛查和诊疗，提高妇女健康水平。

国家采取必要措施，开展经期、孕期、产期、哺乳期和更年期的健康知识普及、卫生保健和疾病防治，保障妇女特殊生理时期的健康需求，为有需要的妇女提供心理健康服务支持。

第三十一条　【政府设立妇幼保健机构、社会力量参与妇女卫生健康事业、用人单位定期为女职工安排健康检查】县级以上地方人民政府应当设立妇幼保健机构,为妇女提供保健以及常见病防治服务。

国家鼓励和支持社会力量通过依法捐赠、资助或者提供志愿服务等方式,参与妇女卫生健康事业,提供安全的生理健康用品或者服务,满足妇女多样化、差异化的健康需求。

用人单位应当定期为女职工安排妇科疾病、乳腺疾病检查以及妇女特殊需要的其他健康检查。

第三十二条　【妇女享有生育自由】妇女依法享有生育子女的权利,也有不生育子女的自由。

第三十三条　【妇女全生育周期系统保健制度】国家实行婚前、孕前、孕产期和产后保健制度,逐步建立妇女全生育周期系统保健制度。医疗保健机构应当提供安全、有效的医疗保健服务,保障妇女生育安全和健康。

有关部门应当提供安全、有效的避孕药具和技术,保障妇女的健康和安全。

第三十四条　【配备妇女需要的公共设施】各级人民政府在规划、建设基础设施时,应当考虑妇女的特殊需求,配备满足妇女需要的公共厕所和母婴室等公共设施。

第四章　文化教育权益

第三十五条　【国家对男女平等文化教育权利的保障】国家保障妇女享有与男子平等的文化教育权利。

第三十六条　【义务教育阶段的各方保障义务】父母或者其他监护人应当履行保障适龄女性未成年人接受并完成义务教育的义务。

对无正当理由不送适龄女性未成年人入学的父母或者其他监护人,由当地乡镇人民政府或者县级人民政府教育行政部门给予批评教育,依法责令其限期改正。居民委员会、村民委员会应当协助政府做好相关工作。

政府、学校应当采取有效措施,解决适龄女性未成年人就学存在的实际困难,并创造条件,保证适龄女性未成年人完成义务教育。

第三十七条　【特殊政策保障】学校和有关部门应当执行国家有关规定,保障妇女在入学、升学、授予学位、派出留学、就业指导和服务等方面享有与男子平等的权利。

学校在录取学生时,除国家规定的特殊专业外,不得以性别为由拒绝录取女性或者提高对女性的录取标准。

各级人民政府应当采取措施,保障女性平等享有接受中高等教育的权利和机会。

第三十八条　【政府的扫盲责任】各级人民政府应当依照规定把扫除妇女中的文盲、半文盲工作,纳入扫盲和扫盲后继续教育规划,采取符合妇女特点的组织形式和工作方法,组织、监督有关部门具体实施。

第三十九条　【为妇女终身学习创造条件】国家健全全民终身学习体系,为妇女终身学习创造条件。

各级人民政府和有关部门应当采取措施,根据城镇和农村妇女的需要,组织妇女接受职业教育和实用技术培训。

第四十条　【保障妇女享有与男子平等从事科学、技术、文学、艺术和其他文化活动的权利】国家机关、社会团体和企业事业单位应当执行国家有关规定,保障妇女从事科学、技术、文学、艺术和其他文化活动,享有与男子平等的权利。

第五章　劳动和社会保障权益

第四十一条　【与男子平等劳动权利和社会保障权利的国家保障】国家保障妇女享有与男子平等的劳动权利和社会保障权利。

第四十二条　【政府促进妇女就业职责】各级人民政府和有关部门应当完善就业保障政策措施,防止和纠正就业性别歧视,为妇女创造公平的就业创业环境,为就业困难的妇女提供必要的扶持和援助。

第四十三条　【对妇女实施就业性别歧视具体表现】用人单位在招录(聘)过程中,除国家另有规定外,不得实施下列行为:

(一)限定为男性或者规定男性优先;

(二)除个人基本信息外,进一步询问或者调查女性求职者的婚育情况;

(三)将妊娠测试作为入职体检项目;

(四)将限制结婚、生育或者婚姻、生育状况作为录(聘)用条件;

(五)其他以性别为由拒绝录(聘)用妇女或者差别化地提高对妇女录(聘)用标准的行为。

第四十四条　【将女职工权益保护纳入劳动(聘用)协议和集体合同】用人单位在录(聘)用女职工时,应当依法与其签订劳动(聘用)合同或者服务协议,劳动(聘用)合同或者服务协议中应当具备女职工特殊保护条款，并不得规定限制女职工结婚、生育等内容。

职工一方与用人单位订立的集体合同中应当包含男女平等和女职工权益保护相关内容，也可以就相关内容制定专章、附件或者单独订立女职工权益保护专项集体合同。

第四十五条　【男女同工同酬】实行男女同工同酬。妇女在享受福利待遇方面享有与男子平等的权利。

第四十六条　【男女享有平等的晋升和培训机会的权利】在晋职、晋级、评聘专业技术职称和职务、培训等方面，应当坚持男女平等的原则，不得歧视妇女。

第四十七条　【妇女享有特殊劳动保护的权利】用人单位应当根据妇女的特点，依法保护妇女在工作和劳动时的安全、健康以及休息的权利。

妇女在经期、孕期、产期、哺乳期受特殊保护。

第四十八条　【禁止用人单位婚育歧视、退休歧视和对怀产期女职工的解除、终止劳动合同保护】用人单位不得因结婚、怀孕、产假、哺乳等情形，降低女职工的工资和福利待遇，限制女职工晋职、晋级、评聘专业技术职称和职务，辞退女职工，单方解除劳动（聘用）合同或者服务协议。

女职工在怀孕以及依法享受产假期间，劳动（聘用）合同或者服务协议期满的，劳动（聘用）合同或者服务协议期限自动延续至产假结束。但是，用人单位依法解除、终止劳动（聘用）合同、服务协议，或者女职工依法要求解除、终止劳动（聘用）合同、服务协议的除外。

用人单位在执行国家退休制度时，不得以性别为由歧视妇女。

第四十九条　【就业性别歧视行为纳入劳动保障监察范围】人力资源和社会保障部门应当将招聘、录取、晋职、晋级、评聘专业技术职称和职务、培训、辞退等过程中的性别歧视行为纳入劳动保障监察范围。

第五十条　【国家对妇女社会保障权的保障】国家发展社会保障事业，保障妇女享有社会保险、社会救助和社会福利等权益。

国家提倡和鼓励为帮助妇女而开展的社会公益活动。

第五十一条　【生育社会保障制度】国家实行生育保险制度，建立健全婴幼儿托育服务等与生育相关的其他保障制度。

国家建立健全职工生育休假制度，保障孕产期女职工依法享有休息休假权益。

地方各级人民政府和有关部门应当按照国家有关规定，为符合条件的困难妇女提供必要的生育救助。

第五十二条　【政府对困难妇女的权益保障】各级人民政府和有关部门应当采取必要措施，加强贫困妇女、老龄妇女、残疾妇女等困难妇女的权益保障，按照有关规定为其提供生活帮扶、就业创业支持等关爱服务。

第六章　财 产 权 益

第五十三条　【国家保障财产权男女平等】国家保障妇女享有与男子平等的财产权利。

第五十四条　【保障妇女在夫妻共同财产和家庭共有财产关系中的财产权益】在夫妻共同财产、家庭共有财产关系中，不得侵害妇女依法享有的权益。

第五十五条　【农村妇女享有与男子平等的权利】妇女在农村集体经济组织成员身份确认、土地承包经营、集体经济组织收益分配、土地征收补偿安置或者征用补偿以及宅基地使用等方面，享有与男子平等的权利。

申请农村土地承包经营权、宅基地使用权等不动产登记，应当在不动产登记簿和权属证书上将享有权利的妇女等家庭成员全部列明。征收补偿安置或者征用补偿协议应当将享有相关权益的妇女列入，并记载权益内容。

第五十六条　【禁止侵害妇女在农村集体经济组织中的权益】村民自治章程、村规民约，村民会议、村民代表会议的决定以及其他涉及村民利益事项的决定，不得以妇女未婚、结婚、离婚、丧偶、户无男性等为由，侵害妇女在农村集体经济组织中的各项权益。

因结婚男方到女方住所落户的，男方和子女享有与所在地农村集体经济组织成员平等的权益。

第五十七条　【保护妇女在城镇集体所有财产关系中的权益】国家保护妇女在城镇集体所有财产关系中的权益。妇女依照法律、法规的规定享有相关权益。

第五十八条　【继承权男女平等】妇女享有与男子平等的继承权。妇女依法行使继承权，不受歧视。

丧偶妇女有权依法处分继承的财产，任何组织和个人不得干涉。

第五十九条　【丧偶儿媳的继承权】丧偶儿媳对公婆尽

了主要赡养义务的，作为第一顺序继承人，其继承权不受子女代位继承的影响。

第七章 婚姻家庭权益

第六十条 【婚姻家庭权利平等】国家保障妇女享有与男子平等的婚姻家庭权利。

第六十一条 【婚姻自主权】国家保护妇女的婚姻自主权。禁止干涉妇女的结婚、离婚自由。

第六十二条 【婚前保健服务】国家鼓励男女双方在结婚登记前，共同进行医学检查或者相关健康体检。

第六十三条 【婚姻家庭辅导服务】婚姻登记机关应当提供婚姻家庭辅导服务，引导当事人建立平等、和睦、文明的婚姻家庭关系。

第六十四条 【男方离婚诉权限制】女方在怀孕期间、分娩后一年内或者终止妊娠后六个月内，男方不得提出离婚；但是，女方提出离婚或者人民法院认为确有必要受理男方离婚请求的除外。

第六十五条 【反家庭暴力】禁止对妇女实施家庭暴力。

县级以上人民政府有关部门、司法机关、社会团体、企业事业单位、基层群众性自治组织以及其他组织，应当在各自的职责范围内预防和制止家庭暴力，依法为受害妇女提供救助。

第六十六条 【共同财产平等处理权】妇女对夫妻共同财产享有与其配偶平等的占有、使用、收益和处分的权利，不受双方收入状况等情形的影响。

对夫妻共同所有的不动产以及可以联名登记的动产，女方有权要求在权属证书上记载其姓名；认为记载的权利人、标的物、权利比例等事项有错误的，有权依法申请更正登记或者异议登记，有关机构应当按照其申请依法办理相应登记手续。

第六十七条 【财产调查与申报制度】离婚诉讼期间，夫妻一方申请查询登记在对方名下财产状况且确因客观原因不能自行收集的，人民法院应当进行调查取证，有关部门和单位应当予以协助。

离婚诉讼期间，夫妻双方均有向人民法院申报全部夫妻共同财产的义务。一方隐藏、转移、变卖、损毁、挥霍夫妻共同财产，或者伪造夫妻共同债务企图侵占另一方财产的，在离婚分割夫妻共同财产时，对该方可以少分或者不分财产。

第六十八条 【共同承担家务劳动及补偿制度】夫妻双方应当共同负担家庭义务，共同照顾家庭生活。

女方因抚育子女、照料老人、协助男方工作等负担较多义务的，有权在离婚时要求男方予以补偿。补偿办法由双方协议确定；协议不成的，可以向人民法院提起诉讼。

第六十九条 【共有房屋分割】离婚时，分割夫妻共有的房屋或者处理夫妻共同租住的房屋，由双方协议解决；协议不成的，可以向人民法院提起诉讼。

第七十条 【父母的平等监护权】父母双方对未成年子女享有平等的监护权。

父亲死亡、无监护能力或者有其他情形不能担任未成年子女的监护人的，母亲的监护权任何组织和个人不得干涉。

第七十一条 【丧失生育能力妇女的抚养权保护】女方丧失生育能力的，在离婚处理子女抚养问题时，应当在最有利于未成年子女的条件下，优先考虑女方的抚养要求。

第八章 救济措施

第七十二条 【救济途径】对侵害妇女合法权益的行为，任何组织和个人都有权予以劝阻、制止或者向有关部门提出控告或者检举。有关部门接到控告或者检举后，应当依法及时处理，并为控告人、检举人保密。

妇女的合法权益受到侵害的，有权要求有关部门依法处理，或者依法申请调解、仲裁，或者向人民法院起诉。

对符合条件的妇女，当地法律援助机构或者司法机关应当给予帮助，依法为其提供法律援助或者司法救助。

第七十三条 【妇联组织协助救助的职责】妇女的合法权益受到侵害的，可以向妇女联合会等妇女组织求助。妇女联合会等妇女组织应当维护被侵害妇女的合法权益，有权要求并协助有关部门或者单位查处。有关部门或者单位应当依法查处，并予以答复；不予处理或者处理不当的，县级以上人民政府负责妇女儿童工作的机构、妇女联合会可以向其提出督促处理意见，必要时可以提请同级人民政府开展督查。

受害妇女进行诉讼需要帮助的，妇女联合会应当给予支持和帮助。

第七十四条 【工会、妇联组织协助对用人单位的监

督】用人单位侵害妇女劳动和社会保障权益的，人力资源和社会保障部门可以联合工会、妇女联合会约谈用人单位，依法进行监督并要求其限期纠正。

第七十五条　【侵害妇女农村集体经济组织成员权益的法律救济】妇女在农村集体经济组织成员身份确认等方面权益受到侵害的，可以申请乡镇人民政府等进行协调，或者向人民法院起诉。

乡镇人民政府应当对村民自治章程、村规民约，村民会议、村民代表会议的决定以及其他涉及村民利益事项的决定进行指导，对其中违反法律、法规和国家政策规定，侵害妇女合法权益的内容责令改正；受侵害妇女向农村土地承包仲裁机构申请仲裁或者向人民法院起诉的，农村土地承包仲裁机构或者人民法院应当依法受理。

第七十六条　【妇女权益保护服务热线的构建和维护】县级以上人民政府应当开通全国统一的妇女权益保护服务热线，及时受理、移送有关侵害妇女合法权益的投诉、举报；有关部门或者单位接到投诉、举报后，应当及时予以处置。

鼓励和支持群团组织、企业事业单位、社会组织和个人参与建设妇女权益保护服务热线，提供妇女权益保护方面的咨询、帮助。

第七十七条　【公益诉讼】侵害妇女合法权益，导致社会公共利益受损的，检察机关可以发出检察建议；有下列情形之一的，检察机关可以依法提起公益诉讼：

（一）确认农村妇女集体经济组织成员身份时侵害妇女权益或者侵害妇女享有的农村土地承包和集体收益、土地征收征用补偿分配权益和宅基地使用权益；

（二）侵害妇女平等就业权益；

（三）相关单位未采取合理措施预防和制止性骚扰；

（四）通过大众传播媒介或者其他方式贬低损害妇女人格；

（五）其他严重侵害妇女权益的情形。

第七十八条　【诉讼支持】国家机关、社会团体、企业事业单位对侵害妇女权益的行为，可以支持受侵害的妇女向人民法院起诉。

第九章　法律责任

第七十九条　【政府部门及基层自治组织违反强制报告义务的法律责任】违反本法第二十二条第二款规定，未履行报告义务的，依法对直接负责的主管人员和其他直接责任人员给予处分。

第八十条　【性骚扰行为人和监管失职单位的法律责任】违反本法规定，对妇女实施性骚扰的，由公安机关给予批评教育或者出具告诫书，并由所在单位依法给予处分。

学校、用人单位违反本法规定，未采取必要措施预防和制止性骚扰，造成妇女权益受到侵害或者社会影响恶劣的，由上级机关或者主管部门责令改正；拒不改正或者情节严重的，依法对直接负责的主管人员和其他直接责任人员给予处分。

第八十一条　【住宿经营者违反报告义务的法律责任】违反本法第二十六条规定，未履行报告等义务的，依法给予警告、责令停业整顿或者吊销营业执照、吊销相关许可证，并处一万元以上五万元以下罚款。

第八十二条　【贬低损害妇女人格行为的法律责任】违反本法规定，通过大众传播媒介或者其他方式贬低损害妇女人格的，由公安、网信、文化旅游、广播电视、新闻出版或者其他有关部门依据各自的职权责令改正，并依法给予行政处罚。

第八十三条　【用人单位侵害妇女合法权益行为的法律责任】用人单位违反本法第四十三条和第四十八条规定的，由人力资源和社会保障部门责令改正；拒不改正或者情节严重的，处一万元以上五万元以下罚款。

第八十四条　【国家机关及其工作人员未依法履职的法律责任】违反本法规定，对侵害妇女权益的申诉、控告、检举，推诿、拖延、压制不予查处，或者对提出申诉、控告、检举的人进行打击报复的，依法责令改正，并对直接负责的主管人员和其他直接责任人员给予处分。

国家机关及其工作人员未依法履行职责，对侵害妇女权益的行为未及时制止或者未给予受害妇女必要帮助，造成严重后果的，依法对直接负责的主管人员和其他直接责任人员给予处分。

违反本法规定，侵害妇女人身和人格权益、文化教育权益、劳动和社会保障权益、财产权益以及婚姻家庭权益的，依法责令改正，直接负责的主管人员和其他直接责任人员属于国家工作人员的，依法给予处分。

第八十五条 **【行政责任、民事责任与刑事责任】**违反本法规定,侵害妇女的合法权益,其他法律、法规规定行政处罚的,从其规定;造成财产损失或者人身损害的,依法承担民事责任;构成犯罪的,依法追究刑事责任。

第十章 附 则

第八十六条 **【施行日期】**本法自2023年1月1日起施行。

中华人民共和国
老年人权益保障法

1. 1996年8月29日第八届全国人民代表大会常务委员会第二十一次会议通过
2. 根据2009年8月27日第十一届全国人民代表大会常务委员会第十次会议《关于修改部分法律的决定》第一次修正
3. 2012年12月28日第十一届全国人民代表大会常务委员会第三十次会议修订
4. 根据2015年4月24日第十二届全国人民代表大会常务委员会第十四次会议《关于修改〈中华人民共和国电力法〉等六部法律的决定》第二次修正
5. 根据2018年12月29日第十三届全国人民代表大会常务委员会第七次会议《关于修改〈中华人民共和国劳动法〉等七部法律的决定》第三次修正

目 录

第一章 总 则

第一条 **【立法目的】**为了保障老年人合法权益,发展老龄事业,弘扬中华民族敬老、养老、助老的美德,根据宪法,制定本法。

第二条 **【适用范围】**本法所称老年人是指六十周岁以上的公民。

第三条 **【基本原则】**国家保障老年人依法享有的权益。

老年人有从国家和社会获得物质帮助的权利,有享受社会服务和社会优待的权利,有参与社会发展和共享发展成果的权利。

禁止歧视、侮辱、虐待或者遗弃老年人。

第四条 **【总体目标】**积极应对人口老龄化是国家的一项长期战略任务。

国家和社会应当采取措施,健全保障老年人权益的各项制度,逐步改善保障老年人生活、健康、安全以及参与社会发展的条件,实现老有所养、老有所医、老有所为、老有所学、老有所乐。

第五条 **【社会保障】**国家建立多层次的社会保障体系,逐步提高对老年人的保障水平。

国家建立和完善以居家为基础、社区为依托、机构为支撑的社会养老服务体系。

倡导全社会优待老年人。

第六条 **【政府职责】**各级人民政府应当将老龄事业纳入国民经济和社会发展规划,将老龄事业经费列入财政预算,建立稳定的经费保障机制,并鼓励社会各方面投入,使老龄事业与经济、社会协调发展。

国务院制定国家老龄事业发展规划。县级以上地方人民政府根据国家老龄事业发展规划,制定本行政区域的老龄事业发展规划和年度计划。

县级以上人民政府负责老龄工作的机构,负责组织、协调、指导、督促有关部门做好老年人权益保障工作。

第七条 **【社会责任】**保障老年人合法权益是全社会的共同责任。

国家机关、社会团体、企业事业单位和其他组织应当按照各自职责,做好老年人权益保障工作。

基层群众性自治组织和依法设立的老年人组织应当反映老年人的要求,维护老年人合法权益,为老年人服务。

提倡、鼓励义务为老年人服务。

第八条 **【宣传教育】**国家进行人口老龄化国情教育,增强全社会积极应对人口老龄化意识。

全社会应当广泛开展敬老、养老、助老宣传教育活动，树立尊重、关心、帮助老年人的社会风尚。

青少年组织、学校和幼儿园应当对青少年和儿童进行敬老、养老、助老的道德教育和维护老年人合法权益的法制教育。

广播、电影、电视、报刊、网络等应当反映老年人的生活，开展维护老年人合法权益的宣传，为老年人服务。

第九条 【社会研究】国家支持老龄科学研究，建立老年人状况统计调查和发布制度。

第十条 【奖励】各级人民政府和有关部门对维护老年人合法权益和敬老、养老、助老成绩显著的组织、家庭或者个人，对参与社会发展做出突出贡献的老年人，按照国家有关规定给予表彰或者奖励。

第十一条 【老年人的义务】老年人应当遵纪守法，履行法律规定的义务。

第十二条 【法定节日】每年农历九月初九为老年节。

第二章 家庭赡养与扶养

第十三条 【养老基础】老年人养老以居家为基础，家庭成员应当尊重、关心和照料老年人。

第十四条 【赡养人义务】赡养人应当履行对老年人经济上供养、生活上照料和精神上慰藉的义务，照顾老年人的特殊需要。

赡养人是指老年人的子女以及其他依法负有赡养义务的人。

赡养人的配偶应当协助赡养人履行赡养义务。

第十五条 【患病、经济困难、生活不能自理的老年人的赡养】赡养人应当使患病的老年人及时得到治疗和护理；对经济困难的老年人，应当提供医疗费用。

对生活不能自理的老年人，赡养人应当承担照料责任；不能亲自照料的，可以按照老年人的意愿委托他人或者养老机构等照料。

第十六条 【老年人的住房保障】赡养人应当妥善安排老年人的住房，不得强迫老年人居住或者迁居条件低劣的房屋。

老年人自有的或者承租的住房，子女或者其他亲属不得侵占，不得擅自改变产权关系或者租赁关系。

老年人自有的住房，赡养人有维修的义务。

第十七条 【老年人承包的田地及其林木、牲畜的收益】赡养人有义务耕种或者委托他人耕种老年人承包的田地，照管或者委托他人照管老年人的林木和牲畜等，收益归老年人所有。

第十八条 【老年人的精神需求】家庭成员应当关心老年人的精神需求，不得忽视、冷落老年人。

与老年人分开居住的家庭成员，应当经常看望或者问候老年人。

用人单位应当按照国家有关规定保障赡养人探亲休假的权利。

第十九条 【赡养义务的强制性】赡养人不得以放弃继承权或者其他理由，拒绝履行赡养义务。

赡养人不履行赡养义务，老年人有要求赡养人付给赡养费等权利。

赡养人不得要求老年人承担力不能及的劳动。

第二十条 【赡养协议】经老年人同意，赡养人之间可以就履行赡养义务签订协议。赡养协议的内容不得违反法律的规定和老年人的意愿。

基层群众性自治组织、老年人组织或者赡养人所在单位监督协议的履行。

第二十一条 【老年人的婚姻自由】老年人的婚姻自由受法律保护。子女或者其他亲属不得干涉老年人离婚、再婚及婚后的生活。

赡养人的赡养义务不因老年人的婚姻关系变化而消除。

第二十二条 【老年人的财产权益】老年人对个人的财产，依法享有占有、使用、收益和处分的权利，子女或者其他亲属不得干涉，不得以窃取、骗取、强行索取等方式侵犯老年人的财产权益。

老年人有依法继承父母、配偶、子女或者其他亲属遗产的权利，有接受赠与的权利。子女或者其他亲属不得侵占、抢夺、转移、隐匿或者损毁应当由老年人继承或者接受赠与的财产。

老年人以遗嘱处分财产，应当依法为老年配偶保留必要的份额。

第二十三条 【扶养义务】老年人与配偶有相互扶养的义务。

由兄、姐扶养的弟、妹成年后，有负担能力的，对年老无赡养人的兄、姐有扶养的义务。

第二十四条 【不履行赡养、扶养义务】赡养人、扶养人不履行赡养、扶养义务的，基层群众性自治组织、老年人组织或者赡养人、扶养人所在单位应当督促其履行。

第二十五条 【禁止家庭暴力】禁止对老年人实施家庭

暴力。

第二十六条 【**监护人**】具备完全民事行为能力的老年人，可以在近亲属或者其他与自己关系密切、愿意承担监护责任的个人、组织中协商确定自己的监护人。监护人在老年人丧失或者部分丧失民事行为能力时，依法承担监护责任。

老年人未事先确定监护人的，其丧失或者部分丧失民事行为能力时，依照有关法律的规定确定监护人。

第二十七条 【**家庭养老支持政策**】国家建立健全家庭养老支持政策，鼓励家庭成员与老年人共同生活或者就近居住，为老年人随配偶或者赡养人迁徙提供条件，为家庭成员照料老年人提供帮助。

第三章 社 会 保 障

第二十八条 【**养老保险制度**】国家通过基本养老保险制度，保障老年人的基本生活。

第二十九条 【**医疗保险制度**】国家通过基本医疗保险制度，保障老年人的基本医疗需要。享受最低生活保障的老年人和符合条件的低收入家庭中的老年人参加新型农村合作医疗和城镇居民基本医疗保险所需个人缴费部分，由政府给予补贴。

有关部门制定医疗保险办法，应当对老年人给予照顾。

第三十条 【**护理保障工作**】国家逐步开展长期护理保障工作，保障老年人的护理需求。

对生活长期不能自理、经济困难的老年人，地方各级人民政府应当根据其失能程度等情况给予护理补贴。

第三十一条 【**老年人救助**】国家对经济困难的老年人给予基本生活、医疗、居住或者其他救助。

老年人无劳动能力、无生活来源、无赡养人和扶养人，或者其赡养人和扶养人确无赡养能力或者扶养能力的，由地方各级人民政府依照有关规定给予供养或者救助。

对流浪乞讨、遭受遗弃等生活无着的老年人，由地方各级人民政府依照有关规定给予救助。

第三十二条 【**住房照顾**】地方各级人民政府在实施廉租住房、公共租赁住房等住房保障制度或者进行危旧房屋改造时，应当优先照顾符合条件的老年人。

第三十三条 【**老年人福利**】国家建立和完善老年人福利制度，根据经济社会发展水平和老年人的实际需要，增加老年人的社会福利。

国家鼓励地方建立八十周岁以上低收入老年人高龄津贴制度。

国家建立和完善计划生育家庭老年人扶助制度。

农村可以将未承包的集体所有的部分土地、山林、水面、滩涂等作为养老基地，收益供老年人养老。

第三十四条 【**养老金及其他待遇保障**】老年人依法享有的养老金、医疗待遇和其他待遇应当得到保障，有关机构必须按时足额支付，不得克扣、拖欠或者挪用。

国家根据经济发展以及职工平均工资增长、物价上涨等情况，适时提高养老保障水平。

第三十五条 【**物质帮助**】国家鼓励慈善组织以及其他组织和个人为老年人提供物质帮助。

第三十六条 【**扶养、扶助协议**】老年人可以与集体经济组织、基层群众性自治组织、养老机构等组织或者个人签订遗赠扶养协议或者其他扶助协议。

负有扶养义务的组织或者个人按照遗赠扶养协议，承担该老年人生养死葬的义务，享有受遗赠的权利。

第四章 社 会 服 务

第三十七条 【**社区养老服务**】地方各级人民政府和有关部门应当采取措施，发展城乡社区养老服务，鼓励、扶持专业服务机构及其他组织和个人，为居家的老年人提供生活照料、紧急救援、医疗护理、精神慰藉、心理咨询等多种形式的服务。

对经济困难的老年人，地方各级人民政府应当逐步给予养老服务补贴。

第三十八条 【**基础设施**】地方各级人民政府和有关部门、基层群众性自治组织，应当将养老服务设施纳入城乡社区配套设施建设规划，建立适应老年人需要的生活服务、文化体育活动、日间照料、疾病护理与康复等服务设施和网点，就近为老年人提供服务。

发扬邻里互助的传统，提倡邻里间关心、帮助有困难的老年人。

鼓励慈善组织、志愿者为老年人服务。倡导老年人互助服务。

第三十九条 【**政策支持**】各级人民政府应当根据经济发展水平和老年人服务需求，逐步增加对养老服务的投入。

各级人民政府和有关部门在财政、税费、土地、融资等方面采取措施，鼓励、扶持企业事业单位、社会组织或者个人兴办、运营养老、老年人日间照料、老年文化体育活动等设施。

第四十条 【养老服务设施用地】地方各级人民政府和有关部门应当按照老年人口比例及分布情况，将养老服务设施建设纳入城乡规划和土地利用总体规划，统筹安排养老服务设施建设用地及所需物资。

公益性养老服务设施用地，可以依法使用国有划拨土地或者农民集体所有的土地。

养老服务设施用地，非经法定程序不得改变用途。

第四十一条 【养老机构】政府投资兴办的养老机构，应当优先保障经济困难的孤寡、失能、高龄等老年人的服务需求。

第四十二条 【分类管理和评估】国务院有关部门制定养老服务设施建设、养老服务质量和养老服务职业等标准，建立健全养老机构分类管理和养老服务评估制度。

各级人民政府应当规范养老服务收费项目和标准，加强监督和管理。

第四十三条 【养老机构的许可、登记】设立公益性养老机构，应当依法办理相应的登记。

设立经营性养老机构，应当在市场监督管理部门办理登记。

养老机构登记后即可开展服务活动，并向县级以上人民政府民政部门备案。

第四十四条 【综合监管制度】地方各级人民政府加强对本行政区域养老机构管理工作的领导，建立养老机构综合监管制度。

县级以上人民政府民政部门负责养老机构的指导、监督和管理，其他有关部门依照职责分工对养老机构实施监督。

第四十五条 【监督检查措施】县级以上人民政府民政部门依法履行监督检查职责，可以采取下列措施：

（一）向养老机构和个人了解情况；

（二）进入涉嫌违法的养老机构进行现场检查；

（三）查阅或者复制有关合同、票据、账簿及其他有关资料；

（四）发现养老机构存在可能危及人身健康和生命财产安全风险的，责令限期改正，逾期不改正的，责令停业整顿。

县级以上人民政府民政部门调查养老机构涉嫌违法的行为，应当遵守《中华人民共和国行政强制法》和其他有关法律、行政法规的规定。

第四十六条 【养老机构的变更、终止】养老机构变更或者终止的，应当妥善安置收住的老年人，并依照规定到有关部门办理手续。有关部门应当为养老机构妥善安置老年人提供帮助。

第四十七条 【养老服务人才培养】国家建立健全养老服务人才培养、使用、评价和激励制度，依法规范用工，促进从业人员劳动报酬合理增长，发展专职、兼职和志愿者相结合的养老服务队伍。

国家鼓励高等学校、中等职业学校和职业培训机构设置相关专业或者培训项目，培养养老服务专业人才。

第四十八条 【养老服务协议】养老机构应当与接受服务的老年人或者其代理人签订服务协议，明确双方的权利、义务。

养老机构及其工作人员不得以任何方式侵害老年人的权益。

第四十九条 【养老责任保险】国家鼓励养老机构投保责任保险，鼓励保险公司承保责任保险。

第五十条 【老年医疗卫生服务】各级人民政府和有关部门应当将老年医疗卫生服务纳入城乡医疗卫生服务规划，将老年人健康管理和常见病预防等纳入国家基本公共卫生服务项目。鼓励为老年人提供保健、护理、临终关怀等服务。

国家鼓励医疗机构开设针对老年病的专科或者门诊。

医疗卫生机构应当开展老年人的健康服务和疾病防治工作。

第五十一条 【健康教育和医学研究】国家采取措施，加强老年医学的研究和人才培养，提高老年病的预防、治疗、科研水平，促进老年病的早期发现、诊断和治疗。

国家和社会采取措施，开展各种形式的健康教育，普及老年保健知识，增强老年人自我保健意识。

第五十二条 【老龄产业】国家采取措施，发展老龄产业，将老龄产业列入国家扶持行业目录。扶持和引导企业开发、生产、经营适应老年人需要的用品和提供相关的服务。

第五章 社 会 优 待

第五十三条 【优待老年人】县级以上人民政府及其有关部门根据经济社会发展情况和老年人的特殊需要，制定优待老年人的办法，逐步提高优待水平。

对常住在本行政区域内的外埠老年人给予同等优待。

第五十四条 【为老年人及时、便利地享受物质帮助提供条件】各级人民政府和有关部门应当为老年人及时、便利地领取养老金、结算医疗费和享受其他物质帮助提供条件。

第五十五条 【重大事项询问并优先办理】各级人民政府和有关部门办理房屋权属关系变更、户口迁移等涉及老年人权益的重大事项时，应当就办理事项是否为老年人的真实意思表示进行询问，并依法优先办理。

第五十六条 【法律援助】老年人因其合法权益受侵害提起诉讼交纳诉讼费确有困难的，可以缓交、减交或者免交；需要获得律师帮助，但无力支付律师费用的，可以获得法律援助。

鼓励律师事务所、公证处、基层法律服务所和其他法律服务机构为经济困难的老年人提供免费或者优惠服务。

第五十七条 【医疗便利措施】医疗机构应当为老年人就医提供方便，对老年人就医予以优先。有条件的地方，可以为老年人设立家庭病床，开展巡回医疗、护理、康复、免费体检等服务。

提倡为老年人义诊。

第五十八条 【优先、优惠服务】提倡与老年人日常生活密切相关的服务行业为老年人提供优先、优惠服务。

城市公共交通、公路、铁路、水路和航空客运，应当为老年人提供优待和照顾。

第五十九条 【享受精神文化生活】博物馆、美术馆、科技馆、纪念馆、公共图书馆、文化馆、影剧院、体育场馆、公园、旅游景点等场所，应当对老年人免费或者优惠开放。

第六十条 【筹劳义务免除】农村老年人不承担兴办公益事业的筹劳义务。

第六章 宜 居 环 境

第六十一条 【宜居环境建设】国家采取措施，推进宜居环境建设，为老年人提供安全、便利和舒适的环境。

第六十二条 【服务设施建设】各级人民政府在制定城乡规划时，应当根据人口老龄化发展趋势、老年人口分布和老年人的特点，统筹考虑适合老年人的公共基础设施、生活服务设施、医疗卫生设施和文化体育设施建设。

第六十三条 【工程建设标准体系】国家制定和完善涉及老年人的工程建设标准体系，在规划、设计、施工、监理、验收、运行、维护、管理等环节加强相关标准的实施与监督。

第六十四条 【无保障设施建设】国家制定无障碍设施工程建设标准。新建、改建和扩建道路、公共交通设施、建筑物、居住区等，应当符合国家无障碍设施工程建设标准。

各级人民政府和有关部门应当按照国家无障碍设施工程建设标准，优先推进与老年人日常生活密切相关的公共服务设施的改造。

无障碍设施的所有人和管理人应当保障无障碍设施正常使用。

第六十五条 【宜居社区建设】国家推动老年宜居社区建设，引导、支持老年宜居住宅的开发，推动和扶持老年人家庭无障碍设施的改造，为老年人创造无障碍居住环境。

第七章 参与社会发展

第六十六条 【重视老年人作用】国家和社会应当重视、珍惜老年人的知识、技能、经验和优良品德，发挥老年人的专长和作用，保障老年人参与经济、政治、文化和社会生活。

第六十七条 【组织活动】老年人可以通过老年人组织，开展有益身心健康的活动。

第六十八条 【听取老年人和老年人组织的意见建议】制定法律、法规、规章和公共政策，涉及老年人权益重大问题的，应当听取老年人和老年人组织的意见。

老年人和老年人组织有权向国家机关提出老年人权益保障、老龄事业发展等方面的意见和建议。

第六十九条 【对老年人参与社会活动的支持和保障】国家为老年人参与社会发展创造条件。根据社会需要和可能，鼓励老年人在自愿和量力的情况下，从事下列活动：

（一）对青少年和儿童进行社会主义、爱国主义、集体主义和艰苦奋斗等优良传统教育；

（二）传授文化和科技知识；
（三）提供咨询服务；
（四）依法参与科技开发和应用；
（五）依法从事经营和生产活动；
（六）参加志愿服务、兴办社会公益事业；
（七）参与维护社会治安、协助调解民间纠纷；
（八）参加其他社会活动。

第七十条 【合法收入保护】老年人参加劳动的合法收入受法律保护。

任何单位和个人不得安排老年人从事危害其身心健康的劳动或者危险作业。

第七十一条 【老年人教育】老年人有继续受教育的权利。

国家发展老年教育，把老年教育纳入终身教育体系，鼓励社会办好各类老年学校。

各级人民政府对老年教育应当加强领导，统一规划，加大投入。

第七十二条 【老年人文化生活】国家和社会采取措施，开展适合老年人的群众性文化、体育、娱乐活动，丰富老年人的精神文化生活。

第八章 法律责任

第七十三条 【侵权救济】老年人合法权益受到侵害的，被侵害人或者其代理人有权要求有关部门处理，或者依法向人民法院提起诉讼。

人民法院和有关部门，对侵犯老年人合法权益的申诉、控告和检举，应当依法及时受理，不得推诿、拖延。

第七十四条 【不作为或失职处理】不履行保护老年人合法权益职责的部门或者组织，其上级主管部门应当给予批评教育，责令改正。

国家工作人员违法失职，致使老年人合法权益受到损害的，由其所在单位或者上级机关责令改正，或者依法给予处分；构成犯罪的，依法追究刑事责任。

第七十五条 【纠纷处理】老年人与家庭成员因赡养、扶养或者住房、财产等发生纠纷，可以申请人民调解委员会或者其他有关组织进行调解，也可以直接向人民法院提起诉讼。

人民调解委员会或者其他有关组织调解前款纠纷时，应当通过说服、疏导等方式化解矛盾和纠纷；对有过错的家庭成员，应当给予批评教育。

人民法院对老年人追索赡养费或者扶养费的申请，可以依法裁定先予执行。

第七十六条 【干涉婚姻自由，拒不履行赡养、扶养义务，虐待或实施家庭暴力的处罚】干涉老年人婚姻自由，对老年人负有赡养义务、扶养义务而拒绝赡养、扶养，虐待老年人或者对老年人实施家庭暴力的，由有关单位给予批评教育；构成违反治安管理行为的，依法给予治安管理处罚；构成犯罪的，依法追究刑事责任。

第七十七条 【侵害老年人财物的处罚】家庭成员盗窃、诈骗、抢夺、侵占、勒索、故意损毁老年人财物，构成违反治安管理行为的，依法给予治安管理处罚；构成犯罪的，依法追究刑事责任。

第七十八条 【侮辱、诽谤老年人的处罚】侮辱、诽谤老年人，构成违反治安管理行为的，依法给予治安管理处罚；构成犯罪的，依法追究刑事责任。

第七十九条 【养老机构及其工作人员侵害老年人人身、财产权益的处罚】养老机构及其工作人员侵害老年人人身和财产权益，或者未按照约定提供服务的，依法承担民事责任；有关主管部门依法给予行政处罚；构成犯罪的，依法追究刑事责任。

第八十条 【对渎职行为的处罚】对养老机构负有管理和监督职责的部门及其工作人员滥用职权、玩忽职守、徇私舞弊的，对直接负责的主管人员和其他直接责任人员依法给予处分；构成犯罪的，依法追究刑事责任。

第八十一条 【不履行优待老年人义务的处理】不按规定履行优待老年人义务的，由有关主管部门责令改正。

第八十二条 【工程设施不符合规定的处罚】涉及老年人的工程不符合国家规定的标准或者无障碍设施所有人、管理人未尽到维护和管理职责的，由有关主管部门责令改正；造成损害的，依法承担民事责任；对有关单位、个人依法给予行政处罚；构成犯罪的，依法追究刑事责任。

第九章 附 则

第八十三条 【变通或补充规定的制度】民族自治地方的人民代表大会，可以根据本法的原则，结合当地民族风俗习惯的具体情况，依照法定程序制定变通的或者补充的规定。

第八十四条 【**溯及效力**】本法施行前设立的养老机构不符合本法规定条件的，应当限期整改。具体办法由国务院民政部门制定。

第八十五条 【**施行日期**】本法自 2013 年 7 月 1 日起施行。

中华人民共和国
未成年人保护法

1. 1991 年 9 月 4 日第七届全国人民代表大会常务委员会第二十一次会议通过

2. 2006 年 12 月 29 日第十届全国人民代表大会常务委员会第二十五次会议第一次修订

3. 根据 2012 年 10 月 26 日第十一届全国人民代表大会常务委员会第二十九次会议《关于修改〈中华人民共和国未成年人保护法〉的决定》修正

4. 2020 年 10 月 17 日第十三届全国人民代表大会常务委员会第二十二次会议第二次修订

目　　录

第一章　总　　则

第一条 【**立法目的**】为了保护未成年人身心健康，保障未成年人合法权益，促进未成年人德智体美劳全面发展，培养有理想、有道德、有文化、有纪律的社会主义建设者和接班人，培养担当民族复兴大任的时代新人，根据宪法，制定本法。

第二条 【**未成年人定义**】本法所称未成年人是指未满十八周岁的公民。

第三条 【**未成年人平等享有权利**】国家保障未成年人的生存权、发展权、受保护权、参与权等权利。

未成年人依法平等地享有各项权利，不因本人及其父母或者其他监护人的民族、种族、性别、户籍、职业、宗教信仰、教育程度、家庭状况、身心健康状况等受到歧视。

第四条 【**未成年人保护的基本原则和要求**】保护未成年人，应当坚持最有利于未成年人的原则。处理涉及未成年人事项，应当符合下列要求：

（一）给予未成年人特殊、优先保护；

（二）尊重未成年人人格尊严；

（三）保护未成年人隐私权和个人信息；

（四）适应未成年人身心健康发展的规律和特点；

（五）听取未成年人的意见；

（六）保护与教育相结合。

第五条 【**教育指导原则**】国家、社会、学校和家庭应当对未成年人进行理想教育、道德教育、科学教育、文化教育、法治教育、国家安全教育、健康教育、劳动教育，加强爱国主义、集体主义和中国特色社会主义的教育，培养爱祖国、爱人民、爱劳动、爱科学、爱社会主义的公德，抵制资本主义、封建主义和其他腐朽思想的侵蚀，引导未成年人树立和践行社会主义核心价值观。

第六条 【**社会共同责任**】保护未成年人，是国家机关、武装力量、政党、人民团体、企业事业单位、社会组织、城乡基层群众性自治组织、未成年人的监护人以及其他成年人的共同责任。

国家、社会、学校和家庭应当教育和帮助未成年人维护自身合法权益，增强自我保护的意识和能力。

第七条 【**监护人和国家在监护方面的责任**】未成年人的父母或者其他监护人依法对未成年人承担监护职责。

国家采取措施指导、支持、帮助和监督未成年人的父母或者其他监护人履行监护职责。

第八条 【**政府对未成年人保护工作的保障**】县级以上人民政府应当将未成年人保护工作纳入国民经济和社会发展规划，相关经费纳入本级政府预算。

第九条 【**协调机制**】县级以上人民政府应当建立未成年人保护工作协调机制，统筹、协调、督促和指导有关部门在各自职责范围内做好未成年人保护工作。协调机制具体工作由县级以上人民政府民政部门承担，省级人民政府也可以根据本地实际情况确定由其他有关部门承担。

第十条 【群团组织及有关社会组织职责】共产主义青年团、妇女联合会、工会、残疾人联合会、关心下一代工作委员会、青年联合会、学生联合会、少年先锋队以及其他人民团体、有关社会组织,应当协助各级人民政府及其有关部门、人民检察院、人民法院做好未成年人保护工作,维护未成年人合法权益。

第十一条 【检举、控告和强制报告制度】任何组织或者个人发现不利于未成年人身心健康或者侵犯未成年人合法权益的情形,都有权劝阻、制止或者向公安、民政、教育等有关部门提出检举、控告。

国家机关、居民委员会、村民委员会、密切接触未成年人的单位及其工作人员,在工作中发现未成年人身心健康受到侵害、疑似受到侵害或者面临其他危险情形的,应当立即向公安、民政、教育等有关部门报告。

有关部门接到涉及未成年人的检举、控告或者报告,应当依法及时受理、处置,并以适当方式将处理结果告知相关单位和人员。

第十二条 【未成年人保护科学研究】国家鼓励和支持未成年人保护方面的科学研究,建设相关学科、设置相关专业,加强人才培养。

第十三条 【未成年人调查统计制度】国家建立健全未成年人统计调查制度,开展未成年人健康、受教育等状况的统计、调查和分析,发布未成年人保护的有关信息。

第十四条 【表彰和奖励】国家对保护未成年人有显著成绩的组织和个人给予表彰和奖励。

第二章 家庭保护

第十五条 【监护人及家庭成员的家庭教育职责】未成年人的父母或者其他监护人应当学习家庭教育知识,接受家庭教育指导,创造良好、和睦、文明的家庭环境。

共同生活的其他成年家庭成员应当协助未成年人的父母或者其他监护人抚养、教育和保护未成年人。

第十六条 【父母或者其他监护人监护职责】未成年人的父母或者其他监护人应当履行下列监护职责:

(一)为未成年人提供生活、健康、安全等方面的保障;

(二)关注未成年人的生理、心理状况和情感需求;

(三)教育和引导未成年人遵纪守法、勤俭节约,养成良好的思想品德和行为习惯;

(四)对未成年人进行安全教育,提高未成年人的自我保护意识和能力;

(五)尊重未成年人受教育的权利,保障适龄未成年人依法接受并完成义务教育;

(六)保障未成年人休息、娱乐和体育锻炼的时间,引导未成年人进行有益身心健康的活动;

(七)妥善管理和保护未成年人的财产;

(八)依法代理未成年人实施民事法律行为;

(九)预防和制止未成年人的不良行为和违法犯罪行为,并进行合理管教;

(十)其他应当履行的监护职责。

第十七条 【监护中的禁止性行为】未成年人的父母或者其他监护人不得实施下列行为:

(一)虐待、遗弃、非法送养未成年人或者对未成年人实施家庭暴力;

(二)放任、教唆或者利用未成年人实施违法犯罪行为;

(三)放任、唆使未成年人参与邪教、迷信活动或者接受恐怖主义、分裂主义、极端主义等侵害;

(四)放任、唆使未成年人吸烟(含电子烟,下同)、饮酒、赌博、流浪乞讨或者欺凌他人;

(五)放任或者迫使应当接受义务教育的未成年人失学、辍学;

(六)放任未成年人沉迷网络,接触危害或者可能影响其身心健康的图书、报刊、电影、广播电视节目、音像制品、电子出版物和网络信息等;

(七)放任未成年人进入营业性娱乐场所、酒吧、互联网上网服务营业场所等不适宜未成年人活动的场所;

(八)允许或者迫使未成年人从事国家规定以外的劳动;

(九)允许、迫使未成年人结婚或者为未成年人订立婚约;

(十)违法处分、侵吞未成年人的财产或者利用未成年人牟取不正当利益;

(十一)其他侵犯未成年人身心健康、财产权益或者不依法履行未成年人保护义务的行为。

第十八条 【**监护人安全保障义务**】未成年人的父母或者其他监护人应当为未成年人提供安全的家庭生活环境，及时排除引发触电、烫伤、跌落等伤害的安全隐患；采取配备儿童安全座椅、教育未成年人遵守交通规则等措施，防止未成年人受到交通事故的伤害；提高户外安全保护意识，避免未成年人发生溺水、动物伤害等事故。

第十九条 【**尊重未成年人意见**】未成年人的父母或者其他监护人应当根据未成年人的年龄和智力发展状况，在作出与未成年人权益有关的决定前，听取未成年人的意见，充分考虑其真实意愿。

第二十条 【**监护人报告义务**】未成年人的父母或者其他监护人发现未成年人身心健康受到侵害、疑似受到侵害或者其他合法权益受到侵犯的，应当及时了解情况并采取保护措施；情况严重的，应当立即向公安、民政、教育等部门报告。

第二十一条 【**临时照护**】未成年人的父母或者其他监护人不得使未满八周岁或者由于身体、心理原因需要特别照顾的未成年人处于无人看护状态，或者将其交由无民事行为能力、限制民事行为能力、患有严重传染性疾病或者其他不适宜的人员临时照护。

未成年人的父母或者其他监护人不得使未满十六周岁的未成年人脱离监护单独生活。

第二十二条 【**长期照护的条件**】未成年人的父母或者其他监护人因外出务工等原因在一定期限内不能完全履行监护职责的，应当委托具有照护能力的完全民事行为能力人代为照护；无正当理由的，不得委托他人代为照护。

未成年人的父母或者其他监护人在确定被委托人时，应当综合考虑其道德品质、家庭状况、身心健康状况、与未成年人生活情感上的联系等情况，并听取有表达意愿能力未成年人的意见。

具有下列情形之一的，不得作为被委托人：

（一）曾实施性侵害、虐待、遗弃、拐卖、暴力伤害等违法犯罪行为；

（二）有吸毒、酗酒、赌博等恶习；

（三）曾拒不履行或者长期怠于履行监护、照护职责；

（四）其他不适宜担任被委托人的情形。

第二十三条 【**委托长期照护时父母的义务**】未成年人的父母或者其他监护人应当及时将委托照护情况书面告知未成年人所在学校、幼儿园和实际居住地的居民委员会、村民委员会，加强和未成年人所在学校、幼儿园的沟通；与未成年人、被委托人至少每周联系和交流一次，了解未成年人的生活、学习、心理等情况，并给予未成年人亲情关爱。

未成年人的父母或者其他监护人接到被委托人、居民委员会、村民委员会、学校、幼儿园等关于未成年人心理、行为异常的通知后，应当及时采取干预措施。

第二十四条 【**父母离婚对未成年子女的义务**】未成年人的父母离婚时，应当妥善处理未成年子女的抚养、教育、探望、财产等事宜，听取有表达意愿能力未成年人的意见。不得以抢夺、藏匿未成年子女等方式争夺抚养权。

未成年人的父母离婚后，不直接抚养未成年子女的一方应当依照协议、人民法院判决或者调解确定的时间和方式，在不影响未成年人学习、生活的情况下探望未成年子女，直接抚养的一方应当配合，但被人民法院依法中止探望权的除外。

第三章 学校保护

第二十五条 【**全面贯彻国家教育方针政策**】学校应当全面贯彻国家教育方针，坚持立德树人，实施素质教育，提高教育质量，注重培养未成年学生认知能力、合作能力、创新能力和实践能力，促进未成年学生全面发展。

学校应当建立未成年学生保护工作制度，健全学生行为规范，培养未成年学生遵纪守法的良好行为习惯。

第二十六条 【**幼儿园教育、保育职责**】幼儿园应当做好保育、教育工作，遵循幼儿身心发展规律，实施启蒙教育，促进幼儿在体质、智力、品德等方面和谐发展。

第二十七条 【**尊重人格尊严**】学校、幼儿园的教职员工应当尊重未成年人人格尊严，不得对未成年人实施体罚、变相体罚或者其他侮辱人格尊严的行为。

第二十八条 【**保障未成年学生受教育的权利**】学校应当保障未成年学生受教育的权利，不得违反国家规定开除、变相开除未成年学生。

学校应当对尚未完成义务教育的辍学未成年学生进行登记并劝返复学；劝返无效的，应当及时向教育行政部门书面报告。

第二十九条 【关爱帮扶并不得歧视未成年学生】学校应当关心、爱护未成年学生，不得因家庭、身体、心理、学习能力等情况歧视学生。对家庭困难、身心有障碍的学生，应当提供关爱；对行为异常、学习有困难的学生，应当耐心帮助。

学校应当配合政府有关部门建立留守未成年学生、困境未成年学生的信息档案，开展关爱帮扶工作。

第三十条 【社会生活指导、心理健康辅导、青春期教育、生命教育】学校应当根据未成年学生身心发展特点，进行社会生活指导、心理健康辅导、青春期教育和生命教育。

第三十一条 【加强劳动教育】学校应当组织未成年学生参加与其年龄相适应的日常生活劳动、生产劳动和服务性劳动，帮助未成年学生掌握必要的劳动知识和技能，养成良好的劳动习惯。

第三十二条 【开展勤俭节约教育活动】学校、幼儿园应当开展勤俭节约、反对浪费、珍惜粮食、文明饮食等宣传教育活动，帮助未成年人树立浪费可耻、节约为荣的意识，养成文明健康、绿色环保的生活习惯。

第三十三条 【保障未成年学生的休息权】学校应当与未成年学生的父母或者其他监护人互相配合，合理安排未成年学生的学习时间，保障其休息、娱乐和体育锻炼的时间。

学校不得占用国家法定节假日、休息日及寒暑假期，组织义务教育阶段的未成年学生集体补课，加重其学习负担。

幼儿园、校外培训机构不得对学龄前未成年人进行小学课程教育。

第三十四条 【学校、幼儿园的卫生保健职责】学校、幼儿园应当提供必要的卫生保健条件，协助卫生健康部门做好在校、在园未成年人的卫生保健工作。

第三十五条 【学校、幼儿园应当保障未成年人安全】学校、幼儿园应当建立安全管理制度，对未成年人进行安全教育，完善安保设施、配备安保人员，保障未成年人在校、在园期间的人身和财产安全。

学校、幼儿园不得在危及未成年人人身安全、身心健康的校舍和其他设施、场所中进行教育教学活动。

学校、幼儿园安排未成年人参加文化娱乐、社会实践等集体活动，应当保护未成年人的身心健康，防止发生人身伤害事故。

第三十六条 【校车安全管理制度】使用校车的学校、幼儿园应当建立健全校车安全管理制度，配备安全管理人员，定期对校车进行安全检查，对校车驾驶人进行安全教育，并向未成年人讲解校车安全乘坐知识，培养未成年人校车安全事故应急处理技能。

第三十七条 【突发事件处置】学校、幼儿园应当根据需要，制定应对自然灾害、事故灾难、公共卫生事件等突发事件和意外伤害的预案，配备相应设施并定期进行必要的演练。

未成年人在校内、园内或者本校、本园组织的校外、园外活动中发生人身伤害事故的，学校、幼儿园应当立即救护，妥善处理，及时通知未成年人的父母或者其他监护人，并向有关部门报告。

第三十八条 【禁止商业行为】学校、幼儿园不得安排未成年人参加商业性活动，不得向未成年人及其父母或者其他监护人推销或者要求其购买指定的商品和服务。

学校、幼儿园不得与校外培训机构合作为未成年人提供有偿课程辅导。

第三十九条 【防治学生欺凌】学校应当建立学生欺凌防控工作制度，对教职员工、学生等开展防治学生欺凌的教育和培训。

学校对学生欺凌行为应当立即制止，通知实施欺凌和被欺凌未成年学生的父母或者其他监护人参与欺凌行为的认定和处理；对相关未成年学生及时给予心理辅导、教育和引导；对相关未成年学生的父母或者其他监护人给予必要的家庭教育指导。

对实施欺凌的未成年学生，学校应当根据欺凌行为的性质和程度，依法加强管教。对严重的欺凌行为，学校不得隐瞒，应当及时向公安机关、教育行政部门报告，并配合相关部门依法处理。

第四十条 【预防性侵害、性骚扰】学校、幼儿园应当建立预防性侵害、性骚扰未成年人工作制度。对性侵害、性骚扰未成年人等违法犯罪行为，学校、幼儿园不得隐瞒，应当及时向公安机关、教育行政部门报告，并配合相关部门依法处理。

学校、幼儿园应当对未成年人开展适合其年龄的性教育，提高未成年人防范性侵害、性骚扰的自我保护意识和能力。对遭受性侵害、性骚扰的未成年人，学校、幼儿园应当及时采取相关的保护措施。

第四十一条 【相关机构参照适用学校保护】婴幼儿照护服务机构、早期教育服务机构、校外培训机构、校外托管机构等应当参照本章有关规定，根据不同年龄阶段未成年人的成长特点和规律，做好未成年人保护工作。

第四章 社会保护

第四十二条 【社会保护的基本内容】全社会应当树立关心、爱护未成年人的良好风尚。

国家鼓励、支持和引导人民团体、企业事业单位、社会组织以及其他组织和个人，开展有利于未成年人健康成长的社会活动和服务。

第四十三条 【居民委员会、村民委员会工作职责】居民委员会、村民委员会应当设置专人专岗负责未成年人保护工作，协助政府有关部门宣传未成年人保护方面的法律法规，指导、帮助和监督未成年人的父母或者其他监护人依法履行监护职责，建立留守未成年人、困境未成年人的信息档案并给予关爱帮扶。

居民委员会、村民委员会应当协助政府有关部门监督未成年人委托照护情况，发现被委托人缺乏照护能力、怠于履行照护职责等情况，应当及时向政府有关部门报告，并告知未成年人的父母或者其他监护人，帮助、督促被委托人履行照护职责。

第四十四条 【社会对未成年人提供福利待遇】爱国主义教育基地、图书馆、青少年宫、儿童活动中心、儿童之家应当对未成年人免费开放；博物馆、纪念馆、科技馆、展览馆、美术馆、文化馆、社区公益性互联网上网服务场所以及影剧院、体育场馆、动物园、植物园、公园等场所，应当按照有关规定对未成年人免费或者优惠开放。

国家鼓励爱国主义教育基地、博物馆、科技馆、美术馆等公共场馆开设未成年人专场，为未成年人提供有针对性的服务。

国家鼓励国家机关、企业事业单位、部队等开发自身教育资源，设立未成年人开放日，为未成年人主题教育、社会实践、职业体验等提供支持。

国家鼓励科研机构和科技类社会组织对未成年人开展科学普及活动。

第四十五条 【免费或者优惠乘坐交通工具】城市公共交通以及公路、铁路、水路、航空客运等应当按照有关规定对未成年人实施免费或者优惠票价。

第四十六条 【母婴设施配备】国家鼓励大型公共场所、公共交通工具、旅游景区景点等设置母婴室、婴儿护理台以及方便幼儿使用的坐便器、洗手台等卫生设施，为未成年人提供便利。

第四十七条 【不得限制应有照顾或者优惠】任何组织或者个人不得违反有关规定，限制未成年人应当享有的照顾或者优惠。

第四十八条 【鼓励有利于未成年人的创作】国家鼓励创作、出版、制作和传播有利于未成年人健康成长的图书、报刊、电影、广播电视节目、舞台艺术作品、音像制品、电子出版物和网络信息等。

第四十九条 【新闻媒体的未成年人保护责任】新闻媒体应当加强未成年人保护方面的宣传，对侵犯未成年人合法权益的行为进行舆论监督。新闻媒体采访报道涉及未成年人事件应当客观、审慎和适度，不得侵犯未成年人的名誉、隐私和其他合法权益。

第五十条 【禁止危害未成年人身心健康内容】禁止制作、复制、出版、发布、传播含有宣扬淫秽、色情、暴力、邪教、迷信、赌博、引诱自杀、恐怖主义、分裂主义、极端主义等危害未成年人身心健康内容的图书、报刊、电影、广播电视节目、舞台艺术作品、音像制品、电子出版物和网络信息等。

第五十一条 【可能影响未成年人身心健康内容的管理】任何组织或者个人出版、发布、传播的图书、报刊、电影、广播电视节目、舞台艺术作品、音像制品、电子出版物或者网络信息，包含可能影响未成年人身心健康内容的，应当以显著方式作出提示。

第五十二条 【禁止儿童色情制品】禁止制作、复制、发布、传播或者持有有关未成年人的淫秽色情物品和网络信息。

第五十三条 【与未成年人有关的广告管理】任何组织或者个人不得刊登、播放、张贴或者散发含有危害未成年人身心健康内容的广告；不得在学校、幼儿园播放、张贴或者散发商业广告；不得利用校服、教材等发布或者变相发布商业广告。

第五十四条 【禁止严重侵犯未成年人权益的行为】禁止拐卖、绑架、虐待、非法收养未成年人，禁止对未成年人实施性侵害、性骚扰。

禁止胁迫、引诱、教唆未成年人参加黑社会性质组织或者从事违法犯罪活动。

禁止胁迫、诱骗、利用未成年人乞讨。

第五十五条 【生产、销售用于未成年人产品的要求】生产、销售用于未成年人的食品、药品、玩具、用具和游戏游艺设备、游乐设施等，应当符合国家或者行业标准，不得危害未成年人的人身安全和身心健康。上述产品的生产者应当在显著位置标明注意事项，未标明注意事项的不得销售。

第五十六条　【公共场所的安全保障义务】未成年人集中活动的公共场所应当符合国家或者行业安全标准，并采取相应安全保护措施。对可能存在安全风险的设施，应当定期进行维护，在显著位置设置安全警示标志并标明适龄范围和注意事项；必要时应当安排专门人员看管。

大型的商场、超市、医院、图书馆、博物馆、科技馆、游乐场、车站、码头、机场、旅游景区景点等场所运营单位应当设置搜寻走失未成年人的安全警报系统。场所运营单位接到求助后，应当立即启动安全警报系统，组织人员进行搜寻并向公安机关报告。

公共场所发生突发事件时，应当优先救护未成年人。

第五十七条　【住宿经营者的安全保护义务】旅馆、宾馆、酒店等住宿经营者接待未成年人入住，或者接待未成年人和成年人共同入住时，应当询问父母或者其他监护人的联系方式、入住人员的身份关系等有关情况；发现有违法犯罪嫌疑的，应当立即向公安机关报告，并及时联系未成年人的父母或者其他监护人。

第五十八条　【不适宜未成年人活动场所在设置和服务的限制】学校、幼儿园周边不得设置营业性娱乐场所、酒吧、互联网上网服务营业场所等不适宜未成年人活动的场所。营业性歌舞娱乐场所、酒吧、互联网上网服务营业场所等不适宜未成年人活动场所的经营者，不得允许未成年人进入；游艺娱乐场所设置的电子游戏设备，除国家法定节假日外，不得向未成年人提供。经营者应当在显著位置设置未成年人禁入、限入标志；对难以判明是否是未成年人的，应当要求其出示身份证件。

第五十九条　【对未成年人禁烟、禁酒和禁售彩票】学校、幼儿园周边不得设置烟、酒、彩票销售网点。禁止向未成年人销售烟、酒、彩票或者兑付彩票奖金。烟、酒和彩票经营者应当在显著位置设置不向未成年人销售烟、酒或者彩票的标志；对难以判明是否是未成年人的，应当要求其出示身份证件。

任何人不得在学校、幼儿园和其他未成年人集中活动的公共场所吸烟、饮酒。

第六十条　【禁止向未成年人提供、销售危险物品】禁止向未成年人提供、销售管制刀具或者其他可能致人严重伤害的器具等物品。经营者难以判明购买者是否是未成年人的，应当要求其出示身份证件。

第六十一条　【未成年人劳动保护】任何组织或者个人不得招用未满十六周岁未成年人，国家另有规定的除外。

营业性娱乐场所、酒吧、互联网上网服务营业场所等不适宜未成年人活动的场所不得招用已满十六周岁的未成年人。

招用已满十六周岁未成年人的单位和个人应当执行国家在工种、劳动时间、劳动强度和保护措施等方面的规定，不得安排其从事过重、有毒、有害等危害未成年人身心健康的劳动或者危险作业。

任何组织或者个人不得组织未成年人进行危害其身心健康的表演等活动。经未成年人的父母或者其他监护人同意，未成年人参与演出、节目制作等活动，活动组织方应当根据国家有关规定，保障未成年人合法权益。

第六十二条　【从业查询制度】密切接触未成年人的单位招聘工作人员时，应当向公安机关、人民检察院查询应聘者是否具有性侵害、虐待、拐卖、暴力伤害等违法犯罪记录；发现其具有前述行为记录的，不得录用。

密切接触未成年人的单位应当每年定期对工作人员是否具有上述违法犯罪记录进行查询。通过查询或者其他方式发现其工作人员具有上述行为的，应当及时解聘。

第六十三条　【保护未成年人通信自由和通信秘密】任何组织或者个人不得隐匿、毁弃、非法删除未成年人的信件、日记、电子邮件或者其他网络通讯内容。

除下列情形外，任何组织或者个人不得开拆、查阅未成年人的信件、日记、电子邮件或者其他网络通讯内容：

（一）无民事行为能力未成年人的父母或者其他监护人代未成年人开拆、查阅；

（二）因国家安全或者追查刑事犯罪依法进行检查；

（三）紧急情况下为了保护未成年人本人的人身安全。

第五章 网络保护

第六十四条 【网络素养】国家、社会、学校和家庭应当加强未成年人网络素养宣传教育,培养和提高未成年人的网络素养,增强未成年人科学、文明、安全、合理使用网络的意识和能力,保障未成年人在网络空间的合法权益。

第六十五条 【健康网络内容创作与传播】国家鼓励和支持有利于未成年人健康成长的网络内容的创作与传播,鼓励和支持专门以未成年人为服务对象、适合未成年人身心健康特点的网络技术、产品、服务的研发、生产和使用。

第六十六条 【监督检查和惩处非法活动】网信部门及其他有关部门应当加强对未成年人网络保护工作的监督检查,依法惩处利用网络从事危害未成年人身心健康的活动,为未成年人提供安全、健康的网络环境。

第六十七条 【可能影响未成年人身心健康的网络信息】网信部门会同公安、文化和旅游、新闻出版、电影、广播电视等部门根据保护不同年龄阶段未成年人的需要,确定可能影响未成年人身心健康网络信息的种类、范围和判断标准。

第六十八条 【沉迷网络的预防和干预】新闻出版、教育、卫生健康、文化和旅游、网信等部门应当定期开展预防未成年人沉迷网络的宣传教育,监督网络产品和服务提供者履行预防未成年人沉迷网络的义务,指导家庭、学校、社会组织互相配合,采取科学、合理的方式对未成年人沉迷网络进行预防和干预。

任何组织或者个人不得以侵害未成年人身心健康的方式对未成年人沉迷网络进行干预。

第六十九条 【未成年人网络保护软件】学校、社区、图书馆、文化馆、青少年宫等场所为未成年人提供的互联网上网服务设施,应当安装未成年人网络保护软件或者采取其他安全保护技术措施。

智能终端产品的制造者、销售者应当在产品上安装未成年人网络保护软件,或者以显著方式告知用户未成年人网络保护软件的安装渠道和方法。

第七十条 【学校对沉迷网络的预防和处理】学校应当合理使用网络开展教学活动。未经学校允许,未成年学生不得将手机等智能终端产品带入课堂,带入学校的应当统一管理。

学校发现未成年学生沉迷网络的,应当及时告知其父母或者其他监护人,共同对未成年学生进行教育和引导,帮助其恢复正常的学习生活。

第七十一条 【监护人对未成年人的网络保护义务】未成年人的父母或者其他监护人应当提高网络素养,规范自身使用网络的行为,加强对未成年人使用网络行为的引导和监督。

未成年人的父母或者其他监护人应当通过在智能终端产品上安装未成年人网络保护软件、选择适合未成年人的服务模式和管理功能等方式,避免未成年人接触危害或者可能影响其身心健康的网络信息,合理安排未成年人使用网络的时间,有效预防未成年人沉迷网络。

第七十二条 【未成年人个人信息处理以及更正权、删除权】信息处理者通过网络处理未成年人个人信息的,应当遵循合法、正当和必要的原则。处理不满十四周岁未成年人个人信息的,应当征得未成年人的父母或者其他监护人同意,但法律、行政法规另有规定的除外。

未成年人、父母或者其他监护人要求信息处理者更正、删除未成年人个人信息的,信息处理者应当及时采取措施予以更正、删除,但法律、行政法规另有规定的除外。

第七十三条 【私密信息的提示、保护义务】网络服务提供者发现未成年人通过网络发布私密信息的,应当及时提示,并采取必要的保护措施。

第七十四条 【预防未成年人沉迷网络的一般性规定】网络产品和服务提供者不得向未成年人提供诱导其沉迷的产品和服务。

网络游戏、网络直播、网络音视频、网络社交等网络服务提供者应当针对未成年人使用其服务设置相应的时间管理、权限管理、消费管理等功能。

以未成年人为服务对象的在线教育网络产品和服务,不得插入网络游戏链接,不得推送广告等与教学无关的信息。

第七十五条 【网络游戏服务提供者预防沉迷网络义务】网络游戏经依法审批后方可运营。

国家建立统一的未成年人网络游戏电子身份认证系统。网络游戏服务提供者应当要求未成年人以真实身份信息注册并登录网络游戏。

网络游戏服务提供者应当按照国家有关规定和标准,对游戏产品进行分类,作出适龄提示,并采取技术措施,不得让未成年人接触不适宜的游戏或者游戏功能。

网络游戏服务提供者不得在每日二十二时至次日八时向未成年人提供网络游戏服务。

第七十六条 【网络直播服务提供者的义务】网络直播服务提供者不得为未满十六周岁的未成年人提供网络直播发布者账号注册服务；为年满十六周岁的未成年人提供网络直播发布者账号注册服务时，应当对其身份信息进行认证，并征得其父母或者其他监护人同意。

第七十七条 【禁止实施网络欺凌】任何组织或者个人不得通过网络以文字、图片、音视频等形式，对未成年人实施侮辱、诽谤、威胁或者恶意损害形象等网络欺凌行为。

遭受网络欺凌的未成年人及其父母或者其他监护人有权通知网络服务提供者采取删除、屏蔽、断开链接等措施。网络服务提供者接到通知后，应当及时采取必要的措施制止网络欺凌行为，防止信息扩散。

第七十八条 【接受投诉、举报义务】网络产品和服务提供者应当建立便捷、合理、有效的投诉和举报渠道，公开投诉、举报方式等信息，及时受理并处理涉及未成年人的投诉、举报。

第七十九条 【社会公众投诉、举报权】任何组织或者个人发现网络产品、服务含有危害未成年人身心健康的信息，有权向网络产品和服务提供者或者网信、公安等部门投诉、举报。

第八十条 【对用户行为的安全管理义务】网络服务提供者发现用户发布、传播可能影响未成年人身心健康的信息且未作显著提示的，应当作出提示或者通知用户予以提示；未作出提示的，不得传输相关信息。

网络服务提供者发现用户发布、传播含有危害未成年人身心健康内容的信息的，应当立即停止传输相关信息，采取删除、屏蔽、断开链接等处置措施，保存有关记录，并向网信、公安等部门报告。

网络服务提供者发现用户利用其网络服务对未成年人实施违法犯罪行为的，应当立即停止向该用户提供网络服务，保存有关记录，并向公安机关报告。

第六章 政府保护

第八十一条 【未成年人政府保护工作落实主体】县级以上人民政府承担未成年人保护协调机制具体工作的职能部门应当明确相关内设机构或者专门人员，负责承担未成年人保护工作。

乡镇人民政府和街道办事处应当设立未成年人保护工作站或者指定专门人员，及时办理未成年人相关事务；支持、指导居民委员会、村民委员会设立专人专岗，做好未成年人保护工作。

第八十二条 【提供、鼓励、支持家庭教育指导服务】各级人民政府应当将家庭教育指导服务纳入城乡公共服务体系，开展家庭教育知识宣传，鼓励和支持有关人民团体、企业事业单位、社会组织开展家庭教育指导服务。

第八十三条 【政府保障未成年人受教育权利】各级人民政府应当保障未成年人受教育的权利，并采取措施保障留守未成年人、困境未成年人、残疾未成年人接受义务教育。

对尚未完成义务教育的辍学未成年学生，教育行政部门应当责令父母或者其他监护人将其送入学校接受义务教育。

第八十四条 【国家发展托育、学前教育事业】各级人民政府应当发展托育、学前教育事业，办好婴幼儿照护服务机构、幼儿园，支持社会力量依法兴办母婴室、婴幼儿照护服务机构、幼儿园。

县级以上地方人民政府及其有关部门应当培养和培训婴幼儿照护服务机构、幼儿园的保教人员，提高其职业道德素质和业务能力。

第八十五条 【职业教育及职业技能培训】各级人民政府应当发展职业教育，保障未成年人接受职业教育或者职业技能培训，鼓励和支持人民团体、企业事业单位、社会组织为未成年人提供职业技能培训服务。

第八十六条 【残疾未成年人接受教育权利】各级人民政府应当保障具有接受普通教育能力、能适应校园生活的残疾未成年人就近在普通学校、幼儿园接受教育；保障不具有接受普通教育能力的残疾未成年人在特殊教育学校、幼儿园接受学前教育、义务教育和职业教育。

各级人民政府应当保障特殊教育学校、幼儿园的办学、办园条件，鼓励和支持社会力量举办特殊教育学校、幼儿园。

第八十七条 【政府保障校园安全】地方人民政府及其有关部门应当保障校园安全，监督、指导学校、幼儿园等单位落实校园安全责任，建立突发事件的报告、处置和协调机制。

第八十八条 【政府保障校园周边环境安全】公安机关和其他有关部门应当依法维护校园周边的治安和交通秩序,设置监控设备和交通安全设施,预防和制止侵害未成年人的违法犯罪行为。

第八十九条 【未成年人活动场所建设和维护】地方人民政府应当建立和改善适合未成年人的活动场所和设施,支持公益性未成年人活动场所和设施的建设和运行,鼓励社会力量兴办适合未成年人的活动场所和设施,并加强管理。

地方人民政府应当采取措施,鼓励和支持学校在国家法定节假日、休息日及寒暑假期将文化体育设施对未成年人免费或者优惠开放。

地方人民政府应当采取措施,防止任何组织或者个人侵占、破坏学校、幼儿园、婴幼儿照护服务机构等未成年人活动场所的场地、房屋和设施。

第九十条 【卫生保健、传染病防治和心理健康】各级人民政府及其有关部门应当对未成年人进行卫生保健和营养指导,提供卫生保健服务。

卫生健康部门应当依法对未成年人的疫苗预防接种进行规范,防治未成年人常见病、多发病,加强传染病防治和监督管理,做好伤害预防和干预,指导和监督学校、幼儿园、婴幼儿照护服务机构开展卫生保健工作。

教育行政部门应当加强未成年人的心理健康教育,建立未成年人心理问题的早期发现和及时干预机制。卫生健康部门应当做好未成年人心理治疗、心理危机干预以及精神障碍早期识别和诊断治疗等工作。

第九十一条 【政府对困境未成年人实施分类保障】各级人民政府及其有关部门对困境未成年人实施分类保障,采取措施满足其生活、教育、安全、医疗康复、住房等方面的基本需要。

第九十二条 【临时监护的情形】具有下列情形之一的,民政部门应当依法对未成年人进行临时监护:

(一)未成年人流浪乞讨或者身份不明,暂时查找不到父母或者其他监护人;

(二)监护人下落不明且无其他人可以担任监护人;

(三)监护人因自身客观原因或者因发生自然灾害、事故灾难、公共卫生事件等突发事件不能履行监护职责,导致未成年人监护缺失;

(四)监护人拒绝或者怠于履行监护职责,导致未成年人处于无人照料的状态;

(五)监护人教唆、利用未成年人实施违法犯罪行为,未成年人需要被带离安置;

(六)未成年人遭受监护人严重伤害或者面临人身安全威胁,需要被紧急安置;

(七)法律规定的其他情形。

第九十三条 【临时监护方式】对临时监护的未成年人,民政部门可以采取委托亲属抚养、家庭寄养等方式进行安置,也可以交由未成年人救助保护机构或者儿童福利机构进行收留、抚养。

临时监护期间,经民政部门评估,监护人重新具备履行监护职责条件的,民政部门可以将未成年人送回监护人抚养。

第九十四条 【长期监护的法定情形】具有下列情形之一的,民政部门应当依法对未成年人进行长期监护:

(一)查找不到未成年人的父母或者其他监护人;

(二)监护人死亡或者被宣告死亡且无其他人可以担任监护人;

(三)监护人丧失监护能力且无其他人可以担任监护人;

(四)人民法院判决撤销监护人资格并指定由民政部门担任监护人;

(五)法律规定的其他情形。

第九十五条 【民政部门长期监护未成年人的收养】民政部门进行收养评估后,可以依法将其长期监护的未成年人交由符合条件的申请人收养。收养关系成立后,民政部门与未成年人的监护关系终止。

第九十六条 【其他政府职能部门的配合义务和国家监护机构建设】民政部门承担临时监护或者长期监护职责的,财政、教育、卫生健康、公安等部门应当根据各自职责予以配合。

县级以上人民政府及其民政部门应当根据需要设立未成年人救助保护机构、儿童福利机构,负责收留、抚养由民政部门监护的未成年人。

第九十七条 【建设未成年人保护热线、未成年人保护平台】县级以上人民政府应当开通全国统一的未成年人保护热线,及时受理、转介侵犯未成年人合法权益的投诉、举报;鼓励和支持人民团体、企业事业单位、社会组织参与建设未成年人保护服务平台、服务热线、服务站点,提供未成年人保护方面的咨询、帮助。

第九十八条　【建立违法犯罪人员信息查询系统】国家建立性侵害、虐待、拐卖、暴力伤害等违法犯罪人员信息查询系统，向密切接触未成年人的单位提供免费查询服务。

第九十九条　【培育、引导和规范社会力量】地方人民政府应当培育、引导和规范有关社会组织、社会工作者参与未成年人保护工作，开展家庭教育指导服务，为未成年人的心理辅导、康复救助、监护及收养评估等提供专业服务。

第七章　司法保护

第一百条　【司法保护的总体要求】公安机关、人民检察院、人民法院和司法行政部门应当依法履行职责，保障未成年人合法权益。

第一百零一条　【办理案件的专门机构和专门人员】公安机关、人民检察院、人民法院和司法行政部门应当确定专门机构或者指定专门人员，负责办理涉及未成年人案件。办理涉及未成年人案件的人员应当经过专门培训，熟悉未成年人身心特点。专门机构或者专门人员中，应当有女性工作人员。

公安机关、人民检察院、人民法院和司法行政部门应当对上述机构和人员实行与未成年人保护工作相适应的评价考核标准。

第一百零二条　【办理案件的语言、表达方式等】公安机关、人民检察院、人民法院和司法行政部门办理涉及未成年人案件，应当考虑未成年人身心特点和健康成长的需要，使用未成年人能够理解的语言和表达方式，听取未成年人的意见。

第一百零三条　【未成年人隐私和个人信息保护】公安机关、人民检察院、人民法院、司法行政部门以及其他组织和个人不得披露有关案件中未成年人的姓名、影像、住所、就读学校以及其他可能识别出其身份的信息，但查找失踪、被拐卖未成年人等情形除外。

第一百零四条　【未成年人法律援助或者司法救助】对需要法律援助或者司法救助的未成年人，法律援助机构或者公安机关、人民检察院、人民法院和司法行政部门应当给予帮助，依法为其提供法律援助或者司法救助。

法律援助机构应当指派熟悉未成年人身心特点的律师为未成年人提供法律援助服务。

法律援助机构和律师协会应当对办理未成年人法律援助案件的律师进行指导和培训。

第一百零五条　【检察监督】人民检察院通过行使检察权，对涉及未成年人的诉讼活动等依法进行监督。

第一百零六条　【公益诉讼】未成年人合法权益受到侵犯，相关组织和个人未代为提起诉讼的，人民检察院可以督促、支持其提起诉讼；涉及公共利益的，人民检察院有权提起公益诉讼。

第一百零七条　【审理继承、离婚案件时未成年人保护】人民法院审理继承案件，应当依法保护未成年人的继承权和受遗赠权。

人民法院审理离婚案件，涉及未成年子女抚养问题的，应当尊重已满八周岁未成年子女的真实意愿，根据双方具体情况，按照最有利于未成年子女的原则依法处理。

第一百零八条　【人身安全保护令、撤销监护人资格】未成年人的父母或者其他监护人不依法履行监护职责或者严重侵犯被监护的未成年人合法权益的，人民法院可以根据有关人员或者单位的申请，依法作出人身安全保护令或者撤销监护人资格。

被撤销监护人资格的父母或者其他监护人应当依法继续负担抚养费用。

第一百零九条　【社会调查】人民法院审理离婚、抚养、收养、监护、探望等案件涉及未成年人的，可以自行或者委托社会组织对未成年人的相关情况进行社会调查。

第一百一十条　【法定代理人、合适成年人到场】公安机关、人民检察院、人民法院讯问未成年犯罪嫌疑人、被告人，询问未成年被害人、证人，应当依法通知其法定代理人或者其成年亲属、所在学校的代表等合适成年人到场，并采取适当方式，在适当场所进行，保障未成年人的名誉权、隐私权和其他合法权益。

人民法院开庭审理涉及未成年人案件，未成年被害人、证人一般不出庭作证；必须出庭的，应当采取保护其隐私的技术手段和心理干预等保护措施。

第一百一十一条　【特定未成年被害人的司法保护】公安机关、人民检察院、人民法院应当与其他有关政府部门、人民团体、社会组织互相配合，对遭受性侵害或者暴力伤害的未成年被害人及其家庭实施必要的心理干预、经济救助、法律援助、转学安置等保护措施。

第一百一十二条　【同步录音录像等保护措施】公安机关、人民检察院、人民法院办理未成年人遭受性侵害或者暴力伤害案件，在询问未成年被害人、证人时，应当采取同步录音录像等措施，尽量一次完成；未成年被害人、证人是女性的，应当由女性工作人员进行。

第一百一十三条 【违法犯罪未成年人的保护方针】对违法犯罪的未成年人，实行教育、感化、挽救的方针，坚持教育为主、惩罚为辅的原则。

对违法犯罪的未成年人依法处罚后，在升学、就业等方面不得歧视。

第一百一十四条 【对未尽保护职责单位的监督】公安机关、人民检察院、人民法院和司法行政部门发现有关单位未尽到未成年人教育、管理、救助、看护等保护职责的，应当向该单位提出建议。被建议单位应当在一个月内作出书面回复。

第一百一十五条 【法治宣传教育】公安机关、人民检察院、人民法院和司法行政部门应当结合实际，根据涉及未成年人案件的特点，开展未成年人法治宣传教育工作。

第一百一十六条 【鼓励和支持社会组织参与】国家鼓励和支持社会组织、社会工作者参与涉及未成年人案件中未成年人的心理干预、法律援助、社会调查、社会观护、教育矫治、社区矫正等工作。

第八章 法律责任

第一百一十七条 【违反强制报告义务的法律责任】违反本法第十一条第二款规定，未履行报告义务造成严重后果的，由上级主管部门或者所在单位对直接负责的主管人员和其他直接责任人员依法给予处分。

第一百一十八条 【监护人的法律责任】未成年人的父母或者其他监护人不依法履行监护职责或者侵犯未成年人合法权益的，由其居住地的居民委员会、村民委员会予以劝诫、制止；情节严重的，居民委员会、村民委员会应当及时向公安机关报告。

公安机关接到报告或者公安机关、人民检察院、人民法院在办理案件过程中发现未成年人的父母或者其他监护人存在上述情形的，应当予以训诫，并可以责令其接受家庭教育指导。

第一百一十九条 【学校、幼儿园等机构及其教职员工的法律责任】学校、幼儿园、婴幼儿照护服务等机构及其教职员工违反本法第二十七条、第二十八条、第三十九条规定的，由公安、教育、卫生健康、市场监督管理等部门按照职责分工责令改正；拒不改正或者情节严重的，对直接负责的主管人员和其他直接责任人员依法给予处分。

第一百二十条 【未给予未成年人免费或者优惠待遇的法律责任】违反本法第四十四条、第四十五条、第四十七条规定，未给予未成年人免费或者优惠待遇的，由市场监督管理、文化和旅游、交通运输等部门按照职责分工责令限期改正，给予警告；拒不改正的，处一万元以上十万元以下罚款。

第一百二十一条 【制作危害未成年人身心健康的出版物的法律责任】违反本法第五十条、第五十一条规定的，由新闻出版、广播电视、电影、网信等部门按照职责分工责令限期改正，给予警告，没收违法所得，可以并处十万元以下罚款；拒不改正或者情节严重的，责令暂停相关业务、停产停业或者吊销营业执照、吊销相关许可证，违法所得一百万元以上的，并处违法所得一倍以上十倍以下的罚款，没有违法所得或者违法所得不足一百万元的，并处十万元以上一百万元以下罚款。

第一百二十二条 【场所运营单位和住宿经营者的法律责任】场所运营单位违反本法第五十六条第二款规定、住宿经营者违反本法第五十七条规定的，由市场监督管理、应急管理、公安等部门按照职责分工责令限期改正，给予警告；拒不改正或者造成严重后果的，责令停业整顿或者吊销营业执照、吊销相关许可证，并处一万元以上十万元以下罚款。

第一百二十三条 【营业性娱乐场所等经营者的法律责任】相关经营者违反本法第五十八条、第五十九条第一款、第六十条规定的，由文化和旅游、市场监督管理、烟草专卖、公安等部门按照职责分工责令限期改正，给予警告，没收违法所得，可以并处五万元以下罚款；拒不改正或者情节严重的，责令停业整顿或者吊销营业执照、吊销相关许可证，可以并处五万元以上五十万元以下罚款。

第一百二十四条 【公共场所吸烟、饮酒的法律责任】违反本法第五十九条第二款规定，在学校、幼儿园和其他未成年人集中活动的公共场所吸烟、饮酒的，由卫生健康、教育、市场监督管理等部门按照职责分工责令改正，给予警告，可以并处五百元以下罚款；场所管理者未及时制止的，由卫生健康、教育、市场监督管理等部门按照职责分工给予警告，并处一万元以下罚款。

第一百二十五条　【违反未成年人劳动保护的法律责任】违反本法第六十一条规定的，由文化和旅游、人力资源和社会保障、市场监督管理等部门按照职责分工责令限期改正，给予警告，没收违法所得，可以并处十万元以下罚款；拒不改正或者情节严重的，责令停产停业或者吊销营业执照、吊销相关许可证，并处十万元以上一百万元以下罚款。

第一百二十六条　【密切接触未成年人的单位的法律责任】密切接触未成年人的单位违反本法第六十二条规定，未履行查询义务，或者招用、继续聘用具有相关违法犯罪记录人员的，由教育、人力资源和社会保障、市场监督管理等部门按照职责分工责令限期改正，给予警告，并处五万元以下罚款；拒不改正或者造成严重后果的，责令停业整顿或者吊销营业执照、吊销相关许可证，并处五万元以上五十万元以下罚款，对直接负责的主管人员和其他直接责任人员依法给予处分。

第一百二十七条　【信息处理者及网络产品和服务提供者的法律责任】信息处理者违反本法第七十二条规定，或者网络产品和服务提供者违反本法第七十三条、第七十四条、第七十五条、第七十六条、第七十七条、第八十条规定的，由公安、网信、电信、新闻出版、广播电视、文化和旅游等有关部门按照职责分工责令改正，给予警告，没收违法所得，违法所得一百万元以上的，并处违法所得一倍以上十倍以下罚款，没有违法所得或者违法所得不足一百万元的，并处十万元以上一百万元以下罚款，对直接负责的主管人员和其他责任人员处一万元以上十万元以下罚款；拒不改正或者情节严重的，并可以责令暂停相关业务、停业整顿、关闭网站、吊销营业执照或者吊销相关许可证。

第一百二十八条　【国家机关工作人员渎职的法律责任】国家机关工作人员玩忽职守、滥用职权、徇私舞弊，损害未成年人合法权益的，依法给予处分。

第一百二十九条　【其他法律责任】违反本法规定，侵犯未成年人合法权益，造成人身、财产或者其他损害的，依法承担民事责任。

违反本法规定，构成违反治安管理行为的，依法给予治安管理处罚；构成犯罪的，依法追究刑事责任。

第九章　附　　则

第一百三十条　【用语含义】本法中下列用语的含义：

（一）密切接触未成年人的单位，是指学校、幼儿园等教育机构；校外培训机构；未成年人救助保护机构、儿童福利机构等未成年人安置、救助机构；婴幼儿照护服务机构、早期教育服务机构；校外托管、临时看护机构；家政服务机构；为未成年人提供医疗服务的医疗机构；其他对未成年人负有教育、培训、监护、救助、看护、医疗等职责的企业事业单位、社会组织等。

（二）学校，是指普通中小学、特殊教育学校、中等职业学校、专门学校。

（三）学生欺凌，是指发生在学生之间，一方蓄意或者恶意通过肢体、语言及网络等手段实施欺压、侮辱，造成另一方人身伤害、财产损失或者精神损害的行为。

第一百三十一条　【外国人、无国籍未成年人的保护】对中国境内未满十八周岁的外国人、无国籍人，依照本法有关规定予以保护。

第一百三十二条　【施行日期】本法自2021年6月1日起施行。

中华人民共和国
预防未成年人犯罪法

1. 1999年6月28日第九届全国人民代表大会常务委员会第十次会议通过

2. 根据2012年10月26日第十一届全国人民代表大会常务委员会第二十九次会议《关于修改〈中华人民共和国预防未成年人犯罪法〉的决定》修正

3. 2020年12月26日第十三届全国人民代表大会常务委员会第二十四次会议修订

目　　录

第一章　总　　则

第一条　【立法目的】为了保障未成年人身心健康，培养未成年人良好品行，有效预防未成年人违法犯罪，制定本法。

第二条　【预防原则】预防未成年人犯罪，立足于教育和保护未成年人相结合，坚持预防为主、提前干预，对未成年人的不良行为和严重不良行为及时进行分级预防、干预和矫治。

第三条　【未成年人合法权益的保护】开展预防未成年人犯罪工作，应当尊重未成年人人格尊严，保护未成年人的名誉权、隐私权和个人信息等合法权益。

第四条　【综合治理】预防未成年人犯罪，在各级人民政府组织下，实行综合治理。

国家机关、人民团体、社会组织、企业事业单位、居民委员会、村民委员会、学校、家庭等各负其责、相互配合，共同做好预防未成年人犯罪工作，及时消除滋生未成年人违法犯罪行为的各种消极因素，为未成年人身心健康发展创造良好的社会环境。

第五条　【各级政府职责】各级人民政府在预防未成年人犯罪方面的工作职责是：

（一）制定预防未成年人犯罪工作规划；

（二）组织公安、教育、民政、文化和旅游、市场监督管理、网信、卫生健康、新闻出版、电影、广播电视、司法行政等有关部门开展预防未成年人犯罪工作；

（三）为预防未成年人犯罪工作提供政策支持和经费保障；

（四）对本法的实施情况和工作规划的执行情况进行检查；

（五）组织开展预防未成年人犯罪宣传教育；

（六）其他预防未成年人犯罪工作职责。

第六条　【专门教育】国家加强专门学校建设，对有严重不良行为的未成年人进行专门教育。专门教育是国民教育体系的组成部分，是对有严重不良行为的未成年人进行教育和矫治的重要保护处分措施。

省级人民政府应当将专门教育发展和专门学校建设纳入经济社会发展规划。县级以上地方人民政府成立专门教育指导委员会，根据需要合理设置专门学校。

专门教育指导委员会由教育、民政、财政、人力资源社会保障、公安、司法行政、人民检察院、人民法院、共产主义青年团、妇女联合会、关心下一代工作委员会、专门学校等单位，以及律师、社会工作者等人员组成，研究确定专门学校教学、管理等相关工作。

专门学校建设和专门教育具体办法，由国务院规定。

第七条　【专门机构或人员负责】公安机关、人民检察院、人民法院、司法行政部门应当由专门机构或者经过专业培训、熟悉未成年人身心特点的专门人员负责预防未成年人犯罪工作。

第八条　【培育社会力量】共产主义青年团、妇女联合会、工会、残疾人联合会、关心下一代工作委员会、青年联合会、学生联合会、少年先锋队以及有关社会组织，应当协助各级人民政府及其有关部门、人民检察院和人民法院做好预防未成年人犯罪工作，为预防未成年人犯罪培育社会力量，提供支持服务。

第九条　【社会组织参与】国家鼓励、支持和指导社会工作服务机构等社会组织参与预防未成年人犯罪相关工作，并加强监督。

第十条　【禁止教唆、胁迫、引诱】任何组织或者个人不得教唆、胁迫、引诱未成年人实施不良行为或者严重不良行为，以及为未成年人实施上述行为提供条件。

第十一条　【抵制不良行为的引诱侵害】未成年人应当遵守法律法规及社会公共道德规范，树立自尊、自律、自强意识，增强辨别是非和自我保护的能力，自觉抵制各种不良行为以及违法犯罪行为的引诱和侵害。

第十二条　【教育、关爱、矫治和对策研究】预防未成年人犯罪，应当结合未成年人不同年龄的生理、心理特点，加强青春期教育、心理关爱、心理矫治和预防犯罪对策的研究。

第十三条　【国际交流合作】国家鼓励和支持预防未成年人犯罪相关学科建设、专业设置、人才培养及科学研究，开展国际交流与合作。

第十四条　【表彰奖励】国家对预防未成年人犯罪工作有显著成绩的组织和个人，给予表彰和奖励。

第二章　预防犯罪的教育

第十五条　【预防犯罪教育】国家、社会、学校和家庭应当对未成年人加强社会主义核心价值观教育，开展预防犯罪教育，增强未成年人的法治观念，使未成年人树立遵纪守法和防范违法犯罪的意识，提高自我管控能力。

第十六条　【监护人责任】未成年人的父母或者其他监

护人对未成年人的预防犯罪教育负有直接责任，应当依法履行监护职责，树立优良家风，培养未成年人良好品行；发现未成年人心理或者行为异常的，应当及时了解情况并进行教育、引导和劝诫，不得拒绝或者怠于履行监护职责。

第十七条 【学校教育】教育行政部门、学校应当将预防犯罪教育纳入学校教学计划，指导教职员工结合未成年人的特点，采取多种方式对未成年学生进行有针对性的预防犯罪教育。

第十八条 【法治教育人员的聘请】学校应当聘任从事法治教育的专职或者兼职教师，并可以从司法和执法机关、法学教育和法律服务机构等单位聘请法治副校长、校外法治辅导员。

第十九条 【心理健康教育】学校应当配备专职或者兼职的心理健康教育教师，开展心理健康教育。学校可以根据实际情况与专业心理健康机构合作，建立心理健康筛查和早期干预机制，预防和解决学生心理、行为异常问题。

学校应当与未成年学生的父母或者其他监护人加强沟通，共同做好未成年学生心理健康教育；发现未成年学生可能患有精神障碍的，应当立即告知其父母或者其他监护人送相关专业机构诊治。

第二十条 【学生欺凌防控制度】教育行政部门应当会同有关部门建立学生欺凌防控制度。学校应当加强日常安全管理，完善学生欺凌发现和处置的工作流程，严格排查并及时消除可能导致学生欺凌行为的各种隐患。

第二十一条 【聘请社会工作者协助教育】教育行政部门鼓励和支持学校聘请社会工作者长期或者定期进驻学校，协助开展道德教育、法治教育、生命教育和心理健康教育，参与预防和处理学生欺凌等行为。

第二十二条 【推广科学合理的教育方法】教育行政部门、学校应当通过举办讲座、座谈、培训等活动，介绍科学合理的教育方法，指导教职员工、未成年学生的父母或者其他监护人有效预防未成年人犯罪。

学校应当将预防犯罪教育计划告知未成年学生的父母或者其他监护人。未成年学生的父母或者其他监护人应当配合学校对未成年学生进行有针对性的预防犯罪教育。

第二十三条 【纳入学校年度考核】教育行政部门应当将预防犯罪教育的工作效果纳入学校年度考核内容。

第二十四条 【举办多种形式的宣教活动】各级人民政府及其有关部门、人民检察院、人民法院、共产主义青年团、少年先锋队、妇女联合会、残疾人联合会、关心下一代工作委员会等应当结合实际，组织、举办多种形式的预防未成年人犯罪宣传教育活动。有条件的地方可以建立青少年法治教育基地，对未成年人开展法治教育。

第二十五条 【基层组织法制宣传】居民委员会、村民委员会应当积极开展有针对性的预防未成年人犯罪宣传活动，协助公安机关维护学校周围治安，及时掌握本辖区内未成年人的监护、就学和就业情况，组织、引导社区社会组织参与预防未成年人犯罪工作。

第二十六条 【校外活动场所的宣传教育】青少年宫、儿童活动中心等校外活动场所应当把预防犯罪教育作为一项重要的工作内容，开展多种形式的宣传教育活动。

第二十七条 【职业培训】职业培训机构、用人单位在对已满十六周岁准备就业的未成年人进行职业培训时，应当将预防犯罪教育纳入培训内容。

第三章 对不良行为的干预

第二十八条 【不良行为】本法所称不良行为，是指未成年人实施的不利于其健康成长的下列行为：

（一）吸烟、饮酒；

（二）多次旷课、逃学；

（三）无故夜不归宿、离家出走；

（四）沉迷网络；

（五）与社会上具有不良习性的人交往，组织或者参加实施不良行为的团伙；

（六）进入法律法规规定未成年人不宜进入的场所；

（七）参与赌博、变相赌博，或者参加封建迷信、邪教等活动；

（八）阅览、观看或者收听宣扬淫秽、色情、暴力、恐怖、极端等内容的读物、音像制品或者网络信息等；

（九）其他不利于未成年人身心健康成长的不良行为。

第二十九条 【监护人义务】未成年人的父母或者其他监护人发现未成年人有不良行为的，应当及时制止并加强管教。

第三十条 【公安机关等部门义务】公安机关、居民委员会、村民委员会发现本辖区内未成年人有不良行为的，应当及时制止，并督促其父母或者其他监护人依法履行监护职责。

第三十一条 【学校的管理义务及措施】学校对有不良行为的未成年学生，应当加强管理教育，不得歧视；对拒不改正或者情节严重的，学校可以根据情况予以处分或者采取以下管理教育措施：

（一）予以训导；

（二）要求遵守特定的行为规范；

（三）要求参加特定的专题教育；

（四）要求参加校内服务活动；

（五）要求接受社会工作者或者其他专业人员的心理辅导和行为干预；

（六）其他适当的管理教育措施。

第三十二条 【家校合作机制】学校和家庭应当加强沟通，建立家校合作机制。学校决定对未成年学生采取管理教育措施的，应当及时告知其父母或者其他监护人；未成年学生的父母或者其他监护人应当支持、配合学校进行管理教育。

第三十三条 【对轻微不良行为的管教措施】未成年学生偷窃少量财物，或者有殴打、辱骂、恐吓、强行索要财物等学生欺凌行为，情节轻微的，可以由学校依照本法第三十一条规定采取相应的管理教育措施。

第三十四条 【对旷课逃学行为的处理】未成年学生旷课、逃学的，学校应当及时联系其父母或者其他监护人，了解有关情况；无正当理由的，学校和未成年学生的父母或者其他监护人应当督促其返校学习。

第三十五条 【监护人或学校对夜不归宿、离家出走行为的处理】未成年人无故夜不归宿、离家出走的，父母或者其他监护人、所在的寄宿制学校应当及时查找，必要时向公安机关报告。

收留夜不归宿、离家出走未成年人的，应当及时联系其父母或者其他监护人、所在学校；无法取得联系的，应当及时向公安机关报告。

第三十六条 【公安机关等对夜不归宿、离家出走的未成年人采取保护措施】对夜不归宿、离家出走或者流落街头的未成年人，公安机关、公共场所管理机构等发现或者接到报告后，应当及时采取有效保护措施，并通知其父母或者其他监护人、所在的寄宿制学校，必要时应当护送其返回住所、学校；无法与其父母或者其他监护人、学校取得联系的，应当护送未成年人到救助保护机构接受救助。

第三十七条 【对不良行为团伙的处置】未成年人的父母或者其他监护人、学校发现未成年人组织或者参加实施不良行为的团伙，应当及时制止；发现该团伙有违法犯罪嫌疑的，应当立即向公安机关报告。

第四章 对严重不良行为的矫治

第三十八条 【严重不良行为】本法所称严重不良行为，是指未成年人实施的有刑法规定、因不满法定刑事责任年龄不予刑事处罚的行为，以及严重危害社会的下列行为：

（一）结伙斗殴，追逐、拦截他人，强拿硬要或者任意损毁、占用公私财物等寻衅滋事行为；

（二）非法携带枪支、弹药或者弩、匕首等国家规定的管制器具；

（三）殴打、辱骂、恐吓，或者故意伤害他人身体；

（四）盗窃、哄抢、抢夺或者故意损毁公私财物；

（五）传播淫秽的读物、音像制品或者信息等；

（六）卖淫、嫖娼，或者进行淫秽表演；

（七）吸食、注射毒品，或者向他人提供毒品；

（八）参与赌博赌资较大；

（九）其他严重危害社会的行为。

第三十九条 【对犯罪引诱和人身安全威胁行为的处理】未成年人的父母或者其他监护人、学校、居民委员会、村民委员会发现有人教唆、胁迫、引诱未成年人实施严重不良行为的，应当立即向公安机关报告。公安机关接到报告或者发现有上述情形的，应当及时依法查处；对人身安全受到威胁的未成年人，应当立即采取有效保护措施。

第四十条 【公安机关对严重不良行为的制止】公安机关接到举报或者发现未成年人有严重不良行为的，应当及时制止，依法调查处理，并可以责令其父母或者其他监护人消除或者减轻违法后果，采取措施严加管教。

第四十一条 【矫治教育措施】对有严重不良行为的未成年人，公安机关可以根据具体情况，采取以下矫治教育措施：

（一）予以训诫；

（二）责令赔礼道歉、赔偿损失；

（三）责令具结悔过；

（四）责令定期报告活动情况；

（五）责令遵守特定的行为规范，不得实施特定行为、接触特定人员或者进入特定场所；

（六）责令接受心理辅导、行为矫治；

（七）责令参加社会服务活动；

（八）责令接受社会观护，由社会组织、有关机构在适当场所对未成年人进行教育、监督和管束；

（九）其他适当的矫治教育措施。

第四十二条 **【配合义务】**公安机关在对未成年人进行矫治教育时，可以根据需要邀请学校、居民委员会、村民委员会以及社会工作服务机构等社会组织参与。

未成年人的父母或者其他监护人应当积极配合矫治教育措施的实施，不得妨碍阻挠或者放任不管。

第四十三条 **【对有严重不良行为的未成年人专门教育】**对有严重不良行为的未成年人，未成年人的父母或者其他监护人、所在学校无力管教或者管教无效的，可以向教育行政部门提出申请，经专门教育指导委员会评估同意后，由教育行政部门决定送入专门学校接受专门教育。

第四十四条 **【实施严重危害社会行为的未成年人专门教育】**未成年人有下列情形之一的，经专门教育指导委员会评估同意，教育行政部门会同公安机关可以决定将其送入专门学校接受专门教育：

（一）实施严重危害社会的行为，情节恶劣或者造成严重后果；

（二）多次实施严重危害社会的行为；

（三）拒不接受或者配合本法第四十一条规定的矫治教育措施；

（四）法律、行政法规规定的其他情形。

第四十五条 **【专门矫治教育】**未成年人实施刑法规定的行为、因不满法定刑事责任年龄不予刑事处罚的，经专门教育指导委员会评估同意，教育行政部门会同公安机关可以决定对其进行专门矫治教育。

省级人民政府应当结合本地的实际情况，至少确定一所专门学校按照分校区、分班级等方式设置专门场所，对前款规定的未成年人进行专门矫治教育。

前款规定的专门场所实行闭环管理，公安机关、司法行政部门负责未成年人的矫治工作，教育行政部门承担未成年人的教育工作。

第四十六条 **【对接受专门教育的学生评估】**专门学校应当在每个学期适时提请专门教育指导委员会对接受专门教育的未成年学生的情况进行评估。对经评估适合转回普通学校就读的，专门教育指导委员会应当向原决定机关提出书面建议，由原决定机关决定是否将未成年学生转回普通学校就读。

原决定机关决定将未成年学生转回普通学校的，其原所在学校不得拒绝接收；因特殊情况，不适宜转回原所在学校的，由教育行政部门安排转学。

第四十七条 **【分级分类进行教育和矫治】**专门学校应当对接受专门教育的未成年人分级分类进行教育和矫治，有针对性地开展道德教育、法治教育、心理健康教育，并根据实际情况进行职业教育；对没有完成义务教育的未成年人，应当保证其继续接受义务教育。

专门学校的未成年学生的学籍保留在原学校，符合毕业条件的，原学校应当颁发毕业证书。

第四十八条 **【矫治和教育情况的定期反馈】**专门学校应当与接受专门教育的未成年人的父母或者其他监护人加强联系，定期向其反馈未成年人的矫治和教育情况，为父母或者其他监护人、亲属等看望未成年人提供便利。

第四十九条 **【行政复议或者行政诉讼】**未成年人及其父母或者其他监护人对本章规定的行政决定不服的，可以依法提起行政复议或者行政诉讼。

第五章 对重新犯罪的预防

第五十条 **【有针对性地进行法治教育】**公安机关、人民检察院、人民法院办理未成年人刑事案件，应当根据未成年人的生理、心理特点和犯罪的情况，有针对性地进行法治教育。

对涉及刑事案件的未成年人进行教育，其法定代理人以外的成年亲属或者教师、辅导员等参与有利于感化、挽救未成年人的，公安机关、人民检察院、人民法院应当邀请其参加有关活动。

第五十一条 **【社会调查和心理测评】**公安机关、人民检察院、人民法院办理未成年人刑事案件，可以自行或者委托有关社会组织、机构对未成年犯罪嫌疑人或者被告人的成长经历、犯罪原因、监护、教育等情况进行社会调查；根据实际需要并经未成年犯罪嫌疑人、被告人及其法定代理人同意，可以对未成年犯罪嫌疑人、被告人进行心理测评。

社会调查和心理测评的报告可以作为办理案件和教育未成年人的参考。

第五十二条 **【取保候审】**公安机关、人民检察院、人民法院对于无固定住所、无法提供保证人的未成年人适用取保候审的，应当指定合适成年人作为保证人，必要时可以安排取保候审的未成年人接受社会观护。

第五十三条　【分别关押、管理和教育】对被拘留、逮捕以及在未成年犯管教所执行刑罚的未成年人，应当与成年人分别关押、管理和教育。对未成年人的社区矫正，应当与成年人分别进行。

对有上述情形且没有完成义务教育的未成年人，公安机关、人民检察院、人民法院、司法行政部门应当与教育行政部门相互配合，保证其继续接受义务教育。

第五十四条　【法治教育与职业教育】未成年犯管教所、社区矫正机构应当对未成年犯、未成年社区矫正对象加强法治教育，并根据实际情况对其进行职业教育。

第五十五条　【安置帮教】社区矫正机构应当告知未成年社区矫正对象安置帮教的有关规定，并配合安置帮教工作部门落实或者解决未成年社区矫正对象的就学、就业等问题。

第五十六条　【对刑满释放未成年人的安置】对刑满释放的未成年人，未成年犯管教所应当提前通知其父母或者其他监护人按时接回，并协助落实安置帮教措施。没有父母或者其他监护人、无法查明其父母或者其他监护人的，未成年犯管教所应当提前通知未成年人原户籍所在地或者居住地的司法行政部门安排人员按时接回，由民政部门或者居民委员会、村民委员会依法对其进行监护。

第五十七条　【采取有效的帮教措施】未成年人的父母或者其他监护人和学校、居民委员会、村民委员会对接受社区矫正、刑满释放的未成年人，应当采取有效的帮教措施，协助司法机关以及有关部门做好安置帮教工作。

居民委员会、村民委员会可以聘请思想品德优秀，作风正派，热心未成年人工作的离退休人员、志愿者或其他人员协助做好前款规定的安置帮教工作。

第五十八条　【禁止歧视】刑满释放和接受社区矫正的未成年人，在复学、升学、就业等方面依法享有与其他未成年人同等的权利，任何单位和个人不得歧视。

第五十九条　【犯罪记录信息的保密】未成年人的犯罪记录依法被封存的，公安机关、人民检察院、人民法院和司法行政部门不得向任何单位或者个人提供，但司法机关因办案需要或者有关单位根据国家有关规定进行查询的除外。依法进行查询的单位和个人应当对相关记录信息予以保密。

未成年人接受专门矫治教育、专门教育的记录，以及被行政处罚、采取刑事强制措施和不起诉的记录，适用前款规定。

第六十条　【检察院监督】人民检察院通过依法行使检察权，对未成年人重新犯罪预防工作等进行监督。

第六章　法 律 责 任

第六十一条　【对不履行监护职责行为的处理】公安机关、人民检察院、人民法院在办理案件过程中发现实施严重不良行为的未成年人的父母或者其他监护人不依法履行监护职责的，应当予以训诫，并可以责令其接受家庭教育指导。

第六十二条　【对学校及其教职员工违法行为的处理】学校及其教职员工违反本法规定，不履行预防未成年人犯罪工作职责，或者虐待、歧视相关未成年人的，由教育行政等部门责令改正，通报批评；情节严重的，对直接负责的主管人员和其他直接责任人员依法给予处分。构成违反治安管理行为的，由公安机关依法予以治安管理处罚。

教职员工教唆、胁迫、引诱未成年人实施不良行为或者严重不良行为，以及品行不良、影响恶劣的，教育行政部门、学校应当依法予以解聘或者辞退。

第六十三条　【复学、升学、就业等方面歧视未成年人行为的处罚】违反本法规定，在复学、升学、就业等方面歧视相关未成年人的，由所在单位或者教育、人力资源社会保障等部门责令改正；拒不改正的，对直接负责的主管人员或者其他直接责任人员依法给予处分。

第六十四条　【虐待、歧视接受社会观护的未成年人行为的处罚】有关社会组织、机构及其工作人员虐待、歧视接受社会观护的未成年人，或者出具虚假社会调查、心理测评报告的，由民政、司法行政等部门对直接负责的主管人员或者其他直接责任人员依法给予处分，构成违反治安管理行为的，由公安机关予以治安管理处罚。

第六十五条　【对教唆、胁迫、引诱未成年人实施不良行为的处罚】教唆、胁迫、引诱未成年人实施不良行为或者严重不良行为，构成违反治安管理行为的，由公安机关依法予以治安管理处罚。

第六十六条　【国家机关工作人员渎职行为的处罚】国家机关及其工作人员在预防未成年人犯罪工作中滥用职权、玩忽职守、徇私舞弊的，对直接负责的主管人员和其他直接责任人员，依法给予处分。

第六十七条　【刑事责任】违反本法规定，构成犯罪的，依法追究刑事责任。

第七章　附　　则

第六十八条　【施行日期】本法自2021年6月1日起施行。

中华人民共和国家庭教育促进法

1. 2021年10月23日第十三届全国人民代表大会常务委员会第三十一次会议通过

2. 2021年10月23日中华人民共和国主席令第98号公布

3. 自2022年1月1日起施行

目　　录

第一章　总　　则

第一条　【立法目的】为了发扬中华民族重视家庭教育的优良传统，引导全社会注重家庭、家教、家风，增进家庭幸福与社会和谐，培养德智体美劳全面发展的社会主义建设者和接班人，制定本法。

第二条　【家庭教育的概念】本法所称家庭教育，是指父母或者其他监护人为促进未成年人全面健康成长，对其实施的道德品质、身体素质、生活技能、文化修养、行为习惯等方面的培育、引导和影响。

第三条　【根本任务】家庭教育以立德树人为根本任务，培育和践行社会主义核心价值观，弘扬中华民族优秀传统文化、革命文化、社会主义先进文化，促进未成年人健康成长。

第四条　【实施与指导】未成年人的父母或者其他监护人负责实施家庭教育。

国家和社会为家庭教育提供指导、支持和服务。

国家工作人员应当带头树立良好家风，履行家庭教育责任。

第五条　【要求】家庭教育应当符合以下要求：

（一）尊重未成年人身心发展规律和个体差异；

（二）尊重未成年人人格尊严，保护未成年人隐私权和个人信息，保障未成年人合法权益；

（三）遵循家庭教育特点，贯彻科学的家庭教育理念和方法；

（四）家庭教育、学校教育、社会教育紧密结合、协调一致；

（五）结合实际情况采取灵活多样的措施。

第六条　【家庭学校社会协同育人机制】各级人民政府指导家庭教育工作，建立健全家庭学校社会协同育人机制。县级以上人民政府负责妇女儿童工作的机构，组织、协调、指导、督促有关部门做好家庭教育工作。

教育行政部门、妇女联合会统筹协调社会资源，协同推进覆盖城乡的家庭教育指导服务体系建设，并按照职责分工承担家庭教育工作的日常事务。

县级以上精神文明建设部门和县级以上人民政府公安、民政、司法行政、人力资源和社会保障、文化和旅游、卫生健康、市场监督管理、广播电视、体育、新闻出版、网信等有关部门在各自的职责范围内做好家庭教育工作。

第七条　【家庭教育工作专项规划】县级以上人民政府应当制定家庭教育工作专项规划，将家庭教育指导服务纳入城乡公共服务体系和政府购买服务目录，将相关经费列入财政预算，鼓励和支持以政府购买服务的方式提供家庭教育指导。

第八条　【家庭教育工作联动机制】人民法院、人民检察院发挥职能作用，配合同级人民政府及其有关部门建立家庭教育工作联动机制，共同做好家庭教育工作。

第九条　【社会支持】工会、共产主义青年团、残疾人联合会、科学技术协会、关心下一代工作委员会以及居民委员会、村民委员会等应当结合自身工作，积极开展家庭教育工作，为家庭教育提供社会支持。

第十条　【公益性服务活动】国家鼓励和支持企业事业单位、社会组织及个人依法开展公益性家庭教育服务活动。

第十一条 【开设专业课程】国家鼓励开展家庭教育研究,鼓励高等学校开设家庭教育专业课程,支持师范院校和有条件的高等学校加强家庭教育学科建设,培养家庭教育服务专业人才,开展家庭教育服务人员培训。

第十二条 【捐赠和志愿服务】国家鼓励和支持自然人、法人和非法人组织为家庭教育事业进行捐赠或者提供志愿服务,对符合条件的,依法给予税收优惠。

国家对在家庭教育工作中做出突出贡献的组织和个人,按照有关规定给予表彰、奖励。

第十三条 【家庭教育宣传周】每年5月15日国际家庭日所在周为全国家庭教育宣传周。

第二章 家庭责任

第十四条 【主体责任】父母或者其他监护人应当树立家庭是第一个课堂、家长是第一任老师的责任意识,承担对未成年人实施家庭教育的主体责任,用正确思想、方法和行为教育未成年人养成良好思想、品行和习惯。

共同生活的具有完全民事行为能力的其他家庭成员应当协助和配合未成年人的父母或者其他监护人实施家庭教育。

第十五条 【家庭文化】未成年人的父母或者其他监护人及其他家庭成员应当注重家庭建设,培育积极健康的家庭文化,树立和传承优良家风,弘扬中华民族家庭美德,共同构建文明、和睦的家庭关系,为未成年人健康成长营造良好的家庭环境。

第十六条 【内容指引】未成年人的父母或者其他监护人应当针对不同年龄段未成年人的身心发展特点,以下列内容为指引,开展家庭教育:

(一)教育未成年人爱党、爱国、爱人民、爱集体、爱社会主义,树立维护国家统一的观念,铸牢中华民族共同体意识,培养家国情怀;

(二)教育未成年人崇德向善、尊老爱幼、热爱家庭、勤俭节约、团结互助、诚信友爱、遵纪守法,培养其良好社会公德、家庭美德、个人品德意识和法治意识;

(三)帮助未成年人树立正确的成才观,引导其培养广泛兴趣爱好、健康审美追求和良好学习习惯,增强科学探索精神、创新意识和能力;

(四)保证未成年人营养均衡、科学运动、睡眠充足、身心愉悦,引导其养成良好生活习惯和行为习惯,促进其身心健康发展;

(五)关注未成年人心理健康,教导其珍爱生命,对其进行交通出行、健康上网和防欺凌、防溺水、防诈骗、防拐卖、防性侵等方面的安全知识教育,帮助其掌握安全知识和技能,增强其自我保护的意识和能力;

(六)帮助未成年人树立正确的劳动观念,参加力所能及的劳动,提高生活自理能力和独立生活能力,养成吃苦耐劳的优秀品格和热爱劳动的良好习惯。

第十七条 【方式方法】未成年人的父母或者其他监护人实施家庭教育,应当关注未成年人的生理、心理、智力发展状况,尊重其参与相关家庭事务和发表意见的权利,合理运用以下方式方法:

(一)亲自养育,加强亲子陪伴;

(二)共同参与,发挥父母双方的作用;

(三)相机而教,寓教于日常生活之中;

(四)潜移默化,言传与身教相结合;

(五)严慈相济,关心爱护与严格要求并重;

(六)尊重差异,根据年龄和个性特点进行科学引导;

(七)平等交流,予以尊重、理解和鼓励;

(八)相互促进,父母与子女共同成长;

(九)其他有益于未成年人全面发展、健康成长的方式方法。

第十八条 【学习家庭教育知识】未成年人的父母或者其他监护人应当树立正确的家庭教育理念,自觉学习家庭教育知识,在孕期和未成年人进入婴幼儿照护服务机构、幼儿园、中小学校等重要时段进行有针对性的学习,掌握科学的家庭教育方法,提高家庭教育的能力。

第十九条 【参加公益性家庭教育指导和实践活动】未成年人的父母或者其他监护人应当与中小学校、幼儿园、婴幼儿照护服务机构、社区密切配合,积极参加其提供的公益性家庭教育指导和实践活动,共同促进未成年人健康成长。

第二十条 【离异双方相互配合履行家庭教育责任】未成年人的父母分居或者离异的,应当相互配合履行家庭教育责任,任何一方不得拒绝或者怠于履行;除法律另有规定外,不得阻碍另一方实施家庭教育。

第二十一条 【监护人与被委托人共同履行家庭教育责任】未成年人的父母或者其他监护人依法委托他

人代为照护未成年人的，应当与被委托人、未成年人保持联系，定期了解未成年人学习、生活情况和心理状况，与被委托人共同履行家庭教育责任。

第二十二条 【合理安排作息时间】未成年人的父母或者其他监护人应当合理安排未成年人学习、休息、娱乐和体育锻炼的时间，避免加重未成年人学习负担，预防未成年人沉迷网络。

第二十三条 【禁止歧视、家暴】未成年人的父母或者其他监护人不得因性别、身体状况、智力等歧视未成年人，不得实施家庭暴力，不得胁迫、引诱、教唆、纵容、利用未成年人从事违反法律法规和社会公德的活动。

第三章 国家支持

第二十四条 【家庭教育指导大纲】国务院应当组织有关部门制定、修订并及时颁布全国家庭教育指导大纲。

省级人民政府或者有条件的设区的市级人民政府应当组织有关部门编写或者采用适合当地实际的家庭教育指导读本，制定相应的家庭教育指导服务工作规范和评估规范。

第二十五条 【线上家庭教育指导服务】省级以上人民政府应当组织有关部门统筹建设家庭教育信息化共享服务平台，开设公益性网上家长学校和网络课程，开通服务热线，提供线上家庭教育指导服务。

第二十六条 【减负】县级以上地方人民政府应当加强监督管理，减轻义务教育阶段学生作业负担和校外培训负担，畅通学校家庭沟通渠道，推进学校教育和家庭教育相互配合。

第二十七条 【组建家庭教育指导服务专业队伍】县级以上地方人民政府及有关部门组织建立家庭教育指导服务专业队伍，加强对专业人员的培养，鼓励社会工作者、志愿者参与家庭教育指导服务工作。

第二十八条 【家庭教育指导机构】县级以上地方人民政府可以结合当地实际情况和需要，通过多种途径和方式确定家庭教育指导机构。

家庭教育指导机构对辖区内社区家长学校、学校家长学校及其他家庭教育指导服务站点进行指导，同时开展家庭教育研究、服务人员队伍建设和培训、公共服务产品研发。

第二十九条 【提供有针对性的服务】家庭教育指导机构应当及时向有需求的家庭提供服务。

对于父母或者其他监护人履行家庭教育责任存在一定困难的家庭，家庭教育指导机构应当根据具体情况，与相关部门协作配合，提供有针对性的服务。

第三十条 【提供关爱服务】设区的市、县、乡级人民政府应当结合当地实际采取措施，对留守未成年人和困境未成年人家庭建档立卡，提供生活帮扶、创业就业支持等关爱服务，为留守未成年人和困境未成年人的父母或者其他监护人实施家庭教育创造条件。

教育行政部门、妇女联合会应当采取有针对性的措施，为留守未成年人和困境未成年人的父母或者其他监护人实施家庭教育提供服务，引导其积极关注未成年人身心健康状况、加强亲情关爱。

第三十一条 【禁止营利性教育培训】家庭教育指导机构开展家庭教育指导服务活动，不得组织或者变相组织营利性教育培训。

第三十二条 【婚姻、收养登记机构的家庭教育指导】婚姻登记机构和收养登记机构应当通过现场咨询辅导、播放宣传教育片等形式，向办理婚姻登记、收养登记的当事人宣传家庭教育知识，提供家庭教育指导。

第三十三条 【福利机构、救助保护机构的家庭教育指导】儿童福利机构、未成年人救助保护机构应当对本机构安排的寄养家庭、接受救助保护的未成年人的父母或者其他监护人提供家庭教育指导。

第三十四条 【法院的家庭教育指导】人民法院在审理离婚案件时，应当对有未成年子女的夫妻双方提供家庭教育指导。

第三十五条 【妇联的家庭教育指导】妇女联合会发挥妇女在弘扬中华民族家庭美德、树立良好家风等方面的独特作用，宣传普及家庭教育知识，通过家庭教育指导机构、社区家长学校、文明家庭建设等多种渠道组织开展家庭教育实践活动，提供家庭教育指导服务。

第三十六条 【依法设立非营利性家庭教育服务机构】自然人、法人和非法人组织可以依法设立非营利性家庭教育服务机构。

县级以上地方人民政府及有关部门可以采取政府补贴、奖励激励、购买服务等扶持措施，培育家庭教育服务机构。

教育、民政、卫生健康、市场监督管理等有关部门应当在各自职责范围内，依法对家庭教育服务机构及从业人员进行指导和监督。

第三十七条 【家风建设纳入单位文化建设】国家机

关、企业事业单位、群团组织、社会组织应当将家风建设纳入单位文化建设，支持职工参加相关的家庭教育服务活动。

文明城市、文明村镇、文明单位、文明社区、文明校园和文明家庭等创建活动，应当将家庭教育情况作为重要内容。

第四章 社会协同

第三十八条 【基层组织的协同】居民委员会、村民委员会可以依托城乡社区公共服务设施，设立社区家长学校等家庭教育指导服务站点，配合家庭教育指导机构组织面向居民、村民的家庭教育知识宣传，为未成年人的父母或者其他监护人提供家庭教育指导服务。

第三十九条 【教育机构的协同】中小学校、幼儿园应当将家庭教育指导服务纳入工作计划，作为教师业务培训的内容。

第四十条 【建立家长学校】中小学校、幼儿园可以采取建立家长学校等方式，针对不同年龄段未成年人的特点，定期组织公益性家庭教育指导服务和实践活动，并及时联系、督促未成年人的父母或者其他监护人参加。

第四十一条 【促进共同教育】中小学校、幼儿园应当根据家长的需求，邀请有关人员传授家庭教育理念、知识和方法，组织开展家庭教育指导服务和实践活动，促进家庭与学校共同教育。

第四十二条 【支持开展公益性家庭教育指导服务】具备条件的中小学校、幼儿园应当在教育行政部门的指导下，为家庭教育指导服务站点开展公益性家庭教育指导服务活动提供支持。

第四十三条 【对严重违纪未成年学生的处理】中小学校发现未成年学生严重违反校规校纪的，应当及时制止、管教，告知其父母或者其他监护人，并为其父母或者其他监护人提供有针对性的家庭教育指导服务；发现未成年学生有不良行为或者严重不良行为的，按照有关法律规定处理。

第四十四条 【早教机构的家庭教育指导服务】婴幼儿照护服务机构、早期教育服务机构应当为未成年人的父母或者其他监护人提供科学养育指导等家庭教育指导服务。

第四十五条 【医疗保健机构开展科学养育宣传和指导】医疗保健机构在开展婚前保健、孕产期保健、儿童保健、预防接种等服务时，应当对有关成年人、未成年人的父母或者其他监护人开展科学养育知识和婴幼儿早期发展的宣传和指导。

第四十六条 【公共文化服务机构开展家庭教育宣传活动】图书馆、博物馆、文化馆、纪念馆、美术馆、科技馆、体育场馆、青少年宫、儿童活动中心等公共文化服务机构和爱国主义教育基地每年应当定期开展公益性家庭教育宣传、家庭教育指导服务和实践活动，开发家庭教育类公共文化服务产品。

广播、电视、报刊、互联网等新闻媒体应当宣传正确的家庭教育知识，传播科学的家庭教育理念和方法，营造重视家庭教育的良好社会氛围。

第四十七条 【家庭教育服务机构的职责】家庭教育服务机构应当加强自律管理，制定家庭教育服务规范，组织从业人员培训，提高从业人员的业务素质和能力。

第五章 法律责任

第四十八条 【监护人及委托人的违法责任】未成年人住所地的居民委员会、村民委员会、妇女联合会，未成年人的父母或者其他监护人所在单位，以及中小学校、幼儿园等有关密切接触未成年人的单位，发现父母或者其他监护人拒绝、怠于履行家庭教育责任，或者非法阻碍其他监护人实施家庭教育的，应当予以批评教育、劝诫制止，必要时督促其接受家庭教育指导。

未成年人的父母或者其他监护人依法委托他人代为照护未成年人，有关单位发现被委托人不依法履行家庭教育责任的，适用前款规定。

第四十九条 【公检法机关训诫指导】公安机关、人民检察院、人民法院在办理案件过程中，发现未成年人存在严重不良行为或者实施犯罪行为，或者未成年人的父母或者其他监护人不正确实施家庭教育侵害未成年人合法权益的，根据情况对父母或者其他监护人予以训诫，并可以责令其接受家庭教育指导。

第五十条 【政府部门、机构的违法责任】负有家庭教育工作职责的政府部门、机构有下列情形之一的，由其上级机关或者主管单位责令限期改正；情节严重的，对直接负责的主管人员和其他直接责任人员依法予以处分：

（一）不履行家庭教育工作职责；

（二）截留、挤占、挪用或者虚报、冒领家庭教育工作经费；

（三）其他滥用职权、玩忽职守或者徇私舞弊的情形。

第五十一条　【教育机构的违法责任】家庭教育指导机构、中小学校、幼儿园、婴幼儿照护服务机构、早期教育服务机构违反本法规定，不履行或者不正确履行家庭教育指导服务职责的，由主管部门责令限期改正；情节严重的，对直接负责的主管人员和其他直接责任人员依法予以处分。

第五十二条　【家庭教育服务机构的违法责任】家庭教育服务机构有下列情形之一的，由主管部门责令限期改正；拒不改正或者情节严重的，由主管部门责令停业整顿、吊销营业执照或者撤销登记：

（一）未依法办理设立手续；

（二）从事超出许可业务范围的行为或作虚假、引人误解宣传，产生不良后果；

（三）侵犯未成年人及其父母或者其他监护人合法权益。

第五十三条　【实施家庭暴力的法律责任】未成年人的父母或者其他监护人在家庭教育过程中对未成年人实施家庭暴力的，依照《中华人民共和国未成年人保护法》、《中华人民共和国反家庭暴力法》等法律的规定追究法律责任。

第五十四条　【治安处罚及刑事责任】违反本法规定，构成违反治安管理行为的，由公安机关依法予以治安管理处罚；构成犯罪的，依法追究刑事责任。

第六章　附　　则

第五十五条　【施行日期】本法自 2022 年 1 月 1 日起施行。

中华人民共和国法律援助法

1. 2021 年 8 月 20 日第十三届全国人民代表大会常务委员会第三十次会议通过
2. 2021 年 8 月 20 日中华人民共和国主席令第 93 号公布
3. 自 2022 年 1 月 1 日起施行

目　　录

第一章　总　　则

第一条　【立法目的】为了规范和促进法律援助工作，保障公民和有关当事人的合法权益，保障法律正确实施，维护社会公平正义，制定本法。

第二条　【概念】本法所称法律援助，是国家建立的为经济困难公民和符合法定条件的其他当事人无偿提供法律咨询、代理、刑事辩护等法律服务的制度，是公共法律服务体系的组成部分。

第三条　【基本原则】法律援助工作坚持中国共产党领导，坚持以人民为中心，尊重和保障人权，遵循公开、公平、公正的原则，实行国家保障与社会参与相结合。

第四条　【政府保障职责】县级以上人民政府应当将法律援助工作纳入国民经济和社会发展规划、基本公共服务体系，保障法律援助事业与经济社会协调发展。

县级以上人民政府应当健全法律援助保障体系，将法律援助相关经费列入本级政府预算，建立动态调整机制，保障法律援助工作需要，促进法律援助均衡发展。

第五条　【政府相关部门职责】国务院司法行政部门指导、监督全国的法律援助工作。县级以上地方人民政府司法行政部门指导、监督本行政区域的法律援助工作。

县级以上人民政府其他有关部门依照各自职责，为法律援助工作提供支持和保障。

第六条　【公检法机关的保障职责】人民法院、人民检察院、公安机关应当在各自职责范围内保障当事人依法获得法律援助，为法律援助人员开展工作提供便利。

第七条　【律师协会职责】律师协会应当指导和支持律师事务所、律师参与法律援助工作。

第八条　【鼓励群团组织、事业单位、社会组织提供法律援助】国家鼓励和支持群团组织、事业单位、社会组织在司法行政部门指导下，依法提供法律援助。

第九条　【鼓励社会力量提供支持】国家鼓励和支持企业事业单位、社会组织和个人等社会力量，依法通过捐赠等方式为法律援助事业提供支持；对符合条件的，给予税收优惠。

第十条 【宣传与监督】司法行政部门应当开展经常性的法律援助宣传教育，普及法律援助知识。

新闻媒体应当积极开展法律援助公益宣传，并加强舆论监督。

第十一条 【表彰与奖励】国家对在法律援助工作中做出突出贡献的组织和个人，按照有关规定给予表彰、奖励。

第二章 机构和人员

第十二条 【法律援助机构的设立及其职责】县级以上人民政府司法行政部门应当设立法律援助机构。法律援助机构负责组织实施法律援助工作，受理、审查法律援助申请，指派律师、基层法律服务工作者、法律援助志愿者等法律援助人员提供法律援助，支付法律援助补贴。

第十三条 【法律援助机构提供法律援助以及设置站点】法律援助机构根据工作需要，可以安排本机构具有律师资格或者法律职业资格的工作人员提供法律援助；可以设置法律援助工作站或者联络点，就近受理法律援助申请。

第十四条 【值班律师】法律援助机构可以在人民法院、人民检察院和看守所等场所派驻值班律师，依法为没有辩护人的犯罪嫌疑人、被告人提供法律援助。

第十五条 【政府购买】司法行政部门可以通过政府采购等方式，择优选择律师事务所等法律服务机构为受援人提供法律援助。

第十六条 【律师事务所、基层法律服务所、律师、基层法律服务工作者的义务】律师事务所、基层法律服务所、律师、基层法律服务工作者负有依法提供法律援助的义务。

律师事务所、基层法律服务所应当支持和保障本所律师、基层法律服务工作者履行法律援助义务。

第十七条 【法律援助志愿服务和志愿者】国家鼓励和规范法律援助志愿服务；支持符合条件的个人作为法律援助志愿者，依法提供法律援助。

高等院校、科研机构可以组织从事法学教育、研究工作的人员和法学专业学生作为法律援助志愿者，在司法行政部门指导下，为当事人提供法律咨询、代拟法律文书等法律援助。

法律援助志愿者具体管理办法由国务院有关部门规定。

第十八条 【对律师资源短缺地区的支持】国家建立健全法律服务资源依法跨区域流动机制，鼓励和支持律师事务所、律师、法律援助志愿者等在法律服务资源相对短缺地区提供法律援助。

第十九条 【法律援助人员的职责】法律援助人员应当依法履行职责，及时为受援人提供符合标准的法律援助服务，维护受援人的合法权益。

第二十条 【法律援助人员的执业要求】法律援助人员应当恪守职业道德和执业纪律，不得向受援人收取任何财物。

第二十一条 【保密义务】法律援助机构、法律援助人员对提供法律援助过程中知悉的国家秘密、商业秘密和个人隐私应当予以保密。

第三章 形式和范围

第二十二条 【法律援助服务形式】法律援助机构可以组织法律援助人员依法提供下列形式的法律援助服务：

（一）法律咨询；

（二）代拟法律文书；

（三）刑事辩护与代理；

（四）民事案件、行政案件、国家赔偿案件的诉讼代理及非诉讼代理；

（五）值班律师法律帮助；

（六）劳动争议调解与仲裁代理；

（七）法律、法规、规章规定的其他形式。

第二十三条 【法律咨询服务方式以及保护知情权】法律援助机构应当通过服务窗口、电话、网络等多种方式提供法律咨询服务；提示当事人享有依法申请法律援助的权利，并告知申请法律援助的条件和程序。

第二十四条 【申请刑事法律援助】刑事案件的犯罪嫌疑人、被告人因经济困难或者其他原因没有委托辩护人的，本人及其近亲属可以向法律援助机构申请法律援助。

第二十五条 【应当通知辩护和可以通知辩护的范围】刑事案件的犯罪嫌疑人、被告人属于下列人员之一，没有委托辩护人的，人民法院、人民检察院、公安机关应当通知法律援助机构指派律师担任辩护人：

（一）未成年人；

（二）视力、听力、言语残疾人；

（三）不能完全辨认自己行为的成年人；

（四）可能被判处无期徒刑、死刑的人；

（五）申请法律援助的死刑复核案件被告人；

（六）缺席审判案件的被告人；

（七）法律法规规定的其他人员。

其他适用普通程序审理的刑事案件，被告人没有委托辩护人的，人民法院可以通知法律援助机构指派律师担任辩护人。

第二十六条　【特殊案件辩护人的条件】对可能被判处无期徒刑、死刑的人，以及死刑复核案件的被告人，法律援助机构收到人民法院、人民检察院、公安机关通知后，应当指派具有三年以上相关执业经历的律师担任辩护人。

第二十七条　【保障犯罪嫌疑人、被告人委托辩护权】人民法院、人民检察院、公安机关通知法律援助机构指派律师担任辩护人时，不得限制或者损害犯罪嫌疑人、被告人委托辩护人的权利。

第二十八条　【强制医疗案件法律援助】强制医疗案件的被申请人或者被告人没有委托诉讼代理人的，人民法院应当通知法律援助机构指派律师为其提供法律援助。

第二十九条　【被害人、原告人等申请法律援助】刑事公诉案件的被害人及其法定代理人或者近亲属，刑事自诉案件的自诉人及其法定代理人，刑事附带民事诉讼案件的原告人及其法定代理人，因经济困难没有委托诉讼代理人的，可以向法律援助机构申请法律援助。

第三十条　【值班律师法律帮助】值班律师应当依法为没有辩护人的犯罪嫌疑人、被告人提供法律咨询、程序选择建议、申请变更强制措施、对案件处理提出意见等法律帮助。

第三十一条　【民事和行政法律援助事项范围】下列事项的当事人，因经济困难没有委托代理人的，可以向法律援助机构申请法律援助：

（一）依法请求国家赔偿；

（二）请求给予社会保险待遇或者社会救助；

（三）请求发给抚恤金；

（四）请求给付赡养费、抚养费、扶养费；

（五）请求确认劳动关系或者支付劳动报酬；

（六）请求认定公民无民事行为能力或者限制民事行为能力；

（七）请求工伤事故、交通事故、食品药品安全事故、医疗事故人身损害赔偿；

（八）请求环境污染、生态破坏损害赔偿；

（九）法律、法规、规章规定的其他情形。

第三十二条　【不受经济困难条件限制的情形】有下列情形之一，当事人申请法律援助的，不受经济困难条件的限制：

（一）英雄烈士近亲属为维护英雄烈士的人格权益；

（二）因见义勇为行为主张相关民事权益；

（三）再审改判无罪请求国家赔偿；

（四）遭受虐待、遗弃或者家庭暴力的受害人主张相关权益；

（五）法律、法规、规章规定的其他情形。

第三十三条　【再审案件法律援助】当事人不服司法机关生效裁判或者决定提出申诉或者申请再审，人民法院决定、裁定再审或者人民检察院提出抗诉，因经济困难没有委托辩护人或者诉讼代理人的，本人及其近亲属可以向法律援助机构申请法律援助。

第三十四条　【经济困难标准】经济困难的标准，由省、自治区、直辖市人民政府根据本行政区域经济发展状况和法律援助工作需要确定，并实行动态调整。

第四章　程序和实施

第三十五条　【法律援助及时告知义务】人民法院、人民检察院、公安机关和有关部门在办理案件或者相关事务中，应当及时告知有关当事人有权依法申请法律援助。

第三十六条　【刑事案件法律援助的指派程序】人民法院、人民检察院、公安机关办理刑事案件，发现有本法第二十五条第一款、第二十八条规定情形的，应当在三日内通知法律援助机构指派律师。法律援助机构收到通知后，应当在三日内指派律师并通知人民法院、人民检察院、公安机关。

第三十七条　【公检法机关保障值班律师依法提供法律援助】人民法院、人民检察院、公安机关应当保障值班律师依法提供法律帮助，告知没有辩护人的犯罪嫌疑人、被告人有权约见值班律师，并依法为值班律师了解案件有关情况、阅卷、会见等提供便利。

第三十八条　【法律援助的管辖】对诉讼事项的法律援

助，由申请人向办案机关所在地的法律援助机构提出申请；对非诉讼事项的法律援助，由申请人向争议处理机关所在地或者事由发生地的法律援助机构提出申请。

第三十九条 【转交法律援助申请的程序】被羁押的犯罪嫌疑人、被告人、服刑人员，以及强制隔离戒毒人员等提出法律援助申请的，办案机关、监管场所应当在二十四小时内将申请转交法律援助机构。

犯罪嫌疑人、被告人通过值班律师提出代理、刑事辩护等法律援助申请的，值班律师应当在二十四小时内将申请转交法律援助机构。

第四十条 【代为提出法律援助申请】无民事行为能力人或者限制民事行为能力人需要法律援助的，可以由其法定代理人代为提出申请。法定代理人侵犯无民事行为能力人、限制民事行为能力人合法权益的，其他法定代理人或者近亲属可以代为提出法律援助申请。

被羁押的犯罪嫌疑人、被告人、服刑人员，以及强制隔离戒毒人员，可以由其法定代理人或者近亲属代为提出法律援助申请。

第四十一条 【经济困难状况核查】因经济困难申请法律援助的，申请人应当如实说明经济困难状况。

法律援助机构核查申请人的经济困难状况，可以通过信息共享查询，或者由申请人进行个人诚信承诺。

法律援助机构开展核查工作，有关部门、单位、村民委员会、居民委员会和个人应当予以配合。

第四十二条 【免予核查经济困难状况的人员】法律援助申请人有材料证明属于下列人员之一的，免予核查经济困难状况：

（一）无固定生活来源的未成年人、老年人、残疾人等特定群体；

（二）社会救助、司法救助或者优抚对象；

（三）申请支付劳动报酬或者请求工伤事故人身损害赔偿的进城务工人员；

（四）法律、法规、规章规定的其他人员。

第四十三条 【审查法律援助申请】法律援助机构应当自收到法律援助申请之日起七日内进行审查，作出是否给予法律援助的决定。决定给予法律援助的，应当自作出决定之日起三日内指派法律援助人员为受援人提供法律援助；决定不给予法律援助的，应当书面告知申请人，并说明理由。

申请人提交的申请材料不齐全的，法律援助机构应当一次性告知申请人需要补充的材料或者要求申请人作出说明。申请人未按要求补充材料或者作出说明的，视为撤回申请。

第四十四条 【先行提供法律援助的情形】法律援助机构收到法律援助申请后，发现有下列情形之一的，可以决定先行提供法律援助：

（一）距法定时效或者期限届满不足七日，需要及时提起诉讼或者申请仲裁、行政复议；

（二）需要立即申请财产保全、证据保全或者先予执行；

（三）法律、法规、规章规定的其他情形。

法律援助机构先行提供法律援助的，受援人应当及时补办有关手续，补充有关材料。

第四十五条 【特定群体法律援助服务】法律援助机构为老年人、残疾人提供法律援助服务的，应当根据实际情况提供无障碍设施设备和服务。

法律法规对向特定群体提供法律援助有其他特别规定的，依照其规定。

第四十六条 【法律援助人员相关义务】法律援助人员接受指派后，无正当理由不得拒绝、拖延或者终止提供法律援助服务。

法律援助人员应当按照规定向受援人通报法律援助事项办理情况，不得损害受援人合法权益。

第四十七条 【受援人的义务】受援人应当向法律援助人员如实陈述与法律援助事项有关的情况，及时提供证据材料，协助、配合办理法律援助事项。

第四十八条 【终止法律援助的情形】有下列情形之一的，法律援助机构应当作出终止法律援助的决定：

（一）受援人以欺骗或者其他不正当手段获得法律援助；

（二）受援人故意隐瞒与案件有关的重要事实或者提供虚假证据；

（三）受援人利用法律援助从事违法活动；

（四）受援人的经济状况发生变化，不再符合法律援助条件；

（五）案件终止审理或者已经被撤销；

（六）受援人自行委托律师或者其他代理人；

（七）受援人有正当理由要求终止法律援助；

（八）法律法规规定的其他情形。

法律援助人员发现有前款规定情形的，应当及时向法律援助机构报告。

第四十九条 【不服法律援助机构决定的救济】申请人、受援人对法律援助机构不予法律援助、终止法律援助的决定有异议的，可以向设立该法律援助机构的司法行政部门提出。

司法行政部门应当自收到异议之日起五日内进行审查，作出维持法律援助机构决定或者责令法律援助机构改正的决定。

申请人、受援人对司法行政部门维持法律援助机构决定不服的，可以依法申请行政复议或者提起行政诉讼。

第五十条 【法律援助人员报告与提交材料】法律援助事项办理结束后，法律援助人员应当及时向法律援助机构报告，提交有关法律文书的副本或者复印件、办理情况报告等材料。

第五章 保障和监督

第五十一条 【法律援助信息化建设】国家加强法律援助信息化建设，促进司法行政部门与司法机关及其他有关部门实现信息共享和工作协同。

第五十二条 【法律援助补贴】法律援助机构应当依照有关规定及时向法律援助人员支付法律援助补贴。

法律援助补贴的标准，由省、自治区、直辖市人民政府司法行政部门会同同级财政部门，根据当地经济发展水平和法律援助的服务类型、承办成本、基本劳务费用等确定，并实行动态调整。

法律援助补贴免征增值税和个人所得税。

第五十三条 【对受援人和法律援助人员缓减免相关费用】人民法院应当根据情况对受援人缓收、减收或者免收诉讼费用；对法律援助人员复制相关材料等费用予以免收或者减收。

公证机构、司法鉴定机构应当对受援人减收或者免收公证费、鉴定费。

第五十四条 【法律援助人员培训制度】县级以上人民政府司法行政部门应当有计划地对法律援助人员进行培训，提高法律援助人员的专业素质和服务能力。

第五十五条 【受援人相关权利】受援人有权向法律援助机构、法律援助人员了解法律援助事项办理情况；法律援助机构、法律援助人员未依法履行职责的，受援人可以向司法行政部门投诉，并可以请求法律援助机构更换法律援助人员。

第五十六条 【投诉查处制度】司法行政部门应当建立法律援助工作投诉查处制度；接到投诉后，应当依照有关规定受理和调查处理，并及时向投诉人告知处理结果。

第五十七条 【法律援助服务质量监督】司法行政部门应当加强对法律援助服务的监督，制定法律援助服务质量标准，通过第三方评估等方式定期进行质量考核。

第五十八条 【法律援助信息公开制度】司法行政部门、法律援助机构应当建立法律援助信息公开制度，定期向社会公布法律援助资金使用、案件办理、质量考核结果等情况，接受社会监督。

第五十九条 【法律援助机构质量监督措施】法律援助机构应当综合运用庭审旁听、案卷检查、征询司法机关意见和回访受援人等措施，督促法律援助人员提升服务质量。

第六十条 【律师协会考核与惩戒】律师协会应当将律师事务所、律师履行法律援助义务的情况纳入年度考核内容，对拒不履行或者怠于履行法律援助义务的律师事务所、律师，依照有关规定进行惩戒。

第六章 法律责任

第六十一条 【法律援助机构及其工作人员法律责任】法律援助机构及其工作人员有下列情形之一的，由设立该法律援助机构的司法行政部门责令限期改正；有违法所得的，责令退还或者没收违法所得；对直接负责的主管人员和其他直接责任人员，依法给予处分：

（一）拒绝为符合法律援助条件的人员提供法律援助，或者故意为不符合法律援助条件的人员提供法律援助；

（二）指派不符合本法规定的人员提供法律援助；

（三）收取受援人财物；

（四）从事有偿法律服务；

（五）侵占、私分、挪用法律援助经费；

（六）泄露法律援助过程中知悉的国家秘密、商业秘密和个人隐私；

（七）法律法规规定的其他情形。

第六十二条 【律师事务所、基层法律服务所法律责任】律师事务所、基层法律服务所有下列情形之一的，由司法行政部门依法给予处罚：

（一）无正当理由拒绝接受法律援助机构指派；

（二）接受指派后，不及时安排本所律师、基层法律服务工作者办理法律援助事项或者拒绝为本所律师、基层法律服务工作者办理法律援助事项提供支持和保障；

（三）纵容或者放任本所律师、基层法律服务工作者怠于履行法律援助义务或者擅自终止提供法律援助；

（四）法律法规规定的其他情形。

第六十三条 【律师、基层法律服务工作者责任】律师、基层法律服务工作者有下列情形之一的，由司法行政部门依法给予处罚：

（一）无正当理由拒绝履行法律援助义务或者怠于履行法律援助义务；

（二）擅自终止提供法律援助；

（三）收取受援人财物；

（四）泄露法律援助过程中知悉的国家秘密、商业秘密和个人隐私；

（五）法律法规规定的其他情形。

第六十四条 【受援人以不正当手段获取法律援助的法律责任】受援人以欺骗或者其他不正当手段获得法律援助的，由司法行政部门责令其支付已实施法律援助的费用，并处三千元以下罚款。

第六十五条 【冒用法律援助名义并谋利的法律责任】违反本法规定，冒用法律援助名义提供法律服务并谋取利益的，由司法行政部门责令改正，没收违法所得，并处违法所得一倍以上三倍以下罚款。

第六十六条 【国家机关及其工作人员渎职的处分】国家机关及其工作人员在法律援助工作中滥用职权、玩忽职守、徇私舞弊的，对直接负责的主管人员和其他直接责任人员，依法给予处分。

第六十七条 【刑事责任】违反本法规定，构成犯罪的，依法追究刑事责任。

第七章 附 则

第六十八条 【群团组织参见本法开展法律援助】工会、共产主义青年团、妇女联合会、残疾人联合会等群团组织开展法律援助工作，参照适用本法的相关规定。

第六十九条 【对外国人和无国籍人提供法律援助】对外国人和无国籍人提供法律援助，我国法律有规定的，适用法律规定；我国法律没有规定的，可以根据我国缔结或者参加的国际条约，或者按照互惠原则，参照适用本法的相关规定。

第七十条 【军人军属法律援助办法的制定】对军人军属提供法律援助的具体办法，由国务院和中央军事委员会有关部门制定。

第七十一条 【施行日期】本法自2022年1月1日起施行。

国务院办公厅关于
加强孤儿保障工作的意见

1. 2010年11月16日发布

2. 国办发〔2010〕54号

党和政府历来关心孤儿的健康成长。新中国成立以来，我国孤儿福利事业取得了长足进展，孤儿生活状况得到了明显改善，但总体看，孤儿保障体系还不够健全，保障水平有待提高。为建立与我国经济社会发展水平相适应的孤儿保障制度，使孤儿生活得更加幸福、更有尊严，经国务院同意，现提出以下意见：

一、拓展安置渠道，妥善安置孤儿

孤儿是指失去父母、查找不到生父母的未满18周岁的未成年人，由地方县级以上民政部门依据有关规定和条件认定。地方各级政府要按照有利于孤儿身心健康成长的原则，采取多种方式，拓展孤儿安置渠道，妥善安置孤儿。

（一）亲属抚养。孤儿的监护人依照《中华人民共和国民法通则》等法律法规确定。孤儿的祖父母、外祖父母、兄、姐要依法承担抚养义务、履行监护职责；鼓励关系密切的其他亲属、朋友担任孤儿监护人；没有前述监护人的，未成年人的父、母的所在单位或者未成年人住所地的居民委员会、村民委员会或者民政部门担任监护人。监护人不履行监护职责或者侵害孤儿合法权益的，应承担相应的法律责任。

（二）机构养育。对没有亲属和其他监护人抚养的孤儿，经依法公告后由民政部门设立的儿童福利机构收留抚养。有条件的儿童福利机构可在社区购买、租赁房屋，或在机构内部建造单元式居所，为孤儿提供家庭式养育。公安部门应及时为孤儿办理儿童福利机构集体户口。

（三）家庭寄养。由孤儿父母生前所在单位或者孤儿住所地的村（居）民委员会或者民政部门担任监护人的，可由监护人对有抚养意愿和抚养能力的家庭进行评估，选择抚育条件较好的家庭开展委托监护或者家庭寄养，并给予养育费用补贴，当地政府可酌情给予劳务补贴。

（四）依法收养。鼓励收养孤儿。收养孤儿按照《中华人民共和国收养法》的规定办理。对中国公民依法收养的孤儿，需要为其办理户口登记或者迁移手续的，户口登记机关应及时予以办理，并在登记与户主关系时注明子女关系。对寄养的孤儿，寄养家庭有收养意愿的，应优先为其办理收养手续。继续稳妥开展涉外收养，进一步完善涉外收养办法。

二、建立健全孤儿保障体系，维护孤儿基本权益

（一）建立孤儿基本生活保障制度。为满足孤儿基本生活需要，建立孤儿基本生活保障制度。各省、自治区、直辖市政府按照不低于当地平均生活水平的原则，合理确定孤儿基本生活最低养育标准，机构抚养孤儿养育标准应高于散居孤儿养育标准，并建立孤儿基本生活最低养育标准自然增长机制。地方各级财政要安排专项资金，确保孤儿基本生活费及时足额到位；中央财政安排专项资金，对地方支出孤儿基本生活费按照一定标准给予补助。民政、财政部门要建立严格的孤儿基本生活费管理制度，加强监督检查，确保专款专用、按时发放，确保孤儿基本生活费用于孤儿。

（二）提高孤儿医疗康复保障水平。将孤儿纳入城镇居民基本医疗保险、新型农村合作医疗、城乡医疗救助等制度覆盖范围，适当提高救助水平，参保（合）费用可通过城乡医疗救助制度解决；将符合规定的残疾孤儿医疗康复项目纳入基本医疗保障范围，稳步提高待遇水平；有条件的地方政府和社会慈善组织可为孤儿投保意外伤害保险和重大疾病保险等商业健康保险或补充保险。卫生部门要对儿童福利机构设置的医院、门诊部、诊所、卫生所（室）给予支持和指导；疾病预防控制机构要加强对儿童福利机构防疫工作的指导，及时调查处理机构内发生的传染病疫情；鼓励、支持医疗机构采取多种形式减免孤儿医疗费用。继续实施“残疾孤儿手术康复明天计划”。

（三）落实孤儿教育保障政策。家庭经济困难的学龄前孤儿到学前教育机构接受教育的，由当地政府予以资助。将义务教育阶段的孤儿寄宿生全面纳入生活补助范围。在普通高中、中等职业学校、高等职业学校和普通本科高校就读的孤儿，纳入国家资助政策体系优先予以资助；孤儿成年后仍在校就读的，继续享有相应政策；学校为其优先提供勤工助学机会。切实保障残疾孤儿受教育的权利，具备条件的残疾孤儿，在普通学校随班就读；不适合在普通学校就读的视力、听力、言语、智力等残疾孤儿，安排到特殊教育学校就读；不能到特殊教育学校就读的残疾孤儿，鼓励并扶持儿童福利机构设立特殊教育班或特殊教育学校，为其提供特殊教育。

（四）扶持孤儿成年后就业。认真贯彻落实《中华人民共和国就业促进法》和《国务院关于做好促进就业工作的通知》（国发〔2008〕5号）等精神，鼓励和帮扶有劳动能力的孤儿成年后实现就业，按规定落实好职业培训补贴、职业技能鉴定补贴、免费职业介绍、职业介绍补贴和社会保险补贴等政策；孤儿成年后就业困难的，优先安排其到政府开发的公益性岗位就业。人力资源社会保障部门要进一步落实孤儿成年后就业扶持政策，提供针对性服务和就业援助，促进有劳动能力的孤儿成年后就业。

（五）加强孤儿住房保障和服务。居住在农村的无住房孤儿成年后，按规定纳入农村危房改造计划优先予以资助，乡镇政府和村民委员会要组织动员社会力量和当地村民帮助其建房。居住在城市的孤儿成年后，符合城市廉租住房保障条件或其他保障性住房供应条件的，当地政府要优先安排、应保尽保。对有房产的孤儿，监护人要帮助其做好房屋的维修和保护工作。

三、加强儿童福利机构建设，提高专业保障水平

（一）完善儿童福利机构设施。“十二五”期间，继续实施“儿童福利机构建设蓝天计划”，孤儿较多的县（市）可独立设置儿童福利机构，其他县（市）要依托民政部门设立的社会福利机构建设相对独立的儿童福利设施，并根据实际需要，为其配备抚育、康复、特殊教育必需的设备器材和救护车、校车等，完善儿童福利机构养护、医疗康复、特殊教育、技能培训、监督评估等方面的功能。儿童福利机构设施建设、维修改造及有关设备购置，所需经费由财政预算、民政部门使用的彩票公益金、社会捐助等多渠道解决。发展改革部门要充分考虑儿童福利事业发展需要,统筹安排儿童福利机构设施建设项目,逐步改善儿童福利机构条件。海关在办理国(境)外无偿捐赠给儿童福利机构的物资设备通关手续时,给予通关便利。

(二)加强儿童福利机构工作队伍建设。科学设置儿童福利机构岗位,加强孤残儿童护理员、医护人员、特教教师、社工、康复师等专业人员培训。在整合现有儿童福利机构从业人员队伍的基础上,积极创造条件,通过购买服务和社会化用工等形式,充实儿童福利机构工作力量,提升服务水平。按照国家有关规定,落实对儿童福利机构工作人员的工资倾斜政策。将儿童福利机构中设立的特殊教育班或特殊教育学校的教师、医护人员专业技术职务评定工作纳入教育、卫生系统职称评聘体系,在结构比例、评价方面给予适当倾斜。教育、卫生部门举办的继续教育和业务培训要主动吸收儿童福利机构相关人员参加。积极推进孤残儿童护理员职业资格制度建设,支持开发孤残儿童护理员教材,设置孤残儿童护理员专业,对孤残儿童护理员进行培训。

(三)发挥儿童福利机构的作用。儿童福利机构是孤儿保障的专业机构,要发挥其在孤儿保障中的重要作用。对社会上无人监护的孤儿,儿童福利机构要及时收留抚养,确保孤儿居有定所、生活有着。要发挥儿童福利机构的专业优势,为亲属抚养、家庭寄养的孤儿提供有针对性的指导和服务。

四、健全工作机制,促进孤儿福利事业健康发展

(一)加强组织领导。地方各级政府要高度重视孤儿保障工作,把孤儿福利事业纳入国民经济和社会发展总体规划、相关专项规划和年度计划。要加强对孤儿保障工作的领导,健全"政府主导,民政牵头,部门协作,社会参与"的孤儿保障工作机制,及时研究解决孤儿保障工作中存在的实际困难和问题。民政部门要发挥牵头部门作用,加强孤儿保障工作能力建设,充实儿童福利工作力量,强化对儿童福利机构的监督管理,建设好全国儿童福利信息管理系统。财政部门要建立稳定的经费保障机制,将孤儿保障所需资金纳入社会福利事业发展资金预算,通过财政拨款、民政部门使用的彩票公益金等渠道安排资金,切实保障孤儿的基本生活和儿童福利专项工作经费。发展改革、教育、公安、司法、人力资源社会保障、住房城乡建设、卫生、人口计生等部门要将孤儿保障有关工作列入职责范围和目标管理,进一步明确责任。

(二)保障孤儿合法权益。依法保护孤儿的人身、财产权利,积极引导法律服务人员为孤儿提供法律服务,为符合法律援助条件的孤儿依法提供法律援助。有关方面要严厉打击查处拐卖孤儿、遗弃婴儿等违法犯罪行为,及时发现并制止公民私自收养弃婴和儿童的行为。公安部门应及时出具弃婴捡拾报案证明,积极查找弃婴和儿童的生父母或者其他监护人。卫生部门要加强对医疗保健机构的监督管理,医疗保健机构发现弃婴,应及时向所在地公安机关报案,不得转送他人。有关部门要尽快研究拟订有关儿童福利的法规。

(三)加强宣传引导。进一步加大宣传工作力度,弘扬中华民族慈幼恤孤的人道主义精神和传统美德,积极营造全社会关心关爱孤儿的氛围。大力发展孤儿慈善事业,引导社会力量通过慈善捐赠、实施公益项目、提供服务等多种方式,广泛开展救孤恤孤活动。

中国反对拐卖人口行动计划(2021—2030年)

1. 2021年4月9日国务院办公厅发布
2. 国办发〔2021〕13号

为积极应对国内外拐卖人口犯罪严峻形势,有效预防、依法打击拐卖人口犯罪,积极救助、妥善安置被拐卖受害人,促进被拐卖受害人身心康复和回归家庭、社会,切实保障公民合法权益,依据有关国际公约和我国法律,制定《中国反对拐卖人口行动计划(2021—2030年)》(以下简称《行动计划》)。

一、指导思想和总体目标

(一)指导思想。

以习近平新时代中国特色社会主义思想为指导,坚持"以人为本、综合治理、预防为主、打防结合"工作方针,形成"党委领导、政府负责、部门联动、社会协同、公民参与、法治保障、科技支撑"工作格局,不断推进国家治理体系和治理能力现代化,完善制度,健全机制,落实责任,整合资源,标本兼治,有效预防和惩治拐卖人口犯罪,切实保障公民基本权利,维护社会和谐稳定，维护国家安全，展现我负责任大国形象。

（二）总体目标。

坚持和完善集预防、打击、救助、安置、康复于一体的反拐工作长效机制，健全反拐工作协调、配合、保障机制，推进法治反拐、协同反拐、科技反拐、全民反拐的工作模式，不断提高反拐工作法治化、协同化、科技化、社会化水平，形成与社会发展相适应的反拐工作格局。净化网络生态空间，有效防范和严厉打击利用网络拐卖人口等新型犯罪。细化落实各项行动措施，有效预防、坚决打击拐卖人口犯罪，确保被拐卖受害人及时得到救助康复和妥善安置，帮助被拐卖受害人顺利回归家庭和社会。

二、行动措施和任务分工

（一）健全预防犯罪机制。

1. 工作目标。

加强源头治理，完善以社区为基础的预防拐卖人口犯罪网络，实施网格化管理，构建多部门协同、社会广泛参与的群防群治工作体系。综合整治拐卖人口犯罪活动重点地区和“买方市场”，严厉打击利用网络实施拐卖人口犯罪，有效预防拐卖人口犯罪发生。

2. 行动措施。

（1）深化部门协同联动，实现信息互通、工作互动，综合运用大数据、人工智能等现代科技手段和入户走访、群众工作等传统手段，不断完善发现、举报拐卖人口犯罪工作机制。（中央政法委、公安部负责，中央网信办、工业和信息化部、教育部、民政部、司法部、国家卫生健康委、最高人民检察院、全国妇联配合）

（2）加强对全国拐卖人口犯罪形势的分析研判，适时调整预防犯罪工作思路策略。完善针对拐卖人口犯罪活动重点行业、重点场所、重点地区和重点人群的预防犯罪工作。突出预防犯罪工作“点”、“面”效果。（中央政法委负责，中央网信办、教育部、公安部、国家卫生健康委、国务院妇儿工委办公室、全国妇联配合）

——加强人力资源市场管理，规范劳动者求职、用人单位招用和职业介绍活动，推动职业介绍机构、用人单位、劳务派遣单位和用工单位开展反拐教育培训和预防工作。畅通劳动保障监察举报投诉渠道，加强劳动保障监察执法，完善部门联动协作机制，清理整治非法职业中介市场，严厉打击使用童工违法行为。加大对非法使用精神残疾人、智力残疾人或者非持工作居留许可证的外国人从事劳动等违法行为的查处力度。健全人力资源市场发生拐卖人口犯罪的风险防控机制，对在人力资源市场发生的拐卖人口犯罪开展有针对性的预防犯罪工作。（人力资源社会保障部、公安部、中国残联负责，市场监管总局、广电总局、全国总工会、全国妇联配合）

——加强娱乐休闲场所经营管理和治安管理，完善娱乐场所从业人员名簿、营业日志和巡查制度，坚决依法取缔营利性陪侍，严厉打击卖淫嫖娼等违法犯罪，完善对被拐妇女和被拐未成年人的教育挽救和帮扶安置工作机制。（公安部、文化和旅游部负责，民政部、人力资源社会保障部、国家卫生健康委、市场监管总局、全国妇联配合）

——加强网络空间监管和执法检查，督促网络服务提供者切实履行对网络产品、网络服务和网络信息内容管理的主体责任。监督各类网络平台完善对不良信息、违法犯罪信息内容的主动筛查、识别、过滤及举报等机制，严格网络社交账号实名制管理。严厉打击利用网络制作、复制、出版、贩卖、传播淫秽色情内容和实施性骚扰、性侵害未成年人的违法犯罪行为。（公安部负责，中央网信办、工业和信息化部、市场监管总局配合）

——加强幼儿园、学校等教育教学机构管理，开展人身安全和反拐教育，普及反拐法律、政策措施及相关知识，提高师生反拐警惕性和人身安全意识，掌握反拐应对和求助方法。在校园内外的醒目位置张贴反拐宣传海报。加强幼儿园、学校等教育教学机构门口或周边位置警务室或护学岗建设，完善校园周边巡防制度。（教育部、公安部负责，最高人民检察院、共青团中央配合）

——加大拐卖人口犯罪活动重点地区综合整治力度。上级政府及相关部门应当加强对下级政府及相关部门预防拐卖人口犯罪工作的领导、指导和监督。基层政府、村（居）委会应当将帮助易被拐卖人群和预防拐卖人口犯罪纳入基层社会治理重点工作中，监督父母或其他监护人切实履行对未成年子女的监护职责。落实政府对留守儿童、困境儿童等特殊群体的关爱保护和依法承担的监护职责。（中央政法委、民政部负责，公安部、国务院妇儿工委办公室、共青团中央、全国妇联配合）

——强化基层组织功能，做好预防拐卖人口犯罪

基础工作。加强部门协同、信息互通，建立健全有关违法犯罪线索的及时发现和信息通报制度。（公安部、民政部负责）

——实施乡村振兴战略，巩固拓展脱贫攻坚成果。发展壮大乡村产业，为帮助更多农村劳动力就近就业创造条件。加大对脱贫地区妇女的扶持力度，提升农村妇女和农村低收入人口的就业创业能力，不断拓宽农民增收渠道。（农业农村部负责，国家发展改革委、国家民委、人力资源社会保障部、国家乡村振兴局、全国妇联配合）

——保障适龄儿童、少年接受义务教育的权利，监督父母或其他监护人保证适龄未成年人按时入学、稳定上学，采取有效措施切实防止学生在义务教育阶段失学辍学。将反拐工作作为学校管理重要内容，明确幼儿园、学校等单位教职工发现疑似拐卖情形应当及时报告和制止，鼓励学生及其父母或者其他监护人发现疑似拐卖情形及时向学校或公安机关报告。（教育部、公安部负责，最高人民检察院、民政部、中国关工委配合）

——充分利用救助管理机构、未成年人救助保护机构和儿童福利机构做好流浪未成年人和弃婴的救助安置，落实儿童督导员和儿童主任工作职责，完善政府购买服务方式支持社会组织培育发展，引入社会工作等专业力量提供心理疏导、行为矫治、文化教育、技能培训等服务。开发、利用智能化寻亲手段，深化与有关企业、社会组织等合作，做好流浪未成年人的救助寻亲服务。加强街面救助，建立覆盖全面、协同到位、服务及时的救助管理网络，及时发现、救助流浪乞讨和被利用、被强迫违法犯罪的未成年人。（民政部、公安部负责，教育部、财政部、人力资源社会保障部、住房城乡建设部、国家卫生健康委、国务院国资委、共青团中央配合）

——完善重点群体就业支持体系，促进农村有外出务工意愿的妇女、残疾人、失业下岗妇女、女大学生和解救的被拐卖妇女就业创业，落实好促进就业创业各项政策，组织开展实用技术、职业技能和就业创业培训。（人力资源社会保障部、中国残联负责，教育部、国家民委、农业农村部、全国妇联配合）

——加强对流动、留守妇女儿童较多区域的管理，加强对困境儿童的关爱和保护，持续关爱流动、留守妇女儿童。切实发挥儿童督导员、儿童主任、妇联执委、巾帼志愿者、青少年维权岗和“五老”等组织或人员的作用，完善儿童之家等服务平台的功能，提高流动、留守妇女儿童自我保护意识和反拐能力。（民政部、国务院妇儿工委办公室负责，财政部、广电总局、共青团中央、全国妇联、中国关工委配合）

——加强对有长期或多次吸毒、赌博、卖淫等违法行为人员的管理，做好对吸毒人员的强制戒毒和跟踪帮教，做好对有吸毒、赌博、卖淫等违法行为人员的安置帮扶工作，做好对服刑和强制戒毒人员的缺少监护人的未成年子女的监护帮助，防止拐卖人口犯罪发生。（公安部、民政部负责，共青团中央配合）

——加强拐卖人口罪犯教育改造工作，采取措施帮助刑满释放人员重新回归社会，完善对有拐卖人口犯罪前科人员的跟踪管控机制，切实预防和减少重新犯罪。（司法部、公安部负责，民政部配合）

（3）加大拐卖人口犯罪“买方市场”整治力度，运用现代科技手段加强对“买方市场”分析研判，在收买人口犯罪活动高发地区开展综合治理和专项行动，依法惩处买方犯罪人，从源头上减少拐卖人口犯罪的发生。（中央政法委、公安部负责，教育部、民政部、司法部、人力资源社会保障部、国家卫生健康委、市场监管总局、全国妇联配合）

——规范婚姻登记管理。婚姻登记工作人员发现疑似拐卖妇女情形的，应当及时报告和制止。加强涉外婚姻登记管理，强化当事人身份情况和出入境信息共享共核机制，提高涉外婚姻登记的准确性，预防和打击拐卖妇女违法行为。加强婚姻家庭辅导、性别平等教育和亲子亲职教育培训。（民政部负责，公安部、全国妇联配合）

——加强出生人口性别比综合治理工作，大力开展出生人口性别比偏高综合治理工作。（国务院反拐部际联席会议各成员单位负责）

——加强医疗卫生机构管理，公安机关与医疗卫生机构的孕产信息联网，进一步做好孕产妇出入院信息登记和身份核实制度，严禁以他人名义入院就医和分娩。严厉打击代孕等违法行为。村（居）委会加强对辖区内孕产妇和新生儿的情况了解，发现疑似拐卖妇女儿童情形的，应当及时向有关部门报告和制止。加强出生医学证明管理，严厉打击伪造、变造、买卖出生医学证明等违法犯罪行为。医护人员发现疑似拐卖妇女儿童情形的，应当及时向医院或有关部门报告

和制止，落实好侵害未成年人案件强制报告制度。（国家卫生健康委、公安部、民政部负责）

——完善儿童收养制度，严厉打击非法收留抚养行为，整治网络非法送养，严禁任何形式非法收留抚养，严厉打击以收养为名买卖儿童的行为。推进部门间信息共享，加强被非法收留抚养未成年人身份信息核实。规范儿童收养程序，强化收养登记审查。将收养领域不诚信行为纳入公民个人社会信用体系，加强相关法律法规宣传，挤压非法收留抚养行为生存空间。（公安部、民政部负责，中央网信办、工业和信息化部、国家卫生健康委、市场监管总局配合）

——完善维护妇女权益、促进性别平等的村民自治章程和村规民约，提高农村社区治理法治化水平，坚持男女平等基本国策，消除男尊女卑、传宗接代等落后观念，提高女孩受教育水平，营造尊重女性、保护女童的社会氛围。确保女性在农村平等享有土地承包经营、集体经济组织成员身份和收益分配、土地征收或者征用补偿费使用以及宅基地使用等权利。（农业农村部、司法部、民政部、全国妇联负责，教育部、国家乡村振兴局配合）

（4）完善跨国跨境拐卖人口犯罪预防工作机制。加强部门协同，推进统一的出入境管理信息平台建设，实现各地区、各部门之间信息互通、数据共享、业务协同。加强口岸边防检查和边境通道管理，严格出入境人员查验制度，加大对非法入境、非法居留、非法就业外国人的清查力度，加强边境地区人力资源市场监管，严格规范对外劳务合作经营活动，清理整顿跨国婚姻介绍市场，依法取缔非法跨国婚姻介绍机构。加强跨国跨境拐卖人口犯罪预防的政府间合作与区域化治理，不断深化与其他国家、地区在预防跨国跨境拐卖人口犯罪方面的多边或者双边磋商合作机制。（公安部、外交部、人力资源社会保障部、商务部负责，民政部配合）

（5）加强拐卖人口犯罪预防工作信息化建设，完善“互联网+反拐”工作模式，推动现代科技手段在拐卖人口犯罪预防工作中的应用。（公安部负责，中央网信办、工业和信息化部配合）

（二）打击犯罪和解救被拐卖受害人。

1. 工作目标。

始终保持打击拐卖人口犯罪高压态势，有力震慑和惩处拐卖人口犯罪。加大拐卖人口犯罪侦查中的新技术应用，推进侦查手段现代化升级。不断提高及时发现和侦破各类拐卖人口犯罪案件的能力和水平，依法严厉打击拐卖人口犯罪，惩治拐卖人口犯罪分子，及时解救被拐卖受害人。

2. 行动措施。

（1）持续组织开展全国打击拐卖人口犯罪专项行动，进一步完善公安机关牵头，有关单位配合、社会协同、公众参与的打拐工作机制，建立健全“线上”和“线下”一体的打拐工作网络。（公安部负责，中央网信办、最高人民法院、最高人民检察院、民政部、人力资源社会保障部、国家卫生健康委、全国妇联配合）

——各级政府相关部门、单位加大打拐工作力度，坚持党委重视、领导主抓、部门负责的工作思路，将打拐工作分解到岗、落实到人，确保事有人干、责有人负，完善拐卖人口犯罪线索发现和移送机制，切实加强打拐工作经费保障。（国务院反拐部际联席会议各成员单位负责）

——各级公安机关完善打拐工作机制，加强上下联动、部门联动、警种联动、地区联动。建立健全“线上”和“线下”打拐工作网络，由刑侦部门牵头，有关部门和警种通力协作，运用现代科技手段，定期分析全国拐卖人口犯罪形势，加强预测预判预警能力，研究完善打、防、控对策。（公安部负责）

——严厉打击利用网络平台实施拐卖人口犯罪。建立健全网络违法犯罪综合治理体系，对社交聊天、信息发布和服务介绍等各类网络平台实施严格管理，监督网络平台切实履行信息生态管理主体责任，切实做好儿童个人信息网络保护，不得违法收集、使用、披露儿童个人信息。完善网上投诉、举报系统，定期开展“净网”行动，清理利用网络平台发布的非法收留抚养、拐卖妇女儿童、性侵害未成年人等相关信息，及时发现相关犯罪线索，严厉打击利用网络实施拐卖人口犯罪。（公安部负责，中央网信办、工业和信息化部、市场监管总局配合）

——严格落实侦办拐卖儿童案件责任制。对拐卖儿童案件实行“一长三包责任制”，由县级以上公安机关负责人担任专案组组长，全面负责侦查破案、解救被拐卖儿童、安抚受害人亲属等工作。案件不破，专案组不得撤销。（公安部负责）

——严格执行儿童失踪快速查找机制。接到儿童失踪报警后，由公安机关指挥中心迅速调集相关警

力开展堵截、查找工作，及时抓获犯罪嫌疑人，解救受害人。（公安部负责）

——完善儿童失踪信息发布制度，做好公安部儿童失踪信息紧急发布平台“团圆”系统建设，拓宽群众举报相关线索的渠道。（公安部负责）

——认真开展来历不明儿童摸排工作。各地公安机关负责采集失踪儿童父母血样，检验录入全国打拐DNA（脱氧核糖核酸）信息库，并加强与有关部门沟通，及时发现来历不明、疑似被拐卖的儿童，采血检验入库。对来历不明儿童落户的，要采血检验入库比对，严把儿童落户关。严厉打击司法鉴定机构以及其他组织或者个人违法开展的虚假亲子鉴定行为。禁止除公安机关以外的任何组织或者个人收集被拐卖儿童、父母和疑似被拐卖人员的DNA数据信息。（公安部负责，教育部、民政部、司法部、国家卫生健康委、市场监管总局、广电总局、全国妇联配合）

——完善符合拐卖人口犯罪特点和与被拐卖受害人心理、生理相适应的案件调查程序。落实好“一站式”询问救助工作机制，提高取证质量和效果，避免被拐卖受害人受到二次伤害。（公安部负责，最高人民检察院配合）

（2）依法严惩拐卖人口犯罪。

——明确办理拐卖人口犯罪案件的法律适用标准，对以非法获利为目的偷盗婴幼儿、强抢儿童或者出卖亲生子女、借收养名义拐卖儿童、出卖捡拾儿童等行为，坚决依法惩处。建立统一的办理拐卖人口犯罪案件证据审查认定规则和量刑标准。（最高人民法院、最高人民检察院、公安部负责）

——对拐卖人口犯罪集团首要分子和多次参与、拐卖多人，同时实施其他违法犯罪或者具有累犯等从严、从重处罚情节的，坚决依法惩处。（最高人民法院、最高人民检察院、公安部负责）

——对收买被拐卖受害人以及以暴力、威胁方法阻碍、聚众阻碍国家机关工作人员解救受害人，依法应当追究刑事责任的，坚决依法惩处。（最高人民法院、最高人民检察院、公安部负责）

——对组织卖淫、强迫卖淫、引诱卖淫以及制作、贩卖、传播淫秽物品等犯罪，坚决依法惩处。依法严惩性侵害未成年人犯罪。加大对网络拐卖人口犯罪的打击力度。对利用网络对儿童实施“隔空猥亵”或者制作、贩卖、传播儿童淫秽物品等犯罪，坚决依法惩处。（最高人民法院、最高人民检察院、公安部负责，中央网信办、工业和信息化部、民政部配合）

——对收买、介绍、强迫被拐卖受害人从事色情服务、淫秽表演及强迫劳动的单位和个人，严格依法追究其行政、民事、刑事责任。坚决取缔非法职业中介、婚姻中介机构。对组织强迫儿童、残疾人乞讨，强迫未成年人、残疾人从事违法犯罪活动的依法予以惩处，及时查找受害人亲属并护送受害人前往救助管理机构、未成年人救助保护机构、儿童福利机构等救助保护机构。完善人体器官捐献和移植制度，依法惩治盗窃人体器官、欺骗或强迫他人捐献器官、组织贩卖人体器官等犯罪行为。（公安部、人力资源社会保障部、国家卫生健康委、最高人民法院、最高人民检察院负责，中央政法委、民政部、市场监管总局、全国总工会、共青团中央、全国妇联、中国残联配合）

——对受教唆、欺骗或被胁迫从事违法犯罪行为的被拐卖受害人，依法从宽处理。（最高人民法院、最高人民检察院、公安部负责）

（3）进一步加强信息网络建设，完善全国打拐DNA信息库，健全信息收集和交流机制，推进信息共享，提高反拐工作信息化水平。（公安部负责，中央网信办、教育部、工业和信息化部、民政部、财政部、国家卫生健康委、全国妇联配合）

（4）依法解救被拐卖儿童，并送还其亲生父母。对无法查明父母或者其他监护人的打拐解救儿童，由公安机关提供相关材料，交由民政部门予以妥善安置，不得由收买家庭继续抚养。（公安部、民政部负责）

（三）加强被拐卖受害人的救助、安置、康复和回归社会工作。

1. 工作目标。

加强被拐卖受害人的救助、安置、康复、家庭与社区融入等工作，帮助其适应新环境新生活、顺利回归社会。保障被拐卖受害人合法权益，保护被拐卖受害人隐私，使其免受二次伤害。

2. 行动措施。

（1）进一步加强地区、部门和机构间救助被拐卖受害人的协作配合。（民政部负责，中央政法委、公安部配合）

（2）规范被拐卖受害人救助、安置、康复和回归社会工作程序，完善无法查明父母或者其他监护人的打拐解救儿童的安置政策和办法，推动其回归家庭，促进其健康成长。（公安部、民政部负责，教育部、国家卫生健康委、全国妇联配合）

（3）完善政府多部门合作、社会广泛参与的被拐卖受害人救助、安置和康复工作机制，提升救助管理机构、未成年人救助保护机构、儿童福利机构等机构服务水平。（民政部负责，国家卫生健康委、公安部、全国妇联配合）

——充分利用现有社会福利等设施提供救助和中转康复服务，使被拐卖受害人得到符合其身心、年龄和性别特点的救助安置。（民政部负责，国家发展改革委、公安部、教育部、国家卫生健康委、中国残联配合）

——在被拐卖受害人救助和康复工作中引入专业社会工作服务，鼓励有关社会组织、企事业单位和个人为救助被拐卖受害人提供资金、技术支持和专业服务。（民政部负责，全国总工会、共青团中央、全国妇联、中国残联配合）

——帮助身份信息不明确的被拐卖受害人查找亲属，教育、督促其近亲属或其他监护人履行抚养（赡养）义务。（公安部、民政部负责）

——对滞留在救助管理机构一定期限以上仍未查明身份信息的被拐卖受害人，依法办理户籍，并落实相关社会保障政策。（公安部、民政部负责）

——指定定点医疗机构为被拐卖受害人提供基本医疗服务、心理疏导和治疗服务。相关机构为被拐卖受害人提供残疾等级评定。（国家卫生健康委、中国残联负责，民政部配合）

——通过“线下”、“线上”培训教育等活动，增强被拐卖受害人的法律意识、维权意识。法律援助机构依法为符合条件的被拐卖受害人提供法律援助。（司法部负责，公安部、民政部、全国总工会、共青团中央、全国妇联配合）

（4）落实部门责任，发挥社区功能，加强社会关怀，帮助被拐卖受害人顺利回归社会。

——确保被解救的适龄儿童入学、回归学校和适应新的生活，被救助儿童需要异地就学的，帮助其联系学校，引入专业社会工作服务，做好心理疏导和跟踪回访。（教育部负责，民政部配合）

——为有培训意愿的16岁以上被拐卖受害人提供适宜的职业技能培训、职业指导和职业介绍等就业服务，并帮助其在异地就业。（人力资源社会保障部负责，民政部、全国总工会、全国妇联配合）

——在保护个人隐私前提下，进一步做好被拐卖受害人及其家庭和所在社区工作，保障愿意返回原住地的被拐卖受害人顺利回归家庭和社区。（民政部负责，共青团中央、全国妇联配合）

（5）为回归社会的被拐卖受害人提供必要服务，切实帮助解决就业、生活和维权等问题。（民政部、司法部、人力资源社会保障部负责，共青团中央、全国妇联配合）

（6）进一步加强被解救受害人的登记、管理和保护工作，建立并完善专门档案，跟踪了解其生活状况，积极协调有关部门和组织帮助解决实际困难。（公安部、民政部负责，全国妇联配合）

（7）进一步加强被拐卖受害人身心健康领域的研究，寻求更为有效的心理治疗方法。（国家卫生健康委负责，教育部、共青团中央、全国妇联配合）

（四）完善法律法规和政策体系。

1. 工作目标。

结合当前拐卖人口犯罪形势和实际工作需要，坚持法治反拐基本原则，研究制定和修订有关法律法规和政策，为深化反拐工作提供法律法规和政策支持。

2. 行动措施。

（1）修订有关法律法规，进一步健全反拐法律体系。（全国人大常委会法工委、司法部负责，最高人民法院、最高人民检察院、公安部、民政部、人力资源社会保障部、共青团中央、全国妇联配合）

——完善法律适用制度，加大对收买被拐卖受害人行为、网络拐卖人口犯罪的打击力度。（最高人民法院、最高人民检察院、公安部、司法部负责，中央网信办配合）

——制定家庭教育法，明确未成年人父母的监护责任，提高未成年子女防拐、防性侵、防溺水等安全意识，发挥家庭教育在儿童安全成长中的积极作用。（全国人大常委会法工委负责，教育部、司法部、全国妇联、中国关工委配合）

——完善被拐卖受害人救助有关法律法规，切实保障其合法权益。（民政部、司法部负责，全国人大常委会法工委、共青团中央、全国妇联配合）

——完善收养有关法规，规范收养程序，严格审查标准，强化收养登记审查与监督，防止被拐（买）卖儿童通过收养渠道“合法化”。（民政部负责，最高人

民法院、最高人民检察院、公安部、司法部配合）

——研究论证对反对拐卖人口专门立法的必要性、可行性，推动将反对拐卖人口法纳入全国人大常委会立法规划。（全国人大常委会法工委负责，最高人民法院、最高人民检察院、公安部、司法部配合）

——落实儿童监护制度。落实家庭监护主体责任，加强对未成年人的父母或其他监护人的法治宣传、监护监督和指导，督促其履行监护责任，提高监护能力，为未成年人健康成长提供良好家庭环境和家庭教育。落实国家监护责任，完善撤销监护人资格诉讼程序，避免因监护人怠于履行监护职责、丧失监护能力或监护人侵权对未成年人造成伤害。（民政部、司法部负责，教育部、公安部、最高人民法院、最高人民检察院、共青团中央、全国妇联配合）

——完善办理拐卖人口犯罪案件司法解释，统一法律适用标准和证据审查认定规则。（最高人民法院、最高人民检察院、公安部、司法部负责）

（2）制定并完善有关政策，加强政策衔接，扩大政策宣传，监督政策落实，推动反拐预防、打击、救助、安置、康复工作科学化、规范化、制度化、法治化，坚持和完善反拐工作制度机制。（国务院反拐部际联席会议各成员单位负责）

（五）加强宣传、教育和培训。

1. 工作目标。

创新宣传教育方法，大力开展反拐安全教育和法治宣传，切实增强人民群众的反拐安全意识和法治观念，提高自我保护能力，警示不法分子，营造“不能拐”、“不敢拐”的全民反拐社会氛围。加强反拐安全教育培训和理论研究，提高反拐工作能力和水平。

2. 行动措施。

（1）创新宣传形式，加强舆论引导，积极回应社会关切，充分运用互联网和新媒体宣传手段，开展多渠道、多形式、全覆盖的反拐和防性侵宣传教育。着重在拐卖人口犯罪活动重点地区、重点场所和易被拐卖人群中开展反拐安全教育和法治宣传，增强群众反拐安全意识和自我保护能力，曝光打拐典型案例，以案说法、以案普法，警示和震慑社会上的不法分子。（中央宣传部、中央网信办、广电总局、公安部负责，教育部、司法部、交通运输部、文化和旅游部、国家卫生健康委、国务院妇儿工委办公室、全国总工会、共青团中央、全国妇联配合）

——发挥新闻媒体宣传教育作用，制作反拐和预防性侵害未成年人的广播电视节目和公益广告宣传片，加大反拐节目的播出频次并优先安排在黄金时段播放，不断提高反拐和预防性侵害未成年人宣传教育的传播力、影响力。（中央宣传部、中央网信办、广电总局负责，公安部、共青团中央、全国妇联配合）

——加强反拐和预防性侵害未成年人法治宣传教育，将反拐法治宣传教育纳入年度普法工作重点。（司法部负责，公安部配合）

——将反拐和防性侵教育纳入中小学和中职学校教育教学活动中，提高学生自我保护意识。教师发现疑似拐卖或者性侵未成年人情形的，应当根据侵害未成年人案件强制报告制度及时向学校或有关部门进行报告。（教育部、司法部负责，公安部配合）

——加强对流动儿童、留守儿童等特殊儿童群体及其父母或其他监护人的反拐和防性侵教育培训，严格落实父母或其他监护人对未成年子女的监护职责。（教育部、民政部负责，公安部、全国妇联、共青团中央、中国关工委配合）

——将反拐宣传教育纳入城乡社区治理工作中，增强社区成员尤其是妇女、儿童的父母或者其他监护人、残疾人及其监护人的反拐、防性侵意识和自我保护能力。（民政部、公安部、全国妇联负责，教育部、国家民委、司法部、最高人民检察院配合）

——定期在火车站、汽车站、航空港、码头、娱乐场所、宾馆饭店等开展反拐专题宣传活动，并在日常安全宣传中纳入反拐相关内容，交通运输行业、娱乐场所、宾馆饭店等单位工作人员发现疑似拐卖或者性侵害未成年人情况应当及时报告和制止，鼓励社会公众发现疑似拐卖或者性侵害未成年人情况进行及时报告和制止。（交通运输部、文化和旅游部、中国民航局、中国国家铁路集团有限公司、公安部负责，司法部、财政部、商务部、共青团中央、全国妇联配合）

——加大对我公民涉外婚姻法律和反诈骗、反拐卖宣传力度，提升其守法和防范风险意识。（民政部、中央宣传部、中央网信办、公安部、司法部负责）

——加强边境地区和偏远地区群众反拐安全教育和法治宣传，提高群众反拐安全意识、识别犯罪和自我保护能力。（司法部负责，国家民委、公安部、民政部、人力资源社会保障部、全国妇联配合）

——在少数民族聚居地区、社区开展反拐和预防

性侵害未成年人宣传教育。（国家民委、司法部负责，文化和旅游部、广电总局、全国妇联配合）

——开发符合残疾人特点的宣传教育品，提高残疾人的反拐和预防性侵害安全意识、法治观念和自我保护能力。（中国残联负责，文化和旅游部、广电总局、全国妇联配合）

（2）动员社会力量支持和参与反拐工作。完善公民举报奖励制度，支持、引导民间组织和社会爱心人士参与反拐和寻亲工作。规范反拐志愿者队伍的管理评估制度。运用现代科技手段，不断拓展线索来源渠道。（公安部负责，国务院反拐部际联席会议各成员单位配合）

（3）加强各级反拐工作人员教育培训和反拐工作队伍专业化建设，提高《行动计划》实施能力和反拐工作水平。（国务院反拐部际联席会议各成员单位负责）

——将妇女儿童权益保护和反拐法律法规、政策等纳入教育培训内容，不断提高有关部门开展反拐工作、保障被拐卖受害人合法权益的意识和能力，不断提高侦查、起诉、审判和执行等机关办理拐卖人口犯罪案件的能力和水平。（最高人民法院、最高人民检察院、公安部、司法部负责）

——加强边境口岸地区反拐工作人员教育培训，做好边境口岸地区人口管理和社会治安管理工作，完善边境口岸地区反拐防控体系，提高预防预测预警能力，提高打击跨国跨境拐卖人口犯罪的能力和水平。（最高人民法院、最高人民检察院、公安部、司法部负责）

——加强被拐卖受害人救助工作人员教育培训，提高救助能力和水平。（民政部、国家卫生健康委负责，全国总工会、共青团中央、全国妇联配合）

（4）进一步扩大社会参与，加强打拐法律政策普及，拓宽社会参与和群众举报拐卖人口犯罪线索的渠道。（公安部负责，中央宣传部、中央网信办、最高人民检察院、民政部、广电总局、共青团中央、全国妇联配合）

（六）加强国际合作。

1. 工作目标。

有效预防和严厉打击跨国跨境拐卖人口犯罪，加强对被跨国跨境拐卖受害人的救助。加强与其他国家和地区开展打击拐卖人口犯罪国际合作，积极参与国际社会有关打击贩运人口议题的讨论和磋商。

2. 行动措施。

（1）加强反拐工作国际交流与合作，深化区域间政府反拐合作，开创联合国框架下国际反拐合作新局面。（外交部、公安部负责，商务部配合）

（2）充分利用有关国际组织的资源和技术，加强国际反拐合作项目建设和引进工作。（公安部负责，外交部、商务部配合）

——积极参与湄公河次区域合作反拐进程等各项国际反拐合作机制，推动建立“一带一路”框架下国际反拐合作机制。（公安部负责，全国人大常委会法工委、最高人民法院、最高人民检察院、外交部、民政部、人力资源社会保障部、商务部、国务院妇儿工委办公室、全国妇联配合）

——加强与国际移民组织、联合国儿童基金会、联合国妇女署、联合国毒品和犯罪问题办公室、澜沧江湄公河综合执法安全合作中心等国际组织和相关国家、地区的交流合作，联合开展反拐教育培训、宣传，掌握国际拐卖人口犯罪发展趋势及应对措施，展示我国反拐工作成效。（外交部、公安部、商务部负责，最高人民法院、最高人民检察院、全国妇联配合）

（3）加强对跨国劳务人员的出国出境前安全培训，严格审查和密切监控输出对象大部分为年轻女性的跨国劳务合作项目，提高防范跨国拐卖妇女犯罪的意识。（公安部负责，商务部、外交部配合）

（4）加强国际警务合作，充分利用双边、多边合作机制和国际刑警组织等渠道，开展打击跨国跨境拐卖人口犯罪联合执法行动，强化跨国拐卖人口犯罪案件侦办合作和情报信息及时互通交流，充分发挥边境反拐警务联络机制作用，共同打击跨国跨境拐卖人口犯罪。（公安部负责，外交部、司法部配合）

（5）加强与相关拐入国政府和国际组织合作，及时解救和接收被拐卖出国的中国籍受害人，并为其提供必要的服务。（外交部、公安部负责，民政部配合）

（6）加强与相关拐出国政府和国际组织合作，及时发现和解救被拐卖入中国的外籍受害人，完善对被跨国跨境拐卖受害人的救助工作机制，做好中转康复工作，并安全送返。（外交部、公安部、民政部负责）

（7）认真履行和充分利用《联合国打击跨国有组织犯罪公约》及其关于预防、禁止和惩治贩运人口特别是妇女和儿童行为的补充议定书，按照《中华人民共和国引渡法》、《中华人民共和国国际刑事司法协助法》开展刑事司法领域的国际合作，稳步推进与其他国家缔结刑事司法协助条约和引渡条约工作，不断扩大打击拐卖人口犯罪国际司法合作网络。（外交部、公安部负责，最高人民法院、最高人民检察院、司法部配合）

三、保障措施

（一）加强组织协调。国务院反拐部际联席会议加强组织领导和统筹协调，制定并完善政策措施，及时研究解决突出问题和困难。联席会议办公室负责协调组织对《行动计划》实施情况进行督导检查，开展阶段性评估和终期评估，对拐卖人口犯罪重点案件和重点地区建立挂牌督办和警示制度。县级以上地方人民政府要逐级建立协调机制，组织协调和督导检查反拐工作，并制定本地区《行动计划》实施细则和年度实施方案。各级反拐工作协调机制成员单位要密切配合，根据任务分工制定本部门、本单位实施方案，并开展自我检查和评估。

（二）完善经费保障。各级政府统筹安排《行动计划》实施经费，支持本地区反拐工作。拓宽反拐资金筹措渠道，鼓励社会组织、慈善机构、企事业单位和个人捐助，争取国际援助，支持开展反拐公益项目。

（三）严格考核监督。将反拐工作纳入平安建设考核范畴以及相关部门、机构的目标管理和考核体系，考核结果送干部主管部门，作为对相关领导班子和领导干部综合考核评价的重要依据。对反拐措施得力、工作创新、成效显著的部门和地区，以及反拐工作先进团体和个人，按照国家有关规定给予表彰和奖励，并在有关推优评选中重点考虑。对拐卖人口犯罪严重、防控打击不力的地区和未切实履行相关职责的部门，进行通报批评，依法依纪追究有关人员的责任，并实行社会治安综合治理一票否决制。

中共中央、国务院关于加强新时代老龄工作的意见

2021年11月18日发布

有效应对我国人口老龄化，事关国家发展全局，事关亿万百姓福祉，事关社会和谐稳定，对于全面建设社会主义现代化国家具有重要意义。为实施积极应对人口老龄化国家战略，加强新时代老龄工作，提升广大老年人的获得感、幸福感、安全感，现提出如下意见。

一、总体要求

（一）指导思想。以习近平新时代中国特色社会主义思想为指导，深入贯彻党的十九大和十九届二中、三中、四中、五中、六中全会精神，加强党对老龄工作的全面领导，坚持以人民为中心，将老龄事业发展纳入统筹推进“五位一体”总体布局和协调推进“四个全面”战略布局，实施积极应对人口老龄化国家战略，把积极老龄观、健康老龄化理念融入经济社会发展全过程，加快建立健全相关政策体系和制度框架，大力弘扬中华民族孝亲敬老传统美德，促进老年人养老服务、健康服务、社会保障、社会参与、权益保障等统筹发展，推动老龄事业高质量发展，走出一条中国特色积极应对人口老龄化道路。

（二）工作原则

——坚持党委领导、各方参与。在党委领导下，充分发挥政府在推进老龄事业发展中的主导作用，社会参与，全民行动，提供基本公益性产品和服务。充分发挥市场机制作用，提供多元化产品和服务。注重发挥家庭养老、个人自我养老的作用，形成多元主体责任共担、老龄化风险梯次应对、老龄事业人人参与的新局面。

——坚持系统谋划、综合施策。坚持应对人口老龄化和促进经济社会发展相结合，坚持满足老年人需求和解决人口老龄化问题相结合，确保各项政策制度目标一致、功能协调、衔接配套，努力实现老有所养、老有所医、老有所为、老有所学、老有所乐，让老年人共享改革发展成果、安享幸福晚年。

——坚持整合资源、协调发展。构建居家社区机构相协调、医养康养相结合的养老服务体系和健康支撑体系，大力发展普惠型养老服务，促进资源均衡配置。推动老龄事业与产业、基本公共服务与多样化服务协调发展，统筹好老年人经济保障、服务保障、精神关爱、作用发挥等制度安排。

——坚持突出重点、夯实基层。聚焦解决老年人健康养老最紧迫的问题，坚持保基本、促公平、提质量，尽力而为、量力而行，确保人人享有基本养老服务和公共卫生服务。推动老龄工作重心下移、资源下沉，推进各项优质服务资源向老年人的身边、家边和

周边聚集，确保老龄工作有人抓、老年人事情有人管、老年人困难有人帮。

二、健全养老服务体系

（三）创新居家社区养老服务模式。以居家养老为基础，通过新建、改造、租赁等方式，提升社区养老服务能力，着力发展街道（乡镇）、城乡社区两级养老服务网络，依托社区发展以居家为基础的多样化养老服务。地方政府负责探索并推动建立专业机构服务向社区、家庭延伸的模式。街道社区负责引进助餐、助洁等方面为老服务的专业机构，社区组织引进相关护理专业机构开展居家老年人照护工作；政府加强组织和监督工作。政府要培育为老服务的专业机构并指导其规范发展，引导其按照保本微利原则提供持续稳定的服务。充分发挥社区党组织作用，探索“社区＋物业＋养老服务”模式，增加居家社区养老服务有效供给。结合实施乡村振兴战略，加强农村养老服务机构和设施建设，鼓励以村级邻里互助点、农村幸福院为依托发展互助式养老服务。

（四）进一步规范发展机构养老。各地要通过直接建设、委托运营、购买服务、鼓励社会投资等多种方式发展机构养老。加强光荣院建设。公办养老机构优先接收经济困难的失能（含失智，下同）、孤寡、残疾、高龄老年人以及计划生育特殊家庭老年人、为社会作出重要贡献的老年人，并提供符合质量和安全标准的养老服务。建立健全养老服务标准和评价体系，加强对养老机构建设和运营的监管。研究制定养老机构预收服务费用管理政策，严防借养老机构之名圈钱、欺诈等行为。

（五）建立基本养老服务清单制度。各地要根据财政承受能力，制定基本养老服务清单，对健康、失能、经济困难等不同老年人群体，分类提供养老保障、生活照料、康复照护、社会救助等适宜服务。清单要明确服务对象、服务内容、服务标准和支出责任，并根据经济社会发展和科技进步进行动态调整。2022年年底前，建立老年人能力综合评估制度，评估结果在全国范围内实现跨部门互认。

（六）完善多层次养老保障体系。扩大养老保险覆盖面，逐步实现基本养老保险法定人员全覆盖。尽快实现企业职工基本养老保险全国统筹。健全基本养老保险待遇调整机制，保障领取待遇人员基本生活。大力发展企业（职业）年金，促进和规范发展第三支柱养老保险。探索通过资产收益扶持制度等增加农村老年人收入。

三、完善老年人健康支撑体系

（七）提高老年人健康服务和管理水平。在城乡社区加强老年健康知识宣传和教育，提升老年人健康素养。做好国家基本公共卫生服务项目中的老年人健康管理和中医药健康管理服务。加强老年人群重点慢性病的早期筛查、干预及分类指导，开展老年口腔健康、老年营养改善、老年痴呆防治和心理关爱行动。提高失能、重病、高龄、低收入等老年人家庭医生签约服务覆盖率，提高服务质量。扩大医联体提供家庭病床、上门巡诊等居家医疗服务的范围，可按规定报销相关医疗费用，并按成本收取上门服务费。积极发挥基层医疗卫生机构为老年人提供优质中医药服务的作用。加强国家老年医学中心建设，布局若干区域老年医疗中心。加强综合性医院老年医学科建设，2025年二级及以上综合性医院设立老年医学科的比例达到60%以上。通过新建改扩建、转型发展，加强老年医院、康复医院、护理院（中心、站）以及优抚医院建设，建立医疗、康复、护理双向转诊机制。加快建设老年友善医疗机构，方便老年人看病就医。

（八）加强失能老年人长期照护服务和保障。完善从专业机构到社区、家庭的长期照护服务模式。按照实施国家基本公共卫生服务项目的有关要求，开展失能老年人健康评估与健康服务。依托护理院（中心、站）、社区卫生服务中心、乡镇卫生院等医疗卫生机构以及具备服务能力的养老服务机构，为失能老年人提供长期照护服务。发展“互联网＋照护服务”，积极发展家庭养老床位和护理型养老床位，方便失能老年人照护。稳步扩大安宁疗护试点。稳妥推进长期护理保险制度试点，指导地方重点围绕进一步明确参保和保障范围、持续健全多元筹资机制、完善科学合理的待遇政策、健全待遇支付等相关标准及管理办法、创新管理和服务机制等方面，加大探索力度，完善现有试点，积极探索建立适合我国国情的长期护理保险制度。

（九）深入推进医养结合。卫生健康部门与民政部门要建立医养结合工作沟通协调机制。鼓励医疗卫生机构与养老机构开展协议合作，进一步整合优化基层医疗卫生和养老资源，提供医疗救治、康复护理、生活照料等服务。支持医疗资源丰富地区的二级及以下医疗机构转型，开展康复、护理以及医养结合服务。鼓励基层积极探索相关机构养老床位和医疗床位按需规范转换机制。根据服务老年人的特点，合理核定养老机构举办的医疗机构医保限额。2025 年年底前，每个县（市、区、旗）有 1 所以上具有医养结合功能的县级特困人员供养服务机构。符合条件的失能老年人家庭成员参加照护知识等相关职业技能培训的，按规定给予职业培训补贴。创建一批医养结合示范项目。

四、促进老年人社会参与

（十）扩大老年教育资源供给。将老年教育纳入终身教育体系，教育部门牵头研究制定老年教育发展政策举措，采取促进有条件的学校开展老年教育、支持社会力量举办老年大学（学校）等办法，推动扩大老年教育资源供给。鼓励有条件的高校、职业院校开设老年教育相关专业和课程，加强学科专业建设与人才培养。编写老年教育相关教材。依托国家开放大学筹建国家老年大学，搭建全国老年教育资源共享和公共服务平台。创新机制，推动部门、行业企业、高校举办的老年大学面向社会开放办学。发挥社区党组织作用，引导老年人践行积极老龄观。

（十一）提升老年文化体育服务质量。各地要通过盘活空置房、公园、商场等资源，支持街道社区积极为老年人提供文化体育活动场所，组织开展文化体育活动，实现老年人娱乐、健身、文化、学习、消费、交流等方面的结合。培养服务老年人的基层文体骨干，提高老年人文体活动参与率和质量，文化和旅游、体育等部门要做好规范和管理工作。开发老年旅游产品和线路，提升老年旅游服务质量和水平。县（市、区、旗）应整合现有资源，设置适宜老年人的教育、文化、健身、交流场所。

（十二）鼓励老年人继续发挥作用。把老有所为同老有所养结合起来，完善就业、志愿服务、社区治理等政策措施，充分发挥低龄老年人作用。在学校、医院等单位和社区家政服务、公共场所服务管理等行业，探索适合老年人灵活就业的模式。鼓励各地建立老年人才信息库，为有劳动意愿的老年人提供职业介绍、职业技能培训和创新创业指导服务。深入开展“银龄行动”，引导老年人以志愿服务形式积极参与基层民主监督、移风易俗、民事调解、文教卫生等活动。发挥老年人在家庭教育、家风传承等方面的积极作用。加强离退休干部职工基层党组织建设，鼓励老党员将组织关系及时转入经常居住地，引导老党员结合自身实际发挥作用，做好老年人精神关爱和思想引导工作。全面清理阻碍老年人继续发挥作用的不合理规定。

五、着力构建老年友好型社会

（十三）加强老年人权益保障。各地在制定涉及老年人利益的具体措施时，应当征求老年人的意见。建立完善涉老婚姻家庭、侵权等矛盾纠纷的预警、排查、调解机制。加强老年人权益保障普法宣传，提高老年人运用法律手段保护权益意识，提升老年人识骗防骗能力，依法严厉打击电信网络诈骗等违法犯罪行为。完善老年人监护制度。倡导律师事务所、公证机构、基层法律服务机构为老年人减免法律服务费用，为行动不便的老年人提供上门服务。建立适老型诉讼服务机制，为老年人便利参与诉讼活动提供保障。

（十四）打造老年宜居环境。各地要落实无障碍环境建设法规、标准和规范，将无障碍环境建设和适老化改造纳入城市更新、城镇老旧小区改造、农村危房改造、农村人居环境整治提升统筹推进，让老年人参与社会活动更加安全方便。鼓励有条件的地方对经济困难的失能、残疾、高龄等老年人家庭，实施无障碍和适老化改造、配备生活辅助器具、安装紧急救援设施、开展定期探访。指导各地结合实际出台家庭适老化改造标准，鼓励更多家庭开展适老化改造。在鼓励推广新技术、新方式的同时，保留老年人熟悉的传统服务方式，加快推进老年人常用的互联网应用和移动终端、APP 应用适老化改造。实施“智慧助老”行动，加强数字技能教育和培训，提升老年人数字素养。

（十五）强化社会敬老。深入开展人口老龄化国情教育。实施中华孝亲敬老文化传承和创新工程。持续推进“敬老月”系列活动和“敬老文明号”创建活动，结合时代楷模、道德模范等评选，选树表彰孝亲敬老先进典型。将为老志愿服务纳入中小学综合实践活动和高校学生实践内容。加强老年优待工作，在出行便利、公交乘车优惠、门票减免等基础上，鼓励有条件的地方进一步拓展优待项目、创新优待方式，在醒目位置设置老年人优待标识，推广老年人凭身份证等有效证件享受各项优待政策。有条件的地方要积极落实外埠老年人同等享受本地优待项目。发挥广播电视和网络视听媒体作用，加强宣传引导，营造良好敬老社会氛围。

六、积极培育银发经济

（十六）加强规划引导。编制相关专项规划，完善支持政策体系，统筹推进老龄产业发展。鼓励各地利用资源禀赋优势，发展具有比较优势的特色老龄产业。统筹利用现有资金渠道支持老龄产业发展。

（十七）发展适老产业。相关部门要制定老年用品和服务目录、质量标准，推进养老服务认证工作。各地要推动与老年人生活密切相关的食品、药品以及老年用品行业规范发展，提升传统养老产品的功能和质量，满足老年人特殊需要。企业和科研机构要加大老年产品的研发制造力度，支持老年产品关键技术成果转化、服务创新，积极开发适合老年人使用的智能化、辅助性以及康复治疗等方面的产品，满足老年人提高生活品质的需求。鼓励企业设立线上线下融合、为老年人服务的专柜和体验店，大力发展养老相关产业融合的新模式新业态。鼓励商业保险机构在风险可控和商业可持续的前提下，开发老年人健康保险产品。市场监管等部门要加强监管，严厉打击侵犯知识产权和制售假冒伪劣商品等违法行为，维护老年人消费权益，营造安全、便利、诚信的消费环境。

七、强化老龄工作保障

（十八）加强人才队伍建设。加快建设适应新时代老龄工作需要的专业技术、社会服务、经营管理、科学研究人才和志愿者队伍。用人单位要切实保障养老服务人员工资待遇，建立基于岗位价值、能力素质、业绩贡献的工资分配机制，提升养老服务岗位吸引力。大力发展相关职业教育，开展养老服务、护理人员培养培训行动。对在养老机构举办的医疗机构中工作的医务人员，可参照执行基层医务人员相关激励政策。

（十九）加强老年设施供给。各地区各有关部门要按照《国家积极应对人口老龄化中长期规划》的要求，加强老年设施建设，加快实现养老机构护理型床位、老年大学（学校）等方面目标。各地要制定出台新建城区、新建居住区、老城区和已建成居住区配套养老服务设施设置标准和实施细则，落实养老服务设施设置要求。新建城区、新建居住区按标准要求配套建设养老服务设施实现全覆盖。到2025年，老城区和已建成居住区结合城镇老旧小区改造、居住区建设补短板行动等补建一批养老服务设施，“一刻钟”居家养老服务圈逐步完善。依托和整合现有资源，发展街道（乡镇）区域养老服务中心或为老服务综合体，按规定统筹相关政策和资金，为老年人提供综合服务。探索老年人服务设施与儿童服务设施集中布局、共建共享。

（二十）完善相关支持政策。适应今后一段时期老龄事业发展的资金需求，完善老龄事业发展财政投入政策和多渠道筹资机制，继续加大中央预算内投资支持力度，进一步提高民政部本级和地方各级政府用于社会福利事业的彩票公益金用于养老服务的比例。各地要统筹老龄事业发展，加大财政投入力度，各相关部门要用好有关资金和资源，积极支持老龄工作。研究制定住房等支持政策，完善阶梯电价、水价、气价政策，鼓励成年子女与老年父母就近居住或共同生活，履行赡养义务、承担照料责任。对赡养负担重的零就业家庭成员，按规定优先安排公益性岗位。落实相关财税支持政策，鼓励各类公益性社会组织或慈善组织加大对老龄事业投入。开展全国示范性老年友好型社区创建活动，将老年友好型社会建设情况纳入文明城市评选的重要内容。

（二十一）强化科学研究和国际合作。加大国家科技计划（专项、基金等）、社会科学基金等对老龄领域科技创新、基础理论和政策研究的支持力度。支持研究机构和高校设立老龄问题研究智库。推进跨领域、跨部门、跨层级的涉老数据共享，健全老年人生活状况统计调查和发布制度。积极参与全球及地区老龄问题治理，推动实施积极应对人口老龄化国家战略与落实2030年可持续发展议程相关目标有效对接。

八、加强组织实施

（二十二）加强党对老龄工作的领导。各级党委和政府要高度重视并切实做好老龄工作，坚持党政主要负责人亲自抓、负总责，将老龄工作重点任务纳入重要议事日程，纳入经济社会发展规划，纳入民生实事项目，纳入工作督查和绩效考核范围。加大制度创新、政策供给、财政投入力度，健全老龄工作体系，强化基层力量配备。发挥城乡基层党组织和基层自治组织作用，把老龄工作组织好、落实好，做到层层有责任、事事有人抓。建设党性坚强、作风优良、能力过硬的老龄工作干部队伍。综合运用应对人口老龄化能力评价结果，做好老龄工作综合评估。

（二十三）落实工作责任。全国老龄工作委员会要强化老龄工作统筹协调职能，加强办事机构能力建设。卫生健康部门要建立完善老年健康支撑体系，组织推进医养结合，组织开展疾病防治、医疗照护、心理健康与关怀服务等老年健康工作。发展改革部门要拟订并组织实施养老服务体系规划，推进老龄事业和产业发展与国家发展规划、年度计划相衔接，推动养老服务业发展。民政部门要统筹推进、督促指导、监督管理养老服务工作，拟订养老服务体系政策、标准并组织实施，承担老年人福利和特殊困难老年人救助工作。教育、科技、工业和信息化、公安、财政、人力资源社会保障、自然资源、住房城乡建设、商务、文化和旅游、金融、税务、市场监管、体育、医疗保障等部门要根据职责分工，认真履职，主动作为，及时解决工作中遇到的问题，形成齐抓共管、整体推进的工作机制。

（二十四）广泛动员社会参与。注重发挥工会、共青团、妇联、残联等群团组织和老年人相关社会组织、机关企事业单位的作用，结合各自职能开展老龄工作，形成全社会共同参与的工作格局。发挥中国老龄协会推动老龄事业发展的作用，提升基层老年协会能力。及时总结推广老龄工作先进典型经验。

最高人民法院、最高人民检察院、公安部、司法部关于办理性侵害未成年人刑事案件的意见

1. 2023年5月24日公布
2. 自2023年6月1日施行

为深入贯彻习近平法治思想，依法惩治性侵害未成年人犯罪，规范办理性侵害未成年人刑事案件，加强未成年人司法保护，根据《中华人民共和国刑法》《中华人民共和国刑事诉讼法》《中华人民共和国未成年人保护法》等相关法律规定，结合司法实际，制定本意见。

一、总　　则

第一条　本意见所称性侵害未成年人犯罪，包括《中华人民共和国刑法》第二百三十六条、第二百三十六条之一、第二百三十七条、第三百五十八条、第三百五十九条规定的针对未成年人实施的强奸罪，负有照护职责人员性侵罪，强制猥亵、侮辱罪，猥亵儿童罪，组织卖淫罪，强迫卖淫罪，协助组织卖淫罪，引诱、容留、介绍卖淫罪，引诱幼女卖淫罪等。

第二条　办理性侵害未成年人刑事案件，应当坚持以下原则：

（一）依法从严惩处性侵害未成年人犯罪；

（二）坚持最有利于未成年人原则，充分考虑未成年人身心发育尚未成熟、易受伤害等特点，切实保障未成年人的合法权益；

（三）坚持双向保护原则，对于未成年人实施性侵害未成年人犯罪的，在依法保护未成年被害人的合法权益时，也要依法保护未成年犯罪嫌疑人、未成年被告人的合法权益。

第三条　人民法院、人民检察院、公安机关应当确定专门机构或者指定熟悉未成年人身心特点的专门人员，负责办理性侵害未成年人刑事案件。未成年被害人系女性的，应当有女性工作人员参与。

法律援助机构应当指派熟悉未成年人身心特点的律师为未成年人提供法律援助。

第四条　人民法院、人民检察院在办理性侵害未成年人刑事案件中发现社会治理漏洞的，依法提出司法建议、检察建议。

人民检察院依法对涉及性侵害未成年人的诉讼活动等进行监督，发现违法情形的，应当及时提出监督意见。发现未成年人合法权益受到侵犯，涉及公共利益的，应当依法提起公益诉讼。

二、案 件 办 理

第五条　公安机关接到未成年人被性侵害的报案、控告、举报，应当及时受理，迅速审查。符合刑事立案条件的，应当立即立案侦查，重大、疑难、复杂案件立案审查期限原则上不超过七日。具有下列情形之一，公安机关应当在受理后直接立案侦查：

（一）精神发育明显迟滞的未成年人或者不满十四周岁的未成年人怀孕、妊娠终止或者分娩的；

（二）未成年人的生殖器官或者隐私部位遭受明显非正常损伤的；

（三）未成年人被组织、强迫、引诱、容留、介绍卖淫的；

（四）其他有证据证明性侵害未成年人犯罪发生的。

第六条　公安机关发现可能有未成年人被性侵害或者

接报相关线索的，无论案件是否属于本单位管辖，都应当及时采取制止侵害行为、保护被害人、保护现场等紧急措施。必要时，应当通报有关部门对被害人予以临时安置、救助。

第七条　公安机关受理案件后，经过审查，认为有犯罪事实需要追究刑事责任，但因犯罪地、犯罪嫌疑人无法确定，管辖权不明的，受理案件的公安机关应当先立案侦查，经过侦查明确管辖后，及时将案件及证据材料移送有管辖权的公安机关。

第八条　人民检察院、公安机关办理性侵害未成年人刑事案件，应当坚持分工负责、互相配合、互相制约，加强侦查监督与协作配合，健全完善信息双向共享机制，形成合力。在侦查过程中，公安机关可以商请人民检察院就案件定性、证据收集、法律适用、未成年人保护要求等提出意见建议。

第九条　人民检察院认为公安机关应当立案侦查而不立案侦查的，或者被害人及其法定代理人、对未成年人负有特殊职责的人员据此向人民检察院提出异议，经审查其诉求合理的，人民检察院应当要求公安机关说明不立案的理由。人民检察院认为不立案理由不成立的，应当通知公安机关立案，公安机关接到通知后应当立案。

第十条　对性侵害未成年人的成年犯罪嫌疑人、被告人，应当依法从严把握适用非羁押强制措施，依法追诉，从严惩处。

第十一条　公安机关办理性侵害未成年人刑事案件，在提请批准逮捕、移送起诉时，案卷材料中应当包含证明案件来源与案发过程的有关材料和犯罪嫌疑人归案（抓获）情况的说明等。

第十二条　人民法院、人民检察院办理性侵害未成年人案件，应当及时告知未成年被害人及其法定代理人或者近亲属有权委托诉讼代理人，并告知其有权依法申请法律援助。

第十三条　人民法院、人民检察院、公安机关办理性侵害未成年人刑事案件，除有碍案件办理的情形外，应当将案件进展情况、案件处理结果及时告知未成年被害人及其法定代理人，并对有关情况予以说明。

第十四条　人民法院确定性侵害未成年人刑事案件开庭日期后，应当将开庭的时间、地点通知未成年被害人及其法定代理人。

第十五条　人民法院开庭审理性侵害未成年人刑事案件，未成年被害人、证人一般不出庭作证。确有必要出庭的，应当根据案件情况采取不暴露外貌、真实声音等保护措施，或者采取视频等方式播放询问未成年人的录音录像，播放视频亦应当采取技术处理等保护措施。

被告人及其辩护人当庭发问的方式或者内容不当，可能对未成年被害人、证人造成身心伤害的，审判长应当及时制止。未成年被害人、证人在庭审中出现恐慌、紧张、激动、抗拒等影响庭审正常进行的情形的，审判长应当宣布休庭，并采取相应的情绪安抚疏导措施，评估未成年被害人、证人继续出庭作证的必要性。

第十六条　办理性侵害未成年人刑事案件，对于涉及未成年人的身份信息及可能推断出身份信息的资料和涉及性侵害的细节等内容，审判人员、检察人员、侦查人员、律师及参与诉讼、知晓案情的相关人员应当保密。

对外公开的诉讼文书，不得披露未成年人身份信息及可能推断出身份信息的其他资料，对性侵害的事实必须以适当方式叙述。

办案人员到未成年人及其亲属所在学校、单位、住所调查取证的，应当避免驾驶警车、穿着制服或者采取其他可能暴露未成年人身份、影响未成年人名誉、隐私的方式。

第十七条　知道或者应当知道对方是不满十四周岁的幼女，而实施奸淫等性侵害行为的，应当认定行为人"明知"对方是幼女。

对不满十二周岁的被害人实施奸淫等性侵害行为的，应当认定行为人"明知"对方是幼女。

对已满十二周岁不满十四周岁的被害人，从其身体发育状况、言谈举止、衣着特征、生活作息规律等观察可能是幼女，而实施奸淫等性侵害行为的，应当认定行为人"明知"对方是幼女。

第十八条　在校园、游泳馆、儿童游乐场、学生集体宿舍等公共场所对未成年人实施强奸、猥亵犯罪，只要有其他多人在场，不论在场人员是否实际看到，均可以依照刑法第二百三十六条第三款、第二百三十七条的规定，认定为在公共场所"当众"强奸、猥亵。

第十九条　外国人在中华人民共和国领域内实施强奸、猥亵未成年人等犯罪的，在依法判处刑罚时，可以附加适用驱逐出境。对于尚不构成犯罪但构成违反治安管理行为的，或者有性侵害未成年人犯罪记录不适宜在境内继续停留居留的，公安机关可以依法适用限期出境或者驱逐出境。

第二十条　对性侵害未成年人的成年犯罪分子严格把握减刑、假释、暂予监外执行的适用条件。纳入社区矫正的，应当严管严控。

三、证据收集与审查判断

第二十一条　公安机关办理性侵害未成年人刑事案件，应当依照法定程序，及时、全面收集固定证据。对与犯罪有关的场所、物品、人身等及时进行勘验、检查，提取与案件有关的痕迹、物证、生物样本；及时调取与案件有关的住宿、通行、银行交易记录等书证，现场监控录像等视听资料，手机短信、即时通讯记录、社交软件记录、手机支付记录、音视频、网盘资料等电子数据。视听资料、电子数据等证据因保管不善灭失的，应当向原始数据存储单位重新调取，或者提交专业机构进行技术性恢复、修复。

第二十二条　未成年被害人陈述、未成年证人证言中提到其他犯罪线索，属于公安机关管辖的，公安机关应当及时调查核实；属于其他机关管辖的，应当移送有管辖权的机关。

具有密切接触未成年人便利条件的人员涉嫌性侵害未成年人犯罪的，公安机关应当注意摸排犯罪嫌疑人可能接触到的其他未成年人，以便全面查清犯罪事实。

对于发生在犯罪嫌疑人住所周边或者相同、类似场所且犯罪手法雷同的性侵害案件，符合并案条件的，应当及时并案侦查，防止遗漏犯罪事实。

第二十三条　询问未成年被害人，应当选择"一站式"取证场所、未成年人住所或者其他让未成年人心理上感到安全的场所进行，并通知法定代理人到场。法定代理人不能到场或者不宜到场的，应当通知其他合适成年人到场，并将相关情况记录在案。

询问未成年被害人，应当采取和缓的方式，以未成年人能够理解和接受的语言进行。坚持一次询问原则，尽可能避免多次反复询问，造成次生伤害。确有必要再次询问的，应当针对确有疑问需要核实的内容进行。

询问女性未成年被害人应当由女性工作人员进行。

第二十四条　询问未成年被害人应当进行同步录音录像。录音录像应当全程不间断进行，不得选择性录制，不得剪接、删改。录音录像声音、图像应当清晰稳定，被询问人面部应当清楚可辨，能够真实反映未成年被害人回答询问的状态。录音录像应当随案移送。

第二十五条　询问未成年被害人应当问明与性侵害犯罪有关的事实及情节，包括被害人的年龄等身份信息、与犯罪嫌疑人、被告人交往情况、侵害方式、时间、地点、次数、后果等。

询问尽量让被害人自由陈述，不得诱导，并将提问和未成年被害人的回答记录清楚。记录应当保持未成年人的语言特点，不得随意加工或者归纳。

第二十六条　未成年被害人陈述和犯罪嫌疑人、被告人供述中具有特殊性、非亲历不可知的细节，包括身体特征、行为特征和环境特征等，办案机关应当及时通过人身检查、现场勘查等调查取证方法固定证据。

第二十七条　能够证实未成年被害人和犯罪嫌疑人、被告人相识交往、矛盾纠纷及其异常表现、特殊癖好等情况，对完善证据链条、查清全部案情具有证明作用的证据，应当全面收集。

第二十八条　能够证实未成年人被性侵害后心理状况或者行为表现的证据，应当全面收集。未成年被害人出现心理创伤、精神抑郁或者自杀、自残等伤害后果的，应当及时检查、鉴定。

第二十九条　认定性侵害未成年人犯罪，应当坚持事实清楚，证据确实、充分，排除合理怀疑的证明标准。对案件事实的认定要立足证据，结合经验常识，考虑性侵害案件的特殊性和未成年人的身心特点，准确理解和把握证明标准。

第三十条　对未成年被害人陈述，应当着重审查陈述形成的时间、背景，被害人年龄、认知、记忆和表达能力，生理和精神状态是否影响陈述的自愿性、完整性，陈述与其他证据之间能否相互印证，有无矛盾。

低龄未成年人对被侵害细节前后陈述存在不一致的，应当考虑其身心特点，综合判断其陈述的主要事实是否客观、真实。

未成年被害人陈述了与犯罪嫌疑人、被告人或者性侵害事实相关的非亲历不可知的细节，并且可以排除指证、诱证、诬告、陷害可能的，一般应当采信。

未成年被害人询问笔录记载的内容与询问同步录音录像记载的内容不一致的，应当结合同步录音录像记载准确客观认定。

对未成年证人证言的审查判断,依照本条前四款规定进行。

第三十一条 对十四周岁以上未成年被害人真实意志的判断,不以其明确表示反对或者同意为唯一证据,应当结合未成年被害人的年龄、身体状况、被侵害前后表现以及双方关系、案发环境、案发过程等进行综合判断。

四、未成年被害人保护与救助

第三十二条 人民法院、人民检察院、公安机关办理性侵害未成年人刑事案件,应当根据未成年被害人的实际需要及当地情况,协调有关部门为未成年被害人提供心理疏导、临时照料、医疗救治、转学安置、经济帮扶等救助保护措施。

第三十三条 犯罪嫌疑人到案后,办案人员应当第一时间了解其有无艾滋病,发现犯罪嫌疑人患有艾滋病的,在征得未成年被害人监护人同意后,应当及时配合或者会同有关部门对未成年被害人采取阻断治疗等保护措施。

第三十四条 人民法院、人民检察院、公安机关办理性侵害未成年人刑事案件,发现未成年人的父母或者其他监护人不依法履行监护职责或者侵犯未成年人合法权益的,应当予以训诫,并书面督促其依法履行监护职责。必要时,可以责令未成年人父母或者其他监护人接受家庭教育指导。

第三十五条 未成年人受到监护人性侵害,其他具有监护资格的人员、民政部门等有关单位和组织向人民法院提出申请,要求撤销监护人资格,另行指定监护人的,人民法院依法予以支持。

有关个人和组织未及时向人民法院申请撤销监护人资格的,人民检察院可以依法督促、支持其提起诉讼。

第三十六条 对未成年人因被性侵害而造成人身损害,不能及时获得有效赔偿,生活困难的,人民法院、人民检察院、公安机关可会同有关部门,优先考虑予以救助。

五、其　　他

第三十七条 人民法院、人民检察院、公安机关、司法行政机关应当积极推动侵害未成年人案件强制报告制度落实。未履行报告义务造成严重后果的,应当依照《中华人民共和国未成年人保护法》等法律法规追究责任。

第三十八条 人民法院、人民检察院、公安机关、司法行政机关应当推动密切接触未成年人相关行业依法建立完善准入查询性侵害违法犯罪信息制度,建立性侵害违法犯罪人员信息库,协助密切接触未成年人单位开展信息查询工作。

第三十九条 办案机关应当建立完善性侵害未成年人案件"一站式"办案救助机制,通过设立专门场所、配置专用设备、完善工作流程和引入专业社会力量等方式,尽可能一次性完成询问、人身检查、生物样本采集、侦查辨认等取证工作,同步开展救助保护工作。

六、附　　则

第四十条 本意见自2023年6月1日起施行。本意见施行后,《最高人民法院 最高人民检察院 公安部 司法部关于依法惩治性侵害未成年人犯罪的意见》(法发〔2013〕12号)同时废止。

农村五保供养工作条例

1. 2006年1月21日国务院令第456号公布
2. 自2006年3月1日起施行

第一章　总　　则

第一条 为了做好农村五保供养工作,保障农村五保供养对象的正常生活,促进农村社会保障制度的发展,制定本条例。

第二条 本条例所称农村五保供养,是指依照本条例规定,在吃、穿、住、医、葬方面给予村民的生活照顾和物质帮助。

第三条 国务院民政部门主管全国的农村五保供养工作;县级以上地方各级人民政府民政部门主管本行政区域内的农村五保供养工作。

乡、民族乡、镇人民政府管理本行政区域内的农村五保供养工作。

村民委员会协助乡、民族乡、镇人民政府开展农村五保供养工作。

第四条 国家鼓励社会组织和个人为农村五保供养对象和农村五保供养工作提供捐助和服务。

第五条 国家对在农村五保供养工作中做出显著成绩的单位和个人,给予表彰和奖励。

第二章　供养对象

第六条　老年、残疾或者未满16周岁的村民,无劳动能力、无生活来源又无法定赡养、抚养、扶养义务人,或者其法定赡养、抚养、扶养义务人无赡养、抚养、扶养能力的,享受农村五保供养待遇。

第七条　享受农村五保供养待遇,应当由村民本人向村民委员会提出申请;因年幼或者智力残疾无法表达意愿的,由村民小组或者其他村民代为提出申请。经村民委员会民主评议,对符合本条例第六条规定条件的,在本村范围内公告;无重大异议的,由村民委员会将评议意见和有关材料报送乡、民族乡、镇人民政府审核。

乡、民族乡、镇人民政府应当自收到评议意见之日起20日内提出审核意见,并将审核意见和有关材料报送县级人民政府民政部门审批。县级人民政府民政部门应当自收到审核意见和有关材料之日起20日内作出审批决定。对批准给予农村五保供养待遇的,发给《农村五保供养证书》;对不符合条件不予批准的,应当书面说明理由。

乡、民族乡、镇人民政府应当对申请人的家庭状况和经济条件进行调查核实;必要时,县级人民政府民政部门可以进行复核。申请人、有关组织或者个人应当配合、接受调查,如实提供有关情况。

第八条　农村五保供养对象不再符合本条例第六条规定条件的,村民委员会或者敬老院等农村五保供养服务机构(以下简称农村五保供养服务机构)应当向乡、民族乡、镇人民政府报告,由乡、民族乡、镇人民政府审核并报县级人民政府民政部门核准后,核销其《农村五保供养证书》。

农村五保供养对象死亡,丧葬事宜办理完毕后,村民委员会或者农村五保供养服务机构应当向乡、民族乡、镇人民政府报告,由乡、民族乡、镇人民政府报县级人民政府民政部门核准后,核销其《农村五保供养证书》。

第三章　供养内容

第九条　农村五保供养包括下列供养内容:

(一)供给粮油、副食品和生活用燃料;

(二)供给服装、被褥等生活用品和零用钱;

(三)提供符合基本居住条件的住房;

(四)提供疾病治疗,对生活不能自理的给予照料;

(五)办理丧葬事宜。

农村五保供养对象未满16周岁或者已满16周岁仍在接受义务教育的,应当保障他们依法接受义务教育所需费用。

农村五保供养对象的疾病治疗,应当与当地农村合作医疗和农村医疗救助制度相衔接。

第十条　农村五保供养标准不得低于当地村民的平均生活水平,并根据当地村民平均生活水平的提高适时调整。

农村五保供养标准,可以由省、自治区、直辖市人民政府制定,在本行政区域内公布执行,也可以由设区的市级或者县级人民政府制定,报所在的省、自治区、直辖市人民政府备案后公布执行。

国务院民政部门、国务院财政部门应当加强对农村五保供养标准制定工作的指导。

第十一条　农村五保供养资金,在地方人民政府财政预算中安排。有农村集体经营等收入的地方,可以从农村集体经营等收入中安排资金,用于补助和改善农村五保供养对象的生活。农村五保供养对象将承包土地交由他人代耕的,其收益归该农村五保供养对象所有。具体办法由省、自治区、直辖市人民政府规定。

中央财政对财政困难地区的农村五保供养,在资金上给予适当补助。

农村五保供养资金,应当专门用于农村五保供养对象的生活,任何组织或者个人不得贪污、挪用、截留或者私分。

第四章　供养形式

第十二条　农村五保供养对象可以在当地的农村五保供养服务机构集中供养,也可以在家分散供养。农村五保供养对象可以自行选择供养形式。

第十三条　集中供养的农村五保供养对象,由农村五保供养服务机构提供供养服务;分散供养的农村五保供养对象,可以由村民委员会提供照料,也可以由农村五保供养服务机构提供有关供养服务。

第十四条　各级人民政府应当把农村五保供养服务机构建设纳入经济社会发展规划。

县级人民政府和乡、民族乡、镇人民政府应当为农村五保供养服务机构提供必要的设备、管理资金,并配备必要的工作人员。

第十五条 农村五保供养服务机构应当建立健全内部民主管理和服务管理制度。

农村五保供养服务机构工作人员应当经过必要的培训。

第十六条 农村五保供养服务机构可以开展以改善农村五保供养对象生活条件为目的的农副业生产。地方各级人民政府及其有关部门应当对农村五保供养服务机构开展农副业生产给予必要的扶持。

第十七条 乡、民族乡、镇人民政府应当与村民委员会或者农村五保供养服务机构签订供养服务协议，保证农村五保供养对象享受符合要求的供养。

村民委员会可以委托村民对分散供养的农村五保供养对象提供照料。

第五章 监督管理

第十八条 县级以上人民政府应当依法加强对农村五保供养工作的监督管理。县级以上地方各级人民政府民政部门和乡、民族乡、镇人民政府应当制定农村五保供养工作的管理制度，并负责督促实施。

第十九条 财政部门应当按时足额拨付农村五保供养资金，确保资金到位，并加强对资金使用情况的监督管理。

审计机关应当依法加强对农村五保供养资金使用情况的审计。

第二十条 农村五保供养待遇的申请条件、程序、民主评议情况以及农村五保供养的标准和资金使用情况等，应当向社会公告，接受社会监督。

第二十一条 农村五保供养服务机构应当遵守治安、消防、卫生、财务会计等方面的法律、法规和国家有关规定，向农村五保供养对象提供符合要求的供养服务，并接受地方人民政府及其有关部门的监督管理。

第六章 法律责任

第二十二条 违反本条例规定，有关行政机关及其工作人员有下列行为之一的，对直接负责的主管人员以及其他直接责任人员依法给予行政处分；构成犯罪的，依法追究刑事责任：

（一）对符合农村五保供养条件的村民不予批准享受农村五保供养待遇的，或者对不符合农村五保供养条件的村民批准其享受农村五保供养待遇的；

（二）贪污、挪用、截留、私分农村五保供养款物的；

（三）有其他滥用职权、玩忽职守、徇私舞弊行为的。

第二十三条 违反本条例规定，村民委员会组成人员贪污、挪用、截留农村五保供养款物的，依法予以罢免；构成犯罪的，依法追究刑事责任。

违反本条例规定，农村五保供养服务机构工作人员私分、挪用、截留农村五保供养款物的，予以辞退；构成犯罪的，依法追究刑事责任。

第二十四条 违反本条例规定，村民委员会或者农村五保供养服务机构对农村五保供养对象提供的供养服务不符合要求的，由乡、民族乡、镇人民政府责令限期改正；逾期不改正的，乡、民族乡、镇人民政府有权终止供养服务协议；造成损失的，依法承担赔偿责任。

第七章 附 则

第二十五条 《农村五保供养证书》由国务院民政部门规定式样，由省、自治区、直辖市人民政府民政部门监制。

第二十六条 本条例自 2006 年 3 月 1 日起施行。1994 年 1 月 23 日国务院发布的《农村五保供养工作条例》同时废止。

未成年人网络保护条例

1. *2023 年 10 月 16 日国务院令第 766 号公布*
2. *自 2024 年 1 月 1 日起施行*

第一章 总 则

第一条 为了营造有利于未成年人身心健康的网络环境，保障未成年人合法权益，根据《中华人民共和国未成年人保护法》、《中华人民共和国网络安全法》、《中华人民共和国个人信息保护法》等法律，制定本条例。

第二条 未成年人网络保护工作应当坚持中国共产党的领导，坚持以社会主义核心价值观为引领，坚持最有利于未成年人的原则，适应未成年人身心健康发展和网络空间的规律和特点，实行社会共治。

第三条 国家网信部门负责统筹协调未成年人网络保护工作，并依据职责做好未成年人网络保护工作。

国家新闻出版、电影部门和国务院教育、电信、公安、民政、文化和旅游、卫生健康、市场监督管理、广播电视等有关部门依据各自职责做好未成年人网络保护工作。

县级以上地方人民政府及其有关部门依据各自职责做好未成年人网络保护工作。

第四条 共产主义青年团、妇女联合会、工会、残疾人联合会、关心下一代工作委员会、青年联合会、学生联合会、少年先锋队以及其他人民团体、有关社会组织、基层群众性自治组织,协助有关部门做好未成年人网络保护工作,维护未成年人合法权益。

第五条 学校、家庭应当教育引导未成年人参加有益身心健康的活动,科学、文明、安全、合理使用网络,预防和干预未成年人沉迷网络。

第六条 网络产品和服务提供者、个人信息处理者、智能终端产品制造者和销售者应当遵守法律、行政法规和国家有关规定,尊重社会公德,遵守商业道德,诚实信用,履行未成年人网络保护义务,承担社会责任。

第七条 网络产品和服务提供者、个人信息处理者、智能终端产品制造者和销售者应当接受政府和社会的监督,配合有关部门依法实施涉及未成年人网络保护工作的监督检查,建立便捷、合理、有效的投诉、举报渠道,通过显著方式公布投诉、举报途径和方法,及时受理并处理公众投诉、举报。

第八条 任何组织和个人发现违反本条例规定的,可以向网信、新闻出版、电影、教育、电信、公安、民政、文化和旅游、卫生健康、市场监督管理、广播电视等有关部门投诉、举报。收到投诉、举报的部门应当及时依法作出处理;不属于本部门职责的,应当及时移送有权处理的部门。

第九条 网络相关行业组织应当加强行业自律,制定未成年人网络保护相关行业规范,指导会员履行未成年人网络保护义务,加强对未成年人的网络保护。

第十条 新闻媒体应当通过新闻报道、专题栏目(节目)、公益广告等方式,开展未成年人网络保护法律法规、政策措施、典型案例和有关知识的宣传,对侵犯未成年人合法权益的行为进行舆论监督,引导全社会共同参与未成年人网络保护。

第十一条 国家鼓励和支持在未成年人网络保护领域加强科学研究和人才培养,开展国际交流与合作。

第十二条 对在未成年人网络保护工作中作出突出贡献的组织和个人,按照国家有关规定给予表彰和奖励。

第二章 网络素养促进

第十三条 国务院教育部门应当将网络素养教育纳入学校素质教育内容,并会同国家网信部门制定未成年人网络素养测评指标。

教育部门应当指导、支持学校开展未成年人网络素养教育,围绕网络道德意识形成、网络法治观念培养、网络使用能力建设、人身财产安全保护等,培育未成年人网络安全意识、文明素养、行为习惯和防护技能。

第十四条 县级以上人民政府应当科学规划、合理布局,促进公益性上网服务均衡协调发展,加强提供公益性上网服务的公共文化设施建设,改善未成年人上网条件。

县级以上地方人民政府应当通过为中小学校配备具有相应专业能力的指导教师、政府购买服务或者鼓励中小学校自行采购相关服务等方式,为学生提供优质的网络素养教育课程。

第十五条 学校、社区、图书馆、文化馆、青少年宫等场所为未成年人提供互联网上网服务设施的,应当通过安排专业人员、招募志愿者等方式,以及安装未成年人网络保护软件或者采取其他安全保护技术措施,为未成年人提供上网指导和安全、健康的上网环境。

第十六条 学校应当将提高学生网络素养等内容纳入教育教学活动,并合理使用网络开展教学活动,建立健全学生在校期间上网的管理制度,依法规范管理未成年学生带入学校的智能终端产品,帮助学生养成良好上网习惯,培养学生网络安全和网络法治意识,增强学生对网络信息的获取和分析判断能力。

第十七条 未成年人的监护人应当加强家庭家教家风建设,提高自身网络素养,规范自身使用网络的行为,加强对未成年人使用网络行为的教育、示范、引导和监督。

第十八条 国家鼓励和支持研发、生产和使用专门以未成年人为服务对象、适应未成年人身心健康发展规律和特点的网络保护软件、智能终端产品和未成年人模式、未成年人专区等网络技术、产品、服务,加强网络无障碍环境建设和改造,促进未成年人开阔眼界、陶冶情操、提高素质。

第十九条 未成年人网络保护软件、专门供未成年人使用的智能终端产品应当具有有效识别违法信息和可能影响未成年人身心健康的信息、保护未成年人个人信息权益、预防未成年人沉迷网络、便于监护人履行监护职责等功能。

国家网信部门会同国务院有关部门根据未成年人网络保护工作的需要，明确未成年人网络保护软件、专门供未成年人使用的智能终端产品的相关技术标准或者要求，指导监督网络相关行业组织按照有关技术标准和要求对未成年人网络保护软件、专门供未成年人使用的智能终端产品的使用效果进行评估。

智能终端产品制造者应当在产品出厂前安装未成年人网络保护软件，或者采用显著方式告知用户安装渠道和方法。智能终端产品销售者在产品销售前应当采用显著方式告知用户安装未成年人网络保护软件的情况以及安装渠道和方法。

未成年人的监护人应当合理使用并指导未成年人使用网络保护软件、智能终端产品等，创造良好的网络使用家庭环境。

第二十条　未成年人用户数量巨大或者对未成年人群体具有显著影响的网络平台服务提供者，应当履行下列义务：

（一）在网络平台服务的设计、研发、运营等阶段，充分考虑未成年人身心健康发展特点，定期开展未成年人网络保护影响评估；

（二）提供未成年人模式或者未成年人专区等，便利未成年人获取有益身心健康的平台内产品或者服务；

（三）按照国家规定建立健全未成年人网络保护合规制度体系，成立主要由外部成员组成的独立机构，对未成年人网络保护情况进行监督；

（四）遵循公开、公平、公正的原则，制定专门的平台规则，明确平台内产品或者服务提供者的未成年人网络保护义务，并以显著方式提示未成年人用户依法享有的网络保护权利和遭受网络侵害的救济途径；

（五）对违反法律、行政法规严重侵害未成年人身心健康或者侵犯未成年人其他合法权益的平台内产品或者服务提供者，停止提供服务；

（六）每年发布专门的未成年人网络保护社会责任报告，并接受社会监督。

前款所称的未成年人用户数量巨大或者对未成年人群体具有显著影响的网络平台服务提供者的具体认定办法，由国家网信部门会同有关部门另行制定。

第三章　网络信息内容规范

第二十一条　国家鼓励和支持制作、复制、发布、传播弘扬社会主义核心价值观和社会主义先进文化、革命文化、中华优秀传统文化，铸牢中华民族共同体意识，培养未成年人家国情怀和良好品德，引导未成年人养成良好生活习惯和行为习惯等的网络信息，营造有利于未成年人健康成长的清朗网络空间和良好网络生态。

第二十二条　任何组织和个人不得制作、复制、发布、传播含有宣扬淫秽、色情、暴力、邪教、迷信、赌博、引诱自残自杀、恐怖主义、分裂主义、极端主义等危害未成年人身心健康内容的网络信息。

任何组织和个人不得制作、复制、发布、传播或者持有有关未成年人的淫秽色情网络信息。

第二十三条　网络产品和服务中含有可能引发或者诱导未成年人模仿不安全行为、实施违反社会公德行为、产生极端情绪、养成不良嗜好等可能影响未成年人身心健康的信息的，制作、复制、发布、传播该信息的组织和个人应当在信息展示前予以显著提示。

国家网信部门会同国家新闻出版、电影部门和国务院教育、电信、公安、文化和旅游、广播电视等部门，在前款规定基础上确定可能影响未成年人身心健康的信息的具体种类、范围、判断标准和提示办法。

第二十四条　任何组织和个人不得在专门以未成年人为服务对象的网络产品和服务中制作、复制、发布、传播本条例第二十三条第一款规定的可能影响未成年人身心健康的信息。

网络产品和服务提供者不得在首页首屏、弹窗、热搜等处于产品或者服务醒目位置、易引起用户关注的重点环节呈现本条例第二十三条第一款规定的可能影响未成年人身心健康的信息。

网络产品和服务提供者不得通过自动化决策方式向未成年人进行商业营销。

第二十五条　任何组织和个人不得向未成年人发送、推送或者诱骗、强迫未成年人接触含有危害或者可能影响未成年人身心健康内容的网络信息。

第二十六条　任何组织和个人不得通过网络以文字、图片、音视频等形式，对未成年人实施侮辱、诽谤、威胁或者恶意损害形象等网络欺凌行为。

网络产品和服务提供者应当建立健全网络欺凌行为的预警预防、识别监测和处置机制，设置便利未成年人及其监护人保存遭受网络欺凌记录、行使通知权利的功能、渠道，提供便利未成年人设置屏蔽陌生用户、本人发布信息可见范围、禁止转载或者评论本人发布信息、禁止向本人发送信息等网络欺凌信息防护选项。

网络产品和服务提供者应当建立健全网络欺凌信息特征库，优化相关算法模型，采用人工智能、大数据等技术手段和人工审核相结合的方式加强对网络欺凌信息的识别监测。

第二十七条 任何组织和个人不得通过网络以文字、图片、音视频等形式，组织、教唆、胁迫、引诱、欺骗、帮助未成年人实施违法犯罪行为。

第二十八条 以未成年人为服务对象的在线教育网络产品和服务提供者，应当按照法律、行政法规和国家有关规定，根据不同年龄阶段未成年人身心发展特点和认知能力提供相应的产品和服务。

第二十九条 网络产品和服务提供者应当加强对用户发布信息的管理，采取有效措施防止制作、复制、发布、传播违反本条例第二十二条、第二十四条、第二十五条、第二十六条第一款、第二十七条规定的信息，发现违反上述条款规定的信息的，应当立即停止传输相关信息，采取删除、屏蔽、断开链接等处置措施，防止信息扩散，保存有关记录，向网信、公安等部门报告，并对制作、复制、发布、传播上述信息的用户采取警示、限制功能、暂停服务、关闭账号等处置措施。

网络产品和服务提供者发现用户发布、传播本条例第二十三条第一款规定的信息未予显著提示的，应当作出提示或者通知用户予以提示；未作出提示的，不得传输该信息。

第三十条 国家网信、新闻出版、电影部门和国务院教育、电信、公安、文化和旅游、广播电视等部门发现违反本条例第二十二条、第二十四条、第二十五条、第二十六条第一款、第二十七条规定的信息的，或者发现本条例第二十三条第一款规定的信息未予显著提示的，应当要求网络产品和服务提供者按照本条例第二十九条的规定予以处理；对来源于境外的上述信息，应当依法通知有关机构采取技术措施和其他必要措施阻断传播。

第四章 个人信息网络保护

第三十一条 网络服务提供者为未成年人提供信息发布、即时通讯等服务的，应当依法要求未成年人或者其监护人提供未成年人真实身份信息。未成年人或者其监护人不提供未成年人真实身份信息的，网络服务提供者不得为未成年人提供相关服务。

网络直播服务提供者应当建立网络直播发布者真实身份信息动态核验机制，不得向不符合法律规定情形的未成年人用户提供网络直播发布服务。

第三十二条 个人信息处理者应当严格遵守国家网信部门和有关部门关于网络产品和服务必要个人信息范围的规定，不得强制要求未成年人或者其监护人同意非必要的个人信息处理行为，不得因为未成年人或者其监护人不同意处理未成年人非必要个人信息或者撤回同意，拒绝未成年人使用其基本功能服务。

第三十三条 未成年人的监护人应当教育引导未成年人增强个人信息保护意识和能力、掌握个人信息范围、了解个人信息安全风险，指导未成年人行使其在个人信息处理活动中的查阅、复制、更正、补充、删除等权利，保护未成年人个人信息权益。

第三十四条 未成年人或者其监护人依法请求查阅、复制、更正、补充、删除未成年人个人信息的，个人信息处理者应当遵守以下规定：

（一）提供便捷的支持未成年人或者其监护人查阅未成年人个人信息种类、数量等的方法和途径，不得对未成年人或者其监护人的合理请求进行限制；

（二）提供便捷的支持未成年人或者其监护人复制、更正、补充、删除未成年人个人信息的功能，不得设置不合理条件；

（三）及时受理并处理未成年人或者其监护人查阅、复制、更正、补充、删除未成年人个人信息的申请，拒绝未成年人或者其监护人行使权利的请求的，应当书面告知申请人并说明理由。

对未成年人或者其监护人依法提出的转移未成年人个人信息的请求，符合国家网信部门规定条件的，个人信息处理者应当提供转移的途径。

第三十五条 发生或者可能发生未成年人个人信息泄露、篡改、丢失的，个人信息处理者应当立即启动个人信息安全事件应急预案，采取补救措施，及时向网信等部门报告，并按照国家有关规定将事件情况以邮件、信函、电话、信息推送等方式告知受影响的未成年人及其监护人。

个人信息处理者难以逐一告知的，应当采取合理、有效的方式及时发布相关警示信息，法律、行政法规另有规定的除外。

第三十六条　个人信息处理者对其工作人员应当以最小授权为原则，严格设定信息访问权限，控制未成年人个人信息知悉范围。工作人员访问未成年人个人信息的，应当经过相关负责人或者其授权的管理人员审批，记录访问情况，并采取技术措施，避免违法处理未成年人个人信息。

第三十七条　个人信息处理者应当自行或者委托专业机构每年对其处理未成年人个人信息遵守法律、行政法规的情况进行合规审计，并将审计情况及时报告网信等部门。

第三十八条　网络服务提供者发现未成年人私密信息或者未成年人通过网络发布的个人信息中涉及私密信息的，应当及时提示，并采取停止传输等必要保护措施，防止信息扩散。

网络服务提供者通过未成年人私密信息发现未成年人可能遭受侵害的，应当立即采取必要措施保存有关记录，并向公安机关报告。

第五章　网络沉迷防治

第三十九条　对未成年人沉迷网络进行预防和干预，应当遵守法律、行政法规和国家有关规定。

教育、卫生健康、市场监督管理等部门依据各自职责对从事未成年人沉迷网络预防和干预活动的机构实施监督管理。

第四十条　学校应当加强对教师的指导和培训，提高教师对未成年学生沉迷网络的早期识别和干预能力。对于有沉迷网络倾向的未成年学生，学校应当及时告知其监护人，共同对未成年学生进行教育和引导，帮助其恢复正常的学习生活。

第四十一条　未成年人的监护人应当指导未成年人安全合理使用网络，关注未成年人上网情况以及相关生理状况、心理状况、行为习惯，防范未成年人接触危害或者可能影响其身心健康的网络信息，合理安排未成年人使用网络的时间，预防和干预未成年人沉迷网络。

第四十二条　网络产品和服务提供者应当建立健全防沉迷制度，不得向未成年人提供诱导其沉迷的产品和服务，及时修改可能造成未成年人沉迷的内容、功能和规则，并每年向社会公布防沉迷工作情况，接受社会监督。

第四十三条　网络游戏、网络直播、网络音视频、网络社交等网络服务提供者应当针对不同年龄阶段未成年人使用其服务的特点，坚持融合、友好、实用、有效的原则，设置未成年人模式，在使用时段、时长、功能和内容等方面按照国家有关规定和标准提供相应的服务，并以醒目便捷的方式为监护人履行监护职责提供时间管理、权限管理、消费管理等功能。

第四十四条　网络游戏、网络直播、网络音视频、网络社交等网络服务提供者应当采取措施，合理限制不同年龄阶段未成年人在使用其服务中的单次消费数额和单日累计消费数额，不得向未成年人提供与其民事行为能力不符的付费服务。

第四十五条　网络游戏、网络直播、网络音视频、网络社交等网络服务提供者应当采取措施，防范和抵制流量至上等不良价值倾向，不得设置以应援集资、投票打榜、刷量控评等为主题的网络社区、群组、话题，不得诱导未成年人参与应援集资、投票打榜、刷量控评等网络活动，并预防和制止其用户诱导未成年人实施上述行为。

第四十六条　网络游戏服务提供者应当通过统一的未成年人网络游戏电子身份认证系统等必要手段验证未成年人用户真实身份信息。

网络产品和服务提供者不得为未成年人提供游戏账号租售服务。

第四十七条　网络游戏服务提供者应当建立、完善预防未成年人沉迷网络的游戏规则，避免未成年人接触可能影响其身心健康的游戏内容或者游戏功能。

网络游戏服务提供者应当落实适龄提示要求，根据不同年龄阶段未成年人身心发展特点和认知能力，通过评估游戏产品的类型、内容与功能等要素，对游戏产品进行分类，明确游戏产品适合的未成年人用户年龄阶段，并在用户下载、注册、登录界面等位置予以显著提示。

第四十八条　新闻出版、教育、卫生健康、文化和旅游、广播电视、网信等部门应当定期开展预防未成年人沉迷网络的宣传教育，监督检查网络产品和服务提供者履行预防未成年人沉迷网络义务的情况，指导家庭、学校、社会组织互相配合，采取科学、合理的方式对未成年人沉迷网络进行预防和干预。

国家新闻出版部门牵头组织开展未成年人沉迷网络游戏防治工作，会同有关部门制定关于向未成年人提供网络游戏服务的时段、时长、消费上限等管理规定。

卫生健康、教育等部门依据各自职责指导有关医疗卫生机构、高等学校等，开展未成年人沉迷网络所致精神障碍和心理行为问题的基础研究和筛查评估、诊断、预防、干预等应用研究。

第四十九条 严禁任何组织和个人以虐待、胁迫等侵害未成年人身心健康的方式干预未成年人沉迷网络、侵犯未成年人合法权益。

第六章 法律责任

第五十条 地方各级人民政府和县级以上有关部门违反本条例规定，不履行未成年人网络保护职责的，由其上级机关责令改正；拒不改正或者情节严重的，对负有责任的领导人员和直接责任人员依法给予处分。

第五十一条 学校、社区、图书馆、文化馆、青少年宫等违反本条例规定，不履行未成年人网络保护职责的，由教育、文化和旅游等部门依据各自职责责令改正；拒不改正或者情节严重的，对负有责任的领导人员和直接责任人员依法给予处分。

第五十二条 未成年人的监护人不履行本条例规定的监护职责或者侵犯未成年人合法权益的，由未成年人居住地的居民委员会、村民委员会、妇女联合会，监护人所在单位，中小学校、幼儿园等有关密切接触未成年人的单位依法予以批评教育、劝诫制止、督促其接受家庭教育指导等。

第五十三条 违反本条例第七条、第十九条第三款、第三十八条第二款规定的，由网信、新闻出版、电影、教育、电信、公安、民政、文化和旅游、市场监督管理、广播电视等部门依据各自职责责令改正；拒不改正或者情节严重的，处5万元以上50万元以下罚款，对直接负责的主管人员和其他直接责任人员处1万元以上10万元以下罚款。

第五十四条 违反本条例第二十条第一款规定的，由网信、新闻出版、电信、公安、文化和旅游、广播电视等部门依据各自职责责令改正，给予警告，没收违法所得；拒不改正的，并处100万元以下罚款，对直接负责的主管人员和其他直接责任人员处1万元以上10万元以下罚款。

违反本条例第二十条第一款第一项和第五项规定，情节严重的，由省级以上网信、新闻出版、电信、公安、文化和旅游、广播电视等部门依据各自职责责令改正，没收违法所得，并处5000万元以下或者上一年度营业额百分之五以下罚款，并可以责令暂停相关业务或者停业整顿、通报有关部门依法吊销相关业务许可证或者吊销营业执照；对直接负责的主管人员和其他直接责任人员处10万元以上100万元以下罚款，并可以决定禁止其在一定期限内担任相关企业的董事、监事、高级管理人员和未成年人保护负责人。

第五十五条 违反本条例第二十四条、第二十五条规定的，由网信、新闻出版、电影、电信、公安、文化和旅游、市场监督管理、广播电视等部门依据各自职责责令限期改正，给予警告，没收违法所得，可以并处10万元以下罚款；拒不改正或者情节严重的，责令暂停相关业务、停产停业或者吊销相关业务许可证、吊销营业执照，违法所得100万元以上的，并处违法所得1倍以上10倍以下罚款，没有违法所得或者违法所得不足100万元的，并处10万元以上100万元以下罚款。

第五十六条 违反本条例第二十六条第二款和第三款、第二十八条、第二十九条第一款、第三十一条第二款、第三十六条、第三十八条第一款、第四十二条至第四十五条、第四十六条第二款、第四十七条规定的，由网信、新闻出版、电影、教育、电信、公安、文化和旅游、广播电视等部门依据各自职责责令改正，给予警告，没收违法所得，违法所得100万元以上的，并处违法所得1倍以上10倍以下罚款，没有违法所得或者违法所得不足100万元的，并处10万元以上100万元以下罚款，对直接负责的主管人员和其他直接责任人员处1万元以上10万元以下罚款；拒不改正或者情节严重的，并可以责令暂停相关业务、停业整顿、关闭网站、吊销相关业务许可证或者吊销营业执照。

第五十七条 网络产品和服务提供者违反本条例规定，受到关闭网站、吊销相关业务许可证或者吊销营业执照处罚的，5年内不得重新申请相关许可，其直接负责的主管人员和其他直接责任人员5年内不得从事同类网络产品和服务业务。

第五十八条 违反本条例规定，侵犯未成年人合法权益，给未成年人造成损害的，依法承担民事责任；构成违反治安管理行为的，依法给予治安管理处罚；构成犯罪的，依法追究刑事责任。

第七章　附　　则

第五十九条　本条例所称智能终端产品，是指可以接入网络、具有操作系统、能够由用户自行安装应用软件的手机、计算机等网络终端产品。

第六十条　本条例自 2024 年 1 月 1 日起施行。

养老机构管理办法

1. 2020 年 9 月 1 日民政部令第 66 号公布
2. 自 2020 年 11 月 1 日起施行

第一章　总　　则

第一条　为了规范对养老机构的管理，促进养老服务健康发展，根据《中华人民共和国老年人权益保障法》和有关法律、行政法规，制定本办法。

第二条　本办法所称养老机构是指依法办理登记，为老年人提供全日集中住宿和照料护理服务，床位数在 10 张以上的机构。

养老机构包括营利性养老机构和非营利性养老机构。

第三条　县级以上人民政府民政部门负责养老机构的指导、监督和管理。其他有关部门依照职责分工对养老机构实施监督。

第四条　养老机构应当按照建筑、消防、食品安全、医疗卫生、特种设备等法律、法规和强制性标准开展服务活动。

养老机构及其工作人员应当依法保障收住老年人的人身权、财产权等合法权益。

第五条　入住养老机构的老年人及其代理人应当遵守养老机构的规章制度，维护养老机构正常服务秩序。

第六条　政府投资兴办的养老机构在满足特困人员集中供养需求的前提下，优先保障经济困难的孤寡、失能、高龄、计划生育特殊家庭等老年人的服务需求。

政府投资兴办的养老机构，可以采取委托管理、租赁经营等方式，交由社会力量运营管理。

第七条　民政部门应当会同有关部门采取措施，鼓励、支持企业事业单位、社会组织或者个人兴办、运营养老机构。

鼓励自然人、法人或者其他组织依法为养老机构提供捐赠和志愿服务。

第八条　鼓励养老机构加入养老服务行业组织，加强行业自律和诚信建设，促进行业规范有序发展。

第二章　备案办理

第九条　设立营利性养老机构，应当在市场监督管理部门办理登记。设立非营利性养老机构，应当依法办理相应的登记。

养老机构登记后即可开展服务活动。

第十条　营利性养老机构办理备案，应当在收住老年人后 10 个工作日以内向服务场所所在地的县级人民政府民政部门提出。非营利性养老机构办理备案，应当在收住老年人后 10 个工作日以内向登记管理机关同级的人民政府民政部门提出。

第十一条　养老机构办理备案，应当向民政部门提交备案申请书、养老机构登记证书、符合本办法第四条要求的承诺书等材料，并对真实性负责。

备案申请书应当包括下列内容：

（一）养老机构基本情况，包括名称、住所、法定代表人或者主要负责人信息等；

（二）服务场所权属；

（三）养老床位数量；

（四）服务设施面积；

（五）联系人和联系方式。

民政部门应当加强信息化建设，逐步实现网上备案。

第十二条　民政部门收到养老机构备案材料后，对材料齐全的，应当出具备案回执；材料不齐全的，应当指导养老机构补正。

第十三条　已经备案的养老机构变更名称、法定代表人或者主要负责人等登记事项，或者变更服务场所权属、养老床位数量、服务设施面积等事项的，应当及时向原备案民政部门办理变更备案。

养老机构在原备案机关辖区内变更服务场所的，应当及时向原备案民政部门办理变更备案。营利性养老机构跨原备案机关辖区变更服务场所的，应当及时向变更后的服务场所所在地县级人民政府民政部门办理备案。

第十四条　民政部门应当通过政府网站、政务新媒体、办事大厅公示栏、服务窗口等途径向社会公开备案事项及流程、材料清单等信息。

民政部门应当依托全国一体化在线政务服务平

台，推进登记管理机关、备案机关信息系统互联互通、数据共享。

第三章 服务规范

第十五条 养老机构应当建立入院评估制度，对老年人的身心状况进行评估，并根据评估结果确定照料护理等级。

老年人身心状况发生变化，需要变更照料护理等级的，养老机构应当重新进行评估。

养老机构确定或者变更老年人照料护理等级，应当经老年人或者其代理人同意。

第十六条 养老机构应当与老年人或者其代理人签订服务协议，明确当事人的权利和义务。

服务协议一般包括下列条款：

（一）养老机构的名称、住所、法定代表人或者主要负责人、联系方式；

（二）老年人或者其代理人和紧急联系人的姓名、住址、身份证明、联系方式；

（三）照料护理等级和服务内容、服务方式；

（四）收费标准和费用支付方式；

（五）服务期限和场所；

（六）协议变更、解除与终止的条件；

（七）暂停或者终止服务时老年人安置方式；

（八）违约责任和争议解决方式；

（九）当事人协商一致的其他内容。

第十七条 养老机构按照服务协议为老年人提供生活照料、康复护理、精神慰藉、文化娱乐等服务。

第十八条 养老机构应当为老年人提供饮食、起居、清洁、卫生等生活照料服务。

养老机构应当提供符合老年人住宿条件的居住用房，并配备适合老年人安全保护要求的设施、设备及用具，定期对老年人的活动场所和物品进行消毒和清洗。

养老机构提供的饮食应当符合食品安全要求、适宜老年人食用、有利于老年人营养平衡、符合民族风俗习惯。

第十九条 养老机构应当为老年人建立健康档案，开展日常保健知识宣传，做好疾病预防工作。养老机构在老年人突发危重疾病时，应当及时转送医疗机构救治并通知其紧急联系人。

养老机构可以通过设立医疗机构或者采取与周边医疗机构合作的方式，为老年人提供医疗服务。养老机构设立医疗机构的，应当按照医疗机构管理相关法律法规进行管理。

第二十条 养老机构发现老年人为传染病病人或者疑似传染病病人的，应当及时向附近的疾病预防控制机构或者医疗机构报告，配合实施卫生处理、隔离等预防控制措施。

养老机构发现老年人为疑似精神障碍患者的，应当依照精神卫生相关法律法规的规定处理。

第二十一条 养老机构应当根据需要为老年人提供情绪疏导、心理咨询、危机干预等精神慰藉服务。

第二十二条 养老机构应当开展适合老年人的文化、教育、体育、娱乐活动，丰富老年人的精神文化生活。

养老机构开展文化、教育、体育、娱乐活动时，应当为老年人提供必要的安全防护措施。

第二十三条 养老机构应当为老年人家庭成员看望或者问候老年人提供便利，为老年人联系家庭成员提供帮助。

第二十四条 鼓励养老机构运营社区养老服务设施，或者上门为居家老年人提供助餐、助浴、助洁等服务。

第四章 运营管理

第二十五条 养老机构应当按照国家有关规定建立健全安全、消防、食品、卫生、财务、档案管理等规章制度，制定服务标准和工作流程，并予以公开。

第二十六条 养老机构应当配备与服务和运营相适应的工作人员，并依法与其签订聘用合同或者劳动合同，定期开展职业道德教育和业务培训。

养老机构中从事医疗、康复、消防等服务的人员，应当具备相应的职业资格。

养老机构应当加强对养老护理人员的职业技能培训，建立健全体现职业技能等级等因素的薪酬制度。

第二十七条 养老机构应当依照其登记类型、经营性质、运营方式、设施设备条件、管理水平、服务质量、照料护理等级等因素合理确定服务项目的收费标准，并遵守国家和地方政府价格管理有关规定。

养老机构应当在醒目位置公示各类服务项目收费标准和收费依据，接受社会监督。

第二十八条 养老机构应当实行 24 小时值班，做好老年人安全保障工作。

养老机构应当在各出入口、接待大厅、值班室、楼道、食堂等公共场所安装视频监控设施，并妥善保管视频监控记录。

第二十九条　养老机构内设食堂的，应当取得市场监督管理部门颁发的食品经营许可证，严格遵守相关法律、法规和食品安全标准，执行原料控制、餐具饮具清洗消毒、食品留样等制度，并依法开展食堂食品安全自查。

养老机构从供餐单位订餐的，应当从取得食品生产经营许可的供餐单位订购，并按照要求对订购的食品进行查验。

第三十条　养老机构应当依法履行消防安全职责，健全消防安全管理制度，实行消防工作责任制，配置消防设施、器材并定期检测、维修，开展日常防火巡查、检查，定期组织灭火和应急疏散消防安全培训。

养老机构的法定代表人或者主要负责人对本单位消防安全工作全面负责，属于消防安全重点单位的养老机构应当确定消防安全管理人，负责组织实施本单位消防安全管理工作，并报告当地消防救援机构。

第三十一条　养老机构应当依法制定自然灾害、事故灾难、公共卫生事件、社会安全事件等突发事件应急预案，在场所内配备报警装置和必要的应急救援设备、设施，定期开展突发事件应急演练。

突发事件发生后，养老机构应当立即启动应急预案，采取防止危害扩大的必要处置措施，同时根据突发事件应对管理职责分工向有关部门和民政部门报告。

第三十二条　养老机构应当建立老年人信息档案，收集和妥善保管服务协议等相关资料。档案的保管期限不少于服务协议期满后五年。

养老机构及其工作人员应当保护老年人的个人信息和隐私。

第三十三条　养老机构应当按照国家有关规定接受、使用捐赠、资助。

鼓励养老机构为社会工作者、志愿者在机构内开展服务提供便利。

第三十四条　鼓励养老机构投保责任保险，降低机构运营风险。

第三十五条　养老机构因变更或者终止等原因暂停、终止服务的，应当在合理期限内提前书面通知老年人或者其代理人，并书面告知民政部门。

老年人需要安置的，养老机构应当根据服务协议约定与老年人或者其代理人协商确定安置事宜。民政部门应当为养老机构妥善安置老年人提供帮助。

养老机构终止服务后，应当依法清算并办理注销登记。

第五章　监督检查

第三十六条　民政部门应当加强对养老机构服务和运营的监督检查，发现违反本办法规定的，及时依法予以处理并向社会公布。

民政部门在监督检查中发现养老机构存在应当由其他部门查处的违法违规行为的，及时通报有关部门处理。

第三十七条　民政部门依法履行监督检查职责，可以采取以下措施：

（一）向养老机构和个人了解情况；

（二）进入涉嫌违法的养老机构进行现场检查；

（三）查阅或者复制有关合同、票据、账簿及其他有关资料；

（四）发现养老机构存在可能危及人身健康和生命财产安全风险的，责令限期改正，逾期不改正的，责令停业整顿。

民政部门实施监督检查时，监督检查人员不得少于2人，应当出示执法证件。

对民政部门依法进行的监督检查，养老机构应当配合，如实提供相关资料和信息，不得隐瞒、拒绝、阻碍。

第三十八条　对已经备案的养老机构，备案民政部门应当自备案之日起20个工作日以内进行现场检查，并核实备案信息；对未备案的养老机构，服务场所所在地的县级人民政府民政部门应当自发现其收住老年人之日起20个工作日以内进行现场检查，并督促及时备案。

民政部门应当每年对养老机构服务安全和质量进行不少于一次的现场检查。

第三十九条　民政部门应当采取随机抽取检查对象、随机选派检查人员的方式对养老机构实施监督检查。抽查情况及查处结果应当及时向社会公布。

民政部门应当结合养老机构的服务规模、信用记录、风险程度等情况，确定抽查比例和频次。对违法失信、风险高的养老机构，适当提高抽查比例和频次，依法依规实施严管和惩戒。

第四十条　民政部门应当加强对养老机构非法集资的防范、监测和预警工作，发现养老机构涉嫌非法集资的，按照有关规定及时移交相关部门。

第四十一条　民政部门应当充分利用信息技术手段，加强对养老机构的监督检查，提高监管能力和水平。

第四十二条　民政部门应当定期开展养老服务行业统计工作，养老机构应当及时准确报送相关信息。

第四十三条　养老机构应当听取老年人或者其代理人的意见和建议，发挥其对养老机构服务和运营的监督促进作用。

第四十四条　民政部门应当畅通对养老机构的举报投诉渠道，依法及时处理有关举报投诉。

第四十五条　民政部门发现个人或者组织未经登记以养老机构名义开展活动的，应当书面通报相关登记管理机关，并配合做好查处工作。

第六章　法律责任

第四十六条　养老机构有下列行为之一的，由民政部门责令改正，给予警告；情节严重的，处以3万元以下的罚款：

（一）未建立入院评估制度或者未按照规定开展评估活动的；

（二）未与老年人或者其代理人签订服务协议，或者未按照协议约定提供服务的；

（三）未按照有关强制性国家标准提供服务的；

（四）工作人员的资格不符合规定的；

（五）利用养老机构的房屋、场地、设施开展与养老服务宗旨无关的活动的；

（六）未依照本办法规定预防和处置突发事件的；

（七）歧视、侮辱、虐待老年人以及其他侵害老年人人身和财产权益行为的；

（八）向负责监督检查的民政部门隐瞒有关情况、提供虚假材料或者拒绝提供反映其活动情况真实材料的；

（九）法律、法规、规章规定的其他违法行为。

养老机构及其工作人员违反本办法有关规定，构成违反治安管理行为的，依法给予治安管理处罚；构成犯罪的，依法追究刑事责任。

第四十七条　民政部门及其工作人员在监督管理工作中滥用职权、玩忽职守、徇私舞弊的，对直接负责的主管人员和其他责任人员依法依规给予处分；构成犯罪的，依法追究刑事责任。

第七章　附　　则

第四十八条　国家对农村五保供养服务机构的管理有特别规定的，依照其规定办理。

第四十九条　本办法自2020年11月1日起施行。2013年6月28日民政部发布的《养老机构管理办法》同时废止。

伤残抚恤管理办法

1. 2007年7月31日民政部令第34号公布

2. 根据2013年7月5日民政部令第50号《关于修改〈伤残抚恤管理办法〉的决定》第一次修订

3. 2019年12月16日退役军人事务部令第1号第二次修订

第一章　总　　则

第一条　为了规范和加强退役军人事务部门管理的伤残抚恤工作，根据《军人抚恤优待条例》等法规，制定本办法。

第二条　本办法适用于符合下列情况的中国公民：

（一）在服役期间因战因公致残退出现役的军人，在服役期间因病评定了残疾等级退出现役的残疾军人；

（二）因战因公负伤时为行政编制的人民警察；

（三）因参战、参加军事演习、军事训练和执行军事勤务致残的预备役人员、民兵、民工以及其他人员；

（四）为维护社会治安同违法犯罪分子进行斗争致残的人员；

（五）为抢救和保护国家财产、人民生命财产致残的人员；

（六）法律、行政法规规定应当由退役军人事务部门负责伤残抚恤的其他人员。

前款所列第（三）、第（四）、第（五）项人员根据《工伤保险条例》应当认定视同工伤的，不再办理因战、因公伤残抚恤。

第三条　本办法第二条所列人员符合《军人抚恤优待条例》及有关政策中因战因公致残规定的，可以认定因战因公致残；个人对导致伤残的事件和行为负有过错责任的，以及其他不符合因战因公致残情形的，不得认定为因战因公致残。

第四条　伤残抚恤工作应当遵循公开、公平、公正的原则。县级人民政府退役军人事务部门应当公布有关评残程序和抚恤金标准。

第二章　残疾等级评定

第五条　评定残疾等级包括新办评定残疾等级、补办评定残疾等级、调整残疾等级。

新办评定残疾等级是指对本办法第二条第一款第（一）项以外的人员认定因战因公残疾性质，评定残疾等级。补办评定残疾等级是指对现役军人因战因公致残未能及时评定残疾等级，在退出现役后依据《军人抚恤优待条例》的规定，认定因战因公残疾性质、评定残疾等级。调整残疾等级是指对已经评定残疾等级，因原致残部位残疾情况变化与原评定的残疾等级明显不符的人员调整残疾等级级别，对达不到最低评残标准的可以取消其残疾等级。

属于新办评定残疾等级的，申请人应当在因战因公负伤或者被诊断、鉴定为职业病3年内提出申请；属于调整残疾等级的，应当在上一次评定残疾等级1年后提出申请。

第六条　申请人（精神病患者由其利害关系人帮助申请，下同）申请评定残疾等级，应当向所在单位提出书面申请。申请人所在单位应及时审查评定残疾等级申请，出具书面意见并加盖单位公章，连同相关材料一并报送户籍地县级人民政府退役军人事务部门审查。

没有工作单位的或者以原致残部位申请评定残疾等级的，可以直接向户籍地县级人民政府退役军人事务部门提出申请。

第七条　申请人申请评定残疾等级，应当提供以下真实确切材料：书面申请，身份证或者居民户口簿复印件，退役军人证（退役军人登记表）、人民警察证等证件复印件，本人近期二寸免冠彩色照片。

申请新办评定残疾等级，应当提交致残经过证明和医疗诊断证明。致残经过证明应包括相关职能部门提供的执行公务证明，交通事故责任认定书、调解协议书、民事判决书、医疗事故鉴定书等证明材料；抢救和保护国家财产、人民生命财产致残或者为维护社会治安同犯罪分子斗争致残证明；统一组织参战、参加军事演习、军事训练和执行军事勤务的证明材料。医疗诊断证明应包括加盖出具单位相关印章的门诊病历原件、住院病历复印件及相关检查报告。

申请补办评定残疾等级，应当提交因战因公致残档案记载或者原始医疗证明。档案记载是指本人档案中所在部队作出的涉及本人负伤原始情况、治疗情况及善后处理情况等确切书面记载。职业病致残需提供有直接从事该职业病相关工作经历的记载。医疗事故致残需提供军队后勤卫生机关出具的医疗事故鉴定结论。原始医疗证明是指原所在部队体系医院出具的能说明致残原因、残疾情况的病情诊断书、出院小结或者门诊病历原件、加盖出具单位相关印章的住院病历复印件。

申请调整残疾等级，应当提交近6个月内在二级甲等以上医院的就诊病历及医院检查报告、诊断结论等。

第八条　县级人民政府退役军人事务部门对报送的有关材料进行核对，对材料不全或者材料不符合法定形式的应当告知申请人补充材料。

县级人民政府退役军人事务部门经审查认为申请人符合因战因公负伤条件的，在报经设区的市级人民政府以上退役军人事务部门审核同意后，应当填写《残疾等级评定审批表》，并在受理之日起20个工作日内，签发《受理通知书》，通知本人到设区的市级人民政府以上退役军人事务部门指定的医疗卫生机构，对属于因战因公导致的残疾情况进行鉴定，由医疗卫生专家小组根据《军人残疾等级评定标准》，出具残疾等级医学鉴定意见。职业病的残疾情况鉴定由省级人民政府退役军人事务部门指定的承担职业病诊断的医疗卫生机构作出；精神病的残疾情况鉴定由省级人民政府退役军人事务部门指定的二级以上精神病专科医院作出。

县级人民政府退役军人事务部门依据医疗卫生专家小组出具的残疾等级医学鉴定意见对申请人拟定残疾等级，在《残疾等级评定审批表》上签署意见，加盖印章，连同其他申请材料，于收到医疗卫生专家小组签署意见之日起20个工作日内，一并报送设区的市级人民政府退役军人事务部门。

县级人民政府退役军人事务部门对本办法第二条第一款第（一）项人员，经审查认为不符合因战因公负伤条件的，或者经医疗卫生专家小组鉴定达不到补评或者调整残疾等级标准的，应当根据《军人抚恤优待条例》相关规定逐级上报省级人民政府退役军人事务部门。对本办法第二条第一款第(一)项以外的人员，经审查认为不符合因战因公负伤条件的，或者经医疗卫生专家小组鉴定达不到新评或者调整残疾等级标准的，应当填写《残疾等级评定结果告知书》，连同申请人提供的材料，退还申请人或者所在单位。

第九条 设区的市级人民政府退役军人事务部门对报送的材料审查后，在《残疾等级评定审批表》上签署意见，并加盖印章。

对符合条件的，于收到材料之日起 20 个工作日内，将上述材料报送省级人民政府退役军人事务部门。对不符合条件的，属于本办法第二条第一款第(一)项人员，根据《军人抚恤优待条例》相关规定上报省级人民政府退役军人事务部门；属于本办法第二条第一款第(一)项以外的人员，填写《残疾等级评定结果告知书》，连同申请人提供的材料，逐级退还申请人或者其所在单位。

第十条 省级人民政府退役军人事务部门对报送的材料初审后，认为符合条件的，逐级通知县级人民政府退役军人事务部门对申请人的评残情况进行公示。公示内容应当包括致残的时间、地点、原因、残疾情况(涉及隐私或者不宜公开的不公示)、拟定的残疾等级以及县级退役军人事务部门联系方式。公示应当在申请人工作单位所在地或者居住地进行，时间不少于 7 个工作日。县级人民政府退役军人事务部门应当对公示中反馈的意见进行核实并签署意见，逐级上报省级人民政府退役军人事务部门，对调整等级的应当将本人持有的伤残人员证一并上报。

省级人民政府退役军人事务部门应当对公示的意见进行审核，在《残疾等级评定审批表》上签署审批意见，加盖印章。对符合条件的，办理伤残人员证(调整等级的，在证件变更栏处填写新等级)，于公示结束之日起 60 个工作日内逐级发给申请人或者其所在单位。对不符合条件的，填写《残疾等级评定结果告知书》，连同申请人提供的材料，于收到材料之日或者公示结束之日起 60 个工作日内逐级退还申请人或者其所在单位。

第十一条 申请人或者退役军人事务部门对医疗卫生专家小组作出的残疾等级医学鉴定意见有异议的，可以到省级人民政府退役军人事务部门指定的医疗卫生机构重新进行鉴定。

省级人民政府退役军人事务部门可以成立医疗卫生专家小组，对残疾情况与应当评定的残疾等级提出评定意见。

第十二条 伤残人员以军人、人民警察或者其他人员不同身份多次致残的，退役军人事务部门按上述顺序只发给一种证件，并在伤残证件变更栏上注明再次致残的时间和性质，以及合并评残后的等级和性质。

致残部位不能合并评残的，可以先对各部位分别评残。等级不同的，以重者定级；两项(含)以上等级相同的，只能晋升一级。

多次致残的伤残性质不同的，以等级重者定性。等级相同的，按因战、因公、因病的顺序定性。

第三章 伤残证件和档案管理

第十三条 伤残证件的发放种类：

(一)退役军人在服役期间因战因公因病致残的，发给《中华人民共和国残疾军人证》；

(二)人民警察因战因公致残的，发给《中华人民共和国伤残人民警察证》；

(三)退出国家综合性消防救援队伍的人员在职期间因战因公因病致残的，发给《中华人民共和国残疾消防救援人员证》；

(四)因参战、参加军事演习、军事训练和执行军事勤务致残的预备役人员、民兵、民工以及其他人员，发给《中华人民共和国伤残预备役人员、伤残民兵民工证》；

(五)其他人员因公致残的，发给《中华人民共和国因公伤残人员证》。

第十四条 伤残证件由国务院退役军人事务部门统一制作。证件的有效期：15 周岁以下为 5 年，16－25 周岁为 10 年，26－45 周岁为 20 年，46 周岁以上为长期。

第十五条 伤残证件有效期满或者损毁、遗失的，证件持有人应当到县级人民政府退役军人事务部门申请换发证件或者补发证件。伤残证件遗失的须本人登报声明作废。

县级人民政府退役军人事务部门经审查认为符合条件的，填写《伤残人员换证补证审批表》，连同照片逐级上报省级人民政府退役军人事务部门。省级人民政府退役军人事务部门将新办理的伤残证件逐级通过县级人民政府退役军人事务部门发给申请人。

各级退役军人事务部门应当在20个工作日内完成本级需要办理的事项。

第十六条 伤残人员前往我国香港特别行政区、澳门特别行政区、台湾地区定居或者其他国家和地区定居前，应当向户籍地（或者原户籍地）县级人民政府退役军人事务部门提出申请，由户籍地（或者原户籍地）县级人民政府退役军人事务部门在变更栏内注明变更内容。对需要换发新证的，“身份证号”处填写定居地的居住证件号码。“户籍地”为国内抚恤关系所在地。

第十七条 伤残人员死亡的，其家属或者利害关系人应及时告知伤残人员户籍地县级人民政府退役军人事务部门，县级人民政府退役军人事务部门应当注销其伤残证件，并逐级上报省级人民政府退役军人事务部门备案。

第十八条 退役军人事务部门对申报和审批的各种材料、伤残证件应当有登记手续。送达的材料或者证件，均须挂号邮寄或者由申请人签收。

第十九条 县级人民政府退役军人事务部门应当建立伤残人员资料档案，一人一档，长期保存。

第四章 伤残抚恤关系转移

第二十条 残疾军人退役或者向政府移交，必须自军队办理了退役手续或者移交手续后60日内，向户籍迁入地的县级人民政府退役军人事务部门申请转入抚恤关系。退役军人事务部门必须进行审查、登记、备案。审查的材料有：《户口登记簿》、《残疾军人证》、军队相关部门监制的《军人残疾等级评定表》、《换领〈中华人民共和国残疾军人证〉申报审批表》、退役证件或者移交政府安置的相关证明。

县级人民政府退役军人事务部门应当对残疾军人残疾情况及有关材料进行审查，必要时可以复查鉴定残疾情况。认为符合条件的，将《残疾军人证》及有关材料逐级报送省级人民政府退役军人事务部门。省级人民政府退役军人事务部门审查无误的，在《残疾军人证》变更栏内填写新的户籍地、重新编号，并加盖印章，将《残疾军人证》逐级通过县级人民政府退役军人事务部门发还申请人。各级退役军人事务部门应当在20个工作日内完成本级需要办理的事项。如复查、鉴定残疾情况的可以适当延长工作日。

《军人残疾等级评定表》或者《换领〈中华人民共和国残疾军人证〉申报审批表》记载的残疾情况与残疾等级明显不符的，县级退役军人事务部门应当暂缓登记，逐级上报省级人民政府退役军人事务部门通知原审批机关更正，或者按复查鉴定的残疾情况重新评定残疾等级。伪造、变造《残疾军人证》和评残材料的，县级人民政府退役军人事务部门收回《残疾军人证》不予登记，并移交当地公安机关处理。

第二十一条 伤残人员跨省迁移户籍时，应同步转移伤残抚恤关系，迁出地的县级人民政府退役军人事务部门根据伤残人员申请及其伤残证件和迁入地户口簿，将伤残档案、迁入地户口簿复印件以及《伤残人员关系转移证明》，发送迁入地县级人民政府退役军人事务部门，并同时将此信息逐级上报本省级人民政府退役军人事务部门。

迁入地县级人民政府退役军人事务部门在收到上述材料和申请人提供的伤残证件后，逐级上报省级人民政府退役军人事务部门。省级人民政府退役军人事务部门在向迁出地省级人民政府退役军人事务部门核实无误后，在伤残证件变更栏内填写新的户籍地、重新编号，并加盖印章，逐级通过县级人民政府退役军人事务部门发还申请人。各级退役军人事务部门应当在20个工作日内完成本级需要办理的事项。

迁出地退役军人事务部门邮寄伤残档案时，应当将伤残证件及其军队或者地方相关的评残审批表或者换证表复印备查。

第二十二条 伤残人员本省、自治区、直辖市范围内迁移的有关手续，由省、自治区、直辖市人民政府退役军人事务部门规定。

第五章 抚恤金发放

第二十三条 伤残人员从被批准残疾等级评定后的下一个月起，由户籍地县级人民政府退役军人事务部门按照规定予以抚恤。伤残人员抚恤关系转移的，其当年的抚恤金由部队或者迁出地的退役军人事务部门负责发给，从下一年起由迁入地退役军人事务部门按当地标准发给。由于申请人原因造成抚恤金断发的，不再补发。

第二十四条 在境内异地（指非户籍地）居住的伤残人员或者前往我国香港特别行政区、澳门特别行政区、台湾地区定居或者其他国家和地区定居的伤残人员，经向其户籍地（或者原户籍地）县级人民政府退役军人事务部门申请并办理相关手续后,其伤残抚恤金可以委托他人代领,也可以委托其户籍地(或者原户籍地)县级人民政府退役军人事务部门存入其指定的金融机构账户,所需费用由本人负担。

第二十五条　伤残人员本人(或者其家属)每年应当与其户籍地(或者原户籍地)的县级人民政府退役军人事务部门联系一次,通过见面、人脸识别等方式确认伤残人员领取待遇资格。当年未联系和确认的,县级人民政府退役军人事务部门应当经过公告或者通知本人或者其家属及时联系、确认;经过公告或者通知本人或者其家属后60日内仍未联系、确认的,从下一个月起停发伤残抚恤金和相关待遇。

伤残人员(或者其家属)与其户籍地(或者原户籍地)退役军人事务部门重新确认伤残人员领取待遇资格后,从下一个月起恢复发放伤残抚恤金和享受相关待遇,停发的抚恤金不予补发。

第二十六条　伤残人员变更国籍、被取消残疾等级或者死亡的,从变更国籍、被取消残疾等级或者死亡后的下一个月起停发伤残抚恤金和相关待遇,其伤残人员证件自然失效。

第二十七条　有下列行为之一的,由县级人民政府退役军人事务部门给予警告,停止其享受的抚恤、优待,追回非法所得;构成犯罪的,依法追究刑事责任:

(一)伪造残情的;

(二)冒领抚恤金的;

(三)骗取医药费等费用的;

(四)出具假证明,伪造证件、印章骗取抚恤金和相关待遇的。

第二十八条　县级人民政府退役军人事务部门依据人民法院生效的法律文书、公安机关发布的通缉令或者国家有关规定,对具有中止抚恤、优待情形的伤残人员,决定中止抚恤、优待,并通知本人或者其家属、利害关系人。

第二十九条　中止抚恤的伤残人员在刑满释放并恢复政治权利、取消通缉或者符合国家有关规定后,经本人(精神病患者由其利害关系人)申请,并经县级退役军人事务部门审查符合条件的,从审核确认的下一个月起恢复抚恤和相关待遇,原停发的抚恤金不予补发。办理恢复抚恤手续应当提供下列材料:本人申请、户口登记簿、司法机关的相关证明。需要重新办证的,按照证件丢失规定办理。

第六章　附　　则

第三十条　本办法适用于中国人民武装警察部队。

第三十一条　因战因公致残的深化国防和军队改革期间部队现役干部转改的文职人员,因参加军事训练、非战争军事行动和作战支援保障任务致残的其他文职人员,因战因公致残消防救援人员、因病致残评定了残疾等级的消防救援人员,退出军队或国家综合性消防救援队伍后的伤残抚恤管理参照退出现役的残疾军人有关规定执行。

第三十二条　未列入行政编制的人民警察,参照本办法评定伤残等级,其伤残抚恤金由所在单位按规定发放。

第三十三条　省级人民政府退役军人事务部门可以根据本地实际情况,制定具体工作细则。

第三十四条　本办法自2007年8月1日起施行。

附件:(略)

儿童福利机构管理办法

1. 2018年10月30日民政部令第63号公布

2. 自2019年1月1日起施行

第一章　总　　则

第一条　为了加强儿童福利机构管理,维护儿童的合法权益,根据《中华人民共和国民法总则》、《中华人民共和国未成年人保护法》等有关法律法规,制定本办法。

第二条　本办法所称儿童福利机构是指民政部门设立的,主要收留抚养由民政部门担任监护人的未满18周岁儿童的机构。

儿童福利机构包括按照事业单位法人登记的儿童福利院、设有儿童部的社会福利院等。

第三条　国务院民政部门负责指导、监督全国儿童福利机构管理工作。

县级以上地方人民政府民政部门负责本行政区域内儿童福利机构管理工作,依照有关法律法规和本办法的规定,对儿童福利机构进行监督和检查。

第四条　儿童福利机构应当坚持儿童利益最大化,依法保障儿童的生存权、发展权、受保护权、参与权等权利,不断提高儿童生活、医疗、康复和教育水平。

儿童福利机构及其工作人员不得歧视、侮辱、虐待儿童。

第五条　儿童福利机构的建设应当纳入县级以上地方人民政府国民经济和社会发展规划，建设水平应当与当地经济和社会发展相适应。

第六条　儿童福利机构所需经费由县级以上地方人民政府财政部门按照规定予以保障。

第七条　鼓励自然人、法人或者其他组织通过捐赠、设立公益慈善项目、提供志愿服务等方式，参与儿童福利机构相关服务。

第八条　对在儿童福利机构服务和管理工作中做出突出成绩的单位和个人，依照国家有关规定给予表彰和奖励。

第二章　服务对象

第九条　儿童福利机构应当收留抚养下列儿童：

（一）无法查明父母或者其他监护人的儿童；

（二）父母死亡或者宣告失踪且没有其他依法具有监护资格的人的儿童；

（三）父母没有监护能力且没有其他依法具有监护资格的人的儿童；

（四）人民法院指定由民政部门担任监护人的儿童；

（五）法律规定应当由民政部门担任监护人的其他儿童。

第十条　儿童福利机构收留抚养本办法第九条第（一）项规定的儿童的，应当区分情况登记保存以下材料：

（一）属于无法查明父母或者其他监护人的被遗弃儿童的，登记保存公安机关出具的经相关程序确认查找不到父母或者其他监护人的捡拾报案证明、儿童福利机构发布的寻亲公告、民政部门接收意见等材料。

（二）属于无法查明父母或者其他监护人的打拐解救儿童的，登记保存公安机关出具的打拐解救儿童临时照料通知书、DNA信息比对结果、暂时未查找到生父母或者其他监护人的证明，儿童福利机构发布的寻亲公告，民政部门接收意见以及其他与儿童有关的材料。

（三）属于超过3个月仍无法查明父母或者其他监护人的流浪乞讨儿童的，登记保存公安机关出具的DNA信息比对结果、未成年人救助保护机构发布的寻亲公告、民政部门接收意见以及其他与儿童有关的材料。

第十一条　儿童福利机构收留抚养本办法第九条第（二）项规定的儿童的，应当登记保存儿童户籍所在地乡镇人民政府（街道办事处）提交的儿童父母死亡证明或者宣告死亡、宣告失踪的判决书以及没有其他依法具有监护资格的人的情况报告，民政部门接收意见等材料。

第十二条　儿童福利机构收留抚养本办法第九条第（三）项规定的儿童的，应当登记保存儿童户籍所在地乡镇人民政府（街道办事处）提交的父母没有监护能力的情况报告、没有其他依法具有监护资格的人的情况报告，民政部门接收意见等材料。

父母一方死亡或者失踪的，还应当登记保存死亡或者失踪一方的死亡证明或者宣告死亡、宣告失踪的判决书。

第十三条　儿童福利机构收留抚养本办法第九条第（四）项规定的儿童的，应当登记保存人民法院生效判决书、民政部门接收意见等材料。

第十四条　儿童福利机构可以接受未成年人救助保护机构委托，收留抚养民政部门承担临时监护责任的儿童。儿童福利机构应当与未成年人救助保护机构签订委托协议。

儿童福利机构应当接收需要集中供养的未满16周岁的特困人员。

第三章　服务内容

第十五条　儿童福利机构接收儿童后，应当及时送医疗机构进行体检和传染病检查。确实无法送医疗机构的，应当先行隔离照料。

第十六条　儿童福利机构收留抚养本办法第九条第（一）项规定的儿童的，应当保存儿童随身携带的能够标识其身份或者具有纪念价值的物品。

第十七条　儿童福利机构收留抚养本办法第九条规定的儿童，应当及时到当地公安机关申请办理户口登记。

第十八条　儿童福利机构应当根据《儿童福利机构基本规范》等国家标准、行业标准，提供日常生活照料、基本医疗、基本康复等服务，依法保障儿童受教育的权利。

第十九条　儿童福利机构应当设置起居室、活动室、医疗室、隔离室、康复室、厨房、餐厅、值班室、卫生间、储藏室等功能区域，配备符合儿童安全保护要求的设施设备。

第二十条 儿童福利机构应当考虑儿童个体差异，组织专业人员进行评估，并制定个性化抚养方案。

第二十一条 儿童福利机构应当提供吃饭、穿衣、如厕、洗澡等生活照料服务。

除重度残疾儿童外，对于6周岁以上儿童，儿童福利机构应当按照性别区分生活区域。女童应当由女性工作人员提供前款规定的生活照料服务。

儿童福利机构提供的饮食应当符合卫生要求，有利于儿童营养平衡。

第二十二条 儿童福利机构应当保障儿童参加基本医疗保险，安排儿童定期体检、免疫接种，做好日常医疗护理、疾病预防控制等工作。

儿童福利机构可以通过设立医疗机构或者采取与定点医疗机构合作的方式，为儿童提供基本医疗服务。

发现儿童为疑似传染病病人或者精神障碍患者时，儿童福利机构应当依照传染病防治、精神卫生等相关法律法规的规定处理。

第二十三条 儿童福利机构应当根据儿童的残疾状况提供有针对性的康复服务。暂不具备条件的，可以与有资质的康复服务机构合作开展康复服务。

第二十四条 对符合入学条件的儿童，儿童福利机构应当依法保障其接受普通教育；对符合特殊教育学校入学条件的儿童，应当依法保障其接受特殊教育。

鼓励具备条件的儿童福利机构开展特殊教育服务。

第二十五条 儿童确需跨省级行政区域接受手术医治、康复训练、特殊教育的，儿童福利机构应当选择具备相应资质的机构，并经所属民政部门批准同意。

儿童福利机构应当动态掌握儿童情况，并定期实地探望。

第二十六条 对于符合条件、适合送养的儿童，儿童福利机构依法安排送养。送养儿童前，儿童福利机构应当将儿童的智力、精神健康、患病及残疾状况等重要事项如实告知收养申请人。

对于符合家庭寄养条件的儿童，儿童福利机构按照《家庭寄养管理办法》的规定办理。

第二十七条 出现下列情形，儿童福利机构应当为儿童办理离院手续：

（一）儿童父母或者其他监护人出现的；

（二）儿童父母恢复监护能力或者有其他依法具有监护资格的人的；

（三）儿童父母或者其他监护人恢复监护人资格的；

（四）儿童被依法收养的；

（五）儿童福利机构和未成年人救助保护机构签订的委托协议期满或者被解除的；

（六）其他情形应当离院的。

第二十八条 出现本办法第二十七条第（一）项情形的，儿童福利机构应当根据情况登记保存公安机关出具的打拐解救儿童送还通知书，儿童确属于走失、被盗抢或者被拐骗的结案证明，人民法院撤销宣告失踪或者宣告死亡的判决书，以及能够反映原监护关系的材料等。

出现本办法第二十七条第（二）项情形的，儿童福利机构应当登记保存儿童原户籍所在地乡镇人民政府（街道办事处）提交的父母恢复监护能力或者有其他依法具有监护资格的人的情况报告。

出现本办法第二十七条第（三）项情形的，儿童福利机构应当登记保存人民法院恢复监护人资格的判决书。

出现本办法第二十七条第（一）项至第（三）项情形的，儿童福利机构还应当登记保存父母、其他监护人或者其他依法具有监护资格的人提交的户口簿、居民身份证复印件等证明身份的材料以及民政部门离院意见等材料。

出现本办法第二十七条第（四）项情形的，儿童福利机构应当登记保存收养登记证复印件、民政部门离院意见等材料。

出现本办法第二十七条第（五）项情形的，儿童福利机构应当登记保存儿童福利机构和未成年人救助保护机构签订的委托协议或者解除委托协议的相关材料。

第二十九条 儿童离院的，儿童福利机构应当出具儿童离院确认书。

第三十条 由民政部门担任监护人的儿童年满18周岁后，儿童福利机构应当报请所属民政部门提请本级人民政府解决其户籍、就学、就业、住房、社会保障等安置问题，并及时办理离院手续。

第三十一条 儿童福利机构收留抚养的儿童正常死亡或者经医疗卫生机构救治非正常死亡的，儿童福利机构应当取得负责救治或者正常死亡调查的医疗卫生机构签发的《居民死亡医学证明(推断)书》;儿童未经医疗卫生机构救治非正常死亡的,儿童福利机构应当取得由公安司法部门按照规定及程序出具的死亡证明。

儿童福利机构应当及时将儿童死亡情况报告所属民政部门,并依法做好遗体处理、户口注销等工作。

第四章 内部管理

第三十二条 儿童福利机构应当按照国家有关规定建立健全安全、食品、应急、财务、档案管理、信息化等制度。

第三十三条 儿童福利机构应当落实岗位安全责任,在各出入口、接待大厅、楼道、食堂、观察室以及儿童康复、教育等区域安装具有存储功能的视频监控系统。监控录像资料保存期不少于3个月,载有特殊、重要资料的存储介质应当归档保存。

第三十四条 儿童福利机构应当实行24小时值班巡查制度。值班人员应当熟知机构内抚养儿童情况,做好巡查记录,在交接班时重点交接患病等特殊状况儿童。

第三十五条 儿童福利机构应当依法建立并落实逐级消防安全责任制,健全消防安全管理制度,按照国家标准、行业标准配置消防设施、器材,对消防设施、器材进行维护保养和检测,保障疏散通道、安全出口、消防车通道畅通,开展日常防火巡查、检查,定期组织消防安全教育培训和灭火、应急疏散演练。

第三十六条 儿童福利机构应当加强食品安全管理,保障儿童用餐安全卫生、营养健康。

儿童福利机构内设食堂的,应当取得市场监管部门的食品经营许可;儿童福利机构从供餐单位订餐以及外购预包装食品的,应当从取得食品生产经营许可的企业订购,并按照要求对订购的食品进行查验。

儿童福利机构应当按照有关规定对食品留样备查。

第三十七条 儿童福利机构应当制定疫情、火灾、食物中毒等突发事件应急预案。

突发事件发生后,儿童福利机构应当立即启动应急处理程序,根据突发事件应对管理职责分工向有关部门报告。

第三十八条 儿童福利机构应当执行国家统一的会计制度,依法使用资金,专款专用,不得挪用、截留孤儿基本生活费等专项经费。

第三十九条 儿童福利机构应当建立儿童个人档案,做到一人一档。

第四十条 儿童福利机构应当依托全国儿童福利信息管理系统,及时采集并录入儿童的基本情况及重要医疗、康复、教育等信息,并定期更新数据。

第四十一条 儿童福利机构应当根据工作需要设置岗位。从事医疗卫生等准入类职业的专业技术人员,应当持相关的国家职业资格证书上岗。鼓励其他专业人员接受职业技能培训。

第四十二条 儿童福利机构应当鼓励、支持工作人员参加职业资格考试或者职称评定,按照国家有关政策妥善解决医疗、康复、教育、社会工作等专业技术人员的职称、工资及福利待遇。

儿童福利机构工作人员着装应当整洁、统一。

第四十三条 儿童福利机构与境外组织开展活动和合作项目的,应当按照国家有关规定办理相关手续。

第五章 保障与监督

第四十四条 县级以上地方人民政府民政部门应当支持儿童福利机构发展,协调落实相关政策和保障措施。

第四十五条 鼓励县级以上地方人民政府民政部门通过引入专业社会工作机构、公益慈善项目等多种方式提高儿童福利机构专业服务水平。

第四十六条 县级以上地方人民政府民政部门应当加强儿童福利机构人员队伍建设,定期培训儿童福利机构相关人员。

第四十七条 县级以上地方人民政府民政部门应当建立健全日常监管制度,对其设立的儿童福利机构及工作人员履行下列监督管理职责:

(一)负责对儿童福利机构建立健全内部管理制度、规范服务流程、加强风险防控等情况进行监督检查;

(二)负责对执行儿童福利机构管理相关法律法规及本办法情况进行监督检查;

(三)负责对违反儿童福利机构管理相关法律法规及本办法行为,依法给予处分;

（四）负责儿童福利机构监督管理的其他事项。

上级民政部门应当加强对下级民政部门的指导和监督检查，及时处理儿童福利机构管理中的违法违规行为。

第四十八条 对私自收留抚养无法查明父母或者其他监护人的儿童的社会服务机构、宗教活动场所等组织，县级以上地方人民政府民政部门应当会同公安、宗教事务等有关部门责令其停止收留抚养活动，并将收留抚养的儿童送交儿童福利机构。

对现存的与民政部门签订委托代养协议的组织，民政部门应当加强监督管理。

第四十九条 儿童福利机构及其工作人员不依法履行收留抚养职责，或者歧视、侮辱、虐待儿童的，由所属民政部门责令改正，依法给予处分；构成犯罪的，依法追究刑事责任。

第五十条 民政部门及其工作人员在儿童福利机构管理工作中滥用职权、玩忽职守、徇私舞弊的，由有权机关责令改正，依法给予处分；构成犯罪的，依法追究刑事责任。

第六章 附 则

第五十一条 本办法所称未成年人救助保护机构是指未成年人（救助）保护中心和设有未成年人救助保护科（室）的救助管理站。

第五十二条 本办法自2019年1月1日起施行。

未成年人文身治理工作办法

1. 2022年6月6日国务院未成年人保护工作领导小组办公室发布施行

2. 国未保办发〔2022〕6号

第一条 为深入贯彻落实《中华人民共和国民法典》和《中华人民共和国未成年人保护法》，坚持最有利于未成年人的原则，全面加强未成年人文身治理，保护未成年人合法权益，促进未成年人健康成长，制定本办法。

第二条 国家、社会、学校和家庭应当教育和帮助未成年人树立和践行社会主义核心价值观，充分认识文身可能产生的危害，增强自我保护的意识和能力，理性拒绝文身。

第三条 未成年人的父母或者其他监护人应当依法履行监护职责，教育引导未成年人进行有益身心健康的活动，对未成年人产生文身动机和行为的，应当及时劝阻，不得放任未成年人文身。

第四条 任何企业、组织和个人不得向未成年人提供文身服务，不得胁迫、引诱、教唆未成年人文身。

第五条 文身服务提供者应当在显著位置标明不向未成年人提供文身服务。对难以判明是否是未成年人的，应当要求其出示身份证件。

本办法所称文身服务提供者，主要是指专业文身机构、提供文身服务的医疗卫生机构（含医疗美容机构）和美容美发机构等各类主体，也包括提供文身服务的社会组织。

第六条 各相关部门应当按照“谁审批、谁监管，谁主管、谁监管”的原则，健全工作机制，强化源头管控。

卫生健康部门不得审批同意医疗卫生机构（含医疗美容机构）开展未成年人文身服务项目。加大指导监管力度，指导医疗卫生机构（含医疗美容机构）不向未成年人开展文身服务，并对有意愿“去除文身”的未成年人提供规范医疗美容服务。

市场监管部门在办理市场主体登记注册时，对于经营范围中包含文身服务活动的市场主体，应当在其营业执照相关经营范围后明确标注“除面向未成年人”，并指导其自觉依规经营。

商务部门应当配合相关部门，指导行业协会督促美容经营者不得向未成年人提供文身服务。

民政部门应当加强社会组织登记管理，不得审批同意社会组织开展未成年人文身服务，指导从事文身服务的社会组织不向未成年人提供文身服务。

第七条 各相关部门应当履行部门职责，发挥部门优势，加强对未成年人文身治理的支持和配合，形成整体合力。

人民法院对向未成年人提供文身服务或者胁迫、引诱、教唆未成年人文身，侵害未成年人合法权益的案件，应当依法审理。

人民检察院对因文身导致未成年人合法权益受到侵犯，相关组织和个人未代为提起诉讼的，可以督促、支持其提起诉讼；涉及公共利益的，有权提起公益诉讼。

教育部门应当将未成年人文身危害相关知识纳入学校教育内容，组织开展警示教育，加强文明礼仪教育，提高在校学生对文身危害性的认识。

公安机关应当依法调查处理因胁迫、引诱、教唆未成年人文身引发的违反治安管理行为或者涉嫌犯罪案件。

司法行政部门应当加强未成年人文身法治宣传教育，支持和指导有关部门开展行政执法，完善有关投诉举报制度。

共青团组织应当加强青少年思想道德引领，组织针对性的教育引导和心理辅导，让未成年人认识到文身可能造成的伤害和不良影响。

妇联组织应当将未成年人文身危害纳入家庭教育重要内容，指导和支持未成年人父母或者其他监护人切实履行责任。

宣传、网信、广播电视主管部门应当加强未成年人文身危害宣传和舆论监督。

各级未成年人保护工作领导小组（委员会）应当做好统筹、协调、督促和指导工作。

第八条　任何企业、组织和个人出版、发布、传播的图书、报刊、电影、广播电视节目、舞台艺术作品、音像制品、电子出版物或者网络信息，不得含有诱导未成年人文身的内容。

第九条　任何企业、组织和个人不得刊登、播放、张贴或者散发含有诱导未成年人文身、危害未成年人身心健康内容的广告；不得在学校、幼儿园播放、张贴或者散发文身商业广告。

第十条　任何企业、组织和个人发现向未成年人提供文身服务的，可以向民政、商务、卫生健康、市场监管等部门报告，接到报告的有关部门应当及时受理、处置。

第十一条　各地各相关部门要加强监督检查，加大查处力度。文身服务提供者违反规定向未成年人提供文身服务的，有关部门依照有关规定予以处理。其他市场主体未依法取得营业执照向未成年人提供文身服务的，依照《无证无照经营查处办法》等规定进行查处。个人违反规定擅自向未成年人提供文身服务的，依法追究其法律责任。

第十二条　各地各相关部门可依据本办法，结合工作实际制定具体措施。

第十三条　本办法自印发之日起施行。

未成年人法律援助服务指引（试行）

1. 2020年9月16日司法部公共法律服务管理局、中华全国律师协会发布

2. 司公通〔2020〕12号

第一章　总　　则

第一条　为有效保护未成年人合法权益，加强未成年人法律援助工作，规范未成年人法律援助案件的办理，依据《中华人民共和国民事诉讼法》《中华人民共和国刑事诉讼法》《中华人民共和国未成年人保护法》《法律援助条例》等法律、法规、规范性文件，制定本指引。

第二条　法律援助承办机构及法律援助承办人员办理未成年人法律援助案件，应当遵守《全国民事行政法律援助服务规范》《全国刑事法律援助服务规范》，参考本指引规定的工作原则和办案要求，提高未成年人法律援助案件的办案质量。

第三条　本指引适用于法律援助承办机构、法律援助承办人员办理性侵害未成年人法律援助案件、监护人侵害未成年人权益法律援助案件、学生伤害事故法律援助案件和其他侵害未成年人合法权益的法律援助案件。

其他接受委托办理涉及未成年人案件的律师，可以参照执行。

第四条　未成年人法律援助工作应当坚持最有利于未成年人的原则，遵循给予未成年人特殊、优先保护，尊重未成年人人格尊严，保护未成年人隐私权和个人信息，适应未成年人身心发展的规律和特点，听取未成年人的意见，保护与教育相结合等原则；兼顾未成年犯罪嫌疑人、被告人、被害人权益的双向保护，避免未成年人受到二次伤害，加强跨部门多专业合作，积极寻求相关政府部门、专业机构的支持。

第二章　基本要求

第五条　法律援助机构指派未成年人案件时，应当优先指派熟悉未成年人身心特点、熟悉未成年人法律业务的承办人员。未成年人为女性的性侵害案件，应当优先指派女性承办人员办理。重大社会影响或疑难复杂案件，法律援助机构可以指导、协助法律援助承办人员向办案机关寻求必要支持。有条件的地区，法律援助机构可以建立未成年人法律援助律师团队。

第六条 法律援助承办人员应当在收到指派通知书之日起5个工作日内会见受援未成年人及其法定代理人（监护人）或近亲属并进行以下工作：

（一）了解案件事实经过、司法程序处理背景、争议焦点和诉讼时效、受援未成年人及其法定代理人（监护人）诉求、案件相关证据材料及证据线索等基本情况；

（二）告知其法律援助承办人员的代理、辩护职责、受援未成年人及其法定代理人（监护人）在诉讼中的权利和义务、案件主要诉讼风险及法律后果；

（三）发现未成年人遭受暴力、虐待、遗弃、性侵害等侵害的，可以向公安机关进行报告，同时向法律援助机构报备，可以为其寻求救助庇护和专业帮助提供协助；

（四）制作谈话笔录，并由受援未成年人及其法定代理人（监护人）或近亲属共同签名确认。未成年人无阅读能力或尚不具备理解认知能力的，法律援助承办人员应当向其宣读笔录，由其法定代理人（监护人）或近亲属代签，并在笔录上载明；

（五）会见受援未成年人时，其法定代理人（监护人）或近亲属至少应有一人在场，会见在押未成年人犯罪嫌疑人、被告人除外；会见受援未成年人的法定代理人（监护人）时，如有必要，受援未成年人可以在场。

第七条 法律援助承办人员办理未成年人案件的工作要求：

（一）与未成年人沟通时不得使用批评性、指责性、侮辱性以及有损人格尊严等性质的语言；

（二）会见未成年人，优先选择未成年人住所或者其他让未成年人感到安全的场所；

（三）会见未成年当事人或未成年证人，应当通知其法定代理人（监护人）或者其他成年亲属等合适成年人到场；

（四）保护未成年人隐私权和个人信息，不得公开涉案未成年人和未成年被害人的姓名、影像、住所、就读学校以及其他可能推断、识别身份信息的其他资料信息；

（五）重大、复杂、疑难案件，应当提请律师事务所或法律援助机构集体讨论，提请律师事务所讨论的，应当将讨论结果报告法律援助机构。

第三章 办理性侵害未成年人案件

第八条 性侵害未成年人犯罪，包括刑法第二百三十六条、第二百三十七条、第三百五十八条、第三百五十九条规定的针对未成年人实施的强奸罪，猥亵他人罪，猥亵儿童罪，组织卖淫罪，强迫卖淫罪，引诱、容留、介绍卖淫罪，引诱幼女卖淫罪等案件。

第九条 法律援助承办人员办理性侵害未成年人案件的工作要求：

（一）法律援助承办人员需要询问未成年被害人的，应当采取和缓、科学的询问方式，以一次、全面询问为原则，尽可能避免反复询问。法律援助承办人员可以建议办案机关在办理案件时，推行全程录音录像制度，以保证被害人陈述的完整性、准确性和真实性；

（二）法律援助承办人员应当向未成年被害人及其法定代理人（监护人）释明刑事附带民事诉讼的受案范围，协助未成年被害人提起刑事附带民事诉讼。法律援助承办人员应当根据未成年被害人的诉讼请求，指引、协助未成年被害人准备证据材料；

（三）法律援助承办人员办理性侵害未成年人案件时，应当于庭审前向人民法院确认案件不公开审理。

第十条 法律援助承办人员发现公安机关在处理性侵害未成年人犯罪案件应当立案而不立案的，可以协助未成年被害人及其法定代理人（监护人）向人民检察院申请立案监督或协助向人民法院提起自诉。

第十一条 法律援助承办人员可以建议办案机关对未成年被害人的心理伤害程度进行社会评估，辅以心理辅导、司法救助等措施，修复和弥补未成年被害人身心伤害；发现未成年被害人存在心理、情绪异常的，应当告知其法定代理人（监护人）为其寻求专业心理咨询与疏导。

第十二条 对于低龄被害人、证人的陈述的证据效力，法律援助承办人员可以建议办案机关结合被害人、证人的心智发育程度、表达能力，以及所处年龄段未成年人普遍的表达能力和认知能力进行客观的判断，对待证事实与其年龄、智力状况或者精神健康状况相适应的未成年人陈述、证言，应当建议办案机关依法予以采信，不能轻易否认其证据效力。

第十三条 在未成年被害人、证人确有必要出庭的案件中，法律援助承办人员应当建议人民法院采取必要保护措施，不暴露被害人、证人的外貌、真实声音，有条件的可以采取视频等方式播放被害人的陈述、证人证言，避免未成年被害人、证人与被告人接触。

第十四条　庭审前，法律援助承办人员应当认真做好下列准备工作：

（一）在举证期限内向人民法院提交证据清单及证据，准备证据材料；

（二）向人民法院确认是否存在证人、鉴定人等出庭作证情况，拟定对证人、鉴定人的询问提纲；

（三）向人民法院确认刑事附带民事诉讼被告人是否有证据提交，拟定质证意见；

（四）拟定对证言笔录、鉴定人的鉴定意见、勘验笔录和其他作为证据的文书的质证意见；

（五）准备辩论意见；

（六）向被害人及其法定代理人（监护人）了解是否有和解或调解方案，并充分向被害人及其法定代理人（监护人）进行法律释明后，向人民法院递交方案；

（七）向被害人及其法定代理人（监护人）介绍庭审程序，使其了解庭审程序、庭审布局和有关注意事项。

第十五条　法律援助承办人员办理性侵害未成年人案件，应当了解和审查以下关键事实：

（一）了解和严格审查未成年被害人是否已满十二周岁、十四周岁的关键事实，正确判断犯罪嫌疑人、被告人是否"明知"或者"应当知道"未成年被害人为幼女的相关事实；

（二）了解和审查犯罪嫌疑人、被告人是否属于对未成年被害人负有"特殊职责的人员"；

（三）准确了解性侵害未成年人案发的地点、场所等关键事实，正确判断是否属于"在公共场所当众"性侵害未成年人。

第十六条　办理利用网络对儿童实施猥亵行为的案件时，法律援助承办人员应指导未成年被害人及其法定代理人（监护人）及时收集、固定能够证明行为人出于满足性刺激的目的，利用网络采取诱骗、强迫或者其他方法要求被害人拍摄、传送暴露身体的不雅照片、视频供其观看等相关事实方面的电子数据，并向办案机关报告。

第十七条　性侵害未成年人犯罪具有《关于依法惩治性侵害未成年人犯罪的意见》第25条规定的情形之一以及第26条第二款规定的情形的，法律援助承办人员应当向人民法院提出依法从重从严惩处的建议。

第十八条　对于犯罪嫌疑人、被告人利用职业便利、违背职业要求的特定义务性侵害未成年人的，法律援助承办人员可以建议人民法院在作出判决时对其宣告从业禁止令。

第十九条　发生在家庭内部的性侵害案件，为确保未成年被害人的安全，法律援助承办人员可以建议办案机关依法对未成年被害人进行紧急安置，避免再次受到侵害。

第二十条　对监护人性侵害未成年人的案件，法律援助承办人员可以建议人民检察院、人民法院向有关部门发出检察建议或司法建议，建议有关部门依法申请撤销监护人资格，为未成年被害人另行指定其他监护人。

第二十一条　发生在学校的性侵害未成年人的案件，在未成年被害人不能正常在原学校就读时，法律援助承办人员可以建议其法定代理人（监护人）向教育主管部门申请为其提供教育帮助或安排转学。

第二十二条　未成年人在学校、幼儿园、教育培训机构等场所遭受性侵害，在依法追究犯罪人员法律责任的同时，法律援助承办人员可以帮助未成年被害人及其法定代理人（监护人）要求上述单位依法承担民事赔偿责任。

第二十三条　从事住宿、餐饮、娱乐等的组织和人员如果没有尽到合理限度范围内的安全保障义务，与未成年被害人遭受性侵害具有因果关系时，法律援助承办人员可以建议未成年被害人及其法定代理人（监护人）向安全保障义务人提起民事诉讼，要求其承担与其过错相应的民事补充赔偿责任。

第二十四条　法律援助承办人员办理性侵害未成年人附带民事诉讼案件，应当配合未成年被害人及其法定代理人（监护人）积极与犯罪嫌疑人、被告人协商、调解民事赔偿，为未成年被害人争取最大限度的民事赔偿。

犯罪嫌疑人、被告人以经济赔偿换取未成年被害人翻供或者撤销案件的，法律援助承办人员应当予以制止，并充分释明法律后果，告知未成年被害人及其法定代理人（监护人）法律风险。未成年被害人及其法定代理人（监护人）接受犯罪嫌疑人、被告人前述条件，法律援助承办人员可以拒绝为其提供法律援助服务，并向法律援助机构报告；法律援助机构核实后应当终止本次法律援助服务。

未成年被害人及其法定代理人（监护人）要求严惩犯罪嫌疑人、被告人，放弃经济赔偿的，法律援助承办人员应当尊重其决定。

第二十五条　未成年被害人及其法定代理人（监护人）提出精神损害赔偿的，法律援助承办人员应当注意收集未成年被害人因遭受性侵害导致精神疾病或者心理伤害的证据，将其精神损害和心理创伤转化为接受治疗、辅导而产生的医疗费用，依法向犯罪嫌疑人、被告人提出赔偿请求。

第二十六条　对未成年被害人因性侵害犯罪造成人身损害，不能及时获得有效赔偿，生活困难的，法律援助承办人员可以帮助未成年被害人及其法定代理人（监护人）、近亲属，依法向办案机关提出司法救助申请。

第四章　办理监护人侵害未成年人权益案件

第二十七条　监护人侵害未成年人权益案件，是指父母或者其他监护人（以下简称监护人）性侵害、出卖、遗弃、虐待、暴力伤害未成年人，教唆、利用未成年人实施违法犯罪行为，胁迫、诱骗、利用未成年人乞讨，以及不履行监护职责严重危害未成年人身心健康等行为。

第二十八条　法律援助承办人员发现监护侵害行为可能构成虐待罪、遗弃罪的，应当告知未成年人及其他监护人、近亲属或村（居）民委员会等有关组织有权告诉或代为告诉。

未成年被害人没有能力告诉，或者因受到强制、威吓无法告诉的，法律援助承办人员应当告知其近亲属或村（居）委员会等有关组织代为告诉或向公安机关报案。

第二十九条　法律援助承办人员发现公安机关处理监护侵害案件应当立案而不立案的，可以协助当事人向人民检察院申请立案监督或协助向人民法院提起自诉。

第三十条　办案过程中，法律援助承办人员发现未成年人身体受到严重伤害、面临严重人身安全威胁或者处于无人照料等危险状态的，应当建议公安机关将其带离实施监护侵害行为的监护人，就近护送至其他监护人、亲属、村（居）民委员会或者未成年人救助保护机构。

第三十一条　监护侵害行为情节较轻，依法不给予治安管理处罚的，法律援助承办人员可以协助未成年人的其他监护人、近亲属要求公安机关对加害人给予批评教育或者出具告诫书。

第三十二条　公安机关将告诫书送交加害人、未成年受害人，以及通知村（居）民委员会后，法律援助承办人员应当建议村（居）民委员会、公安派出所对收到告诫书的加害人，未成年受害人进行查访、监督加害人不再实施家庭暴力。

第三十三条　未成年人遭受监护侵害行为或者面临监护侵害行为的现实危险，法律援助承办人员应当协助其他监护人、近亲属，向未成年人住所地、监护人住所地或者侵害行为地基层人民法院，申请人身安全保护令。

第三十四条　法律援助承办人员应当协助受侵害未成年人搜集公安机关出警记录、告诫书、伤情鉴定意见等证据。

第三十五条　法律援助承办人员代理申请人身安全保护令时，可依法提出如下请求：

（一）禁止被申请人实施家庭暴力；

（二）禁止被申请人骚扰、跟踪、接触申请人及其相关近亲属；

（三）责令被申请人迁出申请人住所；

（四）保护申请人人身安全的其他措施。

第三十六条　人身安全保护令失效前，法律援助承办人员可以根据申请人要求，代理其向人民法院申请撤销、变更或者延长。

第三十七条　发现监护人具有民法典第三十六条、《关于依法处理监护人侵害未成年人权益行为若干问题的意见》第三十五条规定的情形之一的，法律援助承办人员可以建议其他具有监护资格的人、居（村）民委员会、学校、医疗机构、妇联、共青团、未成年人保护组织、民政部门等个人或组织，向未成年人住所地、监护人住所地或者侵害行为地基层人民法院申请撤销原监护人监护资格，依法另行指定监护人。

第三十八条　法律援助承办人员承办申请撤销监护人资格案件，可以协助申请人向人民检察院申请支持起诉。申请支持起诉的，应当向人民检察院提交申请支持起诉书，撤销监护人资格申请书、身份证明材料及案件所有证据材料复印件。

第三十九条　有关个人和组织向人民法院申请撤销监护人资格前，法律援助承办人员应当建议其听取有表达能力的未成年人的意见。

第四十条　法律援助承办人员承办申请撤销监护人资格案件，在接受委托后，应撰写撤销监护人资格申请书。申请书应当包括申请人及被申请人信息、申请事项、事实与理由等内容。

第四十一条　法律援助承办人员办理申请撤销监护人资格的案件，应当向人民法院提交相关证据，并协助社会服务机构递交调查评估报告。该报告应当包含未成年人基本情况，监护存在问题，监护人悔过情况，监护人接受教育、辅导情况，未成年人身心健康状况以及未成年人意愿等内容。

第四十二条　法律援助承办人员根据实际需要可以向人民法院申请聘请适当的社会人士对未成年人进行社会观护，引入心理疏导和测评机制，组织专业社会工作者、儿童心理问题专家等专业人员参与诉讼，为受侵害未成年人和被申请人提供心理辅导和测评服务。

第四十三条　法律援助承办人员应当建议人民法院根据最有利于未成年人的原则，在民法典第二十七条规定的人员和单位中指定监护人。没有依法具有监护资格的人的，建议人民法院依据民法典第三十二条规定指定民政部门担任监护人，也可以指定具备履行监护职责条件的被监护人住所地的村（居）民委员会担任监护人。

第四十四条　法律援助承办人员应当告知现任监护人有权向人民法院提起诉讼，要求被撤销监护人资格的父母继续负担被监护人的抚养费。

第四十五条　判决不撤销监护人资格的，法律援助承办人员根据《关于依法处理监护人侵害未成年人权益行为若干问题的意见》有关要求，可以协助有关个人和部门加强对未成年人的保护和对监护人的监督指导。

第四十六条　具有民法典第三十八条、《关于依法处理监护人侵害未成年人权益行为若干问题的意见》第四十条规定的情形之一的，法律援助承办人员可以向人民法院提出不得判决恢复其监护人资格的建议。

第五章　办理学生伤害事故案件

第四十七条　学生伤害事故案件，是指在学校、幼儿园或其他教育机构（以下简称教育机构）实施的教育教学活动或者组织的校外活动中，以及在教育机构负有管理责任的校舍、场地、其他教育教学设施、生活设施内发生的，造成在校学生人身损害后果的事故。

第四十八条　办理学生伤害事故案件，法律援助承办人员可以就以下事实进行审查：

（一）受侵害未成年人与学校、幼儿园或其他教育机构之间是否存在教育法律关系；

（二）是否存在人身损害结果和经济损失，教育机构、受侵害未成年人或者第三方是否存在过错，教育机构行为与受侵害未成年人损害结果之间是否存在因果关系；

（三）是否超过诉讼时效，是否存在诉讼时效中断、中止或延长的事由。

第四十九条　法律援助承办人员应当根据以下不同情形，告知未成年人及其法定代理人（监护人）相关的责任承担原则：

（一）不满八周岁的无民事行为能力人在教育机构学习、生活期间受到人身损害的，教育机构依据民法典第一千一百九十九条的规定承担过错推定责任；

（二）已满八周岁不满十八周岁的限制民事责任能力人在教育机构学习、生活期间受到人身损害的，教育机构依据民法典第一千二百条的规定承担过错责任；

（三）因教育机构、学生或者其他相关当事人的过错造成的学生伤害事故，相关当事人应当根据其行为过错程度的比例及其与损害结果之间的因果关系承担相应的责任。

第五十条　办理学生伤害事故案件，法律援助承办人员应当调查了解教育机构是否具备办学许可资格，教师或者其他工作人员是否具备职业资格，注意审查和收集能够证明教育机构存在《学生伤害事故处理办法》第九条规定的过错情形的证据。

第五十一条　办理《学生伤害事故处理办法》第十条规定的学生伤害事故案件，法律援助承办人员应当如实告知未成年人及其法定代理人（监护人）可能存在由其承担法律责任的诉讼风险。

第五十二条　办理《学生伤害事故处理办法》第十二条、第十三条规定的学生伤害事故案件，法律援助承办人员应当注意审查和收集教育机构是否已经履行相应职责或行为有无不当。教育机构已经履行相应职责或行为并无不当的，法律援助承办人员应当告知未成年人及其法定代理人（监护人），案件可能存在教育机构不承担责任的诉讼风险。

第五十三条 未成年人在教育机构学习、生活期间，受到教育机构以外的人员人身损害的，法律援助承办人员应当告知未成年人及其法定代理人（监护人）由侵权人承担侵权责任，教育机构未尽到管理职责的，承担相应的补充责任。

第五十四条 办理涉及教育机构侵权案件，法律援助承办人员可以采取以下措施：

（一）关注未成年人的受教育权，发现未成年人因诉讼受到教育机构及教职员工不公正对待的，及时向教育行政主管部门和法律援助机构报告；

（二）根据案情需要，可以和校方协商，或者向教育行政主管部门申请调解，并注意疏导家属情绪，积极参与调解，避免激化矛盾；

（三）可以调查核实教育机构和未成年人各自参保及保险理赔情况。

第五十五条 涉及校园重大安全事故、严重体罚、虐待、学生欺凌、性侵害等可能构成刑事犯罪的案件，法律援助承办人员可以向公安机关报告，或者协助未成年人及其法定代理人（监护人）向公安机关报告，并向法律援助机构报备。

第六章 附 则

第五十六条 本指引由司法部公共法律服务管理局与中华全国律师协会负责解释，自公布之日起试行。

未成年人节目管理规定

1. 2019年3月29日国家广播电视总局令第3号公布
2. 根据2021年10月8日《国家广播电视总局关于第三批修改的部门规章的决定》修订

第一章 总 则

第一条 为了规范未成年人节目，保护未成年人身心健康，保障未成年人合法权益，教育引导未成年人，培育和弘扬社会主义核心价值观，根据《中华人民共和国未成年人保护法》《广播电视管理条例》等法律、行政法规，制定本规定。

第二条 从事未成年人节目的制作、传播活动，适用本规定。

本规定所称未成年人节目，包括未成年人作为主要参与者或者以未成年人为主要接收对象的广播电视节目和网络视听节目。

第三条 从事未成年人节目制作、传播活动，应当以培养能够担当民族复兴大任的时代新人为着眼点，以培育和弘扬社会主义核心价值观为根本任务，弘扬中华优秀传统文化、革命文化和社会主义先进文化，坚持创新发展，增强原创能力，自觉保护未成年人合法权益，尊重未成年人发展和成长规律，促进未成年人健康成长。

第四条 未成年人节目管理工作应当坚持正确导向，注重保护尊重未成年人的隐私和人格尊严等合法权益，坚持教育保护并重，实行社会共治，防止未成年人节目出现商业化、成人化和过度娱乐化倾向。

第五条 国务院广播电视主管部门负责全国未成年人节目的监督管理工作。

县级以上地方人民政府广播电视主管部门负责本行政区域内未成年人节目的监督管理工作。

第六条 广播电视和网络视听行业组织应当结合行业特点，依法制定未成年人节目行业自律规范，加强职业道德教育，切实履行社会责任，促进业务交流，维护成员合法权益。

第七条 广播电视主管部门对在培育和弘扬社会主义核心价值观、强化正面教育、贴近现实生活、创新内容形式、产生良好社会效果等方面表现突出的未成年人节目，以及在未成年人节目制作、传播活动中做出突出贡献的组织、个人，按照有关规定予以表彰、奖励。

第二章 节目规范

第八条 国家支持、鼓励含有下列内容的未成年人节目的制作、传播：

（一）培育和弘扬社会主义核心价值观；

（二）弘扬中华优秀传统文化、革命文化和社会主义先进文化；

（三）引导树立正确的世界观、人生观、价值观；

（四）发扬中华民族传统家庭美德，树立优良家风；

（五）符合未成年人身心发展规律和特点；

（六）保护未成年人合法权益和情感，体现人文关怀；

（七）反映未成年人健康生活和积极向上的精神面貌；

（八）普及自然和社会科学知识；

（九）其他符合国家支持、鼓励政策的内容。

第九条　未成年人节目不得含有下列内容：

（一）渲染暴力、血腥、恐怖，教唆犯罪或者传授犯罪方法；

（二）除健康、科学的性教育之外的涉性话题、画面；

（三）肯定、赞许未成年人早恋；

（四）诋毁、歪曲或者以不当方式表现中华优秀传统文化、革命文化、社会主义先进文化；

（五）歪曲民族历史或者民族历史人物，歪曲、丑化、亵渎、否定英雄烈士事迹和精神；

（六）宣扬、美化、崇拜曾经对我国发动侵略战争和实施殖民统治的国家、事件、人物；

（七）宣扬邪教、迷信或者消极颓废的思想观念；

（八）宣扬或者肯定不良的家庭观、婚恋观、利益观；

（九）过分强调或者过度表现财富、家庭背景、社会地位；

（十）介绍或者展示自杀、自残和其他易被未成年人模仿的危险行为及游戏项目等；

（十一）表现吸毒、滥用麻醉药品、精神药品和其他违禁药物；

（十二）表现吸烟、售烟和酗酒；

（十三）表现违反社会公共道德、扰乱社会秩序等不良举止行为；

（十四）渲染帮会、黑社会组织的各类仪式；

（十五）宣传、介绍不利于未成年人身心健康的网络游戏；

（十六）法律、行政法规禁止的其他内容。

以科普、教育、警示为目的，制作、传播的节目中确有必要出现上述内容的，应当根据节目内容采取明显图像或者声音等方式予以提示，在显著位置设置明确提醒，并对相应画面、声音进行技术处理，避免过分展示。

第十条　不得制作、传播利用未成年人或者未成年人角色进行商业宣传的非广告类节目。

制作、传播未成年人参与的歌唱类选拔节目、真人秀节目、访谈脱口秀节目应当符合国务院广播电视主管部门的要求。

第十一条　广播电视播出机构、网络视听节目服务机构、节目制作机构应当根据不同年龄段未成年人身心发展状况，制作、传播相应的未成年人节目，并采取明显图像或者声音等方式予以提示。

第十二条　邀请未成年人参与节目制作，应当事先经其法定监护人同意。不得以恐吓、诱骗或者收买等方式迫使、引诱未成年人参与节目制作。

制作未成年人节目应当保障参与制作的未成年人人身和财产安全，以及充足的学习和休息时间。

第十三条　未成年人节目制作过程中，不得泄露或者质问、引诱未成年人泄露个人及其近亲属的隐私信息，不得要求未成年人表达超过其判断能力的观点。

对确需报道的未成年人违法犯罪案件，不得披露犯罪案件中未成年人当事人的姓名、住所、照片、图像等个人信息，以及可能推断出未成年人当事人身份的资料。对于不可避免含有上述内容的画面和声音，应当采取技术处理，达到不可识别的标准。

第十四条　邀请未成年人参与节目制作，其服饰、表演应当符合未成年人年龄特征和时代特点，不得诱导未成年人谈论名利、情爱等话题。

未成年人节目不得宣扬童星效应或者包装、炒作明星子女。

第十五条　未成年人节目应当严格控制设置竞赛排名，不得设置过高物质奖励，不得诱导未成年人现场拉票或者询问未成年人失败退出的感受。

情感故事类、矛盾调解类等节目应当尊重和保护未成年人情感，不得就家庭矛盾纠纷采访未成年人，不得要求未成年人参与节目录制和现场调解，避免未成年人亲眼目睹家庭矛盾冲突和情感纠纷。

未成年人节目不得以任何方式对未成年人进行品行、道德方面的测试，放大不良现象和非理性情绪。

第十六条　未成年人节目的主持人应当依法取得职业资格，言行妆容不得引起未成年人心理不适，并在节目中切实履行引导把控职责。

未成年人节目设置嘉宾，应当按照国务院广播电视主管部门的规定，将道德品行作为首要标准，严格遴选、加强培训，不得选用因丑闻劣迹、违法犯罪等行为造成不良社会影响的人员，并提高基层群众作为节目嘉宾的比重。

第十七条 国产原创未成年人节目应当积极体现中华文化元素，使用外国的人名、地名、服装、形象、背景等应当符合剧情需要。

未成年人节目中的用语用字应当符合有关通用语言文字的法律规定。

第十八条 未成年人节目前后播出广告或者播出过程中插播广告，应当遵守下列规定：

（一）未成年人专门频率、频道、专区、链接、页面不得播出医疗、药品、保健食品、医疗器械、化妆品、酒类、美容广告、不利于未成年人身心健康的网络游戏广告，以及其他不适宜未成年人观看的广告，其他未成年人节目前后不得播出上述广告；

（二）针对不满十四周岁的未成年人的商品或者服务的广告，不得含有劝诱其要求家长购买广告商品或者服务、可能引发其模仿不安全行为的内容；

（三）不得利用不满十周岁的未成年人作为广告代言人；

（四）未成年人广播电视节目每小时播放广告不得超过 12 分钟；

（五）未成年人网络视听节目播出或者暂停播出过程中，不得插播、展示广告，内容切换过程中的广告时长不得超过 30 秒。

第三章 传播规范

第十九条 未成年人专门频率、频道应当通过自制、外购、节目交流等多种方式，提高制作、播出未成年人节目的能力，提升节目质量和频率、频道专业化水平，满足未成年人收听收看需求。

网络视听节目服务机构应当以显著方式在显著位置对所传播的未成年人节目建立专区，专门播放适宜未成年人收听收看的节目。

未成年人专门频率频道、网络专区不得播出未成年人不宜收听收看的节目。

第二十条 广播电视播出机构、网络视听节目服务机构对所播出的录播或者用户上传的未成年人节目，应当按照有关规定履行播前审查义务；对直播节目，应当采取直播延时、备用节目替换等必要的技术手段，确保所播出的未成年人节目中不得含有本规定第九条第一款禁止内容。

第二十一条 广播电视播出机构、网络视听节目服务机构应当建立未成年人保护专员制度，安排具有未成年人保护工作经验或者教育背景的人员专门负责未成年人节目、广告的播前审查，并对不适合未成年人收听收看的节目、广告提出调整播出时段或者暂缓播出的建议，暂缓播出的建议由有关节目审查部门组织专家论证后实施。

第二十二条 广播电视播出机构、网络视听节目服务机构在未成年人节目播出过程中，应当至少每隔 30 分钟在显著位置发送易于辨认的休息提示信息。

第二十三条 广播电视播出机构在法定节假日和学校寒暑假每日 8:00 至 23:00，以及法定节假日和学校寒暑假之外时间每日 15:00 至 22:00，播出的节目应当适宜所有人群收听收看。

未成年人专门频率频道全天播出未成年人节目的比例应当符合国务院广播电视主管部门的要求，在每日 17:00 – 22:00 之间应当播出国产动画片或者其他未成年人节目，不得播出影视剧以及引进节目，确需在这一时段播出优秀未成年人影视剧的，应当符合国务院广播电视主管部门的要求。

未成年人专门频率频道、网络专区每日播出或者可供点播的国产动画片和引进动画片的比例应当符合国务院广播电视主管部门的规定。

第二十四条 网络用户上传含有未成年人形象、信息的节目且未经未成年人法定监护人同意的，未成年人的法定监护人有权通知网络视听节目服务机构采取删除、屏蔽、断开链接等必要措施。网络视听节目服务机构接到通知并确认其身份后应当及时采取相关措施。

第二十五条 网络视听节目服务机构应当对网络用户上传的未成年人节目建立公众监督举报制度。在接到公众书面举报后经审查发现节目含有本规定第九条第一款禁止内容或者属于第十条第一款禁止节目类型的，网络视听节目服务机构应当及时采取删除、屏蔽、断开链接等必要措施。

第二十六条 广播电视播出机构、网络视听节目服务机构应当建立由未成年人保护专家、家长代表、教师代表等组成的未成年人节目评估委员会，定期对未成年人节目、广告进行播前、播中、播后评估。必要时，可以邀请未成年人参加评估。评估意见应当作为节目继续播出或者调整的重要依据，有关节目审查部门应当对是否采纳评估意见作出书面说明。

第二十七条 广播电视播出机构、网络视听节目服务机构应当建立未成年人节目社会评价制度，并以适当方式及时公布所评价节目的改进情况。

第二十八条 广播电视播出机构、网络视听节目服务机构应当就未成年人保护情况每年度向当地人民政府广播电视主管部门提交书面年度报告。

评估委员会工作情况、未成年人保护专员履职情况和社会评价情况应当作为年度报告的重要内容。

第四章 监督管理

第二十九条 广播电视主管部门应当建立健全未成年人节目监听监看制度，运用日常监听监看、专项检查、实地抽查等方式，加强对未成年人节目的监督管理。

第三十条 广播电视主管部门应当设立未成年人节目违法行为举报制度，公布举报电话、邮箱等联系方式。

任何单位或者个人有权举报违反本规定的未成年人节目。广播电视主管部门接到举报，应当记录并及时依法调查、处理；对不属于本部门职责范围的，应当及时移送有关部门。

第三十一条 全国性广播电视、网络视听行业组织应当依据本规定，制定未成年人节目内容审核具体行业标准，加强从业人员培训，并就培训情况向国务院广播电视主管部门提交书面年度报告。

第五章 法律责任

第三十二条 违反本规定，制作、传播含有本规定第九条第一款禁止内容的未成年人节目的，或者在以科普、教育、警示为目的制作的节目中，包含本规定第九条第一款禁止内容但未设置明确提醒、进行技术处理的，或者制作、传播本规定第十条禁止的未成年人节目类型的，依照《广播电视管理条例》第四十九条的规定予以处罚。

第三十三条 违反本规定，播放、播出广告的时间超过规定或者播出国产动画片和引进动画片的比例不符合国务院广播电视主管部门规定的，依照《广播电视管理条例》第五十条的规定予以处罚。

第三十四条 违反本规定第十一条至第十七条、第十九条至第二十二条、第二十三条第一款和第二款、第二十四条至第二十八条的规定，由县级以上人民政府广播电视主管部门责令限期改正，给予警告，可以并处三万元以下的罚款。

违反第十八条第一项至第三项的规定，由有关部门依法予以处罚。

第三十五条 广播电视节目制作经营机构、广播电视播出机构、网络视听节目服务机构违反本规定，其主管部门或者有权处理单位，应当依法对负有责任的主管人员或者直接责任人员给予处分、处理；造成严重社会影响的，广播电视主管部门可以向被处罚单位的主管部门或者有权处理单位通报情况，提出对负有责任的主管人员或者直接责任人员的处分、处理建议，并可函询后续处分、处理结果。

第三十六条 广播电视主管部门工作人员滥用职权、玩忽职守、徇私舞弊或者未依照本规定履行职责的，对负有责任的主管人员和直接责任人员依法给予处分。

第六章 附 则

第三十七条 本规定所称网络视听节目服务机构，是指互联网视听节目服务机构和专网及定向传播视听节目服务机构。

本规定所称学校寒暑假是指广播电视播出机构所在地、网络视听节目服务机构注册地教育行政部门规定的时间段。

第三十八条 未构成本规定所称未成年人节目，但节目中含有未成年人形象、信息等内容，有关内容规范和法律责任参照本规定执行。

第三十九条 本规定自2019年4月30日起施行。

教育部等六部门关于做好家庭经济困难学生认定工作的指导意见

1. *2018年10月30日教育部、财政部、民政部、人力资源社会保障部、国务院扶贫办、中国残联发布*
2. *教财〔2018〕16号*

各省、自治区、直辖市教育厅（教委）、财政厅（局）、民政厅（局）、人力资源社会保障厅（局）、扶贫办（局）、残联，各计划单列市教育局、财政局、民政局、人力资源社会保障局、扶贫办（局）、残联，新疆生产建设兵团教育局、财政局、民政局、人力资源社会保障局、扶贫办、残联，中央部门所属各高等学校：

为深入贯彻党的十九大精神，不断健全学生资助制度，进一步提高学生资助精准度，现就家庭经济困难学生认定工作提出以下意见：

一、重要意义

做好家庭经济困难学生认定工作，是贯彻落实党中央、国务院决策部署，全面推进精准资助，确保资助政策有效落实的迫切需要。近年来，我国学生资助政策体系逐步完善，经费投入大幅增加，学生资助规模不断扩大，学生资助工作成效显著，极大地促进了教育公平，为教育事业健康发展、脱贫攻坚目标如期实现提供了有力保障。认定家庭经济困难学生是实现精准资助的前提，是做好学生资助工作的基础。各地、各校要把家庭经济困难学生认定作为加强学生资助工作的重要任务，切实把好事做好、实事办实。

二、认定对象

家庭经济困难学生认定工作的对象是指本人及其家庭的经济能力难以满足在校期间的学习、生活基本支出的学生。本意见中的学生包括根据有关规定批准设立的普惠性幼儿园幼儿；根据国家有关规定批准设立、实施学历教育的全日制中等职业学校、普通高中、初中和小学学生；根据国家有关规定批准设立、实施学历教育的全日制普通本科高等学校、高等职业学校和高等专科学校招收的本专科学生（含第二学士学位和预科生），纳入全国研究生招生计划的全日制研究生。

三、基本原则

（一）坚持实事求是、客观公平。认定家庭经济困难学生要从客观实际出发，以学生家庭经济状况为主要认定依据，认定标准和尺度要统一，确保公平公正。

（二）坚持定量评价与定性评价相结合。既要建立科学的量化指标体系，进行定量评价，也要通过定性分析修正量化结果，更加准确、全面地了解学生的实际情况。

（三）坚持公开透明与保护隐私相结合。既要做到认定内容、程序、方法等透明，确保认定公正，也要尊重和保护学生隐私，严禁让学生当众诉苦、互相比困。

（四）坚持积极引导与自愿申请相结合。既要引导学生如实反映家庭经济困难情况，主动利用国家资助完成学业，也要充分尊重学生个人意愿，遵循自愿申请的原则。

四、组织机构及职责

教育部、财政部、民政部、人力资源社会保障部、国务院扶贫办、中国残联根据工作职责指导全国各级各类学校家庭经济困难学生认定工作。

各地要建立联动机制，加强相关部门间的工作协同，进一步整合家庭经济困难学生数据资源，将全国学生资助管理信息系统、技工院校学生管理信息系统与民政、扶贫、残联等部门有关信息系统对接，确保建档立卡贫困家庭学生、最低生活保障家庭学生、特困供养学生、孤残学生、烈士子女、家庭经济困难残疾学生及残疾人子女等学生信息全部纳入家庭经济困难学生数据库。

各高校要健全认定工作机制，成立学校学生资助工作领导小组，领导、监督家庭经济困难学生认定工作；学生资助管理机构具体负责组织、管理全校家庭经济困难学生认定工作；院（系）成立以分管学生资助工作的领导为组长，班主任、辅导员代表等相关人员参加的认定工作组，负责认定的具体组织和审核工作；年级（专业或班级）成立认定评议小组，成员应包括班主任、辅导员、学生代表等，开展民主评议工作。

各中等职业学校、普通高中、初中、小学、幼儿园要成立家庭经济困难学生认定工作组，负责组织实施本校家庭经济困难学生认定工作。成员一般应包括学校领导、资助工作人员、教师代表、学生代表、家长代表等。

五、认定依据

（一）家庭经济因素。主要包括家庭收入、财产、债务等情况。

（二）特殊群体因素。主要指是否属于建档立卡贫困家庭学生、最低生活保障家庭学生、特困供养学生、孤残学生、烈士子女、家庭经济困难残疾学生及残疾人子女等情况。

（三）地区经济社会发展水平因素。主要指校园地、生源地经济发展水平、城乡居民最低生活保障标准，学校收费标准等情况。

（四）突发状况因素。主要指遭受重大自然灾害、重大突发意外事件等情况。

（五）学生消费因素。主要指学生消费的金额、结构等是否合理。

（六）其它影响家庭经济状况的有关因素。主要包括家庭负担、劳动力及职业状况等。

六、工作程序

家庭经济困难学生认定工作原则上每学年进行一次，每学期要按照家庭经济困难学生实际情况进行动态调整。工作程序一般应包括提前告知、个人申请、学校认定、结果公示、建档备案等环节。各地、各校可根据实际情况制定具体的实施程序。

（一）提前告知。学校要通过多种途径和方式，提前向学生或监护人告知家庭经济困难学生认定工作事项，并做好资助政策宣传工作。

（二）个人申请。学生本人或监护人自愿提出申请，如实填报综合反映学生家庭经济情况的认定申请表。认定申请表应根据《家庭经济困难学生认定申请表（样表）》，由省级相关部门、中央部属高校结合实际，自行制定。

（三）学校认定。学校根据学生或监护人提交的申请材料，综合考虑学生日常消费情况以及影响家庭经济状况的有关因素开展认定工作，按规定对家庭经济困难学生划分资助档次。学校可采取家访、个别访谈、大数据分析、信函索证、量化评估、民主评议等方式提高家庭经济困难学生认定精准度。

（四）结果公示。学校要将家庭经济困难学生认定的名单及档次，在适当范围内、以适当方式予以公示。公示时，严禁涉及学生个人敏感信息及隐私。学校应建立家庭经济困难学生认定结果复核和动态调整机制，及时回应有关认定结果的异议。

（五）建档备案。经公示无异议后，学校汇总家庭经济困难学生名单，连同学生的申请材料统一建档，并按要求录入全国学生资助管理信息系统（技工院校按要求录入技工院校学生管理信息系统）。

七、相关要求

各级教育、财政、民政、人力资源社会保障、扶贫、残联等部门要加强对家庭经济困难学生认定工作的监督与指导，发现问题，及时纠正。

各级民政、人力资源社会保障、扶贫、残联等部门要为学生家庭经济状况的核实认定工作提供必要依据和支持，确保建档立卡贫困家庭学生、最低生活保障家庭学生、特困供养学生、孤残学生、烈士子女、家庭经济困难残疾学生及残疾人子女等信息真实有效。

各级教育、人力资源社会保障等部门和学校要加强学生资助信息安全管理，不得泄露学生资助信息。

各学校要加强学生的诚信教育，要求学生或监护人如实提供家庭经济情况，并及时告知家庭经济变化情况。如发现有恶意提供虚假信息的情况，一经核实，学校要及时取消学生的认定资格和已获得的相关资助，并追回资助资金。

八、附则

各地、各中央部属高校要根据本意见，结合实际，制（修）定具体的认定办法，并报全国学生资助管理中心备案。

科研院所、党校、行政学院、会计学院等研究生培养单位的家庭经济困难学生认定工作，参照本意见执行。

本意见自发布之日起施行。《关于认真做好高等学校家庭经济困难学生认定工作的指导意见》（教财〔2007〕8号）同时废止。

本意见由教育部、财政部、民政部、人力资源社会保障部、国务院扶贫办、中国残联负责解释。

附件：家庭经济困难学生认定申请表（样表）（略）

关于进一步健全农村留守儿童和困境儿童关爱服务体系的意见

1. 2019年4月30日民政部、教育部、公安部、司法部、财政部、人力资源社会保障部、国务院妇儿工委办公室、共青团中央、全国妇联、中国残联发布

2. 民发〔2019〕34号

各省、自治区、直辖市民政厅（局）、教育厅（教委）、公安厅（局）、司法厅（局）、财政厅（局）、人力资源社会保障厅（局）、妇儿工委办、团委、妇联、残联，各计划单列市民政局、教育局、公安局、司法局、财政局、人力资源社会保障局、妇儿工委办、团委、妇联、残联，新疆生产建设兵团民政局、教育局、公安局、司法局、财务局、人力资源社会保障局、妇儿工委办、团委、妇联、残联：

为深入学习贯彻习近平新时代中国特色社会主义思想，全面贯彻党的十九大和十九届二中、三中全会精神，认真落实习近平总书记关于民生民政工作的重要论述，牢固树立以人民为中心的发展思想，扎实推动《国务院关于加强农村留守儿童关爱保护工作的意见》（国发〔2016〕13 号）和《国务院关于加强困境儿童保障工作的意见》（国发〔2016〕36 号）落到实处，现就进一步健全农村留守儿童和困境儿童关爱服务体系提出如下意见：

一、提升未成年人救助保护机构和儿童福利机构服务能力

（一）明确两类机构功能定位。未成年人救助保护机构是指县级以上人民政府及其民政部门根据需要设立，对生活无着的流浪乞讨、遭受监护侵害、暂时无人监护等未成年人实施救助，承担临时监护责任，协助民政部门推进农村留守儿童和困境儿童关爱服务等工作的专门机构，包括按照事业单位法人登记的未成年人保护中心、未成年人救助保护中心和设有未成年人救助保护科（室）的救助管理站，具体职责见附件 1。儿童福利机构是指民政部门设立的，主要收留抚养由民政部门担任监护人的未满 18 周岁儿童的机构，包括按照事业单位法人登记的儿童福利院、设有儿童部的社会福利院等。各地要采取工作试点、业务培训、定点帮扶、结对互学等多种方式，支持贫困地区尤其是“三区三州”等深度贫困地区未成年人救助保护机构、儿童福利机构提升服务能力。

（二）推进未成年人救助保护机构转型升级。要对照未成年人救助保护机构职责，健全服务功能，规范工作流程，提升关爱服务能力。各地已设立流浪未成年人救助保护机构的，要向未成年人救助保护机构转型。县级民政部门尚未建立未成年人救助保护机构的，要整合现有资源，明确救助管理机构、儿童福利机构等具体机构承担相关工作。县级民政部门及未成年人救助保护机构要对乡镇人民政府（街道办事处）、村（居）民委员会开展监护监督等工作提供政策指导和技术支持。未成年人救助保护机构抚养照料儿童能力不足的，可就近委托儿童福利机构代为养育并签订委托协议。

（三）拓展儿童福利机构社会服务功能。各地要因地制宜优化儿童福利机构区域布局，推动将孤儿数量少、机构设施差、专业力量弱的县级儿童福利机构抚养的儿童向地市级儿童福利机构移交。已经将孤儿转出的县级儿童福利机构，应当设立儿童福利指导中心或向未成年人救助保护机构转型，探索开展农村留守儿童、困境儿童、散居孤儿、社会残疾儿童及其家庭的临时照料、康复指导、特殊教育、精神慰藉、定期探访、宣传培训等工作。鼓励有条件的地市级以上儿童福利机构不断拓展集养、治、教、康于一体的社会服务功能，力争将儿童福利机构纳入定点康复机构，探索向贫困家庭残疾儿童开放。

二、加强基层儿童工作队伍建设

（一）加强工作力量。坚持选优配强，确保有能力、有爱心、有责任心的人员从事儿童关爱保护服务工作，做到事有人干、责有人负。村（居）民委员会要明确由村（居）民委员会委员、大学生村官或者专业社会工作者等人员负责儿童关爱保护服务工作，优先安排村（居）民委员会女性委员担任，工作中一般称为“儿童主任”；乡镇人民政府（街道办事处）要明确工作人员负责儿童关爱保护服务工作，工作中一般称为“儿童督导员”。

（二）加强业务培训。各级民政部门要按照“分层级、多样化、可操作、全覆盖”的要求组织开展儿童工作业务骨干以及师资培训。原则上，地市级民政部门负责培训到儿童督导员，县级民政部门负责培训到儿童主任，每年至少轮训一次，初任儿童督导员和儿童主任经培训考核合格后方可开展工作。培训内容要突出儿童督导员职责（见附件 2）、儿童主任职责（见附件 3），突出家庭走访、信息更新、强制报告、政策链接、强化家庭监护主体责任及家庭教育等重点。各地要加大对贫困地区培训工作的支持力度，做到培训资金重点倾斜、培训对象重点考虑、培训层级适当下延。

（三）加强工作跟踪。各地要建立和完善儿童督导员、儿童主任工作跟踪机制，对认真履职、工作落实到位、工作成绩突出的予以奖励和表扬，并纳入有关评先评优表彰奖励推荐范围；对工作责任心不强、工作不力的及时作出调整。各地要依托全国农村留守儿童和困境儿童信息管理系统，对儿童督导员、儿童主任实行实名制管理，并及时录入、更新人员信息。

三、鼓励和引导社会力量广泛参与

（一）培育孵化社会组织。各地民政部门及未成年人救助保护机构要通过政府委托、项目合作、重点推介、孵化扶持等多种方式，积极培育儿童服务类的

社会工作服务机构、公益慈善组织和志愿服务组织。要支持相关社会组织加强专业化、精细化、精准化服务能力建设，提高关爱保护服务水平，为开展农村留守儿童、困境儿童等工作提供支持和服务。要在场地提供、水电优惠、食宿保障、开通未成年人保护专线电话等方面提供优惠便利条件。要统筹相关社会资源向深度贫困地区倾斜，推动深度贫困地区儿童服务类社会组织发展。

（二）推进政府购买服务。各地要将农村留守儿童关爱保护和困境儿童保障纳入政府购买服务指导性目录，并结合实际需要做好资金保障，重点购买走访核查、热线运行、监护评估、精准帮扶、政策宣传、业务培训、家庭探访督导检查等关爱服务。要加大政府购买心理服务类社会组织力度，有针对性地为精神关怀缺失、遭受家庭创伤等儿童提供人际调适、精神慰藉、心理疏导等专业性关爱服务，促进身心健康。引导承接购买服务的社会组织优先聘请村（居）儿童主任协助开展上述工作，并适当帮助解决交通、通讯等必要费用开支。全国青年志愿服务入库优秀项目可优先纳入政府购买服务有关工作支持范围。

（三）发动社会各方参与。支持社会工作者、法律工作者、心理咨询工作者等专业人员，针对农村留守儿童和困境儿童不同特点，提供心理疏导、亲情关爱、权益维护等服务。动员引导广大社会工作者、志愿者等力量深入贫困地区、深入贫困服务对象提供关爱服务。积极倡导企业履行社会责任，通过一对一帮扶、慈善捐赠、实施公益项目等多种方式，重点加强贫困农村留守儿童和困境儿童及其家庭救助帮扶，引导企业督促员工依法履行对未成年子女的监护责任。

四、强化工作保障

（一）加强组织领导。各地要积极推进农村留守儿童和困境儿童关爱服务体系建设，将其纳入重要议事日程和经济社会发展等规划，纳入脱贫攻坚和全面建设小康社会大局，明确建设目标，层层分解任务，压实工作责任。要调整健全省、市、县农村留守儿童关爱保护和困境儿童保障工作领导协调机制，加强统筹协调，推动解决工作中的重点难点问题。要加大贫困地区农村留守儿童和困境儿童关爱服务体系建设支持力度，帮助深度贫困地区解决特殊困难和薄弱环节，尽快补齐短板，提升服务水平，推动各项工作落到实处。

（二）提供资金支持。各级财政部门要结合实际需要，做好农村留守儿童和困境儿童关爱服务经费保障。要统筹使用困难群众救助补助等资金，实施规范未成年人社会保护支出项目。民政部本级和地方各级政府用于社会福利事业的彩票公益金，要逐步提高儿童关爱服务使用比例。要加大对贫困地区儿童工作的支持力度，各地分配各类有关资金时要充分考虑贫困地区未成年人救助保护机构数量、农村留守儿童和困境儿童等服务对象数量，继续将“贫困发生率”和财政困难程度系数作为重要因素，向贫困地区倾斜并重点支持“三区三州”等深度贫困地区开展儿童关爱服务工作。

（三）密切部门协作。民政部门要充分发挥牵头职能，会同有关部门推进农村留守儿童和困境儿童关爱服务体系建设。公安部门要及时受理有关报告，第一时间出警、求助，依法迅速处警，会同、配合有关方面调查，有针对性地采取应急处置措施，依法追究失职父母或侵害人的法律责任，严厉惩处各类侵害农村留守儿童和困境儿童的犯罪行为，按政策为无户籍儿童办理入户手续。教育部门要强化适龄儿童控辍保学、教育资助、送教上门、心理教育等工作措施，为机构内的困境儿童就近入学提供支持，对有特殊困难的农村留守儿童和困境儿童优先安排在校住宿。司法行政部门要依法为农村留守儿童和困境儿童家庭申请提供法律援助，推动落实“谁执法谁普法”责任制，加强农村留守儿童和困境儿童关爱服务相关法律法规宣传。人力资源社会保障部门要推动落实国务院关于支持农民工返乡创业就业系列政策措施，加强农村劳动力就业创业培训。妇儿工委办公室要督促各级地方人民政府落实儿童发展纲要要求，做好农村留守儿童关爱保护和困境儿童保障工作。共青团组织要会同未成年人救助保护机构开通 12355 未成年人保护专线，探索“一门受理、协同处置”个案帮扶模式，联动相关部门提供线上线下服务。妇联组织要发挥妇女在社会生活和家庭生活中的独特作用，将倡导家庭文明、强化家庭监护主体责任纳入家庭教育工作内容，引导家长特别是新生代父母依法履责；要充分发挥村（居）妇联组织作用，加强对农村留守儿童和困境儿童的关爱帮扶服务。残联组织要积极维护残疾儿童权益，大力推进残疾儿童康复、教育服务，提高康复、教育保障水平。

（四）严格工作落实。各地民政部门要建立农村留守儿童和困境儿童关爱服务体系建设动态跟踪机制，了解工作进度，总结推广经验，完善奖惩措施。对工作成效明显的，要按照有关规定予以表扬和奖励；对工作不力的，要督促整改落实。要将农村留守儿童和困境儿童关爱服务体系建设纳入年度重点工作考核评估的重要内容强化落实。

附件：1. 未成年人救助保护机构工作职责（略）

2. 儿童督导员工作职责（略）

3. 儿童主任工作职责（略）

最高人民法院关于审理拐卖妇女案件适用法律有关问题的解释

1. 1999年12月23日最高人民法院审判委员会第1094次会议通过

2. 2000年1月3日公布

3. 法释〔2000〕1号

4. 自2000年1月25日起施行

为依法惩治拐卖妇女的犯罪行为，根据刑法和刑事诉讼法的有关规定，现就审理拐卖妇女案件具体适用法律的有关问题解释如下：

第一条 刑法第二百四十条规定的拐卖妇女罪中的“妇女”，既包括具有中国国籍的妇女，也包括具有外国国籍和无国籍的妇女。被拐卖的外国妇女没有身份证明的，不影响对犯罪分子的定罪处罚。

第二条 外国人或者无国籍人拐卖外国妇女到我国境内被查获的，应当根据刑法第六条的规定，适用我国刑法定罪处罚。

第三条 对于外国籍被告人身份无法查明或者其国籍国拒绝提供有关身份证明，人民检察院根据刑事诉讼法第一百二十八条第二款的规定起诉的案件，人民法院应当依法受理。

最高人民法院关于审理拐卖妇女儿童犯罪案件具体应用法律若干问题的解释

1. 2016年11月14日最高人民法院审判委员会第1699次会议通过

2. 2016年12月21日公布

3. 法释〔2016〕28号

4. 自2017年1月1日起施行

为依法惩治拐卖妇女、儿童犯罪，切实保障妇女、儿童的合法权益，维护家庭和谐与社会稳定，根据刑法有关规定，结合司法实践，现就审理此类案件具体应用法律的若干问题解释如下：

第一条 对婴幼儿采取欺骗、利诱等手段使其脱离监护人或者看护人的，视为刑法第二百四十条第一款第（六）项规定的“偷盗婴幼儿”。

第二条 医疗机构、社会福利机构等单位的工作人员以非法获利为目的，将所诊疗、护理、抚养的儿童出卖给他人的，以拐卖儿童罪论处。

第三条 以介绍婚姻为名，采取非法扣押身份证件、限制人身自由等方式，或者利用妇女人地生疏、语言不通、孤立无援等境况，违背妇女意志，将其出卖给他人的，应当以拐卖妇女罪追究刑事责任。

以介绍婚姻为名，与被介绍妇女串通骗取他人钱财，数额较大的，应当以诈骗罪追究刑事责任。

第四条 在国家机关工作人员排查来历不明儿童或者进行解救时，将所收买的儿童藏匿、转移或者实施其他妨碍解救行为，经说服教育仍不配合的，属于刑法第二百四十一条第六款规定的“阻碍对其进行解救”。

第五条 收买被拐卖的妇女，业已形成稳定的婚姻家庭关系，解救时被买妇女自愿继续留在当地共同生活的，可以视为“按照被买妇女的意愿，不阻碍其返回原居住地”。

第六条 收买被拐卖的妇女、儿童后又组织、强迫卖淫或者组织乞讨、进行违反治安管理活动等构成其他犯罪的，依照数罪并罚的规定处罚。

第七条 收买被拐卖的妇女、儿童，又以暴力、威胁方法阻碍国家机关工作人员解救被收买的妇女、儿童，或者聚众阻碍国家机关工作人员解救被收买的妇女、儿童,构成妨害公务罪、聚众阻碍解救被收买的妇女、儿童罪的,依照数罪并罚的规定处罚。

第八条 出于结婚目的收买被拐卖的妇女,或者出于抚养目的收买被拐卖的儿童,涉及多名家庭成员、亲友参与的,对其中起主要作用的人员应当依法追究刑事责任。

第九条 刑法第二百四十条、第二百四十一条规定的儿童,是指不满十四周岁的人。其中,不满一周岁的为婴儿,一周岁以上不满六周岁的为幼儿。

第十条 本解释自2017年1月1日起施行。

最高人民法院、最高人民检察院关于办理强奸、猥亵未成年人刑事案件适用法律若干问题的解释

1. 2023年1月3日最高人民法院审判委员会第1878次会议、2023年3月2日最高人民检察院第十三届检察委员会第一百一十四次会议通过

2. 2023年5月25日公布

3. 法释〔2023〕3号

4. 自2023年6月1日起施行

为依法惩处强奸、猥亵未成年人犯罪,保护未成年人合法权益,根据《中华人民共和国刑法》等法律规定,现就办理此类刑事案件适用法律的若干问题解释如下:

第一条 奸淫幼女的,依照刑法第二百三十六条第二款的规定从重处罚。具有下列情形之一的,应当适用较重的从重处罚幅度:

(一)负有特殊职责的人员实施奸淫的;

(二)采用暴力、胁迫等手段实施奸淫的;

(三)侵入住宅或者学生集体宿舍实施奸淫的;

(四)对农村留守女童、严重残疾或者精神发育迟滞的被害人实施奸淫的;

(五)利用其他未成年人诱骗、介绍、胁迫被害人的;

(六)曾因强奸、猥亵犯罪被判处刑罚的。

强奸已满十四周岁的未成年女性,具有前款第一项、第三项至第六项规定的情形之一,或者致使被害人轻伤、患梅毒、淋病等严重性病的,依照刑法第二百三十六条第一款的规定定罪,从重处罚。

第二条 强奸已满十四周岁的未成年女性或者奸淫幼女,具有下列情形之一的,应当认定为刑法第二百三十六条第三款第一项规定的"强奸妇女、奸淫幼女情节恶劣":

(一)负有特殊职责的人员多次实施强奸、奸淫的;

(二)有严重摧残、凌辱行为的;

(三)非法拘禁或者利用毒品诱骗、控制被害人的;

(四)多次利用其他未成年人诱骗、介绍、胁迫被害人的;

(五)长期实施强奸、奸淫的;

(六)奸淫精神发育迟滞的被害人致使怀孕的;

(七)对强奸、奸淫过程或者被害人身体隐私部位制作视频、照片等影像资料,以此胁迫对被害人实施强奸、奸淫,或者致使影像资料向多人传播,暴露被害人身份的;

(八)其他情节恶劣的情形。

第三条 奸淫幼女,具有下列情形之一的,应当认定为刑法第二百三十六条第三款第五项规定的"造成幼女伤害":

(一)致使幼女轻伤的;

(二)致使幼女患梅毒、淋病等严重性病的;

(三)对幼女身心健康造成其他伤害的情形。

第四条 强奸已满十四周岁的未成年女性或者奸淫幼女,致使其感染艾滋病病毒的,应当认定为刑法第二百三十六第三款第六项规定的"致使被害人重伤"。

第五条 对已满十四周岁不满十六周岁的未成年女性负有特殊职责的人员,与该未成年女性发生性关系,具有下列情形之一的,应当认定为刑法第二百三十六条之一规定的"情节恶劣":

(一)长期发生性关系的;

(二)与多名被害人发生性关系的;

(三)致使被害人感染艾滋病病毒或者患梅毒、淋病等严重性病的;

(四)对发生性关系的过程或者被害人身体隐私部位制作视频、照片等影像资料,致使影像资料向多人传播,暴露被害人身份的;

(五)其他情节恶劣的情形。

第六条 对已满十四周岁的未成年女性负有特殊职责

的人员，利用优势地位或者被害人孤立无援的境地，迫使被害人与其发生性关系的，依照刑法第二百三十六条的规定，以强奸罪定罪处罚。

第七条 猥亵儿童，具有下列情形之一的，应当认定为刑法第二百三十七条第三款第三项规定的“造成儿童伤害或者其他严重后果”：

（一）致使儿童轻伤以上的；

（二）致使儿童自残、自杀的；

（三）对儿童身心健康造成其他伤害或者严重后果的情形。

第八条 猥亵儿童，具有下列情形之一的，应当认定为刑法第二百三十七条第三款第四项规定的“猥亵手段恶劣或者有其他恶劣情节”：

（一）以生殖器侵入肛门、口腔或者以生殖器以外的身体部位、物品侵入被害人生殖器、肛门等方式实施猥亵的；

（二）有严重摧残、凌辱行为的；

（三）对猥亵过程或者被害人身体隐私部位制作视频、照片等影像资料，以此胁迫对被害人实施猥亵，或者致使影像资料向多人传播，暴露被害人身份的；

（四）采取其他恶劣手段实施猥亵或者有其他恶劣情节的情形。

第九条 胁迫、诱骗未成年人通过网络视频聊天或者发送视频、照片等方式，暴露身体隐私部位或者实施淫秽行为，符合刑法第二百三十七条规定的，以强制猥亵罪或者猥亵儿童罪定罪处罚。

胁迫、诱骗未成年人通过网络直播方式实施前款行为，同时符合刑法第二百三十七条、第三百六十五条的规定，构成强制猥亵罪、猥亵儿童罪、组织淫秽表演罪的，依照处罚较重的规定定罪处罚。

第十条 实施猥亵未成年人犯罪，造成被害人轻伤以上后果，同时符合刑法第二百三十四条或者第二百三十二条的规定，构成故意伤害罪、故意杀人罪的，依照处罚较重的规定定罪处罚。

第十一条 强奸、猥亵未成年人的成年被告人认罪认罚的，是否从宽处罚及从宽幅度应当从严把握。

第十二条 对强奸未成年人的成年被告人判处刑罚时，一般不适用缓刑。

对于判处刑罚同时宣告缓刑的，可以根据犯罪情况，同时宣告禁止令，禁止犯罪分子在缓刑考验期限内从事与未成年人有关的工作、活动，禁止其进入中小学校、幼儿园及其他未成年人集中的场所。确因本人就学、居住等原因，经执行机关批准的除外。

第十三条 对于利用职业便利实施强奸、猥亵未成年人等犯罪的，人民法院应当依法适用从业禁止。

第十四条 对未成年人实施强奸、猥亵等犯罪造成人身损害的，应当赔偿医疗费、护理费、交通费、营养费、住院伙食补助费等为治疗和康复支付的合理费用，以及因误工减少的收入。

根据鉴定意见、医疗诊断书等证明需要对未成年人进行精神心理治疗和康复，所需的相关费用，应当认定为前款规定的合理费用。

第十五条 本解释规定的“负有特殊职责的人员”，是指对未成年人负有监护、收养、看护、教育、医疗等职责的人员，包括与未成年人具有共同生活关系且事实上负有照顾、保护等职责的人员。

第十六条 本解释自2023年6月1日起施行。

最高人民检察院法律政策研究室关于以出卖为目的的倒卖外国妇女的行为是否构成拐卖妇女罪的答复

1. 1998年12月24日发布

2.〔1998〕高检研发第21号

吉林省人民检察院研究室：

你院吉检发研字〔1998〕4号《关于以出卖为目的的倒卖外国妇女的行为是否构成拐卖妇女罪的请示》收悉。经研究，现答复如下：

刑法第二百四十条明确规定：“拐卖妇女、儿童是以出卖为目的，有拐骗、绑架、收买、贩卖、接送、中转妇女、儿童的行为之一的。”其中作为“收买”对象的妇女、儿童并不要求必须是“被拐骗、绑架的妇女、儿童”。因此，以出卖为目的，收买、贩卖外国妇女，从中牟取非法利益的，应以拐卖妇女罪追究刑事责任。但确属为他人介绍婚姻收取介绍费，而非以出卖为目的的，不能追究刑事责任。

最高人民法院、最高人民检察院、公安部、司法部关于依法惩治拐卖妇女儿童犯罪的意见

1. 2010年3月15日发布
2. 法发〔2010〕7号

为加大对妇女、儿童合法权益的司法保护力度，贯彻落实《中国反对拐卖妇女儿童行动计划(2008－2012)》，根据刑法、刑事诉讼法等相关法律及司法解释的规定，最高人民法院、最高人民检察院、公安部、司法部就依法惩治拐卖妇女、儿童犯罪提出如下意见：

一、总体要求

1. 依法加大打击力度，确保社会和谐稳定。自1991年全国范围内开展打击拐卖妇女、儿童犯罪专项行动以来，侦破并依法处理了一大批拐卖妇女、儿童犯罪案件，犯罪分子受到依法严惩。2008年，全国法院共审结拐卖妇女、儿童犯罪案件1353件，比2007年上升9.91%；判决发生法律效力的犯罪分子2161人，同比增长11.05%，其中，被判处五年以上有期徒刑、无期徒刑至死刑的1319人，同比增长10.1%，重刑率为61.04%，高出同期全部刑事案件重刑率45.27个百分点。2009年，全国法院共审结拐卖妇女、儿童犯罪案件1636件，比2008年上升20.9%；判决发生法律效力的犯罪分子2413人，同比增长11.7%，其中被判处五年以上有期徒刑、无期徒刑至死刑的1475人，同比增长11.83%。

但是，必须清醒地认识到，由于种种原因，近年来，拐卖妇女、儿童犯罪在部分地区有所上升的势头仍未得到有效遏制。此类犯罪严重侵犯被拐卖妇女、儿童的人身权利，致使许多家庭骨肉分离，甚至家破人亡，严重危害社会和谐稳定。人民法院、人民检察院、公安机关、司法行政机关应当从维护人民群众切身利益、确保社会和谐稳定的大局出发，进一步依法加大打击力度，坚决有效遏制拐卖妇女、儿童犯罪的上升势头。

2. 注重协作配合，形成有效合力。人民法院、人民检察院、公安机关应当各司其职，各负其责，相互支持，相互配合，共同提高案件办理的质量与效率，保证办案的法律效果与社会效果的统一；司法行政机关应当切实做好有关案件的法律援助工作，维护当事人的合法权益。各地司法机关要统一思想认识，进一步加强涉案地域协调和部门配合，努力形成依法严惩拐卖妇女、儿童犯罪的整体合力。

3. 正确贯彻政策，保证办案效果。拐卖妇女、儿童犯罪往往涉及多人、多个环节，要根据宽严相济刑事政策和罪责刑相适应的刑法基本原则，综合考虑犯罪分子在共同犯罪中的地位、作用及人身危险性的大小，依法准确量刑。对于犯罪集团的首要分子、组织策划者、多次参与者、拐卖多人者或者具有累犯等从严、从重处罚情节的，必须重点打击，坚决依法严惩。对于罪行严重，依法应当判处重刑乃至死刑的，坚决依法判处。要注重铲除“买方市场”，从源头上遏制拐卖妇女、儿童犯罪。对于收买被拐卖的妇女、儿童，依法应当追究刑事责任的，坚决依法追究。同时，对于具有从宽处罚情节的，要在综合考虑犯罪事实、性质、情节和危害程度的基础上，依法从宽，体现政策，以分化瓦解犯罪，鼓励犯罪人悔过自新。

二、管辖

4. 拐卖妇女、儿童犯罪案件依法由犯罪地的司法机关管辖。拐卖妇女、儿童犯罪的犯罪地包括拐出地、中转地、拐入地以及拐卖活动的途经地。如果由犯罪嫌疑人、被告人居住地的司法机关管辖更为适宜的，可以由犯罪嫌疑人、被告人居住地的司法机关管辖。

5. 几个地区的司法机关都有权管辖的，一般由最先受理的司法机关管辖。犯罪嫌疑人、被告人或者被拐卖的妇女、儿童人数较多，涉及多个犯罪地的，可以移送主要犯罪地或者主要犯罪嫌疑人、被告人居住地的司法机关管辖。

6. 相对固定的多名犯罪嫌疑人、被告人分别在拐出地、中转地、拐入地实施某一环节的犯罪行为，犯罪所跨地域较广，全案集中管辖有困难的，可以由拐出地、中转地、拐入地的司法机关对不同犯罪分子分别实施的拐出、中转和拐入犯罪行为分别管辖。

7. 对管辖权发生争议的，争议各方应当本着有利于迅速查清犯罪事实，及时解救被拐卖的妇女、儿童，以及便于起诉、审判的原则，在法定期间内尽快协商解决；协商不成的，报请共同的上级机关确定管辖。

正在侦查中的案件发生管辖权争议的，在上级机关作出管辖决定前，受案机关不得停止侦查工作。

三、立案

8. 具有下列情形之一，经审查，符合管辖规定的，公安机关应当立即以刑事案件立案，迅速开展侦查工作：

（1）接到拐卖妇女、儿童的报案、控告、举报的；

（2）接到儿童失踪或者已满十四周岁不满十八周岁的妇女失踪报案的；

（3）接到已满十八周岁的妇女失踪，可能被拐卖的报案的；

（4）发现流浪、乞讨的儿童可能系被拐卖的；

（5）发现有收买被拐卖妇女、儿童行为，依法应当追究刑事责任的；

（6）表明可能有拐卖妇女、儿童犯罪事实发生的其他情形的。

9. 公安机关在工作中发现犯罪嫌疑人或者被拐卖的妇女、儿童，不论案件是否属于自己管辖，都应当首先采取紧急措施。经审查，属于自己管辖的，依法立案侦查；不属于自己管辖的，及时移送有管辖权的公安机关处理。

10. 人民检察院要加强对拐卖妇女、儿童犯罪案件的立案监督，确保有案必立、有案必查。

四、证据

11. 公安机关应当依照法定程序，全面收集能够证实犯罪嫌疑人有罪或者无罪、犯罪情节轻重的各种证据。

要特别重视收集、固定买卖妇女、儿童犯罪行为交易环节中钱款的存取证明、犯罪嫌疑人的通话清单、乘坐交通工具往来有关地方的票证、被拐卖儿童的 DNA 鉴定结论、有关监控录像、电子信息等客观性证据。

取证工作应当及时，防止时过境迁，难以弥补。

12. 公安机关应当高度重视并进一步加强 DNA 数据库的建设和完善。对失踪儿童的父母，或者疑似被拐卖的儿童，应当及时采集血样进行检验，通过全国 DNA 数据库，为查获犯罪，帮助被拐卖的儿童及时回归家庭提供科学依据。

13. 拐卖妇女、儿童犯罪所涉地区的办案单位应当加强协作配合。需要到异地调查取证的，相关司法机关应当密切配合；需要进一步补充查证的，应当积极支持。

五、定性

14. 犯罪嫌疑人、被告人参与拐卖妇女、儿童犯罪活动的多个环节，只有部分环节的犯罪事实查证清楚、证据确实、充分的，可以对该环节的犯罪事实依法予以认定。

15. 以出卖为目的强抢儿童，或者捡拾儿童后予以出卖，符合刑法第二百四十条第二款规定的，应当以拐卖儿童罪论处。

以抚养为目的偷盗婴幼儿或者拐骗儿童，之后予以出卖的，以拐卖儿童罪论处。

16. 以非法获利为目的，出卖亲生子女的，应当以拐卖妇女、儿童罪论处。

17. 要严格区分借送养之名出卖亲生子女与民间送养行为的界限。区分的关键在于行为人是否具有非法获利的目的。应当通过审查将子女“送”人的背景和原因、有无收取钱财及收取钱财的多少、对方是否具有抚养目的及有无抚养能力等事实，综合判断行为人是否具有非法获利的目的。

具有下列情形之一的，可以认定属于出卖亲生子女，应当以拐卖妇女、儿童罪论处：

（1）将生育作为非法获利手段，生育后即出卖子女的；

（2）明知对方不具有抚养目的，或者根本不考虑对方是否具有抚养目的，为收取钱财将子女“送”给他人的；

（3）为收取明显不属于“营养费”、“感谢费”的巨额钱财将子女“送”给他人的；

（4）其他足以反映行为人具有非法获利目的的“送养”行为的。

不是出于非法获利目的，而是迫于生活困难，或者受重男轻女思想影响，私自将没有独立生活能力的子女送给他人抚养，包括收取少量“营养费”、“感谢费”的，属于民间送养行为，不能以拐卖妇女、儿童罪论处。对私自送养导致子女身心健康受到严重损害，或者具有其他恶劣情节，符合遗弃罪特征的，可以遗弃罪论处；情节显著轻微危害不大的，可由公安机关依法予以行政处罚。

18. 将妇女拐卖给有关场所，致使被拐卖的妇女被迫卖淫或者从事其他色情服务的，以拐卖妇女罪论处。

有关场所的经营管理人员事前与拐卖妇女的犯罪人通谋的，对该经营管理人员以拐卖妇女罪的共犯论处；同时构成拐卖妇女罪和组织卖淫罪的，择一重罪论处。

19. 医疗机构、社会福利机构等单位的工作人员以非法获利为目的，将所诊疗、护理、抚养的儿童贩卖给他人的，以拐卖儿童罪论处。

20. 明知是被拐卖的妇女、儿童而收买，具有下列情形之一的，以收买被拐卖的妇女、儿童罪论处；同时构成其他犯罪的，依照数罪并罚的规定处罚：

（1）收买被拐卖的妇女后，违背被收买妇女的意愿，阻碍其返回原居住地的；

（2）阻碍对被收买妇女、儿童进行解救的；

（3）非法剥夺、限制被收买妇女、儿童的人身自由，情节严重，或者对被收买妇女、儿童有强奸、伤害、侮辱、虐待等行为的；

（4）所收买的妇女、儿童被解救后又再次收买，或者收买多名被拐卖的妇女、儿童的；

（5）组织、诱骗、强迫被收买的妇女、儿童从事乞讨、苦役，或者盗窃、传销、卖淫等违法犯罪活动的；

（6）造成被收买妇女、儿童或者其亲属重伤、死亡以及其他严重后果的；

（7）具有其他严重情节的。

被追诉前主动向公安机关报案或者向有关单位反映，愿意让被收买妇女返回原居住地，或者将被收买儿童送回其家庭，或者将被收买妇女、儿童交给公安、民政、妇联等机关、组织，没有其他严重情节的，可以不追究刑事责任。

六、共同犯罪

21. 明知他人拐卖妇女、儿童，仍然向其提供被拐卖妇女、儿童的健康证明、出生证明或者其他帮助的，以拐卖妇女、儿童罪的共犯论处。

明知他人收买被拐卖的妇女、儿童，仍然向其提供被收买妇女、儿童的户籍证明、出生证明或者其他帮助的，以收买被拐卖的妇女、儿童罪的共犯论处，但是，收买人未被追究刑事责任的除外。

认定是否“明知”，应当根据证人证言、犯罪嫌疑人、被告人及其同案人供述和辩解，结合提供帮助的人次，以及是否明显违反相关规章制度、工作流程等，予以综合判断。

22. 明知他人系拐卖儿童的“人贩子”，仍然利用从事诊疗、福利救助等工作的便利或者了解被拐卖方情况的条件，居间介绍的，以拐卖儿童罪的共犯论处。

23. 对于拐卖妇女、儿童犯罪的共犯，应当根据各被告人在共同犯罪中的分工、地位、作用，参与拐卖的人数、次数，以及分赃数额等，准确区分主从犯。

对于组织、领导、指挥拐卖妇女、儿童的某一个或者某几个犯罪环节，或者积极参与实施拐骗、绑架、收买、贩卖、接送、中转妇女、儿童等犯罪行为，起主要作用的，应当认定为主犯。

对于仅提供被拐卖妇女、儿童信息或者相关证明文件，或者进行居间介绍，起辅助或者次要作用，没有获利或者获利较少的，一般可认定为从犯。

对于各被告人在共同犯罪中的地位、作用区别不明显的，可以不区分主从犯。

七、一罪与数罪

24. 拐卖妇女、儿童，又奸淫被拐卖的妇女、儿童，或者诱骗、强迫被拐卖的妇女、儿童卖淫的，以拐卖妇女、儿童罪处罚。

25. 拐卖妇女、儿童，又对被拐卖的妇女、儿童实施故意杀害、伤害、猥亵、侮辱等行为，构成其他犯罪的，依照数罪并罚的规定处罚。

26. 拐卖妇女、儿童或者收买被拐卖的妇女、儿童，又组织、教唆被拐卖、收买的妇女、儿童进行犯罪的，以拐卖妇女、儿童罪或者收买被拐卖的妇女、儿童罪与其所组织、教唆的罪数罪并罚。

27. 拐卖妇女、儿童或者收买被拐卖的妇女、儿童，又组织、教唆被拐卖、收买的未成年妇女、儿童进行盗窃、诈骗、抢夺、敲诈勒索等违反治安管理活动的，以拐卖妇女、儿童罪或者收买被拐卖的妇女、儿童罪与组织未成年人进行违反治安管理活动罪数罪并罚。

八、刑罚适用

28. 对于拐卖妇女、儿童犯罪集团的首要分子，情节严重的主犯，累犯，偷盗婴幼儿、强抢儿童情节严重，将妇女、儿童卖往境外情节严重，拐卖妇女、儿童多人多次、造成伤亡后果，或者具有其他严重情节的，依法从重处罚；情节特别严重的，依法判处死刑。

拐卖妇女、儿童，并对被拐卖的妇女、儿童实施故意杀害、伤害、猥亵、侮辱等行为，数罪并罚决定执行的刑罚应当依法体现从严。

29. 对于拐卖妇女、儿童的犯罪分子，应当注重依法适用财产刑，并切实加大执行力度，以强化刑罚的特殊预防与一般预防效果。

30. 犯收买被拐卖的妇女、儿童罪，对被收买妇女、儿童实施违法犯罪活动或者将其作为牟利工具的，处罚时应当依法体现从严。

收买被拐卖的妇女、儿童，对被收买妇女、儿童没有实施摧残、虐待行为或者与其已形成稳定的婚姻家庭关系，但仍应依法追究刑事责任的，一般应当从轻处罚；符合缓刑条件的，可以依法适用缓刑。

收买被拐卖的妇女、儿童，犯罪情节轻微的，可以依法免予刑事处罚。

31. 多名家庭成员或者亲友共同参与出卖亲生子女，或者"买人为妻"、"买人为子"构成收买被拐卖的妇女、儿童罪的，一般应当在综合考察犯意提起、各行为人在犯罪中所起作用等情节的基础上，依法追究其中罪责较重者的刑事责任。对于其他情节显著轻微危害不大，不认为是犯罪的，依法不追究刑事责任；必要时可以由公安机关予以行政处罚。

32. 具有从犯、自首、立功等法定从宽处罚情节的，依法从轻、减轻或者免除处罚。

对被拐卖的妇女、儿童没有实施摧残、虐待等违法犯罪行为，或者能够协助解救被拐卖的妇女、儿童，或者具有其他酌定从宽处罚情节的，可以依法酌情从轻处罚。

33. 同时具有从严和从宽处罚情节的，要在综合考察拐卖妇女、儿童的手段、拐卖妇女、儿童或者收买被拐卖妇女、儿童的人次、危害后果以及被告人主观恶性、人身危险性等因素的基础上，结合当地此类犯罪发案情况和社会治安状况，决定对被告人总体从严或者从宽处罚。

九、涉外犯罪

34. 要进一步加大对跨国、跨境拐卖妇女、儿童犯罪的打击力度。加强双边或者多边"反拐"国际交流与合作，加强对被跨国、跨境拐卖的妇女、儿童的救助工作。依照我国缔结或者参加的国际条约的规定，积极行使所享有的权利，履行所承担的义务，及时请求或者提供各项司法协助，有效遏制跨国、跨境拐卖妇女、儿童犯罪。

最高人民检察院关于全面加强未成年人国家司法救助工作的意见

1. 2018年2月27日发布
2. 高检发刑申字〔2018〕1号

为进一步加强未成年人司法保护，深入推进检察机关国家司法救助工作，根据《中华人民共和国未成年人保护法》和中央政法委、财政部、最高人民法院、最高人民检察院、公安部、司法部《关于建立完善国家司法救助制度的意见（试行）》《最高人民检察院关于贯彻实施〈关于建立完善国家司法救助制度的意见（试行）〉的若干意见》《人民检察院国家司法救助工作细则（试行）》，结合检察工作实际，现就全面加强未成年人国家司法救助工作，提出如下意见。

一、充分认识未成年人国家司法救助工作的重要意义

未成年人是祖国的未来，未成年人的健康成长直接关系到亿万家庭对美好生活的向往，关系到国家的富强和民族的复兴，关系到新时代社会主义现代化强国的全面建成。保护未成年人，既是全社会的共同责任，也是检察机关的重要职责。近年来，对未成年人的司法保护取得长足进展，但未成年人及其家庭因案返贫致困情况仍然存在，甚至出现生活无着、学业难继等问题，严重损害了未成年人合法权益，妨害了未成年人健康成长。对此，各地检察机关积极开展国家司法救助工作，及时帮扶司法过程中陷入困境的未成年人，取得明显成效，收到良好效果。各级检察机关要充分总结经验，进一步提高认识，切实增强开展未成年人国家司法救助工作的责任感和自觉性，以救助工作精细化、救助对象精准化、救助效果最优化为目标，突出未成年人保护重点，全面履行办案机关的司法责任，采取更加有力的措施，不断提升未成年人国家司法救助工作水平，在司法工作中充分反映党和政府的民生关怀，切实体现人民司法的温度、温情和温暖，帮助未成年人走出生活困境，迈上健康快乐成长的人生道路。

二、牢固树立特殊保护、及时救助的理念

未成年人身心未臻成熟，个体应变能力和心理承受能力较弱，容易受到不法侵害且往往造成严重后

果。检察机关办理案件时，对特定案件中符合条件的未成年人，应当依职权及时开展国家司法救助工作，根据未成年人身心特点和未来发展需要，给予特殊、优先和全面保护。既立足于帮助未成年人尽快摆脱当前生活困境，也应着力改善未成年人的身心状况、家庭教养和社会环境，促进未成年人健康成长。既立足于帮助未成年人恢复正常生活学习，也应尊重未成年人的人格尊严、名誉权和隐私权等合法权利，避免造成"二次伤害"。既立足于发挥检察机关自身职能作用，也应充分连通其他相关部门和组织，调动社会各方面积极性，形成未成年人社会保护工作合力。

三、明确救助对象，实现救助范围全覆盖

对下列未成年人，案件管辖地检察机关应当给予救助：

（一）受到犯罪侵害致使身体出现伤残或者心理遭受严重创伤，因不能及时获得有效赔偿，造成生活困难的。

（二）受到犯罪侵害急需救治，其家庭无力承担医疗救治费用的。

（三）抚养人受到犯罪侵害致死，因不能及时获得有效赔偿，造成生活困难的。

（四）家庭财产受到犯罪侵害遭受重大损失，因不能及时获得有效赔偿，且未获得合理补偿、救助，造成生活困难的。

（五）因举报、作证受到打击报复，致使身体受到伤害或者家庭财产遭受重大损失，因不能及时获得有效赔偿，造成生活困难的。

（六）追索抚育费，因被执行人没有履行能力，造成生活困难的。

（七）因道路交通事故等民事侵权行为造成人身伤害，无法通过诉讼获得有效赔偿，造成生活困难的。

（八）其他因案件造成生活困难，认为需要救助的。

四、合理确定救助标准，确保救助金专款专用

检察机关决定对未成年人支付救助金的，应当根据未成年人家庭的经济状况，综合考虑其学习成长所需的合理费用，以案件管辖地所在省、自治区、直辖市上一年度职工月平均工资为基准确定救助金，一般不超过三十六个月的工资总额。对身体重伤或者严重残疾、家庭生活特别困难的未成年人，以及需要长期进行心理治疗或者身体康复的未成年人，可以突破救助限额，并依照有关规定报批。相关法律文书需要向社会公开的，应当隐去未成年人及其法定代理人、监护人的身份信息。

要加强对救助金使用情况的监督，必要时可以采用分期发放、第三方代管等救助金使用监管模式，确保救助金用作未成年人必需的合理支出。对截留、侵占、私分或者挪用救助金的单位和个人，严格依纪依法追究责任，并追回救助金。

五、积极开展多元方式救助，提升救助工作实效

未成年人健康快乐成长，既需要物质帮助，也需要精神抚慰和心理疏导；既需要解决生活面临的急迫困难，也需要安排好未来学习成长。检察机关在开展未成年人国家司法救助工作中，要增强对未成年人的特殊、优先保护意识，避免"给钱了事"的简单化做法，针对未成年人的具体情况，依托有关单位，借助专业力量，因人施策，精准帮扶，切实突出长远救助效果。

对下列因案件陷入困境的未成年人，检察机关可以给予相应方式帮助：

（一）对遭受性侵害、监护侵害以及其他身体伤害的，进行心理安抚和疏导；对出现心理创伤或者精神损害的，实施心理治疗。

（二）对没有监护人、监护人没有监护能力或者原监护人被撤销资格的，协助开展生活安置、提供临时照料、指定监护人等相关工作。

（三）对未完成义务教育而失学辍学的，帮助重返学校；对因经济困难可能导致失学辍学的，推动落实相关学生资助政策；对需要转学的，协调办理相关手续。

（四）对因身体伤残出现就医、康复困难的，帮助落实医疗、康复机构，促进身体康复。

（五）对因身体伤害或者财产损失提起附带民事诉讼的，帮助获得法律援助；对单独提起民事诉讼的，协调减免相关诉讼费用。

（六）对适龄未成年人有劳动、创业等意愿但缺乏必要技能的，协调有关部门提供技能培训等帮助。

（七）对符合社会救助条件的，给予政策咨询、帮扶转介，帮助协调其户籍所在地有关部门按规定纳入相关社会救助范围。

（八）认为合理、有效的其他方式。

六、主动开展救助工作，落实内部职责分工

国家司法救助工作是检察机关的重要职能，对未成年人进行司法保护是检察机关的应尽职责，开展好未成年人国家司法救助工作，需要各级检察机关、检察机关各相关职能部门和广大检察人员积极参与，群策群力，有效合作，共同推进。

刑事申诉检察部门负责受理、审查救助申请、提出救助审查意见和发放救助金等有关工作，未成年人检察工作部门负责给予其他方式救助等有关工作。侦查监督、公诉、刑事执行检察、民事行政检察、控告检察等办案部门要增强依职权主动救助意识，全面掌握未成年人受害情况和生活困难情况，对需要支付救助金的，及时交由刑事申诉检察部门按规定办理；对需要给予其他方式帮助的，及时交由未成年人检察工作部门按规定办理，或者通知未成年人检察工作部门介入。

刑事申诉检察部门和未成年人检察工作部门要注意加强沟通联系和协作配合，保障相关救助措施尽快落实到位。

七、积极调动各方力量，构建外部合作机制

检察机关开展未成年人国家司法救助工作，要坚持党委政法委统一领导，加强与法院、公安、司法行政部门的衔接，争取教育、民政、财政、人力资源和社会保障、卫计委等部门支持，对接共青团、妇联、关工委、工会、律协等群团组织和学校、医院、社区等相关单位，引导社会组织尤其是未成年人保护组织、公益慈善组织、社会工作服务机构、志愿者队伍等社会力量，搭建形成党委领导、政府支持、各有关方面积极参与的未成年人国家司法救助支持体系。

要主动运用相关公益项目和利用公共志愿服务平台，充分发挥其资源丰富、方法灵活、形式多样的优势，进一步拓展未成年人国家司法救助工作的深度和广度。

要坚持政府主导、社会广泛参与的救助资金筹措方式，不断加大筹措力度，拓宽来源渠道，积极鼓励爱心企业、爱心人士捐助救助资金。接受、使用捐助资金，应当向捐助人反馈救助的具体对象和救助金额，确保资金使用的透明度和公正性。

八、加强组织领导，健康有序推进救助工作

各级检察机关要以高度的政治责任感，加强和改善对未成年人国家司法救助工作的领导，精心组织、周密部署、抓好落实，努力形成各相关部门分工明确、衔接有序、紧密配合、协同推进的工作格局。上级检察机关要切实履行对本地区未成年人国家司法救助工作的组织、指导职责，加强对下级检察机关开展救助工作的督导，全面掌握救助工作进展情况，及时解决问题，总结推广经验，着力提升本地区未成年人国家司法救助工作水平。要加强宣传引导，展示典型案例和积极成效，努力创造全社会关注、关心和关爱未成年人国家司法救助工作的良好氛围。

关于建立侵害未成年人案件强制报告制度的意见（试行）

2020年5月7日最高人民检察院、国家监察委员会、教育部、公安部、民政部、司法部、国家卫生健康委员会、中国共产主义青年团中央委员会、中华全国妇女联合会发布

第一条　为切实加强对未成年人的全面综合司法保护，及时有效惩治侵害未成年人违法犯罪，根据《中华人民共和国刑事诉讼法》《中华人民共和国未成年人保护法》《中华人民共和国反家庭暴力法》《中华人民共和国执业医师法》及相关法律法规，结合未成年人保护工作实际，制定本意见。

第二条　侵害未成年人案件强制报告，是指国家机关、法律法规授权行使公权力的各类组织及法律规定的公职人员，密切接触未成年人行业的各类组织及其从业人员，在工作中发现未成年人遭受或者疑似遭受不法侵害以及面临不法侵害危险的，应当立即向公安机关报案或举报。

第三条　本意见所称密切接触未成年人行业的各类组织，是指依法对未成年人负有教育、看护、医疗、救助、监护等特殊职责，或者虽不负有特殊职责但具有密切接触未成年人条件的企事业单位、基层群众自治组织、社会组织。主要包括：居（村）民委员会；中小学校、幼儿园、校外培训机构、未成年人校外活动场所等教育机构及校车服务提供者；托儿所等托育服务机构；医院、妇幼保健院、急救中心、诊所等医疗机构；儿童福利机构、救助管理机构、未成年人救助保护机构、社会工作服务机构；旅店、宾馆等。

第四条　本意见所称在工作中发现未成年人遭受或者疑似遭受不法侵害以及面临不法侵害危险的情况包括：

（一）未成年人的生殖器官或隐私部位遭受或疑似遭受非正常损伤的；

（二）不满十四周岁的女性未成年人遭受或疑似

遭受性侵害、怀孕、流产的；

（三）十四周岁以上女性未成年人遭受或疑似遭受性侵害所致怀孕、流产的；

（四）未成年人身体存在多处损伤、严重营养不良、意识不清，存在或疑似存在受到家庭暴力、欺凌、虐待、殴打或者被人麻醉等情形的；

（五）未成年人因自杀、自残、工伤、中毒、被人麻醉、殴打等非正常原因导致伤残、死亡情形的；

（六）未成年人被遗弃或长期处于无人照料状态的；

（七）发现未成年人来源不明、失踪或者被拐卖、收买的；

（八）发现未成年人被组织乞讨的；

（九）其他严重侵害未成年人身心健康的情形或未成年人正在面临不法侵害危险的。

第五条　根据本意见规定情形向公安机关报案或举报的，应按照主管行政机关要求报告备案。

第六条　具备先期核实条件的相关单位、机构、组织及人员，可以对未成年人疑似遭受不法侵害的情况进行初步核实，并在报案或举报时将相关材料一并提交公安机关。

第七条　医疗机构及其从业人员在收治遭受或疑似遭受人身、精神损害的未成年人时，应当保持高度警惕，按规定书写、记录和保存相关病历资料。

第八条　公安机关接到疑似侵害未成年人权益的报案或举报后，应当立即接受，问明案件初步情况，并制作笔录。根据案件的具体情况，涉嫌违反治安管理的，依法受案审查；涉嫌犯罪的，依法立案侦查。对不属于自己管辖的，及时移送有管辖权的公安机关。

第九条　公安机关侦查未成年人被侵害案件，应当依照法定程序，及时、全面收集固定证据。对于严重侵害未成年人的暴力犯罪案件、社会高度关注的重大、敏感案件，公安机关、人民检察院应当加强办案中的协商、沟通与配合。

公安机关、人民检察院依法向报案人员或者单位调取指控犯罪所需要的处理记录、监控资料、证人证言等证据时，相关单位及其工作人员应当积极予以协助配合，并按照有关规定全面提供。

第十条　公安机关应当在受案或者立案后三日内向报案单位反馈案件进展，并在移送审查起诉前告知报案单位。

第十一条　人民检察院应当切实加强对侵害未成年人案件的立案监督。认为公安机关应当立案而不立案的，应当要求公安机关说明不立案的理由。认为不立案理由不能成立的，应当通知公安机关立案，公安机关接到通知后应当立即立案。

第十二条　公安机关、人民检察院发现未成年人需要保护救助的，应当委托或者联合民政部门或共青团、妇联等群团组织，对未成年人及其家庭实施必要的经济救助、医疗救治、心理干预、调查评估等保护措施。未成年被害人生活特别困难的，司法机关应当及时启动司法救助。

公安机关、人民检察院发现未成年人父母或者其他监护人不依法履行监护职责，或者侵害未成年人合法权益的，应当予以训诫或者责令其接受家庭教育指导。经教育仍不改正，情节严重的，应当依法依规予以惩处。

公安机关、妇联、居民委员会、村民委员会、救助管理机构、未成年人救助保护机构发现未成年人遭受家庭暴力或面临家庭暴力的现实危险，可以依法向人民法院代为申请人身安全保护令。

第十三条　公安机关、人民检察院和司法行政机关及教育、民政、卫生健康等主管行政机关应当对报案人的信息予以保密。违法窃取、泄露报告事项、报告受理情况以及报告人信息的，依法依规予以严惩。

第十四条　相关单位、组织及其工作人员应当注意保护未成年人隐私，对于涉案未成年人身份、案情等信息资料予以严格保密，严禁通过互联网或者以其他方式进行传播。私自传播的，依法给予治安处罚或追究其刑事责任。

第十五条　依法保障相关单位及其工作人员履行强制报告责任，对根据规定报告侵害未成年人案件而引发的纠纷，报告人不予承担相应法律责任；对于干扰、阻碍报告的组织或个人，依法追究法律责任。

第十六条　负有报告义务的单位及其工作人员未履行报告职责，造成严重后果的，由其主管行政机关或者本单位依法对直接负责的主管人员或者其他直接责任人员给予相应处分；构成犯罪的，依法追究刑事责任。相关单位或者单位主管人员阻止工作人员报告的，予以从重处罚。

第十七条　对于行使公权力的公职人员长期不重视强制报告工作，不按规定落实强制报告制度要求的，根据其情节、后果等情况，监察委员会应当依法对相关单位和失职失责人员进行问责，对涉嫌职务违法犯罪的依法调查处理。

第十八条 人民检察院依法对本意见的执行情况进行法律监督。对于工作中发现相关单位对本意见执行、监管不力的，可以通过发出检察建议书等方式进行监督纠正。

第十九条 对于因及时报案使遭受侵害未成年人得到妥善保护、犯罪分子受到依法惩处的，公安机关、人民检察院、民政部门应及时向其主管部门反馈相关情况，单独或联合给予相关机构、人员奖励、表彰。

第二十条 强制报告责任单位的主管部门应当在本部门职能范围内指导、督促责任单位严格落实本意见，并通过年度报告、不定期巡查等方式，对本意见执行情况进行检查。注重加强指导和培训，切实提高相关单位和人员的未成年人保护意识和能力水平。

第二十一条 各级监察委员会、人民检察院、公安机关、司法行政机关、教育、民政、卫生健康部门和妇联、共青团组织应当加强沟通交流，定期通报工作情况，及时研究实践中出现的新情况、新问题。

各部门建立联席会议制度，明确强制报告工作联系人，畅通联系渠道，加强工作衔接和信息共享。人民检察院负责联席会议制度日常工作安排。

第二十二条 相关单位应加强对侵害未成年人案件强制报告的政策和法治宣传，强化全社会保护未成年人、与侵害未成年人违法犯罪行为作斗争的意识，争取理解与支持，营造良好社会氛围。

第二十三条 本意见自印发之日起试行。

·典型案例·

在办理涉未成年人案件中全面开展家庭教育指导工作典型案例

（2021年10月25日最高人民检察院、中华全国妇女联合会、中国关心下一代工作委员会发布）

一、朱某某、徐某某虐待案

——引导树立科学教育观念，源头预防家庭暴力犯罪

一、基本案情

朱某甲（女，案发时9周岁）系朱某某与他人非婚生之女。2018年以来，被告人朱某某及同居女友徐某某因家庭琐事及学习问题，经常采取掐拧、抽打等方式殴打朱某甲。2019年10月，朱某某先后两次使用棍棒、鱼竿支架击打朱某甲左小腿致伤，后因治疗不及时，导致伤口溃烂感染。2020年5月12日，朱某某、徐某某因涉嫌虐待罪被江苏省连云港市赣榆区人民检察院提起公诉，后分别被判处有期徒刑十个月和六个月，均适用缓刑。

二、家庭教育指导做法与成效

（一）多角度开展家庭教育指导，引导监护人树立科学教育观念。本案是一起针对未成年人实施的家庭暴力犯罪案件。案件发生后检察机关与关工委就被害人监护问题进行了多次走访，朱某甲表示仍愿意与朱、徐二人继续生活，朱、徐二人也表示愿意改变教育方式，继续履行监护职责。考虑到该案属不当管教引发犯罪，原生家庭更有利于未成年人成长，检察机关遂会同妇联、关工委启动家庭教育指导工作。首先，对朱、徐二人进行训诫，使其认识到其不当管教行为已构成虐待罪，促其端正态度。其次，由区妇联指派家庭教育指导老师，对朱、徐二人进行"一对一"家庭教育指导，引导改变不当教育方式，并将二人拉入由检察机关、妇联、关工委、教育局创建的"怀仁家长学堂"微信群，定期参加指导讲座，在群中分享接受家庭教育指导的体会与感触。同时，发挥"以老励老"作用，由关工委的"五老"成员定期和被害女童祖父母进行沟通交流，让其监督教育朱、徐二人，以亲情感化帮助修复被破坏的亲子关系。

（二）持续跟踪家庭监护状况，巩固家庭教育指导成效。检察官多次入户家访，详细了解朱某甲的身体康复情况，督促朱、徐二人切实履行好监护职责。与村委会保持经常性联系，请其协助跟踪考察朱某甲监护改善情况。通过电话回访朱某甲的老师，了解其学习成绩、在校表现等情况。经过四个月的教育督促和指导，朱某甲一家的亲子关系得到明显改善，朱某某、徐某某签署《监护承诺书》，家庭生活恢复正常。

（三）建立常态化工作机制，源头预防未成年人遭受家庭暴力。赣榆区检察院、妇联、关工委会签了《关于联合开展家庭教育指导工作的实施细则》，将成功经验转化为常态化机制。一是建立未成年人被侵害线索排查和反馈机制。通过妇联、关工委、学校、派出所等多个渠道，在全区15个乡镇进行排查，共对3名有轻微家暴情形的监护人予以训诫，对22名履职不当、监护缺失

的家长进行家庭教育指导。二是形成具有本土特色的“检家”联动机制，通过妇联的基层“妇女之家”、“婆婆妈妈大舞台”等平台，由检察官开展法治宣讲，传递科学教育理念。三是充分发挥关工委的“五老成员”作用，监督未成年人的父母或其他监护人，重点针对由祖父母承担日常监护责任的留守儿童群体，强化监护意识，提高监护能力，防范家庭暴力等违法犯罪行为的发生。

三、典型意义

家庭暴力对未成年人身心伤害大，影响持久深远。家庭暴力案件的发生暴露了部分监护人的未成年人保护理念淡薄、家庭教育观念错位和监护能力不足。检察机关办理家庭暴力犯罪案件，对于尚未达到撤销监护资格的监护人，应当联合妇联、关工委开展家庭教育指导，找准问题根源，引导扭转落后的教育观念，矫正不当监护行为。同时，应当适当延伸司法保护触角，通过开展线索排查、法治宣传等，做好家庭教育指导的前端工作，源头预防监护侵害行为发生。

二、陈某盗窃案

——构建规范化工作机制，有力解决未成年人失管问题

一、基本案情

2021 年 2 月 5 日，陈某因涉嫌盗窃罪被依法逮捕，其女儿陈某甲(6 周岁)因无人监护暂由当地社会福利中心临时监护。同年 2 月 25 日，陈某被浙江省杭州市萧山区人民法院以犯盗窃罪判处有期徒刑六个月。经查，陈某还于 2019 年 6 月 10 日因犯盗窃罪被判处有期徒刑七个月。由于陈某系未婚生育陈某甲，在其服刑期间，陈某甲被安置在福利院临时监护。

二、家庭教育指导的做法与成效

(一)强化线索发现机制，主动开展失管未成年人家庭教育指导工作。为规范未成年人家庭教育指导工作，杭州市萧山区人民检察院、区妇联等部门制定了《杭州市萧山区亲职教育工作实施办法》和《关于建立家庭成员侵害未成年人权益案件联合干预制度的意见》，明确家庭教育指导对象，并将事实无人抚养未成年人纳入工作范围。在本案办理过程中，检察机关针对陈某多次实施犯罪导致陈某甲无人抚养以及法律观念淡薄、监护主体意识不强等问题，联合妇联、民政等部门开展综合评估，认为对陈某确有监护干预必要，随后启动家庭教育指导程序。

(二)规范工作流程和模式，保证家庭教育指导的科学性、系统性。萧山区检察院、妇联、关工委联合创建了“三会两评估”(启动初期、中期、结束三次联席会议，家庭教育指导效果评估与监护评估两项评估)和“亲职见习期”(家庭教育指导结束后 6 个月，由村社妇联家访观察)等制度，形成系统化的家庭教育指导工作模式，并开发家庭教育指导 APP，设置“家庭教育课程”“监护评估”“亲职教育效果评估”等 7 个应用场景模块，建立家庭教育指导工作基地，高效开展家庭教育指导工作。本案中，家庭教育指导程序启动后，专业社工在家庭功能测验、多维度访谈、妇联家访观察等基础上制定了针对性的家庭教育指导工作方案。为陈某设置了三个月的家庭教育指导期和六个月的亲职见习期。第一个月重点进行预防再犯罪法治教育以及监护职责教育和心理干预，促进提升监护意识；第二个月重点链接包含“如何帮助孩子重建安全感”“营造良好家庭氛围——重建亲子关系”“父母良好价值观及行为对孩子的正向影响”等系列家庭教育指导课程，提升沟通技巧、情绪管理能力，配套开展亲子沙龙、亲子公益活动等，增进亲子关系；第三个月，再次进行家庭功能测验，并根据前两个月工作情况进行总结评估和效果巩固。在方案实施过程中，由妇联安排陈某所在村妇女干部作为家庭教育指导观察员定期开展家访观察，动态掌握家庭教育指导情况，适时调整工作进度与节奏。

(三)建立效果评估机制，提升家庭教育指导工作刚性。萧山区检察院牵头开发家庭教育指导数字平台，针对被教育对象进行“一人一码”三色动态监管，根据被教育对象打卡情况以及基层妇联工作人员、社工录入的家访观察、家庭教育指导等情况，实现动态监管和后期监护能力评估。同时，针对陈某起初两次不配合接受家庭教育指导的情况，萧山区检察院向其制发督促学习令，通报所在村妇联、村委会以及村社民警，经评估后将家庭教育指导期调整为四个月，并告知其对于拒不接受家庭教育指导或者依然存在失管失教情形，情节严重的，检察机关有权建议并支持撤销其监护人资格。经过批评教育，陈某认识到自身存在的问题和可能面临的法律后果，态度发生很大转变，开始自觉参加并积极配合家庭教育指导工作，最终顺利完成了所有课程任务。

(四)家庭教育指导与关爱救助并重。针对在家访

观察中发现的陈某缺乏工作技能、工作意愿低等问题，检察机关指派心理专家对其进行专门指导干预，并为其提供餐饮、西点制作技能培训，帮助其获得一技之长。针对陈某甲因没有落户导致的无法正常接受义务教育问题，萧山区检察院、教育、民政、公安、妇联、关工委等部门共同努力，顺利为陈某母女办理了落户手续，并为陈某甲就近联系学校入学。

三、典型意义

失管未成年人家庭教育指导是一项尚处起步阶段的工作，系统性、专业性、强制性不足一直是实践中亟待破解的问题。杭州市萧山区检察院、妇联、关工委联合探索建立的规范化家庭教育指导工作模式，突出问题导向和效果导向，实现全程闭环管理，工作成效明显。为充分发挥家庭教育指导在预防未成年人犯罪、强化未成年人保护方面的作用，检察机关在办案过程中不仅要关注涉案未成年人家庭监护状况，也要重视失管失教未成年人监护问题，适时提供必要的指导和帮助，避免未成年人因监护缺失走上违法犯罪道路或遭受不法侵害。

三、李某涉嫌抢夺不捕案

——提高家庭教育指导针对性，推动严重不良行为未成年人矫治

一、基本案情

犯罪嫌疑人李某，男，作案时14周岁，初中肄业。2021年4月12日，李某驾驶汽车，搭载两名成年犯罪嫌疑人林某、杨某，尾随驾驶二轮摩托车的被害人吴某，伺机夺取财物。在林某伸手抢夺过程中，被害人吴某因失去平衡与李某驾驶的汽车发生碰撞后倒地受伤，随后三名犯罪嫌疑人逃离现场。经鉴定，被害人吴某属轻微伤。因李某未达到法定刑事责任年龄，四川省成都市新都区人民检察院于2021年5月21日对李某依法作出不批准逮捕决定。

二、家庭教育指导做法与成效

（一）深入开展社会调查，准确评估家庭教育状况和问题。对未达刑事责任年龄未成年人，检察机关没有一放了之。为全面了解导致李某犯罪的深层次原因，成都市新都区人民检察院对李某的成长生活轨迹进行了深入调查，详细询问监护人，走访邻居、教师、社区工作人员，委托心理咨询师对其开展心理测评。经调查发现，李某系弃婴，被养父母抚养长大。幼年时李某常有偷拿家中零钱的不良行为，上初中后缺乏管教沾染不良习气。2020年因盗窃电动车被公安机关抓获，经教育后被其父领回，在此过程中李某得知自己并非亲生，与父母隔阂更为严重，随后长期流浪不归。在对李某抚养监护过程中，李某父母的态度从起初的教育方式简单粗暴逐渐演变为不管不问。心理测评发现李某存在轻度的焦虑、强迫和抑郁，生存能力和心理成熟度欠缺。

（二）制定个性化方案，督促履行监护职责。针对李某的家庭教育问题，检察机关、妇联、关工委召开联席会议，制定个性化家庭教育指导方案。针对李某父母监护缺位和管教方式不当等问题，从调整沟通方式、改善家庭氛围、学习教养知识、改变教养方式、提升教育理念、引导教育发展等六个方面规划具体的家庭教育指导课程，通过家庭心理辅导对李某及其父母进行心理疏导、认知干预和行为矫正，在家庭教育专家引导下，通过亲子游戏等活动辅助修复家庭关系，以有效的沟通重新唤起亲情，影响亲子关系的心结逐渐得以解开。同时，妇联依托“姐妹心理驿站”推介心理咨询师对李某开展心理测评，根据其生存能力和心理成熟度欠缺的测评结果予以引导和干预，关工委组织“五老”志愿者、社工结对关爱，与检察机关共同劝导父母切实承担对李某的监护责任。

（三）各部门联动协作，实现效果最大化。通过家庭教育指导，李某家庭关系明显改善，但李某长期辍学对其成长极为不利。为帮助李某重返学校，检察机关、妇联、关工委共同拟定工作方案，在安排李某返回户籍所在地与父母团聚后，立即启动家庭教育指导异地协作机制，两地通力合作，检察机关联系教育部门助力，妇联充分发挥妇儿工作平台优势、动员社会力量支持，关工委积极组织离退休老专家、老模范发挥专长帮扶到人，共同为李某提供就学协助。目前，李某回归家庭后表现良好，亲子关系融洽，新学期开学已赴一所初中就学。

三、典型意义

未成年人犯罪通常与成长环境及教育失当有着密切关系。对于因未达法定刑事责任年龄而不予追究刑事责任的未成年人，其父母应切实承担起监督管教的责任。相关部门通过家庭教育指导提升父母监护能力、改善家庭环境，是帮助严重不良行为未成年人回归正轨，预防重新犯罪的有效手段。不同家庭情况千差万别，家庭教育指导应坚持因人而异、对症下药。相关部门在开

展家庭教育指导工作时，应针对具体问题、契合家庭实际、照顾个体特点，确保工作的针对性和实效性。

四、陈某甲涉嫌盗窃被不起诉案

——督促监护与家庭教育指导有机结合，促进落实家庭保护责任

一、基本案情

陈某甲，男，作案时 17 周岁。2021 年 1 月，陈某甲先后两次来到某居民楼下，将停放在楼下的一辆两轮电动车及一辆两轮摩托车盗走。经鉴定，被盗车辆价值共 2860 元。陈某甲被抓获归案后，如实供述犯罪事实，积极退赃并取得了被害人谅解。河南省固始县人民检察院经不公开听证，决定对陈某甲作附条件不起诉，并对其开展家庭教育指导。

二、家庭教育指导做法与成效

（一）找准监护问题症结，依法制发《督促监护令》。听证会结束后，在听证人员的见证下，针对陈某甲父亲家庭教育失当、监护不力、疏于管教等问题，检察官对其父亲进行训诫，并以“家长和孩子一起成长”为主题当场进行了一次家庭监护教育。随后，检察官向陈某甲父亲依法送达了《督促监护令》，提出重点监护举措，包括认真分析自己在教育孩子上存在的问题，更新教育理念，改变教育方法；多抽时间与孩子相处，加强与孩子的沟通交流，让孩子感受家庭的温暖；通过限制上网时间等措施帮助孩子戒除网瘾；定期参加家庭教育指导活动，按时报告监护情况及孩子表现。陈某甲父亲当场承认自己监护失职，签署了《监护教育承诺书》，自愿接受监督考察。

（二）以家庭教育指导引导履行监护职责，确保《督促监护令》落地见效。固始县妇联为陈某甲家庭量身设计了个性化教育指导方案，根据《督促监护令》提出的要求有针对性地安排家庭教育指导课程，并联合县检察院制定《监护考察工作计划表》，由县检察院会同当地派出所、村委会工作人员、心理咨询师、司法社工组成监护考察组，通过每月至少一次线上联络，一次线下走访，监护人每月报告行为记录等方式，引导陈某甲的父亲自觉承担监护义务，改变不当教育方式，教导陈某甲重新树立正确的价值观。经过帮教和家庭教育指导，陈某甲父子相处融洽，交流增多，陈某甲性格日渐开朗，考察回访发现陈某甲现随父亲在一家企业打工，工作认真负责，督促监护取得初步成效。

（三）机制化协作联动，推动形成六大保护工作合力。固始县检察院联合妇联、关工委等部门建立共同监护考察的配合衔接机制，进一步推进督促监护工作落实落细。组建“爱的港湾”公益巡讲团，举行“走千村”活动，开展“家长和孩子一起成长”公益课堂，让家庭教育指导“面对面”。录制微视频、制作家庭教育指导课件，通过各单位公众号发布，让家庭教育知识进社区、进家庭，向更多的家长宣讲家庭教育知识，增强监护人的监护意识和教育的主动性。疫情期间，针对家庭暴力案件增多的问题，及时开设“爱家抗疫家庭教育”微课堂，开展线上家庭教育公益讲座。

三、典型意义

对因家庭管教不当导致犯罪的未成年人，在对其开展帮教挽救的同时，应当下大力气解决家庭监护问题。监护督促令与家庭教育指导均为近年来检察机关加强监护权监督的创新工作机制，旨在推动解决涉未成年人案件背后家庭监护不力这一难点问题，促进落实家庭保护责任。监护督促令侧重督促和干预，家庭教育指导侧重引导和帮助，两项制度有机融合，刚柔并济，能够更好推动监护人履职，提升未成年人保护质量和效果。

五、未成年人张某某被性侵案

——整合优质资源，推动家庭教育指导专业化发展

一、基本案情

张某某（女，案发时 13 周岁）初中辍学，跟随母亲在福建省惠安县一家餐饮店打工，其父亲常年外出务工不在家，母亲忙于生计无暇监管。由于缺乏家庭温暖，张某某急于寻找所谓的“安全感”，与多名前来餐饮店就餐的男子发生性关系，更在其父母同意下与其中一人订立婚约。涉案的多名男子因明知张某某系未满十四周岁的幼女，仍与其发生性关系，涉嫌强奸罪，检察机关依法提起公诉。

二、家庭教育指导做法与成效

（一）建立“1 + N”保护小组，专业化办案与社会化服务有效衔接。近年，惠安县检察院紧盯农村儿童监管难问题，与妇联、关工委探索家庭教育指导工作与“惠女”精神深度融合，建立专门的家庭教育指导工作队伍，组建由承办检察官、护童观察员、司法社工、家庭教育指导者、心理咨询师组成的“1 + N”保护小组，规范化

开展相关工作。本案中，针对张某某监护人存在的监护不当、履责不力的问题，检察机关因案施策，联合妇联、关工委，依托妇女之家、儿童之家平台，吸收妇联家庭教育指导者、关工委“五老”等老同志组建“家教讲师团”，量身设计符合张某某家庭的个性化家庭教育指导方案，帮助张某某父母强化监护意识，履行家庭教育主体责任，加强亲子沟通，改善亲子关系，切实提升家庭教育指导的质量和效果。

（二）建立保护日志，保证家庭教育效果。利用护童观察员贴近群众的优势，通过护童观察员和司法社工定期走访，全面掌握张某某现状，为其单独建立保护日志，将张某某及其家庭生活实际、思想动态等情况及时向保护小组反馈，便于及时调整家庭教育指导措施，点对点开展定制式和阶段式相结合的保护救助计划，进一步提升家庭教育水平。

（三）根据需求转学复学，家庭教育指导与保护救助结合推动。考虑到张某某在义务教育阶段即辍学，且张某某本人有复学的意愿，检察机关在未成年人保护委员会工作机制下充分发挥职能作用，多次与教育行政部门沟通协调，为张某某办理复学手续。同时，鉴于张某某就学期间存在被校园欺凌的问题，检察机关在征询其本人意见后，将张某某转学至其家附近的另一所学校就读。

三、典型意义

家庭教育指导工作专业性强，各级检察机关、妇联组织、关工委在合力做好涉案未成年人家庭教育指导工作的同时，应注意带动、加强专业人才队伍建设，支持、培育社会力量参与家庭教育指导工作。通过委托服务、项目合作等多种方式，鼓励社会工作服务机构深入研究、积极开展教育行为矫正、亲子关系改善等课题的理论研究和实践探索，逐步培养一支稳定、专业、可靠的专家型家庭教育指导社会力量。

6. 反家庭暴力

中华人民共和国
反家庭暴力法

1. 2015年12月27日第十二届全国人民代表大会常务委员会第十八次会议通过
2. 2015年12月27日中华人民共和国主席令第37号公布
3. 自2016年3月1日起施行

目　　录

第一章　总　　则

第一条　【立法目的】为了预防和制止家庭暴力，保护家庭成员的合法权益，维护平等、和睦、文明的家庭关系，促进家庭和谐、社会稳定，制定本法。

第二条　【定义】本法所称家庭暴力，是指家庭成员之间以殴打、捆绑、残害、限制人身自由以及经常性谩骂、恐吓等方式实施的身体、精神等侵害行为。

第三条　【家庭成员之间的义务】家庭成员之间应当互相帮助，互相关爱，和睦相处，履行家庭义务。

反家庭暴力是国家、社会和每个家庭的共同责任。

国家禁止任何形式的家庭暴力。

第四条　【政府职责】县级以上人民政府负责妇女儿童工作的机构，负责组织、协调、指导、督促有关部门做好反家庭暴力工作。

县级以上人民政府有关部门、司法机关、人民团体、社会组织、居民委员会、村民委员会、企业事业单位，应当依照本法和有关法律规定，做好反家庭暴力工作。

各级人民政府应当对反家庭暴力工作给予必要的经费保障。

第五条　【反家庭暴力工作的原则】反家庭暴力工作遵循预防为主，教育、矫治与惩处相结合原则。

反家庭暴力工作应当尊重受害人真实意愿，保护当事人隐私。

未成年人、老年人、残疾人、孕期和哺乳期的妇女、重病患者遭受家庭暴力的，应当给予特殊保护。

第二章　家庭暴力的预防

第六条　【宣传教育】国家开展家庭美德宣传教育，普及反家庭暴力知识，增强公民反家庭暴力意识。

工会、共产主义青年团、妇女联合会、残疾人联合会应当在各自工作范围内，组织开展家庭美德和反家庭暴力宣传教育。

广播、电视、报刊、网络等应当开展家庭美德和反家庭暴力宣传。

学校、幼儿园应当开展家庭美德和反家庭暴力教育。

第七条　【业务培训、统计】县级以上人民政府有关部门、司法机关、妇女联合会应当将预防和制止家庭暴力纳入业务培训和统计工作。

医疗机构应当做好家庭暴力受害人的诊疗记录。

第八条　【乡镇人民政府、街道办事处的职责】乡镇人民政府、街道办事处应当组织开展家庭暴力预防工作，居民委员会、村民委员会、社会工作服务机构应当予以配合协助。

第九条　【政府支持】各级人民政府应当支持社会工作服务机构等社会组织开展心理健康咨询、家庭关系指导、家庭暴力预防知识教育等服务。

第十条　【调解家庭纠纷】人民调解组织应当依法调解家庭纠纷，预防和减少家庭暴力的发生。

第十一条　【用人单位的职责】用人单位发现本单位人员有家庭暴力情况的，应当给予批评教育，并做好家庭矛盾的调解、化解工作。

第十二条　【监护人的职责】未成年人的监护人应当以文明的方式进行家庭教育，依法履行监护和教育职责，不得实施家庭暴力。

第三章　家庭暴力的处置

第十三条　【投诉、反映和求助】家庭暴力受害人及其法定代理人、近亲属可以向加害人或者受害人所在单位、居民委员会、村民委员会、妇女联合会等单位投诉、反映或者求助。有关单位接到家庭暴力投诉、反映或者求助后，应当给予帮助、处理。

家庭暴力受害人及其法定代理人、近亲属也可以向公安机关报案或者依法向人民法院起诉。

单位、个人发现正在发生的家庭暴力行为，有权及时劝阻。

第十四条　【报案】学校、幼儿园、医疗机构、居民委员会、村民委员会、社会工作服务机构、救助管理机构、福利机构及其工作人员在工作中发现无民事行为能力人、限制民事行为能力人遭受或者疑似遭受家庭暴力的，应当及时向公安机关报案。公安机关应当对报案人的信息予以保密。

第十五条　【公安机关接到报案后的工作】公安机关接到家庭暴力报案后应当及时出警，制止家庭暴力，按照有关规定调查取证，协助受害人就医、鉴定伤情。

无民事行为能力人、限制民事行为能力人因家庭暴力身体受到严重伤害、面临人身安全威胁或者处于无人照料等危险状态的，公安机关应当通知并协助民政部门将其安置到临时庇护场所、救助管理机构或者福利机构。

第十六条　【告诫书的出具和内容】家庭暴力情节较轻，依法不给予治安管理处罚的，由公安机关对加害人给予批评教育或者出具告诫书。

告诫书应当包括加害人的身份信息、家庭暴力的事实陈述、禁止加害人实施家庭暴力等内容。

第十七条　【告诫书的送达】公安机关应当将告诫书送交加害人、受害人，并通知居民委员会、村民委员会。

居民委员会、村民委员会、公安派出所应当对收到告诫书的加害人、受害人进行查访，监督加害人不再实施家庭暴力。

第十八条　【设立临时庇护场所】县级或者设区的市级人民政府可以单独或者依托救助管理机构设立临时庇护场所，为家庭暴力受害人提供临时生活帮助。

第十九条　【法律援助和诉讼费用的缓减免】法律援助机构应当依法为家庭暴力受害人提供法律援助。

人民法院应当依法对家庭暴力受害人缓收、减收或者免收诉讼费用。

第二十条　【人民法院对家庭暴力事实的认定依据】人民法院审理涉及家庭暴力的案件，可以根据公安机关出警记录、告诫书、伤情鉴定意见等证据，认定家庭暴力事实。

第二十一条　【监护人资格的撤销】监护人实施家庭暴力严重侵害被监护人合法权益的，人民法院可以根据被监护人的近亲属、居民委员会、村民委员会、县级人民政府民政部门等有关人员或者单位的申请，依法撤销其监护人资格，另行指定监护人。

被撤销监护人资格的加害人，应当继续负担相应的赡养、扶养、抚养费用。

第二十二条　【对加害人进行法治教育】工会、共产主义青年团、妇女联合会、残疾人联合会、居民委员会、村民委员会等应当对实施家庭暴力的加害人进行法治教育，必要时可以对加害人、受害人进行心理辅导。

第四章　人身安全保护令

第二十三条　【申请人身安全保护令】当事人因遭受家庭暴力或者面临家庭暴力的现实危险，向人民法院申请人身安全保护令的，人民法院应当受理。

当事人是无民事行为能力人、限制民事行为能力人，或者因受到强制、威吓等原因无法申请人身安全保护令的，其近亲属、公安机关、妇女联合会、居民委员会、村民委员会、救助管理机构可以代为申请。

第二十四条　【申请方式】申请人身安全保护令应当以书面方式提出；书面申请确有困难的，可以口头申请，由人民法院记入笔录。

第二十五条　【管辖法院】人身安全保护令案件由申请人或者被申请人居住地、家庭暴力发生地的基层人民法院管辖。

第二十六条　【以裁定形式作出】人身安全保护令由人民法院以裁定形式作出。

第二十七条　【作出人身安全保护令的条件】作出人身安全保护令，应当具备下列条件：

（一）有明确的被申请人；

（二）有具体的请求；

（三）有遭受家庭暴力或者面临家庭暴力现实危险的情形。

第二十八条　【作出人身安全保护令或者驳回申请的时限】人民法院受理申请后，应当在七十二小时内作出人身安全保护令或者驳回申请；情况紧急的，应当在二十四小时内作出。

第二十九条　【措施】人身安全保护令可以包括下列措施：

（一）禁止被申请人实施家庭暴力；

（二）禁止被申请人骚扰、跟踪、接触申请人及其相关近亲属；

（三）责令被申请人迁出申请人住所；

（四）保护申请人人身安全的其他措施。

第三十条 **【有效期】**人身安全保护令的有效期不超过六个月，自作出之日起生效。人身安全保护令失效前，人民法院可以根据申请人的申请撤销、变更或者延长。

第三十一条 **【复议】**申请人对驳回申请不服或者被申请人对人身安全保护令不服的，可以自裁定生效之日起五日内向作出裁定的人民法院申请复议一次。人民法院依法作出人身安全保护令的，复议期间不停止人身安全保护令的执行。

第三十二条 **【送达】**人民法院作出人身安全保护令后，应当送达申请人、被申请人、公安机关以及居民委员会、村民委员会等有关组织。人身安全保护令由人民法院执行，公安机关以及居民委员会、村民委员会等应当协助执行。

第五章 法律责任

第三十三条 **【实施家庭暴力的法律责任】**加害人实施家庭暴力，构成违反治安管理行为的，依法给予治安管理处罚；构成犯罪的，依法追究刑事责任。

第三十四条 **【被申请人违反人身安全保护令的法律责任】**被申请人违反人身安全保护令，构成犯罪的，依法追究刑事责任；尚不构成犯罪的，人民法院应当给予训诫，可以根据情节轻重处以一千元以下罚款、十五日以下拘留。

第三十五条 **【不依据规定向公安机关报案的法律责任】**学校、幼儿园、医疗机构、居民委员会、村民委员会、社会工作服务机构、救助管理机构、福利机构及其工作人员未依照本法第十四条规定向公安机关报案，造成严重后果的，由上级主管部门或者本单位对直接负责的主管人员和其他直接责任人员依法给予处分。

第三十六条 **【国家工作人员违反职责的法律责任】**负有反家庭暴力职责的国家工作人员玩忽职守、滥用职权、徇私舞弊的，依法给予处分；构成犯罪的，依法追究刑事责任。

第六章 附 则

第三十七条 **【参照适用】**家庭成员以外共同生活的人之间实施的暴力行为，参照本法规定执行。

第三十八条 **【施行日期】**本法自2016年3月1日起施行。

全国妇联、中央宣传部、最高人民检察院、公安部、民政部、司法部、卫生部关于预防和制止家庭暴力的若干意见

1. 2008年7月31日发布

2. 妇字〔2008〕28号

为预防和制止家庭暴力，依法保护公民特别是妇女儿童的合法权益，建立平等和睦的家庭关系，维护家庭和社会稳定，促进社会主义和谐社会建设，依据《中华人民共和国婚姻法》、《中华人民共和国妇女权益保障法》、《中华人民共和国未成年人保护法》、《中华人民共和国治安管理处罚法》等有关法律，制定本意见。

第一条 本意见所称“家庭暴力”，是指行为人以殴打、捆绑、残害、强行限制人身自由或者其他手段，给其家庭成员的身体、精神等方面造成一定伤害后果的行为。

第二条 预防和制止家庭暴力，应当贯彻预防为主、标本兼治、综合治理的方针。处理家庭暴力案件，应当在查明事实、分清责任的基础上进行调解，实行教育和处罚相结合的原则。

预防和制止家庭暴力是全社会的共同责任。对于家庭暴力行为，应当及时予以劝阻、制止或者向有关部门报案、控告或者举报。

第三条 各部门要依法履行各自的职责，保障开展预防和制止家庭暴力工作的必要经费，做好预防和制止家庭暴力工作。各部门要加强协作、配合，建立处理家庭暴力案件的协调联动和家庭暴力的预防、干预、救助等长效机制，依法保护家庭成员特别是妇女儿童的合法权益。

第四条 处理家庭暴力案件的有关单位和人员，应当注意依法保护当事人的隐私。

第五条 各部门要面向社会持续、深入地开展保障妇女儿童权益法律法规和男女平等基本国策的宣传教育活动，不断增强公民的法律意识。

各部门要将预防和制止家庭暴力的有关知识列

为相关业务培训内容，提高相关工作人员干预、处理家庭暴力问题的意识和能力，切实维护公民的合法权益。

第六条 各级宣传部门要指导主要新闻媒体加强舆论宣传，弘扬健康文明的家庭风尚，引导广大群众树立正确的家庭伦理道德观念，对家庭暴力行为进行揭露、批评，形成预防和制止家庭暴力的良好氛围。

第七条 公安派出所、司法所，居（村）民委员会、人民调解委员会、妇代会等组织，要认真做好家庭矛盾纠纷的疏导和调解工作，切实预防家庭暴力行为的发生。对正在实施的家庭暴力，要及时予以劝阻和制止。积极开展对家庭成员防范家庭暴力和自我保护的宣传教育，鼓励受害者及时保存证据、举报家庭暴力行为，有条件的地方应开展对施暴人的心理矫治和对受害人的心理辅导，以避免家庭暴力事件的再次发生和帮助家庭成员尽快恢复身心健康。

第八条 公安机关应当设立家庭暴力案件投诉点，将家庭暴力报警纳入“110”出警工作范围，并按照《“110”接处警规则》的有关规定对家庭暴力求助投诉及时进行处理。公安机关对构成违反治安管理规定或构成刑事犯罪的，应当依法受理或立案，及时查处。

公安机关受理家庭暴力案件后，应当及时依法组织对家庭暴力案件受害人的伤情进行鉴定，为正确处理案件提供依据。

对家庭暴力案件，公安机关应当根据不同情况，依法及时作出处理：

（一）对情节轻微的家庭暴力案件，应当遵循既要维护受害人的合法权益，又要维护家庭团结，坚持调解的原则，对施暴者予以批评、训诫，告知其应承担的法律责任及相应的后果，防范和制止事态扩大；

（二）对违反治安管理规定的，依据《中华人民共和国治安管理处罚法》予以处罚；

（三）对构成犯罪的，依法立案侦查，做好调查取证工作，追究其刑事责任；

（四）对属于告诉才处理的虐待案件和受害人有证据证明的轻伤害案件，应当告知受害人或其法定代理人、近亲属直接向人民法院起诉，并及时将案件材料和有关证据移送有管辖权的人民法院。

第九条 人民检察院对公安机关提请批准逮捕或者移送审查起诉的家庭暴力犯罪案件，应当及时审查，区分不同情况依法作出处理。对于罪行较重、社会影响较大、且得不到被害人谅解的，依法应当追究刑事责任，符合逮捕或起诉条件的，应依法及时批准逮捕或者提起公诉。对于罪行较轻、主观恶性小、真诚悔过、人身危险性不大，以及当事人双方达成和解的，可以依法作出不批准逮捕、不起诉决定。人民检察院要加强对家庭暴力犯罪案件的法律监督。对人民检察院认为公安机关应当立案侦查而不立案侦查的家庭暴力案件，或者受害人认为公安机关应当立案侦查而不立案侦查，而向人民检察院提出控告的家庭暴力案件，人民检察院应当认真审查，认为符合立案条件的，应当要求公安机关说明不予立案的理由。人民检察院审查后认为不予立案的理由不能成立的，应当通知公安机关依法立案，公安机关应予立案。

对人民法院在审理涉及家庭暴力案件中作出的确有错误的判决和裁定，人民检察院应当依法提出抗诉。

第十条 司法行政部门应当督促法律援助机构组织法律服务机构及从业人员，为符合条件的家庭暴力受害人提供法律援助。鼓励和支持法律服务机构对经济确有困难又达不到法律援助条件的受害人，按照有关规定酌情减收或免收法律服务费用。

对符合法律援助条件的委托人申请司法鉴定的，司法鉴定机构应当按照司法鉴定法律援助的有关规定，减收或免收司法鉴定费用。

第十一条 卫生部门应当对医疗卫生机构及其工作人员进行预防和制止家庭暴力方面的指导和培训。

医疗人员在诊疗活动中，若发现疾病和伤害系因家庭暴力所致，应对家庭暴力受害人进行及时救治，做好诊疗记录，保存相关证据，并协助公安部门调查。

第十二条 民政部门救助管理机构可以开展家庭暴力救助工作，及时受理家庭暴力受害人的求助，为受害人提供庇护和其他必要的临时性救助。

有条件的地方要建立民政、司法行政、卫生、妇联等各有关方面的合作机制，在家庭暴力受害人接受庇护期间为其提供法律服务、医疗救治、心理咨询等人文关怀服务。

第十三条 妇联组织要积极开展预防和制止家庭暴力的宣传、培训工作，建立反对家庭暴力热线，健全维权工作网络，认真接待妇女投诉，告知受害妇女享有的权利，为受害妇女儿童提供必要的法律帮助，并协调督促有关部门及时、公正地处理家庭暴力事件。

要密切配合有关部门做好预防和制止家庭暴力工作，深化“平安家庭”创建活动，推动建立社区妇女维权工作站或家庭暴力投诉站（点），推动“零家庭暴力社区（村庄）”等的创建，参与家庭矛盾和纠纷的调解。

妇联系统的人民陪审员在参与审理有关家庭暴力的案件时，要依法维护妇女儿童的合法权益。

民政部、全国妇联关于做好家庭暴力受害人庇护救助工作的指导意见

1. 2015年9月24日发布
2. 民发〔2015〕189号

各省、自治区、直辖市民政厅（局）、妇联，新疆生产建设兵团民政局、妇联：

为加大反对家庭暴力工作力度，依法保护家庭暴力受害人，特别是遭受家庭暴力侵害的妇女、未成年人、老年人等弱势群体的人身安全和其他合法权益，根据《中华人民共和国妇女权益保障法》、《中华人民共和国未成年人保护法》、《中华人民共和国老年人权益保障法》、《社会救助暂行办法》等有关规定，现就民政部门和妇联组织做好家庭暴力受害人（以下简称受害人）庇护救助工作提出以下指导意见：

一、工作对象

家庭暴力受害人庇护救助工作对象是指常住人口及流动人口中，因遭受家庭暴力导致人身安全受到威胁，处于无处居住等暂时生活困境，需要进行庇护救助的未成年人和寻求庇护救助的成年受害人。寻求庇护救助的妇女可携带需要其照料的未成年子女同时申请庇护。

二、工作原则

（一）未成年人特殊、优先保护原则。为遭受家庭暴力侵害的未成年人提供特殊、优先保护，积极主动庇护救助未成年受害人。依法干预处置监护人侵害未成年人合法权益的行为，切实保护未成年人合法权益。

（二）依法庇护原则。依法为受害人提供临时庇护救助服务，充分尊重受害人合理意愿，严格保护其个人隐私。积极运用家庭暴力告诫书、人身安全保护裁定、调解诉讼等法治手段，保障受害人人身安全，维护其合法权益。

（三）专业化帮扶原则。积极购买社会工作、心理咨询等专业服务，鼓励受害人自主接受救助方案和帮扶方式，协助家庭暴力受害人克服心理阴影和行为障碍，协调解决婚姻、生活、学习、工作等方面的实际困难，帮助其顺利返回家庭、融入社会。

（四）社会共同参与原则。在充分发挥民政部门和妇联组织职能职责和工作优势的基础上，动员引导多方面社会力量参与受害人庇护救助服务和反对家庭暴力宣传等工作，形成多方参与、优势互补、共同协作的工作合力。

三、工作内容

（一）及时受理求助。妇联组织要及时接待受害人求助请求或相关人员的举报投诉，根据调查了解的情况向公安机关报告，请公安机关对家庭暴力行为进行调查处置。妇联组织、民政部门发现未成年人遭受虐待、暴力伤害等家庭暴力情形的，应当及时报请公安机关进行调查处置和干预保护。民政部门及救助管理机构应当及时接收公安机关、妇联等有关部门护送或主动寻求庇护救助的受害人，办理入站登记手续，根据性别、年龄实行分类分区救助，妥善安排食宿等临时救助服务并做好隐私保护工作。救助管理机构庇护救助成年受害人期限一般不超过10天，因特殊情况需要延长的，报主管民政部门备案。城乡社区服务机构可以为社区内遭受家庭暴力的居民提供应急庇护救助服务。

（二）按需提供转介服务。民政部门及救助管理机构和妇联组织可以通过与社会工作服务机构、心理咨询机构等专业力量合作方式对受害人进行安全评估和需求评估，根据受害人的身心状况和客观需求制定个案服务方案。要积极协调人民法院、司法行政、人力资源社会保障、卫生等部门、社会救助经办机构、医院和社会组织，为符合条件的受害人提供司法救助、法律援助、婚姻家庭纠纷调解、就业援助、医疗救助、心理康复等转介服务。对于实施家庭暴力的未成年人监护人，应通过家庭教育指导、监护监督等多种方式，督促监护人改善监护方式，提升监护能力；对于目睹家庭暴力的未成年人，要提供心理辅导和关爱服务。

（三）加强受害人人身安全保护。民政部门及救助管理机构或妇联组织可以根据需要协助受害人或代表未成年受害人向人民法院申请人身安全保护裁定，依法保护受害人的人身安全，避免其再次受到家庭暴力的侵害。成年受害人在庇护期间自愿离开救助管理机构的，应提出书面申请，说明离开原因，可自行离开、由受害人亲友接回或由当地村（居）民委员会、基层妇联组织护送回家。其他监护人、近亲属前来接领未成年受害人的，经公安机关或村（居）民委员会确认其身份后，救助管理机构可以将未成年受害人交由其照料，并与其办理书面交接手续。

（四）强化未成年受害人救助保护。民政部门和救助管理机构要按照《最高人民法院、最高人民检察院、公安部、民政部关于依法处理监护人侵害未成年人权益行为若干问题的意见》（法发〔2014〕24 号）要求，做好未成年受害人临时监护、调查评估、多方会商等工作。救助管理机构要将遭受家庭暴力侵害的未成年受害人安排在专门区域进行救助保护。对于年幼的未成年受害人，要安排专业社会工作者或专人予以陪护和精心照料，待其情绪稳定后可根据需要安排到爱心家庭寄养。未成年受害人接受司法机关调查时，民政部门或救助管理机构要安排专职社会工作者或专人予以陪伴，必要时请妇联组织派员参加，避免其受到“二次伤害”。对于遭受严重家庭暴力侵害的未成年人，民政部门或救助管理机构、妇联组织可以向人民法院提出申请，要求撤销施暴人监护资格，依法另行指定监护人。

四、工作要求

（一）健全工作机制。民政部门和妇联组织要建立有效的信息沟通渠道，建立健全定期会商、联合作业、协同帮扶等联动协作机制，细化具体任务职责和合作流程，共同做好受害人的庇护救助和权益维护工作。民政部门及救助管理机构要为妇联组织、司法机关开展受害人维权服务、司法调查等工作提供设施场所、业务协作等便利。妇联组织要依法为受害人提供维权服务。

（二）加强能力建设。民政部门及救助管理机构和妇联组织要选派政治素质高、业务能力强的工作人员参与受害人庇护救助工作，加强对工作人员的业务指导和能力培训。救助管理机构应开辟专门服务区域设立家庭暴力庇护场所，实现与流浪乞讨人员救助服务区域的相对隔离，有条件的地方可充分利用现有设施设置生活居室、社会工作室、心理访谈室、探访会客室等，设施陈列和环境布置要温馨舒适。救助管理机构要加强家庭暴力庇护工作的管理服务制度建设，建立健全来访会谈、出入登记、隐私保护、信息查阅等制度。妇联组织要加强“12338”法律维权热线和维权队伍建设，为受害人主动求助、法律咨询和依法维权提供便利渠道和服务。

（三）动员社会参与。民政部门和救助管理机构可以通过购买服务、项目合作、志愿服务等多种方式，鼓励支持社会组织、社会工作服务机构、法律服务机构参与家庭暴力受害人庇护救助服务，提供法律政策咨询、心理疏导、婚姻家庭纠纷调解、家庭关系辅导、法律援助等服务，并加强对社会力量的统筹协调。妇联组织可以发挥政治优势、组织优势和群众工作优势，动员引导爱心企业、爱心家庭和志愿者等社会力量通过慈善捐赠、志愿服务等方式参与家庭暴力受害人庇护救助服务。

（四）强化宣传引导。各级妇联组织和民政部门要积极调动舆论资源，主动借助新兴媒体，切实运用各类传播阵地，公布家庭暴力救助维权热线电话，开设反对家庭暴力专题栏目，传播介绍反对家庭暴力的法律法规；加强依法处理家庭暴力典型事例（案例）的法律解读、政策释义和宣传报道，引导受害人及时保存证据，依法维护自身合法权益；城乡社区服务机构要积极开展反对家庭暴力宣传，提高社区居民参与反对家庭暴力工作的意识，鼓励社区居民主动发现和报告监护人虐待未成年人等家庭暴力线索。

最高人民法院、最高人民检察院、公安部、司法部关于依法办理家庭暴力犯罪案件的意见

1. 2015 年 3 月 2 日发布

2. 法发〔2015〕4 号

发生在家庭成员之间，以及具有监护、扶养、寄养、同居等关系的共同生活人员之间的家庭暴力犯罪，严重侵害公民人身权利，破坏家庭关系，影响社会和谐稳定。人民法院、人民检察院、公安机关、司法行

政机关应当严格履行职责，充分运用法律，积极预防和有效惩治各种家庭暴力犯罪，切实保障人权，维护社会秩序。为此，根据刑法、刑事诉讼法、婚姻法、未成年人保护法、老年人权益保障法、妇女权益保障法等法律，结合司法实践经验，制定本意见。

一、基本原则

1. 依法及时、有效干预。针对家庭暴力持续反复发生，不断恶化升级的特点，人民法院、人民检察院、公安机关、司法行政机关对已发现的家庭暴力，应当依法采取及时、有效的措施，进行妥善处理，不能以家庭暴力发生在家庭成员之间，或者属于家务事为由而置之不理，互相推诿。

2. 保护被害人安全和隐私。办理家庭暴力犯罪案件，应当首先保护被害人的安全。通过对被害人进行紧急救治、临时安置，以及对施暴人采取刑事强制措施、判处刑罚、宣告禁止令等措施，制止家庭暴力并防止再次发生，消除家庭暴力的现实侵害和潜在危险。对与案件有关的个人隐私，应当保密，但法律有特别规定的除外。

3. 尊重被害人意愿。办理家庭暴力犯罪案件，既要严格依法进行，也要尊重被害人的意愿。在立案、采取刑事强制措施、提起公诉、判处刑罚、减刑、假释时，应当充分听取被害人意见，在法律规定的范围内作出合情、合理的处理。对法律规定可以调解、和解的案件，应当在当事人双方自愿的基础上进行调解、和解。

4. 对未成年人、老年人、残疾人、孕妇、哺乳期妇女、重病患者特殊保护。办理家庭暴力犯罪案件，应当根据法律规定和案件情况，通过代为告诉、法律援助等措施，加大对未成年人、老年人、残疾人、孕妇、哺乳期妇女、重病患者的司法保护力度，切实保障他们的合法权益。

二、案件受理

5. 积极报案、控告和举报。依照刑事诉讼法第一百零八条第一款“任何单位和个人发现有犯罪事实或者犯罪嫌疑人，有权利也有义务向公安机关、人民检察院或者人民法院报案或者举报”的规定，家庭暴力被害人及其亲属、朋友、邻居、同事，以及村（居）委会、人民调解委员会、妇联、共青团、残联、医院、学校、幼儿园等单位、组织，发现家庭暴力，有权利也有义务及时向公安机关、人民检察院、人民法院报案、控告或者举报。

公安机关、人民检察院、人民法院对于报案人、控告人和举报人不愿意公开自己的姓名和报案、控告、举报行为的，应当为其保守秘密，保护报案人、控告人和举报人的安全。

6. 迅速审查、立案和转处。公安机关、人民检察院、人民法院接到家庭暴力的报案、控告或者举报后，应当立即问明案件的初步情况，制作笔录，迅速进行审查，按照刑事诉讼法关于立案的规定，根据自己的管辖范围，决定是否立案。对于符合立案条件的，要及时立案。对于可能构成犯罪但不属于自己管辖的，应当移送主管机关处理，并且通知报案人、控告人或者举报人；对于不属于自己管辖而又必须采取紧急措施的，应当先采取紧急措施，然后移送主管机关。

经审查，对于家庭暴力行为尚未构成犯罪，但属于违反治安管理行为的，应当将案件移送公安机关，依照治安管理处罚法的规定进行处理，同时告知被害人可以向人民调解委员会提出申请，或者向人民法院提起民事诉讼，要求施暴人承担停止侵害、赔礼道歉、赔偿损失等民事责任。

7. 注意发现犯罪案件。公安机关在处理人身伤害、虐待、遗弃等行政案件过程中，人民法院在审理婚姻家庭、继承、侵权责任纠纷等民事案件过程中，应当注意发现可能涉及的家庭暴力犯罪。一旦发现家庭暴力犯罪线索，公安机关应当将案件转为刑事案件办理，人民法院应当将案件移送公安机关；属于自诉案件的，公安机关、人民法院应当告知被害人提起自诉。

8. 尊重被害人的程序选择权。对于被害人有证据证明的轻微家庭暴力犯罪案件，在立案审查时，应当尊重被害人选择公诉或者自诉的权利。被害人要求公安机关处理的，公安机关应当依法立案、侦查。在侦查过程中，被害人不再要求公安机关处理或者要求转为自诉案件的，应当告知被害人向公安机关提交书面申请。经审查确系被害人自愿提出的，公安机关应当依法撤销案件。被害人就这类案件向人民法院提起自诉的，人民法院应当依法受理。

9. 通过代为告诉充分保障被害人自诉权。对于家庭暴力犯罪自诉案件，被害人无法告诉或者不能亲自告诉的，其法定代理人、近亲属可以告诉或者代为告诉；被害人是无行为能力人、限制行为能力人，其法定代理人、近亲属没有告诉或者代为告诉的，人民检察院可以告诉；侮辱、暴力干涉婚姻自由等告诉才处理的案件，被害人因受强制、威吓无法告诉的，人民检察院也可以告诉。人民法院对告诉或者代为告诉的，应当依法受理。

10. 切实加强立案监督。人民检察院要切实加强对家庭暴力犯罪案件的立案监督，发现公安机关应当立案而不立案的，或者被害人及其法定代理人、近亲属，有关单位、组织就公安机关不予立案向人民检察院提出异议的，人民检察院应当要求公安机关说明不立案的理由。人民检察院认为不立案理由不成立的，应当通知公安机关立案，公安机关接到通知后应当立案；认为不立案理由成立的，应当将理由告知提出异议的被害人及其法定代理人、近亲属或者有关单位、组织。

11. 及时、全面收集证据。公安机关在办理家庭暴力案件时，要充分、全面地收集、固定证据，除了收集现场的物证、被害人陈述、证人证言等证据外，还应当注意及时向村（居）委会、人民调解委员会、妇联、共青团、残联、医院、学校、幼儿园等单位、组织的工作人员，以及被害人的亲属、邻居等收集涉及家庭暴力的处理记录、病历、照片、视频等证据。

12. 妥善救治、安置被害人。人民法院、人民检察院、公安机关等负有保护公民人身安全职责的单位和组织，对因家庭暴力受到严重伤害需要紧急救治的被害人，应当立即协助联系医疗机构救治；对面临家庭暴力严重威胁，或者处于无人照料等危险状态，需要临时安置的被害人或者相关未成年人，应当通知并协助有关部门进行安置。

13. 依法采取强制措施。人民法院、人民检察院、公安机关对实施家庭暴力的犯罪嫌疑人、被告人，符合拘留、逮捕条件的，可以依法拘留、逮捕；没有采取拘留、逮捕措施的，应当通过走访、打电话等方式与被害人或者其法定代理人、近亲属联系，了解被害人的人身安全状况。对于犯罪嫌疑人、被告人再次实施家庭暴力的，应当根据情况，依法采取必要的强制措施。

人民法院、人民检察院、公安机关决定对实施家庭暴力的犯罪嫌疑人、被告人取保候审的，为了确保被害人及其子女和特定亲属的安全，可以依照刑事诉讼法第六十九条第二款的规定，责令犯罪嫌疑人、被告人不得再次实施家庭暴力；不得侵扰被害人的生活、工作、学习；不得进行酗酒、赌博等活动；经被害人申请且有必要的，责令不得接近被害人及其未成年子女。

14. 加强自诉案件举证指导。家庭暴力犯罪案件具有案发周期较长、证据难以保存，被害人处于相对弱势、举证能力有限，相关事实难以认定等特点。有些特点在自诉案件中表现得更为突出。因此，人民法院在审理家庭暴力自诉案件时，对于因当事人举证能力不足等原因，难以达到法律规定的证据要求的，应当及时对当事人进行举证指导，告知需要收集的证据及收集证据的方法。对于因客观原因不能取得的证据，当事人申请人民法院调取的，人民法院应当认真审查，认为确有必要的，应当调取。

15. 加大对被害人的法律援助力度。人民检察院自收到移送审查起诉的案件材料之日起三日内，人民法院自受理案件之日起三日内，应当告知被害人及其法定代理人或者近亲属有权委托诉讼代理人，如果经济困难，可以向法律援助机构申请法律援助；对于被害人是未成年人、老年人、重病患者或者残疾人等，因经济困难没有委托诉讼代理人的，人民检察院、人民法院应当帮助其申请法律援助。

法律援助机构应当依法为符合条件的被害人提供法律援助，指派熟悉反家庭暴力法律法规的律师办理案件。

三、定罪处罚

16. 依法准确定罪处罚。对故意杀人、故意伤害、强奸、猥亵儿童、非法拘禁、侮辱、暴力干涉婚姻自由、虐待、遗弃等侵害公民人身权利的家庭暴力犯罪，应当根据犯罪的事实、犯罪的性质、情节和对社会的危害程度，严格依照刑法的有关规定判处。对于同一行为同时触犯多个罪名的，依照处罚较重的规定定罪处罚。

17. 依法惩处虐待犯罪。采取殴打、冻饿、强迫过度劳动、限制人身自由、恐吓、侮辱、谩骂等手段，对家庭成员的身体和精神进行摧残、折磨，是实践中较为多发的虐待性质的家庭暴力。根据司法实践，具有虐待持续时间较长、次数较多；虐待手段残忍；虐待造成被害人轻微伤或者患较严重疾病；对未成年人、老年人、残疾人、孕妇、哺乳期妇女、重病患者实施较为严重的虐待行为等情形，属于刑法第二百六十条第一款规定的虐待“情节恶劣”，应当依法以虐待罪定罪处罚。

准确区分虐待犯罪致人重伤、死亡与故意伤害、故意杀人犯罪致人重伤、死亡的界限,要根据被告人的主观故意、所实施的暴力手段与方式、是否立即或者直接造成被害人伤亡后果等进行综合判断。对于被告人主观上不具有侵害被害人健康或者剥夺被害人生命的故意,而是出于追求被害人肉体和精神上的痛苦,长期或者多次实施虐待行为,逐渐造成被害人身体损害,过失导致被害人重伤或者死亡的;或者因虐待致使被害人不堪忍受而自残、自杀,导致重伤或者死亡的,属于刑法第二百六十条第二款规定的虐待"致使被害人重伤、死亡",应当以虐待罪定罪处罚。对于被告人虽然实施家庭暴力呈现出经常性、持续性、反复性的特点,但其主观上具有希望或者放任被害人重伤或者死亡的故意,持凶器实施暴力,暴力手段残忍,暴力程度较强,直接或者立即造成被害人重伤或者死亡的,应当以故意伤害罪或者故意杀人罪定罪处罚。

依法惩处遗弃犯罪。负有扶养义务且有扶养能力的人,拒绝扶养年幼、年老、患病或者其他没有独立生活能力的家庭成员,是危害严重的遗弃性质的家庭暴力。根据司法实践,具有对被害人长期不予照顾、不提供生活来源;驱赶、逼迫被害人离家,致使被害人流离失所或者生存困难;遗弃患严重疾病或者生活不能自理的被害人;遗弃致使被害人身体严重损害或者造成其他严重后果等情形,属于刑法第二百六十一条规定的遗弃"情节恶劣",应当依法以遗弃罪定罪处罚。

准确区分遗弃罪与故意杀人罪的界限,要根据被告人的主观故意、所实施行为的时间与地点、是否立即造成被害人死亡,以及被害人对被告人的依赖程度等进行综合判断。对于只是为了逃避扶养义务,并不希望或者放任被害人死亡,将生活不能自理的被害人弃置在福利院、医院、派出所等单位或者广场、车站等行人较多的场所,希望被害人得到他人救助的,一般以遗弃罪定罪处罚。对于希望或者放任被害人死亡,不履行必要的扶养义务,致使被害人因缺乏生活照料而死亡,或者将生活不能自理的被害人带至荒山野岭等人迹罕至的场所扔弃,使被害人难以得到他人救助的,应当以故意杀人罪定罪处罚。

18. *切实贯彻宽严相济刑事政策*。对于实施家庭暴力构成犯罪的,应当根据罪刑法定、罪刑相适应原则,兼顾维护家庭稳定、尊重被害人意愿等因素综合考虑,宽严并用,区别对待。根据司法实践,对于实施家庭暴力手段残忍或者造成严重后果;出于恶意侵占财产等卑劣动机实施家庭暴力;因酗酒、吸毒、赌博等恶习而长期或者多次实施家庭暴力;曾因实施家庭暴力受到刑事处罚、行政处罚;或者具有其他恶劣情形的,可以酌情从重处罚。对于实施家庭暴力犯罪情节较轻,或者被告人真诚悔罪,获得被害人谅解,从轻处罚有利于被扶养人的,可以酌情从轻处罚;对于情节轻微不需要判处刑罚的,人民检察院可以不起诉,人民法院可以判处免予刑事处罚。

对于实施家庭暴力情节显著轻微危害不大不构成犯罪的,应当撤销案件、不起诉,或者宣告无罪。

人民法院、人民检察院、公安机关应当充分运用训诫,责令施暴人保证不再实施家庭暴力,或者向被害人赔礼道歉、赔偿损失等非刑罚处罚措施,加强对施暴人的教育与惩戒。

19. *准确认定对家庭暴力的正当防卫*。为了使本人或者他人的人身权利免受不法侵害,对正在进行的家庭暴力采取制止行为,只要符合刑法规定的条件,就应当依法认定为正当防卫,不负刑事责任。防卫行为造成施暴人重伤、死亡,且明显超过必要限度,属于防卫过当,应当负刑事责任,但是应当减轻或者免除处罚。

认定防卫行为是否"明显超过必要限度",应当以足以制止并使防卫人免受家庭暴力不法侵害的需要为标准,根据施暴人正在实施家庭暴力的严重程度、手段的残忍程度,防卫人所处的环境、面临的危险程度、采取的制止暴力的手段、造成施暴人重大损害的程度,以及既往家庭暴力的严重程度等进行综合判断。

20. *充分考虑案件中的防卫因素和过错责任*。对于长期遭受家庭暴力后,在激愤、恐惧状态下为了防止再次遭受家庭暴力,或者为了摆脱家庭暴力而故意杀害、伤害施暴人,被告人的行为具有防卫因素,施暴人在案件起因上具有明显过错或者直接责任的,可以酌情从宽处罚。对于因遭受严重家庭暴力,身体、精神受到重大损害而故意杀害施暴人;或者因不堪忍受长期家庭暴力而故意杀害施暴人,犯罪情节不是特别恶劣,手段不是特别残忍的,可以认定为刑法第二百三十二条规定的故意杀人"情节较轻"。在服刑期间确有悔改表现的,可以根据其家庭情况,依法放宽减刑的幅度,缩短减刑的起始时间与间隔时间;符合假释条件的,应当假释。被杀害施暴人的近亲属表示谅解的,在量刑、减刑、假释时应当予以充分考虑。

四、其他措施

21. *充分运用禁止令措施。*人民法院对实施家庭暴力构成犯罪被判处管制或者宣告缓刑的犯罪分子,为了确保被害人及其子女和特定亲属的人身安全,可以依照刑法第三十八条第二款、第七十二条第二款的规定,同时禁止犯罪分子再次实施家庭暴力,侵扰被害人的生活、工作、学习,进行酗酒、赌博等活动;经被害人申请且有必要的,禁止接近被害人及其未成年子女。

22. *告知申请撤销施暴人的监护资格。*人民法院、人民检察院、公安机关对于监护人实施家庭暴力,严重侵害被监护人合法权益的,在必要时可以告知被监护人及其他有监护资格的人员、单位,向人民法院提出申请,要求撤销监护人资格,依法另行指定监护人。

23. *充分运用人身安全保护措施。*人民法院为了保护被害人的人身安全,避免其再次受到家庭暴力的侵害,可以根据申请,依照民事诉讼法等法律的相关规定,作出禁止施暴人再次实施家庭暴力、禁止接近被害人、迁出被害人的住所等内容的裁定。对于施暴人违反裁定的行为,如对被害人进行威胁、恐吓、殴打、伤害、杀害,或者未经被害人同意拒不迁出住所的,人民法院可以根据情节轻重予以罚款、拘留;构成犯罪的,应当依法追究刑事责任。

24. *充分运用社区矫正措施。*社区矫正机构对因实施家庭暴力构成犯罪被判处管制、宣告缓刑、假释或者暂予监外执行的犯罪分子,应当依法开展家庭暴力行为矫治,通过制定有针对性的监管、教育和帮助措施,矫正犯罪分子的施暴心理和行为恶习。

25. *加强反家庭暴力宣传教育。*人民法院、人民检察院、公安机关、司法行政机关应当结合本部门工作职责,通过以案说法、社区普法、针对重点对象法制教育等多种形式,开展反家庭暴力宣传教育活动,有效预防家庭暴力,促进平等、和睦、文明的家庭关系,维护社会和谐、稳定。

最高人民法院关于办理人身安全保护令案件适用法律若干问题的规定

1. 2022年6月7日由最高人民法院审判委员会第1870次会议通过
2. 2022年7月14日公布
3. 法释〔2022〕17号
4. 自2022年8月1日起施行

为正确办理人身安全保护令案件,及时保护家庭暴力受害人的合法权益,根据《中华人民共和国民法典》《中华人民共和国反家庭暴力法》《中华人民共和国民事诉讼法》等相关法律规定,结合审判实践,制定本规定。

第一条　当事人因遭受家庭暴力或者面临家庭暴力的现实危险,依照反家庭暴力法向人民法院申请人身安全保护令的,人民法院应当受理。

向人民法院申请人身安全保护令,不以提起离婚等民事诉讼为条件。

第二条　当事人因年老、残疾、重病等原因无法申请人身安全保护令,其近亲属、公安机关、民政部门、妇女联合会、居民委员会、村民委员会、残疾人联合会、依法设立的老年人组织、救助管理机构等,根据当事人意愿,依照反家庭暴力法第二十三条规定代为申请的,人民法院应当依法受理。

第三条　家庭成员之间以冻饿或者经常性侮辱、诽谤、威胁、跟踪、骚扰等方式实施的身体或者精神侵害行为,应当认定为反家庭暴力法第二条规定的"家庭暴力"。

第四条　反家庭暴力法第三十七条规定的"家庭成员以外共同生活的人"一般包括共同生活的儿媳、女婿、公婆、岳父母以及其他有监护、扶养、寄养等关系的人。

第五条　当事人及其代理人对因客观原因不能自行收集的证据,申请人民法院调查收集,符合《最高人民法院关于适用〈中华人民共和国民事诉讼法〉的解释》第九十四条第一款规定情形的,人民法院应当调查收集。

人民法院经审查,认为办理案件需要的证据符合《最高人民法院关于适用〈中华人民共和国民事诉讼法〉的解释》第九十六条规定的，应当调查收集。

第六条　人身安全保护令案件中，人民法院根据相关证据，认为申请人遭受家庭暴力或者面临家庭暴力现实危险的事实存在较大可能性的，可以依法作出人身安全保护令。

前款所称“相关证据”包括：

（一）当事人的陈述；

（二）公安机关出具的家庭暴力告诫书、行政处罚决定书；

（三）公安机关的出警记录、讯问笔录、询问笔录、接警记录、报警回执等；

（四）被申请人曾出具的悔过书或者保证书等；

（五）记录家庭暴力发生或者解决过程等的视听资料；

（六）被申请人与申请人或者其近亲属之间的电话录音、短信、即时通讯信息、电子邮件等；

（七）医疗机构的诊疗记录；

（八）申请人或者被申请人所在单位、民政部门、居民委员会、村民委员会、妇女联合会、残疾人联合会、未成年人保护组织、依法设立的老年人组织、救助管理机构、反家暴社会公益机构等单位收到投诉、反映或者求助的记录；

（九）未成年子女提供的与其年龄、智力相适应的证言或者亲友、邻居等其他证人证言；

（十）伤情鉴定意见；

（十一）其他能够证明申请人遭受家庭暴力或者面临家庭暴力现实危险的证据。

第七条　人民法院可以通过在线诉讼平台、电话、短信、即时通讯工具、电子邮件等简便方式询问被申请人。被申请人未发表意见的，不影响人民法院依法作出人身安全保护令。

第八条　被申请人认可存在家庭暴力行为，但辩称申请人有过错的，不影响人民法院依法作出人身安全保护令。

第九条　离婚等案件中，当事人仅以人民法院曾作出人身安全保护令为由，主张存在家庭暴力事实的，人民法院应当根据《最高人民法院关于适用〈中华人民共和国民事诉讼法〉的解释》第一百零八条的规定，综合认定是否存在该事实。

第十条　反家庭暴力法第二十九条第四项规定的“保护申请人人身安全的其他措施”可以包括下列措施：

（一）禁止被申请人以电话、短信、即时通讯工具、电子邮件等方式侮辱、诽谤、威胁申请人及其相关近亲属；

（二）禁止被申请人在申请人及其相关近亲属的住所、学校、工作单位等经常出入场所的一定范围内从事可能影响申请人及其相关近亲属正常生活、学习、工作的活动。

第十一条　离婚案件中，判决不准离婚或者调解和好后，被申请人违反人身安全保护令实施家庭暴力的，可以认定为民事诉讼法第一百二十七条第七项规定的“新情况、新理由”。

第十二条　被申请人违反人身安全保护令，符合《中华人民共和国刑法》第三百一十三条规定的，以拒不执行判决、裁定罪定罪处罚；同时构成其他犯罪的，依照刑法有关规定处理。

第十三条　本规定自2022年8月1日起施行。

涉及家庭暴力婚姻案件审理指南

2008年3月最高人民法院中国应用法学研究所发布

目　　录

前　　言

本指南的编制背景　家庭暴力问题的严重性和特殊性越来越被全社会所了解，人民法院也逐渐认识到涉及家庭暴力的婚姻家庭案件与普通婚姻家庭案件的不同特点和规律，意识到其处理方式应当与普通案件有所不同。因此，传统经验和知识已越来越不适应该类案件的高质量办案需求，许多法院尤其是基层人民法院呼唤有一本为办理涉及家庭暴力的婚姻案件而编制的操作指南。

本指南的编制目的 本指南的编写目的，是为了让办理涉及家庭暴力婚姻家庭案件的法官，能有一本专业的资源手册，帮助其做好法律规则、性别平等理念、家庭暴力理论知识、审判组织保障等方面的准备，以利于提高办案效率和分配正义的质量，更好地保障家庭暴力受害人的人身和财产权利。

本指南的编制依据 本指南的法律依据包括《中华人民共和国民法通则》、《中华人民共和国民事诉讼法》、《中华人民共和国婚姻法》、《中华人民共和国妇女权益保障法》和《最高人民法院关于进一步发挥诉讼调解在构建社会主义和谐社会中积极作用的若干意见》、《最高人民法院关于民事诉讼证据的若干规定》。

党和国家领导人关于"要重视维护妇女权利，要使社会性别主流化"、"促进性别平等，实现共同发展"的重要指示，最高人民法院领导对性别平等和司法公正的强调，以及其他有关国家机关、社会团体制定的有关落实宪法规定的平等原则的政策性文件，都为本指南的编制提供了有力的政策性支持。

与此同时，基层人民法院在审判实践中根据实际需要，谨慎地在法律允许的框架内进行的有益尝试所积累的宝贵经验，也为本指南的编写提供了厚实的实践基础。

本指南的基本性质 最高人民法院院领导指示，要为法官提供一些"指南式"的研究成果，直接服务于审判工作。本指南集法律研究、实践经验、域外借鉴、法律精神于一体，是人民法院司法智慧的结晶。但本指南不属于司法解释，而是为法官提供的参考性办案指南。

本指南的形式特点 本着全面、具体、明确、实用的原则，本指南在表现形式和表述方式上没有单纯地采取法律条文式的表述，而是对绝大多数条款作了进一步阐释，既提出了规范性的要求，对法律条文和法律原则做出了解释，又论述了相关的道理，对规范性要求的基础、原因作了阐述。这些阐释对于更好地理解指南的内容将提供一定的帮助。

本指南的使用方法 本指南不能作为法官裁判案件的法律依据，但可以在判决书的说理部分引用，作为论证的依据和素材。法官在运用本指南的过程中，如果发现需要增加的内容，可以继续发展；如果发现有的内容不完全符合本地实际情况，也可以在法律的框架内做出适当调整。

本指南的受益主体 本指南虽然是法官的办案指南，但其受益主体并不限于法官。律师、当事人、研究人员以及所有关注家庭暴力司法救济途径的人士都可以从本指南中获得自己需要的知识、教益和指导。

第一章 关于家庭暴力

第一条 了解家庭暴力基本知识的必要性

家庭暴力是一个社会问题，对其认识需要多学科的专门知识。人民法院在审理涉及家庭暴力案件的过程中，如果不能正确认识和对待家庭暴力，可能对人民法院高质、高效处理此类案件产生消极影响，不利于人民法院分配公平和正义。因此，本指南借鉴其他国家法官办理涉及家庭暴力案件的指南的做法，首先介绍家庭暴力基本知识，作为正确理解和执行本《指南》所有内容必不可少的重要基础。

第二条 家庭暴力的定义

家庭暴力作为国际领域普遍关注的一个社会问题，相关国际公约对其作了界定。尽管家庭暴力受害人并不限于妇女，有些情况下男性和儿童也会成为受害人，但是，由于针对妇女的家庭暴力最为普遍、最为严重，所以相关国际公约和其他国际文件对针对妇女的家庭暴力的界定通常只表述为针对妇女的暴力。

《联合国消除对妇女的暴力行为宣言》(1993)第一条规定，"对妇女的暴力行为"系指对妇女造成或可能造成身心方面或性方面的伤害或痛苦的任何基于性别的暴力行为，包括威胁进行这类行为、强迫或任意剥夺自由，而不论其发生在公共生活还是私人生活中。

联合国秘书长《关于侵害妇女的一切形式的暴力行为的深入研究》(2006)指出，基于性别的针对妇女的暴力行为是指"因为是女性而对她施加暴力或者特别影响到妇女的暴力，包括施加于身体、心理或性的伤害或痛苦或威胁施加这类行为，强迫和其他剥夺自由的行为。基于暴力的行为损害或阻碍妇女依照一般国际或人权公约享受人权和基本自由，符合联合国《消除对妇女的暴力行为宣言》第一条的规定"。

最高人民法院关于适用《中华人民共和国婚姻法》若干问题的解释(一)(2001)第一条规定："家庭

暴力是指行为人以殴打、捆绑、残害、强行限制人身自由或者其他手段,给其家庭成员的身体、精神等方面造成一定伤害后果的行为。持续性、经常性的家庭暴力,构成虐待。”

鉴于本指南旨在指导涉及家庭暴力的婚姻家庭案件的审理,所以本指南中的家庭暴力,是指发生在家庭成员之间,主要是夫妻之间,一方通过暴力或胁迫、侮辱、经济控制等手段实施侵害另一方的身体、性、精神等方面的人身权利,以达到控制另一方的目的的行为。

第三条 家庭暴力的类型

根据有关国际公约、国外立法例以及被普遍认可的学界理论研究成果,家庭暴力包括身体暴力、性暴力、精神暴力和经济控制四种类型。

1. 身体暴力是加害人通过殴打或捆绑受害人、或限制受害人人身自由等使受害人产生恐惧的行为;

2. 性暴力是加害人强迫受害人以其感到屈辱、恐惧、抵触的方式接受性行为,或残害受害人性器官等性侵犯行为;

3. 精神暴力是加害人以侮辱、谩骂、或者不予理睬、不给治病、不肯离婚等手段对受害人进行精神折磨,使受害人产生屈辱、恐惧、无价值感等作为或不作为行为;

4. 经济控制是加害人通过对夫妻共同财产和家庭收支状况的严格控制,摧毁受害人自尊心、自信心和自我价值感,以达到控制受害人的目的。

第四条 家庭暴力的普遍性和严重性

家庭暴力是一个全球性的社会问题,我国也不例外。据有关部门的权威调查,我国家庭暴力的发生率在29.7%到35.7%之间(不包括调查暗数),其中90%以上的受害人是女性。

关于家庭暴力是家务事的错误认识,以及法律救济途径的缺失,使得众多受害人生活在痛苦、愤怒和恐惧之中,严重损害受害人的人身权利。因家庭暴力引发受害人以暴制暴的恶性案件,近年来受到越来越多的关注。

第五条 家庭暴力发生和发展的规律

家庭暴力行为的发生和发展,呈周期性模式。模式的形成,一般要经过两个或两个以上暴力周期。每个周期通常包括关系紧张的积聚期(口角、轻微推搡等)、暴力爆发期(暴力发生、受害人受伤)、平静期(亦称蜜月期,加害人通过口头或行为表示道歉求饶获得原谅,双方和好直到下个暴力周期的到来)。加害人往往屡悔屡犯、始终不改。道歉、忏悔只是当家庭暴力暂时失效时,加害人借以达到继续控制受害人的手段而已。暴力周期的不断重复,使受害人感到无助和无望,因而受制于加害人。

第六条 分手暴力的特别规律

人们往往以为离婚后暴力自然就停止了,但是,引发家庭暴力的内在动机是加害人内心深处控制受害人的需要。一般情况下,这种欲望不仅不会因为离婚而消失,反而会因为受害人提出离婚请求受到刺激而增强。因此,一旦受害人提出分手,加害人往往先是采取哀求原谅、保证下不为例以及利用子女等手段来挽留受害人。然而,如果哀求不奏效,加害人往往就会转而借助暴力或实施更严重的暴力手段来达到控制目的,因而出现“分手暴力”。这种现象在夫妻分居或者离婚后相当普遍。

国际上,加拿大的实证研究表明,大约有1/3的受害妇女在对方探视未成年子女时受到暴力威胁。36%的女性在分居期间继续遭受男方的暴力侵害。美国司法部1983年和1997年3月公布的数据显示,美国有75%的家庭暴力受害人,在分手后继续遭受前夫或前男友的暴力侵害。

我国尚无这方面的统计数据,但是家庭暴力研究者普遍认为,分手期间或分手后,受害人的人身安全受家庭暴力侵害的频率和暴力的严重性确实迅速增加。

一般情况下,有三个变量可以预测发生分手暴力的危险程度:一是加害人之前有过身体暴力或暴力威胁行为;二是加害人和受害人居住地相距不远;三是加害人猜忌受害人有第三者。

第七条 一般夫妻纠纷与家庭暴力的区分

一般夫妻纠纷中也可能存在轻微暴力甚至因失手而造成较为严重的身体伤害,但其与家庭暴力有着本质的区别。家庭暴力的核心是权力和控制。加害人存在着通过暴力伤害达到目的的主观故意,大多数家庭暴力行为呈现周期性,并且不同程度地造成受害人的身体或心理伤害后果,导致受害一方因为恐惧而屈从于加害方的意愿。而夫妻纠纷不具有上述特征。

第八条 家庭暴力发生的原因

无论在社会上或家庭中,公民的人身权利均不得因任何原因而遭受人为侵害。家庭暴力的发生，不是受害人的过错，绝大多数情况下是基于性别的针对妇女的歧视。其发生的原因主要包括：

1. 加害人通过儿童期的模仿或亲身经历而习得暴力的沟通方式；

2. 家庭暴力行为通过社会和家庭文化的代际传递实现。传统文化默许男人打女人，父母打子女。在这种文化影响下长大的男人允许自己打女人，父母允许自己打子女。有这种文化的社会，接纳家庭暴力行为。在这样的家庭和社会中长大的子女，不知不觉接受了这种观念。家庭暴力行为就这样一代又一代传了下来；

3. 获益不受罚。虽然《中华人民共和国婚姻法》和《中华人民共和国妇女权益保障法》规定禁止家庭暴力，但是法律缺乏预防和制止家庭暴力的有效手段。社会给家庭暴力受害人提供的有效支持很少，因此家庭暴力发生时一般得不到干预。由于在家里打人能达到目的而不受惩罚，不管加害人事后多么后悔，又多么真诚地道歉，并保证决不再犯，都必然因缺乏真正改变自己行为的动机而一再使用暴力；

4. 加害人往往有体力上的优势。无论男打女还是女打男，加害人的体力，往往居于优势。90% 以上的家庭暴力受害人是体力处于弱势的妇女、儿童和老人。

第九条　家庭暴力的相关因素

家庭暴力的发生，与加害人的原生家庭、社会和文化环境、以及双方的体力对比有关，但与暴力关系中双方的年龄、学历、职业、社会地位、经济收入、居住区域和民族等，均无必然联系。

第十条　加害人的心理和行为模式

1. 性别歧视

家庭暴力的加害人绝大多数为男性。这些男性信奉男尊女卑、男主女从的古训，他们相信暴力是其迫使受害人就范的合理而又有效的手段。因此，家庭暴力是基于性别的针对女性的暴力。

2. 内外双重面孔

加害人呈现给家人和外人的是两副不同的面孔。他们在家借助暴力手段控制家人，在外行为符合社会标准。

3. 过度的嫉妒

加害人有令人难以理解的嫉妒心。嫉妒表面上似乎是因为爱得过深，实质上嫉妒和爱没有太大关系。过度嫉妒者很少是心中有爱的人。嫉妒是嫉妒者因极度害怕失去某个人的感情、某种地位或利益而产生的焦虑，是嫉妒者不自信和缺乏安全感的表现。嫉妒者为了控制对方，以嫉妒为借口，捕风捉影，侮辱、谩骂、殴打配偶，甚至跟踪、限制对方行动自由。

4. 依赖心理

大多数加害人是不自信、不自爱、没有安全感的人，他需要借助别人对自己的态度，以证明自己的能力和价值。受害人在暴力下的顺从，是加害人获得自信和安全感的手段之一。这种依赖心理，使得加害人坚决不同意离婚，面对受害人的分手要求，加害人或采取分手暴力企图阻止受害人离开，或痛哭流涕保证痛改前非。

5. 人前自我伤害或以死相逼

受害人若想分手或离婚，加害人往往会在受害人、法官或特定人面前进行自我伤害，甚至以死相逼，其目的是为了使受害人产生内疚和幻想，以便继续控制和操纵受害人。加害人的自我伤害或者以死相逼行为只能说明，他只想达到自己的目的而不在乎对方的感受。自我伤害不是因为爱，而是暴力控制的另一种表现形式。

第十一条　受害人的心理和行为模式

1. 习得无助

家庭暴力作为一种控制手段，随着周期性循环，越来越严重，越来越频繁。无法逃脱的受暴处境，使受害人"学会了无助"。因为这种在心理学上被称为"习得无助"的信念，受害人以为自己无论如何也摆脱不了对方的控制，因而放弃反抗，忍气吞声、忍辱负重、委曲求全。

2. 抑郁状态

受害人习得无助后，悲观随之而来，而悲观是造成抑郁的主要因素。长期处于抑郁状态的人中，不少人会自杀或尝试自杀或产生杀人的念头。他们希望通过自杀或杀死加害人，来终止让他们感到如此不堪的生活。

3. 恐惧和焦虑

整天提心吊胆，神经高度紧张，是家庭暴力受害群体中最普遍的特征之一。暴力控制关系建立后，受害人会无限放大加害人的能力和权力，以为加害人无所不能。其恐惧和焦虑，甚至草木皆兵的心理，非一般人所能想象。

4. 忍辱负重

传统观念认为单亲家庭不利于未成年子女成长；经济上女性的生存能力弱于男性，离婚使得她的生活水平大大下降；社会缺乏针对家庭暴力受害人的有效支持等，迫使相当一部分受害人不到万不得已，不会报警或寻求其他外界帮助，更不会提出离婚。

5. 优柔寡断

如果受害人想要通过分手摆脱暴力控制，在社会和法律救济手段不到位的情况下，加害人的软硬兼施往往奏效。走投无路之时，受害人很可能被迫回到暴力关系中。

同样，家庭暴力受害人反复起诉和撤诉，表面上似乎优柔寡断，变化无常，实际上很可能是受害人想出的保护自己和子女暂时免受家庭暴力伤害的最佳的和最无奈的办法。

第十二条　家庭暴力对受害人和加害人的危害

家庭暴力不仅使受害人身体受伤，还会导致受害人抑郁、焦虑、沮丧、恐惧、无助、自责、愤怒、绝望和厌世等不良情绪。长期处于这种状态中，受害人会出现兴趣减弱、胆小怕事、缺乏自信和安全感、注意力难以集中、学习和工作能力下降等症状，并且出现心理问题躯体化倾向。

表面看来，施暴人似乎是家庭暴力关系中获益的一方，其实不尽然。大多数施暴人施暴，不是要把妻子打跑，而是希望能控制她。但是，通过施暴得到的结果，只能是越来越多的恐惧和冷漠。这使施暴人越来越不满，越来越受挫。随着施暴人的挫败感越来越强烈，家庭暴力的发生也就越来越频繁，越来越严重。家庭暴力越来越严重，受害人就越来越恐惧。当暴力的严重程度超过受害人的忍耐限度时，受害人就可能转为加害人，杀死原加害人。

第十三条　家庭暴力对未成年人的伤害

根据联合国秘书长2006年发布的《关于侵害妇女的一切形式的暴力行为的深入研究》，生活在暴力家庭中的未成年子女，至少会在心理健康、学习和行为三个方面出现障碍。

1. 许多出身于暴力型家庭的子女，学习时注意力难以集中。学校的差生，包括逃学和辍学的学生，有相当一部分来自暴力家庭。他们往往处于担心自己挨打和(或)担心一方家长挨打的焦虑中。其症状经常被误诊为多动症伴注意力集中障碍。然而，这些问题产生的根源往往在于使他们恐惧且缺少关爱的家庭暴力环境。

2. 即使未成年子女并不直接挨打，他们目睹一方家长挨打时所受到的心理伤害一点也不比直接挨打轻。家庭暴力发生时，孩子陷入极不安全和冲突的心理状态中。通常，他们一方面对加害人感到愤怒，另一方面又需要来自加害人的关爱。孩子无法理解，自己生活中最重要、也是最亲近的两个人之间，为什么会出现暴力。

3. 未成年子女挨打，不仅皮肉受苦，自信心和自尊心也受到很大打击。他们可能变得胆小怕事，难以信任他人，也可能变得蛮横无理、欺侮弱小、人际关系不良。心理上受到家庭暴力严重伤害的子女，还有可能在成年后出现反社会暴力倾向。加拿大的研究显示，目睹家庭暴力的孩子，出现严重行为问题的可能性，比起无暴力家庭中的孩子，男孩要高17倍，女孩要高10倍。

4. 更严重的后果是，家庭暴力行为的习得，主要是通过家庭文化的代际传递而实现的。根据联合国秘书长2006年《关于侵害妇女的一切形式的暴力行为的深入研究》，50% －70% 的成年加害人是在暴力家庭中长大的。他们从小目睹父母之间的暴力行为，误以为家庭暴力是正常现象，并在不知不觉中学会用拳头解决问题。

第十四条　家庭暴力对社会的危害

当女性因为受暴而频频就医，或者因为家庭暴力造成的不良情绪难以排遣而导致工作效率降低、或被殴打致残或致死、或自杀、或以暴制暴杀死加害人，社会保障和社会秩序为此付出的代价不可低估。

第二章　基本原则和要求

第十五条　性别平等原则

法律面前人人平等，这个平等是指实质意义上的两性平等。法院在审理涉及家庭暴力的婚姻案件时，应当坚持实质意义上的性别平等原则，避免一切形式的隐性歧视，如：对女性在社会上和家庭中的人身权利保障采取双重标准；或者形式上男女平等对待，实质上区别对待。

第十六条　禁止家庭暴力原则

禁止家庭暴力，是我国批准加入的联合国相关文件对各国政府提出的要求，也是《中华人民共和国宪法》、《中华人民共和国婚姻法》、《中华人民共和国妇女权益保障法》的重要规定。我国各省市先后颁布的69个地方性预防和制止家庭暴力的法规，也对家庭暴力作了禁止性规定。虽然上述规定只是原则性的，可操作性有待提高，但是，众多的法规和政策体现了我国各级政府预防和制止家庭暴力的态度和决心，这也是本指南的核心。

第十七条　婚姻自由原则

婚姻自由包括结婚和离婚自由。结婚需要两个人的合意，离婚则只需一人提出且符合离婚条件即可。人民法院在维护当事人结婚自由的同时，对离婚自由的维护不可偏废。当事人一方提出离婚诉讼的，只要有离婚的法定理由，人民法院经调解不能达成和解的，应当调解或判决离婚。

在认定家庭暴力的情况下，如果一方当事人坚决要求离婚的，不管要求离婚的是加害人还是受害人，人民法院均应当尊重当事人意愿，维护婚姻自由原则，尽快调解或判决离婚，避免因久拖不决而出现更严重的暴力伤害行为。

一个不幸的婚姻死亡后，可以产生两个幸福的婚姻。即使其中有少数当事人是因为一时冲动而草率离婚的，作为成年人，他（她）们也应当为自己的行为负责。况且他们可以轻而易举地到民政部门办理复婚手续。即使复婚不可能了，这个经历也将教会他们珍惜自己未来的婚姻。

第十八条　适当照顾受害人、未成年子女原则

最大限度保护和实现弱势群体的权利是司法机关永恒的价值取向。在办理涉及家庭暴力的婚姻家庭案件过程中，应当坚持照顾受害人，以及因此直接或间接受害的未成年子女的原则。人民法院不能以任何理由做出与这一原则相悖的裁判。

第十九条　审理组织专门化

有条件的基层人民法院应当尽可能成立专门合议庭或安排专人独任审理涉及家庭暴力的婚姻案件，尽可能安排具有婚姻家庭经验和人生阅历较为丰富的中年法官，或者接受过家庭暴力专业培训和具备性别敏感性的法官办理涉及家庭暴力的婚姻案件，提高办案效率和探索审理此类案件的专门经验。

这是因为：处理家庭暴力问题不仅需要法学，还需要社会学、心理学、女性学和性别平等理论等知识，属于跨学科专业范畴。越是具备相关专业知识和社会阅历的人，越能理解婚姻案件中双方的心理互动模式和家庭暴力对婚姻的伤害，也就越能妥善处理涉及家庭暴力的婚姻案件。

第二十条　法官接受性别意识和家庭暴力知识培训

各级人民法院应当将性别平等和家庭暴力知识纳入到法官在职培训课程之中，并纳入考核内容。办理相关案件的法官每年应当接受不少于12个小时性别意识培训和不少于18个小时家庭暴力知识培训等。培训应当包括但不限于下列内容：

1. 家庭暴力的性质、范围及其发生的根本原因；

2. 家庭暴力关系中双方的互动模式；

3. 家庭暴力受害人及其家庭成员人身安全的保障措施；

4. 家庭暴力受害人和加害人可求助的社会机构及其职能；

5. 司法程序中的性别偏见；

6. 家庭暴力对幸福家庭与和谐社会的破坏作用，以及对儿童心理和行为的恶劣影响。

第二十一条　保护法官免受间接创伤

为避免法官在审理涉及家庭暴力案件时可能出现的心理枯竭或其他负面影响，各级人民法院应当尽可能给办案法官提供学习压力管理技巧的时间和机会，使法官了解有关自我保护的知识和措施，包括摄入足够的营养、积极参加体育锻炼、及时休息和放松、建立有效的社会支持系统、平衡生活和工作等。

心理学研究发现，直接或间接接触天灾人祸的人，包括受害人本人、目击者、受害人的亲朋好友和援助者，心理都会受到不同程度的负面影响。

家庭暴力是违反人性的行为。暴力的残忍性，使人经历愤怒、悲恸、哀伤和无助的心理磨难。受害人都是一些正在经历严重心理创伤的人，法官频繁地接触她/他们，很容易受到负面影响，其累积效应，易导致心理枯竭，其症状包括越来越不想和别人交往、冷嘲热讽、身心疲惫、爱发火、焦虑、悲哀、睡眠障碍、紧张性头痛等。

除心理枯竭外，法官还可能因间接接触创伤事件所产生的其他负面影响而出现心理创伤。短期的创伤可能使法官出现易怒、悲哀、焦虑和睡眠障碍。长期创伤可能导致使法官出现冷嘲热讽、酗酒，甚至失去维持良好的夫妻关系的能力。

第二十二条　为其他机构、人员提供相关培训

家庭暴力是一个社会问题，需要多机构合作，才能有效预防和制止家庭暴力。各级人民法院应当积极发挥在预防和制止家庭暴力的多机构合作链条中的作用。有条件的法院应当到当地大中小学、公安、妇联、医院、庇护所、人民调解委员会等机构，提供性别平等、家庭暴力知识和相关法律实务知识培训，以提高整个社会预防和应对家庭暴力的能力。

第三章　人身安全保护措施

第二十三条　人身安全保护措施的必要性

在涉及家庭暴力的婚姻案件审理过程中，普遍存在受害人的人身安全受威胁、精神受控制的情况，甚至存在典型的“分手暴力”现象，严重影响诉讼活动的正常进行。因此，人民法院有必要对被害人采取保护性措施，包括以裁定的形式采取民事强制措施，保护受害人的人身安全，确保诉讼程序的严肃性和公正性。

第二十四条　受害人联系方式的保密

人民法院应对受害人的有关信息保密，特别是不能将受害人的行踪及联系方式告诉加害人，以防止加害人继续威胁、恐吓或伤害受害人。

人民法院可以要求受害人留下常用的联系方式。

第二十五条　受害人保护性缺席

有证据证明存在家庭暴力且受害人处理极度恐惧之中的，正常的开庭审理可能导致受害人重新受制于加害人的，或可能使受害人的人身安全处于危险之中的，人民法院可以应受害人的申请，单独听取其口头陈述意见，并提交书面意见。该案开庭时，其代理人可以代为出庭。

第二十六条　人身安全保护裁定的一般规定

人身安全保护裁定是一种民事强制措施，是人民法院为了保护家庭暴力受害人及其子女和特定亲属的人身安全、确保民事诉讼程序的正常进行而做出的裁定。

人民法院做出的人身安全保护裁定，以民事诉讼法第140条第1款第11项规定等为法律依据。

第二十七条　人身安全保护裁定的主要内容

人民法院做出的人身安全保护裁定，可以包括下列内容中的一项或多项：

1. 禁止被申请人殴打、威胁申请人或申请人的亲友；

2. 禁止被申请人骚扰、跟踪申请人，或者与申请人或者可能受到伤害的未成年子女进行不受欢迎的接触；

3. 人身安全保护裁定生效期间，一方不得擅自处理价值较大的夫妻共同财产；

4. 有必要的并且具备条件的，可以责令被申请人暂时搬出双方共同的住处；

5. 禁止被申请人在距离下列场所200米内活动：申请人的住处、学校、工作单位或其他申请人经常出入的场所；

6. 必要时，责令被申请人自费接受心理治疗；

7. 为保护申请人及其特定亲属人身安全的其他措施。

第二十八条　人身安全保护裁定的附带内容

申请人申请并经审查确有必要的，人身安全保护裁定可以附带解决以下事项：

1. 申请人没有稳定的经济来源，或者生活确有困难的，责令被申请人支付申请人在保护裁定生效期间的生活费以及未成年子女抚养费、教育费等；

2. 责令被申请人支付申请人因被申请人的暴力行为而接受治疗的支出费用、适当的心理治疗费及其它必要的费用。

被申请人的暴力行为造成的财产损失，留待审理后通过判决解决。

第二十九条　人身安全保护裁定的种类和有效期

人身安全保护裁定分为紧急保护裁定和长期保护裁定。

紧急保护裁定有效期为15天，长期保护裁定有效期为3至6个月。确有必要并经分管副院长批准的，可以延长至12个月。

第三十条　人身安全保护措施的管辖

人身安全保护措施的申请由受害人经常居住地、加害人经常居住地或家庭暴力行为发生地的人民法院受理。

两个以上同级人民法院都有管辖权的，由最初受理的人民法院管辖。

第三十一条　人身安全保护措施申请的提出时间

人身安全保护裁定的申请，应当以书面形式提出；紧急情况下，可以口头申请。口头申请应当记录在案，并由申请人以签名、摁手印等方式确认。

人身安全保护裁定的申请，可以在离婚诉讼提起之前、诉讼过程中或者诉讼终结后的6个月内提出。

诉前提出申请的，当事人应当在人民法院签发人身保护裁定之后15日之内提出离婚诉讼。逾期没有提出离婚诉讼的，人身安全保护裁定自动失效。

第三十二条　人身安全保护申请的条件

申请人身安全保护裁定，应当符合下列条件：

1. 申请人是受害人；

2. 有明确的被申请人姓名、通讯住址或单位；

3. 有具体的请求和事实、理由；

4. 有一定证据表明曾遭受家庭暴力或正面临家庭暴力威胁。

受害人因客观原因无法自行申请的，由受害人近亲属或其他相关组织代为申请。相关组织和国家机关包括受害人所在单位、居（村）委会、庇护所、妇联组织、公安机关或检察机关等。

申请人身安全保护措施的证据，可以是伤照、报警证明、证人证言、社会机构的相关记录或证明、加害人保证书、加害人带有威胁内容的手机短信等。

第三十三条　人身安全保护措施申请的审查

人民法院收到人身安全保护措施的申请后，应当迅速对申请的形式要件及是否存在家庭暴力危险的证据进行审查。

人民法院在审查是否存在家庭暴力危险的证据时，可以根据家庭暴力案件自身的特点和规律，本着灵活、便捷的原则适当简化。

对于是否存在家庭暴力危险，申请人和被申请人均可以提交证明自己主张的证据，必要时人民法院也可以依职权调取证据予以核实或者举行听证。

第三十四条　人身安全保护裁定的做出

人民法院收到申请后，应当在48小时内做出是否批准的裁定。

人民法院经审查或听证确信存在家庭暴力危险，如果不采取人身安全保护措施将使受害人的合法权益受到难以弥补的损害的，应当做出人身安全保护裁定。

第三十五条　人身安全保护裁定的送达

人身安全保护裁定应当向申请人、被申请人或者同住成年家庭送达，同时抄送辖区公安机关；达达方式一般以书面形式直接送达、邮寄送达或委托送达，拒绝签收的可以留置送达。

情况紧急的，人民法院可以口头或通过电话等其他方式将裁定内容告知申请人、被申请人、辖区公安机关，并将告知情况记录在案。

第三十六条　人身安全保护裁定的生效与执行

人身安全保护裁定自送达之日起生效。

人民法院将人身安全保护裁定抄送辖区公安机关的同时，函告辖区的公安机关保持警觉，履行保护义务。公安机关拒不履行必要的保护义务，造成申请人伤害后果的，受害人可以以公安机关不作为为由提起行政诉讼，追究相关责任。

人民法院应当监督被申请人履行人身安全保护裁定。被申请人在人身安全裁定生效期间，继续骚扰受害人、殴打或者威胁受害人及其亲属、威逼受害人撤诉或放弃正当权益，或有其他拒不履行生效裁定行为的，人民法院可以根据民事诉讼法第102相关规定，视其情节轻重处以罚款、拘留。构成犯罪的，移送公安机关处理或者告知受害人可以提起刑事自诉。

第三十七条　驳回申请及不服裁定的复议

人民法院经审查认为人身安全保护措施申请不符合申请条件的，驳回申请，并告知申请人申请复议的权利。

被申请人对人身安全保护裁定不服的，可以在收到人身安全保护裁定之日起5日内向签发裁定的人民法院申请复议一次。人民法院在收到复议申请之日起5日内做出复议裁定。复议期间不停止人身安全保护裁定的执行。

第三十八条　撤销人身安全保护裁定的听证

申请人、被申请人可以在收到人身安全紧急保护措施的裁定后3日内，请求人民法院举行延长或撤销紧急保护裁定的听证。

人民法院认为有必要举行听证的，应当在听证前三日将听证通知送达申请人和被申请人。特殊情况下，人民法院可以根据需要随时安排听证。

听证一律不公开进行。但是，经法院许可，双方当事人均可由一、两位亲朋陪伴出庭。陪伴当事人出庭听证的亲朋有妨碍诉讼秩序的除外。

听证通知合法送达后，申请人无正当理由拒不到庭的，一般情况下可以视为申请人放弃申请，但是，经核实受害人受到加害人胁迫或恐吓的除外。

被申请人无正当理由拒不到庭的，不影响听证的进行。

第三十九条 对撤回人身安全保护措施申请的审查

申请人提出申请后很快撤回申请的，或者经合法送达听证通知后不出席听证的，经审查，如存在以下因素，人民法院应当保持警觉，判断其是否因施暴人的威胁、胁迫所致。存在以下因素的，不予批准：

1. 被申请人有犯罪前科的；
2. 被申请人曾有严重家庭暴力行为的；
3. 被申请人自行或与申请人共同来申请撤销的；
4. 申请人的撤销申请无正当理由的或不符合逻辑的；等等。

第四章 证 据

第四十条 一定情况下的举证责任转移

人民法院在审理涉及家庭暴力的婚姻案件时，应当根据此类案件的特点和规律，合理分配举证责任。

对于家庭暴力行为的事实认定，应当适用民事诉讼的优势证据标准，根据逻辑推理、经验法则做出判断，避免采用刑事诉讼的证明标准。

原告提供证据证明受侵害事实及伤害后果并指认系被告所为的，举证责任转移到被告。被告虽否认侵害由其所为但无反证的，可以推定被告为加害人，认定家庭暴力的存在。

第四十一条 一般情况下，受害人陈述的可信度高于加害人

在案件审理中，双方当事人可能对于是否存在家庭暴力有截然不同的说法。加害人往往否认或淡化暴力行为的严重性，受害人则可能淡化自己挨打的事实。但一般情况下，受害人陈述的可信度高于加害人。因为很少有人愿意冒着被人耻笑的风险，捏造自己被配偶殴打、凌辱的事实。

第四十二条 加害人的悔过、保证

加害人在诉讼前做出的口头、书面悔过或保证，可以作为加害人实施家庭暴力的证据。

加害人在诉讼期间因其加害行为而对受害人做出的口头、书面道歉或不再施暴的保证，如无其他实质性的、具体的悔过行动，不应当被认为是真心悔改，也不应当被认为是真正放弃暴力沟通方式的表现，而应当被认为是继续控制受害人的另一有效手段，因此不应作为加害人悔改，或双方感情尚未破裂的证据。

家庭暴力加害人同时伴有赌博、酗酒、吸毒等恶习，之前做出的口头、书面悔过或保证可以视为其不思悔改的重要证据。

加害人的口头、书面道歉或保证应记录在案。

第四十三条 未成年女子的证言

家庭暴力具有隐蔽性。家庭暴力发生时，除了双方当事人和其子女之外，一般无外人在场。因此，子女通常是父母家庭暴力唯一的证人。其证言可以视为认定家庭暴力的重要证据。

借鉴德国、日本以及我国台湾的立法例，具备相应的观察能力、记忆能力和表达能力的2周岁以上的未成年子女提供与其年龄、智力和精神状况相当的证言，一般应当认定其证据效力。

法院判断子女证言的证明力大小时，应当考虑到其有可能受到一方或双方当事人的不当影响，同时应当采取措施最大限度地减少作证可能给未成年子女带来的伤害。

第四十四条 专家辅助人

人民法院可以依据当事人申请或者依职权聘请相关专家出庭，解释包括受虐配偶综合证在内的家庭暴力的特点和规律。专家辅助人必要时接受审判人员、双方当事人的询问和质疑。专家辅助人的意见，可以作为裁判的重要参考。

目前司法界以及社会上普遍对家庭暴力领域中的专门问题了解程度不够。这直接影响了科学技术知识在办理此类案件中所起的积极作用。有条件的人民法院或者法院内部的相关审判庭，可以建立一个相关专业机构或专家的名单、联络办法，并事先作好沟通，鼓励其积极参与司法活动。

第四十五条 专家辅助人资格的审查与认定

专家辅助人可以是社会认可的家庭暴力问题研究专家、临床心理学家、精神病学家、社会学家或社会工作者、一线警察、庇护所一线工作人员。他们一般应当有一年以上的直接接触家庭暴力受害人（不包括本案受害人）的研究或工作经历。

人民法院审查专家辅助人的资格时，应当首先审查其理论联系实践的能力和经验，而后审查其之前的出庭经历和获得的相关评价。

第四十六条 专家辅助人的报酬

专家辅助人出庭所需费用，由申请人承担。

第四十七条 专家评估报告

法院可以依据当事人的申请，聘请有性别平等意

识的家庭暴力问题专家、青少年问题专家、临床心理学家、精神科专家、社会学家等依据“家庭暴力对未成年人的负面影响”问题清单中的内容,对家庭暴力对未成年人造成的负面影响进行评估,并形成评估报告,以此作为法院判决子女抚养权归属的参考。

评估报告的内容包括家庭暴力的负面影响是否给未成年人造成心理创作及严重程度、目前的症状、过去的成长经历,以及父母或者直接抚养者对未成年人的经历和症状所持的态度。

第四十八条 国家机关、社会团体和组织相关的记录与证明

家庭暴力受害人在提起诉讼之前曾向公安机关、人民调解组织、妇联组织、庇护所、村委会等国家机关、社会团体和组织投诉,要求庇护、接受调解的,或者家庭暴力受害人曾寻求过医学治疗、心理咨询或治疗的,上述机构提供的录音或文字记载,及出具的书面证词、诊断或相关书证,内容符合证据材料要求的,经人民法院审查后认为真实可靠的,可以作为认定家庭暴力发生的重要证据。被告人否认但又无法举出反证,且无其他证据佐证的,人民法院可以推定其为加害人。

第四十九条 公安机关的接警或出警记录

人民法院在认定家庭暴力事实时,应当将公安机关的接警和出警记录作为重要的证据。

接警或出警记录施暴人、受害人的,人民法院可以据此认定家庭暴力事实存在。

出警记录记载了暴力行为、现场描述、双方当事人情绪、第三方在场(包括未成年子女)等事项的,人民法院应当综合各种因素,查明事实,做出判断。

报警或出警记录仅记载“家务纠纷、已经处理”等含糊内容的,人民法院可以根据需要或当事人的申请,通知处理该事件的警察出庭作证。

第五十条 互殴情况下对施暴人的认定

夫妻互殴情况下,人民法院应当综合以下因素正确判断是否存在家庭暴力:

1. 双方的体能和身高等身体状况;

2. 双方互殴的原因,如:一方先动手,另一方自卫;或一方先动手,另一方随手抄起身边的物品反击;

3. 双方对事件经过的陈述;

4. 伤害情形和严重程度对比,如:一方掐住对方的脖子,相对方挣扎中抓伤对方的皮肤;

5. 双方或一方之前曾有过施暴行为等。

第五十一条 人民法院调取、收集相关证据

当事人可以申请人民法院调取、收集以下因客观原因不能自行收集的证据:

1. 当事人之外的第三人持有的证据;

2. 由于加害人对家庭财产的控制,受害人不能收集到的与家庭财产数量以及加害人隐匿、转移家庭财产行为有关的证据;

3. 愿意作证但拒绝出庭的证人的证言。

经审查确需由人民法院取证的,人民法院可以直接取证,也可以应当事人或其代理人申请签发调查令,由其代理人到相关部门取证。

第五十二条 非语言信息对案件事实判断的重要性

人的思想控制其外在行为,人的行为反映其思想。心理学研究发现,在人际沟通中,人的非语言动作所传达的信息超过65%,而语言所传达的信息低于35%。很多时候,非语言动作所传达的信息的准确性要远远超过语言所传达的信息的准确性。因此,在审理涉及家庭暴力的离婚案件中,法官应当十分注意观察双方当事人在法庭上的言行举止,特别是双方的语音、语调、眼神、表情、肢体语言等,以便对事实做出正确判断。

第五章 财产分割

第五十三条 财产分割的基本理念

离婚妇女贫困化理论认为,传统的“男主外、女主内”的性别角色导致的家庭分工,给男性带来相应的事业发展、能力增长和社会地位的提高。与此同时,女性在相夫教子的家务劳动中投入了大量时间和精力,这在很大程度上限制了她在社会上的发展。一旦离婚,多年的奉献所带来的,是工作能力和学习能力的丧失,以及家庭暴力受害造成其平等协商能力的下降,使她无法平等主张自己的权利,因而导致其离婚后的贫困化。

人民法院在分割夫妻财产时,应当坚持性别平等的基本理念。这一基本理念的实现应当达到以下目的:一是公平地补偿,以平等体现离婚妇女在婚姻关系存续期间在照顾家庭方面投入的价值。二是有助于妇女离婚后的生存和发展。

第五十四条 一般要求

家庭暴力受害人请求离婚时,与普通的离婚案件

当事人相比可能面临特殊的困难，应当引起特别关注。法院应当依法采取有效干预措施，确保公平处理配偶扶养、财产分割问题。

法院在审理婚姻家庭案件中，如果发现存在家庭暴力，应当意识到当事人双方之间存在权力失衡或者协商能力悬殊的现象。法院依法分割夫妻共同财产时，应当充分考虑家庭暴力因素，以利于女性离婚后在尽可能短的时间内恢复工作和学习的能力，找回自信、独立性和自主决策的能力，更好地承担家庭和社会责任。

第五十五条　财产利益受影响时的补偿与照顾

在加害人自认或法院认定的家庭暴力案件中，受害人需要治疗的、因家庭暴力失去工作或者影响正常工作的，以及在财产利益方面受到不利影响的，在财产分割时应得到适当照顾。

第五十六条　受害人所作牺牲的补偿与照顾

受害人向加害人提供接受高等教育的机会和资金支持，或支持加害人开拓事业而牺牲自己利益的，无论当初自愿与否，如果这种牺牲可能导致受害人离婚后生活和工作能力下降、收入减少、生活条件降低的，在财产分割时应当获得适当照顾。

第五十七条　家务劳动的平等对待

在家务劳动、抚育子女、照料老人等方面付出较多的当事人，在财产分割时可以适当予以照顾或补偿。

第五十八条　适当照顾的份额

符合上述第六十条、第六十一条、第六十二条规定情况的受害人分割共有财产的份额一般不低于70%；针对加害人隐藏或转移财产的情况，分割夫妻共同财产时，受害方的份额一般不低于80%。

第五十九条　精神损害赔偿

家庭暴力受害人请求精神损害赔偿的，无论家庭暴力行为人是否已受到行政处罚或被追究刑事责任，人民法院均应当依据《中华人民共和国婚姻法》第46条相关规定予以支持。

第六十条　对共同债务的认定

认定夫妻一方在婚姻关系存续期间以个人名义所负债务的性质，不能机械适用《最高人民法院关于适用〈中华人民共和国婚姻法〉若干问题的解释（二）》第二十四条规定，而应综合考虑是否为家庭共同利益所负。主张为夫妻共同债务的一方应做出合理解释，相对方对此享有抗辩权。人民法院可以根据逻辑推理和日常生活经验进行判断，避免相对方的利益受损或放纵恶意债务人的不法行为。

第六十一条　对伪造债务等行为的制裁

人民法院发现一方有伪造或指使人伪造债务、转移或隐匿财产行为或嫌疑的，应当依据《中华人民共和国婚姻法》第47条和《中华人民共和国民事诉讼法》第102条相关规定予以处理。

第六十二条　对原判是否考虑家庭暴力因素的审查

被害人以家庭暴力未予认定或者认定错误导致财产分割或子女抚养判决不公而上诉或申请再审的，人民法院应当对原判是否充分考虑了涉及家庭暴力离婚案件自身的特点和规律以及当事人家庭分工模式等因素进行重点审查。一审已经认定家庭暴力，但在财产分割或子女抚养方面未给予考虑的，二审或再审过程中对此要予以重点审查，做出公平、合理的判决。

第六章　子女抚养和探视

第六十三条　加害方不宜直接抚养子女

考虑到家庭暴力行为的习得性特点，在人民法院认定家庭暴力存在的案件中，如果双方对由谁直接抚养子女不能达成一致意见，未成年子女原则上应由受害人直接抚养。但受害人自身没有基本的生活来源保障，或者患有不适合直接抚养子女的疾病的除外。

不能直接认定家庭暴力，但根据间接证据，结合双方在法庭上的表现、评估报告或专家意见，法官通过自由心证，断定存在家庭暴力的可能性非常大的，一般情况下，可以判决由受害方直接抚养子女。

有证据证明一方不仅实施家庭暴力，而且还伴有赌博、酗酒、吸毒恶习的，不宜直接抚养子女。

第六十四条　综合判断受害人的工作和生活能力

受害人很可能处于心理创伤后的应激状态，这可能在表面上使受害人直接抚养未成年子女看起来不如加害人理想，但是随着家庭暴力的停止，或者经过心理治疗，这种应激状态会逐渐消失。

人民法院需要综合考虑受害人在工作上的表现和能力，以及直接抚养子女的潜在能力，或者受害人婚前或者受暴前的工作和生活能力，做出最有利于未成年子女的判决。

第六十五条　征求未成年子女的意见

人民法院在判决由哪一方直接抚养未成年子女

前,应当依法征求未成年子女的意见。但是,有下列情形之一的,未成年子女的意见只能作为参考因素:

1. 未成年人属于限制行为能力的人,其认知水平的发展还不成熟,不能正确判断什么对自己最有利;

2. 未成年子女害怕、怨恨但同时又依恋加害人。暴力家庭中的未成年子女可能在害怕、怨恨加害人对家庭成员施暴的同时,又需要加害人的关爱,因此存在较强的感情依恋。这种依恋之所以产生,是因为受害人的人身安全取决于施暴人的好恶。不违背施暴人的意愿,符合其最大利益。这种状况被心理学家称为"斯得哥尔摩综合征",或者"心理创伤导致的感情纽带";

3. 强者(权威)崇拜。人类对强者或权威的崇拜,使尚不能明辨是非的未成年人可能对家庭中的强者(施暴人)怀有崇拜的心理,误认为自己与受害人一起生活没有安全感,因而选择与加害人一起生活。

法官应当在综合考虑其他因素的基础上,做出真正最有利于未成年子女的判决。

第六十六条　未成年人权利优于家长的探视权

在未成年子女不受家庭暴力影响的权利与加害人探视未成年子女的权利相冲突时,应当优先考虑未成年人的权利。

加害人有下列情形之一,受害人提出申请的,人民法院可以裁定中止加害人的子女探视权:

1. 在未成年子女面前诋毁、恐吓或殴打承担直接抚养义务的受害人的;

2. 利用探视权继续控制受害人的;

3. 利用探视权对受害人进行跟踪、骚扰、威胁的;

4. 利用探视权继续对受害人和/或未成年子女施暴的;

5. 法院认为有必要的其他情形。

第六十七条　探视权的恢复

加害人有下列情形之一的,法院可以考虑恢复其探视权:

1. 完成加害人心理矫治,并且有心理机构盖章、治疗师签名的其已经能够控制暴力冲动的证明;

2. 法院认为有必要的其他情形。

第六十八条　有关探视的具体规定

离婚并不一定能够阻止家庭暴力。暴力和暴力威胁可能随着离婚诉讼而进一步加剧。为了避免未成年子女成为加害人继续控制受害人的工具,最大限度保护未成年子女的利益,判决或者调解离婚的,人民法院可以在判决或者调解书中明确规定探视的方式、探视的具体时间和具体地点,以及交接办法。例如:

1. 时间:每月两次,探视时间一般为9:00—17:00。

2. 地点:双方都信任、也有能力保障受害人和未成年子女人身安全的个人第三方、特定机构等。

特定机构包括庇护所、社会机构,包括营利和非营利机构等。

3. 接方式:直接抚养的一方按约定提前20分钟把孩子送到指定地点,探视方20分钟后到达指定地点接走孩子。探视时间结束后,探视方按时把孩子送回到指定地点离开。直接抚养方在随后的20分钟内接回孩子。如果探视方有急事,要求临时变更探视时间,一般情况下,应当提前24小时通知第三方。第三方应当及时通知直接抚养孩子方,确定变更时间。

第六十九条　违反探视规定的处置

1. 探视方在探视日超过规定时间30分钟未接孩子,事先又未通知第三方的,视为放弃该次探视。

2. 探视方不得在探视时间之前的12小时之内和探视期间饮酒,否则视为放弃该次和(或)下次探视。

3. 迟到没有超过30分钟的,第三方或社会机构可以向探视方收取孩子的监管费。收费标准由双方协商。

第七章　调　　解

第七十条　受害人无过错原则

任何单位或个人都没有权利,在包括家庭在内的任何场合,侵害他人人身权利。法官办理案件过程中,任何情况下都不得责备受害人,或要求受害人调整行为作为不挨打的交换条件。否则,就有可能无意中强化"做错事就该打"的错误观念。

第七十一条　有保留的中立原则

法官应当采取有保留的中立态度,通过对调解过程的掌控,减少加害人对受害人的不当影响,调整双方不平等的权利结构,提高受害人主张并维护自身权利的能力。

这是因为涉及家庭暴力的案件具有与普通民事案件不同的规律和特点,其中最大的差异在于双方不平等的互动模式,加害人在平常就控制了双方之间的话语权,案件调解时也往往会表现出控制欲,而受害人则因加害人的暴力威慑难以主张权利。要打破这种不平等的互动模式,需要法官对弱者的适度倾斜和道义上的支持。

第七十二条　背靠背调解

在涉及家庭暴力的案件中,面对面调解可能会增加受害人继续遭受加害人骚扰、威胁、恐吓和人身伤害的危险性。因此,如果当事人提出申请或者人民法院发现存在上述可能性而认为确有必要的,应当采取背靠背的调解方式,以利于保护受害人的人身权利。

第七十三条　适时调解和多元解纷机制的运用

法官可以根据双方当事人的具体情况,灵活地决定在庭前、庭中、庭后进行调解。

对于涉及家庭暴力的离婚案件,人民法院还可以运用多元解纷机制,邀请有关人员协助调解或者委托妇联或人民调解等组织或有关人员调解等多种调解形式对案件进行调解。

第七十四条　驾驭调解过程的技巧

人民法院可以通过控制调解的具体程序和内容来驾驭调解过程。

1. 决定双方当事人发言的次序;

2. 控制当事人发言的内容。对于破坏性或恐吓性的言语或行为,如一方对另一方进行警告、威胁、恐吓等,予以制止,必要时给予训诫;

3. 根据扶弱抑强的原则,决定双方法庭陈述的时间长短;

4. 支持、鼓励受害人主张自身权利;

5. 审查民事调解协议的具体内容,对显失公平的调解协议,法官可以向处于弱势的一方当事人行使释明权,告知其显失公平的情形。处于弱势的当事人坚持该协议内容的,人民法院在查明该当事人不是因为慑于加害人的威胁、报复的基础上,可以予以确认。

人民法院对于不予确认协议的离婚案件,应当及时做出判决。

第七十五条　和好调解

加害人认识到家庭暴力的发生完全是自己的过错,认识到家庭暴力造成的严重后果,且同时具备以下两种以上情形的,可以调解和好:

1. 积极配合,遵守法庭规则;

2. 承认施暴是自己的过错,不淡化暴力严重程度,不找借口,不推卸责任,并书面保证以后不再施暴;

3. 有换位思考的能力,能感受自己的暴力行为给受害人身体和心理造成的伤痛。

第七十六条　民事调解书的必要内容

民事调解书应当包含原告诉称和被告辩称的内容,一般情况下应当载明家庭暴力责任主体、子女监护权归属、财产分割等内容。

调解和好或撤诉的,应当注明双方均不得在民事调解协议书生效或撤诉后 6 个月内单方面处置双方共同财产。人民法院认为必要时可行驶使明权,告知当事人提起财产确认之诉,以避免任何一方借机转移共同财产。

第七十七条　调解记录

人民法院主持调解时,应当将加害人的当庭悔过或口头保证记录在案。

对于当事人撤诉的案件,人民法院也应将已查明的家庭暴力事实记录在案。

对于加害人不思悔改,受害人再次提起离婚诉讼的,人民法院可以根据记录在案的加害人实施家庭暴力的事实,迅速调解离婚或判决离婚。

第七十八条　加害人的行为矫正

调解过程中,加害人真正愿意悔改以换取不离婚的,征得受害人同意后,人民法院可以依据《民事诉讼法》第 136 条规定,裁定诉讼中止,给加害人六个月的考察期。

考察期内,加害人再次施暴的,视为不思悔改,应当恢复审理。

在有条件的地区,必要时,法官可以责令加害人自费接受心理治疗,接受认知和行为的矫正。拒不接受的,承担不利后果。

第八章　其　　他

第七十九条　诉讼费的承担

家庭暴力离婚案件经调解或判决离婚的,一、二审诉讼费用原则上由加害人承担。

第八十条　人身安全保护措施的申请费用

申请人身安全保护措施的裁定,无需交纳任何费用。

第八十一条　反馈与改进本指南的途径

人民法院在本指南的试点阶段,应当保持敏感性,注意发现问题,探索解决办法,积累有益经验,提出完善的建议,随时反馈给中国应用法学研究所。

·指导案例·

最高人民检察院指导案例第44号
——于某虐待案

【关键词】

虐待罪 告诉能力 支持变更抚养权

【基本案情】

被告人于某,女,1986年5月出生,无业。

2016年9月以来,因父母离婚,父亲丁某常年在外地工作,被害人小田(女,11岁)一直与继母于某共同生活。于某以小田学习及生活习惯有问题为由,长期、多次对其实施殴打。2017年11月21日,于某又因小田咬手指甲等问题,用衣服撑、挠痒工具等对其实施殴打,致小田离家出走。小田被爷爷找回后,经鉴定,其头部、四肢等多处软组织挫伤,身体损伤程度达到轻微伤等级。

【要旨】

1. 被虐待的未成年人,因年幼无法行使告诉权利的,属于刑法第二百六十条第三款规定的"被害人没有能力告诉"的情形,应当按照公诉案件处理,由检察机关提起公诉,并可以依法提出适用禁止令的建议。

2. 抚养人对未成年人未尽抚养义务,实施虐待或者其他严重侵害未成年人合法权益的行为,不适宜继续担任抚养人的,检察机关可以支持未成年人或者其他监护人向人民法院提起变更抚养权诉讼。

【指控与证明犯罪】

2017年11月22日,网络披露11岁女童小田被继母虐待的信息,引起舆论关注。某市某区人民检察院未成年人检察部门的检察人员得知信息后,会同公安机关和心理咨询机构的人员对被害人小田进行询问和心理疏导。通过调查发现,其继母于某存在长期、多次殴打小田的行为,涉嫌虐待罪。本案被害人系未成年人,没有向人民法院告诉的能力,也没有近亲属代为告诉。检察机关建议公安机关对于某以涉嫌虐待罪立案侦查。11月24日,公安机关作出立案决定。次日,犯罪嫌疑人于某投案自首。2018年4月26日,公安机关以于某涉嫌虐待罪向检察机关移送审查起诉。

审查起诉阶段,某区人民检察院依法讯问了犯罪嫌疑人,听取了被害人及其法定代理人的意见,核实了案件事实与证据。检察机关经审查认为,犯罪嫌疑人供述与被害人陈述能够相互印证,并得到其他家庭成员的证言证实,能够证明于某长期、多次对被害人进行殴打,致被害人轻微伤,属于情节恶劣,其行为涉嫌构成虐待罪。

2018年5月16日,某区人民检察院以于某犯虐待罪对其提起公诉。5月31日,该区人民法院适用简易程序开庭审理本案。

法庭调查阶段,公诉人宣读起诉书,指控被告人于某虐待家庭成员,情节恶劣,应当以虐待罪追究其刑事责任。被告人对起诉书指控的犯罪事实及罪名无异议。

法庭辩论阶段,公诉人发表公诉意见:被告人于某虐待未成年家庭成员,情节恶劣,其行为触犯了《中华人民共和国刑法》第二百六十条第一款,犯罪事实清楚,证据确实充分,应当以虐待罪追究其刑事责任。被告人于某案发后主动投案,如实供述自己的犯罪行为,系自首,可以从轻或者减轻处罚。综合法定、酌定情节,建议在有期徒刑六个月至八个月之间量刑。考虑到被告人可能被宣告缓刑,公诉人向法庭提出应适用禁止令,禁止被告人于某再次对被害人实施家庭暴力。

最后陈述阶段,于某表示对检察机关指控的事实和证据无异议,并当庭认罪。

法庭经审理,认为公诉人指控的罪名成立,出示的证据能够相互印证,提出的量刑建议适当,予以采纳。当庭作出一审判决,认定被告人于某犯虐待罪,判处有期徒刑六个月,缓刑一年。禁止被告人于某再次对被害人实施家庭暴力。一审宣判后,被告人未上诉,判决已生效。

【支持提起变更抚养权诉讼】

某市某区人民检察院在办理本案中发现,2015年9月,小田的亲生父母因感情不和协议离婚,约定其随父亲生活。小田的父亲丁某于2015年12月再婚。丁某长期在外地工作,没有能力亲自抚养被害人。检察人员征求小田生母武某的意见,武某愿意抚养小田。检察人员支持武某到人民法院起诉变更抚养权。2018年1月15日,小田生母武某向某市某区人民法院提出变更抚养权诉讼。法庭经过调解,裁定变更小田的抚养权,改由生母武某抚养,生父丁某给付抚养费至其独立生活为止。

【指导意义】

《中华人民共和国刑法》第二百六十条规定，虐待家庭成员，情节恶劣的，告诉的才处理，但被害人没有能力告诉，或者因受到强制、威吓无法告诉的除外。虐待未成年人犯罪案件中，未成年人往往没有能力告诉，应按照公诉案件处理，由检察机关提起公诉，维护未成年被害人的合法权利。

《最高人民法院、最高人民检察院、公安部、司法部关于对判处管制、宣告缓刑的犯罪分子适用禁止令有关问题的规定（试行）》第七条规定，人民检察院在提起公诉时，对可能宣告缓刑的被告人，可以建议禁止其从事特定活动，进入特定区域、场所，接触特定的人。对未成年人遭受家庭成员虐待的案件，结合犯罪情节，检察机关可以在提出量刑建议的同时，有针对性地向人民法院提出适用禁止令的建议，禁止被告人再次对被害人实施家庭暴力，依法保障未成年人合法权益，督促被告人在缓刑考验期内认真改造。

夫妻离婚后，与未成年子女共同生活的一方不尽抚养义务，对未成年人实施虐待或者其他严重侵害合法权益的行为，不适宜继续担任抚养人的，根据《中华人民共和国民事诉讼法》第十五条的规定，检察机关可以支持未成年人或者其他监护人向人民法院提起变更抚养权诉讼，切实维护未成年人合法权益。

【相关规定】

《中华人民共和国刑法》第72条、第260条

《中华人民共和国未成年人保护法》第50条

《中华人民共和国民事诉讼法》第15条

《最高人民法院、最高人民检察院、公安部、民政部关于依法处理监护人侵害未成年人权益行为若干问题的意见》第2条、第14条

《最高人民法院、最高人民检察院、公安部、司法部关于依法办理家庭暴力犯罪案件的意见》第9条、第17条

《最高人民法院、最高人民检察院、公安部、司法部关于对判处管制、宣告缓刑的犯罪分子适用禁止令有关问题的规定（试行）》第7条

·典型案例·

最高人民法院公布十起涉家庭暴力典型案例

（2014年2月28日）

案例1

女童罗某某诉罗某抚养权纠纷案

——人身安全保护裁定制止儿童虐待

（一）基本案情

2007年，原告佘某某与被告罗某离婚，婚生女孩罗某某（2001年12月26日出生）由被告罗某抚养。2011年12月28日，原告向法院诉称，被告长期在外打工，女儿罗某某与祖母和大伯共同生活期间，罗某某经常遭受殴打和辱骂，且罗某某与离异的大伯同住一室，随时可能遭受性侵犯。原告向法院提供了女儿的伤情鉴定书及其要求与母亲共同生活的书信等证据，并请求法院判令变更女儿罗某某由原告抚养。诉讼过程中，罗某某向法院申请人身安全保护。

（二）裁判结果

法院经审理认为，申请人罗某某在与被申请人佘某金、罗某衡共同生活期间多次无故遭受殴打，且有法医学人体损伤程度鉴定书为证。申请人罗某某的申请符合法律规定。据此，依法裁定禁止被申请人佘某金、罗某衡殴打、威胁、辱骂、骚扰、跟踪申请人罗某某，裁定有效期为六个月。之后，经法院调解，双方变更了抚养权，此案在一周内结案，未成年人罗某某在最短的时间摆脱了家庭暴力。

案例2

郑某丽诉倪某斌离婚纠纷案

——威胁作为一种家庭暴力手段的司法认定

（一）基本案情

原告郑某丽与被告倪某斌于2009年2月11日登

记结婚,2010 年 5 月 7 日生育儿子倪某某。在原、被告共同生活期间,被告经常击打一个用白布包裹的篮球,上面写着“我要打死、打死郑某丽”的字句。2011 年 2 月 23 日,原、被告因家庭琐事发生争执,后被告将原告殴打致轻微伤。2011 年 3 月 14 日,原告向法院提起离婚诉讼,请求法院依法判令准予原、被告离婚;婚生男孩倪某某由原告抚养,抚养费由原告自行承担;原、被告夫妻共同财产依法分割;被告赔偿原告精神损失费人民币 30 000 元。

(二)裁判结果

法院经审理认为,原告郑某丽与被告倪某斌婚前缺乏了解,草率结婚。婚后被告将一个裹着白布的篮球挂在家中的阳台上,且在白布上写着对原告具有攻击性和威胁性的字句,还经常击打篮球,从视觉上折磨原告,使原告产生恐惧感,该行为构成精神暴力。在夫妻发生矛盾时,被告对原告实施身体暴力致其轻微伤,最终导致了原、被告夫妻感情的完全破裂。因被告存在家庭暴力行为不宜直接抚养子女,且婚生男孩倪某某未满两周岁随母亲生活更有利于其身心健康。被告对原告实施家庭暴力使原告遭受精神损害,被告应承担过错责任,故被告应酌情赔偿原告精神损害抚慰金。据此,依法判决准予原告郑某丽与被告倪某斌离婚;婚生男孩倪某某由原告郑某丽抚养,抚养费由原告承担;被告倪某斌赔偿原告郑某丽精神损害抚慰金人民币 5000 元。该判决已生效。

案例 3

陈某转诉张某强离婚纠纷案

——滥施“家规”构成家庭暴力

(一)基本案情

原告陈某转、被告张某强于 1988 年 8 月 16 日登记结婚,1989 年 7 月 9 日生育女儿张某某(已成年)。因经常被张某强打骂,陈某转曾于 1989 年起诉离婚,张某强当庭承认错误保证不再施暴后,陈某转撤诉。此后,张某强未有改变,依然要求陈某转事事服从。稍不顺从,轻则辱骂威胁,重则拳脚相加。2012 年 5 月 14 日,张某强认为陈某转未将其衣服洗净,辱骂陈某转并命令其重洗。陈某转不肯,张某强即殴打陈某转。女儿张某某在阻拦过程中也被打伤。2012 年 5 月 17 日,陈某转起诉离婚。被告张某强答辩称双方只是一般夫妻纠纷,保证以后不再殴打陈某转。庭审中,张某强仍态度粗暴,辱骂陈某转,又坚决不同意离婚。

(二)裁判结果

法院经审理认为,家庭暴力是婚姻关系中一方控制另一方的手段。法院查明事实说明,张某强给陈某转规定了很多不成文家规,如所洗衣服必须让张某强满意、挨骂不许还嘴、挨打后不许告诉他人等。张某强对陈某转的控制还可见于其诉讼中的表现,如在答辩状中表示道歉并保证不再殴打陈某转,但在庭审中却对陈某转进行威胁、指责、贬损,显见其无诚意和不思悔改。遂判决准许陈某转与张某强离婚。一审宣判后,双方均未上诉。

一审宣判前,法院依陈某转申请发出人身安全保护裁定,禁止张某强殴打、威胁、跟踪、骚扰陈某转及女儿张某某。裁定有效期六个月,经跟踪回访确认,张某强未违反。

案例 4

李某娥诉罗某超离婚纠纷案

——优先考虑儿童最佳利益

(一)基本案情

原告李某娥、被告罗某超于 1994 年 1 月 17 日登记结婚,1994 年 8 月 7 日生育女儿罗某蔚,2002 年 6 月 27 日生育儿子罗某海。双方婚后感情尚可,自 2003 年开始因罗某超经常酗酒引起矛盾。2011 年起,罗某超酗酒严重,经常酒后施暴。女儿罗某蔚在日记中记录了罗某超多次酒后打骂李某娥母子三人的经过。2012 年 1 月 5 日,李某娥第一次起诉离婚。因罗某超提出双方登记离婚,李某娥申请撤诉。但之后罗某超反悔,酗酒和施暴更加频繁。2012 年 7 月 30 日,罗某超酒后扬言要杀死全家。李某娥母子反锁房门在卧室躲避,罗某超踢烂房门后殴打李某娥,子女在劝阻中也被殴打,李某娥当晚两次报警。2012 年 8 月底,为躲避殴打,李某娥带子女在外租房居住,与罗某超分居。2012 年 9 月 21 日,李某娥再次起诉离婚并请求由自己抚养一双子女。罗某超答辩称双方感情好,不承认自己酗酒及实施家庭暴力,不同意离婚,也不同意由李某娥抚养子女。

（二）裁判结果

法院经审理认为，罗某超长期酗酒，多次酒后实施家庭暴力。子女罗某蔚、罗某海数次目睹父亲殴打母亲，也曾直接遭受殴打，这都给他们身心造成严重伤害，同时也可能造成家庭暴力的代际传递。为避免罗某蔚、罗某海继续生活在暴力环境中，应由李某娥抚养两个子女，罗某超依法支付抚养费。遂判决准许李某娥与罗某超离婚，子女罗某蔚、罗某海由李某娥抚养，罗某超每月支付抚养费共计 900 元。罗某超可于每月第一个星期日探视子女，探视前 12 小时内及探视期间不得饮酒，否则视为放弃该次探视权利，李某娥及子女可拒绝探视。一审宣判后双方均未提起上诉。

案例 5

郝某某诉郝某华赡养纠纷案

——人身安全保护裁定制止子女虐待老人

（一）基本案情

申请人郝某某与其妻王某某（已故）育有五个子女。现郝某某已丧失劳动能力，除每月的低保金 320 元外，无其他经济来源，其日常生活需要子女照顾。申请人郝某某轮流在除被告郝某华之外的其他子女处居住生活。因其他子女经济情况一般，住房较为紧张，申请人郝某某遂要求被告郝某华支付赡养费，并解决其居住问题。被申请人郝某华对原告郝某某提出的要求不满，经常用激烈言辞对郝某某进行言语威胁、谩骂，致使郝某某产生精神恐惧，情绪紧张。郝某某诉至法院，要求被告郝某华支付赡养费，并解决其居住问题。经法院多次通知，被告郝某华仍不到庭应诉，反而对原告恫吓威胁，致使原告终日处在恐惧之中。原告遂在诉讼期间向本院申请人身安全保护裁定，要求法院采取措施，制止被告郝某华对郝某某威胁、谩骂侮辱行为。

（二）裁判结果

针对申请人提出的人身安全保护裁定申请，法院经审理认为，被申请人郝某华对申请人郝某某经常进行言语威胁、谩骂等行为，导致申请人终日生活在恐惧之中，故其申请符合法律规定，应予支持。法院裁定：禁止被申请人郝某华对申请人郝某某采取言语威胁、谩骂、侮辱以及可能导致申请人产生心理恐惧、担心、害怕的其他行为。同时，法院对被申请人进行了训诫，告知其在有效期内，若发生上述行为，则视情节轻重对被申请人采取拘留、罚款等强制措施。经跟踪回访，被申请人对申请人再无威胁行为。对原告请求被告履行赡养义务的请求，法院判决被告郝某华每月向原告郝某某支付赡养费 600 元。

案例 6

钟某芳申请诉后人身安全保护案

——诉后人身安全保护裁定制止“分手暴力”

（一）基本案情

申请人钟某芳与被申请人陈某于 2010 年 2 月 2 日经法院判决离婚，子女由钟某芳抚养。判决生效后，陈某拒不搬出钟某芳房屋，还要求与钟某芳同吃、同睡，限制钟某芳的人身自由和社会交往。钟某芳稍有不从，就遭其辱骂和殴打，并多次写字条威胁钟某芳。法院强制其搬离后，他仍然借探视子女为由，多次进入钟某芳家中对其实施威胁，还经常尾随、监视钟某芳的行踪，不仅使钟某芳的身体受到伤害，还使其处于极度恐惧之中。钟某芳于 2010 年 5 月 6 日向法院提出了人身安全保护裁定的申请，并提交了报警证明、妇联的来访记录、被申请人威胁申请人的字条、被撕烂的衣物、照片等证明材料。

（二）裁判结果

法院经审理认为，申请人钟某芳在离婚后仍然被前夫陈某无理纠缠，经常遭其辱骂、殴打和威胁，人身自由和社会交往仍受前夫的限制，是典型的控制型暴力行为受害者。为保护申请人的人身安全，防止“分手暴力”事件从民事转为刑事案件，法院裁定：禁止被申请人陈某骚扰、跟踪、威胁、殴打申请人钟某芳，或与申请人钟某芳以及未成年子女陈某某进行不受欢迎的接触；禁止被申请人陈某在距离申请人钟某芳的住所或工作场所 200 米内活动；被申请人陈某探视子女时应征得子女的同意，并不得到申请人的家中进行探视。该保护令的有效期为六个月。经跟踪回访，申请人此后再没有受到被申请人的侵害或骚扰。

案例 7

邓荣萍故意伤害案

——长期对养女实施家暴获刑

(一)基本案情

被害人范某某(女,时年 7 岁)出生后不久即由被告人邓荣萍收养。在收养期间,邓荣萍多次采取持木棒打、用火烧、拿钳子夹等手段虐待范某某,致范某某头部、面部、胸腹部、四肢多达百余处皮肤裂伤,数枚牙齿缺失。2010 年 3 月 26 日上午,因范某某尿床,邓荣萍便用木棒殴打范某某腿部,致范某某左股骨骨折,构成轻伤。案发后,邓荣萍向公安机关投案。

(二)裁判结果

法院经审理认为,被告人邓荣萍故意伤害他人身体的行为已构成故意伤害罪。邓荣萍为人之母,长期对养女范某某进行虐待,又因琐事持木棒将范某某直接打致轻伤,手段残忍,情节恶劣,后果严重,应依法惩处。鉴于邓荣萍自动投案后,如实供述自己的罪行,具有自首情节,依法可对其从轻处罚。据此,贵州省关岭布依族苗族自治县人民法院依法以故意伤害罪判处被告人邓荣萍有期徒刑二年二个月。

案例 8

汤翠连故意杀人案

——经常遭受家暴致死丈夫获刑

(一)基本案情

被告人汤翠连与被害人杨玉合(殁年 39 岁)系夫妻。杨玉合经常酗酒且酒后无故打骂汤翠连。2002 年 4 月 15 日 17 时许,杨玉合醉酒后吵骂着进家,把几块木板放到同院居住的杨某洪、杨某春父子家的墙脚处。为此,杨某春和杨玉合发生争执、拉扯。汤翠连见状上前劝阻,杨玉合即用手中的木棍追打汤翠连。汤翠连随手从柴堆上拿起一块柴,击打杨玉合头部左侧,致杨玉合倒地。杨玉洪劝阻汤翠连不要再打杨玉合。汤翠连因惧怕杨玉合站起来后殴打自己,仍继续用柴块击打杨玉合头部数下,致杨玉合因钝器打击头部颅脑损伤死亡。案发后,村民由于同情汤翠连,劝其不要投案,并帮助掩埋了杨玉合的尸体。

(二)裁判结果

法院经审理认为,被告人汤翠连故意非法剥夺他人生命的行为已构成故意杀人罪。被害人杨玉合因琐事与邻居发生争执和拉扯,因汤翠连上前劝阻,杨玉合即持木棍追打汤翠连。汤翠连持柴块将杨玉合打倒在地后,不顾邻居劝阻,继续击打杨玉合头部致其死亡,后果严重,应依法惩处。鉴于杨玉合经常酒后实施家庭暴力,无故殴打汤翠连,具有重大过错;汤翠连在案发后能如实供述犯罪事实,认罪态度好;当地群众请求对汤翠连从轻处罚。综上,对汤翠连可酌情从轻处罚。据此,云南省施甸县人民法院依法以故意杀人罪判处被告人汤翠连有期徒刑十年。

案例 9

肖正喜故意杀人、故意伤害案

——长期实施家暴并杀人获死刑

(一)基本案情

被告人肖正喜和被害人肖海霞(殁年 26 岁)于 1998 年结婚并生育一女一子。2005 年,肖正喜怀疑肖海霞与他人有染,二人感情出现矛盾。2009 年 4 月,肖海霞提出离婚,肖正喜未同意。2010 年 5 月 22 日,肖正喜将在外打工的肖海霞强行带回家中,并打伤肖海霞。肖海霞的父母得知情况后报警,将肖海霞接回江西省星子县娘家居住。

2010 年 5 月 25 日下午,肖正喜与其表哥程某欲找肖海霞的父亲肖某谈谈。肖某拒绝与肖正喜见面。肖正喜遂购买了一把菜刀、一把水果刀以及黑色旅行包、手电筒等物品,欲杀死肖海霞。当日 16 时许,肖正喜不顾程某劝阻,独自乘车来到肖海霞父亲家中,躲在屋外猪圈旁。23 时许,肖正喜进入肖海霞所住房间,持菜刀砍击肖海霞头部、脸部和手部数下,又用水果刀捅刺肖海霞前胸,致肖海霞开放性血气胸合并失血性、创伤性休克死亡。肖正喜扔弃水果刀后逃离。肖某及其妻子李某听到肖海霞的呼救声后,即追赶上肖正喜并与之发生搏斗,肖正喜用菜刀砍伤肖某,用随身携带的墙纸刀划伤李某。后肖正喜被接到报警赶来的公安民警抓获。

(二)裁判结果

法院经审理认为,被告人肖正喜故意非法剥夺他人生命的行为已构成故意杀人罪，故意伤害他人身体的行为又构成故意伤害罪，应依法数罪并罚。肖正喜不能正确处理夫妻矛盾，因肖海霞提出离婚，即将肖海霞打伤，后又携带凶器至肖海霞家中将肖海霞杀死，将岳父、岳母刺伤，情节极其恶劣，后果极其严重，应依法惩处。据此，依法对被告人肖正喜以故意杀人罪判处死刑，剥夺政治权利终身；以故意伤害罪判处有期徒刑二年，决定执行死刑，剥夺政治权利终身。经最高人民法院复核核准，罪犯肖正喜已被执行死刑。

案例10

薛某凤故意杀人案

——养女被养父长期性侵杀死养父获刑

（一）基本案情

被告人薛某凤自幼被薛某太（被害人，殁年54岁）收养。自1999年薛某凤11岁起，薛某太曾多次对薛某凤强行实施奸淫。2004年3月，薛某凤因被薛某太强奸导致怀孕，后引产。2005年1月，薛某凤与他人结婚。2007年11月11日晚，薛某太酒后将薛某凤叫至其房间内，持刀威胁薛某凤，要求发生性关系。薛某凤谎称同意，趁机用绳子将薛某太双手、双脚捆住，薛某凤离开房间。次日3时许，薛某凤返回房间，采取用扳手击打薛某太头部等手段，致薛某太颅脑损伤死亡。后薛某凤将薛某太的尸体浇油焚烧。

（二）裁判结果

法院经审理认为，被告人薛某凤故意非法剥夺他人生命的行为已构成故意杀人罪。薛某凤持械击打被害人薛某太头部致其死亡，后果严重，应依法惩处。鉴于薛某太利用其养父身份，在薛某凤还系幼女时即长期奸淫并导致薛某凤怀孕引产，对薛某凤的身心健康造成巨大伤害。在薛某凤与他人结婚后，薛某太仍持刀欲强行奸淫薛某凤，具有重大过错；河北省临漳县人民检察院认为，因薛某凤自幼被薛某太长期奸淫，薛某凤为反抗而杀死薛某太，故意杀人情节较轻，建议对薛某凤适用缓刑；当地村委会及数百名群众以薛某凤实施杀人行为实属忍无可忍，其家中又有两个年幼子女和一个呆傻养母需要照顾为由，联名请求对薛某凤从轻处罚；临漳县妇女联合会建议，为挽救薛某凤的家庭，减少社会不和谐因素，尽量从轻处罚；案发后薛某凤认罪态度较好，有悔罪表现。综上，对被告人薛某凤可从轻处罚。据此，临漳县人民法院依法以故意杀人罪判处被告人薛某凤有期徒刑三年，缓刑五年。

最高人民法院人身安全保护令十大典型案例

案例一

陈某申请人身安全保护令案

（一）基本案情

申请人陈某（女）与被申请人段某某系夫妻关系。双方婚后因工作原因分居，仅在周末、假日共同居住生活，婚初感情一般。段某某常为日常琐事责骂陈某，两人因言语不和即发生争吵，撕扯中互有击打行为。2017年5月5日，双方因琐事发生争吵厮打，陈某在遭段某某拳打脚踢后报警。经汉台公安分局出警处理，决定给予段某某拘留10日，并处罚款500元的行政处罚。因段某某及其父母扬言要在拘留期满后上门打击报复陈某及其父母，陈某于2017年5月17日起诉至汉中市汉台区人民法院，申请人民法院作出人身保护裁定并要求禁止段某某对其实施家庭暴力，禁止段某某骚扰、跟踪、接触其本人、父母。

（二）裁判结果

陕西省汉中市汉台区人民法院裁定：一、禁止段某某对陈某实施辱骂、殴打等形式的家庭暴力；二、禁止段某某骚扰、跟踪、接触陈某及其相关近亲属。如段某某违反上述禁令，视情节轻重处以罚款、拘留；构成犯罪的，依法追究刑事责任。

（三）典型意义

因段某某尚在拘留所被执行拘留行政处罚，汉台区人民法院依法适用简易程序进行缺席听证，发出人身安全保护令。办案法官充分认识到家庭暴力危害性的特点，抓紧时间审查证据，仔细研究案情，与陈某进行了面谈、沟通，获知她本人及其家属的现状、身体状况、人身安全等情况，准确把握针对家庭暴力的行为保全申请的审查标准，简化了审查流程，缩短了认定的时间，依法、果断作出裁定，对受暴力困扰的妇女给予了法律强而有力的正义保护。陈某为家暴受害者如何申请人身安全保护令作出了好的示范,她具有很强的法律、证据意识,在家庭暴力发生后及时报警、治疗伤情,保证自身人身安全,保存各种能够证明施暴行为和伤害后果的证据并完整地提供给法庭,使得办案法官能够快速、顺利地在申请当日作出了民事裁定,及时维护了自己的权益。

案例二

赵某申请人身安全保护令案

（一）基本案情

申请人赵某(女)与被申请人叶某系夫妻关系,因向法院提起离婚诉讼,叶某通过不定时发送大量短信、辱骂、揭露隐私及暴力恐吓等形式进行语言威胁。自叶某收到离婚诉讼案件副本后,恐吓威胁形式及内容进一步升级,短信发送频率增加,总量已近万条,内容包括“不把你全家杀了我誓不为人”、“我不把你弄死,我就对不起你这份起诉书”、“要做就做临安最惨的杀人案”等。赵某向法院申请人身安全保护令。案件受理后,因叶某不配合前往法院,承办人与叶某电话沟通。叶某在电话中承认向赵某发送过大量短信,并提及已购买刀具。

（二）裁判结果

浙江省临安市人民法院裁定:禁止叶某骚扰、跟踪、接触赵某及其父母与弟弟。

（三）典型意义

本案是一起因被申请人实施精神暴力行为而作出人身安全保护令的案件。《反家庭暴力法》第二条规定,本法所称家庭暴力,是指家庭成员之间以殴打、捆绑、残害、限制人身自由以及经常性谩骂、恐吓等方式实施的身体、精神等侵害行为。因此,被申请人虽然未实施殴打、残害等行为给申请人造成肉体上的损伤,但若以经常性谩骂、恐吓等方式实施侵害申请人精神的行为,法院亦将对其严令禁止,对申请人给予保护。

案例三

周某及子女申请人身安全保护令案

（一）基本案情

申请人周某(女)与被申请人颜某经调解离婚后,三名未成年子女均随周某生活。然而每当颜某心情不好的时候,便不管不顾地到周某家中骚扰、恐吓甚至殴打周某和三个孩子,不仅干扰了母子四人的正常生活,还给她们的身心造成了极大的伤害。周某多次报警,但效果甚微,派出所的民警们只能管得了当时,过不了几日,颜某依旧我行我素,甚至变本加厉地侵害母子四人的人身安全,连周某的亲友都躲不过。周某无奈之下带着三名子女诉至法院,请求法院责令颜某禁止殴打、威胁、骚扰、跟踪母子四人及其近亲属。

（二）裁判结果

江苏省连云港市海州区人民法院裁定:一、禁止颜某对周某及三名子女实施家庭暴力;二、禁止颜某骚扰、跟踪、接触周某母子四人及其近亲属。

（三）典型意义

本案系一起针对“离婚后家暴”发出人身安全保护令的典型案例。反家庭暴力法,顾名思义适用于家庭成员之间,现有法律对家庭成员的界定是基于血亲、姻亲和收养关系形成的法律关系。除此之外,《反家庭暴力法》第三十七条中明确规定“家庭成员以外共同生活的人之间实施的暴力行为,参照本法规定执行”,意味着监护、寄养、同居、离异等关系的人员之间发生的暴力也被纳入到家庭暴力中,受到法律约束。

案例四

李某、唐小某申请人身安全保护令、变更抚养权案

（一）基本案情

申请人李某(女)与被申请人唐某原系夫妻关系,2008年协议离婚,婚生子唐小某由唐某抚养。唐某自2012年以来多次对唐小某实施家暴,导致唐小某全身多处经常出现瘀伤、淤血等被打痕迹,甚至一度萌生跳楼自寻短见的想法。李某得知后曾劝告唐某不能再打孩子,唐某不听,反而威胁李某,对唐小某的打骂更甚,且威胁唐小某不得将被打之事告诉外人,否则将遭受更加严厉的惩罚。李某向公安机关报案,经医院检查唐小某不但身上有伤,并且得了中度抑郁症和焦虑症。李某、唐小某共同向法院申请人身安全保护令,诉请法院依法禁止唐某继续施暴,同时李某还向法院提起了变更

唐小某抚养权的诉讼。

（二）裁判结果

广西壮族自治区柳州市柳北区人民法院裁定：一、禁止唐某对李某、唐小某实施谩骂、侮辱、威胁、殴打；二、中止唐某对唐小某行使监护权和探视权。

（三）典型意义

由于法治意识的薄弱，不少家庭对孩子的教育依旧停留在“三天不打，上房揭瓦”这种落后的粗放式教育方法上，很大程度上会对孩子心智的健康发育，造成伤害且留下难以抹去的阴影。本案中，在送达人身安全保护令时，家事法官还建议警方和社区网格员，不定期回访李某、唐小某母子生活状况，及时掌握母子生活第一手资料，确保母子日常生活不再受唐某干扰。通过法院对人身安全保护令的快速作出并及时送达，派出所和社区的通力协执，及时帮助申请人恢复安全的生活环境，彰显了法院、公安、社区等多元化联动合力防治家庭暴力的坚定决心。

案例五

朱小某申请人身安全保护令案

（一）基本案情

朱小某（10岁）与父亲朱某（被申请人）、继母徐某（被申请人）共同生活。朱某和徐某常常以“教育”的名义对朱小某进行殴打，树棍、尺子、数据线等等都成为体罚朱小某的工具。日常生活中，朱小某稍有不注意，就会被父母打骂，不管是身上还是脸上，常常旧痕未愈，又添新伤。长期处于随时面临殴打的恐惧中，朱小某身心受到严重伤害。区妇联在知悉朱小某的情况后，立即开展工作，向法院提交派出所询问笔录、走访调查材料、受伤照片等家暴证据，请求法院依法发出人身安全保护令。

（二）裁判结果

江苏省连云港市赣榆区人民法院裁定：一、禁止朱某、徐某对朱小某实施家庭暴力；二、禁止朱某、徐某威胁、控制、骚扰朱小某。

（三）典型意义

孩子是父母生命的延续，是家庭、社会和国家的未来。作为孩子的法定监护人，父母或是其他家庭成员应为孩子营造良好的成长氛围，以恰当的方式引导和教育孩子，帮助孩子树立正确的人生观和价值观。本案中，朱小某的父母动辄对其谩骂、殴打、体罚，对孩子造成严重的身心伤害，给其童年留下暴力的阴影。法院作出人身安全保护令之后，立即送达被申请人、辖区派出所、居委会及妇联，落实保护令监管事项，并专门与被申请人谈话，对其进行深刻教育，同时去医院探望正在接受治疗的朱小某。法院和妇联对朱小某的情况保持密切关注，及时进行必要的心理疏导，定期回访，督促朱某、徐某切实履行监护职责，为孩子的成长营造良好环境。

《反家庭暴力法》第二十三条第二款规定，当事人是无民事行为能力人、限制民事行为能力人，或者因受到强制、威吓等原因无法申请人身安全保护令的，其近亲属、公安机关、妇女联合会、居民委员会、村民委员会、救助管理机构可以代为申请。随着反家暴工作的不断深入，对于自救意识和求助能力欠缺的家暴受害人，妇联等职能机构代为申请人身安全保护令的案件越来越多。勇于对家暴亮剑，已经成为全社会的共同责任。法院、公安、妇联、社区等部门构建起严密的反家暴联动网络，全方位地为家庭弱势成员撑起“保护伞”。

案例六

林小某申请人身安全保护令案

（一）基本案情

申请人林小某（女）与被申请人林某系亲生父女关系，林小某从小跟随爷爷奶奶长大，从未见过母亲。后林小某转学到林某所在地读初中，平时住校，周末与林某一同居住。林小某发现林某有偷看其洗澡并抚摸其身体等性侵害行为，这对林小某的身体、心理等方面造成了严重的伤害。林小某感到害怕不安，周末就到同学家居住以躲避父亲。林某找不到林小某，便到学校威胁和发微信威胁林小某，导致其不敢上晚自习。老师发现并与林小某谈话后，林小某在班主任陪同下报警，配合民警调查，并委托社工组织向法院申请人身安全保护令。

（二）裁判结果

广西壮族自治区钦州市钦北区人民法院裁定：一、禁止林某对受害人林小某实施家庭暴力；二、禁止林某骚扰、接触林小某。同时，将人身安全保护令向林小某的在校老师和班主任，林小某和林某居住地的派出所和居委会进行了送达和告知。

（三）典型意义

本案中，学校在发现和制止未成年人受到家庭暴力侵害方面发挥了重要作用。公安部门接到受害人报警后，联系了社工组织，为受害人提供心理疏导及法律救助。社工组织接到救助后，第一时间到学校了解情况，为未成年人申请人身安全保护令。法院依法签发人身安全保护令后，林小某也转学同爷爷奶奶一起生活。人民法院在审理相关案件中，主动延伸司法服务，贯彻“特殊保护、优先保护”理念，较好地维护了未成年人的合法权益。

案例七

罗某申请人身安全保护令案

（一）基本案情

申请人罗某现年68岁，从未结婚生子，在其27岁时，收养一子取名罗某某，并与其共同生活。期间，罗某某经常殴打辱骂罗某。2019年11月，因琐事，罗某某再次和罗某发生争执，并声称要杀死罗某。罗某害怕遭罗某某殴打，遂向当地村委会反应了上述情况，村委会考虑到罗某年岁已高，行动不便，且受到罗某某的威吓，村委会代罗某向法院申请人身安全保护令。

（二）裁判结果

四川省德阳市旌阳区人民法院裁定：一、禁止罗某某对罗某实施家庭暴力；二、责令罗某某搬出罗某的住所。

（三）典型意义

当事人因遭受家庭暴力或者面临家庭暴力的现实危险，向人民法院申请人身安全保护令的，人民法院应当受理。当事人是无民事行为能力人、限制民事行为能力，或者因受到强制、威吓等原因无法申请人身安全保护令的，其近亲属、公安机关、妇女联合会、居民委员会、村民委员会、救助管理机构可以代为申请。本案中，由于罗某年岁已高，行动不便，且受到罗某某的威吓，当地村委会代为申请符合上述法律规定。

案例八

吴某某申请人身安全保护令案

（一）基本案情

申请人吴某某（女）与被申请人杨某某（男）2009年相识后成为男女朋友，并居住在一起。2018年农历春节过后吴某某向杨某某提出分手，杨某某同意。2018年4、5月，杨某某开始对吴某某进行跟踪、骚扰、殴打并强行闯入吴某某的住所和工作场地，限制吴某某的人身自由，抢夺吴某某住所的钥匙、手机，在吴某某住所地张贴污蔑、辱骂、威胁吴某某的材料。吴某某多次向住所地、工作场地所在的派出所报警，杨某某在经警察教育、警告之后仍屡教不改，并且变本加厉骚扰吴某某。吴某某向法院申请人身安全保护令。

（二）裁判结果

四川省成都市成华区人民法院裁定：一、禁止杨某某对吴某某实施暴力行为；二、禁止杨某某对吴某某及其家属实施骚扰、跟踪、接触；三、禁止杨某某接近、进入吴某某的住所及工作场所。

（三）典型意义

本案是一起同居关系的一方申请人身安全保护令的案件。《反家庭暴力法》不仅预防和制止的是家庭成员之间的暴力行为，还包括家庭成员以外共同生活的人之间实施的暴力行为。同居关系中暴力受害者的人身权利应当受到法律保护，同居关系的一方若遭受家庭暴力或者面临家庭暴力的现实危险，人民法院也可依当事人申请作出人身安全保护令。

案例九

黄某违反人身安全保护令案

（一）基本案情

申请人陈某某（女）与被申请人黄某系夫妻关系。两人经常因生活琐事发生争吵，黄某多次对陈某某实施家庭暴力。2016年3月22日晚，黄某殴打陈某某后，陈某某报警，后经医院诊断为腰3右侧横突骨折。2016年3月28日，陈某某向东兴法院提出人身保护申请，请求禁止黄某对陈某某实施家庭暴力，禁止骚扰、跟踪、威胁陈某某及其近亲属。陈某某在承办法官联系其了解受家暴情况时，表示只是想警告黄某，暂不希望人民法院发出人身安全保护令。承办法官随即通知黄某到法院接受询问，黄某承认实施家庭暴力，承认错误，并承诺不再实施家庭暴力。人民法院为预防黄某再次实施家暴，于2016年5月19日裁定作出人身安全保护令，并同时向黄某及其所在派出所、社区、妇联送达。后黄某违反人身安全保护令，于2016年7月9日晚上20时许和次日早晨两次对陈某某实施家庭暴力。陈某某在2016年7月10日（周日）早上9时许电话控诉被家暴事实，法官即联系城东派出所民警，派出所根据联动机制对黄某拘留五日。

（二）裁判结果

2016年5月19日，广西壮族自治区东兴市人民法院作出（2016）桂0681民保令1号民事裁定：一、禁止黄某殴打陈某某；二、禁止黄某骚扰、跟踪、威胁陈某某及其近亲属。

（三）典型意义

如何认定存在家庭暴力行为，一是看证据是否确凿，如报警记录、信访材料、病历材料等，能充分证明家庭暴力存在的，立即裁定准许人身保护；二是通过听证或询问认定是否存在家暴行为，以便有针对性、快速地认定家暴，及时保护受家暴者及其亲属方。本案中，人民法院充分利用联动保护机制，作出人身安全保护令后，将裁定抄送给被申请人所在辖区派出所、妇委会、社区等，并保持紧密互动，互相配合，对裁定人身保护后再次出现的家暴行为进行严厉处罚。联动机制对受家暴方的紧急求助起到了关键作用。

案例十

洪某违反人身安全保护令案

（一）基本案情

申请人包某（女）与被申请人洪某原系恋人关系，双方共同居住生活。洪某在因琐事引起的争执过程中殴打包某，导致包某头皮裂伤和血肿。包某提出分手，并搬离共同居所。分手后，洪某仍然通过打电话、发微信以及到包某住所蹲守的方式对其进行骚扰。包某不堪其扰，遂报警，民警对洪某进行了批评教育。包某担心洪某继续实施家庭暴力，向法院申请人身安全保护令。重庆市巴南区人民法院依法作出人身安全保护令。洪某收到人身安全保护令后，无视禁止，继续通过打电话、发短信和微信的方式骚扰包某，威胁包某与其和好继续交往，期间发送的消息达300余条。

（二）裁判结果

重庆市巴南区人民法院决定，对洪某处以1000元罚款和15日拘留。

（三）典型意义

本案是一起典型的针对家庭暴力作出人身安全保护令和对违反人身安全保护令予以司法惩戒的案例，主要有以下几点典型意义：第一，通过作出人身安全保护令，依法保护家庭暴力受害者的合法权利，彰显了法治的应有之义。中国几千年来都有“法不入家门”的历史传统，但随着时代的更迭和进步，对妇女儿童等弱势群体的利益保护已经得到社会的普遍认可。家庭成员以外共同生活的人可以被认定为是拟制家庭成员，根据《反家庭暴力法》第三十七条的规定，家庭成员以外共同生活的人可以申请人身安全保护令。第二，依法对公然违抗法院裁判文书的行为予以惩戒，彰显了遵法守法的底线。人身安全保护令不仅仅是一纸文书，它是人民法院依法作出的具有法律效力的裁判文书，相关人员必须严格遵守，否则应承担相应的法律后果。无视人身安全保护令，公然违抗法院裁判文书的行为已经触碰司法底线，必须予以严惩。第三，通过严惩家暴行为，对施暴者起到了震慑作用，弘扬了社会文明的价值取向。“法不入家门”已经成为历史，反对家庭暴力是社会文明进步的标志。通过罚款、拘留等司法强制措施严惩违反人身安全保护令的施暴者，让反家暴不再停留在仅仅发布相关禁令的司法层面，对施暴者予以震慑，推动整个社会反家暴态势的良性发展。

7. 妇幼保健

中华人民共和国母婴保健法

1. 1994年10月27日第八届全国人民代表大会常务委员会第十次会议通过

2. 根据2009年8月27日第十一届全国人民代表大会常务委员会第十次会议《关于修改部分法律的决定》第一次修正

3. 根据2017年11月4日第十二届全国人民代表大会常务委员会第三十次会议《关于修改〈中华人民共和国会计法〉等十一部法律的决定》第二次修正

目　录

第一章　总　　则

第一条　【立法目的】为了保障母亲和婴儿健康，提高出生人口素质，根据宪法，制定本法。

第二条　【国家扶持】国家发展母婴保健事业，提供必要条件和物质帮助，使母亲和婴儿获得医疗保健服务。

国家对边远贫困地区的母婴保健事业给予扶持。

第三条　【政府领导】各级人民政府领导母婴保健工作。

母婴保健事业应当纳入国民经济和社会发展计划。

第四条　【主管部门】国务院卫生行政部门主管全国母婴保健工作，根据不同地区情况提出分级分类指导原则，并对全国母婴保健工作实施监督管理。

国务院其他有关部门在各自职责范围内，配合卫生行政部门做好母婴保健工作。

第五条　【教育、科研】国家鼓励、支持母婴保健领域的教育和科学研究，推广先进、实用的母婴保健技术，普及母婴保健科学知识。

第六条　【奖励】对在母婴保健工作中做出显著成绩和在母婴保健科学研究中取得显著成果的组织和个人，应当给予奖励。

第二章　婚 前 保 健

第七条　【婚前保健服务】医疗保健机构应当为公民提供婚前保健服务。

婚前保健服务包括下列内容：

（一）婚前卫生指导：关于性卫生知识、生育知识和遗传病知识的教育；

（二）婚前卫生咨询：对有关婚配、生育保健等问题提供医学意见；

（三）婚前医学检查：对准备结婚的男女双方可能患影响结婚和生育的疾病进行医学检查。

第八条　【疾病检查】婚前医学检查包括对下列疾病的检查：

（一）严重遗传性疾病；

（二）指定传染病；

（三）有关精神病。

经婚前医学检查，医疗保健机构应当出具婚前医学检查证明。

第九条　【暂缓结婚】经婚前医学检查，对患指定传染病在传染期内或者有关精神病在发病期内的，医师应当提出医学意见；准备结婚的男女双方应当暂缓结婚。

第十条　【不宜生育】经婚前医学检查，对诊断患医学上认为不宜生育的严重遗传性疾病的，医师应当向男女双方说明情况，提出医学意见；经男女双方同意，采取长效避孕措施或者施行结扎手术后不生育的，可以结婚。但《中华人民共和国婚姻法》规定禁止结婚的除外。

第十一条　【医学技术鉴定】接受婚前医学检查的人员对检查结果持有异议的，可以申请医学技术鉴定，取得医学鉴定证明。

第十二条　【结婚登记】男女双方在结婚登记时，应当持有婚前医学检查证明或者医学鉴定证明。

第十三条　【实施办法】省、自治区、直辖市人民政府根据本地区的实际情况，制定婚前医学检查制度实施办法。

省、自治区、直辖市人民政府对婚前医学检查应当规定合理的收费标准，对边远贫困地区或者交费确有困难的人员应当给予减免。

第三章　孕产期保健

第十四条　【孕产期保健服务内容】医疗保健机构应当为育龄妇女和孕产妇提供孕产期保健服务。

孕产期保健服务包括下列内容：

（一）母婴保健指导：对孕育健康后代以及严重遗传性疾病和碘缺乏病等地方病的发病原因、治疗和预防方法提供医学意见；

（二）孕妇、产妇保健：为孕妇、产妇提供卫生、营养、心理等方面的咨询和指导以及产前定期检查等医疗保健服务；

（三）胎儿保健：为胎儿生长发育进行监护，提供咨询和医学指导；

（四）新生儿保健：为新生儿生长发育、哺乳和护理提供医疗保健服务。

第十五条　【医学指导】对患严重疾病或者接触致畸物质，妊娠可能危及孕妇生命安全或者可能严重影响孕妇健康和胎儿正常发育的，医疗保健机构应当予以医学指导。

第十六条　【医学意见】医师发现或者怀疑患严重遗传性疾病的育龄夫妻，应当提出医学意见，育龄夫妻应当根据医师的医学意见采取相应的措施。

第十七条　【胎儿异常】经产前检查，医师发现或者怀疑胎儿异常的，应当对孕妇进行产前诊断。

第十八条　【终止妊娠】经产前诊断，有下列情形之一的，医师应当向夫妻双方说明情况，并提出终止妊娠的医学意见：

（一）胎儿患严重遗传性疾病的；

（二）胎儿有严重缺陷的；

（三）因患严重疾病，继续妊娠可能危及孕妇生命安全或者严重危害孕妇健康的。

第十九条　【终止妊娠和结扎手术】依照本法规定施行终止妊娠或者结扎手术，应当经本人同意，并签署意见。本人无行为能力的，应当经其监护人同意，并签署意见。

依照本法规定施行终止妊娠或者结扎手术的，接受免费服务。

第二十条　【医学检查】生育过严重缺陷患儿的妇女再次妊娠前，夫妻双方应当到县级以上医疗保健机构接受医学检查。

第二十一条　【产伤预防】医师和助产人员应当严格遵守有关操作规程，提高助产技术和服务质量，预防和减少产伤。

第二十二条　【不住院分娩】不能住院分娩的孕妇应当由经过培训、具备相应接生能力的接生人员实行消毒接生。

第二十三条　【家庭接生】医疗保健机构和从事家庭接生的人员按照国务院卫生行政部门的规定，出具统一制发的新生儿出生医学证明；有产妇和婴儿死亡以及新生儿出生缺陷情况的，应当向卫生行政部门报告。

第二十四条　【育儿指导】医疗保健机构为产妇提供科学育儿、合理营养和母乳喂养的指导。

医疗保健机构对婴儿进行体格检查和预防接种，逐步开展新生儿疾病筛查、婴儿多发病和常见病防治等医疗保健服务。

第四章　技术鉴定

第二十五条　【鉴定组织和对象】县级以上地方人民政府可以设立医学技术鉴定组织，负责对婚前医学检查、遗传病诊断和产前诊断结果有异议的进行医学技术鉴定。

第二十六条　【鉴定人员】从事医学技术鉴定的人员，必须具有临床经验和医学遗传学知识，并具有主治医师以上的专业技术职务。

医学技术鉴定组织的组成人员，由卫生行政部门提名，同级人民政府聘任。

第二十七条　【回避】医学技术鉴定实行回避制度。凡与当事人有利害关系，可能影响公正鉴定的人员，应当回避。

第五章　行政管理

第二十八条　【政府职责】各级人民政府应当采取措施，加强母婴保健工作，提高医疗保健服务水平，积极防治由环境因素所致严重危害母亲和婴儿健康的地方性高发性疾病，促进母婴保健事业的发展。

第二十九条　【管理机关】县级以上地方人民政府卫生行政部门管理本行政区域内的母婴保健工作。

第三十条　【监测和技术指导机构】省、自治区、直辖市人民政府卫生行政部门指定的医疗保健机构负责本行政区域内的母婴保健监测和技术指导。

第三十一条 【医疗保健机构职责】医疗保健机构按照国务院卫生行政部门的规定,负责其职责范围内的母婴保健工作,建立医疗保健工作规范,提高医学技术水平,采取各种措施方便人民群众,做好母婴保健服务工作。

第三十二条 【技术标准】医疗保健机构依照本法规定开展婚前医学检查、遗传病诊断、产前诊断以及施行结扎手术和终止妊娠手术的,必须符合国务院卫生行政部门规定的条件和技术标准,并经县级以上地方人民政府卫生行政部门许可。

严禁采用技术手段对胎儿进行性别鉴定,但医学上确有需要的除外。

第三十三条 【合格证书制度】从事本法规定的遗传病诊断、产前诊断的人员,必须经过省、自治区、直辖市人民政府卫生行政部门的考核,并取得相应的合格证书。

从事本法规定的婚前医学检查、施行结扎手术和终止妊娠手术的人员,必须经过县级以上地方人民政府卫生行政部门的考核,并取得相应的合格证书。

第三十四条 【保密】从事母婴保健工作的人员应当严格遵守职业道德,为当事人保守秘密。

第六章 法律责任

第三十五条 【无证从业行为】未取得国家颁发的有关合格证书的,有下列行为之一,县级以上地方人民政府卫生行政部门应当予以制止,并可以根据情节给予警告或者处以罚款:

(一)从事婚前医学检查、遗传病诊断、产前诊断或者医学技术鉴定的;

(二)施行终止妊娠手术的;

(三)出具本法规定的有关医学证明的。

上款第(三)项出具的有关医学证明无效。

第三十六条 【刑事责任对象】未取得国家颁发的有关合格证书,施行终止妊娠手术或者采取其他方法终止妊娠,致人死亡、残疾、丧失或者基本丧失劳动能力的,依照刑法有关规定追究刑事责任。

第三十七条 【执业人员违法】从事母婴保健工作的人员违反本法规定,出具有关虚假医学证明或者进行胎儿性别鉴定的,由医疗保健机构或者卫生行政部门根据情节给予行政处分;情节严重的,依法取消执业资格。

第七章 附 则

第三十八条 【专门用语含义】本法下列用语的含义:

指定传染病,是指《中华人民共和国传染病防治法》中规定的艾滋病、淋病、梅毒、麻疯病以及医学上认为影响结婚和生育的其他传染病。

严重遗传性疾病,是指由于遗传因素先天形成,患者全部或者部分丧失自主生活能力,后代再现风险高,医学上认为不宜生育的遗传性疾病。

有关精神病,是指精神分裂症、躁狂抑郁型精神病以及其他重型精神病。

产前诊断,是指对胎儿进行先天性缺陷和遗传性疾病的诊断。

第三十九条 【施行日期】本法自1995年6月1日起施行。

中华人民共和国
母婴保健法实施办法

1. 2001年6月20日国务院令第308号公布

2. 根据2017年11月17日国务院令第690号《关于修改部分行政法规的决定》第一次修订

3. 根据2022年3月29日国务院令第752号《关于修改和废止部分行政法规的决定》第二次修订

3. 根据2023年7月20日国务院令第764号《关于修改和废止部分行政法规的决定》第三次修订

第一章 总 则

第一条 根据《中华人民共和国母婴保健法》(以下简称母婴保健法),制定本办法。

第二条 在中华人民共和国境内从事母婴保健服务活动的机构及其人员应当遵守母婴保健法和本办法。

第三条 母婴保健技术服务主要包括下列事项:

(一)有关母婴保健的科普宣传、教育和咨询;

(二)婚前医学检查;

(三)产前诊断和遗传病诊断;

(四)助产技术;

(五)实施医学上需要的节育手术;

(六)新生儿疾病筛查;

(七)有关生育、节育、不育的其他生殖保健服务。

第四条 公民享有母婴保健的知情选择权。国家保障公民获得适宜的母婴保健服务的权利。

第五条 母婴保健工作以保健为中心,以保障生殖健康为目的,实行保健和临床相结合,面向群体、面向基层和预防为主的方针。

第六条 各级人民政府应当将母婴保健工作纳入本级国民经济和社会发展计划,为母婴保健事业的发展提供必要的经济、技术和物质条件,并对少数民族地区、贫困地区的母婴保健事业给予特殊支持。

县级以上地方人民政府根据本地区的实际情况和需要,可以设立母婴保健事业发展专项资金。

第七条 国务院卫生行政部门主管全国母婴保健工作,履行下列职责:

(一)制定母婴保健法及本办法的配套规章和技术规范;

(二)按照分级分类指导的原则,制定全国母婴保健工作发展规划和实施步骤;

(三)组织推广母婴保健及其他生殖健康的适宜技术;

(四)对母婴保健工作实施监督。

第八条 县级以上各级人民政府财政、公安、民政、教育、人力资源社会保障等部门应当在各自职责范围内,配合同级卫生行政部门做好母婴保健工作。

第二章 婚前保健

第九条 母婴保健法第七条所称婚前卫生指导,包括下列事项:

(一)有关性卫生的保健和教育;

(二)新婚避孕知识及计划生育指导;

(三)受孕前的准备、环境和疾病对后代影响等孕前保健知识;

(四)遗传病的基本知识;

(五)影响婚育的有关疾病的基本知识;

(六)其他生殖健康知识。

医师进行婚前卫生咨询时,应当为服务对象提供科学的信息,对可能产生的后果进行指导,并提出适当的建议。

第十条 在实行婚前医学检查的地区,准备结婚的男女双方在办理结婚登记前,应当到医疗、保健机构进行婚前医学检查。

第十一条 从事婚前医学检查的医疗、保健机构,由其所在地县级人民政府卫生行政部门进行审查;符合条件的,在其《医疗机构执业许可证》上注明。

第十二条 申请从事婚前医学检查的医疗、保健机构应当具备下列条件:

(一)分别设置专用的男、女婚前医学检查室,配备常规检查和专科检查设备;

(二)设置婚前生殖健康宣传教育室;

(三)具有符合条件的进行男、女婚前医学检查的执业医师。

第十三条 婚前医学检查包括询问病史、体格及相关检查。

婚前医学检查应当遵守婚前保健工作规范并按照婚前医学检查项目进行。婚前保健工作规范和婚前医学检查项目由国务院卫生行政部门规定。

第十四条 经婚前医学检查,医疗、保健机构应当向接受婚前医学检查的当事人出具婚前医学检查证明。

婚前医学检查证明应当列明是否发现下列疾病:

(一)在传染期内的指定传染病;

(二)在发病期内的有关精神病;

(三)不宜生育的严重遗传性疾病;

(四)医学上认为不宜结婚的其他疾病。

发现前款第(一)项、第(二)项、第(三)项疾病的,医师应当向当事人说明情况,提出预防、治疗以及采取相应医学措施的建议。当事人依据医生的医学意见,可以暂缓结婚,也可以自愿采用长效避孕措施或者结扎手术;医疗、保健机构应当为其治疗提供医学咨询和医疗服务。

第十五条 经婚前医学检查,医疗、保健机构不能确诊的,应当转到设区的市级以上人民政府卫生行政部门指定的医疗、保健机构确诊。

第十六条 在实行婚前医学检查的地区,婚姻登记机关在办理结婚登记时,应当查验婚前医学检查证明或者母婴保健法第十一条规定的医学鉴定证明。

第三章 孕产期保健

第十七条 医疗、保健机构应当为育龄妇女提供有关避孕、节育、生育、不育和生殖健康的咨询和医疗保健服务。

医师发现或者怀疑育龄夫妻患有严重遗传性疾病的,应当提出医学意见;限于现有医疗技术水平难以确诊的,应当向当事人说明情况。育龄夫妻可以选择避孕、节育、不孕等相应的医学措施。

第十八条　医疗、保健机构应当为孕产妇提供下列医疗保健服务：

（一）为孕产妇建立保健手册（卡），定期进行产前检查；

（二）为孕产妇提供卫生、营养、心理等方面的医学指导与咨询；

（三）对高危孕妇进行重点监护、随访和医疗保健服务；

（四）为孕产妇提供安全分娩技术服务；

（五）定期进行产后访视，指导产妇科学喂养婴儿；

（六）提供避孕咨询指导和技术服务；

（七）对产妇及其家属进行生殖健康教育和科学育儿知识教育；

（八）其他孕产期保健服务。

第十九条　医疗、保健机构发现孕妇患有下列严重疾病或者接触物理、化学、生物等有毒、有害因素，可能危及孕妇生命安全或者可能严重影响孕妇健康和胎儿正常发育的，应当对孕妇进行医学指导和下列必要的医学检查：

（一）严重的妊娠合并症或者并发症；

（二）严重的精神性疾病；

（三）国务院卫生行政部门规定的严重影响生育的其他疾病。

第二十条　孕妇有下列情形之一的，医师应当对其进行产前诊断：

（一）羊水过多或者过少的；

（二）胎儿发育异常或者胎儿有可疑畸形的；

（三）孕早期接触过可能导致胎儿先天缺陷的物质的；

（四）有遗传病家族史或者曾经分娩过先天性严重缺陷婴儿的；

（五）初产妇年龄超过35周岁的。

第二十一条　母婴保健法第十八条规定的胎儿的严重遗传性疾病、胎儿的严重缺陷、孕妇患继续妊娠可能危及其生命健康和安全的严重疾病目录，由国务院卫生行政部门规定。

第二十二条　生育过严重遗传性疾病或者严重缺陷患儿的，再次妊娠前，夫妻双方应当按照国家有关规定到医疗、保健机构进行医学检查。医疗、保健机构应当向当事人介绍有关遗传性疾病的知识，给予咨询、指导。对诊断患有医学上认为不宜生育的严重遗传性疾病的，医师应当向当事人说明情况，并提出医学意见。

第二十三条　严禁采用技术手段对胎儿进行性别鉴定。

对怀疑胎儿可能为伴性遗传病，需要进行性别鉴定的，由省、自治区、直辖市人民政府卫生行政部门指定的医疗、保健机构按照国务院卫生行政部门的规定进行鉴定。

第二十四条　国家提倡住院分娩。医疗、保健机构应当按照国务院卫生行政部门制定的技术操作规范，实施消毒接生和新生儿复苏，预防产伤及产后出血等产科并发症，降低孕产妇及围产儿发病率、死亡率。

没有条件住院分娩的，应当由经过培训、具备相应接生能力的家庭接生人员接生。

高危孕妇应当在医疗、保健机构住院分娩。

县级人民政府卫生行政部门应当加强对家庭接生人员的培训、技术指导和监督管理。

第四章　婴儿保健

第二十五条　医疗、保健机构应当按照国家有关规定开展新生儿先天性、遗传性代谢病筛查、诊断、治疗和监测。

第二十六条　医疗、保健机构应当按照规定进行新生儿访视，建立儿童保健手册（卡），定期对其进行健康检查，提供有关预防疾病、合理膳食、促进智力发育等科学知识，做好婴儿多发病、常见病防治等医疗保健服务。

第二十七条　医疗、保健机构应当按照规定的程序和项目对婴儿进行预防接种。

婴儿的监护人应当保证婴儿及时接受预防接种。

第二十八条　国家推行母乳喂养。医疗、保健机构应当为实施母乳喂养提供技术指导，为住院分娩的产妇提供必要的母乳喂养条件。

医疗、保健机构不得向孕产妇和婴儿家庭宣传、推荐母乳代用品。

第二十九条　母乳代用品产品包装标签应当在显著位置标明母乳喂养的优越性。

母乳代用品生产者、销售者不得向医疗、保健机构赠送产品样品或者以推销为目的有条件地提供设备、资金和资料。

第三十条　妇女享有国家规定的产假。有不满1周岁婴儿的妇女，所在单位应当在劳动时间内为其安排一定的哺乳时间。

第五章 技术鉴定

第三十一条 母婴保健医学技术鉴定委员会分为省、市、县三级。

母婴保健医学技术鉴定委员会成员应当符合下列任职条件：

（一）县级母婴保健医学技术鉴定委员会成员应当具有主治医师以上专业技术职务；

（二）设区的市级和省级母婴保健医学技术鉴定委员会成员应当具有副主任医师以上专业技术职务。

第三十二条 当事人对婚前医学检查、遗传病诊断、产前诊断结果有异议，需要进一步确诊的，可以自接到检查或者诊断结果之日起15日内向所在地县级或者设区的市级母婴保健医学技术鉴定委员会提出书面鉴定申请。

母婴保健医学技术鉴定委员会应当自接到鉴定申请之日起30日内作出医学技术鉴定意见，并及时通知当事人。

当事人对鉴定意见有异议的，可以自接到鉴定意见通知书之日起15日内向上一级母婴保健医学技术鉴定委员会申请再鉴定。

第三十三条 母婴保健医学技术鉴定委员会进行医学鉴定时须有5名以上相关专业医学技术鉴定委员会成员参加。

鉴定委员会成员应当在鉴定结论上署名；不同意见应当如实记录。鉴定委员会根据鉴定结论向当事人出具鉴定意见书。

母婴保健医学技术鉴定管理办法由国务院卫生行政部门制定。

第六章 监督管理

第三十四条 县级以上地方人民政府卫生行政部门负责本行政区域内的母婴保健监督管理工作，履行下列监督管理职责：

（一）依照母婴保健法和本办法以及国务院卫生行政部门规定的条件和技术标准，对从事母婴保健工作的机构和人员实施许可，并核发相应的许可证书；

（二）对母婴保健法和本办法的执行情况进行监督检查；

（三）对违反母婴保健法和本办法的行为，依法给予行政处罚；

（四）负责母婴保健工作监督管理的其他事项。

第三十五条 从事遗传病诊断、产前诊断的医疗、保健机构和人员，须经省、自治区、直辖市人民政府卫生行政部门许可；但是，从事产前诊断中产前筛查的医疗、保健机构，须经县级人民政府卫生行政部门许可。

从事婚前医学检查的医疗、保健机构和人员，须经县级人民政府卫生行政部门许可。

从事助产技术服务、结扎手术和终止妊娠手术的医疗、保健机构和人员，须经县级人民政府卫生行政部门许可，并取得相应的合格证书。

第三十六条 卫生监督人员在执行职务时，应当出示证件。

卫生监督人员可以向医疗、保健机构了解情况，索取必要的资料，对母婴保健工作进行监督、检查，医疗、保健机构不得拒绝和隐瞒。

卫生监督人员对医疗、保健机构提供的技术资料负有保密的义务。

第三十七条 医疗、保健机构应当根据其从事的业务，配备相应的人员和医疗设备，对从事母婴保健工作的人员加强岗位业务培训和职业道德教育，并定期对其进行检查、考核。

医师和助产人员（包括家庭接生人员）应当严格遵守有关技术操作规范，认真填写各项记录，提高助产技术和服务质量。

助产人员的管理，按照国务院卫生行政部门的规定执行。

从事母婴保健工作的执业医师应当依照母婴保健法的规定取得相应的资格。

第三十八条 医疗、保健机构应当按照国务院卫生行政部门的规定，对托幼园、所卫生保健工作进行业务指导。

第三十九条 国家建立孕产妇死亡、婴儿死亡和新生儿出生缺陷监测、报告制度。

第七章 罚 则

第四十条 医疗、保健机构或者人员未取得母婴保健技术许可，擅自从事婚前医学检查、遗传病诊断、产前诊断、终止妊娠手术和医学技术鉴定或者出具有关医学证明的，由卫生行政部门给予警告，责令停止违法行为，没收违法所得；违法所得5000元以上的，并处违法所得3倍以上5倍以下的罚款；没有违法所得或者违法所得不足5000元的，并处5000元以上2万元以下的罚款。

第四十一条　从事母婴保健技术服务的人员出具虚假医学证明文件的,依法给予行政处分;有下列情形之一的,由原发证部门撤销相应的母婴保健技术执业资格或者医师执业证书:

（一）因延误诊治,造成严重后果的;

（二）给当事人身心健康造成严重后果的;

（三）造成其他严重后果的。

第四十二条　违反本办法规定进行胎儿性别鉴定的,由卫生行政部门给予警告,责令停止违法行为;对医疗、保健机构直接负责的主管人员和其他直接责任人员,依法给予行政处分。进行胎儿性别鉴定两次以上的或者以营利为目的进行胎儿性别鉴定的,并由原发证机关撤销相应的母婴保健技术执业资格或者医师执业证书。

第八章　附　　则

第四十三条　婚前医学检查证明的格式由国务院卫生行政部门规定。

第四十四条　母婴保健法及本办法所称的医疗、保健机构,是指依照《医疗机构管理条例》取得卫生行政部门医疗机构执业许可的各级各类医疗机构。

第四十五条　本办法自公布之日起施行。

母婴保健专项技术服务许可及人员资格管理办法

1. 1995年8月7日卫妇发〔1995〕第7号公布

2. 根据2019年2月28日《国家卫生健康委关于修改〈职业健康检查管理办法〉等4件部门规章的决定》第一次修订

3. 根据2021年1月8日《国家卫生健康委关于修改和废止〈母婴保健专项技术服务许可及人员资格管理办法〉等3件部门规章的决定》第二次修订

第一条　根据《中华人民共和国母婴保健法》第三十二条、第三十三条和《中华人民共和国母婴保健法实施办法》第三十五条的规定制定本办法。

第二条　凡开展《中华人民共和国母婴保健法》及其实施办法规定的婚前医学检查、遗传病诊断、产前诊断、施行助产技术、结扎手术和终止妊娠手术技术服务的医疗保健机构,必须符合本办法规定的条件,经卫生健康主管部门审查批准,取得《母婴保健技术服务执业许可证》。

第三条　施行助产技术、结扎手术、终止妊娠手术的机构和人员的审批,由县级卫生健康主管部门负责;开展婚前医学检查的机构和人员的审批,由设区的市级卫生健康主管部门负责;开展遗传病诊断、产前诊断的机构和人员的审批,由省级卫生健康主管部门负责。

第四条　申请开展婚前医学检查、遗传病诊断、产前诊断以及施行助产技术、结扎手术、终止妊娠手术的医疗保健机构,必须同时具备下列条件:

（一）符合当地医疗保健机构设置规划;

（二）取得《医疗机构执业许可证》;

（三）符合母婴保健专项技术服务基本标准;

（四）法律法规规章规定的其他条件。

第五条　申请婚前医学检查、遗传病诊断、产前诊断以及施行助产技术、结扎手术、终止妊娠手术许可的医疗保健机构,必须向审批机关提交《母婴保健技术服务执业许可申请登记书》并交验下列材料:

（一）《医疗机构执业许可证》及其副本;

（二）有关医师的《母婴保健技术考核合格证书》或者加注母婴保健技术考核合格及技术类别的《医师执业证书》;

（三）可行性报告;

（四）与拟开展母婴保健专项技术相应的技术、设备条件及人员配备情况;

（五）开展母婴保健专项技术的规章制度;

（六）法律法规规章规定的其他材料。

第六条　审批机关受理申请后,应当在45日内,按照本办法规定的条件及母婴保健专项技术服务基本标准进行审查和核实。经审核合格的,发给《母婴保健技术服务执业许可证》;审核不合格的,将审核结果和理由以书面形式通知申请人。

第七条　《母婴保健技术服务执业许可证》每3年校验1次,校验由原登记机关办理。

第八条　申请变更《母婴保健技术服务执业许可证》的许可项目的,应当依照本办法规定的程序重新报批。

第九条　医疗保健机构应当把《母婴保健技术服务执业许可证》悬挂在明显处所。

第十条　凡从事《中华人民共和国母婴保健法》及其实施办法规定的婚前医学检查、遗传病诊断、产前诊断以及施行助产技术、结扎手术、终止妊娠手术技术服务的人员，必须符合母婴保健专项技术服务基本标准的有关规定，经考核合格，取得《母婴保健技术考核合格证书》或者在《医师执业证书》上加注母婴保健技术考核合格及技术类别。

第十一条 从事遗传病诊断、产前诊断技术服务人员的资格考核，由省级卫生健康主管部门负责；从事婚前医学检查技术服务人员的资格考核，由设区的市级卫生健康主管部门负责；从事助产技术、结扎手术和终止妊娠手术技术服务人员的资格考核，由县级卫生健康主管部门负责。

母婴保健技术人员资格考核内容由国家卫生健康委规定。

第十二条 母婴保健技术人员资格考核办法由各省、自治区、直辖市卫生健康主管部门规定。

第十三条 经考核合格，具备母婴保健技术服务相应资格的卫生技术人员，不得私自或者在未取得《母婴保健技术服务执业许可证》的机构中开展母婴保健专项技术服务。

第十四条 《母婴保健技术服务执业许可证》和《母婴保健技术考核合格证书》应当妥善保管，不得出借或者涂改，禁止伪造、变造、盗用以及买卖。

第十五条 《母婴保健技术服务执业许可证》和《母婴保健技术考核合格证书》遗失后，应当及时报告原发证机关，并申请办理补发证书的手续。

第十六条 本办法实施前已经开展婚前医学检查、遗传病诊断、产前诊断以及施行结扎手术和终止妊娠手术的医疗保健机构，应当在本办法施行后的 6 个月内，按照本办法的规定补办审批手续。

第十七条 《母婴保健技术服务执业许可证》和《母婴保健技术考核合格证书》由国家卫生健康委统一印制。

第十八条 本办法由国家卫生健康委负责解释。

第十九条 本办法自发布之日起施行。

妇幼保健机构管理办法

1. 2006 年 12 月 19 日发布

2. 卫妇社发〔2006〕489 号

第一章 总 则

第一条 为加强妇幼保健机构的规范化管理，保障妇女儿童健康，提高出生人口素质，依据《母婴保健法》、《母婴保健法实施办法》、《医疗机构管理条例》等制定本办法。

第二条 各级妇幼保健机构是由政府举办，不以营利为目的，具有公共卫生性质的公益性事业单位，是为妇女儿童提供公共卫生和基本医疗服务的专业机构。

第三条 妇幼保健机构要遵循“以保健为中心，以保障生殖健康为目的，保健与临床相结合，面向群体、面向基层和预防为主”的妇幼卫生工作方针，坚持正确的发展方向。

第四条 卫生部负责全国妇幼保健机构的监督管理。县级以上地方人民政府卫生行政部门负责本行政区域内妇幼保健机构的规划和监督管理。

第二章 功能与职责

第五条 妇幼保健机构应坚持以群体保健工作为基础，面向基层、预防为主，为妇女儿童提供健康教育、预防保健等公共卫生服务。在切实履行公共卫生职责的同时，开展与妇女儿童健康密切相关的基本医疗服务。

第六条 妇幼保健机构提供以下公共卫生服务：

（一）完成各级政府和卫生行政部门下达的指令性任务。

（二）掌握本辖区妇女儿童健康状况及影响因素，协助卫生行政部门制定本辖区妇幼卫生工作的相关政策、技术规范及各项规章制度。

（三）受卫生行政部门委托对本辖区各级各类医疗保健机构开展的妇幼卫生服务进行检查、考核与评价。

（四）负责指导和开展本辖区的妇幼保健健康教育与健康促进工作；组织实施本辖区母婴保健技术培训，对基层医疗保健机构开展业务指导，并提供技术支持。

（五）负责本辖区孕产妇死亡、婴儿及 5 岁以下儿童死亡、出生缺陷监测、妇幼卫生服务及技术管理等信息的收集、统计、分析、质量控制和汇总上报。

（六）开展妇女保健服务，包括青春期保健、婚前和孕前保健、孕产期保健、更年期保健、老年期保健。重点加强心理卫生咨询、营养指导、计划生育技术服务、生殖道感染/性传播疾病等妇女常见病防治。

（七）开展儿童保健服务，包括胎儿期、新生儿期、婴幼儿期、学龄前期及学龄期保健，受卫生行政部门委托对托幼园所卫生保健进行管理和业务指导。重点加强儿童早期综合发展、营养与喂养指导、生长发育监测、心理行为咨询、儿童疾病综合管理等儿童保健服务。

（八）开展妇幼卫生、生殖健康的应用性科学研究并组织推广适宜技术。

第七条　妇幼保健机构提供以下基本医疗服务，包括妇女儿童常见疾病诊治、计划生育技术服务、产前筛查、新生儿疾病筛查、助产技术服务等，根据需要和条件，开展产前诊断、产科并发症处理、新生儿危重症抢救和治疗等。

第三章　机构设置

第八条　妇幼保健机构由政府设置，分省、市（地）、县三级。上级妇幼保健机构应承担对下级机构的技术指导、培训和检查等职责，协助下级机构开展技术服务。设区的市（地）级和县（区）级妇幼保健机构的变动应征求省级卫生行政部门的意见。不得以租赁、买卖等形式改变妇幼保健机构所有权性质，保持妇幼保健机构的稳定。

第九条　妇幼保健机构应根据所承担的任务和职责设置内部科室。保健科室包括妇女保健科、儿童保健科、生殖健康科、健康教育科、信息管理科等。临床科室包括妇科、产科、儿科、新生儿科、计划生育科等，以及医学检验科、医学影像科等医技科室。各地可根据实际工作需要增加或细化科室设置，原则上应与其所承担的公共卫生职责和基本医疗服务相适应。

第十条　妇幼保健院（所、站）是各级妇幼保健机构的专有名称，原则上不能同时使用两个或两个以上名称，社会力量举办的医疗机构不得使用该名称。

第十一条　各级妇幼保健机构应具备与其职责任务相适应的基础设施、基本设备和服务能力。

第十二条　各级妇幼保健机构应根据《母婴保健法》、《母婴保健法实施办法》、《医疗机构管理条例》等相关法律法规进行设置审批和执业登记。从事婚前保健、产前诊断和遗传病诊断、助产技术、终止妊娠和结扎手术的妇幼保健机构要依法取得《母婴保健技术服务执业许可证》。

第四章　人员配备与管理

第十三条　妇幼保健机构人员编制按《各级妇幼保健机构编制标准》落实。一般按人口的1:10,000配备，地广人稀、交通不便的地区和大城市按人口的1:5,000配备；人口稠密的地区按1:15,000配备。保健人员配备要求：省（自治区、直辖市）级121－160人，市（地）级61－90人，县（区）级41－70人。临床人员按设立床位数，以1:1.7安排编制。卫生技术人员占总人数的75%－80%。

第十四条　妇幼保健机构的专业技术人员须掌握母婴保健法律法规，具有法定执业资格。从事婚前保健、产前诊断和遗传病诊断、助产技术、终止妊娠和结扎手术服务的人员必须取得相应的《母婴保健技术考核合格证书》。

第十五条　妇幼保健机构要建立健全培训制度，应采取多种方式进行岗位培训和继续医学教育，对专业技术人员参加学历教育、进修学习、短期培训班、学术活动等给予支持。要积极创造条件，吸引高素质人才。

第十六条　妇幼保健机构应按照工作需要和精简效能的原则，建立专业人员聘用制度，引入竞争机制，严格岗位管理，实行绩效考核。

第五章　制度建设

第十七条　各级妇幼保健机构应建立健全以下规章制度：

（一）公共卫生服务管理制度，包括基层业务指导、人员培训、工作例会、妇幼卫生信息管理、孕产妇死亡评审、婴儿及5岁以下儿童死亡评审、妇幼保健工作质量定期检查、托幼机构卫生保健管理和健康教育等制度。

（二）基本医疗管理制度按照临床医疗质量管理制度执行。

各级妇幼保健机构应根据工作开展情况不断健全、完善、细化其他规章制度。

第十八条　各级妇幼保健机构必须严格执行国家价格政策，向社会公开收费项目和标准。

第六章　保障措施

第十九条　各级人民政府按照《母婴保健法》中设立母婴保健专项资金和发展妇幼卫生事业的要求，落实妇幼卫生工作经费，逐年增加对妇幼卫生事业的投入，对各级妇幼保健机构基础设施建设给予支持。

第二十条　各级妇幼保健机构向社会提供公共卫生服务所需的人员经费、公务费、培训费、健康教育费、业务费按照财政部、国家发展改革委、卫生部《关于卫生事业补助政策的意见》（财社〔2000〕17号）的规定，由同级财政预算，按标准定额落实。根据实际工作需要，合理安排业务经费，保证各项工作的正常运行。

第二十一条 为了保持妇幼保健队伍的稳定，对从事群体妇幼保健的工作人员根据工作任务与绩效考核结果给予补助。可实行岗位津贴制度，岗位津贴标准应高于本机构卫生专业技术人员的岗位津贴平均水平。对长期在妇幼保健机构从事群体保健工作的专业技术人员的职称晋升，坚持以业绩为主的原则，给予适当政策倾斜。

第二十二条 根据财政部、国家发展改革委、卫生部《关于农村卫生事业补助政策的若干意见》（财社〔2003〕14号）的规定，各级人民政府对农村卫生财政补助范围包括：疾病控制、妇幼保健、卫生监督和健康教育等公共卫生工作，必要的医疗服务，卫生事业发展建设。农村公共卫生经费主要实行项目管理。县级卫生部门按照国家确定的农村公共卫生服务基本项目及要求，合理确定项目实施所需的人员经费和业务经费。人员经费按照工作量核定，业务经费按照开展项目工作必需的材料、仪器、药品、交通、水电消耗等成本因素核定。目前不具备项目管理条件的地区和不适合按项目管理的工作，可以按照定员定额和项目管理相结合的方法核定公共卫生经费。

第二十三条 各级人民政府建立健全妇幼卫生的专项救助制度，加大对贫困孕产妇和儿童的医疗救助力度，实现救助与医疗保险及新型农村合作医疗相衔接。

第七章 监督管理

第二十四条 加强妇幼保健机构的规范化建设，严格遵守国家有关法律、法规、规章、诊疗常规和技术规范。加强对医务人员的教育和监管，实施全面质量管理。

第二十五条 各级卫生行政部门负责对同级妇幼保健机构实施监督与管理，建立健全妇幼保健机构评估和监督考核制度，定期进行监督评估和信息公示。

第二十六条 应建立社会民主监督制度，定期收集社会各界的意见和建议，并将服务对象的满意度作为考核妇幼保健机构和从业人员业绩的评定标准之一。

第二十七条 各级妇幼保健机构应接受卫生行政部门的监督管理与评估，同时应接受上级妇幼保健机构的业务指导与评价。

第八章 附 则

第二十八条 各省、自治区、直辖市根据本办法，结合本地实际，制定具体实施细则。

第二十九条 本办法由卫生部负责解释。

第三十条 本办法自发布之日起施行。

婚前保健工作规范（修订）

1. 2002年6月17日卫生部发布

2. 卫基妇发〔2002〕147号

为向公民提供优质保健服务，提高生活质量和出生人口素质，根据《中华人民共和国母婴保健法》（以下简称《母婴保健法》）、《中华人民共和国母婴保健法实施办法》及相关法律、法规，制定婚前保健工作规范。

一、婚前保健服务内容

婚前保健服务是对准备结婚的男女双方，在结婚登记前所进行的婚前医学检查、婚前卫生指导和婚前卫生咨询服务。

（一）婚前医学检查

婚前医学检查是对准备结婚的男女双方可能患影响结婚和生育的疾病进行的医学检查。

1. 婚前医学检查项目包括询问病史，体格检查，常规辅助检查和其他特殊检查。

检查女性生殖器官时应做肛门腹壁双合诊，如需做阴道检查，须征得本人或家属同意后进行。除处女膜发育异常外，严禁对其完整性进行描述。对可疑发育异常者，应慎重诊断。

常规辅助检查应进行胸部透视，血常规、尿常规、梅毒筛查，血转氨酶和乙肝表面抗原检测、女性阴道分泌物滴虫、霉菌检查。

其他特殊检查，如乙型肝炎血清学标志检测、淋病、艾滋病、支原体和衣原体检查、精液常规、B型超声、乳腺、染色体检查等，应根据需要或自愿原则确定。

2. 婚前医学检查的主要疾病

（1）严重遗传性疾病：由于遗传因素先天形成，患者全部或部分丧失自主生活能力，子代再现风险高，医学上认为不宜生育的疾病。

（2）指定传染病：《中华人民共和国传染病防治

法》中规定的艾滋病、淋病、梅毒以及医学上认为影响结婚和生育的其他传染病。

(3)有关精神病:精神分裂症、躁狂抑郁型精神病以及其他重型精神病。

(4)其他与婚育有关的疾病,如重要脏器疾病和生殖系统疾病等。

3. 婚前医学检查的转诊

婚前医学检查实行逐级转诊制度。对不能确诊的疑难病症,应由原婚前医学检查单位填写统一的转诊单,转至设区的市级以上人民政府卫生行政部门指定的医疗保健机构进行确诊。该机构应将确诊结果和检测报告反馈给原婚前医学检查单位。原婚前医学检查单位应根据确诊结果填写《婚前医学检查证明》,并保留原始资料。

对婚前医学检查结果有异议的,可申请母婴保健技术鉴定。

4. 医学意见

婚前医学检查单位应向接受婚前医学检查的当事人出具《婚前医学检查证明》,并在"医学意见"栏内注明:

(1)双方为直系血亲、三代以内旁系血亲关系,以及医学上认为不宜结婚的疾病,如发现一方或双方患有重度、极重度智力低下,不具有婚姻意识能力;重型精神病,在病情发作期有攻击危害行为的,注明"建议不宜结婚"。

(2)发现医学上认为不宜生育的严重遗传性疾病或其他重要脏器疾病,以及医学上认为不宜生育的疾病的,注明"建议不宜生育"。

(3)发现指定传染病在传染期内、有关精神病在发病期内或其他医学上认为应暂缓结婚的疾病时,注明"建议暂缓结婚";对于婚检发现的可能会终生传染的不在发病期的传染病患者或病原体携带者,在出具婚前检查医学意见时,应向受检者说明情况,提出预防、治疗及采取其他医学措施的意见。若受检者坚持结婚,应充分尊重受检双方的意愿,注明"建议采取医学措施,尊重受检者意愿"。

(4)未发现前款第(1)、(2)、(3)类情况,为婚检时法定允许结婚的情形,注明"未发现医学上不宜结婚的情形"。

在出具任何一种医学意见时,婚检医师应当向当事人说明情况,并进行指导。

(二)婚前卫生指导

婚前卫生指导是对准备结婚的男女双方进行的以生殖健康为核心,与结婚和生育有关的保健知识的宣传教育。

1. 婚前卫生指导内容

(1)有关性保健和性教育

(2)新婚避孕知识及计划生育指导

(3)受孕前的准备、环境和疾病对后代影响等孕前保健知识

(4)遗传病的基本知识

(5)影响婚育的有关疾病的基本知识

(6)其他生殖健康知识

2. 婚前卫生指导方法

由省级妇幼保健机构根据婚前卫生指导的内容,制定宣传教育材料。婚前保健机构通过多种方法系统地为服务对象进行婚前生殖健康教育,并向婚检对象提供婚前保健宣传资料。宣教时间不少于 40 分钟,并进行效果评估。

(三)婚前卫生咨询

婚检医师应针对医学检查结果发现的异常情况以及服务对象提出的具体问题进行解答、交换意见、提供信息,帮助受检对象在知情的基础上作出适宜的决定。医师在提出"不宜结婚"、"不宜生育"和"暂缓结婚"等医学意见时,应充分尊重服务对象的意愿,耐心、细致地讲明科学道理,对可能产生的后果给予重点解释,并由受检双方在体检表上签署知情意见。

二、婚前保健服务机构及人员的管理

(一)婚前医学检查机构与人员的审批

1. 从事婚前医学检查的机构,必须是取得《医疗机构执业许可证》的医疗、保健机构,并经其所在地设区的地(市)级卫生行政部门审查,取得《母婴保健技术服务执业许可证》。在其《医疗机构执业许可证》副本上须予以注明。设立婚前医学检查机构,应当方便公民。

从事外国人、港澳台居民和居住在国外的中国公民婚前医学检查的医疗、保健机构,应为具备条件的省级医疗、保健机构。有特殊需要的,需征求省、自治区、直辖市卫生行政部门的意见,同意后可为设区的地(市)级、县级医疗保健机构。

2. 从事婚前医学检查的人员,必须取得《执业医师证书》和《母婴保健技术考核合格证书》。主检医

师必须取得主治医师以上技术职称。

（二）婚前保健服务机构基本标准

1. 应是县级以上医疗、保健机构。

2. 房屋要求：分别设置专用的男、女婚前医学检查室，有条件的地区设置专用综合检查室、婚前卫生宣传教育室和咨询室、检验室及其他相关辅助科室。

3. 设备要求：

（1）女婚检室：诊查床、听诊器、血压计、体重计、视力表、色谱仪、叩诊槌（如设有综合检查室，以上设备应放置在综合检查室）、妇科检查床、器械桌、妇科检查器械、手套、臀垫、化验用品、屏风、洗手池、污物桶、消毒物品等。

（2）男婚检室：听诊器、血压计、体重计、视力表、色谱仪、叩诊槌（如设有综合检查室，以上设备应放置在综合检查室）、诊查床、器械桌、睾丸和阴茎测量用具、手套、化验用品、屏风、洗手池、污物桶、消毒物品等。

（3）宣教室：有关生殖健康知识的挂图、模型、放像设备等宣教设施。

（4）咨询室：有男女生殖器官模型、图片等辅助教具及常用避孕药具等。

（5）具有开展常规及特殊检查项目的实验室及其他辅助检查设备。从事外国人、港澳台居民和居住在国外的中国公民婚前保健服务的医疗、保健机构应具备检测艾滋病病毒（HIV）的设备及其他条件。

4. 环境要求

婚前保健服务环境应严肃、整洁、安静、温馨，布局合理，方便群众，有利于保护服务对象的隐私，防止交叉感染。在明显位置悬挂《母婴保健技术服务执业许可证》、检查项目和收费标准。

（三）婚前保健服务人员的配备

婚前保健服务机构应根据实际需要，配备数量适宜、符合要求的男、女婚检医师、主检医师和注册护士，合格的检验人员和经过培训的健康教育人员。从事外国人、港澳台居民和居住在国外的中国公民婚前保健服务人员，要具备一定的外语水平。（婚前保健医师职责、婚前保健主检医师职责见后附件）

三、婚前保健服务工作的管理

婚前保健工作实行逐级管理制度。

省级、地市级妇幼保健机构协助卫生行政部门管理辖区内婚前保健工作，承担卫生行政部门交办的培训、技术指导等日常工作及其他工作。

婚前保健机构的主管领导和主检医师，负责本机构婚前保健服务的技术管理工作。

（一）服务质量管理

建立健全各项制度，开展人员培训、业务学习、疑难病例讨论和资料统计分析等活动；加强质量控制，提高疾病诊断和医学指导意见的准确率，服务对象对服务的满意率等。

（二）实验室质量管理

婚前医学检查中的常规检验项目，应按检验科规范的检验方法及质量控制标准进行。检验人员应严守操作规程，出具规范的检验报告。

（三）信息资料管理

1. 婚前保健信息资料由专人负责管理，定期统计、汇总，按卫生部常规统计报表要求，按时逐级上报，并做好信息反馈。

2. 婚前保健机构应建立"婚前医学检查登记本"、"婚前医学检查疾病登记和咨询指导记录本"、"婚前保健业务学习、讨论记录本"等原始本册，并根据记录，及时总结经验，查找问题。

3. 婚前医学检查表应妥善保存，对个人隐私保密。

（四）《婚前医学检查表》和《婚前医学检查证明》的管理

1.《婚前医学检查表》及《婚前医学检查证明》分"国内"和"外国人、港澳台居民和居住在国外的中国公民"两种。格式由卫生部统一规定，各省、自治区、直辖市卫生行政部门自行印制（表格样式见附件）。

2.《婚前医学检查表》是婚前医学检查的原始记录，是出具《婚前医学检查证明》的依据，应逐项完整、认真填写，并妥善管理。

《婚前医学检查证明》是法律规定的医学证明之一，其格式由卫生部统一规定，各省、自治区、直辖市卫生行政部门印制。由婚检医师填写，主检医师审核签名，婚检单位加盖婚前医学检查专用章（图章印模式样见附件）。

《婚前医学检查证明》分两联，存根联由婚前保健服务机构存档保存，另一联交受检者。男女双方在结婚登记时，须将《婚前医学检查证明》或《医学鉴定证明》交婚姻登记部门。

3.《婚前医学检查表》的保存同医疗机构住院病例，保存期一般不得少于30年。《婚前医学检查证明》的保存同医疗机构门诊病例，保存期一般不得少于15年。婚检机构应逐步以电子病例的方式保存《婚前医学检查表》和《婚前医学检查证明》。

附件：（略）

人类辅助生殖技术管理办法

1. 2001年2月20日卫生部令第14号发布
2. 自2001年8月1日起施行

第一章　总　　则

第一条　为保证人类辅助生殖技术安全、有效和健康发展，规范人类辅助生殖技术的应用和管理，保障人民健康，制定本办法。

第二条　本办法适用于开展人类辅助生殖技术的各类医疗机构。

第三条　人类辅助生殖技术的应用应当在医疗机构中进行，以医疗为目的，并符合国家计划生育政策、伦理原则和有关法律规定。

禁止以任何形式买卖配子、合子、胚胎。医疗机构和医务人员不得实施任何形式的代孕技术。

第四条　卫生部主管全国人类辅助生殖技术应用的监督管理工作。县级以上地方人民政府卫生行政部门负责本行政区域内人类辅助生殖技术的日常监督管理。

第二章　审　　批

第五条　卫生部根据区域卫生规划、医疗需求和技术条件等实际情况，制订人类辅助生殖技术应用规划。

第六条　申请开展人类辅助生殖技术的医疗机构应当符合下列条件：

（一）具有与开展技术相适应的卫生专业技术人员和其他专业技术人员；

（二）具有与开展技术相适应的技术和设备；

（三）设有医学伦理委员会；

（四）符合卫生部制定的《人类辅助生殖技术规范》的要求。

第七条　申请开展人类辅助生殖技术的医疗机构应当向所在地省、自治区、直辖市人民政府卫生行政部门提交下列文件：

（一）可行性报告；

（二）医疗机构基本情况（包括床位数、科室设置情况、人员情况、设备和技术条件情况等）；

（三）拟开展的人类辅助生殖技术的业务项目和技术条件、设备条件、技术人员配备情况；

（四）开展人类辅助生殖技术的规章制度；

（五）省级以上卫生行政部门规定提交的其他材料。

第八条　申请开展丈夫精液人工授精技术的医疗机构，由省、自治区、直辖市人民政府卫生行政部门审查批准。省、自治区、直辖市人民政府卫生行政部门收到前条规定的材料后，可以组织有关专家进行论证，并在收到专家论证报告后30个工作日内进行审核，审核同意的，发给批准证书；审核不同意的，书面通知申请单位。

对申请开展供精人工授精和体外受精—胚胎移植技术及其衍生技术的医疗机构，由省、自治区、直辖市人民政府卫生行政部门提出初审意见，卫生部审批。

第九条　卫生部收到省、自治区、直辖市人民政府卫生行政部门的初审意见和材料后，聘请有关专家进行论证，并在收到专家论证报告后45个工作日内进行审核，审核同意的，发给批准证书；审核不同意的，书面通知申请单位。

第十条　批准开展人类辅助生殖技术的医疗机构应当按照《医疗机构管理条例》的有关规定，持省、自治区、直辖市人民政府卫生行政部门或者卫生部的批准证书到核发其医疗机构执业许可证的卫生行政部门办理变更登记手续。

第十一条　人类辅助生殖技术批准证书每2年校验一次，校验由原审批机关办理。校验合格的，可以继续开展人类辅助生殖技术；校验不合格的，收回其批准证书。

第三章　实　　施

第十二条　人类辅助生殖技术必须在经过批准并进行登记的医疗机构中实施。未经卫生行政部门批准，任何单位和个人不得实施人类辅助生殖技术。

第十三条　实施人类辅助生殖技术应当符合卫生部制定的《人类辅助生殖技术规范》的规定。

第十四条　实施人类辅助生殖技术应当遵循知情同意原则，并签署知情同意书。涉及伦理问题的，应当提交医学伦理委员会讨论。

第十五条　实施供精人工授精和体外受精—胚胎移植技术及其各种衍生技术的医疗机构应当与卫生部批准的人类精子库签订供精协议。严禁私自采精。

医疗机构在实施人类辅助生殖技术时应当索取精子检验合格证明。

第十六条　实施人类辅助生殖技术的医疗机构应当为当事人保密，不得泄漏有关信息。

第十七条　实施人类辅助生殖技术的医疗机构不得进行性别选择。法律法规另有规定的除外。

第十八条　实施人类辅助生殖技术的医疗机构应当建立健全技术档案管理制度。

供精人工授精医疗行为方面的医疗技术档案和法律文书应当永久保存。

第十九条　实施人类辅助生殖技术的医疗机构应当对实施人类辅助生殖技术的人员进行医学业务和伦理学知识的培训。

第二十条　卫生部指定卫生技术评估机构对开展人类辅助生殖技术的医疗机构进行技术质量监测和定期评估。技术评估的主要内容为人类辅助生殖技术的安全性、有效性、经济性和社会影响。监测结果和技术评估报告报医疗机构所在地的省、自治区、直辖市人民政府卫生行政部门和卫生部备案。

第四章　处　　罚

第二十一条　违反本办法规定，未经批准擅自开展人类辅助生殖技术的非医疗机构，按照《医疗机构管理条例》第四十四条规定处罚；对有上述违法行为的医疗机构，按照《医疗机构管理条例》第四十七条和《医疗机构管理条例实施细则》第八十条的规定处罚。

第二十二条　开展人类辅助生殖技术的医疗机构违反本办法，有下列行为之一的，由省、自治区、直辖市人民政府卫生行政部门给予警告、3 万元以下罚款，并给予有关责任人行政处分；构成犯罪的，依法追究刑事责任：

（一）买卖配子、合子、胚胎的；

（二）实施代孕技术的；

（三）使用不具有《人类精子库批准证书》机构提供的精子的；

（四）擅自进行性别选择的；

（五）实施人类辅助生殖技术档案不健全的；

（六）经指定技术评估机构检查技术质量不合格的；

（七）其他违反本办法规定的行为。

第五章　附　　则

第二十三条　本办法颁布前已经开展人类辅助生殖技术的医疗机构，在本办法颁布后 3 个月内向所在地省、自治区、直辖市人民政府卫生行政部门提出申请，省、自治区、直辖市人民政府卫生行政部门和卫生部按照本办法审查，审查同意的，发给批准证书；审查不同意的，不得再开展人类辅助生殖技术服务。

第二十四条　本办法所称人类辅助生殖技术是指运用医学技术和方法对配子、合子、胚胎进行人工操作，以达到受孕目的的技术，分为人工授精和体外受精—胚胎移植技术及其各种衍生技术。

人工授精是指用人工方式将精液注入女性体内以取代性交途径使其妊娠的一种方法。根据精液来源不同，分为丈夫精液人工授精和供精人工授精。

体外受精—胚胎移植技术及其各种衍生技术是指从女性体内取出卵子，在器皿内培养后，加入经技术处理的精子，待卵子受精后，继续培养，到形成早早期胚胎时，再转移到子宫内着床，发育成胎儿直至分娩的技术。

第二十五条　本办法自 2001 年 8 月 1 日起实施。

人类精子库管理办法

1. 2001 年 2 月 20 日卫生部令第 15 号发布
2. 自 2001 年 8 月 1 日起施行

第一章　总　　则

第一条　为了规范人类精子库管理，保证人类辅助生殖技术安全、有效应用和健康发展，保障人民健康，制定本办法。

第二条　本办法所称人类精子库是指以治疗不育症以及预防遗传病等为目的，利用超低温冷冻技术，采集、检测、保存和提供精子的机构。

人类精子库必须设置在医疗机构内。

第三条　精子的采集和提供应当遵守当事人自愿和符合社会伦理原则。

任何单位和个人不得以营利为目的进行精子的采集与提供活动。

第四条　卫生部主管全国人类精子库的监督管理工作。县级以上地方人民政府卫生行政部门负责本行政区域内人类精子库的日常监督管理。

第二章　审　　批

第五条　卫生部根据我国卫生资源、对供精的需求、精子的来源、技术条件等实际情况，制订人类精子库设置规划。

第六条　设置人类精子库应当经卫生部批准。

第七条　申请设置人类精子库的医疗机构应当符合下列条件：

（一）具有医疗机构执业许可证；

（二）设有医学伦理委员会；

（三）具有与采集、检测、保存和提供精子相适应的卫生专业技术人员；

（四）具有与采集、检测、保存和提供精子相适应的技术和仪器设备；

（五）具有对供精者进行筛查的技术能力；

（六）应当符合卫生部制定的《人类精子库基本标准》。

第八条　申请设置人类精子库的医疗机构应当向所在地省、自治区、直辖市人民政府卫生行政部门提交下列资料：

（一）设置人类精子库可行性报告；

（二）医疗机构基本情况；

（三）拟设置人类精子库的建筑设计平面图；

（四）拟设置人类精子库将开展的技术业务范围、技术设备条件、技术人员配备情况和组织结构；

（五）人类精子库的规章制度、技术操作手册等；

（六）省级以上卫生行政部门规定的其他材料。

第九条　省、自治区、直辖市人民政府卫生行政部门收到前条规定的材料后，提出初步意见，报卫生部审批。

第十条　卫生部收到省、自治区、直辖市人民政府卫生行政部门的初步意见和材料后，聘请有关专家进行论证，并在收到专家论证报告后45个工作日内进行审核，审核同意的，发给人类精子库批准证书；审核不同意的，书面通知申请单位。

第十一条　批准设置人类精子库的医疗机构应当按照《医疗机构管理条例》的有关规定，持卫生部的批准证书到核发其医疗机构执业许可证的卫生行政部门办理变更登记手续。

第十二条　人类精子库批准证书每2年校验1次。校验合格的，可以继续开展人类精子库工作；校验不合格的，收回人类精子库批准证书。

第三章　精子采集与提供

第十三条　精子的采集与提供应当在经过批准的人类精子库中进行。未经批准，任何单位和个人不得从事精子的采集与提供活动。

第十四条　精子的采集与提供应当严格遵守卫生部制定的《人类精子库技术规范》和各项技术操作规程。

第十五条　供精者应当是年龄在22—45周岁之间的健康男性。

第十六条　人类精子库应当对供精者进行健康检查和严格筛选，不得采集有下列情况之一的人员的精液：

（一）有遗传病家族史或者患遗传性疾病；

（二）精神病患者；

（三）传染病患者或者病源携带者；

（四）长期接触放射线和有害物质者；

（五）精液检查不合格者；

（六）其他严重器质性疾病患者。

第十七条　人类精子库工作人员应当向供精者说明精子的用途、保存方式以及可能带来的社会伦理等问题。人类精子库应当和供精者签署知情同意书。

第十八条　供精者只能在一个人类精子库中供精。

第十九条　精子库采集精子后，应当进行检验和筛查。精子冷冻6个月后，经过复检合格，方可向经卫生行政部门批准开展人类辅助生殖技术的医疗机构提供，并向医疗机构提交检验结果。未经检验或检验不合格的，不得向医疗机构提供。

严禁精子库向医疗机构提供新鲜精子。

严禁精子库向未经批准开展人类辅助生殖技术的医疗机构提供精子。

第二十条　一个供精者的精子最多只能提供给5名妇女受孕。

第二十一条　人类精子库应当建立供精者档案，对供精者的详细资料和精子使用情况进行计算机管理并永久保存。

人类精子库应当为供精者和受精者保密，未经供精者和受精者同意不得泄漏有关信息。

第二十二条　卫生部指定卫生技术评估机构，对人类精子库进行技术质量监测和定期检查。监测结果和检查报告报人类精子库所在地的省、自治区、直辖市人民政府卫生行政部门和卫生部备案。

第四章 处 罚

第二十三条 违反本办法规定，未经批准擅自设置人类精子库，采集、提供精子的非医疗机构，按照《医疗机构管理条例》第四十四条的规定处罚；对有上述违法行为的医疗机构，按照《医疗机构管理条例》第四十七条和《医疗机构管理条例实施细则》第八十条的规定处罚。

第二十四条 设置人类精子库的医疗机构违反本办法，有下列行为之一的，省、自治区、直辖市人民政府卫生行政部门给予警告、1 万元以下罚款，并给予有关责任人员行政处分；构成犯罪的，依法追究刑事责任：

（一）采集精液前，未按规定对供精者进行健康检查的；

（二）向医疗机构提供未经检验的精子的；

（三）向不具有人类辅助生殖技术批准证书的机构提供精子的；

（四）供精者档案不健全的；

（五）经评估机构检查质量不合格的；

（六）其他违反本办法规定的行为。

第五章 附 则

第二十五条 本办法颁布前已经设置人类精子库的医疗机构，在本办法颁布后 3 个月内向所在地省、自治区、直辖市人民政府卫生行政部门提出申请，省、自治区、直辖市人民政府卫生行政部门和卫生部按照本办法审查，审查同意的，发给人类精子库批准证书；审查不同意的，不得再设置人类精子库。

第二十六条 本办法自 2001 年 8 月 1 日起实施。

产前诊断技术管理办法

1. 2002 年 12 月 13 日原卫生部令第 33 号公布
2. 根据 2019 年 2 月 28 日国家卫生健康委员会令第 4 号《关于修改〈职业健康检查管理办法〉等 4 件部门规章的决定》修订

第一章 总 则

第一条 为保障母婴健康，提高出生人口素质，保证产前诊断技术的安全、有效，规范产前诊断技术的监督管理，依据《中华人民共和国母婴保健法》以及《中华人民共和国母婴保健法实施办法》，制定本管理办法。

第二条 本管理办法中所称的产前诊断，是指对胎儿进行先天性缺陷和遗传性疾病的诊断，包括相应筛查。

产前诊断技术项目包括遗传咨询、医学影像、生化免疫、细胞遗传和分子遗传等。

第三条 本管理办法适用于各类开展产前诊断技术的医疗保健机构。

第四条 产前诊断技术的应用应当以医疗为目的，符合国家有关法律规定和伦理原则，由经资格认定的医务人员在经许可的医疗保健机构中进行。

医疗保健机构和医务人员不得实施任何非医疗目的的产前诊断技术。

第五条 国家卫生健康委负责全国产前诊断技术应用的监督管理工作。

第二章 管理与审批

第六条 国家卫生健康委根据医疗需求、技术发展状况、组织与管理的需要等实际情况，制定产前诊断技术应用规划。

第七条 产前诊断技术应用实行分级管理。

国家卫生健康委制定开展产前诊断技术医疗保健机构的基本条件和人员条件；颁布有关产前诊断的技术规范；指定国家级开展产前诊断技术的医疗保健机构；对全国产前诊断技术应用进行质量管理和信息管理；对全国产前诊断专业技术人员的培训进行规划。

省、自治区、直辖市人民政府卫生健康主管部门（以下简称省级卫生健康主管部门）根据当地实际，因地制宜地规划、审批或组建本行政区域内开展产前诊断技术的医疗保健机构；对从事产前诊断技术的专业人员进行系统培训和资格认定；对产前诊断技术应用进行质量管理和信息管理。

县级以上人民政府卫生健康主管部门负责本行政区域内产前诊断技术应用的日常监督管理。

第八条 从事产前诊断的卫生专业技术人员应符合以下所有条件：

（一）从事临床工作的，应取得执业医师资格；

（二）从事医技和辅助工作的，应取得相应卫生专业技术职称；

（三）符合《从事产前诊断卫生专业技术人员的基本条件》；

（四）经省级卫生健康主管部门考核合格，取得从事产前诊断的《母婴保健技术考核合格证书》或者《医师执业证书》中加注母婴保健技术（产前诊断类）考核合格的。

第九条 申请开展产前诊断技术的医疗保健机构应符合下列所有条件：

（一）设有妇产科诊疗科目；

（二）具有与所开展技术相适应的卫生专业技术人员；

（三）具有与所开展技术相适应的技术条件和设备；

（四）设有医学伦理委员会；

（五）符合《开展产前诊断技术医疗保健机构的基本条件》及相关技术规范。

第十条 申请开展产前诊断技术的医疗保健机构应当向所在地省级卫生健康主管部门提交下列文件：

（一）医疗机构执业许可证副本；

（二）开展产前诊断技术的母婴保健技术服务执业许可申请文件；

（三）可行性报告；

（四）拟开展产前诊断技术的人员配备、设备和技术条件情况；

（五）开展产前诊断技术的规章制度；

（六）省级以上卫生健康主管部门规定提交的其他材料。

申请开展产前诊断技术的医疗保健机构，必须明确提出拟开展的产前诊断具体技术项目。

第十一条 申请开展产前诊断技术的医疗保健机构，由所属省、自治区、直辖市人民政府卫生健康主管部门审查批准。省、自治区、直辖市人民政府卫生健康主管部门收到本办法第十条规定的材料后，组织有关专家进行论证，并在收到专家论证报告后 30 个工作日内进行审核。经审核同意的，发给开展产前诊断技术的母婴保健技术服务执业许可证，注明开展产前诊断以及具体技术服务项目；经审核不同意的，书面通知申请单位。

第十二条 国家卫生健康委根据全国产前诊断技术发展需要，在经审批合格的开展产前诊断技术服务的医疗保健机构中，指定国家级开展产前诊断技术的医疗保健机构。

第十三条 开展产前诊断技术的《母婴保健技术服务执业许可证》每三年校验一次，校验由原审批机关办理。经校验合格的，可继续开展产前诊断技术；经校验不合格的，撤销其许可证书。

第十四条 省、自治区、直辖市人民政府卫生健康主管部门指定的医疗保健机构，协助卫生健康主管部门负责对本行政区域内产前诊断的组织管理工作。

第十五条 从事产前诊断的人员不得在未许可开展产前诊断技术的医疗保健机构中从事相关工作。

第三章 实 施

第十六条 对一般孕妇实施产前筛查以及应用产前诊断技术坚持知情选择。开展产前筛查的医疗保健机构要与经许可开展产前诊断技术的医疗保健机构建立工作联系，保证筛查病例能落实后续诊断。

第十七条 孕妇有下列情形之一的，经治医师应当建议其进行产前诊断：

（一）羊水过多或者过少的；

（二）胎儿发育异常或者胎儿有可疑畸形的；

（三）孕早期时接触过可能导致胎儿先天缺陷的物质的；

（四）有遗传病家族史或者曾经分娩过先天性严重缺陷婴儿的；

（五）年龄超过 35 周岁的。

第十八条 既往生育过严重遗传性疾病或者严重缺陷患儿的，再次妊娠前，夫妻双方应当到医疗保健机构进行遗传咨询。医务人员应当对当事人介绍有关知识，给予咨询和指导。

经治医师根据咨询的结果，对当事人提出医学建议。

第十九条 确定产前诊断重点疾病，应当符合下列条件：

（一）疾病发生率较高；

（二）疾病危害严重，社会、家庭和个人疾病负担大；

（三）疾病缺乏有效的临床治疗方法；

（四）诊断技术成熟、可靠、安全和有效。

第二十条 开展产前检查、助产技术的医疗保健机构在为孕妇进行早孕检查或产前检查时，遇到本办法第十七条所列情形的孕妇，应当进行有关知识的普及，提供咨询服务，并以书面形式如实告知孕妇或其家属，建议孕妇进行产前诊断。

第二十一条　孕妇自行提出进行产前诊断的，经治医师可根据其情况提供医学咨询，由孕妇决定是否实施产前诊断技术。

第二十二条　开展产前诊断技术的医疗保健机构出具的产前诊断报告，应当由2名以上经资格认定的执业医师签发。

第二十三条　对于产前诊断技术及诊断结果，经治医师应本着科学、负责的态度，向孕妇或家属告知技术的安全性、有效性和风险性，使孕妇或家属理解技术可能存在的风险和结果的不确定性。

第二十四条　在发现胎儿异常的情况下，经治医师必须将继续妊娠和终止妊娠可能出现的结果以及进一步处理意见，以书面形式明确告知孕妇，由孕妇夫妻双方自行选择处理方案，并签署知情同意书。若孕妇缺乏认知能力，由其近亲属代为选择。涉及伦理问题的，应当交医学伦理委员会讨论。

第二十五条　开展产前诊断技术的医疗保健机构对经产前诊断后终止妊娠娩出的胎儿，在征得其家属同意后，进行尸体病理学解剖及相关的遗传学检查。

第二十六条　当事人对产前诊断结果有异议的，可以依据《中华人民共和国母婴保健法实施办法》第五章的有关规定，申请技术鉴定。

第二十七条　开展产前诊断技术的医疗保健机构不得擅自进行胎儿的性别鉴定。对怀疑胎儿可能为伴性遗传病，需要进行性别鉴定的，由省、自治区、直辖市人民政府卫生健康主管部门指定的医疗保健机构按照有关规定进行鉴定。

第二十八条　开展产前诊断技术的医疗保健机构应当建立健全技术档案管理和追踪观察制度。

第四章　处　　罚

第二十九条　违反本办法规定，未经批准擅自开展产前诊断技术的非医疗保健机构，按照《医疗机构管理条例》有关规定进行处罚。

第三十条　对违反本办法，医疗保健机构未取得产前诊断执业许可或超越许可范围，擅自从事产前诊断的，按照《中华人民共和国母婴保健法实施办法》有关规定处罚，由卫生健康主管部门给予警告，责令停止违法行为，没收违法所得；违法所得5000元以上的，并处违法所得3倍以上5倍以下的罚款；违法所得不足5000元的，并处5000元以上2万元以下的罚款。情节严重的，依据《医疗机构管理条例》依法吊销医疗机构执业许可证。

第三十一条　对未取得《母婴保健技术考核合格证书》或者《医师执业证书》中未加注母婴保健技术（产前诊断类）考核合格的个人，擅自从事产前诊断或者超范围执业的，由县级以上人民政府卫生健康主管部门给予警告或者责令暂停六个月以上一年以下执业活动；情节严重的，按照《中华人民共和国执业医师法》吊销其医师执业证书。构成犯罪的，依法追究刑事责任。

第三十二条　违反本办法第二十七条规定，按照《中华人民共和国母婴保健法实施办法》第四十二条规定处罚。

第五章　附　　则

第三十三条　各省、自治区、直辖市人民政府卫生健康主管部门可以根据本办法和本地实际情况制定实施细则。

第三十四条　本办法自2003年5月1日起施行。

新生儿疾病筛查管理办法

1. 2009年2月16日卫生部令第64号发布
2. 自2009年6月1日起施行

第一条　为规范新生儿疾病筛查的管理，保证新生儿疾病筛查工作质量，依据《中华人民共和国母婴保健法》和《中华人民共和国母婴保健法实施办法》，制定本办法。

第二条　本办法所称新生儿疾病筛查是指在新生儿期对严重危害新生儿健康的先天性、遗传性疾病施行专项检查，提供早期诊断和治疗的母婴保健技术。

第三条　本办法规定的全国新生儿疾病筛查病种包括先天性甲状腺功能减低症、苯丙酮尿症等新生儿遗传代谢病和听力障碍。

卫生部根据需要对全国新生儿疾病筛查病种进行调整。

省、自治区、直辖市人民政府卫生行政部门可以根据本行政区域的医疗资源、群众需求、疾病发生率等实际情况，增加本行政区域内新生儿疾病筛查病种，并报卫生部备案。

第四条 新生儿遗传代谢病筛查程序包括血片采集、送检、实验室检测、阳性病例确诊和治疗。

新生儿听力筛查程序包括初筛、复筛、阳性病例确诊和治疗。

第五条 新生儿疾病筛查是提高出生人口素质，减少出生缺陷的预防措施之一。各级各类医疗机构和医务人员应当在工作中开展新生儿疾病筛查的宣传教育工作。

第六条 卫生部负责全国新生儿疾病筛查的监督管理工作，根据医疗需求、技术发展状况、组织与管理的需要等实际情况制定全国新生儿疾病筛查工作规划和技术规范。

省、自治区、直辖市人民政府卫生行政部门负责本行政区域新生儿疾病筛查的监督管理工作，建立新生儿疾病筛查管理网络，组织医疗机构开展新生儿疾病筛查工作。

第七条 省、自治区、直辖市人民政府卫生行政部门应当根据本行政区域的实际情况，制定本地区新生儿遗传代谢病筛查中心和新生儿听力筛查中心（以下简称新生儿疾病筛查中心）设置规划，指定具备能力的医疗机构为本行政区域新生儿疾病筛查中心。

新生儿疾病筛查中心应当开展以下工作：

（一）开展新生儿遗传代谢疾病筛查的实验室检测、阳性病例确诊和治疗或者听力筛查阳性病例确诊、治疗；

（二）掌握本地区新生儿疾病筛查、诊断、治疗、转诊情况；

（三）负责本地区新生儿疾病筛查人员培训、技术指导、质量管理和相关的健康宣传教育；

（四）承担本地区新生儿疾病筛查有关信息的收集、统计、分析、上报和反馈工作。

开展新生儿疾病筛查的医疗机构应当及时提供病例信息，协助新生儿疾病筛查中心做好前款工作。

第八条 诊疗科目中设有产科或者儿科的医疗机构，应当按照《新生儿疾病筛查技术规范》的要求，开展新生儿遗传代谢病血片采集及送检、新生儿听力初筛及复筛工作。

不具备开展新生儿疾病筛查血片采集、新生儿听力初筛和复筛服务条件的医疗机构，应当告知新生儿监护人到有条件的医疗机构进行新生儿疾病筛查血片采集及听力筛查。

第九条 新生儿遗传代谢病筛查实验室设在新生儿疾病筛查中心，并应当具备下列条件：

（一）具有与所开展工作相适应的卫生专业技术人员，具有与所开展工作相适应的技术和设备；

（二）符合《医疗机构临床实验室管理办法》的规定；

（三）符合《新生儿疾病筛查技术规范》的要求。

第十条 新生儿遗传代谢病筛查中心发现新生儿遗传代谢病阳性病例时，应当及时通知新生儿监护人进行确诊。

开展新生儿听力初筛、复筛的医疗机构发现新生儿疑似听力障碍的，应当及时通知新生儿监护人到新生儿听力筛查中心进行听力确诊。

第十一条 新生儿疾病筛查遵循自愿和知情选择的原则。医疗机构在实施新生儿疾病筛查前，应当将新生儿疾病筛查的项目、条件、方式、灵敏度和费用等情况如实告知新生儿的监护人，并取得签字同意。

第十二条 从事新生儿疾病筛查的医疗机构和人员，应当严格执行新生儿疾病筛查技术规范，保证筛查质量。

医疗机构发现新生儿患有遗传代谢病和听力障碍的，应当及时告知其监护人，并提出治疗和随诊建议。

第十三条 省、自治区、直辖市人民政府卫生行政部门根据本行政区域的具体情况，协调有关部门，采取措施，为患有遗传代谢病和听力障碍的新生儿提供治疗方面的便利条件。

有条件的医疗机构应当开展新生儿遗传代谢病的治疗工作。

第十四条 卫生部组织专家定期对新生儿疾病筛查中心进行抽查评估。经评估不合格的，省级人民政府卫生行政部门应当及时撤销其资格。

新生儿遗传代谢病筛查实验室应当接受卫生部临床检验中心的质量监测和检查。

第十五条 县级以上地方人民政府卫生行政部门应当对本行政区域内开展新生儿疾病筛查工作的医疗机构进行监督检查。

第十六条　医疗机构未经省、自治区、直辖市人民政府卫生行政部门指定擅自开展新生儿遗传代谢病筛查实验室检测的，按照《医疗机构管理条例》第四十七条的规定予以处罚。

第十七条　开展新生儿疾病筛查的医疗机构违反本办法规定，有下列行为之一的，由县级以上地方人民政府卫生行政部门责令改正，通报批评，给予警告：

（一）违反《新生儿疾病筛查技术规范》的；

（二）未履行告知程序擅自进行新生儿疾病筛查的；

（三）未按规定进行实验室质量监测、检查的；

（四）违反本办法其他规定的。

第十八条　省、自治区、直辖市人民政府卫生行政部门可以依据本办法和当地实际制定实施细则。

第十九条　本办法公布后6个月内，省、自治区、直辖市人民政府卫生行政部门应当组织专家对开展新生儿疾病筛查的医疗机构进行评估考核，指定新生儿疾病筛查中心。

第二十条　本办法自2009年6月1日起施行。

禁止非医学需要的胎儿性别鉴定和选择性别人工终止妊娠的规定

1. 2016年3月28日国家卫生和计划生育委员会令第9号公布

2. 自2016年5月1日起施行

第一条　为了贯彻计划生育基本国策，促进出生人口性别结构平衡，促进人口均衡发展，根据《中华人民共和国人口与计划生育法》、《中华人民共和国母婴保健法》等法律法规，制定本规定。

第二条　非医学需要的胎儿性别鉴定和选择性别人工终止妊娠，是指除经医学诊断胎儿可能为伴性遗传病等需要进行胎儿性别鉴定和选择性别人工终止妊娠以外，所进行的胎儿性别鉴定和选择性别人工终止妊娠。

第三条　禁止任何单位或者个人实施非医学需要的胎儿性别鉴定和选择性别人工终止妊娠。

禁止任何单位或者个人介绍、组织孕妇实施非医学需要的胎儿性别鉴定和选择性别人工终止妊娠。

第四条　各级卫生计生行政部门和食品药品监管部门应当建立查处非医学需要的胎儿性别鉴定和选择性别人工终止妊娠违法行为的协作机制和联动执法机制，共同实施监督管理。

卫生计生行政部门和食品药品监管部门应当按照各自职责，制定胎儿性别鉴定、人工终止妊娠以及相关药品和医疗器械等管理制度。

第五条　县级以上卫生计生行政部门履行以下职责：

（一）监管并组织、协调非医学需要的胎儿性别鉴定和选择性别人工终止妊娠的查处工作；

（二）负责医疗卫生机构及其从业人员的执业准入和相关医疗器械使用监管，以及相关法律法规、执业规范的宣传培训等工作；

（三）负责人口信息管理系统的使用管理，指导医疗卫生机构及时准确地采集新生儿出生、死亡等相关信息；

（四）法律、法规、规章规定的涉及非医学需要的胎儿性别鉴定和选择性别人工终止妊娠的其他事项。

第六条　县级以上工商行政管理部门（包括履行工商行政管理职责的市场监督管理部门，下同）对含有胎儿性别鉴定和人工终止妊娠内容的广告实施监管，并依法查处违法行为。

第七条　食品药品监管部门依法对与胎儿性别鉴定和人工终止妊娠相关的药品和超声诊断仪、染色体检测专用设备等医疗器械的生产、销售和使用环节的产品质量实施监管，并依法查处相关违法行为。

第八条　禁止非医学需要的胎儿性别鉴定和选择性别人工终止妊娠的工作应当纳入计划生育目标管理责任制。

第九条　符合法定生育条件，除下列情形外，不得实施选择性别人工终止妊娠：

（一）胎儿患严重遗传性疾病的；

（二）胎儿有严重缺陷的；

（三）因患严重疾病，继续妊娠可能危及孕妇生命安全或者严重危害孕妇健康的；

（四）法律法规规定的或医学上认为确有必要终止妊娠的其他情形。

第十条　医学需要的胎儿性别鉴定，由省、自治区、直辖市卫生计生行政部门批准设立的医疗卫生机构按照国家有关规定实施。

实施医学需要的胎儿性别鉴定，应当由医疗卫生机构组织三名以上具有临床经验和医学遗传学知识，并具有副主任医师以上的专业技术职称的专家集体审核。经诊断，确需人工终止妊娠的，应当出具医学诊断报告，并由医疗卫生机构通报当地县级卫生计生行政部门。

第十一条 医疗卫生机构应当在工作场所设置禁止非医学需要的胎儿性别鉴定和选择性别人工终止妊娠的醒目标志；医务人员应当严格遵守有关法律法规和超声诊断、染色体检测、人工终止妊娠手术管理等相关制度。

第十二条 实施人工终止妊娠手术的机构应当在手术前登记、查验受术者身份证明信息，并及时将手术实施情况通报当地县级卫生计生行政部门。

第十三条 医疗卫生机构发生新生儿死亡的，应当及时出具死亡证明，并向当地县级卫生计生行政部门报告。

新生儿在医疗卫生机构以外地点死亡的，监护人应当及时向当地乡（镇）人民政府、街道办事处卫生计生工作机构报告；乡（镇）人民政府、街道办事处卫生计生工作机构应当予以核查，并向乡镇卫生院或社区卫生服务中心通报有关信息。

第十四条 终止妊娠药品目录由国务院食品药品监管部门会同国务院卫生计生行政部门制定发布。

药品生产、批发企业仅能将终止妊娠药品销售给药品批发企业或者获准施行终止妊娠手术的医疗卫生机构。药品生产、批发企业销售终止妊娠药品时，应当按照药品追溯有关规定，严格查验购货方资质，并做好销售记录。禁止药品零售企业销售终止妊娠药品。

终止妊娠的药品，仅限于在获准施行终止妊娠手术的医疗卫生机构的医师指导和监护下使用。

经批准实施人工终止妊娠手术的医疗卫生机构应当建立真实、完整的终止妊娠药品购进记录，并为终止妊娠药品使用者建立完整档案。

第十五条 医疗器械销售企业销售超声诊断仪、染色体检测专用设备等医疗器械，应当核查购买者的资质，验证机构资质并留存复印件，建立真实、完整的购销记录；不得将超声诊断仪、染色体检测专用设备等医疗器械销售给不具有相应资质的机构和个人。

第十六条 医疗卫生、教学科研机构购置可用于鉴定胎儿性别的超声诊断仪、染色体检测专用设备等医疗器械时，应当提供机构资质原件和复印件，交销售企业核查、登记，并建立进货查验记录制度。

第十七条 违法发布非医学需要的胎儿性别鉴定或者非医学需要的选择性别人工终止妊娠广告的，由工商行政管理部门依据《中华人民共和国广告法》等相关法律法规进行处罚。

对广告中涉及的非医学需要的胎儿性别鉴定或非医学需要的选择性别人工终止妊娠等专业技术内容，工商行政管理部门可根据需要提请同级卫生计生行政部门予以认定。

第十八条 违反规定利用相关技术为他人实施非医学需要的胎儿性别鉴定或者选择性别人工终止妊娠的，由县级以上卫生计生行政部门依据《中华人民共和国人口与计划生育法》等有关法律法规进行处理；对医疗卫生机构的主要负责人、直接负责的主管人员和直接责任人员，依法给予处分。

第十九条 对未取得母婴保健技术许可的医疗卫生机构或者人员擅自从事终止妊娠手术的、从事母婴保健技术服务的人员出具虚假的医学需要的人工终止妊娠相关医学诊断意见书或者证明的，由县级以上卫生计生行政部门依据《中华人民共和国母婴保健法》及其实施办法的有关规定进行处理；对医疗卫生机构的主要负责人、直接负责的主管人员和直接责任人员，依法给予处分。

第二十条 经批准实施人工终止妊娠手术的机构未建立真实完整的终止妊娠药品购进记录，或者未按照规定为终止妊娠药品使用者建立完整用药档案的，由县级以上卫生计生行政部门责令改正；拒不改正的，给予警告，并可处1万元以上3万元以下罚款；对医疗卫生机构的主要负责人、直接负责的主管人员和直接责任人员，依法进行处理。

第二十一条 药品生产企业、批发企业将终止妊娠药品销售给未经批准实施人工终止妊娠的医疗卫生机构和个人，或者销售终止妊娠药品未查验购药者的资格证明、未按照规定作销售记录的，以及药品零售企业销售终止妊娠药品的，由县级以上食品药品监管部门按照《中华人民共和国药品管理法》的有关规定进行处理。

第二十二条 医疗器械生产经营企业将超声诊断仪、染色体检测专用设备等医疗器械销售给无购买资质的机构或者个人的，由县级以上食品药品监管部门责令改正，处 1 万元以上 3 万元以下罚款。

第二十三条　介绍、组织孕妇实施非医学需要的胎儿性别鉴定或者选择性别人工终止妊娠的，由县级以上卫生计生行政部门责令改正，给予警告；情节严重的，没收违法所得，并处 5000 元以上 3 万元以下罚款。

第二十四条　鼓励任何单位和个人举报违反本规定的行为。举报内容经查证属实的，应当依据有关规定给予举报人相应的奖励。

第二十五条　本规定自 2016 年 5 月 1 日起施行。2002 年 11 月 29 日原国家计生委、原卫生部、原国家药品监管局公布的《关于禁止非医学需要的胎儿性别鉴定和选择性别的人工终止妊娠的规定》同时废止。

8. 计划生育

中华人民共和国人口与计划生育法

1. 2001年12月29日第九届全国人民代表大会常务委员会第二十五次会议通过
2. 根据2015年12月27日第十二届全国人民代表大会常务委员会第十八次会议《关于修改〈中华人民共和国人口与计划生育法〉的决定》第一次修正
3. 根据2021年8月20日第十三届全国人民代表大会常务委员会第三十次会议《关于修改〈中华人民共和国人口与计划生育法〉的决定》第二次修正

目　录

第一章　总　　则

第一条　【立法目的】为了实现人口与经济、社会、资源、环境的协调发展，推行计划生育，维护公民的合法权益，促进家庭幸福、民族繁荣与社会进步，根据宪法，制定本法。

第二条　【基本国策】我国是人口众多的国家，实行计划生育是国家的基本国策。

国家采取综合措施，调控人口数量，提高人口素质，推动实现适度生育水平，优化人口结构，促进人口长期均衡发展。

国家依靠宣传教育、科学技术进步、综合服务、建立健全奖励和社会保障制度，开展人口与计划生育工作。

第三条　【结合妇女保护】开展人口与计划生育工作，应当与增加妇女受教育和就业机会、增进妇女健康、提高妇女地位相结合。

第四条　【保护公民合法权益】各级人民政府及其工作人员在推行计划生育工作中应当严格依法行政，文明执法，不得侵犯公民的合法权益。

卫生健康主管部门及其工作人员依法执行公务受法律保护。

第五条　【领导机构】国务院领导全国的人口与计划生育工作。

地方各级人民政府领导本行政区域内的人口与计划生育工作。

第六条　【责任机构】国务院卫生健康主管部门负责全国计划生育工作和与计划生育有关的人口工作。

县级以上地方各级人民政府卫生健康主管部门负责本行政区域内的计划生育工作和与计划生育有关的人口工作。

县级以上各级人民政府其他有关部门在各自的职责范围内，负责有关的人口与计划生育工作。

第七条　【协助机构】工会、共产主义青年团、妇女联合会及计划生育协会等社会团体、企业事业组织和公民应当协助人民政府开展人口与计划生育工作。

第八条　【奖励】国家对在人口与计划生育工作中作出显著成绩的组织和个人，给予奖励。

第二章　人口发展规划的制定与实施

第九条　【编制规划】国务院编制人口发展规划，并将其纳入国民经济和社会发展计划。

县级以上地方各级人民政府根据全国人口发展规划以及上一级人民政府人口发展规划，结合当地实际情况编制本行政区域的人口发展规划，并将其纳入国民经济和社会发展计划。

第十条　【制定实施方案】县级以上各级人民政府根据人口发展规划，制定人口与计划生育实施方案并组织实施。

县级以上各级人民政府卫生健康主管部门负责实施人口与计划生育实施方案的日常工作。

乡、民族乡、镇的人民政府和城市街道办事处负责本管辖区域内的人口与计划生育工作，贯彻落实人口与计划生育实施方案。

第十一条　【实施方案内容】人口与计划生育实施方案应当规定调控人口数量，提高人口素质，推动实现适度生育水平，优化人口结构，加强母婴保健和婴幼儿照护服务，促进家庭发展的措施。

第十二条　【基层组织工作】村民委员会、居民委员会应当依法做好计划生育工作。

机关、部队、社会团体、企业事业组织应当做好本单位的计划生育工作。

第十三条　【宣传教育】卫生健康、教育、科技、文化、民政、新闻出版、广播电视等部门应当组织开展人口与计划生育宣传教育。

大众传媒负有开展人口与计划生育的社会公益性宣传的义务。

学校应当在学生中，以符合受教育者特征的适当方式，有计划地开展生理卫生教育、青春期教育或者性健康教育。

第十四条　【流动人口管理】流动人口的计划生育工作由其户籍所在地和现居住地的人民政府共同负责管理，以现居住地为主。

第十五条　【经费投入】国家根据国民经济和社会发展状况逐步提高人口与计划生育经费投入的总体水平。各级人民政府应当保障人口与计划生育工作必要的经费。

各级人民政府应当对欠发达地区、少数民族地区开展人口与计划生育工作给予重点扶持。

国家鼓励社会团体、企业事业组织和个人为人口与计划生育工作提供捐助。

任何单位和个人不得截留、克扣、挪用人口与计划生育工作费用。

第十六条　【科研与交流合作】国家鼓励开展人口与计划生育领域的科学研究和对外交流与合作。

第三章　生育调节

第十七条　【夫妻权利义务】公民有生育的权利，也有依法实行计划生育的义务，夫妻双方在实行计划生育中负有共同的责任。

第十八条　【生育政策】国家提倡适龄婚育、优生优育。一对夫妻可以生育三个子女。

符合法律、法规规定条件的，可以要求安排再生育子女。具体办法由省、自治区、直辖市人民代表大会或者其常务委员会规定。

少数民族也要实行计划生育，具体办法由省、自治区、直辖市人民代表大会或者其常务委员会规定。

夫妻双方户籍所在地的省、自治区、直辖市之间关于再生育子女的规定不一致的，按照有利于当事人的原则适用。

第十九条　【避孕节育】国家创造条件，保障公民知情选择安全、有效、适宜的避孕节育措施。实施避孕节育手术，应当保证受术者的安全。

第二十条　【自主选择避孕节育措施】育龄夫妻自主选择计划生育避孕节育措施，预防和减少非意愿妊娠。

第二十一条　【免费计生服务】实行计划生育的育龄夫妻免费享受国家规定的基本项目的计划生育技术服务。

前款规定所需经费，按照国家有关规定列入财政预算或者由社会保险予以保障。

第二十二条　【禁止歧视虐待】禁止歧视、虐待生育女婴的妇女和不育的妇女。

禁止歧视、虐待、遗弃女婴。

第四章　奖励与社会保障

第二十三条　【奖励】国家对实行计划生育的夫妻，按照规定给予奖励。

第二十四条　【社会保障】国家建立、健全基本养老保险、基本医疗保险、生育保险和社会福利等社会保障制度，促进计划生育。

国家鼓励保险公司举办有利于计划生育的保险项目。

第二十五条　【假期鼓励】符合法律、法规规定生育子女的夫妻，可以获得延长生育假的奖励或者其他福利待遇。

国家支持有条件的地方设立父母育儿假。

第二十六条　【妇女特殊劳动保护】妇女怀孕、生育和哺乳期间，按照国家有关规定享受特殊劳动保护并可以获得帮助和补偿。国家保障妇女就业合法权益，为因生育影响就业的妇女提供就业服务。

公民实行计划生育手术，享受国家规定的休假。

第二十七条　【减轻家庭负担】国家采取财政、税收、保险、教育、住房、就业等支持措施，减轻家庭生育、养育、教育负担。

第二十八条　【推动建立普惠托育服务体系】县级以上各级人民政府综合采取规划、土地、住房、财政、金融、人才等措施，推动建立普惠托育服务体系，提高婴幼儿家庭获得服务的可及性和公平性。

国家鼓励和引导社会力量兴办托育机构，支持幼儿园和机关、企业事业单位、社区提供托育服务。

托育机构的设置和服务应当符合托育服务相关

标准和规范。托育机构应当向县级人民政府卫生健康主管部门备案。

第二十九条 【建设活动场所及配套设施】县级以上地方各级人民政府应当在城乡社区建设改造中,建设与常住人口规模相适应的婴幼儿活动场所及配套服务设施。

公共场所和女职工比较多的用人单位应当配置母婴设施,为婴幼儿照护、哺乳提供便利条件。

第三十条 【科学育儿】县级以上各级人民政府应当加强对家庭婴幼儿照护的支持和指导,增强家庭的科学育儿能力。

医疗卫生机构应当按照规定为婴幼儿家庭开展预防接种、疾病防控等服务,提供膳食营养、生长发育等健康指导。

第三十一条 【独生子女奖励】在国家提倡一对夫妻生育一个子女期间,自愿终身只生育一个子女的夫妻,国家发给《独生子女父母光荣证》。

获得《独生子女父母光荣证》的夫妻,按照国家和省、自治区、直辖市有关规定享受独生子女父母奖励。

法律、法规或者规章规定给予获得《独生子女父母光荣证》的夫妻奖励的措施中由其所在单位落实的,有关单位应当执行。

在国家提倡一对夫妻生育一个子女期间,按照规定应当享受计划生育家庭老年人奖励扶助的,继续享受相关奖励扶助,并在老年人福利、养老服务等方面给予必要的优先和照顾。

第三十二条 【帮扶保障】获得《独生子女父母光荣证》的夫妻,独生子女发生意外伤残、死亡的,按照规定获得扶助。县级以上各级人民政府建立、健全对上述人群的生活、养老、医疗、精神慰藉等全方位帮扶保障制度。

第三十三条 【政府支持】地方各级人民政府对农村实行计划生育的家庭发展经济,给予资金、技术、培训等方面的支持、优惠;对实行计划生育的贫困家庭,在扶贫贷款、以工代赈、扶贫项目和社会救济等方面给予优先照顾。

第三十四条 【奖励和社保实施办法】本章规定的奖励和社会保障措施,省、自治区、直辖市和设区的市、自治州的人民代表大会及其常务委员会或者人民政府可以依据本法和有关法律、行政法规的规定,结合当地实际情况,制定具体实施办法。

第五章 计划生育服务

第三十五条 【婚、孕保健】国家建立婚前保健、孕产期保健制度,防止或者减少出生缺陷,提高出生婴儿健康水平。

第三十六条 【生殖健康】各级人民政府应当采取措施,保障公民享有计划生育服务,提高公民的生殖健康水平。

第三十七条 【优生优育宣教服务】医疗卫生机构应当针对育龄人群开展优生优育知识宣传教育,对育龄妇女开展围孕期、孕产期保健服务,承担计划生育、优生优育、生殖保健的咨询、指导和技术服务,规范开展不孕不育症诊疗。

第三十八条 【避孕措施】计划生育技术服务人员应当指导实行计划生育的公民选择安全、有效、适宜的避孕措施。

国家鼓励计划生育新技术、新药具的研究、应用和推广。

第三十九条 【禁止性别鉴定】严禁利用超声技术和其他技术手段进行非医学需要的胎儿性别鉴定;严禁非医学需要的选择性别的人工终止妊娠。

第六章 法律责任

第四十条 【违法计生行为处罚】违反本法规定,有下列行为之一的,由卫生健康主管部门责令改正,给予警告,没收违法所得;违法所得一万元以上的,处违法所得二倍以上六倍以下的罚款;没有违法所得或者违法所得不足一万元的,处一万元以上三万元以下的罚款;情节严重的,由原发证机关吊销执业证书;构成犯罪的,依法追究刑事责任:

(一)非法为他人施行计划生育手术的;

(二)利用超声技术和其他技术手段为他人进行非医学需要的胎儿性别鉴定或者选择性别的人工终止妊娠的。

第四十一条 【托育机构违法处罚】托育机构违反托育服务相关标准和规范的,由卫生健康主管部门责令改正,给予警告;拒不改正的,处五千元以上五万元以下的罚款;情节严重的,责令停止托育服务,并处五万元以上十万元以下的罚款。

托育机构有虐待婴幼儿行为的,其直接负责的主管人员和其他直接责任人员终身不得从事婴幼儿照护服务;构成犯罪的,依法追究刑事责任。

第四十二条　【计划生育技术服务人员违法处罚】计划生育技术服务人员违章操作或者延误抢救、诊治，造成严重后果的，依照有关法律、行政法规的规定承担相应的法律责任。

第四十三条　【国家机关工作人员违法处罚】国家机关工作人员在计划生育工作中，有下列行为之一，构成犯罪的，依法追究刑事责任；尚不构成犯罪的，依法给予处分；有违法所得的，没收违法所得：

（一）侵犯公民人身权、财产权和其他合法权益的；

（二）滥用职权、玩忽职守、徇私舞弊的；

（三）索取、收受贿赂的；

（四）截留、克扣、挪用、贪污计划生育经费的；

（五）虚报、瞒报、伪造、篡改或者拒报人口与计划生育统计数据的。

第四十四条　【管理人员违规处分】违反本法规定，不履行协助计划生育管理义务的，由有关地方人民政府责令改正，并给予通报批评；对直接负责的主管人员和其他直接责任人员依法给予处分。

第四十五条　【阻碍计生工作的处罚】拒绝、阻碍卫生健康主管部门及其工作人员依法执行公务的，由卫生健康主管部门给予批评教育并予以制止；构成违反治安管理行为的，依法给予治安管理处罚；构成犯罪的，依法追究刑事责任。

第四十六条　【行政复议与诉讼】公民、法人或者其他组织认为行政机关在实施计划生育管理过程中侵犯其合法权益，可以依法申请行政复议或者提起行政诉讼。

第七章　附　　则

第四十七条　【军队执行具体办法制定】中国人民解放军和中国人民武装警察部队执行本法的具体办法，由中央军事委员会依据本法制定。

第四十八条　【施行日期】本法自2002年9月1日起施行。

中共中央、国务院关于优化生育政策促进人口长期均衡发展的决定

2021年6月26日发布

人口发展是关系中华民族发展的大事情。为贯彻落实党的十九大和十九届二中、三中、四中、五中全会精神，促进人口长期均衡发展，现就优化生育政策，实施一对夫妻可以生育三个子女政策，并取消社会抚养费等制约措施、清理和废止相关处罚规定，配套实施积极生育支持措施（以下简称实施三孩生育政策及配套支持措施），作出如下决定。

一、充分认识优化生育政策、促进人口长期均衡发展的重大意义

党和国家始终坚持人口与发展综合决策，科学把握人口发展规律，坚持计划生育基本国策，有力促进了经济发展和社会进步，为全面建成小康社会奠定了坚实基础。党的十八大以来，党中央高度重视人口问题，根据我国人口发展变化形势，作出逐步调整完善生育政策、促进人口长期均衡发展的重大决策，各项工作取得显著成效。当前，进一步适应人口形势新变化和推动高质量发展新要求，实施三孩生育政策及配套支持措施，具有重大意义。

（一）*有利于改善人口结构，落实积极应对人口老龄化国家战略。*老龄化是全球性人口发展大趋势，也是我国发展面临的重大挑战。预计“十四五”期间我国人口将进入中度老龄化阶段，2035年前后进入重度老龄化阶段，将对经济运行全领域、社会建设各环节、社会文化多方面产生深远影响。实施三孩生育政策及配套支持措施，有利于释放生育潜能，减缓人口老龄化进程，促进代际和谐，增强社会整体活力。

（二）*有利于保持人力资源禀赋优势，应对世界百年未有之大变局。*人口是社会发展的主体，也是影响经济可持续发展的关键变量。实施三孩生育政策及配套支持措施，有利于未来保持适度人口总量和劳动力规模，更好发挥人口因素的基础性、全局性、战略性作用，为高质量发展提供有效人力资本支撑和内需支撑。

（三）*有利于平缓总和生育率下降趋势，推动实现适度生育水平。*群众生育观念已总体转向少生优育，经济负担、子女照料、女性对职业发展的担忧等成为制约生育的主要因素。实施三孩生育政策及配套支持措施，促进生育政策与相关经济社会政策同向发力，有利于满足更多家庭的生育意愿，有利于提振生育水平。

（四）*有利于巩固全面建成小康社会成果，促进人与自然和谐共生。*今后一个时期，我国人口众多的

基本国情不会改变,人口与资源环境承载力仍然处于紧平衡状态,脱贫地区以及一些生态脆弱、资源匮乏地区人口与发展矛盾仍然比较突出。实施三孩生育政策及配套支持措施,有利于进一步巩固脱贫攻坚和全面建成小康社会成果,引导人口区域合理分布,促进人口与经济、社会、资源、环境协调可持续发展。

二、指导思想、主要原则和目标

(五)指导思想。坚持以习近平新时代中国特色社会主义思想为指导,立足新发展阶段、贯彻新发展理念、构建新发展格局,实施积极应对人口老龄化国家战略,实施三孩生育政策及配套支持措施,改革服务管理制度,提升家庭发展能力,推动实现适度生育水平,促进人口长期均衡发展,为建设富强民主文明和谐美丽的社会主义现代化强国、实现中华民族伟大复兴的中国梦提供坚实基础和持久动力。

(六)主要原则

——以人民为中心。顺应人民群众期盼,积极稳妥推进优化生育政策,促进生育政策协调公平,满足群众多元化的生育需求,将婚嫁、生育、养育、教育一体考虑,切实解决群众后顾之忧,释放生育潜能,促进家庭和谐幸福。

——以均衡为主线。把促进人口长期均衡发展摆在全党全国工作大局、现代化建设全局中谋划部署,兼顾多重政策目标,统筹考虑人口数量、素质、结构、分布等问题,促进人口与经济、社会、资源、环境协调可持续发展,促进人的全面发展。

——以改革为动力。着眼于我国人口发展面临的突出矛盾和问题,着眼于现代化建设战略安排,深化改革,破除影响人口长期均衡发展的思想观念、政策法规、体制机制等制约因素,提高人口治理能力和水平。

——以法治为保障。坚持重大改革于法有据、依法实施,将长期以来党领导人民在统筹解决人口问题方面的创新理念、改革成果、实践经验转化为法律,保障人民群众合法权益,保障新时代人口工作行稳致远,保障人口发展战略目标顺利实现。

(七)主要目标

到2025年,积极生育支持政策体系基本建立,服务管理制度基本完备,优生优育服务水平明显提高,普惠托育服务体系加快建设,生育、养育、教育成本显著降低,生育水平适当提高,出生人口性别比趋于正常,人口结构逐步优化,人口素质进一步提升。

到2035年,促进人口长期均衡发展的政策法规体系更加完善,服务管理机制运转高效,生育水平更加适度,人口结构进一步改善。优生优育、幼有所育服务水平与人民群众对美好生活的需要相适应,家庭发展能力明显提高,人的全面发展取得更为明显的实质性进展。

三、组织实施好三孩生育政策

(八)依法实施三孩生育政策。修改《中华人民共和国人口与计划生育法》,提倡适龄婚育、优生优育,实施三孩生育政策。各省(自治区、直辖市)综合考虑本地区人口发展形势、工作基础和政策实施风险,做好政策衔接,依法组织实施。

(九)取消社会抚养费等制约措施。取消社会抚养费,清理和废止相关处罚规定。将入户、入学、入职等与个人生育情况全面脱钩。依法依规妥善处理历史遗留问题。对人口发展与经济、社会、资源、环境矛盾较为突出的地区,加强宣传倡导,促进相关惠民政策与生育政策有效衔接,精准做好各项管理服务。

(十)建立健全人口服务体系。以"一老一小"为重点,建立健全覆盖全生命周期的人口服务体系。加强基层服务管理体系和能力建设,增强抚幼养老功能。落实生育登记制度,做好生育咨询指导。推进出生医学证明、儿童预防接种、户口登记、医保参保、社保卡申领等"出生一件事"联办。

(十一)加强人口监测和形势研判。完善国家生命登记管理制度,健全覆盖全人群、全生命周期的人口监测体系,密切监测生育形势和人口变动趋势。依托国家人口基础信息库等平台,实现教育、公安、民政、卫生健康、医保、社保等人口服务基础信息融合共享、动态更新。建立人口长期均衡发展指标体系,健全人口预测预警制度。

四、提高优生优育服务水平

(十二)保障孕产妇和儿童健康。全面落实妊娠风险筛查与评估、高危孕产妇专案管理、危急重症救治、孕产妇死亡个案报告和约谈通报等母婴安全五项制度。实施妇幼健康保障工程,加快推进各级妇幼保健机构标准化建设和规范化管理,加强危重孕产妇、新生儿救治能力及儿科建设,夯实县乡村三级基层网络,加快补齐生育相关公共服务短板。促进生殖健康服务融入妇女健康管理全过程。加强儿童保健门诊标准化、规范化建设,加强对儿童青少年近视、营养不均衡、龋齿等风险因素和疾病的筛查、诊断、干预。做好儿童基本医疗保障工作。

(十三)综合防治出生缺陷。健全出生缺陷防治网络,落实三级预防措施。加强相关知识普及和出生缺陷防控咨询,强化婚前保健,推进孕前优生健康检查,加强产前筛查和诊断,推动围孕期、产前产后一体化管理服务和多学科协作。扩大新生儿疾病筛查病种范围,促进早筛早诊早治。做好出生缺陷患儿基本医疗和康复救助工作。

(十四)规范人类辅助生殖技术应用。强化规划引领,严格技术审批,建设供需平衡、布局合理的人类辅助生殖技术服务体系。加强人类辅助生殖技术服务监管,严格规范相关技术应用。开展孕育能力提升专项攻关,规范不孕不育诊治服务。

五、发展普惠托育服务体系

(十五)建立健全支持政策和标准规范体系。将婴幼儿照护服务纳入经济社会发展规划,强化政策引导,通过完善土地、住房、财政、金融、人才等支持政策,引导社会力量积极参与。以市地级行政区为单位制定整体解决方案,建立工作机制,推进托育服务健康发展。加大专业人才培养力度,依法逐步实行从业人员职业资格准入制度。发展智慧托育等新业态,培育托育服务、乳粉奶业、动画设计和制作等行业民族品牌。

(十六)大力发展多种形式的普惠服务。发挥中央预算内投资的引导和撬动作用,推动建设一批方便可及、价格可接受、质量有保障的托育服务机构。支持有条件的用人单位为职工提供托育服务。鼓励国有企业等主体积极参与各级政府推动的普惠托育服务体系建设。加强社区托育服务设施建设,完善居住社区婴幼儿活动场所和服务设施。制定家庭托育点管理办法。支持隔代照料、家庭互助等照护模式。支持家政企业扩大育儿服务。鼓励和支持有条件的幼儿园招收2至3岁幼儿。

(十七)加强综合监管。各类机构开展婴幼儿照护服务必须符合国家和地方相关标准和规范,并对婴幼儿安全和健康负主体责任。地方政府要承担监管责任,建立健全登记备案制度、信息公示制度、评估制度,加强动态管理,建立机构关停等特殊情况应急处置机制。

六、降低生育、养育、教育成本

(十八)完善生育休假与生育保险制度。严格落实产假、哺乳假等制度。支持有条件的地方开展父母育儿假试点,健全假期用工成本分担机制。继续做好生育保险对参保女职工生育医疗费用、生育津贴待遇等的保障,做好城乡居民医保参保人生育医疗费用保障,减轻生育医疗费用负担。

(十九)加强税收、住房等支持政策。结合下一步修改个人所得税法,研究推动将3岁以下婴幼儿照护费用纳入个人所得税专项附加扣除。地方政府在配租公租房时,对符合当地住房保障条件且有未成年子女的家庭,可根据未成年子女数量在户型选择等方面给予适当照顾。地方政府可以研究制定根据养育未成年子女负担情况实施差异化租赁和购买房屋的优惠政策。

(二十)推进教育公平与优质教育资源供给。推进城镇小区配套幼儿园治理,持续提升普惠性幼儿园覆盖率,适当延长在园时长或提供托管服务。推进义务教育优质均衡发展和城乡一体化,有效解决"择校热"难题。依托学校教育资源,以公益普惠为原则,全面开展课后文体活动、社会实践项目和托管服务,推动放学时间与父母下班时间衔接。改进校内教学质量和教育评价,将学生参加课外培训频次、费用等情况纳入教育督导体系。平衡家庭和学校教育负担,严格规范校外培训。

(二十一)保障女性就业合法权益。规范机关、企事业等用人单位招录、招聘行为,促进妇女平等就业。落实好《女职工劳动保护特别规定》,定期开展女职工生育权益保障专项督查。为因生育中断就业的女性提供再就业培训公共服务。将生育友好作为用人单位承担社会责任的重要方面,鼓励用人单位制定有利于职工平衡工作和家庭关系的措施,依法协商确定有利于照顾婴幼儿的灵活休假和弹性工作方式。适时对现行有关休假和工作时间的政策规定进行相应修改完善。

七、加强政策调整有序衔接

(二十二)维护好计划生育家庭合法权益。对全面两孩政策调整前的独生子女家庭和农村计划生育双女家庭,继续实行现行各项奖励扶助制度和优惠政策。探索设立独生子女父母护理假制度。加强立法,保障响应党和国家号召、实行计划生育家庭的合法权益。

(二十三)建立健全计划生育特殊家庭全方位帮扶保障制度。根据经济社会发展水平等因素,实行特别扶助制度扶助标准动态调整。对符合条件的计划生育特殊家庭成员,落实基本养老、基本医疗保障相关政策;优先安排入住公办养老机构,提供无偿或低收费托养服务;对住房困难的,优先纳入住房保障。有条件的地方可对计划生育特殊家庭成员中的生活长期不能自理、经济困难的老年人发放护理补贴。落实好扶助所需资金,有条件的地方可探索建立公益金或基金,重点用于帮扶计划生育特殊家庭。

(二十四)建立健全政府主导、社会组织参与的扶助关怀工作机制。通过公开招投标方式,支持有资质的社会组织接受计划生育特殊家庭委托,开展生活照料、精神慰藉等服务,依法代办入住养老机构、就医陪护等事务。深入开展"暖心行动"。建立定期巡访制度,落实计划生育特殊家庭"双岗"联系人制度,扎牢织密帮扶安全网。

八、强化组织实施保障

(二十五)加强党的领导。各级党委和政府要提高政治站位,增强国情、国策意识,坚持一把手亲自抓、负总责,坚持和完善目标管理责任制,加强统筹规划、政策协调和工作落实,推动出台积极生育支持措施,确保责任到位、措施到位、投入到位、落实到位。

(二十六)动员社会力量。加强政府和社会协同治理,充分发挥工会、共青团、妇联等群团组织在促进人口发展、家庭建设、生育支持等方面的重要作用。积极发挥计划生育协会作用,加强基层能力建设,做好宣传教育、生殖健康咨询服务、优生优育指导、计划生育家庭帮扶、权益维护、家庭健康促进等工作。鼓励社会组织开展健康知识普及、婴幼儿照护服务等公益活动。以满足老年人生活需求和营造婴幼儿健康成长环境为导向,开展活力发展城市创建活动。

(二十七)深化战略研究。面向建设社会主义现代化强国和实现中华民族伟大复兴,持续深化国家人口中长期发展战略和区域人口发展规划研究,完善人口空间布局,优化人力资源配置。加强新时代中国特色人口学科和理论体系建设,发展人口研究高端智库,促进国际交流合作。

(二十八)做好宣传引导。加强政策宣传解读,把各地区各部门和全社会的思想行动统一到党中央重大决策部署上来,引导社会各界正确认识人口的结构性变化,弘扬主旋律、汇聚正能量,及时妥善回应社会关切,营造良好氛围。弘扬中华民族传统美德,尊重生育的社会价值,提倡适龄婚育、优生优育,鼓励夫妻共担育儿责任,破除高价彩礼等陈规陋习,构建新型婚育文化。

(二十九)加强工作督导。各省(自治区、直辖市)要按照本决定要求,制定实施方案,狠抓任务落实,及时研究解决苗头性、倾向性问题,确保优化生育政策取得积极成效。各省(自治区、直辖市)党委和政府每年要向党中央、国务院报告本地区人口工作情况,中央将适时开展督查。

四、继　承

资料补充栏

1. 总　类

中华人民共和国民法典（节录）

1. 2020年5月28日第十三届全国人民代表大会第三次会议通过
2. 2020年5月28日中华人民共和国主席令第45号公布
3. 自2021年1月1日起施行

第六编　继　　承

第一章　一 般 规 定

第一千一百一十九条　【继承编的调整范围】本编调整因继承产生的民事关系。

第一千一百二十条　【继承权受国家保护】国家保护自然人的继承权。

第一千一百二十一条　【继承开始的时间及死亡先后的推定】继承从被继承人死亡时开始。

相互有继承关系的数人在同一事件中死亡，难以确定死亡时间的，推定没有其他继承人的人先死亡。都有其他继承人，辈份不同的，推定长辈先死亡；辈份相同的，推定同时死亡，相互不发生继承。

第一千一百二十二条　【遗产的定义】遗产是自然人死亡时遗留的个人合法财产。

依照法律规定或者根据其性质不得继承的遗产，不得继承。

第一千一百二十三条　【法定继承、遗嘱继承、遗赠和遗赠扶养协议的效力】继承开始后，按照法定继承办理；有遗嘱的，按照遗嘱继承或者遗赠办理；有遗赠扶养协议的，按照协议办理。

第一千一百二十四条　【继承、受遗赠的接受和放弃】继承开始后，继承人放弃继承的，应当在遗产处理前，以书面形式作出放弃继承的表示；没有表示的，视为接受继承。

受遗赠人应当在知道受遗赠后六十日内，作出接受或者放弃受遗赠的表示；到期没有表示的，视为放弃受遗赠。

第一千一百二十五条　【继承权的丧失和恢复】继承人有下列行为之一的，丧失继承权：

（一）故意杀害被继承人；

（二）为争夺遗产而杀害其他继承人；

（三）遗弃被继承人，或者虐待被继承人情节严重；

（四）伪造、篡改、隐匿或者销毁遗嘱，情节严重；

（五）以欺诈、胁迫手段迫使或者妨碍被继承人设立、变更或者撤回遗嘱，情节严重。

继承人有前款第三项至第五项行为，确有悔改表现，被继承人表示宽恕或者事后在遗嘱中将其列为继承人的，该继承人不丧失继承权。

受遗赠人有本条第一款规定行为的，丧失受遗赠权。

第二章　法 定 继 承

第一千一百二十六条　【男女平等享有继承权】继承权男女平等。

第一千一百二十七条　【法定继承人的范围及继承顺序】遗产按照下列顺序继承：

（一）第一顺序：配偶、子女、父母；

（二）第二顺序：兄弟姐妹、祖父母、外祖父母。

继承开始后，由第一顺序继承人继承，第二顺序继承人不继承；没有第一顺序继承人继承的，由第二顺序继承人继承。

本编所称子女，包括婚生子女、非婚生子女、养子女和有扶养关系的继子女。

本编所称父母，包括生父母、养父母和有扶养关系的继父母。

本编所称兄弟姐妹，包括同父母的兄弟姐妹、同父异母或者同母异父的兄弟姐妹、养兄弟姐妹、有扶养关系的继兄弟姐妹。

第一千一百二十八条　【代位继承】被继承人的子女先于被继承人死亡的，由被继承人的子女的直系晚辈血亲代位继承。

被继承人的兄弟姐妹先于被继承人死亡的，由被继承人的兄弟姐妹的子女代位继承。

代位继承人一般只能继承被代位继承人有权继承的遗产份额。

第一千一百二十九条　【丧偶儿媳、丧偶女婿的继承权】丧偶儿媳对公婆，丧偶女婿对岳父母，尽了主要赡养义务的，作为第一顺序继承人。

第一千一百三十条　【遗产分配的原则】同一顺序继承人继承遗产的份额，一般应当均等。

对生活有特殊困难又缺乏劳动能力的继承人，分配遗产时，应当予以照顾。

对被继承人尽了主要扶养义务或者与被继承人共同生活的继承人，分配遗产时，可以多分。

有扶养能力和有扶养条件的继承人，不尽扶养义务的，分配遗产时，应当不分或者少分。

继承人协商同意的，也可以不均等。

第一千一百三十一条 【酌情分得遗产权】对继承人以外的依靠被继承人扶养的人，或者继承人以外的对被继承人扶养较多的人，可以分给适当的遗产。

第一千一百三十二条 【继承处理方式】继承人应当本着互谅互让、和睦团结的精神，协商处理继承问题。遗产分割的时间、办法和份额，由继承人协商确定；协商不成的，可以由人民调解委员会调解或者向人民法院提起诉讼。

第三章 遗嘱继承和遗赠

第一千一百三十三条 【遗嘱处分个人财产】自然人可以依照本法规定立遗嘱处分个人财产，并可以指定遗嘱执行人。

自然人可以立遗嘱将个人财产指定由法定继承人中的一人或者数人继承。

自然人可以立遗嘱将个人财产赠与国家、集体或者法定继承人以外的组织、个人。

自然人可以依法设立遗嘱信托。

第一千一百三十四条 【自书遗嘱】自书遗嘱由遗嘱人亲笔书写，签名，注明年、月、日。

第一千一百三十五条 【代书遗嘱】代书遗嘱应当有两个以上见证人在场见证，由其中一人代书，并由遗嘱人、代书人和其他见证人签名，注明年、月、日。

第一千一百三十六条 【打印遗嘱】打印遗嘱应当有两个以上见证人在场见证。遗嘱人和见证人应当在遗嘱每一页签名，注明年、月、日。

第一千一百三十七条 【录音录像遗嘱】以录音录像形式立的遗嘱，应当有两个以上见证人在场见证。遗嘱人和见证人应当在录音录像中记录其姓名或者肖像，以及年、月、日。

第一千一百三十八条 【口头遗嘱】遗嘱人在危急情况下，可以立口头遗嘱。口头遗嘱应当有两个以上见证人在场见证。危急情况消除后，遗嘱人能够以书面或者录音录像形式立遗嘱的，所立的口头遗嘱无效。

第一千一百三十九条 【公证遗嘱】公证遗嘱由遗嘱人经公证机构办理。

第一千一百四十条 【遗嘱见证人资格的限制性规定】下列人员不能作为遗嘱见证人：

（一）无民事行为能力人、限制民事行为能力人以及其他不具有见证能力的人；

（二）继承人、受遗赠人；

（三）与继承人、受遗赠人有利害关系的人。

第一千一百四十一条 【必留份】遗嘱应当为缺乏劳动能力又没有生活来源的继承人保留必要的遗产份额。

第一千一百四十二条 【遗嘱的撤回、变更以及遗嘱效力顺位】遗嘱人可以撤回、变更自己所立的遗嘱。

立遗嘱后，遗嘱人实施与遗嘱内容相反的民事法律行为的，视为对遗嘱相关内容的撤回。

立有数份遗嘱，内容相抵触的，以最后的遗嘱为准。

第一千一百四十三条 【遗嘱无效】无民事行为能力人或者限制民事行为能力人所立的遗嘱无效。

遗嘱必须表示遗嘱人的真实意思，受欺诈、胁迫所立的遗嘱无效。

伪造的遗嘱无效。

遗嘱被篡改的，篡改的内容无效。

第一千一百四十四条 【附义务遗嘱】遗嘱继承或者遗赠附有义务的，继承人或者受遗赠人应当履行义务。没有正当理由不履行义务的，经利害关系人或者有关组织请求，人民法院可以取消其接受附义务部分遗产的权利。

第四章 遗产的处理

第一千一百四十五条 【遗产管理人的选任】继承开始后，遗嘱执行人为遗产管理人；没有遗嘱执行人的，继承人应当及时推选遗产管理人；继承人未推选的，由继承人共同担任遗产管理人；没有继承人或者继承人均放弃继承的，由被继承人生前住所地的民政部门或者村民委员会担任遗产管理人。

第一千一百四十六条 【遗产管理人的指定】对遗产管理人的确定有争议的，利害关系人可以向人民法院申请指定遗产管理人。

第一千一百四十七条 【遗产管理人的职责】遗产管理人应当履行下列职责：

（一）清理遗产并制作遗产清单；

（二）向继承人报告遗产情况；

（三）采取必要措施防止遗产毁损、灭失；

（四）处理被继承人的债权债务；

（五）按照遗嘱或者依照法律规定分割遗产；

（六）实施与管理遗产有关的其他必要行为。

第一千一百四十八条　【遗产管理人未尽职责的民事责任】遗产管理人应当依法履行职责，因故意或者重大过失造成继承人、受遗赠人、债权人损害的，应当承担民事责任。

第一千一百四十九条　【遗产管理人的报酬】遗产管理人可以依照法律规定或者按照约定获得报酬。

第一千一百五十条　【继承开始后的通知】继承开始后，知道被继承人死亡的继承人应当及时通知其他继承人和遗嘱执行人。继承人中无人知道被继承人死亡或者知道被继承人死亡而不能通知的，由被继承人生前所在单位或者住所地的居民委员会、村民委员会负责通知。

第一千一百五十一条　【遗产的保管】存有遗产的人，应当妥善保管遗产，任何组织或者个人不得侵吞或者争抢。

第一千一百五十二条　【转继承】继承开始后，继承人于遗产分割前死亡，并没有放弃继承的，该继承人应当继承的遗产转给其继承人，但是遗嘱另有安排的除外。

第一千一百五十三条　【遗产的确定】夫妻共同所有的财产，除有约定的外，遗产分割时，应当先将共同所有的财产的一半分出为配偶所有，其余的为被继承人的遗产。

遗产在家庭共有财产之中的，遗产分割时，应当先分出他人的财产。

第一千一百五十四条　【法定继承的适用范围】有下列情形之一的，遗产中的有关部分按照法定继承办理：

（一）遗嘱继承人放弃继承或者受遗赠人放弃受遗赠；

（二）遗嘱继承人丧失继承权或者受遗赠人丧失受遗赠权；

（三）遗嘱继承人、受遗赠人先于遗嘱人死亡或者终止；

（四）遗嘱无效部分所涉及的遗产；

（五）遗嘱未处分的遗产。

第一千一百五十五条　【胎儿预留份】遗产分割时，应当保留胎儿的继承份额。胎儿娩出时是死体的，保留的份额按照法定继承办理。

第一千一百五十六条　【遗产分割的原则和方法】遗产分割应当有利于生产和生活需要，不损害遗产的效用。

不宜分割的遗产，可以采取折价、适当补偿或者共有等方法处理。

第一千一百五十七条　【再婚时对所继承遗产的处分权】夫妻一方死亡后另一方再婚的，有权处分所继承的财产，任何组织或者个人不得干涉。

第一千一百五十八条　【遗赠扶养协议】自然人可以与继承人以外的组织或者个人签订遗赠扶养协议。按照协议，该组织或者个人承担该自然人生养死葬的义务，享有受遗赠的权利。

第一千一百五十九条　【遗产分割时的义务】分割遗产，应当清偿被继承人依法应当缴纳的税款和债务；但是，应当为缺乏劳动能力又没有生活来源的继承人保留必要的遗产。

第一千一百六十条　【无人继承遗产的归属】无人继承又无人受遗赠的遗产，归国家所有，用于公益事业；死者生前是集体所有制组织成员的，归所在集体所有制组织所有。

第一千一百六十一条　【继承人对遗产债务的清偿责任】继承人以所得遗产实际价值为限清偿被继承人依法应当缴纳的税款和债务。超过遗产实际价值部分，继承人自愿偿还的不在此限。

继承人放弃继承的，对被继承人依法应当缴纳的税款和债务可以不负清偿责任。

第一千一百六十二条　【遗赠与遗产税款、债务清偿】执行遗赠不得妨碍清偿遗赠人依法应当缴纳的税款和债务。

第一千一百六十三条　【既有法定继承又有遗嘱继承、遗赠时税款和债务的清偿】既有法定继承又有遗嘱继承、遗赠的，由法定继承人清偿被继承人依法应当缴纳的税款和债务；超过法定继承遗产实际价值部分，由遗嘱继承人和受遗赠人按比例以所得遗产清偿。

中华人民共和国国家赔偿法(节录)

1. 1994年5月12日第八届全国人民代表大会常务委员会第七次会议通过
2. 根据2010年4月29日第十一届全国人民代表大会常务委员会第十四次会议《关于修改〈中华人民共和国国家赔偿法〉的决定》第一次修正
3. 根据2012年10月26日第十一届全国人民代表大会常务委员会第二十九次会议《关于修改〈中华人民共和国国家赔偿法〉的决定》第二次修正

第六条 【行政赔偿请求人】受害的公民、法人和其他组织有权要求赔偿。

受害的公民死亡,其继承人和其他有扶养关系的亲属有权要求赔偿。

受害的法人或者其他组织终止的,其权利承受人有权要求赔偿。

第三十四条 【生命健康权的国家赔偿标准】侵犯公民生命健康权的,赔偿金按照下列规定计算:

(一)造成身体伤害的,应当支付医疗费、护理费,以及赔偿因误工减少的收入。减少的收入每日的赔偿金按照国家上年度职工日平均工资计算,最高额为国家上年度职工年平均工资的五倍;

(二)造成部分或者全部丧失劳动能力的,应当支付医疗费、护理费、残疾生活辅助具费、康复费等因残疾而增加的必要支出和继续治疗所必需的费用,以及残疾赔偿金。残疾赔偿金根据丧失劳动能力的程度,按照国家规定的伤残等级确定,最高不超过国家上年度职工年平均工资的二十倍。造成全部丧失劳动能力的,对其扶养的无劳动能力的人,还应当支付生活费;

(三)造成死亡的,应当支付死亡赔偿金、丧葬费,总额为国家上年度职工年平均工资的二十倍。对死者生前扶养的无劳动能力的人,还应当支付生活费。

前款第二项、第三项规定的生活费的发放标准,参照当地最低生活保障标准执行。被扶养的人是未成年人的,生活费给付至十八周岁止;其他无劳动能力的人,生活费给付至死亡时止。

中华人民共和国
农村土地承包法(节录)

1. 2002年8月29日第九届全国人民代表大会常务委员会第二十九次会议通过
2. 根据2009年8月27日第十一届全国人民代表大会常务委员会第十次会议《关于修改部分法律的决定》第一次修正
3. 根据2018年12月29日第十三届全国人民代表大会常务委员会第七次会议《关于修改〈中华人民共和国农村土地承包法〉的决定》第二次修正

第三十二条 【承包继承】承包人应得的承包收益,依照继承法的规定继承。

林地承包的承包人死亡,其继承人可以在承包期内继续承包。

第五十四条 【土地经营权继承】依照本章规定通过招标、拍卖、公开协商等方式取得土地经营权的,该承包人死亡,其应得的承包收益,依照继承法的规定继承;在承包期内,其继承人可以继续承包。

中华人民共和国保险法(节录)

1. 1995年6月30日第八届全国人民代表大会常务委员会第十四次会议通过
2. 根据2002年10月28日第九届全国人民代表大会常务委员会第三十次会议《关于修改〈中华人民共和国保险法〉的决定》第一次修正
3. 2009年2月28日第十一届全国人民代表大会常务委员会第七次会议修订
4. 根据2014年8月31日第十二届全国人民代表大会常务委员会第十次会议《关于修改〈中华人民共和国保险法〉等五部法律的决定》第二次修正
5. 根据2015年4月24日第十二届全国人民代表大会常务委员会第十四次会议《关于修改〈中华人民共和国计量法〉等五部法律的决定》第三次修正

第三十条 【保险合同格式条款的解释规则】采用保险人提供的格式条款订立的保险合同,保险人与投保人、被保险人或者受益人对合同条款有争议的,应当按照通常理解予以解释。对合同条款有两种以上解释的，人民法院或者仲裁机构应当作出有利于被保险人和受益人的解释。

第三十一条 【人身保险的保险利益及效力】投保人对下列人员具有保险利益：

（一）本人；

（二）配偶、子女、父母；

（三）前项以外与投保人有抚养、赡养或者扶养关系的家庭其他成员、近亲属；

（四）与投保人有劳动关系的劳动者。

除前款规定外，被保险人同意投保人为其订立合同的，视为投保人对被保险人具有保险利益。

订立合同时，投保人对被保险人不具有保险利益的，合同无效。

第三十二条 【误告年龄的后果】投保人申报的被保险人年龄不真实，并且其真实年龄不符合合同约定的年龄限制的，保险人可以解除合同，并按照合同约定退还保险单的现金价值。保险人行使合同解除权，适用本法第十六条第三款、第六款的规定。

投保人申报的被保险人年龄不真实，致使投保人支付的保险费少于应付保险费的，保险人有权更正并要求投保人补交保险费，或者在给付保险金时按照实付保险费与应付保险费的比例支付。

投保人申报的被保险人年龄不真实，致使投保人支付的保险费多于应付保险费的，保险人应当将多收的保险费退还投保人。

第三十三条 【为无民事行为能力人投保死亡保险的禁止及例外】投保人不得为无民事行为能力人投保以死亡为给付保险金条件的人身保险，保险人也不得承保。

父母为其未成年子女投保的人身保险，不受前款规定限制。但是，因被保险人死亡给付的保险金总和不得超过国务院保险监督管理机构规定的限额。

第三十四条 【订立普通死亡保险合同的限制及其保单流转】以死亡为给付保险金条件的合同，未经被保险人同意并认可保险金额的，合同无效。

按照以死亡为给付保险金条件的合同所签发的保险单，未经被保险人书面同意，不得转让或者质押。

父母为其未成年子女投保的人身保险，不受本条第一款规定限制。

第三十五条 【保险费的支付方式】投保人可以按照合同约定向保险人一次支付全部保险费或者分期支付保险费。

第三十六条 【缴付保险费的宽限期及逾期缴付的后果】合同约定分期支付保险费，投保人支付首期保险费后，除合同另有约定外，投保人自保险人催告之日起超过三十日未支付当期保险费，或者超过约定的期限六十日未支付当期保险费的，合同效力中止，或者由保险人按照合同约定的条件减少保险金额。

被保险人在前款规定期限内发生保险事故的，保险人应当按照合同约定给付保险金，但可以扣减欠交的保险费。

第三十七条 【保险合同的复效及未复效的后果】合同效力依照本法第三十六条规定中止的，经保险人与投保人协商并达成协议，在投保人补交保险费后，合同效力恢复。但是，自合同效力中止之日起满二年双方未达成协议的，保险人有权解除合同。

保险人依照前款规定解除合同的，应当按照合同约定退还保险单的现金价值。

第三十八条 【以诉讼方式请求人寿保险费的禁止】保险人对人寿保险的保险费，不得用诉讼方式要求投保人支付。

第三十九条 【受益人的指定】人身保险的受益人由被保险人或者投保人指定。

投保人指定受益人时须经被保险人同意。投保人为与其有劳动关系的劳动者投保人身保险，不得指定被保险人及其近亲属以外的人为受益人。

被保险人为无民事行为能力人或者限制民事行为能力人的，可以由其监护人指定受益人。

第四十条 【受益人的顺序及份额】被保险人或者投保人可以指定一人或者数人为受益人。

受益人为数人的，被保险人或者投保人可以确定受益顺序和受益份额；未确定受益份额的，受益人按照相等份额享有受益权。

第四十一条 【受益人的变更】被保险人或者投保人可以变更受益人并书面通知保险人。保险人收到变更受益人的书面通知后，应当在保险单或者其他保险凭证上批注或者附贴批单。

投保人变更受益人时须经被保险人同意。

第四十二条 【保险金作为被保险人遗产的情形】被保险人死亡后，有下列情形之一的，保险金作为被保险人的遗产，由保险人依照《中华人民共和国继承法》

的规定履行给付保险金的义务：

（一）没有指定受益人，或者受益人指定不明无法确定的；

（二）受益人先于被保险人死亡，没有其他受益人的；

（三）受益人依法丧失受益权或者放弃受益权，没有其他受益人的。

受益人与被保险人在同一事件中死亡，且不能确定死亡先后顺序的，推定受益人死亡在先。

第四十三条 【故意造成保险事故的后果及受益权的丧失】投保人故意造成被保险人死亡、伤残或者疾病的，保险人不承担给付保险金的责任。投保人已交足二年以上保险费的，保险人应当按照合同约定向其他权利人退还保险单的现金价值。

受益人故意造成被保险人死亡、伤残、疾病的，或者故意杀害被保险人未遂的，该受益人丧失受益权。

第四十四条 【保险人的免责事由(一) 被保险人自杀】以被保险人死亡为给付保险金条件的合同，自合同成立或者合同效力恢复之日起二年内，被保险人自杀的，保险人不承担给付保险金的责任，但被保险人自杀时为无民事行为能力人的除外。

保险人依照前款规定不承担给付保险金责任的，应当按照合同约定退还保险单的现金价值。

第四十五条 【保险人的免责事由(二) 被保险人犯罪】因被保险人故意犯罪或者抗拒依法采取的刑事强制措施导致其伤残或者死亡的，保险人不承担给付保险金的责任。投保人已交足二年以上保险费的，保险人应当按照合同约定退还保险单的现金价值。

第四十六条 【人寿保险代位追偿权的禁止】被保险人因第三者的行为而发生死亡、伤残或者疾病等保险事故的，保险人向被保险人或者受益人给付保险金后，不享有向第三者追偿的权利，但被保险人或者受益人仍有权向第三者请求赔偿。

第四十七条 【保单不丧失价值】投保人解除合同的，保险人应当自收到解除合同通知之日起三十日内，按照合同约定退还保险单的现金价值。

第四十八条 【保险利益的存在时间】保险事故发生时，被保险人对保险标的不具有保险利益的，不得向保险人请求赔偿保险金。

第四十九条 【转让保险标的的效力】保险标的转让的，保险标的的受让人承继被保险人的权利和义务。

保险标的转让的，被保险人或者受让人应当及时通知保险人，但货物运输保险合同和另有约定的合同除外。

因保险标的转让导致危险程度显著增加的，保险人自收到前款规定的通知之日起三十日内，可以按照合同约定增加保险费或者解除合同。保险人解除合同的，应当将已收取的保险费，按照合同约定扣除自保险责任开始之日起至合同解除之日止应收的部分后，退还投保人。

被保险人、受让人未履行本条第二款规定的通知义务的，因转让导致保险标的的危险程度显著增加而发生的保险事故，保险人不承担赔偿保险金的责任。

第五十条 【运输类保险合同解除权的禁止】货物运输保险合同和运输工具航程保险合同，保险责任开始后，合同当事人不得解除合同。

第五十一条 【维护保险标的的安全义务】被保险人应当遵守国家有关消防、安全、生产操作、劳动保护等方面的规定，维护保险标的的安全。

保险人可以按照合同约定对保险标的的安全状况进行检查，及时向投保人、被保险人提出消除不安全因素和隐患的书面建议。

投保人、被保险人未按照约定履行其对保险标的的安全应尽责任的，保险人有权要求增加保险费或者解除合同。

保险人为维护保险标的的安全，经被保险人同意，可以采取安全预防措施。

第五十二条 【危险程度增加的通知义务】在合同有效期内，保险标的的危险程度显著增加的，被保险人应当按照合同约定及时通知保险人，保险人可以按照合同约定增加保险费或者解除合同。保险人解除合同的，应当将已收取的保险费，按照合同约定扣除自保险责任开始之日起至合同解除之日止应收的部分后，退还投保人。

被保险人未履行前款规定的通知义务的，因保险标的的危险程度显著增加而发生的保险事故，保险人不承担赔偿保险金的责任。

第五十三条 【减收保险费的情形】有下列情形之一的，除合同另有约定外，保险人应当降低保险费，并按日计算退还相应的保险费：

（一）据以确定保险费率的有关情况发生变化，保险标的的危险程度明显减少的；

（二）保险标的的保险价值明显减少的。

第五十四条 【投保人的解除权及其效力】保险责任开始前，投保人要求解除合同的，应当按照合同约定向保险人支付手续费，保险人应当退还保险费。保险责任开始后，投保人要求解除合同的，保险人应当将已收取的保险费，按照合同约定扣除自保险责任开始之日起至合同解除之日止应收的部分后，退还投保人。

第五十五条 【定值与不定值保险以及超额与不足额保险的效力】投保人和保险人约定保险标的的保险价值并在合同中载明的，保险标的发生损失时，以约定的保险价值为赔偿计算标准。

投保人和保险人未约定保险标的的保险价值的，保险标的发生损失时，以保险事故发生时保险标的的实际价值为赔偿计算标准。

保险金额不得超过保险价值。超过保险价值的，超过部分无效，保险人应当退还相应的保险费。

保险金额低于保险价值的，除合同另有约定外，保险人按照保险金额与保险价值的比例承担赔偿保险金的责任。

第五十六条 【重复保险的定义及效力】重复保险的投保人应当将重复保险的有关情况通知各保险人。

重复保险的各保险人赔偿保险金的总和不得超过保险价值。除合同另有约定外，各保险人按照其保险金额与保险金额总和的比例承担赔偿保险金的责任。

重复保险的投保人可以就保险金额总和超过保险价值的部分，请求各保险人按比例返还保险费。

重复保险是指投保人对同一保险标的、同一保险利益、同一保险事故分别与两个以上保险人订立保险合同，且保险金额总和超过保险价值的保险。

第五十七条 【防止与减少保险标的损失的义务】保险事故发生时，被保险人应当尽力采取必要的措施，防止或者减少损失。

保险事故发生后，被保险人为防止或者减少保险标的的损失所支付的必要的、合理的费用，由保险人承担；保险人所承担的费用数额在保险标的损失赔偿金额以外另行计算，最高不超过保险金额的数额。

第五十八条 【保险标的部分损失时的合同解除权】保险标的发生部分损失的，自保险人赔偿之日起三十日内，投保人可以解除合同；除合同另有约定外，保险人也可以解除合同，但应当提前十五日通知投保人。

合同解除的，保险人应当将保险标的未受损失部分的保险费，按照合同约定扣除自保险责任开始之日起至合同解除之日止应收的部分后，退还投保人。

第五十九条 【保险标的的权利归属】保险事故发生后，保险人已支付了全部保险金额，并且保险金额等于保险价值的，受损保险标的的全部权利归于保险人；保险金额低于保险价值的，保险人按照保险金额与保险价值的比例取得受损保险标的的部分权利。

第六十条 【保险人代位权的行使】因第三者对保险标的的损害而造成保险事故的，保险人自向被保险人赔偿保险金之日起，在赔偿金额范围内代位行使被保险人对第三者请求赔偿的权利。

前款规定的保险事故发生后，被保险人已经从第三者取得损害赔偿的，保险人赔偿保险金时，可以相应扣减被保险人从第三者已取得的赔偿金额。

保险人依照本条第一款规定行使代位请求赔偿的权利，不影响被保险人就未取得赔偿的部分向第三者请求赔偿的权利。

第六十一条 【被保险人追偿权的放弃与限制】保险事故发生后，保险人未赔偿保险金之前，被保险人放弃对第三者请求赔偿的权利的，保险人不承担赔偿保险金的责任。

保险人向被保险人赔偿保险金后，被保险人未经保险人同意放弃对第三者请求赔偿的权利的，该行为无效。

被保险人故意或者因重大过失致使保险人不能行使代位请求赔偿的权利的，保险人可以扣减或者要求返还相应的保险金。

第六十二条 【保险人代位权行使的禁止】除被保险人的家庭成员或者其组成人员故意造成本法第六十条第一款规定的保险事故外，保险人不得对被保险人的家庭成员或者其组成人员行使代位请求赔偿的权利。

第六十三条 【被保险人对代位权行使的协助】保险人向第三者行使代位请求赔偿的权利时，被保险人应当向保险人提供必要的文件和所知道的有关情况。

第六十四条 【查明及确定保险事故费用的承担】保险人、被保险人为查明和确定保险事故的性质、原因和保险标的的损失程度所支付的必要的、合理的费用，由保险人承担。

第六十五条 【责任保险的定义、赔付及第三人的直接

请求权】保险人对责任保险的被保险人给第三者造成的损害，可以依照法律的规定或者合同的约定，直接向该第三者赔偿保险金。

责任保险的被保险人给第三者造成损害，被保险人对第三者应负的赔偿责任确定的，根据被保险人的请求，保险人应当直接向该第三者赔偿保险金。被保险人怠于请求的，第三者有权就其应获赔偿部分直接向保险人请求赔偿保险金。

责任保险的被保险人给第三者造成损害，被保险人未向该第三者赔偿的，保险人不得向被保险人赔偿保险金。

责任保险是指以被保险人对第三者依法应负的赔偿责任为保险标的的保险。

第六十六条　【责任保险中保险人承担保险责任的范围】责任保险的被保险人因给第三者造成损害的保险事故而被提起仲裁或者诉讼的，被保险人支付的仲裁或者诉讼费用以及其他必要的、合理的费用，除合同另有约定外，由保险人承担。

中华人民共和国合伙企业法（节录）

1. 1997年2月23日第八届全国人民代表大会常务委员会第二十四次会议通过
2. 2006年8月27日第十届全国人民代表大会常务委员会第二十三次会议修订
3. 自2007年6月1日起施行

第五十条　【合伙财产份额的继承】合伙人死亡或者被依法宣告死亡的，对该合伙人在合伙企业中的财产份额享有合法继承权的继承人，按照合伙协议的约定或者经全体合伙人一致同意，从继承开始之日起，取得该合伙企业的合伙人资格。

有下列情形之一的，合伙企业应当向合伙人的继承人退还被继承合伙人的财产份额：

（一）继承人不愿意成为合伙人；

（二）法律规定或者合伙协议约定合伙人必须具有相关资格，而该继承人未取得该资格；

（三）合伙协议约定不能成为合伙人的其他情形。

合伙人的继承人为无民事行为能力人或者限制民事行为能力人的，经全体合伙人一致同意，可以依法成为有限合伙人，普通合伙企业依法转为有限合伙企业。全体合伙人未能一致同意的，合伙企业应当将被继承合伙人的财产份额退还该继承人。

第五十一条　【退伙结算】合伙人退伙，其他合伙人应当与该退伙人按照退伙时的合伙企业财产状况进行结算，退还退伙人的财产份额。退伙人对给合伙企业造成的损失负有赔偿责任的，相应扣减其应当赔偿的数额。

退伙时有未了结的合伙企业事务的，待该事务了结后进行结算。

第五十二条　【合伙财产份额的退还】退伙人在合伙企业中财产份额的退还办法，由合伙协议约定或者由全体合伙人决定，可以退还货币，也可以退还实物。

第五十三条　【退伙后的责任】退伙人对基于其退伙前的原因发生的合伙企业债务，承担无限连带责任。

第五十四条　【退伙人的亏损分担】合伙人退伙时，合伙企业财产少于合伙企业债务的，退伙人应当依照本法第三十三条第一款的规定分担亏损。

中华全国律师协会律师承办继承法律业务操作指引

2013年6月中华全国律师协会发布

目　　录

第六节 执行程序中的律师代理
第四章 律师办理涉外、涉港澳台继承业务
第五章 附 则

第一章 总 则

第1条 为了指导律师承办继承业务，指导律师从事继承业务的执业行为，根据《中华人民共和国律师法》、《中华人民共和国继承法》及相关法律、法规，特制定本指引。

第2条 律师办理继承业务，应当坚持以事实为根据、以法律为准绳的原则，勤勉尽责、恪守律师执业纪律及职业道德，维护法律的正确实施，维护委托人的合法权益。

第3条 律师办理继承业务，应当依据委托人的委托，在委托权限内依法履行职责，诚实守信、审慎及时地完成委托人交付的各项法律事务。

第4条 律师办理继承业务，依法不得私自泄露当事人的个人隐私。

第5条 本指引旨在为全国律师办理继承业务提供指导意见和建议，并非强制性或规范性的规定，仅供律师在办理继承业务中参考。

第二章 律师办理继承非诉讼业务

第一节 律师接待遗嘱继承咨询

第6条 律师可以解释如下内容

6.1 律师可以向当事人说明遗嘱的含义。

遗嘱是立遗嘱人生前在法律允许的范围内，按照法律规定的方式对其遗产或其他事务所作的个人处分或安排，并于立遗嘱人死亡时才发生法律效力的法律行为。

6.2 律师可以向当事人说明遗嘱无效的情形主要有以下几种形式：

(1)无民事行为能力人或者限制民事行为能力人超越其行为能力所立的遗嘱无效；

(2)遗嘱必须表示立遗嘱人的真实意思，受胁迫、欺骗所立的遗嘱无效；

(3)伪造的遗嘱无效；

(4)遗嘱被篡改的，篡改的内容无效；

(5)违反现行法律强制性规范和违反社会公序良俗的遗嘱无效或部分无效；

(6)立遗嘱人立遗嘱处分属于国家、集体或他人所有财产的内容无效，处分国家禁止公民持有、禁止或限制流通的物品的内容无效。

6.3 律师可向当事人说明遗嘱可以处分财产的范围。

立遗嘱人立遗嘱处分的财产只能是立遗嘱人的个人合法财产，国家、集体或他人所有的财产，国家禁止公民持有、禁止或限制流通的物品都不能作为遗产进行处分。律师可询问立遗嘱人的婚姻状况，对已婚的应特别提醒在遗嘱中只能处分夫妻共同财产中属于立遗嘱人的份额。

对于其他共有财产，律师应当告知立遗嘱人只能处分属于自己的份额，也可以考虑进行析产后再设立遗嘱。

6.4 律师可以向当事人说明遗嘱处分财产内容变化的可能。

如果由于立遗嘱人生前的行为，使得遗嘱处分的财产在继承开始前灭失、部分灭失或所有权转移、部分转移的，遗嘱视为被撤销或部分被撤销。

6.5 律师应当向当事人说明遗嘱的形式。

遗嘱可以分为五种形式：公证遗嘱、自书遗嘱、代书遗嘱、口头遗嘱和录音遗嘱。

律师可以向当事人解释五种不同形式遗嘱的有效要件及相应的法律后果。

如当事人要求采用视频录像的方式立遗嘱，则律师可以提醒当事人，视频立遗嘱在我国没有明确的法律规定，也没有与其相应的法定遗嘱形式，故建议在以视频立遗嘱的同时，还需按法律规定的录音遗嘱的要求制作遗嘱。

6.6 律师可以向当事人说明遗嘱继承、遗赠与法定继承的区别：

遗嘱继承是按照立遗嘱人生前所立的合法有效的遗嘱来确定遗产继承人和遗产分割的一种继承方式；

遗赠是指被继承人以遗嘱的方式将个人财产赠与国家、集体或者法定继承人以外的人的民事法律行为；

法定继承是指在没有遗赠扶养协议和遗嘱，或者遗赠扶养协议和遗嘱无效的情况下，继承人根据法律规定的继承人范围、继承顺序和遗产分割原则取得被继承人遗产的方式。

6.7 律师可以向当事人解释适用遗嘱继承应具备的条件：

(1)被继承人立有遗嘱,并且遗嘱合法有效;

(2)没有与遗嘱相冲突的遗赠扶养协议;

(3)遗嘱继承人、受遗赠人未丧失、放弃继承权或受赠权。

6.8 律师可以向当事人解释适用遗赠须具备的条件:

(1)遗嘱合法有效;

(2)须受遗赠人未丧失或放弃受遗赠权。

6.9 律师可以提示当事人,有下列特殊情形时,遗产中的有关部分按法定继承办理:

(1)遗嘱继承人放弃继承或者受遗赠人放弃受遗赠的;

(2)遗嘱继承人丧失继承权的;

(3)遗嘱继承人、受遗赠人先于立遗嘱人死亡的;

(4)遗嘱无效部分所涉及的遗产;

(5)遗嘱未处分的遗产。

6.10 律师可以向当事人解释遗产的范围,遗产是公民死亡时遗留的个人合法财产,包括:

(1)公民的收入;

(2)公民的房屋、储蓄和生活用品;

(3)公民的林木、牲畜和家禽;

(4)公民的文物、图书资料;

(5)法律允许公民所有的生产资料;

(6)公民的著作权、专利权中的财产权利;

(7)股份有限公司的股份、有限责任公司的出资、合伙企业中的出资、独资企业的投资等企业出资权益;

(8)有价证券及收益;

(9)公民的履行标的为财物的债权;

(10)荒山、荒沟、荒丘、荒滩承包经营权、林地承包经营权、海域使用权;

(11)公民的其他合法财产。

6.11 律师可以提示立遗嘱人,下列权利并非遗产,遗嘱中处分无效:

(1)耕地承包经营权、草地承包经营权、宅基地使用权及其他与人身紧密相关的专属性的财产权。

律师可向当事人说明,虽然以上财产权益不能作为遗产进行继承,但根据法律规定,若其他家庭成员符合继续经营、使用的法律条件者还可通过其他途径争取继续经营、使用。

(2)采矿权、狩猎权、渔业权、水资源使用权、海洋使用权、空间使用权及其他需通过法定的特别程序依法才能取得的国有资源的使用权。

律师可向当事人说明,虽然以上财产权益不能作为遗产进行继承,但继承人如想取得被继承人所享有的国有资源的使用权,可自行向国家相关机构进行申请,经核准后也可取得。

(3)丧葬费、抚恤金、被继承人死亡后其亲戚朋友给付的礼金、工伤赔偿款、侵权赔偿款等。

律师可向当事人说明,虽然以上财产权益不能作为遗产进行继承,但可建议当事人先用于法律或政策指定用途,若有剩余的,律师可以根据继承人的共同意愿指导他们按遗产的分割原则分割剩余款项。

6.12 继承契约目前并非法律明确规定的契约形式,一般认为,继承契约是指以发生继承法上的法律关系为目的的契约,律师在处理此类纠纷时应格外注意,充分考虑以此种形式处理继承问题的法律风险。对于当事人拟签订继承契约以解决生养死葬及遗产分配问题的,律师可以建议当事人优先考虑立遗嘱。

如当事人坚持签订继承契约的,由于继承契约的效力法律并无明确规定,律师可建议委托人仍有必要以法律规定的形式立遗嘱,以免日后发生继承纠纷。

6.13 立遗嘱人拟将遗产留给未成年子女等无民事行为能力、限制民事行为能力人,但指定监护人以外的人在一定时期内为遗产管理人(受托人)的,对遗产管理人(受托人)的选用应符合我国《信托法》或其他相关法律的规定。

就《信托法》而言,具体调整遗嘱信托的条款为《信托法》第13条之规定,遗嘱指定的人拒绝或者无能力担任受托人的,由受益人另行选任受托人;受益人为无民事行为能力人或者限制民事行为能力人的,依法由其监护人代行选任。遗嘱对选任受托人另有规定的,从其规定。

因该规定与《民法通则》的相关规定有冲突,并且目前就该冲突如何解决尚未确定,所以提示律师,可向立遗嘱人作出特别说明,由于遗产管理人的财产管理权和监护人对被监护人的财产管理权有一定的冲突,在法律无明确规定何者优先的情况下,将来有发生纠纷的可能性。

第7条 律师可以提醒当事人,继承开始后,继承人放弃继承的,应当在遗产处理前,作出放弃继承的表示。

没有表示的,视为接受继承。受遗赠人应当在知道受遗赠后两个月内,作出接受或者放弃受遗赠的表示,到期没有表示的,视为放弃受遗赠。

第8条　律师承办与遗嘱有关的法律业务时,可以向委托人了解以下情况:

8.1　律师可以询问立遗嘱人是否有配偶,遗嘱处分财产时是否与配偶协商过遗产的处理及分割方式。

8.2　律师应提醒立遗嘱人,不能擅自处分配偶及其他人的共有财产的份额。

8.3　律师可以询问立遗嘱人的法定继承人的自然状况,在处理财产时是否特别考虑了无劳动能力又无生活来源的继承人和未出生胎儿的遗产份额。

8.4　律师可以询问立遗嘱人处分财产中是否包含公司股权,并提醒立遗嘱人,公司股权的继承应首先依据公司章程处理,若公司章程未作说明而公司股东另有补充协议的,律师可告知公司股权继承应按补充协议处理。

立遗嘱人如对公司股权继承另有安排,律师可协助立遗嘱人提前与公司其他股东进行商议,依法修改章程或达成其他补充协议。

第9条　律师接受自书遗嘱咨询

9.1　律师可以告知当事人,自书遗嘱应如何书写:

(1)由立遗嘱人亲笔书写;

(2)由立遗嘱人亲笔签名;

若遗嘱有两页以上,需要立遗嘱人在每页签字确认;

(3)由立遗嘱人在遗嘱结尾注明年月日;

为避免先后立有多份遗嘱的情况,律师可建议当事人尽量采用公历日期,以避免日期混淆不清,影响遗嘱的最终效力;

(4)遗嘱应尽量不作涂改,以免产生遗嘱效力纠纷,如紧急情况下必须涂改的,应在涂改处签名并注明年月日。

9.2　律师可以提醒当事人,自书遗嘱使用打印件易引起纠纷,建议不要使用打印件。

9.3　若立遗嘱人因身体原因不便或不能书写,可建议立遗嘱人制作公证遗嘱,减少将来可能发生的法律风险。

9.4　律师应提醒当事人,遗嘱应当对缺乏劳动能力又没有生活来源的继承人和未出生的胎儿保留必要的遗产份额。

第10条　律师接受口头遗嘱咨询

10.1　因口头遗嘱易引发争议,律师应建议当事人一般不要以口头形式设立遗嘱。

10.2　律师应告知当事人,口头遗嘱必须符合以下几个条件:

(1)立遗嘱人必须是处在情况危急时刻;

(2)立遗嘱人立遗嘱时必须具有完全民事行为能力;

(3)应当有两个以上的无利害关系见证人在场见证;

(4)立遗嘱人要以口述形式表示其处理遗产的真实意思。

10.3　律师应向立遗嘱人说明口头遗嘱适用场合的特殊性:

(1)口头遗嘱一般只适用于立遗嘱人因病情危急或因其他原因导致生命极度危险的时刻;

(2)口头遗嘱须有两名无利害关系人在场见证方可有效;

(3)律师应向当事人说明口头遗嘱的失效情形,即危急情况解除后,立遗嘱人能够用书面或者录音形式立遗嘱的,所立的口头遗嘱无效,立遗嘱人可以及时将口头遗嘱变更为其他形式的遗嘱。

10.4　律师应告知当事人,下列人员不能作为遗嘱见证人:

(1)无行为能力人、限制行为能力人;

(2)继承人、受遗赠人;

(3)与继承人、受遗赠人有利害关系的人,共同经营的合伙人等也可能会被视为与继承人、受遗赠人有利害关系,尽量不要作为遗嘱的见证人;

(4)继承人、受遗赠人的债权人,继承人、受遗赠人的债务人。

以下其他形式遗嘱中的见证人的条件同样适用以上规定。

第11条　律师接受录音遗嘱咨询

11.1　律师应提示当事人,可优先采用自书遗嘱、公证遗嘱、律师见证方式订立遗嘱,还可告知当事人,若采用录音方式订立遗嘱,应尽量采用录音遗嘱与其他遗嘱相结合的方式,以确保遗嘱的法律效力,避免日后发生争议。

11.2 律师应提示当事人，要保证立遗嘱时所用录音设备完好、录音效果清晰，录音后应注意保存录音电子源文件或磁带原件。

11.3 律师应提示当事人，以录音方式订立遗嘱时，应由两个以上见证人在场见证，见证人条件符合《继承法》的规定。

11.4 录音遗嘱应由立遗嘱人亲自口述所立遗嘱的全部内容，立遗嘱人口述遗嘱时应当陈述自己的身份情况，并将其处分财产内容及处分方式陈述清楚。

11.5 律师可建议当事人，以录音方式订立遗嘱时，录入订立遗嘱的时间和地址的相关内容。

11.6 律师可以提示当事人，在录音时，可以由立遗嘱人说明在场见证人姓名、与本人的关系，并可以让见证人在录音中陈述自己的身份情况。

11.7 律师可建议当事人，在录音遗嘱录制完毕、经回放校对无误后将录音遗嘱的载体封存，并由立遗嘱人、见证人共同验证、签名、封存，并注明封存的年月日后妥善保存。

11.8 律师应提示当事人，一般不能用旁人的提问、立遗嘱人的摇头或点头来表示遗嘱内容，或者是以手势来表达所订立遗嘱的内容，以避免日后发生争议。

11.9 若立遗嘱人为聋哑人士的，则律师可建议立遗嘱人作公证遗嘱为妥。

第二节 律师代书遗嘱

第12条 律师代书遗嘱的含义

律师代书遗嘱，是指律师事务所接受立遗嘱人的委托，指派律师按立遗嘱人的意愿，代为书写遗嘱的行为。

第13条 律师代书责任的明确

律师代书遗嘱，建议可与立遗嘱人签订代书合同。

律师可以提示当事人，并尽量将提示的内容写入代书合同中，代书律师对于遗嘱所涉及财产是否客观存在以及该财产是否为立遗嘱人所有，不负审核查实的义务。

第14条 律师代书前的准备

14.1 律师代书遗嘱前，可与立遗嘱人沟通以下内容并可记入笔录：

(1)立遗嘱人的身份；

(2)立遗嘱人立遗嘱的原因和目的；

(3)立遗嘱人的第一、二顺序继承人的自然状况；

(4)立遗嘱人之前有无遗嘱或遗赠扶养协议，有无夫妻财产约定等协议；

(5)立遗嘱人处分的财产权属、该财产有无担保、抵押等他项权利情况；如系共有财产是否经过析产分割，及其他共有人的意见；

(6)了解有无缺乏劳动能力又没有生活来源的继承人，有无未出生的胎儿；

(7)其他认为需要了解的情况。

若律师制作谈话笔录，可由委托人签名确认。

14.2 律师代书遗嘱前，可观察了解：

(1)立遗嘱人订立遗嘱时意识是否清楚，能否正常表达自己的意思，有无认知能力，有无立遗嘱能力；

(2)立遗嘱人的意思表示是否真实，是否有受到欺诈、胁迫的情形。

律师只有在确认立遗嘱人可以表达其真实意思，并且能领会律师意见的情况下，才可以接受遗嘱代书业务。

14.3 律师为身患严重疾病或年长的立遗嘱人代书遗嘱，可建议由立遗嘱人及其家属从医院开具立遗嘱人“意识清醒、有认知力”或类似的医学证明，以证明立遗嘱人的行为能力符合立遗嘱的要求。

第15条 为避免纠纷，建议律师事务所应当与立遗嘱人就律师代书遗嘱订立书面委托合同。

第16条 律师应制作与立遗嘱人谈话笔录

16.1 律师与立遗嘱人签订委托代理合同时，应制作与立遗嘱人的谈话笔录。

16.2 谈话笔录内容包括但不限于：

(1)立遗嘱人的自然身份状况；

(2)立遗嘱人现在或曾经有无精神方面的疾病，有无其他影响其行为能力的疾病，立遗嘱时行为能力如何；

(3)立遗嘱人聘请律师代书遗嘱的意思表示；

(4)所立遗嘱的主要内容；

(5)立遗嘱人对于立遗嘱的法律后果是否理解；

(6)笔录制作的时间、地点、律师及立遗嘱人在谈话笔录上确认的签字；

(7)其他应当记入谈话笔录的内容。

第 17 条 律师代书遗嘱的具体工作

律师代书遗嘱一般包括以下几部分内容：

(1)立遗嘱人及遗嘱继承人、受遗赠人的姓名、性别、出生日期、住址、身份证号等；

(2)立遗嘱人与遗嘱继承人、受遗赠人的关系；

(3)除非立遗嘱人要求或为保护立遗嘱人的利益，遗嘱可以只注明“立遗嘱人名下全部遗产归某某所有”等笼统内容，否则律师应当尽量列清遗产目录；

(4)对财产的分配和有关事务的安排；

(5)如果有遗嘱执行人的还应写明执行人的姓名、性别、出生日期、住址及身份信息等基本信息，还应写明立遗嘱人委托其执行的事项；

(6)遗嘱制作日期。

第三节 律师遗嘱见证

第 18 条 律师遗嘱见证的含义

18.1 律师遗嘱见证，是指律师事务所应立遗嘱人的委托，指派两名以上的律师参与订立遗嘱的过程，并对立遗嘱人订立遗嘱过程予以证明的一种活动。

18.2 律师应向委托人说明，除非另有约定，律师仅对委托人身份、立遗嘱人订立遗嘱的过程以及立遗嘱人在遗嘱落款上签字确认这一法律行为的真实性见证，而对于遗嘱所涉及财产是否客观存在以及该财产是否存在权利瑕疵，不负审核查实义务，但为减少律师执业风险，建议律师要求当事人提供相关财产凭证，进行形式审核。说明过程应制作谈话笔录，并由委托人签字确认。谈话笔录应当存档，作为律师见证业务档案的组成部分。

第 19 条 律师见证书的制作程序

建议律师在做遗嘱见证业务时，考虑采取如下见证书制作程序：

(1)律师向委托人介绍我国继承法及相关法律、法规的规定，并听取委托人、遗嘱继承人、受遗赠人的基本情况；

(2)接受委托的律师事务所应与委托人签订委托合同；

(3)律师应与委托人制作谈话笔录；

(4)律师应整理、书面列明当事人提交的财产清单、财产权属证明等文件；

(5)如果委托合同有约定，律师可对遗嘱要处分的财产状况进行必要的调查审核；

(6)如果对立遗嘱人在立遗嘱时的精神状态产生疑问的，律师可请立遗嘱人或其亲属出具立遗嘱人具有完全民事行为能力的医学证明；

(7)立遗嘱人与两名律师均在场时，由立遗嘱人订立自书遗嘱或录音遗嘱或口头遗嘱，或由律师代书遗嘱；

(8)遗嘱订立完毕后，律师应询问立遗嘱人是否理解遗嘱内容，是否是其真实意思表示；

(9)律师制作见证书，由当场见证的律师签字，经律师事务所审核后，加盖律师事务所公章；

(10)按委托合同约定，见证书交立遗嘱人或遗嘱执行人保存，同时律师事务所将见证书及委托业务档案归档保存。

第 20 条 律师见证过程可进行全程录音录像，并将视听资料一并存档，便于将来查询。

第 21 条 律师遗嘱见证书的内容

律师遗嘱见证书可包括以下四个部分：

(1)首部。写明委托人的基本情况。

(2)如订立的是自书遗嘱，要有立遗嘱人签字及日期的书面遗嘱；如订立的是录音遗嘱，则应保存视听电子资料及相应的文字说明；如订立的是口头遗嘱，则代理律师应在见证书中记录立遗嘱人所立口头遗嘱的内容。

(3)见证条款或见证文书。见证律师应写明见证事项、见证材料、见证结论、见证时间。

(4)附项。附项中可对见证律师、立遗嘱人需补充说明的内容予以列明。

第 22 条 律师可以向当事人解释律师遗嘱见证与遗嘱公证的区别。

第四节 律师协助办理遗嘱公证业务

第 23 条 遗嘱公证是国家司法证明机关公证处按照法定程序证明立遗嘱人设立遗嘱行为真实、合法的活动。

第 24 条 律师可提示当事人，公证遗嘱的制作过程及公证遗嘱的效力，可根据当事人的委托协助其办理遗嘱公证业务。

第 25 条 办理公证遗嘱所需携带的材料

律师可提示当事人,在办理公证遗嘱时一般需携带的材料包括:

(1)境内当事人应提供居民身份证、户口簿;境外的,应提供护照或其他境外身份证件;

(2)立遗嘱涉及的财产凭证(如房屋产权证、存款证明、股权证明等);

(3)立遗嘱人的亲属关系证明;

(4)立遗嘱人先行草拟好的遗嘱;

(5)遗嘱中指定遗嘱执行人的,应提交执行人的身份证明;

(6)根据受理公证处的规定要提交的其他材料。

第26条 律师应询问当事人以前是否办过遗嘱公证。

立遗嘱人原来已办过公证遗嘱的,现需要变更或撤销原公证遗嘱的,律师应当提示当事人提交原来的遗嘱公证书,并尽量到原公证处办理。

第27条 律师可向委托人解释,自书、代书、录音、口头遗嘱不得撤销、变更公证遗嘱;立有数份遗嘱,内容相抵触的,以最后的遗嘱为准;但其中有公证遗嘱的,以最后所立的公证遗嘱为准。

律师可以提醒立遗嘱人,立遗嘱人可以撤回、变更自己所立的遗嘱,但如先前曾以公证方式立有遗嘱的,新遗嘱仍应以公证方式设立方为有效。

第五节 律师担任遗嘱执行人

第28条 律师事务所可以接受委托,指派律师作为遗嘱执行人。

律师作为遗嘱执行人执行遗嘱时,应当依法按照立遗嘱人的意愿忠实地履行自己的职责。

第29条 律师作为遗嘱执行人的依据

29.1 被继承人在遗嘱中指定律师作为遗嘱执行人。

29.2 被继承人生前与律师事务所签订委托合同约定相关事项。

29.3 被继承人虽然在遗嘱中没有指定律师作为遗嘱执行人,但在继承开始后,遗嘱继承人及受遗赠人对遗嘱没有争议且共同委托律师作为遗嘱执行人的。

第30条 律师作为遗嘱执行人的工作职责

30.1 律师作为遗嘱执行人,其主要任务是根据当事人的委托或者遗嘱的要求,按照遗嘱的内容进行遗产的分配和交割,促使遗嘱依法得以实现,避免和减少纠纷。

30.2 律师事务所可以与立遗嘱人订立有关立遗嘱人死亡后遗嘱执行的具体方式、流程以及报酬的支付方式的委托合同。

30.3 除遗嘱中另有特别规定外,遗嘱执行人可执行下列事务:

(1)对遗嘱的真实性、合法性以及遗嘱内容进行解释和说明;

(2)召集全体遗嘱继承人和受遗赠人,公开遗嘱内容;

(3)依据立遗嘱人或者全体继承人和受遗赠人的委托,清理遗产、登记造册;

(4)依据立遗嘱人或者全体继承人和受遗赠人的委托,保管与遗产有关的财产凭证;

(5)协助遗嘱继承人或受遗赠人达成遗产交接或分割协议;

(6)按照遗嘱内容将遗产最终转移交付给遗嘱继承人和受遗赠人;

(7)依据立遗嘱人或者全体继承人和受遗赠人的委托,排除各种执行遗嘱的妨碍;

(8)对遗嘱继承有争议时,遗嘱执行人可进行调解,但律师不应作为继承人或受遗赠人任何一方的委托代理人;

(9)遗嘱执行的其他事项。

律师办理上述业务时,可根据案件需要制作办案笔录,并要求相关当事人在笔录上签名。

第31条 律师应注意继承开始的时间

31.1 继承从被继承人生理死亡或被宣告死亡时开始。

31.2 失踪人被宣告死亡的,以法院判决中确定的失踪人的死亡日期为继承开始的时间。

第六节 律师承办法定继承业务

第32条 法定继承的含义

32.1 法定继承,是指被继承人死亡时没有立遗嘱或者所订立遗嘱无效或部分无效,其遗产继承按法律规定的继承人范围、顺序和分配原则进行继承的法律制度。

32.2 法定继承的顺序为:

(1)第一顺序继承人:配偶、子女、父母;

(2)第二顺序继承人:兄弟姐妹、祖父母、外祖父母。

继承开始后,由第一顺序继承人继承,第二顺序继承人不继承。没有第一顺序继承人继承的,由第二顺序继承人继承。

第一顺序继承人中的"子女",包括婚生子女、非婚生子女、养子女和有扶养关系的继子女。

第一顺序继承人中的"父母",包括生父母、养父母和有扶养关系的继父母。

第二顺序继承人中的"兄弟姐妹",包括同父母的兄弟姐妹、同父异母或者同母异父的兄弟姐妹、养兄弟姐妹、有扶养关系的继兄弟姐妹。

32.3　丧偶的儿媳对公、婆,丧偶的女婿对岳父、岳母,尽了主要赡养义务的,作为第一顺序继承人。

第33条　适用法定继承的情形

律师应注意,在遗产继承出现下列情形时,适用法定继承:

(1)没有遗赠,又没有合法遗嘱;

(2)遗嘱的继承人、受遗赠人先于立遗嘱人死亡;

(3)遗嘱继承人表示放弃继承;

(4)遗嘱继承人丧失继承权;

(5)遗嘱的受遗赠人表示放弃受遗赠;

(6)遗嘱的受遗赠人丧失受遗赠权;

(7)遗嘱全部无效;

(8)遗嘱部分无效情况下无效部分的遗产;

(9)遗嘱中为胎儿保留的特定遗产份额,如胎儿出生时是死胎,其为胎儿保留的份额适用法定继承;

(10)遗嘱未处分的遗产;

(11)其他适用法定继承的情形。

第34条　办理法定继承业务可询问的内容

律师承办法定继承业务时可以询问的内容:

(1)委托人及其亲属关系的基本情况;

(2)被继承人死亡的时间、地点、原因;

(3)可供继承的遗产范围及现有状况;

(4)遗产是否属于与他人共有财产;

(5)法定继承人的基本情况及范围;

(6)全体法定继承人对遗产的权属、范围有无争议;

(7)继承人以外的人对遗产的权属有无争议;

(8)继承人之间就继承事宜是否达成一致意见;

(9)被继承人有无养父母和养子女,有无具有扶养关系的继子女和继父母,有无非婚生子女和遗腹胎儿,有无代位继承与转继承的情况,以及代位继承人、转继承人与被继承人之间的关系;

(10)有无对被继承人尽了主要赡养义务的丧偶儿媳或丧偶女婿,有无继承人以外的依靠被继承人扶养的缺乏劳动能力又没有生活来源的人,有无继承人以外的对被继承人扶养较多的人;

(11)被继承人生前是否签订过遗赠扶养协议和立有遗嘱;

(12)其他可询问的事项。

第35条　若遗产为共有,律师可告知委托人应先析产、后继承。

第36条　律师可向委托人说明有继承关系的人在同一事件中死亡的继承程序。

36.1　律师应注意,相互有继承关系的几个人在同一事件中死亡,如不能确定死亡先后时间的,推定没有继承人的人先死亡。

36.2　死亡人各自都有继承人的,如几个死亡人辈分不同,推定长辈先死亡。

36.3　几个死亡人辈分相同,推定同时死亡,彼此不发生继承,由他们各自的继承人分别继承。

第37条　法定继承可参考下列程序处理:

37.1　如遗产涉及共有财产,应对遗产进行析产,即将共有财产中属于被继承人的份额明确出来。

37.2　继承遗产应当先清偿被继承人依法应当缴纳的税款和债务。

37.3　按"有利于生产和生活需要,不损害遗产的效用"的原则进行遗产分割。

37.4　律师承办继承业务时,应当注意提示当事人保留胎儿的继承份额。为胎儿保留的遗产份额,如胎儿出生后死亡的,由其继承人继承;如胎儿出生时就是死体的,由被继承人的继承人继承。

第38条　律师应提示当事人,夫妻在婚姻关系存续期间所得的共同所有的财产,除有约定的以外,如果分割遗产,应当先将共同所有的财产的一半分出为配偶所有,其余的为被继承人的遗产。

第39条　律师应注意遗嘱继承与法定继承的关系。

遗嘱继承人在按照遗嘱继承后,不影响其作为法定继承人继承其应得的法定继承份额。

第40条　律师应注意遗赠扶养协议与遗嘱的关系。

如果律师发现被继承人生前与他人订有遗赠扶

养协议,同时又立有遗嘱的,继承开始后,如果遗赠扶养协议与遗嘱没有抵触,遗产分别按协议和遗嘱处理;如果有抵触,按协议处理,与协议抵触的遗嘱全部或部分无效。

第 41 条 继承人放弃继承权的处理

有继承人放弃继承权的,律师应提示当事人,在遗产处理前作出明确放弃继承的书面表示。

第 42 条 受遗赠人放弃受赠权的处理

有受遗赠人接受或放弃受赠权的,律师应提示其在知道受遗赠后两个月内,作出接受或者放弃受遗赠的表示;到期没有表示的,视为放弃受遗赠。

律师应当告知当事人,遗嘱中含有遗赠内容的,继承人应当及时告知受遗赠人遗嘱内容。

第 43 条 律师应注意胎儿的权利

43.1 律师在处理遗产分割时,应当提示当事人保留胎儿的继承份额。

43.2 胎儿出生时是死体的,保留的份额按照法定继承办理。

第 44 条 被继承人税款和债务的处理

律师应提示当事人,继承遗产应当清偿被继承人依法应当缴纳的税款和债务,缴纳税款和清偿债务以遗产实际价值为限。超过遗产实际价值部分,继承人可不予清偿,但继承人自愿偿还的不在此限。

继承人放弃继承的,对被继承人依法应缴纳的税款和债务可以不负偿还责任。

第 45 条 转继承的含义

转继承是指继承开始后,继承人没有表示放弃继承,并于遗产分割前死亡的,其继承遗产的权利转移给他的合法继承人的一项法律制度。

第 46 条 转继承的适用条件

适用转继承,须具备以下条件:

(1)须继承人于被继承人死亡后、遗产分割前死亡;

(2)须继承人未表示放弃继承权,也未丧失继承权;

(3)被转继承人存在其合法继承人。

第 47 条 代位继承的含义

代位继承是指被继承人的子女先于被继承人死亡,由被继承人的子女的晚辈直系血亲代为继承的一项法律制度。

代位继承人一般只能继承他的父亲或者母亲有权继承的遗产份额。

律师应当注意,在继承人丧失继承权时,其晚辈直系血亲不得代位继承,但如该代位继承人缺乏劳动能力又没有生活来源,或对被继承人尽赡养义务较多的,可适当分给遗产。

第 48 条 代位继承的条件

适用代位继承,须具备以下条件:

(1)须被代位人于继承开始前死亡;

(2)须被代位人是被继承人的子女;

(3)须被代位人未丧失继承权;

(4)须代位人为被代位人的晚辈直系亲属。

第三章 律师办理继承诉讼业务

律师办理继承诉讼业务,应首先依据中华全国律师协会《律师办理民事诉讼案件规范》办理,在此基础上,针对继承案件的特殊性,特作如下补充:

第一节 收 案

第 49 条 委托人是高龄老人或重症病人的,建议律师首先通过适当的方式初步判断委托人的行为能力,确定委托人具有完全民事行为能力的,方可签订委托代理合同。

第 50 条 律师在接受继承案件委托前,应注意审查案件是否符合继承法及相关法律中关于诉讼时效的规定。继承权纠纷提起诉讼的期限为两年,自继承人知道或者应当知道其权利被侵犯之日起计算。如果自继承开始之日起的第 18 年后至第 20 年期间内,继承人才知道自己的权利被侵犯的,其提起诉讼的权利,应当在继承开始之日起的 20 年之内行使,超过 20 年的,不得再行提起诉讼。

第 51 条 接受继承案件委托,律师应注意审查继承案件的管辖问题。

51.1 对非涉外继承案件,应审查被继承人死亡时住所地或者主要遗产所在地情况,以确定管辖地。

51.2 对于涉外继承案件,应了解案件所涉遗产情况,动产适用被继承人住所地法律,不动产适用不动产所在地法律。

第 52 条 律师应当特别注意,根据《律师服务收费管理办法》的规定,继承案件不能采用风险代理收费。

第 53 条 由于继承案件中的当事人经常为多人,律师可接受数位原告或被告的委托,律师在接受多人委托时,应注意审查各委托人之间是否存在利益冲突,只有在各委托人之间的利益完全一致时才考虑接受多人委托，同时律师应征得各委托人的一致同意，否则应当尽量只接受某一位当事人的委托。

第54条　由于继承案件涉及人身关系，受委托人感情因素影响较大，建议代理律师通常情形下只接受一般授权代理。如为调解方便等原因需接受特别授权代理的，代理律师在达成调解意见等重大事项前可与委托人进行充分沟通，注意保留调解方案等书面材料，以免将来发生纠纷。

第55条　律师应在收案时制作谈话笔录，同时，在收案时可向委托人解释说明继承纠纷的民事诉讼程序，并告知委托人任何案件均有法律风险，笔录由委托人签名确认。

第56条　律师在承办继承案件中，可以注意了解并记录如下情况：

56.1　委托人基本信息并复印委托人身份证件。

56.2　被继承人自然情况、死亡原因。

56.3　全面了解被继承人的法定继承人、遗嘱继承人、受遗赠人及胎儿的情况。对委托人为原告的，应当列齐全部当事人；对委托人为被告的，应审查起诉状有无遗漏当事人现象。

56.4　了解被继承人遗产情况，包括有无债权债务及未缴纳税款。

56.5　若有遗嘱或遗赠扶养协议，应审查如下内容以确定遗嘱或遗赠扶养协议的效力：

（1）遗嘱或遗赠扶养协议的形式要件是否符合法律规定；

（2）立遗嘱人或协议签订人在签署文书时的民事行为能力如何；

（3）遗嘱或遗赠扶养协议中有无处分他人财产的情况；

（4）有无内容相互冲突的遗嘱或遗赠扶养协议；

（5）遗嘱中是否对缺乏劳动能力又没有生活来源的继承人保留必要的遗产份额；

（6）立遗嘱人生前有无与遗嘱的意思表示相反的行为，使遗嘱处分的财产在继承开始前灭失、部分灭失或所有权转移、部分转移；

（7）立遗嘱人立遗嘱时有无受胁迫、欺骗等情形；

（8）遗嘱有无伪造或被篡改的迹象；

（9）其他可能影响遗嘱或遗赠扶养协议效力的内容。

56.6　律师应审查遗嘱或遗赠扶养协议是否已处理被继承人全部遗产，如有遗漏遗产，律师应提示委托人可在继承案件中一并处理。

56.7　了解有无法定的继承人丧失继承权或酌情减少继承人应继承遗产份额的情况。

56.8　法定继承案件中，了解有无下列人员：

（1）对公婆尽了主要赡养义务的丧偶儿媳、对岳父母尽了主要赡养义务的丧偶女婿；

（2）生活有特殊困难的缺乏劳动能力的继承人；

（3）对被继承人尽了主要扶养义务或者与被继承人共同生活的继承人；

（4）有扶养能力和扶养条件但不尽扶养义务的继承人；

（5）继承人以外的依靠被继承人扶养的缺乏劳动能力又没有生活来源的人；

（6）继承人以外的对被继承人尽了较多扶养义务的人；

（7）胎儿。

56.9　根据原告委托人的陈述，结合最高人民法院《民事案件案由规定》的规定确定案由。

56.10　律师可在诉前询问委托人是否有调解方案。

第二节　调查和收集证据

第57条　立案前的材料准备

代理律师在立案前可向委托人告知提交以下所需材料：

（1）被继承人身份证明；

（2）被继承人死亡证明、火化证明等证明被继承人已死亡的材料；

（3）被继承人与案件当事人之间的关系证明，如父母子女关系证明；

（4）遗嘱继承纠纷和遗赠扶养协议纠纷案件，应准备遗嘱及遗赠扶养协议；

（5）代位继承纠纷案件还应准备被代位人死亡证明，被代位人与被继承人关系证明，被代位人与代位继承人关系证明；

（6）转继承纠纷案件还应准备被转继承人死亡证明，被转继承人与被继承人关系证明，被转继承人与转继承人关系证明；

(7)关于管辖的证据；

(8)关于遗产的财产凭证及占有人、保管人的证据；

(9)其他相关材料。

第58条　因遗嘱和遗赠扶养协议等继承类案件中的重要证据一旦灭失难以补救，因此，建议律师尽量不要保管遗嘱或遗赠扶养协议等重要证据原件，如因客观情况必须收取原件的，注意妥善保管，使用后应尽快归还。

第59条　对遗嘱继承纠纷和遗赠扶养协议纠纷案件，律师可提示委托人准备好被继承人生前笔迹鉴定样本，以备某一方当事人对遗嘱或遗赠扶养协议真实性提出异议时，申请笔迹司法鉴定之用。

第60条　对遗嘱纠纷中的代书遗嘱、录音遗嘱、口头遗嘱，代理律师可提前向见证人了解情况，审查见证人是否符合《继承法》规定的见证人条件。如有必要可安排见证人出庭作证，对于证人确有困难不能出庭的，建议律师协助见证人制作经公证的证人证言。

第61条　由于继承案件经常涉及扶养、赡养等事实情况的认定，代理律师可根据案情需要向居(村)民委员会、当事人工作单位等机构及证人进行取证。

第62条　律师应当将所有证据整理制作证据目录。因遗嘱等证据非常重要，应在证据目录中注明向法庭提交了哪些证据原件，以备当事人查询。

第三节　一审诉讼程序

第63条　代理律师拟定诉讼请求时，尽量明确遗产的具体情况。若委托人可能继承不动产或需变更登记的其他财产权利时，律师在确定诉讼请求内容时应方便委托人在诉讼终结后持生效法律文书直接至有关单位办理权属变更手续。

第64条　因继承纠纷当事人多系家庭成员，律师在代理案件开庭前，可根据案情需要，在委托人同意的情况下尝试庭前调解，促成矛盾理性解决。

第65条　考虑到继承纠纷的特点，律师可建议委托人亲自出庭，以便于法庭查明案件事实。

第66条　遗产继承纠纷当事人之间多存在亲属关系，律师参与庭审或调解时，应注意口头及书面措词的表达，避免激化矛盾。

第67条　遗产继承纠纷中常常涉及申请证人出庭作证及申请法庭调查事项，律师应在法定期限内或受理法院要求的举证期限内向法庭提出书面申请。

第68条　律师应在开庭前提示委托人，在开庭当日携带身份证件、遗嘱等全部证据材料原件。若证据较多，律师可提前协助委托人按证据清单排列证据原件。

第69条　遗产继承纠纷中涉及养子女关系认定的，律师可考虑自行或申请法院至民政部门调取收养登记证明，或至公证机关调取收养公证。

第70条　遗产继承纠纷当事人在庭审结束前对遗产分割达成一致调解意见的，律师应根据委托人意见请求受理法院出具调解书，将遗产范围及分割方式在调解书中逐一明确，以便执行。

第71条　遗产继承纠纷一审判决后，代理律师可向委托人解释判决内容及上诉期限，明确征求委托人是否上诉的意见，并作相关书面记录。

第72条　律师代委托人签收相关法律文书后，应及时将法律文书原件送达委托人签收。应委托人要求，律师可告知申请执行等相关程序性规定。若委托人为多位的，应分别交付法律文书并签收。

第四节　二审诉讼程序

第73条　律师在接受二审程序的委托代理时，可要求委托人明确上诉请求以及对一审判决的具体意见，并制作谈话笔录。

律师拟定上诉状后，应由委托人确认。上诉状由委托人签名。

第74条　未代理一审程序而直接代理二审程序的律师，在接受委托后，应及时与法院联系，查阅、复印一审案卷材料，以了解一审相关情况。

第75条　二审代理律师应注意审查是否有新证据。若有新证据的，应当及时提交。

第76条　必须参加诉讼的当事人在一审时未参加诉讼，律师可建议二审法院根据当事人自愿原则进行调解。调解不成的，请求发回重审。

第77条　对于二审期间发现遗漏遗产的，律师可建议委托人增加诉讼请求，由法院进行调解。调解不成的，告知委托人可另行起诉。

第五节　结案后的工作

第78条　律师在办理继承案件过程中，应该注意材料的收集、整理和妥善保管。在审判程序结束时，写出结案报告或办案小结，依照司法部《律师业务档案立卷归档办法》整理案卷的归档。

第 79 条　若律师代委托人从法院领取退回的证据原件的,律师在交付给委托人时,应要求委托人作书面签收。

第 80 条　律师可询问委托人,是否要求协助办理遗产权属变更等结案后事务。

第六节　执行程序中的律师代理

第 81 条　律师接受委托人的委托,代理继承案件执行程序法律业务的,应由所在律师事务所与委托人签订委托代理协议,审查相关法律文书和执行申请的时效,并在委托人的配合下准备有关法律文件。

第 82 条　律师可告知当事人在取得生效法律文书后两年内向人民法院申请执行。

第 83 条　律师在代理继承案件执行时,可根据继承案件的特点,建议当事人进行调解,促使当事人达成和解。

第 84 条　律师义务的终止

出现下列情形之一的,执行结案,律师的义务终止:

(1)法院生效文书确定的内容全部履行完毕;

(2)人民法院裁定执行终结;

(3)人民法院裁定不予执行;

(4)当事人之间达成和解或调解协议并已履行完毕;

(5)其他应结案的情形。

第四章　律师办理涉外、涉港澳台继承业务

第 85 条　涉外继承的概念

涉外继承是指含有涉外因素的遗产继承关系。所谓"涉外因素"是指继承法律关系的主体、客体等要素或者与遗产有关的法律事实涉及外国。包括但不限于以下几种情况:

(1)被继承人或继承人、受遗赠人是外国人、无国籍人;

(2)继承法律关系中的全部或部分遗产在国外;

(3)与继承有关的法律事实涉外,如被继承人的死亡、遗嘱等法律事实发生在国外;

(4)委托人办理委托手续时或诉讼期间在国外居住或停留。

第 86 条　律师接待涉外继承案件的遗嘱咨询时,注意向当事人说明涉外遗嘱继承会产生的法律冲突问题。涉外遗嘱继承的法律冲突主要表现在以下几个方面:遗嘱形式要件、遗嘱的实质要件及效力等。律师可以根据当事人的具体情况帮助当事人分析因法律冲突所带来的涉外遗嘱继承的不同结果及风险。

第 87 条　律师在接受涉外继承诉讼案件委托之前,若委托人办理委托事务的前提是要求该案在国内管辖的,律师首先应根据委托人的案情介绍及相关书面材料,分析考虑我国是否有权管辖,在确认我国有管辖权时,再办理委托代理手续。

第 88 条　律师接受委托时,对于委托人所委托的涉外继承案件,经调查了解发现若委托人要求继承的遗产有部分在国外的,律师应当特别注意中国管辖法院对当事人在境外的遗产有可能不作处理,建议律师接受委托时,注意这种风险,并作为酌减费用的依据。

第 89 条　当事人的涉外继承纠纷在中国及外国均有权管辖的,律师可告知委托人选择中国内地法院立案管辖与选择其他国家和地区法院管辖可能存在的不同诉讼风险及法律结果,并可以建议委托人向国外的专业律师进行咨询,让委托人充分了解有关法律后果后,经过分析比较再对继承纠纷的管辖作出选择。

第 90 条　律师在接受代拟起草涉外遗嘱业务前,应尽可能地了解涉外遗嘱继承可能适用的准据法对遗嘱效力的相关规定,避免所代书的涉外遗嘱出现无效情形。在外国法查明有困难时,律师要慎重考虑是否接受立遗嘱人的委托。

第 91 条　律师可以建议或指导立遗嘱人对所立涉外遗嘱办理相关的公证、认证手续。

第 92 条　律师在处理涉外法定继承业务时,应注意涉外法定继承的法律冲突问题。涉外法定继承的法律冲突表现在以下几个方面:遗产的范围、继承的开始、法定继承人的范围、继承的顺序、继承的财产、继承人的特留份、遗产的管理与执行等。

第 93 条　对涉外继承案件,律师可视具体情况决定接受委托人的特别授权或一般授权。如委托人办理委托代理手续时或诉讼期间可能不在境内的,建议接受特别授权。

律师接受特别授权代理的,应在授权委托书中载明授权的权限及授权期限。特别要注明律师是否有权代为签收法律文件。

第 94 条　律师接受境外委托人的委托代理涉外继承案

件，如委托人不能回到境内参加诉讼的，与代理事项相关的并来自境内的授权委托书、起诉书、答辩状、委托人的身份材料、证据等相关法律文件，建议律师可提前协助委托人办理公证手续。

与代理事项相关的并来自境外的授权委托书、起诉书、答辩状、委托人的身份材料、证据等相关资料，建议律师可提前协助、指导委托人在境外办理公证、认证手续。

第95条 律师接受境内外中国公民的委托所需向法院提供的材料

95.1 律师接受境内外中国公民的委托，担任涉外继承案件的代理人，需要向法院提交的法律文件通常有：

(1)委托人的身份证复印件；

(2)委托人的护照及签证复印件；

(3)委托人签名的授权委托书；

(4)委托人签名的起诉状或答辩状；

(5)境内及境外来源的证据材料。

95.2 上述法律文件若为外文的，应当在经案件管辖法院认可的翻译机构进行翻译，一并向法庭提交翻译件。

95.3 上述法律文件应当根据其来源及案件管辖法院的具体要求，代理律师决定是否需经过委托人所在国公证机关或公证员进行公证，并经我国驻该国使领馆认证，或直接由我国使领馆公证。律师收到相关公证或认证的材料后再提交给管辖法院。

第96条 律师接受境外外籍委托人委托所需向法院提供的材料

96.1 律师接受境外外籍委托人委托，担任涉外继承案件代理人，需要向法院提交的法律文件通常有：

(1)委托人的国籍身份证明或护照复印件；

(2)委托人签名的特别授权委托书；

(3)委托人签名的起诉状或答辩状；

(4)境内及境外来源的证据材料。

96.2 上述法律文件若为外文的，应当经受理案件法院认可的翻译机构进行翻译，一并向法庭提交翻译件。

96.3 上述法律文件应当根据其来源及案件管辖法院的具体要求，代理律师决定是否需经过委托人所在国公证机关或公证员进行公证，并经我国驻该国使领馆认证。律师需要注意各国对公证认证的具体要求有所不同。律师收到相关公证或认证的材料后再提交给管辖法院。

第97条 律师承办涉港澳台继承法律业务时，可参照前述涉外继承法律业务的注意要点，并参照最高人民法院《关于内地与香港特别行政区法院相互委托送达民商事司法文书的安排》、最高人民法院《关于内地与澳门特别行政区法院就民商事案件相互委托送达司法文书和调取证据的安排》、最高人民法院《关于涉外民事或商事案件司法文书送达问题若干规定》、最高人民法院《内地与澳门特别行政区关于相互认可和执行民商事判决的安排》、最高人民法院《关于内地与香港特别行政区法院相互认可和执行当事人协议管辖的民商事案件判决的安排》等规定办理。

第98条 律师接受居住在香港的委托人的委托所需向法院提供的材料

98.1 律师接受居住在香港的委托人的委托，担任继承案件代理人的，需要向法院提交的法律文件通常有：

(1)委托人的身份证明；

(2)委托人的特别授权委托书；

(3)委托人的中文起诉状或答辩状；

(4)来自境内及境外的证据材料。

98.2 上述法律文件应当根据其来源及案件管辖法院的具体要求，代理律师决定是否需经过司法部指定的具有公证人资格的香港律师公证，并加盖中国法律服务(香港)有限公司转递章后提交给法院。

第99条 律师接受居住在澳门的委托人的委托所需向法院提供的材料

99.1 律师接受居住在澳门的委托人的委托，担任继承案件代理人的，需要向法院提交的法律文件通常有：

(1)委托人的身份证明；

(2)委托人的特别授权委托书；

(3)委托人的中文起诉状或答辩状；

(4)来自境内及境外的证据材料。

99.2 上述法律文件应当根据其来源及案件管辖法院的具体要求，代理律师决定是否需经过中国法律服务(澳门)公司证明，之后再提交给法院。

第100条 律师接受居住在台湾地区的委托人的委托

所需向法院提供的材料

100.1　律师接受居住在台湾地区的委托人的委托，担任继承案件代理人的，需要向法院提交的法律文件通常有：

(1)委托人的身份证明；

(2)委托人的特别授权委托书；

(3)委托人的起诉状或答辩状(包括继承意见书)；

(4)来自境内境外的证据材料。

100.2　上述法律文件应当根据其来源及案件管辖法院的具体要求，代理律师决定是否需由委托人在台湾地区进行公证，并在境内受案法院所在地公证处核证后再提交给管辖法院。

第101条　若在境外的委托人委托其内地亲友代为办理律师委托代理手续的，律师要核实内地亲友方相关的委托手续及授权范围，并保留相关的委托手续，在此基础上再签订委托代理协议。

第102条　律师在承办涉外继承案件时应当注意案件的期间具有一定的特殊性，与无涉外因素继承案件的不同，防止出现因超期或其他原因造成承办案件的重大失误。在涉外及涉港澳台继承案件诉讼中，当事人的答辩期、上诉期间均为30日，而关于公告期方面，涉外继承案件的公告期为6个月，涉港澳台案件的公告期为3个月。具体可参见《中华人民共和国民事诉讼法》、最高人民法院《关于涉港澳民商事案件司法文书送达问题若干规定》及最高人民法院《关于涉台民事诉讼文书送达的若干规定》。

第103条　律师在承办涉外继承案件时，在送达方式上需要了解相关的法律规定。在涉外民事诉讼中，如果当事人在我国领域内居住，诉讼文书和法律文书的送达方式，则适用《民事诉讼法》的一般规定；如果当事人在我国领域内没有住所，则按照涉外民事诉讼程序的特别规定送达。送达的方式主要有：依条约规定的方式送达；通过外交途径送达；由我国驻外国使、领馆代为送达；向受送达人委托的人送达；向受送达人设在我国的代表机构送达；邮寄送达。在以上几种送达方式都不能采用时，可以通过公告送达。

第104条　当我国涉外继承案件判决生效后，律师可以提示委托人是否需要向作出生效判决的我国法院请求出具生效证明，便于委托人在境外申请中国判决在境外的承认与执行，或用于其他用途。

第105条　律师在代理涉外继承案件过程中，可预先告知委托人，因涉外案件的送达等法定期间较长，且存在更多的不可预料的意外因素，可能会导致涉外继承案件持续期间较长。避免因委托人不理解而对律师代理产生误解。

第五章　附　　则

第106条　律师办理继承诉讼案件的其他事项，可参照中华全国律师协会《律师办理民事诉讼案件规范》办理。

第107条　全国各民族自治地方根据《继承法》的原则，结合当地民族财产继承的具体情况，存在制定了变通或者补充规定的情况，本指引并未涉及。律师在民族自治地方办理继承案件，注意依照法律结合民族自治地方变通的或补充的规定执行。

第108条　本指引根据2012年10月30日之前的法律、法规等规定，结合相关司法操作实践编写。若本指引公布后，法律、法规、司法解释有新规定的，应以新的规范为依据。

最高人民法院关于适用《中华人民共和国民法典》继承编的解释(一)

1. 2020年12月25日最高人民法院审判委员会第1825次会议通过

2. 2020年12月29日公布

3. 法释〔2020〕23号

4. 自2021年1月1日起施行

为正确审理继承纠纷案件，根据《中华人民共和国民法典》等相关法律规定，结合审判实践，制定本解释。

一、一般规定

第一条　继承从被继承人生理死亡或者被宣告死亡时开始。

宣告死亡的，根据民法典第四十八条规定确定的死亡日期，为继承开始的时间。

第二条　承包人死亡时尚未取得承包收益的，可以将死者生前对承包所投入的资金和所付出的劳动及其增值和孳息，由发包单位或者接续承包合同的人合理折价、补偿。其价额作为遗产。

第三条 被继承人生前与他人订有遗赠扶养协议，同时又立有遗嘱的，继承开始后，如果遗赠扶养协议与遗嘱没有抵触，遗产分别按协议和遗嘱处理；如果有抵触，按协议处理，与协议抵触的遗嘱全部或者部分无效。

第四条 遗嘱继承人依遗嘱取得遗产后，仍有权依照民法典第一千一百三十条的规定取得遗嘱未处分的遗产。

第五条 在遗产继承中，继承人之间因是否丧失继承权发生纠纷，向人民法院提起诉讼的，由人民法院依据民法典第一千一百二十五条的规定，判决确认其是否丧失继承权。

第六条 继承人是否符合民法典第一千一百二十五条第一款第三项规定的“虐待被继承人情节严重”，可以从实施虐待行为的时间、手段、后果和社会影响等方面认定。

虐待被继承人情节严重的，不论是否追究刑事责任，均可确认其丧失继承权。

第七条 继承人故意杀害被继承人的，不论是既遂还是未遂，均应当确认其丧失继承权。

第八条 继承人有民法典第一千一百二十五条第一款第一项或者第二项所列之行为，而被继承人以遗嘱将遗产指定由该继承人继承的，可以确认遗嘱无效，并确认该继承人丧失继承权。

第九条 继承人伪造、篡改、隐匿或者销毁遗嘱，侵害了缺乏劳动能力又无生活来源的继承人的利益，并造成其生活困难的，应当认定为民法典第一千一百二十五条第一款第四项规定的“情节严重”。

二、法定继承

第十条 被收养人对养父母尽了赡养义务，同时又对生父母扶养较多的，除可以依照民法典第一千一百二十七条的规定继承养父母的遗产外，还可以依照民法典第一千一百三十一条的规定分得生父母适当的遗产。

第十一条 继子女继承了继父母遗产的，不影响其继承生父母的遗产。

继父母继承了继子女遗产的，不影响其继承生子女的遗产。

第十二条 养子女与生子女之间、养子女与养子女之间，系养兄弟姐妹，可以互为第二顺序继承人。

被收养人与其亲兄弟姐妹之间的权利义务关系，因收养关系的成立而消除，不能互为第二顺序继承人。

第十三条 继兄弟姐妹之间的继承权，因继兄弟姐妹之间的扶养关系而发生。没有扶养关系的，不能互为第二顺序继承人。

继兄弟姐妹之间相互继承了遗产的，不影响其继承亲兄弟姐妹的遗产。

第十四条 被继承人的孙子女、外孙子女、曾孙子女、外曾孙子女都可以代位继承，代位继承人不受辈数的限制。

第十五条 被继承人的养子女、已形成扶养关系的继子女的生子女可以代位继承；被继承人亲生子女的养子女可以代位继承；被继承人养子女的养子女可以代位继承；与被继承人已形成扶养关系的继子女的养子女也可以代位继承。

第十六条 代位继承人缺乏劳动能力又没有生活来源，或者对被继承人尽过主要赡养义务的，分配遗产时，可以多分。

第十七条 继承人丧失继承权的，其晚辈直系血亲不得代位继承。如该代位继承人缺乏劳动能力又没有生活来源，或者对被继承人尽赡养义务较多的，可以适当分给遗产。

第十八条 丧偶儿媳对公婆、丧偶女婿对岳父母，无论其是否再婚，依照民法典第一千一百二十九条规定作为第一顺序继承人时，不影响其子女代位继承。

第十九条 对被继承人生活提供了主要经济来源，或者在劳务等方面给予了主要扶助的，应当认定其尽了主要赡养义务或主要扶养义务。

第二十条 依照民法典第一千一百三十一条规定可以分给适当遗产的人，分给他们遗产时，按具体情况可以多于或者少于继承人。

第二十一条 依照民法典第一千一百三十一条规定可以分给适当遗产的人，在其依法取得被继承人遗产的权利受到侵犯时，本人有权以独立的诉讼主体资格向人民法院提起诉讼。

第二十二条 继承人有扶养能力和扶养条件，愿意尽扶养义务，但被继承人因有固定收入和劳动能力，明确表示不要求其扶养的，分配遗产时，一般不应因此而影响其继承份额。

第二十三条 有扶养能力和扶养条件的继承人虽然与被继承人共同生活，但对需要扶养的被继承人不尽扶养义务，分配遗产时，可以少分或者不分。

三、遗嘱继承和遗赠

第二十四条　继承人、受遗赠人的债权人、债务人，共同经营的合伙人，也应当视为与继承人、受遗赠人有利害关系，不能作为遗嘱的见证人。

第二十五条　遗嘱人未保留缺乏劳动能力又没有生活来源的继承人的遗产份额，遗产处理时，应当为该继承人留下必要的遗产，所剩余的部分，才可参照遗嘱确定的分配原则处理。

继承人是否缺乏劳动能力又没有生活来源，应当按遗嘱生效时该继承人的具体情况确定。

第二十六条　遗嘱人以遗嘱处分了国家、集体或者他人财产的，应当认定该部分遗嘱无效。

第二十七条　自然人在遗书中涉及死后个人财产处分的内容，确为死者的真实意思表示，有本人签名并注明了年、月、日，又无相反证据的，可以按自书遗嘱对待。

第二十八条　遗嘱人立遗嘱时必须具有完全民事行为能力。无民事行为能力人或者限制民事行为能力人所立的遗嘱，即使其本人后来具有完全民事行为能力，仍属无效遗嘱。遗嘱人立遗嘱时具有完全民事行为能力，后来成为无民事行为能力人或者限制民事行为能力人的，不影响遗嘱的效力。

第二十九条　附义务的遗嘱继承或者遗赠，如义务能够履行，而继承人、受遗赠人无正当理由不履行，经受益人或者其他继承人请求，人民法院可以取消其接受附义务部分遗产的权利，由提出请求的继承人或者受益人负责按遗嘱人的意愿履行义务，接受遗产。

四、遗产的处理

第三十条　人民法院在审理继承案件时，如果知道有继承人而无法通知的，分割遗产时，要保留其应继承的遗产，并确定该遗产的保管人或者保管单位。

第三十一条　应当为胎儿保留的遗产份额没有保留的，应从继承人所继承的遗产中扣回。

为胎儿保留的遗产份额，如胎儿出生后死亡的，由其继承人继承；如胎儿娩出时是死体的，由被继承人的继承人继承。

第三十二条　继承人因放弃继承权，致其不能履行法定义务的，放弃继承权的行为无效。

第三十三条　继承人放弃继承应当以书面形式向遗产管理人或者其他继承人表示。

第三十四条　在诉讼中，继承人向人民法院以口头方式表示放弃继承的，要制作笔录，由放弃继承的人签名。

第三十五条　继承人放弃继承的意思表示，应当在继承开始后、遗产分割前作出。遗产分割后表示放弃的不再是继承权，而是所有权。

第三十六条　遗产处理前或者在诉讼进行中，继承人对放弃继承反悔的，由人民法院根据其提出的具体理由，决定是否承认。遗产处理后，继承人对放弃继承反悔的，不予承认。

第三十七条　放弃继承的效力，追溯到继承开始的时间。

第三十八条　继承开始后，受遗赠人表示接受遗赠，并于遗产分割前死亡的，其接受遗赠的权利转移给他的继承人。

第三十九条　由国家或者集体组织供给生活费用的烈属和享受社会救济的自然人，其遗产仍应准许合法继承人继承。

第四十条　继承人以外的组织或者个人与自然人签订遗赠扶养协议后，无正当理由不履行，导致协议解除的，不能享有受遗赠的权利，其支付的供养费用一般不予补偿；遗赠人无正当理由不履行，导致协议解除的，则应当偿还继承人以外的组织或者个人已支付的供养费用。

第四十一条　遗产因无人继承又无人受遗赠归国家或者集体所有制组织所有时，按照民法典第一千一百三十一条规定可以分给适当遗产的人提出取得遗产的诉讼请求，人民法院应当视情况适当分给遗产。

第四十二条　人民法院在分割遗产中的房屋、生产资料和特定职业所需要的财产时，应当依据有利于发挥其使用效益和继承人的实际需要，兼顾各继承人的利益进行处理。

第四十三条　人民法院对故意隐匿、侵吞或者争抢遗产的继承人，可以酌情减少其应继承的遗产。

第四十四条　继承诉讼开始后，如继承人、受遗赠人中有既不愿参加诉讼，又不表示放弃实体权利的，应当追加为共同原告；继承人已书面表示放弃继承、受遗赠人在知道受遗赠后六十日内表示放弃受遗赠或者到期没有表示的，不再列为当事人。

五、附　　则

第四十五条　本解释自 2021 年 1 月 1 日起施行。

2. 析产、遗产认定

最高人民法院关于高原生活补助费能否作为夫妻共同财产继承的批复

1. 1983年9月3日发布
2. 〔83〕民他字第22号

青海省高级人民法院：

你院6月16日〔83〕青法研字第36号《关于退休费能否作为家庭共同财产来继承的请示报告》收阅。经研究，原则上同意你院意见。即肖桂兰的住房补助费应为夫妻双方共有，属于其夫赵泰部分，可由其合法继承人继承，高原生活补助费不属共同财产，应归肖个人所有。

此复

最高人民法院关于张寿朋、张惜时与王素卿继承案的批复

1. 1985年11月20日发布
2. 〔85〕民他字第39号

辽宁省高级人民法院：

你院1985年8月1日关于张寿朋、张惜时与王素卿房屋继承纠纷一案处理意见的请示报告收悉。

从报告及附材料看，双方讼争的房屋，系张利堂与其妻张陈氏、妾王素卿、儿媳李长春等人所共有。张陈氏、张利堂先后于1938年、1950年病故。1949年张利堂将房屋登记在自己名下，1951年张寿朋等3人又将该房屋作为张利堂个人遗产办理了“继承”手续。但有关当事人对房屋并没有进行分割，长期以来仍为王素卿、李长春等人共同使用。1959年王素卿、张寿松与李长春、张寿朋分居时，双方共同商定：正东房3间由王素卿、张寿松居住，东厢房出租，租金由王素卿收用；正房西3间由李长春、张寿朋居住，西厢房出租，租金由李长春收用。“文革”期间，共同“申请”交公。1981年落实房屋政策发还时，双方为王素卿的赡养问题引起对房屋产权讼争。

根据上述事实，我们研究认为，讼争人双方于1959年分居时，实际上已对共有房屋作了分割，而后各自独立行使权利已20余年，互无争议。此案应依法确认1959年析产有效，不宜再以房屋继承纠纷处理。

最高人民法院关于产权从未变更过的祖遗房下掘获祖辈所埋的白银归谁所有问题的批复

1. 1987年2月21日发布
2. 〔86〕民他字第38号

云南省高级人民法院：

你院《关于唐绍清等人诉唐学周白银纠纷案请示报告》收悉。

被告唐学周于1985年3月15日翻建自有房屋时，在墙脚掘获刻有乾隆字样的白银二十九公斤四公两。该房系唐氏家庭之祖遗产，历经数代均由唐姓家族人居住，从未变更过产权。族人皆知房下埋有白银，解放前曾两次掘获。因年代久远，白银究系唐姓家族中何人所埋不能证实。原告唐绍清等以此白银系高祖母遗产为由，起诉要求继承。被告唐学周辩称白银为其父临终前告知所埋，不同意原告唐绍清等继承。

根据以上事实，我们研究认为，被告唐学周在祖遗房下所掘获的白银，应认定唐姓家族人所埋，视为原、被告等人的共有财产，由共有人合理分割，不宜作遗产处理。

最高人民法院关于产权人生前已处分的房屋死后不应认定为遗产的批复

1. 1987年6月24日发布
2. 〔87〕民他字第31号

贵州省高级人民法院：

你院《关于陶冶与邓秀芳财产继承一案的请示报告》收悉。

据报告称，陶庭柱、陶齐氏夫妇生有一子(陶国祥)

二女（陶冶，另一女早亡）。陶庭柱于1924年死亡，遗有祖遗房屋3间。陶齐氏于1941年将3间房屋过户在儿子陶国祥名下并交了该房产权状。解放后该房产权仍由陶国祥登记，并管理使用达40余年。直至1968年陶齐氏死亡时，双方均未提出异议。1983年陶国祥死亡后，陶冶以房屋系父母遗产为由要求继承。陶冶有无权利继承此房。

我们研究认为，此案讼争房屋虽系祖遗产，但陶齐氏已将产权状交与陶国祥，并在两次产权登记和私房改造中，均确定由陶国祥长期管理使用，陶冶在陶齐氏生前从未提出异议。据此应当认为该房产权早已转归陶国祥、邓秀芳夫妻共有。陶国祥死后的遗产，依法应由邓秀芳及其子女继承。陶冶无权要求继承。

最高人民法院民事审判庭关于盲人刘春和生前从事“算命”所积累的财产死后可否视为非法所得加以没收的电话答复

1. 1987年10月14日发布
2. 〔87〕民他字第22号

江苏省高级人民法院：

关于盲人刘春和生前从事“算命”所积累的财产，死后可否视为非法所得加以没收的请示，我们研究认为：

《中华人民共和国治安管理处罚条例》第二十四条第四款“利用封建迷信手段，扰乱社会秩序或骗取财物”和第三十二条第一款“赌博或者为赌博提供条件的”，对这两种行为人予以拘留或罚款。据公安部法规局、政策研究室的同志解释，是指正在进行非法活动之时，对其所得予以没收，对其其他财产则不予追缴。本案中刘春和死后遗留的财产，没有没收的法律依据。第二，事实上也无充分的事实根据和确凿的证据证明刘春和死后遗留这笔财产都是“算命”所得。据此，我们同意你院审委会的意见，即：刘春和遗留的存款和其他财产，应视为遗产，由其法定继承人继承。

最高人民法院关于继承开始时继承人未表示放弃继承遗产又未分割的可按析产案件处理的批复

1. 1987年10月17日发布
2. 〔87〕民他字第12号

江苏省高级人民法院：

你院关于费宝珍、费江诉周福祥析产一案的请示报告收悉。

据你院报告称：费宝珍与费翼臣婚生3女1子，在无锡市有房产一处共241.2平方米。1942年长女费玉英与周福祥结婚后，夫妻住在费家，随费宝珍生活。次女费秀英、三女费惠英相继于1950年以前出嫁，住在丈夫家。1956年费翼臣、费宝珍及其子费江迁居安徽，无锡的房产由长女一家管理使用。1958年私房改造时，改造了78.9平方米，留自住房162.3平方米。1960年费翼臣病故，费宝珍、费江迁回无锡，与费玉英夫妇共同住在自留房内，分开生活。1962年费玉英病故。1985年12月，费宝珍、费江向法院起诉，称此房为费家财产，要求周福祥及其子女搬出。周福祥认为，其妻费玉英有继承父亲费翼臣的遗产的权利，并且已经有占、使用40多年，不同意搬出。原审在调查过程中，费秀英、费惠英也表示应有她们的产权份额。

我们研究认为，双方当事人诉争的房屋，原为费宝珍与费翼臣的夫妻共有财产，1985年私房改造所留自住房，仍属于原产权人共有。费翼臣病故后，对属于费翼臣所有的那一份遗产，各继承人都没有表示过放弃继承，根据《继承法》第二十五条第一款的规定，应视为均已接受继承。诉争的房屋应属各继承人共同共有，他们之间为此发生之诉讼，可按析产案件处理，并参照财产来源、管理使用及实际需要等情况，进行具体分割。

最高人民法院关于刘士庚诉定州市东赵庄乡东赵庄村委会白银纠纷一案的批复

1988年4月20日发布

河北省高级人民法院：

你院〔88〕冀法民字第1号关于刘士庚诉定州市东

赵庄乡东赵庄村委会白银纠纷一案的请示报告收悉。

据你院报告称：双方争执的白银系刘士庚的祖父刘洛纯所埋。土改时，刘洛纯被定为地主，其被没收的房屋由东赵庄村委会使用至今。1986年10月，刘士庚之夫刘运凯向定州市政府提出，其妻刘士庚的祖父临终前告诉他们，在被没收的3间南房东头屋内埋有白银1坛，要求挖掘。经市、区、乡政府同意，刘运凯等前往东赵庄村与村委会干部一同挖掘未获。村委会经向知情人调查了解后，即组织人员在南房西头一间内挖出白银1坛，计2401块。刘士庚为白银的归属与村委会发生纠纷诉至法院，要求返还掘获的银元。

经我们研究认为：根据《民法通则》第七十九条第一款及我院《关于贯彻执行〈民法通则〉若干问题的意见（试行）》第九十三条规定的精神，争执的白银应归埋藏人刘洛纯所有，由其法定继承人依法继承。在处理时，对挖掘过程中提供过条件、帮助的单位和个人，可酌情予以适当的补偿。

最高人民法院关于对从香港调回的被继承人的遗产如何处理的函

1．1990年4月12日发布

2．〔90〕民他字第9号

福建省高级人民法院：

你院〔1989〕闽法民他字第24号“关于福建省福鼎县法院受理的林泽莘等诉林丛析产纠纷案的请示报告”收悉。经研究，答复如下：

一、被继承人林泽芸的遗产从香港调回后，被告林丛违反“通过协商解决”的一致协议，私自将遗嘱继承后剩余的遗产以自己的名义存入银行，原告要求分割遗产提起诉讼，应以继承纠纷立案审理。

二、被继承人林泽芸与被告林丛的养母子关系可予认定。但对遗产的处理，应根据被继承人生前真实意愿和权利义务相一致的原则，参照继承法第14条规定的精神，分给林泽莘、林传壁、林传绶等人适当的遗产。

最高人民法院关于空难死亡赔偿金能否作为遗产处理的复函

1．2005年3月22日发布

2．〔2004〕民一他字第26号

广东省高级人民法院：

你院粤高法民一请字〔2004〕1号《关于死亡赔偿金能否作为遗产处理的请示》收悉。经研究，答复如下：

空难死亡赔偿金是基于死者死亡对死者近亲属所支付的赔偿。获得空难死亡赔偿金的权利人是死者近亲属，而非死者。故空难死亡赔偿金不宜认定为遗产。

以上意见，供参考。

·典型案例·

李某祥诉李某梅继承权纠纷案

原告：李某祥。

被告：李某梅。

原告李某祥因与被告李某梅发生继承权纠纷，向江苏省南京市江宁区人民法院提起诉讼。

原告李某祥诉称：原告与被告李某梅系姐弟关系。1998年2月13日，原告父亲李某云将其承包的农田3.08亩转包给同村村民芮某经营，因李某云不识字，转包合同由李某梅代签。后李某云于2004年去世，去世前将上述3.08亩农地的承包证交给原告，并言明该3.08亩土地由本人和李某梅共同继承，每人一半。但李某梅一直将该3.08亩土地全部据为己有。原告曾多次与李某梅协商，李某梅均不同意返还。请求判令原告对该3.08亩土地中的1.54亩土地享有继承权，判令被告向原告交付该部分土地。

被告李某梅辩称：讼争土地应全部由被告承包经营，理由为：1.原告李某祥系非农业户口，不应享有农村土地的承包经营权；2.原、被告的父母去世的时间均已超过两年，原告的起诉已过诉讼时效；3.被告家庭人口比原告多，父母因此将讼争土地交给被告耕种；4.原告对父母所尽赡养义务较少，而被告对父母所尽赡养义务较多，应该多享有诉争土地承包权的继承份额。

南京市江宁区人民法院一审查明：

被告李某梅与原告李某祥系姐弟关系。农村土地实行第一轮家庭承包经营时，原、被告及其父李某云、母周某共同生活。当时，李某云家庭取得了6.68亩土地的承包经营权。此后李某梅、李某祥相继结婚并各自组建家庭。至1995年农村土地实行第二轮家庭承包经营时，当地农村集体经济组织对李某云家庭原有6.68亩土地的承包经营权重新进行了划分，李某祥家庭取得了1.8亩土地的承包经营权，李某梅家庭取得了3.34亩土地的承包经营权，李某云家庭取得了1.54亩土地的承包经营权，三个家庭均取得了相应的承包经营权证书。1998年2月，李某云将其承包的1.54亩土地流转给本村村民芮某经营，流转协议由李某梅代签。2004年11月3日和2005年4月4日，李某云、周某夫妇相继去世。此后，李某云家庭原承包的1.54亩土地的流转收益被李某梅占有。

本案的争议焦点是：家庭承包方式的农村土地承包经营权是否可以继承。

南京市江宁区人民法院一审认为：

根据《中华人民共和国农村土地承包法》（以下简称农村土地承包法）第三条第二款的规定，农村土地承包采取农村集体经济组织内部的家庭承包方式，不宜采取家庭承包方式的荒山、荒沟、荒丘、荒滩等农村土地，可以采取招标、拍卖、公开协商等方式承包。因此，我国的农村土地承包经营权分为家庭承包和以其他方式承包两种类型。

以家庭承包方式实行农村土地承包经营，主要目的在于为农村集体经济组织的每一位成员提供基本的生活保障。根据农村土地承包法第十五条的规定，家庭承包方式的农村土地承包经营权，其承包方是本集体经济组织的农户，其本质特征是以本集体经济组织内部的农户家庭为单位实行农村土地承包经营。因此，这种形式的农村土地承包经营权只能属于农户家庭，而不可能属于某一个家庭成员。根据《中华人民共和国继承法》（以下简称继承法）第三条的规定，遗产是公民死亡时遗留的个人合法财产。农村土地承包经营权不属于个人财产，故不发生继承问题。

家庭承包中的林地承包和针对“四荒”地的以其他方式的承包，由于土地性质特殊，投资周期长，见效慢，收益期间长，为维护承包合同的长期稳定性，保护承包方的利益，维护社会稳定，根据农村土地承包法第三十一条第二款、第五十条的规定，林地承包的承包人死亡，其继承人可以在承包期内继续承包。以其他方式承包的承包人死亡，在承包期内，其继承人也可以继续承包。但是，继承人继续承包并不等同于继承法所规定的继承。而对于除林地外的家庭承包，法律未授予继承人可以继续承包的权利。当承包农地的农户家庭中的一人或几人死亡，承包经营仍然是以户为单位，承包地仍由该农户的其他家庭成员继续承包经营；当承包经营农户家庭的成员全部死亡，由于承包经营权的取得是以集体成员权为基础，该土地承包经营权归于消灭，农地应收归农村集体经济组织另行分配，不能由该农户家庭成员的继承人继续承包经营。否则，将对集体经济组织其他成员的权益造成损害，对农地的社会保障功能产生消极影响。

本案中，讼争土地的承包经营权属于李某云家庭，系家庭承包方式的承包，且讼争土地并非林地，因此，李某云夫妇死亡后，讼争土地应收归当地农村集体经济组织另行分配，不能由李某云夫妇的继承人继续承包，更不能将讼争农地的承包权作为李某云夫妇的遗产处理。

李某云、周某夫妇虽系原告李某祥和被告李某梅的父母，但李某祥、李某梅均已再婚后组成了各自的家庭。农村土地实行第二轮家庭承包经营时，李某云家庭、李某祥家庭、李某梅家庭均各自取得了土地承包经营权及相应的土地承包经营权证书，至此，李某祥、李某梅已不属于李某云土地承包户的成员，而是各自独立的三个土地承包户。李某云夫妇均已去世，该承包户已无继续承包人，李某云夫妇去世后遗留的1.54亩土地的承包经营权应由该土地的发包人予以收回。根据《中华人民共和国民事诉讼法》第五十六条的规定，对当事人双方的诉讼标的，第三人虽然没有独立请求权，但案件处理结果同其有法律上的利害关系，可以申请参加诉讼，或者由人民法院通知其参加诉讼。在本案的审理过程中，法院通知发包方参加诉讼，并向发包方释明相关的权利义务，但发包方明确表示不参加诉讼，根据不告不理的原则，在本案中，法院对于讼争土地的承包经营权的权属问题不作处理。李某祥、李某梅虽系李某云夫妇的子女，但各自的家庭均已取得了相应的土地承包经营权，故李某祥、李某梅均不具备其父母去世后遗留土地承包经营权继续承包的法定条件。故对李某祥要求李某梅返还讼争土地的诉讼请求予以驳回。

据此，南京市江宁区人民法院依照《中华人民共和国民事诉讼法》第六十四条第一款和农村土地承包法第九条、第十五条、第三十一条、第五十条之规定，于2009年5月13日判决：

驳回原告李某祥的全部诉讼请求。

一审宣判后，双方当事人在法定期限内均未提出上诉，一审判决已经发生法律效力。

赵某与代某继承纠纷上诉案

上诉人(原审原告)：赵某。

委托代理人：喻正昭，某律师事务所律师。

委托代理人：张先容。

被上诉人(原审被告)：代某。

上诉人赵某与被上诉人代某继承纠纷一案，重庆市綦江县人民法院于2010年2月10日作出(2010)綦法民初字第277号民事判决，赵某对该判决不服，向本院提起上诉。本院依法组成合议庭，于2010年7月14日进行了询问审理，赵某及其委托代理人喻正昭、张先容，代某到庭参加诉讼。本案现已审理终结。

一审法院审理查明：2006年赵某与代某的儿子代某甲相识恋爱，于2007年7月4日在綦江县赶水镇人民政府登记结婚。代某甲于2000年1月10日依法取得位于重庆市綦江县赶水镇某村某栋317－15号第三层，建筑面积为43.37平方米的私有房屋一套。2006年6月至8月，赵某与代某甲在结婚前对该套房屋进行装修，婚后一直居住在该套房屋内。2009年8月19日，代某甲未依法取得机动车驾驶证驾驶未入户的三轮摩托车，因缺少基本操作的驾驶技能，临危操作不当，致使车辆冲入沟内，造成代某甲当场死亡的重大交通事故。代某甲死亡后，赵某、代某为继承该房屋发生纠纷，2009年9月17日，双方经重庆市綦江县赶水镇土台社区、洋渡村调解委员会调解，未能达成协议，现该套房屋由代某居住使用。赵某乃起诉至一审法院，请求继承该套房屋。一审审理中，赵某、代某均一致认为该套房屋的现有价值为24 000元。一审代某认为赵某与代江川在婚前装修房屋自己出了资金。

一审法院认为：赵某与代某系代江川的妻子和父亲，对代江川死亡后留下的遗产，即位于重庆市綦江县赶水镇某村某栋317－15号房屋一套，作为第一顺序的继承人，均依法享有继承权。由于代某年龄大，又无其他房屋居住，现在居住使用该套争议房屋。赵某提出代某有其他房屋居住，未提供证据证明。审理中，赵某、代某均认为该套房屋的现有价值为24 000元，不要求评估。因该套房屋不宜进行分割，故该套房屋由代某继承为宜，但由代某折价补偿赵某应继承的份额。故赵某请求继承丈夫代某甲的遗产合法，一审法院予以支持。为此，依照《中华人民共和国继承法》第五条、第十条、第十三条、第二十九条，《中华人民共和国民法通则》第五条之规定，遂判决：一、位于重庆市綦江县赶水镇某村某栋317－15号房屋一套归代某所有；二、由代某在本判决生效后十日内补偿赵某房屋折款12 000元；三、驳回赵某的其他诉讼请求。本案案件受理费400元，由原告赵某、被告代某各负担200元。

赵某对一审判决不服，向本院提起上诉，请求：1. 撤销一审判决，改判扣除代江川遗产中赵某婚前房屋改建费21 000元还给赵某；2. 改判位于重庆市綦江县赶水镇某村某栋317－15号房屋归赵某所有，由赵某补偿代某房屋所继承份额。其理由是：(1)一审法院判决认定代某"无其他房屋居住"、2009年12月迁入綦江县某村某栋317－15号房屋居住的"迁移申请"有效，将代某甲的遗产房屋判给代某是认定事实不清，采信证据错误。代某十几年前与綦江县洋渡村农妇张某碧结婚，住张某碧家。2008年2月张某碧用国家征地补偿款购买了綦江县赶水镇跃进村10栋419－6号房屋(价值52 000元)。"迁移申请"是为合法入住代某甲的遗产房，该房屋是赵某与代某甲结婚后一直居住。(2)一审法院违反法定程序，影响案件正确判决。赵某一审提交了婚前投资改建装修代某甲的遗产房屋费用21 000元的证据，一审判决未确认21 000元婚前投资款何处取得，也未说明理由；代某坚持认为该房价值24 000元，赵某不要求评估，赵某同意是以房屋归赵某为前提的。该房现市值约50 000元，继承分割时应扣除赵某婚前投资款21 000元。(3)赵某无房居住，判决继承遗产时应将该房屋归赵某，由赵某补偿代某应继承的份额款。

代某答辩称：赵某上诉状说的是错的，不合道理，不是事实。房屋是其单位分给代某的，优惠售房后买的，房屋装修其给了儿子5500元钱，赵某的证据是假的。"迁移申请"赵某说的也不是事实。房屋价值我认为只值24 000元左右，赵某也是同意了的。该房屋不是代某甲与赵某的夫妻共同财产。

本院二审查明的事实有赵某提供的张代碧于2008

年 11 月 14 日在重庆市綦江县赶水镇某村 419 – 6 号住房一套(价格 52 000 元)的购房协议一份等,拟证明代某有房住。代某对张某碧购房一事予以认可。其余事实同一审法院查明的事实相同。调解未果。

本院认为:位于重庆市綦江县赶水镇某村某栋 317 – 15 号第三层的房系綦江县铁矿于 1984 年分给代某居住,在 1999 年年底优惠售房中,代某的儿子代某甲于 2000 年 1 月 10 日依法取得该房屋所有权。赵某(系再婚)与代某甲(系初婚)于 2007 年 7 月 4 日登记结婚,未生育子女,夫妻居住于上述房屋。2009 年 8 月 19 日,代某甲因交通事故死亡。代某甲死后留下的遗产系上述房屋一套,赵某、代某均系合法的第一顺序的法定继承人,均依法享有继承权。赵某请求继承代某甲的合法遗产,应予支持。因双方当事人均认同上述房屋的价值为 24 000 元,一审法院考虑到该房屋不便分割,判决该房屋的来源等情况,将该房屋由代某继承为宜,由代某补偿赵某应继承的份额,并非不当。一审法院对赵某提供的婚前装修房屋的投资款的证据未予采信,并非错误。一审法院并未违反法定程序。张某碧虽然购买了房屋,并不影响代某继承其子代某甲的遗产。一审法院综合考虑本案的实际情况依法作出的判决是恰当的。

综上所述,赵某的上诉理由不能成立,对其上诉请求,本院不予支持。一审判决认定事实基本清楚,适用法律正确,程序合法。依照《中华人民共和国民事诉讼法》第一百五十三条第一款第(一)项的规定,判决如下:

驳回上诉,维持原判。

本院二审案件受理费 400 元,由上诉人赵某负担。

本判决为终审判决。

3. 法定继承

最高人民法院关于在台湾的合法继承人其继承权应否受到保护问题的批复

1. 1984年7月30日发布
2.〔84〕民他字第8号

北京市高级人民法院：

你院1984年4月24日关于袁惠等4人诉袁行健继承一案的请示收悉。我们的意见：

一、袁行濂及袁行广的5个子女均属合法继承人，他们虽然均在台湾，其合法继承权仍应受到保护。根据党和国家的对台政策，从祖国统一大业的需要出发，在审理上应予以方便。

二、袁行濂既与原、被告均有信件来往，并明确提出继承房产的意见，法院可以通过原、被告代为传递诉讼文书。对袁行广的5个子女如能通过袁行濂得知他们下落，亦应照此办理。

三、袁行广的5个子女，如经努力查询，仍然联系不上，可以保留他们的应继承份额，请房管部门代管。

四、本案按请示所述情况，不宜中止审理，亦不宜动员原告撤诉。

此复

最高人民法院关于顾月华诉孙怀英房产继承案的批复

1. 1985年2月27日发布
2. 法(民)复〔1985〕15号

江苏省高级人民法院：

你院〔84〕民请字第5号《关于顾月华诉孙怀英房产继承案件的请示报告》及补充意见材料均收悉。我院经研究认为，根据本案实际情况，孙怀英有权继承丈夫顾鸿滨的遗产，同时，鉴于她长期经管房屋，付出了代价，在分配遗产时，还应给予适当照顾。

最高人民法院关于王晏和房屋继承申诉案的批复

1. 1985年4月27日发布
2.〔85〕法民字第10号

湖北省高级人民法院：

你院1984年11月12日鄂法〔83〕民监字第12号关于王晏和房屋继承申诉一案的请示报告及所附案卷五宗均收悉。经研究我们认为：

申诉人王晏和虽然自幼随母吴秀依靠堂姑王秀珊扶助长大，但他一直与生母吴秀保持母子关系，与王秀珊之间不存在养母子关系，故王晏和不应成为王秀珊的合法继承人。第三人颜竹香、吴秀长期与王秀珊居住在一起共同生活，共同劳动，应属于亲友间的互相扶助，她们之间不存在继承与被继承的关系。因此，严家巷7号房屋，不论是属于王顺和夫妇的遗产，还是属于王秀珊的遗产，王照清和王瑞珍都享有继承权利，讼争之房屋应由王照清和王瑞珍继承。但是考虑到颜竹香、吴秀母子与王秀珊曾经多年共同生活的实际情况，可从遗产中给予适当照顾。

最高人民法院民事审判庭关于招远县陆许氏遗产应由谁继承的电话答复

1. 1985年10月28日发布
2.〔85〕民他字第24号

山东省高级人民法院民事审判庭：

你院〔85〕鲁法民字第25号《关于招远县陆许氏遗产应由谁继承一案的请示报告》及补充意见均收悉。根据报告查明的情况，经我们研究认为，原则上以承认陆许氏为"五保户"比较合适，其遗产应按最高人民法院《关于贯彻执行民事政策法律若干问题的意见》第47条有关规定处理。入社前，被继承人依靠女儿陆玉芳生活，入社后一个月病故，尽管遗产分割多年，陆玉芳要求继承是有道理的。我们的意见：一、承认陆玉芳有继承权；二、原房已卖掉，现只能将陆家村所售房屋价款作为遗产归陆玉芳继承;三、陆家村为陆许氏所花丧葬费和医药费,从卖房款中扣除。并请作好双方当事人的调解工作。此意见系根据本案的特殊情况提出来的变通处理办法,请参照此意见,妥善处理。

最高人民法院关于土改后不久被收养的子女能否参加分割土改前的祖遗房产的批复

1. 1986年2月13日发布

2. 〔86〕民他字第6号

河南省高级人民法院:

你院〔1985〕豫法民字第5号《关于经土改确权的祖业房产能否按参加土改的人口分析以确定遗产范围的请示报告》收悉。

据你院报告称,被继承人马希良家有十六间祖遗房屋,土改时由其母马韩氏、马希良夫妇及其次女、三女(长女土改前已出嫁)五口人填登了土地房产证。1953年马希良收马海庆为养子(当时1岁)。三个女儿离开家庭后,在经济和生活方面对父母各自尽了赡养扶助义务。1983年前,马韩氏及马希良夫妇先后去世,为分割处理十六间祖遗房屋,三个女儿与养子发生纠纷。

经我们研究认为:对土改已确权的房屋,一般应以确定的产权为准,由参加土改的家庭成员进行析产,其中被继承人应得的份额属于遗产。本案讼争的房屋系祖遗房产,土改时没有变动;马海庆土改后不久被收养,以后对该房屋长期进行了使用和管理。根据此案具体情况,可按马家参加土改的人口加上养子共六人先行析产,然后确定马希良夫妇的遗产数额。马希良夫妇从析产中所得的份额及马希良继承其母马韩氏的份额属于他们的遗产,其三个女儿及养子都有继承权。至于每人继承份额多少,应视具体情况合理确定。

此复

最高人民法院关于未成年的养子女,其养父在国外死亡后回生母处生活,仍有权继承其养父的遗产的批复

1. 1986年5月19日发布

2. 〔86〕民他字第22号

福建省高级人民法院:

你院1985年12月10日《关于泉州市戴玉芳与戴文良析产、继承上诉案中黄钦辉有无继承权的请示报告》收悉。

据报告称,戴文化、戴文良兄弟二人于1929年至1931年先后从菲律宾回国在泉州市新街四十一号建楼房一座,由其父母戴淑和、林英蕊等人居住。1942年戴母林英蕊收黄钦辉为戴文化的养子。黄钦辉与祖母林英蕊共同生活,由其养父戴文化从国外寄给生活费和教育费,直至1955年戴文化在国外去世。当时黄钦辉尚未成年,后因生活无来源于1957年回到生母处。1980年黄钦辉向法院提起诉讼,要求继承其养父戴文化新街四十一号楼房遗产。

经我们研究认为:黄钦辉于1942年被戴文化之母林英蕊收养为戴文化的养子,直至1955年戴文化去世,在长达十三年的时间里,其生活费和教育费一直由戴文化供给。这一收养关系戴文化生前及其亲属、当地基层组织和群众都承认,应依法予以保护。

关于黄钦辉是否自动解除收养关系或放弃继承权的问题,黄钦辉因养父戴文化1955年在国外去世。当时本人尚未成年,在无人供给生活费,又无其他经济来源的情况下,不得不于1957年回到生母处生活,对此不能认为黄钦辉自动解除了收养关系。黄钦辉在继承开始和遗产处理前,没有明确表示放弃继承,应当依法准许其继承戴文化的遗产。

最高人民法院关于土改时部分确权、部分未确权的祖遗房产应如何继承问题的批复

1. 1987年4月25日发布

2. 〔87〕民他字第48号

湖南省高级人民法院：

你院〔1986〕湘字第1号《关于处理房屋纠纷的有关问题的请示报告》及1987年2月24日补充报告收悉。

据你院报告称：双方讼争的4间房屋系刘验福(1927年故)、田二妹(1960年故)夫妇于1912年所建。1952年土改时，将其中3间瓦屋确权为田二妹及养子刘志国(1982年故)、儿媳向翠莲、孙儿刘射仁4人所有，另1间房屋未确权。田二妹之女刘志珍1927年出嫁。

1953年刘志珍即迁回与其母田二妹一起生活，对田二妹的生养死葬等尽了主要义务。1983年刘志珍以4间房屋系父母遗产，她应继承1/2为由，诉讼到法院。

经研究，同意你院审判委员会的意见，即处理这类案件一般应以土改时确定的产权为准。1952年确权的3间房屋，应归田二妹与其养子刘志国、儿媳向翠莲、孙儿刘射仁四人所共有。该共有房屋中属于田二妹的那一部分房屋和土改未确权的1间房屋可以作为田二妹的遗产，由其法定继承人共同继承。因刘志珍与其母共同生活，尽了主要赡养义务，分配遗产时可以多分。

最高人民法院关于父母的房屋遗产由兄弟姐妹中一人领取了房屋产权证并视为己有发生纠纷应如何处理的批复

1. 1987年6月15日发布

2. 〔87〕民他字第16号

广东省高级人民法院：

你院粤法民字〔1987〕31号《关于惠阳地区中级人民法院请示的上诉人钟秋香、钟玉妹诉钟寿祥房屋纠纷一案的报告》及卷宗收悉。

据你院报告称：钟和记(1941年故)与妻子苏衬(1926年故)、继妻王细(1984年故)先后生有四个儿女，即：钟妙(1976年故)、钟秋香、钟玉妹、钟秋胜(1981年故)。1940年钟和记与王细夫妇收养了钟寿祥(当时12岁)。1939年、1940年钟和记和王细购置房屋六间，钟和记死后，由王细、钟玉妹、钟秋香、钟寿祥等长期居住。1973年钟秋香将自己居住的那部分房屋进行了改建。钟寿祥曾以自己的名字，于1947年、1953年、1960年先后领取了六间房屋所有权证。王细于1984年死后，钟寿祥便在1985年将部分房屋拆除改建，并将其中部分房屋宅基地给其子使用，为此，双方发生纠纷。

经研究，同意你院审判委员会的意见。即根据该房产的来源及使用等情况，以认定该屋为钟和记、王细的遗产，属钟秋香、钟玉妹、钟寿祥、钟妙、钟秋胜5人共有为宜。钟寿祥以个人名义领取的产权证，可视为代表共有人登记取得的产权证明。钟妙、钟秋胜已故，其应得部分由其合法继承人继承。以上意见供你院批复时参考。

最高人民法院关于冯钢百遗留的油画等应如何处理的批复

1. 1987年6月17日发布

2. 法(办)发〔1988〕6号

广东省高级人民法院：

你院〔1986〕粤法民上字第38号关于冯贵真与冯学平等四人继承纠纷一案的请示报告收悉。

据报告称，画家冯钢百于1984年10月病逝后，其子女为其父所绘油画32幅和绘画工具等的处理发生争执：冯贵真要求继承部分油画；冯学平等四人则认为，其父是我国著名的油画家，所遗油画有一定的艺术价值，不同意分割，主张按其父的遗愿将油画全部献给国家。为此，冯贵真向人民法院提起诉讼。

经与有关部门研究后认为，冯钢百生前所绘油画虽有一定艺术价值，但仍属可分割的遗产，他生前表示将其油画献给国家的意愿不是遗嘱。因此，冯钢百遗留的油画等遗产应根据我国继承法的有关规定，由其子女冯贵真、冯约素、冯振玉、冯磊、冯学平等人继承。

最高人民法院民事审判庭关于未经结婚登记以夫妻名义同居生活一方死亡后另一方有无继承其遗产权利的答复

1. 1987年7月25日发布
2. 〔87〕民他字第40号

辽宁省高级人民法院：

你院关于未经结婚登记以夫妻名义同居生活，一方死亡后另一方有无继承其遗产权利的案情报告收悉。经研究认为，在本案中，不能承认刘美珍与栾庆吉为事实婚姻。

至于栾庆吉死亡后遗留的财产，可按财产纠纷处理。

最高人民法院民事审判庭关于钱伯春能否继承和尚钱定安遗产的电话答复

1. 1987年10月16日发布
2. 〔86〕民他字第63号

上海市高级人民法院：

你院〔86〕沪高民他字第4号函请示的钱伯春能否继承和尚钱定安遗产的问题，经研究认为：

1. 我国现行法律对和尚个人遗产的继承问题并无例外的规定，因而，对作为公民的和尚，在其死后，其有继承权的亲属继承其遗产的权利尚不能否定；

2. 鉴于本案的具体情况，同意对和尚钱定安个人遗款的继承纠纷，由受理本案的法院在原、被告双方之间作调解处理。

请你院按照我院审判委员会的上述意见办理。对你院的请示报告不再作文字批复。

最高人民法院关于金瑞仙与黄宗廉房产纠纷一案的批复

1. 1988年2月4日发布
2. 〔87〕民他字第59号

安徽省高级人民法院：

你院民他字〔87〕第15号《关于金瑞仙与黄宗廉等房产纠纷一案的请示报告》及1987年12月15日补充报告收悉。

据你院报告称：黄耀庭、姚玉莲夫妻于土改前死亡，遗有坐落在屯溪市屯光乡的砖木结构房屋四处，建筑面积530.22平方米（其中徐家巷7号367平方米、荷花池38号73.4平方米、40号63.32平方米、42号26.5平方米）。土改时，黄耀庭、姚玉莲的五个子女，除长女黄惠珍（无配偶、子女）已经死亡外，长子黄文卿（1972年死亡）、次女黄翠珍（1982年死亡）、三女黄毓珍（1982年死亡）均在外地生活，只有次子黄润生（1964年死亡）一家6口人在当地生活，参加了土改，黄耀庭、姚玉莲所遗房产，其中荷花池42号冒登在黄惠珍名下，另外3处房屋登记在黄润生一家名下，4处房屋均由黄润生占有、使用。但黄润生生前一直承认徐家巷7号房屋系其与黄文卿共有，黄润生死亡后，其子黄宗廉、女婿朱兆生还受黄文卿之妻金瑞仙、子黄宗义的委托，答应代为出售共有的房屋。1984年12月，金瑞仙以黄宗廉、朱兆生擅自出卖共有房屋、价款据为己有为由，诉至法院。1985年11月以后，黄翠珍、黄毓珍的法定继承人亦向法院主张继承房产的权利。

我们经研究认为：讼争房屋4处原系黄耀庭、姚玉莲的遗产，土改时虽然登记在黄润生、黄惠珍名下，但根据土改时的有关政策法律规定及当地土改的实际情况，4处房屋并非确权归黄润生一家所有，黄润生及其子黄宗廉也一直承认徐家巷7号房屋产权系与黄文卿共有。据此，讼争房屋产权以认定为黄文卿、黄润生、黄翠珍、黄毓珍4人所共有为宜。但在具体分割时，应考虑对共有房屋长期使用、管理等实际情况，并照顾共有人的实际需要。至于黄翠珍、黄毓珍的法定继承人主张继承遗产的权利是否超过诉讼时效期间的问题，请按照我院《关于贯彻执行〈中华人民共和国继承法〉若干问题的意见》第64条第2款的规定处理。

此复

最高人民法院民事审判庭关于王敬民诉胡宁声房屋继承案的复函

1. 1990年8月13日发布
2. 〔90〕民他字第6号

江西省高级人民法院：

你院《关于复查王敬民诉胡宁声房屋继承案请示报告》收悉。经我们研究认为，胡国珍1951年1月死亡后其所遗景德镇市原中山路522号房屋，早已于同年经民政部门调解，达成了由胡济清和倪锦芳各继承一半的协议，当时倪锦芳作为继承人和王敬民的监护人有权行使此项权利。1953年据此协议，由政府发证、确权。这些早已发生效力的法律行为，不应当再予推翻。因此本案再作继承案件处理不当。

最高人民法院关于向勋珍与叶学枝房屋纠纷案的复函

1. 1990年11月15日发布
2. 〔90〕民他字第45号

贵州省高级人民法院：

你院〔90〕民请字第7号《关于向勋珍与叶学枝房屋纠纷一案的请示报告》收悉。经研究认为：宁国锋夫妇于1929年、1946年先后死亡，所遗房屋由三子宁让祥一家一直居住至今，其他子女宁福英、宁雪冰、宁让贤于1986年以前先后死亡，他们生前均未表示放弃继承。根据我国《继承法》第25条和我院《关于贯彻执行〈中华人民共和国民法通则〉若干问题的意见（试行）》第177条的规定和该案具体情况，宁氏姐弟对其父母所遗房产可视为接受继承，并对未分割的房产享有共有权。据此，我们基本同意你院的第二种意见，即宁雪冰之妻向勋珍现提出分割共有房屋，可按分割共同财产的诉讼请示处理。但鉴于叶学枝一家居住使用房屋达40多年等情况，为稳定住房秩序，可由叶学枝给予向勋珍等转继承人适当补偿。

以上意见，供参考。

·典型案例·

唐某诉李某某、唐某乙法定继承纠纷案

【裁判摘要】

夫妻之间达成的婚内财产分割协议是双方通过订立契约对采取何种夫妻财产制所作的约定，是双方协商一致对家庭财产进行内部分配的结果，在不涉及婚姻家庭以外第三人利益的情况下，应当尊重夫妻之间的真实意思表示，按照双方达成的婚内财产分割协议履行，优先保护事实物权人，不宜以产权登记作为确认不动产权属的唯一依据。

原告：唐某。

被告：李某某。

被告：唐某乙。

法定代理人：李某某（唐某乙之母），48岁。

原告唐某因与被告李某某、唐某乙发生法定继承纠纷，向北京市朝阳区人民法院提起诉讼。

原告唐某诉称：唐某甲于2011年9月16日在外地出差期间猝死，未留下遗嘱。名下财产有位于北京市朝阳区东三环北路二十三号财富中心某房屋（以下简称财富中心房屋）等多处房产、银行存款、轿车等。唐某甲的继承人是配偶李某某及子女唐某、唐某乙。现诉至法院，请求判令：由唐某、唐某乙、李某某共同依法继承唐某甲的全部遗产。

被告李某某、唐某乙辩称：认可李某某、唐某、唐某乙作为唐某甲的继承人参与继承，但登记在唐某甲名下的财富中心房屋并非唐某甲的财产，不应作为其遗产予以继承。虽然该房屋是以唐某甲名义购买并向中国银行贷款，但根据唐某甲与李某某签订的《分居协议书》，财富中心房屋属于李某某的个人财产，之所以没有变更登记至李某某名下，是因为有贷款没有还清。这份协议书没有以离婚为前提，属于双方对婚后共同财产的安排，在唐某甲去世前，双方均未对此协议反悔。因此该协议书是有效的，财富中心房屋是李某某的个人财产，

不属于唐某甲的遗产。对于唐某甲名下的其他财产同意依法予以分割继承。

北京市朝阳区人民法院一审查明：

唐某甲与被告李某某系夫妻关系，二人生育一子唐某乙。唐某甲与前妻曾生育一女唐某，离婚后由其前妻抚养。唐某甲父母均早已去世。唐某甲于2011年9月16日在外地出差期间突发疾病死亡，未留下遗嘱。

2010年10月2日，唐某甲与被告李某某签订《分居协议书》，双方约定："唐某甲、李某某的感情已经破裂。为了不给儿子心灵带来伤害，我们决定分居。双方财产作如下切割：现在财富中心和慧谷根园的房子归李某某拥有。李某某可以任何方式处置这些房产，唐某甲不得阻挠和反对，并有义务协办相关事务。湖光中街和花家地的房产归唐某甲所有。唐某甲可以任何方式处置这些房产，李某某不得阻挠和反对，并有义务协办相关事务。儿子唐某乙归李某某所有。唐某甲承担监护、抚养、教育之责。李某某每月付生活费5000元。双方采取离异不离家的方式解决感情破裂的问题。为了更好地达到效果，双方均不得干涉对方的私生活和属于个人的事务。"2012年11月28日，北京民生物证司法鉴定所出具司法鉴定意见书，鉴定意见为该《分居协议书》上唐某甲签名为其本人所签。

关于财富中心房屋，2002年12月16日，唐某甲作为买受人与北京香江兴利房地产开发有限公司签订了《商品房买卖合同》，约定：唐某甲购买北京香江兴利房地产开发有限公司开发的财富中心房屋，总金额为1 579 796元。庭审中，原告唐某、被告唐某乙、李某某均认可截止唐某甲去世时间点，该房屋仍登记在唐某甲名下，尚欠银行贷款877 125.88元未偿还。此外，李某某与唐某甲名下还有其他两处房产、汽车及存款等财产。

本案一审的争议焦点是：如何确定唐某甲的遗产范围。

北京市朝阳区人民法院一审认为：

原告唐某、被告唐某乙作为被继承人唐某甲的子女，被告李某某作为被继承人唐某甲的配偶，均属于第一顺序继承人，三人对于唐某甲的遗产，应予以均分。本案中，应对哪些财产属于唐某甲的遗产予以界定。关于财富中心房屋，唐某甲与李某某虽然在《分居协议书》中约定了该房屋归李某某拥有，但直至唐某甲去世，该房屋仍登记在唐某甲名下。故该协议书并未实际履行，因此应根据物权登记主义原则，确认该房屋属于唐某甲与李某某夫妻共同财产。该房屋价值应根据评估报告确定的数额减去唐某甲去世时该房屋尚未还清的贷款数额，该数额的一半为李某某夫妻共同财产，另一半为唐某甲遗产，属于唐某甲遗产的份额应均分为三份，由李某某、唐某乙和唐某均分。考虑到唐某乙尚未成年，而唐某要求获得折价款，故法院判决该房屋归李某某所有，由李某某向唐某支付折价款并偿还该房屋剩余未还贷款。关于唐某甲名下的其他房屋、车辆及银行存款等遗产，法院按照法定继承的相关规定予以分割。

综上，北京市朝阳区人民法院依照《中华人民共和国继承法》第二条、第三条、第五条、第十条、第十三条之规定，于2014年4月8日判决：

一、被继承人唐某甲遗产车牌号为京KN××××号北京现代牌轿车由被告李某某继承，归被告李某某所有，被告李某某于本判决生效后十日内向原告唐某支付折价款一万六千六百六十六元六角七分。

二、被继承人唐某甲遗产位于北京市朝阳区湖光中街某房屋归被告李某某所有，被告李某某于本判决生效后十日内向原告唐某支付折价款一百八十万元。

三、被继承人唐某甲遗产位于北京市朝阳区东三环北路23号财富中心某房屋归被告李某某所有，并由李某某偿还剩余贷款，被告李某某于本判决生效后十日内向原告唐某支付折价款八十八万五千一百八十元六角九分。

四、被告李某某于本判决生效后十日内向原告唐某支付被继承人唐某甲遗产家属一次性抚恤金一万八千三百六十六元六角七分。

五、被告李某某于本判决生效后十日内向原告唐某支付被继承人唐某甲遗产工会发放的家属生活补助费五千三百六十六元六角七分。

六、驳回原告唐某其他诉讼请求。

李某某、唐某乙不服一审判决，向北京市第三中级人民法院提起上诉称：唐某甲与李某某签订的《分居协议书》的性质应属婚内财产分割协议，财富中心房屋无论登记在何方名下，都应以唐某甲与李某某的有效婚内财产约定确定其归属。请求二审法院撤销原审判决，改判财富中心房屋为李某某个人所有，不属于唐某甲遗产范围。

被上诉人唐某辩称：一审法院认定事实清楚，适用法律正确，请求二审法院依法判决。

北京市第三中级人民法院经二审，确认了一审查明的事实。

本案二审的争议焦点是：财富中心房屋的权属问题及其应否作为唐某甲的遗产予以继承。

北京市第三中级人民法院二审认为：

解决该争议焦点的关键在于厘清以下三个子问题：

第一，唐某甲与上诉人李某某于2010年10月2日签订的《分居协议书》的法律性质。

上诉人李某某、唐某乙认为该协议属于婚内财产分割协议，是唐某甲与李某某对其婚姻关系存续期间所得财产权属的约定，该约定合法有效，对双方均具有约束力；唐某认为该协议系以离婚为目的达成的离婚财产分割协议，在双方未离婚的情况下，该协议不发生法律效力。法院认为，本案中唐某甲与李某某签订的《分居协议书》是婚内财产分割协议，而非离婚财产分割协议。理由如下：

首先，从《分居协议书》内容来看，唐某甲与上诉人李某某虽认为彼此感情已经破裂，但明确约定为不给儿子心灵带来伤害，采取“离异不离家”的方式解决感情破裂问题，双方是在婚姻关系存续的基础上选择以分居作为一种解决方式并对共同财产予以分割，并非以离婚为目的而达成财产分割协议。其次，从文义解释出发，二人所签《分居协议书》中只字未提“离婚”，显然不是为了离婚而对共同财产进行分割，相反，双方在协议书中明确提出“分居”、“离异不离家”，是以该协议书来规避离婚这一法律事实的出现。再次，婚姻法第十九条第一款对夫妻约定财产制作出明确规定：“夫妻可以约定婚姻关系存续期间所得的财产以及婚前财产归各自所有、共同所有或部分各自所有、部分共同所有。约定应采用书面形式。没有约定或者约定不明确的，适用本法第十七条、第十八条的规定。”本案所涉及的《分居协议书》中，唐某甲与李某某一致表示“对财产作如下切割”，该约定系唐某甲与李某某不以离婚为目的对婚姻关系存续期间所得财产作出的分割，应认定为婚内财产分割协议，是双方通过订立契约对采取何种夫妻财产制所作的约定。

第二，本案应当优先适用物权法还是婚姻法的相关法律规定。

上诉人李某某、唐某乙认为，应适用婚姻法第十九条之规定，只要夫妻双方以书面形式对财产分割作出约定即发生法律效力，无需过户登记；被上诉人唐某主张，本案应适用物权法第九条之规定，不动产物权的权属变更未经登记不发生法律效力。法院认为，该问题首先要厘清物权法与婚姻法在调整婚姻家庭领域内财产关系时的衔接与适用问题，就本案而言，应以优先适用婚姻法的相关规定处理为宜。理由如下：

物权领域，法律主体因物而产生联系，物权法作为调整平等主体之间因物之归属和利用而产生的财产关系的基础性法律，重点关注主体对物的关系，其立法旨在保护交易安全以促进资源的有效利用。而婚姻法作为身份法，旨在调整规制夫妻之间的人身关系和财产关系，其中财产关系则依附于人身关系而产生，仅限于异性之间或家庭成员之间因身份而产生的权利义务关系，不体现直接的经济目的，而是凸显亲属共同生活和家庭职能的要求。故婚姻法关于夫妻子女等特别人伦或财产关系的规定不是出于功利目的创设和存在，而是带有“公法”意味和社会保障、制度福利的色彩，将保护“弱者”和“利他”价值取向直接纳入权利义务关系的考量。

因此，婚姻家庭的团体性特点决定了婚姻法不可能完全以个人为本位，必须考虑夫妻共同体、家庭共同体的利益，与物权法突出个人本位主义有所不同。在调整夫妻财产关系领域，物权法应当保持谦抑性，对婚姻法的适用空间和规制功能予以尊重，尤其是夫妻之间关于具体财产制度的约定不宜由物权法过度调整，应当由婚姻法去规范评价。本案中，唐某甲与上诉人李某某所签协议关于财富中心房屋的分割，属于夫妻内部对财产的约定，不涉及家庭外部关系，应当优先和主要适用婚姻法的相关规定，物权法等调整一般主体之间财产关系的相关法律规定应作为补充。

第三，物权法上的不动产登记公示原则在夫妻财产领域中是否具有强制适用的效力。

上诉人李某某、唐某乙认为，婚内财产分割协议只涉及财产在夫妻之间的归属问题，依双方约定即可确定，无须以公示作为物权变动要件；被上诉人唐某则主张财富中心房屋的产权人是唐某甲，即使唐某甲与李某某曾约定该房屋归李某某拥有，也因未办理产权变更登记而未发生物权变动效力，该房屋仍应纳入唐某甲的遗产范围。本院认为，唐某甲与李某某所签《分居协议书》已经确定财富中心房屋归李某某一人所有，虽仍登记在唐某甲名下，并不影响双方对上述房屋内部处分的效力。理由如下：

物权法以登记作为不动产物权变动的法定公示要

件，赋予登记以公信力，旨在明晰物权归属，保护交易安全和交易秩序，提高交易效率。但实践中，由于法律的例外规定、错误登记的存在、法律行为的效力变动、当事人的真实意思保留以及对交易习惯的遵从等原因，存在大量欠缺登记外观形式，但依法、依情、依理应当给予法律保护的事实物权。物权法第二十八条至第三十条对于非基于法律行为所引起的物权变动亦进行了例示性规定，列举了无需公示即可直接发生物权变动的情形。当然，这种例示性规定并未穷尽非因法律行为而发生物权变动的所有情形，婚姻法及其司法解释规定的相关情形亦应包括在内。

在夫妻财产领域，存在大量夫妻婚后由一方签订买房合同，并将房屋产权登记在该方名下的情形，但实际上只要夫妻之间没有另行约定，双方对婚后所得的财产即享有共同所有权，这是基于婚姻法规定的法定财产制而非当事人之间的法律行为。因为结婚作为客观事实，已经具备了公示特征，无须另外再为公示。而夫妻之间的约定财产制，是夫妻双方通过书面形式，在平等、自愿、意思表示真实的前提下对婚后共有财产归属作出的明确约定。此种约定充分体现了夫妻真实意愿，系意思自治的结果，应当受到法律尊重和保护，故就法理而言，亦应纳入非依法律行为即可发生物权变动效力的范畴。因此，当夫妻婚后共同取得的不动产物权归属发生争议时，应当根据不动产物权变动的原因行为是否有效、有无涉及第三人利益等因素进行综合判断，不宜以产权登记作为确认不动产权属的唯一依据，只要有充分证据足以确定该不动产的权属状况，且不涉及第三人利益，就应当尊重夫妻之间的真实意思表示，按照双方达成的婚内财产分割协议履行，优先保护事实物权人。需要指出的是，此处的第三人主要是相对于婚姻家庭关系外部而言，如夫妻财产涉及向家庭以外的第三人处分物权，就应当适用物权法等调整一般主体之间财产关系的相关法律规定。而对于夫妻家庭关系内的财产问题，应当优先适用婚姻法的相关规定。

本案中，《分居协议书》约定"财富中心房屋归李某某拥有，李某某可以任何方式处置这些房产，唐某甲不得阻挠和反对，并有义务协办相关事务。"该协议书系唐某甲与上诉人李某某基于夫妻关系作出的内部约定，是二人在平等自愿的前提下协商一致对家庭财产在彼此之间进行分配的结果，不涉及婚姻家庭以外的第三人利益，具有民事合同性质，对双方均具有约束力。财富中心房屋并未进入市场交易流转，其所有权归属的确定亦不涉及交易秩序与流转安全。故唐某虽在本案中对该约定的效力提出异议，但其作为唐某甲的子女并非《物权法》意义上的第三人。因此，虽然财富中心房屋登记在唐某甲名下，双方因房屋贷款之故没有办理产权过户登记手续，但物权法的不动产登记原则不应影响婚内财产分割协议关于房屋权属约定的效力。且结合唐某甲与李某某已依据《分居协议书》各自占有、使用、管理相应房产之情形，应当将财富中心房屋认定为李某某的个人财产，而非唐某甲之遗产予以法定继承。一审法院根据物权登记主义原则确认财富中心房屋为唐某甲与李某某夫妻共同财产实属不妥，应予调整。

据此，北京市第三中级人民法院依照《中华人民共和国物权法》第九条，《中华人民共和国婚姻法》第十九条，《中华人民共和国继承法》第二条、第三条、第五条、第十条、第十三条，《中华人民共和国民事诉讼法》第一百七十条第一款第（二）项之规定，于2014年8月25日判决：

一、维持北京市朝阳区人民法院（2013）朝民初字第30975号民事判决第一项、第二项、第四项、第五项；

二、撤销北京市朝阳区人民法院（2013）朝民初字第30975号民事判决第六项；

三、变更北京市朝阳区人民法院（2013）朝民初字第30975号民事判决主文第三项为：位于北京市朝阳区东三环北路二十三号财富中心某房屋归李某某所有，并由李某某偿还剩余贷款；

四、驳回唐某其他诉讼请求。

本判决为终审判决。

单洪远、刘春林诉胡秀花、单良、单译贤法定继承纠纷案

【裁判摘要】

《最高人民法院关于适用〈中华人民共和国婚姻法〉若干问题的解释（二）》第二十四条的规定，本意在于加强对债权人的保护，一般只适用于对夫妻外部债务关系的处理。人民法院在处理涉及夫妻内部财产关系的纠纷时，不能简单依据该规定将夫或妻一方的对外债务认定为夫妻共同债务，其他人民法院依据该规定作出的关于夫妻对外债务纠纷的生效裁判，也不能

当然地作为处理夫妻内部财产纠纷的判决依据，主张夫或妻一方的对外债务属于夫妻共同债务的当事人仍负有证明该债务确为夫妻共同债务的举证责任。

原告：单洪远，男，64岁，退休教师，住江苏省连云港市新浦区。

原告：刘春林，女，61岁，农民，单洪远之妻，住址同单洪远。

被告：胡秀花，女，38岁，个体工商户，住江苏省连云港市新浦区。

被告：单良，男，13岁，学生，胡秀花之子，住址同胡秀花。

被告：单译贤，女，5岁，幼儿，胡秀花之女，住址同胡秀花。

原告单洪远、刘春林因与被告胡秀花、单良、单译贤发生法定继承纠纷，向江苏省连云港市中级人民法院提起诉讼。

原告单洪远、刘春林诉称：其子单业兵因车祸死亡，遗留有家庭财产约300万元，均由单业兵的妻子、被告胡秀花掌管，去除一半作为胡秀花个人的财产，尚有约150万元的财产可以作为遗产分配，应由单洪远、刘春林、胡秀花、单良、单译贤等五位继承人均分，二原告应分得60万元左右。单业兵死亡后，原告多次与胡秀花协商分割遗产，但未达成一致，请求法院依法作出判决。

被告胡秀花辩称：首先，其所保管的单业兵遗产没有150万元。1.单业兵死亡前，因买房、买车及经营生意欠下大量债务，其中一部分债务已由她以夫妻共同财产予以偿还；2.单业兵死亡后，其经营的公司已不能营业，原告起诉中所列的公司财产（主要是化妆品）已基本报废；3.单业兵死亡后的丧葬费用、修车费用等不少于20万元。以上三项均应从夫妻共同财产中扣除。其次，被告单良、单译贤系其与单业兵的子女，均尚未成年，需由其抚养。母子三人只能靠原夫妻共同财产生活，并无其他经济来源。二原告生活富足，不应与孙子女争夺遗产。

连云港市中级人民法院经审理查明：被继承人单业兵系原告单洪远、刘春林之子，被告胡秀花之夫，被告单良、单译贤之父。单业兵与胡秀花于1987年10月26日结婚。2002年6月21日凌晨，单业兵因车祸死亡。此后，单洪远、刘春林与胡秀花因遗产继承问题发生纠纷，经多次协商未果，遂诉至法院。

对于单业兵死亡后遗留的夫妻共同财产，双方当事人共同认可的有：1.位于连云港市新浦区“银城之都”5号楼102室的住宅1套及汽车库1间；2.位于连云港市新浦区海连东路盐场医院东侧综合楼底层营业用房2间；3.位于淮安市清河区太平东街13－29－1－508室住宅1套；4.位于连云港市新浦区陇海步行中街1号楼109号底层营业用房1间；5.车牌号为苏GB1616的广州本田轿车1辆；6.车牌号为苏GB5426的长安小客车1辆；7.连云港市倍思特化妆品有限公司（以下简称倍思特公司）34.5%的股份。以上财产均由胡秀花保管。双方当事人对以上房产、车辆的价值存在争议，根据原告申请，一审法院委托连云港市价格认证中心进行评估。根据评估结果，法院确认以上房产、车辆共价值2 601 300元。

双方当事人对以下问题存在争议：1.单业兵、胡秀花所经营的连云港倍思特商场（以下简称倍思特商场）在单业兵死亡后尚存的财产数额；2.倍思特商场是否欠广州市白云三元里利丰行（以下简称利丰行）货款；3.倍思特商场是否欠广州市康丽源生物保健品有限公司（以下简称康丽源公司）货款；4.单业兵生前是否欠北京欧洋科贸有限公司（以下简称欧洋公司）债务；5.单业兵生前是否欠徐贵生借款。

关于倍思特商场在单业兵死亡后尚存的财产数额，原告单洪远、刘春林称：单业兵死亡后，经倍思特公司和倍思特商场会计对账，截至2002年6月30日，倍思特商场库存商品价值904 217.12元，应收账款245 394.20元，现金183 321.51元，合计1 332 923.23元。并提供了会计对账形成的《止2002年6月30日倍思特商场收入、利润、流动资产一览表》（以下简称《对账表》）为证。在一审审理过程中，倍思特公司会计赵春香到庭作证，详细说明了当时同倍思特商场会计侍作璋对账的情况及《对账表》的来历，并提供了当时侍作璋给其的2002年6月倍思特商场的财务报表。被告胡秀花辩称：原告方提供的《对账表》没有她本人签名，库存商品基本报废，相关财务报表已被她销毁。连云港市中级人民法院认为，胡秀花未能按照法院的要求将倍思特商场的会计侍作璋带到法庭，亦未能提供支持其诉讼主张的财务报表及库存商品报废的有关证据，根据民事诉讼相对优势证据原则，对胡秀花所称倍思特商场没有对账、库存不足、库存商品基本报废的辩解理由不予采纳，认定倍思特商场在单业兵死亡后尚有财产1 332 923.23元。

关于倍思特商场是否欠利丰行货款的问题，被告胡秀花称：单业兵生前经营倍思特商场时，欠利丰行货款486 900元，她本人在单业兵死亡后已偿还货款235 000元，尚欠251 900元，并提供了利丰行于2003年10月24日出具的证明，主张从单业兵遗产中扣除已偿还的该笔债务，并保留剩余债务份额。原告单洪远、刘春林称胡秀花所述与《对账表》不符，倍思特商场对外没有债务。根据胡秀花申请，连云港市中级人民法院前往利丰行进行核实。经查，利丰行现已更名为广州戈仕贸易公司，该公司称单业兵欠该公司48万余元化妆品货款，单业兵生前已还款25万余元，单业兵死亡后未再还款。该公司称没有详细账目可以提供，仅提供了1份《江苏连云港倍思特商场记账簿》。连云港市中级人民法院认为，胡秀花虽称单业兵生前经营倍思特商场时欠利丰行货款，她本人在单业兵死亡后已偿还货款235 000元，但胡秀花不能提供倍思特商场的原始账目以证明该笔债务的存在；广州戈仕贸易公司虽证明单业兵生前已还款25万余元，在单业兵死亡后倍思特商场未再偿还货款，但未向法院提供双方发生业务往来的详细账目，所提供的记账簿不能反映双方经济往来的真实情况，且该公司的证明内容与胡秀花的陈述不一致。因此，现有证据不能充分证明该笔债务确实存在，不予认定。

关于倍思特商场是否欠康丽源公司货款的问题，被告胡秀花称：单业兵生前经营倍思特商场时，欠康丽源公司货款354 000元，她已于单业兵死亡后还款340 000元，尚欠14 000元，并提供了康丽源公司于2003年10月24日出具的证明，主张从单业兵遗产中扣除已偿还的该笔债务，并保留剩余债务份额。原告单洪远、刘春林称胡秀花所述与《对账表》不符，倍思特商场对外没有债务。经胡秀花申请，连云港市中级人民法院前往康丽源公司核实情况，该公司称单业兵欠该公司354 000元化妆品货款，已经由胡秀花在2003年10月24日用现金一次还款340 000元，尚欠14 000元。但该公司没有提供双方业务往来账目，称所有账目已经在2003年10月24日胡秀花还款后销毁。此后，胡秀花又向法院提供了康丽源公司2003年10月24日出具的收款340 000元的收条，但原告方认为已经超过举证期限而不予质证。在原告方要求胡秀花提供偿还康丽源公司340 000元现金的来源时，胡秀花的陈述前后矛盾。连云港市中级人民法院认为，胡秀花不能提供倍思特商场的原始账目予以证明该笔债务的存在，在法院核实情况时，康丽源公司也未能提供双方发生业务往来的账目。胡秀花所称偿还340 000元货款的时间是在收到本案应诉通知和举证通知以后，其完全有条件提供与康丽源公司的往来账目而未能提供，且其对于偿还该笔债务的现金来源的说法前后矛盾，仅凭其提供的康丽源公司出具的证明和收条，不能充分证明该笔债务确实存在，故不予认定。

关于单业兵欠欧洋公司债务的问题，被告胡秀花称：单业兵生前欠欧洋公司债务1 190 000元，并提供了2003年8月19日与欧洋公司签订的协议，该协议约定以单业兵所有的连云港市新浦区海连东路盐场医院东侧综合楼底层营业用房、连云港市新浦区陇海步行中街1号楼109号底层营业用房冲抵债务，待条件成熟时办理过户手续，过户之前由胡秀花使用，每月给付欧洋公司租金11 800元，租满12年该房屋归胡秀花所有。原告单洪远、刘春林对该协议不予认可，称该协议与《对账表》相矛盾，单业兵生前没有外债。经胡秀花申请，连云港市中级人民法院前往欧洋公司核实情况，因该公司总经理欧洋瑞出国，公司其他人员称无法与其联系，与单业兵的合作是由总经理自己负责，有关合作合同、单业兵的借款手续等均由总经理保管。因无法对该笔债务进行核实，现有证据不能充分证明该笔债务确实存在，故不予认定。

关于单业兵是否欠徐贵生借款的问题，被告胡秀花称：为做化妆品生意，曾借其表哥徐贵生现金200 000元，并提供了借条，该借条载明："今借到徐贵生大哥现金贰拾万元整，借款人：胡秀花，2001年5月8日。"原告单洪远、刘春林对此不予认可，称单业兵死亡前没有对外借款，且借条原件在胡秀花手中，从借条内容来看是胡秀花个人借款，与单业兵无关。连云港市中级人民法院认为，徐贵生没有到庭，借条原件在胡秀花手中，胡秀花不能证明该笔借款现在仍然存在，且从借条内容看是胡秀花个人借款，故对该笔债务不予认定。

综上，连云港市中级人民法院认定单业兵死亡后遗留的夫妻共同财产计3 934 223.23元，另有倍思特公司34.5%的股份及当期分红款270 000元。从中扣除被告胡秀花偿还的购车贷款268 000元、修车款47 916.6元，认定实有3 888 306.63元及倍思特公司34.5%的股份，其中一半（价值1 944 153.32元的财产及倍思特公司17.25%的股份）应当作为单业兵的遗产。单业兵死亡后，继承开始，原告单洪远、刘春林和被告胡秀花、单良、单译贤作为单业兵的法定第一顺序继承人，均有权继承单业兵的遗产，单业兵的上述遗产应由五人均分，每人应得388 830.66元的财产及倍思特公司3.45%的股份。二原告只主张分得其中600 000元的财产，依法予以支持。法院认为，遗产分割应当有利于生产和生活的需要，并不损害遗产的效用。考虑到前述各项遗产均由胡秀花使用和经营，且胡秀花尚需抚养单良、单译贤，故前述各项遗产仍由胡秀花继续使用、管理和经营为宜；二原告年龄较大，以分得现金为宜。据此，连云港市中级人民法院于2004年11月20日判决：

一、单洪远、刘春林继承单业兵在倍思特公司6.9%的股份，胡秀花于本判决生效之日起15日内给付单洪远、刘春林现金60万元；

二、单良、单译贤各继承单业兵在倍思特公司3.45%的股份及12 581元的现金，二人共同继承连云港市新浦区陇海步行中街1号楼109号底层营业用房，在单良、单译贤年满18周岁之前，以上财产由其法定代理人胡秀花代为管理；

三、单业兵其余财产及倍思特公司20.7%的股份均归胡秀花所有。

一审宣判后，胡秀花不服，向江苏省高级人民法院提出上诉，主要理由是：1. 一审认定单业兵死亡后尚存价值3 888 306.63元的夫妻共同财产及倍思特公司34.5%的股份缺乏事实依据；2. 一审对单业兵遗留的夫妻共同债务不予认定错误；3. 一审让被上诉人分得现金，让上诉人占有库存商品和应收账款，这种分割显失公正。请求二审法院撤销原判，依法改判。

被上诉人单洪远、刘春林答辩称：1. 遗产作为财产，其金额应以评估结论为准，一审认定事实清楚；2. 一审关于倍思特商场是否有债务的认定正确。上诉人如欠徐贵生等人债务也是其个人债务，应由其个人来偿还。请求驳回上诉，维持原判。

江苏省高级人民法院经审理，确认了一审查明的事实。

二审的争议焦点为：1. 原审判决对单业兵死亡后遗留的夫妻共同财产价值的认定是否正确；2. 上诉人胡秀花关于单业兵生前遗留债务的主张是否成立；3. 原审判决对遗产的分割方式是否公平合理。

江苏省高级人民法院认为：

首先，一审判决对单业兵死亡后遗留的夫妻共同财产价值的认定，有评估报告等证据予以证明。上诉人胡秀花虽持异议，但未能举出确有证明作用的证据，故对其该项上诉主张不予支持。

其次，上诉人胡秀花虽主张单业兵生前遗留有债务，但未能举证证明这些债务真实存在，且属夫妻共同债务，故其该项上诉理由也不能成立。关于胡秀花向徐贵生的借款是否为夫妻共同债务的问题，胡秀花在二审时提交了江苏省南京市雨花台区人民法院(2005)雨民一初字第28号民事判决书(系在本案一审判决后作出)，该判决书虽然载明“此案系民间借贷纠纷，因被告胡秀花经传票传唤无正当理由拒不到庭，法院遂依据原告徐贵生的陈述以及借条等证据认定该笔债务为夫妻共同债务，判决由胡秀花向徐贵生偿还人民币20万元”，亦不足以在本案中证明胡秀花向徐贵生的借款是夫妻共同债务。该判决为处理夫妻对外债务关系，将胡秀花对徐贵生的借款认定为单业兵与胡秀花的夫妻共同债务并无不当，也符合《最高人民法院关于适用〈中华人民共和国婚姻法〉若干问题的解释(二)》第24条之规定。但前述规定的本意是通过扩大对债权的担保范围，保障债权人的合法利益，维护交易安全和社会诚信，故该规定一般只适用于对夫妻外部债务关系的处理，在处理涉及夫妻内部财产关系的纠纷时，不能简单地依据该规定，将夫或妻一方的对外债务认定为夫妻共同债务，其他人民法院依据该规定作出的关于夫妻对外债务纠纷的生效裁判，也不能当然地作为处理夫妻内部财产纠纷的判决依据，主张夫或妻一方的对外债务属于夫妻共同债务的当事人仍负有证明该项债务确为夫妻共同债务的举证责任。本案中，由于单业兵已经死亡，该笔债务是否认定为夫妻共同债务会直接影响其他继承人的权益，胡秀花应就其关于该笔借款属夫妻共同债务的主张充分举证。根据现有证据，胡秀花提供的借条的内容不能证明该笔借款系夫妻共同债务，且在本案一审期间，亦即南京市雨花台区人民法院(2005)雨民一初字第28号民事判决作出之前，该借条不在债权人手中，反被作为债务人的胡秀花持有，有违常情。鉴于二审中胡秀花不能进一步举证证明该笔债务确系夫妻共同债务，故对其该项上诉主张不予支持。

其三，原审判决以查明事实为基础，综合考虑各继承人的实际情况，将除一处营业用房外的各项遗产判归上诉人胡秀花继续管理使用，判决被上诉人单洪远、刘春林分得现金，这种对遗产的分割方式既照顾到各继承人的利益,又不损害遗产的实际效用,并无不当。故对胡秀花的该项上诉请求不予支持。

综上,江苏省高级人民法院认为原判认定事实清楚,适用法律正确,依照《中华人民共和国民事诉讼法》第一百五十三条第一款第(一)项之规定,于2005年5月15日判决:

驳回上诉,维持原判。

王某琼与王某芬等法定继承纠纷上诉案

上诉人(原审被告):王某琼。

委托代理人:赵毅、王欣桦,太乙律师事务所律师,特别授权代理。

被上诉人(原审原告):王某芬。

被上诉人(原审原告):王某甲。

被上诉人(原审原告):王某乙。

被上诉人(原审原告):王某丙。

被上诉人(原审原告):王某丁。

被上诉人(原审原告):王某戊。

被上诉人(原审原告):王某己。

上诉人王某琼因与被上诉人王某芬、王某甲、王某乙、王某丙、王某丁、王某戊、王某己法定继承纠纷一案,不服昆明市东川区人民法院(2006)东民初字第203号民事判决,向本院提起上诉。本院于2006年9月12日受理后,依法组成合议庭进行了审理,本案现已审理终结。

原审原告王某芬、王某甲、王某乙、王某丙、王某丁、王某戊、王某己的诉讼请求是:判令聂某的土地征用费由原、被告共同继承。

原审法院经审理认定的案件事实是:原、被告系同胞姐妹,2003年12月9日被继承人聂某死亡,被继承人聂某生前享有0.47亩土地的承包经营权、使用权和收益权;被继承人聂某死亡后,其享有的0.47亩土地由被告王某琼承包经营、管理使用。2006年年初,昆明兴箐房地产开发有限公司将被继承人聂某生前承包经营,死亡后由被告王某琼承包经营、管理使用的0.47亩承包地征用,被继承人聂某死亡后获得相应承包地征收补偿费56 400元人民币,该款被被告王某琼领取。

原审法院认为:父母和子女有相互继承遗产的权利;同一顺序继承人继承遗产的份额,一般应当均等;个人承包应得的收益,依照《继承法》相关规定继承;《农村土地承包法》规定,承包土地被依法征用、占用的,有权依法获得相应的补偿;承包人应得的承包收益,依照《继承法》的规定继承。本案中,被继承人聂某于2003年12月9日死亡,2006年年初被继承人聂某承包地0.47亩被征收,昆明市东川区铜都镇炎山村民委员会分配给被继承人聂某的承包地征收补偿费56 400元,应视为被继承人聂某丧失土地承包经营权取得的收益,应依照《继承法》规定作为聂某遗产继承。原、被告系同胞姐妹,均属第一顺序继承人,继承遗产的份额依法应均等,即原、被告分别继承7050元。据此,依照《中华人民共和国继承法》第四条、第十三条,《中华人民共和国婚姻法》第二十四条第二款,《中华人民共和国农村土地承包法》第十六条第一款第(二)项、第三十一条规定,判决:聂某承包地征收补偿费人民币56 400元由原告王某芬、王某甲、王某乙、王某丙、王某丁、王某戊、王某己和被告王某琼各继承人民币7050元(限被告王某琼于本判决生效后十日内分别支付给原告王某芬、王某甲、王某乙、王某丙、王某丁、王某戊、王某己人民币7050元)。

原审判决宣判后,王某琼不服,向本院提起上诉,请求撤销原判,依法改判。其主要上诉理由是:一审认定事实错误,把母亲聂某作为被继承人,将其承包经营的0.47亩土地被征用获取的土地安置补助费作为遗产,按照法定继承进行分割错误。事实上母亲聂某去世后已丧失家庭成员资格,该土地由上诉人耕种,所以安置补助费应由上诉人获取。综上所述,原审判决认定事实不清,适用法律错误。请求二审法院撤销原判,依法改判。

被上诉人王某芬、王某甲、王某乙、王某丙、王某丁、王某戊、王某己答辩称:原审判决认定事实清楚,适用法律正确,请求二审法院驳回上诉,维持原判决。

经二审审理,关于上诉人对一审把聂某作为被继承人,将其承包经营的0.47亩土地被征用获取的土地安置补助费作为遗产的异议,根据上诉人一审举证的炎山村委会2006年6月5日出具的两份《证明》,母亲(聂某)名下0.47亩土地被征用的安置补助费56 400元由上诉人领取,该承包户成员王某丁、王某己已各自分出承包的土地0.47亩;上诉人二审中举证的炎山村委会2006年7月24日《证明》表明:“聂某于2003年死亡,

2006年集体将56 400元作为安置补助费分配给本集体经济组织中以王某琼为户主的家庭承包户。”被上诉人二审提交的炎山村委会2006年7月11日《证明》表明:“第一次青苗补偿是705元,聂某的青苗补偿是王某琼领走。第二次土地征用补偿,有土地在世的是67 500元、有土地人死亡或迁出的每人56 400元,无土地有户口的每人11 100元。”根据《证明》该项安置补助费是聂某的0.47亩承包地的收益,是其死后的遗产。故对于上诉人的观点本院不予采信。综上,二审确认的案件事实与一审认定的事实相同,本院予以确认。

本院认为:根据《继承法》第四条“个人承包应得的个人收益,依照本法规定继承。个人承包,依照法律允许由继承人继续承包的,按照承包合同办理”和最高人民法院《关于贯彻执行〈中华人民共和国继承法〉若干问题的意见》第四条“承包人死亡时尚未取得承包收益的,可把死者生前对承包所投入的资金和所付出的劳动及其增值和孳息,由发包单位或者接续承包合同的人合理折价、补偿,其价额作为遗产”的规定,聂某作为农村家庭承包经营的成员,其承包经营的0.47亩土地被征用获得的56 400元安置补助费,应视为聂某的遗产,由被继承人聂某的继承人按法定继承进行继承。故一审判决根据查明的事实将土地安置补助费56 400元作为被继承人聂某的遗产,按法定继承进行继承正确。综上所述,原审判决认定事实清楚,适用法律正确。据此,依照《中华人民共和国民事诉讼法》第一百五十三条第一款第(一)项、第一百零七条第一款之规定,判决如下:

驳回上诉,维持原判决。

二审案件受理费人民币2200元,由上诉人王某琼负担。

本判决为终审判决。

本判决生效后,若负有义务的当事人不自动履行本判决,享有权利的当事人可在本判决规定履行期限届满后法律规定的期限内向一审法院申请强制执行;双方或一方当事人是公民的,申请强制执行的期限为一年;双方均是法人或其他组织的,申请强制执行的期限为六个月。

张某等与万某法定继承纠纷上诉案

上诉人(原审被告):张某。

上诉人(原审被告):徐某(曾用名徐某乙)。

法定代理人:张某。

二上诉人的委托代理人:陆玉春,云南潘明律师事务所律师。特别授权代理。

被上诉人(原审原告):万某。

委托代理人:周华山,禄劝彝族苗族自治县法律援助中心法律工作者。特别授权代理。

上诉人张某、徐某因与被上诉人万某法定继承纠纷一案,不服云南省禄劝彝族苗族自治县人民法院(2006)禄民初字第713号民事判决,向本院提起上诉。本院于2007年2月25日受理此案后,依法组成合议庭进行了审理。本案现已审理终结。

一审法院依法确认下列法律事实:原告万某系被继承人徐某甲之母,被告徐某乙系被继承人徐某甲之女,被告张某系被继承人徐某甲之妻。2005年8月21日被继承人徐某甲从昆明开车驶往禄劝,途中发生意外受伤,被送往禄劝彝族苗族自治县人民医院治疗,后又被送到昆明市第一人民医院,抢救无效于2005年9月5日死亡。被继承人徐某甲死亡后,留有中国人寿保险股份有限公司昆明分公司赔付给被保险人的继承人赔付款10万元遗产。位于禄劝县屏山镇城区北街9号城建局某栋某单元某号价值7万元房屋,是被继承人徐某甲、被告徐某乙、被告张某的共有财产。被继承人徐某甲治疗及死亡后,所支出的医疗费为57 938.98元、鉴定费为5000元;骨灰寄存费为2132元;购买被继承人徐某甲的坟地、小工工资及看坟地的费用8720元;被告张某为被继承人徐某甲偿还潘某的债务2000元;合计支出75 790.98元。为此,原告诉至法院要求继承遗产。被告认为没有可分割的遗产,请求驳回原告的诉讼请求。

一审法院认为:根据我国继承法的规定,继承从被继承人死亡时开始,本案被继承人徐某甲于2005年9月5日死亡,继承从即日起便开始。故原、被告诉争被继承人徐某甲的遗产符合法律规定。本案双方当事人所诉争的财产,均属被继承人徐某甲死亡时所遗留的个人合法财产,符合法律规定,可依法作为遗产分割。继承开始后,无遗嘱和遗赠的,按照法定继承办理,本案无遗嘱和遗赠的情形存在,故依法定继承进行遗产分割。限制行为能力人的继承权,由其法定代理人代为行使,本案被告徐某乙属限制行为能力人,其诉讼行为由其法定代理人被告张某代为行使。遗产分割的第一顺序继承人是配偶、子女和父母,本案原、被告均系第一顺序继承人,且无其他第一顺序继承人。故原、被告均是本案法定继承人,对被继承人徐某甲的遗产依法享有继承权。除特殊情况外,同一顺序继承人继承遗产的份额,一般应当均等。本案双方当事人系老年人、未成年人和与被继承人共同生活的人,都属应当照顾之列,故亦只宜均等分割遗产。遗产在家庭共有财产之中的,遗产分割时,应当先分出他人的财产。本案位于禄劝屏山镇城区北街9号城建局某栋某单元某号房屋,系被继承人徐某甲、被告徐某乙、被告张某家庭共有财产。在遗产分割时,应当先分出被告徐某乙、被告张某的个人财产,即各占23 333.33元,剩下的23 333.33元才成为被继承人徐某甲的遗产。遗产分割应当有利于生产和生活需要,不损害遗产的效用。不宜分割的遗产,可以采取折价、适当补偿等方法处理。本案位于禄劝县城区北街9号城建局某栋某单元某号房屋,系二被告与被继承人徐某甲的共有财产,其中有被继承人徐某甲的遗产份额,不宜对实物进行分割,故由二被告补偿原告相应份额为宜。同时,中国人寿保险股份有限公司昆明分公司赔付给被保险人的继承人赔付款10万元遗产,已由被告张某经手,并开支了75 790.98元费用,剩余24 209.02元由二被告补偿原告应继承的份额为宜。另当事人对自己提出的主张负有举证责任,本案原、被告双方主张而未被确认事实,系举证不能和无法律依据所致,故不予支持。据此,原判依照《中华人民共和国民事诉讼法》第六十四条,《中华人民共和国继承法》第二条、第三条第一款第(二)项和第(七)项、第五条、第六条第二款、第十条第一款、第十三条第一至三款、第二十六条第二款、第二十九条的规定,遂判决:一、位于禄劝屏山镇城区北街9号城建局某栋某单元某号房屋归被告徐某乙、被告张某所有,由被告徐某乙、被告张某折价补偿原告万某应得被继承人徐某甲的遗产份额7777.78元;二、中国人寿保险股份有限公司昆明分公司赔付给被保险人徐某甲的继承人尚剩24 209.02元遗产,由被告徐某乙、被告张某分割给原告万某应得份额8069.67元。

宣判后,上诉人张某、徐某不服一审判决,向本院提起上诉称:一审判决对证据采信不当,致使案件事实认定不清。一审判决对上诉人提交的下列证据采信不当。理由:1.一审中,上诉人提交了住宿费和伙食费收据61份、交通费发票273份,证实上诉人支付被继承人徐某甲住院期间交通费2618元以及亲属、同事等人看望徐某甲所产生的住宿费和伙食费3080元。该三项费用均发生在徐某甲住院直至死亡期间,与住院费收据和死亡报告单等证据相互印证,但一审法院却以无其他有效证据相印证为由不予认定属采信不当。2.授权委托书、民事代理合同以及收条各一份,证实为解决徐某甲与禄劝县人民医院之间的医患纠纷支付律师代理费3000元,此三份证据能相互印证。因此,该3000元的代理费用应得到法庭的认可。3.借条、还款说明相互印证,依法证实上诉人在徐某甲死亡后偿还徐某甲欠张某债务连本带息51 834元。4.借条、借款合同以及证明证实现徐某甲死亡后尚欠其生前所在单位建设局、信用社10 000元和13 016.77元未偿还,该两笔未偿还的借款依法应用被继承人的遗产支付,法院应依法予以确认。5.上诉人徐某的学费7855元同样属被继承人的债务范畴应得到法庭的支持和认可。综上,请求二审法院撤销原判,驳回被上诉人的诉讼请求。

被上诉人万某答辩称:请求驳回上诉,维持原判。

另查明,徐某甲死亡后,张某为徐某交纳学费人民币7855元。

二审确认其余事实与一审确认事实一致,本院依法予以确认。

综合诉辩双方的主张,本案争议的焦点是:万某按照法定继承享有的遗产份额。

本院认为:最高人民法院《关于民事诉讼证据的若干规定》第二条规定:"当事人对自己提出的诉讼请求所依据的事实或者反驳对方诉讼请求所依据的事实有责任提供证据加以证明。没有证据或者证据不足以证明当事人的事实主张的,由负有举证责任的当事人承担不利后果。"上诉人提交的住宿费和伙食费收据61份、交通费发票273份,因不符合证据的形式要件,一审法院不予采信符合法律规定,本院予以支持。关于上诉人在徐某甲死亡后偿还徐某甲欠张某债务连本带息51 834元以及徐某甲死亡后尚欠其生前所在单位建设局、信用社10 000元和13 016.77元未偿还的事实,因上诉人未提交证据予以证实,故其上诉主张不能成立。至于律师费需要在遗产中扣除的上诉主张,因不符合法律规定,本院不予支持。孩子徐某的学费人民币7855元系在徐某甲死亡后产生的,应在遗产中扣除,那实际遗产的金额应为人民币13 654.02元(24 209.02元-7855元=13 654.02元),原判对此认定不当,本院予以纠正。综上所述,上诉人的上诉理由部分成立,本院予以支持。据此,依据《中华人民共和国民事诉讼法》第一百五十三条第一款第三项及第一百零七条之规定，判决如下：

一、维持云南省禄劝彝族苗族自治县人民法院(2006)禄民初字第713号民事判决书第一项，即："位于禄劝屏山镇城区北街9号城建局某栋某单元某号房屋归被告徐某乙、被告张某所有，由被告徐某乙、被告张某折价补偿原告万某应得被继承人徐某甲的遗产份额7777.78元。"

二、变更云南省禄劝彝族苗族自治县人民法院(2006)禄民初字第713号民事判决书第二项，即"中国人寿保险股份有限公司昆明分公司赔付给被保险人徐某甲的继承人尚剩24 209.02元遗产，由被告徐某乙、被告张某分割给原告万某应得份额8069.67元"为：中国人寿保险股份有限公司昆明分公司赔付给被保险人徐某甲的继承人尚剩13 654.02元遗产，由上诉人张某、徐某分割给被上诉人万某应得份额5451.34元。

一、二审诉讼费人民币3650元，由上诉人张某、徐某负担人民币2733.33元，由被上诉人万某负担人民币916.67元。

本判决为终审判决。

本判决书一经送达各方当事人即发生法律效力。若负有义务的当事人不自动履行本判决，享有权利的当事人可在本判决规定履行期限届满后法律规定的期限内向一审法院申请强制执行：双方或一方当事人是公民的，申请强制执行的期限为一年；双方均是法人或其他组织的，申请强制执行的期限为六个月。

如果未按本判决指定的期间履行给付金钱义务，应当依照《中华人民共和国民事诉讼法》第二百三十二条之规定，加倍支付迟延履行期间的债务利息。

4. 遗嘱继承和遗赠

遗嘱公证细则

1. 2000年3月24日司法部令第57号公布
2. 自2000年7月1日起施行

第一条 为规范遗嘱公证程序,根据《中华人民共和国继承法》、《中华人民共和国公证暂行条例》等有关规定,制定本细则。

第二条 遗嘱是遗嘱人生前在法律允许的范围内,按照法律规定的方式处分其个人财产或者处理其他事务,并在其死亡时发生效力的单方法律行为。

第三条 遗嘱公证是公证处按照法定程序证明遗嘱人设立遗嘱行为真实、合法的活动。经公证证明的遗嘱为公证遗嘱。

第四条 遗嘱公证由遗嘱人住所地或者遗嘱行为发生地公证处管辖。

第五条 遗嘱人申办遗嘱公证应当亲自到公证处提出申请。

遗嘱人亲自到公证处有困难的,可以书面或者口头形式请求有管辖权的公证处指派公证人员到其住所或者临时处所办理。

第六条 遗嘱公证应当由两名公证人员共同办理,由其中一名公证员在公证书上署名。因特殊情况由一名公证员办理时,应当有一名见证人在场,见证人应当在遗嘱和笔录上签名。

见证人、遗嘱代书人适用《中华人民共和国继承法》第十八条的规定。

第七条 申办遗嘱公证,遗嘱人应当填写公证申请表,并提交下列证件和材料:

(一)居民身份证或者其他身份证件;

(二)遗嘱涉及的不动产、交通工具或者其他有产权凭证的财产的产权证明;

(三)公证人员认为应当提交的其他材料。

遗嘱人填写申请表确有困难的,可由公证人员代为填写,遗嘱人应当在申请表上签名。

第八条 对于属于本公证处管辖,并符合前条规定的申请,公证处应当受理。

对于不符合前款规定的申请,公证处应当在三日内作出不予受理的决定,并通知申请人。

第九条 公证人员具有《公证程序规则(试行)》第十条规定情形的,应当自行回避,遗嘱人有权申请公证人员回避。

第十条 公证人员应当向遗嘱人讲解我国《民法通则》、《继承法》中有关遗嘱和公民财产处分权利的规定,以及公证遗嘱的意义和法律后果。

第十一条 公证处应当按照《公证程序规则(试行)》第二十三条的规定进行审查,并着重审查遗嘱人的身份及意思表示是否真实、有无受胁迫或者受欺骗等情况。

第十二条 公证人员询问遗嘱人,除见证人、翻译人员外,其他人员一般不得在场。公证人员应当按照《公证程序规则(试行)》第二十四条的规定制作谈话笔录。谈话笔录应当着重记录下列内容:

(一)遗嘱人的身体状况、精神状况;遗嘱人系老年人、间歇性精神病人、危重伤病人的,还应当记录其对事物的识别、反应能力;

(二)遗嘱人家庭成员情况,包括其配偶、子女、父母及与其共同生活人员的基本情况;

(三)遗嘱所处分财产的情况,是否属于遗嘱人个人所有,以前是否曾以遗嘱或者遗赠扶养协议等方式进行过处分,有无已设立担保、已被查封、扣押等限制所有权的情况;

(四)遗嘱人所提供的遗嘱或者遗嘱草稿的形成时间、地点和过程,是自书还是代书,是否本人的真实意愿,有无修改、补充,对遗产的处分是否附有条件;代书人的情况,遗嘱或者遗嘱草稿上的签名、盖章或者手印是否其本人所为;

(五)遗嘱人未提供遗嘱或者遗嘱草稿的,应当详细记录其处分遗产的意思表示;

(六)是否指定遗嘱执行人及遗嘱执行人的基本情况;

(七)公证人员认为应当询问的其他内容。

谈话笔录应当当场向遗嘱人宣读或者由遗嘱人阅读,遗嘱人无异议后,遗嘱人、公证人员、见证人应当在笔录上签名。

第十三条 遗嘱应当包括以下内容:

(一)遗嘱人的姓名、性别、出生日期、住址;

(二)遗嘱处分的财产状况(名称、数量、所在地点以及是否共有、抵押等）；

（三）对财产和其他事务的具体处理意见；

（四）有遗嘱执行人的，应当写明执行人的姓名、性别、年龄、住址等；

（五）遗嘱制作的日期以及遗嘱人的签名。

遗嘱中一般不得包括与处分财产及处理死亡后事宜无关的其他内容。

第十四条 遗嘱人提供的遗嘱，有修改、补充的，遗嘱人应当在公证人员面前确认遗嘱内容、签名及签署日期属实。

遗嘱人提供的遗嘱或者遗嘱草稿，有修改、补充的，经整理、誊清后，应当交遗嘱人核对，并由其签名。

遗嘱人未提供遗嘱或者遗嘱草稿的，公证人员可以根据遗嘱人的意思表示代为起草遗嘱。公证人员代拟的遗嘱，应当交遗嘱人核对，并由其签名。

以上情况应当记入谈话笔录。

第十五条 两个以上的遗嘱人申请办理共同遗嘱公证的，公证处应当引导他们分别设立遗嘱。

遗嘱人坚持申请办理共同遗嘱公证的，共同遗嘱中应当明确遗嘱变更、撤销及生效的条件。

第十六条 公证人员发现有下列情形之一的，公证人员在与遗嘱人谈话时应当录音或者录像：

（一）遗嘱人年老体弱；

（二）遗嘱人为危重伤病人；

（三）遗嘱人为聋、哑、盲人；

（四）遗嘱人为间歇性精神病患者、弱智者。

第十七条 对于符合下列条件的，公证处应当出具公证书：

（一）遗嘱人身份属实，具有完全民事行为能力；

（二）遗嘱人意思表示真实；

（三）遗嘱人证明或者保证所处分的财产是其个人财产；

（四）遗嘱内容不违反法律规定和社会公共利益，内容完备，文字表述明确，签名、制作日期齐全；

（五）办证程序符合规定。

不符合前款规定条件的，应当拒绝公证。

第十八条 公证遗嘱采用打印形式。遗嘱人根据遗嘱原稿核对后，应当在打印的公证遗嘱上签名。

遗嘱人不会签名或者签名有困难的，可以盖章方式代替在申请表、笔录和遗嘱上的签名；遗嘱人既不能签字又无印章的，应当以按手印方式代替签名或者盖章。

有前款规定情形的，公证人员应当在笔录中注明。在按手印代替签名或者盖章的，公证人员应当提取遗嘱人全部的指纹存档。

第十九条 公证处审批人批准遗嘱公证书之前，遗嘱人死亡或者丧失行为能力的，公证处应当终止办理遗嘱公证。

遗嘱人提供或者公证人员代书、录制的遗嘱，符合代书遗嘱条件或者经承办公证人员见证符合自书、录音、口头遗嘱条件的，公证处可以将该遗嘱发给遗嘱受益人，并将其复印件存入终止公证的档案。

公证处审批人批准之后，遗嘱人死亡或者丧失行为能力的，公证处应当完成公证遗嘱的制作。遗嘱人无法在打印的公证遗嘱上签名的，可依符合第十七条规定的遗嘱原稿的复印件制作公证遗嘱，遗嘱原稿留公证处存档。

第二十条 公证处可根据《中华人民共和国公证暂行条例》规定保管公证遗嘱或者自书遗嘱、代书遗嘱、录音遗嘱；也可根据国际惯例保管密封遗嘱。

第二十一条 遗嘱公证卷应当列为密卷保存。遗嘱人死亡后，转为普通卷保存。

公证遗嘱生效前，遗嘱卷宗不得对外借阅，公证人员亦不得对外透露遗嘱内容。

第二十二条 公证遗嘱生效前，非经遗嘱人申请并履行公证程序，不得撤销或者变更公证遗嘱。

遗嘱人申请撤销或者变更公证遗嘱的程序适用本规定。

第二十三条 公证遗嘱生效后，与继承权益相关的人员有确凿证据证明公证遗嘱部分违法的，公证处应当予以调查核实；经调查核实，公证遗嘱部分内容确属违法的，公证处应当撤销对公证遗嘱中违法部分的公证证明。

第二十四条 因公证人员过错造成错证的，公证处应当承担赔偿责任。有关公证赔偿的规定，另行制定。

第二十五条 本细则由司法部解释。

第二十六条 本细则自 2000 年 7 月 1 日起施行。

最高人民法院关于张阿凤遗嘱公证部分有效问题的批复

1981年12月24日发布

上海市高级人民法院：

你院(81)沪高法民字第102号函收悉。关于张阿凤遗嘱公证效力的问题，经我院与司法部研究，现答复如下：

根据一九五〇年婚姻法第十二条、第十四条关于夫妻、子女和父母为同一顺序继承人的规定，张阿凤之父张福海去世后，张阿凤、张阿金、张阿富均有继承张福海遗产的权利。张阿凤所立遗嘱只能处理她应继承的份额，不能处理别人应得的份额。经查张阿金从未放弃对张福海遗产的继承权。因此，同意你院审判委员会讨论的第二种意见：张阿凤的遗嘱公证，其中有关处分张阿金应继承张福海遗产的部分，是无效的。你院应根据法律和此案的实际情况妥善处理。

最高人民法院关于对分家析产的房屋再立遗嘱变更产权，其遗嘱是否有效的批复

1. 1985年11月28日发布
2. 〔85〕民他字第12号

四川省高级人民法院：

你院〔85〕川法民字第3号《关于处理张家定、张家铭、张家慧诉张士国房屋产权纠纷一案的请示》收悉。关于建国前已经析产确权，能否再予重新分割或立遗嘱继承等问题，经研究答复如下：张家定之祖父张文卿(张士国之父)于1948年将其家中自有房宅，除自己居住的一处外，其余四处均分给四个儿子。建国后由人民政府颁发了产权证。1953年张文卿召开有镇政府干部参加的家庭会议，经协商，重新调整各自分得的房产，以清偿分家前的债务，立了经镇政府认可的“房屋分管字据”，均无异议。1955年张文卿夫妇将调整给二儿媳的房产，又立遗嘱由四子张士国“继承”。1966年巫溪县人民法院按“遗嘱”作了调解。二儿媳的女儿张家定等人不服，提起申诉。据上，我们认为，对张家在1948年析产后，经财产所有人共同协商，于1953年分家时达成的各自管业且已执行多年的房产协议，应予以维护。张文卿夫妇于1955年所立“遗嘱”无效。

此复

最高人民法院关于财产共有人立遗嘱处分自己的财产部分有效处分他人的财产部分无效的批复

1. 1986年6月20日发布
2. 〔86〕民他字第24号

广东省高级人民法院：

你院〔86〕粤法民字第16号请示报告收悉。关于刘坚诉冯仲勤房屋继承一案，经研究，我们基本同意你院审判委员会讨论的第一种意见。双方讼争的房屋，原系冯奇生及女儿冯湛清、女婿刘卓三人所共有。冯奇生于1949年病故前，经女儿冯湛清同意，用遗嘱处分属于自己和冯湛清的财产是有效的。但是，在未取得产权共有人刘卓的同意下，遗嘱也处分了刘卓的那一份财产，因此，该遗嘱所涉及刘卓财产部分则是无效的。在刘卓的权利受到侵害期间，讼争房屋进行了社会主义改造，致使刘卓无法主张权利。现讼争房屋发还，属于刘卓的那份房产应归其法定继承人刘坚等依法继承。

最高人民法院关于向美琼、熊伟浩、熊萍与张凤霞、张旭、张林录、冯树义执行遗嘱代理合同纠纷一案的请示的复函

1. 2003年1月29日发布
2. 〔2002〕民一他字第14号

陕西省高级人民法院：

你院《关于向美琼、熊伟浩、熊萍与张凤霞、张旭、张林录、冯树义执行遗嘱代理合同纠纷一案的请示报告》收悉。经研究认为，目前，《中华人民共和国民法通则》、《中华人民共和国继承法》对遗嘱执行人的法律地位、遗嘱执行人的权利义务均未作出相应的规定。只要

法律无禁止性规定，民事主体的处分自己私权利行为就不应当受到限制。张凤霞作为熊毅武指定的遗嘱执行人，在遗嘱人没有明确其执行遗嘱所得报酬的情况下，与继承人熊伟浩、熊萍等人就执行遗嘱相关的事项签订协议，并按照该协议的约定收取遗嘱执行费，不属于《中华人民共和国律师法》第三十四条禁止的律师在同一案件中为双方当事人代理的情况，该协议是否有效，应当依据《中华人民共和国合同法》的规定进行审查。只要协议的签订出于双方当事人的自愿，协议内容是双方当事人真实的意思表示，不违反法律和行政法规的禁止性规定，就应认定为有效。如果熊伟浩、熊萍等人以张凤霞乘人之危，使其在违背真实意思表示的情况下签订协议为由，请求人民法院撤销或者变更该协议，应有明确的诉讼请求并提供相应的证据，否则，人民法院不宜主动对该协议加以变更或者撤销。

·指导案例·

最高人民法院指导案例50号——李某、郭某阳诉郭某和、童某某继承纠纷案

（最高人民法院审判委员会讨论通过
2015年4月15日发布）

关键词　民事　继承　人工授精　婚生子女

裁判要点

1.夫妻关系存续期间，双方一致同意利用他人的精子进行人工授精并使女方受孕后，男方反悔，而女方坚持生出该子女的，不论该子女是否在夫妻关系存续期间出生，都应视为夫妻双方的婚生子女。

2.如果夫妻一方所订立的遗嘱中没有为胎儿保留遗产份额，因违反《中华人民共和国继承法》第十九条规定，该部分遗嘱内容无效。分割遗产时，应当依照《中华人民共和国继承法》第二十八条规定，为胎儿保留继承份额。

相关法条

1.《中华人民共和国民法通则》第五十七条

2.《中华人民共和国继承法》第十九条、第二十八条

基本案情

原告李某诉称：位于江苏省南京市某住宅小区的306室房屋，是其与被继承人郭某顺的夫妻共同财产。郭某顺因病死亡后，其儿子郭某阳出生。郭某顺的遗产，应当由妻子李某、儿子郭某阳与郭某顺的父母即被告郭某和、童某某等法定继承人共同继承。请求法院在析产继承时，考虑郭某和、童某某有自己房产和退休工资，而李某无固定收入还要抚养幼子的情况，对李某和郭某阳给予照顾。

被告郭某和、童某某辩称：儿子郭某顺生前留下遗嘱，明确将306室赠予二被告，故对该房产不适用法定继承。李某所生的孩子与郭某顺不存在血缘关系，郭某顺在遗嘱中声明他不要这个人工授精生下的孩子，他在得知自己患癌症后，已向李某表示过不要这个孩子，是李某自己坚持要生下孩子。因此，应该由李某对孩子负责，不能将孩子列为郭某顺的继承人。

法院经审理查明：1998年3月3日，原告李某与郭某顺登记结婚。2002年，郭某顺以自己的名义购买了涉案建筑面积为45.08平方米的306室房屋，并办理了房屋产权登记。2004年1月30日，李某和郭某顺共同与南京军区南京总医院生殖遗传中心签订了人工授精协议书，对李某实施了人工授精，后李某怀孕。2004年4月，郭某顺因病住院，其在得知自己患了癌症后，向李某表示不要这个孩子，但李某不同意人工流产，坚持要生下孩子。5月20日，郭某顺在医院立下自书遗嘱，在遗嘱中声明他不要这个人工授精生下的孩子，并将306室房屋赠与其父母郭某和、童某某。郭某顺于5月23日病故。李某于当年10月22日产下一子，取名郭某阳。原告李某无业，每月领取最低生活保障金，另有不固定的打工收入，并持有夫妻关系存续期间的共同存款18 705.4元。被告郭某和、童某某系郭某顺的父母，居住在同一个住宅小区的305室，均有退休工资。2001年3月，郭某顺为开店，曾向童某某借款8500元。

南京大陆房地产估价师事务所有限责任公司受法院委托，于2006年3月对涉案306室房屋进行了评估，经评估房产价值为19.3万元。

裁判结果

江苏省南京市秦淮区人民法院于2006年4月20日作出一审判决：涉案的306室房屋归原告李某所有；李某于本判决生效之日起30日内，给付原告郭某阳33 442.4元，该款由郭某阳的法定代理人李某保管；李某于本判决生效之日起30日内，给付被告郭某和33 442.4元、给付被告童某某41 942.4元。一审宣判

后，双方当事人均未提出上诉，判决已发生法律效力。

裁判理由

法院生效裁判认为：本案争议焦点主要有两方面：一是郭某阳是否为郭某顺和李某的婚生子女？二是在郭某顺留有遗嘱的情况下，对306室房屋应如何析产继承？

关于争议焦点一。《最高人民法院关于夫妻离婚后人工授精所生子女的法律地位如何确定的复函》中指出："在夫妻关系存续期间，双方一致同意进行人工授精，所生子女应视为夫妻双方的婚生子女，父母子女之间权利义务关系适用《中华人民共和国婚姻法》的有关规定。"郭某顺因无生育能力，签字同意医院为其妻子即原告李某施行人工授精手术，该行为表明郭某顺具有通过人工授精方法获得其与李某共同子女的意思表示。只要在夫妻关系存续期间，夫妻双方同意通过人工授精生育子女，所生子女均应视为夫妻双方的婚生子女。《中华人民共和国民法通则》第五十七条规定："民事法律行为从成立时起具有法律约束力。行为人非依法律规定或者取得对方同意，不得擅自变更或者解除。"因此，郭某顺在遗嘱中否认其与李某所怀胎儿的亲子关系，是无效民事行为，应当认定郭某阳是郭某顺和李某的婚生子女。

关于争议焦点二。《中华人民共和国继承法》（以下简称《继承法》）第五条规定："继承开始后，按照法定继承办理；有遗嘱的，按照遗嘱继承或者遗赠办理；有遗赠扶养协议的，按照协议办理。"被继承人郭某顺死亡后，继承开始。鉴于郭某顺留有遗嘱，本案应当按照遗嘱继承办理。《继承法》第二十六条规定："夫妻在婚姻关系存续期间所得的共同所有的财产，除有约定的以外，如果分割遗产，应当先将共同所有的财产的一半分出为配偶所有，其余的为被继承人的遗产。"最高人民法院《关于贯彻执行〈中华人民共和国继承法〉若干问题的意见》第38条规定："遗嘱人以遗嘱处分了属于国家、集体或他人所有的财产，遗嘱的这部分，应认定无效。"登记在被继承人郭某顺名下的306室房屋，已查明是郭某顺与原告李某夫妻关系存续期间取得的夫妻共同财产。郭某顺死亡后，该房屋的一半应归李某所有，另一半才能作为郭某顺的遗产。郭某顺在遗嘱中，将306室全部房产处分归其父母，侵害了李某的房产权，遗嘱的这部分应属无效。此外，《继承法》第十九条规定："遗嘱应当对缺乏劳动能力又没有生活来源的继承人保留必要的遗产份额。"郭某顺在立遗嘱时，明知其妻子腹中的胎儿而没有在遗嘱中为胎儿保留必要的遗产份额，该部分遗嘱内容无效。《继承法》第二十八条规定："遗产分割时，应当保留胎儿的继承份额。"因此，在分割遗产时，应当为该胎儿保留继承份额。综上，在扣除应当归李某所有的财产和应当为胎儿保留的继承份额之后，郭某顺遗产的剩余部分才可以按遗嘱确定的分配原则处理。

· 典型案例 ·

高某与王某遗嘱继承纠纷上诉案

上诉人（原审原告）：高某。

委托代理人：邓思源，云南锦绣江山律师事务所律师，特别授权代理。

被上诉人（原审被告）：王某（曾用名高美珠）。

上诉人高某因与被上诉人王某遗嘱继承纠纷一案，不服昆明市五华区人民法院（2007）五法民二初字第52号民事判决，向本院提起上诉。本院于2007年5月15日受理此案后，依法组成合议庭审理了本案，现已审理终结。

一审判决确认：1987年3月17日，被继承人王某德与何某玲调解离婚，共同生育的孩子原告高某由何某玲抚养，被告王某由被继承人王某德抚养。而后被告王某即将户口迁至昆明与被继承人王某德共同生活。2001年12月7日，房屋行政管理部门对坐落于云冶生活区新某幢某号房屋填发了所有权人为被继承人王某德的所有权证。被继承人王某德于2006年9月28日因病去世，被告王某退取了护理费600元。被告王某于2006年10月20日领取了被继承人王某德单位给予的工会补助300元；同月23日，被告王某领取了被继承人王某德单位给予的丧葬费3765.15元，抚恤费13 805.55元，共计17 570.70元。2006年4月30日，被继承人王某德留有"遗嘱"一份，载明："本人是云冶职工王某德，但我与妻子何某玲离婚是经过西山区法院判决大女儿由何某玲负责。二女儿由王某德负责，现我70岁，身有糖尿病，行动不便，一直由二女儿照护，家中一切财产系云冶生活区某幢某单元某号房产证号200175779由王某所属，此遗嘱完全出于我本人自愿，并无任何人干涉和逼迫。”被继承人王某德在遗嘱上签了字,并捺了手印。本案诉争房屋至今由被告王某居住。2006 年 12 月 29 日,原告高某遂以被告王某占有被继承人王某德的遗产并拒绝其依法继承为由,向一审法院提起本案诉讼,请求法院判令:1. 由原告高某按法定继承方式继承父亲王某德(已故)遗产的一半(价值为 43275.35 元);2. 由被告王某承担本案诉讼费。

根据上述确认事实,一审判决认为:本案系因继承而引起的纠纷。根据我国《继承法》第三条的规定,被继承人王某德留有的遗产为本案讼争房屋一套,依法由其继承人继承,而丧葬费及抚恤金不属于遗产范围,依法不能分割。由于被继承人王某德所立“遗嘱”已将本案诉争房屋指定由被告王某一人继承所有,尽管原告高某对该份“遗嘱”不认可,但其并未能提交相反的证据证明该“遗嘱”不真实,而该份“遗嘱”从形式到内容均符合法律规定,故一审法院对该份“遗嘱”予以采信,并据此确定被继承人王某德留有的本案讼争房屋由被告王某继承所有。据此,一审判决依照《中华人民共和国继承法》第三条、第五条及《中华人民共和国民事诉讼法》第一百零七条之规定,判决:一、本市王家桥(云冶生活区)新 36 幢 2 单元 15 号房屋由被告王某继承所有;二、驳回原告高某的诉讼请求。

宣判后,上诉人高某不服原审判决,向本院提起上诉称:被上诉人在一审庭审中已认可被继承人王某德的遗产范围中还有银行存款 4000 元,但一审法院却未对此进行认定,而且,被上诉人提交的“遗嘱”系其伪造的证据,一审法院在未查清该证据真伪的情况下即判决由被上诉人继承本案讼争房屋是错误的。综上,请求二审法院判令:1. 依法撤销昆明市五华区人民法院(2007)五法民二初字第 52 号民事判决;2. 依法改判由上诉人按法定继承方式继承父亲王某德所留遗产的一半(房屋价值约 10 000 元、银行存款 4000 元,合计 14 000 元)。

被上诉人王某答辩称:一审判决认定事实清楚,适用法律正确,请求二审法院判令驳回上诉,维持原判。

二审经审理查明的事实与一审判决确认事实一致,且双方当事人均无异议,本院依法予以确认。

根据上述确认事实,审理本案涉及的问题主要是:上诉人的上诉请求是否成立。

本院认为:本案系被继承人王某德死亡后,就其所留遗产进行继承分割而产生的纠纷。根据本案查明的法律事实,坐落于昆明市云冶生活区新某幢某号房屋属于被继承人王某德的合法遗产,上诉人与被上诉人共同作为被继承人王某德的子女,系其法定第一顺序继承人。但是,我国《继承法》第五条规定:“继承开始后,按照法定继承办理;有遗嘱的,按照遗嘱继承或者遗赠办理;有遗赠扶养协议的,按照协议办理。”由此可见,当被继承人留有处分其合法遗产的遗嘱的情况下,应当按照其所留遗嘱对遗产进行处分。而本案中,被继承人王某德生前于 2006 年 4 月 30 日自书所留的“遗嘱”符合我国《继承法》第十七条关于自书遗嘱由遗嘱人亲笔书写、签名并注明年、月、日的规定,尽管上诉人对该“遗嘱”的真实性提出异议,但其并未能提交确实有效的证据对此加以证实,亦在一审法院已告知其可对该“遗嘱”的签章进行司法鉴定的情况下,仍明确表示不愿对该“遗嘱”的签章进行司法鉴定。因此,上诉人在本案中应就此承担举证不能的不利后果,故对上诉人的该项上诉请求,本院不予支持。进而,依据被继承人王某德自书“遗嘱”载明的内容,即“家中一切财产系云冶生活区某幢某单元某号房产证号 200175779 由王某所属”,被继承人王某德所留合法遗产坐落于昆明市云冶生活区新某幢某号的房屋应当归被上诉人继承所有,而上诉人要求对该遗产按照法定继承方式进行继承的请求,无事实和法律依据,本院不予支持。至于上诉人提出被继承人王某德的遗产还有银行存款 4000 元,由于被上诉人对其持有该存款的事实予以了否认,而上诉人并未能提交确实有效的证据对此加以证实,因此,在上诉人未能举证证实该银行存款作为被继承人王某德的合法遗产由被上诉人占据、持有的情况下,其要求对该银行存款进行继承分割的请求不成立,本院不予支持。综上所述,上诉人的上诉请求均不成立,本院依法不予支持;而一审判决认定事实清楚,适用法律正确,本院依法予以维持。据此,依照《中华人民共和国民事诉讼法》第一百五十三条第一款第(一)项及第一百零七条之规定,判决如下:

驳回上诉,维持原判。

二审案件受理费人民币 150 元,由上诉人高某负担。

本判决为终审判决。

杨某与梁某甲等继承纠纷上诉案

上诉人(原审被告):杨某。

委托代理人:陈琦,广东海迪森律师事务所律师。

委托代理人:梁昌云,广东海迪森律师事务所律师。

被上诉人(原审原告):梁某甲。

被上诉人(原审原告):梁某乙。

被上诉人(原审原告):梁某丙。

三被上诉人的委托代理人郭全仔,广东大良律师事务所律师。

上诉人杨某因继承纠纷一案,不服广东省顺德市人民法院(2001)顺法民初字第1774号民事判决,向本院提起上诉。本院受理后,依法组成合议庭,于2003年3月4日询问了上诉人杨某的委托代理人陈琦和被上诉人梁某甲、梁某乙、梁某丙及其委托代理人郭全仔。本案现已审理终结。

原审判决认定:三原告是梁某与前妻黄某生育的子女,黄某死后,梁某与被告再婚,婚后没有生育子女。2000年5月16日梁某患脑中风及出血病重,经广东省大良律师事务所见证,立下《声明书》,认为杨某不精心照顾他,却想方设法算他的钱财,还要卖掉他的房屋,声明该房屋任何人不得出卖,直至其寿终才可以处理;该房屋到其终老后属其份额归其子女梁某甲、梁某乙、梁某丙所有。同年5月18日梁某立下公证遗嘱书,认为坐落在顺德市大良区南薰横街某号房屋是其与杨某的共同财产,在其寿终后,属其份额归子女梁某甲、梁某乙、梁某丙共同继承,其所有的存款由儿子梁某丙负责保管,用于其所需的一切费用。梁某甲、梁某乙、梁某丙遂以梁某的存款用于医治梁某。梁某出院后,需坐轮椅,生活不能自理,与杨某共同生活。在与杨某共同生活期间,梁某与三原告因代管存款问题发生纠纷,并诉至本院,本院判决后,梁某丙等人按照判决书所确定的义务,于2000年11月23日以梁某名义存入235 201.33元交给梁某,该款项于次日被取走。自2000年8月起,梁某长期到顺德市大良医院门诊医治,2000年8月至2001年1月病历上记载梁某精神差,不能言语,2001年1月28日和2月21日病历上记载梁某神志模糊,不能言语,3月15日记载梁某神志恍惚、失语。此后,梁某住院治疗,于2001年7月17日因病死亡。梁某的医药费均可报销,杨某没有主张有否为梁某支付医药费。被告杨某提供了梁某在2001年2月6日的公证书两份,证明梁某生前立下遗嘱,将坐落在顺德市大良区南薰横街某号房屋的产权归杨某所有。梁某生前遗下的财产有:一、坐落在顺德市大良区南薰横街某号房屋,以梁某名义登记产权,是梁某与杨某的共同财产,梁某占一半份额。经本院评估,该房屋现价值158 100元,梁某应占79 050元。二、在上述房屋内的家电物品:冷气机一台、电视机一台,洗衣机一台、冰箱二台、按摩机三台,价值共2640元,梁某与杨某各占1320元。三、银行存款:2001年7月11日梁某的银行存款83 575.22元,已被杨某取走;2001年7月17日杨某的银行存款20 000元,已被杨某取走。四、三原告支付给梁某的返还款235 201.33元,已被取走。该款扣除梁某和杨某在2000年11月24日起至2001年7月17日止的生活费16 914.72元,余218 286.61元。上述银行存款共321 861.83元,杨某和梁某各占160 930.92元。梁某死亡后,杨某支付过10 000元丧葬费,三原告支付过丧葬费10 000元,三原告在梁某住院期间支付过3000元给杨某。

原审判决认为:民事活动应遵循自愿、合法的原则。梁某在2000年5月16日立下《声明书》,认为杨某不精心照顾他,却想方设法算他的钱财,声明坐落在顺德市大良区南薰横街某号房屋到其终老后属其份额归子女梁某甲、梁某乙、梁某丙所有。5月18日梁某立下公证遗嘱书,认为上述房屋是其与杨某的共同财产,在其寿终后,属其份额归子女梁某甲、梁某乙、梁某丙共同继承。对上述《声明书》和《遗嘱书》被告没有异议,且梁某曾为此《声明书》和《遗嘱书》向本院主张权利。因此,该《声明书》和《遗嘱书》是梁某当时的真实意思表示。被告认为梁某在2001年2月6日立下的公证书两份,将上述房屋的产权归杨某所有。梁某在2001年1月至3月期间,在医院门诊治疗,病历上记载梁某神志不清,不能言语,此后病情日益加重,最后病重住院至死亡。故而在2001年2月6日订立两份公证书时,梁某病重,神志不清,不能言语,未有证据证明梁某在订立该(2001)顺证内字第27某号和276号两份公证书时,能清晰表达自己的真实意思,且该两份公证书的内容与2000年5月《声明书》和《遗嘱书》的内容截然相反,不能证明是梁某真实意思的表示。顺德市公安局及广东省公安厅对2001年2月6日的两份公证书上梁某签名的真实性不能确认，故本院认定该两份公证书不是梁某的真实意思表示，不予采信。根据梁某在《声明书》和《遗嘱书》所反映的真实遗愿，坐落在顺德市大良区南薰横街某号房屋的1/2份额归杨某所有，1/2份额应归三原告所有。梁某的其余遗产，按法定继承的规定处理，为有利居住使用，由杨某补偿1/2房价款给三原告，即79 050元，该房屋产权归杨某所有。该房屋里的家电物品，梁某占有1320元，三原告继承990元，杨某继承330元，由杨某支付990元给三原告后归杨某所有。2000年11月24日梁某已被取走的银行存款235 201.33元，因杨某与梁某共同居住，且在梁某与其子女发生纠纷时，杨某曾以梁某的名义参与处理，梁某不可能在纠纷时将款项交回给子女，杨某也没有证据证明梁某把这笔款项已交给三原告。据此，可以认定该笔款项现在杨某处保管，剔除杨某和梁某的生活费后，该款余下218 286.16元，连同其余由杨某取走的两笔存款，共321 861.83元，梁某占160 930.92元。该款三原告继承120 698.19元，杨某继承40 232.73元，据此，杨某应偿还三原告120 698.19元。杨某支付过10 000元丧葬费，三原告应负担3/4，即7500元；三原告支付过丧葬费10 000元，杨某应负担1/4，即2500元；三原告在梁某住院期间支付过3000元给杨某，杨某应退还给三原告。以上费用比对，三原告应支付杨某2000元。根据《中华人民共和国民法通则》第四条，《中华人民共和国继承法》第十三条、第十六条、第二十二条第二款的规定，判决：一、坐落在顺德市大良区南薰横街某号房屋，杨某和梁某各占1/2份额，梁某的1/2份额由原告梁某甲、梁某乙、梁某丙继承。被告杨某支付79 050元给原告梁某甲、梁某乙、梁某丙后，该房屋的产权归被告杨某所有。二、杨某支付990元给原告梁某甲、梁某乙、梁某丙后，在上述房屋内的冷气机一台、电视机一台、洗衣机一台、冰箱二台、按摩机三台归被告杨某所有。三、杨某补偿120 698.19元给原告梁某甲、梁某乙、梁某丙后，杨某和梁某的现金和银行存款归杨某所有。四、原告梁某甲、梁某乙、梁某丙支付被告杨某2000元。五、上述款项对比，杨某应支付原告梁某甲、梁某乙、梁某丙198 738.19元，该款在本判决发生法律效力之日起十日内支付给三原告。本案受理费10 870元、鉴定费2090元，共计12 960元，由三原告负担6950元，被告负担6010元。

宣判后，杨某不服，向本院提起上诉称：原审认定如下事实缺乏事实与法律依据，应予纠正。原审判决书第五页最后一行是："2001年7月17日杨某的银行存款20 000元，已被杨某取走。"事实上，2001年7月17日的存款凭证仅是10 000元，已用于梁某的丧事，为何却成了20 000元呢？原审判决第七页第十行是：公证书不是梁某的真实意思表示，不予采信。根据最高人民法院《关于民事诉讼证据的若干规定》第九条第六款"下列事实，当事人无需举证证明：……（六）已为有效公正文书所证明的事实"，根据《公证程序规则》第五十六条第二款"与公证事项有利害关系人对公证处出具的公证书或者作出的撤销……可以……向本级司法行政机关提出申诉……"和第五十七、五十八条的规定，再根据《公证程序规则》第二十三条"公证处应重点审查：（一）当事人的人数、身份、资格和民事行为能力"和第三十二条"法律行为公证应符合下列条件：(1)行为人具有相应的民事行为能力；(2)意思表示真实"、第三十四条"文书上的签名……应当准确属实"，上诉人认为：原审法院已调阅过顺德市公证处关于该遗嘱的公证档案，内除有公证文件外，还有询问笔录等，公证书除有梁某签名外，还有他的手指印。我们相信对于梁某是否具有民事行为能力和意思表示是否真实而作遗嘱，公证处比任何一个人或机构都清楚，原审法院仅凭一些病历就推定梁某向公证处立遗嘱时是处于"神志不清"，那不将公证人员置于万劫不复之地不可！所谓的笔迹鉴定更是浪费当事人钱财的行为，鉴定书中明显陈述是中风前后。一个人的书写与其健康状态有极大关系，只要文件中所述的事项是来源其真实意思表示即可。公证处人员所履行的职责和所出具的文书是国家承认，法律认可的法律事实，任何人或单位非经法定程序不能撤销或不予采信。否则，法律与法律之间岂不打架了吗？公证处以后的证明权和生存权又如何维系呢？原审判决认定：2000年11月24日梁某已被取走的银行存款235 201.33元，是他个人行为，上诉人毫不知情，梁某当时精神状态正常，有专人伺候，何时将款提走，用途是什么？上诉人不了解？上诉人还以为在三被上诉人处呢！根据《继承法》规定，遗产是指被继承人死亡时留下的财产。2000年11月24日至2001年7月17日，这段期间梁某掌管着这笔款，有何用途，还剩多少，无从稽考，被上诉人在一审中又无证据证明存于上诉人处，原审法院依职权又调查了上诉人的存款情况，均无发现，则款项去向无踪，那么原审法院判决依据又是哪些呢？因而请求二审法院撤销原审判决,驳回被上诉人的诉讼请求。

上诉人答辩称:原审判决对顺德市公证处(2001)顺证内字第27某号和276号公证书不予采信符合法律规定。上述两份公证书形成于2001年2月6日,根据医院门诊病历显示,2001年1月至3月期间,梁某身患重病,神志不清,不能言语,不能清晰表达自己的真实意思。另两份公证书上梁某的签名经顺德市公安局和广东省公安厅鉴定后认为"梁某的签名笔迹与梁某本人样本笔迹不同一",即两份公证书的梁某签名不真实。并且,公证书的内容是伪造的,与梁某于2000年5月神志清醒时所作《声明书》和《遗嘱书》内容截然相反,故上述两份公证书并不是梁某的真实意思表示,不是有效的证明文书,而且办公证的全过程违反公证程序和公证手册。原审判决认定上诉人杨某取走2001年7月17日的银行存款20 000元有事实依据。根据原审法院从相关银行所调查取得的证据显示,系上诉人杨某将其银行存款20 000元取走。原审判决认定梁某被取走的银行存款235 201.33元由上诉人保管是正确的。根据顺德市人民法院(2000)顺法民初第1220号民事判决书的判决,答辩人梁某丙曾于2000年11月23日返还235 201.33元给梁某并存入银行,但该款却于次日被取走。当时梁某患重病而只有上诉人与其共同生活,寸步不离,拒绝答辩人及其他亲属包括所有认识梁某的人与梁某接触,另上诉人也没有证据证明梁某将该款交给其他人。综上所述,一审判决认定事实清楚,适用法律正确,实体处理适当,请二审法院依法维持原判。鉴定费用由上诉人承担,3000元和双方各自所出的10 000元墓地费用应在梁某的遗产中扣除后,剩下的才算梁某的遗产。

上诉人与被上诉人在二审期间均未提交新证据。

上诉后,经审查,上诉人杨某对原审判决认定的"2001年7月17日杨某的银行存款20 000元,已被杨某取走"、"公证书不是梁某的真实意思表示"、"2000年11月24日梁某已被取走的银行存款235 201.33元,因……可认定该笔款项现在杨某处保管"以及"三原告在梁某住院期间支付过3000元给杨某,杨某应退回给三原告"的事实有异议,其余事实无异议,对无异议的部分事实,本院予以确认。

二审期间,经双方再三核对,上诉人杨某对其于2001年7月17日取走银行存款20 000元及三被上诉人在梁某住院期间支付过3000元给其无异议。

本院认为:上诉人对原审法院认定的"2001年7月17日杨某的银行存款20 000元,已被杨某取走"以及"三原告在梁某住院期间支付过3000元给杨某,杨某应退回给三原告"的事实有异议,在二审复核期间,上诉人对上述认定也表示无异议,故本院对该部分事实不再作认定。顺德市公安局及广东省公安厅对2001年2月6日订立的(2001)顺证内字第27某号、276号两份公证书上梁某的签名的真实性不能确认。且两份公证书的内容与2000年5月的《声明书》和《遗嘱书》的内容截然相反。而梁某在2001年2月6日订立两份公证书期间,处于病重期,其神志不清,不能言语。顺德市大良医院门诊部2001年1月至3月期间的治疗记录足以证实该事实。故可以认定梁某在2001年2月6日订立的两份公证书,不是其真实意思表示。上诉人称两份公证书是合法有效的主张,缺乏事实依据,本院不予支持。2000年11月23日以梁某名义存入银行的235 201.33元款项,该款于次日便被取走。而医院病历上记载了从2000年8月至2001年1月期间,梁某精神差、不能言语的事实。在该状况下,梁某已无能力亲自到银行取款及作出对该款的一些处置。此时梁某通过诉讼从被上诉人手中拿回代管的该款项仅有一天,所以梁某也不可能再次把存折交与被上诉人保管。作为与梁某共同居住生活的上诉人,其并无证据证实梁某已把该款项交与被上诉人或是第三人。因而,该款已由上诉人杨某保管的事实足以认定。上诉人认为该款不在其处,应作去向不明处理的主张,不能成立,本院不予采信。综上,上诉人的上诉理由不成立,本院不予支持。一审判决认定事实清楚,适用法律正确,处理恰当,应予维持。被上诉人在上诉答辩期间提出鉴定费用应由上诉人承担及3000元和双方各自所出的10 000元墓地费应从梁某的遗产扣除的请求,根据最高人民法院《关于民事经济审判方式改革问题的若干规定》第三十六条的规定,本院不予审查。

据此,依照《中华人民共和国民事诉讼法》第一百五十三条第一款第(一)项的规定,判决如下:

驳回上诉,维持原判。

二审案件受理费10 870元,由上诉人杨某负担。

本判决为终审判决。

5. 其 他

赠与公证细则

1. 1992年2月14日司法部发布
2. 司发通〔1992〕008号
3. 自1992年4月1日起施行

第一条 为规范赠与公证程序，根据《中华人民共和国民法通则》、《中华人民共和国公证暂行条例》制订本细则。

第二条 赠与是财产所有人在法律允许的范围内自愿将其所有的财产无偿赠送他人的法律行为。

将其所有财产赠人与他人为赠与人，接受赠与的人为受赠。

赠与人、受赠人可以分别为公民、法人或其他组织。

第三条 赠与公证是公证处依法证明赠与人赠与财产、受赠人收受赠与财产或赠与人与受赠人签订赠与合同真实、合法的行为。

第四条 办理赠与公证，可采取证明赠与人的赠与书，受赠人的受赠书或赠与合同的形式。赠与书是赠与人单方以书面形式将财产无偿赠与他人；受赠书是受赠人单方以书面形式表示接受赠与；赠与合同是赠与人与受赠人双方以书面形式，就财产无偿赠与而达成的一种协议。

第五条 赠与人赠与的财产必须是赠与人所有的合法财产。赠与人是公民的，必须具有完全民事行为能力。

第六条 赠与书公证应由赠与人的住所地或不动产所在地公证处受理。受赠书、赠与合同公证由不动产所在地公证处受理。

第七条 办理不动产赠与公证的，经公证后，应及时到有关部门办理所有权转移登记手续，否则赠与行为无效。

第八条 办理赠与书、受赠书、赠与合同公证，当事人应亲自到公证处提出申请，亲自到公证处确有困难的，公证人员可到其居住地办理。

第九条 申办赠与书、受赠书、赠与合同公证，当事人应向公证处提交的证件和材料：

（一）当事人办理赠与书、受赠书、赠与合同公证申请表；

（二）当事人的居民身份证或其他身份证明；

（三）被赠与财产清单和财产所有权证明；

（四）受赠人为法人或其他组织的，应提交资格证明、法定代表人身份证明，如需经有关部门批准才能受赠的事项，还需提交有关部门批准接受赠与的文件，代理人应提交授权委托书；受赠人为无民事行为能力或限制民事行为能力的，其代理人应提交有监护权的证明；

（五）赠与书、受赠书或赠与合同；

（六）赠与标的为共有财产的，共有人一致同意赠与的书面证明；

（七）公证人员认为应当提交的其他材料。

第十条 符合下列条件的申请，公证处应予受理：

（一）当事人身份明确，赠与人具有完全民事行为能力和赠与财产的所有权证明；

（二）赠与财产产权明确，当事人意思表示真实，赠与合同已达成协议；

（三）赠与财产为不动产时，不得违背有关房地产的政策、规定；

（四）当事人提交了本细则第九条规定的证件和材料；

（五）该公证事项属本公证处管辖。

对不符合前款规定条件的申请，公证处应作出不予受理的决定，并通知当事人。

第十一条 公证人员接待当事人，应按《以证程序规则（试行）》第二十四条规定制作笔录，并着重记录下列内容：

（一）赠与人与受赠人的关系，赠与意思表示及理由；

（二）赠与财产的状况：名称、数量、质量、价值，不动产座落地点、结构；

（三）赠与财产产权来源，有无争议；

（四）赠与财产所有权状况，占有、使用情况及抵押、留置、担保情况；

（五）赠与形式；

（六）赠与书、受赠书或赠与合同的具体内容；

（七）赠与行为法律后果的表述；

（八）公证人员认为应当记录的其他内容。

公证人员接待当事人，须根据民法通则和有关房地产政策、规定,向当事人讲明赠与的法律依据和不动产权属转移须办理的登记手续以及当事人应承担的责任。

第十二条　赠与书的主要内容:

(一)赠与人与受赠人的姓名、性别、出生日期、家庭住址;

(二)赠与人与受赠人的关系,赠与的意思表示及理由;

(三)赠与财产状况:名称、数量、质量、价值,不动产座落地点、结构。

第十三条　受赠书的主要内容:

(一)受赠人与赠与人的姓名、性别、出生日、家庭住址;

(二)受赠人与赠与人的关系,接受赠与的意思表示及理由;

(三)受赠财产状况:名称、数量、质量、价值,不动产座落地点、结构。

第十四条　赠与合同的主要内容:

(一)赠与人与受赠人的姓名、性别、出生日期、家庭住址;

(二)赠与人与受赠人的关系,赠与、接受赠与的意思表示及理由;

(三)赠与财产状况:名称、数量、质量、价值,不动产座落地点、结构;

(四)违约责任。

第十五条　赠与公证,除按《公证程序规则(试行)》第二十三条规定的内容审查外,应着重审查下列内容:

(一)赠与人的意思表示真实,行为合法;

(二)赠与人必须有赠与能力,不因赠与而影响其生活或居住;

(三)赠与财产的权属状况,有无争议;

(四)赠与书、受赠书、赠与合同真实、合法;

(五)公证人员认为应当查明的其他情况。

第十六条　符合下列条件的赠与,公证处应出具公证书:

(一)赠与人具有完全民事行为能力;

(二)赠与财产是赠与人所有的合法财产;

(三)赠与书、受赠书、赠与合同的意思表示其实、合法,条款完备、内容明确、文字表述准确;

(四)办证程序符合规定。

不符合前款规定条件的,应当拒绝公证,并在办证期限内将拒绝的理由通知当事人。

第十七条　根据司法部、财政部、物价局制定的《公证费收费规定》收取公证费用。办理赠与书公证,每件收公证费十元;办理受赠书公证、赠与合同书公证,接受赠人取得财产价值的金额总数,不满一万元的,收百分之一,最低十元;一万元以上的收百分之二。

第十八条　本细则由司法部负责解释。

第十九条　本细则自一九九二年四月一日起施行。

司法部、中国银行业监督管理委员会关于在办理继承公证过程中查询被继承人名下存款等事宜的通知

1. 2013年3月19日发布

2. 司发通〔2013〕78号

各省、自治区、直辖市司法厅(局),新疆生产建设兵团司法局,各银监局,各国有商业银行、股份制商业银行,邮储银行:

为保障存款人及其继承人的合法权益,便利当事人申办存款继承公证,及时办理银行存款过户或者支付手续,根据我国《商业银行法》、《公证法》、《继承法》等法律法规的规定,现就办理继承公证过程中查询被继承人名下存款等事宜通知如下:

一、经公证机构审查确认身份的继承人,可凭公证机构出具的《存款查询函》查询作为被继承人的存款人在各银行业金融机构的存款信息。

公证机构出具《存款查询函》,应当审查确认存款人的死亡事实及查询申请人为存款人的合法继承人。

二、银行业金融机构接到《存款查询函》后,应当及时为继承人办理查询事宜,并出具《存款查询情况通知书》。

继承人为多人的,可以单独或者共同向银行业金融机构提出查询请求。查询申请人可在公证机构签署《委托书》,授权他人代为查询。

三、公证机构在办理继承公证过程中需要核实被继承人银行存款情况的,各银行业金融机构应当予以协助。

四、在办理继承公证过程中查询或者核实银行业金融机

构管理、知悉的具有遗产性质的其他财产权益的情况依照本通知执行。

五、公证机构、银行业金融机构要加强协作、配合，积极做好存款查询和核实工作，切实保障存款人及其继承人的合法权益，维护银行存款过户和支付秩序。

六、本通知自发布之日起施行。本通知执行过程中遇到的问题，由司法部会同中国银行业监督管理委员会解释。

请各省（区、市）司法厅（局）和银监局，分别将本通知转发至本辖区沟各公证机构、各银监分局和银行业金融机构。

附件：1.《存款查询函》格式（略）

2.《存款查询情况通知书》格式（略）

3.《委托书》格式（略）

最高人民法院办公厅关于发给杨格非遗产继承权证明书的批复

1. 1963 年 7 月 16 日发布

2. 〔63〕法司字第 163 号

福建省高级人民法院：

你院〔63〕闽法行字第 2293 号函悉。关于杨格非的遗产继承问题，我们同意根据在厦门的继承人向公证机关提出国外继承人已放弃继承权的证明，发给杨瑞田继承权证明书。

此复

最高人民法院关于方益顺、方深耕与祁门县凫峰乡恒丰村中心生产队房产纠纷案的批复

1. 1985 年 3 月 28 日发布

2. 〔85〕法民字第 4 号

安徽省高级人民法院：

你院皖民他字〔84〕第 9 号关于方益顺、方深耕与祁门县凫峰乡恒丰村中心生产队房产纠纷一案的请示报告收悉。经研究我们认为，双方诉争之房屋原系方益顺祖上遗产，其父母死亡后，应有权继承其父母的遗产。但方益顺在土改前一直未主张权利，土改时其伯母张珍仂一人登记确权，张珍仂死后生产队将此房屋作绝产管理使用 20 余年，方也未提出过异议。所以，房产权应视为属于张珍仂。张死后她的遗产就已转移归集体所有。方益顺现要求继承此遗产自不应支持。至于方深耕，因与张珍仂生前没有形成收养关系，就不存在继承的问题。因此，该遗产归集体所有为宜。

最高人民法院关于蒋秀蓉诉彭润明、邱家乐、朱翠莲继承清偿债务纠纷一案的批复

1. 1991 年 1 月 26 日发布

2. 〔90〕民他字第 23 号

四川省高级人民法院：

你院〔89〕川法民示字第 28 号关于新津县蒋秀蓉诉彭润明、邱家乐、朱翠莲继承清偿债务纠纷一案的请示报告收悉。经研究认为：蒋秀蓉在彭继承、邱国红夫妇家当保姆期间，被犯罪分子王念先杀伤致残，彭、邱夫妇亦在与该罪犯搏斗中被杀身亡。从本案事实看，蒋秀蓉并非因保护雇主一家的生命、财产安全或其他利益而被杀伤，故要求从雇主的遗产中补偿其医疗费、生活费等，于法无据。但鉴于蒋秀蓉是在受雇期间受害的具体情况，可尽量对被告多做说服工作，争取其自愿从遗产中给予蒋秀蓉适当照顾。如调解不成，即判决驳回蒋秀蓉的诉讼请求。

以上意见，供参考。

·典型案例·

崔某与徐某遗赠扶养协议纠纷上诉案

上诉人（原审被告）：崔某。

委托代理人：樊海宏，河南恒升律师事务所律师。

被上诉人（原审原告）：徐某。

委托代理人：郭呈世，河南恒辉律师事务所律师。

上诉人崔某因与被上诉人徐某遗赠扶养协议纠纷

一案，不服卫辉市人民法院（2009）卫民初字第 1511 号民事判决，向本院提起上诉。本院依法组成合议庭审理了本案，现已审理终结。

原审认定：原、被告系远房亲戚，原告因配偶去世，自己无子女，与被告协商，双方于 2007 年 9 月 3 日签订了遗赠扶养协议书，并办理了（2007）卫证民字第 128 号公证书，双方在协议中约定：被告到原告处与其共同生活，并照顾原告的饮食起居。原告百年去世后，被告按照协议履行了上述义务后，将卫辉市劳动路房产一处的产权归被告所有，被告如不按照协议履行义务，原告有权单方解除协议。协议履行中，双方发生矛盾，原告一气之下到养老院居住 5 个多月。

原审认为：原、被告既然签订了协议，并且进行了公证，应当按照协议全面履行。由于双方发生矛盾，且原告坚持要求解除遗赠扶养协议，对该请求，依法予以支持。被告辩称不同意解除协议的理由不足，不予支持。依照《中华人民共和国收养法》第二十七条、《中华人民共和国民法通则》第一百一十七条之规定，原审判决：一、解除原告徐某与被告崔某签订的遗赠扶养协议；二、限被告崔某于本判决生效后十日内搬出现居住原告的房屋。案件受理费 100 元，由被告负担。

崔某不服原审判决上诉称：上诉人对被上诉人精心照顾，被上诉人住进养老院是嫌家中寒冷，并不是上诉人照顾不周。原审认定事实有误，且适用法律不当，请求依法撤销原判，驳回被上诉人徐某的诉讼请求。徐某答辩称：崔某对其照顾不周，未按照遗赠扶养协议约定履行其应尽义务，现被上诉人要求解除协议符合法律规定，原判解除遗赠扶养协议正确，应予维持。

本院经审理查明的事实与原审认定一致。

本院认为：遗赠扶养协议是遗赠人和扶养人之间订立的，扶养人承担遗赠人的生养死葬义务，遗赠人将自己的财产于其死亡后转归扶养人的协议。遗赠扶养协议是一种平等、有偿和互为权利义务的民事法律关系。本案中崔某与徐某签订了遗赠扶养协议，按照协议约定崔某具有照顾徐某生活起居的义务，不仅应给予徐某生活上帮助，也应当给予精神上的关心和抚慰，但在履行协议过程中双方发生矛盾，崔某未能妥善处理，导致徐某从 2008 年 12 月外出独立生活至今，后徐某诉至法院要求解除遗赠扶养协议，现双方关系紧张，经作调解和好工作，徐某仍然坚持要求解除与崔某签订的遗赠扶养协议。综合上述情况，从保护老年人的合法权益出发，原审判决解除双方签订的遗赠扶养协议，符合我国相关法律规定，崔某不同意解除遗赠扶养协议的上诉理由不充分，本院不予支持。原审认定主要事实清楚，判决并无不当。依照《中华人民共和国继承法》第三十一条、《最高人民法院关于贯彻执行〈中华人民共和国继承法〉若干问题意见》第五十六条、《中华人民共和国民事诉讼法》第一百五十三条第一款第（一）项之规定，判决如下：

驳回上诉，维持原判。

二审案件受理费 100 元，由上诉人崔某负担。

本判决为终审判决。

五、婚姻家庭纠纷处理

资料补充栏

1. 民事调解

中华人民共和国人民调解法

1. 2010年8月28日第十一届全国人民代表大会常务委员会第十六次会议通过
2. 2010年8月28日中华人民共和国主席令第34号公布
3. 自2011年1月1日起施行

目　　录

第一章　总　　则

第一条　【立法目的】为了完善人民调解制度，规范人民调解活动，及时解决民间纠纷，维护社会和谐稳定，根据宪法，制定本法。

第二条　【人民调解的内涵】本法所称人民调解，是指人民调解委员会通过说服、疏导等方法，促使当事人在平等协商基础上自愿达成调解协议，解决民间纠纷的活动。

第三条　【人民调解的原则】人民调解委员会调解民间纠纷，应当遵循下列原则：

（一）在当事人自愿、平等的基础上进行调解；

（二）不违背法律、法规和国家政策；

（三）尊重当事人的权利，不得因调解而阻止当事人依法通过仲裁、行政、司法等途径维护自己的权利。

第四条　【调解不收费原则】人民调解委员会调解民间纠纷，不收取任何费用。

第五条　【对人民调解工作的指导】国务院司法行政部门负责指导全国的人民调解工作，县级以上地方人民政府司法行政部门负责指导本行政区域的人民调解工作。

基层人民法院对人民调解委员会调解民间纠纷进行业务指导。

第六条　【国家对人民调解工作的支持和保障】国家鼓励和支持人民调解工作。县级以上地方人民政府对人民调解工作所需经费应当给予必要的支持和保障，对有突出贡献的人民调解委员会和人民调解员按照国家规定给予表彰奖励。

第二章　人民调解委员会

第七条　【人民调解委员会的性质和法律地位】人民调解委员会是依法设立的调解民间纠纷的群众性组织。

第八条　【人民调解委员会的组成】村民委员会、居民委员会设立人民调解委员会。企业事业单位根据需要设立人民调解委员会。

人民调解委员会由委员三至九人组成，设主任一人，必要时，可以设副主任若干人。

人民调解委员会应当有妇女成员，多民族居住的地区应当有人数较少民族的成员。

第九条　【人民调解委员会委员的产生和任期】村民委员会、居民委员会的人民调解委员会委员由村民会议或者村民代表会议、居民会议推选产生；企业事业单位设立的人民调解委员会委员由职工大会、职工代表大会或者工会组织推选产生。

人民调解委员会委员每届任期三年，可以连选连任。

第十条　【人民调解委员会的设立情况统计】县级人民政府司法行政部门应当对本行政区域内人民调解委员会的设立情况进行统计，并且将人民调解委员会以及人员组成和调整情况及时通报所在地基层人民法院。

第十一条　【人民调解委员会工作制度的建立健全和监督】人民调解委员会应当建立健全各项调解工作制度，听取群众意见，接受群众监督。

第十二条　【人民调解委员会的工作保障】村民委员会、居民委员会和企业事业单位应当为人民调解委员会开展工作提供办公条件和必要的工作经费。

第三章　人民调解员

第十三条　【人民调解员的产生】人民调解员由人民调解委员会委员和人民调解委员会聘任的人员担任。

第十四条　【人民调解员的个人素质及其培训】人民调

解员应当由公道正派、热心人民调解工作,并具有一定文化水平、政策水平和法律知识的成年公民担任。

县级人民政府司法行政部门应当定期对人民调解员进行业务培训。

第十五条　【对不良调解员的处理】人民调解员在调解工作中有下列行为之一的,由其所在的人民调解委员会给予批评教育、责令改正,情节严重的,由推选或者聘任单位予以罢免或者解聘:

(一)偏袒一方当事人的;

(二)侮辱当事人的;

(三)索取、收受财物或者牟取其他不正当利益的;

(四)泄露当事人的个人隐私、商业秘密的。

第十六条　【对人民调解员的生活、医疗保障及其家属的救助】人民调解员从事调解工作,应当给予适当的误工补贴;因从事调解工作致伤致残,生活发生困难的,当地人民政府应当提供必要的医疗、生活救助;在人民调解工作岗位上牺牲的人民调解员,其配偶、子女按照国家规定享受抚恤和优待。

第四章　调 解 程 序

第十七条　【调解程序的启动】当事人可以向人民调解委员会申请调解;人民调解委员会也可以主动调解。当事人一方明确拒绝调解的,不得调解。

第十八条　【人民调解与行政调解、诉讼调解三种方式的衔接】基层人民法院、公安机关对适宜通过人民调解方式解决的纠纷,可以在受理前告知当事人向人民调解委员会申请调解。

第十九条　【人民调解员的选择】人民调解委员会根据调解纠纷的需要,可以指定一名或者数名人民调解员进行调解,也可以由当事人选择一名或者数名人民调解员进行调解。

第二十条　【调解活动的参与】人民调解员根据调解纠纷的需要,在征得当事人的同意后,可以邀请当事人的亲属、邻里、同事等参与调解,也可以邀请具有专门知识、特定经验的人员或者有关社会组织的人员参与调解。

人民调解委员会支持当地公道正派、热心调解、群众认可的社会人士参与调解。

第二十一条　【调解公正与调解及时原则】人民调解员调解民间纠纷,应当坚持原则,明法析理,主持公道。

调解民间纠纷,应当及时、就地进行,防止矛盾激化。

第二十二条　【调解的灵活性原则】人民调解员根据纠纷的不同情况,可以采取多种方式调解民间纠纷,充分听取当事人的陈述,讲解有关法律、法规和国家政策,耐心疏导,在当事人平等协商、互谅互让的基础上提出纠纷解决方案,帮助当事人自愿达成调解协议。

第二十三条　【当事人的权利】当事人在人民调解活动中享有下列权利:

(一)选择或者接受人民调解员;

(二)接受调解、拒绝调解或者要求终止调解;

(三)要求调解公开进行或者不公开进行;

(四)自主表达意愿、自愿达成调解协议。

第二十四条　【当事人的义务】当事人在人民调解活动中履行下列义务:

(一)如实陈述纠纷事实;

(二)遵守调解现场秩序,尊重人民调解员;

(三)尊重对方当事人行使权利。

第二十五条　【人民调解员的能动性】人民调解员在调解纠纷过程中,发现纠纷有可能激化的,应当采取有针对性的预防措施;对有可能引起治安案件、刑事案件的纠纷,应当及时向当地公安机关或者其他有关部门报告。

第二十六条　【调解不成的处理】人民调解员调解纠纷,调解不成的,应当终止调解,并依据有关法律、法规的规定,告知当事人可以依法通过仲裁、行政、司法等途径维护自己的权利。

第二十七条　【调解案件的建档、归档问题】人民调解员应当记录调解情况。人民调解委员会应当建立调解工作档案,将调解登记、调解工作记录、调解协议书等材料立卷归档。

第五章　调 解 协 议

第二十八条　【调解协议的达成】经人民调解委员会调解达成调解协议的,可以制作调解协议书。当事人认为无需制作调解协议书的,可以采取口头协议方式,人民调解员应当记录协议内容。

第二十九条　【调解协议书的内容】调解协议书可以载

明下列事项：

（一）当事人的基本情况；

（二）纠纷的主要事实、争议事项以及各方当事人的责任；

（三）当事人达成调解协议的内容，履行的方式、期限。

调解协议书自各方当事人签名、盖章或者按指印，人民调解员签名并加盖人民调解委员会印章之日起生效。调解协议书由当事人各执一份，人民调解委员会留存一份。

第三十条　【口头调解协议的生效日期】口头调解协议自各方当事人达成协议之日起生效。

第三十一条　【调解协议的效力】经人民调解委员会调解达成的调解协议，具有法律约束力，当事人应当按照约定履行。

人民调解委员会应当对调解协议的履行情况进行监督，督促当事人履行约定的义务。

第三十二条　【调解协议达成后的司法救济】经人民调解委员会调解达成调解协议后，当事人之间就调解协议的履行或者调解协议的内容发生争议的，一方当事人可以向人民法院提起诉讼。

第三十三条　【人民调解协议的司法确认】经人民调解委员会调解达成调解协议后，双方当事人认为有必要的，可以自调解协议生效之日起三十日内共同向人民法院申请司法确认，人民法院应当及时对调解协议进行审查，依法确认调解协议的效力。

人民法院依法确认调解协议有效，一方当事人拒绝履行或者未全部履行的，对方当事人可以向人民法院申请强制执行。

人民法院依法确认调解协议无效的，当事人可以通过人民调解方式变更原调解协议或者达成新的调解协议，也可以向人民法院提起诉讼。

第六章　附　　则

第三十四条　【人民调解委员会的参照设立】乡镇、街道以及社会团体或者其他组织根据需要可以参照本法有关规定设立人民调解委员会，调解民间纠纷。

第三十五条　【施行日期】本法自2011年1月1日起施行。

最高人民法院关于适用简易程序审理民事案件的若干规定

1. 2003年7月4日最高人民法院审判委员会第1280次会议通过、2003年9月10日公布、自2003年12月1日起施行（法释〔2003〕15号）

2. 根据2020年12月23日最高人民法院审判委员会第1823次会议通过、2020年12月29日公布的《最高人民法院关于修改〈最高人民法院关于人民法院民事调解工作若干问题的规定〉等十九件民事诉讼类司法解释的决定》（法释〔2020〕20号）修正

为保障和方便当事人依法行使诉讼权利，保证人民法院公正、及时审理民事案件，根据《中华人民共和国民事诉讼法》的有关规定，结合民事审判经验和实际情况，制定本规定。

一、适 用 范 围

第一条　基层人民法院根据民事诉讼法第一百五十七条规定审理简单的民事案件，适用本规定，但有下列情形之一的案件除外：

（一）起诉时被告下落不明的；

（二）发回重审的；

（三）共同诉讼中一方或者双方当事人人数众多的；

（四）法律规定应当适用特别程序、审判监督程序、督促程序、公示催告程序和企业法人破产还债程序的；

（五）人民法院认为不宜适用简易程序进行审理的。

第二条　基层人民法院适用第一审普通程序审理的民事案件，当事人各方自愿选择适用简易程序，经人民法院审查同意的，可以适用简易程序进行审理。

人民法院不得违反当事人自愿原则，将普通程序转为简易程序。

第三条　当事人就适用简易程序提出异议，人民法院认为异议成立的，或者人民法院在审理过程中发现不宜适用简易程序的，应当将案件转入普通程序审理。

二、起诉与答辩

第四条　原告本人不能书写起诉状，委托他人代写起诉状确有困难的，可以口头起诉。

原告口头起诉的，人民法院应当将当事人的基本情况、联系方式、诉讼请求、事实及理由予以准确记录，将相关证据予以登记。人民法院应当将上述记录和登记的内容向原告当面宣读，原告认为无误后应当签名或者按指印。

第五条 当事人应当在起诉或者答辩时向人民法院提供自己准确的送达地址、收件人、电话号码等其他联系方式，并签名或者按指印确认。

送达地址应当写明受送达人住所地的邮政编码和详细地址；受送达人是有固定职业的自然人的，其从业的场所可以视为送达地址。

第六条 原告起诉后，人民法院可以采取捎口信、电话、传真、电子邮件等简便方式随时传唤双方当事人、证人。

第七条 双方当事人到庭后，被告同意口头答辩的，人民法院可以当即开庭审理；被告要求书面答辩的，人民法院应当将提交答辩状的期限和开庭的具体日期告知各方当事人，并向当事人说明逾期举证以及拒不到庭的法律后果，由各方当事人在笔录和开庭传票的送达回证上签名或者按指印。

第八条 人民法院按照原告提供的被告的送达地址或者其他联系方式无法通知被告应诉的，应当按以下情况分别处理：

（一）原告提供了被告准确的送达地址，但人民法院无法向被告直接送达或者留置送达应诉通知书的，应当将案件转入普通程序审理；

（二）原告不能提供被告准确的送达地址，人民法院经查证后仍不能确定被告送达地址的，可以被告不明确为由裁定驳回原告起诉。

第九条 被告到庭后拒绝提供自己的送达地址和联系方式的，人民法院应当告知其拒不提供送达地址的后果；经人民法院告知后被告仍然拒不提供的，按下列方式处理：

（一）被告是自然人的，以其户籍登记中的住所或者经常居所为送达地址；

（二）被告是法人或者非法人组织的，应当以其在登记机关登记、备案中的住所为送达地址。

人民法院应当将上述告知的内容记入笔录。

第十条 因当事人自己提供的送达地址不准确、送达地址变更未及时告知人民法院，或者当事人拒不提供自己的送达地址而导致诉讼文书未能被当事人实际接收的，按下列方式处理：

（一）邮寄送达的，以邮件回执上注明的退回之日视为送达之日；

（二）直接送达的，送达人当场在送达回证上记明情况之日视为送达之日。

上述内容，人民法院应当在原告起诉和被告答辩时以书面或者口头方式告知当事人。

第十一条 受送达的自然人以及他的同住成年家属拒绝签收诉讼文书的，或者法人、非法人组织负责收件的人拒绝签收诉讼文书的，送达人应当依据民事诉讼法第八十六条的规定邀请有关基层组织或者所在单位的代表到场见证，被邀请的人不愿到场见证的，送达人应当在送达回证上记明拒收事由、时间和地点以及被邀请人不愿到场见证的情形，将诉讼文书留在受送达人的住所或者从业场所，即视为送达。

受送达人的同住成年家属或者法人、非法人组织负责收件的人是同一案件中另一方当事人的，不适用前款规定。

三、审理前的准备

第十二条 适用简易程序审理的民事案件，当事人及其诉讼代理人申请证人出庭作证，应当在举证期限届满前提出。

第十三条 当事人一方或者双方就适用简易程序提出异议后，人民法院应当进行审查，并按下列情形分别处理：

（一）异议成立的，应当将案件转入普通程序审理，并将合议庭的组成人员及相关事项以书面形式通知双方当事人；

（二）异议不成立的，口头告知双方当事人，并将上述内容记入笔录。

转入普通程序审理的民事案件的审理期限自人民法院立案的次日起开始计算。

第十四条 下列民事案件，人民法院在开庭审理时应当先行调解：

（一）婚姻家庭纠纷和继承纠纷；

（二）劳务合同纠纷；

（三）交通事故和工伤事故引起的权利义务关系较为明确的损害赔偿纠纷；

（四）宅基地和相邻关系纠纷；

（五）合伙合同纠纷；

（六）诉讼标的额较小的纠纷。

但是根据案件的性质和当事人的实际情况不能调解或者显然没有调解必要的除外。

第十五条 调解达成协议并经审判人员审核后，双方当事人同意该调解协议经双方签名或者按指印生效的，该调解协议自双方签名或者按指印之日起发生法律效力。当事人要求摘录或者复制该调解协议的，应予准许。

调解协议符合前款规定，且不属于不需要制作调解书的，人民法院应当另行制作民事调解书。调解协议生效后一方拒不履行的，另一方可以持民事调解书申请强制执行。

第十六条 人民法院可以当庭告知当事人到人民法院领取民事调解书的具体日期，也可以在当事人达成调解协议的次日起十日内将民事调解书发送给当事人。

第十七条 当事人以民事调解书与调解协议的原意不一致为由提出异议，人民法院审查后认为异议成立的，应当根据调解协议裁定补正民事调解书的相关内容。

四、开庭审理

第十八条 以捎口信、电话、传真、电子邮件等形式发送的开庭通知，未经当事人确认或者没有其他证据足以证明当事人已经收到的，人民法院不得将其作为按撤诉处理和缺席判决的根据。

第十九条 开庭前已经书面或者口头告知当事人诉讼权利义务，或者当事人各方均委托律师代理诉讼的，审判人员除告知当事人申请回避的权利外，可以不再告知当事人其他的诉讼权利义务。

第二十条 对没有委托律师代理诉讼的当事人，审判人员应当对回避、自认、举证责任等相关内容向其作必要的解释或者说明，并在庭审过程中适当提示当事人正确行使诉讼权利、履行诉讼义务，指导当事人进行正常的诉讼活动。

第二十一条 开庭时，审判人员可以根据当事人的诉讼请求和答辩意见归纳出争议焦点，经当事人确认后，由当事人围绕争议焦点举证、质证和辩论。

当事人对案件事实无争议的，审判人员可以在听取当事人就适用法律方面的辩论意见后迳行判决、裁定。

第二十二条 当事人双方同时到基层人民法院请求解决简单的民事纠纷，但未协商举证期限，或者被告一方经简便方式传唤到庭的，当事人在开庭审理时要求当庭举证的，应予准许；当事人当庭举证有困难的，举证的期限由当事人协商决定，但最长不得超过十五日；协商不成的，由人民法院决定。

第二十三条 适用简易程序审理的民事案件，应当一次开庭审结，但人民法院认为确有必要再次开庭的除外。

第二十四条 书记员应当将适用简易程序审理民事案件的全部活动记入笔录。对于下列事项，应当详细记载：

（一）审判人员关于当事人诉讼权利义务的告知、争议焦点的概括、证据的认定和裁判的宣告等重大事项；

（二）当事人申请回避、自认、撤诉、和解等重大事项；

（三）当事人当庭陈述的与其诉讼权利直接相关的其他事项。

第二十五条 庭审结束时，审判人员可以根据案件的审理情况对争议焦点和当事人各方举证、质证和辩论的情况进行简要总结，并就是否同意调解征询当事人的意见。

第二十六条 审判人员在审理过程中发现案情复杂需要转为普通程序的，应当在审限届满前及时作出决定，并书面通知当事人。

五、宣判与送达

第二十七条 适用简易程序审理的民事案件，除人民法院认为不宜当庭宣判的以外，应当当庭宣判。

第二十八条 当庭宣判的案件，除当事人当庭要求邮寄送达的以外，人民法院应当告知当事人或者诉讼代理人领取裁判文书的期间和地点以及逾期不领取的法律后果。上述情况，应当记入笔录。

人民法院已经告知当事人领取裁判文书的期间和地点的，当事人在指定期间内领取裁判文书之日即为送达之日；当事人在指定期间内未领取的，指定领取裁判文书期间届满之日即为送达之日，当事人的上诉期从人民法院指定领取裁判文书期间届满之日的次日起开始计算。

第二十九条 当事人因交通不便或者其他原因要求邮寄送达裁判文书的，人民法院可以按照当事人自己提供的送达地址邮寄送达。

人民法院根据当事人自己提供的送达地址邮寄送达的，邮件回执上注明收到或者退回之日即为送达之日，当事人的上诉期从邮件回执上注明收到或者退回之日的次日起开始计算。

第三十条 原告经传票传唤，无正当理由拒不到庭或者未经法庭许可中途退庭的，可以按撤诉处理；被告经传票传唤，无正当理由拒不到庭或者未经法庭许可中途退庭的，人民法院可以根据原告的诉讼请求及双方已经提交给法庭的证据材料缺席判决。

按撤诉处理或者缺席判决的，人民法院可以按照当事人自己提供的送达地址将裁判文书送达给未到庭的当事人。

第三十一条 定期宣判的案件，定期宣判之日即为送达之日，当事人的上诉期自定期宣判的次日起开始计算。当事人在定期宣判的日期无正当理由未到庭的，不影响该裁判上诉期间的计算。

当事人确有正当理由不能到庭，并在定期宣判前已经告知人民法院的，人民法院可以按照当事人自己提供的送达地址将裁判文书送达给未到庭的当事人。

第三十二条 适用简易程序审理的民事案件，有下列情形之一的，人民法院在制作裁判文书时对认定事实或者判决理由部分可以适当简化：

（一）当事人达成调解协议并需要制作民事调解书的；

（二）一方当事人在诉讼过程中明确表示承认对方全部诉讼请求或者部分诉讼请求的；

（三）当事人对案件事实没有争议或者争议不大的；

（四）涉及自然人的隐私、个人信息，或者商业秘密的案件，当事人一方要求简化裁判文书中的相关内容，人民法院认为理由正当的；

（五）当事人双方一致同意简化裁判文书的。

六、其　　他

第三十三条 本院已经公布的司法解释与本规定不一致的，以本规定为准。

第三十四条 本规定自2003年12月1日起施行。2003年12月1日以后受理的民事案件，适用本规定。

最高人民法院关于人民法院民事调解工作若干问题的规定

1. 2004年8月18日最高人民法院审判委员会第1321次会议通过、2004年9月16日公布、自2004年11月1日起施行（法释〔2004〕12号）

2. 根据2008年12月8日最高人民法院审判委员会第1457次会议通过、2008年12月16日公布的《最高人民法院关于调整司法解释等文件中引用〈中华人民共和国民事诉讼法〉条文序号的决定》（法释〔2008〕18号）第一次修正

3. 根据2020年12月23日最高人民法院审判委员会第1823次会议通过、2020年12月29日公布的《最高人民法院关于修改〈最高人民法院关于人民法院民事调解工作若干问题的规定〉等十九件民事诉讼类司法解释的决定》（法释〔2020〕20号）第二次修正

为了保证人民法院正确调解民事案件，及时解决纠纷，保障和方便当事人依法行使诉讼权利，节约司法资源，根据《中华人民共和国民事诉讼法》等法律的规定，结合人民法院调解工作的经验和实际情况，制定本规定。

第一条 根据民事诉讼法第九十五条的规定，人民法院可以邀请与当事人有特定关系或者与案件有一定联系的企业事业单位、社会团体或者其他组织，和具有专门知识、特定社会经验、与当事人有特定关系并有利于促成调解的个人协助调解工作。

经各方当事人同意，人民法院可以委托前款规定的单位或者个人对案件进行调解，达成调解协议后，人民法院应当依法予以确认。

第二条 当事人在诉讼过程中自行达成和解协议的，人民法院可以根据当事人的申请依法确认和解协议制作调解书。双方当事人申请庭外和解的期间，不计入审限。

当事人在和解过程中申请人民法院对和解活动进行协调的，人民法院可以委派审判辅助人员或者邀请、委托有关单位和个人从事协调活动。

第三条 人民法院应当在调解前告知当事人主持调解人员和书记员姓名以及是否申请回避等有关诉讼权利和诉讼义务。

第四条 在答辩期满前人民法院对案件进行调解，适用普通程序的案件在当事人同意调解之日起15天内，适用简易程序的案件在当事人同意调解之日起7天内未达成调解协议的，经各方当事人同意，可以继续调解。延长的调解期间不计入审限。

第五条 当事人申请不公开进行调解的，人民法院应当准许。

调解时当事人各方应当同时在场，根据需要也可以对当事人分别作调解工作。

第六条 当事人可以自行提出调解方案，主持调解的人员也可以提出调解方案供当事人协商时参考。

第七条 调解协议内容超出诉讼请求的，人民法院可以准许。

第八条 人民法院对于调解协议约定一方不履行协议应当承担民事责任的，应予准许。

调解协议约定一方不履行协议，另一方可以请求人民法院对案件作出裁判的条款，人民法院不予准许。

第九条 调解协议约定一方提供担保或者案外人同意为当事人提供担保的，人民法院应当准许。

案外人提供担保的，人民法院制作调解书应当列明担保人，并将调解书送交担保人。担保人不签收调解书的，不影响调解书生效。

当事人或者案外人提供的担保符合民法典规定的条件时生效。

第十条 调解协议具有下列情形之一的，人民法院不予确认：

（一）侵害国家利益、社会公共利益的；

（二）侵害案外人利益的；

（三）违背当事人真实意思的；

（四）违反法律、行政法规禁止性规定的。

第十一条 当事人不能对诉讼费用如何承担达成协议的，不影响调解协议的效力。人民法院可以直接决定当事人承担诉讼费用的比例，并将决定记入调解书。

第十二条 对调解书的内容既不享有权利又不承担义务的当事人不签收调解书的，不影响调解书的效力。

第十三条 当事人以民事调解书与调解协议的原意不一致为由提出异议，人民法院审查后认为异议成立的，应当根据调解协议裁定补正民事调解书的相关内容。

第十四条 当事人就部分诉讼请求达成调解协议的，人民法院可以就此先行确认并制作调解书。

当事人就主要诉讼请求达成调解协议，请求人民法院对未达成协议的诉讼请求提出处理意见并表示接受该处理结果的，人民法院的处理意见是调解协议的一部分内容，制作调解书的记入调解书。

第十五条 调解书确定的担保条款条件或者承担民事责任的条件成就时，当事人申请执行的，人民法院应当依法执行。

不履行调解协议的当事人按照前款规定承担了调解书确定的民事责任后，对方当事人又要求其承担民事诉讼法第二百五十三条规定的迟延履行责任的，人民法院不予支持。

第十六条 调解书约定给付特定标的物的，调解协议达成前该物上已经存在的第三人的物权和优先权不受影响。第三人在执行过程中对执行标的物提出异议的，应当按照民事诉讼法第二百二十七条规定处理。

第十七条 人民法院对刑事附带民事诉讼案件进行调解，依照本规定执行。

第十八条 本规定实施前人民法院已经受理的案件，在本规定施行后尚未审结的，依照本规定执行。

第十九条 本规定实施前最高人民法院的有关司法解释与本规定不一致的，适用本规定。

第二十条 本规定自2004年11月1日起实施。

最高人民法院关于人民调解协议司法确认程序的若干规定

1. 2011年3月21日最高人民法院审判委员会第1515次会议通过

2. 2011年3月23日公布

3. 法释〔2011〕5号

4. 自2011年3月30日起施行

为了规范经人民调解委员会调解达成的民事调解协议的司法确认程序，进一步建立健全诉讼与非诉讼相衔接的矛盾纠纷解决机制，依照《中华人民共和国民事诉讼法》和《中华人民共和国人民调解法》的规定，结合审判实际，制定本规定。

第一条 当事人根据《中华人民共和国人民调解法》第三十三条的规定共同向人民法院申请确认调解协议的，人民法院应当依法受理。

第二条 当事人申请确认调解协议的，由主持调解的人民调解委员会所在地基层人民法院或者它派出的法庭管辖。

人民法院在立案前委派人民调解委员会调解并达成调解协议，当事人申请司法确认的，由委派的人民法院管辖。

第三条　当事人申请确认调解协议，应当向人民法院提交司法确认申请书、调解协议和身份证明、资格证明，以及与调解协议相关的财产权利证明等证明材料，并提供双方当事人的送达地址、电话号码等联系方式。委托他人代为申请的，必须向人民法院提交由委托人签名或者盖章的授权委托书。

第四条　人民法院收到当事人司法确认申请，应当在三日内决定是否受理。人民法院决定受理的，应当编立“调确字”案号，并及时向当事人送达受理通知书。双方当事人同时到法院申请司法确认的，人民法院可以当即受理并作出是否确认的决定。

有下列情形之一的，人民法院不予受理：

（一）不属于人民法院受理民事案件的范围或者不属于接受申请的人民法院管辖的；

（二）确认身份关系的；

（三）确认收养关系的；

（四）确认婚姻关系的。

第五条　人民法院应当自受理司法确认申请之日起十五日内作出是否确认的决定。因特殊情况需要延长的，经本院院长批准，可以延长十日。

在人民法院作出是否确认的决定前，一方或者双方当事人撤回司法确认申请的，人民法院应当准许。

第六条　人民法院受理司法确认申请后，应当指定一名审判人员对调解协议进行审查。人民法院在必要时可以通知双方当事人同时到场，当面询问当事人。当事人应当向人民法院如实陈述申请确认的调解协议的有关情况，保证提交的证明材料真实、合法。人民法院在审查中，认为当事人的陈述或者提供的证明材料不充分、不完备或者有疑义的，可以要求当事人补充陈述或者补充证明材料。当事人无正当理由未按时补充或者拒不接受询问的，可以按撤回司法确认申请处理。

第七条　具有下列情形之一的，人民法院不予确认调解协议效力：

（一）违反法律、行政法规强制性规定的；

（二）侵害国家利益、社会公共利益的；

（三）侵害案外人合法权益的；

（四）损害社会公序良俗的；

（五）内容不明确，无法确认的；

（六）其他不能进行司法确认的情形。

第八条　人民法院经审查认为调解协议符合确认条件的，应当作出确认决定书；决定不予确认调解协议效力的，应当作出不予确认决定书。

第九条　人民法院依法作出确认决定后，一方当事人拒绝履行或者未全部履行的，对方当事人可以向作出确认决定的人民法院申请强制执行。

第十条　案外人认为经人民法院确认的调解协议侵害其合法权益的，可以自知道或者应当知道权益被侵害之日起一年内，向作出确认决定的人民法院申请撤销确认决定。

第十一条　人民法院办理人民调解协议司法确认案件，不收取费用。

第十二条　人民法院可以将调解协议不予确认的情况定期或者不定期通报同级司法行政机关和相关人民调解委员会。

第十三条　经人民法院建立的调解员名册中的调解员调解达成协议后，当事人申请司法确认的，参照本规定办理。人民法院立案后委托他人调解达成的协议的司法确认，按照《最高人民法院关于人民法院民事调解工作若干问题的规定》（法释〔2004〕12号）的有关规定办理。

相关文书样式（略）。

最高人民法院关于执行和解若干问题的规定

1. 2017年11月6日最高人民法院审判委员会第1725次会议通过、2018年2月22日公布、自2018年3月1日起施行（法释〔2018〕3号）

2. 根据2020年12月23日最高人民法院审判委员会第1823次会议通过、2020年12月29日公布的《最高人民法院关于修改〈最高人民法院关于人民法院扣押铁路运输货物若干问题的规定〉等十八件执行类司法解释的决定》（法释〔2020〕21号）修正

为了进一步规范执行和解，维护当事人、利害关系人的合法权益，根据《中华人民共和国民事诉讼法》等法律规定，结合执行实践，制定本规定。

第一条 当事人可以自愿协商达成和解协议，依法变更生效法律文书确定的权利义务主体、履行标的、期限、地点和方式等内容。

和解协议一般采用书面形式。

第二条 和解协议达成后，有下列情形之一的，人民法院可以裁定中止执行：

（一）各方当事人共同向人民法院提交书面和解协议的；

（二）一方当事人向人民法院提交书面和解协议，其他当事人予以认可的；

（三）当事人达成口头和解协议，执行人员将和解协议内容记入笔录，由各方当事人签名或者盖章的。

第三条 中止执行后，申请执行人申请解除查封、扣押、冻结的，人民法院可以准许。

第四条 委托代理人代为执行和解，应当有委托人的特别授权。

第五条 当事人协商一致，可以变更执行和解协议，并向人民法院提交变更后的协议，或者由执行人员将变更后的内容记入笔录，并由各方当事人签名或者盖章。

第六条 当事人达成以物抵债执行和解协议的，人民法院不得依据该协议作出以物抵债裁定。

第七条 执行和解协议履行过程中，符合民法典第五百七十条规定情形的，债务人可以依法向有关机构申请提存；执行和解协议约定给付金钱的，债务人也可以向执行法院申请提存。

第八条 执行和解协议履行完毕的，人民法院作执行结案处理。

第九条 被执行人一方不履行执行和解协议的，申请执行人可以申请恢复执行原生效法律文书，也可以就履行执行和解协议向执行法院提起诉讼。

第十条 申请恢复执行原生效法律文书，适用民事诉讼法第二百三十九条申请执行期间的规定。

当事人不履行执行和解协议的，申请恢复执行期间自执行和解协议约定履行期间的最后一日起计算。

第十一条 申请执行人以被执行人一方不履行执行和解协议为由申请恢复执行，人民法院经审查，理由成立的，裁定恢复执行；有下列情形之一的，裁定不予恢复执行：

（一）执行和解协议履行完毕后申请恢复执行的；

（二）执行和解协议约定的履行期限尚未届至或者履行条件尚未成就的，但符合民法典第五百七十八条规定情形的除外；

（三）被执行人一方正在按照执行和解协议约定履行义务的；

（四）其他不符合恢复执行条件的情形。

第十二条 当事人、利害关系人认为恢复执行或者不予恢复执行违反法律规定的，可以依照民事诉讼法第二百二十五条规定提出异议。

第十三条 恢复执行后，对申请执行人就履行执行和解协议提起的诉讼，人民法院不予受理。

第十四条 申请执行人就履行执行和解协议提起诉讼，执行法院受理后，可以裁定终结原生效法律文书的执行。执行中的查封、扣押、冻结措施，自动转为诉讼中的保全措施。

第十五条 执行和解协议履行完毕，申请执行人因被执行人迟延履行、瑕疵履行遭受损害的，可以向执行法院另行提起诉讼。

第十六条 当事人、利害关系人认为执行和解协议无效或者应予撤销的，可以向执行法院提起诉讼。执行和解协议被确认无效或者撤销后，申请执行人可以据此申请恢复执行。

被执行人以执行和解协议无效或者应予撤销为由提起诉讼的，不影响申请执行人申请恢复执行。

第十七条 恢复执行后，执行和解协议已经履行部分应当依法扣除。当事人、利害关系人认为人民法院的扣除行为违反法律规定的，可以依照民事诉讼法第二百二十五条规定提出异议。

第十八条 执行和解协议中约定担保条款，且担保人向人民法院承诺在被执行人不履行执行和解协议时自愿接受直接强制执行的，恢复执行原生效法律文书后，人民法院可以依申请执行人申请及担保条款的约定，直接裁定执行担保财产或者保证人的财产。

第十九条 执行过程中，被执行人根据当事人自行达成但未提交人民法院的和解协议，或者一方当事人提交人民法院但其他当事人不予认可的和解协议，依照民事诉讼法第二百二十五条规定提出异议的，人民法院按照下列情形，分别处理：

（一）和解协议履行完毕的，裁定终结原生效法律文书的执行；

（二）和解协议约定的履行期限尚未届至或者履行条件尚未成就的，裁定中止执行，但符合民法典第五百七十八条规定情形的除外；

（三）被执行人一方正在按照和解协议约定履行义务的，裁定中止执行；

（四）被执行人不履行和解协议的，裁定驳回异议；

（五）和解协议不成立、未生效或者无效的，裁定驳回异议。

第二十条　本规定自2018年3月1日起施行。

本规定施行前本院公布的司法解释与本规定不一致的，以本规定为准。

2. 民事诉讼

(1)综　合

中华人民共和国民事诉讼法

1. 1991年4月9日第七届全国人民代表大会第四次会议通过
2. 根据2007年10月28日第十届全国人民代表大会常务委员会第三十次会议《关于修改〈中华人民共和国民事诉讼法〉的决定》第一次修正
3. 根据2012年8月31日第十一届全国人民代表大会常务委员会第二十八次会议《关于修改〈中华人民共和国民事诉讼法〉的决定》第二次修正
4. 根据2017年6月27日第十二届全国人民代表大会常务委员会第二十八次会议《关于修改〈中华人民共和国民事诉讼法〉和〈中华人民共和国行政诉讼法〉的决定》第三次修正
5. 根据2021年12月24日第十三届全国人民代表大会常务委员会第三十二次会议《关于修改〈中华人民共和国民事诉讼法〉的决定》第四次修正
6. 根据2023年9月1日第十四届全国人民代表大会常务委员会第五次会议《关于修改〈中华人民共和国民事诉讼法〉的决定》第五次修正

目　录

第一编　总　　则

第一章　任务、适用范围和基本原则

第一条　【立法依据】中华人民共和国民事诉讼法以宪法为根据,结合我国民事审判工作的经验和实际情况制定。

第二条　【立法任务】中华人民共和国民事诉讼法的任务,是保护当事人行使诉讼权利,保证人民法院查明事实,分清是非,正确适用法律,及时审理民事案件,确认民事权利义务关系,制裁民事违法行为,保护当事人的合法权益,教育公民自觉遵守法律,维护社会秩序、经济秩序,保障社会主义建设事业顺利进行。

第三条　【适用范围】人民法院受理公民之间、法人之间、其他组织之间以及他们相互之间因财产关系和人身关系提起的民事诉讼,适用本法的规定。

第四条　【空间效力】凡在中华人民共和国领域内进行民事诉讼,必须遵守本法。

第五条　【涉外民诉同等原则、对等原则】外国人、无国籍人、外国企业和组织在人民法院起诉、应诉,同中华人民共和国公民、法人和其他组织有同等的诉讼权利义务。

外国法院对中华人民共和国公民、法人和其他组织的民事诉讼权利加以限制的,中华人民共和国人民法院对该国公民、企业和组织的民事诉讼权利,实行对等原则。

第六条　【审判权】民事案件的审判权由人民法院行使。

人民法院依照法律规定对民事案件独立进行审判,不受行政机关、社会团体和个人的干涉。

第七条　【审理原则】人民法院审理民事案件,必须以事实为根据,以法律为准绳。

第八条　【诉讼权利平等原则】民事诉讼当事人有平等的诉讼权利。人民法院审理民事案件,应当保障和便利当事人行使诉讼权利,对当事人在适用法律上一律平等。

第九条　【调解原则】人民法院审理民事案件,应当根据自愿和合法的原则进行调解;调解不成的,应当及时判决。

第十条　【审判制度】人民法院审理民事案件,依照法律规定实行合议、回避、公开审判和两审终审制度。

第十一条　【语言文字】各民族公民都有用本民族语言、文字进行民事诉讼的权利。

在少数民族聚居或者多民族共同居住的地区,人民法院应当用当地民族通用的语言、文字进行审理和发布法律文书。

人民法院应当对不通晓当地民族通用的语言、文字的诉讼参与人提供翻译。

第十二条　【辩论权】人民法院审理民事案件时,当事人有权进行辩论。

第十三条　【诚信原则、当事人处分原则】民事诉讼应当遵循诚信原则。

当事人有权在法律规定的范围内处分自己的民事权利和诉讼权利。

第十四条　【法律监督权】人民检察院有权对民事诉讼实行法律监督。

第十五条　【支持起诉】机关、社会团体、企业事业单位对损害国家、集体或者个人民事权益的行为,可以支持受损害的单位或者个人向人民法院起诉。

第十六条　【在线诉讼的法律效力】经当事人同意,民事诉讼活动可以通过信息网络平台在线进行。

民事诉讼活动通过信息网络平台在线进行的,与线下诉讼活动具有同等法律效力。

第十七条　【变通规定】民族自治地方的人民代表大会根据宪法和本法的原则,结合当地民族的具体情况,可以制定变通或者补充的规定。自治区的规定,报全国人民代表大会常务委员会批准。自治州、自治县的规定,报省或者自治区的人民代表大会常务委员会批准,并报全国人民代表大会常务委员会备案。

第二章　管　　辖

第一节　级别管辖

第十八条　【基层人民法院管辖】基层人民法院管辖第一审民事案件,但本法另有规定的除外。

第十九条　【中级人民法院管辖】中级人民法院管辖下列第一审民事案件:

(一)重大涉外案件;

(二)在本辖区有重大影响的案件;

(三)最高人民法院确定由中级人民法院管辖的案件。

第二十条　【高级人民法院管辖】高级人民法院管辖在本辖区有重大影响的第一审民事案件。

第二十一条　【最高人民法院管辖】最高人民法院管辖

下列第一审民事案件：

（一）在全国有重大影响的案件；

（二）认为应当由本院审理的案件。

第二节 地域管辖

第二十二条 【一般地域管辖】对公民提起的民事诉讼，由被告住所地人民法院管辖；被告住所地与经常居住地不一致的，由经常居住地人民法院管辖。

对法人或者其他组织提起的民事诉讼，由被告住所地人民法院管辖。

同一诉讼的几个被告住所地、经常居住地在两个以上人民法院辖区的，各该人民法院都有管辖权。

第二十三条 【特别规定】下列民事诉讼，由原告住所地人民法院管辖；原告住所地与经常居住地不一致的，由原告经常居住地人民法院管辖：

（一）对不在中华人民共和国领域内居住的人提起的有关身份关系的诉讼；

（二）对下落不明或者宣告失踪的人提起的有关身份关系的诉讼；

（三）对被采取强制性教育措施的人提起的诉讼；

（四）对被监禁的人提起的诉讼。

第二十四条 【合同纠纷管辖】因合同纠纷提起的诉讼，由被告住所地或者合同履行地人民法院管辖。

第二十五条 【保险合同纠纷管辖】因保险合同纠纷提起的诉讼，由被告住所地或者保险标的物所在地人民法院管辖。

第二十六条 【票据纠纷管辖】因票据纠纷提起的诉讼，由票据支付地或者被告住所地人民法院管辖。

第二十七条 【公司诉讼管辖】因公司设立、确认股东资格、分配利润、解散等纠纷提起的诉讼，由公司住所地人民法院管辖。

第二十八条 【运输合同纠纷管辖】因铁路、公路、水上、航空运输和联合运输合同纠纷提起的诉讼，由运输始发地、目的地或者被告住所地人民法院管辖。

第二十九条 【侵权纠纷管辖】因侵权行为提起的诉讼，由侵权行为地或者被告住所地人民法院管辖。

第三十条 【交通事故管辖】因铁路、公路、水上和航空事故请求损害赔偿提起的诉讼，由事故发生地或者车辆、船舶最先到达地、航空器最先降落地或者被告住所地人民法院管辖。

第三十一条 【海损事故管辖】因船舶碰撞或者其他海事损害事故请求损害赔偿提起的诉讼，由碰撞发生地、碰撞船舶最先到达地、加害船舶被扣留地或者被告住所地人民法院管辖。

第三十二条 【海难救助费用管辖】因海难救助费用提起的诉讼，由救助地或者被救助船舶最先到达地人民法院管辖。

第三十三条 【共同海损管辖】因共同海损提起的诉讼，由船舶最先到达地、共同海损理算地或者航程终止地的人民法院管辖。

第三十四条 【专属管辖】下列案件，由本条规定的人民法院专属管辖：

（一）因不动产纠纷提起的诉讼，由不动产所在地人民法院管辖；

（二）因港口作业中发生纠纷提起的诉讼，由港口所在地人民法院管辖；

（三）因继承遗产纠纷提起的诉讼，由被继承人死亡时住所地或者主要遗产所在地人民法院管辖。

第三十五条 【协议管辖】合同或者其他财产权益纠纷的当事人可以书面协议选择被告住所地、合同履行地、合同签订地、原告住所地、标的物所在地等与争议有实际联系的地点的人民法院管辖，但不得违反本法对级别管辖和专属管辖的规定。

第三十六条 【共同管辖】两个以上人民法院都有管辖权的诉讼，原告可以向其中一个人民法院起诉；原告向两个以上有管辖权的人民法院起诉的，由最先立案的人民法院管辖。

第三节 移送管辖和指定管辖

第三十七条 【移送管辖】人民法院发现受理的案件不属于本院管辖的，应当移送有管辖权的人民法院，受移送的人民法院应当受理。受移送的人民法院认为受移送的案件依照规定不属于本院管辖的，应当报请上级人民法院指定管辖，不得再自行移送。

第三十八条 【指定管辖】有管辖权的人民法院由于特殊原因，不能行使管辖权的，由上级人民法院指定管辖。

人民法院之间因管辖权发生争议，由争议双方协商解决；协商解决不了的，报请它们的共同上级人民法院指定管辖。

第三十九条 【管辖权转移】上级人民法院有权审理下

级人民法院管辖的第一审民事案件；确有必要将本院管辖的第一审民事案件交下级人民法院审理的，应当报请其上级人民法院批准。

下级人民法院对它所管辖的第一审民事案件，认为需要由上级人民法院审理的，可以报请上级人民法院审理。

第三章 审判组织

第四十条 【一审审判组织】人民法院审理第一审民事案件，由审判员、人民陪审员共同组成合议庭或者由审判员组成合议庭。合议庭的成员人数，必须是单数。

适用简易程序审理的民事案件，由审判员一人独任审理。基层人民法院审理的基本事实清楚、权利义务关系明确的第一审民事案件，可以由审判员一人适用普通程序独任审理。

人民陪审员在参加审判活动时，除法律另有规定外，与审判员有同等的权利义务。

第四十一条 【二审、重审、再审审判组织】人民法院审理第二审民事案件，由审判员组成合议庭。合议庭的成员人数，必须是单数。

中级人民法院对第一审适用简易程序审结或者不服裁定提起上诉的第二审民事案件，事实清楚、权利义务关系明确的，经双方当事人同意，可以由审判员一人独任审理。

发回重审的案件，原审人民法院应当按照第一审程序另行组成合议庭。

审理再审案件，原来是第一审的，按照第一审程序另行组成合议庭；原来是第二审的或者是上级人民法院提审的，按照第二审程序另行组成合议庭。

第四十二条 【不得适用独任制的案件】人民法院审理下列民事案件，不得由审判员一人独任审理：

（一）涉及国家利益、社会公共利益的案件；

（二）涉及群体性纠纷，可能影响社会稳定的案件；

（三）人民群众广泛关注或者其他社会影响较大的案件；

（四）属于新类型或者疑难复杂的案件；

（五）法律规定应当组成合议庭审理的案件；

（六）其他不宜由审判员一人独任审理的案件。

第四十三条 【向合议制转换】人民法院在审理过程中，发现案件不宜由审判员一人独任审理的，应当裁定转由合议庭审理。

当事人认为案件由审判员一人独任审理违反法律规定的，可以向人民法院提出异议。人民法院对当事人提出的异议应当审查，异议成立的，裁定转由合议庭审理；异议不成立的，裁定驳回。

第四十四条 【审判长】合议庭的审判长由院长或者庭长指定审判员一人担任；院长或者庭长参加审判的，由院长或者庭长担任。

第四十五条 【评议原则】合议庭评议案件，实行少数服从多数的原则。评议应当制作笔录，由合议庭成员签名。评议中的不同意见，必须如实记入笔录。

第四十六条 【依法办案】审判人员应当依法秉公办案。

审判人员不得接受当事人及其诉讼代理人请客送礼。

审判人员有贪污受贿，徇私舞弊，枉法裁判行为的，应当追究法律责任；构成犯罪的，依法追究刑事责任。

第四章 回 避

第四十七条 【回避情形】审判人员有下列情形之一的，应当自行回避，当事人有权用口头或者书面方式申请他们回避：

（一）是本案当事人或者当事人、诉讼代理人近亲属的；

（二）与本案有利害关系的；

（三）与本案当事人、诉讼代理人有其他关系，可能影响对案件公正审理的。

审判人员接受当事人、诉讼代理人请客送礼，或者违反规定会见当事人、诉讼代理人的，当事人有权要求他们回避。

审判人员有前款规定的行为的，应当依法追究法律责任。

前三款规定，适用于法官助理、书记员、司法技术人员、翻译人员、鉴定人、勘验人。

第四十八条 【回避申请】当事人提出回避申请，应当说明理由，在案件开始审理时提出；回避事由在案件开始审理后知道的，也可以在法庭辩论终结前提出。

被申请回避的人员在人民法院作出是否回避的决定前，应当暂停参与本案的工作，但案件需要采取紧急措施的除外。

第四十九条　【回避决定权人】院长担任审判长或者独任审判员时的回避，由审判委员会决定；审判人员的回避，由院长决定；其他人员的回避，由审判长或者独任审判员决定。

第五十条　【回避申请决定程序】人民法院对当事人提出的回避申请，应当在申请提出的三日内，以口头或者书面形式作出决定。申请人对决定不服的，可以在接到决定时申请复议一次。复议期间，被申请回避的人员，不停止参与本案的工作。人民法院对复议申请，应当在三日内作出复议决定，并通知复议申请人。

第五章　诉讼参加人

第一节　当　事　人

第五十一条　【诉讼当事人】公民、法人和其他组织可以作为民事诉讼的当事人。

法人由其法定代表人进行诉讼。其他组织由其主要负责人进行诉讼。

第五十二条　【诉讼权利义务】当事人有权委托代理人，提出回避申请，收集、提供证据，进行辩论，请求调解，提起上诉，申请执行。

当事人可以查阅本案有关材料，并可以复制本案有关材料和法律文书。查阅、复制本案有关材料的范围和办法由最高人民法院规定。

当事人必须依法行使诉讼权利，遵守诉讼秩序，履行发生法律效力的判决书、裁定书和调解书。

第五十三条　【和解】双方当事人可以自行和解。

第五十四条　【诉讼请求、反诉】原告可以放弃或者变更诉讼请求。被告可以承认或者反驳诉讼请求，有权提起反诉。

第五十五条　【共同诉讼】当事人一方或者双方为二人以上，其诉讼标的是共同的，或者诉讼标的是同一种类、人民法院认为可以合并审理并经当事人同意的，为共同诉讼。

共同诉讼的一方当事人对诉讼标的有共同权利义务的，其中一人的诉讼行为经其他共同诉讼人承认，对其他共同诉讼人发生效力；对诉讼标的没有共同权利义务的，其中一人的诉讼行为对其他共同诉讼人不发生效力。

第五十六条　【人数确定的代表人诉讼】当事人一方人数众多的共同诉讼，可以由当事人推选代表人进行诉讼。代表人的诉讼行为对其所代表的当事人发生效力，但代表人变更、放弃诉讼请求或者承认对方当事人的诉讼请求，进行和解，必须经被代表的当事人同意。

第五十七条　【人数不确定的代表人诉讼】诉讼标的是同一种类、当事人一方人数众多在起诉时人数尚未确定的，人民法院可以发出公告，说明案件情况和诉讼请求，通知权利人在一定期间向人民法院登记。

向人民法院登记的权利人可以推选代表人进行诉讼；推选不出代表人的，人民法院可以与参加登记的权利人商定代表人。

代表人的诉讼行为对其所代表的当事人发生效力，但代表人变更、放弃诉讼请求或者承认对方当事人的诉讼请求，进行和解，必须经被代表的当事人同意。

人民法院作出的判决、裁定，对参加登记的全体权利人发生效力。未参加登记的权利人在诉讼时效期间提起诉讼的，适用该判决、裁定。

第五十八条　【民事公益诉讼】对污染环境、侵害众多消费者合法权益等损害社会公共利益的行为，法律规定的机关和有关组织可以向人民法院提起诉讼。

人民检察院在履行职责中发现破坏生态环境和资源保护、食品药品安全领域侵害众多消费者合法权益等损害社会公共利益的行为，在没有前款规定的机关和组织或者前款规定的机关和组织不提起诉讼的情况下，可以向人民法院提起诉讼。前款规定的机关或者组织提起诉讼的，人民检察院可以支持起诉。

第五十九条　【诉讼第三人、第三人撤销之诉】对当事人双方的诉讼标的，第三人认为有独立请求权的，有权提起诉讼。

对当事人双方的诉讼标的，第三人虽然没有独立请求权，但案件处理结果同他有法律上的利害关系的，可以申请参加诉讼，或者由人民法院通知他参加诉讼。人民法院判决承担民事责任的第三人，有当事人的诉讼权利义务。

前两款规定的第三人，因不能归责于本人的事由未参加诉讼，但有证据证明发生法律效力的判决、裁定、调解书的部分或者全部内容错误，损害其民事权益的，可以自知道或者应当知道其民事权益受到损害之日起六个月内，向作出该判决、裁定、调解书的人民法院提起诉讼。人民法院经审理，诉讼请求成立的，应当改变或者撤销原判决、裁定、调解书;诉讼请求不成立的,驳回诉讼请求。

第二节　诉讼代理人

第六十条　【法定代理人】无诉讼行为能力人由他的监护人作为法定代理人代为诉讼。法定代理人之间互相推诿代理责任的,由人民法院指定其中一人代为诉讼。

第六十一条　【委托代理人】当事人、法定代理人可以委托一至二人作为诉讼代理人。

下列人员可以被委托为诉讼代理人:

(一)律师、基层法律服务工作者;

(二)当事人的近亲属或者工作人员;

(三)当事人所在社区、单位以及有关社会团体推荐的公民。

第六十二条　【委托程序】委托他人代为诉讼,必须向人民法院提交由委托人签名或者盖章的授权委托书。

授权委托书必须记明委托事项和权限。诉讼代理人代为承认、放弃、变更诉讼请求,进行和解,提起反诉或者上诉,必须有委托人的特别授权。

侨居在国外的中华人民共和国公民从国外寄交或者托交的授权委托书,必须经中华人民共和国驻该国的使领馆证明;没有使领馆的,由与中华人民共和国有外交关系的第三国驻该国的使领馆证明,再转由中华人民共和国驻该第三国使领馆证明,或者由当地的爱国华侨团体证明。

第六十三条　【代理权变更、解除】诉讼代理人的权限如果变更或者解除,当事人应当书面告知人民法院,并由人民法院通知对方当事人。

第六十四条　【诉讼代理人权利】代理诉讼的律师和其他诉讼代理人有权调查收集证据,可以查阅本案有关材料。查阅本案有关材料的范围和办法由最高人民法院规定。

第六十五条　【离婚诉讼代理】离婚案件有诉讼代理人的,本人除不能表达意思的以外,仍应出庭;确因特殊情况无法出庭的,必须向人民法院提交书面意见。

第六章　证　　据

第六十六条　【证据种类】证据包括:

(一)当事人的陈述;

(二)书证;

(三)物证;

(四)视听资料;

(五)电子数据;

(六)证人证言;

(七)鉴定意见;

(八)勘验笔录。

证据必须查证属实,才能作为认定事实的根据。

第六十七条　【举证责任】当事人对自己提出的主张,有责任提供证据。

当事人及其诉讼代理人因客观原因不能自行收集的证据,或者人民法院认为审理案件需要的证据,人民法院应当调查收集。

人民法院应当按照法定程序,全面地、客观地审查核实证据。

第六十八条　【及时提供证据义务】当事人对自己提出的主张应当及时提供证据。

人民法院根据当事人的主张和案件审理情况,确定当事人应当提供的证据及其期限。当事人在该期限内提供证据确有困难的,可以向人民法院申请延长期限,人民法院根据当事人的申请适当延长。当事人逾期提供证据的,人民法院应当责令其说明理由;拒不说明理由或者理由不成立的,人民法院根据不同情形可以不予采纳该证据,或者采纳该证据但予以训诫、罚款。

第六十九条　【证据收据】人民法院收到当事人提交的证据材料,应当出具收据,写明证据名称、页数、份数、原件或者复印件以及收到时间等,并由经办人员签名或者盖章。

第七十条　【人民法院调查取证】人民法院有权向有关单位和个人调查取证,有关单位和个人不得拒绝。

人民法院对有关单位和个人提出的证明文书,应当辨别真伪,审查确定其效力。

第七十一条　【法庭质证】证据应当在法庭上出示,并由当事人互相质证。对涉及国家秘密、商业秘密和个人隐私的证据应当保密,需要在法庭出示的,不得在公开开庭时出示。

第七十二条　【公证证据效力】经过法定程序公证证明的法律事实和文书,人民法院应当作为认定事实的根据,但有相反证据足以推翻公证证明的除外。

第七十三条　【书证、物证】书证应当提交原件。物证应当提交原物。提交原件或者原物确有困难的,可以提交复制品、照片、副本、节录本。

提交外文书证,必须附有中文译本。

第七十四条 【视听资料】人民法院对视听资料,应当辨别真伪,并结合本案的其他证据,审查确定能否作为认定事实的根据。

第七十五条 【证人义务、资格】凡是知道案件情况的单位和个人,都有义务出庭作证。有关单位的负责人应当支持证人作证。

不能正确表达意思的人,不能作证。

第七十六条 【证人出庭作证】经人民法院通知,证人应当出庭作证。有下列情形之一的,经人民法院许可,可以通过书面证言、视听传输技术或者视听资料等方式作证:

(一)因健康原因不能出庭的;

(二)因路途遥远,交通不便不能出庭的;

(三)因自然灾害等不可抗力不能出庭的;

(四)其他有正当理由不能出庭的。

第七十七条 【证人出庭费用负担】证人因履行出庭作证义务而支出的交通、住宿、就餐等必要费用以及误工损失,由败诉一方当事人负担。当事人申请证人作证的,由该当事人先行垫付;当事人没有申请,人民法院通知证人作证的,由人民法院先行垫付。

第七十八条 【当事人陈述】人民法院对当事人的陈述,应当结合本案的其他证据,审查确定能否作为认定事实的根据。

当事人拒绝陈述的,不影响人民法院根据证据认定案件事实。

第七十九条 【鉴定程序启动和鉴定人选任】当事人可以就查明事实的专门性问题向人民法院申请鉴定。当事人申请鉴定的,由双方当事人协商确定具备资格的鉴定人;协商不成的,由人民法院指定。

当事人未申请鉴定,人民法院对专门性问题认为需要鉴定的,应当委托具备资格的鉴定人进行鉴定。

第八十条 【鉴定人权利义务】鉴定人有权了解进行鉴定所需要的案件材料,必要时可以询问当事人、证人。

鉴定人应当提出书面鉴定意见,在鉴定书上签名或者盖章。

第八十一条 【鉴定人出庭作证】当事人对鉴定意见有异议或者人民法院认为鉴定人有必要出庭的,鉴定人应当出庭作证。经人民法院通知,鉴定人拒不出庭作证的,鉴定意见不得作为认定事实的根据;支付鉴定费用的当事人可以要求返还鉴定费用。

第八十二条 【有专门知识的人出庭】当事人可以申请人民法院通知有专门知识的人出庭,就鉴定人作出的鉴定意见或者专业问题提出意见。

第八十三条 【勘验笔录】勘验物证或者现场,勘验人必须出示人民法院的证件,并邀请当地基层组织或者当事人所在单位派人参加。当事人或者当事人的成年家属应当到场,拒不到场的,不影响勘验的进行。

有关单位和个人根据人民法院的通知,有义务保护现场,协助勘验工作。

勘验人应当将勘验情况和结果制作笔录,由勘验人、当事人和被邀参加人签名或者盖章。

第八十四条 【证据保全】在证据可能灭失或者以后难以取得的情况下,当事人可以在诉讼过程中向人民法院申请保全证据,人民法院也可以主动采取保全措施。

因情况紧急,在证据可能灭失或者以后难以取得的情况下,利害关系人可以在提起诉讼或者申请仲裁前向证据所在地、被申请人住所地或者对案件有管辖权的人民法院申请保全证据。

证据保全的其他程序,参照适用本法第九章保全的有关规定。

第七章 期间、送达

第一节 期 间

第八十五条 【期间种类、计算】期间包括法定期间和人民法院指定的期间。

期间以时、日、月、年计算。期间开始的时和日,不计算在期间内。

期间届满的最后一日是法定休假日的,以法定休假日后的第一日为期间届满的日期。

期间不包括在途时间,诉讼文书在期满前交邮的,不算过期。

第八十六条 【期间顺延】当事人因不可抗拒的事由或者其他正当理由耽误期限的,在障碍消除后的十日内,可以申请顺延期限,是否准许,由人民法院决定。

第二节 送 达

第八十七条 【送达回证】送达诉讼文书必须有送达回证,由受送达人在送达回证上记明收到日期,签名或者盖章。

受送达人在送达回证上的签收日期为送达日期。

第八十八条　【直接送达】送达诉讼文书，应当直接送交受送达人。受送达人是公民的，本人不在交他的同住成年家属签收；受送达人是法人或者其他组织的，应当由法人的法定代表人、其他组织的主要负责人或者该法人、组织负责收件的人签收；受送达人有诉讼代理人的，可以送交其代理人签收；受送达人已向人民法院指定代收人的，送交代收人签收。

受送达人的同住成年家属，法人或者其他组织的负责收件的人，诉讼代理人或者代收人在送达回证上签收的日期为送达日期。

第八十九条　【留置送达】受送达人或者他的同住成年家属拒绝接收诉讼文书的，送达人可以邀请有关基层组织或者所在单位的代表到场，说明情况，在送达回证上记明拒收事由和日期，由送达人、见证人签名或者盖章，把诉讼文书留在受送达人的住所；也可以把诉讼文书留在受送达人的住所，并采用拍照、录像等方式记录送达过程，即视为送达。

第九十条　【简易送达】经受送达人同意，人民法院可以采用能够确认其收悉的电子方式送达诉讼文书。通过电子方式送达的判决书、裁定书、调解书，受送达人提出需要纸质文书的，人民法院应当提供。

采用前款方式送达的，以送达信息到达受送达人特定系统的日期为送达日期。

第九十一条　【委托送达、邮寄送达】直接送达诉讼文书有困难的，可以委托其他人民法院代为送达，或者邮寄送达。邮寄送达的，以回执上注明的收件日期为送达日期。

第九十二条　【转交送达之一】受送达人是军人的，通过其所在部队团以上单位的政治机关转交。

第九十三条　【转交送达之二】受送达人被监禁的，通过其所在监所转交。

受送达人被采取强制性教育措施的，通过其所在强制性教育机构转交。

第九十四条　【转交送达日期】代为转交的机关、单位收到诉讼文书后，必须立即交受送达人签收，以在送达回证上的签收日期，为送达日期。

第九十五条　【公告送达】受送达人下落不明，或者用本节规定的其他方式无法送达的，公告送达。自发出公告之日起，经过三十日，即视为送达。

公告送达，应当在案卷中记明原因和经过。

第八章　调　　解

第九十六条　【调解原则】人民法院审理民事案件，根据当事人自愿的原则，在事实清楚的基础上，分清是非，进行调解。

第九十七条　【调解组织形式】人民法院进行调解，可以由审判员一人主持，也可以由合议庭主持，并尽可能就地进行。

人民法院进行调解，可以用简便方式通知当事人、证人到庭。

第九十八条　【协助调解】人民法院进行调解，可以邀请有关单位和个人协助。被邀请的单位和个人，应当协助人民法院进行调解。

第九十九条　【调解协议】调解达成协议，必须双方自愿，不得强迫。调解协议的内容不得违反法律规定。

第一百条　【调解书】调解达成协议，人民法院应当制作调解书。调解书应当写明诉讼请求、案件的事实和调解结果。

调解书由审判人员、书记员署名，加盖人民法院印章，送达双方当事人。

调解书经双方当事人签收后，即具有法律效力。

第一百零一条　【不制作调解书的情形】下列案件调解达成协议，人民法院可以不制作调解书：

（一）调解和好的离婚案件；

（二）调解维持收养关系的案件；

（三）能够即时履行的案件；

（四）其他不需要制作调解书的案件。

对不需要制作调解书的协议，应当记入笔录，由双方当事人、审判人员、书记员签名或者盖章后，即具有法律效力。

第一百零二条　【调解失败】调解未达成协议或者调解书送达前一方反悔的，人民法院应当及时判决。

第九章　保全和先予执行

第一百零三条　【诉讼中保全】人民法院对于可能因当事人一方的行为或者其他原因，使判决难以执行或者造成当事人其他损害的案件，根据对方当事人的申请，可以裁定对其财产进行保全、责令其作出一定行为或者禁止其作出一定行为；当事人没有提出申请的，人民法院在必要时也可以裁定采取保全措施。

人民法院采取保全措施，可以责令申请人提供担保，申请人不提供担保的，裁定驳回申请。

人民法院接受申请后，对情况紧急的，必须在四十八小时内作出裁定；裁定采取保全措施的，应当立即开始执行。

第一百零四条　【诉前保全】利害关系人因情况紧急，不立即申请保全将会使其合法权益受到难以弥补的损害的，可以在提起诉讼或者申请仲裁前向被保全财产所在地、被申请人住所地或者对案件有管辖权的人民法院申请采取保全措施。申请人应当提供担保，不提供担保的，裁定驳回申请。

人民法院接受申请后，必须在四十八小时内作出裁定；裁定采取保全措施的，应当立即开始执行。

申请人在人民法院采取保全措施后三十日内不依法提起诉讼或者申请仲裁的，人民法院应当解除保全。

第一百零五条　【保全范围】保全限于请求的范围，或者与本案有关的财物。

第一百零六条　【财产保全措施】财产保全采取查封、扣押、冻结或者法律规定的其他方法。人民法院保全财产后，应当立即通知被保全财产的人。

财产已被查封、冻结的，不得重复查封、冻结。

第一百零七条　【保全解除】财产纠纷案件，被申请人提供担保的，人民法院应当裁定解除保全。

第一百零八条　【保全错误补救】申请有错误的，申请人应当赔偿被申请人因保全所遭受的损失。

第一百零九条　【先予执行】人民法院对下列案件，根据当事人的申请，可以裁定先予执行：

（一）追索赡养费、扶养费、抚养费、抚恤金、医疗费用的；

（二）追索劳动报酬的；

（三）因情况紧急需要先予执行的。

第一百一十条　【先予执行条件】人民法院裁定先予执行的，应当符合下列条件：

（一）当事人之间权利义务关系明确，不先予执行将严重影响申请人的生活或者生产经营的；

（二）被申请人有履行能力。

人民法院可以责令申请人提供担保，申请人不提供担保的，驳回申请。申请人败诉的，应当赔偿被申请人因先予执行遭受的财产损失。

第一百一十一条　【复议】当事人对保全或者先予执行的裁定不服的，可以申请复议一次。复议期间不停止裁定的执行。

第十章　对妨害民事诉讼的强制措施

第一百一十二条　【拘传】人民法院对必须到庭的被告，经两次传票传唤，无正当理由拒不到庭的，可以拘传。

第一百一十三条　【对妨害法庭秩序的强制措施】诉讼参与人和其他人应当遵守法庭规则。

人民法院对违反法庭规则的人，可以予以训诫，责令退出法庭或者予以罚款、拘留。

人民法院对哄闹、冲击法庭，侮辱、诽谤、威胁、殴打审判人员，严重扰乱法庭秩序的人，依法追究刑事责任；情节较轻的，予以罚款、拘留。

第一百一十四条　【对某些妨害诉讼行为的强制措施】诉讼参与人或者其他人有下列行为之一的，人民法院可以根据情节轻重予以罚款、拘留；构成犯罪的，依法追究刑事责任：

（一）伪造、毁灭重要证据，妨碍人民法院审理案件的；

（二）以暴力、威胁、贿买方法阻止证人作证或者指使、贿买、胁迫他人作伪证的；

（三）隐藏、转移、变卖、毁损已被查封、扣押的财产，或者已被清点并责令其保管的财产，转移已被冻结的财产的；

（四）对司法工作人员、诉讼参加人、证人、翻译人员、鉴定人、勘验人、协助执行的人，进行侮辱、诽谤、诬陷、殴打或者打击报复的；

（五）以暴力、威胁或者其他方法阻碍司法工作人员执行职务的；

（六）拒不履行人民法院已经发生法律效力的判决、裁定的。

人民法院对有前款规定的行为之一的单位，可以对其主要负责人或者直接责任人员予以罚款、拘留；构成犯罪的，依法追究刑事责任。

第一百一十五条　【对虚假诉讼、调解行为的司法处罚】当事人之间恶意串通，企图通过诉讼、调解等方式侵害国家利益、社会公共利益或者他人合法权益的，人民法院应当驳回其请求，并根据情节轻重予以罚款、拘留；构成犯罪的，依法追究刑事责任。

当事人单方捏造民事案件基本事实，向人民法院提起诉讼，企图侵害国家利益、社会公共利益或者他人合法权益的，适用前款规定。

第一百一十六条　【对恶意串通逃避执行行为的司法

处罚】被执行人与他人恶意串通，通过诉讼、仲裁、调解等方式逃避履行法律文书确定的义务的，人民法院应当根据情节轻重予以罚款、拘留；构成犯罪的，依法追究刑事责任。

第一百一十七条 【不协助调查、执行的强制措施】有义务协助调查、执行的单位有下列行为之一的，人民法院除责令其履行协助义务外，并可以予以罚款：

（一）有关单位拒绝或者妨碍人民法院调查取证的；

（二）有关单位接到人民法院协助执行通知书后，拒不协助查询、扣押、冻结、划拨、变价财产的；

（三）有关单位接到人民法院协助执行通知书后，拒不协助扣留被执行人的收入、办理有关财产权证照转移手续、转交有关票证、证照或者其他财产的；

（四）其他拒绝协助执行的。

人民法院对有前款规定的行为之一的单位，可以对其主要负责人或者直接责任人员予以罚款；对仍不履行协助义务的，可以予以拘留；并可以向监察机关或者有关机关提出予以纪律处分的司法建议。

第一百一十八条 【罚款、拘留】对个人的罚款金额，为人民币十万元以下。对单位的罚款金额，为人民币五万元以上一百万元以下。

拘留的期限，为十五日以下。

被拘留的人，由人民法院交公安机关看管。在拘留期间，被拘留人承认并改正错误的，人民法院可以决定提前解除拘留。

第一百一十九条 【拘传、罚款、拘留程序】拘传、罚款、拘留必须经院长批准。

拘传应当发拘传票。

罚款、拘留应当用决定书。对决定不服的，可以向上一级人民法院申请复议一次。复议期间不停止执行。

第一百二十条 【强制措施决定权】采取对妨害民事诉讼的强制措施必须由人民法院决定。任何单位和个人采取非法拘禁他人或者非法私自扣押他人财产追索债务的，应当依法追究刑事责任，或者予以拘留、罚款。

第十一章 诉讼费用

第一百二十一条 【诉讼费用的交纳】当事人进行民事诉讼，应当按照规定交纳案件受理费。财产案件除交纳案件受理费外，并按照规定交纳其他诉讼费用。

当事人交纳诉讼费用确有困难的，可以按照规定向人民法院申请缓交、减交或者免交。

收取诉讼费用的办法另行制定。

第二编 审判程序

第十二章 第一审普通程序

第一节 起诉和受理

第一百二十二条 【起诉条件】起诉必须符合下列条件：

（一）原告是与本案有直接利害关系的公民、法人和其他组织；

（二）有明确的被告；

（三）有具体的诉讼请求和事实、理由；

（四）属于人民法院受理民事诉讼的范围和受诉人民法院管辖。

第一百二十三条 【起诉方式】起诉应当向人民法院递交起诉状，并按照被告人数提出副本。

书写起诉状确有困难的，可以口头起诉，由人民法院记入笔录，并告知对方当事人。

第一百二十四条 【起诉状】起诉状应当记明下列事项：

（一）原告的姓名、性别、年龄、民族、职业、工作单位、住所、联系方式，法人或者其他组织的名称、住所和法定代表人或者主要负责人的姓名、职务、联系方式；

（二）被告的姓名、性别、工作单位、住所等信息，法人或者其他组织的名称、住所等信息；

（三）诉讼请求和所根据的事实与理由；

（四）证据和证据来源，证人姓名和住所。

第一百二十五条 【先行调解】当事人起诉到人民法院的民事纠纷，适宜调解的，先行调解，但当事人拒绝调解的除外。

第一百二十六条 【立案期限】人民法院应当保障当事人依照法律规定享有的起诉权利。对符合本法第一百二十二条的起诉，必须受理。符合起诉条件的，应当在七日内立案，并通知当事人；不符合起诉条件的，应当在七日内作出裁定书，不予受理；原告对裁定不服的，可以提起上诉。

第一百二十七条 【审查起诉】人民法院对下列起诉，分别情形，予以处理：

（一）依照行政诉讼法的规定，属于行政诉讼受案范围的，告知原告提起行政诉讼；

（二）依照法律规定，双方当事人达成书面仲裁协议申请仲裁、不得向人民法院起诉的，告知原告向仲裁机构申请仲裁；

（三）依照法律规定，应当由其他机关处理的争议，告知原告向有关机关申请解决；

（四）对不属于本院管辖的案件，告知原告向有管辖权的人民法院起诉；

（五）对判决、裁定、调解书已经发生法律效力的案件，当事人又起诉的，告知原告申请再审，但人民法院准许撤诉的裁定除外；

（六）依照法律规定，在一定期限内不得起诉的案件，在不得起诉的期限内起诉的，不予受理；

（七）判决不准离婚和调解和好的离婚案件，判决、调解维持收养关系的案件，没有新情况、新理由，原告在六个月内又起诉的，不予受理。

第二节　审理前的准备

第一百二十八条　【答辩状提出】人民法院应当在立案之日起五日内将起诉状副本发送被告，被告应当在收到之日起十五日内提出答辩状。答辩状应当记明被告的姓名、性别、年龄、民族、职业、工作单位、住所、联系方式；法人或者其他组织的名称、住所和法定代表人或者主要负责人的姓名、职务、联系方式。人民法院应当在收到答辩状之日起五日内将答辩状副本发送原告。

被告不提出答辩状的，不影响人民法院审理。

第一百二十九条　【权利义务告知】人民法院对决定受理的案件，应当在受理案件通知书和应诉通知书中向当事人告知有关的诉讼权利义务，或者口头告知。

第一百三十条　【管辖权异议、应诉管辖】人民法院受理案件后，当事人对管辖权有异议的，应当在提交答辩状期间提出。人民法院对当事人提出的异议，应当审查。异议成立的，裁定将案件移送有管辖权的人民法院；异议不成立的，裁定驳回。

当事人未提出管辖异议，并应诉答辩或者提出反诉的，视为受诉人民法院有管辖权，但违反级别管辖和专属管辖规定的除外。

第一百三十一条　【告知审判人员组成】审判人员确定后，应当在三日内告知当事人。

第一百三十二条　【审核取证】审判人员必须认真审核诉讼材料，调查收集必要的证据。

第一百三十三条　【法院调查程序】人民法院派出人员进行调查时，应当向被调查人出示证件。

调查笔录经被调查人校阅后，由被调查人、调查人签名或者盖章。

第一百三十四条　【委托调查】人民法院在必要时可以委托外地人民法院调查。

委托调查，必须提出明确的项目和要求。受委托人民法院可以主动补充调查。

受委托人民法院收到委托书后，应当在三十日内完成调查。因故不能完成的，应当在上述期限内函告委托人民法院。

第一百三十五条　【当事人追加】必须共同进行诉讼的当事人没有参加诉讼的，人民法院应当通知其参加诉讼。

第一百三十六条　【开庭准备程序】人民法院对受理的案件，分别情形，予以处理：

（一）当事人没有争议，符合督促程序规定条件的，可以转入督促程序；

（二）开庭前可以调解的，采取调解方式及时解决纠纷；

（三）根据案件情况，确定适用简易程序或者普通程序；

（四）需要开庭审理的，通过要求当事人交换证据等方式，明确争议焦点。

第三节　开庭审理

第一百三十七条　【审理方式】人民法院审理民事案件，除涉及国家秘密、个人隐私或者法律另有规定的以外，应当公开进行。

离婚案件，涉及商业秘密的案件，当事人申请不公开审理的，可以不公开审理。

第一百三十八条　【巡回审理】人民法院审理民事案件，根据需要进行巡回审理，就地办案。

第一百三十九条　【开庭通知及公告】人民法院审理民事案件，应当在开庭三日前通知当事人和其他诉讼参与人。公开审理的，应当公告当事人姓名、案由和开庭的时间、地点。

第一百四十条　【庭前准备】开庭审理前，书记员应当查明当事人和其他诉讼参与人是否到庭，宣布法庭纪律。

开庭审理时，由审判长或者独任审判员核对当事人，宣布案由，宣布审判人员、法官助理、书记员等的名单，告知当事人有关的诉讼权利义务，询问当事人是否提出回避申请。

第一百四十一条 **【法庭调查顺序】**法庭调查按照下列顺序进行：

（一）当事人陈述；

（二）告知证人的权利义务，证人作证，宣读未到庭的证人证言；

（三）出示书证、物证、视听资料和电子数据；

（四）宣读鉴定意见；

（五）宣读勘验笔录。

第一百四十二条 **【当事人庭审权利】**当事人在法庭上可以提出新的证据。

当事人经法庭许可，可以向证人、鉴定人、勘验人发问。

当事人要求重新进行调查、鉴定或者勘验的，是否准许，由人民法院决定。

第一百四十三条 **【诉的合并】**原告增加诉讼请求，被告提出反诉，第三人提出与本案有关的诉讼请求，可以合并审理。

第一百四十四条 **【法庭辩论】**法庭辩论按照下列顺序进行：

（一）原告及其诉讼代理人发言；

（二）被告及其诉讼代理人答辩；

（三）第三人及其诉讼代理人发言或者答辩；

（四）互相辩论。

法庭辩论终结，由审判长或者独任审判员按照原告、被告、第三人的先后顺序征询各方最后意见。

第一百四十五条 **【法庭辩论后的调解】**法庭辩论终结，应当依法作出判决。判决前能够调解的，还可以进行调解，调解不成的，应当及时判决。

第一百四十六条 **【按撤诉处理】**原告经传票传唤，无正当理由拒不到庭的，或者未经法庭许可中途退庭的，可以按撤诉处理；被告反诉的，可以缺席判决。

第一百四十七条 **【缺席判决】**被告经传票传唤，无正当理由拒不到庭的，或者未经法庭许可中途退庭的，可以缺席判决。

第一百四十八条 **【撤诉】**宣判前，原告申请撤诉的，是否准许，由人民法院裁定。

人民法院裁定不准许撤诉的，原告经传票传唤，无正当理由拒不到庭的，可以缺席判决。

第一百四十九条 **【延期审理】**有下列情形之一的，可以延期开庭审理：

（一）必须到庭的当事人和其他诉讼参与人有正当理由没有到庭的；

（二）当事人临时提出回避申请的；

（三）需要通知新的证人到庭，调取新的证据，重新鉴定、勘验，或者需要补充调查的；

（四）其他应当延期的情形。

第一百五十条 **【法庭笔录】**书记员应当将法庭审理的全部活动记入笔录，由审判人员和书记员签名。

法庭笔录应当当庭宣读，也可以告知当事人和其他诉讼参与人当庭或者在五日内阅读。当事人和其他诉讼参与人认为对自己的陈述记录有遗漏或者差错的，有权申请补正。如果不予补正，应当将申请记录在案。

法庭笔录由当事人和其他诉讼参与人签名或者盖章。拒绝签名盖章的，记明情况附卷。

第一百五十一条 **【宣判】**人民法院对公开审理或者不公开审理的案件，一律公开宣告判决。

当庭宣判的，应当在十日内发送判决书；定期宣判的，宣判后立即发给判决书。

宣告判决时，必须告知当事人上诉权利、上诉期限和上诉的法院。

宣告离婚判决，必须告知当事人在判决发生法律效力前不得另行结婚。

第一百五十二条 **【审限】**人民法院适用普通程序审理的案件，应当在立案之日起六个月内审结。有特殊情况需要延长的，经本院院长批准，可以延长六个月；还需要延长的，报请上级人民法院批准。

第四节　诉讼中止和终结

第一百五十三条 **【中止诉讼】**有下列情形之一的，中止诉讼：

（一）一方当事人死亡，需要等待继承人表明是否参加诉讼的；

（二）一方当事人丧失诉讼行为能力，尚未确定法定代理人的；

（三）作为一方当事人的法人或者其他组织终止，尚未确定权利义务承受人的；

（四）一方当事人因不可抗拒的事由，不能参加诉讼的；

（五）本案必须以另一案的审理结果为依据，而另一案尚未审结的；

（六）其他应当中止诉讼的情形。

中止诉讼的原因消除后，恢复诉讼。

第一百五十四条 【终结诉讼】有下列情形之一的，终结诉讼：

（一）原告死亡，没有继承人，或者继承人放弃诉讼权利的；

（二）被告死亡，没有遗产，也没有应当承担义务的人的；

（三）离婚案件一方当事人死亡的；

（四）追索赡养费、扶养费、抚养费以及解除收养关系案件的一方当事人死亡的。

第五节 判决和裁定

第一百五十五条 【判决书】判决书应当写明判决结果和作出该判决的理由。判决书内容包括：

（一）案由、诉讼请求、争议的事实和理由；

（二）判决认定的事实和理由、适用的法律和理由；

（三）判决结果和诉讼费用的负担；

（四）上诉期间和上诉的法院。

判决书由审判人员、书记员署名，加盖人民法院印章。

第一百五十六条 【先行判决】人民法院审理案件，其中一部分事实已经清楚，可以就该部分先行判决。

第一百五十七条 【裁定】裁定适用于下列范围：

（一）不予受理；

（二）对管辖权有异议的；

（三）驳回起诉；

（四）保全和先予执行；

（五）准许或者不准许撤诉；

（六）中止或者终结诉讼；

（七）补正判决书中的笔误；

（八）中止或者终结执行；

（九）撤销或者不予执行仲裁裁决；

（十）不予执行公证机关赋予强制执行效力的债权文书；

（十一）其他需要裁定解决的事项。

对前款第一项至第三项裁定，可以上诉。

裁定书应当写明裁定结果和作出该裁定的理由。裁定书由审判人员、书记员署名，加盖人民法院印章。口头裁定的，记入笔录。

第一百五十八条 【生效裁判】最高人民法院的判决、裁定，以及依法不准上诉或者超过上诉期没有上诉的判决、裁定，是发生法律效力的判决、裁定。

第一百五十九条 【裁判文书公开】公众可以查阅发生法律效力的判决书、裁定书，但涉及国家秘密、商业秘密和个人隐私的内容除外。

第十三章 简易程序

第一百六十条 【适用范围】基层人民法院和它派出的法庭审理事实清楚、权利义务关系明确、争议不大的简单的民事案件，适用本章规定。

基层人民法院和它派出的法庭审理前款规定以外的民事案件，当事人双方也可以约定适用简易程序。

第一百六十一条 【起诉方式】对简单的民事案件，原告可以口头起诉。

当事人双方可以同时到基层人民法院或者它派出的法庭，请求解决纠纷。基层人民法院或者它派出的法庭可以当即审理，也可以另定日期审理。

第一百六十二条 【简便方式传唤、送达和审理】基层人民法院和它派出的法庭审理简单的民事案件，可以用简便方式传唤当事人和证人、送达诉讼文书、审理案件，但应当保障当事人陈述意见的权利。

第一百六十三条 【简单民事案件的审理方式】简单的民事案件由审判员一人独任审理，并不受本法第一百三十九条、第一百四十一条、第一百四十四条规定的限制。

第一百六十四条 【简易程序案件的审理期限】人民法院适用简易程序审理案件，应当在立案之日起三个月内审结。有特殊情况需要延长的，经本院院长批准，可以延长一个月。

第一百六十五条 【小额诉讼程序】基层人民法院和它派出的法庭审理事实清楚、权利义务关系明确、争议不大的简单金钱给付民事案件，标的额为各省、自治区、直辖市上年度就业人员年平均工资百分之五十以下的，适用小额诉讼的程序审理，实行一审终审。

基层人民法院和它派出的法庭审理前款规定的

民事案件，标的额超过各省、自治区、直辖市上年度就业人员年平均工资百分之五十但在二倍以下的，当事人双方也可以约定适用小额诉讼的程序。

第一百六十六条　【不适用小额诉讼程序的案件】人民法院审理下列民事案件，不适用小额诉讼的程序：

（一）人身关系、财产确权案件；

（二）涉外案件；

（三）需要评估、鉴定或者对诉前评估、鉴定结果有异议的案件；

（四）一方当事人下落不明的案件；

（五）当事人提出反诉的案件；

（六）其他不宜适用小额诉讼的程序审理的案件。

第一百六十七条　【小额诉讼案件的审理方式】人民法院适用小额诉讼的程序审理案件，可以一次开庭审结并且当庭宣判。

第一百六十八条　【小额诉讼案件的审理期限】人民法院适用小额诉讼的程序审理案件，应当在立案之日起两个月内审结。有特殊情况需要延长的，经本院院长批准，可以延长一个月。

第一百六十九条　【当事人程序异议权】人民法院在审理过程中，发现案件不宜适用小额诉讼的程序的，应当适用简易程序的其他规定审理或者裁定转为普通程序。

当事人认为案件适用小额诉讼的程序审理违反法律规定的，可以向人民法院提出异议。人民法院对当事人提出的异议应当审查，异议成立的，应当适用简易程序的其他规定审理或者裁定转为普通程序；异议不成立的，裁定驳回。

第一百七十条　【简易程序转普通程序】人民法院在审理过程中，发现案件不宜适用简易程序的，裁定转为普通程序。

第十四章　第二审程序

第一百七十一条　【上诉】当事人不服地方人民法院第一审判决的，有权在判决书送达之日起十五日内向上一级人民法院提起上诉。

当事人不服地方人民法院第一审裁定的，有权在裁定书送达之日起十日内向上一级人民法院提起上诉。

第一百七十二条　【上诉状】上诉应当递交上诉状。上诉状的内容，应当包括当事人的姓名，法人的名称及其法定代表人的姓名或者其他组织的名称及其主要负责人的姓名；原审人民法院名称、案件的编号和案由；上诉的请求和理由。

第一百七十三条　【上诉方式】上诉状应当通过原审人民法院提出，并按照对方当事人或者代表人的人数提出副本。

当事人直接向第二审人民法院上诉的，第二审人民法院应当在五日内将上诉状移交原审人民法院。

第一百七十四条　【受理上诉】原审人民法院收到上诉状，应当在五日内将上诉状副本送达对方当事人，对方当事人在收到之日起十五日内提出答辩状。人民法院应当在收到答辩状之日起五日内将副本送达上诉人。对方当事人不提出答辩状的，不影响人民法院审理。

原审人民法院收到上诉状、答辩状，应当在五日内连同全部案卷和证据，报送第二审人民法院。

第一百七十五条　【审查范围】第二审人民法院应当对上诉请求的有关事实和适用法律进行审查。

第一百七十六条　【二审审理方式】第二审人民法院对上诉案件应当开庭审理。经过阅卷、调查和询问当事人，对没有提出新的事实、证据或者理由，人民法院认为不需要开庭审理的，可以不开庭审理。

第二审人民法院审理上诉案件，可以在本院进行，也可以到案件发生地或者原审人民法院所在地进行。

第一百七十七条　【二审裁判】第二审人民法院对上诉案件，经过审理，按照下列情形，分别处理：

（一）原判决、裁定认定事实清楚，适用法律正确的，以判决、裁定方式驳回上诉，维持原判决、裁定；

（二）原判决、裁定认定事实错误或者适用法律错误的，以判决、裁定方式依法改判、撤销或者变更；

（三）原判决认定基本事实不清的，裁定撤销原判决，发回原审人民法院重审，或者查清事实后改判；

（四）原判决遗漏当事人或者违法缺席判决等严重违反法定程序的，裁定撤销原判决，发回原审人民法院重审。

原审人民法院对发回重审的案件作出判决后，当事人提起上诉的，第二审人民法院不得再次发回重审。

第一百七十八条 【**裁定上诉处理**】第二审人民法院对不服第一审人民法院裁定的上诉案件的处理，一律使用裁定。

第一百七十九条 【**二审调解**】第二审人民法院审理上诉案件，可以进行调解。调解达成协议，应当制作调解书，由审判人员、书记员署名，加盖人民法院印章。调解书送达后，原审人民法院的判决即视为撤销。

第一百八十条 【**撤回上诉**】第二审人民法院判决宣告前，上诉人申请撤回上诉的，是否准许，由第二审人民法院裁定。

第一百八十一条 【**二审适用程序**】第二审人民法院审理上诉案件，除依照本章规定外，适用第一审普通程序。

第一百八十二条 【**二审裁判效力**】第二审人民法院的判决、裁定，是终审的判决、裁定。

第一百八十三条 【**二审审限**】人民法院审理对判决的上诉案件，应当在第二审立案之日起三个月内审结。有特殊情况需要延长的，由本院院长批准。

人民法院审理对裁定的上诉案件，应当在第二审立案之日起三十日内作出终审裁定。

第十五章 特别程序

第一节 一般规定

第一百八十四条 【**适用范围**】人民法院审理选民资格案件、宣告失踪或者宣告死亡案件、指定遗产管理人案件、认定公民无民事行为能力或者限制民事行为能力案件、认定财产无主案件、确认调解协议案件和实现担保物权案件，适用本章规定。本章没有规定的，适用本法和其他法律的有关规定。

第一百八十五条 【**审级及审判组织**】依照本章程序审理的案件，实行一审终审。选民资格案件或者重大、疑难的案件，由审判员组成合议庭审理；其他案件由审判员一人独任审理。

第一百八十六条 【**特别程序转化**】人民法院在依照本章程序审理案件的过程中，发现本案属于民事权益争议的，应当裁定终结特别程序，并告知利害关系人可以另行起诉。

第一百八十七条 【**审限**】人民法院适用特别程序审理的案件，应当在立案之日起三十日内或者公告期满后三十日内审结。有特殊情况需要延长的，由本院院长批准。但审理选民资格的案件除外。

第二节 选民资格案件

第一百八十八条 【**起诉与受理**】公民不服选举委员会对选民资格的申诉所作的处理决定，可以在选举日的五日以前向选区所在地基层人民法院起诉。

第一百八十九条 【**审限与判决**】人民法院受理选民资格案件后，必须在选举日前审结。

审理时，起诉人、选举委员会的代表和有关公民必须参加。

人民法院的判决书，应当在选举日前送达选举委员会和起诉人，并通知有关公民。

第三节 宣告失踪、宣告死亡案件

第一百九十条 【**宣告失踪**】公民下落不明满二年，利害关系人申请宣告其失踪的，向下落不明人住所地基层人民法院提出。

申请书应当写明失踪的事实、时间和请求，并附有公安机关或者其他有关机关关于该公民下落不明的书面证明。

第一百九十一条 【**宣告死亡**】公民下落不明满四年，或者因意外事件下落不明满二年，或者因意外事件下落不明，经有关机关证明该公民不可能生存，利害关系人申请宣告其死亡的，向下落不明人住所地基层人民法院提出。

申请书应当写明下落不明的事实、时间和请求，并附有公安机关或者其他有关机关关于该公民下落不明的书面证明。

第一百九十二条 【**公告与判决**】人民法院受理宣告失踪、宣告死亡案件后，应当发出寻找下落不明人的公告。宣告失踪的公告期间为三个月，宣告死亡的公告期间为一年。因意外事件下落不明，经有关机关证明该公民不可能生存的，宣告死亡的公告期间为三个月。

公告期间届满，人民法院应当根据被宣告失踪、宣告死亡的事实是否得到确认，作出宣告失踪、宣告死亡的判决或者驳回申请的判决。

第一百九十三条 【**判决撤销**】被宣告失踪、宣告死亡的公民重新出现，经本人或者利害关系人申请，人民法院应当作出新判决，撤销原判决。

第四节 指定遗产管理人案件

第一百九十四条 【**申请指定遗产管理人**】对遗产管理人的确定有争议，利害关系人申请指定遗产管理人的，向被继承人死亡时住所地或者主要遗产所在地基层人民法院提出。

申请书应当写明被继承人死亡的时间、申请事由和具体请求，并附有被继承人死亡的相关证据。

第一百九十五条 **【遗产管理人的确定】**人民法院受理申请后，应当审查核实，并按照有利于遗产管理的原则，判决指定遗产管理人。

第一百九十六条 **【另行指定遗产管理人】**被指定的遗产管理人死亡、终止、丧失民事行为能力或者存在其他无法继续履行遗产管理职责情形的，人民法院可以根据利害关系人或者本人的申请另行指定遗产管理人。

第一百九十七条 **【撤销遗产管理人资格】**遗产管理人违反遗产管理职责，严重侵害继承人、受遗赠人或者债权人合法权益的，人民法院可以根据利害关系人的申请，撤销其遗产管理人资格，并依法指定新的遗产管理人。

第五节 认定公民无民事行为能力、限制民事行为能力案件

第一百九十八条 **【管辖与申请】**申请认定公民无民事行为能力或者限制民事行为能力，由利害关系人或者有关组织向该公民住所地基层人民法院提出。

申请书应当写明该公民无民事行为能力或者限制民事行为能力的事实和根据。

第一百九十九条 **【医学鉴定】**人民法院受理申请后，必要时应当对被请求认定为无民事行为能力或者限制民事行为能力的公民进行鉴定。申请人已提供鉴定意见的，应当对鉴定意见进行审查。

第二百条 **【代理人、审理与判决】**人民法院审理认定公民无民事行为能力或者限制民事行为能力的案件，应当由该公民的近亲属为代理人，但申请人除外。近亲属互相推诿的，由人民法院指定其中一人为代理人。该公民健康情况许可的，还应当询问本人的意见。

人民法院经审理认定申请有事实根据的，判决该公民为无民事行为能力或者限制民事行为能力人；认定申请没有事实根据的，应当判决予以驳回。

第二百零一条 **【判决撤销】**人民法院根据被认定为无民事行为能力人、限制民事行为能力人本人、利害关系人或者有关组织的申请，证实该公民无民事行为能力或者限制民事行为能力的原因已经消除的，应当作出新判决，撤销原判决。

第六节 认定财产无主案件

第二百零二条 **【管辖与申请书】**申请认定财产无主，由公民、法人或者其他组织向财产所在地基层人民法院提出。

申请书应当写明财产的种类、数量以及要求认定财产无主的根据。

第二百零三条 **【公告与判决】**人民法院受理申请后，经审查核实，应当发出财产认领公告。公告满一年无人认领的，判决认定财产无主，收归国家或者集体所有。

第二百零四条 **【撤销判决】**判决认定财产无主后，原财产所有人或者继承人出现，在民法典规定的诉讼时效期间可以对财产提出请求，人民法院审查属实后，应当作出新判决，撤销原判决。

第七节 确认调解协议案件

第二百零五条 **【申请与管辖】**经依法设立的调解组织调解达成调解协议，申请司法确认的，由双方当事人自调解协议生效之日起三十日内，共同向下列人民法院提出：

（一）人民法院邀请调解组织开展先行调解的，向作出邀请的人民法院提出；

（二）调解组织自行开展调解的，向当事人住所地、标的物所在地、调解组织所在地的基层人民法院提出；调解协议所涉纠纷应当由中级人民法院管辖的，向相应的中级人民法院提出。

第二百零六条 **【裁定与执行】**人民法院受理申请后，经审查，符合法律规定的，裁定调解协议有效，一方当事人拒绝履行或者未全部履行的，对方当事人可以向人民法院申请执行；不符合法律规定的，裁定驳回申请，当事人可以通过调解方式变更原调解协议或者达成新的调解协议，也可以向人民法院提起诉讼。

第八节 实现担保物权案件

第二百零七条 **【申请与管辖】**申请实现担保物权，由担保物权人以及其他有权请求实现担保物权的人依照民法典等法律，向担保财产所在地或者担保物权登记地基层人民法院提出。

第二百零八条 **【裁定与执行】**人民法院受理申请后，

经审查,符合法律规定的,裁定拍卖、变卖担保财产,当事人依据该裁定可以向人民法院申请执行;不符合法律规定的,裁定驳回申请,当事人可以向人民法院提起诉讼。

第十六章　审判监督程序

第二百零九条　【法院依职权提起再审】各级人民法院院长对本院已经发生法律效力的判决、裁定、调解书,发现确有错误,认为需要再审的,应当提交审判委员会讨论决定。

最高人民法院对地方各级人民法院已经发生法律效力的判决、裁定、调解书,上级人民法院对下级人民法院已经发生法律效力的判决、裁定、调解书,发现确有错误的,有权提审或者指令下级人民法院再审。

第二百一十条　【当事人申请再审】当事人对已经发生法律效力的判决、裁定,认为有错误的,可以向上一级人民法院申请再审;当事人一方人数众多或者当事人双方为公民的案件,也可以向原审人民法院申请再审。当事人申请再审的,不停止判决、裁定的执行。

第二百一十一条　【申请再审的条件】当事人的申请符合下列情形之一的,人民法院应当再审:

(一)有新的证据,足以推翻原判决、裁定的;

(二)原判决、裁定认定的基本事实缺乏证据证明的;

(三)原判决、裁定认定事实的主要证据是伪造的;

(四)原判决、裁定认定事实的主要证据未经质证的;

(五)对审理案件需要的主要证据,当事人因客观原因不能自行收集,书面申请人民法院调查收集,人民法院未调查收集的;

(六)原判决、裁定适用法律确有错误的;

(七)审判组织的组成不合法或者依法应当回避的审判人员没有回避的;

(八)无诉讼行为能力人未经法定代理人代为诉讼或者应当参加诉讼的当事人,因不能归责于本人或者其诉讼代理人的事由,未参加诉讼的;

(九)违反法律规定,剥夺当事人辩论权利的;

(十)未经传票传唤,缺席判决的;

(十一)原判决、裁定遗漏或者超出诉讼请求的;

(十二)据以作出原判决、裁定的法律文书被撤销或者变更的;

(十三)审判人员审理该案件时有贪污受贿,徇私舞弊,枉法裁判行为的。

第二百一十二条　【对调解书申请再审】当事人对已经发生法律效力的调解书,提出证据证明调解违反自愿原则或者调解协议的内容违反法律的,可以申请再审。经人民法院审查属实的,应当再审。

第二百一十三条　【离婚判决、调解不得再审】当事人对已经发生法律效力的解除婚姻关系的判决、调解书,不得申请再审。

第二百一十四条　【当事人申请再审程序】当事人申请再审的,应当提交再审申请书等材料。人民法院应当自收到再审申请书之日起五日内将再审申请书副本发送对方当事人。对方当事人应当自收到再审申请书副本之日起十五日内提交书面意见;不提交书面意见的,不影响人民法院审查。人民法院可以要求申请人和对方当事人补充有关材料,询问有关事项。

第二百一十五条　【再审申请的审查与再审案件的审级】人民法院应当自收到再审申请书之日起三个月内审查,符合本法规定的,裁定再审;不符合本法规定的,裁定驳回申请。有特殊情况需要延长的,由本院院长批准。

因当事人申请裁定再审的案件由中级人民法院以上的人民法院审理,但当事人依照本法第二百一十条的规定选择向基层人民法院申请再审的除外。最高人民法院、高级人民法院裁定再审的案件,由本院再审或者交其他人民法院再审,也可以交原审人民法院再审。

第二百一十六条　【当事人申请再审期限】当事人申请再审,应当在判决、裁定发生法律效力后六个月内提出;有本法第二百一十一条第一项、第三项、第十二项、第十三项规定情形的,自知道或者应当知道之日起六个月内提出。

第二百一十七条　【中止执行及例外】按照审判监督程序决定再审的案件,裁定中止原判决、裁定、调解书的执行,但追索赡养费、扶养费、抚养费、抚恤金、医疗费用、劳动报酬等案件,可以不中止执行。

第二百一十八条　【再审审理程序】人民法院按照审判监督程序再审的案件,发生法律效力的判决、裁定是由第一审法院作出的,按照第一审程序审理,所作的判决、裁定,当事人可以上诉;发生法律效力的判决、裁定是由第二审法院作出的，按照第二审程序审理，所作的判决、裁定，是发生法律效力的判决、裁定；上级人民法院按照审判监督程序提审的，按照第二审程序审理，所作的判决、裁定是发生法律效力的判决、裁定。

人民法院审理再审案件，应当另行组成合议庭。

第二百一十九条　【检察院提出抗诉或者检察建议】最高人民检察院对各级人民法院已经发生法律效力的判决、裁定，上级人民检察院对下级人民法院已经发生法律效力的判决、裁定，发现有本法第二百一十一条规定情形之一的，或者发现调解书损害国家利益、社会公共利益的，应当提出抗诉。

地方各级人民检察院对同级人民法院已经发生法律效力的判决、裁定，发现有本法第二百一十一条规定情形之一的，或者发现调解书损害国家利益、社会公共利益的，可以向同级人民法院提出检察建议，并报上级人民检察院备案；也可以提请上级人民检察院向同级人民法院提出抗诉。

各级人民检察院对审判监督程序以外的其他审判程序中审判人员的违法行为，有权向同级人民法院提出检察建议。

第二百二十条　【当事人申请检察建议或者抗诉】有下列情形之一的，当事人可以向人民检察院申请检察建议或者抗诉：

（一）人民法院驳回再审申请的；

（二）人民法院逾期未对再审申请作出裁定的；

（三）再审判决、裁定有明显错误的。

人民检察院对当事人的申请应当在三个月内进行审查，作出提出或者不予提出检察建议或者抗诉的决定。当事人不得再次向人民检察院申请检察建议或者抗诉。

第二百二十一条　【检察院的调查权】人民检察院因履行法律监督职责提出检察建议或者抗诉的需要，可以向当事人或者案外人调查核实有关情况。

第二百二十二条　【抗诉案件的审理】人民检察院提出抗诉的案件，接受抗诉的人民法院应当自收到抗诉书之日起三十日内作出再审的裁定；有本法第二百一十一条第一项至第五项规定情形之一的，可以交下一级人民法院再审，但经该下一级人民法院再审的除外。

第二百二十三条　【抗诉书】人民检察院决定对人民法院的判决、裁定、调解书提出抗诉的，应当制作抗诉书。

第二百二十四条　【检察员出庭】人民检察院提出抗诉的案件，人民法院再审时，应当通知人民检察院派员出席法庭。

第十七章　督 促 程 序

第二百二十五条　【支付令申请】债权人请求债务人给付金钱、有价证券，符合下列条件的，可以向有管辖权的基层人民法院申请支付令：

（一）债权人与债务人没有其他债务纠纷的；

（二）支付令能够送达债务人的。

申请书应当写明请求给付金钱或者有价证券的数量和所根据的事实、证据。

第二百二十六条　【受理】债权人提出申请后，人民法院应当在五日内通知债权人是否受理。

第二百二十七条　【支付令的审理、异议和执行】人民法院受理申请后，经审查债权人提供的事实、证据，对债权债务关系明确、合法的，应当在受理之日起十五日内向债务人发出支付令；申请不成立的，裁定予以驳回。

债务人应当自收到支付令之日起十五日内清偿债务，或者向人民法院提出书面异议。

债务人在前款规定的期间不提出异议又不履行支付令的，债权人可以向人民法院申请执行。

第二百二十八条　【终结督促程序】人民法院收到债务人提出的书面异议后，经审查，异议成立的，应当裁定终结督促程序，支付令自行失效。

支付令失效的，转入诉讼程序，但申请支付令的一方当事人不同意提起诉讼的除外。

第十八章　公示催告程序

第二百二十九条　【适用范围】按照规定可以背书转让的票据持有人，因票据被盗、遗失或者灭失，可以向票据支付地的基层人民法院申请公示催告。依照法律规定可以申请公示催告的其他事项，适用本章规定。

申请人应当向人民法院递交申请书，写明票面金额、发票人、持票人、背书人等票据主要内容和申请的理由、事实。

第二百三十条　【公告及期限】人民法院决定受理申请，应当同时通知支付人停止支付，并在三日内发出公告，催促利害关系人申报权利。公示催告的期间，由人民法院根据情况决定，但不得少于六十日。

第二百三十一条　【停止支付】支付人收到人民法院停止支付的通知，应当停止支付，至公示催告程序终结。

公示催告期间，转让票据权利的行为无效。

第二百三十二条　【申报票据权利】利害关系人应当在公示催告期间向人民法院申报。

人民法院收到利害关系人的申报后，应当裁定终结公示催告程序，并通知申请人和支付人。

申请人或者申报人可以向人民法院起诉。

第二百三十三条　【公示催告判决】没有人申报的，人民法院应当根据申请人的申请，作出判决，宣告票据无效。判决应当公告，并通知支付人。自判决公告之日起，申请人有权向支付人请求支付。

第二百三十四条　【利害关系人起诉】利害关系人因正当理由不能在判决前向人民法院申报的，自知道或者应当知道判决公告之日起一年内，可以向作出判决的人民法院起诉。

第三编　执行程序

第十九章　一般规定

第二百三十五条　【执行根据、管辖】发生法律效力的民事判决、裁定，以及刑事判决、裁定中的财产部分，由第一审人民法院或者与第一审人民法院同级的被执行的财产所在地人民法院执行。

法律规定由人民法院执行的其他法律文书，由被执行人住所地或者被执行的财产所在地人民法院执行。

第二百三十六条　【对违法执行行为的异议】当事人、利害关系人认为执行行为违反法律规定的，可以向负责执行的人民法院提出书面异议。当事人、利害关系人提出书面异议的，人民法院应当自收到书面异议之日起十五日内审查，理由成立的，裁定撤销或者改正；理由不成立的，裁定驳回。当事人、利害关系人对裁定不服的，可以自裁定送达之日起十日内向上一级人民法院申请复议。

第二百三十七条　【变更执行法院】人民法院自收到申请执行书之日起超过六个月未执行的，申请执行人可以向上一级人民法院申请执行。上一级人民法院经审查，可以责令原人民法院在一定期限内执行，也可以决定由本院执行或者指令其他人民法院执行。

第二百三十八条　【案外人异议】执行过程中，案外人对执行标的提出书面异议的，人民法院应当自收到书面异议之日起十五日内审查，理由成立的，裁定中止对该标的的执行；理由不成立的，裁定驳回。案外人、当事人对裁定不服，认为原判决、裁定错误的，依照审判监督程序办理；与原判决、裁定无关的，可以自裁定送达之日起十五日内向人民法院提起诉讼。

第二百三十九条　【执行机构、程序】执行工作由执行员进行。

采取强制执行措施时，执行员应当出示证件。执行完毕后，应当将执行情况制作笔录，由在场的有关人员签名或者盖章。

人民法院根据需要可以设立执行机构。

第二百四十条　【委托执行】被执行人或者被执行的财产在外地的，可以委托当地人民法院代为执行。受委托人民法院收到委托函件后，必须在十五日内开始执行，不得拒绝。执行完毕后，应当将执行结果及时函复委托人民法院；在三十日内如果还未执行完毕，也应当将执行情况函告委托人民法院。

受委托人民法院自收到委托函件之日起十五日内不执行的，委托人民法院可以请求受委托人民法院的上级人民法院指令受委托人民法院执行。

第二百四十一条　【执行和解】在执行中，双方当事人自行和解达成协议的，执行员应当将协议内容记入笔录，由双方当事人签名或者盖章。

申请执行人因受欺诈、胁迫与被执行人达成和解协议，或者当事人不履行和解协议的，人民法院可以根据当事人的申请，恢复对原生效法律文书的执行。

第二百四十二条　【执行担保】在执行中，被执行人向人民法院提供担保，并经申请执行人同意的，人民法院可以决定暂缓执行及暂缓执行的期限。被执行人逾期仍不履行的，人民法院有权执行被执行人的担保财产或者担保人的财产。

第二百四十三条　【执行承担】作为被执行人的公民死亡的，以其遗产偿还债务。作为被执行人的法人或者其他组织终止的，由其权利义务承受人履行义务。

第二百四十四条　【执行回转】执行完毕后，据以执行的判决、裁定和其他法律文书确有错误，被人民法院撤销的，对已被执行的财产，人民法院应当作出裁定，责令取得财产的人返还；拒不返还的，强制执行。

第二百四十五条　【调解书执行】人民法院制作的调解书的执行，适用本编的规定。

第二百四十六条　【民事执行法律监督】人民检察院有

权对民事执行活动实行法律监督。

第二十章 执行的申请和移送

第二百四十七条 【申请执行和移送执行】发生法律效力的民事判决、裁定，当事人必须履行。一方拒绝履行的，对方当事人可以向人民法院申请执行，也可以由审判员移送执行员执行。

调解书和其他应当由人民法院执行的法律文书，当事人必须履行。一方拒绝履行的，对方当事人可以向人民法院申请执行。

第二百四十八条 【仲裁裁决执行】对依法设立的仲裁机构的裁决，一方当事人不履行的，对方当事人可以向有管辖权的人民法院申请执行。受申请的人民法院应当执行。

被申请人提出证据证明仲裁裁决有下列情形之一的，经人民法院组成合议庭审查核实，裁定不予执行：

（一）当事人在合同中没有订有仲裁条款或者事后没有达成书面仲裁协议的；

（二）裁决的事项不属于仲裁协议的范围或者仲裁机构无权仲裁的；

（三）仲裁庭的组成或者仲裁的程序违反法定程序的；

（四）裁决所根据的证据是伪造的；

（五）对方当事人向仲裁机构隐瞒了足以影响公正裁决的证据的；

（六）仲裁员在仲裁该案时有贪污受贿，徇私舞弊，枉法裁决行为的。

人民法院认定执行该裁决违背社会公共利益的，裁定不予执行。

裁定书应当送达双方当事人和仲裁机构。

仲裁裁决被人民法院裁定不予执行的，当事人可以根据双方达成的书面仲裁协议重新申请仲裁，也可以向人民法院起诉。

第二百四十九条 【公证债权文书执行】对公证机关依法赋予强制执行效力的债权文书，一方当事人不履行的，对方当事人可以向有管辖权的人民法院申请执行，受申请的人民法院应当执行。

公证债权文书确有错误的，人民法院裁定不予执行，并将裁定书送达双方当事人和公证机关。

第二百五十条 【申请执行期间】申请执行的期间为二年。申请执行时效的中止、中断，适用法律有关诉讼时效中止、中断的规定。

前款规定的期间，从法律文书规定履行期间的最后一日起计算；法律文书规定分期履行的，从最后一期履行期限届满之日起计算；法律文书未规定履行期间的，从法律文书生效之日起计算。

第二百五十一条 【执行通知】执行员接到申请执行书或者移交执行书，应当向被执行人发出执行通知，并可以立即采取强制执行措施。

第二十一章 执行措施

第二百五十二条 【被执行人报告义务】被执行人未按执行通知履行法律文书确定的义务，应当报告当前以及收到执行通知之日前一年的财产情况。被执行人拒绝报告或者虚假报告的，人民法院可以根据情节轻重对被执行人或者其法定代理人、有关单位的主要负责人或者直接责任人员予以罚款、拘留。

第二百五十三条 【查询、扣押、冻结、划拨、变价金融资产】被执行人未按执行通知履行法律文书确定的义务，人民法院有权向有关单位查询被执行人的存款、债券、股票、基金份额等财产情况。人民法院有权根据不同情形扣押、冻结、划拨、变价被执行人的财产。人民法院查询、扣押、冻结、划拨、变价的财产不得超出被执行人应当履行义务的范围。

人民法院决定扣押、冻结、划拨、变价财产，应当作出裁定，并发出协助执行通知书，有关单位必须办理。

第二百五十四条 【扣留、提取收入】被执行人未按执行通知履行法律文书确定的义务，人民法院有权扣留、提取被执行人应当履行义务部分的收入。但应当保留被执行人及其所扶养家属的生活必需费用。

人民法院扣留、提取收入时，应当作出裁定，并发出协助执行通知书，被执行人所在单位、银行、信用合作社和其他有储蓄业务的单位必须办理。

第二百五十五条 【查封、扣押、冻结、拍卖、变卖被执行人财产】被执行人未按执行通知履行法律文书确定的义务，人民法院有权查封、扣押、冻结、拍卖、变卖被执行人应当履行义务部分的财产。但应当保留被执行人及其所扶养家属的生活必需品。

采取前款措施，人民法院应当作出裁定。

第二百五十六条 【查封、扣押财产程序】人民法院查封、扣押财产时，被执行人是公民的，应当通知被执行人或者他的成年家属到场；被执行人是法人或者其他组织的，应当通知其法定代表人或者主要负责人到场。拒不到场的，不影响执行。被执行人是公民的，其工作单位或者财产所在地的基层组织应当派人参加。

对被查封、扣押的财产，执行员必须造具清单，由在场人签名或者盖章后，交被执行人一份。被执行人是公民的，也可以交他的成年家属一份。

第二百五十七条 【查封财产保管】被查封的财产，执行员可以指定被执行人负责保管。因被执行人的过错造成的损失，由被执行人承担。

第二百五十八条 【拍卖、变卖财产】财产被查封、扣押后，执行员应当责令被执行人在指定期间履行法律文书确定的义务。被执行人逾期不履行的，人民法院应当拍卖被查封、扣押的财产；不适于拍卖或者当事人双方同意不进行拍卖的，人民法院可以委托有关单位变卖或者自行变卖。国家禁止自由买卖的物品，交有关单位按照国家规定的价格收购。

第二百五十九条 【搜查被执行人财产】被执行人不履行法律文书确定的义务，并隐匿财产的，人民法院有权发出搜查令，对被执行人及其住所或者财产隐匿地进行搜查。

采取前款措施，由院长签发搜查令。

第二百六十条 【指定交付】法律文书指定交付的财物或者票证，由执行员传唤双方当事人当面交付，或者由执行员转交，并由被交付人签收。

有关单位持有该项财物或者票证的，应当根据人民法院的协助执行通知书转交，并由被交付人签收。

有关公民持有该项财物或者票证的，人民法院通知其交出。拒不交出的，强制执行。

第二百六十一条 【强制迁出】强制迁出房屋或者强制退出土地，由院长签发公告，责令被执行人在指定期间履行。被执行人逾期不履行的，由执行员强制执行。

强制执行时，被执行人是公民的，应当通知被执行人或者他的成年家属到场；被执行人是法人或者其他组织的，应当通知其法定代表人或者主要负责人到场。拒不到场的，不影响执行。被执行人是公民的，其工作单位或者房屋、土地所在地的基层组织应当派人参加。执行员应当将强制执行情况记入笔录，由在场人签名或者盖章。

强制迁出房屋被搬出的财物，由人民法院派人运至指定处所，交给被执行人。被执行人是公民的，也可以交给他的成年家属。因拒绝接收而造成的损失，由被执行人承担。

第二百六十二条 【财产权证照转移】在执行中，需要办理有关财产权证照转移手续的，人民法院可以向有关单位发出协助执行通知书，有关单位必须办理。

第二百六十三条 【行为的执行】对判决、裁定和其他法律文书指定的行为，被执行人未按执行通知履行的，人民法院可以强制执行或者委托有关单位或者其他人完成，费用由被执行人承担。

第二百六十四条 【迟延履行】被执行人未按判决、裁定和其他法律文书指定的期间履行给付金钱义务的，应当加倍支付迟延履行期间的债务利息。被执行人未按判决、裁定和其他法律文书指定的期间履行其他义务的，应当支付迟延履行金。

第二百六十五条 【继续履行】人民法院采取本法第二百五十三条、第二百五十四条、第二百五十五条规定的执行措施后，被执行人仍不能偿还债务的，应当继续履行义务。债权人发现被执行人有其他财产的，可以随时请求人民法院执行。

第二百六十六条 【对被执行人的限制措施】被执行人不履行法律文书确定的义务的，人民法院可以对其采取或者通知有关单位协助采取限制出境，在征信系统记录、通过媒体公布不履行义务信息以及法律规定的其他措施。

第二十二章 执行中止和终结

第二百六十七条 【执行中止】有下列情形之一的，人民法院应当裁定中止执行：

（一）申请人表示可以延期执行的；

（二）案外人对执行标的提出确有理由的异议的；

（三）作为一方当事人的公民死亡，需要等待继承人继承权利或者承担义务的；

（四）作为一方当事人的法人或者其他组织终止，尚未确定权利义务承受人的；

（五）人民法院认为应当中止执行的其他情形。

中止的情形消失后，恢复执行。

第二百六十八条 【执行终结】有下列情形之一的，人民法院裁定终结执行：

（一）申请人撤销申请的；

（二）据以执行的法律文书被撤销的；

（三）作为被执行人的公民死亡，无遗产可供执行，又无义务承担人的；

（四）追索赡养费、扶养费、抚养费案件的权利人死亡的；

（五）作为被执行人的公民因生活困难无力偿还借款，无收入来源，又丧失劳动能力的；

（六）人民法院认为应当终结执行的其他情形。

第二百六十九条　【中止、终结裁定效力】中止和终结执行的裁定，送达当事人后立即生效。

第四编　涉外民事诉讼程序的特别规定

第二十三章　一般原则

第二百七十条　【适用本国法】在中华人民共和国领域内进行涉外民事诉讼，适用本编规定。本编没有规定的，适用本法其他有关规定。

第二百七十一条　【国际条约优先】中华人民共和国缔结或者参加的国际条约同本法有不同规定的，适用该国际条约的规定，但中华人民共和国声明保留的条款除外。

第二百七十二条　【外交特权与豁免】对享有外交特权与豁免的外国人、外国组织或者国际组织提起的民事诉讼，应当依照中华人民共和国有关法律和中华人民共和国缔结或者参加的国际条约的规定办理。

第二百七十三条　【语言文字】人民法院审理涉外民事案件，应当使用中华人民共和国通用的语言、文字。当事人要求提供翻译的，可以提供，费用由当事人承担。

第二百七十四条　【中国律师代理】外国人、无国籍人、外国企业和组织在人民法院起诉、应诉，需要委托律师代理诉讼的，必须委托中华人民共和国的律师。

第二百七十五条　【公证和认证】在中华人民共和国领域内没有住所的外国人、无国籍人、外国企业和组织委托中华人民共和国律师或者其他人代理诉讼，从中华人民共和国领域外寄交或者托交的授权委托书，应当经所在国公证机关证明，并经中华人民共和国驻该国使领馆认证，或者履行中华人民共和国与该所在国订立的有关条约中规定的证明手续后，才具有效力。

第二十四章　管　　辖

第二百七十六条　【特殊地域管辖】因涉外民事纠纷，对在中华人民共和国领域内没有住所的被告提起除身份关系以外的诉讼，如果合同签订地、合同履行地、诉讼标的物所在地、可供扣押财产所在地、侵权行为地、代表机构住所地位于中华人民共和国领域内的，可以由合同签订地、合同履行地、诉讼标的物所在地、可供扣押财产所在地、侵权行为地、代表机构住所地人民法院管辖。

除前款规定外，涉外民事纠纷与中华人民共和国存在其他适当联系的，可以由人民法院管辖。

第二百七十七条　【书面协议选择管辖】涉外民事纠纷的当事人书面协议选择人民法院管辖的，可以由人民法院管辖。

第二百七十八条　【应诉或者反诉管辖】当事人未提出管辖异议，并应诉答辩或者提出反诉的，视为人民法院有管辖权。

第二百七十九条　【专属管辖】下列民事案件，由人民法院专属管辖：

（一）因在中华人民共和国领域内设立的法人或者其他组织的设立、解散、清算，以及该法人或者其他组织作出的决议的效力等纠纷提起的诉讼；

（二）因与在中华人民共和国领域内审查授予的知识产权的有效性有关的纠纷提起的诉讼；

（三）因在中华人民共和国领域内履行中外合资经营企业合同、中外合作经营企业合同、中外合作勘探开发自然资源合同发生纠纷提起的诉讼。

第二百八十条　【涉外民事案件管辖法院】当事人之间的同一纠纷，一方当事人向外国法院起诉，另一方当事人向人民法院起诉，或者一方当事人既向外国法院起诉，又向人民法院起诉，人民法院依照本法有管辖权的，可以受理。当事人订立排他性管辖协议选择外国法院管辖且不违反本法对专属管辖的规定，不涉及中华人民共和国主权、安全或者社会公共利益的，人民法院可以裁定不予受理；已经受理的，裁定驳回起诉。

第二百八十一条　【涉外管辖优先及例外】人民法院依据前条规定受理案件后，当事人以外国法院已经先于人民法院受理为由，书面申请人民法院中止诉讼的，人民法院可以裁定中止诉讼，但是存在下列情形之一的除外：

（一）当事人协议选择人民法院管辖，或者纠纷属于人民法院专属管辖；

（二）由人民法院审理明显更为方便。

外国法院未采取必要措施审理案件，或者未在合理期限内审结的，依当事人的书面申请，人民法院应当恢复诉讼。

外国法院作出的发生法律效力的判决、裁定，已经被人民法院全部或者部分承认，当事人对已经获得承认的部分又向人民法院起诉的，裁定不予受理；已经受理的，裁定驳回起诉。

第二百八十二条　【涉外民事案件驳回起诉】人民法院受理的涉外民事案件，被告提出管辖异议，且同时有下列情形的，可以裁定驳回起诉，告知原告向更为方便的外国法院提起诉讼：

（一）案件争议的基本事实不是发生在中华人民共和国领域内，人民法院审理案件和当事人参加诉讼均明显不方便；

（二）当事人之间不存在选择人民法院管辖的协议；

（三）案件不属于人民法院专属管辖；

（四）案件不涉及中华人民共和国主权、安全或者社会公共利益；

（五）外国法院审理案件更为方便。

裁定驳回起诉后，外国法院对纠纷拒绝行使管辖权，或者未采取必要措施审理案件，或者未在合理期限内审结，当事人又向人民法院起诉的，人民法院应当受理。

第二十五章　送达、调查取证、期间

第二百八十三条　【送达方式】人民法院对在中华人民共和国领域内没有住所的当事人送达诉讼文书，可以采用下列方式：

（一）依照受送达人所在国与中华人民共和国缔结或者共同参加的国际条约中规定的方式送达；

（二）通过外交途径送达；

（三）对具有中华人民共和国国籍的受送达人，可以委托中华人民共和国驻受送达人所在国的使领馆代为送达；

（四）向受送达人在本案中委托的诉讼代理人送达；

（五）向受送达人在中华人民共和国领域内设立的独资企业、代表机构、分支机构或者有权接受送达的业务代办人送达；

（六）受送达人为外国人、无国籍人，其在中华人民共和国领域内设立的法人或者其他组织担任法定代表人或者主要负责人，且与该法人或者其他组织为共同被告的，向该法人或者其他组织送达；

（七）受送达人为外国法人或者其他组织，其法定代表人或者主要负责人在中华人民共和国领域内的，向其法定代表人或者主要负责人送达；

（八）受送达人所在国的法律允许邮寄送达的，可以邮寄送达，自邮寄之日起满三个月，送达回证没有退回，但根据各种情况足以认定已经送达的，期间届满之日视为送达；

（九）采用能够确认受送达人收悉的电子方式送达，但是受送达人所在国法律禁止的除外；

（十）以受送达人同意的其他方式送达，但是受送达人所在国法律禁止的除外。

不能用上述方式送达的，公告送达，自发出公告之日起，经过六十日，即视为送达。

第二百八十四条　【域外调查取证】当事人申请人民法院调查收集的证据位于中华人民共和国领域外，人民法院可以依照证据所在国与中华人民共和国缔结或者共同参加的国际条约中规定的方式，或者通过外交途径调查收集。

在所在国法律不禁止的情况下，人民法院可以采用下列方式调查收集：

（一）对具有中华人民共和国国籍的当事人、证人，可以委托中华人民共和国驻当事人、证人所在国的使领馆代为取证；

（二）经双方当事人同意，通过即时通讯工具取证；

（三）以双方当事人同意的其他方式取证。

第二百八十五条　【答辩期间】被告在中华人民共和国领域内没有住所的，人民法院应当将起诉状副本送达被告，并通知被告在收到起诉状副本后三十日内提出答辩状。被告申请延期的，是否准许，由人民法院决定。

第二百八十六条　【上诉期间】在中华人民共和国领域内没有住所的当事人，不服第一审人民法院判决、裁定的，有权在判决书、裁定书送达之日起三十日内提起上诉。被上诉人在收到上诉状副本后，应当在三十日内提出答辩状。当事人不能在法定期间提起上诉或者提出答辩状，申请延期的，是否准许，由人民法院决定。

第二百八十七条 **【审理期限】**人民法院审理涉外民事案件的期间，不受本法第一百五十二条、第一百八十三条规定的限制。

第二十六章 仲 裁

第二百八十八条 **【涉外仲裁与诉讼关系】**涉外经济贸易、运输和海事中发生的纠纷，当事人在合同中订有仲裁条款或者事后达成书面仲裁协议，提交中华人民共和国涉外仲裁机构或者其他仲裁机构仲裁的，当事人不得向人民法院起诉。

当事人在合同中没有订有仲裁条款或者事后没有达成书面仲裁协议的，可以向人民法院起诉。

第二百八十九条 **【涉外仲裁保全】**当事人申请采取保全的，中华人民共和国的涉外仲裁机构应当将当事人的申请，提交被申请人住所地或者财产所在地的中级人民法院裁定。

第二百九十条 **【涉外仲裁效力】**经中华人民共和国涉外仲裁机构裁决的，当事人不得向人民法院起诉。一方当事人不履行仲裁裁决的，对方当事人可以向被申请人住所地或者财产所在地的中级人民法院申请执行。

第二百九十一条 **【涉外仲裁裁决不予执行】**对中华人民共和国涉外仲裁机构作出的裁决，被申请人提出证据证明仲裁裁决有下列情形之一的，经人民法院组成合议庭审查核实，裁定不予执行：

（一）当事人在合同中没有订有仲裁条款或者事后没有达成书面仲裁协议的；

（二）被申请人没有得到指定仲裁员或者进行仲裁程序的通知，或者由于其他不属于被申请人负责的原因未能陈述意见的；

（三）仲裁庭的组成或者仲裁的程序与仲裁规则不符的；

（四）裁决的事项不属于仲裁协议的范围或者仲裁机构无权仲裁的。

人民法院认定执行该裁决违背社会公共利益的，裁定不予执行。

第二百九十二条 **【救济途径】**仲裁裁决被人民法院裁定不予执行的，当事人可以根据双方达成的书面仲裁协议重新申请仲裁，也可以向人民法院起诉。

第二十七章 司法协助

第二百九十三条 **【协助原则】**根据中华人民共和国缔结或者参加的国际条约，或者按照互惠原则，人民法院和外国法院可以相互请求，代为送达文书、调查取证以及进行其他诉讼行为。

外国法院请求协助的事项有损于中华人民共和国的主权、安全或者社会公共利益的，人民法院不予执行。

第二百九十四条 **【协助途径】**请求和提供司法协助，应当依照中华人民共和国缔结或者参加的国际条约所规定的途径进行；没有条约关系的，通过外交途径进行。

外国驻中华人民共和国的使领馆可以向该国公民送达文书和调查取证，但不得违反中华人民共和国的法律，并不得采取强制措施。

除前款规定的情况外，未经中华人民共和国主管机关准许，任何外国机关或者个人不得在中华人民共和国领域内送达文书、调查取证。

第二百九十五条 **【文字要求】**外国法院请求人民法院提供司法协助的请求书及其所附文件，应当附有中文译本或者国际条约规定的其他文字文本。

人民法院请求外国法院提供司法协助的请求书及其所附文件，应当附有该国文字译本或者国际条约规定的其他文字文本。

第二百九十六条 **【协助程序】**人民法院提供司法协助，依照中华人民共和国法律规定的程序进行。外国法院请求采用特殊方式的，也可以按照其请求的特殊方式进行，但请求采用的特殊方式不得违反中华人民共和国法律。

第二百九十七条 **【申请外国法院承认和执行】**人民法院作出的发生法律效力的判决、裁定，如果被执行人或者其财产不在中华人民共和国领域内，当事人请求执行的，可以由当事人直接向有管辖权的外国法院申请承认和执行，也可以由人民法院依照中华人民共和国缔结或者参加的国际条约的规定，或者按照互惠原则，请求外国法院承认和执行。

在中华人民共和国领域内依法作出的发生法律效力的仲裁裁决，当事人请求执行的，如果被执行人或者其财产不在中华人民共和国领域内，当事人可以直接向有管辖权的外国法院申请承认和执行。

第二百九十八条 **【提出申请对外国法院判决的承认和执行】**外国法院作出的发生法律效力的判决、裁定，需要人民法院承认和执行的，可以由当事人直接向有管辖权的中级人民法院申请承认和执行，也可以由外国法院依照该国与中华人民共和国缔结或者参加的国际条约的规定，或者按照互惠原则，请求人民法院承认和执行。

第二百九十九条　【审查对外国法院裁判的承认执行的申请】人民法院对申请或者请求承认和执行的外国法院作出的发生法律效力的判决、裁定，依照中华人民共和国缔结或者参加的国际条约，或者按照互惠原则进行审查后，认为不违反中华人民共和国法律的基本原则且不损害国家主权、安全、社会公共利益的，裁定承认其效力；需要执行的，发出执行令，依照本法的有关规定执行。

第三百条　【不予承认和执行外国法院作出的发生法律效力的判决、裁定】对申请或者请求承认和执行的外国法院作出的发生法律效力的判决、裁定，人民法院经审查，有下列情形之一的，裁定不予承认和执行：

（一）依据本法第三百零一条的规定，外国法院对案件无管辖权；

（二）被申请人未得到合法传唤或者虽经合法传唤但未获得合理的陈述、辩论机会，或者无诉讼行为能力的当事人未得到适当代理；

（三）判决、裁定是通过欺诈方式取得；

（四）人民法院已对同一纠纷作出判决、裁定，或者已经承认第三国法院对同一纠纷作出的判决、裁定；

（五）违反中华人民共和国法律的基本原则或者损害国家主权、安全、社会公共利益。

第三百零一条　【外国法院无管辖权】有下列情形之一的，人民法院应当认定该外国法院对案件无管辖权：

（一）外国法院依照其法律对案件没有管辖权，或者虽然依照其法律有管辖权但与案件所涉纠纷无适当联系；

（二）违反本法对专属管辖的规定；

（三）违反当事人排他性选择法院管辖的协议。

第三百零二条　【中止诉讼】当事人向人民法院申请承认和执行外国法院作出的发生法律效力的判决、裁定，该判决、裁定涉及的纠纷与人民法院正在审理的纠纷属于同一纠纷的，人民法院可以裁定中止诉讼。

外国法院作出的发生法律效力的判决、裁定不符合本法规定的承认条件的，人民法院裁定不予承认和执行，并恢复已经中止的诉讼；符合本法规定的承认条件的，人民法院裁定承认其效力；需要执行的，发出执行令，依照本法的有关规定执行；对已经中止的诉讼，裁定驳回起诉。

第三百零三条　【复议】当事人对承认和执行或者不予承认和执行的裁定不服的，可以自裁定送达之日起十日内向上一级人民法院申请复议。

第三百零四条　【外国仲裁裁决的承认和执行】在中华人民共和国领域外作出的发生法律效力的仲裁裁决，需要人民法院承认和执行的，当事人可以直接向被执行人住所地或者其财产所在地的中级人民法院申请。被执行人住所地或者其财产不在中华人民共和国领域内的，当事人可以向申请人住所地或者与裁决的纠纷有适当联系的地点的中级人民法院申请。人民法院应当依照中华人民共和国缔结或者参加的国际条约，或者按照互惠原则办理。

第三百零五条　【法律适用】涉及外国国家的民事诉讼，适用中华人民共和国有关外国国家豁免的法律规定；有关法律没有规定的，适用本法。

第三百零六条　【施行日期】本法自公布之日起施行，《中华人民共和国民事诉讼法（试行）》同时废止。

最高人民法院关于适用《中华人民共和国民事诉讼法》的解释

1. 2014年12月18日最高人民法院审判委员会第1636次会议通过、2015年1月30日公布、自2015年2月4日起施行（法释〔2015〕5号）

2. 根据2020年12月23日最高人民法院审判委员会第1823次会议通过、2020年12月29日公布、自2021年1月1日起施行的《最高人民法院关于修改〈最高人民法院关于人民法院民事调解工作若干问题的规定〉等十九件民事诉讼类司法解释的决定》（法释〔2020〕20号）第一次修正

3. 根据2022年3月22日最高人民法院审判委员会第1866次会议通过、2022年4月1日公布、自2022年4月10日起施行的《最高人民法院关于修改〈最高人民法院关于适用《中华人民共和国民事诉讼法》的解释〉的决定》（法释〔2022〕11号）第二次修正

目　　录

2012年8月31日，第十一届全国人民代表大会常务委员会第二十八次会议审议通过了《关于修改〈中华人民共和国民事诉讼法〉的决定》。根据修改后的民事诉讼法，结合人民法院民事审判和执行工作实际，制定本解释。

一、管　　辖

第一条　民事诉讼法第十九条第一项规定的重大涉外案件，包括争议标的额大的案件、案情复杂的案件，或者一方当事人人数众多等具有重大影响的案件。

第二条　专利纠纷案件由知识产权法院、最高人民法院确定的中级人民法院和基层人民法院管辖。

海事、海商案件由海事法院管辖。

第三条　公民的住所地是指公民的户籍所在地，法人或者其他组织的住所地是指法人或者其他组织的主要办事机构所在地。

法人或者其他组织的主要办事机构所在地不能确定的，法人或者其他组织的注册地或者登记地为住所地。

第四条　公民的经常居住地是指公民离开住所地至起诉时已连续居住一年以上的地方，但公民住院就医的地方除外。

第五条　对没有办事机构的个人合伙、合伙型联营体提起的诉讼，由被告注册登记地人民法院管辖。没有注册登记，几个被告又不在同一辖区的，被告住所地的人民法院都有管辖权。

第六条　被告被注销户籍的，依照民事诉讼法第二十三条规定确定管辖；原告、被告均被注销户籍的，由被告居住地人民法院管辖。

第七条　当事人的户籍迁出后尚未落户，有经常居住地的，由该地人民法院管辖；没有经常居住地的，由其原户籍所在地人民法院管辖。

第八条　双方当事人都被监禁或者被采取强制性教育措施的，由被告原住所地人民法院管辖。被告被监禁或者被采取强制性教育措施一年以上的，由被告被监禁地或者被采取强制性教育措施地人民法院管辖。

第九条　追索赡养费、扶养费、抚养费案件的几个被告住所地不在同一辖区的，可以由原告住所地人民法院管辖。

第十条　不服指定监护或者变更监护关系的案件，可以由被监护人住所地人民法院管辖。

第十一条　双方当事人均为军人或者军队单位的民事案件由军事法院管辖。

第十二条　夫妻一方离开住所地超过一年，另一方起诉离婚的案件，可以由原告住所地人民法院管辖。

夫妻双方离开住所地超过一年，一方起诉离婚的案件，由被告经常居住地人民法院管辖；没有经常居住地的，由原告起诉时被告居住地人民法院管辖。

第十三条　在国内结婚并定居国外的华侨，如定居国法院以离婚诉讼须由婚姻缔结地法院管辖为由不予受理，当事人向人民法院提出离婚诉讼的，由婚姻缔结地或者一方在国内的最后居住地人民法院管辖。

第十四条　在国外结婚并定居国外的华侨，如定居国法院以离婚诉讼须由国籍所属国法院管辖为由不予受理，当事人向人民法院提出离婚诉讼的，由一方原住所地或者在国内的最后居住地人民法院管辖。

第十五条　中国公民一方居住在国外，一方居住在国内，不论哪一方向人民法院提起离婚诉讼，国内一方住所地人民法院都有权管辖。国外一方在居住国法院起诉，国内一方向人民法院起诉的，受诉人民法院有权管辖。

第十六条 中国公民双方在国外但未定居，一方向人民法院起诉离婚的，应由原告或者被告原住所地人民法院管辖。

第十七条 已经离婚的中国公民，双方均定居国外，仅就国内财产分割提起诉讼的，由主要财产所在地人民法院管辖。

第十八条 合同约定履行地点的，以约定的履行地点为合同履行地。

合同对履行地点没有约定或者约定不明确，争议标的为给付货币的，接收货币一方所在地为合同履行地；交付不动产的，不动产所在地为合同履行地；其他标的，履行义务一方所在地为合同履行地。即时结清的合同，交易行为地为合同履行地。

合同没有实际履行，当事人双方住所地都不在合同约定的履行地的，由被告住所地人民法院管辖。

第十九条 财产租赁合同、融资租赁合同以租赁物使用地为合同履行地。合同对履行地有约定的，从其约定。

第二十条 以信息网络方式订立的买卖合同，通过信息网络交付标的的，以买受人住所地为合同履行地；通过其他方式交付标的的，收货地为合同履行地。合同对履行地有约定的，从其约定。

第二十一条 因财产保险合同纠纷提起的诉讼，如果保险标的物是运输工具或者运输中的货物，可以由运输工具登记注册地、运输目的地、保险事故发生地人民法院管辖。

因人身保险合同纠纷提起的诉讼，可以由被保险人住所地人民法院管辖。

第二十二条 因股东名册记载、请求变更公司登记、股东知情权、公司决议、公司合并、公司分立、公司减资、公司增资等纠纷提起的诉讼，依照民事诉讼法第二十七条规定确定管辖。

第二十三条 债权人申请支付令，适用民事诉讼法第二十二条规定，由债务人住所地基层人民法院管辖。

第二十四条 民事诉讼法第二十九条规定的侵权行为地，包括侵权行为实施地、侵权结果发生地。

第二十五条 信息网络侵权行为实施地包括实施被诉侵权行为的计算机等信息设备所在地，侵权结果发生地包括被侵权人住所地。

第二十六条 因产品、服务质量不合格造成他人财产、人身损害提起的诉讼，产品制造地、产品销售地、服务提供地、侵权行为地和被告住所地人民法院都有管辖权。

第二十七条 当事人申请诉前保全后没有在法定期间起诉或者申请仲裁，给被申请人、利害关系人造成损失引起的诉讼，由采取保全措施的人民法院管辖。

当事人申请诉前保全后在法定期间内起诉或者申请仲裁，被申请人、利害关系人因保全受到损失提起的诉讼，由受理起诉的人民法院或者采取保全措施的人民法院管辖。

第二十八条 民事诉讼法第三十四条第一项规定的不动产纠纷是指因不动产的权利确认、分割、相邻关系等引起的物权纠纷。

农村土地承包经营合同纠纷、房屋租赁合同纠纷、建设工程施工合同纠纷、政策性房屋买卖合同纠纷，按照不动产纠纷确定管辖。

不动产已登记的，以不动产登记簿记载的所在地为不动产所在地；不动产未登记的，以不动产实际所在地为不动产所在地。

第二十九条 民事诉讼法第三十五条规定的书面协议，包括书面合同中的协议管辖条款或者诉讼前以书面形式达成的选择管辖的协议。

第三十条 根据管辖协议，起诉时能够确定管辖法院的，从其约定；不能确定的，依照民事诉讼法的相关规定确定管辖。

管辖协议约定两个以上与争议有实际联系的地点的人民法院管辖，原告可以向其中一个人民法院起诉。

第三十一条 经营者使用格式条款与消费者订立管辖协议，未采取合理方式提请消费者注意，消费者主张管辖协议无效的，人民法院应予支持。

第三十二条 管辖协议约定由一方当事人住所地人民法院管辖，协议签订后当事人住所地变更的，由签订管辖协议时的住所地人民法院管辖，但当事人另有约定的除外。

第三十三条 合同转让的，合同的管辖协议对合同受让人有效，但转让时受让人不知道有管辖协议，或者转让协议另有约定且原合同相对人同意的除外。

第三十四条 当事人因同居或者在解除婚姻、收养关系后发生财产争议，约定管辖的，可以适用民事诉讼法

第三十五条规定确定管辖。

第三十五条 当事人在答辩期间届满后未应诉答辩，人民法院在一审开庭前，发现案件不属于本院管辖的，应当裁定移送有管辖权的人民法院。

第三十六条 两个以上人民法院都有管辖权的诉讼，先立案的人民法院不得将案件移送给另一个有管辖权的人民法院。人民法院在立案前发现其他有管辖权的人民法院已先立案的，不得重复立案；立案后发现其他有管辖权的人民法院已先立案的，裁定将案件移送给先立案的人民法院。

第三十七条 案件受理后，受诉人民法院的管辖权不受当事人住所地、经常居住地变更的影响。

第三十八条 有管辖权的人民法院受理案件后，不得以行政区域变更为由，将案件移送给变更后有管辖权的人民法院。判决后的上诉案件和依审判监督程序提审的案件，由原审人民法院的上级人民法院进行审判；上级人民法院指令再审、发回重审的案件，由原审人民法院再审或者重审。

第三十九条 人民法院对管辖异议审查后确定有管辖权的，不因当事人提起反诉、增加或者变更诉讼请求等改变管辖，但违反级别管辖、专属管辖规定的除外。

人民法院发回重审或者按第一审程序再审的案件，当事人提出管辖异议的，人民法院不予审查。

第四十条 依照民事诉讼法第三十八条第二款规定，发生管辖权争议的两个人民法院因协商不成报请它们的共同上级人民法院指定管辖时，双方为同属一个地、市辖区的基层人民法院的，由该地、市的中级人民法院及时指定管辖；同属一个省、自治区、直辖市的两个人民法院的，由该省、自治区、直辖市的高级人民法院及时指定管辖；双方为跨省、自治区、直辖市的人民法院，高级人民法院协商不成的，由最高人民法院及时指定管辖。

依照前款规定报请上级人民法院指定管辖时，应当逐级进行。

第四十一条 人民法院依照民事诉讼法第三十八条第二款规定指定管辖的，应当作出裁定。

对报请上级人民法院指定管辖的案件，下级人民法院应当中止审理。指定管辖裁定作出前，下级人民法院对案件作出判决、裁定的，上级人民法院应当在裁定指定管辖的同时，一并撤销下级人民法院的判决、裁定。

第四十二条 下列第一审民事案件，人民法院依照民事诉讼法第三十九条第一款规定，可以在开庭前交下级人民法院审理：

（一）破产程序中有关债务人的诉讼案件；

（二）当事人人数众多且不方便诉讼的案件；

（三）最高人民法院确定的其他类型案件。

人民法院交下级人民法院审理前，应当报请其上级人民法院批准。上级人民法院批准后，人民法院应当裁定将案件交下级人民法院审理。

二、回　　避

第四十三条 审判人员有下列情形之一的，应当自行回避，当事人有权申请其回避：

（一）是本案当事人或者当事人近亲属的；

（二）本人或者其近亲属与本案有利害关系的；

（三）担任过本案的证人、鉴定人、辩护人、诉讼代理人、翻译人员的；

（四）是本案诉讼代理人近亲属的；

（五）本人或者其近亲属持有本案非上市公司当事人的股份或者股权的；

（六）与本案当事人或者诉讼代理人有其他利害关系，可能影响公正审理的。

第四十四条 审判人员有下列情形之一的，当事人有权申请其回避：

（一）接受本案当事人及其受托人宴请，或者参加由其支付费用的活动的；

（二）索取、接受本案当事人及其受托人财物或者其他利益的；

（三）违反规定会见本案当事人、诉讼代理人的；

（四）为本案当事人推荐、介绍诉讼代理人，或者为律师、其他人员介绍代理本案的；

（五）向本案当事人及其受托人借用款物的；

（六）有其他不正当行为，可能影响公正审理的。

第四十五条 在一个审判程序中参与过本案审判工作的审判人员，不得再参与该案其他程序的审判。

发回重审的案件，在一审法院作出裁判后又进入第二审程序的，原第二审程序中审判人员不受前款规定的限制。

第四十六条 审判人员有应当回避的情形，没有自行回避，当事人也没有申请其回避的，由院长或者审判委员会决定其回避。

第四十七条 人民法院应当依法告知当事人对合议庭组成人员、独任审判员和书记员等人员有申请回避的权利。

第四十八条 民事诉讼法第四十七条所称的审判人员，包括参与本案审理的人民法院院长、副院长、审判委员会委员、庭长、副庭长、审判员和人民陪审员。

第四十九条 书记员和执行员适用审判人员回避的有关规定。

三、诉讼参加人

第五十条 法人的法定代表人以依法登记的为准，但法律另有规定的除外。依法不需要办理登记的法人，以其正职负责人为法定代表人；没有正职负责人的，以其主持工作的副职负责人为法定代表人。

法定代表人已经变更，但未完成登记，变更后的法定代表人要求代表法人参加诉讼的，人民法院可以准许。

其他组织，以其主要负责人为代表人。

第五十一条 在诉讼中，法人的法定代表人变更的，由新的法定代表人继续进行诉讼，并应向人民法院提交新的法定代表人身份证明书。原法定代表人进行的诉讼行为有效。

前款规定，适用于其他组织参加的诉讼。

第五十二条 民事诉讼法第五十一条规定的其他组织是指合法成立、有一定的组织机构和财产，但又不具备法人资格的组织，包括：

（一）依法登记领取营业执照的个人独资企业；

（二）依法登记领取营业执照的合伙企业；

（三）依法登记领取我国营业执照的中外合作经营企业、外资企业；

（四）依法成立的社会团体的分支机构、代表机构；

（五）依法设立并领取营业执照的法人的分支机构；

（六）依法设立并领取营业执照的商业银行、政策性银行和非银行金融机构的分支机构；

（七）经依法登记领取营业执照的乡镇企业、街道企业；

（八）其他符合本条规定条件的组织。

第五十三条 法人非依法设立的分支机构，或者虽依法设立，但没有领取营业执照的分支机构，以设立该分支机构的法人为当事人。

第五十四条 以挂靠形式从事民事活动，当事人请求由挂靠人和被挂靠人依法承担民事责任的，该挂靠人和被挂靠人为共同诉讼人。

第五十五条 在诉讼中，一方当事人死亡，需要等待继承人表明是否参加诉讼的，裁定中止诉讼。人民法院应当及时通知继承人作为当事人承担诉讼，被继承人已经进行的诉讼行为对承担诉讼的继承人有效。

第五十六条 法人或者其他组织的工作人员执行工作任务造成他人损害的，该法人或者其他组织为当事人。

第五十七条 提供劳务一方因劳务造成他人损害，受害人提起诉讼的，以接受劳务一方为被告。

第五十八条 在劳务派遣期间，被派遣的工作人员因执行工作任务造成他人损害的，以接受劳务派遣的用工单位为当事人。当事人主张劳务派遣单位承担责任的，该劳务派遣单位为共同被告。

第五十九条 在诉讼中，个体工商户以营业执照上登记的经营者为当事人。有字号的，以营业执照上登记的字号为当事人，但应同时注明该字号经营者的基本信息。

营业执照上登记的经营者与实际经营者不一致的，以登记的经营者和实际经营者为共同诉讼人。

第六十条 在诉讼中，未依法登记领取营业执照的个人合伙的全体合伙人为共同诉讼人。个人合伙有依法核准登记的字号的，应在法律文书中注明登记的字号。全体合伙人可以推选代表人；被推选的代表人，应由全体合伙人出具推选书。

第六十一条 当事人之间的纠纷经人民调解委员会或者其他依法设立的调解组织调解达成协议后，一方当事人不履行调解协议，另一方当事人向人民法院提起诉讼的，应以对方当事人为被告。

第六十二条 下列情形，以行为人为当事人：

（一）法人或者其他组织应登记而未登记，行为人即以该法人或者其他组织名义进行民事活动的；

（二）行为人没有代理权、超越代理权或者代理权终止后以被代理人名义进行民事活动的，但相对人有理由相信行为人有代理权的除外；

（三）法人或者其他组织依法终止后，行为人仍以其名义进行民事活动的。

第六十三条 企业法人合并的，因合并前的民事活动发生的纠纷，以合并后的企业为当事人；企业法人分立的，因分立前的民事活动发生的纠纷，以分立后的企业为共同诉讼人。

第六十四条 企业法人解散的，依法清算并注销前，以该企业法人为当事人；未依法清算即被注销的，以该企业法人的股东、发起人或者出资人为当事人。

第六十五条 借用业务介绍信、合同专用章、盖章的空白合同书或者银行账户的，出借单位和借用人为共同诉讼人。

第六十六条 因保证合同纠纷提起的诉讼，债权人向保证人和被保证人一并主张权利的，人民法院应当将保证人和被保证人列为共同被告。保证合同约定为一般保证，债权人仅起诉保证人的，人民法院应当通知被保证人作为共同被告参加诉讼；债权人仅起诉被保证人的，可以只列被保证人为被告。

第六十七条 无民事行为能力人、限制民事行为能力人造成他人损害的，无民事行为能力人、限制民事行为能力人和其监护人为共同被告。

第六十八条 居民委员会、村民委员会或者村民小组与他人发生民事纠纷的，居民委员会、村民委员会或者有独立财产的村民小组为当事人。

第六十九条 对侵害死者遗体、遗骨以及姓名、肖像、名誉、荣誉、隐私等行为提起诉讼的，死者的近亲属为当事人。

第七十条 在继承遗产的诉讼中，部分继承人起诉的，人民法院应通知其他继承人作为共同原告参加诉讼；被通知的继承人不愿意参加诉讼又未明确表示放弃实体权利的，人民法院仍应将其列为共同原告。

第七十一条 原告起诉被代理人和代理人，要求承担连带责任的，被代理人和代理人为共同被告。

原告起诉代理人和相对人，要求承担连带责任的，代理人和相对人为共同被告。

第七十二条 共有财产权受到他人侵害，部分共有权人起诉的，其他共有权人为共同诉讼人。

第七十三条 必须共同进行诉讼的当事人没有参加诉讼的，人民法院应当依照民事诉讼法第一百三十五条的规定，通知其参加；当事人也可以向人民法院申请追加。人民法院对当事人提出的申请，应当进行审查，申请理由不成立的，裁定驳回；申请理由成立的，书面通知被追加的当事人参加诉讼。

第七十四条 人民法院追加共同诉讼的当事人时，应当通知其他当事人。应当追加的原告，已明确表示放弃实体权利的，可不予追加；既不愿意参加诉讼，又不放弃实体权利的，仍应追加为共同原告，其不参加诉讼，不影响人民法院对案件的审理和依法作出判决。

第七十五条 民事诉讼法第五十六条、第五十七条和第二百零六条规定的人数众多，一般指十人以上。

第七十六条 依照民事诉讼法第五十六条规定，当事人一方人数众多在起诉时确定的，可以由全体当事人推选共同的代表人，也可以由部分当事人推选自己的代表人；推选不出代表人的当事人，在必要的共同诉讼中可以自己参加诉讼，在普通的共同诉讼中可以另行起诉。

第七十七条 根据民事诉讼法第五十七条规定，当事人一方人数众多在起诉时不确定的，由当事人推选代表人。当事人推选不出的，可以由人民法院提出人选与当事人协商；协商不成的，也可以由人民法院在起诉的当事人中指定代表人。

第七十八条 民事诉讼法第五十六条和第五十七条规定的代表人为二至五人，每位代表人可以委托一至二人作为诉讼代理人。

第七十九条 依照民事诉讼法第五十七条规定受理的案件，人民法院可以发出公告，通知权利人向人民法院登记。公告期间根据案件的具体情况确定，但不得少于三十日。

第八十条 根据民事诉讼法第五十七条规定向人民法院登记的权利人，应当证明其与对方当事人的法律关系和所受到的损害。证明不了的，不予登记，权利人可以另行起诉。人民法院的裁判在登记的范围内执行。未参加登记的权利人提起诉讼，人民法院认定其请求成立的，裁定适用人民法院已作出的判决、裁定。

第八十一条 根据民事诉讼法第五十九条的规定，有独立请求权的第三人有权向人民法院提出诉讼请求和事实、理由，成为当事人；无独立请求权的第三人，可以申请或者由人民法院通知参加诉讼。

第一审程序中未参加诉讼的第三人，申请参加第二审程序的，人民法院可以准许。

第八十二条 在一审诉讼中，无独立请求权的第三人无权提出管辖异议，无权放弃、变更诉讼请求或者申请撤诉，被判决承担民事责任的，有权提起上诉。

第八十三条 在诉讼中，无民事行为能力人、限制民事行为能力人的监护人是他的法定代理人。事先没有确定监护人的，可以由有监护资格的人协商确定；协商不成的，由人民法院在他们之中指定诉讼中的法定代理人。当事人没有民法典第二十七条、第二十八条规定的监护人的，可以指定民法典第三十二条规定的有关组织担任诉讼中的法定代理人。

第八十四条 无民事行为能力人、限制民事行为能力人以及其他依法不能作为诉讼代理人的，当事人不得委托其作为诉讼代理人。

第八十五条 根据民事诉讼法第六十一条第二款第二项规定，与当事人有夫妻、直系血亲、三代以内旁系血亲、近姻亲关系以及其他有抚养、赡养关系的亲属，可以当事人近亲属的名义作为诉讼代理人。

第八十六条 根据民事诉讼法第六十一条第二款第二项规定，与当事人有合法劳动人事关系的职工，可以当事人工作人员的名义作为诉讼代理人。

第八十七条 根据民事诉讼法第六十一条第二款第三项规定，有关社会团体推荐公民担任诉讼代理人的，应当符合下列条件：

（一）社会团体属于依法登记设立或者依法免予登记设立的非营利性法人组织；

（二）被代理人属于该社会团体的成员，或者当事人一方住所地位于该社会团体的活动地域；

（三）代理事务属于该社会团体章程载明的业务范围；

（四）被推荐的公民是该社会团体的负责人或者与该社会团体有合法劳动人事关系的工作人员。

专利代理人经中华全国专利代理人协会推荐，可以在专利纠纷案件中担任诉讼代理人。

第八十八条 诉讼代理人除根据民事诉讼法第六十二条规定提交授权委托书外，还应当按照下列规定向人民法院提交相关材料：

（一）律师应当提交律师执业证、律师事务所证明材料；

（二）基层法律服务工作者应当提交法律服务工作者执业证、基层法律服务所出具的介绍信以及当事人一方位于本辖区内的证明材料；

（三）当事人的近亲属应当提交身份证件和与委托人有近亲属关系的证明材料；

（四）当事人的工作人员应当提交身份证件和与当事人有合法劳动人事关系的证明材料；

（五）当事人所在社区、单位推荐的公民应当提交身份证件、推荐材料和当事人属于该社区、单位的证明材料；

（六）有关社会团体推荐的公民应当提交身份证件和符合本解释第八十七条规定条件的证明材料。

第八十九条 当事人向人民法院提交的授权委托书，应当在开庭审理前送交人民法院。授权委托书仅写“全权代理”而无具体授权的，诉讼代理人无权代为承认、放弃、变更诉讼请求，进行和解，提出反诉或者提起上诉。

适用简易程序审理的案件，双方当事人同时到庭并径行开庭审理的，可以当场口头委托诉讼代理人，由人民法院记入笔录。

四、证　　据

第九十条 当事人对自己提出的诉讼请求所依据的事实或者反驳对方诉讼请求所依据的事实，应当提供证据加以证明，但法律另有规定的除外。

在作出判决前，当事人未能提供证据或者证据不足以证明其事实主张的，由负有举证证明责任的当事人承担不利的后果。

第九十一条 人民法院应当依照下列原则确定举证证明责任的承担，但法律另有规定的除外：

（一）主张法律关系存在的当事人，应当对产生该法律关系的基本事实承担举证证明责任；

（二）主张法律关系变更、消灭或者权利受到妨害的当事人，应当对该法律关系变更、消灭或者权利受到妨害的基本事实承担举证证明责任。

第九十二条 一方当事人在法庭审理中，或者在起诉状、答辩状、代理词等书面材料中，对于己不利的事实明确表示承认的，另一方当事人无需举证证明。

对于涉及身份关系、国家利益、社会公共利益等应当由人民法院依职权调查的事实，不适用前款自认的规定。

自认的事实与查明的事实不符的，人民法院不予确认。

第九十三条 下列事实，当事人无须举证证明：

（一）自然规律以及定理、定律；

（二）众所周知的事实；

（三）根据法律规定推定的事实；

（四）根据已知的事实和日常生活经验法则推定出的另一事实；

（五）已为人民法院发生法律效力的裁判所确认的事实；

（六）已为仲裁机构生效裁决所确认的事实；

（七）已为有效公证文书所证明的事实。

前款第二项至第四项规定的事实，当事人有相反证据足以反驳的除外；第五项至第七项规定的事实，当事人有相反证据足以推翻的除外。

第九十四条　民事诉讼法第六十七条第二款规定的当事人及其诉讼代理人因客观原因不能自行收集的证据包括：

（一）证据由国家有关部门保存，当事人及其诉讼代理人无权查阅调取的；

（二）涉及国家秘密、商业秘密或者个人隐私的；

（三）当事人及其诉讼代理人因客观原因不能自行收集的其他证据。

当事人及其诉讼代理人因客观原因不能自行收集的证据，可以在举证期限届满前书面申请人民法院调查收集。

第九十五条　当事人申请调查收集的证据，与待证事实无关联、对证明待证事实无意义或者其他无调查收集必要的，人民法院不予准许。

第九十六条　民事诉讼法第六十七条第二款规定的人民法院认为审理案件需要的证据包括：

（一）涉及可能损害国家利益、社会公共利益的；

（二）涉及身份关系的；

（三）涉及民事诉讼法第五十八条规定诉讼的；

（四）当事人有恶意串通损害他人合法权益可能的；

（五）涉及依职权追加当事人、中止诉讼、终结诉讼、回避等程序性事项的。

除前款规定外，人民法院调查收集证据，应当依照当事人的申请进行。

第九十七条　人民法院调查收集证据，应当由两人以上共同进行。调查材料要由调查人、被调查人、记录人签名、捺印或者盖章。

第九十八条　当事人根据民事诉讼法第八十四条第一款规定申请证据保全的，可以在举证期限届满前书面提出。

证据保全可能对他人造成损失的，人民法院应当责令申请人提供相应的担保。

第九十九条　人民法院应当在审理前的准备阶段确定当事人的举证期限。举证期限可以由当事人协商，并经人民法院准许。

人民法院确定举证期限，第一审普通程序案件不得少于十五日，当事人提供新的证据的第二审案件不得少于十日。

举证期限届满后，当事人对已经提供的证据，申请提供反驳证据或者对证据来源、形式等方面的瑕疵进行补正的，人民法院可以酌情再次确定举证期限，该期限不受前款规定的限制。

第一百条　当事人申请延长举证期限的，应当在举证期限届满前向人民法院提出书面申请。

申请理由成立的，人民法院应当准许，适当延长举证期限，并通知其他当事人。延长的举证期限适用于其他当事人。

申请理由不成立的，人民法院不予准许，并通知申请人。

第一百零一条　当事人逾期提供证据的，人民法院应当责令其说明理由，必要时可以要求其提供相应的证据。

当事人因客观原因逾期提供证据，或者对方当事人对逾期提供证据未提出异议的，视为未逾期。

第一百零二条　当事人因故意或者重大过失逾期提供的证据，人民法院不予采纳。但该证据与案件基本事实有关的，人民法院应当采纳，并依照民事诉讼法第六十八条、第一百一十八条第一款的规定予以训诫、罚款。

当事人非因故意或者重大过失逾期提供的证据，人民法院应当采纳，并对当事人予以训诫。

当事人一方要求另一方赔偿因逾期提供证据致使其增加的交通、住宿、就餐、误工、证人出庭作证等必要费用的，人民法院可予支持。

第一百零三条　证据应当在法庭上出示，由当事人互相质证。未经当事人质证的证据，不得作为认定案件事实的根据。

当事人在审理前的准备阶段认可的证据，经审判人员在庭审中说明后，视为质证过的证据。

涉及国家秘密、商业秘密、个人隐私或者法律规定应当保密的证据，不得公开质证。

第一百零四条　人民法院应当组织当事人围绕证据的真实性、合法性以及与待证事实的关联性进行质证，并针对证据有无证明力和证明力大小进行说明和辩论。

能够反映案件真实情况、与待证事实相关联、来源和形式符合法律规定的证据，应当作为认定案件事实的根据。

第一百零五条　人民法院应当按照法定程序，全面、客观地审核证据，依照法律规定，运用逻辑推理和日常生活经验法则，对证据有无证明力和证明力大小进行判断，并公开判断的理由和结果。

第一百零六条　对以严重侵害他人合法权益、违反法律禁止性规定或者严重违背公序良俗的方法形成或者获取的证据，不得作为认定案件事实的根据。

第一百零七条　在诉讼中，当事人为达成调解协议或者和解协议作出妥协而认可的事实，不得在后续的诉讼中作为对其不利的根据，但法律另有规定或者当事人均同意的除外。

第一百零八条　对负有举证证明责任的当事人提供的证据，人民法院经审查并结合相关事实，确信待证事实的存在具有高度可能性的，应当认定该事实存在。

对一方当事人为反驳负有举证证明责任的当事人所主张事实而提供的证据，人民法院经审查并结合相关事实，认为待证事实真伪不明的，应当认定该事实不存在。

法律对于待证事实所应达到的证明标准另有规定的，从其规定。

第一百零九条　当事人对欺诈、胁迫、恶意串通事实的证明，以及对口头遗嘱或者赠与事实的证明，人民法院确信该待证事实存在的可能性能够排除合理怀疑的，应当认定该事实存在。

第一百一十条　人民法院认为有必要的，可以要求当事人本人到庭，就案件有关事实接受询问。在询问当事人之前，可以要求其签署保证书。

保证书应当载明据实陈述、如有虚假陈述愿意接受处罚等内容。当事人应当在保证书上签名或者捺印。

负有举证证明责任的当事人拒绝到庭、拒绝接受询问或者拒绝签署保证书，待证事实又欠缺其他证据证明的，人民法院对其主张的事实不予认定。

第一百一十一条　民事诉讼法第七十三条规定的提交书证原件确有困难，包括下列情形：

（一）书证原件遗失、灭失或者毁损的；

（二）原件在对方当事人控制之下，经合法通知提交而拒不提交的；

（三）原件在他人控制之下，而其有权不提交的；

（四）原件因篇幅或者体积过大而不便提交的；

（五）承担举证证明责任的当事人通过申请人民法院调查收集或者其他方式无法获得书证原件的。

前款规定情形，人民法院应当结合其他证据和案件具体情况，审查判断书证复制品等能否作为认定案件事实的根据。

第一百一十二条　书证在对方当事人控制之下的，承担举证证明责任的当事人可以在举证期限届满前书面申请人民法院责令对方当事人提交。

申请理由成立的，人民法院应当责令对方当事人提交，因提交书证所产生的费用，由申请人负担。对方当事人无正当理由拒不提交的，人民法院可以认定申请人所主张的书证内容为真实。

第一百一十三条　持有书证的当事人以妨碍对方当事人使用为目的，毁灭有关书证或者实施其他致使书证不能使用行为的，人民法院可以依照民事诉讼法第一百一十四条规定，对其处以罚款、拘留。

第一百一十四条　国家机关或者其他依法具有社会管理职能的组织，在其职权范围内制作的文书所记载的事项推定为真实，但有相反证据足以推翻的除外。必要时，人民法院可以要求制作文书的机关或者组织对文书的真实性予以说明。

第一百一十五条　单位向人民法院提出的证明材料，应当由单位负责人及制作证明材料的人员签名或者盖章，并加盖单位印章。人民法院就单位出具的证明材料，可以向单位及制作证明材料的人员进行调查核实。必要时，可以要求制作证明材料的人员出庭作证。

单位及制作证明材料的人员拒绝人民法院调查核实，或者制作证明材料的人员无正当理由拒绝出庭作证的，该证明材料不得作为认定案件事实的根据。

第一百一十六条　视听资料包括录音资料和影像资料。

电子数据是指通过电子邮件、电子数据交换、网上聊天记录、博客、微博客、手机短信、电子签名、域名等形成或者存储在电子介质中的信息。

存储在电子介质中的录音资料和影像资料，适用电子数据的规定。

第一百一十七条　当事人申请证人出庭作证的，应当在举证期限届满前提出。

符合本解释第九十六条第一款规定情形的，人民法院可以依职权通知证人出庭作证。

未经人民法院通知，证人不得出庭作证，但双方当事人同意并经人民法院准许的除外。

第一百一十八条　民事诉讼法第七十七条规定的证人因履行出庭作证义务而支出的交通、住宿、就餐等必要费用，按照机关事业单位工作人员差旅费用和补贴标准计算；误工损失按照国家上年度职工日平均工资标准计算。

人民法院准许证人出庭作证申请的，应当通知申请人预缴证人出庭作证费用。

第一百一十九条　人民法院在证人出庭作证前应当告知其如实作证的义务以及作伪证的法律后果，并责令其签署保证书，但无民事行为能力人和限制民事行为能力人除外。

证人签署保证书适用本解释关于当事人签署保证书的规定。

第一百二十条　证人拒绝签署保证书的，不得作证，并自行承担相关费用。

第一百二十一条　当事人申请鉴定，可以在举证期限届满前提出。申请鉴定的事项与待证事实无关联，或者对证明待证事实无意义的，人民法院不予准许。

人民法院准许当事人鉴定申请的，应当组织双方当事人协商确定具备相应资格的鉴定人。当事人协商不成的，由人民法院指定。

符合依职权调查收集证据条件的，人民法院应当依职权委托鉴定，在询问当事人的意见后，指定具备相应资格的鉴定人。

第一百二十二条　当事人可以依照民事诉讼法第八十二条的规定，在举证期限届满前申请一至二名具有专门知识的人出庭，代表当事人对鉴定意见进行质证，或者对案件事实所涉及的专业问题提出意见。

具有专门知识的人在法庭上就专业问题提出的意见，视为当事人的陈述。

人民法院准许当事人申请的，相关费用由提出申请的当事人负担。

第一百二十三条　人民法院可以对出庭的具有专门知识的人进行询问。经法庭准许，当事人可以对出庭的具有专门知识的人进行询问，当事人各自申请的具有专门知识的人可以就案件中的有关问题进行对质。

具有专门知识的人不得参与专业问题之外的法庭审理活动。

第一百二十四条　人民法院认为有必要的，可以根据当事人的申请或者依职权对物证或者现场进行勘验。勘验时应当保护他人的隐私和尊严。

人民法院可以要求鉴定人参与勘验。必要时，可以要求鉴定人在勘验中进行鉴定。

五、期间和送达

第一百二十五条　依照民事诉讼法第八十五条第二款规定，民事诉讼中以时起算的期间从次时起算；以日、月、年计算的期间从次日起算。

第一百二十六条　民事诉讼法第一百二十六条规定的立案期限，因起诉状内容欠缺通知原告补正的，从补正后交人民法院的次日起算。由上级人民法院转交下级人民法院立案的案件，从受诉人民法院收到起诉状的次日起算。

第一百二十七条　民事诉讼法第五十九条第三款、第二百一十二条以及本解释第三百七十二条、第三百八十二条、第三百九十九条、第四百二十条、第四百二十一条规定的六个月，民事诉讼法第二百三十条规定的一年，为不变期间，不适用诉讼时效中止、中断、延长的规定。

第一百二十八条　再审案件按照第一审程序或者第二审程序审理的，适用民事诉讼法第一百五十二条、第一百八十三条规定的审限。审限自再审立案的次日起算。

第一百二十九条　对申请再审案件，人民法院应当自受理之日起三个月内审查完毕，但公告期间、当事人和解期间等不计入审查期限。有特殊情况需要延长的，由本院院长批准。

第一百三十条　向法人或者其他组织送达诉讼文书，应当由法人的法定代表人、该组织的主要负责人或者办公室、收发室、值班室等负责收件的人签收或者盖章，拒绝签收或者盖章的，适用留置送达。

民事诉讼法第八十九条规定的有关基层组织和所在单位的代表，可以是受送达人住所地的居民委员会、村民委员会的工作人员以及受送达人所在单位的工作人员。

第一百三十一条　人民法院直接送达诉讼文书的，可以通知当事人到人民法院领取。当事人到达人民法院，拒绝签署送达回证的，视为送达。审判人员、书记员应当在送达回证上注明送达情况并签名。

人民法院可以在当事人住所地以外向当事人直接送达诉讼文书。当事人拒绝签署送达回证的，采用拍照、录像等方式记录送达过程即视为送达。审判人员、书记员应当在送达回证上注明送达情况并签名。

第一百三十二条 受送达人有诉讼代理人的，人民法院既可以向受送达人送达，也可以向其诉讼代理人送达。受送达人指定诉讼代理人为代收人的，向诉讼代理人送达时，适用留置送达。

第一百三十三条 调解书应当直接送达当事人本人，不适用留置送达。当事人本人因故不能签收的，可由其指定的代收人签收。

第一百三十四条 依照民事诉讼法第九十一条规定，委托其他人民法院代为送达的，委托法院应当出具委托函，并附需要送达的诉讼文书和送达回证，以受送达人在送达回证上签收的日期为送达日期。

委托送达的，受委托人民法院应当自收到委托函及相关诉讼文书之日起十日内代为送达。

第一百三十五条 电子送达可以采用传真、电子邮件、移动通信等即时收悉的特定系统作为送达媒介。

民事诉讼法第九十条第二款规定的到达受送达人特定系统的日期，为人民法院对应系统显示发送成功的日期，但受送达人证明到达其特定系统的日期与人民法院对应系统显示发送成功的日期不一致的，以受送达人证明到达其特定系统的日期为准。

第一百三十六条 受送达人同意采用电子方式送达的，应当在送达地址确认书中予以确认。

第一百三十七条 当事人在提起上诉、申请再审、申请执行时未书面变更送达地址的，其在第一审程序中确认的送达地址可以作为第二审程序、审判监督程序、执行程序的送达地址。

第一百三十八条 公告送达可以在法院的公告栏和受送达人住所地张贴公告，也可以在报纸、信息网络等媒体上刊登公告，发出公告日期以最后张贴或者刊登的日期为准。对公告送达方式有特殊要求的，应当按要求的方式进行。公告期满，即视为送达。

人民法院在受送达人住所地张贴公告的，应当采取拍照、录像等方式记录张贴过程。

第一百三十九条 公告送达应当说明公告送达的原因；公告送达起诉状或者上诉状副本的，应当说明起诉或者上诉要点，受送达人答辩期限及逾期不答辩的法律后果；公告送达传票，应当说明出庭的时间和地点及逾期不出庭的法律后果；公告送达判决书、裁定书的，应当说明裁判主要内容，当事人有权上诉的，还应当说明上诉权利、上诉期限和上诉的人民法院。

第一百四十条 适用简易程序的案件，不适用公告送达。

第一百四十一条 人民法院在定期宣判时，当事人拒不签收判决书、裁定书的，应视为送达，并在宣判笔录中记明。

六、调　　解

第一百四十二条 人民法院受理案件后，经审查，认为法律关系明确、事实清楚，在征得当事人双方同意后，可以径行调解。

第一百四十三条 适用特别程序、督促程序、公示催告程序的案件，婚姻等身份关系确认案件以及其他根据案件性质不能进行调解的案件，不得调解。

第一百四十四条 人民法院审理民事案件，发现当事人之间恶意串通，企图通过和解、调解方式侵害他人合法权益的，应当依照民事诉讼法第一百一十五条的规定处理。

第一百四十五条 人民法院审理民事案件，应当根据自愿、合法的原则进行调解。当事人一方或者双方坚持不愿调解的，应当及时裁判。

人民法院审理离婚案件，应当进行调解，但不应久调不决。

第一百四十六条 人民法院审理民事案件，调解过程不公开，但当事人同意公开的除外。

调解协议内容不公开，但为保护国家利益、社会公共利益、他人合法权益，人民法院认为确有必要公开的除外。

主持调解以及参与调解的人员，对调解过程以及调解过程中获悉的国家秘密、商业秘密、个人隐私和其他不宜公开的信息，应当保守秘密，但为保护国家利益、社会公共利益、他人合法权益的除外。

第一百四十七条 人民法院调解案件时，当事人不能出庭的，经其特别授权，可由其委托代理人参加调解，达成的调解协议，可由委托代理人签名。

离婚案件当事人确因特殊情况无法出庭参加调解的，除本人不能表达意志的以外，应当出具书面意见。

第一百四十八条　当事人自行和解或者调解达成协议后，请求人民法院按照和解协议或者调解协议的内容制作判决书的，人民法院不予准许。

无民事行为能力人的离婚案件，由其法定代理人进行诉讼。法定代理人与对方达成协议要求发给判决书的，可根据协议内容制作判决书。

第一百四十九条　调解书需经当事人签收后才发生法律效力的，应当以最后收到调解书的当事人签收的日期为调解书生效日期。

第一百五十条　人民法院调解民事案件，需由无独立请求权的第三人承担责任的，应当经其同意。该第三人在调解书送达前反悔的，人民法院应当及时裁判。

第一百五十一条　根据民事诉讼法第一百零一条第一款第四项规定，当事人各方同意在调解协议上签名或者盖章后即发生法律效力的，经人民法院审查确认后，应当记入笔录或者将调解协议附卷，并由当事人、审判人员、书记员签名或者盖章后即具有法律效力。

前款规定情形，当事人请求制作调解书的，人民法院审查确认后可以制作调解书送交当事人。当事人拒收调解书的，不影响调解协议的效力。

七、保全和先予执行

第一百五十二条　人民法院依照民事诉讼法第一百零三条、第一百零四条规定，在采取诉前保全、诉讼保全措施时，责令利害关系人或者当事人提供担保的，应当书面通知。

利害关系人申请诉前保全的，应当提供担保。申请诉前财产保全的，应当提供相当于请求保全数额的担保；情况特殊的，人民法院可以酌情处理。申请诉前行为保全的，担保的数额由人民法院根据案件的具体情况决定。

在诉讼中，人民法院依申请或者依职权采取保全措施的，应当根据案件的具体情况，决定当事人是否应当提供担保以及担保的数额。

第一百五十三条　人民法院对季节性商品、鲜活、易腐烂变质以及其他不宜长期保存的物品采取保全措施时，可以责令当事人及时处理，由人民法院保存价款；必要时，人民法院可予以变卖，保存价款。

第一百五十四条　人民法院在财产保全中采取查封、扣押、冻结财产措施时，应当妥善保管被查封、扣押、冻结的财产。不宜由人民法院保管的，人民法院可以指定被保全人负责保管；不宜由被保全人保管的，可以委托他人或者申请保全人保管。

查封、扣押、冻结担保物权人占有的担保财产，一般由担保物权人保管；由人民法院保管的，质权、留置权不因采取保全措施而消灭。

第一百五十五条　由人民法院指定被保全人保管的财产，如果继续使用对该财产的价值无重大影响，可以允许被保全人继续使用；由人民法院保管或者委托他人、申请保全人保管的财产，人民法院和其他保管人不得使用。

第一百五十六条　人民法院采取财产保全的方法和措施，依照执行程序相关规定办理。

第一百五十七条　人民法院对抵押物、质押物、留置物可以采取财产保全措施，但不影响抵押权人、质权人、留置权人的优先受偿权。

第一百五十八条　人民法院对债务人到期应得的收益，可以采取财产保全措施，限制其支取，通知有关单位协助执行。

第一百五十九条　债务人的财产不能满足保全请求，但对他人有到期债权的，人民法院可以依债权人的申请裁定该他人不得对本案债务人清偿。该他人要求偿付的，由人民法院提存财物或者价款。

第一百六十条　当事人向采取诉前保全措施以外的其他有管辖权的人民法院起诉的，采取诉前保全措施的人民法院应当将保全手续移送受理案件的人民法院。诉前保全的裁定视为受移送人民法院作出的裁定。

第一百六十一条　对当事人不服一审判决提起上诉的案件，在第二审人民法院接到报送的案件之前，当事人有转移、隐匿、出卖或者毁损财产等行为，必须采取保全措施的，由第一审人民法院依当事人申请或者依职权采取。第一审人民法院的保全裁定，应当及时报送第二审人民法院。

第一百六十二条　第二审人民法院裁定对第一审人民法院采取的保全措施予以续保或者采取新的保全措施的，可以自行实施，也可以委托第一审人民法院实施。

再审人民法院裁定对原保全措施予以续保或者采取新的保全措施的，可以自行实施，也可以委托原审人民法院或者执行法院实施。

第一百六十三条　法律文书生效后，进入执行程序前，债权人因对方当事人转移财产等紧急情况，不申请保全将可能导致生效法律文书不能执行或者难以执行的,可以向执行法院申请采取保全措施。债权人在法律文书指定的履行期间届满后五日内不申请执行的,人民法院应当解除保全。

第一百六十四条 对申请保全人或者他人提供的担保财产,人民法院应当依法办理查封、扣押、冻结等手续。

第一百六十五条 人民法院裁定采取保全措施后,除作出保全裁定的人民法院自行解除或者其上级人民法院决定解除外,在保全期限内,任何单位不得解除保全措施。

第一百六十六条 裁定采取保全措施后,有下列情形之一的,人民法院应当作出解除保全裁定:

(一)保全错误的;

(二)申请人撤回保全申请的;

(三)申请人的起诉或者诉讼请求被生效裁判驳回的;

(四)人民法院认为应当解除保全的其他情形。

解除以登记方式实施的保全措施的,应当向登记机关发出协助执行通知书。

第一百六十七条 财产保全的被保全人提供其他等值担保财产且有利于执行的,人民法院可以裁定变更保全标的物为被保全人提供的担保财产。

第一百六十八条 保全裁定未经人民法院依法撤销或者解除,进入执行程序后,自动转为执行中的查封、扣押、冻结措施,期限连续计算,执行法院无需重新制作裁定书,但查封、扣押、冻结期限届满的除外。

第一百六十九条 民事诉讼法规定的先予执行,人民法院应当在受理案件后终审判决作出前采取。先予执行应当限于当事人诉讼请求的范围,并以当事人的生活、生产经营的急需为限。

第一百七十条 民事诉讼法第一百零九条第三项规定的情况紧急,包括:

(一)需要立即停止侵害、排除妨碍的;

(二)需要立即制止某项行为的;

(三)追索恢复生产、经营急需的保险理赔费的;

(四)需要立即返还社会保险金、社会救助资金的;

(五)不立即返还款项,将严重影响权利人生活和生产经营的。

第一百七十一条 当事人对保全或者先予执行裁定不服的,可以自收到裁定书之日起五日内向作出裁定的人民法院申请复议。人民法院应当在收到复议申请后十日内审查。裁定正确的,驳回当事人的申请;裁定不当的,变更或者撤销原裁定。

第一百七十二条 利害关系人对保全或者先予执行的裁定不服申请复议的,由作出裁定的人民法院依照民事诉讼法第一百一十一条规定处理。

第一百七十三条 人民法院先予执行后,根据发生法律效力的判决,申请人应当返还因先予执行所取得的利益的,适用民事诉讼法第二百四十条的规定。

八、对妨害民事诉讼的强制措施

第一百七十四条 民事诉讼法第一百一十二条规定的必须到庭的被告,是指负有赡养、抚育、扶养义务和不到庭就无法查清案情的被告。

人民法院对必须到庭才能查清案件基本事实的原告,经两次传票传唤,无正当理由拒不到庭的,可以拘传。

第一百七十五条 拘传必须用拘传票,并直接送达被拘传人;在拘传前,应当向被拘传人说明拒不到庭的后果,经批评教育仍拒不到庭的,可以拘传其到庭。

第一百七十六条 诉讼参与人或者其他人有下列行为之一的,人民法院可以适用民事诉讼法第一百一十三条规定处理:

(一)未经准许进行录音、录像、摄影的;

(二)未经准许以移动通信等方式现场传播审判活动的;

(三)其他扰乱法庭秩序,妨害审判活动进行的。

有前款规定情形的,人民法院可以暂扣诉讼参与人或者其他人进行录音、录像、摄影、传播审判活动的器材,并责令其删除有关内容;拒不删除的,人民法院可以采取必要手段强制删除。

第一百七十七条 训诫、责令退出法庭由合议庭或者独任审判员决定。训诫的内容、被责令退出法庭者的违法事实应当记入庭审笔录。

第一百七十八条 人民法院依照民事诉讼法第一百一十三条至第一百一十七条的规定采取拘留措施的,应经院长批准,作出拘留决定书,由司法警察将被拘留人送交当地公安机关看管。

第一百七十九条 被拘留人不在本辖区的,作出拘留决定的人民法院应当派员到被拘留人所在地的人民法院，请该院协助执行，受委托的人民法院应当及时派员协助执行。被拘留人申请复议或者在拘留期间承认并改正错误，需要提前解除拘留的，受委托人民法院应当向委托人民法院转达或者提出建议，由委托人民法院审查决定。

第一百八十条　人民法院对被拘留人采取拘留措施后，应当在二十四小时内通知其家属；确实无法按时通知或者通知不到的，应当记录在案。

第一百八十一条　因哄闹、冲击法庭，用暴力、威胁等方法抗拒执行公务等紧急情况，必须立即采取拘留措施的，可在拘留后，立即报告院长补办批准手续。院长认为拘留不当的，应当解除拘留。

第一百八十二条　被拘留人在拘留期间认错悔改的，可以责令其具结悔过，提前解除拘留。提前解除拘留，应报经院长批准，并作出提前解除拘留决定书，交负责看管的公安机关执行。

第一百八十三条　民事诉讼法第一百一十三条至第一百一十六条规定的罚款、拘留可以单独适用，也可以合并适用。

第一百八十四条　对同一妨害民事诉讼行为的罚款、拘留不得连续适用。发生新的妨害民事诉讼行为的，人民法院可以重新予以罚款、拘留。

第一百八十五条　被罚款、拘留的人不服罚款、拘留决定申请复议的，应当自收到决定书之日起三日内提出。上级人民法院应当在收到复议申请后五日内作出决定，并将复议结果通知下级人民法院和当事人。

第一百八十六条　上级人民法院复议时认为强制措施不当的，应当制作决定书，撤销或者变更下级人民法院作出的拘留、罚款决定。情况紧急的，可以在口头通知后三日内发出决定书。

第一百八十七条　民事诉讼法第一百一十四条第一款第五项规定的以暴力、威胁或者其他方法阻碍司法工作人员执行职务的行为，包括：

（一）在人民法院哄闹、滞留，不听从司法工作人员劝阻的；

（二）故意毁损、抢夺人民法院法律文书、查封标志的；

（三）哄闹、冲击执行公务现场，围困、扣押执行或者协助执行公务人员的；

（四）毁损、抢夺、扣留案件材料、执行公务车辆、其他执行公务器械、执行公务人员服装和执行公务证件的；

（五）以暴力、威胁或者其他方法阻碍司法工作人员查询、查封、扣押、冻结、划拨、拍卖、变卖财产的；

（六）以暴力、威胁或者其他方法阻碍司法工作人员执行职务的其他行为。

第一百八十八条　民事诉讼法第一百一十四条第一款第六项规定的拒不履行人民法院已经发生法律效力的判决、裁定的行为，包括：

（一）在法律文书发生法律效力后隐藏、转移、变卖、毁损财产或者无偿转让财产、以明显不合理的价格交易财产、放弃到期债权、无偿为他人提供担保等，致使人民法院无法执行的；

（二）隐藏、转移、毁损或者未经人民法院允许处分已向人民法院提供担保的财产的；

（三）违反人民法院限制高消费令进行消费的；

（四）有履行能力而拒不按照人民法院执行通知履行生效法律文书确定的义务的；

（五）有义务协助执行的个人接到人民法院协助执行通知书后，拒不协助执行的。

第一百八十九条　诉讼参与人或者其他人有下列行为之一的，人民法院可以适用民事诉讼法第一百一十四条的规定处理：

（一）冒充他人提起诉讼或者参加诉讼的；

（二）证人签署保证书后作虚假证言，妨碍人民法院审理案件的；

（三）伪造、隐藏、毁灭或者拒绝交出有关被执行人履行能力的重要证据，妨碍人民法院查明被执行人财产状况的；

（四）擅自解冻已被人民法院冻结的财产的；

（五）接到人民法院协助执行通知书后，给当事人通风报信，协助其转移、隐匿财产的。

第一百九十条　民事诉讼法第一百一十五条规定的他人合法权益，包括案外人的合法权益、国家利益、社会公共利益。

第三人根据民事诉讼法第五十九条第三款规定提起撤销之诉，经审查，原案当事人之间恶意串通进行虚假诉讼的，适用民事诉讼法第一百一十五条规定处理。

第一百九十一条　单位有民事诉讼法第一百一十五条或者第一百一十六条规定行为的，人民法院应当对该单位进行罚款，并可以对其主要负责人或者直接责任人员予以罚款、拘留;构成犯罪的,依法追究刑事责任。

第一百九十二条 有关单位接到人民法院协助执行通知书后,有下列行为之一的,人民法院可以适用民事诉讼法第一百一十七条规定处理:

(一)允许被执行人高消费的;

(二)允许被执行人出境的;

(三)拒不停止办理有关财产权证照转移手续、权属变更登记、规划审批等手续的;

(四)以需要内部请示、内部审批,有内部规定等为由拖延办理的。

第一百九十三条 人民法院对个人或者单位采取罚款措施时,应当根据其实施妨害民事诉讼行为的性质、情节、后果,当地的经济发展水平,以及诉讼标的额等因素,在民事诉讼法第一百一十八条第一款规定的限额内确定相应的罚款金额。

九、诉讼费用

第一百九十四条 依照民事诉讼法第五十七条审理的案件不预交案件受理费,结案后按照诉讼标的额由败诉方交纳。

第一百九十五条 支付令失效后转入诉讼程序的,债权人应当按照《诉讼费用交纳办法》补交案件受理费。

支付令被撤销后,债权人另行起诉的,按照《诉讼费用交纳办法》交纳诉讼费用。

第一百九十六条 人民法院改变原判决、裁定、调解结果的,应当在裁判文书中对原审诉讼费用的负担一并作出处理。

第一百九十七条 诉讼标的物是证券的,按照证券交易规则并根据当事人起诉之日前最后一个交易日的收盘价、当日的市场价或者其载明的金额计算诉讼标的金额。

第一百九十八条 诉讼标的物是房屋、土地、林木、车辆、船舶、文物等特定物或者知识产权,起诉时价值难以确定的,人民法院应当向原告释明主张过高或者过低的诉讼风险,以原告主张的价值确定诉讼标的金额。

第一百九十九条 适用简易程序审理的案件转为普通程序的,原告自接到人民法院交纳诉讼费用通知之日起七日内补交案件受理费。

原告无正当理由未按期足额补交的,按撤诉处理,已经收取的诉讼费用退还一半。

第二百条 破产程序中有关债务人的民事诉讼案件,按照财产案件标准交纳诉讼费,但劳动争议案件除外。

第二百零一条 既有财产性诉讼请求,又有非财产性诉讼请求的,按照财产性诉讼请求的标准交纳诉讼费。

有多个财产性诉讼请求的,合并计算交纳诉讼费;诉讼请求中有多个非财产性诉讼请求的,按一件交纳诉讼费。

第二百零二条 原告、被告、第三人分别上诉的,按照上诉请求分别预交二审案件受理费。

同一方多人共同上诉的,只预交一份二审案件受理费;分别上诉的,按照上诉请求分别预交二审案件受理费。

第二百零三条 承担连带责任的当事人败诉的,应当共同负担诉讼费用。

第二百零四条 实现担保物权案件,人民法院裁定拍卖、变卖担保财产的,申请费由债务人、担保人负担;人民法院裁定驳回申请的,申请费由申请人负担。

申请人另行起诉的,其已经交纳的申请费可以从案件受理费中扣除。

第二百零五条 拍卖、变卖担保财产的裁定作出后,人民法院强制执行的,按照执行金额收取执行申请费。

第二百零六条 人民法院决定减半收取案件受理费的,只能减半一次。

第二百零七条 判决生效后,胜诉方预交但不应负担的诉讼费用,人民法院应当退还,由败诉方向人民法院交纳,但胜诉方自愿承担或者同意败诉方直接向其支付的除外。

当事人拒不交纳诉讼费用的,人民法院可以强制执行。

十、第一审普通程序

第二百零八条 人民法院接到当事人提交的民事起诉状时,对符合民事诉讼法第一百二十二条的规定,且不属于第一百二十七条规定情形的,应当登记立案;对当场不能判定是否符合起诉条件的,应当接收起诉材料,并出具注明收到日期的书面凭证。

需要补充必要相关材料的,人民法院应当及时告知当事人。在补齐相关材料后,应当在七日内决定是否立案。

立案后发现不符合起诉条件或者属于民事诉讼

法第一百二十七条规定情形的,裁定驳回起诉。

第二百零九条 原告提供被告的姓名或者名称、住所等信息具体明确,足以使被告与他人相区别的,可以认定为有明确的被告。

起诉状列写被告信息不足以认定明确的被告的,人民法院可以告知原告补正。原告补正后仍不能确定明确的被告的,人民法院裁定不予受理。

第二百一十条 原告在起诉状中有谩骂和人身攻击之辞的,人民法院应当告知其修改后提起诉讼。

第二百一十一条 对本院没有管辖权的案件,告知原告向有管辖权的人民法院起诉;原告坚持起诉的,裁定不予受理;立案后发现本院没有管辖权的,应当将案件移送有管辖权的人民法院。

第二百一十二条 裁定不予受理、驳回起诉的案件,原告再次起诉,符合起诉条件且不属于民事诉讼法第一百二十七条规定情形的,人民法院应予受理。

第二百一十三条 原告应当预交而未预交案件受理费,人民法院应当通知其预交,通知后仍不预交或者申请减、缓、免未获批准而仍不预交的,裁定按撤诉处理。

第二百一十四条 原告撤诉或者人民法院按撤诉处理后,原告以同一诉讼请求再次起诉的,人民法院应予受理。

原告撤诉或者按撤诉处理的离婚案件,没有新情况、新理由,六个月内又起诉的,比照民事诉讼法第一百二十七条第七项的规定不予受理。

第二百一十五条 依照民事诉讼法第一百二十七条第二项的规定,当事人在书面合同中订有仲裁条款,或者在发生纠纷后达成书面仲裁协议,一方向人民法院起诉的,人民法院应当告知原告向仲裁机构申请仲裁,其坚持起诉的,裁定不予受理,但仲裁条款或者仲裁协议不成立、无效、失效、内容不明确无法执行的除外。

第二百一十六条 在人民法院首次开庭前,被告以有书面仲裁协议为由对受理民事案件提出异议的,人民法院应当进行审查。

经审查符合下列情形之一的,人民法院应当裁定驳回起诉:

(一)仲裁机构或者人民法院已经确认仲裁协议有效的;

(二)当事人没有在仲裁庭首次开庭前对仲裁协议的效力提出异议的;

(三)仲裁协议符合仲裁法第十六条规定且不具有仲裁法第十七条规定情形的。

第二百一十七条 夫妻一方下落不明,另一方诉至人民法院,只要求离婚,不申请宣告下落不明人失踪或者死亡的案件,人民法院应当受理,对下落不明人公告送达诉讼文书。

第二百一十八条 赡养费、扶养费、抚养费案件,裁判发生法律效力后,因新情况、新理由,一方当事人再行起诉要求增加或者减少费用的,人民法院应作为新案受理。

第二百一十九条 当事人超过诉讼时效期间起诉的,人民法院应予受理。受理后对方当事人提出诉讼时效抗辩,人民法院经审理认为抗辩事由成立的,判决驳回原告的诉讼请求。

第二百二十条 民事诉讼法第七十一条、第一百三十七条、第一百五十九条规定的商业秘密,是指生产工艺、配方、贸易联系、购销渠道等当事人不愿公开的技术秘密、商业情报及信息。

第二百二十一条 基于同一事实发生的纠纷,当事人分别向同一人民法院起诉的,人民法院可以合并审理。

第二百二十二条 原告在起诉状中直接列写第三人的,视为其申请人民法院追加该第三人参加诉讼。是否通知第三人参加诉讼,由人民法院审查决定。

第二百二十三条 当事人在提交答辩状期间提出管辖异议,又针对起诉状的内容进行答辩的,人民法院应当依照民事诉讼法第一百三十条第一款的规定,对管辖异议进行审查。

当事人未提出管辖异议,就案件实体内容进行答辩、陈述或者反诉的,可以认定为民事诉讼法第一百三十条第二款规定的应诉答辩。

第二百二十四条 依照民事诉讼法第一百三十六条第四项规定,人民法院可以在答辩期届满后,通过组织证据交换、召集庭前会议等方式,作好审理前的准备。

第二百二十五条 根据案件具体情况,庭前会议可以包括下列内容:

(一)明确原告的诉讼请求和被告的答辩意见;

(二)审查处理当事人增加、变更诉讼请求的申请和提出的反诉,以及第三人提出的与本案有关的诉讼请求;

(三)根据当事人的申请决定调查收集证据,委托鉴定,要求当事人提供证据,进行勘验,进行证据保全；

（四）组织交换证据；

（五）归纳争议焦点；

（六）进行调解。

第二百二十六条　人民法院应当根据当事人的诉讼请求、答辩意见以及证据交换的情况，归纳争议焦点，并就归纳的争议焦点征求当事人的意见。

第二百二十七条　人民法院适用普通程序审理案件，应当在开庭三日前用传票传唤当事人。对诉讼代理人、证人、鉴定人、勘验人、翻译人员应当用通知书通知其到庭。当事人或者其他诉讼参与人在外地的，应当留有必要的在途时间。

第二百二十八条　法庭审理应当围绕当事人争议的事实、证据和法律适用等焦点问题进行。

第二百二十九条　当事人在庭审中对其在审理前的准备阶段认可的事实和证据提出不同意见的，人民法院应当责令其说明理由。必要时，可以责令其提供相应证据。人民法院应当结合当事人的诉讼能力、证据和案件的具体情况进行审查。理由成立的，可以列入争议焦点进行审理。

第二百三十条　人民法院根据案件具体情况并征得当事人同意，可以将法庭调查和法庭辩论合并进行。

第二百三十一条　当事人在法庭上提出新的证据的，人民法院应当依照民事诉讼法第六十八条第二款规定和本解释相关规定处理。

第二百三十二条　在案件受理后，法庭辩论结束前，原告增加诉讼请求，被告提出反诉，第三人提出与本案有关的诉讼请求，可以合并审理的，人民法院应当合并审理。

第二百三十三条　反诉的当事人应当限于本诉的当事人的范围。

反诉与本诉的诉讼请求基于相同法律关系、诉讼请求之间具有因果关系，或者反诉与本诉的诉讼请求基于相同事实的，人民法院应当合并审理。

反诉应由其他人民法院专属管辖，或者与本诉的诉讼标的及诉讼请求所依据的事实、理由无关联的，裁定不予受理，告知另行起诉。

第二百三十四条　无民事行为能力人的离婚诉讼，当事人的法定代理人应当到庭；法定代理人不能到庭的，人民法院应当在查清事实的基础上，依法作出判决。

第二百三十五条　无民事行为能力的当事人的法定代理人，经传票传唤无正当理由拒不到庭，属于原告方的，比照民事诉讼法第一百四十六条的规定，按撤诉处理；属于被告方的，比照民事诉讼法第一百四十七条的规定，缺席判决。必要时，人民法院可以拘传其到庭。

第二百三十六条　有独立请求权的第三人经人民法院传票传唤，无正当理由拒不到庭的，或者未经法庭许可中途退庭的，比照民事诉讼法第一百四十六条的规定，按撤诉处理。

第二百三十七条　有独立请求权的第三人参加诉讼后，原告申请撤诉，人民法院在准许原告撤诉后，有独立请求权的第三人作为另案原告，原案原告、被告作为另案被告，诉讼继续进行。

第二百三十八条　当事人申请撤诉或者依法可以按撤诉处理的案件，如果当事人有违反法律的行为需要依法处理的，人民法院可以不准许撤诉或者不按撤诉处理。

法庭辩论终结后原告申请撤诉，被告不同意的，人民法院可以不予准许。

第二百三十九条　人民法院准许本诉原告撤诉的，应当对反诉继续审理；被告申请撤回反诉的，人民法院应予准许。

第二百四十条　无独立请求权的第三人经人民法院传票传唤，无正当理由拒不到庭，或者未经法庭许可中途退庭的，不影响案件的审理。

第二百四十一条　被告经传票传唤无正当理由拒不到庭，或者未经法庭许可中途退庭的，人民法院应当按期开庭或者继续开庭审理，对到庭的当事人诉讼请求、双方的诉辩理由以及已经提交的证据及其他诉讼材料进行审理后，可以依法缺席判决。

第二百四十二条　一审宣判后，原审人民法院发现判决有错误，当事人在上诉期内提出上诉的，原审人民法院可以提出原判决有错误的意见，报送第二审人民法院，由第二审人民法院按照第二审程序进行审理；当事人不上诉的，按照审判监督程序处理。

第二百四十三条　民事诉讼法第一百五十二条规定的审限，是指从立案之日起至裁判宣告、调解书送达之日止的期间，但公告期间、鉴定期间、双方当事人和解期间、审理当事人提出的管辖异议以及处理人民法院之间的管辖争议期间不应计算在内。

第二百四十四条　可以上诉的判决书、裁定书不能同时送达双方当事人的，上诉期从各自收到判决书、裁定书之日计算。

第二百四十五条 民事诉讼法第一百五十七条第一款第七项规定的笔误是指法律文书误写、误算，诉讼费用漏写、误算和其他笔误。

第二百四十六条 裁定中止诉讼的原因消除，恢复诉讼程序时，不必撤销原裁定，从人民法院通知或者准许当事人双方继续进行诉讼时起，中止诉讼的裁定即失去效力。

第二百四十七条 当事人就已经提起诉讼的事项在诉讼过程中或者裁判生效后再次起诉，同时符合下列条件的，构成重复起诉：

（一）后诉与前诉的当事人相同；

（二）后诉与前诉的诉讼标的相同；

（三）后诉与前诉的诉讼请求相同，或者后诉的诉讼请求实质上否定前诉裁判结果。

当事人重复起诉的，裁定不予受理；已经受理的，裁定驳回起诉，但法律、司法解释另有规定的除外。

第二百四十八条 裁判发生法律效力后，发生新的事实，当事人再次提起诉讼的，人民法院应当依法受理。

第二百四十九条 在诉讼中，争议的民事权利义务转移的，不影响当事人的诉讼主体资格和诉讼地位。人民法院作出的发生法律效力的判决、裁定对受让人具有拘束力。

受让人申请以无独立请求权的第三人身份参加诉讼的，人民法院可予准许。受让人申请替代当事人承担诉讼的，人民法院可以根据案件的具体情况决定是否准许；不予准许的，可以追加其为无独立请求权的第三人。

第二百五十条 依照本解释第二百四十九条规定，人民法院准许受让人替代当事人承担诉讼的，裁定变更当事人。

变更当事人后，诉讼程序以受让人为当事人继续进行，原当事人应当退出诉讼。原当事人已经完成的诉讼行为对受让人具有拘束力。

第二百五十一条 二审裁定撤销一审判决发回重审的案件，当事人申请变更、增加诉讼请求或者提出反诉，第三人提出与本案有关的诉讼请求的，依照民事诉讼法第一百四十三条规定处理。

第二百五十二条 再审裁定撤销原判决、裁定发回重审的案件，当事人申请变更、增加诉讼请求或者提出反诉，符合下列情形之一的，人民法院应当准许：

（一）原审未合法传唤缺席判决，影响当事人行使诉讼权利的；

（二）追加新的诉讼当事人的；

（三）诉讼标的物灭失或者发生变化致使原诉讼请求无法实现的；

（四）当事人申请变更、增加的诉讼请求或者提出的反诉，无法通过另诉解决的。

第二百五十三条 当庭宣判的案件，除当事人当庭要求邮寄发送裁判文书的外，人民法院应当告知当事人或者诉讼代理人领取裁判文书的时间和地点以及逾期不领取的法律后果。上述情况，应当记入笔录。

第二百五十四条 公民、法人或者其他组织申请查阅发生法律效力的判决书、裁定书的，应当向作出该生效裁判的人民法院提出。申请应当以书面形式提出，并提供具体的案号或者当事人姓名、名称。

第二百五十五条 对于查阅判决书、裁定书的申请，人民法院根据下列情形分别处理：

（一）判决书、裁定书已经通过信息网络向社会公开的，应当引导申请人自行查阅；

（二）判决书、裁定书未通过信息网络向社会公开，且申请符合要求的，应当及时提供便捷的查阅服务；

（三）判决书、裁定书尚未发生法律效力，或者已失去法律效力的，不提供查阅并告知申请人；

（四）发生法律效力的判决书、裁定书不是本院作出的，应当告知申请人向作出生效裁判的人民法院申请查阅；

（五）申请查阅的内容涉及国家秘密、商业秘密、个人隐私的，不予准许并告知申请人。

十一、简易程序

第二百五十六条 民事诉讼法第一百六十条规定的简单民事案件中的事实清楚，是指当事人对争议的事实陈述基本一致，并能提供相应的证据，无须人民法院调查收集证据即可查明事实；权利义务关系明确是指能明确区分谁是责任的承担者，谁是权利的享有者；争议不大是指当事人对案件的是非、责任承担以及诉讼标的争执无原则分歧。

第二百五十七条 下列案件，不适用简易程序：

（一）起诉时被告下落不明的；

（二）发回重审的；

（三）当事人一方人数众多的；

（四）适用审判监督程序的；

（五）涉及国家利益、社会公共利益的；

（六）第三人起诉请求改变或者撤销生效判决、裁定、调解书的；

（七）其他不宜适用简易程序的案件。

第二百五十八条 适用简易程序审理的案件，审理期限到期后，有特殊情况需要延长的，经本院院长批准，可以延长审理期限。延长后的审理期限累计不得超过四个月。

人民法院发现案件不宜适用简易程序，需要转为普通程序审理的，应当在审理期限届满前作出裁定并将审判人员及相关事项书面通知双方当事人。

案件转为普通程序审理的，审理期限自人民法院立案之日计算。

第二百五十九条 当事人双方可就开庭方式向人民法院提出申请，由人民法院决定是否准许。经当事人双方同意，可以采用视听传输技术等方式开庭。

第二百六十条 已经按照普通程序审理的案件，在开庭后不得转为简易程序审理。

第二百六十一条 适用简易程序审理案件，人民法院可以依照民事诉讼法第九十条、第一百六十二条的规定采取捎口信、电话、短信、传真、电子邮件等简便方式传唤双方当事人、通知证人和送达诉讼文书。

以简便方式送达的开庭通知，未经当事人确认或者没有其他证据证明当事人已经收到的，人民法院不得缺席判决。

适用简易程序审理案件，由审判员独任审判，书记员担任记录。

第二百六十二条 人民法庭制作的判决书、裁定书、调解书，必须加盖基层人民法院印章，不得用人民法庭的印章代替基层人民法院的印章。

第二百六十三条 适用简易程序审理案件，卷宗中应当具备以下材料：

（一）起诉状或者口头起诉笔录；

（二）答辩状或者口头答辩笔录；

（三）当事人身份证明材料；

（四）委托他人代理诉讼的授权委托书或者口头委托笔录；

（五）证据；

（六）询问当事人笔录；

（七）审理（包括调解）笔录；

（八）判决书、裁定书、调解书或者调解协议；

（九）送达和宣判笔录；

（十）执行情况；

（十一）诉讼费收据；

（十二）适用民事诉讼法第一百六十五条规定审理的，有关程序适用的书面告知。

第二百六十四条 当事人双方根据民事诉讼法第一百六十条第二款规定约定适用简易程序的，应当在开庭前提出。口头提出的，记入笔录，由双方当事人签名或者捺印确认。

本解释第二百五十七条规定的案件，当事人约定适用简易程序的，人民法院不予准许。

第二百六十五条 原告口头起诉的，人民法院应当将当事人的姓名、性别、工作单位、住所、联系方式等基本信息，诉讼请求，事实及理由等准确记入笔录，由原告核对无误后签名或者捺印。对当事人提交的证据材料，应当出具收据。

第二百六十六条 适用简易程序案件的举证期限由人民法院确定，也可以由当事人协商一致并经人民法院准许，但不得超过十五日。被告要求书面答辩的，人民法院可在征得其同意的基础上，合理确定答辩期间。

人民法院应当将举证期限和开庭日期告知双方当事人，并向当事人说明逾期举证以及拒不到庭的法律后果，由双方当事人在笔录和开庭传票的送达回证上签名或者捺印。

当事人双方均表示不需要举证期限、答辩期间的，人民法院可以立即开庭审理或者确定开庭日期。

第二百六十七条 适用简易程序审理案件，可以简便方式进行审理前的准备。

第二百六十八条 对没有委托律师、基层法律服务工作者代理诉讼的当事人，人民法院在庭审过程中可以对回避、自认、举证证明责任等相关内容向其作必要的解释或者说明，并在庭审过程中适当提示当事人正确行使诉讼权利、履行诉讼义务。

第二百六十九条 当事人就案件适用简易程序提出异议，人民法院经审查，异议成立的，裁定转为普通程序；异议不成立的，裁定驳回。裁定以口头方式作出的，应当记入笔录。

转为普通程序的，人民法院应当将审判人员及相关事项以书面形式通知双方当事人。

转为普通程序前，双方当事人已确认的事实，可以不再进行举证、质证。

第二百七十条 适用简易程序审理的案件，有下列情形之一的，人民法院在制作判决书、裁定书、调解书时，对认定事实或者裁判理由部分可以适当简化：

（一）当事人达成调解协议并需要制作民事调解书的；

（二）一方当事人明确表示承认对方全部或者部分诉讼请求的；

（三）涉及商业秘密、个人隐私的案件，当事人一方要求简化裁判文书中的相关内容，人民法院认为理由正当的；

（四）当事人双方同意简化的。

十二、简易程序中的小额诉讼

第二百七十一条 人民法院审理小额诉讼案件，适用民事诉讼法第一百六十五条的规定，实行一审终审。

第二百七十二条 民事诉讼法第一百六十五条规定的各省、自治区、直辖市上年度就业人员年平均工资，是指已经公布的各省、自治区、直辖市上一年度就业人员年平均工资。在上一年度就业人员年平均工资公布前，以已经公布的最近年度就业人员年平均工资为准。

第二百七十三条 海事法院可以适用小额诉讼的程序审理海事、海商案件。案件标的额应当以实际受理案件的海事法院或者其派出法庭所在的省、自治区、直辖市上年度就业人员年平均工资为基数计算。

第二百七十四条 人民法院受理小额诉讼案件，应当向当事人告知该类案件的审判组织、一审终审、审理期限、诉讼费用交纳标准等相关事项。

第二百七十五条 小额诉讼案件的举证期限由人民法院确定，也可以由当事人协商一致并经人民法院准许，但一般不超过七日。

被告要求书面答辩的，人民法院可以在征得其同意的基础上合理确定答辩期间，但最长不得超过十五日。

当事人到庭后表示不需要举证期限和答辩期间的，人民法院可立即开庭审理。

第二百七十六条 当事人对小额诉讼案件提出管辖异议的，人民法院应当作出裁定。裁定一经作出即生效。

第二百七十七条 人民法院受理小额诉讼案件后，发现起诉不符合民事诉讼法第一百二十二条规定的起诉条件的，裁定驳回起诉。裁定一经作出即生效。

第二百七十八条 因当事人申请增加或者变更诉讼请求、提出反诉、追加当事人等，致使案件不符合小额诉讼案件条件的，应当适用简易程序的其他规定审理。

前款规定案件，应当适用普通程序审理的，裁定转为普通程序。

适用简易程序的其他规定或者普通程序审理前，双方当事人已确认的事实，可以不再进行举证、质证。

第二百七十九条 当事人对按照小额诉讼案件审理有异议的，应当在开庭前提出。人民法院经审查，异议成立的，适用简易程序的其他规定审理或者裁定转为普通程序；异议不成立的，裁定驳回。裁定以口头方式作出的，应当记入笔录。

第二百八十条 小额诉讼案件的裁判文书可以简化，主要记载当事人基本信息、诉讼请求、裁判主文等内容。

第二百八十一条 人民法院审理小额诉讼案件，本解释没有规定的，适用简易程序的其他规定。

十三、公益诉讼

第二百八十二条 环境保护法、消费者权益保护法等法律规定的机关和有关组织对污染环境、侵害众多消费者合法权益等损害社会公共利益的行为，根据民事诉讼法第五十八条规定提起公益诉讼，符合下列条件的，人民法院应当受理：

（一）有明确的被告；

（二）有具体的诉讼请求；

（三）有社会公共利益受到损害的初步证据；

（四）属于人民法院受理民事诉讼的范围和受诉人民法院管辖。

第二百八十三条 公益诉讼案件由侵权行为地或者被告住所地中级人民法院管辖，但法律、司法解释另有规定的除外。

因污染海洋环境提起的公益诉讼，由污染发生地、损害结果地或者采取预防污染措施地海事法院管辖。

对同一侵权行为分别向两个以上人民法院提起公益诉讼的，由最先立案的人民法院管辖，必要时由它们的共同上级人民法院指定管辖。

第二百八十四条 人民法院受理公益诉讼案件后，应当在十日内书面告知相关行政主管部门。

第二百八十五条 人民法院受理公益诉讼案件后，依法可以提起诉讼的其他机关和有关组织，可以在开庭前向人民法院申请参加诉讼。人民法院准许参加诉讼的，列为共同原告。

第二百八十六条 人民法院受理公益诉讼案件，不影响同一侵权行为的受害人根据民事诉讼法第一百二十二条规定提起诉讼。

第二百八十七条 对公益诉讼案件，当事人可以和解，人民法院可以调解。

当事人达成和解或者调解协议后，人民法院应当将和解或者调解协议进行公告。公告期间不得少于三十日。

公告期满后，人民法院经审查，和解或者调解协议不违反社会公共利益的，应当出具调解书；和解或者调解协议违反社会公共利益的，不予出具调解书，继续对案件进行审理并依法作出裁判。

第二百八十八条 公益诉讼案件的原告在法庭辩论终结后申请撤诉的，人民法院不予准许。

第二百八十九条 公益诉讼案件的裁判发生法律效力后，其他依法具有原告资格的机关和有关组织就同一侵权行为另行提起公益诉讼的，人民法院裁定不予受理，但法律、司法解释另有规定的除外。

十四、第三人撤销之诉

第二百九十条 第三人对已经发生法律效力的判决、裁定、调解书提起撤销之诉的，应当自知道或者应当知道其民事权益受到损害之日起六个月内，向作出生效判决、裁定、调解书的人民法院提出，并应当提供存在下列情形的证据材料：

（一）因不能归责于本人的事由未参加诉讼；

（二）发生法律效力的判决、裁定、调解书的全部或者部分内容错误；

（三）发生法律效力的判决、裁定、调解书内容错误损害其民事权益。

第二百九十一条 人民法院应当在收到起诉状和证据材料之日起五日内送交对方当事人，对方当事人可以自收到起诉状之日起十日内提出书面意见。

人民法院应当对第三人提交的起诉状、证据材料以及对方当事人的书面意见进行审查。必要时，可以询问双方当事人。

经审查，符合起诉条件的，人民法院应当在收到起诉状之日起三十日内立案。不符合起诉条件的，应当在收到起诉状之日起三十日内裁定不予受理。

第二百九十二条 人民法院对第三人撤销之诉案件，应当组成合议庭开庭审理。

第二百九十三条 民事诉讼法第五十九条第三款规定的因不能归责于本人的事由未参加诉讼，是指没有被列为生效判决、裁定、调解书当事人，且无过错或者无明显过错的情形。包括：

（一）不知道诉讼而未参加的；

（二）申请参加未获准许的；

（三）知道诉讼，但因客观原因无法参加的；

（四）因其他不能归责于本人的事由未参加诉讼的。

第二百九十四条 民事诉讼法第五十九条第三款规定的判决、裁定、调解书的部分或者全部内容，是指判决、裁定的主文，调解书中处理当事人民事权利义务的结果。

第二百九十五条 对下列情形提起第三人撤销之诉的，人民法院不予受理：

（一）适用特别程序、督促程序、公示催告程序、破产程序等非讼程序处理的案件；

（二）婚姻无效、撤销或者解除婚姻关系等判决、裁定、调解书中涉及身份关系的内容；

（三）民事诉讼法第五十七条规定的未参加登记的权利人对代表人诉讼案件的生效裁判；

（四）民事诉讼法第五十八条规定的损害社会公共利益行为的受害人对公益诉讼案件的生效裁判。

第二百九十六条 第三人提起撤销之诉，人民法院应当将该第三人列为原告，生效判决、裁定、调解书的当事人列为被告，但生效判决、裁定、调解书中没有承担责任的无独立请求权的第三人列为第三人。

第二百九十七条 受理第三人撤销之诉案件后，原告提供相应担保，请求中止执行的，人民法院可以准许。

第二百九十八条 对第三人撤销或者部分撤销发生法律效力的判决、裁定、调解书内容的请求，人民法院经审理，按下列情形分别处理：

（一）请求成立且确认其民事权利的主张全部或部分成立的，改变原判决、裁定、调解书内容的错误部分；

（二）请求成立，但确认其全部或部分民事权利的主张不成立，或者未提出确认其民事权利请求的，撤销原判决、裁定、调解书内容的错误部分；

（三）请求不成立的，驳回诉讼请求。

对前款规定裁判不服的，当事人可以上诉。

原判决、裁定、调解书的内容未改变或者未撤销的部分继续有效。

第二百九十九条 第三人撤销之诉案件审理期间，人民法院对生效判决、裁定、调解书裁定再审的，受理第三人撤销之诉的人民法院应当裁定将第三人的诉讼请求并入再审程序。但有证据证明原审当事人之间恶意串通损害第三人合法权益的，人民法院应当先行审理第三人撤销之诉案件，裁定中止再审诉讼。

第三百条 第三人诉讼请求并入再审程序审理的，按照下列情形分别处理：

（一）按照第一审程序审理的，人民法院应当对第三人的诉讼请求一并审理，所作的判决可以上诉；

（二）按照第二审程序审理的，人民法院可以调解，调解达不成协议的，应当裁定撤销原判决、裁定、调解书，发回一审法院重审，重审时应当列明第三人。

第三百零一条 第三人提起撤销之诉后，未中止生效判决、裁定、调解书执行的，执行法院对第三人依照民事诉讼法第二百三十四条规定提出的执行异议，应予审查。第三人不服驳回执行异议裁定，申请对原判决、裁定、调解书再审的，人民法院不予受理。

案外人对人民法院驳回其执行异议裁定不服，认为原判决、裁定、调解书内容错误损害其合法权益的，应当根据民事诉讼法第二百三十四条规定申请再审，提起第三人撤销之诉的，人民法院不予受理。

十五、执行异议之诉

第三百零二条 根据民事诉讼法第二百三十四条规定，案外人、当事人对执行异议裁定不服，自裁定送达之日起十五日内向人民法院提起执行异议之诉的，由执行法院管辖。

第三百零三条 案外人提起执行异议之诉，除符合民事诉讼法第一百二十二条规定外，还应当具备下列条件：

（一）案外人的执行异议申请已经被人民法院裁定驳回；

（二）有明确的排除对执行标的执行的诉讼请求，且诉讼请求与原判决、裁定无关；

（三）自执行异议裁定送达之日起十五日内提起。

人民法院应当在收到起诉状之日起十五日内决定是否立案。

第三百零四条 申请执行人提起执行异议之诉，除符合民事诉讼法第一百二十二条规定外，还应当具备下列条件：

（一）依案外人执行异议申请，人民法院裁定中止执行；

（二）有明确的对执行标的继续执行的诉讼请求，且诉讼请求与原判决、裁定无关；

（三）自执行异议裁定送达之日起十五日内提起。

人民法院应当在收到起诉状之日起十五日内决定是否立案。

第三百零五条 案外人提起执行异议之诉的，以申请执行人为被告。被执行人反对案外人异议的，被执行人为共同被告；被执行人不反对案外人异议的，可以列被执行人为第三人。

第三百零六条 申请执行人提起执行异议之诉的，以案外人为被告。被执行人反对申请执行人主张的，以案外人和被执行人为共同被告；被执行人不反对申请执行人主张的，可以列被执行人为第三人。

第三百零七条 申请执行人对中止执行裁定未提起执行异议之诉，被执行人提起执行异议之诉的，人民法院告知其另行起诉。

第三百零八条 人民法院审理执行异议之诉案件，适用普通程序。

第三百零九条 案外人或者申请执行人提起执行异议之诉的，案外人应当就其对执行标的享有足以排除强制执行的民事权益承担举证证明责任。

第三百一十条 对案外人提起的执行异议之诉，人民法院经审理，按照下列情形分别处理：

（一）案外人就执行标的享有足以排除强制执行的民事权益的，判决不得执行该执行标的；

（二）案外人就执行标的不享有足以排除强制执行的民事权益的，判决驳回诉讼请求。

案外人同时提出确认其权利的诉讼请求的，人民法院可以在判决中一并作出裁判。

第三百一十一条 对申请执行人提起的执行异议之诉，人民法院经审理，按照下列情形分别处理：

（一）案外人就执行标的不享有足以排除强制执行的民事权益的，判决准许执行该执行标的；

（二）案外人就执行标的享有足以排除强制执行的民事权益的，判决驳回诉讼请求。

第三百一十二条 对案外人执行异议之诉，人民法院判决不得对执行标的执行的，执行异议裁定失效。

对申请执行人执行异议之诉，人民法院判决准许对该执行标的执行的，执行异议裁定失效，执行法院可以根据申请执行人的申请或者依职权恢复执行。

第三百一十三条 案外人执行异议之诉审理期间，人民法院不得对执行标的进行处分。申请执行人请求人民法院继续执行并提供相应担保的，人民法院可以准许。

被执行人与案外人恶意串通，通过执行异议、执行异议之诉妨害执行的，人民法院应当依照民事诉讼法第一百一十六条规定处理。申请执行人因此受到损害的，可以提起诉讼要求被执行人、案外人赔偿。

第三百一十四条 人民法院对执行标的裁定中止执行后，申请执行人在法律规定的期间内未提起执行异议之诉的，人民法院应当自起诉期限届满之日起七日内解除对该执行标的采取的执行措施。

十六、第二审程序

第三百一十五条 双方当事人和第三人都提起上诉的，均列为上诉人。人民法院可以依职权确定第二审程序中当事人的诉讼地位。

第三百一十六条 民事诉讼法第一百七十三条、第一百七十四条规定的对方当事人包括被上诉人和原审其他当事人。

第三百一十七条 必要共同诉讼人的一人或者部分人提起上诉的，按下列情形分别处理：

（一）上诉仅对与对方当事人之间权利义务分担有意见，不涉及其他共同诉讼人利益的，对方当事人为被上诉人，未上诉的同一方当事人依原审诉讼地位列明；

（二）上诉仅对共同诉讼人之间权利义务分担有意见，不涉及对方当事人利益的，未上诉的同一方当事人为被上诉人，对方当事人依原审诉讼地位列明；

（三）上诉对双方当事人之间以及共同诉讼人之间权利义务承担有意见的，未提起上诉的其他当事人均为被上诉人。

第三百一十八条 一审宣判时或者判决书、裁定书送达时，当事人口头表示上诉的，人民法院应告知其必须在法定上诉期间内递交上诉状。未在法定上诉期间内递交上诉状的，视为未提起上诉。虽递交上诉状，但未在指定的期限内交纳上诉费的，按自动撤回上诉处理。

第三百一十九条 无民事行为能力人、限制民事行为能力人的法定代理人，可以代理当事人提起上诉。

第三百二十条 上诉案件的当事人死亡或者终止的，人民法院依法通知其权利义务承继者参加诉讼。

需要终结诉讼的，适用民事诉讼法第一百五十四条规定。

第三百二十一条 第二审人民法院应当围绕当事人的上诉请求进行审理。

当事人没有提出请求的，不予审理，但一审判决违反法律禁止性规定，或者损害国家利益、社会公共利益、他人合法权益的除外。

第三百二十二条 开庭审理的上诉案件，第二审人民法院可以依照民事诉讼法第一百三十六条第四项规定进行审理前的准备。

第三百二十三条 下列情形，可以认定为民事诉讼法第一百七十七条第一款第四项规定的严重违反法定程序：

（一）审判组织的组成不合法的；

（二）应当回避的审判人员未回避的；

（三）无诉讼行为能力人未经法定代理人代为诉讼的；

（四）违法剥夺当事人辩论权利的。

第三百二十四条 对当事人在第一审程序中已经提出的诉讼请求，原审人民法院未作审理、判决的，第二审人民法院可以根据当事人自愿的原则进行调解；调解不成的，发回重审。

第三百二十五条 必须参加诉讼的当事人或者有独立请求权的第三人，在第一审程序中未参加诉讼，第二审人民法院可以根据当事人自愿的原则予以调解；调解不成的，发回重审。

第三百二十六条 在第二审程序中，原审原告增加独立的诉讼请求或者原审被告提出反诉的，第二审人民法院可以根据当事人自愿的原则就新增加的诉讼请求或者反诉进行调解；调解不成的，告知当事人另行起诉。

双方当事人同意由第二审人民法院一并审理的，第二审人民法院可以一并裁判。

第三百二十七条　一审判决不准离婚的案件，上诉后，第二审人民法院认为应当判决离婚的，可以根据当事人自愿的原则，与子女抚养、财产问题一并调解；调解不成的，发回重审。

双方当事人同意由第二审人民法院一并审理的，第二审人民法院可以一并裁判。

第三百二十八条　人民法院依照第二审程序审理案件，认为依法不应由人民法院受理的，可以由第二审人民法院直接裁定撤销原裁判，驳回起诉。

第三百二十九条　人民法院依照第二审程序审理案件，认为第一审人民法院受理案件违反专属管辖规定的，应当裁定撤销原裁判并移送有管辖权的人民法院。

第三百三十条　第二审人民法院查明第一审人民法院作出的不予受理裁定有错误的，应当在撤销原裁定的同时，指令第一审人民法院立案受理；查明第一审人民法院作出的驳回起诉裁定有错误的，应当在撤销原裁定的同时，指令第一审人民法院审理。

第三百三十一条　第二审人民法院对下列上诉案件，依照民事诉讼法第一百七十六条规定可以不开庭审理：

（一）不服不予受理、管辖权异议和驳回起诉裁定的；

（二）当事人提出的上诉请求明显不能成立的；

（三）原判决、裁定认定事实清楚，但适用法律错误的；

（四）原判决严重违反法定程序，需要发回重审的。

第三百三十二条　原判决、裁定认定事实或者适用法律虽有瑕疵，但裁判结果正确的，第二审人民法院可以在判决、裁定中纠正瑕疵后，依照民事诉讼法第一百七十七条第一款第一项规定予以维持。

第三百三十三条　民事诉讼法第一百七十七条第一款第三项规定的基本事实，是指用以确定当事人主体资格、案件性质、民事权利义务等对原判决、裁定的结果有实质性影响的事实。

第三百三十四条　在第二审程序中，作为当事人的法人或者其他组织分立的，人民法院可以直接将分立后的法人或者其他组织列为共同诉讼人；合并的，将合并后的法人或者其他组织列为当事人。

第三百三十五条　在第二审程序中，当事人申请撤回上诉，人民法院经审查认为一审判决确有错误，或者当事人之间恶意串通损害国家利益、社会公共利益、他人合法权益的，不应准许。

第三百三十六条　在第二审程序中，原审原告申请撤回起诉，经其他当事人同意，且不损害国家利益、社会公共利益、他人合法权益的，人民法院可以准许。准许撤诉的，应当一并裁定撤销一审裁判。

原审原告在第二审程序中撤回起诉后重复起诉的，人民法院不予受理。

第三百三十七条　当事人在第二审程序中达成和解协议的，人民法院可以根据当事人的请求，对双方达成的和解协议进行审查并制作调解书送达当事人；因和解而申请撤诉，经审查符合撤诉条件的，人民法院应予准许。

第三百三十八条　第二审人民法院宣告判决可以自行宣判，也可以委托原审人民法院或者当事人所在地人民法院代行宣判。

第三百三十九条　人民法院审理对裁定的上诉案件，应当在第二审立案之日起三十日内作出终审裁定。有特殊情况需要延长审限的，由本院院长批准。

第三百四十条　当事人在第一审程序中实施的诉讼行为，在第二审程序中对该当事人仍具有拘束力。

当事人推翻其在第一审程序中实施的诉讼行为时，人民法院应当责令其说明理由。理由不成立的，不予支持。

十七、特别程序

第三百四十一条　宣告失踪或者宣告死亡案件，人民法院可以根据申请人的请求，清理下落不明人的财产，并指定案件审理期间的财产管理人。公告期满后，人民法院判决宣告失踪的，应当同时依照民法典第四十二条的规定指定失踪人的财产代管人。

第三百四十二条　失踪人的财产代管人经人民法院指定后，代管人申请变更代管的，比照民事诉讼法特别程序的有关规定进行审理。申请理由成立的，裁定撤销申请人的代管人身份，同时另行指定财产代管人；申请理由不成立的，裁定驳回申请。

失踪人的其他利害关系人申请变更代管的，人民法院应当告知其以原指定的代管人为被告起诉，并按普通程序进行审理。

第三百四十三条　人民法院判决宣告公民失踪后，利害关系人向人民法院申请宣告失踪人死亡，自失踪之日起满四年的，人民法院应当受理，宣告失踪的判决即是该公民失踪的证明，审理中仍应依照民事诉讼法第一百九十二条规定进行公告。

第三百四十四条　符合法律规定的多个利害关系人提出宣告失踪、宣告死亡申请的，列为共同申请人。

第三百四十五条　寻找下落不明人的公告应当记载下列内容：

（一）被申请人应当在规定期间内向受理法院申报其具体地址及其联系方式。否则，被申请人将被宣告失踪、宣告死亡；

（二）凡知悉被申请人生存现状的人，应当在公告期间内将其所知道情况向受理法院报告。

第三百四十六条　人民法院受理宣告失踪、宣告死亡案件后，作出判决前，申请人撤回申请的，人民法院应当裁定终结案件，但其他符合法律规定的利害关系人加入程序要求继续审理的除外。

第三百四十七条　在诉讼中，当事人的利害关系人或者有关组织提出该当事人不能辨认或者不能完全辨认自己的行为，要求宣告该当事人无民事行为能力或者限制民事行为能力的，应由利害关系人或者有关组织向人民法院提出申请，由受诉人民法院按照特别程序立案审理，原诉讼中止。

第三百四十八条　认定财产无主案件，公告期间有人对财产提出请求的，人民法院应当裁定终结特别程序，告知申请人另行起诉，适用普通程序审理。

第三百四十九条　被指定的监护人不服居民委员会、村民委员会或者民政部门指定，应当自接到通知之日起三十日内向人民法院提出异议。经审理，认为指定并无不当的，裁定驳回异议；指定不当的，判决撤销指定，同时另行指定监护人。判决书应当送达异议人、原指定单位及判决指定的监护人。

有关当事人依照民法典第三十一条第一款规定直接向人民法院申请指定监护人的，适用特别程序审理，判决指定监护人。判决书应当送达申请人、判决指定的监护人。

第三百五十条　申请认定公民无民事行为能力或者限制民事行为能力的案件，被申请人没有近亲属的，人民法院可以指定经被申请人住所地的居民委员会、村民委员会或者民政部门同意，且愿意担任代理人的个人或者组织为代理人。

没有前款规定的代理人的，由被申请人住所地的居民委员会、村民委员会或者民政部门担任代理人。

代理人可以是一人，也可以是同一顺序中的两人。

第三百五十一条　申请司法确认调解协议的，双方当事人应当本人或者由符合民事诉讼法第六十一条规定的代理人依照民事诉讼法第二百零一条的规定提出申请。

第三百五十二条　调解组织自行开展的调解，有两个以上调解组织参与的，符合民事诉讼法第二百零一条规定的各调解组织所在地人民法院均有管辖权。

双方当事人可以共同向符合民事诉讼法第二百零一条规定的其中一个有管辖权的人民法院提出申请；双方当事人共同向两个以上有管辖权的人民法院提出申请的，由最先立案的人民法院管辖。

第三百五十三条　当事人申请司法确认调解协议，可以采用书面形式或者口头形式。当事人口头申请的，人民法院应当记入笔录，并由当事人签名、捺印或者盖章。

第三百五十四条　当事人申请司法确认调解协议，应当向人民法院提交调解协议、调解组织主持调解的证明，以及与调解协议相关的财产权利证明等材料，并提供双方当事人的身份、住所、联系方式等基本信息。

当事人未提交上述材料的，人民法院应当要求当事人限期补交。

第三百五十五条　当事人申请司法确认调解协议，有下列情形之一的，人民法院裁定不予受理：

（一）不属于人民法院受理范围的；

（二）不属于收到申请的人民法院管辖的；

（三）申请确认婚姻关系、亲子关系、收养关系等身份关系无效、有效或者解除的；

（四）涉及适用其他特别程序、公示催告程序、破产程序审理的；

（五）调解协议内容涉及物权、知识产权确权的。

人民法院受理申请后，发现有上述不予受理情形的，应当裁定驳回当事人的申请。

第三百五十六条　人民法院审查相关情况时，应当通知双方当事人共同到场对案件进行核实。

人民法院经审查，认为当事人的陈述或者提供的证明材料不充分、不完备或者有疑义的,可以要求当事人限期补充陈述或者补充证明材料。必要时,人民法院可以向调解组织核实有关情况。

第三百五十七条　确认调解协议的裁定作出前,当事人撤回申请的,人民法院可以裁定准许。

当事人无正当理由未在限期内补充陈述、补充证明材料或者拒不接受询问的,人民法院可以按撤回申请处理。

第三百五十八条　经审查,调解协议有下列情形之一的,人民法院应当裁定驳回申请:

(一)违反法律强制性规定的;

(二)损害国家利益、社会公共利益、他人合法权益的;

(三)违背公序良俗的;

(四)违反自愿原则的;

(五)内容不明确的;

(六)其他不能进行司法确认的情形。

第三百五十九条　民事诉讼法第二百零三条规定的担保物权人,包括抵押权人、质权人、留置权人;其他有权请求实现担保物权的人,包括抵押人、出质人、财产被留置的债务人或者所有权人等。

第三百六十条　实现票据、仓单、提单等有权利凭证的权利质权案件,可以由权利凭证持有人住所地人民法院管辖;无权利凭证的权利质权,由出质登记地人民法院管辖。

第三百六十一条　实现担保物权案件属于海事法院等专门人民法院管辖的,由专门人民法院管辖。

第三百六十二条　同一债权的担保物有多个且所在地不同,申请人分别向有管辖权的人民法院申请实现担保物权的,人民法院应当依法受理。

第三百六十三条　依照民法典第三百九十二条的规定,被担保的债权既有物的担保又有人的担保,当事人对实现担保物权的顺序有约定,实现担保物权的申请违反该约定的,人民法院裁定不予受理;没有约定或者约定不明的,人民法院应当受理。

第三百六十四条　同一财产上设立多个担保物权,登记在先的担保物权尚未实现的,不影响后顺位的担保物权人向人民法院申请实现担保物权。

第三百六十五条　申请实现担保物权,应当提交下列材料:

(一)申请书。申请书应当记明申请人、被申请人的姓名或者名称、联系方式等基本信息,具体的请求和事实、理由;

(二)证明担保物权存在的材料,包括主合同、担保合同、抵押登记证明或者他项权利证书,权利质权的权利凭证或者质权出质登记证明等;

(三)证明实现担保物权条件成就的材料;

(四)担保财产现状的说明;

(五)人民法院认为需要提交的其他材料。

第三百六十六条　人民法院受理申请后,应当在五日内向被申请人送达申请书副本、异议权利告知书等文书。

被申请人有异议的,应当在收到人民法院通知后的五日内向人民法院提出,同时说明理由并提供相应的证据材料。

第三百六十七条　实现担保物权案件可以由审判员一人独任审查。担保财产标的额超过基层人民法院管辖范围的,应当组成合议庭进行审查。

第三百六十八条　人民法院审查实现担保物权案件,可以询问申请人、被申请人、利害关系人,必要时可以依职权调查相关事实。

第三百六十九条　人民法院应当就主合同的效力、期限、履行情况,担保物权是否有效设立、担保财产的范围、被担保的债权范围、被担保的债权是否已届清偿期等担保物权实现的条件,以及是否损害他人合法权益等内容进行审查。

被申请人或者利害关系人提出异议的,人民法院应当一并审查。

第三百七十条　人民法院审查后,按下列情形分别处理:

(一)当事人对实现担保物权无实质性争议且实现担保物权条件成就的,裁定准许拍卖、变卖担保财产;

(二)当事人对实现担保物权有部分实质性争议的,可以就无争议部分裁定准许拍卖、变卖担保财产;

(三)当事人对实现担保物权有实质性争议的,裁定驳回申请,并告知申请人向人民法院提起诉讼。

第三百七十一条　人民法院受理申请后,申请人对担保财产提出保全申请的,可以按照民事诉讼法关于诉讼保全的规定办理。

第三百七十二条　适用特别程序作出的判决、裁定,当事人、利害关系人认为有错误的,可以向作出该判决、裁定的人民法院提出异议。人民法院经审查，异议成立或者部分成立的，作出新的判决、裁定撤销或者改变原判决、裁定；异议不成立的，裁定驳回。

对人民法院作出的确认调解协议、准许实现担保物权的裁定，当事人有异议的，应当自收到裁定之日起十五日内提出；利害关系人有异议的，自知道或者应当知道其民事权益受到侵害之日起六个月内提出。

十八、审判监督程序

第三百七十三条 当事人死亡或者终止的，其权利义务承继者可以根据民事诉讼法第二百零六条、第二百零八条的规定申请再审。

判决、调解书生效后，当事人将判决、调解书确认的债权转让，债权受让人对该判决、调解书不服申请再审的，人民法院不予受理。

第三百七十四条 民事诉讼法第二百零六条规定的人数众多的一方当事人，包括公民、法人和其他组织。

民事诉讼法第二百零六条规定的当事人双方为公民的案件，是指原告和被告均为公民的案件。

第三百七十五条 当事人申请再审，应当提交下列材料：

（一）再审申请书，并按照被申请人和原审其他当事人的人数提交副本；

（二）再审申请人是自然人的，应当提交身份证明；再审申请人是法人或者其他组织的，应当提交营业执照、组织机构代码证书、法定代表人或者主要负责人身份证明书。委托他人代为申请的，应当提交授权委托书和代理人身份证明；

（三）原审判决书、裁定书、调解书；

（四）反映案件基本事实的主要证据及其他材料。

前款第二项、第三项、第四项规定的材料可以是与原件核对无异的复印件。

第三百七十六条 再审申请书应当记明下列事项：

（一）再审申请人与被申请人及原审其他当事人的基本信息；

（二）原审人民法院的名称，原审裁判文书案号；

（三）具体的再审请求；

（四）申请再审的法定情形及具体事实、理由。

再审申请书应当明确申请再审的人民法院，并由再审申请人签名、捺印或者盖章。

第三百七十七条 当事人一方人数众多或者当事人双方为公民的案件，当事人分别向原审人民法院和上一级人民法院申请再审且不能协商一致的，由原审人民法院受理。

第三百七十八条 适用特别程序、督促程序、公示催告程序、破产程序等非讼程序审理的案件，当事人不得申请再审。

第三百七十九条 当事人认为发生法律效力的不予受理、驳回起诉的裁定错误的，可以申请再审。

第三百八十条 当事人就离婚案件中的财产分割问题申请再审，如涉及判决中已分割的财产，人民法院应当依照民事诉讼法第二百零七条的规定进行审查，符合再审条件的，应当裁定再审；如涉及判决中未作处理的夫妻共同财产，应当告知当事人另行起诉。

第三百八十一条 当事人申请再审，有下列情形之一的，人民法院不予受理：

（一）再审申请被驳回后再次提出申请的；

（二）对再审判决、裁定提出申请的；

（三）在人民检察院对当事人的申请作出不予提出再审检察建议或者抗诉决定后又提出申请的。

前款第一项、第二项规定情形，人民法院应当告知当事人可以向人民检察院申请再审检察建议或者抗诉，但因人民检察院提出再审检察建议或者抗诉而再审作出的判决、裁定除外。

第三百八十二条 当事人对已经发生法律效力的调解书申请再审，应当在调解书发生法律效力后六个月内提出。

第三百八十三条 人民法院应当自收到符合条件的再审申请书等材料之日起五日内向再审申请人发送受理通知书，并向被申请人及原审其他当事人发送应诉通知书、再审申请书副本等材料。

第三百八十四条 人民法院受理申请再审案件后，应当依照民事诉讼法第二百零七条、第二百零八条、第二百一十一条等规定，对当事人主张的再审事由进行审查。

第三百八十五条 再审申请人提供的新的证据，能够证明原判决、裁定认定基本事实或者裁判结果错误的，应当认定为民事诉讼法第二百零七条第一项规定的情形。

对于符合前款规定的证据，人民法院应当责令再审申请人说明其逾期提供该证据的理由；拒不说明理由或者理由不成立的，依照民事诉讼法第六十八条第二款和本解释第一百零二条的规定处理。

第三百八十六条 再审申请人证明其提交的新的证据符合下列情形之一的，可以认定逾期提供证据的理由成立：

（一）在原审庭审结束前已经存在，因客观原因于庭审结束后才发现的；

（二）在原审庭审结束前已经发现，但因客观原因无法取得或者在规定的期限内不能提供的；

（三）在原审庭审结束后形成，无法据此另行提起诉讼的。

再审申请人提交的证据在原审中已经提供，原审人民法院未组织质证且未作为裁判根据的，视为逾期提供证据的理由成立，但原审人民法院依照民事诉讼法第六十八条规定不予采纳的除外。

第三百八十七条 当事人对原判决、裁定认定事实的主要证据在原审中拒绝发表质证意见或者质证中未对证据发表质证意见的，不属于民事诉讼法第二百零七条第四项规定的未经质证的情形。

第三百八十八条 有下列情形之一，导致判决、裁定结果错误的，应当认定为民事诉讼法第二百零七条第六项规定的原判决、裁定适用法律确有错误：

（一）适用的法律与案件性质明显不符的；

（二）确定民事责任明显违背当事人约定或者法律规定的；

（三）适用已经失效或者尚未施行的法律的；

（四）违反法律溯及力规定的；

（五）违反法律适用规则的；

（六）明显违背立法原意的。

第三百八十九条 原审开庭过程中有下列情形之一的，应当认定为民事诉讼法第二百零七条第九项规定的剥夺当事人辩论权利：

（一）不允许当事人发表辩论意见的；

（二）应当开庭审理而未开庭审理的；

（三）违反法律规定送达起诉状副本或者上诉状副本，致使当事人无法行使辩论权利的；

（四）违法剥夺当事人辩论权利的其他情形。

第三百九十条 民事诉讼法第二百零七条第十一项规定的诉讼请求，包括一审诉讼请求、二审上诉请求，但当事人未对一审判决、裁定遗漏或者超出诉讼请求提起上诉的除外。

第三百九十一条 民事诉讼法第二百零七条第十二项规定的法律文书包括：

（一）发生法律效力的判决书、裁定书、调解书；

（二）发生法律效力的仲裁裁决书；

（三）具有强制执行效力的公证债权文书。

第三百九十二条 民事诉讼法第二百零七条第十三项规定的审判人员审理该案件时有贪污受贿、徇私舞弊、枉法裁判行为，是指已经由生效刑事法律文书或者纪律处分决定所确认的行为。

第三百九十三条 当事人主张的再审事由成立，且符合民事诉讼法和本解释规定的申请再审条件的，人民法院应当裁定再审。

当事人主张的再审事由不成立，或者当事人申请再审超过法定申请再审期限、超出法定再审事由范围等不符合民事诉讼法和本解释规定的申请再审条件的，人民法院应当裁定驳回再审申请。

第三百九十四条 人民法院对已经发生法律效力的判决、裁定、调解书依法决定再审，依照民事诉讼法第二百一十三条规定，需要中止执行的，应当在再审裁定中同时写明中止原判决、裁定、调解书的执行；情况紧急的，可以将中止执行裁定口头通知负责执行的人民法院，并在通知后十日内发出裁定书。

第三百九十五条 人民法院根据审查案件的需要决定是否询问当事人。新的证据可能推翻原判决、裁定的，人民法院应当询问当事人。

第三百九十六条 审查再审申请期间，被申请人及原审其他当事人依法提出再审申请的，人民法院应当将其列为再审申请人，对其再审事由一并审查，审查期限重新计算。经审查，其中一方再审申请人主张的再审事由成立的，应当裁定再审。各方再审申请人主张的再审事由均不成立的，一并裁定驳回再审申请。

第三百九十七条 审查再审申请期间，再审申请人申请人民法院委托鉴定、勘验的，人民法院不予准许。

第三百九十八条 审查再审申请期间，再审申请人撤回再审申请的，是否准许，由人民法院裁定。

再审申请人经传票传唤，无正当理由拒不接受询问的，可以按撤回再审申请处理。

第三百九十九条 人民法院准许撤回再审申请或者按撤回再审申请处理后，再审申请人再次申请再审的，不予受理，但有民事诉讼法第二百零七条第一项、第三项、第十二项、第十三项规定情形，自知道或者应当知道之日起六个月内提出的除外。

第四百条 再审申请审查期间，有下列情形之一的，裁定终结审查：

（一）再审申请人死亡或者终止，无权利义务承继者或者权利义务承继者声明放弃再审申请的；

（二）在给付之诉中，负有给付义务的被申请人死亡或者终止，无可供执行的财产，也没有应当承担义务的人的；

（三）当事人达成和解协议且已履行完毕的，但当事人在和解协议中声明不放弃申请再审权利的除外；

（四）他人未经授权以当事人名义申请再审的；

（五）原审或者上一级人民法院已经裁定再审的；

（六）有本解释第三百八十一条第一款规定情形的。

第四百零一条 人民法院审理再审案件应当组成合议庭开庭审理，但按照第二审程序审理，有特殊情况或者双方当事人已经通过其他方式充分表达意见，且书面同意不开庭审理的除外。

符合缺席判决条件的，可以缺席判决。

第四百零二条 人民法院开庭审理再审案件，应当按照下列情形分别进行：

（一）因当事人申请再审的，先由再审申请人陈述再审请求及理由，后由被申请人答辩、其他原审当事人发表意见；

（二）因抗诉再审的，先由抗诉机关宣读抗诉书，再由申请抗诉的当事人陈述，后由被申请人答辩、其他原审当事人发表意见；

（三）人民法院依职权再审，有申诉人的，先由申诉人陈述再审请求及理由，后由被申诉人答辩、其他原审当事人发表意见；

（四）人民法院依职权再审，没有申诉人的，先由原审原告或者原审上诉人陈述，后由原审其他当事人发表意见。

对前款第一项至第三项规定的情形，人民法院应当要求当事人明确其再审请求。

第四百零三条 人民法院审理再审案件应当围绕再审请求进行。当事人的再审请求超出原审诉讼请求的，不予审理；符合另案诉讼条件的，告知当事人可以另行起诉。

被申请人及原审其他当事人在庭审辩论结束前提出的再审请求，符合民事诉讼法第二百一十二条规定的，人民法院应当一并审理。

人民法院经再审，发现已经发生法律效力的判决、裁定损害国家利益、社会公共利益、他人合法权益的，应当一并审理。

第四百零四条 再审审理期间，有下列情形之一的，可以裁定终结再审程序：

（一）再审申请人在再审期间撤回再审请求，人民法院准许的；

（二）再审申请人经传票传唤，无正当理由拒不到庭的，或者未经法庭许可中途退庭，按撤回再审请求处理的；

（三）人民检察院撤回抗诉的；

（四）有本解释第四百条第一项至第四项规定情形的。

因人民检察院提出抗诉裁定再审的案件，申请抗诉的当事人有前款规定的情形，且不损害国家利益、社会公共利益或者他人合法权益的，人民法院应当裁定终结再审程序。

再审程序终结后，人民法院裁定中止执行的原生效判决自动恢复执行。

第四百零五条 人民法院经再审审理认为，原判决、裁定认定事实清楚、适用法律正确的，应予维持；原判决、裁定认定事实、适用法律虽有瑕疵，但裁判结果正确的，应当在再审判决、裁定中纠正瑕疵后予以维持。

原判决、裁定认定事实、适用法律错误，导致裁判结果错误的，应当依法改判、撤销或者变更。

第四百零六条 按照第二审程序再审的案件，人民法院经审理认为不符合民事诉讼法规定的起诉条件或者符合民事诉讼法第一百二十七条规定不予受理情形的，应当裁定撤销一、二审判决，驳回起诉。

第四百零七条 人民法院对调解书裁定再审后，按照下列情形分别处理：

（一）当事人提出的调解违反自愿原则的事由不成立，且调解书的内容不违反法律强制性规定的，裁定驳回再审申请；

（二）人民检察院抗诉或者再审检察建议所主张的损害国家利益、社会公共利益的理由不成立的，裁定终结再审程序。

前款规定情形，人民法院裁定中止执行的调解书需要继续执行的,自动恢复执行。

第四百零八条　一审原告在再审审理程序中申请撤回起诉,经其他当事人同意,且不损害国家利益、社会公共利益、他人合法权益的,人民法院可以准许。裁定准许撤诉的,应当一并撤销原判决。

一审原告在再审审理程序中撤回起诉后重复起诉的,人民法院不予受理。

第四百零九条　当事人提交新的证据致使再审改判,因再审申请人或者申请检察监督当事人的过错未能在原审程序中及时举证,被申请人等当事人请求补偿其增加的交通、住宿、就餐、误工等必要费用的,人民法院应予支持。

第四百一十条　部分当事人到庭并达成调解协议,其他当事人未作出书面表示的,人民法院应当在判决中对该事实作出表述;调解协议内容不违反法律规定,且不损害其他当事人合法权益的,可以在判决主文中予以确认。

第四百一十一条　人民检察院依法对损害国家利益、社会公共利益的发生法律效力的判决、裁定、调解书提出抗诉,或者经人民检察院检察委员会讨论决定提出再审检察建议的,人民法院应予受理。

第四百一十二条　人民检察院对已经发生法律效力的判决以及不予受理、驳回起诉的裁定依法提出抗诉的,人民法院应予受理,但适用特别程序、督促程序、公示催告程序、破产程序以及解除婚姻关系的判决、裁定等不适用审判监督程序的判决、裁定除外。

第四百一十三条　人民检察院依照民事诉讼法第二百一十六条第一款第三项规定对有明显错误的再审判决、裁定提出抗诉或者再审检察建议的,人民法院应予受理。

第四百一十四条　地方各级人民检察院依当事人的申请对生效判决、裁定向同级人民法院提出再审检察建议,符合下列条件的,应予受理:

(一)再审检察建议书和原审当事人申请书及相关证据材料已经提交;

(二)建议再审的对象为依照民事诉讼法和本解释规定可以进行再审的判决、裁定;

(三)再审检察建议书列明该判决、裁定有民事诉讼法第二百一十五条第二款规定情形;

(四)符合民事诉讼法第二百一十六条第一款第一项、第二项规定情形;

(五)再审检察建议经该人民检察院检察委员会讨论决定。

不符合前款规定的,人民法院可以建议人民检察院予以补正或者撤回;不予补正或者撤回的,应当函告人民检察院不予受理。

第四百一十五条　人民检察院依当事人的申请对生效判决、裁定提出抗诉,符合下列条件的,人民法院应当在三十日内裁定再审:

(一)抗诉书和原审当事人申请书及相关证据材料已经提交;

(二)抗诉对象为依照民事诉讼法和本解释规定可以进行再审的判决、裁定;

(三)抗诉书列明该判决、裁定有民事诉讼法第二百一十五条第一款规定情形;

(四)符合民事诉讼法第二百一十六条第一款第一项、第二项规定情形。

不符合前款规定的,人民法院可以建议人民检察院予以补正或者撤回;不予补正或者撤回的,人民法院可以裁定不予受理。

第四百一十六条　当事人的再审申请被上级人民法院裁定驳回后,人民检察院对原判决、裁定、调解书提出抗诉,抗诉事由符合民事诉讼法第二百零七条第一项至第五项规定情形之一的,受理抗诉的人民法院可以交由下一级人民法院再审。

第四百一十七条　人民法院收到再审检察建议后,应当组成合议庭,在三个月内进行审查,发现原判决、裁定、调解书确有错误,需要再审的,依照民事诉讼法第二百零五条规定裁定再审,并通知当事人;经审查,决定不予再审的,应当书面回复人民检察院。

第四百一十八条　人民法院审理因人民检察院抗诉或者检察建议裁定再审的案件,不受此前已经作出的驳回当事人再审申请裁定的影响。

第四百一十九条　人民法院开庭审理抗诉案件,应当在开庭三日前通知人民检察院、当事人和其他诉讼参与人。同级人民检察院或者提出抗诉的人民检察院应当派员出庭。

人民检察院因履行法律监督职责向当事人或者案外人调查核实的情况,应当向法庭提交并予以说明,由双方当事人进行质证。

第四百二十条　必须共同进行诉讼的当事人因不能归责于本人或者其诉讼代理人的事由未参加诉讼的,可以根据民事诉讼法第二百零七条第八项规定，自知道或者应当知道之日起六个月内申请再审，但符合本解释第四百二十一条规定情形的除外。

人民法院因前款规定的当事人申请而裁定再审，按照第一审程序再审的，应当追加其为当事人，作出新的判决、裁定；按照第二审程序再审，经调解不能达成协议的，应当撤销原判决、裁定，发回重审，重审时应追加其为当事人。

第四百二十一条　根据民事诉讼法第二百三十四条规定，案外人对驳回其执行异议的裁定不服，认为原判决、裁定、调解书内容错误损害其民事权益的，可以自执行异议裁定送达之日起六个月内，向作出原判决、裁定、调解书的人民法院申请再审。

第四百二十二条　根据民事诉讼法第二百三十四条规定，人民法院裁定再审后，案外人属于必要的共同诉讼当事人的，依照本解释第四百二十条第二款规定处理。

案外人不是必要的共同诉讼当事人的，人民法院仅审理原判决、裁定、调解书对其民事权益造成损害的内容。经审理，再审请求成立的，撤销或者改变原判决、裁定、调解书；再审请求不成立的，维持原判决、裁定、调解书。

第四百二十三条　本解释第三百三十八条规定适用于审判监督程序。

第四百二十四条　对小额诉讼案件的判决、裁定，当事人以民事诉讼法第二百零七条规定的事由向原审人民法院申请再审的，人民法院应当受理。申请再审事由成立的，应当裁定再审，组成合议庭进行审理。作出的再审判决、裁定，当事人不得上诉。

当事人以不应按小额诉讼案件审理为由向原审人民法院申请再审的，人民法院应当受理。理由成立的，应当裁定再审，组成合议庭审理。作出的再审判决、裁定，当事人可以上诉。

十九、督 促 程 序

第四百二十五条　两个以上人民法院都有管辖权的，债权人可以向其中一个基层人民法院申请支付令。

债权人向两个以上有管辖权的基层人民法院申请支付令的，由最先立案的人民法院管辖。

第四百二十六条　人民法院收到债权人的支付令申请书后，认为申请书不符合要求的，可以通知债权人限期补正。人民法院应当自收到补正材料之日起五日内通知债权人是否受理。

第四百二十七条　债权人申请支付令，符合下列条件的，基层人民法院应当受理，并在收到支付令申请书后五日内通知债权人：

（一）请求给付金钱或者汇票、本票、支票、股票、债券、国库券、可转让的存款单等有价证券；

（二）请求给付的金钱或者有价证券已到期且数额确定，并写明了请求所根据的事实、证据；

（三）债权人没有对待给付义务；

（四）债务人在我国境内且未下落不明；

（五）支付令能够送达债务人；

（六）收到申请书的人民法院有管辖权；

（七）债权人未向人民法院申请诉前保全。

不符合前款规定的，人民法院应当在收到支付令申请书后五日内通知债权人不予受理。

基层人民法院受理申请支付令案件，不受债权金额的限制。

第四百二十八条　人民法院受理申请后，由审判员一人进行审查。经审查，有下列情形之一的，裁定驳回申请：

（一）申请人不具备当事人资格的；

（二）给付金钱或者有价证券的证明文件没有约定逾期给付利息或者违约金、赔偿金，债权人坚持要求给付利息或者违约金、赔偿金的；

（三）要求给付的金钱或者有价证券属于违法所得的；

（四）要求给付的金钱或者有价证券尚未到期或者数额不确定的。

人民法院受理支付令申请后，发现不符合本解释规定的受理条件的，应当在受理之日起十五日内裁定驳回申请。

第四百二十九条　向债务人本人送达支付令，债务人拒绝接收的，人民法院可以留置送达。

第四百三十条　有下列情形之一的，人民法院应当裁定终结督促程序，已发出支付令的，支付令自行失效：

（一）人民法院受理支付令申请后，债权人就同一债权债务关系又提起诉讼的；

（二）人民法院发出支付令之日起三十日内无法送达债务人的；

（三）债务人收到支付令前，债权人撤回申请的。

第四百三十一条　债务人在收到支付令后，未在法定期间提出书面异议，而向其他人民法院起诉的，不影响支付令的效力。

债务人超过法定期间提出异议的，视为未提出异议。

第四百三十二条　债权人基于同一债权债务关系，在同一支付令申请中向债务人提出多项支付请求，债务人仅就其中一项或者几项请求提出异议的，不影响其他各项请求的效力。

第四百三十三条　债权人基于同一债权债务关系，就可分之债向多个债务人提出支付请求，多个债务人中的一人或者几人提出异议的，不影响其他请求的效力。

第四百三十四条　对设有担保的债务的主债务人发出的支付令，对担保人没有拘束力。

债权人就担保关系单独提起诉讼的，支付令自人民法院受理案件之日起失效。

第四百三十五条　经形式审查，债务人提出的书面异议有下列情形之一的，应当认定异议成立，裁定终结督促程序，支付令自行失效：

（一）本解释规定的不予受理申请情形的；

（二）本解释规定的裁定驳回申请情形的；

（三）本解释规定的应当裁定终结督促程序情形的；

（四）人民法院对是否符合发出支付令条件产生合理怀疑的。

第四百三十六条　债务人对债务本身没有异议，只是提出缺乏清偿能力、延缓债务清偿期限、变更债务清偿方式等异议的，不影响支付令的效力。

人民法院经审查认为异议不成立的，裁定驳回。

债务人的口头异议无效。

第四百三十七条　人民法院作出终结督促程序或者驳回异议裁定前，债务人请求撤回异议的，应当裁定准许。

债务人对撤回异议反悔的，人民法院不予支持。

第四百三十八条　支付令失效后，申请支付令的一方当事人不同意提起诉讼的，应当自收到终结督促程序裁定之日起七日内向受理申请的人民法院提出。

申请支付令的一方当事人不同意提起诉讼的，不影响其向其他有管辖权的人民法院提起诉讼。

第四百三十九条　支付令失效后，申请支付令的一方当事人自收到终结督促程序裁定之日起七日内未向受理申请的人民法院表明不同意提起诉讼的，视为向受理申请的人民法院起诉。

债权人提出支付令申请的时间，即为向人民法院起诉的时间。

第四百四十条　债权人向人民法院申请执行支付令的期间，适用民事诉讼法第二百四十六条的规定。

第四百四十一条　人民法院院长发现本院已经发生法律效力的支付令确有错误，认为需要撤销的，应当提交本院审判委员会讨论决定后，裁定撤销支付令，驳回债权人的申请。

二十、公示催告程序

第四百四十二条　民事诉讼法第二百二十五条规定的票据持有人，是指票据被盗、遗失或者灭失前的最后持有人。

第四百四十三条　人民法院收到公示催告的申请后，应当立即审查，并决定是否受理。经审查认为符合受理条件的，通知予以受理，并同时通知支付人停止支付；认为不符合受理条件的，七日内裁定驳回申请。

第四百四十四条　因票据丧失，申请公示催告的，人民法院应结合票据存根、丧失票据的复印件、出票人关于签发票据的证明、申请人合法取得票据的证明、银行挂失止付通知书、报案证明等证据，决定是否受理。

第四百四十五条　人民法院依照民事诉讼法第二百二十六条规定发出的受理申请的公告，应当写明下列内容：

（一）公示催告申请人的姓名或者名称；

（二）票据的种类、号码、票面金额、出票人、背书人、持票人、付款期限等事项以及其他可以申请公示催告的权利凭证的种类、号码、权利范围、权利人、义务人、行权日期等事项；

（三）申报权利的期间；

（四）在公示催告期间转让票据等权利凭证，利害关系人不申报的法律后果。

第四百四十六条　公告应当在有关报纸或者其他媒体上刊登，并于同日公布于人民法院公告栏内。人民法院所在地有证券交易所的，还应当同日在该交易所公布。

第四百四十七条　公告期间不得少于六十日，且公示催告期间届满日不得早于票据付款日后十五日。

第四百四十八条　在申报期届满后、判决作出之前，利害关系人申报权利的，应当适用民事诉讼法第二百二十八条第二款、第三款规定处理。

第四百四十九条 利害关系人申报权利，人民法院应当通知其向法院出示票据，并通知公示催告申请人在指定的期间查看该票据。公示催告申请人申请公示催告的票据与利害关系人出示的票据不一致的，应当裁定驳回利害关系人的申报。

第四百五十条 在申报权利的期间无人申报权利，或者申报被驳回的，申请人应当自公示催告期间届满之日起一个月内申请作出判决。逾期不申请判决的，终结公示催告程序。

裁定终结公示催告程序的，应当通知申请人和支付人。

第四百五十一条 判决公告之日起，公示催告申请人有权依据判决向付款人请求付款。

付款人拒绝付款，申请人向人民法院起诉，符合民事诉讼法第一百二十二条规定的起诉条件的，人民法院应予受理。

第四百五十二条 适用公示催告程序审理案件，可由审判员一人独任审理；判决宣告票据无效的，应当组成合议庭审理。

第四百五十三条 公示催告申请人撤回申请，应在公示催告前提出；公示催告期间申请撤回的，人民法院可以径行裁定终结公示催告程序。

第四百五十四条 人民法院依照民事诉讼法第二百二十七条规定通知支付人停止支付，应当符合有关财产保全的规定。支付人收到停止支付通知后拒不止付的，除可依照民事诉讼法第一百一十四条、第一百一十七条规定采取强制措施外，在判决后，支付人仍应承担付款义务。

第四百五十五条 人民法院依照民事诉讼法第二百二十八条规定终结公示催告程序后，公示催告申请人或者申报人向人民法院提起诉讼，因票据权利纠纷提起的，由票据支付地或者被告住所地人民法院管辖；因非票据权利纠纷提起的，由被告住所地人民法院管辖。

第四百五十六条 依照民事诉讼法第二百二十八条规定制作的终结公示催告程序的裁定书，由审判员、书记员署名，加盖人民法院印章。

第四百五十七条 依照民事诉讼法第二百三十条的规定，利害关系人向人民法院起诉的，人民法院可按票据纠纷适用普通程序审理。

第四百五十八条 民事诉讼法第二百三十条规定的正当理由，包括：

（一）因发生意外事件或者不可抗力致使利害关系人无法知道公告事实的；

（二）利害关系人因被限制人身自由而无法知道公告事实，或者虽然知道公告事实，但无法自己或者委托他人代为申报权利的；

（三）不属于法定申请公示催告情形的；

（四）未予公告或者未按法定方式公告的；

（五）其他导致利害关系人在判决作出前未能向人民法院申报权利的客观事由。

第四百五十九条 根据民事诉讼法第二百三十条的规定，利害关系人请求人民法院撤销除权判决的，应当将申请人列为被告。

利害关系人仅诉请确认其为合法持票人的，人民法院应当在裁判文书中写明，确认利害关系人为票据权利人的判决作出后，除权判决即被撤销。

二十一、执行程序

第四百六十条 发生法律效力的实现担保物权裁定、确认调解协议裁定、支付令，由作出裁定、支付令的人民法院或者与其同级的被执行财产所在地的人民法院执行。

认定财产无主的判决，由作出判决的人民法院将无主财产收归国家或者集体所有。

第四百六十一条 当事人申请人民法院执行的生效法律文书应当具备下列条件：

（一）权利义务主体明确；

（二）给付内容明确。

法律文书确定继续履行合同的，应当明确继续履行的具体内容。

第四百六十二条 根据民事诉讼法第二百三十四条规定，案外人对执行标的提出异议的，应当在该执行标的的执行程序终结前提出。

第四百六十三条 案外人对执行标的提出的异议，经审查，按照下列情形分别处理：

（一）案外人对执行标的不享有足以排除强制执行的权益的，裁定驳回其异议；

（二）案外人对执行标的享有足以排除强制执行的权益的，裁定中止执行。

驳回案外人执行异议裁定送达案外人之日起十五日内，人民法院不得对执行标的进行处分。

第四百六十四条　申请执行人与被执行人达成和解协议后请求中止执行或者撤回执行申请的，人民法院可以裁定中止执行或者终结执行。

第四百六十五条　一方当事人不履行或者不完全履行在执行中双方自愿达成的和解协议，对方当事人申请执行原生效法律文书的，人民法院应当恢复执行，但和解协议已履行的部分应当扣除。和解协议已经履行完毕的，人民法院不予恢复执行。

第四百六十六条　申请恢复执行原生效法律文书，适用民事诉讼法第二百四十六条申请执行期间的规定。申请执行期间因达成执行中的和解协议而中断，其期间自和解协议约定履行期限的最后一日起重新计算。

第四百六十七条　人民法院依照民事诉讼法第二百三十八条规定决定暂缓执行的，如果担保是有期限的，暂缓执行的期限应当与担保期限一致，但最长不得超过一年。被执行人或者担保人对担保的财产在暂缓执行期间有转移、隐藏、变卖、毁损等行为的，人民法院可以恢复强制执行。

第四百六十八条　根据民事诉讼法第二百三十八条规定向人民法院提供执行担保的，可以由被执行人或者他人提供财产担保，也可以由他人提供保证。担保人应当具有代为履行或者代为承担赔偿责任的能力。

他人提供执行保证的，应当向执行法院出具保证书，并将保证书副本送交申请执行人。被执行人或者他人提供财产担保的，应当参照民法典的有关规定办理相应手续。

第四百六十九条　被执行人在人民法院决定暂缓执行的期限届满后仍不履行义务的，人民法院可以直接执行担保财产，或者裁定执行担保人的财产，但执行担保人的财产以担保人应当履行义务部分的财产为限。

第四百七十条　依照民事诉讼法第二百三十九条规定，执行中作为被执行人的法人或者其他组织分立、合并的，人民法院可以裁定变更后的法人或者其他组织为被执行人；被注销的，如果依照有关实体法的规定有权利义务承受人的，可以裁定该权利义务承受人为被执行人。

第四百七十一条　其他组织在执行中不能履行法律文书确定的义务的，人民法院可以裁定执行对该其他组织依法承担义务的法人或者公民个人的财产。

第四百七十二条　在执行中，作为被执行人的法人或者其他组织名称变更的，人民法院可以裁定变更后的法人或者其他组织为被执行人。

第四百七十三条　作为被执行人的公民死亡，其遗产继承人没有放弃继承的，人民法院可以裁定变更被执行人，由该继承人在遗产的范围内偿还债务。继承人放弃继承的，人民法院可以直接执行被执行人的遗产。

第四百七十四条　法律规定由人民法院执行的其他法律文书执行完毕后，该法律文书被有关机关或者组织依法撤销的，经当事人申请，适用民事诉讼法第二百四十条规定。

第四百七十五条　仲裁机构裁决的事项，部分有民事诉讼法第二百四十四条第二款、第三款规定情形的，人民法院应当裁定对该部分不予执行。

应当不予执行部分与其他部分不可分的，人民法院应当裁定不予执行仲裁裁决。

第四百七十六条　依照民事诉讼法第二百四十四条第二款、第三款规定，人民法院裁定不予执行仲裁裁决后，当事人对该裁定提出执行异议或者复议的，人民法院不予受理。当事人可以就该民事纠纷重新达成书面仲裁协议申请仲裁，也可以向人民法院起诉。

第四百七十七条　在执行中，被执行人通过仲裁程序将人民法院查封、扣押、冻结的财产确权或者分割给案外人的，不影响人民法院执行程序的进行。

案外人不服的，可以根据民事诉讼法第二百三十四条规定提出异议。

第四百七十八条　有下列情形之一的，可以认定为民事诉讼法第二百四十五条第二款规定的公证债权文书确有错误：

（一）公证债权文书属于不得赋予强制执行效力的债权文书的；

（二）被执行人一方未亲自或者未委托代理人到场公证等严重违反法律规定的公证程序的；

（三）公证债权文书的内容与事实不符或者违反法律强制性规定的；

（四）公证债权文书未载明被执行人不履行义务或者不完全履行义务时同意接受强制执行的。

人民法院认定执行该公证债权文书违背社会公共利益的，裁定不予执行。

公证债权文书被裁定不予执行后，当事人、公证事项的利害关系人可以就债权争议提起诉讼。

第四百七十九条 当事人请求不予执行仲裁裁决或者公证债权文书的，应当在执行终结前向执行法院提出。

第四百八十条 人民法院应当在收到申请执行书或者移交执行书后十日内发出执行通知。

执行通知中除应责令被执行人履行法律文书确定的义务外，还应通知其承担民事诉讼法第二百六十条规定的迟延履行利息或者迟延履行金。

第四百八十一条 申请执行人超过申请执行时效期间向人民法院申请强制执行的，人民法院应予受理。被执行人对申请执行时效期间提出异议，人民法院经审查异议成立的，裁定不予执行。

被执行人履行全部或者部分义务后，又以不知道申请执行时效期间届满为由请求执行回转的，人民法院不予支持。

第四百八十二条 对必须接受调查询问的被执行人、被执行人的法定代表人、负责人或者实际控制人，经依法传唤无正当理由拒不到场的，人民法院可以拘传其到场。

人民法院应当及时对被拘传人进行调查询问，调查询问的时间不得超过八小时；情况复杂，依法可能采取拘留措施的，调查询问的时间不得超过二十四小时。

人民法院在本辖区以外采取拘传措施时，可以将被拘传人拘传到当地人民法院，当地人民法院应予协助。

第四百八十三条 人民法院有权查询被执行人的身份信息与财产信息，掌握相关信息的单位和个人必须按照协助执行通知书办理。

第四百八十四条 对被执行的财产，人民法院非经查封、扣押、冻结不得处分。对银行存款等各类可以直接扣划的财产，人民法院的扣划裁定同时具有冻结的法律效力。

第四百八十五条 人民法院冻结被执行人的银行存款的期限不得超过一年，查封、扣押动产的期限不得超过两年，查封不动产、冻结其他财产权的期限不得超过三年。

申请执行人申请延长期限的，人民法院应当在查封、扣押、冻结期限届满前办理续行查封、扣押、冻结手续，续行期限不得超过前款规定的期限。

人民法院也可以依职权办理续行查封、扣押、冻结手续。

第四百八十六条 依照民事诉讼法第二百五十四条规定，人民法院在执行中需要拍卖被执行人财产的，可以由人民法院自行组织拍卖，也可以交由具备相应资质的拍卖机构拍卖。

交拍卖机构拍卖的，人民法院应当对拍卖活动进行监督。

第四百八十七条 拍卖评估需要对现场进行检查、勘验的，人民法院应当责令被执行人、协助义务人予以配合。被执行人、协助义务人不予配合的，人民法院可以强制进行。

第四百八十八条 人民法院在执行中需要变卖被执行人财产的，可以交有关单位变卖，也可以由人民法院直接变卖。

对变卖的财产，人民法院或者其工作人员不得买受。

第四百八十九条 经申请执行人和被执行人同意，且不损害其他债权人合法权益和社会公共利益的，人民法院可以不经拍卖、变卖，直接将被执行人的财产作价交申请执行人抵偿债务。对剩余债务，被执行人应当继续清偿。

第四百九十条 被执行人的财产无法拍卖或者变卖的，经申请执行人同意，且不损害其他债权人合法权益和社会公共利益的，人民法院可以将该项财产作价后交付申请执行人抵偿债务，或者交付申请执行人管理；申请执行人拒绝接收或者管理的，退回被执行人。

第四百九十一条 拍卖成交或者依法定程序裁定以物抵债的，标的物所有权自拍卖成交裁定或者抵债裁定送达买受人或者接受抵债物的债权人时转移。

第四百九十二条 执行标的物为特定物的，应当执行原物。原物确已毁损或者灭失的，经双方当事人同意，可以折价赔偿。

双方当事人对折价赔偿不能协商一致的，人民法院应当终结执行程序。申请执行人可以另行起诉。

第四百九十三条 他人持有法律文书指定交付的财物或者票证，人民法院依照民事诉讼法第二百五十六条第二款、第三款规定发出协助执行通知后，拒不转交的，可以强制执行，并可依照民事诉讼法第一百一十七条、第一百一十八条规定处理。

他人持有期间财物或者票证毁损、灭失的，参照本解释第四百九十二条规定处理。

他人主张合法持有财物或者票证的，可以根据民事诉讼法第二百三十四条规定提出执行异议。

第四百九十四条 在执行中，被执行人隐匿财产、会计账簿等资料的，人民法院除可依照民事诉讼法第一百一十四条第一款第六项规定对其处理外，还应责令被执行人交出隐匿的财产、会计账簿等资料。被执行人拒不交出的，人民法院可以采取搜查措施。

第四百九十五条 搜查人员应当按规定着装并出示搜查令和工作证件。

第四百九十六条 人民法院搜查时禁止无关人员进入搜查现场；搜查对象是公民的，应当通知被执行人或者他的成年家属以及基层组织派员到场；搜查对象是法人或者其他组织的，应当通知法定代表人或者主要负责人到场。拒不到场的，不影响搜查。

搜查妇女身体，应当由女执行人员进行。

第四百九十七条 搜查中发现应当依法采取查封、扣押措施的财产，依照民事诉讼法第二百五十二条第二款和第二百五十四条规定办理。

第四百九十八条 搜查应当制作搜查笔录，由搜查人员、被搜查人及其他在场人签名、捺印或者盖章。拒绝签名、捺印或者盖章的，应当记入搜查笔录。

第四百九十九条 人民法院执行被执行人对他人的到期债权，可以作出冻结债权的裁定，并通知该他人向申请执行人履行。

该他人对到期债权有异议，申请执行人请求对异议部分强制执行的，人民法院不予支持。利害关系人对到期债权有异议的，人民法院应当按照民事诉讼法第二百三十四条规定处理。

对生效法律文书确定的到期债权，该他人予以否认的，人民法院不予支持。

第五百条 人民法院在执行中需要办理房产证、土地证、林权证、专利证书、商标证书、车船执照等有关财产权证照转移手续的，可以依照民事诉讼法第二百五十八条规定办理。

第五百零一条 被执行人不履行生效法律文书确定的行为义务，该义务可由他人完成的，人民法院可以选定代履行人；法律、行政法规对履行该行为义务有资格限制的，应当从有资格的人中选定。必要时，可以通过招标的方式确定代履行人。

申请执行人可以在符合条件的人中推荐代履行人，也可以申请自己代为履行，是否准许，由人民法院决定。

第五百零二条 代履行费用的数额由人民法院根据案件具体情况确定，并由被执行人在指定期限内预先支付。被执行人未预付的，人民法院可以对该费用强制执行。

代履行结束后，被执行人可以查阅、复制费用清单以及主要凭证。

第五百零三条 被执行人不履行法律文书指定的行为，且该项行为只能由被执行人完成的，人民法院可以依照民事诉讼法第一百一十四条第一款第六项规定处理。

被执行人在人民法院确定的履行期间内仍不履行的，人民法院可以依照民事诉讼法第一百一十四条第一款第六项规定再次处理。

第五百零四条 被执行人迟延履行的，迟延履行期间的利息或者迟延履行金自判决、裁定和其他法律文书指定的履行期间届满之日起计算。

第五百零五条 被执行人未按判决、裁定和其他法律文书指定的期间履行非金钱给付义务的，无论是否已给申请执行人造成损失，都应当支付迟延履行金。已经造成损失的，双倍补偿申请执行人已经受到的损失；没有造成损失的，迟延履行金可以由人民法院根据具体案件情况决定。

第五百零六条 被执行人为公民或者其他组织，在执行程序开始后，被执行人的其他已经取得执行依据的债权人发现被执行人的财产不能清偿所有债权的，可以向人民法院申请参与分配。

对人民法院查封、扣押、冻结的财产有优先权、担保物权的债权人，可以直接申请参与分配，主张优先受偿权。

第五百零七条 申请参与分配，申请人应当提交申请书。申请书应当写明参与分配和被执行人不能清偿所有债权的事实、理由，并附有执行依据。

参与分配申请应当在执行程序开始后，被执行人的财产执行终结前提出。

第五百零八条 参与分配执行中，执行所得价款扣除执行费用，并清偿应当优先受偿的债权后，对于普通债权，原则上按照其占全部申请参与分配债权数额的比例受偿。清偿后的剩余债务，被执行人应当继续清偿。债权人发现被执行人有其他财产的，可以随时请求人民法院执行。

第五百零九条 多个债权人对执行财产申请参与分配的，执行法院应当制作财产分配方案，并送达各债权人和被执行人。债权人或者被执行人对分配方案有异议的，应当自收到分配方案之日起十五日内向执行法院提出书面异议。

第五百一十条 债权人或者被执行人对分配方案提出书面异议的，执行法院应当通知未提出异议的债权人、被执行人。

未提出异议的债权人、被执行人自收到通知之日起十五日内未提出反对意见的，执行法院依异议人的意见对分配方案审查修正后进行分配；提出反对意见的，应当通知异议人。异议人可以自收到通知之日起十五日内，以提出反对意见的债权人、被执行人为被告，向执行法院提起诉讼；异议人逾期未提起诉讼的，执行法院按照原分配方案进行分配。

诉讼期间进行分配的，执行法院应当提存与争议债权数额相应的款项。

第五百一十一条 在执行中，作为被执行人的企业法人符合企业破产法第二条第一款规定情形的，执行法院经申请执行人之一或者被执行人同意，应当裁定中止对该被执行人的执行，将执行案件相关材料移送被执行人住所地人民法院。

第五百一十二条 被执行人住所地人民法院应当自收到执行案件相关材料之日起三十日内，将是否受理破产案件的裁定告知执行法院。不予受理的，应当将相关案件材料退回执行法院。

第五百一十三条 被执行人住所地人民法院裁定受理破产案件的，执行法院应当解除对被执行人财产的保全措施。被执行人住所地人民法院裁定宣告被执行人破产的，执行法院应当裁定终结对该被执行人的执行。

被执行人住所地人民法院不受理破产案件的，执行法院应当恢复执行。

第五百一十四条 当事人不同意移送破产或者被执行人住所地人民法院不受理破产案件的，执行法院就执行变价所得财产，在扣除执行费用及清偿优先受偿的债权后，对于普通债权，按照财产保全和执行中查封、扣押、冻结财产的先后顺序清偿。

第五百一十五条 债权人根据民事诉讼法第二百六十一条规定请求人民法院继续执行的，不受民事诉讼法第二百四十六条规定申请执行时效期间的限制。

第五百一十六条 被执行人不履行法律文书确定的义务的，人民法院除对被执行人予以处罚外，还可以根据情节将其纳入失信被执行人名单，将被执行人不履行或者不完全履行义务的信息向其所在单位、征信机构以及其他相关机构通报。

第五百一十七条 经过财产调查未发现可供执行的财产，在申请执行人签字确认或者执行法院组成合议庭审查核实并经院长批准后，可以裁定终结本次执行程序。

依照前款规定终结执行后，申请执行人发现被执行人有可供执行财产的，可以再次申请执行。再次申请不受申请执行时效期间的限制。

第五百一十八条 因撤销申请而终结执行后，当事人在民事诉讼法第二百四十六条规定的申请执行时效期间内再次申请执行的，人民法院应当受理。

第五百一十九条 在执行终结六个月内，被执行人或者其他人对已执行的标的有妨害行为的，人民法院可以依申请排除妨害，并可以依照民事诉讼法第一百一十四条规定进行处罚。因妨害行为给执行债权人或者其他人造成损失的，受害人可以另行起诉。

二十二、涉外民事诉讼程序的特别规定

第五百二十条 有下列情形之一，人民法院可以认定为涉外民事案件：

（一）当事人一方或者双方是外国人、无国籍人、外国企业或者组织的；

（二）当事人一方或者双方的经常居所地在中华人民共和国领域外的；

（三）标的物在中华人民共和国领域外的；

（四）产生、变更或者消灭民事关系的法律事实发生在中华人民共和国领域外的；

（五）可以认定为涉外民事案件的其他情形。

第五百二十一条 外国人参加诉讼，应当向人民法院提交护照等用以证明自己身份的证件。

外国企业或者组织参加诉讼，向人民法院提交的身份证明文件，应当经所在国公证机关公证，并经中华人民共和国驻该国使领馆认证，或者履行中华人民共和国与该所在国订立的有关条约中规定的证明手续。

代表外国企业或者组织参加诉讼的人，应当向人民法院提交其有权作为代表人参加诉讼的证明，该证明应当经所在国公证机关公证，并经中华人民共和国

驻该国使领馆认证，或者履行中华人民共和国与该所在国订立的有关条约中规定的证明手续。

本条所称的“所在国”，是指外国企业或者组织的设立登记地国，也可以是办理了营业登记手续的第三国。

第五百二十二条　依照民事诉讼法第二百七十一条以及本解释第五百二十一条规定，需要办理公证、认证手续，而外国当事人所在国与中华人民共和国没有建立外交关系的，可以经该国公证机关公证，经与中华人民共和国有外交关系的第三国驻该国使领馆认证，再转由中华人民共和国驻该第三国使领馆认证。

第五百二十三条　外国人、外国企业或者组织的代表人在人民法院法官的见证下签署授权委托书，委托代理人进行民事诉讼的，人民法院应予认可。

第五百二十四条　外国人、外国企业或者组织的代表人在中华人民共和国境内签署授权委托书，委托代理人进行民事诉讼，经中华人民共和国公证机构公证的，人民法院应予认可。

第五百二十五条　当事人向人民法院提交的书面材料是外文的，应当同时向人民法院提交中文翻译件。

当事人对中文翻译件有异议的，应当共同委托翻译机构提供翻译文本；当事人对翻译机构的选择不能达成一致的，由人民法院确定。

第五百二十六条　涉外民事诉讼中的外籍当事人，可以委托本国人为诉讼代理人，也可以委托本国律师以非律师身份担任诉讼代理人；外国驻华使领馆官员，受本国公民的委托，可以以个人名义担任诉讼代理人，但在诉讼中不享有外交或者领事特权和豁免。

第五百二十七条　涉外民事诉讼中，外国驻华使领馆授权其本馆官员，在作为当事人的本国国民不在中华人民共和国领域内的情况下，可以以外交代表身份为其本国国民在中华人民共和国聘请中华人民共和国律师或者中华人民共和国公民代理民事诉讼。

第五百二十八条　涉外民事诉讼中，经调解双方达成协议，应当制发调解书。当事人要求发给判决书的，可以依协议的内容制作判决书送达当事人。

第五百二十九条　涉外合同或者其他财产权益纠纷的当事人，可以书面协议选择被告住所地、合同履行地、合同签订地、原告住所地、标的物所在地、侵权行为地等与争议有实际联系地点的外国法院管辖。

根据民事诉讼法第三十四条和第二百七十三条规定，属于中华人民共和国法院专属管辖的案件，当事人不得协议选择外国法院管辖，但协议选择仲裁的除外。

第五百三十条　涉外民事案件同时符合下列情形的，人民法院可以裁定驳回原告的起诉，告知其向更方便的外国法院提起诉讼：

（一）被告提出案件应由更方便外国法院管辖的请求，或者提出管辖异议；

（二）当事人之间不存在选择中华人民共和国法院管辖的协议；

（三）案件不属于中华人民共和国法院专属管辖；

（四）案件不涉及中华人民共和国国家、公民、法人或者其他组织的利益；

（五）案件争议的主要事实不是发生在中华人民共和国境内，且案件不适用中华人民共和国法律，人民法院审理案件在认定事实和适用法律方面存在重大困难；

（六）外国法院对案件享有管辖权，且审理该案件更加方便。

第五百三十一条　中华人民共和国法院和外国法院都有管辖权的案件，一方当事人向外国法院起诉，而另一方当事人向中华人民共和国法院起诉的，人民法院可予受理。判决后，外国法院申请或者当事人请求人民法院承认和执行外国法院对本案作出的判决、裁定的，不予准许；但双方共同缔结或者参加的国际条约另有规定的除外。

外国法院判决、裁定已经被人民法院承认，当事人就同一争议向人民法院起诉的，人民法院不予受理。

第五百三十二条　对在中华人民共和国领域内没有住所的当事人，经用公告方式送达诉讼文书，公告期满不应诉，人民法院缺席判决后，仍应当将裁判文书依照民事诉讼法第二百七十四条第八项规定公告送达。自公告送达裁判文书满三个月之日起，经过三十日的上诉期当事人没有上诉的，一审判决即发生法律效力。

第五百三十三条　外国人或者外国企业、组织的代表人、主要负责人在中华人民共和国领域内的，人民法院可以向该自然人或者外国企业、组织的代表人、主要负责人送达。

外国企业、组织的主要负责人包括该企业、组织的董事、监事、高级管理人员等。

第五百三十四条 受送达人所在国允许邮寄送达的，人民法院可以邮寄送达。

邮寄送达时应当附有送达回证。受送达人未在送达回证上签收但在邮件回执上签收的，视为送达，签收日期为送达日期。

自邮寄之日起满三个月，如果未收到送达的证明文件，且根据各种情况不足以认定已经送达的，视为不能用邮寄方式送达。

第五百三十五条 人民法院一审时采取公告方式向当事人送达诉讼文书的，二审时可径行采取公告方式向其送达诉讼文书，但人民法院能够采取公告方式之外的其他方式送达的除外。

第五百三十六条 不服第一审人民法院判决、裁定的上诉期，对在中华人民共和国领域内有住所的当事人，适用民事诉讼法第一百七十一条规定的期限；对在中华人民共和国领域内没有住所的当事人，适用民事诉讼法第二百七十六条规定的期限。当事人的上诉期均已届满没有上诉的，第一审人民法院的判决、裁定即发生法律效力。

第五百三十七条 人民法院对涉外民事案件的当事人申请再审进行审查的期间，不受民事诉讼法第二百一十一条规定的限制。

第五百三十八条 申请人向人民法院申请执行中华人民共和国涉外仲裁机构的裁决，应当提出书面申请，并附裁决书正本。如申请人为外国当事人，其申请书应当用中文文本提出。

第五百三十九条 人民法院强制执行涉外仲裁机构的仲裁裁决时，被执行人以有民事诉讼法第二百八十一条第一款规定的情形为由提出抗辩的，人民法院应当对被执行人的抗辩进行审查，并根据审查结果裁定执行或者不予执行。

第五百四十条 依照民事诉讼法第二百七十九条规定，中华人民共和国涉外仲裁机构将当事人的保全申请提交人民法院裁定的，人民法院可以进行审查，裁定是否进行保全。裁定保全的，应当责令申请人提供担保，申请人不提供担保的，裁定驳回申请。

当事人申请证据保全，人民法院经审查认为无需提供担保的，申请人可以不提供担保。

第五百四十一条 申请人向人民法院申请承认和执行外国法院作出的发生法律效力的判决、裁定，应当提交申请书，并附外国法院作出的发生法律效力的判决、裁定正本或者经证明无误的副本以及中文译本。外国法院判决、裁定为缺席判决、裁定的，申请人应当同时提交该外国法院已经合法传唤的证明文件，但判决、裁定已经对此予以明确说明的除外。

中华人民共和国缔结或者参加的国际条约对提交文件有规定的，按照规定办理。

第五百四十二条 当事人向中华人民共和国有管辖权的中级人民法院申请承认和执行外国法院作出的发生法律效力的判决、裁定的，如果该法院所在国与中华人民共和国没有缔结或者共同参加国际条约，也没有互惠关系的，裁定驳回申请，但当事人向人民法院申请承认外国法院作出的发生法律效力的离婚判决的除外。

承认和执行申请被裁定驳回的，当事人可以向人民法院起诉。

第五百四十三条 对临时仲裁庭在中华人民共和国领域外作出的仲裁裁决，一方当事人向人民法院申请承认和执行的，人民法院应当依照民事诉讼法第二百九十条规定处理。

第五百四十四条 对外国法院作出的发生法律效力的判决、裁定或者外国仲裁裁决，需要中华人民共和国法院执行的，当事人应当先向人民法院申请承认。人民法院经审查，裁定承认后，再根据民事诉讼法第三编的规定予以执行。

当事人仅申请承认而未同时申请执行的，人民法院仅对应否承认进行审查并作出裁定。

第五百四十五条 当事人申请承认和执行外国法院作出的发生法律效力的判决、裁定或者外国仲裁裁决的期间，适用民事诉讼法第二百四十六条的规定。

当事人仅申请承认而未同时申请执行的，申请执行的期间自人民法院对承认申请作出的裁定生效之日起重新计算。

第五百四十六条 承认和执行外国法院作出的发生法律效力的判决、裁定或者外国仲裁裁决的案件，人民法院应当组成合议庭进行审查。

人民法院应当将申请书送达被申请人。被申请人可以陈述意见。

人民法院经审查作出的裁定，一经送达即发生法律效力。

第五百四十七条　与中华人民共和国没有司法协助条约又无互惠关系的国家的法院，未通过外交途径，直接请求人民法院提供司法协助的，人民法院应予退回，并说明理由。

第五百四十八条　当事人在中华人民共和国领域外使用中华人民共和国法院的判决书、裁定书，要求中华人民共和国法院证明其法律效力的，或者外国法院要求中华人民共和国法院证明判决书、裁定书的法律效力的，作出判决、裁定的中华人民共和国法院，可以本法院的名义出具证明。

第五百四十九条　人民法院审理涉及香港、澳门特别行政区和台湾地区的民事诉讼案件，可以参照适用涉外民事诉讼程序的特别规定。

二十三、附　　则

第五百五十条　本解释公布施行后，最高人民法院于1992年7月14日发布的《关于适用〈中华人民共和国民事诉讼法〉若干问题的意见》同时废止；最高人民法院以前发布的司法解释与本解释不一致的，不再适用。

(2)管　辖

最高人民法院关于林守义诉熊正俭离婚案管辖问题的批复

1. 1985年11月21日发布
2. 〔1985〕民他字第35号

陕西省高级人民法院：

你院关于林守义诉熊正俭离婚一案管辖问题的请示收悉。

熊正俭于1982年9月离开西安到福建省三明市其女儿家居住至今。林守义于1985年4月向西安市坝桥区人民法院起诉，要求与熊正俭离婚。西安市坝桥区人民法院将案件移送福建省三明市三元区人民法院。三元区人民法院受理后，于1985年5至7月曾三次发函委托西安市坝桥区人民法院调查。西安市坝桥区人民法院既不调查，又不将未调查的原因函告三元区人民法院。在此情况下，三元区人民法院将案件移送西安市中级人民法院。对上述情况，我们研究后认为，根据《中华人民共和国民事诉讼法(试行)》第二十条、第三十二条、第八十九条的规定，该案应由福建省三明市三元区人民法院受理；陕西省西安市坝桥区人民法院对三元区人民法院的委托调查应在法定期限内完成。如因故不能完成，应及时函告说明原因。坝桥区和三元区人民法院的上述做法是不对的，应注意改正。

(3)立案受理

最高人民法院关于离婚时协议一方不负担子女抚养费，经过若干时间他方提起要求对方负担抚养费的诉讼，法院如何处理的复函

1. 1981年7月30日发布
2. 〔81〕法民字第9号

新疆维吾尔自治区高级人民法院：

你院1981年6月6日《关于处理抚养纠纷中两个问题的请示》收悉。

第一个问题。据你院来文所述，男女当事人在民政部门登记离婚，对孩子抚养问题，当时以一方抚养孩子，另一方不负担抚养费达成协议，过若干时间(如一、两年)后，抚养孩子的一方以新婚姻法第三十条为依据，向法院提起要求对方负担抚养费用的诉讼，另一方则据原协议拒绝这种要求，人民法院应如何处理？

我们认为：根据婚姻法第二十九条“父母与子女间的关系，不因父母离婚而消除。离婚后，子女无论由父方或母方抚养，仍是父母双方的子女。”“离婚后，父母对子女仍有抚养和教育的权利和义务。”和第三十条“关于子女生活费和教育费的协议或判决，不妨碍子女在必要时向父母任何一方提出超过协议或判决原定数额的合理要求”的规定，抚养孩子的一方向法院提起要求对方负担抚养费用的诉讼，人民法院应予受理，并根据原告申述的理由，经调查了解双方经济情况有无变化，子女的生活费和教育费是否确有增加的必要，从而作出变更或维持原协议的判决。

第二个问题。当事人邓森，因双方和孩子的情况发生了较大变化，要求改变原来对孩子抚养费部分的判决。我们同意你院的下述意见：即“邓森所提不是基于对原判不服的申诉，而是依据新情况提出诉讼

请求。”因此，可由你院发交基层法院作新案处理。

此复

最高人民法院关于原判决维持收养关系后当事人再次起诉，人民法院是否作新案受理的批复

1. 1987年2月11日发布
2. 民他字〔1986〕第42号

湖北省高级人民法院：

你院鄂法〔86〕民行字第10号请示报告收悉。

何品善诉何建业解除收养关系一案，终审判决维持收养关系，半年后，何品善再次起诉要求解除，人民法院是否作为新案受理的问题。经研究，同意你院审判委员会的意见，如终审判决并无不当，判决后，双方关系继续恶化，当事人又起诉要求解除收养关系的，可作为新案受理。

(4)涉外、涉港澳台诉讼

中华人民共和国涉外民事关系法律适用法（节录）

1. 2010年10月28日第十一届全国人民代表大会常务委员会第十七次会议通过
2. 2010年10月28日中华人民共和国主席令第36号公布
3. 自2011年4月1日起施行

第一章　一般规定

第一条　【立法目的】为了明确涉外民事关系的法律适用，合理解决涉外民事争议，维护当事人的合法权益，制定本法。

第二条　【调整范围】涉外民事关系适用的法律，依照本法确定。其他法律对涉外民事关系法律适用另有特别规定的，依照其规定。

本法和其他法律对涉外民事关系法律适用没有规定的，适用与该涉外民事关系有最密切联系的法律。

第三条　【选择适用】当事人依照法律规定可以明示选择涉外民事关系适用的法律。

第四条　【强制适用】中华人民共和国法律对涉外民事关系有强制性规定的，直接适用该强制性规定。

第五条　【公共秩序保留】外国法律的适用将损害中华人民共和国社会公共利益的，适用中华人民共和国法律。

第六条　【最密切联系地】涉外民事关系适用外国法律，该国不同区域实施不同法律的，适用与该涉外民事关系有最密切联系区域的法律。

第七条　【诉讼时效】诉讼时效，适用相关涉外民事关系应当适用的法律。

第八条　【涉外民事关系的定性】涉外民事关系的定性，适用法院地法律。

第九条　【外国法律的范围】涉外民事关系适用的外国法律，不包括该国的法律适用法。

第十条　【外国法律查明】涉外民事关系适用的外国法律，由人民法院、仲裁机构或者行政机关查明。当事人选择适用外国法律的，应当提供该国法律。

不能查明外国法律或者该国法律没有规定的，适用中华人民共和国法律。

第二章　民事主体

第十一条　【民事权利能力】自然人的民事权利能力，适用经常居所地法律。

第十二条　【民事行为能力】自然人的民事行为能力，适用经常居所地法律。

自然人从事民事活动，依照经常居所地法律为无民事行为能力，依照行为地法律为有民事行为能力的，适用行为地法律，但涉及婚姻家庭、继承的除外。

第十三条　【宣告失踪、宣告死亡】宣告失踪或者宣告死亡，适用自然人经常居所地法律。

第十四条　【法人】法人及其分支机构的民事权利能力、民事行为能力、组织机构、股东权利义务等事项，适用登记地法律。

法人的主营业地与登记地不一致的，可以适用主营业地法律。法人的经常居所地，为其主营业地。

第十五条　【人格权】人格权的内容，适用权利人经常居所地法律。

第十六条　【代理】代理适用代理行为地法律，但被代理人与代理人的民事关系，适用代理关系发生地法律。

当事人可以协议选择委托代理适用的法律。

第十七条　【信托】当事人可以协议选择信托适用的法律。当事人没有选择的,适用信托财产所在地法律或者信托关系发生地法律。

第十八条　【仲裁】当事人可以协议选择仲裁协议适用的法律。当事人没有选择的,适用仲裁机构所在地法律或者仲裁地法律。

第十九条　【国籍国法律】依照本法适用国籍国法律,自然人具有两个以上国籍的,适用有经常居所的国籍国法律;在所有国籍国均无经常居所的,适用与其有最密切联系的国籍国法律。自然人无国籍或者国籍不明的,适用其经常居所地法律。

第二十条　【经常居住地法律】依照本法适用经常居所地法律,自然人经常居所地不明的,适用其现在居所地法律。

第三章　婚 姻 家 庭

第二十一条　【结婚条件】结婚条件,适用当事人共同经常居所地法律;没有共同经常居所地的,适用共同国籍国法律;没有共同国籍,在一方当事人经常居所地或者国籍国缔结婚姻的,适用婚姻缔结地法律。

第二十二条　【结婚手续】结婚手续,符合婚姻缔结地法律、一方当事人经常居所地法律或者国籍国法律的,均为有效。

第二十三条　【夫妻人身关系】夫妻人身关系,适用共同经常居所地法律;没有共同经常居所地的,适用共同国籍国法律。

第二十四条　【夫妻财产关系】夫妻财产关系,当事人可以协议选择适用一方当事人经常居所地法律、国籍国法律或者主要财产所在地法律。当事人没有选择的,适用共同经常居所地法律;没有共同经常居所地的,适用共同国籍国法律。

第二十五条　【父母子女关系】父母子女人身、财产关系,适用共同经常居所地法律;没有共同经常居所地的,适用一方当事人经常居所地法律或者国籍国法律中有利于保护弱者权益的法律。

第二十六条　【协议离婚】协议离婚,当事人可以协议选择适用一方当事人经常居所地法律或者国籍国法律。当事人没有选择的,适用共同经常居所地法律;没有共同经常居所地的,适用共同国籍国法律;没有共同国籍的,适用办理离婚手续机构所在地法律。

第二十七条　【诉讼离婚】诉讼离婚,适用法院地法律。

第二十八条　【收养】收养的条件和手续,适用收养人和被收养人经常居所地法律。收养的效力,适用收养时收养人经常居所地法律。收养关系的解除,适用收养时被收养人经常居所地法律或者法院地法律。

第二十九条　【扶养】扶养,适用一方当事人经常居所地法律、国籍国法律或者主要财产所在地法律中有利于保护被扶养人权益的法律。

第三十条　【监护】监护,适用一方当事人经常居所地法律或者国籍国法律中有利于保护被监护人权益的法律。

第四章　继　　承

第三十一条　【法定继承】法定继承,适用被继承人死亡时经常居所地法律,但不动产法定继承,适用不动产所在地法律。

第三十二条　【遗嘱方式】遗嘱方式,符合遗嘱人立遗嘱时或者死亡时经常居所地法律、国籍国法律或者遗嘱行为地法律的,遗嘱均为成立。

第三十三条　【遗嘱效力】遗嘱效力,适用遗嘱人立遗嘱时或者死亡时经常居所地法律或者国籍国法律。

第三十四条　【遗产管理】遗产管理等事项,适用遗产所在地法律。

第三十五条　【无人继承遗产的归属】无人继承遗产的归属,适用被继承人死亡时遗产所在地法律。

最高人民法院关于人民法院受理申请承认外国法院离婚判决案件有关问题的规定

1. 1999年12月1日最高人民法院审判委员会第1090次会议通过、2000年2月29日公布、自2000年3月1日起施行(法释〔2000〕6号)

2. 根据2020年12月23日最高人民法院审判委员会第1823次会议通过、2020年12月29日公布的《最高人民法院关于修改〈最高人民法院关于人民法院民事调解工作若干问题的规定〉等十九件民事诉讼类司法解释的决定》(法释〔2020〕20号)修正

1998年9月17日,我院以法〔1998〕86号通知印发了《关于人民法院受理申请承认外国法院离婚判决案件几个问题的意见》，现根据新的情况，对人民法院受理申请承认外国法院离婚判决案件的有关问题重新作如下规定：

一、中国公民向人民法院申请承认外国法院离婚判决，人民法院不应以其未在国内缔结婚姻关系而拒绝受理；中国公民申请承认外国法院在其缺席情况下作出的离婚判决，应同时向人民法院提交作出该判决的外国法院已合法传唤其出庭的有关证明文件。

二、外国公民向人民法院申请承认外国法院离婚判决，如果其离婚的原配偶是中国公民的，人民法院应予受理；如果其离婚的原配偶是外国公民的，人民法院不予受理，但可告知其直接向婚姻登记机关申请结婚登记。

三、当事人向人民法院申请承认外国法院离婚调解书效力的，人民法院应予受理，并根据《关于中国公民申请承认外国法院离婚判决程序问题的规定》进行审查，作出承认或不予承认的裁定。

自本规定公布之日起，我院法〔1998〕86号通知印发的《关于人民法院受理申请承认外国法院离婚判决案件几个问题的意见》同时废止。

最高人民法院关于当事人申请承认澳大利亚法院出具的离婚证明书人民法院应否受理问题的批复

1. 2005年7月11日最高人民法院审判委员会第1359次会议通过、2005年7月26日公布、自2005年8月1日起施行（法释〔2005〕8号）

2. 根据2008年12月8日最高人民法院审判委员会第1457次会议通过、2008年12月16日公布的《最高人民法院关于调整司法解释等文件中引用〈中华人民共和国民事诉讼法〉条文序号的决定》（法释〔2008〕18号）第一次修正

3. 根据2020年12月23日最高人民法院审判委员会第1823次会议通过、2020年12月29日公布的《最高人民法院关于修改〈最高人民法院关于人民法院民事调解工作若干问题的规定〉等十九件民事诉讼类司法解释的决定》（法释〔2020〕20号）第二次修正

广东省高级人民法院：

你院报送的粤高法民一他字〔2004〕9号"关于当事人申请承认澳大利亚法院出具的离婚证明书有关问题"的请示收悉。经研究，答复如下：

当事人持澳大利亚法院出具的离婚证明书向人民法院申请承认其效力的，人民法院应予受理，并依照《中华人民共和国民事诉讼法》第二百八十一条和第二百八十二条以及最高人民法院《关于中国公民申请承认外国法院离婚判决程序问题的规定》的有关规定进行审查，依法作出承认或者不予承认的裁定。

最高人民法院关于处理国内侨眷申请离婚问题的复函

1. 1965年12月29日发布

2. 〔65〕法研字第44号

云南省高级人民法院：

你院〔65〕法民字第463号关于处理国内侨眷申请离婚问题的请示已收阅。经与华侨事务委员会联系后，现将我们的意见函告如下：

一、鉴于华侨婚姻问题比较复杂，各地情况不同，你院根据本省情况提出的处理意见，可报请省委批准后予以试行。试行的情况，请你们注意及时总结，并报告我们。

二、你院所提处理意见中"又无争取回归价值"一句的提法欠妥，可删去。（一）项中"应准予离婚"一句可改为"可酌情准予离婚"，这样灵活一些。

附：

云南省高级人民法院对处理国内侨眷申请离婚问题的请示

（1965年9月10日　〔65〕法民字第463号）

最高人民法院：

因我省边疆地区，解放前和解放后，有少数群众到国外经商或从事其他劳动为生，有的是受反动派的欺骗跑往国外的，长期未回国，有的仍与国内配偶长期保持通讯联系，有的还寄有物款回来照顾家庭，由于长期不回国与家人团聚，国内配偶（又多是女方）感到年岁逐渐增长，夫妻感情逐渐破裂，特别是无子女牵挂的，对于要求解除婚姻关系，更是要求迫切，加之工农业生产日益发展，并经过各种运动和婚姻法的宣传,觉悟都提高了,大多参加了劳动生产,能自食其力,经济已独立自主,不再依靠侨汇为生,故提出要求离婚的也逐渐增多。但有的因其侨居国(如泰国等)与我国未建立外交关系,受其反动政府的限制,回国又有困难,而国内配偶又一再坚决要求离婚,经与侨务部门等有关单位联系,他们以上面没有新的指示前,仍应按1954年4月8日〔54〕政习字第22号原政务院关于处理华侨婚姻纠纷问题的指示(一)项(3)款"国外华侨未重婚,仍有通讯关系,并有汇款赡养家属,其国内配偶提出离婚,处理时应以恢复和好并尽量不批准其离婚为主,积极进行说服劝导,使女方打消离婚之意。如女方仍坚决要求离婚,应征求国外华侨意见,并由区、县人民政府进行调解。……"的规定,不准离婚。但女方仍一再申请坚决要求离婚,有的乃带上口粮和行李到法院不走,坚决要求离婚,对生产生活都不利;有的一方继续申请要求离,一方就另找对象同居重婚,产生一些不良的影响。

从发展变化了的情况,考虑政策执行怎样才更加符合实际情况,更有利于正确保护妇女合法权利,符合婚姻法的精神,对这类问题,究竟怎样处理较为妥当。经我们研究认为:1954年原政务院根据当时国内外的实际情况的指示规定是完全正确的,但现在又已经十多年了,不但国内外各方面的情况都有了很大的变化,而且男女双方的情况也有了很大的变化。……为此,根据实际具体情况,既要适当考虑国外华侨的情况,对国内配偶的正当合法要求,也应当给予合理的解决,故提出如下的意见:除按原规定对华侨在国外已重婚或国外华侨久不回国而又杳无音信,国内配偶又以此为理由提出离婚,经设法调查属实,应准予离婚外,对国外华侨虽未重婚,也曾有通讯联系,还寄过物款回家,但长期不回国与家人团聚,又无争取回归的价值,国内配偶提出离婚,经说服劝导不离无效,仍坚持要求离婚的:(一)由国内配偶或有关机关去信征求国外华侨的意见,回信表示不愿离婚,经说服劝导不离无效,仍一再申请坚持要求离婚,应准予离婚。(二)由国内配偶或有关机关一再去信征求国外华侨意见,经过一年的等待或限期回信而过期都不回信表示意见,不论国外华侨基于何种原因不回信,国内配偶坚持要离婚,应准予离婚。

因这类问题,牵涉面宽,到底怎样处理才好,特此请求。

最高人民法院关于叶莉莉与委内瑞拉籍华人梁文锐离婚问题的批复

1. 1985年6月24日发布
2. 〔1985〕民他字第14号

广东省高级人民法院:

你院1985年5月6日〔85〕粤法民字第37号请示收悉。

委内瑞拉籍华人梁文锐和我国公民叶莉莉于1982年3月在广东省广州市登记结婚。叶在梁回委内瑞拉后,获准去委定居,但她在出境后却去了台湾,并且不与梁联系。梁在长期不能得知叶去向的情况下,认为已无夫妻感情可言,决意离婚。因双方是在中国登记结婚的,且叶又不去委内瑞拉,我驻委使馆及该国有关方面均无法办理其离婚问题,故梁于今年1月,经我驻委使馆公证办理了委托书,委托其岳父为代理人在我国办理与叶的离婚手续。同时,叶也从台湾给其父来信,坚决要求与梁离婚,并以台湾不承认大陆的婚姻法,本人又不能回大陆为由,委托其父代为办理与梁的离婚手续。

据此情况,我院经研究,同意你院关于本案可由当事人结婚登记地的人民法院受理的意见。但首先要由当事人本人向法院起诉,受理后以判决结案为宜。为维护双方当事人的合法权益,双方当事人不宜委托同一诉讼代理人。关于叶从台湾寄来的委托书和离婚书面意见的确认问题,也同意你院意见,由叶开春辨认后再进行文字鉴定。

最高人民法院关于美国法院未通过外交途径迳直将离婚判决书寄给我人民法院应如何处理问题的批复

1. 1985年12月26日发布
2. 〔1985〕民他字第37号

江苏省高级人民法院:

你院〔85〕民请第27号请示报告及所附美国加利福尼亚高等法院给苏州市中级人民法院寄来的蔡××与周××离婚判决书副本收悉。经与有关部门研究,现答复如下:

在中美两国目前尚无司法协定的情况下，美国加利福尼亚高等法院未通过外交途径，直接给苏州市中级人民法院寄来蔡××与周××离婚判决书副本，这种做法，不仅违反我国民事诉讼法的有关规定，也不符合一般国际关系中的互惠原则。因此，以上材料可由苏州市中级人民法院迳直退回美国加利福尼亚高等法院。

最高人民法院关于外国公民因子女抚养问题如何在人民法院进行诉讼问题的函

1. 1988年11月25日发布
2. 〔88〕民他字第61号

外交部领事司：

转来的澳大利亚驻华使馆的照会收悉。关于该国公民Levens希望在中国通过法律程序，向住在新疆乌鲁木齐市解放路32号的钱国华领回由其丈夫Genady Shrbakov（澳大利亚籍）带至该处的孩子Daniel（澳大利亚籍）一事，我们研究认为，如Levens通过有关程序能证明澳大利亚法院在判决Levens与Genady Shrbakov离婚时，将Daniel判归Levens抚养，此事可先通过当地外办和公安部门，与钱国华协商解决；协商不成，Levens可按照我国民事诉讼法（试行）的有关规定，向新疆乌鲁木齐市中级人民法院提交经我驻澳大利亚使领馆认证的本国判决书，证明Daniel归其抚养，对钱国华提起诉讼。根据我国民事诉讼收费办法（试行）的规定。原告起诉时应预交案件受理费人民币五元至二十元。如有其他财产争议，则按财产案件另行收费。关于律师收费问题，请向司法部了解。

最高人民法院关于中国公民接受外侨遗赠法律程序问题的批复

1. 1989年6月12日发布
2. 民他字〔1988〕第26号

黑龙江省高级人民法院：

你院（1988）民复字第13号函关于中国公民宁俊华申请接受苏侨比斯阔·维克托尔·帕夫洛维赤遗赠案件的请示，经我院审判委员会第四百零四次会议讨论认为，可由哈尔滨市中级人民法院告知比斯阔的遗产代管部门，比斯阔将自己的个人财产遗赠给宁俊华、李成海，符合我国继承法的有关规定，对宁、李二人领受遗赠财产的请求应予允许。如经告知，遗产代管部门仍阻碍公民合法权利的实现，宁俊华、李成海则可以遗产代管部门为被告向法院起诉，人民法院应按照普通程序进行审理，并适用继承法的有关规定。

最高人民法院关于如何确认在居留地所在国无合法居留权的我国公民的离婚诉讼文书的效力的复函

1. 1991年4月28日发布
2. 民他字〔1991〕第3号

四川省高级人民法院：

你院关于我驻加拿大使领馆对非法在加拿大居住的我国公民姚开华寄给人民法院的离婚诉讼文书不予办理公证，如何确认其诉讼文书效力的请示收悉。经我们研究并征求了外交部领事司的意见认为，因私出境后，在居留地所在国无合法居留权的我国公民，为离婚而要求我使领馆办理诉讼文书公证的，由于其诉讼文书是在国内使用，与其非法居留地不发生关系，也不涉及我与该国关系，可在从严掌握的前提下，按有关规定予以办理。据此，你院可告知姚开华按照上述精神办理公证手续。

最高人民法院关于我国公民周芳洲向我国法院申请承认香港地方法院离婚判决效力，我国法院应否受理问题的批复

1. 1991年9月20日发布
2. 〔1991〕民他字第43号

黑龙江省高级人民法院：

你院〔1991〕民复字第5号请示收悉。经研究，我们同意你院意见，即：我国公民周芳洲向人民法院提出申请，要求承认香港地方法院关于解除英国籍人卓见与其婚姻关系的离婚判决的效力，有管辖权的中级人民法

院应予受理。受理后经审查,如该判决不违反我国法律的基本原则和社会公共利益,可裁定承认其法律效力。

此复

最高人民法院关于中国公民黄爱京申请承认外国法院离婚确认书受理问题的复函

1. 2003年5月12日发布

2. 〔2003〕民立他字第15号

吉林省高级人民法院:

你院吉高法〔2003〕23号《关于中国公民申请承认外国法院离婚确认书的请示》收悉。经研究答复如下:

对于中国公民黄爱京申请人民法院承认的韩国法院离婚确认书,应视为韩国法院出具的法律文书。当事人向人民法院申请承认该离婚确认书法律效力的案件,人民法院可比照最高人民法院《关于中国公民申请承认外国法院离婚判决程序问题的规定》第一条和《关于人民法院受理申请承认外国法院离婚判决案件有关问题的规定》第三条规定的精神予以受理。

附　录

资料补充栏

1. 办事指南

(1)婚姻登记

结婚登记

实施机构

- 内地居民办理婚姻登记的机关是县级人民政府民政部门或者乡(镇)人民政府。
- 中国公民同外国人,内地居民同香港特别行政区居民(以下简称香港居民)、澳门特别行政区居民(以下简称澳门居民)、台湾地区居民(以下简称台湾居民)、华侨办理婚姻登记的机关是省、自治区、直辖市人民政府民政部门或者省、自治区、直辖市人民政府民政部门确定的机关。

受理机关

- 内地居民结婚,男女双方应当共同到一方当事人常住户口所在地的婚姻登记机关办理结婚登记。
- 中国公民同外国人在中国内地结婚的,内地居民同香港居民、澳门居民、台湾居民、华侨在中国内地结婚的,男女双方应当共同到内地居民常住户口所在地的婚姻登记机关办理结婚登记。

受理条件

(1)结婚年龄,男不得早于二丨二周岁,女不得早于二十周岁(《中华人民共和国民法典》第一千零四十七条);
(2)结婚应当男女双方完全自愿,禁止任何一方对另一方加以强迫,禁止任何组织或者个人加以干涉(《中华人民共和国民法典》第一千零四十六条);
(3)男女双方为非直系血亲或者三代以内旁系血亲(《中华人民共和国民法典》第一千零四十八条));
(4)要求结婚的男女双方应当亲自到婚姻登记机关进行结婚登记(《中华人民共和国民法典》第一千零四十九条)。

应当出具的证件和证明材料

办理结婚登记的内地居民应当出具:
(1)本人的户口簿、身份证;
(2)本人无配偶以及与对方当事人没有直系血亲和三代以内旁系血亲关系的签字声明。
办理结婚登记的香港居民、澳门居民、台湾居民应当出具:
(1)本人的有效通行证、身份证;
(2)经居住地公证机构公证的本人无配偶以及与对方当事人没有直系血亲和三代以内旁系血亲关系的声明。
办理结婚登记的华侨应当出具:
(1)本人的有效护照;
(2)居住国公证机构或者有权机关出具的、经中华人民共和国驻该国使(领)馆认证的本人无配偶以及与对方当事人没有直系血亲和三代以内旁系血亲关系的证明,或者中华人民共和国驻该国使(领)馆出具的本人无配偶以及与对方当事人没有直系血亲和三代以内旁系血亲关系的证明。

办理结婚登记的外国人应当出具：
(1)本人的有效护照或者其他有效的国际旅行证件；
(2)所在国公证机构或者有权机关出具的、经中华人民共和国驻该国使(领)馆认证或者该国驻华使(领)馆认证的本人无配偶的证明，或者所在国驻华使(领)馆出具的本人无配偶的证明。

离婚登记

实施机构

- 内地居民办理婚姻登记的机关是县级人民政府民政部门或者乡(镇)人民政府。
- 中国公民同外国人，内地居民同香港特别行政区居民(以下简称香港居民)、澳门特别行政区居民(以下简称澳门居民)、台湾地区居民(以下简称台湾居民)、华侨办理婚姻登记的机关是省、自治区、直辖市人民政府民政部门或者省、自治区、直辖市人民政府民政部门确定的机关。

受理机关

- 内地居民自愿离婚的，男女双方应当共同到一方当事人常住户口所在地的婚姻登记机关办理离婚登记。
- 中国公民同外国人在中国内地自愿离婚的，内地居民同香港居民、澳门居民、台湾居民、华侨在中国内地自愿离婚的，男女双方应当共同到内地居民常住户口所在地的婚姻登记机关办理离婚登记。

离婚登记程序

根据《民法典》第一千零七十六条、第一千零七十七条和第一千零七十八条规定，离婚登记按如下程序办理。

1. 申请。夫妻双方自愿离婚的，应当签订书面离婚协议，共同到有管辖权的婚姻登记机关提出申请，并提供以下证件和证明材料：

①内地婚姻登记机关或者中国驻外使(领)馆颁发的结婚证；

②符合《婚姻登记工作规范》第二十九条至第三十五条规定的有效身份证件；

③在婚姻登记机关现场填写的《离婚登记申请书》。

2. 受理。婚姻登记机关按照《婚姻登记工作规范》有关规定对当事人提交的上述材料进行初审。

申请办理离婚登记的当事人有一本结婚证丢失的，当事人应当书面声明遗失，婚姻登记机关可以根据另一本结婚证受理离婚登记申请；申请办理离婚登记的当事人两本结婚证都丢失的，当事人应当书面声明结婚证遗失并提供加盖查档专用章的结婚登记档案复印件，婚姻登记机关可根据当事人提供的上述材料受理离婚登记申请。

婚姻登记机关对当事人提交的证件和证明材料初审无误后，发给《离婚登记申请受理回执单》。不符合离婚登记申请条件的，不予受理。当事人要求出具《不予受理离婚登记申请告知书》的，应当出具。

3. 冷静期。自婚姻登记机关收到离婚登记申请并向当事人发放《离婚登记申请受理回执单》之日起三十日内(自婚姻登记机关收到离婚登记申请之日的次日开始计算期间，期间的最后一日是法定休假日的，以法定休假日结束的次日为期间的最后一日)，任何一方不愿意离婚的，可以持本人有效身份证件和《离婚登记申请受理回执单》(遗失的可不提供，但需书面说明情况)，向受理离婚登记申请的婚姻登记机关撤回离婚登记申请，并亲自填写《撤回离婚登记申请书》。经婚姻登记机关核实无误后，发给《撤回离婚登记申请确认单》，并将《离婚登记申请书》、《撤回离婚登记申请书》与《撤回离婚登记申请确认单(存根联)》一并存档。

自离婚冷静期届满后三十日内(自冷静期届满日的次日开始计算期间,期间的最后一日是法定休假日的,以法定休假日结束的次日为期间的最后一日),双方未共同到婚姻登记机关申请发给离婚证的,视为撤回离婚登记申请。

4. 审查。自离婚冷静期届满后三十日内(自冷静期届满日的次日开始计算期间,期间的最后一日是法定休假日的,以法定休假日结束的次日为期间的最后一日),双方当事人应当持《婚姻登记工作规范》第五十五条第(四)至(七)项规定的证件和材料,共同到婚姻登记机关申请发给离婚证。

婚姻登记机关按照《婚姻登记工作规范》第五十六条和第五十七条规定的程序和条件执行和审查。婚姻登记机关对不符合离婚登记条件的,不予办理。当事人要求出具《不予办理离婚登记告知书》的,应当出具。

5. 登记(发证)。婚姻登记机关按照《婚姻登记工作规范》第五十八条至六十条规定,予以登记,发给离婚证。

(2)收养登记

内地公民收养子女登记

实施机构

(1)收养登记机关为县级人民政府民政部门;
(2)收养社会福利机构抚养的查找不到生父母的弃婴、儿童和孤儿的,在社会福利机构所在地的收养登记机关办理登记;
(3)收养非社会福利机构抚养的查找不到生父母的弃婴和儿童的,在弃婴和儿童发现地的收养登记机关办理登记;
(4)收养生父母有特殊困难无力抚养的子女或者由监护人监护的孤儿的,在被收养人生父母或者监护人常住户口所在地(组织作监护人的,在该组织所在地)的收养登记机关办理登记;
(5)收养三代以内同辈旁系血亲的子女,以及继父或者继母收养继子女的,在被收养人生父或者生母常住户口所在地的收养登记机关办理登记。

受理条件

1. 被收养人条件:
不满十八周岁,孤儿、查找不到生父母的未成年人、生父母有特殊困难无力抚养的子女
2. 送养人条件:
孤儿的监护人、儿童福利机构、有特殊困难无力抚养子女的生父母
3. 收养人条件:
(1)无子女或者有一名子女;
(2)有抚养、教育和保护被收养人的能力;
(3)未患有医学上认为不应当收养子女的疾病;
(4)无不利于被收养人健康成长的违法犯罪记录
(5)年满三十周岁。
4. 特殊条件:
(1)收养年满八周岁以上的未成年人的,应当征得被收养人的同意;

(2)无子女的收养人可以收养两名子女,有子女的收养人只能收养一名子女;
(3)收养孤儿、残疾未成年人或者儿童福利机构抚养的查找不到生父母的未成年人的,可以不受以下限制:
①无子女或者只有一名子女;
②无子女的收养人可以收养两名子女;有子女的收养人只能收养一名子女;
(4)无配偶者收养异性子女的,收养人与被收养人的年龄应当相差四十周岁以上。

申请材料

收养人应当向收养登记机关提交收养申请书和下列证件、证明材料:

(1)收养人的居民户口簿和居民身份证;
(2)由收养人所在单位或者村民委员会、居民委员会出具的本人婚姻状况和抚养、教育和保护被收养人的能力等情况的证明,以及收养人出具的子女情况声明;
(3)县级以上医疗机构出具的未患有在医学上认为不应当收养子女的疾病的身体健康检查证明;
(4)公安机关出具的捡拾弃婴、儿童报案的证明。

收养继子女时,可以只提交居民户口簿、居民身份证和收养人与被收养人生父或者生母结婚的证明。

送养人应当向收养登记机关提交下列证件和证明材料:

(1)送养人的居民户口簿和居民身份证(组织作监护人的,提交其负责人的身份证件);
(2)民法典规定送养时应当征得其他有抚养义务的人同意的,并提交其他有抚养义务的人同意送养的书面意见。

社会福利机构为送养人的,并应当提交弃婴、儿童进入社会福利机构的原始记录,公安机关出具的捡拾弃婴、儿童报案的证明,或者孤儿的生父母死亡或者宣告死亡的证明。

监护人为送养人的,并应当提交实际承担监护责任的证明,孤儿的父母死亡或者宣告死亡的证明,或者被收养人生父母无完全民事行为能力并对被收养人有严重危害的证明。

生父母为送养人的,并应当提交与当地计划生育部门签订的不违反计划生育规定的协议;有特殊困难无力抚养子女的,还应当提交送养人有特殊困难的声明。其中,因丧偶或者一方下落不明由单方送养的,还应当提交配偶死亡或者下落不明的证明。对送养人有特殊困难的声明,登记机关可以进行调查核实。子女由三代以内同辈旁系血亲收养的,还应当提交公安机关出具的或者经过公证的与收养人有亲属关系的证明。

被收养人是残疾儿童的,并应当提交县级以上医疗机构出具的该儿童的残疾证明。

办事流程

1. 提交收养材料

收养关系当事人应当亲自到收养登记机关办理成立收养关系的登记手续,并提交相应的收养材料。

夫妻共同收养子女的,应当共同到收养登记机关办理登记手续;一方因故不能亲自前往的,应当书面委托另一方办理登记手续,委托书应当经过村民委员会或者居民委员会证明或者经过公证。

2. 审查

收养登记机关收到收养登记申请书及有关材料后,应当自次日起30日内进行审查。审查时,收养登记机关可以进行有关的调查、对当事人进行必要的询问,调查应当制作调查记录,询问应当制作询问笔录。

经初步审查收养登记申请有关材料符合《中华人民共和国民法典》《中国公民收养子女登记办法》要求的,书面告知收养申请人将对其进行收养评估,并在收养申请人确认同意进行收养评估之日起60日内完成对收养申请人抚养、教育和保护被收养人的能力的评估(收养评估期间不计入收养登记办理期限)。

收养查找不到生父母的弃婴、儿童的,收养登记机关应当在登记前公告查找其生父母;自公告之日起满60

日，弃婴、儿童的生父母或者其他监护人未认领的，视为查找不到生父母的弃婴、儿童。公告期间不计算在登记办理期限内。

3. 发证

经审查，对符合收养法规定条件的，为当事人办理收养登记，发给收养登记证，收养关系自登记之日起成立；对不符合收养法规定条件的，不予登记，并对当事人说明理由。

收费标准及依据

- 已停征。《财政部国家发展改革委关于清理规范一批行政事业性收费有关政策的通知》(财税〔2017〕20号)

内地公民解除收养子女登记

实施机构

- 协议解除收养关系在县级人民政府民政部门

受理机关

(1)收养人在被收养人成年以前，不得解除收养关系，但是收养人、送养人双方协议解除的除外。养子女(八周岁)以上的，应当征得本人同意。

(2)收养人不履行抚养义务，有虐待、遗弃等侵害未成年养子女合法权益行为的，送养人有权要求解除养父母与养子女间的收养关系。送养人、收养人不能达成协议解除收养关系协议的，可以向人民法院提起诉讼。

(3)养父母与成年养子女关系恶化、无法共同生活的，可以协议解除收养关系。不能达成协议的，可以向人民法院提起诉讼。

申请材料

- 收养关系当事人协议解除收养关系的，应当持居民户口簿、居民身份证、收养登记证和解除收养关系的书面协议，共同到被收养人常住户口所在地的收养登记机关办理解除收养关系登记。

收费标准及依据

- 已停征。《财政部国家发展改革委关于清理规范一批行政事业性收费有关政策的通知》(财税〔2017〕20号)

涉外收养登记

实施机构

- 通过所在国政府或者政府委托的收养组织(以下简称外国收养组织)向中国政府委托的收养组织(以下简称中国收养组织)转交收养申请并提交收养人的家庭情况报告和证明。

受理条件
被收养人条件： (1)不满十八周岁的未成年人； (2)孤儿； (3)儿童福利机构抚养的查找不到生父母的未成年人； (4)生父母有特殊困难无力抚养的子女。 **送养人符合下列条件之一：** (1)孤儿的监护人； (2)儿童福利机构； (3)有特殊困难无力抚养子女的生父母。 **收养人条件：** (1)无子女或者有一名子女； (2)有抚养、教育和保护被收养人的能力； (3)未患有医学上认为不应当收养子女的疾病； (4)无不利于被收养人健康成长的违法犯罪记录； (5)年满三十周岁。 **特殊条件：** (1)收养人收养与送养人送养，须双方自愿，收养年满八周岁以上的未成年人的，应当征得被收养人的同意； (2)无子女的收养人可以收养两名子女，有子女的收养人只能收养一名子女。收养孤儿、残疾未成年人或者儿童福利机构抚养的查找不到生父母的未成年人的，可以不受以下限制： ①无子女或者只有一名子女； ②无子女的收养人可以收养两名子女；有子女的收养人只能收养一名子女； (3)无配偶者收养异性子女的，收养人与被收养人的年龄应当相差四十周岁以上。
申请材料
经其所在国外交机关或者外交机关授权的机构认证，并经中华人民共和国驻该国使馆或者领馆认证的下列文件： (1)跨国收养申请书； (2)出生证明； (3)婚姻状况证明； (4)职业、经济收入和财产状况证明； (5)身体健康检查证明； (6)有无受过刑事处罚的证明； (7)收养人所在国主管机关同意其跨国收养子女的证明； (8)家庭情况报告，包括收养人的身份、收养的合格性和适当性、家庭状况和病史、收养动机以及适合于照顾儿童的特点等。 在华工作或者学习连续居住一年以上的外国人，在华收养子女，应当提交前款规定的除身体健康检查证明以外的文件，并应当提交在华所在单位或者有关部门出具的婚姻状况证明、职业、经济收入或者财产状况证明，有无受过刑事处罚证明以及县级以上医疗机构出具的身体健康检查证明。

送养人应当向省、自治区、直辖市人民政府民政部门提交本人的居民户口簿和居民身份证(社会福利机构作送养人的,应当提交其负责人的身份证件)、被收养人的户籍证明等情况证明,并根据不同情况提交下列有关证明材料:

(1)被收养人的生父母(包括已经离婚的)为送养人的,应当提交生父母有特殊困难无力抚养的证明和生父母双方同意送养的书面意见;其中,被收养人的生父或者生母因丧偶或者一方下落不明,由单方送养的,并应当提交配偶死亡或者下落不明的证明以及死亡的或者下落不明的配偶的父母不行使优先抚养权的书面声明;

(2)被收养人的父母均不具备完全民事行为能力,由被收养人的其他监护人作送养人的,应当提交被收养人的父母不具备完全民事行为能力且对被收养人有严重危害的证明以及监护人有监护权的证明;

(3)被收养人的父母均已死亡,由被收养人的监护人作送养人的,应当提交其生父母的死亡证明、监护人实际承担责任的证明,以及其他有抚养义务的人同意送养的书面意见;

(4)由社会福利机构作送养人的,应当提交弃婴、儿童被遗弃和发现的情况证明以及查找其父母或者其他监护人的情况证明;被收养人是孤儿的,应当提交孤儿父母的死亡或者宣告死亡证明,以及有抚养孤儿义务的其他人同意送养的书面意见。

送养残疾儿童的,还应当提交县级以上医疗机构出具的该儿童的残疾证明。

省、自治区、直辖市人民政府民政部门应当对送养人提交的证件和证明材料进行审查,对查找不到生父母的弃婴和儿童公告查找其生父母;认为被收养人、送养人符合收养法规定条件的,将符合收养法规定的被收养人、送养人名单通知中国收养组织,同时转交下列证件和证明材料:

(1)送养人的居民户口簿和居民身份证(社会福利机构作送养人的,为其负责人的身份证件)复制件;

(2)被收养人是弃婴或者孤儿的证明、户簿证明、成长情况报告和身体健康检查证明的复制件及照片。

收费标准及依据

- 已停征。《财政部国家发展改革委关于清理规范一批行政事业性收费有关政策的通知》(财税〔2017〕20号)

华侨以及居住在港澳台地区的中国公民办理收养登记

实施机构

- 华侨以及居住在香港、澳门、台湾地区的中国公民在内地收养子女的,应当到被收养人常住户口所在地的直辖市、设区的市、自治州人民政府民政部门或者地区(盟)行政公署民政部门申请办理收养登记。

受理条件

被收养人条件:

下列未成年人可以被收养:

(1)丧失父母的孤儿;

(2)查找不到生父母的未成年人;

(3)生父母有特殊困难无力抚养的子女。

送养人符合下列条件之一:

(1)孤儿的监护人

(2)儿童福利机构

(3)有特殊困难无力抚养子女的生父母

收养人条件:

同时具备下列条件:

(1)无子女或只有一名子女;

(2)有抚养、教育和保护被收养人的能力;

(3)未患有医学上认为不应当收养子女的疾病;

(4)无不利于被收养人健康成长的违法犯罪记录;

(5)年满三十周岁。

特殊条件:

(1)收养人收养与送养人送养,须双方自愿,收养八周岁以上未成年人的,应当征得被收养人的同意。

(2)无子女的收养人可以收养两名子女;有子女的收养人只能收养一名子女。收养孤儿、残疾未成年人或者儿童福利机构抚养的查找不到生父母的未成年人,可以不受此款限制。

(3)无配偶者收养异性子女的,收养人与被收养人的年龄应当相差四十周岁。

(4)有配偶者收养子女,应当夫妻共同收养。

申请材料

1. 居住在已与中国建立外交关系国家的华侨申请办理成立收养关系的登记时,应当提交收养申请书和下列证件、证明材料:

(1)护照;

(2)收养人居住国有权机构出具的收养人的年龄、婚姻、有无子女、职业、财产、健康、有无受过刑事处罚等状况的证明材料,该证明材料应当经其居住国外交机关或者外交机关授权的机构认证,并经中国驻该国使领馆认证。

2. 居住在未与中国建立外交关系国家的华侨申请办理成立收养关系的登记时,应当提交收养申请书和下列证件、证明材料:

(1)护照;

(2)收养人居住国有权机构出具的收养人的年龄、婚姻、有无子女、职业、财产、健康、有无受过刑事处罚等状况的证明材料,该证明材料应当经其居住国外交机关或者外交机关授权的机构认证,并经已与中国建立外交关系的国家驻该国使领馆认证。

3. 香港居民中的中国公民申请办理成立收养关系的登记时,应当提交收养申请书和下列证件、证明材料:

(1)香港居民身份证、香港居民来往内地通行证或者香港同胞回乡证;

(2)经国家主管机关委托的香港委托公证人证明的收养人的年龄、婚姻、有无子女、职业、财产、健康、有无受过刑事处罚等状况的证明材料。

4. 澳门居民中的中国公民申请办理成立收养关系的登记时,应当提交收养申请书和下列证件、证明材料:

(1)澳门居民身份证、澳门居民来往内地通行证或者澳门同胞回乡证;

(2)澳门地区有权机构出具的收养人的年龄、婚姻、有无子女、职业、财产、健康、有无受过刑事处罚等状况的证明材料。

5. 台湾居民申请办理成立收养关系的登记时,应当提交收养申请书和下列证件、证明材料:

(1)在台湾地区居住的有效证明;

(2)中华人民共和国主管机关签发或签注的在有效期内的旅行证件;

(3)经台湾地区公证机构公证的收养人的年龄、婚姻、有无子女、职业、财产、健康、有无受过刑事处罚等状况的证明材料。

收费标准及依据
• 已停征。《财政部国家发展改革委关于清理规范一批行政事业性收费有关政策的通知》(财税〔2017〕20号)

(3)社会救助

最低生活保障

实施机构
• 县级以上地方人民政府统筹做好本行政区域内最低生活保障工作。 • 乡镇人民政府(街道办事处)负责最低生活保障工作的申请受理、调查审核,并提出初审意见,报县级人民政府民政部门审批。 • 县级人民政府民政部门负责审查乡镇人民政府(街道办事处)上报的调查材料和审核意见,并随机抽查核实,作出审批决定。
救助范围
• 国家对共同生活的家庭成员人均收入低于当地最低生活保障标准,且符合当地最低生活保障家庭财产状况规定的家庭,给予最低生活保障。 • 最低生活保障家庭收入状况、财产状况的认定办法,由省、自治区直辖市或者设区的市级人民政府按照国家有关规定制定。

特困人员救助供养

实施机构
• 县级以上地方人民政府民政部门统筹做好本行政区域内特困人员认定及救助供养工作。 • 县级人民政府民政部门负责特困人员认定的审核确认工作,乡镇人民政府(街道办事处)负责特困人员认定的受理、初审工作。村(居)民委员会协助做好相关工作。
救助范围
• 国家对无劳动能力、无生活来源且无法定赡养抚养扶养义务人或者其法定义务人无履行义务能力的老年人、残疾人以及未成年人给予特困人员救助供养。特困人员认定条件详见《特困人员认定办法》。
供养内容
特困人员救助供养主要包括以下内容: (1)提供基本生活条件; (2)对生活不能自理的给予照料; (3)提供疾病治疗; (4)办理丧葬事宜。

办事流程
(1)申请特困人员救助供养,由本人向户籍所在地乡镇人民政府(街道办事处)提出书面申请,按规定提交相关材料;本人申请有困难的,可以委托村(居)民委员会或者他人代为提出申请。申请人及其法定义务人应当履行授权核查家庭经济状况的相关手续。 (2)乡镇人民政府(街道办事处)应当自受理申请之日起15个工作日内,通过入户调查、邻里访问、信函索证、信息核对等方式,对申请人的经济状况、实际生活状况以及赡养、抚养、扶养状况等进行调查核实,提出初审意见。初审意见在申请人所在村(社区)公示后,无异议的,报县级人民政府民政部门。申请人及有关单位、组织或者个人应当配合调查,如实提供有关情况。 (3)县级人民政府民政部门应当全面审核乡镇人民政府(街道办事处)上报的申请材料、调查材料和初审意见,按照不低于30%的比例随机抽查核实,并在15个工作日内提出确认意见。对符合条件的申请予以确认,建立救助供养档案,从确认之日下月起给予救助供养待遇,并通过乡镇人民政府(街道办事处)在申请人所在村(社区)公布;对不符合条件、不予同意的,应当在作出决定3个工作日内,书面告知申请人或者其代理人并说明理由。

临时救助

救助范围
• 急难型救助对象:对因火灾、交通事故等意外事件,家庭成员突发重大疾病及遭遇其他特殊困难等原因,导致基本生活暂时出现严重困难、需要立即采取救助措施的家庭和个人。 • 支出型救助对象:对因教育、医疗等生活必需支出突然增加超出家庭承受能力,导致基本生活一定时期内出现严重困难的家庭,原则上其家庭人均可支配收入应低于当地上年度人均可支配收入,且家庭财产状况符合当地有关规定。
办事流程
1. 急难型临时救助。 (1)申请临时救助的家庭或个人,可以向所在地乡镇人民政府(街道办事处)或县级人民政府民政部门提出申请;受申请人委托,村(居)民委员会或其他单位、个人可以代为提出临时救助申请。 (2)对于急难型临时救助,乡镇人民政府(街道办事处)或县级人民政府民政部门可根据救助对象急难情形,简化申请人家庭经济状况核对、民主评议和公示等环节,直接予以救助。 (3)乡镇人民政府(街道办事处)或县级人民政府民政部门在急难情况缓解后,登记救助对象、救助事由、救助金额等信息,补齐经办人员签字、盖章手续。 2. 支出型临时救助。 (1)申请支出型临时救助的家庭或个人,可以向所在地乡镇人民政府(街道办事处)提出申请;受申请人委托,村(居)民委员会或其他单位、个人可以代为提出临时救助申请。 (2)对于支出型临时救助,乡镇人民政府(街道办事处)应对临时救助申请人的家庭经济状况、人口状况、遭遇困难类型等逐一调查,提出审核意见,并在申请人所居住的村(居)民委员会公示后,报县级人民政府民政部门审批。 (3)县级人民政府民政部门根据乡镇人民政府(街道办事处)提交的审核意见作出审批决定。

(4)残疾人福利

困难残疾人生活补贴和重度残疾人护理补贴

补贴对象
• 困难残疾人生活补贴主要补助残疾人因残疾产生的额外生活支出,对象为低保家庭中的残疾人,有条件的地方可逐步扩大到低收入残疾人及其他困难残疾人。低收入残疾人及其他困难残疾人的认定标准由县级以上地方人民政府参照相关规定、结合实际情况制定。重度残疾人护理补贴主要补助残疾人因残疾产生的额外长期照护支出,对象为残疾等级被评定为一级、二级且需要长期照护的重度残疾人,有条件的地方可扩大到非重度智力、精神残疾人或其他残疾人,逐步推动形成面向所有需要长期照护残疾人的护理补贴制度。长期照护是指因残疾产生的特殊护理消费品和照护服务支出持续 6 个月以上时间。
补贴标准
残疾人两项补贴标准由省级人民政府根据经济社会发展水平和残疾人生活保障需求、长期照护需求统筹确定,并适时调整。有条件的地方可以按照残疾人的不同困难程度制定分档补贴标准,提高制度精准性,加大补贴力度。
补贴形式
残疾人两项补贴采取现金形式按月发放。有条件的地方可根据实际情况详细划分补贴类别和标准,采取凭据报销或政府购买服务形式发放重度残疾人护理补贴。
申领程序和管理办法
(1)自愿申请。残疾人两项补贴由残疾人向户籍所在地街道办事处或乡镇政府受理窗口提交书面申请。残疾人的法定监护人,法定赡养、抚养、扶养义务人,所在村民(居民)委员会或其他委托人可以代为办理申请事宜。申请残疾人两项补贴应持有第二代中华人民共和国残疾人证,并提交相关证明材料。 (2)逐级审核。街道办事处或乡镇政府依托社会救助、社会服务“一门受理、协同办理”机制,受理残疾人两项补贴申请并进行初审。初审合格材料报送县级残联进行相关审核。审核合格材料转送县级人民政府民政部门审定,残疾人家庭经济状况依托居民家庭经济状况核对机制审核。审定合格材料由县级人民政府民政部门会同县级残联报同级财政部门申请拨付资金。 (3)补贴发放。补贴资格审定合格的残疾人自递交申请当月计发补贴。残疾人两项补贴采取社会化形式发放,通过金融机构转账存入残疾人账户。特殊情况下需要直接发放现金的,要制定专门的监管办法,防止和杜绝冒领、重复领取、克扣现象。 (4)定期复核。采取残疾人主动申报和发放部门定期抽查相结合的方式,建立残疾人两项补贴定期复核制度,实行残疾人两项补贴应补尽补、应退则退的动态管理。定期复核内容包括申请人资格条件是否发生变化、补贴是否及时足额发放到位等。

2. 婚姻登记工作文书范本

申请结婚登记声明书

本人申请结婚登记,谨此声明:

本人姓名:__________性别:____国籍:______出生日期:________年____月____日 民族:____职业:______文化程度:__________身份证件号码:__________________常住户口所在地:______________________________婚姻状况:__________(未婚/离婚/丧偶)

对方姓名:__________性别:____国籍:______出生日期:________年____月____日 民族:____职业:______文化程度:__________身份证件号码:__________________常住户口所在地:______________________________婚姻状况:__________(未婚/离婚/丧偶)

本人与对方均无配偶,没有直系血亲和三代以内旁系血亲关系,了解对方的身体健康状况。现依照《中华人民共和国婚姻法》的规定,自愿结为夫妻。

本人上述声明完全真实,如有虚假,愿承担法律责任。

声明人:______________ 监誓人:______________
(签名并按指纹)
________年____月____日 ________年____月____日

(注:声明人签名并按指纹须在监誓人面前完成)

结婚登记审查处理表

申请人姓名	(男)	(女)
出生日期	年 月 日	年 月 日
身份证件号		
国 籍		
民 族		
职 业		
文化程度		
婚姻状况		
提供证件材料		
审查意见		
结婚登记日期	年 月 日	

续表

结婚证字号		
结婚证印制号		
承办机关名称		
登记员签名	年 月 日	
当事人领证 签名并按指纹	男方： 年 月 日	女方： 年 月 日
备注		

当事人照片：

申请补办结婚登记声明书

本人申请补办结婚登记，谨此声明：

本人姓名：________性别：____国籍：______出生日期：________年____月____日 民族：____职业：______
文化程度：__________身份证件号码：__________________常住户口所在地：__________________________

对方姓名：________性别：____国籍：______出生日期：________年____月____日 民族：____职业：______
文化程度：__________身份证件号码：__________________常住户口所在地：__________________________

本人与对方自________年____月____日起以夫妻名义同居生活，现均未再与第三人结婚或以夫妻名义同居生活。双方没有直系血亲和三代以内旁系血亲关系，了解对方的身体健康状况。现依照《中华人民共和国婚姻法》的规定，自愿结为夫妻。

本人上述声明完全真实，如有虚假，愿承担法律责任。

声明人：______________ 监誓人：______________
（签名并按指纹）
________年____月____日 ________年____月____日

（注：声明人签名并按指纹须在监誓人面前完成）

不予办理结婚登记告知书

__________、__________：

你们于________年____月____日在本处申请结婚登记，因欠缺下列□中划√的要件，根据《婚姻登记条例》的规定，不予办理结婚登记。

□非双方自愿；

□男不满22周岁/女不满20周岁；

□双方有直系血亲或三代以内旁系血亲关系；
□男/女方已有配偶；
□双方未共同到婚姻登记机关申请办理结婚登记；
□本婚姻登记机关不具有管辖权；
□缺男/女方户口簿；
□缺男/女方身份证；
□缺大2寸双方近期半身免冠合影照片____张；
□男/女方身份证不在有效期内；
□男/女常住户口迁出后未重新落户；
□男/女方身份证与户口簿上的姓名、性别、出生日期不一致；
□其他(注明原因)。

婚姻登记机关(印章)
________年____月____日

撤销婚姻申请书

本人因受__________胁迫，于________年____月____日在__________登记结婚，该结婚违背本人意愿，现申请撤销婚姻。本人与__________情况如下：

姓　　名		
性　　别	男	女
出生日期		
常住户口所在地		
民　　族		
国　　籍		
文化程度		
职　　业		
现 住 址		
身份证件号		
结婚证字号		
联系方式：		

申请人：______________　　________年____月____日

撤销本人的婚姻，不涉及子女抚养、财产及债务问题。特此声明。

声明人：______________　　________年____月____日

(签名并按指纹)______________　　________年____月____日

监誓人：______________　　________年____月____日

(注：声明人签名并按指纹须在监誓人面前完成)

关于撤销×××与×××婚姻的决定

××××年××月××日,×××以受胁迫结婚为由,向×××民政局(乡(镇)人民政府)提出撤销婚姻。×××提供了××××作出的×××××号《××××××》作为受胁迫的证据,根据《婚姻登记条例》第九条规定,申请人符合撤销婚姻的条件,予以撤销。

本机关××××年××月××日颁发给×××与×××的×××号结婚证作废。

×××民政局(乡(镇)人民政府)
××××年××月××日

申请离婚登记声明书

我们双方申请离婚登记,谨此声明:

男方姓名:__________性别:____国籍:______出生日期:________年____月____日 民族:____职业:______文化程度:__________身份证件号码:__________________常住户口所在地:____________________________

女方姓名:__________性别:____国籍:______出生日期:________年____月____日 民族:____职业:______文化程度:__________身份证件号码:__________________常住户口所在地:____________________________

我们于________年____月____日登记结婚,结婚证字号____________,离婚原因是____________________。

我们双方自愿离婚,对子女抚养、财产、债务等事项已达成一致处理意见并共同签署了离婚协议书。

上述声明完全真实,如有虚假,愿承担法律责任。

声明人:______________ ________年____月____日
(签名并按指纹)______________ ________年____月____日
监誓人:______________ ________年____月____日

(注:声明人签名并按指纹须在监誓人面前完成)

离婚登记审查处理表

申请人姓名	(男)	(女)
出生日期	年 月 日	年 月 日
身份证件号		
国 籍		
民 族		
职 业		
文化程度		

续表

离婚原因		
提供证件材料		
审查意见		
离婚登记日期	年　月　日	
离婚证字号		
离婚证印制号		
承办机关名称		
登记员签名	年　月　日	
当事人领证 签名并按指纹	男方： 年　月　日	女方： 年　月　日
备注		

当事人照片：

不予办理离婚登记告知书

__________、__________：

你们于________年____月____日到本婚姻登记机关正式办理离婚登记，因欠缺下列□中划√的要件，根据《婚姻登记条例》的规定，不予办理离婚登记。

□非双方自愿；

□双方未共同到婚姻登记机关申请办理离婚登记；

□对子女抚养/财产及债务处理等未达成书面协议；

□男/女方属于无民事行为能力或限制民事行为能力人；

□结婚登记不是在中国内地或者中国驻外使(领)馆办理的；

□本婚姻登记机关不具有管辖权；

□缺男/女方户口簿；

□缺男/女方身份证；

□缺男/女方结婚证；

□缺男/女2寸单人近期半身免冠照片____张；

□男/女方身份证不在有效期内;
□男/女常住户口迁出后未重新落户;
□男/女方身份证与户口簿上的姓名、出生日期不一致;
□其他(注明原因)。

婚姻登记机关(印章)
________年____月____日

申请补领婚姻登记证声明书

本人申请补领__________(结婚证/离婚证),谨此声明:

本人姓名:__________性别:____国籍:______出生日期:________年____月____日 民族:____职业:______ 文化程度:__________身份证件号码:__________________常住户口所在地:______________________________

对方姓名:__________性别:____国籍:______出生日期:________年____月____日 民族:____职业:______ 文化程度:__________身份证件号码:__________________常住户口所在地:______________________________

本人与对方于________年____月____日在__________婚姻登记处登记__________(结婚/离婚)。本人与对方至今仍维持该状况,现因婚姻登记证__________(遗失/损毁),申请补领。

本人上述声明完全真实,如有虚假,愿承担法律责任。

声明人:______________ 监誓人:______________
(签名并按指纹)
________年____月____日 ________年____月____日

(注:声明人签名并按指纹须在监誓人面前完成)

补发婚姻登记证审查处理表

	申请人情况	对方情况
姓名、性别		
出生日期	年 月 日	年 月 日
身份证件号		
国 籍		
补发证件类型	(结婚证/离婚证)	
补发原因	(遗失/损毁)	
登记日期	年 月 日	
登记机关		

续表

提供证件材料		
审查意见		
补发日期	年 月 日	
补发证件字号		
证件印制号		
承办机关名称		
登记员签名	年 月 日	
当事人领证 签名并按指纹	男方： 年 月 日	女方： 年 月 日
备注		

当事人照片：

离婚登记申请书

（受理编号：区划代码＋六位流水号）

男方姓名：__________国籍：________身份证件号码：________________常住户口所在地：________________手机号码：________________

女方姓名：__________国籍：________身份证件号码：________________常住户口所在地：________________手机号码：________________

我们于________年____月____日，在________________登记结婚，结婚证字号：________________现因____________________申请离婚。

我们双方自愿离婚，并已经对子女抚养、财产以及债务处理等事项达成协商一致的意见，双方均具备完全民事行为能力。

上述申请内容完全真实，如有虚假，愿承担法律责任。

申请人（签名并按指纹）：____________ ________年____月____日

申请人（签名并按指纹）：____________ ________年____月____日

受理人（签 名）：____________ ________年____月____日

离婚登记申请受理回执单

（存根联）

NO：区划代码 + 六位流水号

男方姓名________身份证件号____________手机号____________；女方姓名________身份证件号____________手机号____________。双方于______年____月____日在本登记机关申请协议离婚。按照《民法典》相关规定，如无撤回离婚登记申请的情形，双方应于______年____月____日至______年____月____日期间到婚姻登记机关申请发给离婚证。未申请的，视为撤回离婚登记申请。

XXX 婚姻登记处

______年____月____日

婚姻登记工作业务专用印章

离婚登记申请受理回执单

（NO：区划代码 + 六位流水号）

（男女双方姓名）：

你们于______年____月____日，向在本婚姻登记机关提出的离婚登记申请事项已受理。

自离婚登记申请受理之日起三十日内，任何一方不愿离婚的，可以向本登记机关撤回离婚登记申请。

自______年____月____日至______年____月____日，双方应当持有效证件（原件）、离婚协议及相关材料共同到本婚姻登记机关申请发给离婚证；未申请的，视为撤回离婚登记申请。

咨询电话：

XXX 婚姻登记处

______年____月____日

离婚登记申请受理回执单

（NO：区划代码 + 六位流水号）

（男女双方姓名）：

你们于______年____月____日，向在本婚姻登记机关提出的离婚登记申请事项已受理。

自离婚登记申请受理之日起三十日内，任何一方不愿离婚的，可以向本登记机关撤回离婚登记申请。

自______年____月____日至______年____月____日，双方应当持有效证件（原件）、离婚协议及相关材料共同到本婚姻登记机关申请发给离婚证；未申请的，视为撤回离婚登记申请。

咨询电话：

XXX 婚姻登记处

______年____月____日

不予受理离婚登记申请告知书

________、________：

你们于______年____月____日向本婚姻登记机关提出离婚登记申请，因欠缺下列□中划√的要件，根据相关法律法规的规定，不予受理离婚登记申请。

□非双方自愿；

□未对子女抚养、财产以及债务处理等事项达成协商一致的意见；

□双方未共同到婚姻登记机关提出离婚登记申请；

□男/女方属于无民事行为能力或者限制民事行为能力人；
□结婚登记不是在中国内地或者中国驻外使(领)馆办理的；
□本婚姻登记机关不具有管辖权；
□缺男/女方户口簿；
□缺男/女方身份证；
□缺男/女方结婚证或者相关证明材料；
□男/女方身份证不在有效期内；
□男/女方常住户口迁出后未重新落户；
□男/女方身份证与户口簿上的姓名、出生日期不一致；
□其他(注明原因)。

婚姻登记机关(印章)
________年____月____日

撤回离婚登记申请书

(NO:区划代码+六位流水号)

申请人姓名:__________国籍:________身份证件号码:________________手机号码:________________常住户口所在地:________________

对方姓名:__________国籍:________身份证件号码:________________手机号码:________________常住户口所在地:________________

我们于________年____月____日向__________婚姻登记处提出离婚登记申请,现因下列□中划√的原因撤回离婚登记申请。

□对子女抚养、财产及债务处理等事项未协商一致；
□男女双方自愿维持婚姻关系；
□本人/对方不愿离婚；
□其他(需注明具体原因)。

申请人:______________　　受理人:______________
(签名并按指纹)　　(签名)
________年____月____日　　________年____月____日

撤回离婚登记申请确认单

（存根联）

NO：区划代码 + 六位流水号

申请人(姓名)　　身份证件号码________________，向本婚姻登记机关提出撤回与另一方(姓名)　　身份证件号码________________的离婚登记申请（NO：区划代码 + 六位流水号）。按照《中华人民共和国民法典》第 1077 条规定，申请人符合撤回离婚登记申请的条件，其于________年____月____日提出的离婚登记申请正式撤回，离婚登记程序自此终止。

XXX 婚姻登记处

________年____月____日

婚姻登记
工作业务
专用印章

撤回离婚登记申请确认单

NO：区划代码 + 六位流水号

申请人(姓名)　　身份证件号码________________，向本婚姻登记机关提出撤回与另一方(姓名)　　身份证件号码________________的离婚登记申请（NO：区划代码 + 六位流水号）。按照《中华人民共和国民法典》第 1077 条规定，申请人符合撤回离婚登记申请的条件，其于________年____月____日提出的离婚登记申请正式撤回，离婚登记程序自此终止。

XXX 婚姻登记处

________年____月____日

离婚登记声明书

我们双方自愿离婚，谨此声明：

男方姓名：____________国籍：________出生日期：________年____月____日　民族：________职业：________文化程度：________身份证件号码：____________________常住户口所在地：______________________

女方姓名：____________国籍：________出生日期：________年____月____日　民族：________职业：________文化程度：________身份证件号码：____________________常住户口所在地：______________________

我们于________年____月____日登记结婚，结婚证字号：____________，离婚原因是：__________________。

我们于________年____月____日提出离婚登记申请，现离婚冷静期届满，我们对子女抚养、财产以及债务处理等事项协商一致且共同签订了离婚协议书。

上述声明完全真实，如有虚假，愿承担法律责任。

声明人:____________________　　　　　________年____月____日
(签名并按指纹)____________　　　　　________年____月____日
监誓人:____________________　　　　　________年____月____日

(注:声明人签名须在监誓人面前完成)

3. 条文对照

《婚姻法》、《收养法》与《民法典》婚姻家庭编条文对照表①

相关内容	《民法典》
	第一章 一般规定
	第一千零四十条 本编调整因婚姻家庭产生的民事关系。
《婚姻法》第二条 实行婚姻自由、一夫一妻、男女平等的婚姻制度。 保护妇女、儿童和老人的合法权益。 ~~实行计划生育。~~	**第一千零四十一条 婚姻家庭受国家保护。** 实行婚姻自由、一夫一妻、男女平等的婚姻制度。 保护妇女、未成年人、老年人、**残疾人**的合法权益。
《婚姻法》第三条 禁止包办、买卖婚姻和其他干涉婚姻自由的行为。禁止借婚姻索取财物。 禁止重婚。禁止有配偶者与他人同居。禁止家庭暴力。禁止家庭成员间的虐待和遗弃。	**第一千零四十二条** 禁止包办、买卖婚姻和其他干涉婚姻自由的行为。禁止借婚姻索取财物。 禁止重婚。禁止有配偶者与他人同居。 禁止家庭暴力。禁止家庭成员间的虐待和遗弃。
《婚姻法》第四条 夫妻应当互相忠实,互相尊重;家庭成员间应当敬老爱幼,互相帮助,维护平等、和睦、文明的婚姻家庭关系。	**第一千零四十三条 家庭应当树立优良家风,弘扬家庭美德,重视家庭文明建设。** 夫妻应当互相忠实,互相尊重,**互相关爱**;家庭成员应当敬老爱幼,互相帮助,维护平等、和睦、文明的婚姻家庭关系。
《收养法》第二条 收养应当有利于*被收养的未成年人的抚养、成长*,保障被收养人和收养人的合法权益~~,遵循平等自愿的原则,并不得违背社会公德~~。 **第二十条** 严禁~~买卖儿童或者~~借收养名义买卖*儿童*。	**第一千零四十四条** 收养应当遵循最有利于*被收养人*的原则,保障被收养人和收养人的合法权益。 禁止借收养名义买卖*未成年人*。
	第一千零四十五条 亲属包括配偶、血亲和姻亲。 **配偶、父母、子女、兄弟姐妹、祖父母、外祖父母、孙子女、外孙子女为近亲属。** **配偶、父母、子女和其他共同生活的近亲属为家庭成员。**

① 本表参考杜月秋、孙政编:《民法典条文对照与重点解读》,法律出版社 2020 年版。本表中,对《民法典》新增的主要内容,用"**黑体**"格式体现;对变动的主要内容,用"*斜体*"格式体现;对删除的主要内容,用"~~删除线~~"表示。——编者注

续表

相关内容	《民法典》
	第二章 结 婚
《婚姻法》第五条 结婚*必须*男女双方完全自愿，不许任何一方对*他方*加以强迫或任何*第三者*加以干涉。	**第一千零四十六条** 结婚*应当*男女双方完全自愿，*禁止*任何一方对*另一方*加以强迫，*禁止*任何*组织或者个人*加以干涉。
《婚姻法》第六条 结婚年龄，男不得早于二十二周岁，女不得早于二十周岁。~~晚婚晚育应予鼓励。~~	**第一千零四十七条** 结婚年龄，男不得早于二十二周岁，女不得早于二十周岁。
《婚姻法》第七条 有下列情形之一的，禁止结婚： （一）直系血亲和三代以内的旁系血亲； ~~（二）患有医学上认为不应当结婚的疾病。~~	**第一千零四十八条** 直系血亲或者三代以内的旁系血亲禁止结婚。
《婚姻法》第八条 要求结婚的男女双方*必须*亲自到婚姻登记机关*进行*结婚登记。符合本法规定的，予以登记，发给结婚证。*取得结婚证*，即确立夫妻关系。未办理结婚登记的，应当补办登记。	**第一千零四十九条** 要求结婚的男女双方*应当*亲自到婚姻登记机关*申请*结婚登记。符合本法规定的，予以登记，发给结婚证。*完成结婚登记*，即确立婚姻关系。未办理结婚登记的，应当补办登记。
《婚姻法》第九条 登记结婚后，根据男女双方约定，女方可以成为男方家庭的成员，男方可以成为女方家庭的成员。	**第一千零五十条** 登记结婚后，按照男女双方约定，女方可以成为男方家庭的成员，男方可以成为女方家庭的成员。
《婚姻法》第十条 有下列情形之一的，婚姻无效： （一）重婚的； （二）有禁止结婚的亲属关系的； ~~（三）婚前患有医学上认为不应当结婚的疾病，婚后尚未治愈的；~~ （四）未到法定婚龄的。	**第一千零五十一条** 有下列情形之一的，婚姻无效： （一）重婚； （二）有禁止结婚的亲属关系； （三）未到法定婚龄。
《婚姻法》第十一条 因胁迫结婚的，受胁迫的一方可以向~~婚姻登记机关或~~人民法院请求撤销该婚姻。~~受胁迫的一方~~撤销婚姻的请求，应当*自结婚登记之日起*一年内提出。被非法限制人身自由的当事人请求撤销婚姻的，应当自恢复人身自由之日起一年内提出。	**第一千零五十二条** 因胁迫结婚的，受胁迫的一方可以向人民法院请求撤销婚姻。 请求撤销婚姻的，应当*自胁迫行为终止之日起*一年内提出。 被非法限制人身自由的当事人请求撤销婚姻的，应当自恢复人身自由之日起一年内提出。
	第一千零五十三条 一方患有重大疾病的，应当在结婚登记前如实告知另一方；不如实告知的，另一方可以向人民法院请求撤销婚姻。 **请求撤销婚姻的，应当自知道或者应当知道撤销事由之日起一年内提出。**

续表

相关内容	《民法典》
《婚姻法》第十二条　无效或被撤销的婚姻，*自始无效*。当事人不具有夫妻的权利和义务。同居期间所得的财产，由当事人协议处理；协议不成时，由人民法院根据照顾无过错方的原则判决。对重婚导致的婚姻无效的财产处理，不得侵害合法婚姻当事人的财产权益。当事人所生的子女，适用本法有关父母子女的规定。	**第一千零五十四条**　无效的或者被撤销的婚姻*自始没有法律约束力*，当事人不具有夫妻的权利和义务。同居期间所得的财产，由当事人协议处理；协议不成的，由人民法院根据照顾无过错方的原则判决。对重婚导致的无效婚姻的财产处理，不得侵害合法婚姻当事人的财产权益。当事人所生的子女，适用本法关于父母子女的规定。 **婚姻无效或者被撤销的，无过错方有权请求损害赔偿。**
	第三章　家 庭 关 系
	第一节　夫 妻 关 系
《婚姻法》第十三条　夫妻在家庭中地位平等。	**第一千零五十五条**　夫妻在**婚姻**家庭中地位平等。
《婚姻法》第十四条　夫妻双方都有各用自己姓名的权利。	**第一千零五十六条**　夫妻双方都有各自使用自己姓名的权利。
《婚姻法》第十五条　夫妻双方都有参加生产、工作、学习和社会活动的自由，一方不得对*他方*加以限制或干涉。	**第一千零五十七条**　夫妻双方都有参加生产、工作、学习和社会活动的自由，一方不得对另一方加以限制或者干涉。
《婚姻法》第二十一条第一款　*父母*对子女有抚养教育的义务~~；子女对父母有赡养扶助的义务~~。	**第一千零五十八条**　*夫妻双方*平等享有对未成年子女抚养、教育和保护的权利，*共同承担*对未成年子女抚养、教育和**保护**的义务。
《婚姻法》第二十条　夫妻有互相扶养的义务。 *一方不履行扶养义务时，需要扶养的一方*，有要求对方付给扶养费的权利。	**第一千零五十九条**　夫妻有相互扶养的义务。 *需要扶养的一方，在另一方不履行扶养义务时*，有要求其给付扶养费的权利。
	第一千零六十条　夫妻一方因家庭日常生活需要而实施的民事法律行为，对夫妻双方发生效力，但是夫妻一方与相对人另有约定的除外。 **夫妻之间对一方可以实施的民事法律行为范围的限制，不得对抗善意相对人。**
《婚姻法》第二十四条第一款　夫妻有相互继承遗产的权利。	**第一千零六十一条**　夫妻有相互继承遗产的权利。

续表

相关内容	《民法典》
《婚姻法》第十七条　夫妻在婚姻关系存续期间所得的下列财产，归夫妻共同所有： （一）工资、奖金； （二）生产、经营的收益； （三）知识产权的收益； （四）继承或赠与所得的财产，*但本法第十八条第三项规定的除外*； （五）其他应当归共同所有的财产。 夫妻对共同*所有的*财产，有平等的处理权。	**第一千零六十二条**　夫妻在婚姻关系存续期间所得的下列财产，**为夫妻的共同财产**，归夫妻共同所有： （一）工资、奖金、**劳务报酬**； （二）生产、经营、**投资**的收益； （三）知识产权的收益； （四）继承或者受赠的财产，*但是本法第一千零六十三条第三项规定的除外*； （五）其他应当归共同所有的财产。 夫妻对共同财产，有平等的处理权。
《婚姻法》第十八条　*有下列情形之一的，为夫妻一方的财产*： （一）一方的婚前财产； （二）一方因*身体受到伤害获得的医疗费、残疾人生活补助费等费用*； （三）遗嘱或赠与合同中确定只归夫或妻一方的财产； （四）一方专用的生活用品； （五）其他应当归一方的财产。	**第一千零六十三条**　下列财产为夫妻一方的**个人**财产： （一）一方的婚前财产； （二）一方因*受到人身损害获得的赔偿或者补偿*； （三）遗嘱或者赠与合同中确定只归一方的财产； （四）一方专用的生活用品； （五）其他应当归一方的财产。
	第一千零六十四条　夫妻双方共同签名或者夫妻一方事后追认等共同意思表示所负的债务，以及夫妻一方在婚姻关系存续期间以个人名义为家庭日常生活需要所负的债务，属于夫妻共同债务。 **夫妻一方在婚姻关系存续期间以个人名义超出家庭日常生活需要所负的债务，不属于夫妻共同债务；但是，债权人能够证明该债务用于夫妻共同生活、共同生产经营或者基于夫妻双方共同意思表示的除外。**
《婚姻法》第十九条　*夫妻*可以约定婚姻关系存续期间所得的财产以及婚前财产归各自所有、共同所有或部分各自所有、部分共同所有。约定应当采用书面形式。没有约定或约定不明确的，适用*本法第十七条、第十八条*的规定。 夫妻对婚姻关系存续期间所得的财产以及婚前财产的约定，对双方具有约束力。 夫妻对婚姻关系存续期间所得的财产约定归各自所有的，夫或妻一方对外所负的债务，第三人知道该约定的，以夫或妻一方*所有*的财产清偿。	**第一千零六十五条**　*男女双方*可以约定婚姻关系存续期间所得的财产以及婚前财产归各自所有、共同所有或者部分各自所有、部分共同所有。约定应当采用书面形式。没有约定或者约定不明确的，适用*本法第一千零六十二条、第一千零六十三条*的规定。 夫妻对婚姻关系存续期间所得的财产以及婚前财产的约定，对双方具有法律约束力。 夫妻对婚姻关系存续期间所得的财产约定归各自所有，夫或者妻一方对外所负的债务，*相对人*知道该约定的，以夫或者妻一方的个人财产清偿。

续表

相关内容	《民法典》
	第一千零六十六条　婚姻关系存续期间，有下列情形之一的，夫妻一方可以向人民法院请求分割共同财产： **（一）一方有隐藏、转移、变卖、毁损、挥霍夫妻共同财产或者伪造夫妻共同债务等严重损害夫妻共同财产利益的行为；** **（二）一方负有法定扶养义务的人患重大疾病需要医治，另一方不同意支付相关医疗费用。**
	第二节　父母子女关系和其他近亲属关系
《婚姻法》第二十一条　~~父母对子女有抚养教育的义务；子女对父母有赡养扶助的义务。~~ 父母不履行抚养义务时，未成年的或不能独立生活的子女，有要求父母付给抚养费的权利。 子女不履行赡养义务时，*无劳动能力的或生活困难*的父母，有要求子女付给赡养费的权利。 ~~禁止溺婴、弃婴和其他残害婴儿的行为。~~	**第一千零六十七条**　父母不履行抚养义务的，未成年子女或者不能独立生活的**成年**子女，有要求父母给付抚养费的权利。 **成年**子女不履行赡养义务的，*缺乏劳动能力或者生活困难*的父母，有要求**成年**子女给付赡养费的权利。
《婚姻法》第二十三条　父母有保护和教育未成年子女的权利和义务。在未成年子女*对国家、集体或他人*造成损害时，父母有承担民事责任*的义务*。	**第一千零六十八条**　父母有教育、保护未成年子女的权利和义务。未成年子女造成*他人*损害的，父母应当*依法*承担民事责任。
《婚姻法》第三十条　子女应当尊重父母的婚姻权利，不得干涉父母再婚以及婚后的生活。子女对父母的赡养义务，不因父母的婚姻关系变化而终止。	**第一千零六十九条**　子女应当尊重父母的婚姻权利，不得干涉父母**离婚**、再婚以及婚后的生活。子女对父母的赡养义务，不因父母的婚姻关系变化而终止。
《婚姻法》第二十四条第二款　父母和子女有相互继承遗产的权利。	**第一千零七十条**　父母和子女有相互继承遗产的权利。
《婚姻法》第二十五条　非婚生子女享有与婚生子女同等的权利，*任何*人不得加以危害和歧视。 不直接抚养非婚生子女的生父或生母，应当负担子*女的生活费和教育费，直至子女能独立生活为止*。	**第一千零七十一条**　非婚生子女享有与婚生子女同等的权利，*任何组织或者*个人不得加以危害和歧视。 不直接抚养非婚生子女的生父或者生母，应当负担*未成年子女或者不能独立生活的成年子女的抚养费*。
《婚姻法》第二十七条　继父母与继子女间，不得虐待或歧视。 继父或继母和受其抚养教育的继子女间的权利和义务，适用本法对父母子女关系的有关规定。	**第一千零七十二条**　继父母与继子女间，不得虐待或者歧视。 继父或者继母和受其抚养教育的继子女间的权利义务关系，适用本法关于父母子女关系的规定。

续表

相关内容	《民法典》
	第一千零七十三条　对亲子关系有异议且有正当理由的，父或者母可以向人民法院提起诉讼，请求确认或者否认亲子关系。 **对亲子关系有异议且有正当理由的，成年子女可以向人民法院提起诉讼，请求确认亲子关系。**
《婚姻法》第二十八条　有负担能力的祖父母、外祖父母，对于父母已经死亡或父母无力抚养的未成年的孙子女、外孙子女，有抚养的义务。有负担能力的孙子女、外孙子女，对于子女已经死亡或子女无力赡养的祖父母、外祖父母，有赡养的义务。	**第一千零七十四条**　有负担能力的祖父母、外祖父母，对于父母已经死亡或者父母无力抚养的未成年孙子女、外孙子女，有抚养的义务。 有负担能力的孙子女、外孙子女，对于子女已经死亡或者子女无力赡养的祖父母、外祖父母，有赡养的义务。
《婚姻法》第二十九条　有负担能力的兄、姐，对于父母已经死亡或父母无力抚养的未成年的弟、妹，有扶养的义务。由兄、姐抚养长大的有负担能力的弟、妹，对于缺乏劳动能力又缺乏生活来源的兄、姐，有扶养的义务。	**第一千零七十五条**　有负担能力的兄、姐，对于父母已经死亡或*者*父母无力抚养的未成年弟、妹，有扶养的义务。 由兄、姐扶养长大的有负担能力的弟、妹，对于缺乏劳动能力又缺乏生活来源的兄、姐，有扶养的义务。
	第四章　离　　婚
《婚姻法》第三十一条　*男女*双方自愿离婚的，*准予离婚。双方必须*到婚姻登记机关申请离婚。婚姻登记机关查明双方确实是自愿并对*子女和财产问题*已有*适当处理*时，发给离婚证。	**第一千零七十六条**　*夫妻*双方自愿离婚的，*应当签订书面离婚协议，并亲自*到婚姻登记机关申请离婚登记。 离婚协议应当载明双方自愿离婚的意思表示和对*子女抚养、财产以及债务处理*等事项*协商一致*的意见。
	第一千零七十七条　自婚姻登记机关收到离婚登记申请之日起三十日内，任何一方不愿意离婚的，可以向婚姻登记机关撤回离婚登记申请。 **前款规定期限届满后三十日内，双方应当亲自到婚姻登记机关申请发给离婚证；未申请的，视为撤回离婚登记申请。**
《婚姻法》第三十一条　*男女*双方自愿离婚的，准予离婚。双方必须到婚姻登记机关申请离婚。婚姻登记机关查明双方确实是自愿并对*子女和财产问题*已有*适当处理*时，发给离婚证。	**第一千零七十八条**　婚姻登记机关查明双方确实是自愿离婚，并已经对*子女抚养、财产以及债务处理*等事项*协商一致*的，*予以登记*，发给离婚证。

续表

相关内容	《民法典》
《婚姻法》第三十二条　*男女*一方要求离婚的，可由*有关部门*进行调解或直接向人民法院提出离婚诉讼。 人民法院审理离婚案件，应当进行调解；如感情确已破裂，调解无效，应准予离婚。 有下列情形之一，调解无效的，应当准予离婚： （一）重婚或*有配偶者*与他人同居的； （二）实施家庭暴力或虐待、遗弃家庭成员的； （三）有赌博、吸毒等恶习屡教不改的； （四）因感情不和分居满二年的； （五）其他导致夫妻感情破裂的情形。 一方被宣告失踪，另一方提出离婚诉讼的，应准予离婚。	**第一千零七十九条**　*夫妻*一方要求离婚的，可以由*有关组织*进行调解或者直接向人民法院提起离婚诉讼。 人民法院审理离婚案件，应当进行调解；如果感情确已破裂，调解无效的，应当准予离婚。 有下列情形之一，调解无效的，应当准予离婚： （一）重婚或*者*与他人同居； （二）实施家庭暴力或者虐待、遗弃家庭成员； （三）有赌博、吸毒等恶习屡教不改； （四）因感情不和分居满二年； （五）其他导致夫妻感情破裂的情形。 一方被宣告失踪，另一方提起离婚诉讼的，应当准予离婚。 **经人民法院判决不准离婚后，双方又分居满一年，一方再次提起离婚诉讼的，应当准予离婚。**
	第一千零八十条　完成离婚登记，或者离婚判决书、调解书生效，即解除婚姻关系。
《婚姻法》第三十三条　现役军人的配偶要求离婚，*须得*军人同意，但军人一方有重大过错的除外。	**第一千零八十一条**　现役军人的配偶要求离婚，应当*征得*军人同意，但是军人一方有重大过错的除外。
《婚姻法》第三十四条　女方在怀孕期间、分娩后一年内或中止妊娠后六个月内，男方不得提出离婚。女方提出离婚的，或人民法院认为确有必要受理男方离婚请求的，*不在此限*。	**第一千零八十二条**　女方在怀孕期间、分娩后一年内或者终止妊娠后六个月内，男方不得提出离婚；但是，女方提出离婚或者人民法院认为确有必要受理男方离婚请求的除外。
《婚姻法》第三十五条　离婚后，男女双方自愿恢复*夫妻关系*的，*必须*到婚姻登记机关进行*复婚登记*。	**第一千零八十三条**　离婚后，男女双方自愿恢复婚姻关系的，应当到婚姻登记机关*重新进行结婚登记*。
《婚姻法》第三十六条　父母与子女间的关系，不因父母离婚而消除。离婚后，子女无论由父或母直接抚养，仍是父母双方的子女。 离婚后，父母对于子女仍有抚养和教育的权利和义务。 离婚后，*哺乳期内*的子女，以*随哺乳的母亲抚养*为原则。*哺乳期后*的子女，如双方因抚养问题发生争执不能达成协议时，由人民法院根据*子女的权益和双方的具体情况*判决。	**第一千零八十四条**　父母与子女间的关系，不因父母离婚而消除。离婚后，子女无论由父或者母直接抚养，仍是父母双方的子女。 离婚后，父母对于子女仍有抚养、教育、**保护**的权利和义务。 离婚后，*不满两周岁*的子女，以由母亲**直接**抚养为原则。*已满两周岁*的子女，父母双方对抚养问题协议不成的，由人民法院根据*双方的具体情况*，*按照最有利于未成年子女的原则*判决。**子女已满八周岁的，应当尊重其真实意愿。**

续表

相关内容	《民法典》
《婚姻法》第三十七条 离婚后，一方抚养的子女，另一方应负担*必要的生活费和教育费的一部或全部*，负担费用的多少和期限的长短，由双方协议；协议不成时，由人民法院判决。 *关于子女生活费和教育费*的协议或判决，不妨碍子女在必要时向父母任何一方提出超过协议或判决原定数额的合理要求。	**第一千零八十五条** 离婚后，子女由一方**直接**抚养的，另一方应当负担*部分或者全部抚养费*。负担费用的多少和期限的长短，由双方协议；协议不成的，由人民法院判决。 *前款*规定的协议或者判决，不妨碍子女在必要时向父母任何一方提出超过协议或者判决原定数额的合理要求。
《婚姻法》第三十八条 离婚后，不直接抚养子女的父或母，有探望子女的权利，另一方有协助的义务。 行使探望权利的方式、时间由当事人协议；协议不成时，由人民法院判决。 父或母探望子女，不利于子女身心健康的，由人民法院依法中止探望~~的权利~~；中止的事由消失后，应当恢复探望~~的权利~~。	**第一千零八十六条** 离婚后，不直接抚养子女的父或者母，有探望子女的权利，另一方有协助的义务。 行使探望权利的方式、时间由当事人协议；协议不成的，由人民法院判决。 父或者母探望子女，不利于子女身心健康的，由人民法院依法中止探望；中止的事由消失后，应当恢复探望。
《婚姻法》第三十九条 离婚时，夫妻的共同财产由双方协议处理；协议不成时，由人民法院根据财产的具体情况，照顾子女和女方权益的原则判决。 夫或妻在家庭土地承包经营中享有的权益等，应当依法予以保护。	**第一千零八十七条** 离婚时，夫妻的共同财产由双方协议处理；协议不成的，由人民法院根据财产的具体情况，按照照顾子女、女方和**无过错方**权益的原则判决。 对夫或者妻在家庭土地承包经营中享有的权益等，应当依法予以保护。
《婚姻法》第四十条 夫妻~~书面约定婚姻关系存续期间所得的财产归各自所有，~~一方因抚育子女、照料老人、协助另一方工作等付出较多义务的，离婚时有权向另一方请求补偿，另一方应当予以补偿。	**第一千零八十八条** 夫妻一方因抚育子女、照料老年人、协助另一方工作等*负担*较多义务的，离婚时有权向另一方请求补偿，另一方应当给予补偿。**具体办法由双方协议；协议不成的，由人民法院判决**。
《婚姻法》第四十一条 离婚时，*原为夫妻共同生活所负的债务*，应当共同偿还。共同财产不足清偿的，或财产归各自所有的，由双方协议清偿；协议不成时，由人民法院判决。	**第一千零八十九条** 离婚时，*夫妻共同债务*应当共同偿还。共同财产不足清偿或者财产归各自所有的，由双方协议清偿；协议不成的，由人民法院判决。
《婚姻法》第四十二条 离婚时，如一方生活困难，另一方应*从其住房等个人财产中*给予适当帮助。具体办法由双方协议；协议不成时，由人民法院判决。	**第一千零九十条** 离婚时，如果一方生活困难，*有负担能力的另一方应当*给予适当帮助。具体办法由双方协议；协议不成的，由人民法院判决。

续表

相关内容	《民法典》
《婚姻法》第四十六条 有下列情形之一,导致离婚的,无过错方有权请求损害赔偿: (一)重婚的; (二)~~有配偶者~~与他人同居的; (三)实施家庭暴力的; (四)虐待、遗弃家庭成员的。	**第一千零九十一条** 有下列情形之一,导致离婚的,无过错方有权请求损害赔偿: (一)重婚; (二)与他人同居; (三)实施家庭暴力; (四)虐待、遗弃家庭成员; **(五)有其他重大过错。**
《婚姻法》第四十七条 ~~离婚时,~~一方隐藏、转移、变卖、毁损夫妻共同财产,或伪造债务企图侵占另一方财产的,分割夫妻共同财产时,对*隐藏、转移、变卖、毁损夫妻共同财产或伪造债务的一方*,可以少分或不分。离婚后,另一方发现有上述行为的,可以向人民法院提起诉讼,请求再次分割夫妻共同财产。 ~~人民法院对前款规定的妨害民事诉讼的行为,依照民事诉讼法的规定予以制裁。~~	**第一千零九十二条** 夫妻一方隐藏、转移、变卖、毁损、**挥霍**夫妻共同财产,或者伪造**夫妻**共同债务企图侵占另一方财产的,在离婚分割夫妻共同财产时,对该方可以少分或者不分。离婚后,另一方发现有上述行为的,可以向人民法院提起诉讼,请求再次分割夫妻共同财产。
	第五章 收 养
	第一节 收养关系的成立
《收养法》第四条 下列~~不满十四周岁~~的未成年人可以被收养: (一)丧失父母的孤儿; (二)查找不到生父母的*弃婴和儿童*; (三)生父母有特殊困难无力抚养的子女。	**第一千零九十三条** 下列未成年人,可以被收养: (一)丧失父母的孤儿; (二)查找不到生父母的未成年人; (三)生父母有特殊困难无力抚养的子女。
《收养法》第五条 下列公民、组织可以作送养人: (一)孤儿的监护人; (二)社会福利机构; (三)有特殊困难无力抚养子女的生父母。	**第一千零九十四条** 下列个人、组织可以作送养人: (一)孤儿的监护人; (二)*儿童*福利机构; (三)有特殊困难无力抚养子女的生父母。
《收养法》第十二条 未成年人的父母均不具备完全民事行为能力的,该未成年人的*监护人不得将其送养*,但父母对*该未成年人有严重危害可能的除外*。	**第一千零九十五条** 未成年人的父母均不具备完全民事行为能力*且可能严重危害该未成年人的*,该未成年人的*监护人可以将其送养*。
《收养法》第十三条 监护人送养~~未成年~~孤儿的,*须*征得有抚养义务的人同意。有抚养义务的人不同意送养、监护人不愿意继续履行监护职责的,应当依照《*中华人民共和国民法通则*》的规定变更监护人。	**第一千零九十六条** 监护人送养孤儿的,应当征得有抚养义务的人同意。有抚养义务的人不同意送养、监护人不愿意继续履行监护职责的,应当依照本法第一编的规定另行确定监护人。

续表

相关内容	《民法典》
《收养法》第十条第一款 生父母送养子女，*须*双方共同送养。生父母一方不明或者查找不到的可以单方送养。	**第一千零九十七条** 生父母送养子女，*应当*双方共同送养。生父母一方不明或者查找不到的，可以单方送养。
《收养法》第六条 收养人应当同时具备下列条件： （一）无子女； （二）有抚养教育被收养人的能力； （三）未患有在医学上认为不应当收养子女的疾病； （四）年满三十周岁。	**第一千零九十八条** 收养人应当同时具备下列条件： （一）无子女**或者只有一名子女**； （二）有抚养、教育**和保护**被收养人的能力； （三）未患有在医学上认为不应当收养子女的疾病； **（四）无不利于被收养人健康成长的违法犯罪记录；** （五）年满三十周岁。
《收养法》第七条 收养三代以内*同辈旁系血亲*的子女，可以不受*本法第四条第三项、第五条第三项、第九条和被收养人不满十四周岁*的限制。 华侨收养三代以内*同辈旁系血亲*的子女，还可以不*受收养人无子女*的限制。	**第一千零九十九条** 收养三代以内*旁系同辈血亲*的子女，可以不受*本法第一千零九十三条第三项、第一千零九十四条第三项和第一千一百零二条规定*的限制。 华侨收养三代以内*旁系同辈血亲*的子女，还可以不*受本法第一千零九十八条第一项规定*的限制。
《收养法》第八条 收养人只能收养一名子女。 收养孤儿、残疾*儿童*或者*社会福利*机构抚养的查找不到生父母的*弃婴和儿童*，可以不受*收养人无子女*和*收养一名*的限制。	**第一千一百条 无子女的收养人可以收养两名子女；有子女的**收养人只能收养一名子女。 收养孤儿、残疾*未成年人*或者*儿童福利*机构抚养的查找不到生父母的*未成年人*，可以不受*前款*和*本法第一千零九十八条第一项*规定的限制。
《收养法》第十条第二款 有配偶者收养子女，*须*夫妻共同收养。	**第一千一百零一条** 有配偶者收养子女，*应当*夫妻共同收养。
《收养法》第九条 *无配偶的男性*收养*女性的*，收养人与被收养人的年龄应当相差四十周岁以上。	**第一千一百零二条** *无配偶者*收养*异性子女的*，收养人与被收养人的年龄应当相差四十周岁以上。
《收养法》第十四条 继父或者继母经继子女的生父母同意，可以收养继子女，并可以不受*本法第四条第三项、第五条第三项、第六条和被收养人不满十四周岁以及收养一名*的限制。	**第一千一百零三条** 继父或者继母经继子女的生父母同意，可以收养继子女，并可以不受*本法第一千零九十三条第三项、第一千零九十四条第三项、第一千零九十八条和第一千一百条第一款规定*的限制。
《收养法》第十一条 收养人收养与送养人送养，*须*双方自愿。收养年满*十周岁以上*未成年人的，应当征得被收养人的同意。	**第一千一百零四条** 收养人收养与送养人送养，*应当*双方自愿。收养*八周岁以上*未成年人的，应当征得被收养人的同意。
《收养法》第十五条 收养应当向县级以上人民政府民政部门登记。收养关系自登记之日起成立。 收养查找不到生父母的*弃婴和儿童*的，办理登记的民政部门应当在登记前予以公告。	**第一千一百零五条** 收养应当向县级以上人民政府民政部门登记。收养关系自登记之日起成立。 收养查找不到生父母的*未成年人*的，办理登记的民政部门应当在登记前予以公告。

续表

相关内容	《民法典》
收养关系当事人愿意订立收养协议的，可以订立收养协议。 收养关系当事人各方或者一方要求办理收养公证的，应当办理收养公证。	收养关系当事人愿意签订收养协议的，可以签订收养协议。 收养关系当事人各方或者一方要求办理收养公证的，应当办理收养公证。 **县级以上人民政府民政部门应当依法进行收养评估。**
《收养法》第十六条　收养关系成立后，公安部门应当依照国家有关规定为被收养人办理户口登记。	**第一千一百零六条**　收养关系成立后，公安机关应当按照国家有关规定为被收养人办理户口登记。
《收养法》第十七条　孤儿或者生父母无力抚养的子女，可以由生父母的亲属、朋友抚养。 抚养人与被抚养人的关系不适用收养关系。	**第一千一百零七条**　孤儿或者生父母无力抚养的子女，可以由生父母的亲属、朋友抚养；抚养人与被抚养人的关系不适用本章规定。
《收养法》第十八条　配偶一方死亡，另一方送养未成年子女的，死亡一方的父母有优先抚养的权利。	**第一千一百零八条**　配偶一方死亡，另一方送养未成年子女的，死亡一方的父母有优先抚养的权利。
《收养法》第二十一条　外国人依照本法可以在中华人民共和国收养子女。 外国人在中华人民共和国收养子女，应当经其所在国主管机关依照该国法律审查同意。收养人应当提供由其所在国有权机构出具的有关收养人的年龄、婚姻、职业、财产、健康、有无受过刑事处罚等状况的证明材料，该证明材料应当经其所在国外交机关或者外交机关授权的机构认证，并经中华人民共和国驻该国使领馆认证。该收养人应当与送养人订立书面协议，亲自向省级人民政府民政部门登记。 ~~收养关系当事人各方或者一方要求办理收养公证的，应当到国务院司法行政部门认定的具有办理涉外公证资格的公证机构办理收养公证。~~	**第一千一百零九条**　外国人依法可以在中华人民共和国收养子女。 外国人在中华人民共和国收养子女，应当经其所在国主管机关依照该国法律审查同意。收养人应当提供由其所在国有权机构出具的有关其年龄、婚姻、职业、财产、健康、有无受过刑事处罚等状况的证明材料，并与送养人签订书面协议，亲自向省、自治区、直辖市人民政府民政部门登记。 前款规定的证明材料应当经收养人所在国外交机关或者外交机关授权的机构认证，并经中华人民共和国驻该国使领馆认证，**但是国家另有规定的除外。**
《收养法》第二十二条　收养人、送养人要求保守收养秘密的，其他人应当尊重其意愿，不得泄露。	**第一千一百一十条**　收养人、送养人要求保守收养秘密的，其他人应当尊重其意愿，不得泄露。
	第二节　收养的效力
《收养法》第二十三条　自收养关系成立之日起，养父母与养子女间的权利义务关系，适用法律关于父母子女关系的规定；养子女与养父母的近亲属间的权利义务关系，适用法律关于子女与父母的近亲属关系的规定。 养子女与生父母及其他近亲属间的权利义务关系，因收养关系的成立而消除。 **《婚姻法》第二十六条**　国家保护合法的收养关系。	**第一千一百一十一条**　自收养关系成立之日起，养父母与养子女间的权利义务关系，适用本法关于父母子女关系的规定；养子女与养父母的近亲属间的权利义务关系，适用本法关于子女与父母的近亲属关系的规定。 养子女与生父母以及其他近亲属间的权利义务关系，因收养关系的成立而消除。

续表

相关内容	《民法典》
养父母和养子女间的权利和义务，适用本法对父母子女关系的有关规定。 养子女和生父母间的权利和义务，因收养关系的成立而消除。	
《收养法》第二十四条 养子女可以随养父或者养母的*姓*，经当事人协商一致，也可以保留*原姓*。	**第一千一百一十二条** 养子女可以随养父或者养母的*姓氏*，经当事人协商一致，也可以保留*原姓氏*。
《收养法》第二十五条 违反*《中华人民共和国民法通则》第五十五条*和本法规定的收养行为无法律效力。 *收养行为被人民法院确认无效的，从行为开始时起就没有法律效力*。	**第一千一百一十三条** *有本法第一编关于民事法律行为无效规定情形或者*违反本编规定的收养行为无效。 *无效的收养行为自始没有法律约束力*。
	第三节 收养关系的解除
《收养法》第二十六条 收养人在被收养人成年以前，不得解除收养关系，但收养人、送养人双方协议解除的除外，养子*女年满十周岁以上*的，应当征得本人同意。 收养人不履行抚养义务，有虐待、遗弃等侵害未成年养子女合法权益行为的，送养人有权要求解除养父母与养子女间的收养关系。送养人、收养人不能达成解除收养关系协议的，可以向人民法院*起诉*。	**第一千一百一十四条** 收养人在被收养人成年以前，不得解除收养关系，但是收养人、送养人双方协议解除的除外。养子*女八周岁以上*的，应当征得本人同意。 收养人不履行抚养义务，有虐待、遗弃等侵害未成年养子女合法权益行为的，送养人有权要求解除养父母与养子女间的收养关系。送养人、收养人不能达成解除收养关系协议的，可以向人民法院*提起诉讼*。
《收养法》第二十七条 养父母与成年养子女关系恶化、无法共同生活的，可以协议解除收养关系。不能达成协议的，可以向人民法院*起诉*。	**第一千一百一十五条** 养父母与成年养子女关系恶化、无法共同生活的，可以协议解除收养关系。不能达成协议的，可以向人民法院*提起诉讼*。
《收养法》第二十八条 当事人协议解除收养关系的，应当到民政部门办理解除收养关系的登记。	**第一千一百一十六条** 当事人协议解除收养关系的，应当到民政部门办理解除收养关系登记。
《收养法》第二十九条 收养关系解除后，养子女与养父母及其他近亲属间的权利义务关系即行消除，与生父母及其他近亲属间的权利义务关系自行恢复，但成年养子女与生父母及其他近亲属间的权利义务关系是否恢复，可以协商确定。	**第一千一百一十七条** 收养关系解除后，养子女与养父母以及其他近亲属间的权利义务关系即行消除，与生父母以及其他近亲属间的权利义务关系自行恢复。但是，成年养子女与生父母以及其他近亲属间的权利义务关系是否恢复，可以协商确定。
《收养法》第三十条 收养关系解除后，经养父母抚养的成年养子女，对缺乏劳动能力又缺乏生活来源的养父母，应当给付生活费。因养子女成年后虐待、遗弃养父母而解除收养关系的，养父母可以要求养子女补偿收养期间支出的*生活费和教育费*。 生父母要求解除收养关系的，养父母可以要求生父母适当补偿收养期间支出的*生活费和教育费*，但因养父母虐待、遗弃养子女而解除收养关系的除外。	**第一千一百一十八条** 收养关系解除后，经养父母抚养的成年养子女，对缺乏劳动能力又缺乏生活来源的养父母，应当给付生活费。因养子女成年后虐待、遗弃养父母而解除收养关系的，养父母可以要求养子女补偿收养期间支出的*抚养费*。 生父母要求解除收养关系的，养父母可以要求生父母适当补偿收养期间支出的*抚养费*；但是，因养父母虐待、遗弃养子女而解除收养关系的除外。

《继承法》与《民法典》继承编条文对照表[①]

《继承法》	《民法典》
	第一章　一般规定
	第一千一百一十九条　本编调整因继承产生的民事关系。
第一条　~~根据《中华人民共和国宪法》规定，为保护公民的私有财产的继承权，制定本法。~~	**第一千一百二十条**　国家保护自然人的继承权。
第二条　继承从被继承人死亡时开始。	**第一千一百二十一条**　继承从被继承人死亡时开始。 **相互有继承关系的数人在同一事件中死亡，难以确定死亡时间的，推定没有其他继承人的人先死亡。都有其他继承人，辈份不同的，推定长辈先死亡；辈份相同的，推定同时死亡，相互不发生继承。**
第三条　遗产是公民死亡时遗留的个人合法财产，*包括：* *（一）公民的收入；* *（二）公民的房屋、储蓄和生活用品；* *（三）公民的林木、牲畜和家禽；* *（四）公民的文物、图书资料；* *（五）法律允许公民所有的生产资料；* *（六）公民的著作权、专利权中的财产权利；* *（七）公民的其他合法财产。*	**第一千一百二十二条**　遗产是*自然人*死亡时遗留的个人合法财产。 *依照法律规定或者根据其性质不得继承的遗产，不得继承。*
第五条　继承开始后，按照法定继承办理；有遗嘱的，按照遗嘱继承或者遗赠办理；有遗赠扶养协议的，按照协议办理。	**第一千一百二十三条**　继承开始后，按照法定继承办理；有遗嘱的，按照遗嘱继承或者遗赠办理；有遗赠扶养协议的，按照协议办理。
第二十五条　继承开始后，继承人放弃继承的，应当在遗产处理前，作出放弃继承的表示。没有表示的，视为接受继承。 受遗赠人应当在知道受遗赠后*两个月*内，作出接受或者放弃受遗赠的表示。到期没有表示的，视为放弃受遗赠。	**第一千一百二十四条**　继承开始后，继承人放弃继承的，应当在遗产处理前，**以书面形式**作出放弃继承的表示；没有表示的，视为接受继承。 受遗赠人应当在知道受遗赠后*六十日*内，作出接受或者放弃受遗赠的表示；到期没有表示的，视为放弃受遗赠。

① 本表参考杜月秋、孙政编：《民法典条文对照与重点解读》，法律出版社 2020 年版。本表中，对《民法典》新增的主要内容，用“**黑体**”格式体现；对变动的主要内容，用“*斜体*”格式体现；对删除的主要内容，用“~~删除线~~”表示。——编者注

续表

《继承法》	《民法典》
第七条 继承人有下列行为之一的,丧失继承权: (一)故意杀害被继承人的; (二)为争夺遗产而杀害其他继承人的; (三)遗弃被继承人的,或者虐待被继承人情节严重的; (四)伪造、篡改或者销毁遗嘱,情节严重的。	**第一千一百二十五条** 继承人有下列行为之一的,丧失继承权: (一)故意杀害被继承人; (二)为争夺遗产而杀害其他继承人; (三)遗弃被继承人,或者虐待被继承人情节严重; (四)伪造、篡改、**隐匿**或者销毁遗嘱,情节严重; **(五)以欺诈、胁迫手段迫使或者妨碍被继承人设立、变更或者撤回遗嘱,情节严重。** **继承人有前款第三项至第五项行为,确有悔改表现,被继承人表示宽恕或者事后在遗嘱中将其列为继承人的,该继承人不丧失继承权。** **受遗赠人有本条第一款规定行为的,丧失受遗赠权。**
	第二章 法定继承
第九条 继承权男女平等。	**第一千一百二十六条** 继承权男女平等。
第十条 遗产按照下列顺序继承: 第一顺序:配偶、子女、父母。 第二顺序:兄弟姐妹、祖父母、外祖父母。 继承开始后,由第一顺序继承人继承,第二顺序继承人不继承。没有第一顺序继承人继承的,由第二顺序继承人继承。 本法所说的子女,包括婚生子女、非婚生子女、养子女和有扶养关系的继子女。 本法所说的父母,包括生父母、养父母和有扶养关系的继父母。 本法所说的兄弟姐妹,包括同父母的兄弟姐妹、同父异母或者同母异父的兄弟姐妹、养兄弟姐妹、有扶养关系的继兄弟姐妹。	**第一千一百二十七条** 遗产按照下列顺序继承: (一)第一顺序:配偶、子女、父母; (二)第二顺序:兄弟姐妹、祖父母、外祖父母。 继承开始后,由第一顺序继承人继承,第二顺序继承人不继承;没有第一顺序继承人继承的,由第二顺序继承人继承。 本编所称子女,包括婚生子女、非婚生子女、养子女和有扶养关系的继子女。 本编所称父母,包括生父母、养父母和有扶养关系的继父母。 本编所称兄弟姐妹,包括同父母的兄弟姐妹、同父异母或者同母异父的兄弟姐妹、养兄弟姐妹、有扶养关系的继兄弟姐妹。
第十一条 被继承人的子女先于被继承人死亡的,由被继承人的子女的晚辈直系血亲代位继承。代位继承人一般只能继承*他的父亲或者母亲*有权继承的遗产份额。	**第一千一百二十八条** 被继承人的子女先于被继承人死亡的,由被继承人的子女的直系晚辈血亲代位继承。 **被继承人的兄弟姐妹先于被继承人死亡的,由被继承人的兄弟姐妹的子女代位继承。** 代位继承人一般只能继承*被代位继承人*有权继承的遗产份额。
第十二条 丧偶儿媳对公、婆,丧偶女婿对岳父、岳母,尽了主要赡养义务的,作为第一顺序继承人。	**第一千一百二十九条** 丧偶儿媳对公婆,丧偶女婿对岳父母,尽了主要赡养义务的,作为第一顺序继承人。

续表

《继承法》	《民法典》
第十三条　同一顺序继承人继承遗产的份额，一般应当均等。 对生活有特殊困难的缺乏劳动能力的继承人，分配遗产时，应当予以照顾。 对被继承人尽了主要扶养义务或者与被继承人共同生活的继承人，分配遗产时，可以多分。 有扶养能力和有扶养条件的继承人，不尽扶养义务的，分配遗产时，应当不分或者少分。 继承人协商同意的，也可以不均等。	**第一千一百三十条**　同一顺序继承人继承遗产的份额，一般应当均等。 对生活有特殊困难又缺乏劳动能力的继承人，分配遗产时，应当予以照顾。 对被继承人尽了主要扶养义务或者与被继承人共同生活的继承人，分配遗产时，可以多分。 有扶养能力和有扶养条件的继承人，不尽扶养义务的，分配遗产时，应当不分或者少分。 继承人协商同意的，也可以不均等。
第十四条　对继承人以外的依靠被继承人扶养的~~缺乏劳动能力又没有生活来源~~的人，或者继承人以外的对被继承人扶养较多的人，可以分给~~他们~~适当的遗产。	**第一千一百三十一条**　对继承人以外的依靠被继承人扶养的人，或者继承人以外的对被继承人扶养较多的人，可以分给适当的遗产。
第十五条　继承人应当本着互谅互让、和睦团结的精神，协商处理继承问题。遗产分割的时间、办法和份额，由继承人协商确定。协商不成的，可以由人民调解委员会调解或者向人民法院提起诉讼。	**第一千一百三十二条**　继承人应当本着互谅互让、和睦团结的精神，协商处理继承问题。遗产分割的时间、办法和份额，由继承人协商确定；协商不成的，可以由人民调解委员会调解或者向人民法院提起诉讼。
	第三章　遗嘱继承和遗赠
第十六条　公民可以依照本法规定立遗嘱处分个人财产，并可以指定遗嘱执行人。 公民可以立遗嘱将个人财产指定由法定继承人的一人或者数人继承。 公民可以立遗嘱将个人财产赠给国家、集体或者法定继承人以外的人。	**第一千一百三十三条**　*自然人*可以依照本法规定立遗嘱处分个人财产，并可以指定遗嘱执行人。 *自然人*可以立遗嘱将个人财产指定由法定继承人中的一人或者数人继承。*自然人*可以立遗嘱将个人财产赠与国家、集体或者法定继承人以外的组织、个人。 **自然人可以依法设立遗嘱信托。**
第十七条第二款　自书遗嘱由遗嘱人亲笔书写，签名，注明年、月、日。	**第一千一百三十四条**　自书遗嘱由遗嘱人亲笔书写，签名，注明年、月、日。
第十七条第三款　代书遗嘱应当有两个以上见证人在场见证，由其中一人代书，*注明年、月、日，并由代书人、其他见证人和遗嘱人签名。*	**第一千一百三十五条**　代书遗嘱应当有两个以上见证人在场见证，由其中一人代书，*并由遗嘱人、代书人和其他见证人签名，注明年、月、日。*
	第一千一百三十六条　打印遗嘱应当有两个以上见证人在场见证。遗嘱人和见证人应当在遗嘱每一页签名，注明年、月、日。
第十七条第四款　以录音形式立的遗嘱，应当有两个以上见证人在场见证。	**第一千一百三十七条**　以录音**录像**形式立的遗嘱，应当有两个以上见证人在场见证。**遗嘱人和见证人应当在录音录像中记录其姓名或者肖像，以及年、月、日。**

续表

《继承法》	《民法典》
第十七条第五款　遗嘱人在危急情况下，可以立口头遗嘱。口头遗嘱应当有两个以上见证人在场见证。危急情况*解除*后，遗嘱人能够*用*书面或者录音形式立遗嘱的，所立的口头遗嘱无效。	**第一千一百三十八条**　遗嘱人在危急情况下，可以立口头遗嘱。口头遗嘱应当有两个以上见证人在场见证。危急情况*消除*后，遗嘱人能够*以*书面或者录音**录像**形式立遗嘱的，所立的口头遗嘱无效。
第十七条第一款　公证遗嘱由遗嘱人经公证*机关*办理。	**第一千一百三十九条**　公证遗嘱由遗嘱人经公证*机构*办理。
第十八条　下列人员不能作为遗嘱见证人： （一）*无行为能力人、限制行为能力人*； （二）继承人、受遗赠人； （三）与继承人、受遗赠人有利害关系的人。	**第一千一百四十条**　下列人员不能作为遗嘱见证人： （一）*无民事行为能力人、限制民事行为能力人*以及**其他不具有见证能力的人；** （二）继承人、受遗赠人； （三）与继承人、受遗赠人有利害关系的人。
第十九条　遗嘱应当对缺乏劳动能力又没有生活来源的继承人保留必要的遗产份额。	**第一千一百四十一条**　遗嘱应当为缺乏劳动能力又没有生活来源的继承人保留必要的遗产份额。
第二十条　遗嘱人可以*撤销*、变更自己所立的遗嘱。 立有数份遗嘱，内容相抵触的，以最后的遗嘱为准。 ~~自书、代书、录音、口头遗嘱，不得撤销、变更公证遗嘱。~~	**第一千一百四十二条**　遗嘱人可以*撤回*、变更自己所立的遗嘱。 **立遗嘱后，遗嘱人实施与遗嘱内容相反的民事法律行为的，视为对遗嘱相关内容的撤回。** 立有数份遗嘱，内容相抵触的，以最后的遗嘱为准。
第二十二条　无行为能力人或者限制行为能力人所立的遗嘱无效。 遗嘱必须表示遗嘱人的真实意思，*受胁迫、欺骗*所立的遗嘱无效。 伪造的遗嘱无效。 遗嘱被篡改的，篡改的内容无效。	**第一千一百四十三条**　无民事行为能力人或者限制民事行为能力人所立的遗嘱无效。 遗嘱必须表示遗嘱人的真实意思，*受欺诈、胁迫*所立的遗嘱无效。 伪造的遗嘱无效。 遗嘱被篡改的，篡改的内容无效。
第二十一条　遗嘱继承或者遗赠附有义务的，继承人或者受遗赠人应当履行义务。没有正当理由不履行义务的，*经有关单位或者个人请求*，人民法院可以取消*他接受*遗产的权利。	**第一千一百四十四条**　遗嘱继承或者遗赠附有义务的，继承人或者受遗赠人应当履行义务。没有正当理由不履行义务的，*经利害关系人或者有关组织请求*，人民法院可以取消*其接受附义务部分*遗产的权利。

续表

《继承法》	《民法典》
	第四章 遗产的处理
	第一千一百四十五条 继承开始后，遗嘱执行人为遗产管理人；没有遗嘱执行人的，继承人应当及时推选遗产管理人；继承人未推选的，由继承人共同担任遗产管理人；没有继承人或者继承人均放弃继承的，由被继承人生前住所地的民政部门或者村民委员会担任遗产管理人。
	第一千一百四十六条 对遗产管理人的确定有争议的，利害关系人可以向人民法院申请指定遗产管理人。
	第一千一百四十七条 遗产管理人应当履行下列职责： **（一）清理遗产并制作遗产清单；** **（二）向继承人报告遗产情况；** **（三）采取必要措施防止遗产毁损、灭失；** **（四）处理被继承人的债权债务；** **（五）按照遗嘱或者依照法律规定分割遗产；** **（六）实施与管理遗产有关的其他必要行为。**
	第一千一百四十八条 遗产管理人应当依法履行职责，因故意或者重大过失造成继承人、受遗赠人、债权人损害的，应当承担民事责任。
	第一千一百四十九条 遗产管理人可以依照法律规定或者按照约定获得报酬。
第二十三条 继承开始后，知道被继承人死亡的继承人应当及时通知其他继承人和遗嘱执行人。继承人中无人知道被继承人死亡或者知道被继承人死亡而不能通知的，由被继承人生前所在单位或者住所地的居民委员会、村民委员会负责通知。	**第一千一百五十条** 继承开始后，知道被继承人死亡的继承人应当及时通知其他继承人和遗嘱执行人。继承人中无人知道被继承人死亡或者知道被继承人死亡而不能通知的，由被继承人生前所在单位或者住所地的居民委员会、村民委员会负责通知。
第二十四条 存有遗产的人，应当妥善保管遗产，*任何人*不得侵吞或者争抢。	**第一千一百五十一条** 存有遗产的人，应当妥善保管遗产，*任何组织或者个人*不得侵吞或者争抢。
	第一千一百五十二条 继承开始后，继承人于遗产分割前死亡，并没有放弃继承的，该继承人应当继承的遗产转给其继承人，但是遗嘱另有安排的除外。

续表

《继承法》	《民法典》
第二十六条　夫妻~~在婚姻关系存续期间所得~~的共同所有的财产，除有约定的以外，如果分割遗产，应当先将共同所有的财产的一半分出为配偶所有，其余的为被继承人的遗产。 遗产在家庭共有财产之中的，遗产分割时，应当先分出他人的财产。	**第一千一百五十三条**　夫妻共同所有的财产，除有约定的外，遗产分割时，应当先将共同所有的财产的一半分出为配偶所有，其余的为被继承人的遗产。遗产在家庭共有财产之中的，遗产分割时，应当先分出他人的财产。
第二十七条　有下列情形之一的，遗产中的有关部分按照法定继承办理： （一）遗嘱继承人放弃继承或者受遗赠人放弃受遗赠的； （二）遗嘱继承人丧失继承权的； （三）遗嘱继承人、受遗赠人先于遗嘱人死亡的； （四）遗嘱无效部分所涉及的遗产； （五）遗嘱未处分的遗产。	**第一千一百五十四条**　有下列情形之一的，遗产中的有关部分按照法定继承办理： （一）遗嘱继承人放弃继承或者受遗赠人放弃受遗赠； （二）遗嘱继承人丧失继承权**或者受遗赠人丧失受遗赠权**； （三）遗嘱继承人、受遗赠人先于遗嘱人死亡**或者终止**； （四）遗嘱无效部分所涉及的遗产； （五）遗嘱未处分的遗产。
第二十八条　遗产分割时，应当保留胎儿的继承份额。胎儿*出生*时是死体的，保留的份额按照法定继承办理。	**第一千一百五十五条**　遗产分割时，应当保留胎儿的继承份额。胎儿*娩出*时是死体的，保留的份额按照法定继承办理。
第二十九条　遗产分割应当有利于生产和生活需要，不损害遗产的效用。 不宜分割的遗产，可以采取折价、适当补偿或者共有等方法处理。	**第一千一百五十六条**　遗产分割应当有利于生产和生活需要，不损害遗产的效用。不宜分割的遗产，可以采取折价、适当补偿或者共有等方法处理。
第三十条　夫妻一方死亡后另一方再婚的，有权处分所继承的财产，任何人不得干涉。	**第一千一百五十七条**　夫妻一方死亡后另一方再婚的，有权处分所继承的财产，任何*组织或者个人*不得干涉。
第三十一条　公民可以与*扶养人*签订遗赠扶养协议。按照协议，*扶养人*承担该公民生养死葬的义务，享有受遗赠的权利。 ~~公民可以与集体所有制组织签订遗赠扶养协议。按照协议，集体所有制组织承担该公民生养死葬的义务，享有受遗赠的权利。~~	**第一千一百五十八条**　*自然人*可以与*继承人以外的组织或者个人*签订遗赠扶养协议。按照协议，*该组织或者个人*承担该*自然人*生养死葬的义务，享有受遗赠的权利。
	第一千一百五十九条　**分割遗产，应当清偿被继承人依法应当缴纳的税款和债务；但是，应当为缺乏劳动能力又没有生活来源的继承人保留必要的遗产。**

续表

《继承法》	《民法典》
第三十二条　无人继承又无人受遗赠的遗产，归国家所有；死者生前是集体所有制组织成员的，归所在集体所有制组织所有。	**第一千一百六十条**　无人继承又无人受遗赠的遗产，归国家所有，**用于公益事业**；死者生前是集体所有制组织成员的，归所在集体所有制组织所有。
第三十三条　*继承遗产应当清偿被继承人依法应当缴纳的税款和债务，缴纳税款和清偿债务以他的遗产实际价值为限。*超过遗产实际价值部分，继承人自愿偿还的不在此限。 继承人放弃继承的，对被继承人依法应当缴纳的税款和债务可以不负*偿还*责任。	**第一千一百六十一条**　*继承人以所得遗产实际价值为限清偿被继承人依法应当缴纳的税款和债务。*超过遗产实际价值部分，继承人自愿偿还的不在此限。 继承人放弃继承的，对被继承人依法应当缴纳的税款和债务可以不负*清偿*责任。
第三十四条　执行遗赠不得妨碍清偿遗赠人依法应当缴纳的税款和债务。	**第一千一百六十二条**　执行遗赠不得妨碍清偿遗赠人依法应当缴纳的税款和债务。
	第一千一百六十三条　**既有法定继承又有遗嘱继承、遗赠的，由法定继承人清偿被继承人依法应当缴纳的税款和债务；超过法定继承遗产实际价值部分，由遗嘱继承人和受遗赠人按比例以所得遗产清偿。**